NOUVELLE HISTOIRE

DE PARIS

ET DE SES ENVIRONS.

Tome Deuxième.

PARIS. — IMPRIMERIE DE BOURGOGNE ET MARTINET,
rue Jacob, 30.

NOUVELLE

HISTOIRE DE PARIS

ET DE SES ENVIRONS,

PAR

M. J. DE GAULLE,

Ancien élève de l'École des Chartes et professeur d'histoire,

AVEC DES NOTES ET UNE INTRODUCTION

PAR M. CH. NODIER,

De l'Académie Française.

PARIS,

P. M. POURRAT FRÈRES, ÉDITEURS,

RUE DES PETITS-AUGUSTINS, 5.

M DCCC XXXIX.

NOUVELLE HISTOIRE DE PARIS
ET DE SES ENVIRONS.

CINQUIÈME ÉPOQUE.

(Suite.)

CHAPITRE TROISIÈME.

LOUIS IX (SAINT LOUIS).

1226-1270.

I. Faits généraux.

La mort de Louis VIII laissait le royaume de France dans une position dangereuse. Louis, le plus âgé des fils du roi défunt, n'avait pas douze ans accomplis ; c'était aux faibles mains d'un enfant, gouverné par une femme étrangère, que se trouvait confié le lourd héritage de Philippe-Auguste. A cette époque, au commencement du XIIIe siècle, le mode de gouvernement au cas de minorité de l'héritier du trône n'était nullement fixé ; le droit d'hérédité lui-même était contestable ; et pour la première fois depuis l'avénement de la troisième race, le jeune âge du roi donnait l'éveil à ces graves questions dont la turbulente ambition des grands vassaux ne manqua pas de s'emparer. Les barons du royaume, surtout Hugues, comte de la Marche ; Pierre Mauclerc, duc de Bretagne ; le comte de Champagne, Thibaud-le-Chansonnier, commencèrent à murmurer tout haut et à manifester ouvertement leur mauvais vouloir. « Tel enfant, disoient-ils, ne doit pas tenir royaume, et cellui seroit bien fol qui lui obéiroit (1). » Ils firent donc alliance entre eux, résolus de rester maîtres chacun dans

(1) *Chron. de Saint-Denis*, édit. de M. P. Paris, t. IV, p. 231.

ses domaines, sans se soumettre aux ordres du jeune Louis, et moins encore à ceux de l'*étrangère*, Blanche de Castille. En pareille occurrence, il tenait à bien peu de chose que la France ne vît de nouveau la désastreuse anarchie des siècles passés.

Ce fut la main d'une femme qui changea les destinées du royaume. Son énergie singulière et son excessif amour de domination, guidés par son rare mérite, parvinrent à détourner tous les orages et firent triompher la cause de la monarchie.

Blanche commença par hâter le couronnement de son fils; elle fixa le sacre au 29 novembre, et convoqua à Reims pour cette cérémonie tous les prélats et grands du royaume. Mais la plupart demandèrent que préalablement les captifs détenus aux geôles royales fussent, selon la coutume de France, rendus à la liberté, principalement Ferrand de Flandre et Renaud de Boulogne, et qu'ils fussent réintégrés dans leurs biens. La reine, regardant tout retard comme un danger, se pressa de faire célébrer, sans plus attendre, la cérémonie du couronnement; après quoi, moyennant équitable rançon, elle délivra le comte de Flandre de sa prison de la tour du Louvre où il gémissait depuis douze ans. Mais elle refusa de libérer pareillement le redoutable Renaud de Dampierre, qui eût rallié tous les mécontents autour de lui, et eût commencé par revendiquer ses seigneuries dont s'était emparé un partisan de la reine, Philippe Hurepel, qui avait pris le titre de comte de Boulogne. On dit que l'infortuné Renaud, perdant l'espoir de jamais recouvrer sa liberté, se donna la mort dans sa prison.

Le jeune Louis solennellement couronné, Blanche le ramena promptement à Paris, et, par son ordre, les Parisiens s'interdirent les fêtes publiques et les manifestations de joie populaire auxquelles ils avaient coutume de se livrer en pareille circonstance. Le trépas du feu roi, leur dit-on, était trop récent encore, et sa veuve trop affligée.

Aussitôt Blanche, qui tenait les rênes du gouvernement, de fait sinon de droit, s'occupa de réprimer les mouvements hostiles des grands feudataires, et mit tout en œuvre, la force, l'intrigue et la persuasion, pour dissoudre la ligue formée contre le trône. Ceux-ci cependant n'avaient pas abandonné leurs projets; ils n'attendaient pour les exécuter, et se mettre au-dessus de l'autorité royale, qu'une occasion d'enlever le jeune prince à sa mère.

Un jour que Louis IX chevauchait du côté d'Orléans, il apprit que les barons le faisaient épier pour se saisir de sa personne. Aussitôt, lui de tourner bride et de courir vers Paris en toute hâte. Il alla jusqu'à Montlhéry sans s'arrêter; mais arrivé à ce donjon, il n'osa pas en sortir de crainte d'être pris par les révoltés. Il envoya seulement à Paris demander un prompt secours à sa mère. A ces nouvelles, Blanche de Castille fit assembler les principaux d'entre les habitants de Paris, et les pria de venir en aide à leur jeune roi. Les Parisiens répondirent qu'ils étaient prêts à le faire, et même engagèrent la reine à mander les communes des environs, « où il y avait tant de bonnes gens qu'on pouvait avec eux jeter le prince hors de péril (1). » La reine suivit leur conseil, et de toutes parts se réunirent à Paris les chevaliers et les autres braves gens d'alentour. Quand ils furent tous assemblés, ils prirent leurs armes, sortirent de Paris bannières déployées, et se mirent en chemin droit à Montlhéry. Ils arrivèrent au château, placèrent le roi au milieu d'eux en faisant des vœux au ciel pour sa sûreté, et rentrèrent dans la ville pressés en haie autour de lui et disposés à tout événement. Les barons s'étaient préparés à un coup de main et non point à une bataille : à la vue de cette foule, ils se concertèrent entre eux, et sentant qu'ils n'avaient pas assez de monde pour rien oser, ils s'en allèrent comme ils étaient venus.

En 1229, plusieurs faits remarquables se passèrent à Paris : une grande querelle de l'Université avec les bourgeois de la ville suscitée par une rixe de cabaret (2); la fondation de l'église Sainte-Catherine-du-Val-des-Écoliers (3); et l'amende honorable faite publiquement par Raymond VII, comte de Toulouse.

L'armée laissée dans le midi par Louis VIII pour continuer la guerre contre les hérétiques albigeois, avait si effroyablement ravagé le pays, que force fut au malheureux comte de Toulouse de se rendre à discrétion, en se soumettant à toutes les conditions qu'il plairait au pape et au roi de lui imposer. Les négociations furent ouvertes à Meaux par le cardinal de Saint-Ange, l'archevêque de Narbonne, Raymond et quelques députés des Toulousains. Comme l'affaire traînait en longueur sans qu'on pût tomber d'accord, les envoyés de Toulouse vinrent à Paris, où ils terminèrent le traité avec le roi et la reine.

Le vendredi-saint, 13 avril 1229, le roi, le comte Raymond, le cardinal de Saint-Ange, légat du Saint-Siége en France; Othon, évêque de Port, légat en Angleterre, et les grands prélats du royaume, se rendirent au parvis Notre-Dame, devant le grand portail de la cathédrale, et là lecture fut faite de l'acte de *pacification*, dont les clauses étaient telles que chacune, à elle seule, eût suffi en guise de rançon pour le cas où le comte eût été fait prisonnier en un champ de bataille; « encore eût-il paru bien grièvement rançonné (4). » Raymond prêta serment d'observer ce traité désastreux; après quoi il fut introduit dans Notre-Dame, en chemise et en caleçon, ainsi que quelques uns

---

(1) *Chron. de Saint-Denis*, édit. de M. P. Paris, t. IV, p. 234. Le récit de cet épisode est textuellement emprunté aux chroniques de Saint-Denis. — (2) Voy. l'article *Université*. — (3) Voy. l'histoire de cette église parmi les monuments du règne de Louis IX. — (4) Catel, *Chron.*, p. 45. Voy. le manuscrit de Tillemont, *Vie de saint Louis*, p. 39.

des siens qui étaient aussi sous le coup de l'excommunication. « C'était pitié, dit un chroniqueur, de voir un si bon chevalier, lequel si long-temps avait tenu tête à tant et de si grandes nations, conduit à l'autel nu en chemise, bras découverts et pieds déchaux. » Là le cardinal de Saint-Ange lui accorda enfin l'absolution qu'il achetait si chèrement, et le réconcilia avec l'Église. Ensuite Raymond rendit hommage au roi pour les domaines qui lui avaient été laissés, et il resta quelque temps en otage à la tour du Louvre jusqu'à l'exécution des premières clauses du traité.

Dès le commencement du règne du pieux saint Louis, les fondations religieuses se succèdent. Sainte-Catherine-du-Val-des-Écoliers avait été bâtie en 1229; en 1230 fut élevé Saint-Nicolas-du-Chardonnet, et la même année les Cordeliers se fixèrent à Paris (1). Peu de temps après, la disparition d'une relique mit en rumeur, disent les contemporains, Paris et toute la France. Voici le fait, tel que Félibien le rapporte (2) : « Au mois de février 1233, affluoit à Saint-Denis une grande multitude de peuple pour honorer les saintes reliques qu'on a coutume d'y exposer à la dévotion publique, le 25 février, jour de la dédicace de l'église et les jours suivants. Entre ces reliques, la plupart tirées de la chapelle de nos roys, l'une des plus précieuses est un des clous dont J.-C. fut attaché à la croix, et qui fut donné à cette église par Charles-le-Chauve. Le religieux qui le présentoit à baiser au peuple ne s'aperçut pas qu'il étoit tombé du reliquaire où il estoit enchâssé. Il n'y prit garde que quand il n'en fut plus temps; le clou avoit déjà disparu. Le bruit s'en répandit bientôt, non seulement à Saint-Denis et à Paris, mais encore par toute la France. L'abbé Eudes Clément fit aussitôt savoir cette nouvelle au roy et à la reine Blanche, sa mère, qui témoignèrent une extrême douleur de cette perte. Incontinent après, un hérault publia, de la part du roy, dans toutes les places publiques de la ville de Paris, que quiconque rendroit le saint clou auroit la vie sauve et 100 livres d'argent pour récompense. On fut plus d'un mois à déplorer cette perte, tant on portoit pour lors de vénération aux saintes reliques. Les clercs, les moines, l'Université, les grands, les petits, tout âge, tout sexe, toute condition, en un mot tout le monde parut prendre part à un malheur qu'on regardoit comme un présage de quelque funeste accident dont le royaume estoit menacé. Enfin, après bien des prières, des gémissements et des larmes, Dieu permit que le saint clou fût retrouvé dans l'abbaye du Val, près de Pontoise, où l'avoit porté une femme qui l'avoit ramassé dans l'église de Saint-Denis. L'abbé Eudes lui-même partit sur-le-champ pour le Val, et le roy lui donna trois des principaux seigneurs de la cour pour l'accompagner. La sainte relique

---

(1) Voy. t. I, p. 596. — (2) Félibien, *Hist. de Paris*, t. I, p. 290.

y fut reconnue et reportée le vendredy-saint à Saint-Denis, avec une solemnité tout extraordinaire. Le roy y alla, quelques jours après, honorer ce précieux monument de la passion du Fils de Dieu, et son exemple fut suivi par plusieurs prélats et par presque tous les seigneurs de la cour. »

Au reste, l'ardente dévotion des Parisiens et de leur roi fut amplement dédommagée quelques années après par la couronne d'épines du Christ, que l'empereur de Constantinople, Baudouin, donna en présent à saint Louis, et pour laquelle fut élevée la magnifique église de la Sainte-Chapelle (1).

En 1234, Louis IX avait près de vingt ans; sa mère songea à lui choisir une épouse. Elle demanda pour lui la main de Marguerite, l'une des filles de Raymond Bérenger, comte de Provence C'était une enfant de treize ans, incapable de balancer par son influence l'ascendant de Blanche de Castille sur l'esprit du roi. Le mariage fut célébré à Sens, le 27 mai; mais les époux, trop jeunes encore, furent séparés pendant plusieurs années.

Blanche de Castille enfin était satisfaite au-delà de ses vœux. Le sceptre royal était tout-puissant, et c'était elle qui le portait. La soif de la domination fut l'histoire de toute la vie de cette femme extraordinaire. Cette ambition sans doute était fondée sur la conscience d'une grande supériorité morale, et justifiée par des qualités éminentes. Aussi conserva-t-elle son autorité jusqu'à la fin de sa vie, sans que jamais rien pût l'ébranler, ni la haine de ses grands vassaux, ni l'aveuglement de sa dévotion, ni les rumeurs médisantes que la galanterie du comte Thibaud suscita parmi ses ennemis. Blanche était énergique jusqu'à la violence, et cependant adroite, remplie de sagacité et possédant toute la finesse et toute la ténacité de son sexe. Elle était ardemment pieuse, comme on l'était de son temps. « Elle honorait Dieu jusqu'à dire souventes fois, que mieux aimerait voir ses fils morts que coupables de péché mortel; » mais le clergé néanmoins n'était pour elle qu'un instrument; jamais elle ne s'en fit un maître. Tout dans ses actions avait une teinte d'égoïsme; son affection pour ses enfants surtout était personnelle et despotique. On raconte que pendant qu'elle nourrissait son fils aîné, une dame de la cour ayant donné à téter à l'enfant, Blanche mit les doigts dans la bouche du petit prince pour le forcer à rejeter le lait de l'étrangère. Lorsque Louis était encore jeune, elle lui avait donné un précepteur qui ne le quittait jamais et qui souvent le battait pour lui enseigner la soumission. Plus tard, jalouse de la femme de son fils, elle fit long-temps souffrir par son caractère impérieux et dur la timide et douce Marguerite.

(1) Voy. plus loin l'article *Sainte-Chapelle*.

« La reine Blanche, disent les chroniques, faisait à la reine Marguerite de grandes rudesses : elle ne voulait souffrir que le roi hantât la reine sa femme, ni demeurât en sa compagnie; et quand le roi chevauchait aucunes fois par son royaume avec les deux reines, communément la reine Blanche faisait séparer le roi et la reine Marguerite, et ils n'étaient jamais logés ensemblement. Et advint une fois qu'étant logés à Pontoise, Loys était au-dessus du logis de la reine sa femme, et avait instruit ses huissiers de salle, de cette façon que quand il était avec ladite reine, et que madame Blanche voulait venir en la chambre du roi ou en celle de la reine, les huissiers battaient les chiens afin de les faire crier; et quand le roi entendait cela, il se cachait de sa mère.

» Ce jour-là, madame Blanche trouva en la chambre de madame Marguerite le roi son mari, qui l'était venue voir pour ce qu'elle étoit en péril de mort à cause d'un enfant qu'elle avoit eu. Le roi Loys étoit caché derrière la reine de peur que sa mère ne le vît; mais elle l'aperçut bien et le vint prendre par la main, lui disant : — Venez-vous-en, car vous ne faites rien ici. — Et elle le sortit hors la chambre. Quand la reine Marguerite vit que la reine Blanche la séparoit de son mari, elle s'écria à haute voix : Hélas! ne me laisserez-vous voir mon seigneur ni en la vie ni en la mort? Et ce disant, elle se pâma, et croyait-on qu'elle fût morte; et le roi, qui ainsi le croyoit, retourna la voir subitement et la fit revenir de pâmoison. »

Cependant, tous les jours les gens de France apprenaient de nouveaux désastres des chrétiens dans la Palestine. Thibaud de Champagne et Raymond VII étaient partis pour la Terre-Sainte; tous les jours un grand nombre de seigneurs imitaient leur exemple et prenaient la croix. Le pieux roi Louis souhaitait ardemment aussi d'aller au secours des fidèles de la Terre-Sainte; mais il avait toujours été arrêté par ses démêlés avec le roi d'Angleterre et par la faiblesse de sa santé.

Au mois de décembre 1244, il tomba très gravement malade au château de Pontoise : « La dyssenterie qui le tourmentait l'affoiblit bientôt à tel point que l'on craignit pour sa vie; l'alarme se répandit parmi le peuple et le clergé. Dans les campagnes et dans les palais tous commençoient à gémir et à pleurer leur seigneur qui tant étoit prud'homme et tant aimoit les pauvres, qui défendoit le menu peuple des outrages et vouloit que droit et raison fût fait aux pauvres aussi bien qu'aux riches. Le menu peuple de Paris surtout étoit désolé, et ils disoient entre eux : Père Dieu, que voulez-vous faire à votre peuple? Pourquoi nous enlever celui qui nous gardoit, le souverain prince de toute bonne justice? — Lors tous les ouvriers et serviteurs laissoient leurs besognes et couroient aux autels (1). » Dans toutes les églises, les châsses des saintes reliques fu-

---

(1) *Chron. de Saint-Denis*, édit. de M. P. Paris, t. IV, p. 282.

rent découvertes et les corps des bienheureux placés sur les autels, afin que le peuple, qui n'avait pas coutume de les voir hors des caveaux, priât plus dévotement notre Seigneur pour le roi. Le mal néanmoins s'accrut avec une rapidité effrayante. Louis demeura pendant plusieurs heures dans une léthargie semblable à la mort, tellement que l'une des dames qui le gardoient, croyant qu'il fût hors de ce monde, disoit qu'il étoit trépassé et lui vouloit tirer le drap sur le visage. Mais, de l'autre côté du lit, ainsi que Dieu voulut, il se trouva une autre dame qui ne permit pas qu'ainsi fût couvert le visage ni que le roi fût mis dans le linceul; mais elle disoit toujours qu'il avoit encore l'âme au corps. Pendant que duraient les discords de ces deux dames touchant le roi, Notre Seigneur opéra en lui : il poussa un soupir, retira à lui puis étendit ses bras et ses jambes, et d'une voix creuse et sourde comme s'il fût ressuscité du sépulcre, il dit : Celui qui se lève d'en haut m'a visité par la grâce de Dieu et m'a rappelé d'entre les morts! — Et il requit qu'on lui apportât la croix; ce qui fut fait. Quand la bonne dame sa mère sut qu'il avoit recouvré la parole, elle en eut telle joie que plus grande n'étoit possible; mais quand elle le vit avec la croix sur la poitrine, elle fut aussi transie que si elle l'eût vu mort.

La résolution de saint Louis était trop arrêtée pour qu'il cédât aux craintes de sa mère. Le 16 octobre 1245, toute la noblesse de France fut convoquée en parlement à Paris, et dans cette assemblée une foule de seigneurs se croisèrent à l'exemple du roi.

Le pieux Louis, racontent les chroniques, prit d'une façon singulière l'office de prédicateur de la croisade. Il imagina un pieux stratagème pour augmenter le nombre de ses compagnons de voyage. Suivant un vieil usage, le roi et tous les grands, le jour de Noël, donnaient des habits pour étrennes aux gentilshommes attachés à leur service; *c'est pourquoi Noël était appelé le jour des robes neuves.* Le roi donc, ayant fait préparer une grande quantité de cottes et de chaperons neufs, invita tous les grands officiers de la couronne, les gentilshommes de la maison royale et les barons alors habitant la cour, à assister à la messe qui serait célébrée avant le lever du soleil dans la Sainte-Chapelle du palais. Chaque seigneur entrant au palais revêtit les habits qui lui étaient offerts, et tout le monde se rendit à la Sainte-Chapelle avec le roi. Quand les premiers rayons du jour se glissèrent à travers les vitraux, chacun vit avec étonnement le signe de la croix sur l'épaule de son voisin; car le bon roi avait fait coudre en cachette des croix sur tous les chaperons. Ne voulant point déposer ces croix, ce qui n'eût été ni décent ni honorable, ils prirent le parti d'en rire et d'en plaisanter, disant que le roi allait à la chasse aux pèlerins, et qu'il avait trouvé une nouvelle manière d'enlacer les hommes.

Saint Louis resta quelque temps encore à Paris pour mettre ordre aux affaires du royaume. Il chargea les frères mineurs et les frères prêcheurs, ainsi que les baillis royaux, de faire une enquête par toute la France, pour savoir s'il y avait eu quelque extorsion, quelque iniquité commise par les officiers et percepteurs des domaines de la couronne, afin qu'il pût les réparer intégralement. Richard, comte de Cornouailles, qui se trouvait alors en France, renouvela les réclamations du roi d'Angleterre, Henri III, contre *la grande iniquité* de Philippe-Auguste, qui avait enlevé la Normandie à Jean-sans-Terre. Louis montra encore à cet égard de grands troubles de conscience, et il fallut pour le calmer que les évêques normands protestassent de la légitimité de la confiscation qui avait réuni la Normandie à la France.

Enfin, Louis fixa son départ au vendredi d'après la Pentecôte, 12 juin 1248. Il confia la régence à sa mère. Marguerite, sa jeune épouse, ne voulut pas le quitter; il dut consentir à ce qu'elle partageât les dangers de son voyage. Quelques années auparavant, le 24 février 1244, Marguerite avait donné le jour à un fils qui fut baptisé par Guillaume, évêque de Paris, et nommé Louis par son parrain Eudes Clément, abbé de Saint-Denis. Il manda à Paris tous les barons de France, leur fit rendre foi et hommage, et leur fit prêter le serment qu'ils garderaient *loyauté* à ses enfants si aucun malheur advenait à sa personne au saint voyage d'outre-mer. Le vendredi 12 juin, comme il l'avait résolu, il alla prendre à Saint-Denis l'oriflamme, le bourdon et la panetière; puis il s'achemina vers Aigues-Mortes, où il devait s'embarquer.

Louis IX et ses chevaliers, retardés par diverses circonstances, ne purent commencer leur expédition qu'un an après; ce fut seulement vers la fin de mai 1249 qu'ils débarquèrent sur la terre d'Égypte, vers les bouches du Nil. Au lieu d'aller droit à Jérusalem comme on avait fait dans les croisades précédentes, ils se dirigèrent vers le Caire, ou, comme ils l'appelaient, vers Babylone, pour frapper au cœur et d'un seul coup la puissance de l'islamisme.

Les premiers pas des croisés furent signalés par de brillants succès. La redoutable milice des Mamelucks vainement avait tenté de s'opposer à leur débarquement: son chef, Fakir-Eddin, avait été repoussé jusque dans la ville de Damiette; puis, rappelé dans l'intérieur de l'Égypte par la mort du sultan, il avait avec toutes ses troupes abandonné Damiette. Les Francs donc entrèrent en maîtres dans cette ville, émerveillés d'avoir, sans coup férir, franchi des remparts si bien fortifiés qu'ils auraient pu être arrêtés là pendant une année entière. Cette victoire facile leur inspira une sécurité funeste, et leur ignorance des phénomènes particuliers à l'Égypte, de son climat insalubre, de ses inondations perfides, les perdit tout-à-fait. Ils résolurent d'aller attaquer le Caire; mais au lieu de profiter du premier élan de la victoire, ils passèrent six mois à attendre le reste de l'expédition et se mirent en marche vers le milieu de novembre 1249, mais avec une telle imprévoyance qu'ils ne s'étaient assuré d'avance aucun moyen de traverser le Nil et ses canaux. Ils arrivèrent, continuellement harcelés par la cavalerie des Mamelucks, à la jonction du canal d'Achmoun avec le Nil, vis-à-vis de la ville de Mansourah (*la Massoure*, comme l'appellent les chroniques); là ils restèrent cinquante jours sans pouvoir traverser le fleuve. Dans l'impossibilité d'aller plus loin, ils allaient être obligés de reculer vers Damiette, lorsqu'un Bédouin leur fit connaître à prix d'or un endroit où le canal d'Achmoun était guéable.

Le duc de Bourgogne devait garder le camp avec le roi de Chypre et les barons de la Palestine. On partit donc : le grand-maître du Temple et ses chevaliers formaient l'avant-garde, la *bataille* (corps de bataille) était menée par le comte d'Artois et le comte de Salisbury, qui avait joint les Français avec beaucoup d'hommes d'armes anglais; plus loin le roi suivait avec l'arrière-garde.

Les Templiers s'étaient arrêtés, comme il était convenu, après avoir passé le canal. Le comte de Salisbury se disposait à les imiter; mais Robert d'Artois voyant fuir à toute bride un détachement de trois cents Sarrazins, s'élança impétueusement à leur poursuite, entraîné par un vieux chevalier sourd, qui tenait la bride de son destrier, et criait à tue-tête : « Ores à eux ! ores à eux ! » sans entendre les représentations des Templiers et des Anglais.

Les Templiers, craignant de perdre leur renom s'ils souffraient que le comte Robert les devançât ainsi, *piquèrent des éperons tant qu'ils purent*, et les deux premiers corps de l'armée coururent ainsi ventre à terre jusqu'à Mansourah; y entrèrent pêle-mêle avec les Sarrazins qu'ils poursuivaient; surprirent Fakhr-Eddin au sortir du bain; le tuèrent lui et bien d'autres, et traversèrent toute la ville en vainqueurs *jusques aux champs du côté de Babylone*.

Mais les musulmans, dont les principales forces étaient rassemblées à Mansourah ou dans leur camp proche de la ville, se furent bientôt ralliés sous le commandement de Bibars-el-Bondokdary, premier lieutenant de Fakhr-Eddin. Quand les cavaliers chrétiens voulurent retourner sur leurs pas, ils trouvèrent les rues étroites de la cité fermées par des barricades, et les terrasses des maisons garnies d'ennemis qui les accablèrent de traits et de projectiles de toute espèce.

Là périrent, après maints grands faits d'armes, Robert, comte d'Artois; Guillaume, comte de Salisbury; Raoul, sire de Coucy; trois cents chevaliers français, presque tous les croisés anglais, et deux cent quatre-vingts chevaliers du Temple. Le grand-maître des Templiers échappa presque seul avec un œil crevé.

Pendant ce temps, le roi et tous ses hommes d'armes avaient franchi le canal en hâte pour porter secours à l'avant-garde; mais, avant d'avoir pu gagner Mansourah, ils furent enveloppés d'une nuée de musulmans qui, au lieu d'escarmoucher comme de coutume à coups d'arcs et d'arbalètes, soutinrent *le choc des masses d'armes et des épées* avec une audace et un acharnement extraordinaires.

Le roi Louis et la noblesse française firent des prodiges de valeur dans cette journée déplorable. Le lendemain les Sarrazins revinrent à la charge, et durant tout le jour ne discontinuèrent pas leurs assauts furieux contre les chrétiens. Ceux-ci cependant obtinrent encore l'avantage; ils repoussèrent les assaillants et conservèrent leur position. Le troisième jour enfin, Bibars-el-Bondokdary commanda la retraite; heureusement pour eux, une troisième victoire de ce genre les eût anéantis.

Malgré ces désastres, ils voulaient encore poursuivre leur marche vers le Caire. Ils restèrent imprudemment au camp de la Massouré, pour donner, disaient-ils, le temps de se guérir aux malades et aux blessés. Mais il arriva que les privations de tout genre augmentèrent l'intensité des maladies; la mort moissonnait le camp, puis la peste arriva, et lorsque, vers la fin de mars 1250, on sentit la nécessité de retourner en arrière, il était trop tard. La retraite était devenue à peu près impossible. La petite armée des Français repassa le Nil; mais aussitôt elle fut pressée par une foule innombrable de Sarrazins: composée en grande partie de souffreteux et d'invalides, elle fut exterminée en détail. Son chef, le bon roi Louis, se trouvait si malade, qu'on croyait à chaque instant le voir trépasser. Au premier village qu'on rencontra, il fallut le coucher dans une maison. Dès lors tout fut perdu. Le roi demeura captif; et chevaliers ou soldats, tous ceux de ses compagnons qui hésitèrent à se rendre et à embrasser la religion de Mahomet furent massacrés. Le lendemain après le combat, tous les malades et tous les blessés furent impitoyablement égorgés. Les infidèles ne conservèrent la vie qu'au roi et à quelques grands seigneurs dont ils voulaient tirer de grosses rançons.

En effet, le sultan d'Égypte, Thouran-Chah, fut le premier à faire quelques ouvertures à ce sujet. Il proposa la liberté à ses captifs moyennant la restitution de Damiette et le paiement de 1,000,000 de bezants d'or (1). Louis ne se récria point sur l'énormité de la somme, et dit qu'il rendrait Damiette pour la rançon de son corps, et paierait pour celle de ses gens le million de bezants, parce qu'un roi de France ne se rachetait point à prix d'argent. « Par la loi du prophète! s'écria le sultan, noble et magnifique est le Frank qui ne dispute point sur une

---

(1) Le *bezant* ou plutôt *byzantin*, monnaie grecque d'origine, valait alors environ 10 sous d'argent ou une demi-livre tournois. Le sultan demandait ainsi une somme d'au moins 10,000,000 de francs.

si grande somme! Qu'on lui dise que je lui remets 200,000 bezants sur sa rançon, et qu'il n'en paiera que 800,000. »

Telle fut l'issue de l'expédition de saint Louis en Égypte. Il exécuta scrupuleusement les conditions du traité; et après de longues angoisses, après de cruelles appréhensions de la mauvaise foi des musulmans, les Français purent échapper d'Égypte et fuir cette terre de malheur (mai 1250).

Saint Louis ne voulait pas retourner en France sans avoir vu la Terre-Sainte. Quelques uns de ses barons le quittèrent à la sortie du Nil; pour lui, il se rendit à Saint-Jean-d'Acre avec les débris de son armée. De deux mille huit cents chevaliers qui étaient partis de l'île de Chypre avec lui pour conquérir l'Égypte, il en restait une centaine.

Saint Louis passa plusieurs années dans ce pays, s'occupant de réorganiser les misérables populations latines de l'Asie, et de réparer leurs villes fortes: Saint-Jean-d'Acre, Jaffa, Sidon et Césarée en Palestine, Tripoli et Antioche en Syrie. Il y resta paisiblement jusqu'à ce que la nouvelle de la mort de sa mère, qui laissait le royaume de France en grand péril, le forçât de reprendre le chemin de l'Occident. Le jour de Pâques 1254 il s'embarqua pour la France avec le reste de ses compagnons, et le 5 septembre suivant il arriva au château de Vincennes, près de Paris.

Bien des événements s'étaient passés à Paris pendant sa longue absence, et entre tous la fameuse croisade des Pastoureaux, qui faillit bouleverser tout le royaume. Cet étonnant épisode de l'histoire du moyen âge a été souvent raconté, et presque toujours avec un charme que l'originalité du sujet ne pouvait manquer de prêter au style. J'ai préféré cependant citer le manuscrit du laborieux Tillemont, dont le récit peu brillant, je l'avoue, mérite d'être conservé pour sa parfaite exactitude.

« Vers l'an 1251, il parut un imposteur, Hongrois de nation, nommé Jacques ou Jacob, qui, ayant été autrefois dans l'ordre de Cîteaux, avoit abandonné la vie religieuse, s'étoit rendu disciple des impiétés de Mahomet et serviteur du sultan de Babylone. Il savoit le français, l'allemand et le latin. Il avoit aussi de l'éloquence, mais surtout il étoit habile dans les secrets de la magie. Il étoit maigre et pâle et portoit une grande barbe; de sorte que les peuples le regardoient comme un homme de Dieu et d'une abstinence extraordinaire. Quelques uns disoient qu'il avoit abandonné dès sa jeunesse la foi chrétienne, et que c'étoit lui qui avoit formé, environ quarante ans auparavant (vers l'an 1212), par ses enchantements, cette célèbre croisade où tant d'enfants fascinés l'avoient suivi jusqu'à la mer, car il avoit soixante ans en ce temps-ci.

» On prétend donc qu'il avoit promis au sultan de Babylone de lui livrer un nombre infini de chrétiens et de dépeupler la France, afin que les Sarrazins d'Afrique y pussent entrer aisément durant que saint Louis seroit en Orient; et on assure qu'on saisit sur un des compagnons de ce Hongrois plusieurs lettres en arabe et en chaldaïque qui révéloient son traité avec les infidèles, et qui renfermoient en même temps des caractères inconnus et des substances vénéneuses. Ils avoient encore un troisième compagnon de leur imposture, et le sultan devoit leur donner quelque argent pour chaque tête.

» Ces chefs de voleurs (car on les appelle ainsi) commencèrent donc à aller de côté et d'autre prêcher la croix sans être envoyés par aucun prélat, et exhortoient à la prendre, particulièrement les bergers et les autres personnes les plus simples de la campagne; ce qui leur a fait donner dans l'histoire le nom de *Pastoureaux*, leur faisant accroire que c'étoit par eux que Dieu vouloit délivrer la Palestine. Ils disoient qu'ils vouloient aller au secours de saint Louis, conquérir la Terre-Sainte, et venger l'injure faite au roi et à ses frères, Dieu ne voulant se servir pour cela que des personnes les plus humbles et les plus faibles.

» Leur chef, qu'ils appeloient *le maître de Hongrie*, prétendoit que c'étoit la sainte Vierge qui lui avoit fait ce commandement, et il avoit toujours la main fermée, comme s'il eût tenu l'acte de l'ordre qu'elle lui avoit donné. Ils rapportoient sur cela des visions de la Vierge et des anges qu'ils firent représenter sur une ou plusieurs de leurs bannières, qu'ils portoient partout pour tromper les ignorants. Leur chef avoit mis sur son étendard un agneau qui portoit une croix; ce que les autres firent ensuite sur les leurs, qui étoient au nombre de cinq cents.

» Dès que ces imposteurs appeloient un paysan, celui-ci quittoit aussitôt ses moutons, ses vaches ou ses chevaux; et sans demander permission ni à ses maîtres ni à ses parents, il les suivoit à pied, sans se mettre en peine de rien, avec une ardeur ou plutôt une rage aussi étonnante qu'extraordinaire; et c'est ce qui faisoit croire qu'ils se servoient de sortilége. On contait que leur chef arrivant en France, avoit jeté en l'air une certaine poudre comme pour sacrifier au démon. Ainsi, partout où ils passoient dans les villages et dans les campagnes, les paysans qui écoutoient les exhortations les suivoient comme le fer suit l'aimant. Les enfants les suivoient aussi, et même de jeunes filles. Il leur faisoit porter la croix : ainsi leur nombre s'augmenta beaucoup en peu de temps.

» Ils marchoient en corps d'armée sous des capitaines de cent hommes et de mille hommes, et ils avoient des drapeaux dans chaque corps. Ils donnoient à quelques uns d'eux le titre de maîtres. On prétendoit qu'ils faisoient des miracles, et que le vin et les viandes qu'on leur servoit ne diminuoient point et même se multiplioient.

» Plusieurs les suivoient avec simplicité et bonne intention, ne connaissant point encore les mauvais desseins de leurs chefs. Beaucoup d'autres les favorisoient et les aidoient, ne jugeant point hors d'apparence que Dieu se voulût servir de leur faiblesse ; et généralement tout le peuple étoit pour eux. La reine Blanche même, qui gouvernoit alors le royaume, quelque pénétration d'esprit qu'elle eût, y fut trompée comme les autres et ne connut pas d'abord le danger de cette croisade, ou au moins elle crut la devoir tolérer et même favoriser, dans l'espoir que saint Louis en tireroit quelque secours pour la Terre-Sainte. C'est pourquoi elle souffroit qu'on leur donnât passage partout.

» Mais le désordre devint bientôt intolérable ; car parmi ces gens simples il se mêla plusieurs voleurs, homicides, magiciens, sorciers, femmes de mauvaise vie, bannis, fugitifs, excommuniés ; et c'étoient ces gens-là qui avoient le plus de part aux secrets des chefs et à la conduite des autres. Ce désordre commença cette année un peu après Pâques, vers le temps que le pape Innocent IV quitta Lyon pour s'en retourner en Italie ; et on prétend que son absence contribua à augmenter le nombre et la hardiesse des Pastoureaux.

» Ils commencèrent à s'assembler vers la Flandre et la Picardie, où ils prêchèrent plusieurs folies touchant leurs visions. Ils vinrent à Amiens au nombre de trente mille ; ils y furent reçus avec honneur, et leur chef, qu'on prenoit pour un homme de Dieu, tira tout ce qu'il voulut des habitants. S'étant ensuite accrus en courant le pays jusqu'au nombre de cinquante mille, ils entreprirent alors de faire et de rompre des mariages à leur fantaisie. Ils marioient des gens malgré eux, confessoient et donnoient l'absolution des péchés, bénissoient l'eau comme des évêques, donnoient la croix et l'ôtoient comme il leur plaisoit ; leurs chefs, qui, n'étant au plus que laïques, usurpoient le ministère de la parole, prêchoient des choses visiblement opposées à la règle de la foi ; et si quelqu'un vouloit s'opposer à eux, ils répondoient non par des autorités et des raisons, mais par des coups et des blessures, car ils portoient alors des épées, des poignards, des cognées, des traits et d'autres sortes d'armes, et leur grand-maître étoit environné de gens armés quand il prêchoit. Lorsqu'ils passoient par des villes et des villages, ils portoient leurs armes élevées pour inspirer la terreur à tout le monde, et ils étoient devenus si redoutables qu'il n'y avoit presque aucun officier de justice qui osât leur résister en quoi que ce fût.

» Les ecclésiastiques et les moines n'eurent pas de peine à reconnaître l'illusion dont on abusoit les peuples. Ils en eurent beaucoup de regret et voulurent s'opposer à l'erreur ; mais ils ne firent que se rendre odieux au peuple même. Le chef de l'imposture commença à déclamer contre eux et à leur reprocher publiquement de grands crimes, que le peuple écoutoit avec un plaisir pernicieux (1). Ces séditieux tuèrent même plusieurs qu'ils rencontrèrent à la campagne, faisoient tous les maux qu'ils pouvoient et à eux et aux religieux, parce qu'ils leur résistoient plus que les autres, se contentant quelquefois néanmoins de les dépouiller ou de les battre ; et le peuple, en haine du clergé, voyoit leurs crimes avec joie.

» Ces furieux vinrent jusqu'à Paris et y firent divers maux. Leur chef y prêcha habillé en évêque dans Saint-Eustache, et y fit l'eau bénite dans le même habit. Mais il fit même tuer quelques prêtres et d'autres ecclésiastiques ; et il fallut fermer les ponts pour les empêcher de faire le même traitement aux écoliers de l'Université, car les écoliers passoient alors pour clercs.

» Cependant on les laissa sortir impunément de Paris, et ils crurent alors être échappés de tout péril. Ils se vantoient qu'il falloit qu'ils fussent gens de bien, puisqu'ils n'avoient trouvé, disoient-ils, aucune opposition dans une ville *qui étoit la source de toutes les sciences.* Aussi ils en devinrent beaucoup plus hardis à soutenir et à inventer des erreurs, et à commettre toutes sortes de pilleries et de violences. Ils attaquoient les villages et les villes mêmes en divers endroits de la France, tuant et les ecclésiastiques et les laïques. Bientôt se trouvant être plus de cent mille personnes, ils se divisèrent en plusieurs armées pour s'aller embarquer à divers ports.

» Le chef de la troupe vint à Orléans, où les habitants le reçurent, le 11 de juin, malgré les fulminations de l'évêque. Il y commit de grands désordres et y tua plusieurs ecclésiastiques, ce qui ne se fit pas néanmoins sans combat, et les clercs de l'Université tuèrent plusieurs des Pastoureaux ; de sorte que, craignant que le peuple de la ville ne se soulevât enfin contre eux, ils en sortirent promptement.

» Les plaintes de ces désordres furent enfin portées à Blanche, qui avoua avec modestie qu'elle avoit été trompée, et que puisque ces croisés étoient de véritables imposteurs, elle vouloit qu'ils fussent excommuniés, pris et punis. Ils furent aussitôt dénoncés partout pour excommuniés ; et les laïques, qui avoient regardé avec indifférence les meurtres des ecclésiastiques, commencèrent à se soulever lorsqu'ils virent qu'on les attaquoit eux-mêmes : sans quoi le désordre eût encore été plus loin.

<small>(1) Il gourmandait et condamnait tous les ordres monastiques, surtout les Frères Prêcheurs et Mineurs, les traitant de vagabonds et d'hypocrites ; il reprochait aux moines de Cîteaux leur passion avaricieuse pour les troupeaux et les terres ; aux Bénédictins leur gloutonnerie et leur orgueil ; il appelait les chanoines des mondains et des dévorateurs de viandes ; il accusait les évêques et leurs officiaux de ne songer qu'à la chasse, aux écus et aux plaisirs de tout genre. Quant à la cour de Rome, il en disait des choses tellement ignominieuses que ce serait un crime de les redire. (*Hist. de France*, par M. Henri Martin, t. V, p. 218.)</small>

» Cependant les Pastoureaux s'avancèrent avec leur chef jusqu'à Bourges, faisant partout de grands maux. Le clergé avoit averti le bailli et les officiers du roi de ce que c'étoit que les Pastoureaux, et l'archevêque Philippe avoit défendu de les recevoir, ayant peut-être envoyé cet ordre de Paris, où il étoit le 29 de juin. Le peuple ne laissa pas de leur ouvrir les portes, et la plupart entrèrent dans la ville. Les autres, qui n'y pouvoient avoir place, parce qu'ils étoient en trop grand nombre, demeurèrent dans les vignes. Ils ne trouvèrent point les ecclésiastiques qui s'étoient cachés, mais ils se mirent à voler. Ils entrèrent dans les synagogues des juifs, déchirèrent leurs livres, et contre l'ordre de la justice pillèrent tous leurs biens.

» Leur chef invita ensuite le peuple à venir écouter son sermon, et à voir les miracles prodigieux et inouïs qu'il vouloit faire. Tout le monde y courut; mais il avança dans son sermon des choses ridicules, et on reconnut que ses miracles prétendus n'étoient que des fourberies. On reçut peut-être en même temps la nouvelle de leur excommunication, et les ordres de Blanche pour les poursuivre. Ce qui est certain, c'est qu'étant sortis de Bourges ils furent poursuivis par les habitants en armes, qui, les ayant atteints à deux lieues de là, tuèrent le Maître de Hongrie avec plusieurs de ceux qui le suivoient, entre Mortemer et Villeneuve-sur-Cher. On prétend que ce fut un boucher qui lui fendit la tête d'un coup de hache. Son corps demeura sur la place exposé aux chiens.

» Le bailli et les officiers de Bourges firent pendre ceux qui tombèrent entre leurs mains, après les avoir convaincus de leurs maléfices. Il y en eut beaucoup d'autres tués ou pendus en divers endroits. Comme ils devoient s'assembler en partie à Marseille pour s'embarquer, les officiers de Bourges y envoyèrent les preuves qu'on avoit de leur mauvaise conduite, et mandèrent qu'on arrêtât les chefs. Ils furent en effet arrêtés et pendus. Quelques uns de ces fanatiques furent à Aigues-Mortes, où on les traita apparemment comme les autres.

» Une de leurs bandes ayant voulu aller à Bordeaux, le comte de Leicestre, gouverneur du pays, leur fit fermer les portes et les dissipa. Leur chef ayant été reconnu dans un bateau où il se pensoit sauver, fut jeté dans la Gironde. Un des principaux compagnons du Maître de Hongrie passa en Angleterre et commença à y exciter le même trouble; mais sur la nouvelle de la mort de ses confrères, il fut mis en pièces.

» Pour les bergers et autres paysans qui avoient suivi ces imposteurs, ils se dispersèrent comme la fumée après la mort de leurs chefs, et s'en retournèrent chez eux garder leurs moutons. Il y en eut beaucoup qui, après avoir reconnu qu'on les avoit trompés, reprirent des mains de leurs prélats la croix qu'ils avoient reçue de ces imposteurs, et furent, pour expier leur faute, servir J.-C. sous la conduite de saint Louis,

pour l'amour duquel ils avoient pris les armes avec tant d'ardeur.
» Voilà ce que l'histoire nous apprend de ce grand mouvement, qu'elle nous représente comme le plus dangereux qui ait été dans l'Église depuis Mahomet. »

Grande fut la terreur de l'Église et du gouvernement quand on songea, après avoir vu surgir tout-à-coup cette armée de cent mille Pastoureaux, aux terribles conséquences que pouvaient amener de pareilles commotions populaires. A Paris, dès la même année, la régente, les clercs et les bourgeois resserrèrent les liens qui rapprochaient ces trois corps de l'État. Le corps de la ville et l'Université prêtèrent de nouveau le serment de fidélité entre les mains de la régente. L'Université déclarait par cet acte remarquable que ses étudiants jureraient de nommer à l'évêque tous les perturbateurs du bon ordre des études qu'ils connaîtraient, quels qu'ils fussent, clercs ou laïques, hommes ou femmes. Le serment de la bourgeoisie eut lieu le lundi avant la saint Jean-Baptiste (1251) en présence de la reine Blanche; de Philippe, archevêque de Bourges; de Jean, évêque d'Évreux; d'Étienne de Sancerre; de Geoffroy de la Chapelle, grand-panetier de France; de Pierre d'Ervencourt, du seigneur de Meudon, du doyen de Saint-Agnan d'Orléans, et d'un grand nombre d'autres illustres personnages. Les bourgeois promettaient de garder de bonne foi la paix de la ville; s'il arrivait quelque méfait, de ne point se dispenser de rendre témoignage de la vérité, à moins qu'ils n'eussent à craindre de mettre par là leur vie en danger; enfin de nommer en secret aux gouverneurs de la ville ceux qui commettraient des désordres et troubleraient la tranquillité publique (1).

Les bourgeois des communes avaient la plupart montré beaucoup de sympathie pour les Pastoureaux. Comme eux, ils n'aimaient ni la noblesse ni le clergé; dans les villes qui possédaient des universités ou des écoles florissantes, les bourgeois et les clercs étaient continuellement en guerre civile. La dureté avec laquelle les serfs étaient souvent traités ne justifiait ou du moins n'expliquait que trop leur aversion pour leurs seigneurs.

A ce sujet, tous les chroniqueurs ont rapporté une anecdote qui fait grand honneur à la reine Blanche sans doute, mais qui montre en même temps que l'esprit fin et clairvoyant de cette princesse avait profité de la leçon des Pastoureaux et senti le prix de la popularité.

Les habitants d'Orly et de Châtenay (près Paris), serfs du chapitre de la cathédrale, n'ayant pu ou n'ayant voulu acquitter quelques tailles imposées par leurs seigneurs, les chanoines firent saisir tous les hommes adultes du pays par des archers, et les jetèrent dans leur pri-

---

(1) *Hist. de Paris* par Félibien, t. I, p. 335.

son seigneuriale située près du cloître Notre-Dame. Là, ces malheureux prisonniers furent si cruellement traités qu'on les laissait même manquer de nourriture ; au bout de quelques jours, plusieurs d'entre eux étaient en danger d'y mourir de misère et de faim.

On en fit des plaintes à la reine qui fut émue de pitié. Elle envoya en toute humilité, dit l'historien, prier les chanoines de vouloir bien, à sa considération, délivrer ces paysans sous caution, les assurant qu'elle aurait soin de s'informer de l'affaire, et leur ferait raison de tout ce qu'ils demandaient.

Les chanoines répondirent d'une manière fort arrogante que la reine n'avait point à s'occuper de leurs sujets ; qu'ils pouvaient les faire mourir, en un mot, comme il leur plaisait. Et ne se contentant pas de cela, en haine des plaintes faites à la reine, ils firent encore emprisonner les femmes et les enfants de ces mêmes villages ; et ils les maltraitaient si fort que plusieurs en moururent, partie de chagrin, partie de la presse et de la chaleur qu'ils souffraient dans la prison.

La reine ayant su cela fut touchée d'une extrême compassion de voir le peuple traité avec tant d'inhumanité par ceux qui le devaient soulager et protéger, et encore par ceux qui devaient instruire les autres par leur doctrine et par leur exemple. Elle manda la noblesse et les bourgeois de Paris, leur ordonna de prendre les armes, et les mena à la maison du chapitre où était la prison. Elle leur commanda d'en enfoncer les portes, et (afin qu'ils n'appréhendassent point les censures de ceux qui ne peuvent rien contre la vérité et la justice) elle donna le premier coup avec un bâton qu'elle tenait à la main. Les autres continuèrent, et la prison ayant aussitôt été ouverte, il en sortit un grand nombre d'hommes, de femmes et d'enfants, qui se jetèrent aux pieds de la reine et lui demandèrent sa protection.

Elle n'avait garde de la leur refuser, et même, d'indignation qu'elle eut contre la conduite du chapitre, elle en fit saisir tous les revenus jusqu'à ce qu'il lui eût fait satisfaction. Elle l'obligea aussi à affranchir ses paysans pour une somme d'argent qu'ils devaient payer tous les ans, (car les paysans et généralement tout le peuple, hors ceux qui avaient droit de commune, étaient alors comme esclaves). M. Le Maistre remarque que ce fut la bonté de saint Louis qui porta les seigneurs à les affranchir. (Il y a eu en effet grand nombre d'affranchissements faits de son temps ; mais il y en a eu aussi quelques uns de plus anciens.) Le premier qui se trouve avoir été fait par le chapitre de Notre-Dame, est du mois d'avril 1249 (et le temps se pourrait rapporter à l'histoire des habitants de Chastenay ; mais selon l'extrait qu'en a fait M. Le Maistre, je crois que c'est autre chose).

Saint Louis arrivé à Vincennes, y resta deux jours avant d'entrer dans la capitale, afin de laisser le temps aux Parisiens d'achever les somptueux préparatifs qu'ils avoient faits pour son entrée. Il mit à profit cet intervalle pour aller à Saint-Denis rendre grâce à Dieu de son heureux retour. Le 7 septembre, il fit son entrée solennelle à Paris avec son épouse la reine Marguerite et ses trois enfants.

« Il y fut reçu solennellement et avec les processions de toutes les églises de Paris. Les bourgeois et tous ceux qui étoient dans la ville furent au-devant de luy, vêtus et parés du mieux que chacun pouvoit selon sa condition. Si les autres villes de France qu'il avoit traversées depuis son retour l'avoient reçu avec une joie extrême, celle de Paris montra encore plus d'enthousiasme que toutes les autres. Le peuple fit pendant plusieurs jours des feux, des danses et d'autres réjouissances publiques qui finirent néanmoins plus tôt que les Parisiens n'eussent voulu; car saint Louis ne pouvant voir qu'avec peine la grande dépense, les danses et les vanitez qu'ils faisoient, s'en retourna au bois de Vincennes. Son voyage, qui dura plus de six ans, lui avoit coûté quinze cent trente sept mille cinq cent soixante et dix livres tournois (1). »

Dès lors, Louis consacra tous ses soins à l'administration intérieure de son royaume. Les manifestations belliqueuses qui avaient troublé les commencements de son règne étaient oubliées. Les grands barons dont l'attitude était si menaçante à la mort de Louis VIII étaient tous ou morts ou glacés par l'âge, et leurs héritiers étaient étrangers à ces dispositions haineuses. Le Saint-Siége ne prêchait plus de croisades contre l'empereur; il avait triomphé; le midi de la France était dans l'épuisement. Un traité régla les droits respectifs et souvent sujets à collision du roi de France et du roi d'Aragon sur les marches d'Espagne. Enfin Louis mit fin aux réclamations réitérées du roi d'Angleterre relativement à la grande iniquité de Philippe-Auguste. Henri III, toujours guerroyant avec ses sujets, était incapable de soutenir les armes à la main ses prétentions sur la Normandie; néanmoins le roi de France lui restitua le Périgord, le Limousin, l'Agenois et une partie de la Saintonge; moyennant cette cession, Henri renonça enfin à tous ses droits sur la Normandie, l'Anjou, le Maine, la Touraine et le Poitou (20 mai 1259). Ce traité fut presque réprouvé par toute la France, mais le bon Louis voulait mettre sa conscience en repos, et surtout, comme il disait très sagement, nourrir et entretenir amour, paix et union entre ses enfants et ceux du roi d'Angleterre. Saint Louis n'avait donc plus à s'occuper que d'améliorer les institutions de la France; et le zèle avec lequel il y pourvut produisit en peu de temps des résultats précieux pour le pays. D'abord il songea à la création de plusieurs établissements d'instruction et de piété dans la ville de Paris, qui cependant en avait.

---

(1) *Manuscrit de Tillemont*, p. 660.

vu s'élever un bon nombre pendant le voyage du bon roi en Palestine. On avait vu s'établir successivement à Paris le collége de Sorbonne, celui de Calvi, le couvent des Grands-Augustins, le collége des Bons-Enfants-Saint-Victor, le couvent des frères Sachets, le collége de Prémontré et d'autres encore auxquels Louis accorda sa protection royale et fit de riches donations. L'évêque de Paris était un des plus puissants seigneurs de la capitale. En 1250, Renaud ou Regnault de Corbeil, nommé à l'évêché de Paris, fit son entrée solennelle dans son église, porté par quatre grands barons comme le souverain pontife par ses cardinaux.

Félibien nous a transmis à ce sujet des détails fort intéressants (1). « Renaud de Corbeil, dit-il, fit son entrée à Paris, porté par quatre seigneurs feudataires de son église, savoir : le châtelain du Louvre, Barthélemy de Condrey, Guy-le-Loup, représentant le roi, et le seigneur de Chevreuse, représentant le comte de Bar, qui s'était excusé par lettre. Dans la suite, les quatre barons de France destinez à cette fonction, ont esté les barons de Macy, de Maugeron, de Chevreuse et de Luzarches. Celui de Montmorency étoit l'un des quatre avant l'érection de sa terre en duché. Lorsque le nouvel évêque vouloit faire son entrée, il alloit la veille coucher à Saint-Victor, et se rendoit le lendemain matin devant le portail de Sainte-Geneviève, où il étoit reçu par l'abbé et ses religieux qui l'introduisoient dans leur église. Il prenoit là ses ornements pontificaux, l'abbé prononçoit une prière pour lui, on chantoit le *Te Deum;* puis quatre religieux le transportoient dans sa chaise jusqu'aux portes de l'église, où ils le remettoient aux quatre barons. Ceux-ci, précédés de l'abbé et de ses religieux, portoient l'évêque jusque dans la rue Neuve-Notre-Dame, devant Sainte-Geneviève-des-Ardents, où se trouvoient le doyen et le chapitre assemblés pour introduire le prélat dans la cathédrale, après lui avoir fait, suivant la coutume, prêter sur les saints évangiles le serment de conserver les privilèges, exemptions et immunités de l'église de Paris, et aussi les concordats faits entre ses prédécesseurs et le chapitre. Le nouvel évêque étoit obligé de donner à chacun des quatre religieux de Sainte-Geneviève qui l'avoient porté, une pièce ou jeton d'or à sa marque ou à ses armes. Le prévôt des marchands et les échevins assistoient d'ordinaire à cette cérémonie avec les cours et les autres principales compagnies de Paris, qui étoient ensuite régalées dans les salles de l'évêché. »

Depuis les premières années de son règne, saint Louis avait porté toute sa sollicitude vers l'administration de la justice et les nombreuses réformes dont elle avait besoin. Sa malheureuse croisade avait seule

---

(1) Félibien, *Hist. de Paris*, t. I, p. 328.

retardé les effets de sages dispositions; et rendu à la France, il publia successivement un grand nombre d'ordonnances, qui furent les ébauches du code complet qu'il fit rédiger quelque temps avant sa mort sous le titre d'*établissements*.

Dès son arrivée en France, en passant à Beaucaire, il rendit une ordonnance fort remarquable pour protéger les Languedociens contre les vexations des officiers français, et pour borner l'arbitraire des sénéchaux de la couronne auxquels était confiée l'administration de ce pays. « Nous défendons expressément à nos sénéchaux, disait-il, d'empêcher les habitants de Beaucaire de porter où ils voudront leurs blés, leurs vins et autres denrées, pour les vendre, à condition qu'ils ne fournissent ni armes ni vivres aux Sarrazins, tant que les chrétiens seront en guerre avec ceux-ci, ni à aucuns de nos autres ennemis. S'il arrivait cependant quelque cas urgent pour lequel il convînt de défendre de porter les denrées hors du pays, le sénéchal assemblera un conseil *non suspect*, auquel assisteront *plusieurs des prélats, des barons et des bourgeois des bonnes villes*, de l'avis desquels le sénéchal fera cette défense, laquelle une fois faite ne pourra être révoquée sans un semblable conseil. Tant que durera cette défense, le sénéchal n'en pourra dispenser personne par faveur. Tout ce que dessus s'étendra aux sénéchaussées de Beaucaire et de Carcassonne. »

A cette ordonnance, dit M. H. Martin (1), remonte évidemment l'origine des *états du Languedoc*. C'est la première fois que, dans une province du domaine royal, on voit les délégués du Tiers-État appelés à délibérer régulièrement avec ceux de la noblesse et du clergé; jamais, sur les terres de la couronne, les bourgeois n'avaient été appelés à exercer des droits hors des murs de leurs communes. Un tel exemple devait naturellement être offert par les pays du Languedoc où la civilisation politique, même après tant de désastres, était demeurée supérieure à celle de la France du nord.

Dès l'année 1254, au mois de décembre, le roi publia une ordonnance générale qui renfermait des dispositions fort importantes. Cet édit portait que tout juge, soit subalterne, soit supérieur, serait tenu de prêter serment qu'il n'avait reçu aucun présent des parties qui se présentaient à son tribunal. Il défendait sous des peines très sévères les blasphèmes, les lieux de débauche, la fabrication des dés à jouer, tous les jeux de hasard et même les cabarets, si ce n'est pour les étrangers et les passants.

Le pieux roi détestait souverainement les blasphémateurs; « et jamais, dit Joinville, pour quelque courroux qu'il eût, ne lui ai-je entendu jurer ni blasphémer Dieu, ni dire le nom du diable; tandis

---

(1) Dans son *Hist. de France*, t. V, p. 245, édit. de 1834.

qu'aujourd'hui l'un ne dira pas trois mots d'humeur à l'autre qu'il n'ajoute : Va, de par le diable ! ou autres pareils langages. » Louis IX se laissa plus d'une fois entraîner, sur ce point, à de malheureux excès de sévérité. Son ordonnance prononçait des peines terribles contre le coupable ; elle le condamnait à avoir les lèvres ou la langue percées avec un fer chaud. Dès les premiers mois de sa publication elle fut impitoyablement appliquée à un bourgeois de Paris malgré les murmures excités par cette rigueur, et qui parvinrent jusqu'aux oreilles du roi. C'est une anecdote racontée par les Chroniques de Saint-Denis :

« Il advint une fois que le roi, chevauchant parmi Paris, ouït un homme qui juroit trop vilainement de Dieu. Le roi, grandement courroucé, commanda qu'il fût pris, et le fit marquer d'un fer ardent sur la lèvre pour qu'il eût perdurable mémoire de son péché, et que les autres craignissent de jurer vilainement de leur créateur. Beaucoup de gens murmurèrent contre le roi de ce que cet homme étoit si laidement marqué. Le roi, qui bien entendit leur murmure, ne s'en émut de rien contre eux, mais dit une parole qui fut bien écoutée : Je voudrois être ainsi marqué et en telle manière comme est celluy-ci, et que jamais serment ne fût juré en mon royaume. »

« Dulaure, *dans son abominable Histoire de Paris*, dit un savant académicien (1), transforme en habitude constante de saint Louis la rigueur exemplaire qu'il crut devoir montrer une seule fois à l'égard d'un blasphémateur effronté. Joinville, je dois le dire, cite pourtant encore un orfèvre de Césarée, en Palestine, que le roi, pour un grief analogue, fit exposer dans cette ville entouré des entrailles d'un porc. Puis il ajoute comme en parlant d'un fait contestable : Je oy dire puis que je revins d'outre-mer, que il en fist cuire le nez et le balèvre à un bourjois de Paris ; mès je ne le vis pas. — C'est le bourgeois dont parlent les chroniques. Voilà donc à quoi se réduisent toutes les *langues percées* par ordonnance de saint Louis. »

Il est probable en effet que l'édit royal contre les blasphémateurs ne fut pas toujours exécuté à la lettre ; cependant il faut se résoudre à croire que les deux exemples cités ne furent pas les seuls. Le pape Clément IV écrivit, en 1264, à saint Louis pour obtenir qu'il modérât sa rigueur à cet égard, et l'avertir que c'était pousser trop loin le zèle religieux. Il écrivit aussi au roi de Navarre, comte de Champagne, pour l'engager à réprimer les désordres que les blasphémateurs commettaient dans ses domaines, mais toutefois en lui disant de ne point imiter la sévérité de saint Louis (2). Il conseillait de s'en tenir aux punitions pécuniaires. Les remontrances du Saint-Père eurent leur effet. Saint Louis

---

(1) M. Paulin Paris, dans son édition des *Chroniques de Saint-Denis*, t. IV, p. 349.
(2) Delamare, *Traité de la police*, t. I, p. 513.

suivit son conseil, et peu de temps après adoucit les dispositions de son ordonnance.

Les conseillers de saint Louis avaient été moins compatissants au sujet des juifs. On l'avait souvent sollicité de les expulser comme avaient fait ses prédécesseurs, et d'utiliser leurs richesses au profit des chrétiens ; mais sa bonne foi goûta peu ces insinuations. Il rendit bien contre les juifs des édits rigoureux, il est vrai, mais conçus beaucoup moins dans un esprit d'oppression gratuite que dans le dessein de les convertir à la foi chrétienne. Les Israélites cependant se plaignirent à grands cris qu'ils n'avaient jamais souffert de persécutions aussi violentes ; et en effet, quelque moral que pût paraître son but, cet édit n'était rien moins que tolérant. Il enjoignait aux juifs de ne rien prêter à usure ; de pourvoir à leur subsistance par le seul travail de leurs mains, afin de se contenter du juste profit d'un commerce légitime ; et de brûler tous leurs livres, à commencer par leur *Thalmud* ou livre saint. Plus tard, en 1269, saint Louis ordonna que les juifs fissent coudre sur leur robe de dessus, devant et derrière, une pièce de feutre ou de drap jaune de forme circulaire, et d'environ quatre palmes de circonférence ; cette marque se nommait *rouelle*, et le juif qu'on surprenait sans sa rouelle était condamné à la confiscation de sa robe et au paiement de 10 livres d'amende (1). Mais d'un autre côté le saint roi n'épargnait rien pour la conversion des infidèles, et ses libéralités gagnèrent beaucoup de familles. Il tint lui-même sur les fonts baptismaux plusieurs de ces Israélites convertis, qu'il gratifiait ensuite, eux et leurs enfants, de bonnes pensions assignées sur le meilleur de ses revenus (2).

Saint Louis signala aussi sa piété par la proscription absolue qu'il prononça en même temps contre les maisons de débauche et les filles de mauvaise vie. Il décréta que les femmes prostituées seraient chassées de tous lieux où elles se trouveraient ; que leurs biens seraient confisqués par les juges desdits lieux, ou sous leur autorité par le premier occupant. Il ordonna qu'elles seraient dépouillées même de leurs habits, et que si quelqu'un louait sa maison à un femme qu'il sût être prostituée, la maison serait confisquée. Quelques unes de ces malheureuses ainsi converties de force se retirèrent dans des maisons de pénitence ; mais saint Louis fut bientôt obligé de plier ses pieuses volontés à la force des choses, et d'abroger une loi impraticable. Au bout d'un an, il fit, contre les *femmes folles de leurs corps et communes*, une loi nouvelle et beaucoup moins sévère que la précédente.

(1) Le concile de Latran avait ordonné, en 1215, que les juifs portassent un habit particulier et différent de celui des chrétiens. Le concile d'Arles, 1234, leur avait permis de porter une simple marque sur leurs habits en lieu apparent.
(2) Félibien, *Hist. de Paris*, t. I, p. 344.

A tous ces règlements, il faut joindre celui qui fut publié à la même époque relativement au guet de la ville de Paris. La capitale était troublée chaque jour, et surtout chaque nuit, par des accidents dont la gravité compromettait à chaque instant la sûreté des particuliers. C'étaient constamment des incendies, des vols, des violences, des enlèvements de femmes, des batailles. Il y avait depuis long-temps une milice entretenue aux dépens du roi pour veiller à la sûreté de la ville qu'elle était chargée de parcourir durant toute la nuit ; mais elle était de beaucoup insuffisante : elle se composait de vingt *sergents* (1) *à cheval* et de quarante *sergents à pied*, commandés par un officier nommé le *chevalier du guet*. Aussi les bourgeois de Paris prirent le parti de veiller eux-mêmes à leur sûreté ; ils obtinrent du roi la permission de faire toutes les nuits des rondes par la ville sous l'autorité du chevalier du guet. Cette milice bourgeoise, pour laquelle chacun devait faire le service de trois en trois semaines, fut appelée le *guet des mestiers* ou *guet des bourgeois*. Quelques corps de métiers cherchèrent dès le commencement à se dispenser de cette obligation, et il fallut plusieurs arrêts du parlement pour les contraindre. Le commandement du guet des bourgeois appartenait, comme celui du guet royal, au prévôt de Paris (2). En 1264, il fut ordonné par le parlement que les drapiers de Paris contribueraient de leurs personnes au guet des bourgeois, soit que le prévôt fût présent, soit qu'il fût absent. En 1271, ce même motif, l'absence du prévôt, fut invoqué derechef comme une cause de dispense par les drapiers, et en outre par les orfèvres, les changeurs, les taverniers et autres; ils furent tous condamnés. Deux autres arrêts du parlement obligèrent, en 1265, les habitants de la seigneurie de l'évêque, et, en 1270, ceux qui demeuraient dans la juridiction du Temple, à faire le guet comme les autres bourgeois de la ville (3).

Ces diverses ordonnances de saint Louis furent rendues, en 1254, l'année même de son retour à Paris, dans un parlement qu'il tint au mois de décembre. Chaque année, en effet, il tenait régulièrement à Paris plusieurs parlements, et employait l'intervalle de l'un à l'autre à parcourir les provinces de son royaume.

En 1256 fut convoqué à Paris un concile, à la tête duquel se trouvèrent un grand nombre de prélats illustres : l'archevêque de Sens, Henri ; Guillaume, évêque d'Orléans ; Renaud de Paris, Gui d'Auxerre, Nicolas de Troyes, et Aleaume, élu évêque de Meaux. Dans cette assemblée réunie pour juger les auteurs d'un meurtre récemment commis sur la personne du chantre de l'église de Chartres, fut agitée la ques-

---

(1) Le sergent ou serjent (*serviens*) était, au temps de saint Louis, un soldat d'élite. Le titre de sergent appartenait à l'homme d'armes placé, dans la hiérarchie militaire, immédiatement au-dessous de l'écuyer.—(2) *Hist. litt. de la France*, t. XIX, p. 157. — (3) Delamare, *Traité de la police*, t. I, p. 236.

tion des interminables débats de l'Université de Paris avec les ordres mendiants de la capitale. L'université, la *source de toute sapience*, tendait à se dérober à la suprématie de l'Église sa mère, et à côté d'elle les ordres religieux tendaient à lui enlever le privilége de l'instruction publique. Au temps de saint Louis, à cette époque où le progrès des lumières marchait rapidement, ces deux puissances rivales, grandies à l'envi l'une de l'autre, intolérantes et haineuses, manifestaient leur inimitié par des collisions continuelles. C'étaient sans cesse avec les Jacobins, les Cordeliers, les Dominicains (1), de violents démêlés qui nécessitaient souvent l'intervention royale et celle du Saint-Siége.

Au milieu de ses prudentes réformes administratives, Louis IX sentit bientôt le besoin de réorganiser entièrement la prévôté de Paris. Depuis Philippe-Auguste, la prévôté de Paris était devenue une charge vénale : de là nombre d'abus criants. Le prévôt était le plus souvent un homme incapable; quelquefois il y avait deux prévôts à la fois; la police était très mal faite; il n'y avait plus pour les bourgeois ni sûreté ni justice. Le roi donc ordonna que la prévôté ne serait plus affermée au plus offrant, et restreignit la juridiction du prévôt à la police et à la justice en première instance. En 1258, fut choisi pour exercer cette charge un notable bourgeois de Paris, Étienne Boiliaue ou Boileau (2), dont la sagesse et l'intégrité secondèrent puissamment les vues réformatrices de saint Louis.

Voici comment Joinville s'exprime à ce sujet :

« La prévôté de Paris étoit alors vendue aux bourgeois de Paris ou à aucuns; et quand il advenoit que aucuns l'avoient achetée, ils soutenoient leurs enfants et leurs neveux dans leurs excès, car les jouvençaux se fioient en leurs parents ou en leurs amis qui tenoient la prévôté. Pour cela le menu peuple étoit foulé et ne pouvoit avoir droit contre les riches hommes, à cause des grands présents et dons que ceux-ci faisoient au prévôt. Dans ce temps, celui qui disoit la vérité devant le prévôt, ou qui vouloit garder son serment pour n'être pas parjure touchant aucune dette ou autre chose dont il fût tenu de répondre, le prévôt levoit amende sur lui, et le punissoit à cause des grandes injustices et des grandes rapines qui étoient faites en la prévôté; le menu peuple n'osoit demeurer en la terre du roi, et alloit demeurer en autres prévôtés et en autres seigneuries; et la terre du roi étoit si déserte, que

---

(1) Voy. l'article *Université*.

(2) C'est ainsi que le nom de ce prévôt célèbre est écrit en tête de ses *Règlements* et dans les registres du parlement, où l'on trouve aussi quelquefois *Boylesve*. Dans les titres latins, ce nom est traduit par *Bibens aquam*. L'inscription placée au-dessous de la statue récemment élevée à Ét. Boileau à la façade de l'Hôtel-de-Ville, est mal orthographiée; on y lit : *Est. Boyleaux*. La lettre *x* à la fin du nom ne se trouve pas dans les anciens manuscrits, et constitue une faute évidente contre l'étymologie.

quand le prévôt tenoit ses plaids, il n'y venoit pas plus de dix personnes ou de douze. Avec cela, il y avoit tant de malfaiteurs et de larrons à Paris et dehors que tout le pays en étoit plein. Le roi, qui mettoit grande diligence à savoir comment le menu peuple étoit gardé, sut toute la vérité ; aussi il ne voulut pas que la prévôté de Paris fût vendue, mais donna bons et grands gages à ceux qui dorénavant la garderoient, et il abattit toutes les mauvaises coutumes dont le peuple pouvoit être grevé. Il fit enquérir par tout le royaume et par tout le pays où il pourroit trouver homme qui fît bonne et roide justice, et qui n'épargnât pas plus le riche homme que le pauvre ; on lui indiqua Étienne Boileau, lequel maintint et garda si bien la prévôté, que nul malfaiteur, ni larron, ni meurtrier, n'osa demeurer à Paris craignant d'être aussitôt pendu ou détruit, car il n'y avoit ni parent, ni lignage, ni or, ni argent qui le pût garantir. Aussi la terre du roi commença à amender, et le peuple y vint à cause du bon droit qu'on y faisoit. Il s'y multiplia tant et tout amenda si bien que les ventes, les saisies, les achats et les autres levées valoient le double de ce que le roi y prenoit par avant. « En toutes ces choses que nous avons ordonnées, disoit le roi, pour le profit de nos sujets et de notre royaume, nous nous réservons le pouvoir d'éclaircir, d'amender, d'ajouter, de diminuer, selon que nous aurons conseil. » Par cette ordonnance l'état du royaume de France devint meilleur, comme le témoignent plusieurs sages et anciens (1). »

M. Depping apprécie très bien le mérite d'Étienne Boileau, son influence sur les corporations, et le véritable caractère du fameux règlement des arts et métiers auquel il a laissé son nom : « Nous ne savons, dit-il, que peu de détails de la vie d'Étienne Boileau, qui justifia pleinement la confiance qu'il avait inspirée à son souverain. Louis IX, venant quelquefois s'asseoir à ses côtés quand ce prévôt rendait la justice au Châtelet, prouva combien il honorait les fonctions dont il l'avait revêtu. On lit dans un ouvrage, composé deux siècles après le règne de ce prince, que Boileau maintint une police si sévère qu'il fit pendre même son filleul coupable de vol, et un de ses compères convaincu d'avoir nié un dépôt d'argent qui lui avait été confié.

» Ce qui est mieux avéré, c'est l'influence qu'Étienne Boileau exerça sur les corporations : c'est du temps de sa prévôté que datent les règlements d'arts et métiers de la ville de Paris. Il faut détruire d'abord une erreur généralement répandue et journellement reproduite. On représente ce prévôt comme le législateur de l'industrie parisienne, et comme l'auteur de règlements parfaits, et même comme le fondateur et l'organisateur des communautés d'artisans. Ce n'est pas là le mérite qui recommande son nom à la postérité. Les communautés existaient

(1) Joinville, dans la collection de MM. Michaud et Poujoulat, t. I, p. 320.

avant le règne de Louis IX, déjà elles avaient des règlements, des us et des coutumes auxquels leurs membres se conformaient ; d'ailleurs la législation du moyen âge consistait moins à prescrire des règles nouvelles qu'à donner une sanction légale aux usages pratiqués depuis long-temps et éprouvés par l'expérience.

» Voilà ce que fit Boileau à l'égard des communautés d'arts et métiers de Paris : il établit au Châtelet des registres pour y inscrire les règles pratiquées habituellement pour les maîtrises des artisans ; puis les tarifs des droits prélevés au nom du roi sur l'entrée des denrées et marchandises ; puis les titres sur lesquels les abbés et autres seigneurs fondaient des priviléges dont ils jouissaient dans l'intérieur de Paris. Les corporations d'artisans, représentées par leurs maîtres jurés ou prud'hommes, comparurent l'une après l'autre devant lui au Châtelet, pour déclarer les us et coutumes pratiqués depuis un temps immémorial dans leur communauté, et pour les faire enregistrer dans le livre qui désormais devait servir de régulateur, de cartulaire de l'industrie ouvrière. Un clerc tenait la plume, et enregistrait sous les yeux du prévôt les dépositions des traditions et pratiques du métier. Aussi, dans la plupart de ces règlements, on déclare au début qu'on va exposer les us et coutumes, et plusieurs se terminent par une adresse au prévôt pour lui signaler des abus à redresser ou des vœux à exaucer. Tous ces règlements sont brefs, et dégagés du verbiage qui enveloppe et embrouille les règlements des temps postérieurs. A Étienne Boileau est peut-être due la forme de ces règlements ; en magistrat habile, il a pu veiller à ce qu'ils fussent rédigés d'une manière claire, précise et à peu près uniforme. Ce type est si prononcé qu'il n'est pas difficile de distinguer un règlement des registres d'Étienne Boileau de ceux qui ont été faits sous la prévôté de ses successeurs.

» Boileau a donc le mérite incontestable d'avoir rassemblé les us et coutumes des métiers tels qu'on les suivait à Paris, et tels qu'ils lui étaient déclarés par les notables de chaque communauté. Il a donné un corps, une existence matérielle à des règles qui n'avaient jamais été recueillies, et dont plusieurs n'avaient peut-être pas même été écrites. Si dans la suite on a conservé, malgré les progrès de la législation, le fond de plusieurs de ces règlements, c'est qu'ils étaient le fruit d'une longue expérience et éprouvés par le temps : ils avaient reçu la sanction qui manque à des règlements inventés dans le cabinet d'un législateur qui a dédaigné de consulter la pratique (1). »

J'aurai bientôt occasion de revenir sur les corporations et les métiers en parlant de l'état des arts et de l'industrie à Paris à la fin de cette période. Reprenons maintenant le récit des événements généraux du règne de saint Louis.

(1) *Règlement sur les arts et métiers de Paris*, etc. ; introd., p. LXXXI.

L'année suivante (1259) de cruels événements vinrent éprouver saint Louis. D'abord la capitale de son royaume fut ravagée par la peste, ce qui ne l'empêcha pas de tenir ses quatre parlements aux époques ordinaires : à la Pentecôte, à la Nativité de la Vierge, à la Toussaint et à la Saint-Martin d'hiver. Il reçut magnifiquement le roi d'Angleterre, Henri III, qui vint à Paris vers cette époque ; il le logea au Louvre, et le festoya lui et sa suite pendant plusieurs jours. Il parvint à obtenir de lui la conclusion du traité de paix dont j'ai parlé plus haut, et sa renonciation définitive à toute prétention sur le duché de Normandie. Le 4 décembre, dans les jardins du palais, en présence des cours de France et d'Angleterre, Henri III rendit hommage à saint Louis, son suzerain, pour l'Aquitaine et les autres possessions qu'il tenait soit en pairie, soit en fief de la couronne de France. Les deux rois, en parfaite intelligence, passèrent ensemble les fêtes de Noël, tantôt à Paris, tantôt à l'abbaye de Saint-Denis pour laquelle Henri III avait une grande dévotion, et qu'il combla de présents. Tout-à-coup le fils aîné du roi de France, âgé de seize ans, tomba malade et mourut. Le corps du jeune prince fut porté à Saint-Denis, « où l'on fit dévotement le service des morts. Après le service, le roi Henri et les plus nobles qui là furent, prirent le corps, et le portèrent parmi la ville de Saint-Denis et plus avant, la moitié d'un mille, sur leurs propres épaules ; et pour que si noble prince ne fût trop lassé, plusieurs gens le portèrent de là à Royaumont (1). » L'inhumation eut lieu à l'abbaye de Royaumont le 13 février 1260.

Le roi d'Angleterre revint à Paris, où saint Louis le retint encore pendant tout le carême. Henri III aimait singulièrement le séjour de la capitale de France ; quelques années auparavant, en 1255, comme il se trouvait en Gascogne, il avait fait demander à Louis la liberté de passer par ses États pour retourner en Angleterre. Non seulement le saint roi y consentit, dit Félibien, mais encore il lui fit une réception des plus magnifiques qui se lisent dans nos histoires. Après lui avoir fait rendre les honneurs dus à un souverain, dans toutes les villes qui se trouvèrent sur son passage, il alla en personne, avec la reine, au devant de lui jusqu'à Chartres. Mathieu Paris nous a conservé un curieux récit sur ce qui se passa dans Paris pendant le séjour qu'y fit en cette occasion le roi d'Angleterre. Ce récit a été reproduit par Félibien avec une simplicité de style qui vaut mieux certainement que la traduction que nous en pourrions faire :

« Lorsque les deux roys et les deux reines arrivèrent près de Paris, ils trouvèrent toute la ville sortie au-devant d'eux en grande pompe. L'Université y parut en habits de cérémonie, avec des cierges allumés

(1) *Chroniq. de Saint-Denis*, t. IV, p. 873.

et des couronnes de fleurs, accompagnée de chœurs de musique. Ce ne fut toute la nuit suivante qu'illuminations et réjouissances par toute la ville. Saint Louis laissa au roi Henri le choix du Palais ou du Temple pour son logement; et Henri préféra le Temple, à cause du grand nombre d'appartements que les chevaliers y avoient fait construire pour tenir les assemblées générales de leur ordre. Le lieu néanmoins, tout spacieux qu'il étoit, ne put contenir le grand nombre d'hommes et de chevaux que le roi d'Angleterre avoit à sa suite. Ils remplirent toutes les hôtelleries depuis le Temple jusqu'à la Grève; encore y en eut-il plusieurs obligés de coucher dehors, tant le cortége étoit nombreux. Dès le lendemain les officiers du roi d'Angleterre assemblèrent par son ordre tous les pauvres qui se rencontrèrent, auxquels il fit donner un grand repas et des aumônes. Le roi de France fit voir en même temps à celui d'Angleterre les plus belles églises de Paris, et surtout la Sainte-Chapelle et les reliques qu'il y avoit ramassées. Le roi Henri en faisant ses prières dans tous ces lieux de piété, y laissoit quelque présent.

» On préparoit en même temps le grand festin qu'il vouloit donner au roi de France et à toute sa cour, pour ne pas dire à tout Paris, car les portes furent ouvertes à tout le monde; entroit qui vouloit, et chacun trouvoit soit dans les cours, soit dans les salles, des tables dressées avec tant d'abondance, que bien que ce fût un jour maigre, Mathieu Paris, auteur du temps, met ce repas au-dessus des festins les plus célèbres dans l'histoire. La grande salle, toute remplie de boucliers, à la façon des Anglois, étoit destinée pour les deux rois et pour leur cour. Voici l'ordre qui fut gardé à table : le roi de France, que l'historien anglois appelle *le roi des rois de la terre*, étoit au milieu, le roi d'Angleterre étoit à sa droite, et Thibaud II, roi de Navarre, à sa gauche. Le reste étoit occupé par douze évêques, mêlés entre les ducs et les barons au nombre de vingt-deux. On y compta aussi dix-huit comtesses, entre lesquelles la comtesse douairière de Provence, et ses deux filles les comtesses de Cornouailles et d'Anjou, sœurs des deux reines, dont l'histoire ne fait ici aucune mention, mais qui suivoient apparemment chacune le roi leur mari. Après le repas, le roi d'Angleterre envoya aux seigneurs françois des coupes d'argent, des agrafes d'or, des ceintures ou écharpes de soie, et d'autres présents. Le soir, le roi Louis emmena le roi Henri loger au palais, quelque résistance qu'il pût faire, et lui dit en riant : Je suis ici dans mon royaume, et je veux y être le maître à mon tour. Le roi d'Angleterre, passant par la Grève sur le grand pont et le long des rues, admira le bon goût des maisons, quoiqu'elles ne fussent que de plâtre, leur hauteur de trois et quatre étages, et la prodigieuse multitude de peuple accouru pour le voir, et qui publioit partout sa magnificence et sa libéralité. Henri passa huit jours à Paris dans de continuels divertissements; après quoi, lorsqu'il en partit, le roi l'accompagna une journée de chemin. L'historien du roi Henri fait monter sa dépense dans Paris à 1,000 livres d'argent, sans compter ses largesses, qui diminuèrent beaucoup son trésor, mais en récompense augmentèrent l'honneur et la gloire de la nation angloise (1). »

A cette année 1259, se rapporte encore un acte solennel de justice, qui fait bien ressortir la fermeté de saint Louis et sa haute équité. Je veux parler du procès d'Enguerrand de Coucy, un des plus puissants seigneurs du royaume. J'en emprunterai le récit à la vie manuscrite de saint Louis, par Tillemont :

« Il y a dans le diocèse de Laon une abbaye de Bénédictins appelée Saint-Nicolas-au-Bois, environ à trois lieues de Laon et du château de Coucy, et un peu à gauche du chemin de Laon à La Fère. Dans cette abbaye il y avoit trois jeunes gentilshommes Flamands qu'on y avoit mis pour apprendre le françois et peut-être aussi les lettres humaines, puisqu'ils sont appelés clercs. Ils avoient avec eux un précepteur, et l'abbé s'en étoit particulièrement chargé.

» Ces jeunes gens s'étant un jour allés se promener et se divertir dans les bois de l'abbaye, se mirent à poursuivre quelques lapins à coups de flèches, n'ayant ni chiens ni aucun autre équipage de chasse; et les lapins se sauvant dans les bois de Coucy, ils les y suivirent sans savoir si cela étoit défendu ou non, ni apparemment à qui étoient les bois, car ils ne savoient pas même encore la langue. Les gardes de Coucy les ayant ainsi trouvés qui chassoient, les menèrent en prison et en avertirent Enguerrand; et en même temps ce seigneur, cruel et sans pitié, sans s'informer ni de leur âge, ni de leur naissance, ni de ce qu'ils avoient fait, ordonna tout en colère qu'ils fussent pendus. Cela fut aussitôt exécuté.

» L'abbé, étrangement surpris de cette nouvelle, la fut dire à Gilles le Brun, connétable de France, dont on dit que l'un de ces gentilshommes étoit parent. Il en fut fort affligé et fort en colère; et aussitôt il alla trouver le roi avec l'abbé et quelques femmes parentes des gentilshommes, et lui firent leur plainte contre Enguerrand avec toute la véhémence possible. Le roi fit d'abord faire une information, par laquelle Enguerrand se trouvant coupable, il le fit aussitôt citer à comparaître devant lui et devant sa cour, c'est-à-dire devant son conseil et son parlement ordinaire, où il ne faut pas douter que le connétable, le bouteiller et le chambrier ne fussent appelés avec les personnes de qualité qui se trouvoient autour du roi.

» Enguerrand comparut à Paris devant le roi; mais il refusa de répondre, demandant à être jugé par les pairs de France, selon le droit

---

(1) *Hist. de la ville de Paris*, t. I, p. 346.

et l'usage des baronies. Le conseil du roi répondit à cela qu'il ne tenoit aucune terre en baronie ; que si ses prédécesseurs avoient eu ce droit, c'étoit à cause des terres de Boves et de Gournay, qui avoient été données en partage à des puînés de sa maison : et cela fut justifié par les anciens actes de la cour. Ce démembrement de Boves d'avec Coucy se voit dans l'histoire de la maison de Coucy, qui remarque que la terre de Coucy, dans son origine, n'étoit qu'un simple fief de l'abbaye de Saint-Remi-de-Reims, chargé de soixante sols de cens. Mais on prétend que comme Coucy étoit demeuré à l'aîné, le seigneur de Boves lui rendoit hommage ; ce qui fait que la terre de Boves, quoique plus noble, relève encore aujourd'hui de celle de Coucy. Cela étoit fort favorable pour la prétention d'Enguerrand ; et d'ailleurs ses grandes alliances pouvoient porter à le considérer comme baron.

» Cette difficulté empêchant donc que l'affaire se pût terminer sitôt, le roi fit saisir la personne d'Enguerrand non par des pairs, mais par ses chevaliers et les officiers de son hôtel, ou sergents, et le fit mener prisonnier au Louvre, lui déclarant qu'il feroit de lui justice et raison, et lui assignant pour cela un jour. (Cela rappelle la justice que saint Louis fit en Palestine d'un de ses sergents qui avoit frappé un chevalier du sire de Joinville.) Enguerrand fut donc conduit au Louvre, enfermé dans la tour, et gardé fort étroitement dans une chambre, sans néanmoins être enchaîné.

» Enguerrand fut fort étonné de se voir en ce lieu. Divers grands seigneurs ses parents s'assemblèrent à Paris, supplièrent le roi de l'élargir sur leur caution, et de souffrir qu'il fût jugé par les pairs, et obtinrent enfin l'un et l'autre après beaucoup de sollicitations et de remontrances ; mais ils ne purent jamais obtenir que le roi se contentât d'une amende. Il vouloit faire justice à la rigueur, se souvenant du serment qu'il avoit fait à son sacre, et faire souffrir au coupable le même supplice qu'il avoit fait souffrir à des innocents ; et il s'en déclaroit si ouvertement qu'on a même écrit qu'il avoit prononcé cet arrêt terrible. Cependant il étoit extrêmement rare de voir en ce temps-là des gentilshommes condamnés à mort. On voit qu'en 1268, André de Renty ayant été convaincu d'avoir tué un chevalier, saint Louis le punit fort sévèrement, mais ne le condamna point à la mort. En 1269, Boson de Bourdeilles, convaincu du même crime et poursuivi à mort, s'étant soumis à saint Louis et son accusateur aussi, il fut condamné à être treize ans outre-mer, ce qu'une partie du conseil trouva bien doux.

» Saint Louis voulant donner cette satisfaction aux parents d'Enguerrand et satisfaire autant qu'il pouvoit à la justice, quoiqu'il vît qu'on ne travailloit qu'à sauver le coupable, manda néanmoins tous les barons de France pour se trouver au jour qu'il leur marquoit au jugement du sire de Coucy. Ils y vinrent en grand nombre, et s'assemblèrent dans le palais du roi à Paris. Les pairs s'y trouvèrent avec presque tous les barons du royaume. On nomme entre autres le roi de Navarre ; comte de Champagne ; le duc de Bourgogne, les comtes de Bar, de Soissons, de Bretagne, de Blois, l'archevêque de Reims et la comtesse de Flandre, et ils étoient tous fort favorables au coupable.

» L'abbé de Saint-Nicolas y parut d'autre part avec les parentes des gentilshommes pour demander justice au roi. Il n'est point parlé du connétable. Le roi vint avec ceux de son conseil, et Enguerrand y fut amené en sa présence par ceux qui avoient promis de le représenter, et mis au milieu de l'assemblée pour répondre sur le crime dont on l'accusoit. On commença à parler de son affaire, et elle y fut débattue bien au long et mûrement par grande délibération, et Enguerrand ne trouvoit point de réponse aux preuves que l'on alléguoit publiquement de son crime.

» Enfin on demanda au roi de la part d'Enguerrand qu'il pût prendre conseil de ses parents ; et le roi l'ayant accordé il se retira à part, et presque tous les barons de l'assemblée étant ses parents se joignirent à lui. Le roi de Navarre et les autres que nous avons nommés étoient de ce nombre. Ainsi le roi demeura seul avec ceux de son conseil et de sa maison. Et le roi même étoit son parent ; Alix de Dreux, grand'mère d'Enguerrand, étant petite-fille de Louis-le-Gros, trisaïeul de saint Louis. Après qu'ils eurent long-temps délibéré, ils revinrent devant le roi ; et Jean de Thorote, châtelain de Noyon et autrefois gouverneur de Champagne, parlant pour Enguerrand, nia absolument le cas dont il étoit question ; déclara qu'il étoit prêt de s'en défendre par bataille, c'est-à-dire par le duel ; et que pour l'information faite contre lui, il ne vouloit et ne pouvoit s'y soumettre.

» Je crois qu'en effet la voie d'information étoit une procédure nouvelle introduite par saint Louis l'an 1240, lorsqu'il défendit la voie de bataille et de duel. Et peut-être que son ordonnance n'avoit pas été autorisée par les barons, et ainsi ne pouvoit faire de loi à leur égard. On ne marque point en effet qu'il l'ait alléguée en cette rencontre. Mais il eut recours aux principes de l'équité naturelle ; et après avoir écouté avec attention la demande d'Enguerrand, il répondit qu'il ne falloit jamais employer la voie des batailles à l'égard des églises et des faibles, qui n'étoient pas en état de trouver des personnes qui voulussent combattre pour eux contre les barons du royaume. Et pour montrer qu'on ne pouvoit trouver mauvais qu'il en usât de la sorte, il allégua fort à propos l'exemple de Philippe-Auguste, qui avoit fait informer contre Jean, sire de Sully, accusé d'homicide, et avoit retenu durant douze ans son château de Sully, quoiqu'il ne relevât pas immédiatement de lui.

» Saint Louis ne prenoit pas sans doute la conduite de Philippe-Auguste pour règle de la sienne ; mais l'exemple d'un prince tout martial fermoit la bouche à ceux qui préféroient la voie des armes à celle de la justice. Le comte de Bretagne voulut insister ; mais le roi le fit ressouvenir que dans une affaire qu'il avoit eue contre ses barons, il avoit lui-même demandé la voie d'enquête et rejeté celle du duel, comme n'étant pas voie de droit. Il demeura donc ferme à refuser la demande d'Enguerrand, et comme il étoit peut-être tard, il le fit prendre par ses sergents et mener au Louvre pour y être gardé jusqu'au jugement de son affaire. Le roi de Navarre, le comte de Bretagne, la comtesse de Flandre et beaucoup d'autres prièrent le roi de le leur rendre, s'obligeant de le représenter, vu qu'il n'étoit point convaincu d'avoir fait pendre ces gentilshommes ; mais il les refusa et se leva sans vouloir écouter personne sur ce sujet : de sorte que les barons furent obligés de se retirer aussi. Le roi étoit indigné de ce qu'il sembloit qu'ils voulussent conspirer contre lui et contre le royaume, car ils avoient tenu entre eux quelques assemblées.

» Les barons furent extrêmement étonnés et affligés de cette fermeté inflexible du roi ; de sorte qu'ils conseillèrent à Enguerrand de ne point chercher à se justifier, mais de se soumettre absolument à la volonté du roi et d'implorer sa miséricorde. De leur part ils sollicitoient puissamment sa grâce, conjuroient le roi d'avoir pitié de lui, et le prioient de le condamner à telle amende qu'il lui plairoit, mais de ne lui point ôter la vie. Le roi résistoit à toutes ces prières par le zèle de la justice, ayant devant les yeux la grandeur du crime qui méritoit le dernier supplice.

» Enfin Enguerrand ayant été amené devant le roi pour entendre son arrêt, et le roi demandant l'avis des barons, la plupart s'excusèrent de parler, disant qu'ils ne pouvoient pas opiner contre leur parent ; et s'approchant du roi le supplioient de nouveau de lui faire grâce et miséricorde, car ils connoissoient bien qu'elle leur étoit nécessaire. En même temps Enguerrand se jeta à genoux aux pieds du roi, qui ne se laissoit point encore fléchir. Il tâchoit d'obliger les pairs et les barons à lui dire leur avis ; il leur représentoit l'énormité du crime ; il les exhortoit à ne point considérer la personne du criminel, et à vouloir faire justice. Mais il ne put tirer d'eux que des conjurations et des prières.

» Il céda enfin à de si puissantes sollicitations. Il ne crut pas être obligé de condamner à mort, contre le sentiment de tous ses barons, un homme de cette qualité, qui n'étoit convaincu que par une procédure nouvelle et extraordinaire dans la coutume du royaume, et à laquelle il ne s'étoit jamais soumis. Cette même année, un Nicolas de la Mote, chevalier de Picardie, ayant été convaincu d'un crime par information, le parlement ordonna qu'il seroit arrêté jusqu'à ce qu'il eût payé l'amende au roi ; mais qu'il ne seroit privé ni de la vie, ni d'aucun membre, ni de ses biens, parce qu'il ne s'étoit pas soumis à l'enquête.

» Saint Louis se voyant donc obligé de faire grâce, regarda le sire de Coucy à genoux devant lui, et lui dit : Enguerrand de Coucy, si je croyois que Dieu demandât de moi de vous traiter comme vous avez fait ces trois jeunes innocents, tout ce que vous avez de parents ne pourroit pas vous faire éviter une mort honteuse, car vous l'avez bien méritée. Je ne considérerois ni votre naissance, ni le nombre et le pouvoir de vos parents et vos amis. A ces mots tout ce qu'il y avoit là de seigneurs se jetèrent à genoux devant le roi, le supplièrent de modérer sa juste indignation et de leur accorder la grâce du criminel. Il ne put résister davantage, et déclara qu'il consentoit à ce qu'Enguerrand rachetât sa vie.

» Il délibéra ensuite avec son conseil et avec tous les seigneurs, de la peine qu'on lui imposeroit ; et, suivant le sentiment de tout le monde, il le condamna à 10,000 livres d'amende envers le roi ; à aller dans un certain temps passer trois ans en Orient au secours de la Terre-Sainte, avec un certain nombre de chevaliers ; à faire dépendre et enterrer honorablement, dans l'abbaye de Saint-Nicolas-des-Bois, les trois gentilshommes ; à fonder pour eux dans la même église trois chapellenies et deux messes par jour ; à donner à l'abbaye de Saint-Nicolas-des-Bois le terrain où les gentilshommes avoient été pendus, et à perdre la haute justice et le droit d'emprisonner et de condamner à mort, soit seulement dans les eaux et forêts de ses seigneuries, soit généralement dans toutes ses terres, et à être privé aussi d'avoir garenne. Enguerrand fit serment de se soumettre aux peines qu'on lui imposoit.

» On rapporta au roi qu'après ce jugement, Jean de Thorote avoit dit à quelques barons qui y avoient assisté, qu'il ne restoit plus après cela sinon que le roi les fît tous pendre. Le roi ne crut pas devoir négliger cette parole séditieuse. Il envoya quérir ce chevalier par ses officiers, et d'abord qu'il fut arrivé, il lui dit : Jean, je ne fais pas pendre mes barons ; mais quand ils font des fautes, je les punis. Il lui demanda ensuite s'il avoit dit ce qu'on lui avoit rapporté. Jean s'étant mis à genoux protesta qu'il ne l'avoit point dit, qu'il étoit prêt d'en faire serment, et qu'il trouveroit vingt ou trente chevaliers prêts d'attester la même chose. Le roi se contenta de cela, et ne le fit pas arrêter comme il en avoit eu le dessein.

» Cette rigueur de saint Louis envers un aussi grand seigneur qu'étoit Enguerrand est un grand modèle pour les autres rois ; et comme elle étoit jointe à une vie sainte, elle lui acquit à lui-même la crainte et le respect de ses sujets. Il voulut être payé sans différer de l'amende qu'Enguerrand lui devoit ; de quoi les seigneurs furent un peu surpris, car il n'avoit pas accoutumé de témoigner de l'empressement pour de l'argent. Mais leur étonnement cessa bientôt lorsqu'ils virent l'usage qu'il en fit ; car, au lieu d'enrichir son épargne d'une somme qui étoit grande pour le temps, il l'employa toute en œuvres de piété. Il en fit rebâtir l'Hôtel-Dieu de Pontoise et en augmenta les revenus, et en fit entièrement bâtir les écoles et les dortoirs des Jacobins de Paris, et même l'église des Cordeliers ; recommandant dans tous ces lieux qu'on y fît des prières pour les trois gentilshommes (1).

» La Chronique de Saint-Denis dit qu'Enguerrand fit le voyage d'outre-mer dans le temps qui lui avoit été marqué ; mais cela n'est pas. Saint Louis consentit qu'il en fût dispensé par Raoul, évêque d'Évreux, au nom du pape, en mettant entre les mains de cet évêque 12,000 livres parisis pour le secours de la Terre-Sainte, où saint Louis les envoya Il ratifia cette dispense le lundi 4 juillet 1261 à Paris. Il n'y appelle point Enguerrand son cousin (2). »

En 1261, deux grandes assemblées se tinrent à Paris pour aviser aux moyens de secourir les chrétiens d'Orient. Tout ce que le pape obtint cependant, ce furent des secours d'argent et des ordonnances destinées à conjurer la colère divine : ainsi on organisa par tout le royaume des prières publiques, des jeûnes, des processions ; on redoubla de sévérité contre les pécheurs scandaleux, surtout contre les blasphémateurs. On défendit le luxe des habits et de la table ; enfin on interdit pour deux ans les tournois et tous les divertissements, excepté les exercices de l'arc et de l'arbalète. Le saint roi lui-même donna l'exemple et fit un nouvel état de sa maison, afin d'en réduire la dépense, quelque modérée qu'elle fût déjà.

Quelque temps après, par suite d'un conflit de juridiction entre l'évêché de Paris et les officiers royaux, il arriva que l'évêque, Renaud de Corbeil, mit la ville en interdit. Le parlement réuni dans la capitale, sur la convocation du roi, aux fêtes de la Pentecôte 1264, jugea que le roi avait droit de faire punir tous ceux des bourgeois de Paris qui s'étaient mis en contravention avec ses édits relatifs aux monnaies, et en particulier ceux de la juridiction de l'évêque qui n'en avaient guère tenu compte. La même assemblée décida encore que tous les bourgeois, y compris ceux de l'évêque, seraient obligés de faire le guet pendant la nuit conformément aux ordres du chevalier du guet ou à ceux du prévôt, et que ceux qui s'y refuseraient seraient contraints par la saisie de leurs biens. Ces arrêts furent exécutés, et la saisie eut lieu malgré les réclamations de l'évêque Renaud, qui fondait ses prétentions sur la transaction conclue, en 1222, entre le roi Philippe-Auguste et l'église de Paris (3). Force fut à l'évêque de recourir à son dernier remède : il fulmina une interdiction sur toutes les églises de son diocèse. Quelques

(1) Voy. ci-dessus *Couvent des Jacobins* et *Couvent des Cordeliers*. — (2) *Hist. manuscrite de saint Louis*, par Lenain de Tillemont, p. 737-742.—(3) Voy. t. I, p. 508.

églises rebelles continuèrent seules à célébrer le service divin : l'abbaye de Sainte-Geneviève, le monastère de Saint-Germain-des-Prés, Saint-Denis-de-la-Chartre, Saint-Julien-le-Pauvre et les Hospitaliers de Jérusalem. La conscience timorée de saint Louis ne résista pas longtemps, et il fit promptement la paix avec l'évêque pour obtenir la levée de l'interdiction.

L'ordonnance royale relative aux monnaies, cause première de cet incident, était d'une grande importance. Le droit de battre monnaie avait été usurpé autrefois, comme tous les autres droits régaliens, par les seigneurs sur les terres desquels se trouvaient les anciens ateliers monétaires de Charlemagne. Environ quatre-vingts hauts barons ou prélats en jouissaient encore au temps de saint Louis, et tiraient un profit scandaleux de la fabrication de monnaies de mauvais aloi. En outre, chaque seigneur battant monnaie ne permettait à nulle autre que la sienne d'avoir cours dans ses domaines; en sorte qu'on était obligé de changer de numéraire de canton en canton, et de perdre sur chaque change.

Louis IX entreprit de corriger ces usages ruineux pour la population entière, et surtout funestes à toute espèce de commerce et d'industrie. Il avait prohibé, dès 1247, les *sterlings* et autres monnaies anglaises impudemment falsifiés par le roi Henri III. En 1262, il ordonna que, dans les domaines des seigneurs qui ne battaient point monnaie, celle du roi aurait seule cours, et qu'elle serait reçue concurremment avec celle des seigneurs partout où se frappaient des monnaies seigneuriales. En même temps Louis IX veilla soigneusement à ce que la monnaie royale ne fût plus altérée comme elle l'avait été sous ses prédécesseurs. L'ordonnance de 1262 était contresignée par trois bourgeois de Paris, trois de Provins, deux d'Orléans, deux de Sens et deux de Laon, députés par leurs villes comme *jurés* pour délibérer avec le roi *sur le fait des monnaies* (1).

Au milieu de ses grandes préoccupations, de son infatigable activité pour la prospérité de son peuple, le saint roi cependant songeait encore à la chrétienté humiliée par les armes des infidèles, et tournait toujours ses regards vers la Terre-Sainte. Dans sa ferveur religieuse, il alla jusqu'à vouloir déposer la couronne et terminer ses jours dans un cloître. Cette résolution lui avait été inspirée par un religieux dominicain, son confesseur; et il fallut pour le dissuader les supplications et les larmes de la reine Marguerite, les remontrances de son frère le comte d'Anjou, et l'énergique indignation de son fils, qui lui déclara qu'une fois sur le trône il chasserait de ses États tous les moines mendiants.

(1) *Hist. de France* par M. H. Martin, t. V, p. 282.

Saint Louis abandonna son idée de se retirer dans un cloître, mais il fit ses préparatifs pour une nouvelle croisade (mars 1247). Il rendit encore quelques ordonnances, et vit encore s'élever dans Paris quelques fondations de celles qu'il protégeait de tout son pouvoir : le collége de Calvi, et celui du Trésorier. Enfin il s'occupa de rassembler sa grande collection de lois si connue sous le nom d'*Établissements de saint Louis*. « Quelques années avant de partir pour sa seconde croisade, il fit faire une enquête sur les coutumes de toutes les provinces du royaume, dans le but sans doute de composer un code général. Il rassembla plusieurs fois *grands conseils en parlements de sages hommes et de bons clercs* ; il s'entoura en tout temps de légistes savants et probes auxquels il donnait le nom d'*amis et fidèles*. Il avait vu en Orient les assises de Jérusalem ; revenu dans ses États, il voulut que la France eût aussi un code complet et uniforme : voilà comment se formèrent ces *Établissements* (1). »

Ce recueil n'est sans doute pas un chef-d'œuvre. Il en est si loin que Montesquieu s'écrie à son sujet : « Qu'est-ce que ce code obscur, confus, ambigu, où l'on mêle sans cesse la jurisprudence française avec la loi romaine, où l'on parle comme un législateur et où l'on voit un jurisconsulte, où l'on trouve un corps entier de jurisprudence sur tous les cas, sur tous les points? » Mais Montesquieu était trop sévère. Les Etablissements de saint Louis étaient un essai ; il est difficile de débuter par une œuvre irréprochable. « Cependant il sera évident, pour quiconque voudra seulement parcourir ce recueil, que saint Louis n'a rien négligé pour le mettre au niveau avec les lumières déjà répandues de son temps. Toutes les branches de la législation y sont traitées avec un soin égal : droit civil, droit féodal, droit criminel, procédure, ancienne et nouvelle administration, tout y trouve sa place. Nous conviendrons que ces Etablissements n'offrent pas la méthode qu'on peut exiger d'un traité complet, qu'il y a même de la confusion dans la distribution des matières. L'ordre dans les ouvrages d'esprit n'est pas le talent des siècles où la civilisation commence ; il faut le demander aux époques qui ne peuvent produire autre chose (2). »

En 1267, saint Louis tint son parlement aux fêtes de la Pentecôte comme de coutume ; mais cette fois, une pompeuse cérémonie annoncée par le roi avait augmenté d'une façon extraordinaire le nombre des seigneurs et des prélats qui devaient composer l'assemblée. Il s'agissait de conférer les insignes de la chevalerie à Philippe de France, fils aîné du roi, qui entrait dans sa vingt-troisième année ; à Robert, comte d'Artois, neveu de Louis, et à soixante-sept autres jeunes seigneurs. Ce fut

---

(1) *Mém. pour l'hist. de France*, par Michaud et Poujoulat, t. 1, p. 344.
(2) Mémoire de M. A. Beugnot, couronné par l'Institut en 1821.

pour les Parisiens l'occasion d'une fête magnifique, dont saint Louis, chose rare alors, fit, sans recourir aux impositions qu'il aurait eu le droit de lever sur eux, toute la dépense, qui monta à 13,000 livres. On remarqua deux jeunes chevaliers étrangers, Edmond d'Angleterre et un fils du roi d'Aragon, qui seuls ne voulurent prendre part à la cérémonie qu'en contribuant largement aux frais avec leurs propres deniers. Grande fut la joie publique à Paris : les maisons étaient parées de tapisseries, les rues jonchées de fleurs ; pendant la nuit, tout était éclairé par des fanaux de couleurs diverses. La fête dura huit jours, et se termina par un pèlerinage ordonné par le pieux roi, qui mena tous les nouveaux chevaliers à Saint-Denis pour faire descendre sur eux la protection du martyr.

Le beau temps d'enthousiasme des croisades était passé ; les nouveaux projets de saint Louis furent écoutés à contre-cœur par la noblesse française, qui prit la croix à son exemple, beaucoup moins par amour pour la religion que par point d'honneur et par déférence pour son roi.

Le sire de Joinville refusa opiniâtrément de quitter de nouveau la France. Il en fut pourtant vivement sollicité par le roi Louis et par le roi de Navarre, son suzerain. « Mais, dit-il lui-même, je répondis que tandis que j'avois été outre-mer au service de Dieu et du roi, et depuis que j'en étois revenu, les serjants du roi de France et du roi de Navarre avoient désolé et appauvri mes gens tellement qu'eux et moi nous en sentirions toujours. Je leur dis que si je voulois en faire au gré de Dieu, je demeurerois pour défendre mon peuple ; car si je mettois ma personne à l'aventure du pèlerinage de la croix, là où je voyois tout clair que ce seroit au préjudice de mes pauvres gens, je m'attirerois le courroux de Dieu qui se sacrifie pour sauver son peuple. »

« J'ai entendu dire, continue Joinville, que tous ceux qui conseilloient au roi de partir firent péché mortel ; car au point où en étoit la France, le royaume étoit tranquille au-dedans et en paix avec ses voisins, tandis que depuis son état ne fit qu'empirer. Grand péché firent-ils encore à cause de la grande foiblesse où se trouvoit le roi ; il ne pouvoit supporter aucun *harnois* sur lui, et ne souffroit ni la voiture ni le cheval. Il étoit si débile qu'il souffrit que je le portasse entre mes bras depuis l'hôtel du comte d'Auxerre, là où je pris congé de lui, jusqu'aux Cordeliers. Et cependant s'il fût resté en France, il eût pu encore vivre assez et faire beaucoup de bien. »

Avant de partir saint Louis fit son testament, dont il nomma exécuteurs Étienne, évêque de Paris ; Philippe, élu évêque d'Évreux ; Matthieu de Vendôme, abbé de Saint-Denis ; l'abbé de Royaumont, et deux de ses chapelains ou aumôniers. Il fit un grand nombre de legs aux monastères, aux hôpitaux et aux collèges, et laissa la régence à deux hommes d'une grande réputation de sagesse et de probité : l'abbé de Saint-Denis, et Simon, sire de Nesle.

Le vendredi 14 mars 1270, le pieux roi, selon sa coutume, visita l'église de Saint-Denis, où il reçut des mains de Raoul, évêque d'Albane et légat du Saint-Siége, les insignes du pèlerin. Puis il entra dans la salle du chapitre pour se recommander aux prières des religieux, « et le fit avec tant d'humilité, dit Félibien, que l'assemblée ne put retenir ses larmes. » Le jour d'après, il se rendit de son palais à Notre-Dame, accompagné de ses fils Philippe et Pierre, de son neveu Robert d'Artois, et d'un grand nombre des seigneurs de sa cour. Le roi marchait pieds nus ; son fils Pierre fut le seul qui voulût l'imiter. Vers le soir le roi alla coucher au château de Vincennes, et le lendemain il était parti.

Ce fut une triste expédition que cette nouvelle croisade. L'armée chrétienne résolut de débarquer en Afrique ; elle voulait, disait-on, extirper cette mauvaise racine de Tunis, qui fournissait d'habitude de grands secours aux *Sarrazins d'Egypte.* Il est plus probable que les seigneurs croisés redoutaient beaucoup moins d'envahir un pays voisin que de s'aller perdre dans une expédition lointaine sur une terre qui avait dévoré tant de chrétiens. Puis le frère du roi, Charles d'Anjou, récemment élevé au trône de Sicile, espérait secrètement recouvrer, en dirigeant l'expédition de ce côté, le tribut que Tunis payait autrefois à son royaume ; enfin saint Louis avait aussi un autre projet, mais il n'osait guère l'avouer. Il se leurrait de l'espoir qu'il pourrait convertir le *roi de Thunes* à la religion du Christ.

Les chrétiens débarquèrent sur la côte d'Afrique le 18 juillet, au plus ardent des chaleurs de l'été. Ils s'emparèrent de Carthage, et en attendant du renfort, restèrent là durant un mois, exposés dans un désert aride et brûlant à tous les maux de la peste et de la guerre. La mort fit de larges moissons dans les rangs de l'armée, et en peu de temps frappa l'un des fils de saint Louis, le jeune comte de Nevers, Jean Tristan, venu au monde à Damiette dans un semblable jour de douleur. Le roi lui-même fut saisi par une cruelle dyssenterie, ainsi que son fils aîné, Philippe. Il se mit au lit et vit bien que son heure était venue. Il appela les deux fils qui lui restaient, Philippe et Pierre, et adressant la parole à l'aîné, il lui donna de *beaux enseignements* qu'il avait lui-même écrits de sa main (1). « Beau fils, la première chose que je t'enseigne, c'est que tu mettes ton cœur à aimer Dieu, car, sans cela, nul ne peut être sauvé. » Après ses pieux avis et ses préceptes de morale, il lui donna des conseils de politique et d'administration, et lui dit en terminant : « Te supplie, mon enfant, que en ma fin tu aies de

---

(1) Joinville.

ST LOUIS.

Publié par Pourrat F. Paris

(1) *Vie de saint Louis* par Geoffroy de Beaulieu, son confesseur.

moi souvenance, ainsi que de ma pauvre âme, et me secoures par messes, oraisons, prières, aumônes et bienfaits par tout ton royaume, et je te donne toute bénédiction que jamais père puisse donner à son enfant. »

« Quand il eut ainsi endoctriné monseigneur Philippe, sa maladie commença de croître grièvement. Alors il demanda les sacrements de l'Eglise, et tandis qu'on lui donnait l'extrême-onction et que le prêtre récitait les sept psaumes, lui-même répétait les versets avec les assistants et il invoquait les saints et les saintes du paradis, particulièrement monseigneur saint Jacques de Galice, monseigneur saint Denis de France et madame sainte Geneviève. »

Entouré de tous les signes précurseurs de la mort, Louis n'était préoccupé que d'une seule pensée : la gloire de Dieu et le triomphe de sa religion. Il prononça à voix basse (1) ces paroles qui ne furent entendues que par ceux qui étaient penchés vers son lit et qui prêtaient une oreille attentive : « *Efforçons-nous de prêcher la foi et de planter l'étendard de la religion à Tunis ; envoyez ici, mon Dieu, quelqu'un qui soit propre à remplir cette sainte mission.* » Il nomma alors pour remplir ce devoir apostolique, un frère de l'ordre de Saint-Jacques, bien connu du roi de Tunis. Quoique les forces de son corps l'abandonnassent peu à peu, et que la parole semblât expirer sur ses lèvres, le pieux monarque ne cessa cependant de réciter, à voix entrecoupée, les louanges des saints. Quelques personnes placées au chevet de son lit l'entendirent prononcer cette dernière oraison : « *O mon Dieu, fais que nous méprisions les biens d'ici-bas, et donne-nous assez de force contre l'adversité ;* » et quelques instants après : « *Seigneur, sois le gardien sacré de ton peuple.* » Arrivé à son dernier moment, il se fit mettre en un lit couvert de cendre, et rendit l'esprit à la même heure que Jésus-Christ mourut sur la croix, le 25 août 1270.

Le règne de saint Louis est l'un des plus remarquables de nos annales. Une voie nouvelle fut ouverte aux destinées de la France par ses nombreuses institutions, dont M. Daunou a savamment analysé l'influence dans un passage remarquable que nous pouvons citer.

« Louis IX a, comme ses prédécesseurs, et plus qu'aucun d'eux, menacé, comprimé, affaibli la féodalité ; mais bien plus par ses actes et ses entreprises que par ses lois. Poursuivant l'œuvre de son aïeul Philippe-Auguste, il réunit au domaine de la couronne un grand nombre de nouveaux territoires. Beaucoup de seigneurs appauvris par les croisades lui vendirent leurs terres et leurs droits : il étendit par ses acquisitions la juridiction royale. Il n'a ni assemblé les états-généraux de son royaume, ni aspiré à fixer avec précision les limites des

---

(1) *Vie de saint Louis* par Geoffroy de Beaulieu, son confesseur.

pouvoirs : peut-être n'avait-il pas une idée bien nette de celui qu'il exerçait lui-même au bois de Vincennes. Mais l'abolition des guerres privées, mais le remplacement du duel judiciaire par la preuve testimoniale, mais l'introduction des appels, voilà trois bienfaits de Louis IX. Ses édits sur les monnaies mirent fin à l'espèce de rivalité qui avait subsisté jusqu'alors entre celles du roi et celles des seigneurs. Le bon ordre qu'il sut entretenir dans ses finances fortifia son autorité et lui donna les moyens de traiter des princes malheureux, surtout Baudouin, en 1238 et 1239, avec la plus généreuse munificence, de multiplier de jour en jour ses aumônes, de payer aux Sarrazins une rançon considérable, et de subvenir aux énormes dépenses de ses croisades. La France avait une marine en 1248 ; le roi partit à la tête d'une flotte de plus de deux cents vaisseaux et galères, y compris ceux de ses frères et de ses chevaliers ; il est vrai qu'en 1254 il ne ramena, selon Sanuto, que quatre galères et huit vaisseaux.

» L'agriculture, l'industrie, le commerce ne florissaient pas : cependant l'état des personnes et des choses s'améliorait assez pour entraîner l'étude et la littérature à des progrès sensibles (1). »

« Ce n'est pas, continue M. Daunou, que Louis IX ait lui-même fort cultivé les lettres profanes... On a lieu de croire qu'il ne sentait l'importance et la nécessité des études qu'en les considérant comme des besoins et des devoirs de la religion. Il lisait les livres sacrés et les ouvrages des saints Pères. Mézerai lui prête un goût particulier pour l'histoire et pour les monuments antiques; expressions qui ne s'appliqueraient ici avec une parfaite justesse qu'aux annales de l'Ancien-Testament et à celles de l'Église.

» Saint Louis a été compté au nombre des traducteurs, parce qu'un de ses premiers historiens, Geoffroi de Beaulieu, rapporte qu'en lisant aux personnes de sa maison des textes sacrés en langue latine, il savait les leur expliquer en français. Sous ce prétexte, on a voulu considérer comme rédigés sinon par lui, du moins par ses ordres et sous sa direction, une Bible écrite en langue vulgaire. Long-temps Nicolas Oresme, écrivain du XIVe siècle, a passé pour l'auteur de cette version, qu'en effet rien n'oblige à déclarer plus ancienne. Mais quand on la jugerait contemporaine du règne de Louis IX, aucun témoignage encore n'autoriserait à lui attribuer une part quelconque dans ce travail. Nous doutons aussi qu'il en ait pris une à la rédaction de quelques pages qui consacrent l'ordre du sacre et couronnement des rois et reines de France, et que Godefroy a insérées dans son Cérémonial. D'anciennes copies, dont l'une se trouve jointe au livre de Guill. de Nangis, sur la vie du saint roi, font remonter cet écrit au XIIIe siècle ; on l'a même quel-

---

(1) *Hist. litt. de la France*, t. XIX, p. 168.

quefois rapporté à l'année 1226, c'est-à-dire à l'époque du sacre de ce prince, à peine âgé alors de onze ans. — Nous serons beaucoup mieux fondés à le regarder comme le véritable auteur des enseignements adressés à son fils aîné, Philippe, et à sa fille Isabelle. Ils ont été conservés dans plusieurs dépôts publics, et transcrits soit en latin, soit en français par presque tous les historiens de Louis IX. A la vérité, ces diverses copies offrent de nombreuses variantes, mais qui n'affectent que la rédaction. Le fond demeure partout tellement inaltérable qu'on peut tenir pour certain qu'un même texte, sans doute en langue vulgaire, écrit ou dicté par ce pieux monarque, a servi de modèle à toutes ces transcriptions ou traductions. Cet opuscule exprime les idées et les sentiments que le père de Philippe et d'Isabelle avait constamment professés. Un manuscrit de Baluze a donné lieu de penser que saint Louis avait aussi adressé des conseils à la dernière de ses filles, Agnès, duchesse de Bourgogne; mais les historiens qui vivaient alors n'en disent rien (1). »

Les contemporains de saint Louis nous ont laissé plus d'un touchant tableau de sa vie privée et d'irrécusables témoignages de ses hautes vertus. « Le saint roi, dit Geoffroy de Beaulieu, était spirituel et ses paroles pleines de grâce; il était en garde contre les libertins, les méchants et les calomniateurs; jamais il n'insultait personne; il reprenait doucement ceux qui commettaient quelques fautes, à moins qu'elles ne fussent très graves; il s'abstenait de toute espèce de jurements, tels que ceux qu'on a coutume de laisser échapper dans la conversation; pour éviter tous les autres jurements, il se servait habituellement de celui-ci: *In nomine mei* (au nom de moi); et même sur la représentation d'un homme pieux, il s'en abstenait absolument, et se contentait de dire, selon l'évangile, *oui* ou *non*. Dans les affaires difficiles, personne n'avait le coup d'œil aussi sûr que ce pieux monarque; et ce qu'il comprenait bien, il l'exécutait avec habileté et prudence; la douceur était répandue sur ses lèvres, et il savait rendre aimable tout ce qu'il disait. »

Qui ne se rappelle aussi ce passage célèbre des Mémoires de Joinville:

« Maintes fois il advint qu'en été il alloit s'asseoir au bois de Vincennes après la messe, et s'appuyait à un chêne, et nous faisoit asseoir autour de lui; et ceux qui avoient affaire venoient lui parler, sans empêchement d'huissier ni d'autres. Alors il leur demandoit lui-même: « Y a-t-il ici quelqu'un qui ait partie? » Et tous ceux qui avoient partie se levoient; et lors il disoit: « Taisez-vous tous, et on vous expédiera l'un après l'autre. » Et alors il appeloit monseigneur Pierre de Fontaines et monseigneur Geoffroy de Villette, et disoit à l'un d'eux: « Ex-

---

(1) *Hist. litt. de la France*, t. XIX, p. 163.

pédiez-moi cette partie. » Et quand il voyoit quelque chose à amender dans le discours de ceux qui parloient pour autrui, lui-même il l'amendoit. Je le vis une fois en été venir pour expédier ses gens au jardin de Paris, vêtu d'une cotte de camelot, d'un surtout de tiretaine (1) sans manches, d'un manteau de taffetas noir autour du cou, moult bien peigné et sans coiffe, et un chapel de plume de paon blanc sur la tête : il faisoit étendre un tapis pour nous faire asseoir autour de lui, et tous ceux qui avoient affaire à lui se tenoient debout devant lui, et alors il les faisoit expédier de la manière que je vous ai dit qu'il faisoit au bois de Vincennes. »

Louis IX, dit un historien moderne, est celui des rois de France qu'on a le plus loué, et qui méritait le plus de l'être. Parmi ses vertus, on doit surtout remarquer cette passion pour la justice qui l'anima constamment, ce respect pour la vie des hommes dont il donna tant d'exemples au milieu des dangers, et qu'on trouve si rarement chez les grands de la terre. Joinville, le compagnon de ses travaux et le confident de ses pensées, dit en commençant son histoire : *Ainsi comme Dieu est mort pour tout son peuple, aussi semblablement a mis le bon roi Louis son corps en danger et aventure de mort, pour le peuple de son royaume.* Ce qui n'intéressait que lui ne pouvait l'émouvoir ; ce qui intéressait la religion et le bonheur des peuples l'élevait au-dessus de toute crainte et de toute considération. Dans les circonstances où la justice ordinaire cède aux intérêts de l'État, il ne consulta jamais que sa conscience, et cette probité scrupuleuse a frappé le monde d'une si profonde admiration, que les publicistes les plus hardis n'ont pas encore osé juger ses actions par des règles contraires à l'équité qui les inspira. « Louis IX, dit
» Voltaire, paraissait un prince destiné à réformer l'Europe, si elle avait
» pu l'être ; il a rendu la France triomphante et policée, et il a été en
» tout le modèle des hommes. Sa piété, qui était celle d'un anachorète,
» ne lui ôta point les vertus royales ; sa libéralité ne déroba rien à une
» sage économie ; il sut accorder une politique profonde avec une jus-
» tice exacte, et peut-être est-il le seul souverain qui mérite cette
» louange. Prudent et ferme dans le conseil, intrépide dans les com-
» bats sans être emporté, compatissant comme s'il n'avait jamais été
» que malheureux, il n'est guère donné à l'homme de pousser la vertu
» plus loin. »

II. Monuments. — Institutions.

La Sainte-Chapelle, dans l'enceinte du palais de Justice. — Tous les anciens historiens s'accordent à dire que cette admirable église

---

(1) Drap tissu grossièrement, moitié laine, moitié fil.

fut construite sur l'emplacement d'une autre chapelle ; mais ils ne précisent rien. L'opinion la plus vraisemblable est que Louis IX éleva la Sainte-Chapelle sur l'emplacement de la chapelle Saint-Nicolas, fondée par le roi Robert, vers l'an 1030 (1), et voici l'origine de cette fondation. On connaît le règne désastreux de Baudouin II, empereur de Constantinople ; les *Latins*, attaqués de toutes parts, et dans un dénuement affreux, prirent le parti d'engager à un Vénitien, nommé Quirini, la sainte couronne de la Passion, pour la *somme de treize mille cent trente-quatre hyperpères* (2). Mais ils ne purent remplir leurs engagements au jour marqué, et la sainte couronne allait rester entre les mains de Quirini, lorsque le pieux roi de France, averti par Baudouin, s'empressa d'envoyer des ambassadeurs à Venise pour racheter la couronne d'épines, qui fut apportée en France. « Le roi, dit Félibien, alla au-devant de la précieuse couronne avec la reine sa mère, ses frères et un nombreux cortége de seigneurs. Il rencontra la relique à Villeneuve-l'Archevesque, entre Troyes et Sens. La couronne d'épines estoit renfermée en une triple cassette. La première estoit de bois ; on l'ouvrit, et l'on vérifia les sceaux qui estoient sur la seconde cassette d'argent. Après les avoir rompus, elle fut ouverte et l'on trouva dedans une cassette d'or où estoit le rare joyau qu'on avoit cherché avec tant de peines et de travaux. On exposa la sainte couronne aux yeux et à la vénération de tous les assistants, et puis on la renferma comme elle estoit auparavant, et le roy mit son sceau sur la cassette d'argent. Cela se passa le 10 d'aoust de l'an 1239. Le lendemain, on alla à Sens où les rues furent tendues de tapisseries. Les chanoines de la grande église et tous les maires sortirent au-devant avec leurs plus précieux reliquaires, et le roy porta lui-mesme, nuds pieds, le brancart sur lequel estoit posée la sainte couronne, assisté de Robert, comte d'Artois, son frère, précédé et suivi d'un grand nombre de seigneurs aussi nuds pieds. La sainte couronne fut déposée dans l'église cathédrale dédiée sous le nom de Saint-Etienne ; et le jour suivant on prit le chemin de Paris, où l'on arriva huit jours après. On dressa hors de la ville, proche de l'église de Saint-Antoine-des-Champs, au milieu de la campagne, un grand eschaffaud, d'où plusieurs prélats, revestus pontificalement, montrèrent la sainte couronne à tout le peuple assemblé en foule. Ce lieu est encore aujourd'hui appelé *La Guette*, du mot ancien *guetter*, qui signifie regarder attentivement, chercher des yeux, à peu près dans le sens du verbe italien *guatare*. Le roy se retira au chasteau du bois de Vincennes, d'où il ordonna à tous les chapitres et monastères de Paris de venir processionnellement au devant de la sainte couronne avec

---

(1) Jaillot, t. I. Voy. aussi t. I de cette histoire, p. 165.
(2) Félibien, t. I, p. 294. — « 13,075 hyperpères d'or vaudraient aujourd'hui 156,900 livres. » Morand, *Histoire de la Sainte-Chapelle*, p. 10.

leurs reliques. Les chanoines réguliers de Sainte-Geneviève, avertis de se rendre à la cérémonie avec la châsse de leur sainte patronne, députèrent trois des leurs, Lambert de Vercières, sous-prieur, Thomas de Roset et Guillaume d'Amponville, pour représenter au roy, à Vincennes, que la châsse de sainte Geneviève ne sortoit point de leur église, à moins que celle de saint Marcel ne vînt en quelque sorte l'en requérir : *Nisi eam beatus Marcellus requireret*. Gautier Cornu, archevesque de Sens (auteur de cette relation écrite par ordre du roy), et Adam de Chambly, évesque de Senlis, qui estoient présents, assurèrent le roy que les religieux disoient la vérité. Le roy, pour ne rien innover, leur permit d'apporter quelque autre relique; et ils vinrent à la cérémonie avec le corps de sainte Alde. Les moines de Saint-Denis furent aussi mandez et obéirent volontiers. Guillaume, évesque de Paris, avec tout son clergé, s'y trouva, et tous les religieux se firent un devoir d'assister à la réception de la sainte couronne avec leurs reliquaires. Saint Louis déposa les habits royaux, et vestu d'une simple tunique, et les pieds nuds, il se chargea de nouveau du brancart de la sainte couronne avec le comte d'Artois, son frère. Un grand nombre d'évesques et d'abbez, de seigneurs et de chevaliers, marchaient devant, teste et pieds nuds. On porta d'abord la sainte couronne à la cathédrale, et de là à la chapelle de Saint-Nicolas dans l'enceinte du palais, autrefois bastie par le roy Robert. Les deux reines furent aussi présentes à la cérémonie qui se fit le jeudy 18 d'aoust (1). »

Quelques mois après, l'empereur Baudouin II se vit encore obligé d'engager des reliques de sa chapelle, parmi lesquelles se trouvait un morceau de la vraie croix, *le plus grand que l'on connust, que l'on croioit estre le mesme que l'impératrice Helene apporta à Constantinople, et sur lequel les empereurs faisoient leurs serments solennels*. Saint Louis s'empressa de les faire dégager et les reçut le 14 septembre 1241. Il résolut alors de faire construire une sainte chapelle pour placer dans un local digne d'elles ces précieuses reliques, et il ordonna la destruction de la chapelle Saint-Nicolas (2). Le plus habile architecte du temps, Pierre de Montreuil ou de Montereau, connu par ses beaux travaux à l'abbaye de Saint-Germain-des-Prés (3), fut chargé de diriger les travaux qui commencèrent vers 1240 ou 1242, et ne furent terminés que six ans après. La nouvelle chapelle était à deux étages; la chapelle supérieure, destinée au roi et à la cour, portait le titre de *Sainte-Couronne* et de *Sainte-Croix*; la chapelle inférieure, dédiée à la Vierge,

---

(1) Félibien, *loco cit.* Naugis dit le 20 du même mois. — Une médaille consacra la mémoire de cette solennité. Morand en a donné la copie, p. 14 de son Histoire.

(2) Les reliques furent alors transportées dans un oratoire particulier. Voyez la dissertation de Jaillot, t. I. — (3) Voy. t. I de cette histoire, p. 205. — Voy. aussi l'article consacré à cet architecte dans le t. XIX de l'*Hist. litt. de la France*.

était la paroisse des domestiques, des chanoines, des chapelains, des officiers de la Sainte-Chapelle et des habitants de la cour du Palais. Elles furent consacrées toutes les deux, le 26 avril 1248, la première par Odon, évêque de Tusculum, légat du pape; la seconde par l'archevêque de Bourges, Philippe Berruyer.

La Sainte Chapelle, dont les constructions coûtèrent au roi *quarante mille livres de tournois et plus* (1), somme énorme pour l'époque, est l'un des plus beaux monuments que nous ait légués le moyen-âge, « merveilleuse petite église, dit un célèbre écrivain, église haute, mystique, toute arabe d'architecture (2). » Le bâtiment est long de cent dix pieds, haut de cent dix pieds, large de vingt-sept pieds, calcul mathématique *et peut-être mystique* qui a présidé à la plupart des constructions religieuses du moyen âge (3); mais la *chapelle basse* est un peu plus large que la chapelle supérieure. L'édifice, admirable d'élégance et de hardiesse, ne pose que sur de faibles colonnes et n'est soutenu d'aucun pilier dans l'œuvre. Les voûtes sont en croix d'ogives et d'une telle solidité qu'elles résistèrent à un violent incendie qui éclata le 26 juillet 1638, vers quatre heures de l'après-midi, par l'imprudence des plombiers, occupés à faire quelques réparations; mais le comble et le clocher de la Sainte-Chapelle furent entièrement détruits, malgré les secours les plus prompts. Le dommage fut réparé *aux dépens du roi* (4); on construisit alors sur les voûtes un réservoir d'environ quatre-vingts muids qui se remplissait des eaux du ciel. « Le clocher élevé en remplacement de celui que l'incendie avait détruit, était remarquable par sa hardiesse et sa légèreté. La charpenterie du clocher, disait Sauval (vers 1660), passe pour la plus belle et la plus hardie de Paris; ce clocher penche véritablement, mais ce défaut vient de l'exécution du travail et de l'étourdissement de quelque compagnon, et non pas du dessin; c'est une charpenterie pendante qui porte à faux sur

(1) *Le confesseur de la reine Marguerite.* — Le marc d'argent, à la fin du règne de saint Louis, valait 58 sous.

(2) M. Michelet, *Hist. de France*, t. II, p. 619. Je dois relever ici une erreur de M. Michelet. « Saint Louis, dit-il, fit bâtir la Sainte-Chapelle, au retour de la croisade, par *Eudes de Montreuil*, qu'il y avait mené avec lui. » Il a confondu Eudes de Montreuil, célèbre architecte contemporain dont nous aurons bientôt occasion de parler, avec Pierre de Montreuil. Eudes, en effet, suivit saint Louis en Palestine, et il fut chargé de fortifier Jaffa; mais c'est à Pierre qu'appartient l'insigne honneur d'avoir construit la Sainte-Chapelle.

(3) Voy. le système de M. Michelet sur l'architecture sacrée au moyen âge, système ingénieux, mais qui peut-être ne se concilie pas toujours avec les faits.

(4) Morand, p. 206. Cet écrivain était chanoine de la Sainte-Chapelle; il présenta son ouvrage à l'Assemblée nationale le 1er juillet 1790. *L'Histoire de la Sainte-Chapelle* (1 vol. in-4°) est ornée d'assez belles gravures représentant l'intérieur et l'extérieur de cette chapelle jusqu'en 1630. — Voyez aussi le *Traité de l'antiquité, vénération et priviléges de la Sainte-Chapelle du palais*, par Sébastien Roulliard. Paris, 1606, in-12.

ses abouts et enrayeures : clocher en cul-de-lampe porté sur les maîtresses-fermes du comble de l'église, au lieu d'être posé sur des tirants, comme aux autres églises, entouré de huit *chandeliers* qui maintiennent et servent d'assemblage au comble, et qui lui apportent plus d'ornement que de service (1). » Ce clocher fut détruit quelques années avant la révolution, parce qu'il menaçait ruine.

La chapelle basse fut réparée en 1690 ; les grandes eaux qui y pénétrèrent pendant l'hiver avaient fait des dégâts considérables. A la porte de cette chapelle est une statue de la Vierge qui a la tête baissée ; une tradition populaire, qu'il n'est pas besoin de discuter, rapportait que Scot le docteur, ayant fait sa prière devant cette image au moment d'aller disputer pour l'immaculée conception de la sainte Vierge, la statue baissa miraculeusement la tête pour montrer qu'elle accordait à son défenseur sa puissante protection. On monte à la chapelle supérieure par un escalier de quarante-quatre degrés (2), qui a été refait à neuf par Napoléon (3). Au haut du portail est représenté le Jugement dernier, suivant l'usage du XIIe et du XIIIe siècles ; au pilier qui sépare les deux battants de la porte, est une statue de Jésus-Christ, bénissant de la main droite et tenant un globe dans la gauche ; les prophètes sont sculptés dans le support comme à Notre-Dame ; on y voit aussi, suivant la coutume du temps, des hiéroglyphes que venaient étudier les alchimistes, et quelques traits de l'histoire sainte, comme les aventures de Jonas. Dans le bas, la fleur de lys royale est entremêlée avec les armes de Castille, en souvenir de Blanche de Castille, mère de saint

---

(1) Sauval, t. I, p. 446.

(2) J'ai parlé à l'article de *Saint-Pierre-aux-Bœufs*, t. I de cette histoire, p. 430, des sacriléges commis à la Sainte-Chapelle, le 25 août 1503, par un écolier nommé Hémon de La Fosse, qui arracha la sainte hostie des mains de l'officiant. Comme il vit qu'on courait après lui, il la mit en pièces dans la cour du palais devant la chambre des comptes ; il fut arrêté et mis à la Conciergerie. Dès que la grand'messe fut finie, le prêtre officiant, accompagné du haut clergé de la Sainte-Chapelle, alla processionnellement recueillir ce qui était resté de la sainte hostie sur le pavé ; on y mit durant quelques jours un drap d'or et deux cierges allumés à l'endroit où l'hostie avait été jetée ; le pavé fut levé, porté avec les morceaux de l'hostie au trésor de la Sainte-Chapelle, et honoré comme relique. Morand, p. 183.—Dubreuil, liv. I, p. 83, en parlant de cet événement, dit que de son temps on voyait encore *un desdits degrez osté, par lesquels on monte en la Sainte-Chapelle.*

(3) Brantôme, dans la *Vie de M. le grand-prieur de France*, raconte que « le roy Henry fit une partye, le jour du mardi-gras, avec les jeunes seigneurs, princes et gentilshommes de sa court, d'aller en masque par la ville de Paris, et à qui fairoit plus de follies. Ils vinrent tous au palais. M. de Nemours estant sur le Réal, *très beau roussin*, monta de course (car ainsy le falloit) par le grand degré du palais (cas estrange, estant aussy précipitant, entra dans la galerie et grand salle dudict palais, fait des tours, pourmenades, courses et folies, et puis vint descendre par le degré de la Sainte-Chapelle sans que le cheval jamais bronchast, et rendit son maistre sain et sauve dans la basse-court. » Brantôme, *Collect. Petitot*, t. III, p. 155.

Louis ; mais ce qui attirait les regards des curieux, c'étaient ces grands et beaux vitraux, qui décoraient le pourtour de la haute chapelle, mirifiques peintures d'un rouge si éclatant qu'on disait proverbialement à Paris : *vin couleur des vitraux de la Sainte-Chapelle* (1) ; elles retraçaient plusieurs faits de l'Ancien et du Nouveau Testament. Tous ces vitraux, qui sont aujourd'hui détruits ou en mauvais état, étaient de la date de la construction, à l'exception d'un seul placé au-dessus de la porte et représentant les visions de l'Apocalypse ; il paraissait ne pas remonter à plus de deux ou trois siècles (2). Les statues des douze apôtres figuraient sur des trumeaux, entre les vitraux.

Dans l'intérieur on voyait, aux deux côtés de l'entrée du chœur, deux autels décorés de deux tableaux en émail, représentant divers sujets de la Passion. Au bas de l'un de ces tableaux étaient les figures en pied de François Ier et de sa femme Claude ; au bas de l'autre celles de Henri II et de Diane de Poitiers (3). Ces émaux précieux, exécutés, en 1553, par Léonard Limosin, *peintre émailleur ordinaire de la chambre du roi* (4), d'après les dessins du Primatice, ont été transférés au Musée des monuments français. A côté du grand autel, on remarquait un ancien tableau, qui représentait Louis XII et un pape, peut être Jules II ; ces portraits étaient, dit-on, des originaux (5). A gauche, en entrant, Germain Pilon avait sculpté une Notre-Dame-de-Pitié ; on la regardait comme le chef-d'œuvre de ce célèbre artiste. Sur le maître-autel était le modèle de la Sainte-Chapelle, en vermeil, orné de pierreries et de quatre pieds de hauteur. Cet admirable travail avait été fait, en 1680, par Pijard, orfévre, garde des reliques de la Sainte-Chapelle ; il coûta deux cent quatre-vingts marcs à quarante-cinq livres (6). Cette châsse renfermait quelques ossements de Louis IX et la discipline de ce saint roi. Derrière le maître-autel et au rond-point de cette église était une grande châsse en bronze doré, près de laquelle on arrivait par deux petits escaliers ; elle contenait toutes les reliques que saint Louis acheta de l'empereur Baudouin, et dont voici le détail, d'après un tableau de la Sainte-Chapelle qui renfermait copie des déclarations signées par Baudouin. Ces lettres, en latin, ont été ainsi traduites par Corrozet (7)..... « Nous voulons qu'il soit notoire à tous que de nostre bon vouloir et don gratuit avons pleinement donné et absolument baillé, et en tout avons quitté et quittons à nostre très-cher amy et parent Loys, roy de France très illustre, la très-sainte

---

(1) Morand, p. 31. *Proverbe badin*, dit Sauval, t. I, p. 445.—Saint Louis avait donné des fonds pour l'entretien des vitraux. Félibien, t. I, p. 299.—(2) Lebeuf, t. I, p. 356. — (3) Quelques auteurs remplacent Claude et Diane par Eléonore d'Autriche et Catherine de Médicis. — (4) Voy. l'*Essai sur l'histoire de la peinture sur émail*, par M. Dussieux, dans l'*Encyclopédie nouvelle*. — (5) Germ. Brice, t. IV, p. 306. — (6) Morand, p. 39. — (7) Voy. Dubreuil, liv. I.

couronne d'espines de Nostre Seigneur et une grande portion de la très-sacrée croix de Jésus-Christ, avec plusieurs autres sacrées reliques, déclarées cy-après par leurs propres noms; lesquelles estoient jadis vénérablement colloquées en la ville de Constantinople, et enfin ont esté engagées à divers créanciers, et en divers temps, pour la grande nécessité de l'empire de Constantinople, puis depuis peu racheptées, de nostre volonté et consentement, par iceluy seigneur roy, lequel, selon nostre bon plaisir, les a fait transporter à Paris. Lesquelles vénérables reliques sont ici exprimées par leurs propres noms. A sçavoir la dessusdite sacrée et saincte couronne d'espines de Nostre Seigneur ;— la vraye croix ; — du sang de Nostre Seigneur Jésus-Christ ;— les drapeaux dont nostre Sauveur fut enveloppé en son enfance ;—une autre grande partie du bois de la saincte croix ; — du sang qui a miraculeusement distillé d'une image de Nostre Seigneur, ayant été frappée par un infidelle ; — la chaisne ou le lien de fer en manière d'anneau, dont Nostre Seigneur fut lié ; — la sainte toüaille ou nappe en un tableau ; — une grande partie de la pierre du sépulchre de nostre Sauveur ; — du laict de la Vierge Marie ; le fer de lance, duquel le costé de Jésus-Christ fut percé ; — une autre moyenne croix, que les anciens appelloient la *croix du triumphe*, pour ce que les empereurs avoient accoustumé de la porter en leurs batailles, en espérance de victoire ; — la robbe de pourpre dont les chevaliers de Pilate vestirent Jésus-Christ en dérision ; — le roseau qu'ils luy mirent en la main pour sceptre ; — l'esponge qu'ils lui baillèrent pour boire le vinaigre ; — une partie du suaire dont il fut enseveli au sépulchre ;—le linge dont il se ceignit quand il lava et essuya les pieds de ses apostres ; — la verge de Moyse ; — la haute partie du chef de sainct Jean-Baptiste ;— et les chefs des saincts Blaise, Clément et Simon. En tesmoignage de quoy et perpétuelle fermeté, nous avons signé ces présentes de nostre seing impérial, et les avons scellées de nostre sceau d'or. Fait à Saint-Germain-en-Laye, l'an de Nostre Seigneur 1247 au mois de juin, le 8 de nostre empire (1). »

Saint Louis, qui, suivant l'expression d'un historien moderne, *ne pouvait rassasier son cœur d'oraisons et de prières* (2), avait pris la Sainte-Chapelle en grande prédilection (3). Il avait fait construire un oratoire du côté de l'épître ; c'était une petite chapelle dans laquelle il

---

(1) « On ne montre ces reliques, dit Sauval, liv. IV, que par ordre du roi, en vertu de lettres de cachet. » — On veillait avec le plus grand soin sur ce trésor. Une sentence du Châtelet de 1575 enjoint à ceux qui asseoient le corps de garde du guet dans le palais, *de frapper à la porte de la Sainte-Chapelle pendant la nuit, de deux heures en deux heures, et de demander aux clercs, chefcier et sonneur qui couchent au gîte, s'ils ont besoin d'eux.*—(2) M. Michelet, t. II, p. 617.—(3) Voy. le *Confesseur de la reine Marguerite*, p. 323.

se retirait pendant l'office. « On remarque sur l'autel, dit Morand, un grand tableau représentant l'Intérieur de la grande châsse avec ses reliques, et saint Louis à genoux devant elles. Sur la croisée, on aperçoit encore saint Louis peint en petit, et à genoux devant une croix entrelacée d'une couronne d'épines (1). » Le saint roi ne se contenta point d'accorder à cette église d'immenses priviléges, ce dont nous parlerons tout à l'heure; à sa prière, le pape Innocent IV rendit, dès l'an 1243, quatre bulles, dont l'une défend *d'interdire la Sainte-Chapelle, ou de lancer contre elle et ceux qui la desservent, présents ou à venir, sentence d'excommunication, de suspension ou d'interdit sans l'ordre du Saint Siége*. La quatrième bulle accorde des indulgences à ceux qui ont assisté à la dédicace ou qui viendront à l'église le jour de l'anniversaire, et à quelques autres fêtes indiquées par le Saint-Père (2). « La piété de Louis IX envers ces saints monuments de la passion du Sauveur fut telle, le reste de sa vie, dit un historien, que tous les ans il ne manquoit pas de se rendre le vendredy-saint à la chapelle du palais, où, revestu de ses ornements royaux, il exposoit lui-mesme la vraie croix à la vénération du peuple (3); ce que pratiquèrent aussi plusieurs de ses successeurs à son exemple. Il semble qu'ils introduisirent pareillement la coustume de faire porter à leur suite les reliques de la Sainte Chapelle aux grandes festes de l'année. Il y a des lettres du roy Charles IV, de l'an 1322, qui obligent les maistres, frères et sœurs de l'Hostel-Dieu de Paris, de fournir quatre chevaux et deux domestiques pour porter les reliques de la Sainte-Chapelle à la suite du roy, aux jours que nous venons de dire, jusqu'à trente lieues loin de Paris. En récompense, il donna à l'Hostel-Dieu une certaine quantité de bois à prendre dans ses forêts (4). »

Du côté où la basoche plantait le *mai*, il y a un corps d'architecture en saillie faisant partie de la Sainte-Chapelle, où se trouvaient les sacristies des deux chapelles. Le *trésor* était renfermé dans deux armoires placées dans la sacristie de la chapelle haute. Voici l'indication des objets que renfermait ce trésor : 1° une grande croix de vermeil fabriquée sous le règne de Henri III, et dans laquelle on enchâssa un morceau

---

(1) Morand, p. 39. — (2) Morand, p. 65. — (3) « A son insu, dit M. Michelet, il habituait le peuple à voir le roi se passer des prêtres. Ainsi David prenait lui-même sur la table *les pains de proposition*. » T. II, p. 619.

(4) Félibien, liv. VI, p. 296. « C'étaient les frères et sœurs de l'Hôtel-Dieu de Paris qui les menaient sur les chevaux du roi, conduits par quatre valets. » Lebeuf, t. I, p. 357. — Le texte de l'ordonnance royale dit : *Partout où il plaira au roi d'aller dans un rayon de trente-quatre lieues.* Félibien, *Preuves*, part. I, p. 251. — « Charles V montrait la croix le vendredi-saint; ce qui fut aussi observé, en 1423, par le duc de Bedford, pour le roi d'Angleterre, par ordre du parlement. D'autres rois le firent le matin du 30 septembre, jour de la fête des reliques de cette église. » Lebeuf, t. I, p. 357.

de la vraie croix (1); 2° le *chef* de saint Louis, en or et grand comme nature, avec une couronne d'or enrichie de pierreries et soutenue par des anges de vermeil : cet objet précieux était à Saint-Denis ; mais Philippe-le-Bel obtint du pape Clément V la permission de le faire tranférer dans le trésor de la Sainte-Chapelle, le mardi de l'Ascension, de l'an 1306 ; 3° le *bâton du chantre*, orné d'une superbe agate gravée, représentant le buste de l'empereur Titus : Philippe-le-Bel trouva que cette statuette avait des traits de ressemblance avec Louis IX, il lui fit ajouter deux bras en vermeil ; dans la main de l'un on mit une croix, et dans celle de l'autre une couronne d'épines ; 4° des livres d'église de la plus grande ancienneté enrichis de perles et de pierreries, et dont l'écriture et les vignettes excitaient la curiosité : l'un de ces manuscrits, contenant les évangiles, paraissait remonter au temps de Charlemagne (2) ; 5° un grand calice d'or et sa patène ornés d'*émaux clairs* damasquinés d'or, deux burettes de cristal de roche, une grande croix en filigrane, deux autres croix d'or enrichies de pierres précieuses ; 6° enfin le célèbre camée en agate-onyx que l'on peut admirer aujourd'hui à la Bibliothèque royale, et qui, suivant l'expression de Lebeuf, a donné tant d'*exercice aux curieux d'antiquités profanes*. L'empereur Baudouin l'avait vendu à saint Louis ; Charles V le fit border d'un cadre où l'on plaça la *pourtraiture* des quatre évangélistes (3). Cette précieuse antiquité, brisée dans l'incendie du palais, le 7 mai 1618, réparée plus tard et transférée au cabinet des antiques de la Bibliothèque, fut volée, en 1810, pendant la nuit. On parvint heureusement à la retrouver.

Saint Louis s'était réservé, dans le trésor de la Sainte-Chapelle, un lieu sûr et commode pour y déposer les manuscrits d'ouvrages pieux qu'il

---

(1) On la montrait tous les vendredis pendant le carême. « On déroba le grand morceau de la vraie croix la nuit du 10 mai 1575. Les séditieux publièrent que la reine-mère avait vendu ou engagé cette relique en Italie : le prévôt des marchands et les échevins mirent des gardes aux portes de la ville et sur la rivière pour fouiller tout le monde. On fit une procession générale de Notre-Dame à la Sainte-Chapelle, où assistèrent la reine-mère, les autres reines, le duc d'Alençon, le roi de Navarre, le parlement et l'Hôtel-de-Ville. Le jour de Pâques-Fleuries de l'année suivante, Henri III fit publier aux prônes des paroisses de Paris qu'on eût à aller adorer une croix toute semblable à la première qu'il avait fait faire, et dans laquelle un morceau de la vraie croix était enchâssé, et c'est la même qu'on expose aujourd'hui à la vénération des fidèles. » Hurtaut, t. II, p. 242. — Voy. le *Journal de l'Estoile*, dans la collection de MM. Michaud et Poujoulat, 3ᵉ série, t. I, p. 54 et 69. — (2) « On voit encore au trésor un livre des Évangiles écrit en lettres d'or, caractère du xiᵉ siècle ou de la fin du xᵉ, où les figures des quatre évangélistes sont très grossières ; quelques manuscrits à l'usage de Paris, comme un évangéliaire du xiiiᵉ siècle. » Lebeuf, *loco cit.* — (3) Voy. pour plus amples détails Morand, *Histoire de la Sainte-Chapelle* ; Hurtaut, t. II, p. 243 et suiv. ; Piganiol, t. I, p. 557 et suiv. ; Germain Brice, t. IV, p. 313 et suiv. ; et l'*Antiquité expliquée* de Montfaucon, liv. IV, chap. x.

faisait copier à grands frais (1). Au-dessus de la sacristie de la haute chapelle était le *trésor des chartes*, qui consistait en deux grandes chambres, l'une au-dessus de l'autre. La première, couverte d'une voûte gothique, avait servi autrefois de chapelle ; les murs étaient couverts d'armoires et de layettes où se mettaient les chartres et les registres. « Ces armoires et ces layettes, dit Hurtaut (2), se trouvèrent si pourries lorsque M. Fouquet était procureur général, qu'il fut obligé d'en faire faire de neuves, et chargea Girard, le plus habile architecte de ce temps, des ornements du dessin et de la conduite de cet ouvrage. Girard rangea les layettes dans de grands pilastres de bois et les armoires dans les entre-deux, c'est-à-dire dans les intervalles d'un pilastre à l'autre. La chambre qui est au-dessus est couverte d'un comble de charpente et bordée d'un côté de tiroirs, où peut-être il n'y a pas moins de titres que dans la première. » On sait que Philippe-Auguste perdit toutes ses archives dans une embuscade des Anglais, entre Blois et Freteval, en 1195 ; car nos rois avaient coutume de faire porter avec eux, dans leurs voyages, leurs titres, leurs reliques, et tout ce qu'ils avaient de plus précieux. Le trésor des chartes fut donc porté en Angleterre. Philippe-Auguste, pour réparer cette perte, ordonna à un certain Gauthier le jeune, que Guillaume-le-Breton compare au *prophète Esdras, le restaurateur des volumes de la loi des juifs*, de rétablir de mémoire et comme il le pourrait les chartes perdues, et désormais les titres ne furent plus déplacés. On ne sait l'endroit où on les mit alors. Lorsqu'en 1307 Philippe-le-Bel alla loger au Temple, il y fit transporter les chartes, et, vers l'an 1364, on les plaça à la Sainte-Chapelle (3). Le *trésor des chartes* fut régi depuis Philippe-Auguste, jusqu'en 1582, par un officier nommé le *trésorier des chartes*, et depuis cette époque jusqu'à la révolution, à un court intervalle près, par le procureur-général du parlement (4).

Saint Louis, par ses lettres de fondation du mois de janvier 1245, établit dans la Sainte-Chapelle cinq principaux chapelains, cinq sous-chapelains, cinq clercs, diacres et sous-diacres, et deux marguilliers, aussi diacres ou sous-diacres (5). Au mois d'août 1248, il ajouta un troisième marguillier, et ordonna qu'ils fussent prêtres et qu'ils eussent chacun un clerc, diacre ou sous-diacre ; ce qui faisait vingt-un ecclésiastiques (6). Leur nombre s'augmenta sous ses successeurs jusqu'à

---

(1) « Il aimait mieux faire copier les manuscrits que de les faire donner par les couvents, afin de multiplier les livres. » Geoffroy de Beaulieu, dans Duchesne, t. V, p. 457. — « Il fit traduire ces livres, dit Lenain de Tillemont, à l'imitation d'un seigneur sarrazin. » Voy. *Vie manuscrite de saint Louis*, p. 663. — (2) Hurtaut, t. II, p. 248. — (3) Jaillot, t. I. « En 1783, dit Morand, lors de la démolition de la sacristie, le trésor des chartes fut transféré à la chancellerie du palais ; » p. 155. — (4) Nous ne donnons ici que les détails qui concernent la Sainte-Chapelle. Voy. pour le *Trésor des chartes* l'article des *Archives du royaume*. — (5) Félibien, *Preuves*, t. III, p. 119. — (6) Félibien, *ibid.*, p. 122.

quarante-cinq : celui des chapelains fut réduit à vingt, par arrêt du 19 mai 1681. La dignité de chantre fut fondée par lettres de Philippe-le-Long, du 8 juillet 1319 (1). Le chef du chapitre s'appelait *maître-chapelain* ou *maître-gouverneur de la Sainte-Chapelle*. Philippe-le-Bel, dans son testament de 1314, le nomma *trésorier*, comme ayant la garde du trésor des reliques (2). Plus tard il prit le titre d'*archichapelain*, mais jamais il n'a reçu celui de *pape de la Sainte-Chapelle*, ainsi que l'avance M. Dulaure (3). Cet écrivain s'appuie, pour donner au trésorier cet étrange surnom, sur un passage des registres du parlement, qu'il a défiguré, et dont nous reproduisons le texte véritable (4) : « Samedy 14 octobre 1525, ce jour de relevée, sont venus en la grand court du palais de céans quatre personnages à cheval, déguisez, contrefaisants les postes (les courriers), ayans des chaperons vers en leurs testes, que on dict estre montez à cheval à la porte Sainct-Michel et sont venus courans les ruës jusques audict palais, où ils crioient et publioient certains rimes contenans en substance que le roy estoit mort, et que madame mère du roy, régente en France, en avoit grand déconfort ; que les sages le céloient, et qu'il falloit que les fols le déclarassent et publiassent, et plusieurs autres choses contre l'honneur du seigneur et de nostredicte dame et de la maison de France ; et leur a esté respondu par le *perron de la Saincte-Chapelle*, et se sont retirez par les ruës, jusques à Notre-Dame-des-Champs, où ils sont descendus, et l'on a mis gens après, pour sçavoir qui ils sont. »

Clément VII accorda au trésorier, en 1379, le privilége d'officier avec la mitre, l'anneau et autres ornements pontificaux (à l'exception de la crosse, à moins qu'il ne fût évêque), et de donner la bénédiction au peuple pendant les processions qui se faisaient dans l'enclos du palais, pourvu toutefois que le légat, l'archevêque de Sens ou l'évêque de Paris ne fussent point présents. Les émoluments s'augmentèrent peu à peu, et on lui accorda en outre 400 livres parisis ; *sur quoi il estoit obligé de fournir tout le parchemin qui s'emploiroit au parlement, à la chambre des comptes et ailleurs* (5). Le roi Jean accorda au trésorier, par une ordonnance du mois de juillet 1363, le droit de nommer à toutes les chapelles royales de la ville, prévôté et vicomté de Paris (6). Ce dignitaire devait donc être prêtre ; aussi Charles VII, s'étant avisé de nommer à cette place Jacques de Bourbon, son parent, qui était simple clerc et en bas âge, fut-il vivement censuré et obligé de déclarer que cette vio-

---

(1) Félibien, *ibid.*, p. 131. — (2) Néanmoins, jusqu'à la mort de Henri III, en 1589, le roi eut seul les clefs des châsses à reliques. Morand, p. 178. — (3) T. II, p. 232, et la note de la même page. — (4) Félibien, *Preuves*, t. IV, p. 673. — (5) Félibien, t. I, p. 299. Il cite les *règlemens de la chambre des comptes*. Bibl. de Coislin, 2e vol. — Morand, p. 108. — (6) Morand, p. 117. Cet immense privilége fut aboli en 1782.

lation des statuts et règlements n'aurait plus lieu désormais (1). Enfin il paraît que le trésorier avait droit de justice dans l'étendue de sa cure, car nous lisons dans le *Compte de l'ordinaire de Paris*, en 1471 : « Réparation des murs de pierre de taille et moeslon, qui sont l'un entre la Sainte-Chapelle et *la prison du trésorier d'icelle Sainte-Chapelle*, et l'autre où pend pour le présent la grande porte étant sur le pavé devant la chambre des Comptes (2). » Il est certain du moins que le pape Jean XXII, à la prière de Philippe-le-Long, avait accordé, en 1319, au trésorier, droit de juridiction sur le portier, le concierge, le jardinier, les deux gardes du palais et sur la famille et les domestiques des chanoines (3).

Le chapitre de la Sainte-Chapelle fut comblé par les successeurs de saint Louis de priviléges et de richesses. Comme nous l'avons déjà dit, il ne pouvait être excommunié ni interdit que par le pape; il n'était point soumis à la juridiction métropolitaine et ne dépendait que du Saint-Siége ; ses bénéfices étaient à la collation du roi ; aux processions publiques, il marchait de pair avec les chanoines de Notre-Dame. Enfin, pour assurer leur indépendance, Clément VII permit, en 1380, au trésorier et aux chanoines de faire construire pour eux et leurs domestiques un cimetière particulier. Les revenus de cette église s'élevaient, en 1752, à près de 50,000 livres (4), car tous les rois rivalisaient de zèle pour enrichir cette église *vraiment royale*, suivant l'expression de Sauval. Nous ne citerons ici que les principales donations. « En 1256, dit Félibien, le roy saint Louis donna aux chapelains et marguilliers de la Sainte-Chapelle huit muids de froment à prendre chaque année sur les revenus en grains de la prévosté de Sens; ce qui avec quatre autres muids que l'ancien chapelain percevoit sur les granges de Gonesse et de Villeneuve, en faisoit douze ; qui furent tous destinez pour le pain de ces chapelains et marguilliers. Il donna de plus quatorze muids de vin à prendre au pressoir du roy derrière Saint-Etienne-des-Grez (5). » En 1275, Philippe-le-Hardi octroya aux chapelains de sa chapelle royale, à Paris, que quand il adviendroit qu'il demeurast ou qu'il seroit à Paris en des manoirs ou au temple avec la royne, à disner ou à souper, qu'ils eussent et perçussent chacun jour une livrée entière : c'est à sçavoir huit denrées de pain, un sextier de vin, tel qu'on le livroit aux chevaliers, quatre deniers pour cuisine, douze bouts de chandelle. Et quand la royne y seroit, ledit roy absent, ils auroient seulement par jour demie livrée. Et

---

(1) *Id.*, p. 169. — Félibien, t. I, p. 304. — (2) Sauval, t. III, p. 400. — (3) « *Eidem thesaurario, tanquam membra capiti, sentirent se subesse*, » dit la bulle. Ce droit de juridiction amena de violentes querelles entre le trésorier et le curé de Saint-Barthélemy. Voy. Dubreuil, liv. I, addition de Malingre. — (4) Brice, t. IV, p. 318. — (5) Félibien, t. I, p. 299.

quand ses enfants, ou l'un d'eux, tant qu'ils seroient en sa *mainbournie* (tutelle), y seroient ou demeureroient à disner ou à souper, le roy ou la royne absents, ils auroient seulement livrée par jour quatorze deniers (1). » Philippe-le-Bel, en 1285, donne au trésorier et aux chanoines toutes les offrandes et aumônes qui se font et que saint Louis s'était réservées pour lui et ses successeurs; il veut que les offrandes soient employées à distribuer du vin aux chanoines, à la charge de célébrer tous les ans un service anniversaire pour son père et sa mère (2). Enfin Charles VII et ses successeurs donnèrent à la Sainte-Chapelle les profits de leurs régales (3) jusqu'au règne de Louis XIII, qui, par ses lettres du mois de décembre 1641, données à Saint-Germain-en-Laye, « reprit la régale des archeveschés et éveschés, du consentement du trésorier et des chanoines, donné capitulairement le 20 novembre de la mesme année, et leur donna en eschange la mense abbatiale de Saint-Nicaise de Reims, à perpétuité (4). »

Plusieurs cérémonies remarquables ont eu lieu à la Sainte-Chapelle. Le 23 juin 1275, Marie de Brabant, qu'épousa en secondes noces Philippe-le-Hardi, fut sacrée par Pierre de Barbet, archevêque de Reims (5). Le 15 juin 1292, l'empereur Henri VII fit célébrer à la Sainte-Chapelle par Simon de Bucy, évêque de Paris, son mariage avec Marguerite de Brabant; Marie de Luxembourg, femme de Charles-le-Bel, y fut sacrée, en 1323, par G. de Melun, archevêque de Sens, ainsi que la troisième femme du même prince, Jeanne d'Évreux, en 1326. Le 2 octobre 1322, Philippe de Valois y convoqua une assemblée des nobles du royaume, pour leur exposer le plan d'une croisade qu'il projetait et qu'il ne réalisa point; l'empereur Charles IV, en 1378, visita les reliques de la Sainte-Chapelle en grande cérémonie, et assista plusieurs fois au service (6). Le 21 juin 1389, Isabelle de Bavière y fut couronnée (7); et six ans après, la fille aînée de Charles VI, Isabeau de France, âgée de sept ans, y célébra ses fiançailles avec Richard II, roi d'Angleterre. Enfin c'est dans cette église que se réunirent, en 1395 et en 1408, au sujet du *schisme d'occident*, deux assemblées des évêques de France. Des processions solennelles avaient également lieu à la Sainte-Cha-

---

(1) Dubreuil, liv. I, p. 87. — (2) Morand, p. 81. — (3) Sauval, *Preuves*, t. III, p. 238. — Dubreuil, liv. I, p. 89. — Morand, p. 178. — (4) Félibien, t. I, p. 305. — (5) Morand donne le dessin d'une médaille qui fut frappée en cette occasion, p. 77. « Philippe III fit couronner la reine Marie de Brabant, sa seconde femme, dans la Sainte-Chapelle par l'archevesque de Reims, malgré l'opposition de l'archevesque de Sens, à qui le roy déclara que cette église estoit exempte de la jurisdiction des évesques de Paris et des archevesques de Sens, et qu'il estoit en droit de choisir tel prélat qu'il vouloit pour y faire les cérémonies » Félibien, t. I, p. 302. — (6) Voy. dans Morand, p. 207 et 208, *comment les rois et les princes étaient reçus à la Sainte-Chapelle.* — (7) Mézerai s'est trompé en affirmant que cette cérémonie eut lieu à Saint-Denis.

pelle (1). Nous citerons celle du sacre de Charles VIII, le 30 mai 1484 ; celle qui fut ordonnée, le 15 avril 1525, en réjouissance de la délivrance de François Ier ; et la grande procession du 29 mars 1594, pour célébrer la soumission de Paris au bon roi Henri (2).

Pendant la nuit du vendredi au samedi-saint, il se faisait, dit Sauval, à la Sainte-Chapelle *un miracle du mal caduc*. Lorsque sonnait minuit, les malades poussaient des cris affreux et tombaient en convulsions. Ils ne cessaient, disait-on, de souffrir qu'à l'arrivée du chantre qui leur présentait la vraie croix. Cette cérémonie religieuse, où l'imagination jouait un grand rôle, ainsi que l'écrit si judicieusement le chanoine Morand, avait encore lieu sous le règne de Louis XV (3). D'autres usages, particuliers à cette église n'étaient pas moins curieux. « A dater de la fondation, tous les ans, la nuit du jeudi au vendredi-saint, il y avait exposition de la vraie croix pour les malades dans la nef de la Sainte-Chapelle. Le plus ancien malade offrait un cierge et trente pièces d'argent, en mémoire vraisemblablement des 30 deniers que reçut Judas pour prix de sa trahison. On trouve encore des traces de cet usage dans les registres de la Sainte-Chapelle ; mais ayant reconnu qu'une telle offrande pouvait tendre à refroidir la dévotion, le trésorier et les chanoines se chargèrent par la suite d'en faire les frais (4). » Le jour des Innocents, les enfants de chœur, affranchis de toute discipline, singeaient impunément leurs supérieurs ; ils allaient s'asseoir dans les premières stalles avec la chape et le bâton cantoral. Ces derniers restes d'usages païens, tolérés pendant le moyen âge par le christianisme, ne furent abolis que le 26 décembre 1671 (5). Le jour de la Pentecôte, pendant la *prose* de la messe, on jetait du haut des voûtes des fleurs et quelques étoupes allumées *en manière de langues de feu*, tandis que l'on lâchait des pigeons blancs : cela représentait la descente du Saint-Esprit sur les apôtres et la diversité des langues. En même temps on voyait descendre au-dessus du maître-autel la figure d'un ange tenant un biberon d'argent, avec lequel il versait de l'eau sur les mains du célébrant (6). Le jour de la Pentecôte de l'an 1484, Charles VIII assista à cette cérémonie, et en éprouva tant de plaisir qu'on la réitéra, à son instante prière, les 6 et 13 juillet. La veille de la fête de saint Jean-

---

(1) Une ordonnance de Charles V, au mois d'octobre 1374, porte que celui qui aura le gouvernement pendant la minorité de son fils, prêtera serment à la Sainte-Chapelle sur les évangiles et reliques. — (2) Le parlement ordonna que tous les ans une procession semblable aurait lieu le 22 mars à la Sainte-Chapelle et à Notre-Dame. — (3) Voy. au 25 avril 1770 dans les *Mémoires secrets* de Bachaumont. — (4) Morand, p. 171. — (5) *Ibid*, p. 222. — (6) Le jour de la Pentecôte et les deux jours de la fête du Saint-Sacrement, le roi faisait servir dans l'ancienne chambre du gîte, au-dessus de la sacristie, un déjeuner pour le collège de la Sainte-Chapelle, au retour de la procession. *Ibid*, p. 260.

Baptiste, de la fête de saint Pierre et de saint Paul, à six heures du soir, on allumait un grand feu de joie dans la cour du Palais, et les *chapelains* et *clercs*, en habits de chœur, venaient prier devant la statue de la Vierge, qui est au-dessus de la porte de la chapelle basse (1). Enfin, pour terminer ces usages particuliers à la Sainte-Chapelle, nous dirons qu'en 1642 le chanoine Eustache Picot institua une procession qui devait avoir lieu, le jour de Pâques, *à trois heures du matin*, dans les salles et galeries du palais (2). On avait aussi coutume à la Sainte-Chapelle comme dans les cathédrales, d'attacher au cierge pascal une table chronologique, où l'on indiquait l'année de l'épiscopat de l'évêque diocésain. Ducange, dans son admirable Glossaire, cite une table de l'an 1327 (3).

Le 17 mai 1306, le *chef* de saint Louis fut transféré à la Sainte-Chapelle. Philippe-le-Bel nomma les religieux Augustins pour célébrer chaque année l'office du saint roi. Trois ans après, il accorda la même prérogative aux Jacobins et aux Cordeliers, et Charles-le-Bel leur adjoignit les Carmes, en vertu de lettres royales du 30 septembre 1322; ces derniers jouissaient encore de ce privilége vers l'époque de la révolution. Sauval nous apprend que le *vaisseau* de la Sainte-Chapelle était *mal propre* à la musique; Morand a combattu cette opinion. Quoi qu'il en soit, la musique de cette église était fort complète (4); les enfants de chœur étaient entretenus aux frais du roi (5), mais ils servaient aux divertissements de la cour. On lit dans la chronique de Jean de Troyes qu'à l'entrée de la reine, femme de Louis XI, en 1467, *les enfants de chœur de la Sainte-Chapelle illec disoient de beaux virelais, chansons et autres bergerettes, moult mélodieusement*. Le clergé et les chantres de la Sainte-Chapelle assistaient au convoi des rois de France (6); ils

---

(1) Morand, p. 180. — (2) *Ibid*, p. 215. — (3) Lebeuf, t. I, p. 360. — (4) « En 1499, au mois de janvier, les vieilles orgues de la Sainte-Chapelle furent vendues, à cause qu'elles n'étaient ni bonnes ni recevables pour telle église, la somme de 400 livres tournois aux marguilliers de Notre-Dame de Poissy, à la réserve des six grosses trompes attachées sur le portail, et ses deux tours, et aussi du plomb qui était sur les soufflets. La chambre des comptes les fit vendre par Guillaume de Badouilles, l'un des greffiers de la chambre, et en fit faire de neuves. Extrait du compte de Vincent Gelée des œuvres royaux, depuis le 1er janvier 1498 jusqu'au dernier octobre 1500. » Sauval, liv. IV, p. 446.

(5) Morand, p. 90 et suiv. François Ier, « pour récompenser les enfants de chœur qui auront passé leur jeunesse au service de la Sainte-Chapelle, veut que le trésorier en choisisse deux qu'il jugera les plus propres à l'estude, et les présente au confesseur de S. M. pour estre par lui pourveus de deux bourses au collège de Navarre destinées à ces enfants, et remises à la disposition du confesseur. » Félibien, t. I, p. 307.

(6) « A Jean le Trot, l'un des chantres de la Sainte-Chapelle, 10 livres parisis, tant pour lui que pour ses compagnons chantres, pour avoir par eux chanté à la messe et service, fait aux Cordeliers de cette ville le lundy 5e jour de juillet 1373, pour le feu roy Charles. » *Extrait des comptes de la prévôté de Paris*, dans Sauval, *loco citato*.

célébraient aussi un service solennel dans leur église, après la mort du roi, de la reine et des enfants de France.

Au convoi de Louis XV, une violente dispute éclata entre la chambre des Comptes et le chapitre, qui prétendaient de part et d'autre avoir le droit de choisir l'un des leurs pour prononcer l'oraison funèbre. Cette querelle devint sérieuse ; du moins le roi, par un ordre du 17 octobre 1774, décida que désormais ces services n'auraient plus lieu à la Sainte-Chapelle.

Les statuts et règlements de cette église (1) ne manquent pas d'un certain intérêt. Le haut clergé devait se faire faire la tonsure et raser la barbe tous les dimanches et les jeudis, les vendredis ou les samedis, s'il tombait l'un de ces jours quelque fête annuelle. On trouve, dans les archives de la Sainte-Chapelle, copie d'une lettre de Henri II, en date du 1er juillet 1150, par laquelle il prie et ordonne de recevoir chanoine Guillaume Belyn, *en lui permettant de porter longue barbe malgré les règlements*. Il était également défendu à messieurs de la Sainte-Chapelle de porter des chausses retroussées aux genoux, *à la façon des paillards*, et d'avoir des *poulaines* aux souliers. Ils étaient obligés d'assister aux offices avec la plus grande exactitude ; seulement *celui qui a esté saigné ou a pris médecine, a trois jours libres pour se reposer ou se promener* (2); mais ces statuts ne furent pas très rigoureusement suivis, car Charles VI, par une ordonnance du 18 juillet 1401, et François Ier, par un règlement daté du mois de janvier 1520, se virent obligés de *réformer* la Sainte-Chapelle. Le premier ordonne « que tous les ecclésiastiques de la Sainte-Chapelle porteront de grandes tonsures et des habits simples, sans ce que le règlement appelle *colerettes*, et sans superfluité dans les manches, avec des chaperons et des chaussures honnestes, c'est à sçavoir des chausses noires et des souliers simples, sans pointe et sans découpures ; et qu'ils ne marcheront point par la ville avec des ceintures sur leurs robes à la manière des laïques (3). »

Un assez grand nombre de personnages illustres ont fait partie du chapitre de la Sainte-Chapelle. Parmi les trésoriers (4) nous citerons des cardinaux comme *Pierre d'Ailly*, qui mourut sous Charles VI, *Adrien de Boisy, Odet de Chastillon, Pierre de Gondy*, et deux évêques

---

(1) Félibien, *Preuves*, t. III, p. 151. — (2) Félibien, t. I, p. 308.

(3) Charles VI veut aussi « qu'on pratique à la Sainte-Chapelle ce qui estoit anciennement en usage dans les églises cathédrales et collégiales, c'est-à-dire qu'on fasse du bruit par le mouvement des siéges du chœur, jusqu'à ce que celui qui est entré tard au chœur en soit sorti et se soit retiré à la sacristie. » *Id. ibid*, p. 304.

(4) Morand, à la fin de son ouvrage, donne la liste complète des trésoriers. Le premier fut Me Mathieu, en 1248 ; le dernier, cité par Morand, est L. Joseph de Moy, en 1783.

qui eurent une certaine réputation, *Pierre Bechebien*, ancien médecin de Charles VII, et *Robert Cenalis*, auteur de quelques ouvrages de controverse (1). Les chanoines ne se sont pas moins distingués ; on voit parmi eux le célèbre poëte *Philippe Desportes*; le spirituel et savant *Jacques Gillot*, l'un des auteurs de la *satire Ménippée*; il fut inhumé dans le chœur de la Sainte-Chapelle, en 1619 ; *Jean Mortis*, conseiller au parlement (2), mort en 1484 ; *Gilles Dongois* et *Charles du Tronchay*, qui ont laissé tous les trois des mémoires sur la Sainte-Chapelle ; enfin *Jacques Boileau*, docteur en Sorbonne, si connu dans son temps par ses travaux d'érudition. La basse Sainte-Chapelle était la paroisse de Boileau, car le chef de cette famille, Gilles, greffier de la grand'chambre du parlement de Paris, y fut enseveli, et l'on a pu voir son épitaphe jusqu'en 1800, époque à laquelle elle a été transférée au Musée des monuments français. Le célèbre Despréaux vint prendre place dans le tombeau de sa famille, et dans les premières années de la révolution ses cendres furent portées au même musée ; plus tard, en 1819, on les transféra à l'église de Saint-Germain-des-Prés (3). Tout le monde sait qu'une querelle survenue entre le chantre et les chanoines de la Sainte-Chapelle donna à Boileau l'idée de son *Lutrin*. Ce charmant poëme, grâce à sa popularité, aurait rendu célèbre une église moins remarquable que la Sainte-Chapelle (4).

Ce précieux monument de la piété de Louis IX fut dévasté en 1790 (5) et enlevé à sa destination religieuse. Il sert maintenant de dépôt des archives judiciaires et de l'état civil, dont les pièces sont placées dans un ordre admirable : les armoires où elles sont déposées s'élèvent presque jusqu'aux voûtes et forment une galerie de colonnes agréablement distribuées. Espérons que le gouvernement se decidera enfin à faire restaurer la Sainte-Chapelle. Son abandon, contre lequel les artistes n'ont jamais cessé de protester, doit donner aux étrangers une idée peu avantageuse de notre vénération pour nos antiquités nationales.

Saint-Nicolas-du-Chardonnet, première succursale de la paroisse Saint-Etienne-du-Mont, rue Saint-Victor, entre les n°⁵ 104 et 106, au coin de la rue des Bernardins.—Cette église a pris son nom du territoire sur lequel elle fut fondée. Le *clos du Chardonnet*, qui, au commencement du règne

---

(1) Voy. t. I, p. 274.—(2) Jean Mortis fut enseveli dans la basse chapelle. Dubreuil, qui s'est servi de ses Mémoires, s'est trompé en disant que cet écrivain était inhumé aux Célestins. — (3) Voy. t. I de cette histoire. — (4) Voy. sur cette fameuse querelle, Morand, p. 218 et suiv.

(5) M. Lenoir avait formé de débris de l'intérieur de la Sainte-Chapelle la porte d'entrée de la salle des monuments du xiv⁰ siècle au musée des Petits-Augustins. Voy. le *Musée des monuments français*, t. II, p. 39, et la pl. 63.

de saint Louis, était encore inculte (1), s'étendait, comme je l'ai dit ailleurs, de la rue de Bièvre jusqu'à l'ancien canal de Bièvre, et dépendait de l'abbaye de Saint-Victor. Au mois d'avril 1230, Guillaume III, évêque de Paris, obtint de Pierre, abbé de Saint-Victor, cinq quartiers de ce fief, et y fit bâtir une chapelle (2). *Aussitost que la chapelle eust été bâtie*, dit Sauval, *les environs se peuplèrent de telle sorte, que treize ans après, le mesme évesque, Guillaume, fut obligé de changer la chapelle en une église paroissiale qui fut construite sous l'invocation de Saint-Nicolas* (3). Mais Jaillot a prouvé que cette cure existait avant 1243; et les termes d'un traité, passé au mois d'avril de cette année, entre l'évêque de Paris et Raoul, abbé de Saint-Victor, confirment cette opinion. Quoi qu'il en soit, l'église de Saint-Nicolas-du-Chardonnet devint importante en peu de temps; car en 1260, Renaud de Corbeil, évêque de Paris, voulant donner aux *clercs de matines* de sa métropole une rétribution suffisante, leur assigna 25 livres de rente sur les produits de cette cure, somme énorme pour l'époque, *approchante*, dit Lebeuf, *de 500 livres d'aujourd'hui*. Jean de Nant, le quatre-vingt-quinzième évêque de Paris, fit la dédicace de cette église, le 13 mai 1425, à la requête d'un riche paroissien nommé Augustin Isembare (4). Elle n'a pas été reconstruite à cette époque ainsi que le prétend Dubreuil. Mais en 1545, on y ajouta quelques constructions, et l'on éleva les chapelles de Notre-Dame, de Saint-Jean, de Saint-Jacques et de Saint-Honoré. Enfin, en 1636, l'église commençant à tomber en ruines, on prit le parti d'en construire une nouvelle à côté de l'ancienne et dans une direction opposée, et la première pierre fut posée par le trésorier de France, Martin. « Il reste encore, dit Lebeuf, trois arcades de celles qui avaient été bâties pour les vitrages de l'ancienne église; et les supports de ces vitrages sont aperçus par ceux qui entrent dans celle d'aujourd'hui du côté de la rue Saint-Victor. » L'édifice n'était pas terminé lorsqu'il fut bénit, le 15 août 1667, par M. de Péréfixe, archevêque de Paris. Les constructions, interrompues ensuite pendant plusieurs années, reprises en 1705, ne furent achevées qu'en 1709, *par le secours d'une loterie* (5). Il manque encore cependant une travée entière et le portail principal du côté de la rue Saint-Victor.

L'église de Saint-Nicolas-du-Chardonnet est, du reste, assez mal

(1) Félibien, t. I, p. 283.
(2) La date de la fondation de *Saint-Nicolas-du-Chardonnet* a été l'objet de vives controverses. Nous avons adopté l'opinion de Félibien et de Jaillot.
(3) « La dévotion des bateliers qui demeuraient entre les deux rivières de Seine et de Bièvre put déterminer, dit Lebeuf, le choix de Saint-Nicolas. »
(4) Dubreuil, qui a été copié par Sauval, a cru que cet Augustin Isembare était un curé. « *Il n'était pas instruit*, dit Lebeuf, *des différents exemples de dédicace faites aux frais des riches paroissiens, qui ne les demandaient souvent que long-temps après la consommation des édifices.* » — (5) Félibien, liv. VI.

construite. Le seul portail qui existe, et qui donne sur la rue des Bernardins, a été dessiné par un détestable architecte; il est orné de deux ordres de pilastres, ionique et corinthien, le premier couronné d'un fronton, le second surmonté d'un comble à la mansarde, et l'ordre supérieur n'a pas même la dimension exigée. L'intérieur est orné de pilastres composites dont le chapiteau, assez original, imite le chapiteau *attique*, et dont les socles sont revêtus en marbre. Le chœur est également pavé en marbre, et le maître-autel est surmonté d'une *gloire* qui produit un assez bon effet.

Saint-Nicolas, avant la révolution, était fort riche en ornements, en reliques, en vases sacrés et en tableaux : on distinguait dans la chapelle de la Vierge, la *Résurrection de Jésus-Christ*, composition admirable de Verdier, l'un des meilleurs élèves de Lebrun; à droite, une *Assomption*, par Robin; sur les autels placés à l'entrée du chœur, un *Saint-Ambroise* et le *Baptême de Notre-Seigneur*, par de Peters, peintre en miniature; dans la grande chapelle de la communion, les *Pèlerins d'Emmaüs*, par Saurin, un *Saint-Antoine*, par un peintre inconnu, le *Miracle de la manne* et le *Sacrifice de Melchisedech*, peints par Charles Coypel, en 1714 et 1715, le *Sacrifice d'Abraham*, et *Élisée dans le désert*, par Francisque Millet; dans la chapelle qui servait de sépulture à la famille d'Argenson, la *Construction du temple de Jérusalem*, par un peintre inconnu; dans la chapelle de Saint-Charles, *Saint Charles Borromée*, par Lebrun (1); dans deux autres chapelles, le *Martyre de saint Denis*, par Jeaurat, et une *Sainte Catherine*, par Le Lorrain; on remarquait enfin sur le maître-autel un *Ecce Homo* et une *Vierge* en marbre; au-dessus de la porte du chœur, un *Christ* en bois, avec la statue de la *Vierge* et celle de *Saint Jean* également en bois, exécutés d'après les dessins de Lebrun, par Poultier.

Saint-Nicolas-du-Chardonnet contenait les sépultures d'illustres personnages : dans la chapelle à côté de la sacristie avait été inhumé *Jean de Selve*, premier président du parlement de Paris, l'un des négociateurs du traité de Madrid, mort en 1529. La chapelle de Saint-Jérôme renfermait le tombeau du célèbre *Jérôme Bignon*, avocat-général au parlement, mort en 1656. Ce monument était assez médiocre, quoiqu'exécuté par Anguier et Girardon; les deux fils de Bignon, Jérôme et Thierry, l'un conseiller d'État et le second premier président du grand conseil, étaient ensevelis à côte de leur père, ainsi que le savant Jean-Paul Bignon, abbé de Saint-Quentin, mort en 1743 (2). La

---

(1) Le plafond de cette chapelle était peint par le même artiste. Nous ne savons ce qu'est devenu le *saint Charles* qui jouissait d'une grande réputation.

(2) Voy. Brice, t. II, p. 435 et suiv.

famille d'Argenson avait sa sépulture dans une chapelle ; on y distinguait le buste de *Marc-Réné Le Voyer de Paulmy d'Argenson*, garde des-sceaux de France (1), *Adrien Bourdoise*, mort en 1655, fondateur du séminaire de Saint-Nicolas dont nous parlerons plus tard, et *Louis de Chauvelin*, garde des sceaux sous le ministère du cardinal de Fleury, avaient aussi leur sépulture dans cette église. Dans la chapelle Saint-Charles, on admirait le tombeau du grand peintre *Lebrun* et celui de sa mère. Ce dernier monument, exécuté par Cuby et Gaspard Colignon, d'après les dessins de Lebrun, n'a rien de bien remarquable, à notre avis, malgré son immense réputation ; mais le mausolée de l'illustre artiste est l'un des meilleurs ouvrages de Coysevox. Tous ces monuments ont été transférés au musée des Petits-Augustins pendant la révolution. En 1820, on a replacé dans l'église les tombeaux de Lebrun et de sa mère. Enfin, nous devons citer le mausolée de Santeuil, dont le corps, inhumé à l'abbaye de Saint-Victor, a été transféré, au mois de février 1818, à Saint-Nicolas-du-Chardonnet. L'épitaphe latine, composée par Rollin (2), et gravée sur une table de marbre, a été placée sur la tombe du célèbre poëte.

Saint-Leu et Saint-Gilles, rue Saint-Denis, entre les numéros 182 et 184, première succursale de la paroisse de Saint-Nicolas-des-Champs (3).—Cette église ne fut dans l'origine qu'une chapelle de l'ancienne église de l'abbaye de Saint-Magloire. « Les bourgeois et habitants de ces quartiers, dit Sauval, se voyant si éloignés de Saint-Barthélemy, leur paroisse, demandèrent à l'abbé et aux religieux de Saint-Magloire la permission d'y faire célébrer à leurs dépens la messe et le service divin, ce qui leur fut accordé. Mais les religieux en étant incommodés lorsqu'ils y faisaient leur service, ils consentirent que l'autel de Saint-Leu-Saint-Gilles (4) se transporteroit en une nouvelle église qui aujourd'hui a conservé son nom. Cet accord fut fait, en 1235, entre l'abbé de Saint-Magloire et le recteur et curé de Saint Barthélemy, par lequel accord lesdits de Saint-Magloire permirent, de l'agrément de Guillaume III, évêque de Paris, au curé de Saint-Barthélemy et aux paroissiens qui étoient en-deçà du pont, de faire construire une chapelle ou succursale de Saint-Barthélemy en la terre de Saint-Magloire, de huit toises de large sur dix-huit de long, avec deux cloches seulement du poids de deux cents chacune, distante de l'abbaye

---

(1) Piganiol a transcrit les épitaphes de ces monuments.
(2) Nous l'avons rapportée t. I, p. 404 de cette histoire.
(3) Il ne faut point confondre cette église avec une petite cure qui portait le même nom, et qui fut réunie à l'église de Saint-Symphorien, en la Cité, en 1618. Jaillot, t. I.
(4) Lebeuf, t. I, p. 295, pense que le nom de Saint-Leu (*Lupus*) n'a été joint à celui de Saint-Gilles que parce que la fête de ces deux saints tombait le même jour.

de Saint-Magloire au moins de six toises. » En 1319, cette chapelle fut reconstruite (1), et les religieux de Saint-Magloire permirent qu'on y mît deux cloches qui pussent être entendues dans les rues Aubry-le Boucher et du Bourg-l'Abbé, où étaient les maisons qui dépendaient de cette succursale. En 1481, les marguilliers de la même chapelle représentèrent aux religieux que ces deux rues avaient des maisons beaucoup plus élevées qu'en 1319, et on leur permit de fondre des cloches plus considérables (2). Peu à peu la chapelle s'agrandit ; Jacques, évêque de Calcédoine, y consacra six autels le 10 juin 1533 ; enfin on jeta les fondements du chœur en 1611. Elle avait été, peu après son érection, réunie à la cure de Saint-Barthélemy, parce qu'il ne s'y trouvait pas assez d'habitants pour avoir un pasteur à Saint-Leu-Saint-Gilles; mais enfin le nombre des paroissiens devint si considérable qu'on fut obligé, en 1617, d'ériger la chapelle en église. Henri de Gondi, cardinal de Retz, alors évêque de Paris, termina ainsi un procès qui s'était formé pour la cure de Saint-Barthélemy entre Louis Brumet, chanoine de l'église de Paris, et Michel de Rennes, chanoine de Saint-Honoré. Il donna la cure de Saint-Barthélemy à ce dernier et celle de Saint-Leu à Louis Brumet qui eut pour l'un de ses successeurs André du Saussay, auteur du *Martyrologe gallican*, et depuis évêque de Toul.

L'église Saint-Leu fut entièrement réparée en 1727 ; l'intérieur fut décoré d'une fort belle menuiserie, ouvrage d'un nommé Laigu, et de sculptures exécutées par Guillomet, sculpteur en bois. Au mois d'octobre de cette même année, un habile charpentier, Guillaume Guérin, entreprit de transporter d'une tour qui menaçait ruine, sur une autre tour nouvellement bâtie, la charpente tout entière du clocher de l'horloge. Cette opération difficile fut exécutée avec le plus grand succès par le moyen d'un échafaud sur lequel on fit rouler le clocher, qui avait sept pieds et demi de diamètre sur trente-cinq d'élévation. D'une tour à l'autre, il se trouvait une distance de vingt-quatre pieds (3). En 1780, l'architecte de Wailly fut chargé de plusieurs travaux dans le chœur de l'église Saint-Leu. Il rehaussa le sol du sanctuaire, construisit une chapelle souterraine et décora le grand-autel. On y a exécuté d'autres réparations considérables en 1823.

Cette église était assez riche en reliques et en tableaux ; on y remarquait Saint-Gilles en habit de Bénédictin, par Oudry ; la Nativité, du même artiste ; l'Ascension, par Bertin ; le Crucifiement, par Courlieu ; le Christ sur la croix, par Morelle. On voyait dans le chœur un grand tableau représentant Louis XV, entouré de la grande-duchesse de Ventadour, sa gouvernante, du duc d'Orléans, régent du royaume, du duc

---

(1) **Lebeuf**, t. I, p. 296. — Jaillot place cette construction au mois de novembre 1270.
(2) **Lebeuf**, *loco cit.* — (3) Hurtaut, t. III, p. 401.

de Bourbon, du maréchal de Villeroi, etc., qui prient Saint-Leu pour les jours du jeune roi (14 octobre 1716). Justinar avait peint d'après nature tous les personnages de cette scène historique (1). Au-dessus du maître-autel, était un magnifique tableau de François Porbus, représentant la Cène. Le Poussin disait que c'était un des plus beaux qu'il eût jamais vus (2). Pendant les travaux qu'on exécuta à Saint-Leu, en 1727, on détruisit le tombeau de *Jean Zouchart* et de *Marie de Brix*, sa femme. Ce Jean Zouchart était l'un de ces quatre déterminés ligueurs que le duc de Mayenne fit pendre publiquement dans la salle basse du Louvre, le 4 décembre 1591. Dans une chapelle située au côté droit du chœur, on voyait le mausolée de *Marie de Landes*, femme du président Chrétien de Lamoignon ; ce monument en marbre blanc était l'ouvrage de Girardon, et son origine mérite quelques explications. Marie de Landes devait être inhumée dans l'église des Récollets de Saint-Denis, et son corps n'avait été déposé que provisoirement à Saint-Leu après le service ; « mais les pauvres de la paroisse, dit Félibien, se ressouvenant des grandes libéralités que la défunte avoit répandues sur eux pendant sa vie, profitèrent de l'absence des parents, firent une fosse et y enterrèrent le corps à la hâte. L'ouvrage étoit consommé quand les parents vinrent pour faire lever le corps, Il est resté dans le lieu, et l'on a eu soin de représenter cet événement dans un bas-relief du piédestal du monument qui fut élevé à la mémoire de cette vertueuse et illustre dame. » *Chrétien François de Lamoignon*, fils aîné du premier président de ce nom, fut inhumé aux pieds de son aïeule, au mois d'août 1709.

Il y avait à Saint-Leu une confrérie de l'Ange-Gardien, instituée par Henri de Gondi, évêque de Paris, et approuvée par le pape Paul V (3). Peu d'auteurs en ont fait mention.

Chapelle de Sainte-Marie-l'Egyptienne ou la Jussienne. — Cette chapelle située, dans la rue Montmartre, à l'angle septentrional de la rue de la Jussienne (n° 25), existait, à ce qu'il paraît, sous le règne de saint Louis. Sauval croit même (4) que les Augustins établis vers le milieu du xiiie siècle, à l'extrémité orientale de la rue des Vieux-Augustins, et dont le couvent s'étendait jusqu'à la rue de la Jussienne, se servaient de l'oratoire de Sainte-Marie-l'Egyptienne pour chapelle.

Si elle n'existait pas alors, comme le pensent quelques auteurs (5),

(1) « Saint Leu, dit Hurtaut, est invoqué spécialement pour la guérison des malades. Lorsque nos rois parviennent à la couronne, c'est un usage de cette église de faire des prières pendant neuf jours pour demander à Dieu la conservation de leur personne sacrée. » — (2) Sauval, liv. IV. Ce tableau est aujourd'hui au Musée du Louvre. — (3) Hurtaut, t. III, p. 403. — (4) Sauval, liv. V, p. 618. — (5) Jaillot, t. II, p. 34, quartier Saint-Eustache.

cette église dut être construite peu après. Toutefois, le plus ancien titre qui le désigne d'une manière positive, n'est que de 1372 ; elle est appelée dans l'acte *chapelle de Quoque-Héron*. Des titres postérieurs la nomment la *chapelle de l'Egyptienne* ou de *Coq-Héron*, l'*église de l'Egyptienne de Blois* ; on la trouve également désignée sous le nom de la *Gipecienne* (1), le peuple, par abréviation et corruption du mot, s'accoutuma à l'appeler la *Jussienne*.

L'origine de la dénomination de cette église n'est point, comme Lebeuf conjecture (2), que la chapelle avait pu servir de lieu de retraite à une femme de Blois qui s'y serait renfermée pour faire pénitence de « la vie errante et aventureuse des Egyptiens ou Bohémiens, ou bien à une autre de ces Egyptiennes qui se disaient condamnées à faire des pèlerinages par pénitence et par mortification, et qui se serait renfermée près de cette chapelle, pour y finir ses jours à l'imitation de sainte Marie-l'Egyptienne. » Les recherches de Pasquier, que cite Lebeuf, ne favorisent point son opinion, car les Egyptiens ou Bohémiens dont il s'agit ne vinrent à Paris que dans l'année 1429, et la chapelle de l'Egyptienne existait sous ce nom au moins cinquante ans avant cette époque (3).

Cette maison religieuse était desservie par deux chapelains, et il est à remarquer que l'un était à la nomination du chapitre de Blois, et l'autre à la nomination de celui de Paris. Cette singularité ne peut s'expliquer qu'en supposant que deux chanoines de cette église, ou bien un particulier, chanoine dans les deux, l'auraient dotée ou fait construire.

Le vitrail de la chapelle situé au-dessus de l'autel représentait saint Christophe et saint Nicolas ; sur les vitraux de la nef, des deux côtés, avaient été peints, sous François Ier environ, les principaux traits de la vie de Sainte-Marie-l'Egyptienne. On remarquait le vitrail où Marie, non encore convertie, n'ayant point dans une circonstance de quoi payer son passage à un batelier, se détermina à prostituer son corps à celui qui voudrait payer pour elle. Au-dessous était écrit en légende : *Comment la sainte offrit son corps au batelier pour son passage*. Marie était représentée assise dans le bateau et retroussant sa robe jusqu'aux genoux.

En 1660, le curé de Saint-Germain-l'Auxerrois, de qui dépendait la chapelle de Sainte-Marie-l-Egyptienne, fit changer ce vitrail dont l'expression trop naïve contrastait avec la sainteté du lieu.

La chapelle de Sainte-Marie-l'Egyptienne servait au corps et communauté des marchands drapiers de Paris qui y faisaient célébrer une messe les dimanches et les fêtes. On lisait sur un vitrail l'inscription

---

(1) **Censier de l'évêché**, 1489. — (2) T. I, p. 104. — (3) Jaillot, *ibid*.

suivante : *Les drapiers, gouverneurs de ce lieu, ont réparé cette chapelle.*

Cette église fut démolie vers 1792 ; sur son emplacement est maintenant une maison particulière.

Prieuré de Sainte-Catherine-du-Val-des-Ecoliers, depuis *Sainte-Catherine-de-la-Couture*, rue Saint-Antoine, sur l'emplacement actuel du marché Sainte-Catherine. — La fondation de ce prieuré et la construction de l'église remontent à l'année 1229. L'ordre du Val-des-Ecoliers avait été fondé dès l'an 1201 par quatre célèbres professeurs de Paris (1), Guillaume dit l'Anglais, Richard de Narcey, Evrard, et Manassès, dans une vallée sauvage et profonde du diocèse de Langres, sur les confins de la Champagne et de la Bourgogne. Ils y bâtirent d'abord quelques masures avec un oratoire ; bientôt un grand nombre d'écoliers se joignirent à eux, et c'est ce qui fit donner à leur institut le nom d'*Ordre des Ecoliers*, ou du *Val des Ecoliers*. Ils choisirent alors sainte Catherine pour patronne, et obtinrent l'approbation du Saint-Siége (2) et de l'évêque de Langres, Hilduin de Vandœuvre (3). Le successeur de ce dernier, Guillaume de Joinville, leur donna, en 1212, dans la vallée qu'ils habitaient et que l'on nommait *vallis Barbillorum*, une chapelle qu'il y avait fondée, 10 livres de rente, dix muids de vin, et dix setiers de froment par année ; et en 1212, il leur accorda des lettres qui constatèrent cette donation ; elle fut confirmée en 1218 par le chapitre de Langres. « On voit, dit Jaillot (4), par le règlement que Guillaume de Joinville fit pour cet ordre, en 1215, que les religieux s'étaient soumis à la règle de saint Augustin, telle qu'elle était observée par les chanoines de Saint-Victor. » Bientôt l'ordre du Val-des-Ecoliers se répandit dans différentes provinces (5) ; mais les religieux, qui s'augmentaient chaque jour, ne purent rester dans leur prieuré, dont la position était incommode et même dangereuse. Robert de Torotte, évêque de Langres, les transféra, à leur demande, en 1224, dans une vallée de l'autre côté de la Marne ; il leur donna une autre partie de bois qu'on nommait *Valedom*, et toute la vallée des deux côtés, depuis *Chamarande* jusqu'au lieu dit *les Vannes*, où ils bâtirent le monastère

(1) *Lesquels toutefois, par humilité*, dit Dubreuil, *ne s'appellent qu'escholiers*. Liv. III, p. 613. — (2) La bulle d'approbation du pape Honorius III est du 7 mars 1219. — (3) « Quand ces quatre bons pères, dit Dubreuil, se présentèrent à l'évesque, il y avoit grande assemblée du clergé et plusieurs prélats à Langres. Entre lesquels *Federic*, docteur en décret et évesque de Chaalons, contemplant la constance et humilité de ces saints personnages, fut si compunct en son cœur qu'estant de retour à Chaalons, il abandonna tous ses biens temporels, résigna son évesché à un autre, et s'en alla religieux avec iceux, où il a conversé très sainctement le reste de sa vie. » Liv. III, p. 613. (4) Jaillot, t. III. — (5) La chronique d'Albéric rapporte qu'en moins de vingt ans ils avaient déjà seize prieurés.

et l'église qui subsistaient encore du temps de Jaillot (1) ; et ce prélat, du consentement de son chapitre, l'exempta de la juridiction épiscopale. Paul III, par sa bulle du 3 mai 1559, l'érigea en abbaye.

Les religieux du Val-des-Ecoliers pensèrent alors à chercher un établissement à Paris, pour vaquer plus facilement à l'étude ; ils y envoyèrent un de leurs élèves, Manassès, prieur de Notre-Dame-en-l'Ile à Troyes. Nicolas Gibouin ou Giboin, bourgeois de Paris, avait trois arpents de terre auprès de la porte Baudeer (Baudoyer), hors des murs de Paris ; il en fit une donation à la congrégation, à la prière du chevalier Jean de Milly, ci-devant trésorier du Temple, et eut soin de le faire confirmer par les seigneurs du fief. Cette portion de terre relevait en proche de Gui de Nauzi, et en arrière-fief de l'archevêque de Reims. A la prière de Gui, l'archevêque Henri de Dreux donna sa confirmation, au mois de mars de l'an 1229. Pierre de Braine ou Brienne concéda en même temps un champ voisin ; et comme ce champ, aussi bien que les trois arpents de Gibouin, était cultivé, cela fit donner le nom de *Couture* ou *Culture* à tout le terrain des environs. Dans le même temps, les archers de la garde du roi, dits *gens d'armes*, trouvèrent dans ce nouvel établissement une occasion de s'acquitter du vœu qu'ils avaient fait à la bataille de Bouvines, lorsque, passant le pont de cette place, et voyant Philippe-Auguste en danger, ils avaient promis de bâtir une église en l'honneur de sainte Catherine, si Dieu délivrait le roi. Le succès avait répondu à leurs désirs ; mais ils n'avaient pas encore trouvé l'occasion d'acquitter leur promesse. Ils saisirent celle-ci, et bâtirent l'église de Sainte-Catherine dans le lieu qui avait été donné aux chanoines du Val-des-Ecoliers. Guillaume d'Avignon, évêque de Paris, y donna son consentement par lettres du mois d'octobre 1229, et le roi dota la nouvelle église de 30 deniers par jour, ce qui ne suffirait pas, dit Dubreuil, pour la nourriture d'un religieux ; il y ajouta encore 20 livres parisis de rente, un muid de blé à prendre tous les ans dans les greniers de Gonesse, deux milliers de harengs le jour des Cendres, à la foire des *Brandons*, et deux pièces d'étoffe de vingt-cinq aunes chacune, l'une blanche et l'autre noire. La reine Blanche, mère de saint Louis, donna, pour le bâtiment de l'église, 300 livres, et Groslay, archidiacre de Reims, 200 ; Hébert ou Herbert, aumônier du roi, et Chrétien, tous deux chevaliers du Temple, y contribuèrent aussi beaucoup de leurs libéralités (2). Les successeurs de saint Louis, Philippe-le-Hardi,

---

(1) Jaillot, *loco cit.*, dit : « L'ancienne maison s'appelle encore le *Vieux-Val*. »

(2) Hurtaut, t. II, p. 92. Geoffroy, depuis évêque du Mans, donna aussi 600 livres pour la construction de l'église ; Guillaume-le-Breton, clerc du Temple, fit construire le réfectoire, les écoles, les chambres d'hôtes, les chapelles de l'infirmerie et les stalles du chœur ; Jean de Milli fit édifier le dortoir et le cloître : les bâtiments de l'infirmerie

Philippe-le-Bel, Louis X, Philippe VI, Charles V, firent depuis de grands présents à l'église de Sainte-Catherine ; le roi Louis XI, par ses lettres du 3 juin 1477, confirmées par autres de Louis XII au mois de juillet 1498, fit don au prieur et couvent de Sainte-Catherine-du-Val-des-Ecoliers de tous les *deniers à Dieu qui seroient donnés à chaque enchère, tiercement et doublement, de toutes les fermes du domaine des aides, traites et autres subventions et impôts du royaume* (1).

Comme les sergents d'armes étaient en quelque sorte les premiers auteurs de cet établissement, ils convinrent entre eux de faire, avec la permission du roi, à l'église de Sainte-Catherine, une certaine redevance qui allait pour chacun à 10 sous 4 deniers par an. Dans le siècle suivant, vers l'an 1365, ils s'érigèrent en confrérie (2). Pour y être admis, il fallait donner 2 francs d'or, et un tous les ans. Tous les mardis de Pentecôte, les confrères dînaient dans l'église, et ils avaient droit de sépulture dans le cloître ou le chapitre. Après les funérailles de chaque sergent d'armes, son écu et sa masse étaient suspendus dans l'église. On voyait encore, sous Henri III, plusieurs tombes de ces sergents d'armes dans le cloître de Sainte-Catherine. « Ces sergents d'armes, ajoute Félibien, qui ont été abolis dans la suite, répondaient en quelque façon aux gardes du corps du roi, excepté que les fonctions et les prérogatives de ceux-ci n'eurent pas la même étendue qu'avaient les fonctions et prérogatives de ceux-là. »

La fondation de cette église était écrite sur deux pierres du portail, où étaient aussi représentés, d'un côté le roi saint Louis entre deux archers de sa garde, tenant chacun une massue, et de l'autre un chanoine régulier revêtu de sa chape, ayant à ses côtés deux hommes armés de pied en cap. Les deux inscriptions portaient : *A la prière des sergents d'armes, monsieur saint Louis fonda cette église et y mit la première pierre* (3). *Ce fut pour la joie de la victoire qui fut au pont de Bouvines, l'an 1214. Les sergents d'armes pour le temps gardoient ledit pont, et vouèrent que si Dieu leur donnoit la victoire, ils fonderoient une église de Sainte-Catherine ; et ainsi fut-il.*

Dans la suite, cette maison de Sainte-Catherine devint comme le collége de tout l'ordre du Val-des-Ecoliers : les jeunes religieux qui y étaient envoyés furent admis aux degrés de l'université. On peut voir, à ce sujet, la lettre que l'Université de Paris écrivit à tous les évêques contre tous les frères prêcheurs, en 1258 : la maison de Sainte-Catherine y est comprise, au nombre de six colléges que les réguliers

---

provinrent des libéralités de Gilon, trésorier du Temple ; et enfin Herbert joignit à ses premiers bienfaits celui de faire clore de murs le monastère du Val-des-Écoliers. Jaillot, t. III.

(1) Félibien, *Preuves*, t. V, p. 278 et suiv. — (2) Dubreuil, liv. III. — (3) Au mois d'octobre 1229.

avaient alors dans Paris. Après Manassès, qui forma le nouvel établissement, ce monastère fut gouverné par Guy avec le titre de prieur, et après lui, par Evrard, et successivement par quinze autres prieurs réguliers, jusqu'à Philippe Hurault le premier commendataire, décédé en 1539 (1). Sous les premiers prieurs, et surtout dans le temps que la discipline régulière était le plus en vigueur dans cette maison, sept à huit prieurés, nouvellement fondés en divers diocèses, furent soumis par les fondateurs aux prieurs de Sainte-Catherine de Paris, qui y envoyèrent quelques uns de leurs religieux pour y vivre sous leur juridiction. Plusieurs de ces prieurés subsistaient encore au dernier siècle, et étaient à la nomination du prieur de Sainte-Catherine, savoir : le prieuré de Saint-Eloi près de Lonjumeau, au diocèse de Paris; et ceux de Sainte-Geneviève-de-Marcey, au diocèse d'Auxerre; du Parc-d'Harcourt, au diocèse d'Evreux, et de Saint-George-de-la-Grange, au diocèse de Sens. En 1629, le cardinal de Larochefoucauld résolut de réformer cette congrégation, qui avait déjà subi une première réforme en 1607; et par ses ordres, le père Faure, premier supérieur général et instituteur d'une nouvelle réforme de Sainte-Geneviève, passa un concordat avec les religieux de Sainte-Catherine, et prit possession de leur couvent le 25 avril 1629, accompagné de six de ces religieux (2).

Nous avons déjà dit que Charles VII et Louis XI avaient accordé au Val-des-Ecoliers les *deniers à Dieu* sur les fermes du domaine et les impôts du royaume, don qui fut confirmé depuis par François Ier. Ce couvent avait quelques autres prérogatives. « Le jour de Sainte-Croix, dit Sauval, il étoit dû au prieuré de Sainte-Catherine un *escutiers* pour la récréation des religieux, et ce furent eux-mêmes qui, en 1578, au mois de mai, chargèrent de cette redevance une place vague derrière leur jardin qu'ils vendirent. Le dais porté sur nos rois et nos reines à leur entrée, du temps qu'ils logeoient à l'hôtel des Tournelles de la rue Saint-Antoine (3), étoit encore dû à ce couvent. Les sergents d'armes à qui il appartenoit, et en considération desquels ce prieuré avoit été fondé, ne manquoient point de le porter aux religieux par devoir ou autrement. Depuis que nos rois ne logent plus là, il appartient aux valets de pied du roi; et en 1666, lorsque le cardinal Chigi, légat *à latere* d'Alexandre VII, fit son entrée à Paris, Magalotti, capitaine aux gardes, qui gardoit le parvis de Notre-Dame et ses avenues

(1) Ce prieuré, écrivait Hurtaut en 1779, rapporte au prieur 14 ou 15,000 livres de rente.—(2) Jaillot dit cependant que Laurent Michel, alors abbé du Val-des-Écoliers, crut son autorité blessée par ce changement, et qu'il ne céda qu'en 1636 après un arrêt du conseil du 5 août 1633. — (3) Nous lisons dans les *Comptes et ordinaires de la prévôté de Paris* : « Un pont dormant, servant à l'hostel des Tournelles pour passer et repasser le roi, pour aller et venir de l'hostel des Tournelles en l'église Sainte-Catherine-du-Val-des-Escoliers. »

pour empêcher le désordre, leur fit délivrer son dais et sa mule (1). »

Après la réforme de la congrégation du Val-des-Ecoliers, le cloître fut rebâti, ainsi que le portail de l'église. Ce dernier a fait long-temps l'admiration des curieux ; il avait été construit sur les dessins du père de Creil, chanoine régulier de la congrégation (2). « Dans les entre-pilastres, dit Hurtaut, on voit la statue de sainte Catherine en pied, qui s'appuie sur une roue. Elle a à ses côtés six figures de jeunes enfants qui portent les instruments de son martyre. L'un tient l'épée, l'autre la roue, l'autre la couronne, le quatrième l'anneau, le cinquième un livre ouvert, et le dernier un faisceau sur lequel il est appuyé. Toutes ces figures, de même que les quatre bas-reliefs qui sont au-dessous, sont de l'ouvrage de Martin Vanden Bogaert, connu sous le nom de Desjardins, sculpteur fameux, de l'Académie royale de peinture et de sculpture. » On voyait dans l'église un excellent tableau de Champagne, dont Germain Brice fait l'éloge (3). A main droite du chœur, il y avait un souterrain dans lequel était représenté le Saint Sépulcre de Jérusalem ; au-dessus était écrit : Ce Sépulchre de Jésus fut faict l'an 1420, et depuis repeinct l'an 1577 (4).

Quelques personnages célèbres étaient ensevelis dans cette église. *Pierre d'Orgemont*, chancelier de France, mort le 3 juin 1389 dans son hôtel des Tournelles ; il était représenté sur son tombeau l'épée au côté, le casque à ses pieds et couvert d'une jacque de mailles. La chapelle où il était enseveli avait été fondée par lui, et reçut les sépultures de sa femme et des principaux membres de sa famille (5). Les Birague avaient également une chapelle particulière. On y voyait, entre autres sépultures, les tombeaux du cardinal *René de Birague*, chancelier de France, et de *Valence Balbienne*, sa femme. (Il avait pris les ordres après la mort de celle-ci.) Le cardinal mourut dans la maison prioriale de Sainte-Catherine, le 24 novembre 1583 ; son convoi fut magnifique, parce qu'il faisait partie de la fameuse confrérie des pénitents ou *Blancs-Battus*. La cour, tous les ordres de l'Etat, les princes, Henri III lui-même en habit de pénitent, y assistèrent. Philippe de Chiverny, à qui M. de Birague avait fait donner les sceaux de France en 1578, lui fit élever un superbe monument par Germain Pilon ; mais on dégrada

---

(1) Sauval, liv. VIII, p. 154. — (2) Hurtaut, t. II, p. 93. — Brice, t. II, p. 201. — Dulaure dit : « Ce portail fut élevé sur les dessins du célèbre François Mansard ; » t. II, p. 201. C'est encore une erreur. — (3) T. II, p. 202. — (4) Dubreuil, liv. III, p. 613. — « Ce souterrain a été ruiné depuis que les religieux ouvrirent, pour la commodité publique et de l'église, dans la croisée droite, une porte qui conduit à la rue Saint-Antoine. » Sauval, liv. IV, p. 360. Nous lisons dans le *Compte de la prévôté de Paris* de l'an 1414 : « *Item*, 41 écus en or en deux petits ours d'or, qui avaient été trouvés en certain lieu près de l'église Sainte-Catherine-du-Val-des-Écoliers à Paris, par Robert Dubois, pionnier, et autres ses complices. » Sauval, t. III, p. 268. — (5) Dubreuil, p. 614.

ce bel ouvrage au siècle dernier, et les ornements de bronze qu'on en détacha servirent pour le tabernacle du maître-autel de l'église. Citons ensuite les tombeaux du président *Jacques de Ligneris*, l'un des trois ambassadeurs que François Ier envoya, en 1546, au concile de Trente; du grand-aumônier de France, *Antoine Sanguin*, connu sous le nom du cardinal de Meudon, et qui eut pour nièce la célèbre duchesse d'Etampes, Anne de Pisseleu; enfin, du fameux *Jean Desmarais*, avocat au parlement, décapité aux halles sous le règne de Charles VI (1).

En 1404, l'église Sainte-Catherine-du-Val-des-Écoliers fut le théâtre de grands désordres. « On avoit ordonné, dit Félibien (2), des prières publiques par toutes les églises pour l'extirpation du schisme, et l'Université de Paris alla en procession à Sainte-Catherine-du-Val-des-Écoliers, le 14 juillet, pour y faire célébrer la messe. Sa marche fut troublée aux environs de Saint-Antoine par quelques pages de Charles de Savoisy, chambellan du roy, seigneur fort accrédité à la cour, qui, donnant des éperons à leurs chevaux, les firent courir à bride abattue à travers les escoliers qui tenoient leur rang à cette procession, et en renversèrent et blessèrent quelques uns. Les escoliers jettèrent quelques petites pierres aux pages pour les arrester et les obliger à se tenir en paix, et un de ces pages reçut un soufflet. Aussitôt les pages vont se plaindre à leur maistre, qui leur permit d'employer la force pour se venger. Ils s'assemblent, prennent des espées, des arcs et des flèches, frappent et blessent tout ce qui se rencontre, fondent dans l'église, en arrachent sans choix tout ce qu'ils trouvent sous leur main, maltraitent les images, percent les ornements du diacre et du sous-diacre, et épouvantent tellement l'abbé qui célébroit et qui avoit déjà consacré, qu'il se hasta d'achever à basse voix ce qui restoit du sacrifice. Ces gens après cela revinrent trouver leur maistre, qui donna des louanges à leur action et leur en promit l'impunité. L'Université maltraitée porta ses plaintes à Guillaume de Tignonville, prévost de Paris, puis à la reine, aux ducs d'Orléans et de Bourgogne, et enfin au parlement... Le 19 d'aoust, on appela la cause et elle fut plaidée pour l'Université avec beaucoup de chaleur et de succès par un cordelier, docteur en théologie, nommé Pierre-aux-Bœufs. Et le 23 du mesme mois, fut rendu en présence du roy, alors en santé, dans son grand conseil, un arrest par lequel il fut ordonné que la maison de Charles de Savoisy seroit démolie et abattue aux frais des matériaux de la mesme maison, *dont le surplus seroit donné à l'église de Sainte-Catherine*; que la démolition seroit commencée le 26 du mesme mois par les officiers du roy; que Charles de Savoisy feroit assiette de 100 livres de rente pour la fondation de cinq chapellenies dont l'Université auroit le patronage, et payeroit

---

(1) Dubreuil, *loco cit*. — (2) T. II, p. 732.

200 livres, moitié pour les blessez, et l'autre moitié au profit de l'Université... Savoisy n'auroit pas évité lui-mesme l'affront d'une amende honorable s'il n'avoit esté clerc ; mais trois de ses gens la firent, nuds en chemise, la torche en main, devant les églises de Sainte-Geneviève, de Sainte-Catherine et de Saint-Severin ; après quoi ils furent fouettez par les carrefours et bannis pour trois ans (1). »

Un ordre royal, en date du 23 mai 1767, transféra les chanoines de la culture Sainte-Catherine dans la maison que les jésuites occupaient rue Saint-Antoine, et dont nous aurons occasion de parler dans le cours de cette histoire. On abattit alors le monastère et l'église du Val-des-Écoliers, et sur leur emplacement s'établit le *marché de Sainte-Catherine*, dont M. d'Ormesson, contrôleur-général des finances, posa la première pierre, le 20 août 1783.

Saint-Josse, église paroissiale, située sur l'emplacement de la maison qui porte aujourd'hui le n° 1, rue Quincampoix. — Nous avons fort peu de documents sur cette petite église, et les savantes dissertations des premiers historiens de Paris n'ont pu éclaircir son origine. S'il faut en croire Lebeuf (2) et Dubreuil (3), il existait au VIIe siècle, sur l'emplacement où fut construit depuis l'hôpital de Saint-Martin, une espèce d'asile pour les pèlerins. Saint Fiacre y avait, dit-on, logé à son arrivée d'Irlande, vers l'an 620, ainsi que saint Josse, *fils d'un roi de la Petite-Bretagne*. C'est là que, vers le milieu du XIIIe siècle, on éleva une chapelle sous l'invocation de saint Josse, et sur le territoire de l'église Saint-Laurent. Nous renvoyons à Jaillot (4), qui a prouvé le peu d'authenticité des légendes sur lesquelles s'appuient Lebeuf et Dubreuil; mais quelle que soit l'origine de cette chapelle, quelle que soit la date de sa fondation, elle n'en existait pas moins sous Philippe-Auguste, et elle se trouva renfermée dans la ville lorsque ce roi fit construire une nouvelle enceinte. Une partie des paroissiens de l'église Saint-Laurent, se trouvant également dans cette enceinte, représentèrent alors la nécessité d'ériger la chapelle Saint-Josse en succursale ou en paroisse. L'éloignement de Saint-Laurent, la difficulté d'administrer, pendant la nuit, les sacrements aux malades et aux mourants, étaient des motifs qui ne pouvaient être balancés que par l'intérêt personnel du curé de Saint-Laurent et du prieur de Saint Martin-des-Champs. Les obstacles qu'ils firent naître furent levés en 1260, moyennant l'accord qui

---

(1) En 1358, après la mort de Marcel, le dauphin fit décapiter Charles Troussac, échevin de Paris, et deux officiers du roi de Navarre. Leurs corps, disent les anciens historiens, ainsi que les corps de Marcel et de ses complices, tués à la Bastille Saint-Antoine, restèrent pendant plusieurs jours exposés nus dans la cour de l'église de Sainte-Catherine, avant d'être jetés à la Seine. — (2) T. II, p. 487. — (3) T. III, p. 558. — (4) Jaillot, t. I, *quartier Saint-Jacques-de-la-Boucherie*.

fut stipulé par Raoul de Chévri, archidiacre de Paris, et Luc, chanoine de Notre-Dame, choisis pour arbitres par l'évêque Renaud. Ils décidèrent que la chapelle de Saint-Josse serait désormais une église matrice et paroissiale, « mais qu'il n'y auroit un curé propre et résidant à Saint-Josse qu'après la mort de celui de Saint-Laurent, qui vivoit alors, lequel pourroit retenir, s'il le vouloit, la chapelle de Saint-Josse, à condition d'y célébrer la messe tous les jours et d'y administrer les sacrements à ceux de ses anciens paroissiens qui estoient dans l'enceinte de la ville ; et qu'après son décès ou son désistement, le curé qui seroit establi à Saint-Josse seroit présenté par le prieur de Saint-Martin-des-Champs, comme patron, et auroit pour paroissiens tous ceux du dedans de la ville qui estoient auparavant de Saint-Laurent. On réserve au prieur et à la communauté de Saint-Martin-des-Champs la moitié des offrandes qui se feront à Saint-Josse aux festes de Saint-Josse et de Saint-Laurent, depuis les premières vespres de la veille jusqu'à la fin du jour suivant, et les deux tiers des cierges qui seront offerts à la Purification de la Vierge. Il sera payé par le curé de Saint-Josse à celui de Saint Laurent 10 livres parisis chaque année, par manière de compensation et de dédommagement. Et si le curé de Saint-Josse manque à payer aux termes marqués, il donnera, chaque jour de délai après le terme expiré, deux sous parisis d'amende. Enfin le curé de Saint-Josse, après son installation, sera obligé de faire serment au chapitre de Saint-Martin-des-Champs (1). »

L'église de Saint-Josse ne contenait rien de remarquable, si ce n'est un beau tableau de Saint-Sébastien, peint par Martin Freminet, et quelques reliques, entre autres de Saint-Fiacre, qui était l'un des patrons de la paroisse (2). Il y avait même une confrérie sous le nom de ce saint, établie en 1415, avec la permission de Charles VI. Cette église, telle qu'on la voyait avant la révolution, avait été commencée en 1679, lorsqu'on élargit la rue Aubry-le-Boucher. Gabriel Le Duc avait élevé le portail jusqu'à la première corniche, mais ses dessins ne furent pas suivis pour le reste du bâtiment, qui n'eut ni la largeur ni la hauteur projetées par le premier architecte, mais au contraire une forme presque carrée. Les Eudistes, congrégation dont nous nous occuperons plus tard, à leur arrivée à Paris, en 1671, reçurent en donation une partie de maison près de l'église Saint-Josse (3), paroisse à laquelle ils s'attachèrent, et dont l'un d'eux fut nommé curé.

(1) Félibien, liv. VIII, p. 403. Il donne le texte de cet acte dans ses *Preuves*, t. III, p. 273. — Dubreuil, *loco citato*. — (2) Dubreuil dit qu'on voyait de son temps, au coin de la rue Aubry-le-Boucher, un *Saint Fiacre érigé en bosse*. — (3) Cette donation fut approuvée par M. de Harlai, le 28 mars 1671. Hurtaut, t. II, p. 775. Plus tard, en 1703, les Eudistes desservirent la basse Sainte-Chapelle.

L'église Saint-Josse a été détruite en 1791, et sur son emplacement on a bâti, rue Quincampoix, une maison particulière.

Hôpital des Quinze-Vingts, autrefois rue Saint-Honoré, au coin de la rue Saint-Nicaise, et transféré depuis rue de Charenton, n° 30. — Avant le XIII° siècle déjà, les pauvres aveugles de la ville de Paris s'étaient réunis pour former une société ou congrégation dont les membres s'aidaient pour vivre en commun des faibles ressources que leur procurait la charité des fidèles. Mais souvent ces malheureux manquaient totalement de secours, surtout lorsque l'âge et les infirmités ne leur permettaient plus de les aller chercher (1).

Saint Louis, le premier, établit un hôpital destiné à recevoir ces aveugles, qui devaient être au nombre de trois cents, nourris et entretenus aux frais de la couronne. C'est ce nombre de trois cents qui leur a fait donner le nom de Quinze-Vingts.

La fondation des Quinze-Vingts eut lieu vers 1254. En 1260, les bâtiments de l'hôpital et ceux de la chapelle étaient déjà terminés. Les travaux avaient été confiés au célèbre architecte Eudes de Montreuil (2), et exécutés sur un terrain appelé *Champourri*, dans le domaine de l'évêque. Quelques chroniques ont prétendu que saint Louis avait fondé cette maison pour donner asile à trois cents chevaliers auxquels les Sarrazins avaient fait crever les yeux pendant sa croisade en Egypte. Selon Jaillot et d'autres historiens graves, les Quinze-Vingts n'étaient rien que des pauvres aveugles de la ville de Paris, vivant et ayant toujours vécu du pain de l'aumône. En effet, Rutebeuf, poëte contemporain, qui parle d'eux assez longuement, les traite en termes fort éloignés du respect que l'infortune de trois cents nobles croisés n'eût pas manqué de lui inspirer. « Le roi, dit-il, a mis dans une retraite, mais je ne sais pas pourquoi faire, trois cents aveugles qui parcourent Paris par troupes de six et ne cessent de braire toute la journée. De tous ces gens qui ne voient goutte, les uns tâtonnent, les autres buttent, chacun reçoit mainte contusion, car personne ne les conduit. Si jamais le feu prend à leur maison, il n'y a pas de doute que l'ordre entier ne soit brûlé, si bien que pour le roi ce serait tout à refaire (3). »

---

(1) Jaillot, t. I, quartier du Palais-Royal, p. 30.

(2) J'ai déjà eu occasion de faire remarquer qu'on ne doit pas confondre *Eudes de Montreuil* avec un autre architecte également célèbre et son contemporain, *Pierre de Montreuil*, qui éleva la Sainte-Chapelle de Paris et celle de Vincennes.

(3)
    Li roix a mis en un repaire,
    Mes je ne sais pas pourquoi faire,
    Trois cents aveugles tote à rote.
    Parmi Paris en va trois paires,
    Tote jor ne finent de braire.
    As trois cents qui ne voient gote

Dès son origine, l'hôpital des Quinze-Vingts obtint de généreux témoignages de la charité publique. Saint Louis d'abord lui fit don d'une rente de quinze livres parisis. Une charte de ce prince, du mois de mars 1260, donne à Jean Le Breton le droit de prendre cette rente sur les revenus de la prévôté de Paris, en lui conférant la dignité de chapelain de l'hôpital. La chapelle des Quinze-Vingts venait d'être consacrée sous la dédicace de Saint-Remi. Le 23 juillet de la même année 1260, le pape Alexandre IV publia une bulle par laquelle il accordait des indulgences à ceux qui visiteraient la chapelle des Quinze-Vingts, le jour où se célèbre la translation de ce saint et pendant les trois mois suivants. Cette bulle fut confirmée en 1261, par Urbain IV, et en 1265 par Clément IV.

Ainsi la congrégation des aveugles de Paris s'enrichit rapidement et aussitôt chercha à jouir de sa propriété. Elle se trouvait sur le territoire de la paroisse de Saint-Germain-l'Auxerrois, et par conséquent dépendait de cette église. En 1269, ayant reçu une nouvelle donation d'une rente assez considérable, elle en fit transport au chapitre de Saint-Germain pour obtenir quelques priviléges. Cependant le traité ne fut définitivement conclu que douze ans après, au mois de juin 1282. Par cet acte, les Quinze-Vingts abandonnèrent dix livres quinze sous de rente qui leur avaient été assignées par Guill. Barbier, dit Pied-de-Fer, sur deux maisons voisines de la Grande-Boucherie, et en échange, le chapitre de Saint-Germain-l'Auxerrois céda aux aveugles la dîme du territoire de leur congrégation, avec le droit d'avoir un cimetière et d'établir à la hauteur de deux toises au-dessus du toit de leur chapelle, deux cloches du poids de deux cents livres chacune. Enfin plus tard, en 1412, le pape Jean XXIII exempta l'hôpital des Quinze-Vingts de la juridiction de l'évêque de Paris, pour le soumettre à celle du grand-aumônier du roi.

Louis IX avait assuré aux Quinze-Vingts assez de revenus pour entretenir trois cents personnes, et il avait ordonné qu'on en reçût trois cents au moins, mais pas davantage. Au XIVe siècle, le nombre de ces malheureux était si considérable à Paris, que Philippe-le-Bel ordonna, en 1309, que les membres de la maison fondée par saint Louis portassent une fleur de lys sur leurs habits pour être distingués des autres congrégations d'aveugles.

Cependant il paraît que dès cette époque les trois cents membres de

> Li uns sache, li autre bote,
> Se se donnent mainte secosse,
> Qu'il n'y a nul qui lor éclaire :
> Si feux y prent, ce n'est pas dote,
> L'ordre sera bruslée tote,
> S'aura li roix plus à refère.

cette communauté n'étaient pas tous aveugles. On avait dû, pour l'ordre de la maison, réduire leur nombre de plus de moitié. La maison des Quinze-Vingts se composait de : un gouverneur, un portier, cent quarante *frères aveugles*, soixante *frères voyants* pour conduire ceux-ci et diriger les affaires de la maison ; enfin, quatre-vingt-dix-huit femmes tant aveugles que voyantes (1).

Leur organisation était déterminée par des statuts qui, tout en leur permettant le mariage, les assimilaient presque à des religieux. Singulière préoccupation des idées du moyen âge. Ces statuts ont été reproduits en partie dans le nouveau règlement des Quinze-Vingts, publié en 1522, et dont Félibien nous a conservé la teneur.

Au commencement du XVIe siècle, époque où le désordre qui s'était établi dans presque toutes les maisons religieuses de la capitale nécessitait des réformes multipliées, le parlement arrêta que de nouveaux statuts seraient imposés aux Quinze-Vingts. Ce dessein, proposé en 1507, fut d'abord très mal reçu des membres de l'hôpital, mais le grand-aumônier, Geoffroy de Pompadour, évêque du Puy, rédigea un règlement qu'il leur fallut bien accepter, et le 7 septembre 1522, la réforme fut homologuée par le parlement. Félibien a rapporté tout au long ce règlement assez intéressant en effet, et dont voici la substance :

Les frères et sœurs des Quinze-Vingts de Paris assisteront aux offices et entendront un prédicateur les jours de dimanche et de fête. — Ils se confesseront et communieront à chacune des grandes fêtes de l'année. — Tous les jours, à une heure fixée par le gouverneur et les officiers de la maison, il leur sera fait lecture en plein chapitre de quelque livre français qui traite de la passion de Notre Seigneur. — Il y aura dans la maison un prêtre ou quelque autre personne qui prendra soin d'enseigner aux petits enfants, fils et filles aveugles, la doctrine chrétienne, à chanter et psalmodier dans l'église et s'y comporter modestement. — On tiendra chapitre tous les dimanches ; les frères s'y rassembleront au son de la cloche, et celui des gouverneurs qui sera présent présidera le chapitre, et en l'absence des gouverneurs, ce sera le ministre ou le plus ancien des jurés. — Le ministre, les jurés, les receveurs et les procureurs seront élus annuellement. On élira, comme il a toujours été pratiqué, quatre jurés, dont deux seront voyants et deux aveugles. — Les membres de l'hôpital des Quinze-Vingts devront être Français ; la nomination aux places vacantes appartient au grand-aumônier du roi. — Les frères et sœurs des Quinze-Vingts peuvent contracter mariage entre eux ; mais il faut que les conjoints soient l'un aveugle et l'autre voyant ; le mariage entre deux aveugles est interdit,

---

(1) Hurtaut et Magny, *Dictionnaire de Paris*, t. IV, p. 203.

et le mariage entre deux voyants n'est permis qu'au maître et au portier de l'hôpital. — Lorsqu'une personne mariée est reçue dans la maison, son époux y est reçu aussi, mais non en qualité de frère ou de sœur. — Les membres de l'hôpital ont droit à recevoir de la maison des distributions régulières de vivres et d'argent.

Quoique l'hôpital fût très riche, les énormes dépenses auxquelles il était obligé ne laissaient que peu de chose à chacun de ses membres, qui, malgré le bienfait de cette fondation royale, n'avaient guère de ressource que d'aller quêter dans les églises. Les plus anciens d'entre eux seulement jouissaient des maisons du cloître de l'hôpital qu'ils louaient à des particuliers sans être tenus que des menues réparations.

Le bâtiment de l'ancienne église des Quinze-Vingts, ouvrage d'Eudes de Montreuil, paraît avoir été assez remarquable. L'abbé Lebeuf semble douter que cet architecte en ait été l'auteur, ou du moins il affirme que l'édifice qui subsistait de son temps était postérieur au siècle de saint Louis. Selon lui, la partie la plus ancienne datait du xve siècle, et cinq chapelles bâties pour agrandir l'église avaient été bénites en 1530. Le reste de l'édifice paraissait encore plus moderne, à l'exception de trois statues placées dans des niches du portail du nord et provenant du bâtiment antérieur. « L'une de ces statues, dit Hurtaut, représentait saint Louis; elle était mal exécutée à la vérité, mais si l'on en croit les antiquaires, très ressemblante. Plusieurs degrés qu'il faut descendre pour entrer dans cette église font voir que le terrain des rues de Paris s'est fort haussé depuis quelques siècles. »

Pour l'intérieur de l'église des Quinze-Vingts, il faut qu'elle n'ait eu rien de remarquable, car on n'en trouve pas la moindre trace dans les historiens qui s'en sont occupés. Malingre seul rapporte qu'en 1608, Blaise Parlant, maître orfévre, reçut quatre-vingts livres tournois pour avoir réparé le reliquaire de l'église, et cite un long inventaire des reliques qu'on y trouva.

Jusqu'à la fin du xviiie siècle, il a subsisté dans l'église des Quinze-Vingts une confrérie royale assez ancienne sous l'invocation de la sainte Vierge, saint Sébastien et saint Roch. En 1720, le roi Louis XV s'en déclara le protecteur et le chef, et, suivant son exemple, la reine, les princes, la cour et la ville se firent inscrire parmi les membres de cette confrérie.

L'hôpital des Quinze-Vingts subsistait depuis plus de cinq siècles à l'endroit où saint Louis l'avait fondé, lorsqu'en décembre 1779, le cardinal de Rohan, grand-aumônier de France, obtint de Louis XVI l'autorisation de le transférer à l'hôtel des Mousquetaires-Noirs. Cette maison, que l'hôpital occupe encore aujourd'hui, et dont les bâtiments avaient été achevés en 1701, est située rue de Charenton, n° 38.

D'importantes modifications dans le régime intérieur suivirent cette translation. Le nombre des pauvres aveugles admis dans l'établissement fut porté à huit cents.

Au lieu de treize sous six deniers par jour, on leur accorda vingt et à quelques uns vingt-six sous. Chaque enfant né dans l'hospice y était nourri et recevait deux sous par jour jusqu'à l'âge de seize ans ; il était mis en apprentissage et ne sortait de l'hôpital que lorsqu'il était en état de pourvoir lui-même à son existence. Un arrêt du parlement du 14 mars 1783, ordonna qu'on réserverait dans cet hôpital vingt places pour les pauvres de la province atteints de maladies d'yeux ; ils étaient nourris, logés, habillés et traités gratuitement. Les pauvres de Paris atteints des mêmes infirmités avaient droit de s'y faire traiter de la même manière.

Cet établissement avait été replacé par Louis XVIII sous la direction du grand-aumônier de France ; aujourd'hui il est du petit nombre de ceux qui possèdent un administration particulière. Il se compose de trois cents aveugles de première classe nourris, chauffés, habillés, et recevant en outre trente-trois centimes par jour ; de cent vingt aveugles de seconde classe ou jeunes aveugles qui ne reçoivent point ce paiement journalier, mais qui sont entretenus et instruits et ont l'espoir de parvenir à la première classe ; enfin, des aveugles de tous les départements qui peuvent prétendre à l'admission en faisant preuve d'indigence et de cécité absolues.

Les bâtiments de l'ancien hospice des Quinze-Vingts furent en partie abattus en 1784, et sur leur emplacement furent ouverts le passage et la rue des Quinze-Vingts.

La petite chapelle de *Saint-Nicaise* dépendait des Quinze-Vingts ; sa situation est indiquée par la rue qui porte son nom (rue Saint-Nicaise, près des Tuileries) et sur laquelle elle avait une entrée. C'était la chapelle de l'infirmerie des Quinze-Vingts. On y célébrait le culte de saint Nicaise, évêque de Reims et martyr ; mais ce culte et la confiance qui y était attachée, ayant été transférés dans la grande chapelle de l'hôpital, Saint-Nicaise ne servit plus qu'à l'exposition des pauvres aveugles défunts. — L'édifice était de la fin du XVe siècle, suivant l'abbé Lebeuf, au temps duquel on en avait fait une école.

Saint-Eustache, église paroissiale, rues Traînée et du Jour. — Saint-Eustache, ainsi que la plupart des églises de Paris, ne fut dans l'origine qu'une chapelle, et cette chapelle était dédiée à Sainte-Agnès. On ne connaît pas l'époque précise de sa fondation, mais il est présumable qu'elle fut élevée vers l'an 1200 (1), car une sentence arbitrale rendue par l'abbé de Sainte-Geneviève et le doyen de Char-

---

(1) Lebeuf, t. I, p. 92.

tres, en février 1214, sur des difficultés qui s'étaient élevées entre le desservant de Sainte-Agnès et le doyen de Saint-Germain-l'Auxerrois, parle de cette chapelle comme *nouvellement bâtie*. Une tradition populaire, qui a été combattue par un grand nombre d'écrivains et qui n'en est pas moins digne d'être rapportée, attribue la fondation de Sainte-Agnès à un maltôtier, nommé Jean Alais (1). « L'on tient, dit Dubreuil, qu'un certain bourgeois de Paris, nommé Jean Alais, l'avoit fondée, en satisfaction d'avoir esté premier autheur et fermier de l'impost d'un denier pour chacun panier de poisson qui se vendoit aux halles, pour estre remboursé de certaine somme qu'il avoit fournie promptement au roy; auquel requérant puis après qu'il luy pleust abolir ladite imposition, tant s'en faut, il y en eut un autre qui en obtint la ferme, laquelle de temps en autre s'est renchérie, selon les occurrences. Ce que le dit Alais prévoyant bien s'en attrista et affligea de telle sorte qu'il en mourut de regret et contrition, et ordonna estre enterré près de la susdite chapelle, dicte de Saincte-Agnès, qu'il avoit fondée, au lieu où les ruisseaux des halles viennent couler jusques à présent. Et au lieu de tombe une longue pierre que l'on voit encores, fut mise audit lieu qui sert maintenant de pont en temps de pluye, comme le nom de *pont Alais* qu'on luy donne ne semble point y contrarier. (2). » Une autre tradition est rapportée par Piganiol de la Force (3) : « Nous lisons dans le livre de la vie de saint Eustase, moine de Luxeuil, imprimé à Paris en 1569, sans nom d'auteur, qu'il y a dans cette ville une tradition qui veut que lorsque ce saint était obligé d'aller à la cour de Clotaire II, il logeait sur le chemin de Montmartre en une maison où l'on bâtit depuis une chapelle sous l'invocation de saint Eustase, que le vulgaire de Paris appelait *Eustache* (4). » Mais la plupart des anciens historiens regardent ce document comme fort peu authentique (2).

En 1216, il s'éleva de nouveau une querelle entre le desservant de Sainte-Agnès et le doyen de Saint-Germain-l'Auxerrois. L'évêque de Paris et le doyen de Saint-Marcel, choisis pour arbitres, décidèrent que le doyen aurait sur la chapelle les mêmes droits que dans son église. Mais Sainte-Agnès ne tarda pas à être insuffisante pour les besoins de la population, et elle fut érigée en paroisse. L'année de ce changement

---

(1) M. Dulaure s'est trompé en disant que Jean Alais avait *contribué à la réédification de l'église Saint-Eustache*; t. III, note de la p. 506. — (2) Dubreuil, p. 523. — Cette pierre, élevée d'environ deux pieds, était à l'entrée de la rue Montmartre, vis-à-vis la rue Traînée; on l'enleva en 1719. Piganiol, t. III, p. 32. Cet auteur a partagé l'erreur de Duverdier (voy. sa biblioth., 749), et a confondu Jean Alais le maltôtier avec Jean du Pont-Alais, l'acteur de l'hôtel de Bourgogne dont nous parlons plus bas. — Saint-Foix, t. I, p. 116. — (3) Piganiol, t. III, p. 2. — (4) Et anciennement, Saint-Witasse ou Saint-Vitase, et Saint-Huitace.— (5) Lebeuf, t. II, p. 92.

n'est point marquée ; mais, au mois de juillet 1223, on voit dans le cartulaire de Saint-Germain que la chapelle est désignée pour la première fois sous le titre d'*Ecclesia sancti Eustachii*. Il est à présumer qu'une nouvelle église avait été bâtie sur l'emplacement de Sainte-Agnès, et érigée en paroisse sous l'invocation de saint Eustache, *apparemment à l'occasion de quelque relique de ce saint qu'elle obtint de l'abbaye de Saint-Denys, où son corps avait été déposé* (1). La nouvelle église s'augmenta peu à peu ; mais en même temps les contestations du curé de Saint-Eustache et du doyen de Saint-Germain devinrent plus violentes et plus fréquentes, jusqu'à ce que Regnauld ou Renaud, évêque de Paris, eût mis fin au débat en rendant le règlement suivant : « Le droit de primatie réclamé par le doyen de Saint-Germain-l'Auxerrois est reconnu. Le doyen et ses successeurs auront toute la cire qui sera offerte à Saint-Eustache, en fournissant cependant au curé le luminaire convenable pour le service divin ; le doyen aura de même toutes les offrandes et tous les profits des messes qui se diront à Saint-Eustache, à la Toussaint, à Noël, à Pâques et à la Pentecôte, sans être obligé d'en faire part au curé, sauf ce qui doit en revenir au chapitre de Saint-Germain. De cette généralité sont exceptées les offrandes des messes des morts qui se feront ces quatre jours, le corps présent, et celles des pèlerins et des relevailles des mêmes jours, dont le doyen n'aura que la moitié, et le curé l'autre ; on partage de même par moitié, entre le curé et le doyen, les offrandes des premières messes et tous les émoluments de paroisse qui tomberont entre les mains du curé et de ses chapelains, excepté les vins qui seront donnés au curé, et n'excéderont pas la valeur de 2 sous parisis ; car s'ils passent, ils seront partagés entre lui et le doyen. Même partage pour les deniers qui se donnaient à la confession, aux baptêmes des enfants, à la visite des malades, à l'extrême-onction ; les legs, tant de meubles que d'immeubles ; ce qui se donnait pour la bénédiction des lits nuptiaux, et ce que donnaient à la porte de l'église ceux qui se mariaient. Permis cependant au curé de faire part des deniers de confession aux prêtres qu'il y emploie pendant le carême, pourvu que cela n'excède pas le tiers de ce qu'il touche à ce sujet. Quand le curé, étant au lit, sera réveillé pour les fonctions de son ministère, ce qu'il recevra sera à lui seul, à moins que cela ne passe 8 deniers ; et ce qui excèdera sera partagé entre le

(1) Jaillot, *loco cit*. On sait que l'existence d'un saint, nommé Eustache, a été contestée. Le curé de l'église Saint-Eustache ne pensait qu'en tremblant au célèbre Jean de Launoy, le *dénicheur de saints*, qui, suivant l'expression de D. Bonaventure d'Argonne, *a plus détrôné de saints du paradis que dix papes n'en ont canonisé*. « Aussi, disait le bon curé, quand je rencontre le docteur de Launoy, je le salue jusqu'à terre et ne lui parle que le chapeau à la main et avec bien de l'humilité, tant j'ai peur qu'il ne m'ôte mon saint Eustache, qui ne tient à rien. » *Biogr. univ.*, t. XXIII, p. 445.

doyen et lui. Quand le curé célèbrera pour les morts, si les offrandes vont jusqu'à 2 sous, il en pourra donner aux pauvres 2 deniers, sans la permission du doyen. Tout ce qui proviendra de l'onction du chrême appartiendra au doyen seul. Si, à l'une des quatre fêtes, on apporte un ou plusieurs corps à Saint-Eustache, on ne dira qu'une messe pour tous, dont les offrandes seront partagées entre le doyen et le curé, de même que celles de la première messe qui se dira le lendemain de la Toussaint. Si le curé juge à propos de faire quelque mariage hors de son église, il le fera savoir au chefcier du doyen; mais, qu'il y consente ou non, il pourra donner la bénédiction nuptiale. Les marguilliers et les fossoyeurs seront établis par le doyen, qui les changera quand il sera averti par le curé de leur insuffisance ou de leur mauvaise conduite. Permis au curé d'avoir ses livres et ses ornements propres, de les porter dans son église, de s'en servir pour célébrer, et de les garder lui-même. Comme il y a plus de travail au jour de Pâques qu'en aucun autre temps, le doyen donnera tous les ans au curé, à cette fête, la somme de 10 sous tournois. Le curé et ses chapelains, au temps de leur institution, jureront sous trois jours au doyen, qu'ils lui délivreront fidèlement sa moitié des offrandes et profits de la paroisse; et Guillaume, alors curé de Saint-Eustache, fera serment à l'évêque d'observer le présent règlement (1). »

Cet état d'assujettissement dans lequel le curé se trouva placé donna naissance à un proverbe sans valeur, maintenant que la cure de Saint-Eustache, affranchie, est devenue une des plus lucratives de Paris (2) : « Il faut être fou pour être curé de Saint-Eustache. »

L'église Saint-Eustache avait été, à différentes époques, réparée et augmentée; on résolut, en 1532, de la reconstruire entièrement sur un plan beaucoup plus vaste : on ne conserva de l'ancienne église, *qui n'était pas de moitié ni si longue ni si large*, qu'une partie du pilastre de la tour qui était surmontée d'une pyramide de pierre. Ce débris se voit encore sur le flanc du portail méridional de la croisée; on trouve aussi dans la sacristie quelques vestiges de l'ancien bâtiment (3). Le 19 août 1532 (4), Jean de La Barre, comte d'Etampes, prévôt et lieutenant-général au gouvernement de Paris, posa la première pierre de l'église actuelle, qui ne fut achevée qu'en 1642, grâce aux libéralités du chancelier Séguier et de Bullion, surintendant des finances (5). Le portail

---

(1) Félibien, *Hist. de la ville de Paris*, t. I, p. 348. Voy. aussi *Preuves*, t. III, p. 97.
(2) Sauval dit : « La paroisse est de grand revenu et vaut plus que beaucoup d'évêchés. » Liv. IV, p. 437. — (3) « L'escalier est, dit-on encore, de cet ancien temps. » Lebeuf, t. I, p. 96. — (4) M. Dulaure s'est trompé en assignant à cette fondation la date du 9 août 1538. T. II, p. 294. — (5) « J'ai trouvé qu'en 1537, à la demande d'André Guillart, maître des requêtes, seigneur du Mortier, et des marguilliers, l'évêque de Paris permit d'employer au salaire des ouvriers de la nouvelle église les au-

était, dit-on, de mauvais goût (1); le célèbre Colbert fit remettre à la fabrique, le 22 décembre 1688, une somme de 20,000 livres pour en faire construire un nouveau; et comme cette somme était insuffisante, il ordonna qu'elle serait constituée en fonds réservé jusqu'à ce que, par l'accumulation des intérêts, elle formât un capital suffisant pour atteindre le but auquel on la destinait. En 1752, la fondation de Colbert s'élevait à 111,147 livres 13 sous 4 deniers : on commença alors la construction du nouveau portail, érigé sur les dessins de Mansard de Joui, et dont le duc de Chartres (depuis Philippe-Egalité) posa la première pierre le 22 mai 1754, au nom de son père (2). Le portail fut élevé jusqu'au premier ordre, puis le manque d'argent fit suspendre les travaux; repris en 1772, ils ont été continués jusqu'en 1788 sous les ordres de l'architecte Moreau. La tour du nord est complétement finie, mais celle du midi est encore à construire. Il y avait autrefois, au-dessus du rond-point de la croisée, un clocher dont on a supprimé l'aiguille, remplacée par un télégraphe. « On avait eu l'idée, en 1754, dit Jaillot, de faire une place devant cette église, dont les trois façades devaient être du même ordre d'architecture que le portail. Sa Majesté avait agréé ce projet, et avait même accordé une somme de 50,000 écus, par son édit du mois de juillet 1767, enregistré au parlement le 19 août suivant; mais différentes circonstances ont obligé de changer la destination de cette somme, et de l'employer plus utilement pour la paroisse, laquelle se

---

mônes que faisaient les paroissiens pour la permission d'user pendant le carême de beurre et de lait; ce qui fut continué, en 1552, à la prière de Jean Lecoq, curé. » Lebeuf, t. I, p. 95.

(1) « L'ancien portail était formé par six piliers butants, d'environ trente pieds de saillie au-delà du pignon, dont deux aux encoignures, de sept pieds d'épaisseur; deux autres de treize pieds servaient à soutenir la poussée des arcades intérieures, qui exigeait une grande solidité. Ces quatre piliers formaient trois travées. Dans celle du milieu était la porte d'entrée : les deux autres avaient été construites pour porter deux tours, et dans l'intérieur M. Colbert avait fait construire deux chapelles, l'une pour les fonts, l'autre pour les mariages. Mais l'entrepreneur de ces chapelles ne sut pas prévoir que les renfoncements, pratiqués dans ces piliers butants pour leur agrandissement, affaibliraient un jour nécessairement la solidité de cet édifice. On s'aperçut de ces altérations au commencement de ce siècle, et elles augmentèrent au point qu'en 1753 on fut forcé d'apporter un prompt secours à la ruine entière dont elles menaçaient, réparation qui exigeait la réédification de la façade. » Hurtaut, p. 786.

(2) Jaillot, t. II. — Plusieurs médailles d'argent et de bronze furent frappées en cette occasion et enfouies dans les premières assises. Voy. Hurtaut, t. II, p. 785. Cet écrivain nous fournit le renseignement suivant : « On n'oubliera point, dit-il, un trait de générosité du sieur Mansard, qui prouve son désintéressement et sa piété. C'est qu'avant de travailler à ce portail, il dit à la fabrique qu'il ne prétendait retirer aucune rétribution pour ses honoraires, qui auraient monté à plus de 40,000 livres, s'estimant heureux d'employer son temps et ses talents à la décoration de l'église de sa paroisse. Les marguilliers, touchés d'un tel acte de générosité, lui ont assuré son logement *gratis* pendant sa vie dans une maison qui leur appartient sur cette paroisse, rue Montmartre. »

propose de faire construire, à la place, les logements nécessaires pour les prêtres attachés à cette église. » Le chœur a été commencé en 1624, et l'église fut consacrée, le 26 avril 1637, par M. de Gondy, archevêque de Paris.

Saint-Eustache est, après Notre-Dame, l'église la plus vaste de Paris; mais, entourée de toute part, elle produit peu d'effet; d'ailleurs, sa construction a été sévèrement critiquée à toutes les époques, et c'était justice. L'extérieur manque d'unité et d'harmonie; c'est un malheureux assemblage de tous les genres. Ainsi, les grandes roses fort belles des deux portails de la *croisée* ont évidemment pour type le genre gothique, tandis que les tourelles des escaliers, dont les portails sont flanqués, semblent se rattacher au style de l'époque de Louis XIII; les arcs-boutants, qui contre-butent l'édifice entier, présentent, malgré leur hardiesse, un aspect désagréable, tandis qu'on admire sur les faces du portail méridional des ornements élégants de la renaissance; enfin, à côté des travaux du premier architecte, David, qui avait employé le genre sarrazin comme s'il *eût voulu le faire revivre*, se voit la façade de Mansard, déplorable imitation du fameux portail de Saint-Sulpice, l'une des dernières productions, nous l'espérons du moins, d'un genre prétendu *classique* (1). Un auteur moderne a jugé de la manière suivante le grand portail de Saint-Eustache : « Cette composition n'a pour tout mérite que d'être exécutée sur une grande échelle; la largeur beaucoup trop grande de ses entre-colonnements, surtout au second ordre, entraînera sa destruction; et déjà le poids énorme de la plate-bande qui supporte le fronton l'a fait se rompre, et semble écraser les maigres colonnes qui la soutiennent. Le genre de cette architecture massive, qui n'est ni antique ni moderne, n'a aucune espèce de rapport avec le reste de l'édifice : on peut en dire autant du bâtiment de la sacristie, pratiqué au rond-point de cette église (2).

L'intérieur de Saint-Eustache, qui a été également l'objet de vives critiques, offre un caractère bizarre et original. Sa disposition est celle des églises gothiques : une large nef, flanquée de deux bas-côtés entourés de chapelles; de nombreux piliers qui supportent une voûte hardie, éclairée par un double rang de fenêtres. Mais ce qui distingue cette église, c'est son admirable ornementation. Les sculptures élégantes et capricieuses de la voûte et des piliers peuvent être placées au nombre des meilleures productions de la renaissance (3); le chœur sur-

---

(1) « Ce qu'il y a ici de plus hardi en fait d'architecture est le petit clocher qui ne porte que sur des pieux soutenus sur quatre piliers, c'est-à-dire sur les deux de la partie du chœur et sur les deux qui sont vis-à-vis, à droite et à gauche, sans porter en aucune manière sur la voûte de l'église. » Piganiol, t. III, p. 4.

(2) M. Legrand, *Description de Paris et de ses édifices*, t. I, p. 79.

(3) On voit des écussons sculptés sur la base des colonnettes, dont le portail-nord de

tout est merveilleusement *historié* : un *pendentif* splendide, sorte de vaste couronne supportée par des figures d'anges, hautes de plusieurs pieds et embellie d'ornements, descend au-dessus du sanctuaire ; la voûte est dentelée avec profusion, et les fenêtres sont ornées de beaux vitraux représentant les douze apôtres. On a placé dernièrement, pour séparer le chœur de la nef, une grille en fonte dans le goût de la renaissance, qui n'est point sans mérite (1).

A la partie orientale, et dans l'intérieur de l'église, est une chapelle souterraine dédiée à sainte Agnès, première patronne de cette paroisse. La chaire à prêcher est du dessin de Lebrun, et *l'œuvre* a été exécutée par Le Pautre, d'après les dessins de Cartaud ; elle coûta 20,000 livres, que le régent donna à l'église pour un tableau de saint Roch qui ornait l'une de ses chapelles, et dont ce prince enrichit son cabinet. « Le maitre-autel est décoré d'un corps d'architecture soutenu par quatre colonnes de marbre d'ordre corinthien. Les dix statues de marbre qui ornent cet autel sont des chefs-d'œuvre de Jacques Sarrazin, un des habiles sculpteurs du dernier siècle. Sarrazn a donné à la statue de saint Louis la ressemblance de Louis XIII, celle de la Vierge est le portrait d'Anne d'Autriche, et le petit Jésus qu'elle tient entre ses bras ressemble à Louis XIV. Plus haut sont les statues de saint Eustache et de sainte Agnès, et au dessus, deux anges en adoration. Les tableaux sont de Simon Vouet (2) Au *chevet* de Saint-Eustache était la riche chapelle de la Vierge, qui excitait l'admiration de Sauval (3) ; elle a été

la *croisée* est décoré, à l'intérieur. Les écussons, dont les emblèmes sont effacés, sont encore entourés de branches d'olivier, au dessous desquels se dessine un cor de chasse. Le même ornement se répète sur les faces latérales du grand portail d'entrée, mais l'écusson représente un bouclier ; enfin on trouve, sur le portail méridional extérieur, des emblèmes de chasse. Il paraît que ces allégories se rapportaient à Diane de Poitiers, dont le chiffre, dit-on, était enlacé avec celui de Henri II, au milieu des écussons.

(1) « Sur la grande grille de fer qui sépare la nef du chœur est un grand crucifix de bronze, qu'on fit tomber, l'an 1726, en voulant raccommoder quelques uns des chaînons qui l'attachaient. En nettoyant la figure du Christ, on aperçut, sous la plante de ses pieds, ces deux inscriptions : *Étienne Laporte m'a fait*, et *Rufinus presbyter sollicitus est mei*. Ce morceau de sculpture est assez estimé des connaisseurs pour le dessin. C'est peut-être la plus grande figure en ce genre qui soit en France. Elle pèse seule 622 livres, et avec la croix et l'écriteau 1054 livres. » Hurtaut, t. III, p. 776. — Le grand Colbert fit la dépense de la grille du chœur. *I t. ibid*, p. 784.

« Le chœur est garni de quatre rangs de stalles pour y placer plus de cent vingt personnes. Aux fêtes du Saint-Sacrement, on y voit un petit dais donné par la reine Anne d'Autriche : il est enrichi de perles et de pierreries d'un grand prix. Le Saint-Sacrement repose derrière le maître-autel dans un tabernacle de menuiserie dorée et enrichie de colonnes de marbre. » Hurtaut, *loco cit.* — Voy. aussi les additions de Malingre, dans Dubreuil, p. 524.

(2) Hurtaut, t. II, p. 777. — Voy. aussi Piganiol de la Force.

(3) « Elle a aussi des ogives fort bien conduites. C'est la plus grande et la plus belle chapelle de Paris, et la plus large. Son plan est très bien entendu ; mais elle serait

reconstruite dans l'abside au commencement de ce siècle, et a été consacrée par le pape Pie VII, le 28 décembre 1804 ; elle est décorée de plusieurs tableaux : le Martyre de sainte Agnès ; le Baptême de Jésus-Christ, par Stella ; Moïse dans le désert, par Lagrenée aîné ; la Guérison des lépreux, par Vanloo ; une statue en marbre de la Vierge, par Pigale, occupe la niche du fond de cette chapelle.

Saint-Eustache est riche en œuvres de grands artistes. Au-dessus de la chaire est un grand tableau de Lebrun, donné à cette église par Colbert (1). Au-dessus du portail du bas-côté gauche, la Condamnation de saint Eustache, par mademoiselle Vaulchier ; le Baptême de Jésus-Christ, donné par la ville de Paris en 1825 ou 1826. Au-dessus du portail de droite, la Veuve de Naïm et Jésus-Christ prêchant dans le désert : ces deux tableaux sont également de mademoiselle Vaulchier. Tout près de là, sur le mur à droite, Saint Louis mourant, recevant le viatique, par Doyen : ce tableau ornait autrefois le maître-autel de l'Ecole-Militaire. Dans la chapelle de l'Ange-Gardien, Tobie conduit par un ange, ouvrage fort estimé qu'on attribue à Raphaël. Au-dessus du portail latéral du midi de la *croisée*, la Cène, attribuée à Porbus ; le Martyre de saint Jean-Népomucène, par Marigny, donné par la ville en 1827 ; Jésus chassant les vendeurs du Temple, aussi donné par la ville. Dans la chapelle du Sacré-Cœur, la Conversion de saint Augustin, de Dominique, donnée par la ville en 1819 ; la chapelle à côte renferme le tableau des disciples d'Emmaüs, par Lagrenée (2) ; enfin le portail nord de la croisée est orné de la Nativité et de l'Adoration des bergers, par Carle Vanloo.

Les deux chapelles du portail dont nous avons déjà parlé, et qui furent fondées par Colbert, l'un des bienfaiteurs de cette église, étaient célèbres au dernier siècle. « Celle qui est à main droite, dit l'un des auteurs du temps (3), renferme les fonts baptismaux, et trois tableaux à fresque de Pierre Mignard qui conviennent à la destination de cette chapelle. Dans celui du plafond, on voit les cieux ouverts et le Père Eternel au milieu d'une gloire d'anges et qui semble redire ces paroles que les évangélistes ont rapportées : *C'est mon fils bien-aimé dans lequel j'ai mis toute mon affection*. Sur le mur, qui est à gauche en entrant dans cette même chapelle, est représentée la Circoncision de Jésus Christ, et sur celui qui est à droite on voit saint Jean Baptiste qui

---

plus achevée si sa hauteur était mieux proportionnée à la largeur et à l'exhaussement de l'église. » Sauval, *loco cit.*

(1) Hurtaut, t. II, p. 776. — Piganiol, t. III, p. 8. Les armes du grand ministre sont au bas du tableau qui représente l'Apparition du Christ. Brice, t. I, p. 489.

(2) Sauval dit qu'on voyait de son temps des tableaux de Manfrède et de Lucas.

(3) Piganiol, t. III, p. 5. Ces deux chapelles furent abattues lorsque Mansard éleva son portail, nous ne savons ce que les peintures sont devenues.

baptise Jésus-Christ dans le Jourdain. La chapelle des Mariages est à main gauche et fait symétrie avec celle des Baptêmes. Elle est ornée aussi de trois tableaux peints à fresque par Charles Lafosse. Dans celui du plafond est le Père Eternel, accompagné des quatre évangélistes et donnant la bénédiction aux mariages d'Adam et d'Eve, et de Marie avec Joseph, qui sont représentés sur les murs de cette chapelle. Lafosse peignit cette chapelle' immédiatement après son retour d'Italie, et l'on dit que Lebrun lui procura cet ouvrage pour mortifier Mignard qui avait peint la chapelle des Baptêmes. Mignard se flattait d'égaler et peut-être même de surpasser Lebrun; celui-ci, pour faire sentir à Mignard la différence qu'il y avait entre eux, n'opposa à l'ouvrage qu'il venait de faire que celui d'un de ses élèves. En effet les peintures de Lafosse ont fort bien soutenu le voisinage de celles de Mignard. »

En 1834, on a placé à l'entrée d'un des portails de Saint-Eustache un bénitier qui représente le pape Alexandre II distribuant l'eau bénite. Deux anges soutiennent le pape qui foule aux pieds le démon exorcisé. Cette œuvre est de M. Eugène Bion.

D'illustres personnages ont leurs monuments funèbres dans cette église, ou y furent inhumés : Bernard de Girard, seigneur du Haillan, mort le 23 novembre 1610, qui fut à la fois secrétaire des finances et historiographe de France. Il fut le premier généalogiste de l'ordre du Saint-Esprit; ses lettres de nomination sont du 9 janvier 1595. Ses travaux historiques ont aujourd'hui fort peu de valeur, mais lorsqu'ils parurent, ils produisirent une vive sensation. — Marie Jars de Gournay, fille adoptive de Montaigne, qui a rassemblé et publié ses admirables écrits (1), morte le 13 juillet 1645, à l'âge de soixante-dix-neuf ans. — Le poëte Vincent Voiture, de l'Académie française, mort à Paris, rue Saint-Thomas-du-Louvre, le 27 mai 1648; l'un des plus *beaux esprits* du temps, et qui n'est pas, même aujourd'hui, quoi qu'on en dise, fort au-dessous de sa grande réputation. — Un autre académicien non moins célèbre, Claude Favre, seigneur de Vaugelas, l'un de nos meilleurs grammairiens, mort au mois de février 1650 (2). — François de Lamothe Le Vayer, également de l'Académie française et précepteur de Philippe d'Orléans, mort en 1672 (3). — Isaac Benserade, mort le 19 octobre 1695, l'un des *quarante* de l'Académie, homme d'esprit, dont la réputation a fait pardonner les ouvrages. — Antoine Furetière, de l'Académie française, homme fort connu qui fit beaucoup de bruit de son temps et qui mériterait peut-être une réhabilitation (4); il mourut le 14 mai 1688. — Charles de Lafosse, l'un des bons élèves de Lebrun, et qui fut directeur, chan-

---

(1) Hurtaut, Brice et Piganiol, *loco cit.*, ont transcrit son épitaphe. — Voy. aussi un article de M. Weiss sur cette femme célèbre. *Biogr. univ.*, t. XVIII. — (2) *Biogr. univ.*, t. XLVIII. — (3) Voy. sur cet homme trop peu connu aujourd'hui le t. XXX de la *Biogr. univ.* — (4) La *Biogr. univ.*, t. XVI, lui a consacré un article fort peu approfondi.

celier et recteur de l'Académie de peinture et de sculpture; mort le 13 décembre 1716. — L'abbé Claude Genest, de l'Académie française, qui a été assez heureux pour laisser après lui une assez bonne tragédie. — Jean de La Fontaine (1), qu'il nous suffit de citer. — Le fameux René Benoît, docteur de Sorbonne et curé de Saint-Eustache, l'un des prêtres qui en 1595 furent appelés pour instruire Henri IV, avant que ce prince embrassât la religion catholique; il avait été confesseur de Marie Stuart, lorsqu'elle était reine de France (2); mort le 10 mars 1608. — L'abbé Amable de Bourzeys, assez estimé de son temps pour faire partie de l'Académie, mais dont le nom est aujourd'hui complétement oublié; mort le 2 août 1672 (3). — René Le Païs, mort en 1690, bel esprit, qui serait oublié aujourd'hui, malgré un assez joli talent, si Boileau, dans sa troisième satire, n'avait transmis son nom à la postérité (4). — Guillaume Homberg, savant distingué du dernier siècle, membre de l'Académie des sciences, et dont Fontenelle a fait l'éloge. Le régent le nomma son premier médecin, et s'occupa avec lui d'expériences chimiques; mort le 24 septembre 1715 (5). — Nicolas Sanson, géographe du roi, fils aîné de l'homme célèbre qui a créé la géographie en France; il entrait avec le plus grand succès dans la carrière illustrée par son père, lorsqu'il fut tué d'un coup de mousquet à la journée des Barricades (27 août 1648), en défendant le chancelier Séguier contre la fureur de la populace (6). — Le célèbre acteur de la Comédie-Italienne, connu sous le nom de Scaramouche; il fut enterré à Saint-Eustache, le 8 décembre 1696, à l'âge de 88 ans (7). — François d'Aubusson de la Feuillade, pair et maréchal de France, fameux par son idolâtrie pour Louis XIV; mort en 1691. — Gabriel Claude, marquis d'O, lieutenant-général des armées navales du roi, mort en 1728; et son fils Gabriel Simon, colonel-lieutenant du régiment de Toulouse-infanterie et brigadier des armées du roi (8). — Joseph-Jean-Baptiste Fleuriau

(1) Brice, p. 495. — (2) Piganiol, t. 13. — (3) *Biogr. univ.*, t. V. — (4) *Biogr. univ.*; t. XXIV. — (5) Hurtaut et Piganiol, *loco cit.* — (6) *Biogr. univ.*, t. XL. — (7) Je parlerai ailleurs de Scaramouche, quand j'aurai à m'occuper de l'histoire du théâtre à Paris. Voy. sur ce comédien de curieux articles dans le journal *le Siècle*, numéros des 28 et 29 septembre 1838. — M. Dulaure ne parle point de Scaramouche à l'article des *Sépultures de Saint-Eustache.* — (8) Hurtaut, p. 782. — Piganiol, p. 21. Voy. aussi dans ces auteurs quelques autres sépultures trop peu remarquables pour être citées dans cette histoire. Mentionnons cependant les tombeaux de quelques membres de la famille des *Strozzi*, dans l'une des chapelles de la nef. Voici une épitaphe assez curieuse transcrite par Sauval :

> Cy gist Alain de la rue de Grenelle,
> A qui Dieu doint vie sempiternelle
> En paradis, où sont harps et luts.
> Non en enfer où damnés sont boulus.
> Que dirons-nous de ce grand purgatoire?
> Il en est un, ouy da, tredame voire.

d'Armenonville, garde des sceaux de France, mort en 1728 au château de Madrid, dans le bois de Boulogne, dont il était capitaine, et son fils Charles-Jean-Baptiste Fleuriau, comte de Morville, qui marcha dignement sur les traces de son père ; il fut ministre d'Etat, plénipotentiaire au congrès de Cambrai et membre de l'Académie française ; mort le 3 février 1732. — Enfin, Anne Hilarion de Constantin, comte de Tourville, vice-amiral et maréchal de France, l'une des gloires de la marine française, mort en 1701, à l'âge de cinquante-neuf ans ; il fut enterré sous une simple tombe et sans épitaphe.

On voit aujourd'hui dans le mur de la façade intérieure à droite, le tombeau et le buste du célèbre François Chevert, dont l'épitaphe, composée par d'Alembert, est trop remarquable pour que nous ne la donnions pas ici : « Ci-gît François Chevert, commandeur, grand'croix de l'ordre de Saint-Louis, chevalier de l'Aigle-Blanc de Pologne, gouverneur de Givet et de Charlemont, lieutenant-général des armées du roi. Sans aïeux, sans fortune, sans appui, orphelin dès l'enfance, il entra au service à l'âge de onze ans; il s'éleva malgré l'envie à force de mérite, et chaque grade fut le prix d'une action d'éclat. Le seul titre de maréchal de France a manqué, non pas à sa gloire, mais à l'exemple de ceux qui le prendront pour modèle. Il était né à Verdun-sur-Meuse, le 2 février 1699 ; il mourut à Paris le 24 janvier 1769. »

Le tombeau du grand Colbert, transporté pendant la révolution au musée des Petits-Augustins, a été rétabli dans la chapelle de la Vierge. Ce superbe monument est du dessin de Lebrun et de l'exécution de Baptiste Tuby et d'Antoine Coysevox. Colbert est représenté à genoux sur un sarcophage de marbre noir (1) ; des deux côtés sont la Religion et l'Abondance, figures grandes comme nature qui sont désignées par des passages de l'Ecriture (2). Dans les cartouches de bronze doré, on voit, en bas-relief, Joseph distribuant du blé en Egypte, et Daniel donnant des ordres aux satrapes de Perse. Au-dessous de ces sculptures sont des épigraphes tirées de l'Ecriture Sainte, par l'abbé Jean Galois, de l'Académie française et de l'Académie des sciences, l'un des protégés de Colbert (3). Au bas du sarcophage est une épitaphe latine de Colbert qui ne se trouve point dans les historiens modernes de Paris (4).

(1) Ce tombeau était orné autrefois d'une statue du Génie qui tenait un livre ouvert devant Colbert. Cette statue est de Tuby. — (2) Au-dessous de l'Abondance : *Acceptus est regi minister intelligens*. PROVERB. 14. *Quæ sunt Cæsaris Cæsari*. Au-dessous de la Religion : *Culpa et suspicio non est inventa in eo*. DANIEL 6. *Quæ sunt Dei Deo*. Piganiol, t. III, p. 10, Brice, t. I, p. 90, donnent le dessin exact de ce monument. — (3) Brice, Hurtaut, Piganiol, *loco cit*. — (4) Voici cette épitaphe : « Præclarâ ac pernobili stirpe equitum Colbertium qui, anno Domini 1285, ex Scotiâ in Galliam transmigraverunt, ortus est vir magnus *Joannes-Baptista Colbertus*, marchio de Seignelai, etc., regi ad-

Le marquis de Seignelai, fils aîné du célèbre ministre, qui mourut le 5 novembre 1690, a été inhumé dans le tombeau de son père (1). Les côtés de la chapelle de la Vierge sont ornés de grands bas-reliefs représentant une Présentation de Jésus au Temple et Jésus devant les docteurs, par Francis.

On voyait aussi, en face du monument de Colbert, le tombeau de Marin-Cureau de la Chambre, médecin ordinaire de Louis XIV, membre de l'Académie française. Cet homme célèbre était représenté dans un médaillon que l'Immortalité tient entre ses mains. On lisait dans un cartouche : *Spes illorum immortalitate plena est*, et plus bas : *Marinus de la Chambre archiater, obiit* 1669, *ætatis* 75. Cette sculpture dont tous les écrivains du temps font l'éloge, est de Tuby, d'après les dessins de Bernin (2).

La cure de Saint-Eustache a compté plusieurs curés célèbres : outre le fameux René Benoit que son influence sur ses paroissiens avait fait surnommer le *Pape des Halles* (3), et dont nous avons déjà parlé, citons le jurisconsulte Cosme Guymier en 1497, et en 1510 Jean Balue, parent du cardinal de ce nom. Cette église conserve les reliques de sainte Agnès, de saint Vincent de Paul et de saint Eustache (4). Elle avait jadis de nombreuses confréries et quelques priviléges assez remarquables. Au XIII° siècle, un bourgeois de Paris, nommé Guillaume Point-l'Asne (*Pungens-Asinum*), avait fondé une chapellenie à l'autel de Saint-André. « Ces chapelains, dit l'abbé Lebeuf, avaient droit de justice basse et les amendes jusqu'à soixante sous en trois rues au-delà de la porte du Comte-d'Arras, hors des murs de Paris, et dans le quartier de Saint-Eustache. Ils tenaient cela en foi et hommage de l'évêque... Ils avaient un maire pour connaître des hôtes dans les rues de

---

minister; ærarii rationes incertum et facilem statum redegit; rem navalem instauravit; promovit commercium; bonarum artium studia fovit; summa regni negotia pari sapientiâ et æquitate gessit : fidus, integer, providus, Ludovico magno placuit. Obiit Parisiis, anno Domini 1683, ætatis 64 (*). »

(1) *Biogr. univ.*, t. IX, p. 208 et suiv. — L'auteur de la biographie de Colbert s'est trompé en attribuant son tombeau à Girardon.

(2) Le biographe de Cureau de la Chambre n'aurait pas dû attribuer ce monument à Lebrun. *Biogr. univ.*, t. VIII. Piganiol, t. III, p. 7, avait déjà relevé cette erreur : « Plusieurs personnes dignes de foi, dit-il, et actuellement vivantes, ont vu le modèle de ce monument fait par le cavalier Bernin, dans le cabinet de l'abbé de la Chambre, fils aîné de celui qui est ici représenté. »

(3) *Biogr. univ.*, t. IV. « C'est ce curé qui a fait représenter au grand portail de la nouvelle église saint René, son patron, et qui a ordonné le chant qu'on y chante le 12 novembre, jour de sa fête, chant qui était bon pour ces temps-là. On dit qu'il l'avait tiré d'Angers. » Lebeuf, t. I, p. 94. Il paraît que c'était une hymne politico-religieuse. Nous regrettons de n'en avoir pu retrouver le texte.

(4) Lebeuf, *loco cit.* — Piganiol, t. III, p. 29.

(*) Hurtaut, *loco cit.*

leur justice. » La célébrité de leur chapelle y avait occasionné l'établissement d'une confrérie de Saint-André en 1418, pendant la lutte des Bourguignons et des Armagnacs. C'est ce que nous apprend le passage suivant du *Journal d'un bourgeois de Paris* (1) : « Le peuple s'avisa de faire en la paroisse Sainct-Huistasse la confrairie Sainct-Andry, et la firent ung jeudy neufviesme jour de juing : qui s'y mettoit, avoit ung chaperron de roses vermeilles, et tant s'y mist de gens de Paris que les maistres de la confrairie disoient et affermoient qu'ils avoient fait faire plus de soixante douzaines de chappeaulx ; mais avant qu'il fust doze heures, les chappeaulx furent failliz ; mais le moustier de Sainct-Huistasse estoit tout plain de monde ; mais non y avoit homme prestre ne autre, qui n'eust en sa teste chappeau de roses vermeilles, et sentant tant bon au moustier, comme s'il fust lavé d'eau rose. » Philippe de Valois en 1331, et Louis d'Orléans, frère de Charles VI, avaient fondé deux chapelles à Saint-Eustache. Les lingères des halles y avaient un autel consacré à sainte Venice, nom supposé de leur patronne, et on lit dans un registre du trésor des chartes une permission que Charles VI accorda aux porteurs de blé d'établir dans cette église une confrérie de Notre-Dame et de Saint-Louis. Enfin, les chapelains qui chantaient l'office dans cette paroisse avaient un costume spécial (2).

Nous avons déjà parlé (3) des troubles qui éclatèrent à Saint-Eustache en 1251, lors de l'arrivée des pastoureaux. En 1558, un écolier, qui était entré dans cette église, fut traité de luthérien par une vieille femme en colère ; ce jeune homme fut aussitôt entouré par quelques fanatiques qui l'entraînèrent dehors et le tuèrent sans pitié. Les curés de Saint-Eustache, surtout René Bénoît, ont eu avec les confrères de la Passion de nombreux démêlés, dont nous entretiendrons plus tard nos lecteurs. Nous croyons devoir cependant rapporter ici une anecdote de Bonaventure Desperrier sur Jean de Pont-Alais, qui fut à la fois acteur, auteur et directeur de spectacle. Ce *badin*, dont le nom était fort populaire sous François Ier, faisait un jour battre le tambour près de l'église Saint-Eustache, pour annoncer l'une de ses représentations ; le curé, qui était en chaire et dont le tambour couvrait la voix, sort aussitôt et court vers Pont-Alais : « Qui vous a fait si hardi de jouer du tambourin pendant que je prêche ? » Le comédien lui répond avec un admirable sang-froid ; « Qui vous a fait si hardi de prêcher tandis que je tambourine ? » Le curé, indigné de cette insolence, crève le tambour. Pont-Alais toujours joyeux saisit le prêtre, le coiffe de l'instrument effondré, et le pousse dans l'église au milieu des éclats de rire de la foule.

---

(1) Collection Michaud, 1re série, t. II, p. 652. — Voy. aussi sur cette chapelle Sauval, *Preuves*, t. III, p. 94. — (2) Lebeuf, *loco cit*. — (3) T. II de cette histoire, p. 14.

Pendant la révolution, Saint-Eustache servit de lieu de réunion aux *dames de la halle*, qui y tenaient leur club. Cette paroisse, qui, vers le milieu du dernier siècle, embrassait près du tiers de Paris (1), est encore d'une grande importance. Saint-Eustache, paroisse du 3ᵉ arrondissement, a pour succursales Notre-Dame-de-Bonne-Nouvelle et l'église des Petits-Pères.

Couvent des Grands-Augustins, quai des Augustins, sur l'emplacement actuel du marché à la Volaille. — Au XIIᵉ siècle, on vit se former en Italie diverses congrégations d'ermites sous des noms différents, et dont plusieurs adoptèrent la règle de saint Augustin. Après plusieurs essais inutiles des papes ses prédécesseurs, Alexandre IV parvint, en 1256, à réunir toutes ces corporations sous la même règle de saint Augustin, et à leur faire élire un supérieur général de l'ordre entier. Peu de temps après plusieurs de ces religieux arrivèrent à Paris, et saint Louis acheta pour eux une maison et un jardin situés au-delà de la porte Montmartre (2). Les Augustins étaient établis dans ce couvent en 1259, comme il paraît d'après des lettres de l'official de Paris de cette année. Le terrain qui leur fut donné comprenait alors à peu près l'espace renfermé aujourd'hui entre les rues Montmartre, des Vieux-Augustins, de la Jussienne et de Soli. Ils obtinrent la permission d'y bâtir une chapelle, qui fut dédiée sous le titre de Saint-Augustin.

L'ordre des Augustins prenant chaque jour plus d'accroissement, le chapitre général, qui se tint à Padoue en 1281, désigna les maisons de Padoue, de Bologne et de Paris pour servir de colléges. Les Augustins de Paris durent dès lors pour remplir leur nouvelle destination, rentrer dans la ville. Ils achetèrent, en 1285, du chapitre de Notre-Dame et de l'abbaye de Saint-Victor, une *maison en forme d'école*, six arpents de terre au lieu dit le *clos du Chardonnet*, où l'on fit construire plus tard le collége du cardinal Lemoine ; ils firent d'autres acquisitions ensuite pour agrandir leur habitation. Quant à leur ancien couvent près de la porte Montmartre, il fut vendu, puis détruit ; il n'en reste d'autre souvenir que le nom de *Vieux-Augustins*, par lequel on désigne encore la rue où il était situé.

En 1293, les Augustins, trouvant encore leur établissement du Chardonnet trop éloigné du centre de la ville, et pas assez fréquenté pour que les aumônes suffissent à leur entretien, obtinrent enfin de Philippe-le-Bel, en 1293, le don du couvent des Frères Ermites de l'ordre de

---

(1) « L'étendue de cette paroisse va si loin qu'on a été obligé de bâtir des secours dans les endroits les plus écartés ; mais tout cela ne suffit pas encore à présent à cause du prodigieux nombre d'habitants qu'elle contient. » Brice, t. I, p. 487.

(2) Voy. Joinville.

Saint-Augustin, appelés *Frères Sachets* (1), sur le bord de la Seine et sur le territoire de Laas, où ils ont depuis toujours demeuré.

Les *Grands-Augustins* furent ainsi appelés pour être distingués des autres religieux du même ordre établis à Paris, qu'on nommait *Augustins-Réformés de la province de Bourges*, ou *Petits-Augustins*, et *Augustins-Réformés* simplement, ou *Petits-Pères*.

Ils n'avaient encore que la petite chapelle des Sachets, dont la situation sur le bord de la Seine, à l'angle du quai et de la rue des Grands-Augustins, lui fit donner le nom de *Notre-Dame-de-la-Rive*, quand Charles V commença la construction de l'église qui a existé jusqu'à nos jours. Mais l'édifice ne fut point terminé sous le règne de ce prince, comme l'indiquait bien la différence d'architecture de ses principales parties. Le chœur et l'aile, depuis la rue des Grands-Augustins jusqu'à la porte sur le quai, dataient de Charles V. La couverture fut posée en 1393. On ne peut, du reste, fixer les dates de l'achèvement total de ce monument qui n'était point voûté, et dont l'architecture était d'un style fort simple.

En 1440, Jean Boyart, Colin Feucher et Arnoult Pasquier, sergents à verge, accompagnés de Gilet Rolant, meunier, et de Guillaume de Besançon, faiseur de cadrans, étant entrés dans le couvent des Augustins pour y saisir Nicolas Aimeri, maître en théologie, qui s'était réfugié dans le cloître, les religieux leur opposèrent une vive résistance; et dans le tumulte qui s'éleva, Pierre Gougis, religieux de la maison, fut tué par l'un des huissiers. « Pour lesquels excès dignement punis, dit Dubreuil (2), le recteur de l'Université avec tous les suppôts d'icelle, et le procureur du roi en Chastelet, se joignirent à la complainte des Augustins. Et par sentence du prévôt de Paris en date du 13° septembre audict an, les malfaicteurs ont été condamnés à faire trois amendes honorables : l'une au Chastelet en la chambre du civil, y assistant le procureur du roi, pour la satisfaction de l'immunité du lieu sainct violé; la seconde au lieu du forfaict et occision, pour partie de l'extirpation du délict envers les Augustins; et la troisième à la place Maubert, ou autre lieu que délégueroit l'Université pour son intérest. Et fut ordonné qu'en telles amendes honorables, ils seroient en chemise, sans chaperons, nues jambes et nus pieds, tenants chacun en sa main une torche de quatre livres ardante, et requérants à tous mercy et pardon. — Plus furent condamnés à faire faire et édifier une croix de pierre de taille, près le lieu où ladicte occision fut faicte, avec images proches représentant ladicte réparation. » Ce qui fut exécuté; et l'on vit jusqu'à la destruction des Grands-Augustins sur un côté de l'église, à l'angle formé par la rue et le quai des Augustins, un bas-relief représentant

---

(1) Voy. ci-après l'article des *Frères Sachets*. — (2) Liv. II, p. 255.

la satisfaction faite à la justice, aux religieux et à l'Université. Ce monument fut transporté au musée des Petits-Augustins.

Les richesses qu'avaient acquises les religieux Grands-Augustins introduisirent plusieurs abus dans leur communauté. Les désordres devinrent même dans le couvent d'une nature assez grave pour que le procureur-général du parlement crût nécessaire de demander expressément, en 1544, la réforme de leur corporation. Il paraît que les Augustins résistèrent efficacement, en cette occasion, à tout changement dans leur règle. Mais, en 1629, le cardinal de Bérulle opéra une première réforme chez eux; et, en 1641, ils furent soumis à la juridiction des Augustins-Réformés de Bourges, ou Petits-Augustins.

Les religieux de ce monastère avaient obtenu des rois plusieurs distinctions honorables et avantageuses. Ils avaient été qualifiés *chapelains du roi*, et exerçaient les fonctions de cette dignité, certains jours de l'année, à la Sainte-Chapelle. Ce fut dans leur église que Henri III institua l'ordre du Saint-Esprit, le 1er janvier 1579, et depuis elle fut désignée pour toutes les cérémonies de la corporation. Ce prince y reçut l'ordre de la Jarretière en 1585, et y établit la fameuse confrérie des Pénitents (1). Elle avait été choisie par le parlement pour la procession générale qui se faisait tous les ans en mémoire de la réduction de Paris sous Henri IV. Le clergé de France tenait ses assemblées dans le couvent, et dans diverses occasions. Enfin cinq salles, que l'on ne manquait pas de montrer aux étrangers, étaient destinées aux chevaliers du Saint-Esprit, et décorées de leurs portraits. Leurs archives y étaient déposées.

Une aventure arrivée aux Grands-Augustins, en 1658, peut servir d'explication à ce vers du *Lutrin* que prononce la Discorde:

> J'aurai fait soutenir un siége aux Augustins.

Les religieux Augustins nommaient tous les deux ans trois de leurs religieux bacheliers pour faire leur licence en Sorbonne, où ils avaient des places fondées à cet effet. En 1658, le prieur Célestin Villiers, voulant favoriser quelques bacheliers pour les licences suivantes, ceux qui s'en virent exclus par cette élection prématurée se pourvurent au parlement, qui ordonna que l'on ferait une autre nomination en présence de quelques uns de ses membres qu'il désigna: les religieux refusèrent d'obéir, et la cour se vit obligée d'employer la force pour faire exécuter son arrêt. Tous les archers furent mandés; on investit leur maison et l'on essaya d'en enfoncer les portes; mais ce fut inutilement, parce que ces religieux, prévoyant ce qui allait arriver, les avaient fait murer. Les archers se virent donc forcés de tenter d'autres moyens; et tandis

(1) Voir la note de la page 94.

que les uns montaient sur les toits des maisons voisines pour tâcher de pénétrer dans le couvent, d'autres travaillaient à faire une ouverture dans les murailles du jardin du côté de la rue Christine. Alors les Augustins, qui avaient fait provision d'armes de toute espèce, sonnèrent le tocsin, se mirent en défense, et commencèrent à tirer d'en bas sur les assiégeants ; ceux-ci tirèrent à leur tour sur les moines, dont deux furent tués et plusieurs blessés. Cependant la brèche étant devenue praticable, ces religieux, dans un danger aussi imminent, eurent la témérité d'y porter le Saint-Sacrement, espérant arrêter par là les assiégeants ; mais comme ils virent qu'on n'en continuait pas moins de tirer sur eux, ils demandèrent à capituler, et l'on donna des otages de part et d'autre. Le premier article de la capitulation portait qu'ils auraient la vie sauve, à condition qu'ils abandonneraient la brèche et ouvriraient leurs portes. Les commissaires du parlement étant entrés dans le monastère, firent sur-le-champ arrêter et conduire à la Conciergerie onze religieux ; mais vingt-sept jours après, le cardinal Mazarin, ennemi du parlement, les fit mettre en liberté, et reconduire à leur couvent dans les carrosses du roi, au milieu des gardes-françaises rangées en haie, depuis la Conciergerie jusqu'aux Augustins. Leurs confrères allèrent recevoir les prisonniers en procession, des palmes à la main, au chant du *Te Deum* et au son des cloches (1).

L'église des Grands-Augustins renfermait plusieurs ouvrages d'art remarquables. — La décoration du maître-autel, exécutée d'après les dessins de Lebrun, se composait de huit colonnes corinthiennes de marbre brèche violette, disposées sur un plan courbe et soutenant une coupole. Ces colonnes sont entrées dans la décoration de la grande galerie du musée. Le pourtour du chœur était revêtu d'une menuiserie sculptée assez estimée. Elle était de bois de Hollande, qui sans couleur ni vernis égalait en éclat le plus beau bois des Indes. — Dans le cloître se trouvait la statue de saint François, modèle en terre cuite, exécuté par Germain Pilon. Ce beau travail représentait le saint au moment où il reçoit les stigmates de Jésus-Christ, en extase, à genoux sur un rocher, les bras étendus, la tête penchée et le regard élevé vers le ciel. Il fut déposé au musée des Petits-Augustins Les bas-reliefs très estimés de la chaire et des stalles passaient pour être aussi du même sculpteur. Sur la porte de l'église était la statue de Charles V, au bas de laquelle se lisait une inscription portant que le roi avait eu la principale part à la construction de l'édifice. Sur la porte du cloître une image de saint Augustin, faite, dit-on, sur les dessins de Philippe de Champagne.

Parmi les tableaux de l'église des Grands-Augustins, on en remarquait plusieurs représentant des promotions de l'ordre du Saint-Esprit ;

---

(1) Note de Brossette sur Boileau, Hurtaut et Magny, etc.

ils avaient été peints par Vanloo, de Troye fils et Philippe de Champagne (1); saint Pierre guérissant les malades en les couvrant de son ombre, par Jouvenet; la Descente du Saint-Esprit, par J. Bunel; l'Adoration des rois, par Bertholet Flemaël.

Cette église renfermait les monuments funèbres ou les sépultures ordinaires de plusieurs hommes remarquables. Le célèbre historien Philippe de Comines et sa femme étaient représentés à genoux sur leur tombeau. Ces figures étaient couvertes de couleurs rehaussées de dorures. La statue de Jeanne, fille de Comines, était en albâtre et couchée. — Dans une chapelle étaient les statues en marbre blanc, agenouillées, de Nicolas de Grimonville, baron de l'Archant, capitaine des gardes de Henri III et Henri IV, qui figura dans les événements de la Saint-Barthélemy, et de Diane de Vivonne de la Châtaigneraie, sa femme. — Dans une autre chapelle étaient les tombeaux de Jérôme Lhuillier, procureur-général de la chambre des comptes, mort en 1633, et de sa femme, surmonté d'un ange en marbre blanc. Le médaillon en bronze et l'épitaphe sur marbre blanc du célèbre généalogiste Bernard Morin, mort en 1785, ainsi que les bustes en marbre blanc, placés sur des colonnes ou des tombeaux en marbre noir, d'Honoré Barentin, conseiller d'Etat, mort en 1639, d'Anne Barentin sa femme, de Charles Brulart de Léon, ambassadeur de France, mort en 1639, furent transportés, ainsi que la plupart des monuments précédents, au musée des Petits-Augustins.

Parmi les autres personnages inhumés dans le couvent des Grands-Augustins, on remarquait les suivants : Raoul de Brienne, connétable de France, décapité dans l'hôtel de Nesle en 1351. — Gilles de Rosne, de l'illustre famille des Colonnes, successivement général des Augustins, précepteur de Philippe-le-Bel, archevêque de Bourges, mort en 1316. — Jeanne de Valois, femme de Robert d'Artois, morte en 1363, — Jean Sapin, l'un des conseillers du parlement, pendu à Orléans par les calvinistes en 1562 — Remi Belleau, un des sept poëtes de la *Pléiade française*, qui avait été formée sous Henri III et Charles IX à l'exem-

(1) Ces tableaux étaient placés dans la chapelle du Saint-Esprit, qui fut consacrée à l'ordre du Saint-Esprit. Henri III, instituteur et fondateur de la corporation, y célébra pour la première fois les cérémonies de l'ordre le 1er janvier 1579. — On lit dans le Journal de Henri III, que la chapelle du Saint-Esprit servait aussi à la fameuse confrérie des *Blancs-Battus*, que ce prince avait établie au mois de mars 1583. Cette association, qui ne fut pas de longue durée, était composée des plus grands seigneurs de sa cour et surtout de ses favoris. Leur habit était de toile blanche, d'une forme bizarre. Ils portaient de grandes disciplines à plusieurs nœuds pendues à la ceinture. Ce qu'il y avait de plus singulier dans leurs habitudes, c'est qu'ils faisaient des processions à pied, depuis les Chartreux de la rue d'Enfer jusqu'à Notre-Dame-de-Chartres, à dix-huit lieues de Paris, en deux jours seulement. Le roi lui-même assistait à ces processions habillé comme les autres, les animant par son exemple à cette dévotion extraordinaire que bien des gens n'approuvaient pas, et qui, du reste, n'en imposait à personne.

ple des Grecs et des Romains (1). Un de ses meilleurs ouvrages est un poëme sur *la nature et sur la diversité des pierres précieuses*, dont le sujet explique cette épitaphe faite par Ronsard et gravée sur son tombeau :

> Ne taillez, mains industrieuses,
> Des pierres pour couvrir *Belleau*.
> Lui-même a bâti son tombeau
> Dedans ses pierres précieuses.

Guy Dufaur, seigneur de Pibrac, né à Toulouse en 1527, élève de Cujas et d'Alciat, célèbre autant par ses quatrains traduits en diverses langues, adoptés par les Turcs, les Arabes, les Persans, que par les hautes dignités qu'il remplit sous Charles IX et Henri III. Montaigne se plaît souvent à citer ses quatrains philosophiques, en regrettant la perte récente de ce *beau M. de Pibrac qui avait un esprit si gentil, les opinions si saines, les mœurs si douces.* — Jacques de Sainte-Beuve, l'un des plus fameux théologiens du XVIIe siècle. — Jacques de la Fontaine, issu de la maison des princes de la Romagne-Malateste, mort en 1652. — Eustache du Caurroy, musicien célèbre du XVIe siècle, et chef de la musique de Charles IX, Henri III et Henri IV. Il reste de lui une messe qui se chantait tous les ans le jour des Morts dans le chœur de Notre-Dame ; « dont la musique, dit Sauval, est très lugubre et si savante, qu'elle attendrit les cœurs les plus durs, et même les épouvante. »

La bibliothèque des Grands-Augustins, placée dans une très belle salle, était composée d'environ vingt-cinq mille volumes. Elle possédait quelques manuscrits curieux ; on y voyait deux beaux globes de Coronelli.

En 1607, Henri IV ayant achevé le Pont-Neuf, et voulant en faciliter la communication avec le faubourg Saint-Germain, fit ouvrir la rue Dauphine sur le jardin des Augustins.

A la révolution, le couvent fut supprimé avec les autres corporations religieuses. Ses bâtiments ont été entièrement detruits ; et sur l'emplacement qu'ils occupaient, on a élevé, en 1811, une halle pour la vente du gibier et de la volaille.

Frères Sachets. — Le couvent des *Sachets* ou *Sachetins*, nommés aussi *Frères-aus-Saz*, fut fondé en 1261, au lieu où les Grands-Augustins vinrent s'établir en 1293, sur le quai qui prit leur nom.

Ces religieux, qui devaient leur nom à la forme de leur habillement semblable à un sac, étaient ermites de l'ordre de Saint-Augustin ; ils

---

(1) Les autres poëtes étaient : Joachim du Bellay, Jodelle, Ronsard, Dorat, Baif, et Pontus de Thiard.

étaient quelquefois appelés les *frères de la pénitence de Jésus-Christ*. Ils formaient l'une de ces petites congrégations qui s'érigèrent au XIIe siècle, sous la règle de saint François ; on les vit assister en cette qualité à un chapitre général tenu en 1256 ; mais ils refusèrent de se réunir avec les autres, et de reconnaître l'autorité du général. La protection que saint Louis leur accorda empêcha leur corporation de se dissoudre. Le roi, pour les établir à Paris, acheta un emplacement sur le territoire de *Laas*, dépendant de l'abbé de Saint-Germain-des-Prés et du curé de Saint-André-des-Arcs. Il augmenta bientôt leur territoire en achetant pour eux une maison et une tuilerie voisines de leur monastère. Leur couvent ne fut pourtant jamais riche, et ils allaient le matin dans les rues de Paris quêter du pain comme des autres mendiants. Guillaume de la Villeneuve, poëte contemporain, l'a consigné dans sa pièce de vers intitulée les *Crieries de Paris*.

> Icil (ceux-ci) vont criant par matin
> Du pain aux Sas, pain aux Barrés (1).

L'auteur des *Moustiers de Paris*, qui vivait à la même époque, n'a pas oublié de nommer : *le moustier des frères aus sas*. Rutebeuf trace un triste tableau de l'état de la communauté ; voici ce qu'il en dit :

> L'ordre des Sas est povre et nue,
> Et si par est si tart venue,
> Qu'à paines seroit soustenu,
> Se Diex ot tel robe vestue   (Si Dieu eut)
> Com il portent parmi la rue,
> Bien ont son abit retenu,
> De ce lor est bien avenu,
> Par un home sont maintenu.   (S. Louis)
> Tant comme il vivra Diex ajue.
> Se mors le fet de sa vie nu,   (S'il meurt)
> Voisent là dont ils sont venu,   (Ils iront là)
> Si voist chascuns à la charue (2).   (Chacun s'en ira)

Dans la *chanson de Ordres*, Rutebeuf parle encore plus défavorablement des Sachets, en les représentant comme des gens grossiers, maladroits, et dont *chascun semble vachier*, dit-il. Il y a dans ce tableau sans doute beaucoup d'exagération poétique.

Le concile de Lyon, tenu en 1274, ayant supprimé tous les religieux qui n'avaient pas de rentes, à l'exception des Dominicains, des frères Mineurs, des Augustins et des Carmes, il ne restait plus aux Sachets aucune espérance de se maintenir dans leur établissement ; cependant la régularité, l'austérité dans laquelle ils vivaient, et l'autorité à

---

(1) *Fabliaux de Méon*, t. II, p. 280. — (2) *Ibid.*, p. 295.

l'ombre de laquelle ils existaient, les soutinrent encore pendant quelques années. Ce ne fut qu'au mois d'avril 1293 que Philippe-le-Bel donna leur maison aux Augustins. Malgré le témoignage de Dubreuil et du père Héliot (1), qui disent : « que les Sachets la quittèrent et la » cédèrent par contrat, alléguant que, sans scrupule de conscience, » ils ne pouvaient plus tenir ledit lieu à cause de pauvreté, et que leur » ordre diminuait de jour en jour, » il paraît que cette cession ne fut pas volontaire (2). Si les motifs qu'on allègue de cet abandon eussent été véritables, les Sachets n'eussent pas mis Gilles de Rome, supérieur des Augustins, dans la nécessité de recourir à l'autorité du roi pour y placer sa communauté. Ce n'est qu'au mois d'octobre de la même année que les Sachets remirent les clefs de leur maison à Gilles de Rome.

Sœurs Sachettes. — Les sœurs Sachettes, Sachetines ou Sœurs aux sacs, avaient leur couvent dans la rue du Cimetière-Saint-André-des-Arcs. Cette rue, dit un ancien historien, s'appelait, sous le règne de Saint-Louis, rue des Sachettes, à cause de certaines femmes dévotes vivant ensemble proche le monastère de Saint-André. Leur vêtement était à peu près le même que celui des frères Sachets; et comme eux elles allaient le matin quêter du pain dans les rues de Paris, comme le rappelle Guillaume de la Villeneuve dans les *Crieries de Paris:*

> Ça du pain, por Dieu, aus Sachesses.
> Par ces rues sont granz les presses,
> Je vous di, de ces genz menues.

Ces religieuses étaient aussi appelées Pauvres Femmes des Sacs, *pauperes mulieres de saccis.* Leur congrégation, qui n'était pas autorisée, fut supprimée vers la fin du règne de saint Louis ou peu de temps après la mort du roi, et sans doute vers le même temps que celle des frères Sachets. Les bâtiments de leur couvent existaient encore en 1523, au rapport de Malingre (3)

Le couvent des Béguines ou *de l'Ave-Maria*, situé au Marais, rue des Barrés, n° 24, fut fondé par saint Louis en 1264 sur un terrain que lui avait cédé l'abbé de Tiron, près de la porte Barbette, pour établir une communauté de Béguines. Geoffroy de Beaulieu, confesseur de saint Louis, parle de cet établissement dans la vie de ce prince : « Louis, dit-il, acheta à Paris une maison pour les Béguines, et les y plaça. » Il ajoute qu'au temps où il écrivait, il y avait quatre cents personnes dans cette communauté. Les Béguines obtinrent encore un nouvel éta-

---

(1) Dubreuil, p. 353. — Héliot, *Suppl.*, p. 177. — (2) Jaillot, t. V, p. 32. Quart. Saint-André. — (3) Malingre, p. 196. — Sauval, t. I, p. 712.

blissement à Paris, dans la maison et chapelle du nom de Saint-Avoye, achetées pour quarante pauvres veuves.

Les Béguines étaient des pauvres dévotes qui, sans être soumises à aucune règle, suivaient dans leur conduite une régularité monastique; leurs mœurs étaient dignes de tout éloge; et Thomas de Cantinpré rend justice à leur austérité et à leur vertu. On aurait grand tort de les juger d'après ce qu'en dit Rutebeuf, qui parle en général de tous les ordres religieux avec la légèreté et la raillerie peu décente commune aux poëtes populaires.

On ignore quels sont les événements qui avaient réduit la principale communauté des Béguines, celle de la rue des Barrés, de quatre cents à trois cents membres, quand, en 1480, Louis XI donna ce couvent aux religieuses de *la Tierce-Ordre, pénitence et observance de monsieur Saint-François*, et ordonna, à cause de sa grande dévotion à la Sainte-Vierge, que l'hôtel des Béguines s'appellerait dorénavant l'*Ave-maria*.

L'université s'opposa à l'établissement du tiers-ordre dans la maison des Béguines. En 1482, elle renouvela ses plaintes, et demanda qu'on substituât à ces religieuses les sœurs de Sainte-Claire; Anne de France, dame de Beaujeu, les ordres mendiants, les sœurs de l'Hôtel-Dieu, etc., se joignirent à son opposition; mais un arrêt du parlement, du 2 septembre 1482, maintint les religieuses du tiers-ordre dans le couvent de l'Ave-Maria. Toutefois, ces religieuses, sur la renommée de sainteté des sœurs de Sainte-Claire, furent les premières à les engager à venir partager leur habitation. La veuve de Louis XI se prêta à cette réunion, et avec le consentement du pape Innocent VIII, elle fit venir de Metz quatre religieuses de Sainte-Claire pour les mettre au couvent de l'Ave-Maria, dont la communauté compta bientôt une soixantaine de membres, nombre auquel elle s'est toujours maintenue.

Les filles de l'*Ave-Maria* n'avaient point de rentes et ne vivaient que d'aumônes; elles marchaient pieds nus en tous temps, ne faisaient jamais gras, pas même dans leurs maladies; elles jeûnaient toute l'année excepté les dimanches et le jour de Noël; n'ayant point de sœurs converses, elles faisaient elles-mêmes tous les travaux de la maison. Elles n'avaient pas de cellules, couchaient sur la dure, et chaque nuit se levaient à minuit pour aller au chœur où elles demeuraient debout jusqu'à trois heures. En 1485, Charles VIII leur accorda, sur leur demande, d'être dirigées comme les filles de Sainte-Claire, par des religieux de l'observance de Saint-François; et pour loger douze de ces frères auprès de leur couvent, il leur donna deux tours de la ville et le mur qui les joignait, où la reine mère, Charlotte de Savoie, fit construire le couvent particulier pour ces religieux. Charlotte de Savoie fit aussi rebâtir le couvent de l'Ave-Maria tel qu'il subsiste aujourd'hui : la grande porte seule a été restaurée en 1660. Cette entrée est dans la rue des Barrés ; elle était autrefois décorée des statues de saint Louis et de sainte Claire. Dans l'attique, on plaça un bas-relief représentant l'Annonciation, et dans le tympan, le Père-Eternel regardant ce mystère.

L'église de l'*Ave-Maria* renfermait quelques tombeaux remarquables à gauche du maître-autel ; dans la muraille, était le cœur de don Antoine, roi de Portugal, chassé de son royaume et mort à Paris en 1595 (1). Dans le chœur était le mausolée en marbre de Charlotte Catherine de la Trémoille, soupçonnée d'avoir empoisonné son mari Henri de Bourbon, prince de Condé. Aimée du page Belcastel, la princesse en devint enceinte ; son mari, revenant auprès d'elle après une longue absence, mourut, sans doute de poison, le lendemain de son arrivée, le 5 mars 1588. Ce monument, où Charlotte était représentée à genoux fut transporté au musée des Petits-Augustins. De l'autre côté du chœur, sous une tombe plate, étaient inhumés Jacques de Harlay, grand-écuyer de François, duc d'Alençon, mort en 1630 ; et Odette de Vaudetar, femme d'Achille de Harlay, morte en 1637 ; on y transporta le cœur de Louis de Harlay, cornette des chevau-légers de la garde, mort de blessures reçues à Senef en 1674.

Dans une des chapelles de la nef étaient le mausolée de marbre blanc de Jeanne de Vivonne, dame d'honneur de Louise de Lorraine, femme de Henri III ; et le monument de jaspe et de bronze surmonté d'une statue de femme à genoux, appartenant à Claude Catherine de Clermont, duchesse de Retz, célèbre sous le règne de Charles IX par son esprit et sa science. Ce fut elle qui répondit en latin pour Catherine de Médicis aux ambassadeurs qui apportèrent au duc d'Anjou le décret de son élection au trône de Pologne. Elle parla mieux, dit-on, que le chancelier de Birague et le comte de Chiverni, qui avaient répondu pour Charles IX et le duc d'Anjou. — Dans le chapitre des religieuses, furent enterrés par permission du pape, le fameux Mathieu Molé, garde des sceaux, et Renée Nicolaï, sa femme. — En face du chœur était une tribune de liais sous laquelle était « le corps entier de saint Léonce, martyr, donné par madame de Guénégaud, en 1709. »

Le monastère des filles du Tiers-Ordre fut supprimé en 1790, mais la maison a toujours conservé le nom de l'*Ave-Maria*, quoiqu'elle ait bien changé de destination. C'est aujourd'hui une caserne qu'on appelle la *caserne de l'Ave-Maria*, ou simplement l'*Ave-Maria*.

Eglise des Blancs-Manteaux, première succursale de la paroisse Saint-Merry, rue des Blancs-Manteaux, entre les n°s 12 et 16, et rue de Para-

---

(1) Le corps de ce prince avait été inhumé aux Cordeliers. J'en ai parlé à l'article de ce couvent, t. 1, p. 605.

dis, septième arrondissement.—La généreuse piété de saint Louis était si grande et si célèbre qu'en 1258, un ordre de religieux nouvellement fondé vint de Marseille à Paris sur l'espoir de s'y établir avec la protection du roi. Ces religieux se nommaient les *Serfs de la Vierge Marie*, nom qu'il ne faut pas confondre avec celui des *Servites* dont les vêtements étaient noirs. Les Serfs de la Vierge-Marie, au contraire, doivent à la couleur de leur costume la désignation populaire de Blancs-Manteaux qui resta à leur maison. Ils sont aussi appelés dans une bulle du pape Boniface VIII, les *Frères de Notre-Dame-de-Montverd*.

« Et vint une autre manière de frères, dit Joinville, que l'on appelle l'ordre des Blancs-Manteaux, et requirent au roi qu'il leur aidât pour qu'ils peussent demeurer à Paris. Le roi leur acheta une maison et vieilles places autour pour eux héberger, devers la vieille porte du Temple à Paris, assez près des Tissarans. » — Louis IX en effet est regardé comme le principal fondateur de l'ordre des Blancs-Manteaux à Paris, quoique plusieurs particuliers aient contribué avec lui à l'achat de la maison qui leur fut donnée, et qui se trouvait dans la ville, près du mur d'enceinte, à l'endroit indiqué par Joinville.

Dès la première année de leur établissement, en 1258, la maison du Temple, sur le territoire de laquelle ils se trouvaient, leur accorda la permission d'avoir un cimetière, une chapelle ou petite église, et un couvent, après s'être démis en leur faveur des droits de censive sur le terrain qu'ils occupaient : toutes concessions qui n'étaient nullement gratuites, car, pour les obtenir, le roi fut obligé de donner une rente de quarante sous au maître du Temple Amaury de La Roche.

En 1263, ces acquisitions des Blancs-Manteaux furent confirmées par l'assentiment de l'évêque de Paris, et l'année suivante, par le curé de Saint-Jean-en-Grève, dans la paroisse duquel se trouvait le nouveau monastère.

Cependant la prospérité des Serfs de la Vierge Marie ne fut pas de longue durée : une bulle, publiée en 1274 par le pape Grégoire X, supprima tous les ordres mendiants établis depuis le concile de Latran, sous le pontificat d'Innocent III, à l'exception des Jacobins, des Cordeliers, des Carmes et des Augustins. Ainsi les Serfs de la Vierge Marie furent enveloppés dans la proscription.

Un siècle auparavant, un solitaire italien du nom de Guillaume avait été le fondateur d'un ordre de religieux qui, sous le nom de *Guillemins* ou *Guillemites*, s'était déjà fort répandu en France et en Allemagne à l'époque de la bulle de Grégoire X. En 1297, il y avait un couvent de Guillemites aux Machabées de Montrouge près de Paris; cette année une bulle du pape Boniface VIII leur permit de s'établir aux Blancs-Manteaux. Ils s'y rendirent, et trois frères de l'ancien ordre des Serfs de la Vierge Marie qui occupaient encore la maison, se réunirent à eux.

Le couvent des Guillemites, auxquels le peuple conserva par habitude le nom de Blancs-Manteaux, ne fut guère plus célèbre à Paris que ne l'avait été celui des Serfs de la Vierge Marie. Sous Philippe de Valois ils occupèrent un instant l'administration. Au mois d'août 1334, ils adressèrent une requête au roi pour représenter que, serrés par les murs de la ville, ils avaient grand besoin d'y percer un passage, et pour l'intérêt du peuple, qui pourrait plus facilement venir entendre le service divin dans leur église, et pour l'avantage de leurs propres affaires auxquelles importait l'établissement d'une libre circulation entre leur couvent et certaines maisons qu'ils possédaient hors de la ville. Il s'agissait pour le roi d'aliéner un domaine de la couronne, et de confier entièrement à des particuliers une entrée de la ville : l'affaire était fort grave ; aussi fut-elle sérieusement examinée. Félibien nous a conservé sur ce sujet, et sur une autre enquête du même genre qui eut lieu peu de temps après, des détails minutieux qui ne sont pas sans intérêt.

« Des commissaires, toutes personnes de distinction, nommés par le roi, descendirent sur les lieux avec le receveur de Paris et quelques jurés charpentiers et maçons, et prirent à serment quelques personnes des environs pour savoir d'eux quelle utilité ou incommodité l'ouverture proposée pourroit apporter aux religieux et au public. Ils dirent que le seul inconvénient qu'il y auroit à craindre, seroit que s'il se commettoit quelque crime au dehors de ce mur dans la juridiction du temple, il seroit aisé aux auteurs de profiter de cette ouverture pour se mettre à couvert dans l'église des religieux ; mais cette considération ne devoit pas l'emporter sur celle de la commodité qu'auroit le voisinage, éloigné de toute autre église, d'entendre la messe dans celle-ci, et de l'avantage que retireroient de la fréquentation de leur église les religieux Guillemites qui étoient mendiants et fort pauvres. Sur le rapport qui fut fait au roi, tant de cet avis que de celui des maîtres des œuvres de maçonnerie et de charpenterie, il permit aux religieux de percer le mur et d'y mettre une porte ou huisserie. Le sceau en cire verte, sur lacs de soie rouge et verte, représente le roi assis sur un trône à dais, ayant à la main gauche la main de justice, et à la droite un sceptre fort long dont le bout porte à terre ; et au contre-scel l'écu de France est semé de fleurs-de-lis sans nombre. Deux ans après le même roi, par ses lettres datées de Bec-Oisel au mois de juillet 1336, permit à ces religieux, quoique mendiants, d'employer les aumônes qu'ils pourroient recevoir des personnes dévotes, en acquest de terre en sa censive ou ailleurs, jusqu'à la concurrence de quarante livres tournois de rente sans fief et sans justice, et de les posséder en mainmorte. Jean Perdrier, maître de la chambre aux deniers de la reine, dans le dessein d'élargir une maison qu'il avoit à la porte Barbette, obtint du roi Charles VI, en 1391, une tour de l'ancienne clôture de Paris, à condition d'en faire deux sous parisis de rente. C'est sans doute cette même tour que les Guillemites des Blancs-Manteaux demandèrent depuis aux gens des comptes et trésoriers du roi à Paris. Avant que de leur accorder leur requête, la chambre donna commission à Jean Bourreau, receveur et voyer de Paris, Rémond Dutemple et Robert Fouchier, sergents d'armes du roi et maîtres de ses œuvres, de visiter les lieux, d'examiner si c'étoit le profit du roi, et pour quelle rente elle pourroit les donner à bail. Dans l'acte de leur rapport, daté du 9 décembre 1403, il est dit que la maison et le pourpris des religieux tenoient d'un bout à la rue Barbette, qui tenoit aux anciens murs vers la vieille rue du Temple; et d'autre part, en suivant les anciens murs, aboutissoient à l'hôtel de noble et puissant seigneur Jacques de Bourbon, seigneur de Préaux. Il est fait mention dans le même rapport d'une autre tour avec quatorze toises des anciens murs, aboutissant à la porte du Chaume, qu'on avoit autrefois donnée à cens à Pierre Alvart, qui demeuroit alors dans la rue de Paradis au dehors des anciens murs de la ville; laquelle tour, pareille à celle que les religieux demandoient, avoit été acensée pour douze sous parisis de rente avec deux sous parisis pour fonds de terre, et chaque toise des murs à deux sous parisis de rente et deux deniers parisis de fonds de terre. La chambre, par son arrêt du mois de janvier suivant, accorda aux religieux la tour et la quantité qu'ils demandoient des anciens murs de la ville, montant à trente-neuf toises deux pieds, à condition d'en payer chaque année quatre livres dix sous huit deniers parisis de rente, avec huit sous six deniers parisis de fonds de terre; à condition que si le roi reprenoit la tour et cet espace de murs, en temps de guerre ou pour quelque autre nécessité, les religieux cesseroient de payer la rente.

Au commencement du XVIe siècle, l'évêque de Troyes et Marie de Beauvarlet, veuve de Jean Raguier, seigneur de La Mothe, donnèrent aux religieux de quoi faire au-dessus du portail de leur église un toit ou chapiteau de charpenterie, pour mettre à couvert les figures des saints qu'on avoit placées en ce lieu. C'étoit la chambre des comptes qui connoissoit alors des avances et saillies sur rue. Elle accorda aux religieux la permission de poser ce chapiteau, et, par ses lettres du 8 juillet 1502, ordonna au voyer et au receveur de Paris de les laisser jouir de cette permission sans empêchement (1).

Le vendredi 30 novembre 1397, Jean de Gonesse, évêque de Nassou, et provincial de l'ordre des Guillemites en France, avait célébré la dédicace de l'église des Blancs-Manteaux, dans une solennité à laquelle assistèrent Guillaume de Dormans, archevêque de Sens; Michel, évêque d'Auxerre; Jean, évêque de Chartres; Charles, évêque de

---

(1) Félibien, *Hist. de Paris*, t. I, p. 376.

Châlons-sur-Marne; et deux rois, Charles VI de France et Charles III de Navarre.

Dès lors, la prospérité de la maison des Blancs-Manteaux continua de s'accroître. Ces religieux reçurent de nouvelles donations, dont la plus considérable fut celle qui leur fut faite de la seigneurie du Plessis-Grassot, près Paris, « pour les mettre à couvert, dit Félibien, de la fâcheuse nécessité de quêter. » Au commencement du XVIe siècle, le prévôt de Paris leur fit accorder le *droit de scholarité*, c'est-à-dire la jouissance de tous les priviléges des écoliers de l'Université, entre autres la faculté de n'être contraint de plaider en première instance ailleurs que devant le conservateur de ces priviléges, le prévôt de Paris. La maison des Guillemites de Paris était même l'objet de la faveur spéciale de l'ordre entier. En 1337, fut tenu à Walincourt un chapitre provincial, où les Guillemites arrêtèrent un règlement pour subvenir à l'entretien de ceux de leurs frères qui étudiaient à Paris. Il fut ordonné dans ce règlement que, dans ce but, chaque prieur de chaque couvent donnerait un florin, chaque quêteur six gros, chaque compagnon du quêteur trois gros, et chaque religieux desservant une cure ou une chapelle trois gros; de plus, il fut ordonné qu'à la mort de chaque religieux, le meilleur de ses vêtements ou le prix qu'on en tirerait appartiendrait aux Guillemites étudiant à Paris.

En 1407, l'église des Blancs-Manteaux fut témoin d'un des grands drames de cette sanglante époque. C'est là que le corps de Louis d'Orléans, assassiné dans la Vieille-rue-du-Temple, le 23 novembre, par Jean-sans-Peur, duc de Bourgogne, fut transporté le lendemain du crime.

Le 3 septembre 1618, un nouveau changement eut lieu. Les Guillemites des Blancs-Manteaux avaient résolu d'adopter une réforme; ils envoyèrent leur prieur, Jean Gohier, avec Maurice de Vaubicour, un de leurs frères, au collége de Cluny, vers don Martin Tesnier, prieur de Saint-Faron de Meaux, pour le prier d'accepter la maison des Blancs-Manteaux, et de la réunir à la congrégation française des Bénédictins réformés. La proposition fut de suite acceptée. Le même jour don Martin Tesnier se rendit aux Blancs-Manteaux, et le traité, unanimement approuvé par les deux communautés, fut aussitôt conclu; la communauté des Guillemites de Paris ne se composait alors que du prieur, de six profès et de deux novices. Henri de Gondi, cardinal de Retz et évêque de Paris, deux jours après ce traité, introduisit lui-même les Bénédictins réformés dans ce monastère. En vain le général des Guillemites réclama contre cette réforme faite dans un de ses monastères sans son consentement. Le 29 novembre de la même année 1618, le roi Louis XIII sanctionna cette réunion. Les lettres-patentes qu'il accorda à ce sujet n'ayant pas été enregistrées au parlement, il les confirma, au mois de février 1622, par de nouvelles lettres, où les Bénédictins réformés de France sont pour la première fois désignés sous le titre de *Bénédictins de la congrégation de Saint-Maur*.

On sait la célébrité qui s'est attachée depuis à ce nom de Bénédictins de la congrégation de Saint-Maur, auxquels la France est redevable des plus beaux travaux d'érudition qu'elle ait produits.

L'église et le monastère des Blancs-Manteaux ont été reconstruits en 1685 à côté des anciens bâtiments. Le 26 avril de cette année, le chancelier Le Tellier et sa femme, Elisabeth Turpin, en posèrent la première pierre. Le jardin du nouveau couvent fut établi sur l'emplacement de l'ancienne église : cette dernière contenait plusieurs sépultures remarquables qui furent transportées dans le nouvel édifice.

Au milieu du chœur se trouvait un aigle de cuivre servant de lutrin, provenant de la libéralité du prélat qui avait consacré l'église, en 1397, et portant les noms du donateur gravés sur sa base : *Frater Johannes de Gonessia episcopus Nassoviensis*. Près de ce lutrin, dans le chœur même, on remarquait un tombeau de marbre noir et blanc, élevé en 1607 pour la famille de Malon, descendant de celle des Robert qui avait donné aux Guillemites le Plessis-Gassot, et comme elle célèbre dans la magistrature parisienne.

Dans une tombe placée au-dessous du grand-autel, avaient été déposées les entrailles d'une illustre princesse, Catherine de Bourbon, fille de Charles de Bourbon, comte de Vendôme, et tante de Henri IV. Elle était abbesse de Notre-Dame de Soissons, et mourut à l'Hôtel de Guise à Paris, en 1594.

On lisait encore dans l'église des Blancs-Manteaux quelques épitaphes de personnages distingués, telles que celles de *Messire Loys Guillart, successivement évêque de Tournay, Chartes, Chaalon et Senlis, conseiller et maistre de l'oratoire du roy, lequel décéda en son hostel à Paris, rue des Blancs-Manteaux, l'an* 1675; et de *Messire Hierosme de Hacqueville, chevalier, seigneur de Dons-en-Bray, la Morlaye et Margonville, conseillier du roy et premier président en sa cour du parlement, lequel décéda l'an* 1628.

On remarquait encore sur les nombreux tombeaux renfermés dans cette église un grand nombre de noms illustres : Jean Millet, évêque de Soissons ; messieurs Brulart, de Ligny, Raguier, des Plantes, Prévost de Malassis, Séguier, seigneur de Létang-la-Ville, de Refuge, de Champigny et d'autres encore.

L'intérieur de l'édifice était décoré de quelques bons tableaux ; on citait entre autres, le Miracle de la multiplication des pains et des poissons, par Audran, et une excellente copie du saint Michel de Raphaël.

Malingre décrit les reliques précieusement conservées aux Blancs-Manteaux dans une châsse de bois doré, et rapporte qu'en 1607,

« Messieurs les secrétaires du roi firent peindre la salle du chapitre des Blancs-Manteaux en azur parsemé de fleurs-de-lys, avec les armes de France et de Navarre en or ; et en l'an 1637, ils firent rafraîchir lesdits azur et fleurs-de-lys, et ils font dire une messe tous les dimanches de l'année, outre deux services solennels ès deux fêtes de saint Jean l'évangéliste (1). »

Le monastère des Blancs-Manteaux fut supprimé en 1790 ; l'église a été conservée avec son ancien nom de Notre-Dame-des-Blancs-Manteaux, et érigée en succursale de la paroisse de Saint-Merry.

Des agrandissements notables ont été faits dans ces dernières années à l'église des Blancs-Manteaux.

Sainte-Croix-de-la-Bretonnerie (les chanoines de), rue Sainte-Croix-de-la-Bretonnerie, n°s 39 et 41. — Au même temps où saint Louis reçut à Paris les moines des Blancs-Manteaux, il y appela les religieux de la Croix, et favorisa de même leur établissement dans sa capitale.

Les frères de la Sainte-Croix (*Fratres de Sanctâ Cruce*) formaient un ordre monastique que Théodore de Celle, chanoine de Liége, avait fondé en 1211, en se retirant avec quelques dévots à Clairlieu près d'Huy, entre Liége et Namur. La principale occupation de ces moines était, dit-on (2), de méditer sur la passion et sur la croix de Jésus-Christ, et c'est d'où leur est venu le nom de *frères de Sainte-Croix*, *Croisiers*, *Cruciferi*, *Crucigeri*, *Cruce signati*. Dans l'origine, ils ne vivaient que d'aumônes, mais ils avaient déjà quelques biens au temps de saint Louis, lorsque les prédications des généraux de l'ordre attiraient d'assez nombreux prosélytes et répandaient en France les frères de la Croix. Saint Louis, donc, instruit de leur zèle et des succès de la parole de leur général, Jean de Sainte-Fontaine, accorda facilement à quelques uns d'entre eux un établissement à Paris. « Revint une autre manière de frères, rapporte Joinville, qui se faisaient appeler frères de Sainte-Croix, et portant la croix devant leur poitrine, et requirent au roy que il leur aidast. Le roy le fist volontiers, et les hébergea en une rue, appelée le Quarrefour-du-Temple, qui ores est appelée la rue de Sainte-Croix. »

La date de cet événement n'est pas très positive : les différents historiens de Paris l'ont placé à diverses époques dans l'intervalle des années 1248 à 1269. « Ce qu'il y a de certain, dit celui d'entre eux auquel on doit accorder le plus de confiance (3), c'est qu'au mois de février 1258, Robert Sorbon avait acheté de Guillaume Mantel et de

---

(1) Malingre, *Annales de Paris*, p. 624. — (2) Hurtaut et Magny. — (3) Jaillot, quartier Sainte-Avoye, t. III, p. 32.

Galérie sa femme, une maison en la rue de la Bretonnerie, et une autre de Gilbert de Brie, dans la même rue; qu'il les céda aux frères de Sainte-Croix, et que saint Louis lui donna d'autres maisons en échange dans la rue Coupe-Gueule (en face du Palais-des-Thermes) et dans une rue voisine (1); d'où l'on peut conclure que les frères de Sainte-Croix étaient déjà établis en 1258. »

Pendant le cours des siècles suivants, les religieux de Sainte-Croix-de-la-Bretonnerie avaient singulièrement oublié les austérités de la vie contemplative de leurs premiers modèles, les ermites de Clairlieu. En 1518, vivement pressés par leur général, qui les accusa de s'être soustraits aux règles qu'ils devaient observer, et porta ses plaintes devant le parlement de Paris, ils furent obligés de se soumettre à plusieurs enquêtes; mais en dépit de tous les efforts, et malgré diverses ordonnances, on ne put introduire la réforme parmi eux.. Sous le règne de Louis XIII, de nouveaux désordres s'étaient manifestés dans leur maison. Le cardinal de La Rochefoucauld saisit cette occasion d'y faire entrer, malgré l'opposition des frères de la Croix, des chanoines réguliers de Sainte-Geneviève qui devaient commencer la réforme. Tout fut inutile : au bout de trois mois, les religieux de Sainte-Croix eurent le crédit d'obtenir un ordre du roi pour renvoyer les réformateurs dans leur couvent de Sainte-Geneviève (13 octobre 1641). Enfin, la maison de Sainte-Croix-de-la-Bretonnerie prit le parti de se réformer d'elle-même; elle embrassa la règle de Saint-Augustin, et se résolut à l'observer régulièrement.

L'église de Sainte-Croix-de-la-Bretonnerie, consacrée sous le titre de l'Exaltation de la Sainte-Croix, était une belle église gothique attribuée à Eudes de Montreuil.

Les Frères-Croisiers avaient obtenu, en 1410, du roi Charles VI, la permission d'instituer dans leur église une confrérie de saint Marc l'Évangéliste; et en 1543, l'évêque de Paris approuva une confrérie du Saint-Sacrement établie chez eux (2).

C'était dans la maison de Sainte-Croix-de-la-Bretonnerie que les jurés-crieurs pour les inhumations avaient coutume de se rassembler. Ces hérauts de la grande ville s'étaient rendus si nécessaires aux Parisiens, que dans le temps où l'on avait de nombreux moyens de publicité, on se servait encore de leur ministère. Charles VI en réduisit le nombre à vingt-quatre. Ils voulut qu'ils célébrassent avec solennité la fête de saint Martin-le-Bouillant, patron de leur confrérie. Les maîtres de la corporation devaient paraître à la procession couronnés de chapeaux de roses, et l'un d'eux devait porter le bâton de la confrérie. A la mort d'un crieur, ses camarades, en robes de la confrérie, de-

---

(1) Félibien, t. I, p. 373. — (2) Lebeuf, *Hist. du dioc. de Paris*, t. I, p. 147.

vaient porter son corps au cimetière ; mais en route le convoi devait s'arrêter à tous les carrefours ; on devait déposer le corps sur des tréteaux, et un crieur muni d'un beau hanap (coupe) devait offrir à boire à tous les assistants aux dépens de la confrérie. En outre, chacun des confrères était armé d'une clochette qu'il faisait retentir sans interruption depuis la levée du corps jusqu'au moment où le cercueil était déposé en terre. On voit que le législateur cherchait alors à entourer d'une sorte de prestige cette corporation, qui pourtant tendait visiblement à dégénérer, car les crieurs faisaient toutes sortes de métiers, et il fut obligé de leur défendre d'être fossoyeurs ou valets d'étuves (1).

L'église de Sainte-Croix-de-la-Bretonnerie était le lieu de sépulture de plusieurs familles distinguées. Elle renfermait seize caveaux souterrains uniquement affectés à cet usage. Parmi ces monuments funéraires on remarquait ceux de Jean de Poupaincourt, Antoine Minard et Barnabé Brisson.

Jean de Poupaincourt, magistrat distingué, président au parlement sous le règne de Louis XI, fut ambassadeur en Angleterre et prit part à l'instruction du procès du connétable de Saint-Pol. Il mourut le 21 mai 1480.

Barnabé Brisson, second président au parlement de Paris, sous le règne de Henri III, était l'un des personnages les plus savants de son siècle. Pendant les troubles de la Ligue, il fut soupçonné par les *Seize* d'avoir des intelligences avec Henri IV (2), arrêté par leurs ordres, et pendu, sans autre forme de procès, à une poutre de la chambre du conseil du Châtelet, le 15 novembre 1591 (3).

Antoine Minard, autre magistrat célèbre, président au parlement sous le règne de François Ier, se signala par son zèle contre les protestants auxquels on impute sa mort ; il périt assassiné en 1559.

(1) M. Depping. Le livre des métiers et l'ordonnance de 1415 citée par lui, p. lxiij.
(2) Voyez plus loin l'histoire de cette époque. — (3) « Quoiqu'on soit savant, dit Hurtaut, ce n'est pas à dire qu'on soit sans défauts. Un historien catholique, J.-B. Legrain, accuse Brisson d'avarice et de cruauté, et ajoute qu'on le soupçonna d'avoir contribué à l'empoisonnement du président de Harlay pour avoir sa place. » Il rapporte une épitaphe qu'on fit à Brisson, et dont voici le commencement :

Barnabæ Brissonii
Præsidis maximi exangue cadaver
Hic repostum est,
Qui dùm vixit pecuniam
Cruce signatam adamavit,
Crucem adoravit, cruci affixus est
Et a Cruce (*) ceterisque
Cruenta pietate ferventibus,
In æde crucis sepultus.

(*) La Croix, l'un des Seize.

L'église Sainte-Croix-de-la-Bretonnerie possédait quelques tableaux de Simon Vouet et de Philippe de Champagne.

A la suppression des communautés religieuses, en 1790, le couvent de Sainte-Croix-de-la-Bretonnerie a été démoli; on a bâti sur son emplacement deux maisons particulières, et pratiqué un passage qui communique à l'impasse Sainte-Croix, dont l'entrée est rue des Billettes.

Saint-Sauveur, ancienne église paroissiale, rue Saint-Denis, n° 277, au coin de celle Saint-Sauveur. — Il est fait mention de cette église, dès l'an 1216, sous le nom de *Chapelle de la Tour*, nom qu'elle tirait d'une tour carrée qui y était contiguë, et qui ne fut démolie qu'en 1778. Mais par qui et dans quel temps cette chapelle fut-elle fondée? On ne trouve aucun acte, aucun monument qui puisse fixer notre incertitude, car nous ne relèverons pas l'erreur de Sauval et de ses copistes, qui ont imaginé que cette chapelle avait été bâtie vers 1250, par les ordres de saint Louis, pour y faire ses prières et se reposer lorsqu'il allait à pied à Saint-Denis. Comme l'a très bien observé le judicieux Jaillot, ces historiens ne faisaient pas sans doute réflexion que saint Louis était parti le 12 juin 1248 pour la Terre-Sainte, et qu'il n'était revenu qu'en 1254. Dès le commencement du XIIIe siècle, cette chapelle était une succursale de Saint-Germain-l'Auxerrois; mais nous ne savons à quelle époque elle prit le nom de Saint-Sauveur, ni quand elle fut érigée en paroisse. Il est probable cependant que, dès le milieu du XIIIe siècle, l'augmentation de la population, la difficulté d'administrer les sacrements, et l'éloignement de l'église de Saint-Germain, obligèrent le chapitre à faire ériger en paroisse la *chapelle de la Tour*. Le doyen de Saint-Germain s'opposa à cette mutation; il fit valoir ses droits et obtint une part dans les offrandes et les produits des sacrements.

Le bâtiment de l'église, en partie reconstruit sous le règne de François Ier, ne fut jamais achevé (1). C'était un mélange bizarre, dit un écrivain contemporain, d'antique et de gothique. La voûte de la nef, qui menaçait ruine, fut rebâtie en 1713, par le moyen d'une loterie que le roi accorda pour quelques réparations; en 1571 et en 1622, cette église avait déjà été agrandie, et l'on s'occupait, à l'époque où écrivait Hurtaut, en 1779, d'immenses réparations. La chapelle de la Vierge était fort estimée. « Trois personnes ont concouru à sa décoration : Blondel, architecte du roi, a donné les dessins de l'autel; Jean-Bap-

---

(1) Piganiol, t. III, p. 228. La dédicace avait été faite le mercredi de la semaine de Pâques. Lebeuf, t. I, p. 113. « Au reste, dit le même auteur, cette église était restée imparfaite; car on lit qu'en 1571, le 30 novembre, les marguilliers eurent de l'abbaye de Montmartre une maison qui tenait à cette église, et cela pour son agrandissement, moyennant une rente que lui avait transportée Jean de Canapeville, marchand, marguillier. »

tiste Le Moine le fils en a traité la sculpture avec toute l'intelligence possible, et Noël-Nicolas Coypel, peintre ordinaire du roi et adjoint professeur dans l'académie royale de peinture, a composé et peint le sujet qu'on y voit représenté, d'une manière digne de son nom et de la réputation qu'il s'est acquise par ses ouvrages. Trois grandes arcades donnent l'entrée à cette chapelle; quatre piliers, qui sont dans les encoignures, reçoivent la retombée de quatre pendentifs qui rachètent la voussure d'une coupole qui a vingt-deux pieds de diamètre. L'autel est décoré d'un ordre composite et est adossé contre le mur d'un des bas-côtés de l'église. Le tableau qui représente l'Assomption de la Vierge, étant le sujet principal, occupe la place qui est précisément au-dessus de l'autel et attire les premiers regards. Le plafond représente les cieux qui s'ouvrent pour recevoir la Sainte-Vierge. Le Saint-Esprit se détache et descend au-devant d'elle, tandis que le Père-Eternel est assis, ayant Jésus-Christ à sa droite, et étant environné d'anges, des saints patriarches et quelques saints du Nouveau-Testament. La voûte est presque plate, n'ayant que sept pouces de bombement; et cependant, par la magie de la perspective, elle paraît d'une élévation prodigieuse. Les connaisseurs et les plus habiles peintres ont tous admiré la science et l'effet de ce plafond, et l'ont estimé le plus savant dans l'art de la perspective qui se voie dans Paris. Il a cependant été en partie la cause de la mort de cet excellent peintre Noël Nicolas Coypel, dit Piganiol, était convenu avec les marguilliers de Saint-Sauveur d'une très modique somme pour la décoration de cette chapelle; c'était un artiste extrêmement désintéressé, qui entreprit ce plafond plus pour la gloire que par une autre vue. Quand il fut fini, les marguilliers non seulement lui refusèrent la moindre gratification, mais leur injustice fut au point de ne pas vouloir lui rembourser les frais très considérables des échafauds, du paiement du sculpteur, et la perte du bénéfice des tableaux qu'il aurait faits pendant les deux années qu'il employa à cet ouvrage. Le procès qu'il eut avec eux ne finissant point, par la protection qu'ils obtinrent, et le sieur Coypel n'ayant point de fortune, le chagrin le saisit et nous enleva cet excellent peintre à l'âge de quarante-cinq ans. C'était l'homme du monde le plus doux et le plus modeste, et de la plus belle physionomie (1). »

Saint-Sauveur dépendait de Saint-Germain-l'Auxerrois, et le chapitre de cette dernière église nommait à cette cure. Le 30 octobre 1408, il se fit une transaction entre le curé de Saint-Eustache et l'abbé Nacart, l'un des premiers curés de Saint-Sauveur. Ce dernier était en même temps curé et procureur au parlement; *singularité unique*, dit Hurtaut (2). Cette église contenait les sépultures de plusieurs célèbres

---

(1) Hurtaut, t. IV, p. 510. — (2) Hurtaut, t. II, p. 784. — Félibien, t. I, p. 349.

comédiens, tels que Turlupin, Gaultier-Garguille, dont le véritable nom était Fléchelles (1), Gros-Guillaume, Guillot-Gorju, et Raimond Poisson, comédien français, mort en 1690, créateur de l'*emploi* du Crispin. On y voyait aussi les tombeaux de deux poëtes célèbres à différents titres : Guillaume Colletet, de l'Académie française, mort le 10 février 1659, et qu'il ne faut pas confondre avec son fils François (2), pauvre poëte que Boileau a si durement insulté; Jacques Vergier, poëte d'un certain mérite, et presque oublié aujourd'hui. Il fut assassiné à Paris au coin de la rue du Bout-du-Monde, (aujourd'hui rue du Cadran) et de la rue Montmartre, dans la nuit du 17 au 18 août 1720 : il reçut un coup de pistolet dans la gorge et trois coups de poignard dans le cœur. On attribua plusieurs causes à ce crime : les uns prétendirent qu'il avait été commis par ordre du duc d'Orléans, régent, blessé d'une parodie de la dernière scène de *Mithridate*, attribuée faussement à Vergier ; d'autres crurent que c'était une affaire de jalousie, ou même une méprise. L'un de ses assassins, le chevalier Le Cracqueur, camarade de Cartouche, qui fut rompu le 10 juin 1722, avoua que l'intention de ses complices était de voler Vergier, mais qu'ils en furent empêchés par un carrosse qui passa dans le moment (3).

L'église Saint-Sauveur fut démolie en 1787, et on la reconstruisait sur les dessins de M. Poyet, lorsque la révolution vint arrêter les travaux. Elle est devenue propriété particulière. C'est sur son emplacement qu'ont été construits les bains élégants connus sous le nom de *bains Saint-Sauveur*.

Couvent des Chartreux, rue d'Enfer, où est aujourd'hui la maison n° 46. —Saint Louis, dont le zèle pour la propagation des ordres religieux était presque sans bornes, fut si édifié du récit qu'on lui fit de la vie solitaire et pénitente des disciples de saint Bruno, qu'en 1257 il demanda à dom Bernard de La Tour, prieur de la Grande-Chartreuse, quelques uns de ses frères qu'il voulait établir près de Paris. Le prieur envoya cinq religieux que le roi établit au village de Gentilly, leur donnant la maison et les terres qu'il avait achetées aux enfants d'un particulier nommé Pierre Le Queux. Mais à peine un an s'était écoulé depuis leur établissement à Gentilly, que les Chartreux demandèrent au roi de leur accorder son vaste château, nommé *Valvert* ou *Vauvert* à cause des prairies qui l'entouraient (4). Ce château avait été construit au commencement du XI° siècle par Robert, fils de Hugues Capet, sur la

---

(1) « Dans les registres de Saint-Sauveur, son convoi est marqué au 10 décembre 1633. » Piganiol, t. III, p. 233. — Voy. aussi Sauval, t. III, p. 36 et suiv. — Nous parlerons de ces acteurs dans la suite de cette histoire. — (2) M. Dulaure, t. II, p. 299, a commis cette erreur. — (3) *Biogr. univ.*, t. XLVIII. — (4) Félibien, t. I, p. 368.

route de Paris à Issy, à peu près à l'entrée de la grande avenue qui conduit aujourd'hui du parterre du Luxembourg à l'Observatoire. Des diables avaient établi leur séjour dans cet hôtel, assurait-on ; en effet, depuis l'arrivée des religieux, on entendait tous les soirs sous ces vieilles voûtes d'affreux hurlements ; on y voyait des spectres épouvantables qui traînaient des chaînes de fer, et qui paraissaient subir la loi d'un monstre vert à barbe blanche, dont le corps hideux se terminait en queue de serpent. On redoutait de passer auprès des hautes murailles de ce redoutable château, et le souvenir de la terreur qu'il inspirait s'est conservé dans ce proverbe : Aller au diable Vauvert, ou comme l'on dit aujourd'hui *aller au diable Auvert*, pour dire faire une course périlleuse (1). Saint Louis ayant donné le château de Vauvert aux Chartreux, la troupe maudite n'y reparut plus qu'à de rares intervalles.

Dès que les chartreux furent en possession de l'hôtel de Vauvert, ils bâtirent à la hâte quelques cellules. Ils n'y trouvèrent qu'une chapelle fort délabrée et fort nue qui ne put servir long-temps à leurs pieux exercices. Quelques années après, il fallut fonder un nouveau temple dont saint Louis posa la première pierre. Le célèbre Eudes de Montreuil en fut le premier architecte, mais ce ne fut point lui qui l'acheva. La mort de saint Louis en 1270 interrompit les travaux : les libéralités de différentes personnes, et surtout de Jean de Cerées permirent aux Chartreux de les faire reprendre. Jean de Cerées était trésorier de l'église de Lisieux et clerc de Philippe-le-Long ; il consacra sa grande fortune à l'achèvement de l'édifice ; il avait même un si grand zèle pour cette œuvre pieuse, qu'il fit lui-même l'office de maçon et de manœuvre (2). L'église terminée et l'argent manquant pour la faire couvrir, Jean obtint du roi l'autorisation de faire une coupe de bois dans ses forêts. « L'on mit tant d'arbres par terre, dit Félibien, que l'on se plaignit que les Chartreux dégradaient les forêts du roi ; » mais sans doute les plaintes étaient mal fondées, car le roi accorda aux religieux une permission plus ample. L'église fut achevée entièrement en 1324 et dédiée en 1325, sous l'invocation de saint Jean-Baptiste et de la sainte Vierge ; c'est celle qui est parvenue jusqu'à ces derniers temps. L'ancienne chapelle de Vauvert servit depuis de réfectoire. Les religieux y mangeaient ensemble les dimanches, les fêtes et les jeudis ; les

(1) Des auteurs ont dit, non sans vraisemblance, que la rue où les Chartreux s'établirent n'avait été nommée *rue d'Enfer* qu'à cause des malins esprits qui s'étaient emparés du château ; mais de plus doctes se sont moqués de cette étymologie. « Cette rue, ont-ils dit, est nommée dans les anciens titres *Via inferior*, rue basse, par rapport à la rue Saint-Jacques qui était appelée *Via superior*. Ce n'est que par corruption et contraction de nom qu'elle est appelée *rue d'Enfer*. » Cette prétendue contraction me paraît bien peu naturelle, et je m'en tiens à la première conjecture, moins recherchée, et plus probable. — (2) Félibien, t. I, p. 369.

autres jours, chacun prenait ses repas en particulier dans sa cellule.

Saint Louis n'avait fait bâtir que huit cellules pour les Chartreux lorsqu'il mourut ; il y en eut peu après deux nouvelles élevées par Marguerite d'Issoudun, comtesse d'Eu, femme d'Alphonse de Brienne, grand chambellan de France, et par Thibaud II, roi de Navarre. En 1291, Jeanne de Chatillon, comtesse d'Alençon, fonda quatorze cellules nouvelles. La mémoire de ce bienfait fut perpétuée dans un grand bas-relief sculpté sur la muraille du cloître, du côté de l'église, représentant Jeanne de Chatillon offrant à la Sainte-Vierge quatorze Chartreux à genoux. Le haut de cette sculpture était ornée de treize écussons aux armes de France et de Chatillon alternativement. Jeanne d'Evreux, femme de Charles-le-Bel, fit bâtir l'infirmerie, une chapelle, et établit six nouvelles cellules accompagnées de jardins. Cette reine allait souvent visiter les religieux ; elle se plaisait à préparer leur repas et à le leur porter elle-même dans leur cellule (1). Des legs pieux fournirent depuis le moyen de construire plusieurs autres cellules, et dans les derniers temps la chartreuse de Paris contenait quarante religieux sans compter les frères et les *oblats*.

Les Chartreux de Vauvert avaient reçu plusieurs marques de la faveur des rois : Charles IX les exempta, en 1572, de tous les droits à payer pour le sceau des lettres qu'ils obtiendraient dans les chancelleries ; en 1618, Louis XIII leur donna la partie du chemin d'Issy qui conduisait à leur église et séparait leur grand clos du petit clos ; en 1656, Louis XIV les autorisa à exploiter leurs bois sans les assujettir aux lois imposées à cet égard aux ecclésiastiques. En 1659, le prieuré de Sceaux, dépendant de l'abbaye de Saint-Florent-lèz-Saumur, fut uni à la chartreuse de Paris par une bulle du pape.

Le terrain des Chartreux étant fort spacieux, on y bâtit plusieurs maisons à différentes époques.

L'église était un monument gothique si peu orné, que l'abbé Lebeuf doutait qu'il eût été élevé dans le siècle de saint Louis ; mais Dubreuil donne le motif de cette extrême simplicité, en disant qu'on fut obligé de faire les constructions avec beaucoup d'économie, à cause du peu de fonds qu'on avait pu recueillir.

Le grand portail d'entrée était situé rue d'Enfer ; une avenue assez longue et plantée d'arbres conduisait à la porte intérieure de la maison. On entrait ainsi dans la première cour, et l'on remarquait à gauche une chapelle assez grande qu'on appelait la *Chapelle des Femmes*, parce que c'était le seul endroit du couvent où il leur fût permis d'entrer. Elle avait été consacrée en 1460, sous l'invocation de la Vierge et de Saint-Blaise. Dans la seconde cour, on voyait à droite un corps de logis bien

---

(1) Félibien, t. I, p. 371.

bâti qui avait servi autrefois à loger les hôtes; à gauche se présentait l'église dans toute sa longueur. Sur la porte de cette seconde cour était un bas-relief à fond orné de fleurs de lys, représentant la Sainte-Vierge, au-dessous trois saints avec leurs attributs: saint Jean-Baptiste et l'agneau; saint Hugues et le cygne; saint Antoine et le porc. On y voyait aussi un roi offrant cinq ou six Chartreux à la Sainte-Vierge. Le collier de Saint-Michel que porte le prince fait présumer avec raison que ce doit être Louis XI, qui institua l'ordre de ce nom en 1469.

Les fameux tableaux sur bois de Lesueur, représentant la vie de saint Bruno, étaient encastrés dans les arcs du petit cloître, qui était orné de pilastres d'ordre dorique. En 1350, la vie de saint Bruno avait été peinte sur le mur du cloître; en 1500 elle le fut sur toile; alors Zachari Benedicti composa des vers latins pour chaque tableau. Enfin, en 1648, Lesueur exécuta ses vingt-cinq tableaux sur bois, qui, donnés au roi par les Chartreux, furent d'abord placés dans la galerie du Luxembourg, et enfin au Louvre, où ils sont aujourd'hui. Aux extrémités de ce petit cloître était la vue de Paris tel qu'il était au commencement du XVIIe siècle, celle de Rome attribuée à Lesueur et à ses élèves, de la Grande-Chartreuse de Pavie et de la Chartreuse de Grenoble. Les vitraux du cloître, exécutés d'après un peintre nommé Fadeler, et représentant les Pères du désert, étaient estimés.

Le grand cloître avait été bâti à plusieurs reprises; on y voyait, outre le grand bas-relief de la fondation de Jeanne de Chatillon dont j'ai parlé, Pierre de Navarre à côté de saint Pierre, ayant quatre Chartreux devant lui aux pieds de la sainte Vierge. Un ange, placé derrière ce groupe, soutenait une inscription qui faisait mention des quatre cellules fondées par ce prince. Tout autour se trouvaient les cellules des religieux. Chacun de ces petits logements se composait d'un vestibule, d'une chambre, d'une autre pièce qui servait de bibliothèque ou de laboratoire, suivant le goût du religieux qui l'occupait, d'une petite cour et d'un jardin. La règle de saint Bruno, tout austère qu'elle était, s'est toujours maintenue chez les Chartreux sans altération et sans adoucissement : c'est peut-être le seul des ordres religieux qui n'ait jamais eu besoin de réforme.

On a vu que l'infirmerie avait été bâtie par Jeanne d'Évreux, et que la chapelle de Vauvert avait été convertie en réfectoire. La sacristie et le chapitre furent bâtis aux dépens d'un cordonnier nommé Pierre Loisel, et de sa femme. Tous les deux avaient été enterrés dans le chapitre en 1331 et 1343. On voyait sur leur tombe un écusson ayant une botte en pal, chargée d'un oiseau sur la genouillère, armes parlantes, qui rappelaient le nom et la profession du fondateur. La bibliothèque du prieur était considérable et estimée, tant pour la quantité que pour la qualité des livres qui la composaient.

Le couvent des Chartreux était riche en monuments des arts qui méritaient l'attention des curieux. On y remarquait plusieurs tableaux de Philippe de Champagne, de Bon Boulogne, d'Antoine et Noël Coypel, d'Audran, de Corneille, de Jouvenet, de Boulogne jeune, de Dumont le Romain, de Lafosse, du Poussin, de Restout et de Lagrenée. On remarquait dans le chapitre un très beau Christ, que Philippe de Champagne légua en mourant aux Chartreux. C'était un de ses meilleurs ouvrages.

Dans l'église des Chartreux avaient été inhumés : Jean de Dormans, évêque de Beauvais, cardinal et chancelier de France, mort en 1373 : sa statue en bronze était couchée sur son tombeau ; Guillaume de Sens, premier président du parlement, mort en 1399 ; Michel Cernay, évêque d'Auxerre, confesseur de Charles VI, mort en 1409 ; Pierre de Navarre, fils de Charles-le-Mauvais, mort en 1412, représenté en marbre blanc, couché sur son tombeau avec Catherine d'Alençon sa femme, quoique cette princesse, morte en 1462, eût été inhumée à Sainte-Geneviève ; Jean de Lune, neveu de l'anti-pape Benoît XIII, mort en 1424. — Dans le cloître et dans le grand cimetière étaient les sépultures de Jean Descordes, chanoine de Limoges, dont la bibliothèque a fait le fonds de celle du collége Mazarin, mort en 1642 ; de Pierre Danet, curé de Sainte-Croix-de-la-Cité(1), Jean Versoris, avocat et fameux ligueur, mort en 1588 : le nom primitif de la famille était Le Tourneur ; mais, suivant l'usage en vogue à cette époque, elle changea son nom en celui de Versoris, du mot latin *Versor* qui en est la traduction. — Enfin, dans la *Chapelle des Fermes*, avait été enterré Laurent Bouchel, avocat fameux, auteur de plusieurs ouvrages, mort en 1629.

Quand les dépendances des Chartreux, qui ne comptaient d'abord que huit arpents et demi, ne furent plus suffisantes pour le nombre toujours croissant des religieux, ils firent successivement des acquisitions dans les clos Vigneray et de Saint-Sulpice. Marie de Médicis prit une partie de ce terrain pour son parc du Luxembourg, et donna en échange aux Chartreux des terres situées près leur monastère et de l'autre côté du chemin d'Issy. Ce chemin était ouvert dans un fond humide et souvent impraticable. Louis XIII, en 1618, comme il a été dit, leur en fit don avec permission de l'enfermer dans leur enceinte ; le même roi fit pratiquer l'avenue plantée d'arbres qui conduisait à leur monastère, et fit continuer la rue d'Enfer en ligne droite jusqu'aux Carmélites. Le terrain occupé par les Chartreux était immense : le seul jardin potager renfermait au moins quinze arpents. C'est ici le lieu de remarquer que les Chartreux passaient pour les meilleurs horticulteurs de Paris et des environs.

(1) Voy. l'art. *Sainte-Croix-en-la-Cité*, t. 1.

L'église et le couvent des Chartreux ont été entièrement démolis à la révolution. La petite maisonnette qui sert de passage entre la grande allée du Luxembourg et la rue d'Enfer, où elle occupe le n° 46, est le seul débris subsistant de ces vastes bâtiments.

Les Carmes du grand couvent, rue des Carmes, n° 1. — L'origine de l'ordre des Carmes a donné lieu à de nombreuses et violentes discussions qu'il me paraît fort inutile de rapporter ici (1). Il suffit de savoir que quelques solitaires s'étant retirés au XIIe siècle sur le Mont-Carmel, Albert, patriarche de Jérusalem, donna, vers 1209, à cette petite congrégation une règle particulière en seize articles, qui fut approuvée en 1224 par le pape Honorius III. Les Carmes faisaient abstinence de chair toute l'année, jeûnaient régulièrement depuis l'exaltation de la sainte Croix jusqu'à Pâques, travaillaient des mains et gardaient le silence ; mais ils obtinrent ensuite des dispenses de Rome pour adoucir la sévérité de cette règle. Cet ordre avait déjà une succursale en Angleterre (2), lorsque saint Louis, après sa première croisade, étant débarqué, le dimanche 26 avril 1254, au pied du Mont-Carmel, sans doute pour y entendre la messe, retint auprès de lui et emmena en France six Carmes qu'il établit hors Paris sur le port Saint-Paul, dans l'endroit même où furent depuis les Célestins. « Il pourvut, dit Joinville, les frères du Carme, et leur acheta une place sur Seine, devers Charenton ; et leur fist faire leur méson, et leur acheta vestements, calice, etc. (3). »

Il est probable que ces religieux, qui n'étaient qu'au nombre de six, n'eurent d'abord qu'une petite chapelle particulière ; mais ils s'agrandirent peu à peu. Au mois de février 1259, le prieur de Saint-Éloi et l'abbé de Saint-Maur leur accordèrent l'amortissement de la maison qu'ils avaient acquise de Philippe Buketin, ainsi que la permission de bâtir une église et d'avoir une cloche et un cimetière. Saint Louis, en

(1) Ces moines prétendaient avoir pour fondateur et premier supérieur le prophète Élie. Innocent XII, par un bref du 20 novembre 1698, défendit d'agiter désormais cette question. Félibien, t. I, p. 353.

(2) *Hist. de saint Louis manuscrite*, par Tillemont.

(3) Le peuple donna aux nouveaux religieux le nom de *Barrés*, « à cause de leur manteau barré de blanc et de brun dont il reste encore plusieurs représentations dans le cloître des Carmes de la place Maubert, et au portail de l'église que ces religieux ont à Ploermel en Bretagne. On prétend que la porte de la ville de Paris qui respondoit à leur premier couvent en retint le nom de porte des *Barrés*. Mais ils quittèrent depuis leur manteau de deux couleurs pour en prendre un tout blanc comme ils le portent aujourd'hui. » Félibien, t. I, p. 353. Ce manteau ressemblait, disaient-ils, à celui qu'Élie jeta à son disciple Élisée en montant aux cieux ; mais comme sa couleur était réservée aux vêtements des seigneurs sarrazins, on les avait obligés en Palestine de le barioler. — La rue des Barrés, qui conduit au port Saint-Paul, doit également son nom à l'établissement des Carmes. Voy. Sauval, t. I, p. 114.

dédommagement, accorda quatre livres de rente au curé de Saint-Paul sur la prévôté de Paris, et 40 sous parisis de rente au prieur de Saint-Eloi. Au mois de juin 1262, suivant le titre *passé pardevant l'official de Paris* (1), un riche bourgeois, Jean Concorge, et Isabelle sa femme, donnèrent aux Carmes une pièce de terre qu'ils possédaient en la censive de Saint-Eloi et de Sainte-Geneviève, auprès de la *Folie-Morel*, et chargée envers un nommé Jean Flameng ou Flaminge, de 55 sous parisis de *surcens*. « L'amortissement, dit Félibien, fut fait à condition que les Carmes payeroient tous les ans au prieur de Saint-Eloy 10 soûs parisis de rente, sauf au mesme prieur le droit de vente sur les 55 soûs parisis de surcens que produisait cette pièce de terre, quand il arriveroit qu'elle seroit vendue en tout ou partie. Il fut encore stipulé que si les nouveaux religieux manquoient de payer au prieur, aux termes spécifiés, la rente de 10 sous parisis, ils seroient contraints de donner 6 deniers d'amende chaque jour après le terme écheu. » Enfin, en 1276, Agnès, femme d'Eude Pisdoë, héritière en partie, avec son mari, de Jean Flameng, leur fit don de 11 sous parisis de rente, à déduire sur les 55 de surcens (2).

« Dans la suite, ajoute l'historien que nous venons de citer, les Carmes représentèrent au roy Philippe-le-Bel l'incommodité de leur establissement auprés de la porte des Béguines sur le bord de la Seine, dont les inondations avoient esté si grandes depuis plusieurs années qu'il leur avoit souvent esté impossible de descendre de leurs cellules, et de sortir autrement qu'en bateau ; que leur maison en estoit en partie tombée et menaçoit ruine dans ce qui subsistoit encore. Ce qui leur faisoit le plus de peine estoit leur éloignement de l'Université où leurs religieux avoient eu ci-devant des docteurs de grande réputation dans toutes les facultez, et particulièrement en théologie (3). » Philippe-le-Bel accueillit favorablement leur demande, et, par ses lettres du mois d'avril 1309, il leur donna la maison du Lion, qui avait autrefois appartenu à Pierre de La Broche, et qui était située rue de la Montagne-Sainte-Geneviève, *afin que par ce moyen un lieu de bonne chère et de plaisir fust converti en une maison destinée au service de Dieu* (4). Clément V, par sa bulle du 13 mars 1310, leur permit d'y bâtir un nouveau couvent, et comme cette maison n'était pas encore assez spacieuse pour contenir tous ces religieux dont le nombre s'était considérablement augmenté, Philippe-le-Long leur donna, au mois de décembre 1317, une autre maison voisine de la première, qui avait issue dans la grande rue Sainte-Geneviève et dans celle de Saint-

---

(1) Dubreuil, p. 262.—(2) Félibien, t. I, p. 354, et *Preuves*, t. III, p. 215.—(3) Ils étaient *agrégés* à l'Université en 1259. Du Boulai, *Hist. univers.*, t. III, p. 356.— (4) Félibien, *loco cit.*

Hilaire, aujourd'hui nommée rue des Carmes. Le roi avait acheté ce bâtiment, qui était *entre la maison de maistre Quentin Furtinent et celle de Pierre le Lorrain, tisseran*, de son secrétaire Gui de Livriac, dit Cointet (1). Au moyen de ces donations, ils se trouvèrent en état de faire construire une chapelle (2) et des bâtiments plus vastes et plus commodes que ceux qu'ils voulaient abandonner. Quant à leur ancienne habitation, ils obtinrent, au mois d'avril 1318, du pape Jean XXII, la permission de la vendre à Jacques Marcel, marchand drapier et échevin de Paris, qui en fit présent aux Célestins dont il fut l'un des bienfaiteurs. Le marché fut de 500 livres parisis, « à condition que depuis le jeudi après l'Ascension de l'an 1319 jusqu'à la Saint-Jean de l'année suivante 1320, les Carmes pourroient faire enlever de cette ancienne maison les pierres taillées ou non taillées, les tombes, les corps enterrez, les colonnes et les fondements de la nouvelle église commencée en ce lieu, avec quelques tas de mortier et tout le merrain (bois de charpente); à condition qu'ils referoient le mur du jardin tel qu'il estoit auparavant, et que s'ils ne vuidoient pas le lieu dans le terme assigné, ils n'en pourroient plus rien enlever (3). »

La chapelle que les Carmes avaient fait construire sous l'invocation de Notre-Dame-du-Mont-Carmel se trouva bientôt trop petite pour contenir l'affluence toujours croissante des religieux et des fidèles. Ils firent alors commencer, à côté de cette chapelle, l'église que l'on voyait encore dans les derniers temps. Les libéralités de Jeanne d'Evreux, troisième femme de Charles-le-Bel (4), leur fournirent les

(1) Dans Sauval, t. I, p. 624, *Guidon de Livri*, et *Guid Livrieux*, dit *Combes*. Rien de moins certain que l'orthographe des noms propres, dans les anciens auteurs.

(2) La plupart des historiens ont prétendu qu'il y avait en cet endroit une petite chapelle de la Vierge, antérieure à la translation des Carmes. Jaillot, t. IV, nous semble avoir prouvé la fausseté de cette assertion.

(3) Félibien, t. I, p. 355. — L'acte de vente se trouve dans Dubreuil, p. 263.

(4) Jeanne d'Évreux donna ses plus précieux joyaux pour les frais de construction de cette église. L'énumération de ces joyaux offre des détails si curieux que je ne puis me dispenser de reproduire ici la charte de donation que Félibien a publiée. « Jehanne, par la grâce de Dieu, royne de France et de Navarre, à tous ceux qui ces présentes lettres verront, salut. Comme par nostre testament fait ou mois de may en cest an présent, nous, en l'honneur de la benoiste vierge Marie, mère de nostre douz Sauveur, pour le remède et salut de l'âme de nostre très-chier seigneur, que Dieu absoille, et de nous, eussions laissié à l'œuvre du moustier de Nostre-Dame du couvent des Carmélites de Paris les joyaux ci-après escripts et devisiez : c'est assavoir nostre couronne à cinc granz florons et à cinc petiz, ou cors de chacun grant floron a une grosse esmeraude, et quatre balais entour, et quatre dyamants; et au-dessous du floron a quatre balais, et cinc esmeraudes, et huit perles, et deux dyamans ou pié dudit floron; et en chacun des petiz florons a entour deux grans balais, et quatre esmeraudes, et douze perles en crois; et dessus a deux balais, et quatre esmeraudes, et trois perles dessus en haut. Et il y a sur le tout soixante balais, soixante-dix esmeraudes, que grans, que petites; trente dyamans, et cent et quinze perles. Et poise la-

118   HISTOIRE DE PARIS.

moyens d'en achever promptement la construction; et elle fut dédiée le dimanche 16 mars 1353, sous l'invocation de la sainte Vierge, par le cardinal Gui de Boulogne, en présence de Jeanne d'Evreux et de ses nièces, les reines de France et de Navarre (1).

Les Carmes étendirent leur couvent en 1384, par l'addition du collége de Dace, qui leur fut vendu par Jean Basse, écolier Danois. Il paraît cependant que les étudiants du collége de Laon en achetèrent plus tard une partie (2). Leurs bâtiments s'accrurent encore depuis de

dite couronne sur le tout, or et pierrerie, cinq mars quinze estels. *Item*, nostre fleur de lyz d'or que nous eusmes à noz noces et à nostre couronnement, où il y a seize balais, quatorze esmeraudes, et vint et cinq perles. *Item*, nostre ceinture, en laquelle nous fusmes sacrée, toute de balais et esmeraudes et à perles. *Item*, nos tressons d'orfavrerie, qui sont de rubiz d'Alixandre, d'esmeraudes, et de perles, chascun par soy. Lesquiex joyaux nous avons ordené par nostredit testament estre vendus le plus briefment et prouffitablement que l'en pourra, par lesdiz religieux et par certaines personnes, une ou plusieurs, que nous ordeneriens à ce de par nous estre avec eulx, ou qui y seroient ordenez par nos exécuteurs, se nous trespassions avant qu'ils fussent vendus, pour convertir les deniers que ilz seroient venduz, entièrement esditz ouvrages; et avec ce leur ayons lessié par iceluy nostre testament, et pour ladite cause, quinze cens florins d'or à l'escu. Sachent tuit que nous, desiranz l'avancement des choses dessus dites, avons fait bailler comptant lesdits quinze cens escus d'or au prieur et couvent desdits Carmélites. Et aussi leur avons donné et donnons, par don fait entre vifs et non revocable, lesdictes couronne fleur de lyz, ceinture et tressons, lesquelx nous avons fait bailler présentement, et transportons esdiz religieux, à la cause dessusdicte tout le droit et action que nous y avienz et povienz avoir, comment que ce fust, par la manière et condition qui s'ensuivent. C'est assavoir que lesdicts joyaux seront mis en seur et certain lieu en ladicte église, en un coffre dont iceulx religieux auront une clef, et nous, ou personne qui à ce soit establie de par nous, ou nos exécuteurs, une autre, jusques à tant que lesdits joyaux puissent profitablement estre vendus; et que tant lesdicts quinze cens escus, que à présent leur avons fait bailler, comme les deniers qui seront euz et receuz de la vendue desdits joyaux soient mis oudit coffre, pour convertir entièrement esdiz ouvrages. Desquiex deniers aucune délivrance ne payement ne soit faite sans la personne que nous ou nos exécuteurs ordeneront à ce; et que icelle personne soit présente à faire touz les marchiez et payements desdits ouvrages. Et se ainsi estoit que iceux ouvrages parfaits, il y eust aucun demourant de deniers, nous voulons que ledit demourant soit converti ès ordenances nécessaires et convenables qui seroient à faire dedens l'église, selon ce que meilleur semblera à nous, ou à nos exécuteurs, se fait n'estoit avant nostre trespassement. En tesmoin de ce nous avons fait sceller ces lettres de nostre grant scel. Donné à Becoisel, le dimanche devant la Saint-Jean-Baptiste, l'an de grâce 1349. » *Copié sur l'original en parchemin, scellé sur double queue de parchemin.* (Félibien, t. III, p. 222.)

(1) A l'occasion de cette cérémonie, Jeanne d'Évreux donna encore « audit lieu un ymaige d'argent de Nostre-Dame, tenant son enffant, à un entrepié des armes de France et des nostres; lequel ymaige de Nostre-Dame tient en l'une de ses mains un petit vaissel de cristal, en manière d'un pot, à une fleur de liz dessus; *ouquel vaissel a du laict de ladite Vierge glorieuse.* Et li enffens dudit ymaige tient un autre vaisselet de cristal, en manière de pomme, a une cirisete dessus; *ouquel vaisselet a des cheveux du précieux chief de Nostre-Seigneur Jésus-Christ.* » Félibien, *Preuves*, t. III, p. 223.

(2) Jaillot, *quartier Saint-Benoît* et *quartier de la place Maubert*, t. IV. — Voy. pour plus de détails Félibien, t. I, p. 356.

diverses acquisitions, principalement de quelques maisons de la rue de la Montagne-Sainte-Geneviève qu'ils firent reconstruire.

L'église des Carmes était vaste, mais d'une construction irrégulière puisqu'elle se composait de l'ancienne chapelle et de la nouvelle église, dédiée en 1353. Le grand portail était assez remarquable; on y voyait les statues de quelques reines et parmi elles celle de Jeanne d'Evreux (1). La chapelle de Notre-Dame (2) était décorée d'une menuiserie à colonnes corinthiennes cannelées et assez bien travaillées. On s'y rendait en foule, le second samedi de chaque mois, pour y gagner les indulgences attachées au scapulaire. Le maître-autel, décoré de beaux marbres dont Louis XIV avait fait présent au monastère, était d'un très mauvais goût. On y voyait un groupe, composé de quatre figures, et représentant la Transfiguration, *grande et pitoyable machine de pierre*, suivant l'expression de Brice, qui ne faisait pas beaucoup d'honneur au sculpteur Jacquin.

Le cloître des Carmes était fort grand et environné d'arcades gothiques. Des peintures, exécutées sur ses murailles, et qui étaient au nombre des plus anciennes de ce genre qu'il y eût à Paris, représentaient différents traits de la vie des prophètes Elie et Elisée; on y voyait aussi l'histoire de l'ordre écrite en vieilles rimes françaises. Les curieux avaient soin de se faire montrer une chaire de pierre pratiquée dans le mur qui avait servi anciennement aux professeurs de théologie de cet ordre et dans laquelle on prétendait qu'Albert-le-Grand, saint Bonaventure et saint Thomas, avaient donné des leçons publiques (3).

L'église et le cloître possédaient les cendres de quelques personnages assez remarquables. Nous citerons le père Sébastien Truchet, de l'ordre des Carmes, mort le 5 février 1729, en laissant la réputation de l'un des meilleurs mécaniciens de son temps; Oronce Finé, célèbre mathématicien, professeur de mathématiques au collège de maître Gervais, mort le 6 octobre 1555; il avait été nommé lecteur royal par François Ier; Félix Buy, religieux de cette maison, mort en 1687, célèbre par la thèse qu'il soutint, en 1681, en faveur des libertés gallicanes, et qui produisit une grande sensation (4); le cardinal Michel du Becq, mort à Avignon le 29 août 1318; il voulut que son corps fût transporté à Paris dans cette église et enterré dans le chœur : pour obtenir cette faveur, il donna mille livres pour la construction de l'église, et sa bibliothèque entière, à condition que les volumes, suivant un usage

---

(1) Au-dehors du petit portail était le bénitier; c'était autrefois sa place ordinaire dans les églises. Hurtaut, t. II, p. 57. — (2) On y voyait le tombeau de Marguerite de Bourgogne, fille de Jean-sans-Peur, femme de Louis de France, duc de Guyenne et dauphin de Viennois, et mariée en secondes noces à Artus de Bretagne; morte en 1441. — Dubreuil, p. 264. — (3) Hurtaut, *loco cit.* — (4) *Id. ibid.*

fort répandu alors, seraient enchaînés; le libraire *Gilles Corrozet* qui a publié le premier les annales de la capitale de la France, sous le titre des *Antiquités chroniques et Singularités de Paris*; il était enterré dans le cloître à côté de sa femme (1). La famille des Chauvelin avait aussi sa sépulture dans cette église. Enfin, en 1784, on y plaça le tombeau de Louis Boulenois, avocat au parlement de Paris, auteur de plusieurs ouvrages de jurisprudence, mort en 1762. Ce monument, exécuté par un sculpteur, nommé Poncet, et qui avait coûté des sommes considérables, était de fort mauvais goût.

Deux grandes confréries avaient été instituées dans l'église des Carmes; la première est celle de Notre-Dame-du Mont-Carmel, fondée en 1216 par Simon Stoc, général des Carmes (2), et la seconde celle de Saint-Roch et Saint-Sébastien, l'une des plus anciennes de Paris, suivant Sauval. Outre les reliques et joyaux donnés par Jeanne d'Evreux, ce couvent possédait un superbe reliquaire d'or, enrichi de pierreries, et contenant une partie d'un des clous qui avaient servi à la passion de Jésus-Christ; c'était un présent de la reine Blanche, veuve de Philippe VI (3).

Les Carmes, qui jouent un grand rôle dans l'histoire de l'Université, et qui avaient dans leur couvent un collége pour les étudiants de leur ordre (4), possédaient une bibliothèque d'environ douze mille volumes. On y voyait « un manuscrit de huits cents ans d'antiquité, des œuvres de saint Augustin et plusieurs autres encore, que le roi leur échangea pour six minots de sel par an à perpétuité; on les trouve aujourd'hui dans la bibliothèque du roi. Leur Bible de Mayence, de 1462, passa aussi entre les mains de M. Colbert (5). »

Dans la nef de l'église, à gauche du grand portail, était, du temps de Dubreuil, un grand tableau représentant un homme en chemise, une torche à la main et à genoux devant des Carmes. On lisait au-dessous : « C'est la représentation de l'amende que fit Richard de Metz, sergent

---

(1) Voici son épitaphe :

> L'an mil cinq cent soixante-huit,
> A six heures avant minuit,
> Le quatrième de juillet,
> Décéda Gilles Corrozet,
> Agé de cinquante-huit ans,
> Qui libraire fut en son temps.
> Son corps repose en ce lieu-ci;
> A l'âme Dieu fasse merci.

(2) Saint Louis fit partie l'un des premiers de cette confrérie. D'après les statuts, « tous les confrères et sœurs sont tenus d'avoir un petit habit de couleur noire, de telle estoffe qu'ils voudront, hormis de soye, lequel ils porteront sur leur chair ou chemise comme il leur plaira. » Ils devaient être ensevelis avec ce costume. Dubreuil, p. 266. — (3) Félibien, t. I, p. 357. — (4) Sauval, t. I, p. 625. — (5) Hurtaut, t. II, p. 60.

à verge au Chastelet de Paris, le dimanche à heure de prime, 19e jour du mois de mai 1387, à l'église et aux religieux, prieur et couvent de céans : pour cause qu'il avoit extraict violemment et par force deux escolliers hors des limites de ceste église; à laquelle il fust admené dudit Chastelet pour amender ladite offense, par deux huissiers du parlement, en l'estat où voir le pouvez (1). »

Nous trouvons peu de détails dans l'histoire sur les Carmes du grand couvent. On voit cependant dans les registres du parlement qu'un de leurs religieux, nommé Ferdinand d'Ascallano, ayant prêché qu'en France *on ne devait obéir qu'aux lois religieuses*, le parlement manda à sa barre le supérieur et le régent des Carmes, et les admonesta en présence des docteurs de la Sorbonne. Cela se passait au mois de décembre 1654. Enfin nous lisons le fait suivant dans une lettre du fameux Guy-Patin, à la date du 9 avril 1658. « Vous saurez pour nouvelles, monsieur, que depuis neuf ou dix jours les exempts s'étant transportés au couvent des Carmes à deux heures après minuit, à la requête du supérieur, ils en enlevèrent douze qu'ils amenèrent en carrosse au For l'Évêque. C'étaient des compagnons qui se moquaient de leur règle et de leur supérieur, qui faisaient grand'chère là-dedans en dépit du carême. On a trouvé dans une de leurs chambres vingt-deux bonnes perdrix, des pâtés, des jambons, et force bouteilles de vin. Voilà comment ces maîtres moines jeûnent le carême, tandis que les gens de bien mangent du riz et des pruneaux.... Il y en a un qui regrette plus son or et son argent qu'il ne se soucie de sa prison. Il se vante qu'il a de bons amis qui l'en tireront, et se dit parent de madame de Beauvais, première dame de chambre de la reine (2). » Le parlement et l'official de Paris leur intimèrent l'ordre de se retirer dans un autre couvent : ils refusèrent d'obéir; mais ils cédèrent enfin à un nouvel arrêt du 28 juin de l'année suivante.

L'ordre des Carmes fut supprimé en 1790 ; et l'église du grand couvent, après avoir servi, pendant plusieurs années, d'atelier pour une manufacture d'armes, fut démolie en 1812. Sur son emplacement et sur celui du monastère, on a construit, de 1813 à 1823, un marché connu sous le nom de *Marché des Carmes*.

Maison de saint Louis, rue des Marmousets-Saint-Marcel, n° 5. — Il a été parlé, dans un ouvrage récent (3), de cette maison qu'une tradition populaire nomme le palais de la reine Blanche ou du roi saint Louis. Les souvenirs de saint Louis et de sa mère sont encore aujourd'hui, je m'en suis assuré, vivaces et nombreux dans le quartier Saint-Marcel. Mais on sait qu'il faut accorder peu de confiance à ces

(1) Voy. aussi Sauval, t. I, p. 501. — (2) *Lettres de Guy-Patin*, édit. de 1692, t. I, p. 269. — (3) *Paris historique*, t. 1, p. 213.

traditions confuses et menteuses; et d'ailleurs le peuple, au moyen âge, donnait le nom de Blanche à toutes les veuves de nos rois. « Ce monument peu connu, dit l'auteur de *Paris historique* est assez digne de l'intérêt des archéologues, et il le serait davantage si son histoire, mieux étudiée, se rattachait à quelques uns de nos grands souvenirs historiques. » Toutes nos recherches à ce sujet ont été inutiles. Les habitants du quartier répondent simplement aux curieux : « C'est la maison de la reine Blanche, c'est le palais de saint Louis. »

Nous avons donc cru devoir accepter la tradition et consacrer un article à un monument si populaire. Cette maison, qui est située rue des Marmousets, et non, comme on l'a dit, rue Saint-Hippolyte, est occupée aujourd'hui par les ateliers de M. Arnaud, marchand de laines. Les débris du palais, enclavés dans des constructions modernes, sont composés de deux corps-de-logis qui communiquent l'un à l'autre par une petite galerie au-dessous de laquelle est placée la porte d'entrée. Celui qui est à gauche est vaste et d'un aspect assez grandiose; mais il n'a rien de remarquable, du moins à l'extérieur. En entrant dans la cour à droite, on aperçoit un perron et un portail dont les sculptures, qui datent de la fin du xve siècle, sont fort bien conservées; ce sont des figures de sainteté, des fleurs, une figure de pèlerin; au fronton du portail des *fantaisies* fort délicatement travaillées, et qui servent souvent d'études, nous a-t-on dit, à nos jeunes artistes. Ce charmant perron est au bas d'une tour octogone dont les combles ont dû être réparés plus d'une fois, mais qui date de la même époque, ainsi que la porte d'entrée. Cette porte, suivant le même auteur, *était ornée de plusieurs médaillons à portraits, parmi lesquels on croit distinguer le portrait de saint Louis.* Je n'ai rien vu de semblable et n'ai rien pu apprendre à ce sujet. La citerne qui occupe le milieu de la cour est fermée depuis long-temps; mais on prétend qu'elle communiquait avec la Bièvre (1) ou avec la Seine par un canal souterrain.

La maison de saint Louis ou de la reine Blanche est d'une forte et solide construction. Mais n'en déplaise à la tradition populaire, cette construction remonte au plus à la fin du xve siècle. Comment le spirituel écrivain que nous venons de citer a-t-il pu assigner aux sculptures la date du commencement du xiiie siècle? Il s'est trompé évidemment. Ces figures si bien *historiées*, cet ensemble coquet et *dentelé*, ce travail délicat, tout indique les approches du style de la renaissance.

Derrière cette maison, à l'angle formé par la rue des Gobelins et la Bièvre, se trouvait une maison également attribuée à la reine

---

(1) *Paris historique*, p. 214. La Bièvre coule en effet derrière la maison; mais où l'auteur a-t-il vu *le quai qui la borde, et qui n'atteste pas*, suivant lui, *une moins grande antiquité?* Les murailles, assez modernes, qui bordent la propriété de ce côté, sont baignées par les eaux de la Bièvre. Il n'y a là aucun vestige de quai.

Blanche, et portant des caractères d'ancienneté que n'offre pas la maison de M. Arnaud. On y remarquait surtout, précisément à l'angle dont je parlais, une salle de rez-de-chaussée assez vaste, dont la voûte était soutenue par un quinconce de grossiers pilastres composés de faisceaux de colonnes. Ce bâtiment a été rasé l'année dernière. Un peu plus loin, dans la rue des Gobelins, et du même côté, s'élève encore au fond d'un jardin une troisième maison dite *de la reine Blanche*; c'est un petit corps de logis orné de deux légères tourelles.

Ces trois édifices, bien distincts l'un de l'autre aujourd'hui, ont pu composer jadis un seul hôtel d'une royale grandeur, et peut-être d'une origine assez reculée pour justifier la tradition.

Quelque timides que soient ces données, j'avais besoin de les émettre; c'est l'un des plus jolis souvenirs du vieux Paris.

Université de Paris. — J'ai dit quels furent les commencements des écoles de Paris; j'ai eu occasion de parler dans le premier volume de cette histoire, de la grande école du Parvis; de celles qui s'établirent près des monastères de Sainte-Geneviève, de Saint-Germain-des-Prés, de Saint-Germain-l'Auxerrois, enfin de la célèbre école de Saint-Victor, illustrée par les débats de Guillaume de Champeaux et d'Abailard. Plus tard, sous Louis-le-Jeune et sous Philippe-Auguste, on a vu les écoliers de Paris, déjà très nombreux, figurer sur la scène politique et obtenir d'importants priviléges. Il me reste maintenant à tracer rapidement l'histoire des écoles parisiennes depuis leur réunion en un seul corps et sous un seul chef, c'est-à-dire l'histoire de l'*Université de Paris*, cette fille aînée de nos rois, regardée par nos ancêtres comme la source de toute science, et dont les doctrines et l'autorité morale ont si puissamment influé sur la marche de la civilisation et sur les affaires publiques de la France.

Il ne serait pas exact de dire, avec M. Dulaure, que ce fut sous le règne de saint Louis que la corporation des écoles de Paris prit et reçut pour la première fois le titre d'*Université*. On verra tout à l'heure que ce nom lui est donné dans les actes du temps de Philippe-Auguste; mais il faut convenir que l'importance réelle de l'université de Paris, les commencements de sa haute influence, ne remontent pas plus haut que les premières années du règne de Louis IX.

Avant d'entreprendre le récit des principaux faits qui se rattachent à l'histoire de ce corps célèbre, il ne sera pas hors de propos de rechercher comment les universités ont pris naissance et ce qu'elles étaient au moyen âge. *L'histoire littéraire de la France* nous fournit à ce sujet d'intéressants détails. « Les écoles établies près des églises cathédrales ont été, sans nul doute, les premiers germes de celles qui ont pris le nom d'universités (1). Ce nom avait été d'abord donné à de tout autres associations. Il ne s'agissait point d'écoles lorsque Eugène III, s'adressant aux chanoines de Sainte-Geneviève, disait, *universitati vestræ*, non plus que lorsque, au XIII° siècle, Honorius III se servait précisément des mêmes termes en parlant à tous les prélats de la chrétienté. Mais quand les maîtres furent devenus très nombreux dans une même ville et y eurent attiré une grande affluence d'étudiants, on employa le mot *universi*, et ensuite *universitas*, pour désigner les uns et les autres. Les expressions *scholares universi*, *universitas scholarium*, comprenaient à la fois indistinctement les maîtres et les disciples, tous les gens d'école. Appliqué d'abord aux écoles de Paris, le nom d'université le fut successivement à celles de Bologne, d'Oxford, de Toulouse, d'Orléans, d'Angers, de Montpellier, de Bourges; les dernières ne commencèrent réellement qu'au règne de saint Louis, qui dota celle de Paris instituée quelque temps avant son avénement. Les évêques conservèrent sur ces établissements l'autorité qu'ils avaient sur les écoles annexées à leurs églises; ils nommaient ou instituaient les professeurs : une bulle de Nicolas IV fait voir qu'ils exerçaient par eux-mêmes ou par l'un des chanoines de leurs cathédrales une surveillance immédiate, et une juridiction absolue sur les études. Le dignitaire qui les suppléait dans cette fonction s'appelait *maître des écoles*, ou *scholastique*, ou *écolâtre*, quelquefois aussi *chancelier*. Les désordres des étudiants étaient punis par des peines ecclésiastiques, même par l'excommunication : ils allaient à Rome se faire absoudre. Pour éviter les fréquents pélerinages qui ordinairement donnaient lieu à des déréglements nouveaux, Innocent III conféra le pouvoir de prononcer les absolutions à l'abbé de Saint-Victor; mais le pape n'avait entendu parler que des écoliers de Paris; et l'abbé ayant absous des clercs qui étudiaient en d'autres villes, Innocent III l'en réprimanda sévèrement (2).

Jacques de Vitry a tracé le tableau des désordres auxquels s'abandonnaient les étudiants de cette époque, et dont ils se faisaient un point d'honneur; j'en parlerai tout à l'heure plus au long pour ce qui est spécial à l'université de Paris : ivrognerie, libertinage, rapines, querelles et quelquefois homicides; le moindre scandale était celui qui consistait dans le conflit des opinions diverses et dans les rivalités dont les maîtres donnaient l'exemple aux disciples. Le nombre et l'âge avancé des écoliers de ce temps imprimaient à leurs désordres un caractère plus alarmant et plus grave. On n'étudiait guère le droit canon ou civil que de vingt-cinq à trente ans; et dans les autres facultés, on comptait parmi les étudiants beaucoup de clercs, de bénéficiers et même de curés. On avait d'abord dispensé de la résidence les bénéfi-

---

1) *Hist. litt. de la France*, t. XVI; p. 41.—(2) *Epist. Innoc.*, t. III, liv. XIV, ep. 150.

ciers qui recevaient dans les écoles particulières de leurs diocèses des leçons de théologie. Bientôt ce privilége fut étendu à tous les élèves des universités, à ceux même qui n'étudiaient que la jurisprudence ; toutefois, à Nevers, les jeunes chanoines absents pour raison d'études, ne jouissaient que des petites rétributions ; ils faisaient serment par eux-mêmes ou par leurs tuteurs aux procureurs de ne point prétendre aux autres fruits de leurs bénéfices : l'un d'eux les ayant réclamés, le chapitre s'adressa au pape Innocent III, qui répondit qu'on avait dû, dans le serment, sous-entendre l'exception qui résulterait d'une dispense accordée par le Saint-Siège, et que ne pas prévoir un tel cas, c'était méconnaître l'autorité suprême du chef de l'Eglise sur toutes les choses et sur toutes les personnes ecclésiastiques dans tous les lieux de la chrétienté. Innocent ordonna donc de faire jouir le chanoine de Nevers de tous les fruits de sa prébende ; il fut moins indulgent à l'égard de quelques chanoines d'Auxerre, qui, sous prétexte d'études, ne s'absentaient que pour passer leur temps dans des châteaux ou dans des maisons de plaisance. Consulté par l'évêque Guillaume de Seignelay, Innocent répond que cette absence est frauduleuse et doit entraîner la perte de tout le revenu des bénéfices. Mais la fréquentation réelle des écoles exempta pleinement et sans aucun dommage de l'obligation de résider : c'est, entre autres preuves, ce que décide en 1294, Lantelme, évêque de Grasse (1), dans un statut où il est dit que deux chanoines de cette église seront habituellement envoyés aux études. Les supérieurs des monastères prenaient le même soin de l'instruction des jeunes religieux : ainsi, Héné, abbé du Bourg-Moyen à Blois (2), assignait des revenus pour entretenir à l'université de Paris des chanoines réguliers de sa communauté. Nicolas III et Boniface VIII permettent d'acquérir des maisons dans la ville et les faubourgs de Paris, pour loger les religieux qu'on y enverra étudier la théologie et les arts libéraux (3). Nous verrons naître de cette manière plusieurs colléges.

Lorsque les écoliers se furent extrêmement multipliés dans chaque université, ceux qui venaient du même pays conservaient entre eux des relations très étroites et mettaient en commun quelques uns de leurs intérêts. De là vint la division des écoliers par nations ou provinces, savoir : celles de France, de Picardie, de Normandie et d'Angleterre (4). Cette dernière ne fut remplacée par celle d'Allemagne qu'au XVe siècle. Dès le XIIIe, chaque nation était représentée, et à certains égards gouvernée par un syndic ou procureur : ces officiers tenaient des registres où ils inscrivaient, moyennant une rétribution, les noms

---

(1) *Gallia*, t. III, p. 1163. — (2) *Gallia*, t. VIII, p. 391. — (3) Martène, *Histoire manuscrite de Marmoutier*, p. 149-150. — (4) Rigord, *Phil.* — *Alber. Chr.* ann. 1209. Duboulay, t. II, p. 491.

de tous les étudiants dont ils devaient défendre les intérêts et surveiller la conduite.

On aperçoit, dès le XIII° siècle, l'origine des grades. Le nom de bachelier que portaient les jeunes ou bas chevaliers, non encore baronnets, fut appliqué à des professeurs dont on éprouvait les talents (1) ; ils expliquaient les quatre livres des Sentences, jusqu'à ce qu'ils obtinssent du chancelier la licence ou la permission d'enseigner. Cette licence ayant été quelquefois obtenue abusivement, les chanceliers ou écolâtres furent astreints à faire serment de ne l'accorder qu'à juste titre et après s'être assurés de la capacité des aspirants. En général, l'enseignement n'était confié qu'à des hommes instruits, autant qu'alors ils pouvaient l'être, et que leur mérite élevait ensuite à des fonctions plus éminentes, par exemple à celle de scholastique ou maître des écoles et à celle d'évêque. Ainsi, pour ne citer qu'un exemple, l'évêque d'Angoulême, Guillaume de Blaye, avait professé le droit (2). Des quatre Facultés qu'embrassait le nom d'Université, la théologie est la principale au moyen-âge, et quelquefois la seule qu'on aperçoive distinctement ; la faculté des arts est désignée par les noms de grammaire et de philosophie, plus souvent par ce dernier seul. Les papes cherchaient à restreindre cette dernière science au droit canon ; une bulle d'Honorius III (3) avait interdit l'enseignement des lois séculières dans Paris, mais cette étude s'introduisit bientôt en d'autres Universités. Ces établissements prenaient donc dès cette époque l'organisation presque entière qu'ils ont eue depuis. On y discernait les quatre facultés, et dans chaque faculté, la division en nations qui, par la suite ne s'est guère maintenue que dans la faculté des arts. Les grades de bachelier, de licencié, de maître ou docteur s'y faisaient déjà reconnaître. Les nations avaient des procureurs, et l'Université des agents ou officiers de toute espèce, depuis le chancelier et le recteur jusqu'aux messagers et aux appariteurs ou bedeaux. On croit que ce dernier nom vient du nom saxon *bidèle* qui signifie proclamation ; mais ces détails vont devenir plus sensibles dans la suite de l'histoire de l'Université de Paris.

Hélinand, Vincent de Beauvais, et d'après eux du Boulay, ont fait remonter au règne de Charlemagne l'origine de l'Université de Paris. Pasquier a si victorieusement combattu cette opinion que Lebeuf et Crevier n'ont point osé la soutenir et se sont bornés à chercher dans les annales du IX°, du X° et du XI° siècle des vestiges de cette origine. S'il ne s'agissait que d'écoles isolées, il serait facile d'en trouver sous la deuxième race des rois de France. Mais si nous voulons voir celles

(1) Math. Paris, — XCI. OEuv. de Villon, p. 37. — (2) *Gall. christ*, t. II, p. 1010-1012. — (3) Bulle *super secula*.

de Paris réunies sous un même régime et formant un seul corps, ne portons pas nos regards plus loin que le XII⁰ siècle : ce ne sera même qu'au XIIIᵉ que nous verrons cette association prendre de l'éclat, un nom, de la consistance, et c'est ce qui m'a déterminé à ne placer que sous le règne de saint Louis ce que j'ai à dire de cette Université célèbre. Il est vrai qu'un acte de l'empereur Frédéric Barberousse reconnaît les priviléges des écoliers de Paris et fait mention de leurs messagers ; que le roi d'Angleterre Henri II offrit de prendre pour arbitres ou la cour des pairs de France ou les suppôts des écoles de Paris ; que sous Louis-le-Jeune, un concile de Tours jugea contre les écoliers de Paris un procès entre eux et l'abbaye de Saint-Germain, concernant le Pré-aux-Clercs, contestation qui se renouvela sous Philippe-Auguste ; qu'enfin Mathieu Paris, en parlant de Jean de la Celle, abbé de Saint-Alban, dit qu'il avait été agrégé à la compagnie des maîtres, *ad electorum consortium magistrorum*. Dès lors et bien auparavant, on distingue de grandes écoles auprès des églises de Notre-Dame, de Sainte-Geneviève, de Saint-Victor, au Petit-Pont, au Grand-Pont, sur d'autres points de la ville et des environs de Paris. Cependant ce n'est guère qu'après le règne de Louis VII qu'elles commencent à recevoir des statuts communs et à retentir à un même centre.

L'Université de Paris est née principalement des écoles de Notre-Dame et de Sainte-Geneviève : les chanceliers de ces deux églises ont été ses premiers supérieurs, les seuls, à vrai dire, jusqu'en 1191, et la faible juridiction dans le dernier siècle, que ces deux dignitaires exerçaient encore sur elle, était une preuve et un reste de celle qu'ils avaient autrefois possédée. Alexandre III, dérogeant aux canons des conciles de Londres et de Latran, autorisa Pierre-le-Mangeur, chancelier de l'église de Paris, à exiger un droit modique de ceux auxquels il accordait la permission d'enseigner. En ces temps-là, l'ensemble des écoles parisiennes était appelé *Studium generale* bien plutôt qu'*Universitas* : ce dernier nom leur fut appliqué, peut-être pour la première fois, dans l'affaire d'Amaury Bene ou de Chartres et de ses disciples, en 1290 (1). Il n'est point employé dans un diplôme de Philippe-Auguste donné en 1200, à l'occasion d'une rixe violente qui s'était élevée entre les écoliers et les bourgeois de Paris, et dont j'ai déjà eu occasion de parler (2). Le prévôt s'était mis à la tête des bourgeois, et dans un combat sanglant, quelques étudiants avaient été tués, entre autres, Henri, archidiacre de Liége. Le roi condamna le prévôt à une prison perpétuelle, défendit aux juges laïques d'instruire désormais un procès criminel contre les écoliers, et ordonna qu'à l'avenir, chaque nouveau prévôt jurerait de respecter les droits et les immunités des écoles. Ce

(1) Voy. t. I, p. 505. — (2) Voy. t. I, p. 502.

privilége fut depuis confirmé par Louis IX, et les prévôts ont en effet prêté ce serment durant près de quatre siècles jusqu'en 1592. C'est sur cette ordonnance que se sont appuyés tous les historiens de l'Université pour rattacher à la fin du XIIe siècle la réunion en corps des maîtres des écoles parisiennes. En effet, la punition énorme infligée au prévôt pour avoir pris la défense de ses administrés, indique l'importance qu'on attachait aux écoles. En outre, l'acte émané de Philippe-Auguste fait mention du *chef* de l'étude, et ce mot nous révèle l'existence du recteur, car ce magistrat est le seul chef que le corps ait jamais eu, et ce chef ne pouvait exister sans qu'il y eût une compagnie à la tête de laquelle il fût placé. En 1203, les écoles se donnèrent un syndic ou agent chargé de les représenter dans toutes les affaires (1).

Cependant le chancelier de l'église de Notre-Dame ne renonçait point à la surintendance des études, et l'on voit Jean de Candel, qui possédait cette dignité en 1208, en réclamer vivement les prérogatives. Son successeur, Philippe de Grève, s'efforça de les étendre, et l'évêque de Paris Guillaume de Seignelay éleva les mêmes prétentions; mais les papes réduisirent les droits des chanceliers de Notre-Dame et de Sainte-Geneviève à donner les licences, chacun dans son territoire. Des bulles d'Innocent III (2), en 1209 et 1210, supposent des règlements nouvellement rédigés; ce sont sans doute ceux qui furent faits par huit commissaires que les docteurs avaient chargés de ce travail; règlements dont les dispositions principales consistent à prescrire la modestie dans les vêtements, le maintien de l'ancien ordre des leçons et des disputes, et l'exactitude à célébrer des services pour les clercs décédés.

Des statuts plus importants furent donnés à l'Université par le légat du pape, Robert de Courçon, né en Angleterre, et qui jadis avait achevé à Paris ses études commencées à Oxford. Courçon ne parle point des Facultés de jurisprudence et de médecine : il ordonne que, dans celle des arts, on explique la grammaire de Priscien et la dialectique d'Aristote; mais il proscrit la physique et la métaphysique de ce philosophe autant que la doctrine d'Amaury de Chartres. Il veut qu'on ne puisse enseigner la philosophie qu'à l'âge de vingt-cinq ans et après six années d'étude; la théologie qu'après huit ans d'étude et à l'âge de trente-cinq ans. Il limite la juridiction du chancelier et maintient les écoles dans la possession du Pré-aux-Clercs (3). La médecine était interdite au clergé séculier et régulier, et Honorius III qui avait étudié à Paris, défendit d'y enseigner le droit civil; cependant Rigord, Guillaume-le-Breton et Albéric de Trois-Fontaines disent expressément qu'on ne s'y bornait point au *trivium* et *quadrivium*, mais qu'on s'y oc-

---

(1) Du Boulay, t. III, p. 23. — Crev., t. I, p. 284. — (2) *Epist. Innoc.*, t. III, l. XI, p. 274. — Du Boulay, t. III, p. 1-52. — (3) Voy. *Pré-aux-Clercs*, t. I.

cupait aussi de la jurisprudence civile et canonique, de l'art de guérir et de la théologie (1) : jamais, disent-ils, ni dans Athènes, ni en Egypte, ni en aucun lieu du monde, on n'a vu une telle affluence d'étudiants ; ils sont attirés non seulement par le charme du séjour et par les biens de toute sorte qui y surabondent, mais surtout par la liberté, les immunités dont ils y jouissent. On avait à leur égard porté la faveur jusqu'à modérer le prix de leurs logements par des taxes au-delà desquelles les propriétaires ou bourgeois ne pouvaient rien leur demander; d'un autre côté, nous venons de les voir soustraits par Philippe-Auguste à l'action des autorités civiles. Il convient d'ajouter qu'ils abusaient à tel point de ces priviléges excessifs, que l'official, en 1218, dut leur interdire le port d'armes.

Le chancelier de la cathédrale exerçait depuis long temps sur les écoles une juridiction qui s'étendait comme de plein droit sur les étudiants et sur les maîtres de l'Université parisienne. Il appartenait à ce dignitaire d'accorder la licence ou la permission d'enseigner dans l'étendue entière du diocèse, ou du moins dans le territoire qui relevait immédiatement de la cathédrale. Mais Jean de Candel porta ses prétentions beaucoup plus loin : il se faisait payer ces licences, malgré les décrets des papes et des conciles ; il voulait obliger les professeurs à lui prêter obéissance ; il abusait du droit que ses prédécesseurs s'étaient arrogé de lancer en certains cas des sentences d'excommunication; il exigeait de ceux qui voulaient en être absous, des amendes qui tournaient à son profit; enfin il avait résolu d'interdire à l'Université l'enseignement de la théologie et du droit canon, et de renfermer cet enseignement dans les écoles épiscopales et claustrales, placées sous sa surveillance directe, entre les deux ponts. Mais l'Université, qui avait déjà obtenu de Philippe-Auguste et d'Innocent III plusieurs priviléges, et particulièrement l'institution d'un syndic, eut recours au Saint-Siége, alors très enclin à la protéger. Le pape nomma deux commissaires, l'évêque et le doyen de Troyes, qu'il chargea d'examiner les entreprises du chancelier et les réclamations de l'Université. Ils rédigèrent des articles que Du Boulay attribue mal à propos à l'évêque de Paris, Pierre de Nemours; il est vrai seulement que ce prélat et le chancelier Pierre de Candel les ratifièrent ou s'y soumirent (2). Ces articles se retrouvent dans le statut que le légat Robert de Courçon publia en 1215. L'Université fut maintenue en pleine possession de ses immunités, sauf l'obligation d'obtenir, mais gratuitement, la licence (3).

Ces démêlés se rallumèrent sous le chancelier Philippe de Grève, qui

---

(1) Verum et de quæstionibus juris canonici et civilis et de..... corporibus sanandis et sanitatibus conservandis..... et sacram paginam et quæstiones theologicas. *Script. rerum franc.*; t. XVII, p. 82. — (2) *Hist. univ.* Paris, t. II, p. 23, 44, 59, 81, 82, 93, 583. — (3) Hémery, p. 96. — Cuvier, p. 284, 292.

succéda, en 1218, à Jean de Candel. Philippe s'autorisant d'un règlement du légat Octavien, et ne tenant aucun compte de celui de Robert de Courçon, menaçait d'excommunier les étudiants et les maîtres s'ils osaient former des associations et contracter des obligations communes sans son consentement ou celui de l'évêque. L'Université demandait communication du statut d'Octavien, et n'obtenant rien du chancelier, elle eut recours au pape. Philippe méprisa cet appel : soutenu par les vicaires de l'évêque alors absent, il excommunia en effet les maîtres des arts libéraux et leurs écoliers, suspendit les professeurs de leurs fonctions, et fit emprisonner plusieurs étudiants. L'évêque de Senlis Guérin, le doyen et plusieurs chanoines de Paris s'employèrent en vain pour le fléchir : il fallut qu'Honorius III intervînt. Une bulle pontificale réprima, en 1219, l'entreprise, ou, comme il est dit, l'*insolence* du chancelier et de ses complices (1). Personnellement offensé de ce qu'on avait témoigné si peu d'égards pour un appel au Saint-Siége, le pape se déclarait le protecteur de cette Université parisienne, qui, disait-il, répandait les eaux salutaires de la doctrine, arrosait et fécondait les terres de l'église catholique (2). Il chargeait l'évêque, le doyen et le chantre de Troyes de proclamer l'annulation de la sentence prononcée par le chancelier, et de toute excommunication qu'on oserait lancer à l'avenir contre l'Université, sans un mandat spécial du siége apostolique. Il était enjoint à Philippe de Grève et à ses consorts de comparaître, le premier en personne, les autres par procureurs, devant la cour de Rome, au jour de l'octave de Saint-Michel, pour se justifier ou pour subir les peines qu'ils avaient méritées. Nous ne voyons cependant pas que Philippe ait été si sévèrement jugé (3). Peut-être dut-il les ménagements qu'on eut pour lui à l'intercession de l'abbé de Prémontré, Gervais, qui écrivit en sa faveur à Honorius et à un cardinal. Ces deux lettres supposent que le chancelier part pour Rome, et sont les seuls indices que nous ayons de la réalité de ce voyage. Gervais s'étonne qu'un théologien si savant, si dévoué à l'Église, si digne de la bienveillance du souverain pontife, soit obligé de l'entreprendre pour répondre aux calomnies de quelques pervers (4). Ce qui est surtout à remarquer, c'est que l'évêque et le chancelier de Paris continuèrent de s'attribuer les mêmes pouvoirs sur les maîtres et sur les écoliers de l'Université.

Philippe s'attira bientôt d'autres ennemis. Vers 1224, il déclara la guerre aux moines mendiants qui avaient ouvert des écoles publiques ;

---

(1) Cancellarii ipsius ac sociorum insolentiam. — (2) Studium Parisiense quod doctrinæ suæ fluenta usquequaquàm diffundens, universalis Ecclesiæ terram irrigat et fœcundat. — (3) Du Boulay, *Hist. univ.* Paris, t. III, p. 93, 94. — Cr., *Hist. univ.*, t. I, p. 287-291. — (4) Hugo, *Antiq. monum.*, t. I, p. 14, 15, 78.

il entreprit de les exclure du corps enseignant, et de ne leur laisser d'autres disciples que leurs jeunes confrères au sein de leurs communautés. Ces nouveaux ordres religieux jouissaient alors d'une grande faveur : la cour de Rome les protégeait; Grégoire IX, en 1227, première année de son pontificat, recommanda par une bulle spéciale les prédications et les leçons des Dominicains. A cette même époque, le pape accueillit une réclamation des chanoines réguliers de Sainte-Geneviève, que Philippe de Grève avait aussi mécontentés, en ordonnant aux professeurs en théologie et en droit canon de s'obliger par serment à n'enseigner qu'entre les deux ponts, et non sur la Montagne ni en d'autres lieux (1). Grégoire IX chargea l'abbé de Saint-Jean-des-Vignes et l'archidiacre de Soissons d'examiner cette affaire, et annonça, tant à ces deux commissaires qu'au chancelier de la cathédrale de Paris, l'intention de maintenir les Génovéfains en possession de tous les droits que réclamaient l'honneur et les intérêts de leur monastère. On voit par le détail de ce démêlé qu'il y avait dès lors deux chanceliers : celui de Sainte-Geneviève, qui donnait la permission d'enseigner sur la Montagne; et celui de la cathédrale, qui entendait se réserver à lui seul le droit d'instituer ou d'autoriser les professeurs de droit-canon et de théologie, et qui d'ailleurs ne voulait permettre ces deux enseignements qu'entre les deux ponts (2). Ces restrictions n'avaient pas lieu à l'égard des deux facultés de la médecine et des arts. Nous ignorons s'il intervint un jugement pour affranchir les théologiens et les décrétistes des entraves que prétendait leur imposer Philippe; mais les faits prouvent, ainsi que Crevier l'observe, que cette entreprise n'eut pas un plein succès (3).

L'irrégularité de la conduite des écoliers les portait souvent aux plus coupables excès; on les accusait de briser les portes des maisons pour enlever les filles et les femmes. « Ils sont plus adonnés à la gloutonnerie qu'à l'étude, dit un contemporain; ils préfèrent quêter de l'argent plutôt que de rechercher l'instruction dans les livres; ils aiment mieux contempler les beautés des jeunes filles que les beautés de Cicéron. On voyait souvent dans la même maison un lieu de débauche et une école de droit » Un autre contemporain, le cardinal Jacques de Vitry, nous fait de leurs mœurs et de leurs défauts un portrait qui n'est pas plus flatteur : Les écoliers, dit-il, se querellent toujours; les Anglais sont ivrognes et poltrons; les Français, fiers, mous et efféminés; les Allemands, furibonds et obscènes en propos; les Normands, vains et orgueilleux; les Poitevins, traîtres et avares; les Bourguignons, brutaux et sots; les Bretons, légers et inconstants; les Lombards, avares, mé-

(1) Oudin, *Com. de Scr. eccles.*, t. III, p. 120. — Du Boulay, t. III, p. 123, 124. —
(2) Du Boulay, t. III, p. 124-126. — (3) *Hist. de l'Univ.* t. I, p. 293.

chants et lâches; les Romains, séditieux et violents; les Siciliens tyrans et cruels; les Brabançons, voleurs; les Flamands, débauchés.

Ces désordres ne diminuèrent rien de la bienveillance des papes et des rois pour l'Université; et Louis IX, à son avénement au trône, s'empressa de ratifier les priviléges qu'elle avait obtenus de Philippe-Auguste, son aïeul. Pendant toute la durée de son pontificat, Honorius lui avait accordé sa protection. La défense qu'il avait faite d'excommunier l'Université en corps sans une permission expresse du Saint-Siége, fut confirmée, en 1237, par Grégoire IX, qui l'étendit à la personne du recteur. Les écoliers en particulier eurent aussi leur part de l'indulgence du pontife : il fallut les avertir plusieurs fois avant de les frapper d'excommunication (1).

Jusqu'au règne de saint Louis, l'Université s'était servie, pour sceller ses actes, du sceau de l'évêque de Paris; mais, soit que l'évêque prétendît percevoir un droit pour cet usage, soit que l'Université, souvent aux prises avec le chancelier, cherchât à secouer le joug de la puissance ecclésiastique, elle se fit fabriquer un sceau particulier. Le cardinal de Saint-Ange, légat du pape en France, étant arrivé à Paris, les chanoines de Notre-Dame citèrent devant lui l'Université pour qu'elle eût à ne point se servir du nouveau sceau. La cause ayant été plaidée de part et d'autre, l'Université convint avec les chanoines de prendre le légat pour arbitre, et remit entre ses mains le sceau qui faisait l'objet du différend. Le légat, sans autre délibération, rompit le sceau devant tout le monde, lançant l'anathème contre ceux qui en feraient faire un autre. Les docteurs se récrièrent hautement; les élèves, indignés, se soulevèrent, prirent les armes, et, sourds à la voix de leurs maîtres, jurèrent de venger les prérogatives de leurs écoles violées par le légat. Ils assiégèrent la maison du cardinal, brisèrent les portes, et allaient peut-être se porter aux dernières violences, lorsque le roi envoya des soldats qui repoussèrent les écoliers par la force des armes, et délivrèrent le légat. C'est à l'occasion de cette insulte qu'Honorius publia une constitution portant « que quiconque osera poursuivre un cardinal à main armée sera déclaré infâme, criminel de lèse-majesté, excommunié, banni, ses maisons rasées, ses biens confisqués. » Mais bientôt après l'objet de la querelle disparut, et vers l'an 1245, Innocent IV accorda à l'Université le droit d'avoir un sceau particulier (2).

Quelques efforts tentés par les professeurs de Paris pour unir à l'étude de la théologie celle des auteurs célèbres de l'antiquité, attirèrent l'attention de Grégoire IX qui occupait alors la chaire de Saint-Pierre. Dans une bulle adressée en 1228 aux professeurs, il leur reproche avec

---

(1) Voy. *Hist. de l'Univ.*, par. M. E. Dubarle. Paris, 1829, 2 vol. in-8º, t. I.
(2) Félibien, t. I, p. 269.

amertume leur méthode d'enseignement. « Nous vous commandons et vous ordonnons par ces présentes, dit-il, d'abjurer entièrement une telle folie, et d'enseigner désormais la théologie dans sa pureté sans aucune forme de science mondaine, n'adultérant point la parole de Dieu par les fictions des philosophes. Deux ans après, il fut obligé, par une nouvelle bulle, d'exiger du chancelier de l'église de Paris le serment de n'admettre à la licence aucun ignorant. Non seulement les belles-lettres cessèrent d'être cultivées, mais nous voyons que, dans le milieu du XIIIe, les noms de Cicéron et de Virgile étaient généralement inconnus, et qu'on n'avait presque aucune notion des règles de la prosodie (1).

La protection du Saint-Siége était une récompense due à l'entière soumission que l'université de Paris lui témoignait ; elle reçut une preuve éclatante de la bienveillance de Grégoire IX, à l'occasion d'un événement très grave dont les circonstances sont développées avec beaucoup d'exactitude et d'impartialité dans l'histoire manuscrite de saint Louis, par Tillemont.

« Le lundi gras, 26 mai 1229 (c'était alors comme aujourd'hui un jour de congé dans l'Université), quelques écoliers picards étant sortis de Paris pour aller se divertir du côté de Saint-Marcel, après avoir joué quelque temps, s'en allèrent boire à un cabaret du faubourg où ils trouvèrent du bon vin. Quand il fallut payer, ils prirent querelle avec le cabaretier. Les voisins vinrent au bruit, battirent les écoliers et les chassèrent. Ceux-ci ramenèrent le lendemain leurs compagnons qui entrèrent de force chez le cabaretier, défoncèrent tous les muids, attaquèrent et blessèrent tous ceux qu'ils trouvèrent dans les rues, hommes et femmes. Le doyen de Saint-Marcel alla porter sa plainte devant le cardinal romain et devant Guillaume, évêque de Paris.

» Guillaume aurait dû retenir la cause devant lui et son official, selon les priviléges accordés à l'Université en 1200, par Philippe-Auguste, et confirmés en 1228 par saint Louis. Mais, soit qu'il fût moins favorable à l'Université à cause des entreprises qu'elle faisait contre l'autorité épiscopale, soit qu'il jugeât que la faute des écoliers devait être punie par la puissance royale, lui et le légat allèrent promptement trouver la reine qui gouvernait toutes choses, et la prièrent de tirer vengeance d'un si grand crime. La reine alla un peu trop vite en cette occasion (2), et au lieu de faire les choses dans l'ordre de la justice, elle envoya en diligence les prévôts de la ville et quelques archers pour punir les coupables, sans épargner personne. Les archers étant sortis de la ville et ayant trouvé d'autres écoliers qui n'avaient point eu de

---

(1) Du Boulay, t. III, p. 280. — M. Dubarle, t. I, p. 83.
(2) *Muliebri procacitate et impetu mentis agitatam*, dit Matthieu Paris.

part à l'insolence des Picards, ils se jetèrent sur eux, en tuèrent et en blessèrent quelques uns, et dissipèrent le reste.

» Les régents ayant appris ce qui s'était passé cessèrent tous leurs leçons, vinrent se présenter à la reine et au légat, et demandèrent justice de la violence qu'on avait exercée, non sur ceux qui méritaient véritablement d'être punis, mais sur toute l'Université. Ils ne purent rien obtenir ni de la reine, ni du légat, ni de l'évêque de Paris, ou du moins ils n'en obtinrent pas tout ce qu'ils demandaient (1). » Un auteur contemporain, Albéric, dit que ceux qui auraient dû apaiser la querelle l'envenimèrent en haine de l'Université; on en a accusé, dit-il, la reine elle-même et le cardinal; mais les opinions sont fort divisées sur ce point.

« Les quatre nations qui composent l'Université, continue Tillemont, ordonnèrent qu'on cesserait tous les exercices, ce qui fut cause que beaucoup d'écoliers se retirèrent, car on fut long-temps à chercher des voies d'accommodement; mais enfin, comme rien ne se concluait, tous les maîtres et les écoliers, hors un fort petit nombre, abandonnèrent la ville; il n'y demeura pas un seul régent qui eût quelque réputation; tous les exercices cessèrent. Un chronologiste écrit qu'on résolut par un commun décret de transférer l'Université à Nantes, sous la protection du duc de Bretagne, qui offrait aux professeurs plus de faveur et de priviléges qu'ils n'en avaient à Paris. Les autres disent seulement qu'ils se dispersèrent en diverses provinces, et s'arrêtèrent particulièrement à Reims, à Angers, à Orléans et à Toulouse; d'autres passèrent jusqu'en Angleterre, en Espagne et en Italie. Matthieu Paris nomme quelques docteurs anglais qui quittèrent Paris et se retirèrent vraisemblablement en leur pays.

» Henri III, roi d'Angleterre, écrivit, le 16 juillet de cette année, *aux maistres et à l'Université des escoliers étudiants à Paris*. Il leur témoigna la douleur qu'il avait eue des injustices qu'ils avaient souffertes à Paris; leur dit qu'il souhaitait extrêmement de les voir rétablis dans leur liberté, et leur offrit, s'ils voulaient passer dans son royaume, tel lieu qu'ils voudraient pour y demeurer avec toute la liberté et toute la tranquillité possible. Il leur promit encore de leur fournir gratuitement des logements et beaucoup d'autres choses s'ils voulaient venir à Oxford.

» Ceux de l'Université, ou plutôt quelques uns d'entre eux, en quittant Paris, firent serment de n'y retourner jamais qu'on ne les eût entièrement satisfaits. Ils s'éloignèrent, dit Matthieu Paris, en maudissant le légat du pape, l'orgueilleuse Blanche, et le coupable accord qui les unissait. Il s'était répandu, ajoute-t-il, un bruit sinistre, et qu'on n'ose ré-

(1) Tillemont, *Hist.* manuscrite *de saint Louis*, p. 82.

péter : on disait que le légat avait séduit la reine et se comportait avec elle autrement qu'il ne convenait (1). Les maîtres de l'Université firent aussi, d'eux-mêmes, à Angers et à Orléans, des bacheliers et des licenciés, ce qui n'avait coutume de se faire que par l'autorité de l'évêque de Paris et de son chancelier, ou de celui de Sainte-Geneviève. Ce fut pourquoi l'évêque de Paris et le légat prononcèrent contre eux diverses sentences d'excommunication. Dans un concile provincial tenu à Sens, il fut ordonné que ceux de l'Université, qui, sous prétexte de leur serment, s'étaient retirés à Orléans et à Angers, seraient privés durant deux ans des fruits de leurs bénéfices, ou, s'ils n'en avaient point, déclarés incapables, s'ils ne revenaient dans les deux ans.

» Le pape Grégoire IX voulut remédier à ce désordre. Il commit Maurice, évêque du Mans, Adam, évêque de Senlis, et Jean, archidiacre de Châlons, pour travailler en son nom à réconcilier le roi et la reine avec l'Université. Il désirait qu'on fît aux maîtres et aux écoliers une satisfaction convenable, qu'on leur rendît leur liberté ordinaire, telle qu'elle leur avait été donnée par Philippe-Auguste, et qu'ils revinssent à Paris reprendre leurs exercices ordinaires. Il écrivit sur cela à ses commissaires le 24 novembre de cette année, et leur parla de leur serment qui ne devait point arrêter la paix, étant contraire à la justice. Le 26, il écrivit une longue lettre (qui est à lire) au roi et à la reine, pour les conjurer d'agréer cette réconciliation, et même il les menace s'ils ne le font, ce qui ne convient pas à cet empressement et à ce zèle que nos historiens attribuent à saint Louis pour rappeler l'Université.

» Ceux qui ont examiné cette histoire avec plus de soin, avouent que le roi et la reine n'étaient point portés à rappeler l'Université par des promesses ni par des satisfactions, mais qu'ils employaient seulement des édits menaçants pour obliger les maîtres à revenir. Le pape écrivit encore à Guillaume, évêque de Paris, l'accusant en termes fort rudes d'entretenir la dissension et d'avoir occasionné la dispersion de l'Université. On prétend qu'il rappela pour ce sujet le cardinal de Saint-Ange, légat, qui sortit du royaume à la fin de cette année. Du Boulay attribue à cette dispersion de l'Université de Paris l'origine de celles d'Orléans, d'Angers, de Poitiers, de Reims et de plusieurs autres. On trouve dans quelques mémoires qui ne paraissent pas anciens, que l'école de Reims était si célèbre par les lettres, particulièrement pour

---

(1) Legatum romanum execrantes, reginæ muliebrem maledixerunt superbiam imo eorum infamem concordiam.... Dicebatur romanum corrupisse Blancham.... Oriebatur interim rumor irrecitabilis ac sinister, scilicet quod dominus legatus secus quam deceret se habebat adversus Blancham. *Matt. Par*, p. 335, 354, 575. Je n'ai pas besoin d'ajouter que Tillemont repousse avec beaucoup de force ces accusations, que le caractère de Blanche et des témoignages plus impartiaux que celui de Matthieu Paris démentent suffisamment.

la philosophie, qu'en 1230, beaucoup d'écoliers quittèrent Paris pour y aller étudier (1). »

L'Université parisienne, après deux ans d'exil, reparaît et refleurit en 1231. Voici comment Tillemont raconte les circonstances de ce rétablissement. « Le roi et les évêques voulaient forcer les maîtres à revenir, par les peines qu'ils décernaient contre eux. Ce fut ce qui obligea ces maîtres, en 1231, de députer deux d'entre eux au pape, Geoffroy de Poitiers et Guillaume d'Auxerre ; ils agirent tellement auprès du pape, que ce fut, à ce qu'on croit, ce qui produisit la paix de l'Université, procurée par quelques personnes sages (2). Il paraît que la paix était faite avant le 13 d'avril, et que les maîtres et les écoliers y étaient revenus, au moins ceux qui n'avaient pas juré de ne plus revenir. Le pape supposait que saint Louis leur donnerait des priviléges (c'est-à-dire renouvellerait ceux qui leur avaient déjà été accordés), et leur taxerait des amendes contre ceux qui leur avaient fait injure. Saint Louis les reçut en effet avec beaucoup de bonté, et fit promptement réparer par les bourgeois les torts qu'on leur avait faits. Il donna aussi les ordres nécessaires pour obliger les bourgeois à laisser vivre les écoliers en paix et en sûreté. On prétend qu'il leur fit faire quelque serment pour cela. Il semble que ceux de l'Université aient aussi été obligés à faire quelque satisfaction comme ils avaient eu part à la faute, et avaient les premiers causé le désordre. Le 13 d'avril, le pape adressa une bulle à l'Université, comme déjà rétablie à Paris, pour y régler diverses choses. Il y permet de revenir à Paris à ceux qui avaient juré de n'y point rentrer qu'on ne les eût satisfaits comme ils le demandaient, ce qui marque qu'on ne leur fit pas une satisfaction tout entière. Le lendemain, il écrivit à saint Louis pour le prier de témoigner de l'affection à l'Université, de faire observer le privilége que Philippe-Auguste lui avait donné en 1201, de lui faire payer l'amende qu'il avait ordonnée, et d'agréer que les loyers des maisons fussent taxés par deux maîtres et deux bourgeois choisis par l'Université, de peur que les propriétaires ne les louassent trop cher. Le 19, il donna commission à deux chanoines d'informer du meurtre des écoliers, qu'on disait avoir été fait par le doyen de Saint-Marcel et par quelques autres du même faubourg, et de lui mander ce qu'ils auraient vérifié afin de procéder ensuite contre les coupables. Le 25, il manda au même doyen et à l'évêque de Paris d'obliger leurs vassaux aux mêmes choses auxquelles saint Louis avait obligé les siens pour le repos de l'Université. Il avait donné le même ordre à l'abbé de Saint-Germain dès le 13 du mois. Le 9 janvier 1263, Urbain IV mande à l'évêque de Meaux que si

---

(1) Tillemont, *Hist. de saint Louis*, p. 82-84.
(2) Dissensionem Gregorius potiús provisionis moderamine quàm judiciali sententiâ duxit, de fratrum suorum consilio, sopiendam. *Du Boulay*, p. 366.

saint Louis fait faire serment aux bourgeois de Paris, ses vassaux, de ne faire tort à aucun des membres de l'Université, il doit obliger l'évêque de Paris, les abbés de Saint-Germain, de Sainte-Geneviève et le chapitre de Saint-Marcel à faire faire le même serment à leurs sujets. Grégoire IX écrivit de nouveau le 6 de mai au roi et à la reine, en renvoyant à Paris Geoffroy de Poitiers et Guillaume d'Auxerre, qui avaient travaillé à Rome pour le rétablissement de l'Université. Il en fait l'éloge, proteste qu'ils n'ont rien fait à Rome contre l'honneur du royaume, et prie le roi et la reine de rejeter la mauvaise opinion qu'on leur aurait pu donner contre ces deux docteurs, et encore contre un autre nommé Jean Le Page. Le 5 du même mois, il ordonna que pour le bien de la paix on n'obligerait point à subir un nouvel examen, ni à prendre de nouvelles licences, ceux qui, ayant eu la permission des évêques des lieux, avaient régenté à Angers et à Orléans, après avoir été examinés selon les formes par les chanceliers de Paris, ou l'abbé de Sainte-Geneviève ou par les docteurs, si c'était dans le temps du trouble. Il leva en même temps toutes les censures fulminées par le concile de Sens ou par d'autres contre l'Université durant les troubles. Il en adressa la commission au doyen de Soissons et à un chanoine. Il permit aussi à l'Université de suspendre ses leçons si l'on tuait quelqu'un de ses membres, à moins que les coupables ne fissent satisfaction dans les quinze jours.

» On remarque que durant les troubles de l'Université, et lorsque les docteurs étaient hors de Paris, les Dominicains ou Jacobins demandèrent permission d'enseigner la théologie à tous ceux qui la voudraient venir apprendre, à quoi l'évêque et le chancelier de Paris consentirent, afin de retenir au moins le peu d'écoliers qui restaient à Paris, et que ce fut de cette manière qu'ils obtinrent une chaire en théologie dans l'Université. On ajoute que dans la suite, lorsque l'Université fut revenue, mais n'était pas encore bien rétablie, ils s'attribuèrent une seconde chaire malgré l'opposition du chancelier, ce qui produisit de grands troubles dont nous serons obligé de parler en un autre endroit. Albert-le-Grand fut un des premiers Jacobins qui enseigna à Paris (1). »

Parmi les bulles que le pape Grégoire IX publia à l'occasion de cette affaire, il en est une qui contient de longs règlements pour l'Université parisienne, qu'il appelle la mère des sciences et une autre *Cariath-Sepher* (ville des livres). Enhardie par ces éloges, l'Université osait se dire elle-même le fondement de l'église ; Fleury ne manque pas de relever l'inconvenance de cette qualification (2). Les nations, leurs

(1) Tillemont, *Hist. manuscrite de saint Louis*, p. 142.
(2) *Hist. ecclés.*, liv. LXXXIII, n. 64.

procureurs, leurs serviteurs et le recteur qui les gouverne toutes, sont désignés dans ces bulles de Grégoire IX, ainsi que dans celles où Innocent IV prodigue des faveurs nouvelles aux maîtres et aux disciples, les mettant à l'abri des censures ecclésiastiques autres que celles qui émaneront du Saint Siége.

L'Université de Paris était dès lors renommée dans l'Europe pour soutenir dans toute leur pureté les principes apostoliques. On disait d'elle :

> Si n'estoit la bonne garde
> De l'Université qui garde
> Le chef de la chrétienté,
> Tout eust esté bien tourmenté (1).

Tous ses efforts tendaient à conserver cette réputation, et les papes, sûrs de trouver en elle un auxiliaire toujours dévoué, contribuaient encore à augmenter la confiance qu'elle inspirait dans le monde chrétien, en invoquant sans cesse son opinion sur les erreurs théologiques, alors très fréquentes; car, comme l'a dit l'ingénieux Fontenelle, la théologie de ces temps grossiers était la fille de l'esprit et de l'ignorance. C'est ainsi qu'en 1240 elle fut appelée à donner son avis sur les livres des juifs, et en particulier sur le *Thalmud*, qu'Innocent IV qualifiait de sacrilége, et qu'il fit brûler en 1243; car depuis long-temps les persécutions contre les juifs étaient regardées comme méritoires, et leurs personnes n'étaient pas mieux traitées que leurs livres. C'est ainsi que, consultée sur la fameuse question de la pluralité des bénéfices, elle ne craignit pas, quoique tous ses membres fussent clercs et eussent droit par conséquent à en posséder, de se prononcer pour la négative, déclarant qu'on ne pouvait agir autrement sans encourir la damnation (2).

Une remarque a été faite par les savants auteurs de l'*Histoire littéraire de la France*, à propos de l'acte par lequel l'Université de Paris, consultée par le pape, condamna le *Thalmud* : c'est qu'il y est question *des recteurs*. Ce mot employé au pluriel ne semble pas, disent-ils, désigner un chef unique et suprême; mais il a ce dernier sens en 1249, époque d'une dispute pour la nomination du *recteur* entre la nation de France et les trois autres nations (3). Et le recteur, et les nations, et les facultés se montrent de la manière la plus sensible dans un règlement de 1251 : il y est parlé des écoles de théologie, de jurisprudence, de médecine, d'arts et de grammaire. Ces deux derniers mots ne doivent indiquer ici qu'une seule et même faculté comprenant la grammaire et la philosophie, laquelle, en cet acte et en quelques autres,

---

(1) Jehan de Meung, *Roman de la Rose*. — (2) M. Dubarle, *Hist. de l'Univ.*, t. I, p. 87. — (3) Crev., t. I, p. 382, 383. — Du Boulay, t. III, p. 176-191. — Fleury, *Hist. ecclés.*, t. XVII, p. 400-405. — Crev., t. I, p. 373-377.

reçoit le nom d'arts. Il n'est rien dit de la rhétorique, qui, selon toutes les apparences, n'était point alors l'objet d'un enseignement particulier; mais le règlement fait mention de Justinien, et par conséquent du droit civil, quoique la défense de se livrer à ce genre d'études eût été renouvelée par le pape en 1244. Comprises d'abord dans les nations, les facultés sont, depuis 1255, toujours distinctes et spécifiées : chacune d'elles, depuis 1267, fut présidée par un doyen ; mais les syndics, le greffier, le receveur et le recteur étaient des officiers élus par les nations (1).

Un ordre des chanoines réguliers, celui du Val-des-Ecoliers (2), était né vers le commencement du siècle, du sein de l'Université parisienne ; peu à peu d'autres religieux s'établirent au milieu d'elle (3). On vient de voir qu'en 1229 les Dominicains et les Franciscains profitèrent des troubles qui l'agitaient et la dispersaient, pour établir à Paris des écoles de théologie. Déjà les Dominicains avaient réglé, dans l'intérieur de leur monastère, les formes de l'enseignement, fixé surtout le nombre d'années où l'on devait expliquer, comme bachelier, le *Maître des Sentences*, avant de professer ensuite comme licencié et docteur (4). Ce fut, comme on l'a vu, l'Université qui leur céda une maison dans la rue Saint-Jacques, non loin de l'église de Saint-Etienne-des-Grés (5). Mais bientôt des querelles éclatèrent entre les professeurs séculiers et les professeurs mendiants, et il devait être aisé de prévoir que ceux-ci, soutenus par les papes et favorisés aveuglément par saint Louis, sortiraient victorieux de ces démêlés, malgré les dissensions qui, dès lors écloses entre les frères prêcheurs et les frères mineurs, semblaient devoir affaiblir la puissance des uns et des autres (6).

L'Université réclama contre ces entreprises : Aujourd'hui, dit-elle dans une épître adressée à tous les prélats, la ville de Paris ne compte plus que douze chaires de théologie, depuis que les Dominicains et les autres moines ont établi des professeurs de leurs ordres en différentes villes. Or, de ces douze chaires, sept sont occupées par les réguliers, frères prêcheurs et mineurs, religieux du Val-des-Ecoliers, cisterciens, prémontrés et trinitaires; trois autres sont remplies par des chanoines de Paris, en sorte qu'il n'en reste que deux pour les professeurs séculiers qui ne sont pas chanoines de la cathédrale. Après s'être ainsi récriée contre l'inégalité de ce partage, l'Université fit, en 1252, un décret qui abolissait seulement l'une des deux chaires publiques des Dominicains (7).

(1) Pasq. IX, c. 13. — Du Boulay, t. III, p. 240.—(2) Voir l'article *Sainte-Catherine-du-Val-des-Écoliers.* — (3) Crev., t. I, p. 328. —(4) Martenn. *Th. anecd.*, t. IV, 1772-74, 1819-1831. — (5) Voy. *Jacobins.* Félibien, *Hist. de Paris,* t. II, p 320. — Crev., t. I, p. 321-324. — (6) Wading. *Ann. min.*, ann. 1250-1252.— Du Boulay, t. III, p. 200-245.—Crev., t. I, p. 389-398. Félibien, *Hist. de Paris,* t. I. p. 339-340, 355-368, 402-403.—(7) Du Boulay, t. III, p. 240, 250-258. — Crev., t. I, p. 398-400.

En 1251, après les désordres causés par les Pastoureaux, ou peut-être par suite d'une de ces querelles si fréquentes entre les écoliers et les bourgeois, la reine Blanche fit prêter à l'Université et au corps municipal un double serment dont j'ai déjà eu occasion de parler (1). Ils jurèrent réciproquement, en présence de la reine, de dénoncer en secret tous les perturbateurs de la tranquillité publique.

Cette mesure fut apparemment bien peu efficace, car, dès l'année suivante, une nouvelle rixe s'engagea entre des bourgeois et des écoliers. L'un de ceux-ci ayant été tué, et quelques autres emprisonnés quoique couverts de blessures, l'Université interrompit ses leçons, voulut exiger de tous ses membres le serment de ne les reprendre qu'après la réparation de l'injure qu'elle croyait avoir reçue, et prononça l'exclusion des professeurs franciscains et dominicains, qui refusèrent de prendre cet engagement. Se venger des bourgeois n'était pas le point difficile : Alphonse, comte de Poitiers, qui gouvernait le royaume depuis la mort de la reine Blanche, et en l'absence de saint Louis, fit pendre ou bannir quelques Parisiens qui s'étaient battus contre les étudiants, et les écoles se rouvrirent; mais et le comte de Poitiers, et saint Louis, et plusieurs évêques, et surtout les papes, se déclarèrent avec tant de constance et de zèle les protecteurs des religieux mendiants, que tous les efforts des professeurs séculiers pour éloigner ou réprimer de si dangereux collègues demeurèrent inefficaces (2). Alexandre IV publia, en 1255, la bulle *Quasi lignum vitæ*, qui maintint les moines en possession de leurs chaires, et découragea tellement l'Université qu'elle se dispersa de nouveau (3). Sa cause fut néanmoins plaidée dans plusieurs suppliques et par des députés qui se rendirent à Rome. De ce nombre était Guillaume de Saint-Amour, qui, dans son livre sur les *Périls des derniers temps*, dévoila toutes les manœuvres des Franciscains et des Jacobins, et prédit une partie des maux dont ils devaient affliger l'Église. Ce livre fut censuré, condamné, brûlé à Rome : l'auteur, après avoir subi des interrogatoires, resta long-temps exposé aux persécutions, et détenu loin de sa patrie, d'où le souverain pontife prétendait même le bannir pour jamais. Tillemont a laissé une histoire manuscrite de ces démêlés, qui fournit de curieux détails. Malgré le grand nombre et la puissance de ses ennemis, Guillaume de Saint-Amour trouva parmi ses contemporains des juges plus équitables qui rendirent hommage à ses lumières, à ses talents, à sa fermeté. Jean de Meung dit de lui dans le *Roman de la Rose* (4) :

> Car ge ne m'en tairai mie
> Se perdre en devroie la vie...

(1) Voy. p. 16. — (2) Du Boulay, t. III, p. 248. — Crev., t. I, p. 412-481. — (3) Du Boulay, t. III, p. 282-286. — (4) Vers 12,000 et suiv.

> Ou estre bannis du roiaume
> A tort, com fu mestre Guillaume
> De Saint-Amors, qu'ypocrisie
> Fist essilier, par grant envie...
> Pour vérité qu'il soustenoit.

Le ressentiment des moines contre Guillaume de Saint-Amour durait encore en 1633, époque où ils obtinrent du conseil privé de Louis XIII un arrêt qui défend, sous peine de mort, d'imprimer, vendre ou lire le *Traité des périls des derniers temps*. Mais pour revenir aux démêlés du XIIIe siècle, nous devons faire observer que la cour de Rome, en même temps qu'elle prononçait contre ce livre de si violents anathèmes, forcée de censurer aussi l'*Évangile éternel* et l'introduction qu'y avait jointe Jean de Parme, général des Cordeliers, ne réprouvait les erreurs dont ces derniers écrits sont remplis, qu'avec toutes les précautions, tous les ménagements nécessaires pour qu'il n'en résultât aucun préjugé défavorable à l'ordre séraphique du sein duquel ils étaient sortis.

En vain l'on tenta des moyens de conciliation entre l'Université et les mendiants; en vain un traité qui n'était que trop avantageux à ces derniers fut rédigé, en 1256, dans un concile de Paris; le pape, qui avait défendu au chancelier de Sainte-Geneviève d'accorder des licences à ceux qui ne se soumettraient point sans restriction à la bulle *Quasi lignum*, cassa l'accord, et, par trois nouvelles bulles, autorisa plus que jamais les prétentions et les entreprises de ces moines (1). L'Université fut contrainte de les admettre dans son sein. Saint Thomas d'Aquin et saint Bonaventure y brillèrent à cette époque, où déjà la faculté de théologie commençait à se former en un corps distinct; les docteurs réguliers prenaient de plus en plus de l'ascendant au milieu de cette faculté, et y occupaient souvent la dignité de doyen (2). Tel fut entre autres Servais, qui devint depuis abbé du Mont-Saint-Éloi. Seulement l'Université saisissait les occasions de donner des dégoûts aux docteurs mendiants : elle les reléguait aux derniers rangs dans la liste des professeurs, et soutenait contre eux les curés dont ils s'efforçaient d'envahir aussi les fonctions, protégés dans cette entreprise, comme dans les autres, par Innocent IV et par presque tous ses successeurs (3). Il n'en faut guère excepter qu'Urbain IV, qui, par lui-même et par son légat Simon de Brie, essaya de rétablir l'ordre et la paix dans les écoles parisiennes (4). Mais Clément IV, mais Simon de Brie lui-même, qui devint le pape Martin IV, et enfin Boniface VIII, l'ennemi de toute puissance qui ne se déclarait pas émanée de la sienne, sacrifièrent aux in-

---

(1) Du Boulay, t. III, p. 295-297. *Ibid*, p. 297-299. — (2) Crev., t. I, p. 466. — (3) *Ibid*, t. I, p. 471-472. — (4) *Ibid*, t. II, p. 1-4.

térêts monastiques, qu'ils regardaient comme les leurs propres, les intérêts des étudiants et des professeurs (1).

On sait que jusqu'au XIIIe siècle les fonctions judiciaires étaient exercées dans toute la France par la noblesse. Les seigneurs étaient en même temps les juges de leurs vassaux, et ces fonctions n'étaient pas au-dessus de leur portée. La procédure, en effet, était loin d'être difficile, et les preuves en justice consistaient presque uniquement dans le gage de bataille ou combat judiciaire. C'est en vain que l'Église avait à plusieurs reprises condamné cette coutume comme tentant Dieu, c'est-à-dire exigeant de lui un miracle pour le triomphe du bon droit; ses défenses n'étaient pas observées par des hommes dont les habitudes toutes guerrières ne connaissaient d'autre recours que leur épée. La conscience de saint Louis, cependant, était alarmée par ces combats qu'il regardait comme sacriléges; il résolut de les abolir et de donner à la France une législation plus équitable. Le droit romain depuis plus d'un siècle était découvert. L'Italie l'avait adopté avec empressement; de là il s'était répandu en Europe et en France, et malgré les efforts des papes, il avait été cultivé et enseigné à Paris même. Supérieur à toute la législation existante, il était désigné sous le nom de *raison écrite*, et ses décisions étaient partout accueillies avec respect. Saint Louis alla chercher dans ce monument de la sagesse romaine les modifications qu'il voulait introduire dans les lois de son pays. Mais dès le moment que des formes, des règles fixes eurent été établies dans la législation, l'administration de la justice, jusque là si facile, se compliqua: il fallut posséder des connaissances qui manquaient à la plupart, et des chevaliers qui ne savaient pas lire devinrent inhabiles à remplir ces fonctions. On fut obligé de leur donner pour assesseurs des légistes, presque tous plébéiens, qui attirèrent bientôt à eux par leur savoir une grande autorité. L'influence qu'ils acquirent contribua puissamment à entretenir et à développer en France ce désir de s'instruire, cette émulation à laquelle les écoles de Paris devaient leur splendeur (2). De là ces fréquentes fondations de colléges qui eurent lieu à Paris au XIIIe et au XIVe siècle.

J'ai parlé dans le tome I de cet ouvrage des plus anciens colléges fondés à Paris, et dont quelques uns remontent au XIIe siècle: ce sont les colléges de Dace, de Saint-Thomas-du-Louvre, des Bons-Enfants-Saint-Honoré, des Bons-Enfants-Saint-Victor, de Notre-Dame des Dix-Huit et de Constantinople. Je consacrerai bientôt des articles spéciaux aux établissements du même genre qui appartiennent au règne de saint Louis, c'est-à-dire aux colléges de Sainte-Catherine-du-Val-des-Ecoliers, du

---

(1) Du Boulay, t. III, p. 369-375. — Crev., t. II, p. 11-13.— Serm. 127, serm. 132. — Summa S. Th. vindic., p. 35-36.— Crev., t. II, p. 91.

(2) Voy. M. Dubarle, *Hist. de l'Univ.*, t. I. p. 97.

Trésorier, de Calvi, et au plus célèbre de tous, la Sorbonne. Ces établissements n'étaient pas encore ce qu'on a appelé depuis collége; c'étaient alors des communautés, quelquefois appelées hôpitaux et hospices, où l'on entretenait un petit nombre de pauvres écoliers; d'autres colléges étaient créés par les ordres religieux jaloux de ménager à leurs propres élèves les moyens de suivre les leçons des professeurs de Paris : tels étaient ceux qui ont porté les noms des Mathurins, des Bernardins, des Augustins, des Carmes, de Saint-Denis, de Prémontré, de Cluny. J'en parlerai aussi avec détail, ainsi que des colléges qui appartiennent aux règnes suivants, à mesure de leur fondation.

L'impulsion nouvelle donnée aux études dans l'Université de Paris ne fut peut-être pas secondée par saint Louis comme elle aurait pu l'être. L'intérêt exclusif qu'il portait aux religieux mendiants nuisit, comme on l'a déjà pu voir, à celui qu'aurait dû lui inspirer l'Université si elle n'avait pas eu avec les protégés du prince de si violents démêlés; aussi voyons-nous que, par son testament, il laissa aux ordres mendiants les livres qu'il avait réunis à la Sainte-Chapelle, sans faire aucune mention de l'Université à qui un tel legs eût été plus utile, et qui déjà (1270) possédait une collection de livres qu'elle tenait de la libéralité d'un archidiacre de Cantorbéry. Cette petite bibliothèque était déposée entre les mains du chancelier de l'église de Paris, pour être prêtée aux pauvres étudiants.

Outre les embarras que lui suscitaient les mendiants, l'Université était quelquefois agitée par des discordes intestines entre les nations qui la composaient. Deux recteurs, élus concurremment en 1269, furent destitués l'un et l'autre par le légat Simon de Brie, qui, peu d'années après, éteignit un nouveau schisme du même genre, et apaisa des troubles dont Gérard de Reims et saint Bonaventure s'étaient plaints dans leurs sermons : il régla les formes de l'élection du recteur; la réunion des quatre procureurs ou des quatre maîtres qui le choisissaient se nomma conclave (1). Ce légat intervint encore dans une affaire avec l'official, dont les gens avaient maltraité quelques écoliers. L'official fut interdit, exilé, contraint de livrer ses propres domestiques à la justice. En 1281, pour obtenir la réparation d'une injure faite à un médecin, on interrompit le cours des leçons publiques; et en les reprenant, à la prière de Philippe-le-Bel, on eut soin d'observer que c'était un acte de condescendance, non d'obéissance; car dans ces temps de ténèbres et d'anarchie, l'Université, qui recevait les ordres du pape et de ses légats, se prétendait indépendante de l'autorité royale. Elle exerçait sur les *stationnaires* ou libraires, comme sur les parcheminiers, des droits dont quelques vestiges ont subsisté jusqu'à nos jours (2).

(1) Du Boulay, t. III, p 384-389. — Crev., t. II, p. 30.
(2) Ducange, v° *Librarius*. — Du Boulay, t. III, p. 419. — Crevier, t. II, p. 66, 67.

Le recteur, en 1290, appela au Saint-Siége des abus que commettait, disait-il, le chancelier de Notre-Dame, en donnant ou refusant arbitrairement les licences. On ne connaît pas bien les suites de ces démêlés; mais, ainsi que nous l'avons déjà dit, la juridiction du chancelier s'est affaiblie par degrés; et depuis l'époque dont nous parlons, l'Université, distribuée en quatre nations et en quatre facultés, n'a plus cessé d'avoir des officiers institués et nommés par elle-même, et dont le premier a constamment porté le nom de recteur. Un acte de 1292, entre l'Université et l'abbaye de Saint-Germain, est daté du *rectorat* de Gérard de Nogent (1).

Nous avons eu occasion de nommer les plus célèbres docteurs qui ont professé à Paris dans le cours du XIIIe siècle : Alexandre de Hales, Albert-le-Grand, saint Thomas, saint Bonaventure, Guillaume de Saint-Amour, etc. Les noms qui continueraient cette liste seraient beaucoup moins célèbres. Les écrivains du temps parlent des leçons données par Gautier Cornut, par Henri Clément, par Jean Wardes de l'abbaye des Dunes, qu'on désigne comme le premier cistercien qui ait enseigné à Paris; par Vautier de Slavennes, qui y avait expliqué les sentences avant d'être abbé de Bonne-Espérance; par Jean, qui fut depuis doyen de Laon; par Humbert, qui devint ensuite archevêque de Milan, et qui a composé une concordance de l'Ancien et du Nouveau Testament. Mais ce qui peut mériter plus d'attention que cette nomenclature, c'est la fastueuse singularité des titres que prenaient ces docteurs, et qui leur étaient particulièrement départis par l'Université parisienne : elle les distinguait par les qualifications d'*universel*, d'*irréfragable*, d'*angélique*, de *séraphique*, *subtil*, *admirable*, *solennel*, etc., titres dont la vanité ridicule cadrait parfaitement avec celle de la science et des leçons de la plupart de ces professeurs (2).

130, 131. Le pouvoir de l'Université sur les libraires était fort étendu. Par une délibération de l'année 1275, elle leur enjoignit, sous la foi du serment, de ne point acheter de livres pour leur compte avant l'expiration d'un délai fixé, pendant lequel ils devaient afficher le livre et son prix, et de se contenter d'un droit de courtage de quatre deniers, sous peine de destitution. En 1323, elle contraignit les libraires à lui prêter serment et à fournir un cautionnement de cent francs pour la sûreté des livres qui leur étaient confiés, en chargeant quatre d'entre eux de surveiller spécialement l'exécution de ces règlements. L'autorité universitaire n'était pas moins absolue à l'égard des parcheminiers. Il ne pouvait être vendu de parchemin qu'à la foire du Lendit ou dans la salle des Mathurins. Là, le parchemin devait être marqué du sceau du recteur, qui prélevait sur chaque botte seize deniers parisis; les marchands ne pouvaient en acheter qu'après un délai de vingt-quatre heures, pendant lequel les membres de l'Université avaient la faculté de choisir ce qui leur était convenable.

(1) Datum et actum Parisiis, apud S. Martinum, tempore rectoriæ magistri Gerardi de Novigento. *Nouv. traité de Diplomat*, t. V, p. 587.

(2) *Alberici chr.*, part. I, p. 421. — *Gall. christ. nov.*, t. III, p. 201; t. IV, p. 141-143; t. IX, p. 502. — Baillet, *Jug.*, t. I, p. 108-116.

« Dans le treizième siècle seulement, il sortit de l'Université de Paris sept papes, une foule de cardinaux et d'évêques. Les plus illustres étrangers, l'Espagnol Raymond Lulle et l'Italien Dante, venaient à trente et à quarante ans s'asseoir au pied de la chaire de Duns Scot; ils tenaient à honneur d'avoir disputé à Paris (1). »

Les priviléges de l'Université, confirmés en 1276 par Philippe-le-Hardi, avaient une telle importance, qu'on voyait une foule d'individus usurper le nom d'écolier pour profiter des avantages attachés à ce titre. Cet abus pouvait causer un grand préjudice à la compagnie en servant d'égide à des gens sans aveu. Elle essaya d'y mettre ordre en ordonnant, en 1279, la création d'un catalogue où devaient être inscrits les noms de tous ses membres. Dans la suite, cette précaution ayant été reconnue insuffisante, l'Université, par un règlement de l'an 1329, décida qu'on ne pourrait jouir des droits de scolarité que sur l'attestation d'un maître qui jurerait en présence du recteur que vous étiez *légitime écolier*, et après que le postulant lui-même aurait exposé sa demande dans un plaidoyer en latin (2).

Vers la même époque, une autre amélioration s'introduisit dans le mode d'enseignement. Il fut ordonné que les leçons ne pourraient être faites que dans les lieux publics ; et l'on défendit à tous les maîtres, à quelque faculté qu'ils appartinssent, excepté ceux de grammaire, d'enseigner dans des endroits particuliers. Cette précaution, qui prouvait l'attachement de l'Université parisienne à l'orthodoxie, lui mérita la reconnaissance du pape. Nicolas III, bientôt après, accorda à ses docteurs la préséance sur tous ceux des autres universités, et le droit d'enseigner par toute la terre (*hic et ubique terrarum*), d'où leur est venu le nom d'*ubiquistes* qu'on leur a donné quelquefois (3).

J'ai parlé des prétentions contradictoires de l'abbaye de Saint-Germain-des-Prés et de l'Université sur le Pré-aux-Clercs (4). On se rappelle cette rixe de l'année 1278, où les moines fondirent en armes sur les écoliers, qui laissèrent plusieurs des leurs morts sur la place ou prisonniers de l'abbaye, et l'on a vu que l'Université obtint une éclatante réparation de cet outrage (5). Ce que redoutait surtout l'autorité à cette époque, c'était de mécontenter le corps universitaire, qui fermait aussitôt ses classes, et jetait sur le pavé de Paris une multitude d'écoliers indisciplinés. Aussi l'Université profitait-elle souvent de cette crainte, et répondait à Philippe-le-Hardi, en 1281 : « Sire, à votre recommandation et par respect pour vous, les maîtres reprendront leurs leçons, mais sous la ferme espérance néanmoins que vous nous ferez jouir de nos priviléges. »

---

(1) M. Michelet, *Hist. de France*, t. II, p. 625. — (2) Crévier, t. II, p. 310. — M. Dubarle, t. I, p. 104. — (3) M. Dubarle, *ibid*, p. 105. — (4) Voy. les articles *Saint-Germain-des-Prés* et *Pré-aux-Clercs*, t. I. — (5) Voy. t. I, p. 191.

Jamais corps n'a été plus jaloux de ses droits et franchises. En 1288, un statut avait renouvelé la défense faite aux chanceliers de Notre-Dame de rien exiger pour l'obtention de la licence. Quelques années après, le recteur, Jean de Vasta, dut s'opposer encore aux envahissements du chancelier. Un appel fut interjeté à Rome, et la faculté des arts défendit, en 1292, à tous ses bacheliers de se présenter devant son adversaire pour obtenir la licence tant que durerait le procès.

En 1288, les gens du cardinal Cholet (1), légat du pape, ayant tué un écolier dans une querelle, fut obligé, pour apaiser l'Université, de fonder une chapelle avec 20 livres parisis de rente, et de lui livrer les coupables. Une cause du même genre fut, dix ans après, l'origine de la fondation des trois chapelles du Châtelet (2). Mais rien n'approche de la vengeance que l'Université tira, en 1304, de Pierre Jumel ou le Jumeau, prévôt de Paris. Un clerc, natif de Rouen et nommé Philippe Barbier, ayant, selon les uns, commis un assassinat, accusé, suivant quelques autres historiens, de s'être exprimé avec trop de liberté sur certains actes du gouvernement, fut appréhendé au corps par les gens du prévôt, et pendu aussitôt, malgré sa qualité d'ecclésiastique et sa demande formelle d'être renvoyé devant ses juges naturels. A cette nouvelle, l'Université entière se souleva, et les classes se fermèrent par ordre du recteur. De son côté, l'official de Paris, voyant dans l'exécution de Barbier un attentat contre ses droits, ordonna expressément, et sous peine d'excommunication, à tous les membres du clergé de Paris de se réunir, le 8 décembre, à l'église de Saint-Barthélemi. Ils se rendirent de là en procession à la maison du prévôt qu'ils assaillirent de pierres, en criant : « Retire-toi, retire-toi, Satan maudit! fais réparation, et rends honneur à notre sainte Église que tu as déshonorée et offensée dans ses franchises. Puisses-tu, si tu ne répares ton crime, être englouti vivant dans la terre avec Dathan et Abiron! » Les prêtres prononcèrent plusieurs fois cet anathème, que le peuple répéta à grands cris. Le roi assigna ensuite sur le trésor royal 40 livres tournois de rente pour la fondation de deux chapellenies à la nomination de l'Université, en satisfaction de l'injure de Pierre Jumel, *ci-devant prévôt de Paris*, dit-on dans les lettres royales, ce qui montre qu'il avait été destitué de sa charge (3). Pierre Jumel dut également, disent quelques auteurs, détacher de la potence le corps de l'écolier, et, après l'avoir baisé à la bouche, le remettre aux suppôts de l'Université.

A cette époque, au commencement du XIVe siècle, l'Université peuplait à elle seule un quartier de Paris ; ses écoles occupaient des rues entières. Un statut de 1328 nous apprend que la rue du Fouarre, percée sur

---

(1) Il fonda, en 1295, le collège qui portait son nom. — (2) Dubarle, t. I, p. 109. — (3) Félibien, t. I, p. 513.

l'emplacement du clos Mauvoisin, était spécialement affectée aux études de la faculté des arts. En 1358 (1), les professeurs se plaignirent à Charles de Valois, régent du royaume, que la tranquillité des classes était troublée pendant le jour par les chariots passant près des écoles; que, la nuit venue, la rue était jonchée d'immondices, et que souvent les écoliers venaient enfoncer les portes pour se divertir avec des femmes perdues de mœurs, et souillaient d'ordures l'intérieur des classes. Le régent leur permit sur leur demande d'établir deux portes à l'extrémité de la rue du Fouarre (2). Les barrières ne furent pas établies aussitôt sans doute, puisqu'on voit qu'en 1362 seulement le roi Jean donna deux arpents de la forêt de Fontainebleau pour les construire (3).

En 1331, un clerc du diocèse de Meaux, nommé Jean Le Forbeur, étudiant à Paris, fut mis dans les prisons de l'évêché pour crime de rapt. L'official lui fit son procès et le condamna à quatre cents livres d'amende qu'il paya avant de sortir de prison. Le recteur se plaignit hautement de cette conduite comme d'un attentat contre les priviléges de l'Université. L'évêque de Paris, Hugues de Besançon, prit le parti de son official. Le corps entier de l'Université intervint et osa déclarer l'évêque violateur du serment qu'il avait fait, en qualité de docteur en droit, de conserver les priviléges et immunités de la compagnie. L'évêque, se voyant traité de parjure, eut recours au pape Jean XXII, de qui il obtint ce qu'on appelait une *absolution de précaution* pour pouvoir exercer, malgré son serment, toutes ses fonctions épiscopales dont l'une des plus importantes était de punir, soit par lui-même, soit par son official, les clercs coupables de fautes graves. Trois cardinaux, nommés arbitres par les deux parties, prononcèrent en cette qualité sur le différend, et décidèrent que l'amende de quatre cents livres encourue par le clerc serait distribuée aux pauvres écoliers de Paris. Le pape, en confirmant cette sentence, ordonna que la distribution des quatre cents livres serait faite par moitié entre les pauvres écoliers de la maison de Sorbonne et ceux du collége des Bons-Enfants-Saint-Victor, ce qui eut lieu par les soins de l'archevêque de Reims et des abbés de Saint-Germain-des-Prés et de Saint-Victor (4) ; mais l'évêque fut obligé de restituer le jeune clerc à l'Université (5).

Le temps de l'importance politique de l'Université était arrivé. Jusque là elle avait été honorée, parce que les rois avaient compris son utilité et que son caractère ecclésiastique la mettait à l'abri des violences; pour les temps à venir, l'illustration qu'elle avait acquise, son immense renommée, la réputation de ses docteurs, en fai-

---

(1) Sauval, t. 1, p. 135. — (2) La rue du Fouarre ou du Feurre doit son nom, comme on le sait, à la paille, appelée *feurre* au moyen âge, que l'on répandait dans les classes pour servir de siége aux écoliers. Voy. la bulle d'Urbain V de 1366. — (3) Sauval, *ibid.* — (4) Félibien, t. I, p. 579. — (5) Lebeuf, *Hist. du dioc. de Paris*, t. I, p. 537.

saient un des premiers corps de l'Etat et donnaient un poids immense à son autorité. Les rois invoquaient ses lumières, recherchaient son approbation, et l'on augurait bien d'une cause quand l'Université de Paris la trouvait juste. Souvent les rois opposaient ses décisions à l'autorité des pontifes, et c'était toujours sur l'opinion de la faculté de théologie qu'ils basaient leur résistance. Elle intervint dès-lors dans toutes les affaires publiques. Philippe-le-Bel, le premier, dans ses démêlés avec Boniface VIII et dans le procès des Templiers, voulut diminuer sa responsabilité en la faisant porter sur les principaux corps de l'Etat, et l'Université fut appelée à guider la volonté du roi. En 1303, Philippe-le-Bel avait demandé un concile général pour la nomination d'un nouveau pape. Les états-généraux et un grand nombre de villes, de communautés, appuyèrent les projets du roi, si redoutables pour Boniface VIII; dès le mois de juin de cette année, l'Université avait donné un acte public d'acquiescement à la demande du roi (1). En 1333, dans une circonstance moins importante, une opinion émise par le souverain pontife fut réformée par l'Université. Jean XXII avait dit dans un sermon que les saints ne jouiraient de la vue de Dieu qu'au jour de la résurrection. Cette opinion commençait à se répandre en France, quand Philippe VI, craignant qu'elle n'occasionnât des querelles théologiques, convoqua à Vincennes une assemblée de docteurs et de prélats pour se prononcer sur la question. Sa délibération fut unanime : l'Université en corps condamna la doctrine du pape, et déclara que les saints voyaient Dieu *face à face*. Jean XXII se rétracta (2). Ce pape avait une grande estime pour l'Université, et, peu de temps avant cette époque, avait confirmé à ses membres la faculté de posséder des bénéfices sans être obligés à résider. Son successeur Benoît XII, élève de l'Université de Paris, donna dès son élection des marques de prédilection au corps dont il avait fait partie, en lui notifiant son exaltation, usage qui fut suivi par plusieurs de ses successeurs, en ordonnant que les élèves qui se distingueraient le plus dans les monastères seraient envoyés à l'Université de Paris pour s'y perfectionner, et enfin en autorisant les docteurs à porter, comme marque distinctive de leur dignité, un chaperon rouge, ornement qu'ils ont toujours conservé depuis. En 1339, au sujet des costumes, tous les maîtres ès-arts des quatre nations de France, assemblés en corps, firent un statut par lequel il est dit « que les maîtres, » assistant aux disputes et assemblées publiques, n'y paraîtront qu'en » habit décent, non plus en manteau ou surtout appelés *colobes et ta-*

---

(1) Voy. les *faits généraux* du règne de Philippe-le-Bel.
(2) Voy. Launoy, *Historia collegii regii Navarræ*, p. 61. — Fleury, t. XIX, p. 494. — Du Boulay, t. IV, p. 235. — Lebeuf, t. I, p. 543. — Crévier, t. II, p. 321.

» *bards*, comme faisaient quelques uns ; mais en chapeau et leur épi-
» toge fourré (1). »

La haute considération que les papes témoignaient pour l'Université était partagée par tout le monde, et les gens riches s'empressaient de la manifester en continuant à fonder dans son sein des maisons où leurs compatriotes pussent venir étudier. Ainsi, de 1332 à 1343, furent fondés les colléges d'Arras, de Bourgogne, de Tours, des Lombards, de Lisieux, d'Autun, de l'*Ave-Maria*, et le collége Mignon.

En 1340, l'Université obtint de Philippe de Valois deux priviléges assez importants. Le premier place les maîtres et les écoliers sous la garde du prévôt de Paris, et leur donne le droit de ne pouvoir être contraints de plaider ailleurs qu'à Paris. C'est ce qu'on appelait le droit de *garde gardienne*. Le second porte exemption de tailles, impôts et péages en faveur de l'Université, et déclare le prévôt de Paris conservateur de ses priviléges royaux. Les priviléges apostoliques avaient pour protecteurs spéciaux, d'après une bulle de Clément V, les évêques de Beauvais, de Meaux et de Senlis.

L'Université, de son côté, s'occupait de réformer les abus qui pouvaient être préjudiciables aux études ou aux écoliers : le *droit de béjaune* était de ce nombre. Ce nom singulier était donné à une sorte de bienvenue qu'on exigeait des nouveaux étudiants, et qu'on employait à boire et à manger.

Ces nouveaux-venus, dits les *béjaunes*, avaient à leur tête un intendant ou supérieur qu'on appelait le chapelain ou l'abbé des béjaunes. Ce chef devait s'acquitter de deux fonctions le jour des Innocents : le matin, il montait sur un âne et conduisait les béjaunes en procession par toute la ville ; l'après-dîner, il les rassemblait tous dans un même lieu, et là, avec de grands seaux d'eau, il faisait sur eux une aspersion abondante. C'était comme un baptême qui les faisait enfants de l'Université (2). On avait donné à ces novices le nom de *béjaunes*, dit Ducange (3), par allusion aux becs jaunes des oiseaux qui ne sont pas encore sortis de leurs nids. Cet usage occasionnait toutes sortes d'excès qui dégénéraient souvent en rixes sanglantes ; il fut aboli, comme à charge aux pauvres écoliers, en 1342, par un décret de l'Université, et il fut défendu d'exiger le droit sous peine de punition corporelle.

Les faveurs dont Philippe de Valois se plut à gratifier l'Université de Paris étaient une compensation de l'échec qu'elle éprouva, en 1342, au sujet du nouvel impôt sur le sel, dont elle tenta vainement de s'affranchir. Elle invoqua inutilement ses immunités, et se servit sans

---

(1) Félibien, t. I, p. 593. — (2) Saint-Foix, *Essais hist. sur Paris*, t. I, p. 334. — (3) Glossaire, v° *Beanus*.

succès de la plume d'un de ses plus illustres membres, de Buridan, célèbre alors par ses écrits sur Aristote, et surtout par son sophisme de l'âne (1). Une tradition très hasardée, fondée sur un passage du poëte Villon (2), fait de Buridan le complice et la victime des amours adultères de Jeanne de Navarre, femme de Philippe-le-Bel, selon les uns, de Marguerite de Bourgogne, femme de Louis-Hutin, suivant les autres. Quoique les critiques aient depuis long-temps démontré que cette tradition doit être mise au rang des fables (3), elle subsiste encore, et c'est à ce titre que Buridan est le héros du fameux drame de la *Tour de Nesle*.

Chaque règne apportait à l'Université quelques priviléges nouveaux, ou une confirmation plus ample de ses droits anciens. Souvent aussi les papes, après leur avénement au siége pontifical, lui avaient donné des preuves de leur bienveillance. C'est à dater de 1348, époque de l'exaltation de Clément, élève de l'Université de Paris, comme son prédécesseur Benoît XII, que l'Université, sans doute d'après l'invitation du pape, envoya chaque année à la cour de Rome un rôle sur lequel étaient inscrits les noms de ceux de ses suppôts qui avaient le plus de droits dans la distribution des bénéfices dont le pape avait à disposer (4).

Ces faveurs qui rejaillissaient sur tout le corps, l'orgueil d'avoir donné plusieurs papes à la chrétienté, et d'avoir formé les plus illustres membres du clergé gallican, avaient porté la faculté de théologie à se considérer comme la première de l'Université et comme supérieure aux autres. Des divisions intestines ne tardèrent pas à éclater. Les théologiens avaient prétendu que l'Université ne pouvait être convoquée sans l'assentiment préalable de leur doyen, et que le recteur lui-même devait venir le lui demander. Ces prétentions, repoussées d'abord par les autres facultés, furent ensuite condamnées par le pape. Les théologiens n'en conservèrent pas moins l'espoir de donner à leur doyen la prééminence sur le recteur, et le droit de placer son nom

---

(1) Buridan supposait un âne, également pressé de la faim et de la soif, entre une mesure d'avoine et un seau d'eau, et demandait : « Que fera cet âne ? » Si on lui répondait : « Il demeurera immobile. — Donc, concluait-il, il mourra de faim et de soif. » Si un autre répliquait : « Cet âne ne sera pas assez âne pour se laisser mourir. — Donc, concluait-il, il se tournera d'un côté plutôt que de l'autre. — Donc il a le libre arbitre. » Ce sophisme, qui embarrassa beaucoup les dialecticiens du temps, devint fameux dans les écoles ; et aujourd'hui encore *l'âne de Buridan* est cité proverbialement comme l'emblème de l'hésitation, de l'embarras des richesses.

(2)   Semblablement, où est la reine
              Qui commanda que Buridan
              Fût jeté en un sac en Seine ?

(3) Voy. Crévier, *Hist. de l'Univ.* — *Dict. de Bayle.* — *Biogr. univ.*, etc.

(4) Du Boulay, t. IV, p. 312.

avant le sien. Dans plusieurs cérémonies publiques ils avaient occasionné des scènes fâcheuses en voulant soutenir leurs prétentions de prééminence, lorsqu'une discussion pareille se renouvela, en 1347, avec plus de scandale et d'éclat. L'Université devait assister à un service célébré dans l'église de Saint-Germain, en présence de la reine Jeanne d'Évreux, de plusieurs prélats et de l'archevêque d'Embrun, alors nonce du pape en France, et docteur en théologie. L'archevêque, qui soutenait les prétentions de ses collègues, alla se placer sur le siége destiné au recteur, afin d'établir ce qu'on appellerait aujourd'hui un précédent pour les théologiens. Le recteur, Jean de La Marche (1), arrive à la tête de l'Université, s'avance vers le prélat, et lui demande si c'est comme archevêque ou bien comme docteur qu'il occupe cette place. —C'est comme docteur, répondit-il. A ces mots il est sommé de la quitter; sur son refus on l'expulse de force. Il paraît même que la faculté des arts, qui regardait plus spécialement le recteur comme son chef, soutint trop énergiquement ses droits en cette circonstance. L'archevêque offensé adressa des plaintes au pape, qui ordonna au recteur de lui faire satisfaction (2).

Rien n'était plus commun du reste, en ces temps encore grossiers, que ces querelles de préséance; et nous voyons que peu de temps après, en 1350, aux obsèques de Philippe de Valois, s'éleva une rixe entre le chapitre de Notre-Dame et l'Université, dans laquelle le recteur fut battu. Pour prévenir le retour de pareilles scènes, il fut décidé dans l'accord qui intervint que dorénavant le chapitre et l'Université marcheraient vis-à-vis l'un de l'autre, et sur deux lignes égales (3). Mais l'harmonie fut plus difficile à rétablir dans le sein de l'Université. Comme on lisait en assemblée générale la réponse à la lettre de justification que le roi de Navarre avait écrite à la compagnie au sujet du meurtre du connétable Charles d'Espagne, exécuté par ses ordres (4), les théologiens demandèrent que le nom du recteur qui était en tête fût retranché; les facultés des arts, de droit et de médecine, soutinrent les prérogatives de leur chef, et la lettre fut renvoyée telle qu'elle avait été conçue. Les théologiens irrités s'engagèrent par serment à ne pas renoncer à ce qu'ils considéraient comme un droit; et comme ils n'avaient pas la majorité, ils cessèrent de venir aux assemblées de la compagnie. En 1358, le pape Innocent IV sembla décider implicitement la question en adressant à l'Université une bulle dont la suscription portait : « A nos chers fils, les recteur et maîtres de l'Université de Paris. » Néanmoins toutes ces brouilleries ne cessèrent que plus de quatre ans après, en 1362, les théologiens ayant renoncé à

(1) Fondateur du collége de son nom. Voy. *Collége de la Marche.*
(2) Vetera acta et instrumenta facultatis theologiæ, contra rectorem. Crévier, t. II, p. 389. — (3) Lebeuf, t. II, p. 6. — (4) Lebeuf, t. II, p. 18.

leurs prétentions. Cette affaire, qui peut donner une idée du crédit dont jouissait l'Université, puisque les rois mêmes cherchaient à se concilier son suffrage, fait connaître aussi combien peu elle était riche ; car on voit que le recteur et ses partisans furent obligés de demander un délai afin de trouver de l'argent pour payer leurs procureurs et leurs avocats.

Au milieu des troubles qui agitaient la France, l'Université augmentait peu à peu sa puissance, mais elle ne songea point à profiter de la triste situation des affaires ; et pour conserver sa dignité, elle défendit à ses membres de porter le chaperon rouge et vert, et de prendre aucune marque des factions. Enfin, si elle refusa de payer l'impôt voté par les États, elle voulut cependant venir au secours de la patrie, et ordonna, le 8 novembre 1356, que tous ses clients, libraires, relieurs, parcheminiers, etc., prendraient les armes, sous le commandement du recteur, pour la défense de la ville, quoiqu'ils fussent exemptés de ce service par leurs priviléges. Cette honorable conduite fut récompensée. Lorsque le roi Jean eut signé le traité de Bretigny, dont l'article 35 garantissait aux étudiants français et anglais la jouissance des priviléges universitaires, il s'empressa, aussitôt son retour à Paris, d'exempter l'Université de tout subside et impôt, faveur immense à cette époque de calamités.

Charles V, qui, suivant l'expression de ses contemporains, était un *artiste habile et expert dans les sciences*, protégea puissamment l'Université. « A ce propoz, dit Christine de Pizan, que le roy Charles amast science et estude, bien le monstroit à sa *très-amée fille*, l'université des clercs de Paris, à laquelle gardoit entièrement les préviléges et franchises, et plus encore leur en donnoit, et ne souffrist que leur fussent enfrains ; la congrégacion des clercs et de l'estude avoit en grande révérance ; le recteur, les maistres et les clercs solennelz, dont il y a maint, mandoit souvent pour oyr la doctrine de leur science (1), usoit de leur conseilz de ce qui appartenoit à l'espirituaulté (*l'intelligence*), moult les honnouroit et portoit en toutes choses, tenoit bénivolens et en paix.... Comme il avenist, une foiz, qu'il lui fust rapporté que aucunes gens avoyent murmuré de ce qu'il honnouroit tant de clercs, il respondi : « Les clercs, ou a sapience, l'on ne peust trop honorer ; et tant que sapience sera honorée en ce royaume, il continuera en prospérité ; mais quant déboutée y sera, il décherra (2) » L'Université ne

(1) Charles V fit traduire un grand nombre d'ouvrages par des membres de l'Université. N'oublions point parmi ces savants *translateurs* le célèbre Nicolas Oresme, qui fut successivement docteur en théologie, grand-maître du collége de Navarre, trésorier de la Sainte-Chapelle, précepteur de Charles V, et enfin évêque de Lisieux. Il reçut 100 livres pour la traduction de la *Morale* d'Aristote, et obtint une pension pour la *Politique* du même auteur. Voy. Crévier, t. II, p. 427.

(2) *Collect. Michaud*, 1re série, t. II, p. 79.

tarda pas à ressentir les effets de la bienveillance de Charles V; elle avait entre autres priviléges celui d'acheter le vin sans payer de droit. Les fermiers généraux des aides s'y opposèrent, sous prétexte que les bourgeois, pour éviter la taxe, se faisaient passer pour écoliers, ce qui leur causait grand dommage; et ils parvinrent à obtenir du roi un règlement en leur faveur. Mais l'Université se plaignit hautement, et aussitôt le monarque la rétablit dans ses immunités et franchises, par lettre du 18 mai 1366, en ordonnant que désormais le vin serait donné sans droit aux membres de l'Université qui apporteraient le sceau du recteur.

Quelque temps auparavant, la *fille aînée du roi* avait obtenu satisfaction du prévôt de Paris. On sait que les écoliers étaient dans l'usage, le jour de Saint-Nicolas leur patron, de dresser des théâtres dans leurs colléges pour y représenter quelques jeux ou quelques scènes appelées *solies*, ou *moralités*. La veille et le jour même, comme les diacres et sous-diacres de Notre-Dame, ils célébraient *la fête des fous*. Ils créaient l'un d'eux *évêque*, et prenant ensuite tous des habits ecclésiastiques, ils allaient avec leur chef parcourir, la nuit, à la lueur des torches, les rues de la ville en dansant et chantant. Ces scènes désordonnées occasionnaient toujours du scandale. Dès l'année 1276, Simon de Brie, légat du pape, avait accusé les écoliers « de plusieurs actions désordonnées, et notamment de se livrer, dans certaines fêtes, aux excès du vin, à toutes sortes de dissolutions, de parcourir les rues en armes, et de pousser l'insolence et l'impiété jusqu'à jouer aux dés sur l'autel, en blasphémant le nom de Dieu (1). » Les reproches et les ordres du recteur, quoique souvent répétés, ne pouvaient empêcher ces scandales. Le 5 décembre 1365, le jour de Saint-Nicolas, « les écoliers de Saint-Nicolas-du-Louve, dit Félibien (2), poussèrent les réjouissances de leur feste bien avant dans la nuit. Les archers du guet faisant leur ronde de ce costé-là, en saisirent quelques uns qu'ils traînèrent au Chastelet. Ceux qui se défendirent furent maltraités jusques dans leur propre collége, où les archers, sans aucun respect pour le lieu, commirent de grandes violences. L'Université, sur la nouvelle de cette infraction de ses priviléges, demanda justice au roy contre le prévost de Paris; et le roy rendit une ordonnance, le 22 janvier de l'année suivante, par laquelle le prévost fut obligé de faire satisfaction au recteur et aux députez de l'Université en présence du roy et de son conseil; ce que firent pareillement et à genoux quatre sergents du Chastelet. Mais pour oster en mesme temps aux écoliers de Saint Nicolas toute occasion de querelle, sous prétexte de leurs franchises qu'ils esten-

---

(1) Du Boulay, t. III, p. 451. — (2) T. I, p. 656. — Voy. aussi *Registres manuscrits du parlement*, Tournelle criminelle, registre coté 8, 5 décembre 1365, fol. 19.

doient jusques dans la place et dans la ruë qui estoient devant leur collége, le roy borna leur immunité à leur chapelle et à leur cimetière. Toutesfois, pour compenser avantageusement cette diminution de l'estendue de leurs priviléges, il leur donna mille francs d'or qui devoient estre employez à acheter des maisons ou des rentes ; outre cent francs d'or en réparation des dommages qu'ils disoient avoir soufferts de la part du prévost et de ses sergents, à condition de les tenir quittes de tout ce qu'ils répétoient contre eux. Le continuateur de Nangis ajouste que, dans cette querelle, ceux du guet avoient jetté un escolier dans la rivière, et que le corps fut trouvé quelques temps après proche des Augustins, et enterré dans l'église des Carmes, où l'Université lui fit des obsèques solennelles. »

En 1367, de nouveaux troubles eurent lieu, mais cette fois les écoliers ne l'emportèrent pas. Dans la nuit de la veille de Saint-Nicolas, en revenant de chez le recteur, où ils avaient été reconduire leur *grand évêque*, ils rencontrèrent le guet. Des injures furent adressées de part et d'autre : une querelle s'ensuivit ; et l'un d'eux, diacre dans l'église, et revêtu dans cette occasion comme les autres du costume d'évêque, fut blessé ; les écoliers furent dispersés et poursuivis jusqu'aux écoles de la rue de la Boucherie, où les gens du guet pénétrèrent et firent quelques prisonniers, qu'ils emmenèrent dans les prisons du Châtelet. Le parlement, informé de cet événement, envoya le chevalier du guet chez l'écolier malade pour l'interroger. « Y étant venu, dit Sauval (1), non seulement la porte lui fut fermée au nez, mais quantité de ses gens blessés, quoiqu'il fît savoir qu'il venait de la part de la cour. Aussitôt ceux qui avaient couru les rues la nuit de Saint-Nicolas furent condamnés à faire amende honorable à genoux, pieds nus, sans manteau ni ceinture, dans le chapitre des Mathurins, et là à demander pardon au roi, à l'évêque et au recteur et à l'Université qui y était assemblée. Pour les autres qui avaient fait résistance au chevalier du guet, il leur fut pardonné, avec défense à l'avenir, sur peine de punition, d'être réfractaires aux ordres du parlement. — En 1468, ajoute le même auteur, le lendemain des Rois, les écoliers élisaient un roi qu'ils appelaient le *Roi des fous*, et se masquant s'entre-battaient et faisaient mille désordres ; et ceux-ci n'étaient pas de simples écoliers aux arts, mais en droit, et religieux même. Pour y remédier, l'année suivante, le recteur, nommé Kanedi, assembla la faculté aux arts à Saint-Julien-le-Pauvre, où il fut arrêté d'envoyer une lettre pleine de menaces par toutes les écoles, afin d'obliger les précepteurs de retenir leurs écoliers dans leur devoir ; et de plus, de députer vers le prévôt de Paris des personnes notables, pour le prier

---

(1) Sauval, t. II, p. 622.

de faire mener prisonniers tous ceux qu'il rencontrerait masqués dans les rues ou ayant des bâtons ; que si c'était des écoliers, de les renvoyer à leurs maîtres, qui en feraient la punition ; et quant aux autres, de leur faire leur procès. Un an après l'Université, le 14 janvier, renouvela la même défense. De plus, la nation de France fit savoir par la bouche de l'ancien Lelue, son procureur, qu'elle enverrait un bedeau par toutes les écoles, avec un billet portant défenses de plus faire ces folies le jour et le lendemain des Rois. — Jusqu'en 1488, les écoliers n'ont pas laissé de passer les quatre fêtes des Rois, de la Saint Martin, de Sainte-Catherine et de Saint Nicolas, en farces, en danses et en symphonies déshonnêtes ; si bien qu'alors ne pouvant plus souffrir de tels abus, les Quatre-Nations, assemblées à Saint-Julien-le-Pauvre, et la faculté des arts, y donnèrent ordre, leur commandant d'aller à l'église ces jours-là, d'entendre le service, et d'étudier de même que les dimanches, hormis qu'après vêpres ils auraient deux ou trois heures à eux pour jouer et passer le temps à des divertissements honnêtes. Que si on leur permit de faire des *farces*, ce fut à condition d'être examinées auparavant ; qu'au reste ceci ne se passerait que dans leurs colléges et n'iraient plus courir dans tous les autres comme auparavant ; qu'enfin les frais s'en feraient aux dépens du roi, et de l'argent seulement des nouveaux venus, les *béjaunes*. Ce règlement fut si exact qu'on obligea les principaux et les régents de jurer entre les mains du recteur de le faire observer de point en point, à peine de suspension, pendant douze ans au moins, et plus même si on le trouvait à propos ; que tout écolier qui y contreviendrait serait ou rayé du registre de sa nation, ou fouetté nu sur le dos par tous les régents dans la salle du collége au son de la cloche, en présence du recteur, du procureur, et devant tous les écoliers. Telle nouveauté si extraordinaire fut cause que quelques professeurs eurent recours au roi, qui aussitôt écrivit en leur faveur à l'Université ; mais bien loin d'avoir égard à ses commandements, au contraire elle ordonna que ses statuts demeureraient en leur entier et seraient observés à la rigueur. Et de fait, ceci durait encore en 1517 (1). »

Le règne de Charles V, nous l'avons déjà dit, fut très favorable à l'Université. Dans une assemblée générale tenue aux Bernardins, en 1367, « Jean de Viry, abbé de Sainte-Geneviève, fut privé de tous les honneurs qu'il avoit ou pouvoit prétendre dans l'Université, pour avoir souffert que dans son monastère et en sa présence des docteurs de Sorbonne fussent insultez et maltraitez par ses domestiques jusqu'à effusion de sang ; ce qui fut cause que les sceaux de l'Université, qui jusqu'alors avoient esté gardez à Sainte-Geneviève, furent transportez

---

(1) Sauval, *loco cit.*

au collège de Navarre. La sentence prononcée unanimement contre l'abbé Jean de Viry fut publiée aux Jacobins dans une assemblée solemnelle de l'Université, sans nul égard aux prières de la reine de France et d'un cardinal qui demandèrent grâce pour lui (1). » Vers le même temps, le chef d'une grande compagnie, Arnauld de Cervolle, seigneur de Châteauvillain en Champagne, ayant arrêté et volé plusieurs maîtres de l'Université, le recteur s'en plaignit, exigea et obtint une restitution de 286 livres, somme alors importante. Enfin, en 1373, un arrêt du parlement condamna Robert Puiscome, écuyer, et l'un de ses sergents, à une peine de six-vingts livres, et à faire amende honorable à l'Université et à un de ses membres, nommé Cervoi, qu'ils avaient insulté (2).

Innocent VI s'occupait depuis long-temps de la réforme de l'Université ; il avait envoyé à Paris deux cardinaux, Gilles Aicelin de Montaigu et l'évêque de Nîmes, avec ordre d'y travailler sérieusement ; mais cette réforme si désirée ne put être achevée qu'au mois de juin 1366. Il fut ordonné aux maîtres de faire leurs leçons oralement, ce qui leur avait été déjà recommandé, en 1355 ; on défendit aussi aux écoliers *d'être assis sur des bancs ou autres sièges élevés ; il fut ordonné qu'ils se mettraient à terre, suivant l'usage, et par humilité.* On fixa à seize ans la durée des cours théologiques pour arriver à la licence ; à neuf ans le temps nécessaire pour obtenir le doctorat en médecine, et les classes durent commencer désormais à cinq heures du matin, ainsi que l'atteste un décret de la faculté des arts. « Enfin, dit un ancien historien, ce fut aussi pour lors que Hugues Aubriot, prévost de Paris, qui différoit depuis trois ans de prester serment à l'Université, prétendant qu'il ne le devoit point faire en public, se vit enfin contraint de comparoistre dans l'église de Saint-Éloy avec ses appariteurs, en présence du recteur et des députez de l'Université ; et le 10 d'octobre, il presta le serment dans l'assemblée générale des quatre Facultez, qui se tint ce jour-là aux Bernardins, où il promit de conserver les priviléges de l'Université tant qu'il seroit en charge (3). »

A la fin de l'année 1370, l'Université perdit un de ses protecteurs dans le pape Urbain V, qui entretenait, dit-on, à ses frais, dans diverses écoles, plus de mille écoliers (4). Il eut pour successeur Grégoire XI, dont la mort (1378) fut l'origine d'un schisme qui excita de grands troubles dans l'Église gallicane. Il fallait choisir entre Urbain VI et Clément VII. Charles V eut recours à l'Université de Paris. C'est ainsi qu'après l'avoir consultée, lorsqu'il rendit, à Vincennes, en 1374, le fameux édit qui fixait à quatorze ans la majorité des rois, il avait voulu qu'elle fût présente lors de l'enregistrement de cet édit au parlement. Les fa-

(1) Félibien, t. I, p. 656. — (2) Du Boulay, t. IV, p. 387. — (3) Félibien, t. I, p. 657. — (4) Dubarle, t. I, p. 170.

cultés se réunirent devant le roi, et décidèrent que l'élection d'Urbain était irrégulière et nulle. Cette décision ne fut pas approuvée par l'Université entière ; mais le 25 mai 1379, dans une grande séance qui eut lieu aux Bernardins, on déclara, malgré l'opposition des deux nations de Picardie et d'Angleterre, que l'élection de Clément VII était la seule valide. Cette importante décision fut portée au roi, au donjon de Vincennes, par les députés de la compagnie ; et Amélius de Broille, envoyé de Clément, s'en fit donner acte par le pape, qui adressa d'Avignon, où il s'était retiré, après avoir été obligé d'abandonner Rome et l'Italie à son rival, des lettres de remerciement à l'Université (1).

Charles-le-Sage mourut ; et aussitôt éclatèrent des troubles. L'Université de Paris joue un grand rôle au milieu de ces déplorables événements ; elle témoigne d'abord son indignation des rapines exercées par le *pape d'Avignon*. « Après en avoir conféré en diverses manières, dit un historien, elle trouva à propos de député au roy et aux princes pour demander un concile général, comme le plus sûr moyen pour terminer avec le schisme tous les maux qui en estoient les suites. Jean Rousse (ou *de Roncé*), natif d'Abbeville, demeurant au collége du cardinal Lemoine, fut choisi pour porter la parole au nom de l'Université. Mais le duc d'Anjou, soupçonné d'avoir part aux deniers levez par la chambre apostolique d'Avignon, ayant sçu ce qui se passoit, prévint le député qu'il fit arrester de nuit et conduire au Chastelet, où il fut mis dans un cachot. La nouvelle de cette détention mit en grand mouvement le clergé et surtout l'Université : le recteur, accompagné de plusieurs professeurs de toutes les facultez, alla plusieurs fois trouver le duc d'Anjou, pour lui demander la délivrance du prisonnier. Après bien des refus le prince se laissa fléchir, et le fit relascher ; mais il envoya en mesme tems publier dans les escoles une deffense d'agiter désormais de semblables questions…. Tout ce que cet ordre produisit fut la défection de quantité de docteurs qui se retirèrent à Rome auprès d'Urbain VI, lequel fut ravi de voir ranger de son costé les principaux membres d'un corps aussi célèbre que l'Université de Paris, estimée la première du monde chrétien. Jean Rousse, qui s'y estoit retiré des premiers, fut renvoyé à Paris avec des lettres d'Urbain, par lesquelles il remercioit l'Université et l'exhortoit à continuer ses soins pour l'extirpation du schisme. On lut ces lettres dans une assemblée publique de l'Université. Le duc d'Anjou l'ayant sçeu, ne put dissimuler son chagrin ; il fit chercher le porteur des lettres, qui s'enfuit à Rome en diligence. Plusieurs autres docteurs l'y suivirent, entre autres le chantre de l'église de Paris, et Jean Gilles, distinguez par leur sçavoir, par leur probité, et également mécontens de la conduite du

---

(1) Crévier, *Hist. de l'Univ.*, t. III, p. 34.

régent. Cette contestation de l'Université avec la cour dura trois mois (1). »

La même année, l'Université, qui partageait l'exaspération générale, eut une *conte tation*, suivant l'expression d'un ancien historien, avec Hugues Aubriot, prévôt de Paris, l'un des hommes qui ont le mieux mérité de la ville, et dont le nom est mêlé à tous les grands événements de cette époque. Aux obsèques de Charles V, il y avait eu une querelle de préséance entre les écoliers et les sergents d'Aubriot qui en avaient emprisonné plusieurs. Le prévôt, disait-on, avait fait creuser dans le Petit-Châtelet, et exprès pour eux, deux cachots qu'il appelait par dérision, l'un *le clos Bruneau*, l'autre *la rue du Fouarre*. L'Université profita des troubles pour se venger : elle traduisit Aubriot devant la justice de l'évêque, où elle l'accusa d'impiété, d'hérésie et de débauche. A cette époque, c'était un arrêt de mort. Le prévôt, condamné à une prison perpétuelle, fut enfermé au For-l'Evêque (2).

Enorgueillie de ce succès, l'Université s'interposa entre le roi et le peuple. Après la sédition de 1382, lorsque le conseil de régence fit marcher des troupes sur Paris, l'Université et l'évêque se transportèrent à Vincennes et obtinrent du roi un édit d'absolution, dont les chefs seuls furent exceptés (3). L'année suivante, ils voulurent encore sauver les Parisiens séditieux ; mais l'éloquence de l'orateur fut impuissante en cette occasion, et quelques jours après les Parisiens virent passer sur la Seine *la justice du roi*. En s'occupant des affaires publiques, le corps universitaire ne négligeait point ses intérêts particuliers. Il intenta d'abord devant le pape un procès aux chanoines de Notre-Dame, qui prétendaient avoir le droit de faire enseigner les décrétales dans leurs écoles, et renouvela avec le chancelier de l'église de Paris une ancienne querelle au sujet des droits des candidats à la licence. Le chancelier demandait dix livres par candidat ; l'Université, s'appuyant sur les règlements, soutenait que l'obtention de tous les grades devait être gratuite. L'affaire fut portée au pape et au parlement, le 6 février 1386. Nous ne connaissons point l'issue du procès (4) ; mais ce qui est certain, c'est que les chanceliers de l'église de Paris parvinrent à exiger un droit de chaque bachelier qu'ils admettaient à la licence (5).

Clément VII, dont l'élection avait été reconnue par l'Université, fut bientôt attaqué par cette puissante compagnie. Non content d'avoir levé pendant neuf ans le dixième de tous les bénéfices du royaume, il s'avisa, en 1385, d'une nouvelle taxe sur le clergé. Son agent était

---

(1) Félibien, t. II, p. 689. — (2) Voy. les *faits généraux* du règne de Charles VI.— (3) Du Boulay, *Hist. Universitatis*, t. IV, p. 585. — (4) Voy. les *Preuves* dans Félibien, t. IV, p. 535 et 537. — (5) Ces droits variaient suivant les facultés. Les licenciés en droit ne payaient qu'un franc ; cette monnaie alors était toute nouvelle, car, dit le plaidoyer de l'Université, « en 1360, il n'était encore aucun franc. » M. Dubarle, t. I, p. 180.

l'abbé de Saint-Nicaise de Reims, *homme artificieux et rusé*, qui mettait tout en œuvre pour parvenir à son but. « L'Université, justement indignée de cette persécution qu'on faisoit à l'église de France, fit grand bruit et en porta des plaintes au roy. Les remontrances furent écoutées favorablement, et l'abbé de Saint-Nicaise eut ordre de vuider le royaume dans trois jours (1). »

C'est vers la même époque à peu près que prit naissance la fameuse question théologique qui divisa long-temps les Franciscains et les Dominicains, de savoir si la sainte Vierge avait été entachée du péché originel. Jean Scot, cordelier, surnommé le *Docteur subtil*, soutint à Paris la négative avec beaucoup d'éclat (2). L'Université et l'ordre de Saint-François embrassèrent avec chaleur sa doctrine; les Jacobins l'attaquèrent ouvertement. Jean de Montesson commença cette guerre théologique dans une thèse qu'il soutint à Paris en 1387. L'évêque, à qui fut déféré le prédicateur, condamna solennellement son opinion; il fulmina sa sentence dans le parvis de l'église Notre-Dame, revêtu de ses habits pontificaux, au milieu d'une grande affluence de peuple. Cette flétrissure, dit Félibien (3), qui rejaillit sur l'ordre entier, diffama de telle sorte les Jacobins du royaume, que partout où ils se montraient, dans les écoles, dans les assemblées et jusque dans les rues, le peuple les poursuivait et les couvrait d'injures. Montesson s'étant enfui à Avignon (2), avait interjeté appel au pape, et l'Université fit attaquer sa doctrine par quatre docteurs, dont le plus célèbre était Pierre d'Ailly, théologien séculier. Le pape se prononça pour l'immaculée conception, et ordonna au docteur condamné d'aller à Paris subir la correction de l'Université ; mais Montesson s'échappa de nuit d'Avignon et se retira dans l'Aragon d'où il était originaire. L'Université décréta que tous les partisans des propositions proscrites perdraient leurs priviléges académiques; et comme les Jacobins de Paris, au retour des docteurs députés, s'étaient raillés d'eux de ce qu'ils avaient laissé échapper Jean de Montesson (4), l'Université les retrancha de son corps, eux et tous les frères prêcheurs, leur ôta leurs chaires et leur rang, et les fit marcher après tous les ordres mendiants. Ce ne fut que seize ans après, en 1403, qu'elle se réconcilia avec eux, les réunit à son corps et leur rendit leurs grades avec la permission de reprendre leurs leçons, les prédications et les confessions.

Cependant le schisme régnait toujours dans l'Eglise. L'Université avait unanimement déclaré qu'il fallait que les papes contendants s'en remissent à la décision d'arbitres, ou que l'on assemblât un concile général. Pierre d'Ailly, homme d'un immense savoir, et Nicolas Clé-

---

(1) Félibien, t. II, p. 699. — (2) Fleury, *Hist. ecclés.*, t. XIX, p. 156. — (3) T. II, p. 701. — (4) Lebeuf, t. II, p. 148.

mengis, le plus élégant des écrivains de son temps, rédigèrent un mémoire dans ce sens, mais il fut impossible d'obtenir l'approbation du roi ou des princes ses oncles qui gouvernaient sous son nom. Le duc de Berry, dévoué à Clément VII, à qui l'Université s'adressa la première, menaça de faire jeter dans la rivière les chefs de ce qu'il appelait une cabale séditieuse (1). Le duc de Bourgogne accorda à l'Université une audience du roi ; elle eut lieu avec beaucoup de solennité, le roi étant sur son trône, entouré de toute sa cour ; mais les intrigues de Benoît XIII qui venait de succéder à Clément VII, en 1294, prévalurent, et il lui fut défendu de s'immiscer dorénavant dans cette affaire (2). Justement blessée d'un ordre qui méconnaissait ses bonnes intentions, l'Université fit fermer ses écoles et cesser les leçons (3) : c'était sa défense ordinaire. En 1392, mécontente des ministres du roi qui méconnaissaient ses priviléges, elle fit fermer les classes et défendre aux docteurs de prêcher. En l'année 1400, elle prit la même mesure, parce que pendant la soustraction d'obédience à Benoît XIII, les prélats ne lui faisaient presque aucune part des bénéfices (4) ; toujours l'intervention du roi, qui promettait réparation à l'Université, rétablissait les choses dans leur ancien état.

Ni Benoît XIII ni son contendant Boniface IX ne voulaient se démettre de leur dignité. Un concile de l'Eglise gallicane fut tenu à Paris en 1395, dans la Sainte-Chapelle, pour aviser à ce qu'il y avait à faire. L'Université de Paris, celles de Toulouse, d'Orléans, d'Angers, envoyèrent leur députation au concile. Le célèbre Pierre d'Ailly était le chef de celle de Paris. L'assemblée, où siégeaient des évêques, des conseillers, des avocats au parlement, adopta unanimement l'avis de l'Université, que les deux papes devaient abdiquer (5). Mais cette décision n'eut aucune influence sur les pontifes rivaux : Benoît XIII reçut même inutilement une ambassade solennelle des deux oncles et du frère du roi ; il resta inflexible. On avait joint aux princes des députés du clergé et de l'Université ; un des membres de ce corps, Gilles Deschamps, professeur de théologie, était chargé de porter la la parole (6). L'Université signifia ensuite, à la date du 14 avril 1395, à Benoît XIII, ce qu'elle pensait du schisme et quel était son devoir (7). En même temps elle envoyait ses membres les plus distingués, Pierre Plaoul, Jean de Courtecuisse, etc., à Avignon, en Italie, dans toute

---

(1) Félibien, t. II, p. 702. — (2) Du Boulay, t. IV, p. 696. — M. de Barante, *Hist. des ducs de Bourgogne*, t. II, p. 225. — (3) M. de Barante, t. II, p. 230.—(4) Le religieux de Saint-Denis. — (5) Félibien, t. II, p. 711-721. — (6) Voy. Crévier, t. III, p. 140.— M. de Barante, t. II, p. 240.— (7) Une copie du temps de cette délibération de l'Université se trouvait dans les archives de M. le baron de Joursanvault. Voy. le catalogue imprimé n° 1074. (Paris, Techener, 1839, 2 vol. in-8.)

l'Europe, pour exhorter le clergé et les Universités à concourir à l'extinction du schisme.

Rien ne pouvant surmonter l'opiniâtreté de Benoît, l'Université proposa de se soustraire à son obédience et de ne reconnaître ainsi aucun des deux papes. L'assemblée religieuse et politique de 1398, où l'Université proposa ce moyen, l'adopta, et déclara la France hors de l'obédience de Benoît, ordonnant que l'église gallicane se gouvernerait, en attendant un pape légitime, selon ses anciennes franchises (1). On sait que le schisme se prolongea jusqu'en 1429, jusqu'à l'abdication de Clément VIII, malgré tous les soins de l'Université et particulièrement du célèbre Gerson, pour arriver plus tôt à cet heureux résultat.

La part que l'Université prenait à tous les grands événements, prouve sa puissance et l'état florissant dans lequel elle se trouvait alors : on la comblait de dons et de faveurs ; le duc de Bourgogne, Philippe-le-Hardi, lui laissa notamment une somme considérable dans son testament, en 1386.

Les objets d'enseignement qui contribuaient le plus à la splendeur de l'Université par l'influence qu'exerçaient dans les affaires tous ceux qui les avaient étudiés, étaient le droit canon et la théologie. L'étude du droit canon, favorisée par les papes, parce qu'elle comprenait leur législation, offrait un moyen rapide de parvenir ; aussi les plus hauts personnages joignaient à leurs titres celui de docteur en décrets (2). La théologie était professée par Pierre d'Ailly, Gerson, Nicolas Clémengis, Gilles Deschamps, qui étaient arrivés ainsi à une position très élevée. — Les sciences autres que la théologie et le droit ecclésiastique étaient encore dans un état peu satisfaisant. La médecine ne jouissait d'aucune considération ; le roi fut obligé, en 1390, d'ordonner au prévôt de Paris de veiller à ce qu'une foule d'individus sans connaissances, usurpant les fonctions de médecin, n'abusassent pas de la crédulité publique. La logique et la philosophie ne reconnaissaient d'autre maître qu'Aristote ; *le maître l'a dit* était alors un argument irrésistible. La grammaire et la rhétorique étaient oubliées (3) pour les subtilités de la scolastique, lorsque Nicolas Clémengis s'efforça de rétablir l'éloquence du style. Les mathématiques commençaient à être étudiées, ainsi que les parties diverses qui s'y rattachent, comme l'astronomie. Mais cette dernière science était cultivée moins pour connaître la marche des astres que pour chercher à sonder les secrets de la Providence. L'astrologie judiciaire, dont la connaissance des astres formait la base, était à cette époque une science qui avait ses principes et ses professeurs. Cette crédulité des esprits avait donné une grande

---

(1) Du Boulay, t. IV, p. 853. — (2) *Hist. littér.*, t. XVI, p. 74. — Du Boulay, t. IV, p. 591. — (3) *Hist. littér.*, t. XVI, p. 48-102.

vogue à la magie. On croyait aux sortiléges, aux pactes infernaux ; cette opinion avait principalement contribué à rendre le duc d'Orléans odieux au peuple, parce qu'on disait qu'à l'aide du diable il avait jeté un sort sur le roi. Ces absurdités étaient crues par le peuple, par les grands, par les savants eux-mêmes. L'illustre Gerson, dont le nom se place souvent à la tête de l'Université pendant la durée de nos troubles civils, avait écrit pour prouver l'effet des influences célestes sur les corps sublunaires ; et la faculté de théologie concédait aux démons, en 1398, le pouvoir de faire quelquefois, avec l'aide de Dieu, des choses merveilleuses (1). Aussi la réputation des écoles de Paris ayant attiré vers cette époque un jeune homme que les écrits du temps signalent comme un prodige, qui à vingt ans savait les sept arts libéraux, la théologie, la médecine, les droits civil et canon, les langues grecque, latine, hébraïque, arabe et chaldéenne, les armes et l'équitation (2), on ne sut expliquer une si étonnante réunion de connaissances dans un même individu, qu'en le faisant passer pour l'Anté-Christ, et un poëte contemporain disait :

> J'ai vu par excellence
> Un jeune de vingt ans
> Avoir toutes sciences,
> Et les degrés montans,
> Soy vantant savoir dire
> Ce qu'oncques fut escript
> Par seule fois le lire
> Comme un jeune anté-christ (3).

Cependant quelques esprits supérieurs s'élevaient contre cette croyance générale. Maître Serisy, par exemple, faisant devant le roi l'apologie du duc d'Orléans, assassiné par le duc de Bourgogne, qui, pour le rendre odieux, l'accusait de magie, s'écriait : « O toi, Université de Paris, puisses-tu corriger cette opinion ; car ces sciences trompeuses ne sont pas seulement défendues parce qu'elles sont contre l'honneur de Dieu, mais parce qu'elles ne contiennent ni vérité ni effets (4). »

Deux événements funestes des années 1404 et 1407 donnèrent lieu à l'Université de montrer combien elle tenait à la conservation de ses franchises. Déjà en 1392 elle avait intenté un procès contre des archers qui avaient maltraité quelques écoliers réunis sous la conduite d'un licencié, nommé Veulet, qui était leur maître de pension (5). En 1404,

---

(1) Duvernet, *Hist. de la Sorbonne*, t. I, p. 219. — Voltaire, *Dict. philos.* au mot *Incube.* — Dubarle, t. I, p. 193. — (2) Félibien, t. II, p. 834. — Launoy, *Regii Nav. gymnasii hist.*, p. 157. — Crévier, t. IV, p. 140. — Pasquier, *Recherches*, liv. VI, ch. 39. — (3) Granger-Chastelain, *Collection des merveilles advenues de nostre temps.* — (4) M. de Barante, *Hist des ducs de Bourgogne*, t. III, p. 180. — (5) L'institution de ce Veulet, nommée *Pédagogie*, est le premier établissement de ce genre qui ait été formé. Crévier, *Hist. de l'Univ.*, t. III, p. 105.

comme l'Université se rendait en procession à Sainte-Catherine du Val-des-Écoliers, pour y célébrer une messe afin d'obtenir la cessation du schisme, des pages de Charles de Savoisy, chambellan du roi, et fort accrédité à la cour, troublèrent sa marche près de Saint-Antoine, en faisant courir leurs chevaux à travers les rangs. Les pages reçurent quelques pierres, un d'eux fut même soufleté; alors ils vont se plaindre à Savoisy, qui leur permet de se venger de vive force. Ces jeunes gens, excités par la colère, s'arment d'épées, d'arcs et de flèches, courent à Sainte-Catherine, pénètrent dans l'église, frappent tous ceux qu'ils rencontrent, et brisent tout autour d'eux. Charles de Savoisy leur promit l'impunité, mais l'Université outragée fit fermer ses classes et demanda justice au roi. L'affaire fut plaidée devant le parlement, qui rendit son arrêt à l'hôtel Saint-Pol, en présence du roi et de la cour. Malgré les démarches et les soumissions du chambellan auprès de plusieurs docteurs et membres de l'Université, la décision fut d'une sévérité excessive. Elle portait que la maison de Savoisy serait démolie, que lui-même fournirait cent livres de rente pour fonder cinq chapellenies, qu'il paierait mille livres de dommages-intérêts aux blessés et mille livres à l'Université. J'ai parlé ailleurs de l'amende, du fouet et du bannissement infligés aux gens de Savoisy (1).

« L'article de la démolition parut extrême, dit Félibien (2); on fit ce que l'on put pour le modérer, mais l'Université en poursuivit si vivement l'exécution, que le roi lui-même ne put sauver de la maison de Savoisy que les galeries ornées de peintures qui étaient bâties sur les murailles de la ville. La démolition se fit avec une solennité toute nouvelle, au son des trompettes, au jour marqué par l'arrêt. » Savoisy, malgré la permission du roi, ne put rebâtir sa maison, l'Université s'y opposant; ce ne fut qu'en 1517, cent douze ans après, que la compagnie permit qu'on la réédifiât, et l'Université exigea encore alors qu'on plaçât sur la porte de la maison nouvellement reconstruite, qui fut depuis appelée l'*Hôtel de Lorraine* (3), une inscription rappelant les motifs de sa démolition, et la permission qu'avait donnée l'Université de la rebâtir (4).

En 1407, l'Université donna encore un grand exemple de sa puissance. Les circonstances de cet événement ont été données au tome Ier de cette histoire (5). J'ajouterai ici quelques faits. Guillaume de Tignon-

(1) Voy. l'article de *Sainte-Catherine du Val-des-Écoliers*. — (2) T. II, p. 733. — (3) Il y a eu à Paris plusieurs hôtels de ce nom. Celui dont il est ici question, appelé d'abord *hôtel de Savoisy*, puis de *Lorraine*, et enfin d'*Herbouville*, était situé rue Pavée-Saint-Antoine et rue du roi de Sicile, près de l'ancienne enceinte de Philippe-Auguste. On trouvera d'amples détails sur cet hôtel dans Jaillot, t. III, *quartier Saint-Antoine*, p. 135, et dans le tome IV de cette histoire. — (4) Sauval, *Preuves*, t. III, p. 227.— (5) T. I. p. 518-519, art. des *Mathurins*.

ville, prévôt de Paris, avait fait arrêter deux écoliers convaincus de plusieurs crimes. Le recteur de l'Université réclama les coupables pour les remettre à la justice de l'évêque, comme clercs (1). « Tignonville, sans y avoir égard, les condamna à être pendus et étranglés au gibet de Montfaucon, où il les fit conduire dès l'instant même, à jour failli, avec la lumière des torches, craignant que s'il remettait du jour au lendemain cette exécution, ils ne prissent recours du roi en faveur de l'Université (2). » Les classes furent fermées, les prédications suspendues ; enfin, après quatre mois, il fut ordonné que les écoliers recevraient les honneurs funèbres. « Et le prévôt y fut en personne, dit Alain Chartier, et les baisa en la bouche, et les envoya avec ses sergents depuis le gibet jusqu'au moustier (des Mathurins), où ils furent inhumés, étant leurs corps emmenés en une bière sur une charrette, et étoit le bourreau sur le cheval, vêtu d'un surplis comme un prestre (3). »

Une histoire manuscrite de l'abbaye de Sainte-Geneviève, et les *Recherches* de Pasquier placent à l'année 1409 une procession du recteur de l'Université, remarquable par l'affluence d'écoliers et de maîtres qui la composaient. Partie de Sainte-Geneviève pour aller à l'abbaye de Saint-Denis, elle était si nombreuse que les premiers rangs entraient dans l'église de Saint-Denis, quand le recteur était encore devant les Mathurins. Cette procession eut lieu, dit l'historien, « pour l'assoupissement des troubles qui adoncques voguoient en France (4).»

Le concile général de Pise rétablit enfin l'unité pontificale (5) ; et le 17 juin 1409, le cardinal Philargi, archevêque de Milan, fut élu sous le nom d'Alexandre V. C'était un savant homme qui avait autrefois enseigné la théologie à l'Université de Paris : aussi ce choix fut-il parfaitement accueilli en France. Mais le nouveau pape s'aliéna bientôt l'Université en publiant une bulle en faveur des mendiants. Le recteur convoqua une assemblée générale aux Bernardins, et le roi, sur la demande des députés, défendit à tout curé, sous peine de saisie de son temporel, de laisser prêcher ou confesser les Franciscains dans sa paroisse. Au milieu de ses embarras, Alexandre V mourut. Son successeur, Jean XXIII, s'empressa de révoquer la bulle ; mais cette faveur ne put déterminer l'Université à appuyer les demandes d'argent que la cour de Rome faisait depuis long-temps au clergé. En vain le pape prétendit que quiconque la refuserait *n'étoit mie chrétien*, en vain il convoqua une assemblée générale des docteurs, maîtres, licenciés et bacheliers ; il ne put obtenir qu'à force de sollicitations, et encore à titre de grâce, une moitié de décime.

(1) Félibien, t. II, p. 738. — (2) Sauval, t. III, p. 228. — (3) *Ibid.* — (4) Sauval, t. III, p. 226.—Pasquier, ch. xxi, fol. 151. — Félibien, t. II, p. 747. — (5) L'Université envoya à ce concile plusieurs de ses membres, au nombre desquels se trouvait Jean Gerson.

La triste situation de la France ne fit qu'augmenter la puissance de l'Université. La faction de Bourgogne et celle d'Orléans voulaient s'appuyer sur cette célèbre corporation ; elles lui adressaient sans cesse des demandes. Lorsqu'en 1410 les Orléanistes s'avancèrent sur Paris, une députation du corps universitaire, « qui seul pour lors maintenait l'honneur, le respect de la vraie religion et l'amour du bien public, » vint supplier le duc de Berry de déposer les armes. Ce prince répondit qu'il était fort affectionné à l'Université, *fille du roi, source du savoir, de la vérité, de la vertu*; mais il n'en resta pas moins à la tête de ses troupes. Le roi marcha contre lui ; mais au moment où il sortait de Paris, il fut arrêté par le recteur, qui lui dit que l'Université serait contrainte de transporter ses leçons dans un lieu plus paisible, où les régents et les écoliers trouvassent de quoi vivre, et ne fussent pas en butte aux violences et aux outrages des gens de guerre. « Sire, ajouta-t-il, à vous parler franchement, vous êtes tenu de mettre la paix dans votre maison ; et le meilleur conseil qu'on puisse vous donner, c'est d'exclure à la fois les princes de leurs prétentions au gouvernement (1). » Mais l'Université, tout en demandant la paix, ne voulait s'imposer aucun sacrifice pour l'obtenir ; elle refusa de contribuer à la taxe qu'on levait sur tout le royaume à l'occasion des frais de la guerre, et l'on prétend même qu'elle osa dire que lorsqu'on abusait de l'autorité royale pour opprimer ses sujets par des exactions injustes, ce pouvait être un motif de secouer le joug et de déposer le monarque (2). Elle n'en fit pas moins, l'année suivante, au mois de juin, une célèbre procession pour attirer la protection du ciel sur les armes du roi. « Le sabmedy ensuivant, dit l'auteur du *Journal d'un bourgeois de Paris*, quatriesme jour dudit moys audit an, toute l'Université, de quelque estat qu'il fust, sur peine de privation, furent à la procession, et les petits enfans des escoles, tous nus piez, chacun un cierge allumé en sa main, aussi bien le plus grand que le plus petit, et assemblèrent en celle humilité aux Mathurins : de là s'en vindrent à Sainte-Catherine du Val-des-Escoliers, portant de saintes reliques, sans nombre. Là chantèrent la grant messe, puis revindrent à cueur jeun (3). »

Le duc de Bourgogne avait réussi à mettre l'Université dans son parti. La compagnie ayant été appelée aux États de 1413, son orateur, Benoît Gentien, se plaignit du mauvais maniement des finances, et reprocha au roi de ne point suivre les exemples de son vénérable père. « Sire, dit-il en terminant, l'Université votre fille et vos bons et fidèles bourgeois en ont beaucoup de douleur. » Ce discours fut trouvé trop

---

(1) M. de Barante, *Hist. des ducs de Bourgogne*, t. III, p. 298. — (2) Velly, t. VII, p. 81. — (3) *Journal d'un bourgeois de Paris sous le règne de Charles VI*. Collect. Michaud, 1re série, t. II, p. 635.

modéré, et l'Université demanda au roi une nouvelle audience. Son orateur, le carme Eustache de Pavilly, montra beaucoup d'audace. Il censura d'un ton amer le luxe et les dépenses de la cour. « Toutes ces choses, ajouta-t-il, l'Université ne vous les a point dites pour en tirer un avantage personnel, mais pour faire son devoir ; chacun sait que ce n'est pas elle qui est *accoutumée d'avoir les offices et les profits ; elle ne se mêle que de ses études*, et de vous remontrer ce qui touche votre bonheur et votre bien (1). » Ce fut ce même Eustache de Pavilly qui osa dire au dauphin quelque temps après : « La folie du roi votre père et la mort du duc d'Orléans sont les châtiments de leurs débauches ; si vous les imitez ou si vous ne changez de conduite, on vous privera de la couronne. »

Cependant les excès de la tyrannie populaire inspirèrent bientôt à l'Université un juste éloignement ; elle se repentit de la part qu'elle avait prise à toutes ces affaires, s'assembla pour blâmer les actes des factieux, et employa si activement son influence pour le maintien de l'ordre et le rétablissement de la paix, que les princes vinrent en personne l'en remercier. « Le 7 août 1413, le duc de Guyenne, accompagné des ducs de Berry, de Bourgogne, de Bavière et de Bar, se rendit aux Mathurins où l'Université s'était assemblée, et témoigna tant d'affection à toutes les facultés qui composent cet illustre corps, que jamais elles ne reçurent plus d'honneur d'aucun fils de France (2). » Le duc de Bourgogne ayant quitté Paris peu de temps après, le vénérable Gerson, chancelier de l'Université, provoqua un examen sur les propositions contenues dans l'Apologie de Jean Petit. Cette abominable doctrine fut condamnée par la faculté de théologie, et la thèse du cordelier brûlée publiquement sur le parvis de Notre-Dame le 13 février 1414. Au commencement de l'année suivante, l'Université assista aux obsèques du duc d'Orléans, que depuis sept ans on n'avait pas pu faire, et Gerson prononça son oraison funèbre. Cette noble conduite ne fit qu'augmenter l'influence de l'Université, et les princes et le roi lui-même ne dédaignèrent pas de venir à ses assemblées (3).

L'invasion des Anglais exigea, en 1418, le prélèvement d'un impôt extraordinaire. L'Université ayant offert de contribuer comme tous les autres citoyens, pourvu toutefois que l'exemple ne tirât pas à conséquence, le roi accepta, mais il voulut qu'on en exemptât les maîtres et

---

(1) M. de Barante, t. IV, p. 70. — « La remonstrance, dit Félibien, fut fort mal receue à la cour, où plusieurs dirent tout haut : N'est-il pas impertinent que des pédants osent estendre l'autorité des classes jusqu'au gouvernement de l'Estat, sans nulle expérience des affaires ? » T. II, p. 762. — (2) Félibien, t. II, p. 770. — (3) Cet honneur lui fut accordé, en 1417, à la fête de saint Guillaume. La nation de France donna, à cette occasion, aux chevaliers qui accompagnaient le roi, et à ses suppôts, un déjeuner dont la dépense totale monta à 11 livres 11 sous 4 deniers. Crévier, t. III, p. 382.

les docteurs (1). Le plus grand nombre des membres de l'Université était donc attaché au roi ; mais lorsqu'en 1418 le duc de Bourgogne fit de nouvelles tentatives pour recouvrer le pouvoir, les docteurs *bourguignons* reprirent courage, et le recteur fut obligé de les faire chasser de la ville et de l'Université. Ceux qui restèrent prêtèrent serment de fidélité, et l'on ordonna qu'en cas de siége cinq cents écoliers des plus robustes prendraient les armes. Cette manifestation de principes était dangereuse à une pareille époque ; aussi lorsque la faction bourguignonne l'eût emporté de nouveau, l'Université fut plus d'une fois menacée de la fureur populaire, et obligée de révoquer la condamnation qui avait été portée contre la doctrine de Jean Petit.

Les désastres qui suivirent l'assassinat du duc de Bourgogne exercèrent sur l'Université une fâcheuse influence. Les Anglais, maîtres de Paris, méconnurent ses priviléges, même les plus importants, et les études se ressentirent de la triste situation du royaume. La plupart des bourses étaient possédées par des intrus; le recteur ordonna, en 1421, une visite générale de tous les colléges pour remédier à ces scandaleux abus. Mais chaque jour le nombre des étudiants diminuait, les *bons clercs* allaient à l'Université de Poitiers auprès de Charles VII, et méconnaissaient les ordres de leur ancienne compagnie, placée sous le joug de l'étranger. L'Université de Paris, dirigée par les partisans de l'Angleterre, et par son conservateur apostolique, Pierre Cauchon, qui a laissé dans l'histoire un nom tristement célèbre, montra en effet des sentiments peu nationaux, lorsque Jeanne d'Arc fut tombée entre les mains de l'ennemi. Elle demanda qu'on instruisît aussitôt le procès de la Pucelle, et ne cessa point d'écrire au roi d'Angleterre, au duc de Bourgogne et à Jean de Luxembourg au sujet de « telle femme qui se dit la Pucelle, au moyen de laquelle l'honneur de Dieu a esté sans mesure offensé, la foi excessivement blessée, et l'Église trop fort déshonorée ; car, par son occasion, ydolâtries, erreurs, mauvaises doctrines et autres maux et inconvénients irréparables se sont ensuivis en ce royaume. Et en vérité, ajoutent les clercs, tous loyaux chrestiens vous doibvent mercier grandement d'avoir fait si grand service à nostre saincte foi et à tout ce royaume; et quant à nous, nous remercions Dieu de tous vos ouvrages et vostre noble prouesse, tant comme le povons ; mais peu de chose seroit avoir fait une telle prinse, s'il ne s'ensuivoit ce qu'il appartient pour satisfaire à l'offence par icelle femme perpétrée contre nostre très doux créateur.... Et ce seroit intolérable offence contre la majesté si cette femme demeuroit en ce point,

---

(1) On trouve dans le *Catalogue des archives de Joursanvault*, une pièce par laquelle Charles VI, *reconnaissant que par sa très amée fille l'Université de Paris est le royaume de France de toute foi illuminé et de toute science honoré par tout le monde*, lui accorde diverses exemptions. T. I, n° 1087.

et qu'il advînt que cette femme fût délivrée ou perdue, comme ont dit aucuns adversaires soi vouloir efforcer de faire, et appliquer tous leurs entendements, soit par argent ou rançon; mais nous espérons que Dieu ne permettra pas advenir un si grand mal sur son peuple, et que ainsi vostre bonne et noble prudence ne souffrira pas, mais y saura bien pourvoir convenablement; car si ainsi estoit faicte délivrance d'icelle sans convenable réparation, ce seroit déshonneur irréparable à vostre grande noblesse et à tous ceux qui de ce se seroient entremis. »

Les partisans de l'Angleterre l'emportèrent enfin, et le procès de Jeanne d'Arc commença. L'Université de Paris fut souvent consultée pendant sa durée, « et lorsque les juges se trouvoient empeschez dans les responses de ladite Pucelle, ils lui en escrivoient afin d'avoir son opinion, laquelle s'assembloit tantost aux Bernardins, tantost aux Mathurins, et pour ceste cause le procez est plein d'une infinité de ses adviz (1). » Six membres de la faculté de théologie furent envoyés à Rouen en qualité d'assesseurs, et l'on rédigea douze articles contenant les griefs du procès qui furent soumis à l'Université « Deux députés, choisis parmi les assesseurs, dit une histoire récente de la Pucelle d'Orléans (2), furent chargés de porter eux-mêmes cet acte d'accusation et de l'accompagner de tous les commentaires dont on aurait besoin. Afin qu'on eût toute confiance en eux et qu'on sût en quel nom et dans quel intérêt se poursuivait le procès, les députés étaient porteurs de lettres du monarque anglais qui les recommandait comme ses plénipotentiaires.

L'Université n'avait alors dans son sein ni le vertueux Gerson, ni aucun des docteurs qui avaient montré quelque fidélité à la cause et au parti de Charles; tous les docteurs qui étaient restés à Paris suivaient aveuglément le parti de l'usurpation anglaise; leurs démarches, comme on a pu le voir, avaient fait commencer le procès de la Pucelle; avec quelle joie ne devaient-ils pas saisir l'occasion de mettre la main à cette œuvre d'iniquité! Plus l'accusation était remplie de mensonges, plus elle leur parut pleine de vérité; plus les calom-

---

(1) Pasquier, *Recherches de la France*, livre VI, ch. 5.

(2) Collect. Michaud et Poujoulat, 1re série, t III, p. 33. Nous renvoyons le lecteur à cet excellent travail. Les auteurs ont donné, dans leurs preuves, l'analyse d'un manuscrit du procès de la Pucelle, qui se trouve à la bibliothèque de la Chambre des députés (n° B, 5059, t. DLXX) A la page 93 *verso*, nous trouvons une lettre fort curieuse de l'Université au roi d'Angleterre; elle le remercie de sa coopération au procès, et le prie que cette affaire « aille à fin briefvement, car en vérité la longueur et dilation est très périlleuse, et si est très nécessaire sur ce notable et grande réparacion. En sorte que le peuple, qui par icelle femme a esté moult scandalisé, soit réduit à bonne et saincte doctrine et crédulité.... 14e jour de may, l'an 1431. » A la suite est une autre lettre de l'Université pour le même motif, adressée à l'évêque de Beauvais, avec l'extrait des délibérations des Facultés.

nies étaient infâmes, plus ils se montrèrent faciles à y croire. Chaque article motivait à leurs yeux une condamnation sévère, et leurs avis furent rédigés dans les termes les plus véhéments. » On sait comment se termina cet infâme procès. L'Université témoigna une grande joie du supplice de Jeanne, elle écrivit à ce sujet au roi d'Angleterre, au pape, au sacré collége, et « fist une procession générale, le jour de sainct Martin d'esté, à Sainct-Martin-des-Champs, où un frère dominicain fist une déclamation contre ceste pauvre fille pour montrer que tout ce qu'elle avoit faict, c'estoit œuvres du diable, non de Dieu (1). »

Mais l'atrocité de la condamnation même de la Pucelle, les prodiges qui avaient, dit-on, accompagné sa mort, affaiblirent bientôt la puissance des Anglais. L'Université, qui leur avait été si dévouée, ne tarda pas à revenir à des sentiments plus nationaux. Déjà en 1432, elle avait envoyé des députés au duc de Bourgogne pour qu'il cherchât à mettre fin aux maux qui désolaient le pays, et quand Philippe vint à Paris en 1433, elle se présenta devant lui et fit un grand discours pour établir la nécessité de la paix avec le parti d'Orléans (2). Elle envoya des députés à la conférence que le duc avait indiquée à Arras et où il signa enfin cette paix qui devait être le signal du triomphe de Charles VII.

Quoiqu'elle eût souscrit à la condamnation de Jeanne d'Arc, l'Université était depuis quelque temps très refroidie contre les Anglais. Dès 1424, le duc de Bedford avait sollicité la création d'une Université à Caen; l'opposition de l'Université de Paris auprès du parlement ne put que la retarder jusqu'à 1431. C'est à cette époque que le recteur, en blâmant devant le parlement certains décrets du gouvernement anglais, disait « que de semblables ordonnances devraient plutôt être appelées *désordonnances.* » Bientôt elle manifesta plus ouvertement sa répugnance en changeant (1431) le nom de *la nation d'Angleterre* en celui de *nation d'Allemagne,* qui est demeuré jusqu'à nos jours.

Ainsi s'aperçoit le retour des esprits vers le roi. Le duc de Bourgogne, au nom de Charles VII, fit son entrée à Paris, comme l'on sait, le 13 avril 1436. « Et le vendredi ensuyvant pour la grâce que Dieu avoit faicte à la ville de Paris, fut faicte la plus solempnelle procession qui fut faicte passé avoir cent ans; car toute l'Université, petits et grands furent à Saincte-Katherine du Val-des-Escolliers, chascun ung cierge ardant en sa main, et estoient plus de 4,000, sans auctres personnes que prestres et escolliers, et pour certain oncques on ne vit cierge qui destaignist (s'éteignît) jusqu'à ladite esglise, que on tenoit à droit miracle, car il faisoit un temps pluvieux et venteux. Et celles choses,

---

(1) Pasquier, *loco cit.* — (2) M. de Barante, t. VI, p. 277. — Collect. Michaud, t. III, p. 277. *Journal d'un bourgeois.*

ajoute le naïf chroniqueur, doivent bien donner à tout bon chrestien voulenté et dévocion de remercier nostre créateur, et spécialement de l'entrée qui fut si bénignement et si doulcement faicte (1). » A l'entrée du roi, le 12 novembre 1438, l'Université se rendit avec le parlement, le clergé et le corps de ville, au-devant de lui jusqu'à la Chapelle-Saint-Denis; elle le harangua à son arrivée à Notre-Dame, et elle le complimenta de nouveau, le lendemain, à l'hôtel Saint-Pol, en présence de toute la cour. Un nouvel impôt ayant été mis sur tous les Français pour continuer la guerre, elle se hâta d'y consentir et d'y contribuer malgré ses priviléges.

Depuis quelques années on était occupé en Europe du concile de Bâle, ouvert en 1431 pour la réformation de l'église, la réunion des communions grecque et latine, et la conversion des hussites. Les députés de l'Université y exercèrent une grande influence et jouirent d'une grande considération. Le pape voulant attirer le concile à Bologne où il pourrait exercer plus d'influence qu'à Bâle, adressa à l'Université, comme pour la justification de sa conduite, deux lettres dans lesquelles elle appelle ses docteurs les *athlètes de la foi*. Le corps universitaire avait donné pour instruction à ses députés que, dans la question de la réforme du clergé, ils ne permissent pas qu'on discutât les priviléges de l'Université qui devaient être reconnus pour des principes avoués, établis sur le droit commun et un exercice constant de toute antiquité (2).

Les craintes que témoignait l'Université n'étaient pas sans fondement. On n'avait plus pour ses franchises le même respect, et on leur portait de fréquentes atteintes. En 1460, des huissiers avaient arraché du couvent des Augustins un maître de théologie, et tué l'un des religieux qui résistait. L'Université obtint justice pourtant de cette entreprise contre les Augustins membres de la compagnie, et un bas-relief de l'église des Grands-Augustins attesta la réparation qu'elle avait reçue (3). Mais elle n'obtenait pas ainsi toujours satisfaction. On voulut la soumettre à un impôt ordonné en 1445; elle s'y refusa; elle ne voulut pas reconnaître la juridiction des commissaires nommés pour le prélèvement, prétendant ne pouvoir être jugée que par le roi, comme dans les affaires de Tignonville et de Savoisy, et aussitôt elle fit cesser généralement ses leçons. Le roi lui ordonna de les reprendre, refusa de connaître de ses affaires, et lui donna pour juge dans toutes ses contestations le parlement, qui, porte l'ordonnance du 27 mars 1446, « connaît, décide et détermine tous les jours de moult plus grandes choses que celles de ladite Université; »

---

(1) *Journal d'un bourgeois*, Collect. Michaud, t. III, p. 279. — (2) Crévier, t. IV, p. 117.—(3) Voy. ci-dessus l'article des *Grands-Augustins*.

mais elle ne fut point satisfaite, car, disent les écrits du temps, la cour de parlement était la *sœur* de l'Université et non pas sa *maîtresse* (1).

Elle avait d'autres sujets d'inquiétude. La récente Université de Caen attirait à elle tous les étudiants de la province de Normandie soumise aux Anglais. Elle prévoyait, ce qui arriva en effet en 1452, qu'après la conquête de la Normandie, le roi laisserait subsister l'Université de Caen. En 1451, l'abbé de Saint-Denis voulut priver le recteur du droit de seize deniers qu'il prélevait sur les paquets de parchemin que les marchands apportaient à la fameuse *foire du Lendit*. Ce ne fut qu'en 1469 que l'Université parvint à se faire confirmer ce droit dont elle usa jusqu'en 1600, époque à laquelle elle cessa de le percevoir. Ce n'était pas sans raison qu'elle attachait une certaine importance à ce prélèvement ; car il formait à lui seul une partie des revenus du recteur, et ces revenus, comme ceux de l'Université, étaient fort peu considérables : ils ne se composaient que de taxes appelées *bourses*, d'une valeur de cinq à six sous chacune, que tous les membres devaient payer. Le besoin d'une réforme, qui se faisait sentir par mille abus introduits par tant d'années de désordre, occupait aussi l'Université. Le parlement avait été chargé par le roi de cette tâche difficile, quand l'Université s'opposa à ce qu'il l'entreprît et voulut se réformer elle-même; mais sa bonne volonté ne produisit aucun résultat, et la réforme ne s'effectua que cinq ans après, en 1452, par les soins du cardinal d'Estouteville.

Déjà, en 1447, la compagnie s'était écartée de quelques uns des usages que les préjugés faisaient regarder comme inviolables. Le mariage était considéré comme incompatible avec les sciences, et cette absurde coutume privait de leur grade et de leur titre les maîtres qui osaient ne pas garder le célibat. En 1447, un médecin, nommé Mauregard, se maria et voulut conserver le titre de régent. Après de longues délibérations, la question fut résolue en sa faveur ; mais il ne put prendre que le titre de régent honoraire. En même temps, pour accorder à ceux de ses maîtres qui avaient vieilli dans ces emplois quelque ressource pour leur vieillesse, l'Université leur permit de vendre leur charge à un successeur agréé par elle. Le greffier jouit le premier, en 1449, de cette mesure (2), qui s'étendit, dit-on, quelquefois aux professeurs.

La réforme du cardinal d'Estouteville, légat du pape, devait sanctionner ces innovations et introduire beaucoup d'améliorations. Une circonstance remarquable signala cette réforme : c'est l'intervention, pour la première fois, du gouvernement dans l'administration intérieure de l'Université. Jusqu'alors ce droit était réservé à la puissance ecclé-

---

(1) Du Boulay, t. V, p. 816. — (2) Du Boulay, t. V, p. 530.

siastique, et les papes seuls avaient coutume de donner des lois aux écoles. Charles VII, le premier, adjoignit au cardinal des commissaires presque tous membres du parlement (1). Le statut qu'ils arrêtèrent contenait des règles pour les quatre facultés. On remit les anciennes dispositions en vigueur, en les modifiant selon les besoins de la circonstance. Dans la Faculté de théologie, le temps d'étude pour pouvoir enseigner fut réduit à cinq ans au lieu de sept; les droits excessifs de la faculté de droit furent réduits à la somme, encore considérable pourtant, de 7 écus d'or pour la licence, et de 12 pour le doctorat (2). On concéda aux médecins la permission de se marier sans perdre les droits de régence (3). Plusieurs articles portèrent sur le choix des maîtres de la faculté des arts qui présidaient à l'instruction première de la jeunesse. — Les commissaires reprochèrent aux maîtres de pensions « d'exiger de trop fortes pensions, et d'épargner sur la nourriture des élèves (4). » Le statut s'étendit aussi aux études, aux livres; il modéra la concession du privilége de scolarité qu'on avait multiplié au point de le rendre méprisable. Enfin les commissaires, afin de faire maintenir les dispositions de leur statut, créèrent, dans la faculté des arts, la nouvelle charge de *censeur*, qu'on appela d'abord *réformateur perpétuel*.

Le prévôt de Paris faisait fréquemment emprisonner des écoliers, sans égard pour leur qualité. Le Châtelet en renfermait plus de quarante, en 1453, quand le recteur, sur l'ordre de l'Université, se présenta chez le prévôt pour les réclamer : ils lui furent rendus. Il revenait avec un cortége nombreux dans la rue Saint-Antoine, quand il fut rencontré par un commissaire accompagné de huit archers. Une rixe s'élève : un bachelier en droit, Raimond de Mauregard, est tué ; vingt écoliers blessés; le recteur lui-même eût péri sans le secours d'un bourgeois qui arrêta le bras d'un arbalétrier prêt à le percer d'une flèche. Les bourgeois qui s'étaient armés avaient tendu des chaînes dans les rues. L'Université fit célébrer, le lendemain, le convoi du malheureux écolier. Toutes les leçons, toutes les prédications cessèrent, et une députation fut envoyée au parlement pour demander le châtiment des coupables et la mise en cause du prévôt de Paris. Un arrêt du parlement, du 21 juin 1453, condamna les archers à faire amende honorable à l'Université, nus en chemise, une torche à la main, et celui qui avait voulu tuer le recteur eut le poing coupé; mais le prévôt fut renvoyé de la plainte. Cette décision parut si peu satisfaisante à l'Université, qu'elle déclina la juridiction du parlement, continua de suspendre tous les cours, et se montra très hostile à l'évêque, parce qu'il avait

---

(1) Dubreuil, t. V, p. 577. — (2) Crévier, t. IV, p. 178. — (3) Voy. Pasquier, *Recherches*, liv. IX, ch. 25. — (4) Crévier, t. IV, p. 186.

refusé de mettre la ville en interdit. L'année suivante, les classes furent enfin ouvertes et les sermons autorisés, excepté toutefois dans les paroisses de Saint-Paul, Saint-Gervais et Saint-Jean-en-Grève, sur le territoire desquelles l'attentat avait été commis, et dont la population, à ce qu'il paraît, avait pris parti pour les archers. Un arrêt du parlement ordonna qu'une colonne serait élevée sur le lieu du crime, avec une inscription destinée à en perpétuer le souvenir : mais cet arrêt ne fut jamais exécuté (1).

Vers la même époque, le roi songea enfin à la révision du procès de Jeanne-d'Arc; et l'Université, revenant à des sentiments plus français, réhabilita la mémoire de l'héroïne d'Orléans. Ce fut maître Robert Cibolle, docteur en théologie et chancelier de l'Université, qui le premier écrivit pour sa justification (2).

La compagnie eut bientôt à combattre de nouveau les prétentions des ordres mendiants, réveillées par une bulle de Calixte III, qui leur accordait le pouvoir de confesser. La querelle fut vive; le recteur décida, à l'assemblée générale, que les mendiants étaient exclus de l'Université; et cette sentence fut affichée dans tout Paris. Il fallut que le connétable de Richemond vînt interposer son autorité, et qu'il présentât les religieux aux députés des facultés, en disant : « Messieurs, je vous ramène ces bons religieux qui n'étaient pas bien avisés, et je vous prie, *mes bons seigneurs*, que, en faveur de moi et pour le bien du pays, il vous plaise de les recevoir comme vos suppôts, et de les traiter amiablement comme devant (3). » Mais cet accord ayant été désapprouvé par le général des Dominicains, un nouveau décret d'exclusion fut prononcé contre les religieux; il ne fut rapporté qu'en 1458, après pleine et entière satisfaction, et malgré les menaces du pape qui avait écrit au roi pour se plaindre de la *présomption criminelle* de sa *fille aînée*.

La prise de Constantinople par Mahomet II eut une grande influence sur l'Université; ce fut, pour elle aussi, l'époque d'une renaissance. Les savants, échappés aux désastres de l'empire grec, et fuyant la domination des Turcs, vinrent en Europe chercher une nouvelle patrie, et payèrent l'hospitalité qu'on leur accordait en donnant aux études un nouvel essor. L'un d'eux, Grégoire Tifernas, élève de l'illustre Chrysolore, le maître du Pogge et de l'Arétin, vint offrir ses services à l'Université de Paris : elle les accueillit avec empressement, lui assigna 100 écus de gages par an; et il ouvrit alors deux cours publics de grec et de rhétorique (4) qui furent suivis par un grand nombre d'étudiants. C'est

(1) M. Dubarle, *Hist. de l'Univ.*, t. I, p. 268 et suiv. — (2) « J'en ay veu autrefois le livre ès mains de Feron, ce grand rechercheur d'armoiries. » Pasquier, liv. VI, ch. 5. — (3) Crévier, t. IV, p. 233. — Félibien, t. II, p. 842. — (4) Du Boulay, t. V, p. 621. Parmi les professeurs grecs de l'Université, on cite encore Hermonyme de Sparte et Tranquillus Andronicus.

à cette occasion qu'on publia divers règlements d'organisation : il fut défendu, par exemple, d'établir aucune pension sans la permission de l'Université ; on enjoignit aux *martinets* (écoliers externes) de se loger dans ces établissements ou près des colléges ; et plus tard, en 1463, un décret de la faculté des arts exigea, comme garantie de leur conduite, qu'ils demeurassent soit chez leurs parents, soit chez un notable personnage. Cette même faculté, qui se distingua toujours par ses réformes, avait publié, en 1461, sur les conditions requises pour l'admission au baccalauréat, un arrêté qui fixait les honoraires de chaque examinateur à la modique somme de deux sous (1).

La dernière année du règne de Charles VII fut troublée par une violente contestation de l'Université avec la cour des aides. Cette cour ayant obtenu, en 1459, des lettres-patentes du roi, qui lui attribuaient la connaissance des querelles qui pouvaient s'élever au sujet des impôts, elle en profita pour vexer d'une manière arbitraire l'Université, son ancienne ennemie. Celle-ci, qui ne voulait reconnaître en matière civile qu'un seul juge, le prévôt de Paris, opposa de la résistance à ces prétentions ; elle ordonna la cessation générale des sermons dans Paris, et fit excommunier, par son conservateur, les fermiers dont elle croyait avoir à se plaindre (20 mars 1460). En vain le roi et son conseil la condamnèrent à révoquer sa sentence ; elle déclara que si justice ne lui était pas rendue, les leçons seraient suspendues, et l'excommunication étendue jusqu'à la cinquième génération. Il fallut céder. L'Université resta, il est vrai, soumise à la juridiction de la cour des aides, mais elle eut près de cette cour un magistrat spécialement chargé de ses intérêts. Elle consentit alors à lever les excommunications, et ses exercices reprirent le 27 janvier 1461.

Le règne de Louis XI ne fut pas très favorable à l'Université. Ses bienfaits étaient précaires et trop chèrement achetés. A son arrivée à Paris, en 1483, il accueillit cependant l'illustre compagnie avec une bienveillance marquée ; et quoique les Facultés eussent dérogé pour cette fois à l'usage, en ne sortant pas au-devant du roi, parce que, disaient-elles, on craignait l'embarras que causerait la multitude des suppôts qui s'élevaient à plus de vingt-cinq mille (2), les priviléges universitaires n'en furent pas moins confirmés. Mais le rusé monarque, qui voulait le pouvoir absolu, s'opposa sans cesse aux empiétements de l'Université, tout en s'appuyant sur elle lorsque les circonstances le réclamaient. Voyant qu'elles n'avaient rien à attendre d'un tel prince, craignant d'un autre côté les progrès de l'Université de Bourges, fondée en 1463 par le pape Paul II, les facultés de Paris redoublèrent de soin et de zèle pour améliorer les études, et ouvrirent les colléges,

---

(1) Crévier, t. IV, p. 269. — (2) Dubarle, t. I, p. 295.

qui jusqu'alors n'avaient été occupés que par les boursiers, à tous les écoliers indistinctement. Enfin, le recteur, Guillaume Fichet, rendit, en 1470, à la France, aux lettres et à l'Université un service qui aurait dû sauver son nom de l'oubli. L'imprimerie venait d'être découverte à Mayence, et cette sublime invention était due au moins en partie à un écolier de la *très glorieuse Université de Paris*, Scheffer, qui y étudiait en 1419, comme il le dit lui-même (1). Fichet conçut l'idée de propager à Paris cet art merveilleux, et en 1470, il appela dans la capitale et établit dans les bâtiments de la Sorbonne trois imprimeurs allemands, Ulric Gering, de Constance, Martin Krantz et Michel Friburger, de Colmar (2). Ulric Gering, qui mourut en 1510, légua sa fortune aux colléges de Sorbonne et de Montaigu. La Sorbonne reçut pour sa part 8,500 francs d'argent comptant, qui servirent à fonder deux chaires de théologie et quatre bourses nouvelles.

Les relations les plus importantes de l'Université avec Louis XI eurent lieu à l'occasion de la pragmatique-sanction. A l'exemple du parlement, les docteurs défendirent les libertés de l'Église gallicane ; aussi le monarque, irrité de l'opposition qu'il trouvait à chaque instant dans cette compagnie, lui déclara, en 1467, qu'elle ne devait pas se mêler des affaires d'État ; et afin que l'Université n'eût à sa tête que des hommes qui lui fussent dévoués, il exigea qu'un commissaire royal assistât toujours aux élections du recteur, parce qu'il n'est pas juste, disait-il, de disposer de la fille sans que le père en soit instruit (3). Il fit aussi sentir son autorité dans la fameuse et ridicule querelle des *réalistes* et des *nominaux*. Cédant aux suggestions de son confesseur, Jean Boucard, évêque d'Avranches, qui était réaliste, Louis condamna, le 1er mars 1474, la doctrine des nominaux. L'exclusion de l'Université, et même la peine du bannissement, fut prononcée contre les infracteurs, et on ordonna la saisie de tous les livres des nominaux, qui furent enchaînés dans les bibliothèques. Sept ans après, le roi rendit toute liberté à la secte persécutée, et la querelle tomba dans l'oubli. Enfin, on reprocha à Louis XI de violenter les élections de l'Université ; il ne voulait point, en effet, d'étrangers dans les hautes fonctions de la compagnie. Mais il fut obligé de céder, car une pareille défense était très préjudiciable à l'Université, qui comptait dans son sein une foule d'hommes de mérite appartenant à plusieurs nations différentes, et qu'il aurait fallu exclure de toutes les charges.

Du reste, Louis XI, vers la fin de son règne, changea de système. Le 14 avril 1478, il rendit à Arras une ordonnance qui confirmait tous les priviléges de l'Université ; l'année suivante, il ordonna qu'on célé-

---

(1) *Mémoire de l'Académie des inscriptions et belles-lettres*, t. XVI et XVII. — (2) Ils imprimèrent entre autres ouvrages la *Rhétorique* de Fichet.—Voy. les *Faits généraux du règne de Louis XI*, et l'article *Sorbonne*. — (3) Crévier, t. IV, p. 313.

brerait la fête de Charlemagne par une cessation générale des travaux, fête que, depuis, l'Université a observée et observe encore régulièrement tous les ans comme celle de son fondateur. Enfin, n'oublions pas que l'enseignement de la médecine prit sous son règne une grande extension, et qu'on fit, en 1474, sur la personne d'un archer condamné à mort, la première opération de la pierre.

Charles VIII, dont l'éducation avait été si négligée, protégea cependant l'Université autant qu'il lui fut possible. Il assistait souvent aux leçons et ne dédaignait pas d'accepter les cadeaux d'usage, qui étaient un bonnet d'écarlate et des gants violets, que la compagnie avait coutume d'offrir aux princes qui la visitaient (1). Enfin, après avoir confirmé ses priviléges, il rendit, le 20 mars 1489, une célèbre ordonnance qui fit cesser les contestations, sans cesse renaissantes, entre la cour des aides et l'Université, en déterminant quels seraient les *suppôts* qui devaient être associés à ses immunités et franchises. Ce furent, outre les maîtres et les écoliers, quatorze bedeaux, quatre avocats et deux procureurs au parlement, deux avocats et un procureur au Châtelet, vingt-quatre libraires, quatre parcheminiers, quatre marchands de papier, sept fabricants de papier (trois à Troyes, quatre à Corbeil), deux enlumineurs, deux relieurs, deux écrivains et un messager pour chaque diocèse (2). Cette ordonnance mit fin aux querelles existant depuis si long-temps avec la cour des aides.

L'Université introduisait de temps à autre d'utiles réformes dans sa discipline ; les fêtes scolastiques étaient l'occasion de fréquents désordres : un règlement de la faculté des arts défendit, en 1488, les danses, les chansons et les déguisements. Les comédies, où se plaçaient souvent les allusions les plus grossières, furent soumises à la censure du principal. Bientôt on empêcha les écoliers d'aller au *Pré-aux-Clercs*, qui était devenu comme leur champ de bataille ; et en 1489, on leur interdit de marcher à l'avenir en tête des processions où ils portaient toujours le trouble. — En même temps, les études littéraires, cultivées seulement depuis Louis XI, prenaient plus de développement. Des professeurs italiens vinrent enseigner les préceptes de la poétique et de la rhétorique. Grégoire Tifernas, Hermonyme de Sparte et leurs compatriotes, ne furent plus les seuls maîtres renommés dans ces sciences ; et les Français Tardif, Montjoie, Ferrabot, Jean Texier (*Ravisius Textor*), eurent bientôt une aussi grande réputation.

Le gouvernement favorisait l'Université, mais la compagnie n'en blâmait pas moins les actes quand ils étaient contraires à ses droits ou à ses franchises. En 1489, craignant la guerre contre les Anglais,

---

(1) Dubarle, t. I, p. 324.
(2) Ordonnance du 20 mars 1489. — Crévier, t. IV, p. 447.

le roi voulut imposer un décime sur le clergé. Le parlement refusa d'approuver la mesure, et le célèbre président La Vacquerie déclara à Charles VIII que le clergé seul pouvait consentir la taxe. Le roi obtint pourtant une bulle d'Innocent VIII, qui, sous le vain prétexte de faire la guerre aux Turcs, imposa un décime sur tout le clergé français, et par conséquent sur l'Université; mais la compagnie refusa de le payer (1491), le défendit sous peine d'exclusion à tous ses suppôts, et en appela *du pape mal conseillé au pape mieux conseillé*, en adressant même quelques reproches à Innocent VIII sur sa conduite à l'égard du malheureux Zizim qu'il retenait prisonnier (1). La faculté de théologie annula les censures que les légats du pape lancèrent à cette occasion. Les commissaires du Saint-Siége furent forcés de déclarer que l'on n'avait pas eu l'intention de comprendre dans l'obligation du décime les véritables membres de l'Université. Les docteurs avaient suivi dans cette circonstance l'exemple que leur avait donné le parlement de Paris, dont, en toute occasion, ils paraissaient maintenant rechercher la protection et l'appui. Aussi, loin de contester alors sa juridiction comme ils l'avaient fait autrefois, ils se soumettaient à ses arrêts. En 1491, deux recteurs ayant été élus à la fois, le parlement connut de cette affaire, qui autrefois n'aurait été jugée que par l'Université. Cela montre combien ce corps avait perdu de son autorité. Les jugements d'une faculté devaient autrefois être soumis à l'Université entière. Quelques débats s'étant élevés à ce sujet, l'usage s'introduisit de porter ces affaires devant le parlement. Cette cour, du reste, réclamait souvent, à son tour, les lumières de l'Université, et dans les procès d'astrologie judiciaire, par exemple, elle ne procédait jamais sans avoir requis l'avis de la faculté de théologie.

L'opposition de l'Université dans l'affaire du décime ne lui fit pas perdre la faveur du roi. En 1492, Charles VIII lui notifia officiellement par un de ses gentilshommes la naissance d'un de ses enfants; peu après il sollicita sa recommandation pour un évêque qu'il protégeait auprès du pape. Vers le même temps il exempta du droit d'aubaine les suppôts de l'Université, qui appartenaient à des nations étrangères. En 1498, le roi voulant réformer le clergé de France et lui donner une constitution indépendante de la cour de Rome, demanda dans un décret l'opinion de l'Université sur la question de savoir si le pape était obligé tous les ans de réunir un concile général; si, dans le cas de refus, les princes séculiers pourraient s'assembler; enfin si l'Église de France pourrait, sur le refus du pape, s'assembler elle-même et former un concile. L'Université répondit affirmativement.

Cependant l'Université se ressentait encore de la barbarie des siècles

---

(1) Crevier, t. IV, p. 455. — Dubarle, t. I, p. 331.

qu'elle venait de traverser. Les mœurs dissolues des écoliers étaient souvent l'occasion de scènes scandaleuses dans Paris. Les professeurs eux-mêmes, par leur conduite peu régulière, donnaient souvent lieu à des plaintes contre l'Université. Le fougueux prédicateur Olivier Maillard se plaignait quelquefois dans ses sermons de la débauche des uns et des autres. Il demandait aux écoliers si leurs parents les avaient envoyés à Paris, et aux maîtres s'ils étaient payés pour dépenser leur argent avec des prostituées. Maillard ne devait pas épargner l'Université, car sa bilieuse éloquence n'épargnait personne. C'est lui qui disait aux Parisiens, en pleine chaire, dans l'église de Saint-Jean-en-Grève : « Je vous demande, messieurs les marchands, n'avez-vous pas le caractère du diable? le caractère de la fraude? Marchands de vin, ne vendez-vous pas pour d'Orléans et d'Anjou du vin de votre cru? Marchands de drap, ne vendez-vous pas pour du drap de Rouen celui qui n'est que de Beauvais? Vous vendez du drap humide pour du drap sec; l'acheteur croit avoir deux aunes et n'en a qu'une. Et vous, mesdames les marchandes, qui achetez à la grande mesure et qui vendez à la petite, et qui, lorsque vous pesez, donnez un coup de doigt sur le bassin de la balance afin qu'il descende. Messieurs les changeurs, n'est-ce pas vous qui rognez les écus?—.... Les jeunes garçons auxquels leurs pères et leurs mères achètent des offices, mieux vaudrait pour eux garder les bœufs et les cochons!—.... Et vous, messieurs les ecclésiastiques, croyez-vous que les fondateurs aient donné des bénéfices pour que vous en employiez les revenus à l'entretien de votre luxe, de votre mollesse, de votre libertinage, de votre oisiveté? Saint Nicolas n'entassait pas des trésors comme font nos prélats modernes; il n'entretenait point comme eux des femmes débauchées à pain et à pot; à tous les diables une telle conduite! — ... N'est-il pas beau de voir la femme d'un avocat, qui achète son office et n'a pas dix francs de revenu, s'habiller comme une princesse, étaler l'or à son cou, sur sa tête, à sa ceinture? Elle est vêtue suivant son état, dit-elle; qu'elle aille à tous les diables, elle et son état! Et vous, monsieur Jacques, vous lui donnez l'absolution! Pourtant elle dira sans doute : Ce n'est pas mon mari qui me donne de si beaux vêtements, mais je les gagne à la peine de mon corps; à trente mille diables une pareille peine! — .... N'est-il pas vrai, mesdemoiselles, qu'il se trouve parmi vous à Paris plus de femmes débauchées que de femmes honnêtes (1)? »

Il n'est pas certain que ces virulentes apostrophes fussent prononcées en français, en sorte que pour les femmes ainsi gourmandées, ce n'était qu'un demi-scandale; mais pour les clercs de l'Université, les

(1) Maillard, *Varii sermones.*

semonces du prédicateur allaient droit au but. Les priviléges excessifs dont jouissait l'Université, surtout depuis le règne de Charles VIII, entraînaient de graves abus. L'Université le savait ; mais leur ancienneté les avait rendus chers aux maîtres et aux écoliers, qui ne pouvaient souffrir qu'on y portât quelque changement. Cependant Louis XII, qui, dès le commencement de son règne, avait manifesté l'intention de réformer les abus existants, rendit, le 31 août 1489, pour satisfaire aux vœux émis, quatorze ans auparavant, par les états de Tours, un édit qui restreignit les priviléges de l'Université, réforma plusieurs de ses règlements, et enfin, par une disposition particulière plus importante que les autres, réduisit au temps des études la puissance des priviléges scolastiques, dont auparavant on pouvait user pendant toute la vie (1).

L'Université s'opposa vainement auprès du parlement à l'enregistrement de l'ordonnance qui portait une atteinte si grande à ses droits. Le 25 mai, elle ordonna une procession solennelle à l'église de Sainte-Catherine du Val-des-Ecoliers, où fut célébrée une messe du Saint-Esprit pour demander que Dieu inspirât au roi des sentiments plus favorables. Mais le 30 mai, n'espérant pas de changements à l'ordonnance, elle fit cesser les classes et les prédications après l'avoir fait annoncer en chaire (2) ; c'était, on l'a déjà vu, sa ressource ordinaire pour obtenir ce qu'elle voulait : mais dans cette circonstance, tous les moyens furent inutiles. Des placards injurieux contre le chancelier Gui de Rochefort, chargé de l'exécution des ordres du roi, avaient été affichés ; un cœur traversé de deux poignards avait été peint sur sa porte ; des attroupements d'écoliers faisaient craindre une révolte ; tout Paris était en émoi. Le prévôt et le chevalier du guet, en mettant des gardes sur les principales places, avaient augmenté la crainte des habitants. L'Université envoya au roi, à Corbeil, une députation qui fut reçue fort sévèrement (3) ; le cardinal d'Amboise, et le roi après lui, reprochèrent aux députés leur insoumission, leurs prétentions, leurs discours séditieux. Peu après, Thomas Varvert et Jean Standonc (4), docteurs de Sorbonne, qui dans leurs sermons avaient parlé irrévéremment du roi,

---

(1) Du Boulay, t. V, p. 33, 279. *Priviléges de l'Université*, p. 27. — (2) Félibien, t. II, p. 894. — (3) Du Boulay, p. 834.

(4) L'exil de Standonc, déterminé par la cessation des leçons, était moins la punition de son attachement aux libertés universitaires que de sa résistance dans une autre affaire à laquelle le roi prenait le plus vif intérêt : c'était la rupture de son mariage avec Jeanne de France pour épouser Anne de Bretagne, qu'il avait aimée autrefois. Cependant, en 1499, le roi, informé des grands services que Standonc avait rendus à l'enseignement, le rappela de son exil. Né dans la classe la plus pauvre, domestique dans la maison de Sainte-Geneviève, Standonc travaillait le jour pour vivre, et la nuit montait au clocher pour étudier au clair de lune. Il s'éleva par son mérite à tous les grades académiques, et parvint au rectorat en 1485.

furent éloignés de Paris. Le premier se retira à Cambrai, l'autre fut banni du royaume. Le roi lui-même vint ensuite dans la ville ; il traversa le quartier de l'Université, accompagné de sa cour et d'un grand nombre d'hommes d'armes la lance en arrêt ou les arcs bandés. Il se rendit au parlement, et ordonna une nouvelle publication de l'ordonnance. L'Université céda, et elle céda pour toujours, car depuis lors il ne lui arriva plus de faire cesser ses cours, moyen dont elle s'était servie pendant plusieurs siècles.

A part ces tribulations du commencement du règne de Louis XII, l'Université jouit sous ce prince d'une grande tranquillité. Ce calme lui permit de s'occuper de son intérieur et de faire des règlements d'économie et d'utilité pour les études. La *nation de France* avait déjà donné l'exemple à cet égard, en restreignant les dépenses et en fixant dans un statut assez curieux les frais qu'on devait faire en certaines occasions. Le jour de saint Guillaume, sa fête, par exemple, l'office devait être célébré par un prélat. Deux écus d'or étaient alloués pour son dîner. Si c'était un jour gras, le repas devait se composer de deux chapons, deux lapereaux, deux perdrix, deux bécasses. Si c'était maigre, un brochet, une carpe, une anguille, plus deux quartes de vin et une quarte d'hypocras (1). Des objets plus importants fixèrent aussi l'attention de l'Université. A peu de distance de là, en 1503, la faculté des arts porta un règlement très sévère pour réprimer l'excessive indulgence des examens : « Car, disait le recteur, on reçoit des ignorants, » des bouviers, qui non seulement ne comprennent pas Aristote, mais » qui n'entendent pas même les premiers éléments de la langue latine. » On juge que nous ressemblons à ceux que nous admettons dans no- » tre corps ; en conséquence on abroge nos priviléges. » Le soin qu'apportait l'Université à ces améliorations ramena vers elle le roi, qui du reste avait toujours fait observer ses priviléges légitimes, comme il en donna une preuve manifeste, en maintenant l'Université dans la franchise des droits de taxe sur les livres (1513).

Les campagnes de Louis XII en Italie attirèrent en France et fixèrent dans l'Université des hommes de mérite, qui contribuèrent puissamment à avancer l'époque que l'on considère comme celle de la renaissance des lettres. Ce fut en quelque sorte le seul avantage que nous retirâmes de ces expéditions.

Les guerres d'Italie, où Jules II, qu'on appelait ironiquement *Sa Malignité*, viola non seulement les préceptes du sacerdoce, mais les premières lois du droit des gens, nécessitèrent la réunion du concile général de Pise en 1511 ; mais faiblement soutenue, l'assemblée n'arriva à aucun résultat décisif. La part la plus active que prit l'Université à ses travaux

---

(1) Crevier, *Hist. de l'Univ.*, t. V, p. 31. — Dubarle, t. I, p. 342.

et à ses principes se manifesta par la réfutation d'un ouvrage ultramontain du dominicain Cajetan, demandé par les pères du concile de Pise, dont les décisions étaient attaquées par Cajetan. Louis XII lui-même joignit ses instances à celles des pères du concile. « Nous vous prions, disait-il aux docteurs de l'Université, que vous, reçu ledit livre, le visitiez et examiniez diligemment, et le confutiez par raison en points et articles esquels il vous semblera être contre vérité ; si n'y veuilliez faire faute, et vous nous ferez service très agréable en ce faisant. » La réfutation fut faite par Jacques Almain, docteur en théologie, dans son ouvrage intitulé : *De l'autorité de l'Eglise et des conciles, contre Thomas Cajetan.*

La fin du règne de Louis XII n'offre aucun fait important pour l'histoire de l'Université ; avec celui de François Ier commencèrent les plus beaux jours de la renaissance, mais sans rien ôter à la gloire de François Ier, qui seconda si noblement le grand mouvement littéraire de son époque, honneur que des gens peu instruits ont pu seuls lui contester, on doit dire qu'il profita des travaux de l'Université. Il reconnut les services que cette compagnie avait rendus aux sciences, malgré les abus de ses anciens règlements, et il confirma, en 1515, peu après son avènement, ses priviléges, avec les modifications nécessaires qu'y avaient apportées les ordonnances de Louis XII.

Depuis Louis XI, la magistrature avait acquis sur l'Université une prépondérance que celle-ci ne pouvait pas plus long-temps méconnaître, et qu'elle finit par accepter franchement, s'habituant peu à peu, à mesure qu'elle perdait de sa puissance, à considérer les corps judiciaires comme ses protecteurs. Cette union devint plus étroite encore sous le règne de François Ier. Sur les réclamations de l'Université, on vit le parlement condamner les administrateurs de l'Hôtel-Dieu à renoncer au projet qu'ils avaient conçu de construire un pont sur la Seine, parce qu'il devait nuire à la rue du Fouarre, qui était comme le chef-lieu des écoles.

L'accord du parlement et de l'Université se manifesta bientôt dans une occasion bien plus importante. Lorsque François Ier eut consenti à l'abolition de la pragmatique sanction par le concile de Latran, on sait combien il lui fut difficile de faire agréer en France la nouvelle constitution, si contraire à nos libertés religieuses. Le parlement et l'Université réclamèrent avec la plus grande énergie, et lorsque enfin l'autorité judiciaire eut été forcée de céder, les conseillers firent une protestation entre les mains de l'évêque de Langres, et déclarèrent à l'Université « que la publication du concordat ne lui porterait aucun préjudice, ni à ses suppôts, touchant leurs priviléges, et que dans tous les procès, la cour, nonobstant l'enregistrement de l'édit d'abolition, jugerait selon la pragmatique sanction, ainsi qu'elle avait accoutumé. »

L'opposition du corps universitaire fut plus persistante encore que celle du parlement. Elle convoqua aux Bernardins une assemblée générale de ses membres, le 27 mars 1518. On y convint « d'appeler du concordat au futur concile, au pape futur et au parlement; de notifier cet appel au parlement; de défendre aux libraires (qui étaient, comme on l'a vu, sous la dépendance de l'Université) d'imprimer ou de vendre le concordat, sous peine de perdre leur état; et enfin de prier l'archevêque de Lyon, primat du royaume, d'assembler l'église gallicane. » Le procès-verbal de cette délibération fut affiché le même jour dans toute la ville, et les prédicateurs firent retentir les églises de leurs plaintes. Une aussi vive résistance irrita le monarque; il fit marcher des troupes sur Paris; on arrêta quelques uns des plus exaltés, et l'Université, menacée de toute la colère du prince, fut obligée de fléchir et finit par se soumettre à la volonté royale (1).

L'époque où nous sommes parvenus est celle du commencement de la réforme. Le moine augustin Luther publiait alors ses premiers écrits qui menaçaient le pouvoir pontifical et attaquaient audacieusement les principaux points de la foi catholique. Il était impossible que l'Université de Paris n'intervînt pas dans la querelle. Prise pour arbitre par Luther lui-même dans sa dispute contre Eckius, long-temps elle fit attendre sa décision; enfin, en 1521, à la sollicitation du chancelier Duprat, elle condamna la doctrine de Luther. Sa censure était conçue en termes modérés : Mélanchton y répondit par un écrit plein d'injures qui fut bientôt après brûlé par ordre du parlement; et l'Université, qui avait la surveillance sur les libraires, reçut à cette occasion de sévères réprimandes du parlement pour avoir laissé introduire et débiter ce libelle à Paris (2).

La guerre était toujours pour l'Université de Paris une époque de calamités, parce que c'était alors qu'on essayait d'éluder les priviléges qui l'exemptaient des impôts levés sur le peuple à cette occasion. En 1521, elle n'évita de payer que par la protection de la régente, Louise de Savoie. Une autre conséquence de la guerre avec Charles-Quint fut très funeste à l'Université. Par une mesure impolitique dont Louis XI avait le premier donné l'exemple, tous les écoliers flamands, espagnols ou allemands, qui étaient sujets de l'empereur, furent mis en prison, et ce ne fut qu'après de longues démarches que la compagnie put obtenir leur liberté. Ces précautions violentes éloignèrent pour long-temps de Paris tous les étudiants étrangers, et le préjudice qui en résulta pour le corps enseignant ne fut pas réparé par la confirmation de ses priviléges que le roi lui accorda, en 1525, au moment de partir pour l'Italie (3).

(1) Dubarle, *Hist. de l'Univ.*, t. II, p. 8. — (2) Dubarle, *ibid*, p. 11 et 12. — (3) Dubarle, *ibid.*, t. II, p. 13.

On a vu que ces priviléges s'étendaient à toutes les professions placées sous la protection de l'Université, et il en résultait que beaucoup de gens se présentaient pour exercer ces professions, sans autre but que de jouir des avantages attachés au titre. Ce fut pour remédier à cet abus que le parlement enjoignit à l'Université, en 1522, de ne nommer à l'avenir à ses offices que des personnes qui soient de l'état, qualité et professions convenables, et propres auxdits états et offices, et qui les exercent continuellement, actuellement et sans fraude (1).

Ces fréquents rapports avec le parlement obligèrent l'Université à avoir des avocats qui lui fussent spécialement attachés. Ces charges, confiées ordinairement aux membres les plus distingués du barreau, se perpétuaient dans la même famille. La nécessité d'avoir de bons conseils se fit souvent sentir pour l'Université, car toutes ses charges étaient tellement ambitionnées, qu'on était sûr de voir attaquer toutes les élections. En 1524, l'un des prétendants au rectorat s'était emparé de la salle des assemblées avec des hommes en armes, l'élection avait été des plus tumultueuses, les portes et les fenêtres avaient été brisées, le prévôt de Paris et ses sergents avaient été obligés de se retirer. Le parlement décida dès lors qu'on ne pourrait être élu recteur, comme autrefois, qu'après sept ans de maîtrise, à moins qu'on ne fût bachelier *formé*, c'est-à-dire ayant professé en théologie, ou licencié en droit ou en médecine. Les *entrants* qui élisaient le recteur devaient avoir au moins trente ans. Comme plus tard il fut permis d'être bachelier à vingt-un ans, il en résulta cette bizarrerie qu'on put être nommé recteur à un âge où on ne pouvait encore concourir à l'élection.

La dignité rectorale demandait beaucoup de talents et de fermeté, à une époque où le pouvoir spirituel et le pouvoir séculier semblaient l'un et l'autre prendre à tâche de porter atteinte aux droits de l'Université. En 1522, elle repoussa les bulles du pape, qui voulaient donner à son légat le pouvoir de conférer le doctorat et la licence. En 1523, François Ier, épuisé par ses guerres, voulant se procurer des ressources pécuniaires, enleva l'Université à la juridiction du Châtelet, et attribua le droit de connaître de ses causes à un tribunal qu'il créa exprès sous la présidence d'un bailli, et dont il vendit les charges. L'Université résista inutilement; le Châtelet, dont on réduisait la juridiction, eut l'idée de tenir audience tous les jours, afin d'empêcher les avocats et les procureurs de se présenter au nouveau tribunal. Mais le parlement accorda au bailli deux jours de la semaine pour vaquer aux expéditions de sa juridiction. Ce fut là l'origine des deux jours affectés aux jugements des causes de l'Université devant le Châtelet, car cet usage se maintint lorsque le bailliage eut été supprimé et réuni au Châtelet, en 1531 (2).

(1) Crévier, *Hist. de l'Univ.*, t. V, p. 158. — (2) *Priviléges de l'Université*, p. 291.

Les désastres des guerres d'Italie excitèrent une grande effervescence parmi les écoliers. L'Université défendit d'accepter dans les thèses aucune question relative au gouvernement ; en 1516, elle renouvela ses prohibitions contre les pièces de théâtre qui présentaient très souvent des allusions malignes à l'administration du royaume. Ces esquisses grossières, qui servaient d'aliment à la satire, étaient cependant les germes d'un théâtre qui devait bientôt jeter tant d'éclat.

Quoique l'Université se fût récemment augmentée des colléges de la Merci, des Sept-Voies et du Mans, les études laissaient encore beaucoup à désirer sous certains rapports. La théologie était florissante ; mais le droit était encore réduit aux décrétales ; le droit civil proscrit par Honorius n'avait pu jusqu'alors se débarrasser de ses entraves, et l'Université fortifiait, en 1536, par un règlement nouveau, l'absurdité de cette antique défense. L'étude des langues anciennes était négligée ; et lorsque l'on rencontrait dans les explications quelque passage d'un auteur grec, on se contentait de dire : « *græcum est*, *non legitur* ; c'est du grec, cela ne se lit pas (1). » Ces mots étaient passés en proverbe.

François Ier donna une nouvelle impulsion aux études littéraires, et l'année 1530 fut signalée par l'établissement de professeurs payés par le trésor pour l'étude des langues. Ces professeurs, qu'on appelait *lecteurs royaux*, et dont le traitement était de 200 écus d'or, ne formaient pas de corporation particulière ; ils faisaient partie de l'Université (2). Leurs chaires, qui n'étaient alors qu'au nombre de trois pour les langues latine, grecque et hébraïque, furent successivement augmentées, pour les mathématiques, la médecine, la philosophie, etc. L'Université n'avait pas vu avec plaisir une institution qui devait lui porter préjudice, puisque les lecteurs royaux donnaient gratuitement des leçons que ses maîtres faisaient payer. Néanmoins, comprenant l'utilité de leurs travaux, elle finit par les accueillir avec faveur, et vota des remerciements au roi.

La mésintelligence qui existait entre la faculté de théologie et la faculté des arts, qui s'accusaient, l'une de négliger Aristote, l'autre de ne plus s'attacher aux saintes Ecritures, retardèrent quelque temps les travaux d'une nouvelle commission de réforme, composée de docteurs et de conseillers au parlement ; mais enfin, en 1534, un nouveau statut fut donné pour les facultés de droit et des arts. La première fut dès lors organisée à peu près telle qu'elle existe encore de nos jours. Quant à la faculté des arts, Aristote fut recommandé toujours comme devant former la base des études ; on exigea que les écoliers parlassent latin dans les classes ; on défendit aux maîtres de laisser pousser leur

---

(1) Pasquier, *Recherches*, liv. IX, ch. 18.
(2) Duval, *Hist. du collége de France*, t. I, p. 49.

barbe, *qui leur donnait un air trop mondain* (1); mais cette défense ne s'établit que difficilement.

L'Université joua un grand rôle, à cette époque, dans les querelles religieuses qui agitaient la France. J'aurai occasion de parler ailleurs (2) de son recteur, Nicolas Cap, ami de Calvin, qui habitait le collége de Fortet. Il avait embrassé les idées nouvelles; poursuivi, sur l'ordre du président Liset, il se déroba par la fuite aux recherches qu'on dirigeait contre lui. Mais la réforme faisait chaque jour d'immenses progrès dans l'Université, et Louis Berquin, docteur en théologie, condamné par les commissaires du pape, fut brûlé le 17 avril 1529, sur la place de Grève, malgré l'intervention de François 1er (3). Erasme, son ami, dont il possédait les ouvrages, fut aussi enveloppé dans sa condamnation. Déjà, en 1528, l'Université avait défendu la lecture de ses Colloques; et en 1531, des ouvrages théologiques furent également interdits. La Sorbonne ne craignait pas de provoquer contre les réformateurs les mesures les plus ouvertes, mais l'Université en corps, comme l'a remarqué Crévier (4), ne partageait pas toujours son zèle ardent, et elle laissait retomber sur les docteurs la responsabilité des moyens qu'on employait. Cependant François 1er, qui défendait alors, *sous peine de la hart*, toute impression de livres dans son royaume (5), ordonna qu'on ne pourrait plus désormais imprimer aucun ouvrage sans qu'auparavant il eût été examiné par le recteur et les doyens des facultés. L'imprimerie avait déjà, à cette époque, une assez grande activité à Paris : et nous voyons, dans un procès élevé en 1538, entre l'Université et les sept fabricants de papier qui faisaient partie de son corps, que deux imprimeurs seulement avaient chacun quatorze presses, deux cent cinquante ouvriers, et qu'ils employaient deux cents rames de papier par semaine (6).

L'histoire de l'Université, sous le règne de François 1er, est marquée par quelques réformes utiles, par quelques événements importants. Ainsi, la faculté de décret réclama, en 1534, une exemption dont les médecins étaient depuis long-temps en possession; elle demanda que ses membres ne fussent pas soumis à la loi du célibat. L'Université accorda, en 1538, son consentement, après une violente discussion. Les élèves formèrent, vers la même époque, une corporation; ils avaient nommé un syndic, et ils prétendaient se rendre juges du mérite des professeurs, et pouvoir s'opposer à leur élection, lorsqu'ils le jugeraient convenable. Il fallut plusieurs arrêts du parlement pour mettre fin à ces désordres. En même temps, la fa-

---

(1) Du Boulay, t. VI, p. 248. — (2) Voy. l'article de la *Sorbonne*. — (3) *Biogr. univ.*, t. IV, p. 337. — Bayle, *Dictionn. crit.*, art. BERQUIN. — (4) *Hist. de l'Univ.*, t. V, p. 216. — (5) Voy. les *Faits généraux* du règne de François Ier. — (6) Dubarle, t. II, p. 29.

culté des arts, dont nous avons exposé déjà les nombreuses réformes, fixa à huit heures l'ouverture des classes, qui autrefois commençaient à cinq heures du matin, et elle proposait d'abréger encore d'une année la durée des cours de philosophie, qui, par les statuts du cardinal d'Estouteville, avaient été réduits de cinq ans à trois ans et demi ; mais la faculté de théologie s'opposa avec tant de force à cette utile mesure, qu'elle ne put être mise à exécution que fort long-temps après. Enfin, l'Université, pour prévenir toute occasion de troubles, défendit, par ordre du parlement, à tous les maîtres et écoliers de sortir, comme ils en avaient l'habitude, avec des tambours et des trompettes, pour aller soit au Lendit (1), soit à d'autres divertissements ; et pour que les chefs de la compagnie s'assurassent eux-mêmes de la tranquillité, il fut prescrit aux recteurs de faire toujours la visite des colléges pendant la durée de leur magistrature. On se vit même obligé de s'opposer à la plantation des *mais*, sous peine de privation de priviléges académiques.

Le successeur de François 1er, Henri II, s'empressa, suivant la coutume, de confirmer les priviléges de l'Université, et se déclara son *bon père et son protecteur* (2). Aussi, lorsque le roi fit son entrée solennelle à Paris, en 1549, les facultés décidèrent que tous les membres iraient à cheval au-devant de lui, et qu'il serait harangué par le recteur lui-même. « C'était une innovation, dit un historien moderne : jusqu'alors la parole, dans les cérémonies, n'avait jamais été portée par le recteur, à cause de l'éminence de ses fonctions ; c'était un théologien qui en était chargé. Mais, à partir de cette époque, l'usage contraire prévalut malgré les efforts de la faculté de théologie, et le chef de l'Université conserva, dans toutes les occasions importantes, ce privilége dont la première idée est due au recteur Jean Maréchal (3).

Henri II, suivant la politique méticuleuse que son père employa dans maintes occasions, ordonna, en 1553, à tous les étrangers de sortir de France. L'Université, malgré ses remontrances, fut obligée de se soumettre à la loi commune et de laisser partir un grand nombre d'élèves. Elle n'en soutint pas moins l'Edit de Chateaubriand qui contenait toutes les mesures répressives qu'on croyait propres à arrêter les progrès du luthéranisme. On ne put recevoir aucun écrit sur les matières théologiques, ni ouvrir aucune caisse venant de pays étranger, qu'en présence de deux théologiens, et quiconque faisait partie de l'enseignement et aspirait aux places de principal de collége, de ré-

---

(1) Voy. *Saint-Denis* (Environs de Paris). — (2) Henri II, en 1557, exempta le corps universitaire de tout impôt, par lettres patentes qui font remonter la fondation de l'Université à l'année 790, sous le règne de Charlemagne. Crévier, t. V, p. 418. —

(3) L'honneur de complimenter le roi est réservé aujourd'hui au ministre de l'instruction publique, et en son absence au vice-président du conseil royal.

gent ou de maître d'école, ne pouvait être nommé qu'après une enquête sur ses doctrines religieuses. Mais l'Université sur laquelle le monarque comptait pour s'opposer aux progrès de la réforme, ne put s'en occuper avec son activité ordinaire ; elle venait d'engager avec les Jésuites une lutte qui devait se prolonger pendant deux siècles, et dont l'histoire trouvera sa place dans l'article que nous consacrerons à la Sorbonne.

Les longues querelles de l'Université avec les religieux de Saint-Germain-des-Prés étaient assoupies depuis quelque temps, mais elles étaient loin d'être éteintes. L'Université avait aliéné, en 1540, le Petit-Pré-aux-Clercs, l'un des sujets de ces dissensions, mais le Grand-Pré lui était demeuré. Le célèbre proviseur du collége de Presles, *Pierre Ramus* ou de la Ramée, publia un écrit violent qui signalait les usurpations commises par l'abbaye : excités par ses discours, les étudiants s'attroupèrent, et le 4 juillet 1548, vers le milieu du jour, aidés par la populace, en bon nombre et bien armés, ils assaillirent le grand enclos des moines de Saint-Germain, l'envahirent par plusieurs brèches et y détruisirent les treilles de vignes et les arbres fruitiers. Puis ils allèrent commettre les mêmes ravages dans la maison du conseiller Charles Thomas et dans plusieurs autres bâties sur le territoire de l'abbaye. En vain les religieux, avec leurs vassaux et leurs domestiques, essayèrent de repousser la force par la force ; les écoliers terminèrent à leur gré leur œuvre de destruction, et le soir, quand ils eurent fini, ils se retirèrent en ordre de bataille, emportant comme trophées des branches d'arbres et des ceps de vignes qu'ils brûlèrent en triomphe sur la place de Sainte-Geneviève-du-Mont. C'est du vénérable historien de Paris Jacques Dubreuil que nous tenons ces détails. Dubreuil était alors étudiant à l'Université de Paris, et il était de l'expédition ; il dut même y participer activement, car il avait vingt ans à cette époque. Aussi, dit-il, « j'en parle comme une personne qui » y estoit, *turbam ad malum secutus*, suivant la foule pour faire le » mal. » Au reste il fit promptement une éclatante amende honorable ; en 1549, il était moine de Saint-Germain-des-Prés.

Les étudiants ne s'en tinrent pas là, ils firent durer l'émeute plusieurs jours de suite. Le parlement se saisit aussitôt de l'affaire, et l'Université, loin de redouter les conséquences de son agression, saisit cette circonstance pour faire hautement valoir les droits dont la violation était la cause de ce tumulte. La cour était bien disposée en sa faveur, et l'avocat-général Marillac plaida pour elle avec chaleur. « L'Université, disait-il, est la mère, le séminaire et la pépinière de tous gens de bien, de vertu, de savoir; en sorte que non seulement elle serait plus à favoriser que l'église de Saint-Germain, sans comparaison, d'autant qu'une mère est plus à favoriser que sa fille ; mais parce que sans l'Université l'église ne serait rien, c'est-à-dire que, sans les gens de bonnes lettres, de bon savoir et de vertu qui viennent de l'Université, l'église ne pourrait subsister (1). »

Dès le 9 juillet, le parlement rendit plusieurs arrêts. Il défendit d'abord par provision tant au recteur qu'aux écoliers de mettre le pied au Pré-aux-Clercs, sous peine de la potence. Puis il nomma deux commissaires, Martin Ruzé et Jacques Leroux, pour informer sur les excès commis les jours précédents ; mais en même temps il ordonna de rendre à l'Université les écoliers prisonniers, sauf les vrais coupables qu'il remit à la justice du prévôt de Paris ; il contraignit les religieux de Saint-Germain à faire plusieurs concessions relativement au Pré-aux-Clercs, notamment à boucher les fenêtres d'aspect qu'ils avaient de ce côté, à fermer la porte de leur abbaye ouvrant sur le pré, et à supporter tous les frais du procès. Cet arrêt devait satisfaire l'Université ; l'année suivante, les commissaires du parlement s'occupèrent de déterminer les droits des parties à la propriété du terrain en litige, et les bénédictins Félibien et Lobineau (2) racontent avec douleur que sur leur rapport « l'abbaye de Saint-Germain perdit plus de cinquante arpents de son ancien clos. » Cependant l'esprit turbulent des écoliers n'était pas calmé ; le désordre, comme nous le verrons, recommença quelques années après.

Le parlement était souvent occupé des plaintes qu'on lui portait contre les écoliers. L'année 1554 fut marquée par deux arrêts qu'il rendit à leur occasion (3). Le temps de la *foire de Lendit* était surtout l'époque où tout semblait permis aux écoliers. « On en voyait une multitude, équipés d'une manière indécente, courir les champs et les villages, le jour et la nuit, en armes et au bruit des tambours, conduits par leurs propres régents. » Le parlement défendit aux maîtres et aux écoliers de se rendre de la sorte au Lendit. Il prohiba, sous peine de la hart pour tous les écoliers, port « d'espées, bastons longs, pistolets à feu, chemises de maille, ou autres armes. » Il ordonna au lieutenant criminel et aux principaux de visiter plusieurs fois la semaine les maisons où logeaient les écoliers, et d'informer contre ceux qui auraient des armes dans leurs chambres et ceux qui leur donnaient retraite ; ceux-ci devaient, à l'arrivée des écoliers dans leur maison, prendre les armes qu'ils avaient, et ne les leur rendre que quand ils quitteraient la ville pour retourner chez eux. Il fut défendu aux écoliers de porter des chapeaux bas, des ceintures et des chausses de couleur et déchiquetées, à peine d'être déchus de leurs priviléges. Afin que les principaux et régents fussent plus facilement reconnus, ils durent porter en tout

---

(1) Crévier, *Hist. de l'Univ.*, t. V, p. 435. — (2) Félibien, *Hist. de Paris*, t. II, p. 1027. — (3) Félibien, t. II, p. 1044.

temps des robes longues, sans manches coupées, et avoir leurs chaperons sur l'épaule. Il fut ordonné « aux escrimeurs et maistres en fait d'armes » de quitter les faubourgs où les écoliers allaient prendre des leçons à la dérobée, et de se retirer dans la ville « en lieux connus où les escoliers n'oseront se glisser. Les cabaretiers n'en purent plus recevoir chez eux, passé sept heures du soir en hiver et huit heures en été. Il fut interdit à tous les garçons chirurgiens de demeurer ailleurs que chez des maîtres, « parce que les escolliers querelleurs, bles-
» sés dans leurs courses de nuit, alloient se faire panser chez ces garçons
» en des lieux escartés; deffendu pareillement à tous les garçons de
» mettre le premier ou second appareil sans y appeler les maistres du
» voisinage, qui en feront leur rapport aux commissaires et à la police.
» Ordre aux femmes publiques, et à celles qui font métier de les pro-
» duire, de vuider incessamment la ville et les faubourgs, à peine du
» fouet et de la prison. » Les commissaires du Châtelet devaient faire de fréquentes visites chez les écoliers, et faire tous les jeudis leurs rapports à la police.

Pierre Ramus, maître ès-arts à l'Université et principal moteur de cette querelle, fut l'un des hommes les plus remarquables de son siècle. Il était né vers 1502 d'une famille de Picardie. Son père, trop pauvre pour lui faire donner une éducation, l'employait à garder les troupeaux; mais tourmenté du désir d'apprendre, l'enfant s'enfuit deux fois pour venir étudier à Paris, et deux fois la misère le contraignit de retourner dans la maison paternelle. Un de ses oncles enfin se chargea de payer pendant quelque temps sa pension dans un collége, et afin de pouvoir continuer ses études, Ramus entra comme domestique au collége de Navarre, où, grâce à son ardeur pour l'étude, il acquit bientôt, presque sans maître, une connaissance approfondie des langues et de la littérature anciennes. Avec un esprit judicieux comme le sien et habitué à la méditation, Ramus, qui était parvenu seul à s'élever au-dessus de sa position à force de persévérance et de travail, se révolta contre l'admiration exclusive que l'Université avait toujours accordée à la philosophie d'Aristote. Aristote était la base de toute instruction; l'union intime des études théologiques avec sa philosophie avait rendu ses écrits sacrés. Aux yeux des savants, attaquer ses ouvrages, c'était saper la religion par sa base. Ramus fut, dès le commencement, frappé de cette idée, que l'autorité despotique, accordée par la routine aux écrits du philosophe grec, était une barrière imposée aux progrès de l'esprit humain. Dès lors, il résolut de consacrer tous ses efforts au renversement de cette idole.

Lorsqu'il eut achevé ses études, Pierre Ramus se présenta à l'examen pour obtenir le grade de maître-ès-arts. Il prit pour sujet de sa thèse le développement de cette proposition : « Tout ce qu'Aristote a dit est faux. » La foule accourut pour jouir de la confusion du jeune présomptueux ; mais elle fut bien trompée : Ramus réduisit tous ses antagonistes au silence. Encouragé par le succès, celui-ci se livra avec plus d'ardeur encore à l'examen d'Aristote et rapporta tout à ce but, ses lectures, ses études, et même les leçons d'éloquence qu'il commençait à donner au collége de l'Ave-Maria. En 1543, il fit paraître deux écrits sur ce sujet. Tant de hardiesse effraya l'Université, qui, dans son irritation, intenta un procès criminel à l'audacieux novateur. L'affaire fut portée au Châtelet de Paris, puis au parlement, et enfin au conseil du roi, qui parlait, dit-on, d'envoyer Ramus aux galères. Les choses n'allèrent pas si loin ; mais, en 1544, le roi rendit un arrêt qui déclara Pierre Ramus téméraire, arrogant et impudent d'avoir réprouvé et condamné *le train et art de logique* reçu de toutes les nations, prohiba ses ouvrages, lui défendit d'écrire contre Aristote et de discuter sa philosophie dans les écoles où ses talents attiraient autour de sa chaire une foule d'auditeurs. Cette sentence fut reçue dans les colléges de Paris avec des transports de joie, et Ramus, réduit au silence, se consacra à l'étude des mathématiques. En 1545 cependant, il fut invité à donner des leçons de rhétorique au collége de Presles, où son mérite ramena bientôt nombre d'écoliers que la peste avait, l'année précédente, éloignés de la capitale. Il fut nommé principal de ce collége, et la Sorbonne essaya vainement de l'en expulser. Un arrêt du parlement le maintint dans ses fonctions. Le cardinal de Lorraine, qui le protégeait, obtint même de Henri II, dès 1545, l'annulation de l'arrêt qui lui défendait d'enseigner la philosophie, et en 1551, Pierre Ramus fut nommé professeur de philosophie et d'éloquence au collége de France.

Vers cette époque un grand trouble s'éleva dans l'Université de Paris pour une cause fort singulière. Il s'agissait de savoir comment il fallait prononcer la lettre Q dans les mots latins commençant par cette lettre. L'ancien usage de l'Université était de lui donner le son du K ; de sorte que *quisquis*, *quamquam*, se prononçaient *kiskis*, *kamkam*. Le célèbre Érasme venait de faire dans la langue grecque de semblables réformes de prononciation dont le bruit agitait encore le monde savant. Ramus, toujours novateur, attaqua comme illogiques le *kiskis* et le *kamkam*; les professeurs du collége de France se joignirent à lui ; mais tous les partisans d'Aristote se soulevèrent. Un ecclésiastique ayant été privé de ses revenus pour avoir embrassé la réforme, se pourvut contre ce décret, et le parlement fut saisi de l'affaire, et appelé ainsi à juger en dernier ressort de la prononciation de la lettre litigieuse. Tout le monde se récria contre le ridicule de ce procès ; et quoiqu'à ce propos la Sorbonne accusât Ramus d'hérésie, le parlement déclara tout simplement que chacun prononcerait comme il voudrait. Le calme fut rétabli, mais cette affaire laissa des traces dans les esprits ;

c'est depuis que les discussions méticuleuses et le verbiage de la médisance furent appelés des *cancans*.

Pierre Ramus passa les années suivantes à introduire dans l'enseignement les améliorations qui avaient été le but de toute sa vie, et continua ses leçons avec éclat malgré les intrigues de ses nombreux ennemis. En 1562, il présenta au roi Charles IX un projet de réforme de l'Université, dans lequel on reconnaît les idées élevées d'un homme supérieur à son siècle. Ses talents et son zèle eussent produit sans doute de grands résultats s'il eût vécu en des temps moins agités, et si son caractère franc et incapable de transiger avec les abus eût amassé moins de haines autour de lui.

Ramus partageait les opinions des calvinistes, mais en secret; car c'eût été chose inouïe que l'apostasie publique d'un des principaux membres de l'Université de Paris. Après l'édit qui accordait aux sectateurs de la réforme la permission d'exercer librement leur culte, il commit l'imprudence de faire, à l'imitation des protestants, enlever de la chapelle de son collége de Presles, les images de saints et tous les ornements qui s'y trouvaient. Aussitôt, ses collègues se levèrent en masse contre lui; le corps universitaire demanda son exclusion. Il fut heureux de pouvoir se réfugier à Fontainebleau, où le roi Charles IX lui avait offert un asile; mais pendant son absence, sa maison fut envahie et mise au pillage, et la riche bibliothèque qu'il s'était formée fut détruite. Cependant il revint à Paris en 1563, et reprit possession de sa chaire au collége royal.

Ramus était devenu le doyen des professeurs du collége de France. Personne n'était plus que lui disposé à maintenir la dignité de ce corps; en effet, il s'acquitta de ses fonctions avec une telle ardeur, que ce fut la cause de sa perte. A la faveur des troubles de cette époque, l'intrigue avait souvent fait attribuer les honneurs et les places à des hommes sans capacité. Ainsi, au collége de France, un certain Jean Dampestre avait eu le crédit de se faire nommer, en 1565, professeur de mathématiques, et il savait à peine les premiers éléments de la science qu'il se chargeait d'enseigner. Ramus l'accusa publiquement d'ignorance et d'incapacité, le traduisit au parlement, et obtint une ordonnance qui régla que Dampestre et tous les autres professeurs se présenteraient désormais pour être admis au collége royal, et seraient examinés solennellement par leurs collègues. Quelques mois plus tard, sur son rapport, le roi ordonna que toutes les fois qu'une chaire du collége royal serait vacante, la nouvelle en serait publiée dans toutes les grandes Universités de l'Europe, pour étendre les difficultés du concours. Jean Dampestre redoutant avec raison l'affront qu'il pouvait subir dans un examen public, céda sa place et son titre moyennant certains arrangements pécuniaires, à Charpentier, encore moins mathématicien que lui, mais docteur en médecine, et de plus intrigant aussi adroit que tenace. Ramus ne céda pas plus à Charpentier qu'à Dampestre, et sans avoir le temps de le faire exclure de même, il s'en fit un ennemi mortel.

En 1557, les désordres qui s'étaient élevés dans l'Université quelque temps auparavant (1548), au sujet du Pré-aux-Clercs, avaient excité dans les esprits une fermentation qui régnait toujours (1) Le 12 mai 1557, un crime dont on ignore la cause précise et l'auteur, ramena, et plus graves que jamais, les sanglantes collisions du Pré-aux-Clercs. Le 12 mai donc, vers le soir, plusieurs groupes de promeneurs composés surtout d'étudiants, parcouraient le Pré, lorsque plusieurs coups de fusil furent tirés des maisons qui, dans la dernière émeute, avaient été envahies par les jeunes gens de l'Université. Un écolier gentilhomme breton et un avocat du parlement furent tués, et plusieurs étudiants grièvement blessés. Sur la première plainte d'un pareil attentat, on arrêta Bailli, procureur au Châtelet, propriétaire de la maison d'où les coups de feu étaient partis; mais on le relâcha presque aussitôt. Les étudiants, indignés de cette partialité et transportés de fureur, se jetèrent sur l'habitation de Bailli et celles de ses voisins : trois maisons furent saccagées et livrées aux flammes; et, malgré les efforts de l'autorité, ces violences continuèrent les jours suivants. Le 17, le parlement fut obligé d'user de rigueur; il fit occuper le Pré-aux-Clercs par quarante archers et arquebusiers de la ville, commandés par le lieutenant criminel, avec défense à tous autres, quels qu'ils fussent, d'y mettre le pied. Il enjoignit en même temps au prévôt de Paris et à ses lieutenants, d'opérer la saisie de toutes les armes qu'ils trouveraient entre les mains des écoliers; enfin, pour effrayer les perturbateurs par un exemple sévère, il confirma la sentence de mort portée par le prévôt de Paris contre un des chefs de la sédition, nommé Baptiste Coquastre, étudiant, né à Amiens, et âgé de vingt-deux ans. La sentence fut exécutée le jour même : le coupable pendu à une potence dressée exprès au milieu du Pré-aux-Clercs, et son corps livré aux flammes. Quelques uns de ses camarades recueillirent ce qu'ils purent de ses ossements, et les allèrent inhumer près de là, dans la chapelle de Saint-Père, devenue depuis l'église de la Charité. Dès le soir même de l'exécution, les étudiants, exaspérés, affichèrent des placards menaçants aux portes et dans les carrefours de la ville, abattirent la barrière des Sergents près la croix des Carmes, maltraitèrent les officiers de justice, et tuèrent un de ceux qui venaient leur signifier les ordres du parlement. L'exécution de ces ordres rigoureux était difficile; la voix des maîtres n'avait plus d'empire sur la jeunesse, que plusieurs grands seigneurs sou-

(1) Voy. t. I, p. 195.

tenaient et encourageaient secrètement. Le 21 mai, le lieutenant criminel et le lieutenant civil se présentèrent avec leurs gens pour faire exécuter les ordres du parlement : les désordres continuèrent. La rue de La Harpe, vers les colléges de Bayeux et de Narbonne, devint un champ de bataille ; des hommes à cheval, armés de toutes pièces, envoyés, dit-on, par un prince du sang, le duc d'Enghien, et parmi lesquels se trouvait un seigneur illustre, le comte de Carmain, prirent la défense des écoliers, et les suppôts de l'Université furent obligés de s'enfuir après avoir perdu une partie de leur escorte. Le même jour, le parlement, qui craignait que l'affaire ne prît un caractère de plus en plus grave, ordonna de nouveau au recteur de l'Université et aux principaux des colléges, de faire tous leurs efforts pour rétablir le bon ordre ; et en même temps, le président Gilles-le-Maître leur promit avec douceur qu'il serait procédé au procès du commissaire Bailli et des auteurs de la mort de l'écolier breton. Le roi était alors en Picardie ; il écrivit à l'Université plusieurs lettres foudroyantes. Le 25 mai, il annonça qu'il allait faire occuper le quartier de l'Université par dix compagnies de fantassins et deux cents hommes d'armes ; il confisqua le Pré-aux-Clercs, avec défense à toute personne de l'Université d'y mettre le pied, ordonna à tous les écoliers de se mettre en pension dans les colléges fermés, ou de vider la ville et les faubourgs, sauf les étudiants étrangers appartenant aux pays alors en guerre avec la France, auxquels il fut enjoint de sortir du royaume dans la quinzaine, sous peine d'être déclarés prisonniers de guerre. Enfin, Henri II menaçait l'Université de lui enlever tous ses priviléges, et de lui infliger une punition qui serait de *perdurable mémoire*.

L'Université, effrayée, envoya vers le roi, à La Fère, une députation à la tête de laquelle était Jean de Salignac. Ces émissaires reçurent un accueil assez favorable, et obtinrent du roi la révocation des ordonnances rendues pendant les troubles, et l'annulation de toutes les procédures commencées à leur occasion contre les membres de l'Université. Le parlement se montra moins facile ; il refusa d'abord d'enregistrer cet ordre royal, et il fallut des injonctions réitérées pour l'y contraindre (1).

Peu à peu le calme se rétablit ; mais, comme dans toutes les agitations populaires comprimées par la force, ce ne fut pas sans quelques manifestations de résistance. Le 11 juin, il se passa un incident qui prouve que dans ces tristes séditions les étudiants n'étaient pas toujours les plus coupables. Le 11 juin, jour de saint Barnabé, comme on revenait de la procession de l'Université à Sainte-Geneviève, on apprit que plusieurs

---

(1) Dubarle, *Hist. de l'Univ.*, t. II, p. 61-64. — Félibien, *Hist. de Paris*, t. II, p. 1053-1057. — Crévier, *Hist. de l'Univ.*, t. VI. — Velly, *Hist. de France*, t. XIV, p. 145-147. — Dulaure *Hist. de Paris*, t. IV, p. 11-15.

maisons voisines du Pré-aux-Clercs avaient encore été forcées, et qu'elles avaient été le théâtre de grandes violences. Cette fois l'Université, qui s'était réconciliée avec le roi, l'en informa elle-même en ces termes : « Sire, à grande peine pourrez-vous croire combien de joie et de consolation a reçu votre très humble et très obéissante fille et servante apprenant par ceux qu'elle avoit envoyez devers Votre Majesté la bonté et clémence dont vous a plu user en son endroit, et le souverain remède que vous a plu donner à ses maux. Sire, nous en avons, par procession publique, rendu grâce à Dieu le roy des roys, et à vous le meilleur de tous, et encore rendons par la présente ; par laquelle, en outre, vous supplions d'entendre que, au retour de notre procession, avertis que quelques méchants, sous le nom et titre d'escoliers, faisoient encore quelques démolitions, nous y sommes allés, et nous-mêmes en avons fait prendre huit, dont sept se sont trouvés artisans, et le huitième se dit escolier du collége d'Autun. L'avons fait mener audit collége, et trouvé qu'il en étoit cuisinier. Si lui avons fait *donner la sale* ; de sorte qu'il peut avoir perdu l'envie d'y retourner. Ce que, Sire, nous vous escrivons pour témoignage de la diligence que nous avons faite et espérons faire, pour toujours tenir les nôtres en leur devoir et en la paix et tranquillité comme les études le désirent, et comme l'obéissance que nous avons rendue le requiert. »

Ainsi l'Université vit se terminer assez heureusement cette affaire qui devenait fort inquiétante pour elle. Néanmoins elle put voir en cette occasion combien sa puissance était déchue. Autrefois, d'un mot, le recteur fermait ses écoles, et le roi de France était obligé de consentir à tout pour obtenir la levée de cette interdiction universitaire. A la fin du XVIe siècle, c'était le roi qui menaçait le recteur de faire fermer ses colléges et de disperser ses écoliers. C'est que sous Henri II les lumières de la science n'étaient plus un monopole et s'étaient heureusement propagées ; les belles institutions de François Ier portaient déjà leurs fruits. Dans diverses provinces s'elevaient des universités florissantes, où les bienfaits de la science étaient reçus par une jeunesse nombreuse et zélée. L'Université devenue moins nécessaire était moins ménagée ; ainsi s'évanouit son influence.

Vers cette époque (1558-1561), le royaume de France était plus que jamais troublé par les sectateurs de la religion nouvelle. Malgré les rigueurs exercées par François Ier, les protestants étaient nombreux, et les calamités publiques dont la France fut affligée à la fin de son règne les avait rendus plus puissants encore. L'Université, fille de l'Eglise et du roi, composée exclusivement de théologiens et de savants orthodoxes, soutint avec ardeur le parti catholique. Aux États-Généraux convoqués le 13 décembre 1560, l'un de ses députés, Jean Quintin, professeur en droit canon, porta la parole au nom du clergé, et, dans un discours fanatique, invoqua contre les novateurs la mort et les supplices. Heureusement le Tiers-État et la noblesse demandèrent la liberté de conscience et le libre exercice des cultes, principes qui furent sanctionnés, pour quelque temps du moins, par les ordonnances du roi.

« Il fut aussi question dans cette assemblée d'une réforme de l'Université. Les trois ordres de l'État avaient indiqué les améliorations nécessaires; ils avaient fait sentir le besoin de favoriser l'éducation primaire et d'établir dans toutes les paroisses du royaume des écoles gratuites, où les enfants pussent puiser quelque instruction; le Tiers-État, en particulier, avait demandé la fondation dans toutes les universités de France d'une chaire de morale et de politique. Ramus, dans son projet de réforme adressé à Charles IX, indiqua, relativement à l'Université de Paris, les points sur lesquels la réforme devait porter; c'était surtout la méthode d'enseignement et les frais d'études qui étaient devenus tellement exorbitants que les gens riches seuls pouvaient y atteindre (1). »

Il ne paraît pas que ces projets aient eu une exécution sérieuse. L'attention publique était détournée par des maux bien plus pressants, par les sanglantes calamités qui désolaient le pays; et l'Université elle-même était tout occupée à lutter contre un ennemi formidable qui venait de se lever contre elle : c'était la *compagnie de Jésus*. Cette nouvelle congrégation de religieux, introduite en France seulement depuis 1552, n'aspirait à rien moins qu'à s'attribuer exclusivement le ministère de l'instruction du peuple, le plus efficace de tous les moyens pour arriver à l'asservissement des esprits. Malgré leur constante habileté à dissimuler leurs projets, les jésuites, dès leur apparition, donnèrent l'alarme à l'Université, qui fit de vains efforts pour empêcher leur établissement en France, et qui, obligée de souffrir ces dangereux voisins, s'opposa avec énergie à tous leurs empiétements, et fut en guerre continuelle avec eux (2).

Cependant la guerre civile continuait entre les protestants et les catholiques. Fidèle à ses principes, l'Université poursuivait avec constance les partisans des idées nouvelles; et le roi, sous l'influence de sa mère, Catherine de Médicis, et des Guises, les puissants soutiens de l'église romaine, la favorisaient de tout leur pouvoir. Seulement, dans tous ses actes, l'Université était gênée par une circonstance étrange. Elle avait choisi en 1552 le cardinal de Châtillon, évêque de Beauvais, pour son conservateur apostolique; mais depuis 1552, bien des événements étaient survenus, et, frère de l'amiral de Coligny, le conservateur

---

(1) Dubarle, *Hist. de l'Univ.*, t. II, p. 73.
(2) Voy. le détail de ces querelles, plus loin, à l'article *Collége de Clermont*.

apostolique avait publiquement embrassé la religion réformée; et il avait été dégradé par le souverain pontife vers la fin du concile de Trente (1564), sentence à laquelle lui-même avait acquiescé en se mariant, et en substituant à son titre de cardinal de Châtillon celui de comte de Beauvais. Grandement scandalisée, l'Université saisit la première occasion de rompre ouvertement avec son ex-protecteur; et par une délibération du 26 octobre 1568, elle le priva de sa charge qu'elle transféra à Jean du Tillet, évêque de Meaux.

Aux approches des massacres de la Saint-Barthélemy, la paix semblait renaître; les nombreux édits de pacification si souvent rompus paraissaient plus solides, et les manières doucereuses de la cour avaient rendu la confiance aux protestants, qui aussitôt affluèrent à Paris. L'Université, qui n'avait nulle raison de simuler une réconciliation avec les nouveaux religionnaires, ne se relâcha en rien de son habituelle rigidité. Ceux de ses membres qu'elle avait exclus comme huguenots, Ramus le premier, s'efforcèrent de rentrer dans le corps universitaire à la faveur d'un édit du 11 août 1570, qui accordait à tous les partis la liberté de conscience, la conservation de ses charges et dignités, et, par un article spécial, stipulait la réception *aux écoles*, sans nulle distinction, de tous ceux qui se présenteraient. Malgré ces termes positifs, l'Université formula un impassible refus de recevoir les huguenots dans son sein, et obtint, le 8 octobre 1570, une déclaration royale qui sanctionna son opposition.

Enfin vint l'affreuse nuit du 24 août 1572, pendant laquelle quatre mille protestants furent égorgés à Paris. Plusieurs membres de l'Université périrent dans cette boucherie. Le plus illustre d'entre eux est Pierre Ramus. Principal du collége de Presles, Ramus entendant les sinistres clameurs du massacre, s'était caché dans une des caves de cette maison, rue Saint-Jean-de-Beauvais; mais son vieil ennemi, Charpentier, accompagné de quelques égorgeurs, vint l'arracher de son asile, exigea de lui une rançon pour le rachat de ses jours, et après l'avoir reçue le livra au poignard de ses satellites. On jeta son cadavre tout nu dans la cour du collége de Presles, ses entrailles furent arrachées et livrées aux animaux; et les écoliers, dit-on (1), excités par la rage féroce de leurs maîtres, traînèrent son corps dans la boue des rues. En apprenant ces détails, un autre professeur au collége de France, Denis Lambin, expira de frayeur.

Du reste l'Université ne se mêla en rien aux événements politiques de cette sanglante époque; la faculté de théologie rédigea seulement une formule d'abjuration que l'on faisait répéter aux huguenots pri-

---

(1) De Thou, *Hist. universelle*, liv. LII. — Crévier, *Hist. de l'Univ.*, t. VI., p. 265. — *Dictionn. de Moréri*.

sonniers ; ce fut toute la part que le corps universitaire prit à ce triste épisode (1).

Sous le règne de Henri III, l'Université de Paris fut d'abord libéralement comblée des faveurs royales. De brillantes universités s'élevaient de toutes parts en Allemagne et en Hollande ; la fameuse université de Leyde venait d'être fondée par Guillaume de Nassau ; il importait à toute la France de conserver l'éclat de l'antique université de Paris. Le roi établit au collège royal trois chaires nouvelles : une pour la théologie, une pour la chirurgie, et la troisième pour la langue arabe.

Néanmoins la bonne intelligence de la cour avec l'Université ne dura pas long-temps. Les *mignons* du roi, qui déplaisaient si fort au peuple, n'étaient pas plus agréables à l'Université, qui craignait de se voir privée, grâce à leur crédit, d'une partie de ses priviléges, surtout depuis que les écoliers avaient effrontément tourné en ridicule dans les rues de Paris les habitudes et les modes de ces favoris efféminés.

Bientôt Henri III parla de transformer en officiers royaux les officiers universitaires, et de les obliger à payer un droit pour leurs charges. Dès l'an 1576, il avait porté atteinte au privilége jusqu'alors exclusivement exploité par l'Université d'entretenir des messageries. C'est à elle en effet qu'on doit cette utile invention.

« Dès l'origine de son institution, elle avait établi, dit Hurtaut, des messagers qui se chargeaient de conduire à la capitale du royaume les jeunes gens de province qui venaient y étudier. Ces messagers servaient à entretenir des rapports réguliers entre les étudiants et leurs familles. Comme le public vit qu'ils s'acquittaient très fidèlement de leurs fonctions, attendu qu'ils étaient responsables de leur conduite au recteur et aux procureurs des nations, il prit confiance en eux, et se servit de cette commodité pour faire porter ses hardes, ses paquets et ses lettres ; ainsi les messagers de l'Université devinrent insensiblement ceux de l'État. Ils jouissaient de priviléges considérables, entre autres de l'exemption du péage dû au roi et aux seigneurs sur les fiefs desquels ils passaient : c'est ce qu'on apprend par les lettres de Philippe-le-Bel de l'an 1312, et par une charte de Louis-Hutin du 2 juillet 1315 où ils rapportent celles des rois leurs prédécesseurs.

» En vain plusieurs particuliers voulurent dans la suite s'immiscer dans cette espèce de ministère public, l'Université s'y opposa toujours et obtint des arrêts, tant du conseil de nos rois que du parlement de Paris, qui réprimèrent ces entreprises, et maintinrent ses messagers dans l'exercice de leurs fonctions, à l'exclusion de tous autres.

» Les choses subsistèrent en cet état jusqu'en 1576, que le roi Henri III

---

(1) Dubarle, *Hist. de l'Univ.*, t. II, p. 114.

jugea à propos d'établir des messagers royaux dans les villes et les lieux où il y a des siéges ressortissant des cours des aides et de parlement, et il leur accorda les mêmes droits et priviléges dont jouissaient les messagers de l'Université. Celle-ci eut le crédit de faire retarder l'enregistrement de cet édit jusqu'en 1579, et d'y faire ajouter la clause que ces messagers royaux ne pourraient porter seulement que les sacs et papiers de justice.

» Les messagers de l'Université restèrent donc seuls en droit de conduire les personnes et de porter les hardes, paquets et lettres du public : cela dura jusqu'en 1632, que Louis XIII permit, par une déclaration, que les courriers de sa majesté pussent joindre à ses dépêches les lettres des particuliers, mais seulement deux fois la semaine, savoir le mardi et le vendredi. Les maîtres de ces courriers abusèrent bientôt de cette permission, et entreprirent de faire porter les lettres du public chaque jour de la semaine, mais l'Université s'y opposant obtint, les 14 décembre 1641, 29 mars 1642, 19 novembre 1644 et 5 octobre 1647, des arrêts du conseil d'Etat, rendus contradictoirement, par lesquels il fut permis à ses messagers de partir tous les jours, notamment de Paris à Rouen, et de porter toutes les lettres et autres choses qui leur seraient confiées, avec défense aux maîtres des courriers de les porter d'autres jours que les mardis et vendredis. Le recteur confère ces charges dont la finance est de six cents livres. Ils sont exempts de tutelle, curatelle, et jouissent des priviléges et immunités de l'Université ; ils sont appelés aux processions du recteur, et ils ont leur salle d'assemblée au collége de Louis-le Grand. Ces offices viennent de perdre leurs priviléges cette année 1778 (1). »

L'Université, blessée dans ses plus chers intérêts par le gouvernement d'Henri III, fut facile à engager dans le parti de la Ligue, et en 1580 elle manifesta énergiquement son opinion en choisissant pour recteur Jean Boucher, docteur en théologie, ligueur fanatique, surnommé, pour son emportement et sa difformité, le *Poliphême de la Sorbonne*.

La Sorbonne devint le foyer de la Ligue. Toutes les églises retentissaient des prédications furieuses de ses docteurs en théologie ; les bacheliers prenaient à l'envi pour texte de leurs thèses des maximes régicides ; et, dans la célèbre *journée des Barricades*, le 12 mai 1588, les écoliers donnèrent le signal de la rébellion. Le 7 janvier 1589, une assemblée de la faculté de théologie décida qu'on pouvait justement refuser obéissance à Henri III et prendre les armes contre lui. « Et ainsi, dit L'Estoile (2), trente ou quarante pédants, maîtres ès-arts crottés, qui après grâces traitent des sceptres et des couronnes, comme

---

(1) *Dictionn. hist. de Paris*, par Hurtaut et Magny, t. IV, p. 753.
(2) L'Estoile, *Journal du règne de Henri III*, 26 janvier 1589.

porte-enseignes et trompettes de la sédition, déclarèrent tous les sujets de ce royaume absous du serment de fidélité et obéissance qu'ils avaient juré à Henri de Valois, naguère leur roi, et rayèrent son nom des prières de l'Église. » On sait quel fut le résultat de cette effervescence : Henri III fut assassiné quelques mois après.

Cependant l'Université dans ces guerres civiles jouait un triste rôle ; la plupart de ses membres n'étaient nullement partisans de la Ligue, et la violence de leurs actes n'était que l'effet d'une timide obéissance, tantôt aux insinuations artificieuses des Guises, tantôt aux exigences terroristes des Seize. Elle n'était presque jamais qu'un instrument passif entre les mains de l'ambition. Loin de rien gagner à la révolution qu'elle avait si puissamment aidée, elle voyait chaque jour ses priviléges méconnus par les ligueurs, ses revenus diminués, ses dettes accrues, et ses écoliers dispersés par le malheur du temps. Témoin ce piquant passage de la satire des états-généraux tenus à Paris, en 1593, par les chefs de la Ligue.

« L'Université vous remontre que, depuis ses *cunabules* (son berceau), elle n'a été si paisible qu'elle est maintenant. Car, au lieu que nous soulions voir tant de frippons, fripponiers, jupins, galoches, marmitons et autres sortes de gens malfaisants courir le pavé et quereller les rôtisseurs du Petit-Pont, vous ne voyez plus personne de telles gens par les colléges. Tous les suppôts des facultés et nations qui tumultuoient pour les brigues et licences ne paroissent plus. On ne joue plus de ces jeux scandaleux et satires mordantes aux eschaffauts des colléges, et y voyez une belle réformation, s'étant retirés tous ces jeunes gens qui vouloient montrer à l'envi qu'ils savoient plus de grec et de latin que les autres. Ces factions de maîtres ès-arts, où l'on se battoit à coups de bonnet et de chaperon, sont cessées ; tous les écoliers de bonne maison, grands et petits, *ont fait gille*. Les professeurs publics, qui étoient tous royaux, ne vous viennent plus rompre la tête de leurs harangues : bref, tout est coi et paisible. Et vous dirai bien plus : jadis du temps des politiques et hérétiques Ramus et Turnebus, nul ne faisoit profession des lettres qu'il n'eût, de longue main et à grands frais, étudié et acquis des arts et des sciences en nos colléges, et passé par tous les degrés de la discipline scolastique. Mais maintenant, par les moyens de vous, Messieurs, et par la vertu de la Sainte-Union, les beurriers et beurrières de Vanvres, les ruffiens de Montrouge et de Vaugirard, les vignerons de Saint-Cloud, les carreleurs de Villejuif et autres cantons catholiques, sont devenus maîtres ès-arts, bacheliers, principaux, présidents et boursiers des colléges. Aussi n'oyez plus aux classes ce clabaudement latin des régents qui obtondoient les oreilles de tout le monde : au lieu de ce jargon, vous voyez à toute heure du jour l'harmonie argentine et le vray idiome des vaches et veaux de lait, et le doux rossignolement des ânes et des truyes qui nous servent de cloches (1). »

« Ce tableau, dit M. Dubarle, est exact ; il nous peint la triste situation de l'Université. » Aussi vit-elle avec enthousiasme l'avénement de Henri IV. Dès les premiers jours de l'entrée du nouveau roi à Paris, le 2 avril 1594, elle se rendit en corps auprès de lui pour lui offrir ses félicitations. De son côté, « le roi lui fit fort bon visage, appela ses membres *messieurs nos maîtres*, leur dit qu'il vouloit tout oublier, et qu'il aimeroit et honoreroit toujours singulièrement leurs corps et facultés ; de quoi messieurs nos maîtres s'en allèrent fort contents, disant autant de bien de sa majesté que peu auparavant ils en avoient dit de mal (2). »

Ainsi protégée par la faveur de l'autorité royale, l'Université ne tarda pas à reprendre son ancienne splendeur ; elle recouvra même une partie de son autorité, et le bannissement des Jésuites, 1594, en fut le premier signe. Aristote fut intronisé de nouveau, et son infaillibilité devint plus absolue que jamais, à tel point qu'en 1624, trois chimistes, qui ne partageaient pas les opinions antiques du philosophe grec sur certains points de la science et osèrent soutenir leur avis par des thèses, furent emprisonnés, puis bannis. Bien plus, l'arrêt qui les condamna, et qui se trouve consigné dans les registres du parlement (le 28 août 1624), « fait défense à toutes personnes, *sous peine de la vie*, de tenir ni enseigner aucunes maximes contre les anciens auteurs, ni faire aucunes disputes que celles qui seront préalablement approuvées par les docteurs de la faculté de théologie (3). »

Je dois revenir rapidement sur les circonstances de l'éloignement des Jésuites, si intimement liés à l'histoire de l'Université. Le 18 avril 1594, la compagnie par une délibération unanime arrêta qu'elle emploierait tous ses moyens et ses ressources pour l'expulsion des Jésuites, ses adversaires ; une taxe fut imposée sur chacun de ses membres pour reprendre l'ancien procès intenté contre eux.

Jacques d'Amboise, docteur en médecine, alors recteur, les accusa « d'être ennemis de la loi salique et de la maison régnante; il leur reprocha leur attachement au parti espagnol, et rappela leur opposition aux libertés gallicanes. » Les Jésuites, qui avaient eu l'habileté de se ménager des amis jusque dans le sein de la faculté de théologie, obtinrent son appui, et demandèrent à l'Université de se désister de son action et de les incorporer à la compagnie, moyennant toute la soumission due à monsieur le recteur. Leur demande fut rejetée et l'affaire portée au parlement, le 12 juillet, où elle fut jugée à huis clos sur la demande des Jésuites. Antoine Arnauld, élève de l'Université, qui porta la parole pour elle, les accusa des maux qui depuis trente

---

(1) *Satyre Ménippée* ; harangue de M. le docteur Rose. — (2) Journal de L'Estoile. — (3) Dubarle, t. II, p. 152-197.

ans désolaient la France, et, suivant l'usage du barreau de son temps, il les accabla d'injures et leur prodigua les épithètes les plus insultantes (1). — Louis Dallé, avocat des curés de Paris, en même temps en procès avec les Jésuites, parla ensuite, et, quoique plus calme qu'Arnauld, il n'en fut pas moins terrible pour ses adversaires. Claude Duret n'osa entreprendre la justification des Jésuites, dont il s'était chargé, et les pères furent contraints de présenter leur défense. Malgré l'opposition, ils étaient parvenus à faire appointer l'affaire au conseil du roi, quand l'attentat de Châtel, élève du collége de Clermont, vint décider la sentence du parlement qui les bannit du royaume.

« Le coup de Châtel, dit L'Estoile, porta le plus grand préjudice à l'Université et fit retourner plus de six cents écoliers de toutes les nations qui venaient à Paris, et en fit sortir presque autant d'autres qui y étaient habitués. » Pour détruire autant que possible l'impression funeste de ces événements, la faculté de théologie, le 16 janvier 1595, déclara « que » Henri IV devait être reconnu comme roi véritable et légitime, qu'il » n'était aucunement loisible à qui que ce soit d'attenter à sa personne » sous prétexte de religion, de péril de la foi, ou autres quelcon- » ques (2). » L'Université s'acquitta ensuite d'une dette de reconnaissance envers son avocat qui n'avait voulu rien recevoir d'elle. Par une délibération unanime du 18 mars 1595, elle porta le décret suivant : « Ne voulant point demeurer coupable d'ingratitude, nous avons jugé » nécessaire de consigner dans nos registres un tel bienfait, afin que la » mémoire s'en conserve toujours, et nous avons astreint et astrei- » gnons tous les ordres de la compagnie à se regarder comme obligés » envers ledit sieur, ses enfants et descendants, à tous les devoirs aux- » quels sont obligés de bons clients envers un fidèle patron, et à pro- » mettre à ne jamais manquer à ce qui pourra intéresser leur honneur, » leur réputation et leur utilité. » Le décret fut signé du recteur, scellé du grand sceau de l'Université et offert à Antoine Arnauld.

L'Université était presque déserte lorsque Henri IV vint à Paris; mais peu après, elle se repeupla par la confiance qu'inspirait le roi; et sous le seul rectorat de Jacques d'Amboise, elle compta jusqu'à deux cent seize élèves admis dans son sein (3). L'Université s'était franchement ralliée à Henri IV; en 1595, elle ordonna des réjouissances extraordinaires pour célébrer l'absolution que le pape venait enfin d'accorder au roi (4). Mais la faculté de théologie avait abandonné avec le

---

(1) *Annales des soi-disant jésuites*, t. I, p. 524. — Crévier, t. VI, p. 476. — (2) Pasquier, qui lui portait un grand attachement, disait « qu'il cherchait l'Université dans l'Université, et ne l'y trouvait pas. » *Recherches*, liv. IX, ch. 25. — (3) Crévier, t. VII, p. II. — Dubarle, t. II, p. 163. — (4) L'Université était d'autant plus fière de cet événement qu'il était l'ouvrage d'un de ses élèves, le cardinal d'Ossat, autrefois maître de rhétorique et de philosophie au collége de Lisieux à Paris.

plus de peine ses anciens principes sur l'omnipotence papale ; plusieurs fois le parlement poursuivit les doctrines ultramontaines ; enfin, le roi créa, en 1596, deux chaires de théologie positive pour l'enseignement de cette science, conformément à l'église de France. En 1598, Guillaume Rose, évêque de Senlis, qui s'était fait remarquer par des prédications contre le roi, rétracta ses doctrines d'après un arrêt du parlement, dans la grande salle du palais, debout et tête nue.

L'édit de Nantes, qui accordait aux protestants le libre exercice de leur culte, ne fut point approuvé par l'Université qui forma opposition, « voulant que les écoliers de la religion prétendue réformée fussent ex- » clus de l'entrée aux colléges de l'Université (1). » Le parlement refusa de l'enregistrer ; mais le roi, ayant été prendre séance dans son sein, toutes les difficultés furent levées. Ces mesures législatives n'éteignirent pas la haine que l'on portait aux huguenots. Paris ne renfermait pas de temples protestants : les religionnaires étaient obligés d'aller entendre le prêche d'abord à Ablon-sur-Seine, puis à Charenton ; chaque fois qu'ils sortaient de la ville, leur départ était, pour une populace fanatique, le signal de mille outrages. Les écoliers étaient souvent les instruments dont on se servait ; et les excès à cet égard allèrent si loin, qu'on fut obligé de dresser, dans la vallée de Fécan, à l'extrémité du faubourg Saint-Antoine, une potence pour y pendre le premier qui troublerait le repos public, de quelque religion qu'il fût. On a conservé les monuments de ces provocations, faites à une jeunesse déjà trop turbulente. Dans son curieux journal, L'Estoile rapporte une de ces proclamations qu'on placardait dans les rues de l'Université ; elle était conçue en ces termes : « On fait savoir à tous écoliers, grammairiens, artiens, et autres illustres étudiants en notre Université luthérienne, qu'ils aient à se trouver aujourd'hui, *post prandium* (2), sur le bord de la Seine (3), *cum fustibus et armis*, pour s'opposer, *tempore opportuno* (4), aux insolences de la maudite secte huguenote et abloniste ; faisant défences à tous, prévôt, lieutenant et autres, d'empêcher ceci, sous peine d'encourir l'ire de Dieu et du peuple chrétien et catholique. A Paris, le 18 septembre 1605. »

La jeunesse des écoles était toujours la même ; dans un autre endroit, L'estoile raconte qu'à la foire de Saint-Germain, théâtre ordinaire des exploits des étudiants, « un laquais coupa les deux oreilles à un écolier et les lui mit dans sa pochette. » Pour venger la victime, ses camarades tuèrent tous les laquais qu'ils rencontrèrent.

Jusqu'à la fin du règne de Louis XIII, l'Université fut, du reste, assez tranquille, occupée à introduire des améliorations dans son administra-

---

(1) L'Estoile, t. II, p. 236. — (2) Après le dîner. — (3) Sans doute dans le Pré-aux-Clercs. — (4) Avec armes et bâtons pour s'opposer en temps opportun.

tion intérieure, et à mettre à profit les dispositions favorables du roi et de son ministre Richelieu. En 1610, Louis XIII avait commencé l'exécution du projet de son père, et ordonné les premiers travaux de la construction du collége royal de France sur la place de Cambrai. En 1631, il confirma les priviléges du corps universitaire. Le cardinal de Richelieu, qui avait fait ses études de théologie à la Sorbonne, se plaisait à passer pour le protecteur de ce collége. Il le fit somptueusement rebâtir en 1629; et à son titre de premier ministre, il joignait volontiers celui de proviseur de la Sorbonne; enfin, en 1636, dans la guerre active de la France contre la maison d'Autriche, lorsque l'ennemi, après avoir envahi la Picardie, menaçait la capitale, l'Université vint offrir à Richelieu un corps de quatre cents soldats levés et entretenus à ses dépens (1).

Ce fut le dernier acte de son existence politique. Dans les siècles précédents, sous une royauté mal affermie, armée de pouvoirs incertains, et entourée de sa noblesse féodale toujours jalouse et séditieuse, l'Université avait pu facilement s'emparer d'une immense influence; mais dans une monarchie absolue, sous le despotisme de Richelieu, un corps privilégié dans l'Etat était impossible. C'était un résultat de la marche naturelle des idées et des choses. L'Université songea même à peine à retenir cette influence qui glissait de ses mains ou à se plaindre de l'avoir perdue. Dès l'an 1614, l'Université de Paris demanda à siéger comme corps à l'assemblée des Etats-Généraux; en vain elle invoqua ses priviléges et ses usages, aussi anciens que la monarchie, disait-elle. Cette manifestation d'existence politique lui fut déniée, et ses prétentions en restèrent là : mais les études y gagnèrent, et l'Université fit alors des améliorations notables dans son sein. Depuis long-temps elle s'occupait d'assujettir à des règles et à certaines formes l'écriture française, jusqu'alors soumise en quelque sorte au caprice; en 1639, Le Bé, et Louis Barbedor, syndics des écrivains de Paris, fixèrent, par ordre de la compagnie, l'écriture française d'une manière invariable, et déposèrent des modèles au greffe du parlement.

L'Université ne se mêla point aux troubles qui signalèrent la minorité de Louis XIV, si ce n'est en deux ou trois occasions. Ainsi : « le samedi 16 janvier 1649, le recteur et tous les suppôts de l'Université vinrent offrir leurs services au parlement, auquel ils présentèrent dix mille livres pour tout le corps, et demandèrent d'estre conservez dans leurs priviléges ; à quoi la cour répondit, par la bouche du premier président, qu'elle acceptait leurs offres, et qu'ils pouvaient compter sur sa protection pour la conservation de leurs priviléges (2). » En 1652, le recteur alla trouver le roi, à la tête d'une députation, et demanda la mise

(1) Voltaire, *Hist. du parlement de Paris*, chap. 53. — (2) Félibien, t. II, p. 1405.

en liberté du fameux cardinal de Retz, qui venait d'être arrêté par ordre de la cour. Mais l'Université borna là ses démarches ; elle était alors préoccupée de la querelle du *jansénisme* (1), et les réformes intérieures attiraient beaucoup plus son attention que les affaires publiques : entre autres arrêtés qu'elle rendit à cette époque, il faut remarquer ceux qui fixaient à 60 livres les gages de son procureur fiscal, et qui indiquaient la formule de serment que devaient prêter les écoliers avant la délivrance des *lettres de scolarité*, sans lesquelles, comme on sait, on ne pouvait obtenir aucun grade. On leur faisait jurer de respecter toute leur vie les privilèges, droits, franchises et statuts de l'Université parisienne ; *de ne jamais révéler ses secrets*, et enfin, à quelque dignité qu'ils parvinssent par la suite, de respecter toujours le recteur (2).

Mazarin, en mourant (1661), voulut faire oublier sa conduite peu bienveillante envers l'Université, dont il viola plus d'une fois les privilèges, et il fit une sorte d'amende honorable en fondant le collège qui porta son nom (3). Ce fut une ère nouvelle pour le corps enseignant. La création des Académies des inscriptions et des sciences, la construction de l'Observatoire, l'accroissement de la bibliothèque, les encouragements donnés aux savants par le ministre Colbert, dont la gloire s'associe à celle de Louis XIV, ne pouvaient avoir sur les études qu'une heureuse influence. Le grand roi protégea d'ailleurs l'Université ; il confirma, en 1675, les privilèges de la faculté de théologie, et rendit au sujet de la faculté de médecine un arrêt important. Les médecins de province, qui n'avaient pas été reçus à Paris, voulaient cependant y exercer, avant d'avoir justifié, par de nouveaux examens, qu'ils en étaient dignes. Cette prétention donnait lieu à de violentes contestations. Louis XIV défendit, en 1694, à tout médecin étranger à l'Université de Paris d'y exercer, à moins d'être approuvé par elle ou d'être attaché à la personne du roi ou de la famille royale, et plus de seize ans après, en 1711, il renouvela cette défense, en accordant aux membres de la faculté de médecine de Paris le privilège de pouvoir exercer sans obstacle dans toute l'étendue de la France : « Attendu, porte l'ordonnance, que ceux qui étudient en médecine dans la capitale, y trouvant plus de moyens que partout ailleurs de s'instruire dans toutes les parties de la science qui y sont enseignées par les maîtres les plus habiles, ce serait inutilement qu'on les obligerait à recommencer de nouvelles études sous des professeurs parmi lesquels il s'en rencontrerait rarement d'aussi capables que ceux dont ils auraient pris les leçons (4). »

Mais l'amélioration la plus importante que l'illustre compagnie dut à

---

(1) Voy. l'article de *la Sorbonne*. — (2) Dubarle, t. II, p. 216. — (3) Voy. l'article du *Collège Mazarin* ou des *Quatre-Nations*. — (4) Félibien, *Preuves*, t. IV, p. 313, 316, 248.

Louis XIV, fut l'institution de l'enseignement du droit civil romain, enseignement qui, comme je l'ai dit, avait été prohibé, au moyen âge, par une bulle du pape Honorius III. Des lettres patentes du mois d'avril 1679, enregistrées au parlement, le 8 mai suivant, rendirent cet important service à la science : « Nous avons cru, y est-il dit, ne pouvoir rien faire de plus avantageux pour le bonheur de nos peuples, que de donner aux gens qui se destinent au ministère de la justice les moyens d'acquérir la doctrine et la capacité nécessaires, en leur imposant la nécessité de s'instruire des principes de la jurisprudence, tant des canons de l'Église et des lois romaines, que du droit français; ayant d'ailleurs reconnu que l'incertitude des jugements, qui est si préjudiciable à la fortune de nos sujets, provient *principalement* de ce que l'étude du droit civil a été presque entièrement négligée depuis plus d'un siècle par toute la France, et que la profession publique en a été discontinuée dans l'Université de Paris. A ces causes, nous ordonnons que dorénavant les leçons publiques du droit romain seront rétablies dans l'Université de Paris et dans toutes les universités de notre royaume où il y a faculté de droit (art. 1 et 2); nous ordonnons également que le droit français, contenu dans nos ordonnances et dans nos coutumes, soit publiquement enseigné (art. 14). » Par la même disposition, le roi accorda des distinctions honorifiques aux professeurs en droit, et l'année d'après, dans un nouvel édit, il établit, pour ceux d'entre eux qui auraient professé pendant sept années, une préférence pour la nomination aux bénéfices (1).

L'Université reconnaissante partageait l'enthousiasme général qui venait de décerner à Louis XIV le surnom de Grand. En 1684, « le sieur de Pommereu, prévost des marchands et les eschevins, par traité passé avec l'Université de Paris, le 24 juillet, fondèrent un panégyrique à l'honneur du roy Louis-le-Grand, qui serait récité tous les ans le 15 mai, par le recteur de l'Université, en présence du prévost des marchands et des autres officiers du corps de ville, laquelle, à cette fin, promit de faire payer au receveur de l'Université, tous les ans, quarante louis d'or, valant 440 livres. La fondation fut acceptée par l'Université et homologuée au parlement le 17 aoust 1684 (2). » Toutes les facultés s'empressèrent aussi de soutenir le monarque dans sa lutte avec la cour de Rome, et elles enregistrèrent avec joie la célèbre déclaration de principes, rédigée par Bossuet, qui consacrait la liberté de l'église gallicane. Mais les dernières années de ce règne ne furent point aussi favorables au corps enseignant. Le roi protégeait ouvertement les jésuites, ennemis et rivaux redoutables de l'Université. Ainsi, en 1682, il avait fait annuler l'opposition formée à la vente du collége du Mans

---

(1) Néron, *Recueil d'édits*, t. II, p. 160. — (2) Félibien, t. II, p. 1513.

par le recteur, le principal et les boursiers de ce collége, et il avait fait cadeau aux religieux favorisés d'une somme de 53,159 livres, destinée à payer des indemnités à ceux qu'on dépouillait (1). Enfin les persécutions religieuses, qui attristèrent la fin de ce beau règne pénétrèrent jusqu'au sein des colléges et y jetèrent l'effroi. Depuis long-temps, on avait restreint pour les protestants la faculté d'enseigner; il était défendu à leurs maîtres d'écoles de recevoir des pensionnaires; une ordonnance de 1670 ne leur permit de montrer que l'écriture, la lecture, l'arithmétique; et l'étude des langues, de la philosophie et de la théologie, leur fut interdite; on fit fermer, de 1681 à 1685, les plus célèbres écoles protestantes, et les fameux colléges de Sedan et de Sémur ne furent bientôt plus que des déserts. Toutes ces persécutions aboutirent à la révocation de l'édit de Nantes, monument d'intolérance dont l'article 7 interdit aux religionnaires de se livrer à l'éducation de la jeunesse.

L'Université de Paris, suivant l'impulsion que le génie de Louis XIV avait su donner à l'esprit de ses contemporains, avait fait, pendant la vie de ce prince, des pas rapides vers la perfection, et elle était arrivée à donner à ses élèves des connaissances bien supérieures à celles qu'on eût osé espérer un demi-siècle auparavant. D'illustres disciples, Pascal, Descartes, Boileau, Molière, et tant d'autres sortis de son sein, attestaient l'excellence des études qu'on faisait dans ses écoles. Long-temps le respect pour d'anciens usages avait enchaîné les efforts de ses maîtres; mais de grandes améliorations, un développement nouveau s'étaient depuis quelque temps manifestés dans l'enseignement. Parmi les causes qui y contribuèrent, il faut citer surtout les luttes des professeurs de l'Université avec la compagnie de Jésus.

A force d'adresse et de persévérance, les Jésuites étaient parvenus à s'emparer de l'éducation d'une grande partie de la jeunesse. Composée presque entièrement d'hommes supérieurs, leur société, bornée d'abord à un petit nombre de colléges, avait soin de n'en confier la direction qu'à des maîtres d'une capacité éprouvée. N'ayant pas, comme l'Université, à lutter contre la puissance de la routine, libres d'adopter la méthode qui leur semblait la meilleure, ils étaient assez habiles pour faire un bon choix. Ils comprirent de bonne heure qu'ils n'avaient pas seulement à former des savants, mais bien aussi des hommes du monde: les armes, la danse, la musique, l'équitation, bannies de l'Université, étaient accueillies par eux, et ils rendaient aux familles satisfaites des jeunes gens prêts à paraître avec avantage dans la société. Ils ne négligeaient rien de ce qui pouvait servir d'ailleurs à assurer la supériorité de leurs écoles; et ils surent principalement employer un mobile puis-

(1) Dubarle, t. II, p. 231.

sant sur l'esprit des jeunes gens, l'émulation. Tous ces moyens leur donnèrent d'abord de grands avantages sur l'Université, dont l'enseignement plus sérieux avait surtout le grand inconvénient de manquer d'unité. Heureusement, l'esprit de corps eut chez elle assez de force pour donner à tous ses membres le désir d'assurer à leur compagnie la supériorité, en cherchant à améliorer, à perfectionner le plan d'études.

Ces changements, d'une grande importance, furent l'ouvrage de quelques hommes d'un mérite supérieur que l'Université de Paris peut citer avec orgueil : les Hermand, les Saint-Amour, les Hersan, et surtout Charles Rollin (1). Rollin, dont le nom se place à côté des noms qui illustrèrent la France ; Rollin, qui consacra sa longue carrière à l'éducation de la jeunesse, introduisit dans l'Université de Paris les réformes les plus utiles, et sut joindre le précepte à l'exemple. Né dans la condition la plus humble, parvenu par ses talents et ses vertus aux plus hautes dignités scolastiques, il abandonna sans regret les honneurs dont ses collègues l'avaient comblé pour reprendre ses modestes travaux. Sous sa direction, le collège de Beauvais (2) acquit une célébrité jusqu'alors inconnue dans l'Université parisienne, et il sut y former des élèves dignes de le remplacer un jour. Ses nombreux ouvrages attestent la bonté de son cœur, la justesse de son esprit, et son amour touchant pour la jeunesse. C'était à elle qu'il reportait le tribut de ses méditations, c'était à elle qu'il consacrait ses veilles. Sous de tels hommes, le corps enseignant n'eut pas de peine à reprendre le rang qu'il avait si long temps occupé dans l'opinion publique.

L'Université luttait ainsi avec courage et non sans succès contre les jésuites, et se préoccupait vivement de la querelle ridicule et funeste excitée par la bulle *Unigenitus* (3), lorsque Louis XIV mourut (1715). Le duc d'Orléans, qui prit la régence pendant la minorité du dauphin, était un homme d'esprit et de goût qui avait reçu une excellente éducation. Un tel prince devait être le protecteur de l'Université ; il le prouva bientôt. Le 14 avril 1719, il réunit sur sa demande les messageries de l'Université aux postes du royaume moyennant une rente de 150,000 fr., ce qui lui permit de rendre toutes ses leçons gratuites, comme les jésuites, qui en tiraient un si orgueilleux parti ; un arrêt du conseil du 20 juillet 1721 créa la première école des langues orientales, en introduisant dans quelques collèges l'usage de faire instruire dans cette littérature des jeunes gens qu'on appelait *Enfants des langues* ou *Arméniens*, et qu'on employait ensuite dans les relations diplomatiques avec le Levant (4).

Après la mort du duc d'Orléans, le gouvernement protégea de même

---

(1) Dubarle, t. II, p. 242-248. — (2) Voy. *Collège de Beauvais*. — (3) Voy. l'article de *la Sorbonne*. — (4) Félibien, t. II, p. 1530.

l'Université. Il s'occupa de faire jouir les classes pauvres du bienfait de l'instruction en multipliant les colléges et les écoles (1) ; les imprimeurs et libraires furent associés, comme dans le moyen âge, aux priviléges universitaires et exemptés de taxes ; mais placés encore à quelques égards sous la même dépendance, ils devaient porter le nom d'*imprimeurs* ou *libraires jurés de l'Université* (2).

Je renvoie aux articles de Saint-Médard et de la Sorbonne pour les détails des querelles excitées par les convulsionnaires et les jansénistes. Bientôt les esprits, comme fatigués de ces luttes religieuses, s'en détachèrent, et en vinrent bientôt à des railleries peu décentes. L'Université combattit cet emportement du siècle, tout en suivant et satisfaisant les progrès des études.

La société des jésuites ayant été enfin supprimée en 1764, le collége de Louis-le-Grand, devenu libre, fut destiné à servir de chef-lieu à l'Université qui n'en avait jamais eu jusqu'alors. C'est là que siégea le tribunal académique ; c'est là aussi que l'on transporta les archives de tous les colléges, la bibliothèque de l'Université et la halle au parchemin. A partir de l'arrêt d'expulsion des jésuites, toute la faveur du gouvernement se reporta sur l'Université, qui rentrait en possession du privilége d'instruire la jeunesse dont elle avait joui jusqu'à l'époque de leur apparition ; et on défendit à sa requête, tant on redoutait les jésuites, à toutes personnes, excepté les pères, mères, tuteurs, etc., d'instruire dans leur maison les enfants qui auront plus de neuf ans. Vingt-neuf colléges dont les revenus étaient presque nuls, furent supprimés et réunis à Louis-le-Grand. L'existence de l'Université vivement menacée par les jésuites s'était consolidée après leur expulsion ; ses droits furent affermis : des hommes d'un mérite réel lui rendirent pendant ce siècle l'éclat qu'elle avait perdu ; c'est alors (1761) que Crévier, appréciant son importance, écrivit son histoire.

Rien de remarquable n'arriva à l'Université pendant le reste du règne de Louis XV, jusqu'en 1774. Louis XVI monta sur le trône animé des plus louables intentions : dès le commencement de son règne, il fit élever le Collége de France et l'École de Médecine ; mais les troubles politiques vinrent rendre inutiles ces fondations et amener bientôt la ruine de l'Université.

Dans le dernier état de sa constitution à l'époque où nous sommes arrivés, l'Université de Paris avait deux chanceliers, l'un à Notre-Dame et l'autre à Sainte-Geneviève. Les conservateurs de ses priviléges apostoliques étaient les évêques de Beauvais, de Meaux et de Senlis, et le prévôt de Paris conservateur des priviléges royaux. Depuis un

---

(1) Déclaration du roi du 14 mai 1724.
(2) Voir Brillon, *Dictionnaire des arrêts*, v° *Université*.

temps fort ancien, il y avait dans chaque collége une distribution des prix à la fin de l'année. En 1733, M. Legendre, chanoine de Notre-Dame, auteur de plusieurs ouvrages, légua à l'Université une rente annuelle de 1900 livres pour les frais d'une distribution solennelle de prix entre tous les écoliers des colléges de plein exercice (1) : c'est là l'origine des concours généraux. L'Université avait droit à la nomination de quatorze bénéfices : les trois cures de Saint-André-des-Arcs, de Saint-Côme, de Saint-Germain-le-Vieux, et onze chapellenies. Elle a observé jusqu'à ces derniers temps le statut qui ordonnait, afin de ne point exclure les pauvres des degrés universitaires, de leur remettre le prix de la licence et du doctorat une fois leur capacité reconnue, à condition de le rendre à l'Université si jamais ils devenaient riches.

Une des principales solennités de l'Université, qui se célébrait quatre fois dans l'année, était la *procession du recteur*. Un auteur du siècle dernier nous en a laissé une description minutieuse, qui me paraît mériter d'être recueillie : « Cette procession, qui se fait tous les trois mois, et où assiste le corps de l'Université, part du collége de Louis-le-Grand dans l'ordre suivant, où chacun est à son rang. Les quatre censeurs sont dans le centre, précédés du courrier de l'Université, guide pour les cérémonies. La croix est portée par un religieux augustin, accompagné de deux religieux du même ordre qui portent les chandeliers. Ils sont suivis par les Cordeliers, les Augustins, les Carmes et les Jacobins; les maîtres-ès-arts en robe noire Les Billettes, les Blancs-Manteaux, ceux de Sainte-Croix, ceux du Val-des-Écoliers, les Trinitaires, les Prémontrés, ceux de Cîteaux, l'ancien ordre de Saint-Benoît, ceux de Cluny forment le chœur; mais comme la plupart de ces ordres ne viennent plus, l'Université a établi douze chantres séculiers qui tiennent le chœur avec six chantres bénédictins de Saint-Martin-des-Champs, qui tiennent à honneur de remplir l'ancien ministère de leur ordre dans cette cérémonie. — Les bacheliers en médecine, en robe noire fourrée herminée, précédés du deuxième appariteur avec sa masse. Les bacheliers de la faculté de droit, immatriculés dans la faculté des arts, en robe noire et chaperon herminé, précédés du deuxième appariteur avec sa masse. — Les bacheliers en théologie, en robe noire et fourrure, précédés du deuxième appariteur. — Les docteurs régents de la faculté des arts, et les procureurs des quatre Nations, en robe rouge herminée, précédés chacun de leur second appariteur avec leur masse. Les docteurs ès-droits, en robe rouge et chaperon herminé, précédés de leur premier appariteur, en robe violette fourrée de blanc, avec sa masse. — Les docteurs régents en médecine, en chape et fourrure, précédés de leur premier appariteur,

---

(1) Hurtaut, t. IV, p. 755.

en robe violette fourrée de blanc, avec sa masse. Les docteurs en théologie, en robe noire et fourrée, précédés de leur premier appariteur en robe violette, fourrée de blanc. M. le recteur en robe violette et bonnet carré de même, avec le mantelet royal et l'escarcelle de velours violet, garnie de glands d'or et galons, accompagné du doyen de la faculté de théologie, et précédé des quatre premiers appariteurs de la faculté des arts, avec leurs masses. — Les syndic, greffier et receveur de l'Université suivent immédiatement M. le recteur, en robe rouge herminée. Les avocats, procureurs de l'Université, au parlement et au Châtelet, ont droit de venir à la procession. A la fin de la procession, sont les officiers qui ne sont point obligés par leur état d'avoir aucun degré dans l'Université, savoir : les imprimeurs et libraires jurés, au nombre de douze, compris deux des anciens syndics ou adjoints, les quatre papetiers jurés, les quatre parcheminiers jurés, les deux enlumineurs, les deux relieurs et les deux écrivains jurés. Les grands messagers jurés y assistent, précédés de leur clerc ou héraut revêtu d'une tunique de velours pourpre, parsemée de fleurs-de-lys d'or.

» Quand la procession arrive au lieu de la station, le corps de l'Université est reçu par le clergé en chape, avec la croix, l'eau bénite et l'encens. Lorsque M. le recteur entre, le clergé l'accompagne jusqu'au chœur. M. le recteur se place au côté droit de la stalle haute, en face du maître-autel, ayant devant lui les appariteurs de la faculté des arts. Les docteurs en théologie et en médecine se placent en suite de M. le recteur. Les bacheliers de ces facultés sont dans les stalles basses vis-à-vis leurs docteurs. Au côté gauche, les docteurs professeurs de la faculté de droit, les procureurs des quatre Nations, les trois grands officiers de l'Université, et les docteurs régents de la faculté des arts. Les maîtres ès-arts, qui sont en robe noire, sont dans les stalles basses.— La messe est célébrée par le curé de la paroisse s'il est docteur, sinon par le doyen de la faculté de théologie, qui officie lorsque la procession va dans les maisons religieuses. Les diacre et sous-diacre sont aussi docteurs. Les religieux bénédictins de Saint-Martin-des-Champs portent chape dans le chœur avec le bâton cantoral, et chantent l'office aidés des chantres séculiers de l'Université. Il y a sermon dans l'église de la station par un docteur en théologie en fourrure, et non ailleurs, dans les églises de Paris, avant midi. Après la messe, M. le recteur, suivi des doyens des facultés, des procureurs des quatre Nations, des grands officiers et autres maîtres et suppôts de l'Université, s'approche de l'autel, du côté de l'évangile, et remercie le célébrant par un discours latin que prononce un orateur qu'il choisit, auquel le célébrant répond aussi par un discours latin ; ensuite la procession retourne au collége Louis-le-Grand, et le corps de l'Université est reconduit par le clergé avec le même ordre qu'il a été marqué pour la réception (1). »

Les événements de 1789 furent funestes à l'Université de Paris. Ses écoles se dépeuplèrent, ses biens lui furent enlevés, les secours que l'État lui accordait, consacrés à d'autres usages. Elle succomba, ou plutôt elle s'éteignit comme d'elle-même. Aucun décret, aucune loi ne prononça sa suppression (2), et cependant elle cessa bientôt d'exister, comme si le sort d'une compagnie qui avait toujours été si dévouée à la cause des rois devait être de périr avec eux.

L'Université déplaisait à l'Assemblée constituante; on craignait que son enseignement ne se ressentît de principes qu'on ne voulait plus alors voir dominer; l'Assemblée la maintint cependant dans l'état d'abandon où elle se trouvait, jusqu'à l'adoption d'un nouveau système d'instruction qui fût uniforme pour toute la France, et non restreint, comme celui de l'Université, à la ville de Paris. M. de Talleyrand, dans la séance du 13 octobre 1790, parla éloquemment sur la nécessité de laisser les colléges ouverts jusqu'à la nouvelle loi, et un décret sanctionna la proposition. M. de Talleyrand proposa ensuite un plan d'éducation générale à l'aide duquel on devait remplacer l'Université parisienne et toutes les Universités du royaume, mais le projet fut ajourné. A cette époque le simulacre de l'Université subsistait encore; les classes étaient ouvertes, mais extrêmement peu nombreuses, et dans la stagnation. L'Université s'effaçait peu à peu sans commotion, sans résistance; la suppression de la Sorbonne et du tribunal académique fut le seul coup qui la frappa directement. Condorcet présenta à l'Assemblée législative, en 1792, un nouveau projet d'instruction générale; l'Assemblée écouta le rapport, mais, pressée par les événements, ne statua point à cet égard. Bientôt, cédant à la haine que beaucoup de ses membres portaient à toutes les institutions de l'ancien régime, elle désorganisa tous les corps enseignants en ordonnant, par une mesure maladroite et avant d'avoir pourvu à leur remplacement, que tous les instituteurs ecclésiastiques seraient obligés de prêter serment à la constitution civile du clergé (3). Ce décret fut le signal de la ruine de la plupart des maisons d'éducation. Beaucoup de maîtres faisaient partie du clergé, sans en remplir les fonctions; leur adhésion aux lois qui devaient régir le clergé était inutile; beaucoup de maîtres, placés par là entre leur devoir et leur conscience, renoncèrent à leur profession et désertèrent les colléges dans lesquels ils avaient conservé jusqu'alors quelque vestige d'instruction. L'Université de Paris fut aussi frappée de cette mesure; plusieurs de ses membres appartenaient au clergé. Leur retraite la laissa entièrement dépourvue de maîtres; ce dernier coup

---

(1) Hurtaut, *Dictionn. histor. de Paris*, au mot *Procession*.
(2) Merlin, *Répertoire de jurisprudence*, v° *Université*, § II.—Dubarle, t. II, p. 279.
(3) *Moniteur* du 19 avril 1792.

accéléra la ruine totale de la compagnie qui, depuis long-temps du reste comme les autres Universités de France, n'existait, pour ainsi dire, que de nom. C'est à cette époque que l'on peut rapporter son entier anéantissement (1).

Collège et église de Sorbonne, place Sorbonne. — La Sorbonne, si puissante et si célèbre aux siècles derniers, n'était, dans l'esprit de son fondateur, qu'un asile offert aux écoliers pauvres, un établissement destiné à favoriser le progrès des études et en tout semblable aux nombreuses maisons d'éducation érigées dans la capitale pendant le XIII° siècle. L'établissement de Robert de Sorbon s'appelait *la communauté des Pauvres-Maîtres étudiant en théologie*.

Robert de Sorbon, avant de venir à la cour de saint Louis, était chanoine de Cambrai; il tirait son nom du lieu de Sorbon ou Sorbonne en Artois, où il était né le 9 octobre 1201. Sa famille était fort obscure, malgré la peine que ses panégyristes ont prise pour l'ennoblir. Le sire de Joinville en donne un témoignage suffisant dans la piquante anecdote qu'il raconte en ces termes : « Comme on étoit à Corbeil, maître Robert de Cerbon me vint quérir, et me prenant par le collet de mon mantel, il me mena au roi, et tous les autres chevaliers vinrent après nous. Lors demandai-je à maître Robert : Maître Robert, que me voulez-vous? — Et me dit : Je vous veux demander, si le roi s'asseyoit en ce pré et que vous vous fussiez asseoir sur son banc plus haut que lui, si on vous en devroit blâmer. — Et je lui dis que oïl. — Et il me dit : Donc faites-vous bien chose blâmable quand vous êtes plus noblement vêtu que le roi ; car vous vous vêtez de vair et de vert, ce que le roi ne fait pas. — Et je lui dis : Maître Robert, sauf votre grâce, je ne fais rien à blâmer si je me vêts de vair et de vert, car cet habit m'ont laissé mon père et ma mère; mais vous, vous faites chose blâmable, *car vous êtes fils de vilain et de vilaine*, et ayant laissé l'habit de votre père et de votre mère, êtes vêtu de plus riche camelin que le roi n'est. Et lors je pris le pan de son surcot et du surcot du roi, et lui dis : Or, regardez si je dis vrai. Et lors le roi entreprit de défendre maître Robert de paroles de tout son pouvoir. Mais après, il confessa que à tort il avait défendu maître Robert contre moi; mais fit il, je le vis si ébahi qu'il avoit bien besoin que je lui aidasse, et toutefois ne vous tenez pas à ce que j'ai dit pour le défendre. »

Né *de vilain et de vilaine*, Robert, dit M. Petit-Radel (2), n'en fit pas moins de très bonnes études, et, comme l'exprime Etienne Pasquier, « se fit paroître personnage de grand sens. Et pour premier mets de sa

---

(1) M. *Binet*, l'un des traducteurs d'Horace, est considéré comme le dernier recteur de l'Université de Paris. Dubarle, t. II, p. 307.

(2) *Hist. litt. de la France*, t. XIX, p. 291-307.

fortune fut honoré d'une prébende de Cambray (en 1250), et depuis d'une autre en l'église Notre-Dame-de-Paris... Sa piété et ses œuvres le rendirent si recommandable que nostre roy sainct Louis le voulut voir, et après l'avoir haleiné, lui fit quelquefois cet honneur de le faire disner avec luy, et depuis en usa fort pieusement, comme l'un des principaux outils de sa conscience, le prenant pour confesseur. »

Robert de Sorbon en effet était admis dans la familiarité de saint Louis, il était son chapelain, l'un de ses conseillers privés, et Joinville nous atteste que le chanoine mangeait souvent à la table du roi. « Maître Robert de Cerbonne, pour la grande renommée qu'il avoit d'être prud'homme, le roi le faisoit manger à sa table. Un jour, il advint que il mangeoit près de moi, et le roi nous reprenant : Parlez haut, fit-il ; car vos compagnons croyent que vous médisez d'eux. Si vous parlez, en mangeant, de chose qui nous doive plaire, dites haut, sinon taisez-vous. — Quand le roi étoit en joie, si me disoit : Séneschal, or me dites les raisons pourquoy prud'homme vaut mieux que béguin (1)? Lors commençoit la discussion entre moi et maître Robert. Quand nous avions long-temps disputé, il rendoit sa sentence et disoit ainsi : Maistre Robert, je voudrois avoir le nom de prud'homme et l'être, et je consentirois à ce que tout le reste vous demeurast. Car prud'homme est si grand'chose et si bonne chose, que rien qu'en le nommant il emplit la bouche. »

La fondation du collége de Sorbonne eut lieu au mois de février 1250, selon d'autres 1256. Dans la *Vie de saint Louis*, par le confesseur de la reine Marguerite, on lit : « Le benoict roy fit acheter mesons qui sont en deux rues assises à Paris devant le palès des Thermes, esquelles il fit faire maisons bonnes et grandes, pour ce que écoliers étudiants à Paris demorassent là à toujours ; et y demeurent les écoliers qui à ce sont reçus par ceux qui ont l'autorité de les recevoir ; et en outre de ces maisons quelques unes sont louées à d'autres écoliers ; le prix du louage est converti au profit des pauvres écoliers devant dits. Ces maisons coûtèrent au roi quatre mille livres de tornois. » — Ces divers détails indiquent suffisamment le premier emplacement de la Sorbonne. La rue Coupe-Gueule est devenue depuis la rue des Deux-Portes, et les bâtiments de la communauté des *Pauvres-Maîtres* occupaient le terrain compris entre l'hôtel de Cluny, l'église Saint-Benoît, la rue de La Harpe et la rue des Cordiers. Comme l'établissement qu'il venait de fonder n'était destiné qu'aux théologiens, Robert Sorbon fit en même temps élever sur une partie de l'emplacement qu'il venait d'acquérir, un collége dans lequel on enseignerait les humanités et la philosophie, et où l'on préparerait ainsi des élèves propres à entrer dans

---

(1) Pourquoi un homme sage vaut mieux qu'un homme dévot.

les écoles de Sorbonne. Ce fut le *collége de Calvi* ou *Petite-Sorbonne*, auquel nous consacrerons un article.

Duboulay, dans sa grande *Histoire de l'Université de Paris*, nous a conservé l'acte par lequel Louis IX concède à maître Robert de Sorbon, chanoine de Cambrai, en faveur des écoliers, une maison qui avait appartenu à Jeanne d'Orléans, ainsi que des étables contiguës à cette maison et situées dans la rue Coupe-Gueule, devant le palais des Thermes.

Quoi qu'il en soit de la date contestée (1250 ou 1256) à laquelle fut passé ce contrat, il est certain qu'il fut confirmé par des lettres du Saint-Siége, données par Alexandre IV en 1259. Dans ces lettres, le pape proclame l'utilité de la Sorbonne, la recommande à tous les fidèles, et les invite à joindre leurs efforts pour imiter la pieuse libéralité du roi de France. En 1261, ces exhortations furent renouvelées par Urbain IV, qui s'indignait surtout de l'extrême pénurie des maîtres du collége, réduits par la nécessité à se couvrir des habits les plus grossiers. Enfin, en 1268, une nouvelle bulle émanée du pape Clément IV confirma encore l'établissement de la Sorbonne et lui prescrivit quelques règles. Elle ordonna qu'après la mort du premier proviseur, Robert de Sorbon ne pourrait lui nommer un successeur qu'avec l'approbation de l'archidiacre et du chancelier de l'église cathédrale de Paris, des docteurs en théologie, des doyens de la faculté de droit et de médecine, du recteur de l'Université et des procureurs des quatre Nations (1). En même temps, le souverain pontife, tout en maintenant comme ses prédécesseurs et en recommandant au zèle généreux du public la fondation de Robert de Sorbon, déclara que ce serait toujours sauf les droits de l'évêque de Paris et du chancelier de son église.

Robert de Sorbon, sur la fin de sa vie, rédigea pour son collége un règlement dont les dispositions embrassent tout ce qui concerne la vie commune, les études, les vêtements et les fonctions des divers officiers de la maison (2). Malgré les éclaircissements que ce document peut fournir, nous ne possédons que des notions assez vagues sur l'organisation primitive de la Sorbonne. Le but de ses fondateurs avait été de rétablir dans un endroit plus favorable, au sein de l'Université, l'ancienne école du Parvis, et de rendre à ce prytanée théologique la gloire dont il avait brillé au temps d'Abailard. La classe monacale, si fort odieuse à l'Université, fut exclue de la Sorbonne, qui n'exigea de ses membres aucun engagement de lui rester attachés, et leur laissa tout ce que leur profession pouvait comporter d'indépendance et d'égalité. Les sorbonistes étaient divisés en sociétaires, *sodales*, et simples

---

(1) Pour l'explication de ce mot, voy. *Université*.
(2) Il en existe deux copies manuscrites à la Bibliothèque royale.

hôtes, *hospites*. Le premier titre était réservé aux licenciés ; plus tard même, il ne fut plus accordé qu'aux docteurs.

Leurs leçons, dans leur principale école, n'avaient d'autre objet que la théologie, pour l'étude de laquelle la seule méthode en usage, chez eux comme ailleurs, était la scolastique. « A l'étude positive des livres sacrés et des traditions religieuses consignées dans les pères de l'Église, on avait substitué un système d'argumentations artificielles, de distinctions et de subtilités. Comme Abailard, Pierre Lombard et les autres docteurs du XIIe siècle, tous ceux du XIIIe siècle, y compris les premiers sorbonistes, s'efforçaient d'appliquer aux dogmes et aux préceptes de l'évangile, la dialectique d'Aristote, le plus souvent fort mal comprise. Il n'eût pas été au pouvoir de Robert et de ses associés d'introduire un plus sage enseignement s'ils en avaient conçu le dessein. »

Le nombre des professeurs de la Sorbonne, qui depuis s'est élevé à sept, était peut-être moindre dans l'origine ; quant à celui des auditeurs qui fréquentaient ses écoles à cette époque, on l'ignore également ; on sait seulement qu'il y en avait des quatre Nations.

Le proviseur était le premier dignitaire de la congrégation des pauvres maîtres de la Sorbonne ; car, malgré leur haine des moines mendiants et leur haute réprobation de la mendicité, les sorbonistes ont conservé cet humble titre jusqu'aux derniers temps de leur existence, et se sont toujours servis de la formule *pauperrima nostra Sorbona*, notre très pauvre Sorbonne. L'autorité du proviseur était réglée par les délibérations de la communauté. En 1274, après la mort de Robert Sorbon, l'honneur de ce titre fut déféré à Guillaume de Montmorency, docteur en théologie et chanoine de Notre-Dame.

La seconde dignité de la Sorbonne était celle du prieur, qui était élu chaque année parmi les plus jeunes sociétaires, parmi les bacheliers ; il était chargé de la police intérieure de la maison et de la présidence des assemblées. C'était parmi les plus âgés, au contraire, qu'on choisissait les quatre officiers qu'on honorait du titre de *seigneurs*, *seniores*, et auxquels on confiait le soin de maintenir les règles de la maison, et de résoudre les affaires difficiles. Les procureurs, ou procurateurs, s'occupaient des recettes et des dépenses de l'établissement, et rendaient compte de leur gestion aux séniors. Le prieur, l'un des séniors, et un troisième dignitaire spécial, portaient le titre de gardien des clefs, *clavigeri* ; leur principale fonction était la conservation des archives de la maison ; enfin, il y avait encore le bibliothécaire et les professeurs.

« Sous ce dernier nom, on a distingué : les *lecteurs*, qui expliquaient des textes d'enseignement ; les *conférenciers*, qui présidaient aux discussions entre les clercs ; et les *docteurs*, qui enseignaient en chaire la science théologique. — Les sorbonistes ont exercé quelques autres fonctions. Ils tenaient des assemblées pour résoudre les cas de conscience ou les questions litigieuses qui leur étaient proposées ; il y avait parmi eux des catéchistes qui, les jours de dimanche, allaient, dans les prisons ou dans les églises paroissiales, enseigner les éléments de la doctrine et de la morale du christianisme ; d'autres en qualité de *consolateurs des criminels*, exhortaient les condamnés, et les accompagnaient jusque sur le lieu du supplice. Mais en multipliant ces détails, nous craignons d'attribuer à la Sorbonne du XIIIe siècle des pratiques qui furent plus tardives (1). »

Jusqu'au commencement du XVe siècle, rien de remarquable ne se passa pour la Sorbonne ; seulement nous la voyons mêlée à toutes les querelles de l'Université, et prenant une part active à tous ses combats. Il est même à noter que dans les occasions solennelles, lorsqu'il s'agissait de prononcer au nom du corps universitaire un sermon ou une harangue, c'était la plupart du temps un docteur de la Sorbonne qui portait la parole.

Beaucoup d'excès signalèrent la puissance de la Sorbonne dans les XVe, XVIe et XVIIe siècles. Des dénominations flétrissantes lui furent données dans plusieurs circonstances où elle montra des sentiments peu généreux. Elle fut d'abord appelée *Sorbonne bourguignonne*, en 1407, époque où elle embrassa le parti du duc de Bourgogne contre le duc d'Orléans. Les deux princes se disputaient le gouvernement de la France ; à l'occasion du meurtre de ce dernier, un docteur de Sorbonne, Jean Petit, dévoué à la maison de Bourgogne qui l'avait fait élever, entreprit l'apologie de l'assassinat, en se chargeant de justifier le duc de Bourgogne. Une assemblée fut convoquée à cet effet, le 8 mars 1408, à l'hôtel Saint-Paul ; les notables y furent mandés. Le roi, le dauphin, les princes du sang et tous les officiers de la couronne étaient présents. L'assassin Jean-sans-Peur y comparut en tremblant. Le docteur Jean Petit, qui l'accompagnait, raconta en chaire et divisa son éloge de l'assassinat en douze parties. Après avoir outragé la mémoire du duc d'Orléans, il avança que le meurtre du tyran était une action vertueuse, plus méritoire dans un chevalier que dans un écuyer, et beaucoup plus encore dans un prince que dans un chevalier. Personne dans l'assemblée n'eut le courage de s'élever contre l'odieuse doctrine de ce fanatique, et la populace faillit mettre en pièces le chancelier de l'Université, Jean Gerson, qui était monté en chaire pour le réfuter hautement. Jean Petit n'en fut pas moins poursuivi par le mépris public ; il se retira à Hesdin, où il mourut en 1411. Trois ans après, sur la requête de Gerson, l'évêque de Paris condamna la doctrine de Jean Petit, et fit brûler son plaidoyer

(1) *Hist. litt. de la France*, t. XIX, p. 303.

devant le parvis Notre-Dame. On prétend même qu'il fut sculpté dans la cathédrale un portrait du panégyriste de Jean-sans-Peur avec une inscription infamante, et que le sorboniste réprouvé demeura, pendant près de trois siècles, attaché à ce pilori (1). Le duc de Bourgogne, enhardi par ce silence, demanda des lettres d'abolition et la cour les accorda.

On qualifia la Sorbonne d'*anglaise*, à la suite des malheurs du roi Jean, et de sa conduite peu nationale à l'égard du parti anglais. On a vu plus haut quelle fâcheuse part prit l'Université de Paris dans le procès de Jeanne d'Arc. Ce fut la Sorbonne qui pressa le plus vivement la mise en jugement de l'infortunée héroïne. La lettre qu'elle écrivit au duc de Bedfort porte: « Vous avez employé vostre noble puissance à apprehen-
» der cette femme qui se dit pucelle, et si seroit intolérable offense en-
» vers la majesté divine, si elle étoit délivrée. » La Sorbonne écrivit encore au même prince, « que peu de chose seroit d'avoir fait telle prinze, s'il
» ne s'ensuivoit ce qu'il appartient. » Dans diverses autres lettres on lit « que par cette femme Dieu avoit été offensé sans mesure, la foi ex-
» cessivement blessée et l'église trop fort déshonorée. » La requête de la Sorbonne au roi d'Angleterre renferme le même acharnement pour la perdre. « Elle supplie sa haute excellence, en l'honneur de Jésus-
» Christ, d'ordonner que cette femme soit brièvement mise ès mains
» de la justice de l'église. » La Sorbonne obtint ce qu'elle demandait avec une si odieuse instance. Suivant l'expression de M. Michelet, le duc de Bedfort adjugea Jeanne d'Arc, en 1430, au docteur Pierre Cauchon, pour être jugée (2).

Beaucoup de croyances ridicules couraient alors parmi le peuple. Des gens qui se disaient magiciens faisaient trafic de figures et de paroles magiques; ils vendaient chèrement des images de cire ou d'étain. Avec ces figures on faisait, croyait-on, gangrener les poumons de son ennemi, on l'*envoutait*, on tuait les troupeaux à une distance de cent lieues, on tirait le vin des caves en fichant un clou dans un arbre. Ce qui rendait redoutables les malheureux qui professaient cet art, c'est qu'ils mêlaient souvent le poison à la magie. La Sorbonne voulut arrêter dans ses progrès cette maladie du peuple, mais elle s'y prit maladroitement; elle condamna la magie comme un art criminel et prohibé, au lieu de le proscrire comme un art illusoire et trompeur. Dans son décret de 1444, la faculté commence par déclarer que *Didon était une grande sorcière, Didonem ad magicas artes pertraxit dira cupido;* ensuite elle apprend que le *diable invoqué peut opérer des merveilles.* Ce décret, on l'a dit avec raison, ne paraît autre chose qu'un jugement

---

(1) Voy. *Hist. de la Sorbonne* par Duvernet, t. I, p. 183.
(2) Cours d'histoire professé au collége de France en 1838.

rendu en faveur du diable. Il put donner une certaine importance à la magie, en confirmant le peuple dans ses fausses idées.

L'imprimerie, découverte environ cinquante ans après le décret de la Sorbonne, fut dans le principe plus favorable que nuisible à la propagation de ces préjugés superstitieux. Dès les premiers temps de l'imprimerie, on vit un nombre incroyable de livres de sorcellerie se répandre en Europe. La nouvelle invention enlevait à un grand nombre d'individus, copistes, parcheminiers, enlumineurs, l'état dont ils vivaient. Le parlement, cédant à leurs plaintes et à celles du recteur des théologiens, décréta Faust, qui avait apporté les premiers livres à Paris, et l'accusa de magie; Louis XI put seul préserver Faust des peines de l'Université. Ce ne fut qu'en 1470 que Paris eut une imprimerie, et ce fut dans la Sorbonne même que les premières presses furent dressées. J'ai dit plus haut (1) que deux docteurs de cette maison, Fichet et Lapierre, invitèrent trois artistes de Mayence, Gering, Krants et Friburger, à venir à Paris, ce qu'ils firent. Gering fit en peu de temps une fortune considérable, dont il donna une grande partie à la Sorbonne, qui s'était appauvrie.

En 1517, Luther prit la Sorbonne pour arbitre de ses opinions sur le purgatoire et les indulgences, dans sa discussion avec la cour de Rome. Il voulait opposer à la bulle de Léon X, qui l'avait condamné, le décret des théologiens français. La circonstance était très grave, la Sorbonne crut devoir condamner les maximes de Luther; ce fut sans doute un malheur, car ces opinions, dont personne ne s'occupait jusque là, excitèrent en France la curiosité et l'intérêt général dès qu'elles eurent été condamnées par la Sorbonne.

Le 25 août 1525, Pierre Gringoire, héraut d'armes du duc de Lorraine, et poëte, demanda au parlement la permission de faire imprimer les *Heures de Notre-Dame*, qu'il avait traduites du latin pour la duchesse de Lorraine. Le parlement appela à sa barre maître Duchesne, docteur en Sorbonne, régent de la faculté de théologie, dont il demanda l'opinion ; et quelques jours après, la Sorbonne déclara que « de pareilles traductions, tant de la Bible que d'autres livres de religion, étaient pernicieuses et dangereuses, parce que les livres ont été approuvés en langage latin et doivent ainsi demeurer. » Le parlement, adoptant cette décision, défendit aussitôt d'imprimer les *Heures de Notre-Dame*, ainsi que toute traduction en français des livres de l'Écriture sainte. Quelques années après, en 1533, un théologien, fameux par son intolérance, Noël Béda, dénonça hautement comme hérétique un ouvrage en vers intitulé le *Miroir de l'âme pécheresse*. L'auteur était la sœur même de François Ier, Marguerite de Navarre. Les docteurs de la

(1) P. 175.

Sorbonne condamnèrent solennellement le *Miroir*, et firent jouer, au collége de Navarre, une comédie satirique contre la princesse-poëte. Le roi, irrité de tant d'audace, fit mettre en prison les principaux acteurs, exila Béda et quelques autres de ses collègues (1), et s'adressa à l'Université, qui censura vivement la conduite de la Sorbonne. Le recteur, homme de progrès, était Nicolas Cop, fils du médecin de François Ier. La même année, Henri VIII, roi d'Angleterre, qui songeait à divorcer avec Catherine d'Aragon, pour épouser Anne de Boulen, s'était adressé à la Sorbonne. Il s'agissait, dans une affaire aussi délicate, de discuter sur la validité des dispenses accordées par la cour de Rome. La faculté de théologie approuva le divorce, mais ce ne fut point sans une violente opposition de Béda, qui suspectait avec assez de raison le catholicisme du monarque anglais.

Pendant les troubles qui agitèrent la France, vers la fin du XVIe siècle, la Sorbonne joua un triste rôle. Toujours opposée au progrès, toujours ennemie des lumières, elle finit par se mettre à la solde des factions et de l'étranger; elle fut tour à tour *guizarde* et *espagnole*. En 1554, lorsque, suivant l'expression pittoresque de Pasquier (2), les jésuites *commencèrent à lever les cornes*, les docteurs de la Sorbonne s'opposèrent à leurs progrès, et décrétèrent dans l'assemblée générale du 1^r décembre 1554, « que cette nouvelle société, qui s'attribuoit le nom de Jésus, recevoit sans nul choix toutes sortes de gens, quelque crime qu'ils eussent commis, et quelque infâmes qu'ils fussent; qu'elle ne différoit en rien des prestres séculiers, puisqu'elle n'avoit ni l'habit, ni le chœur, ni le silence, ni les jeûnes, ni toutes les autres observances qui distinguoient et qui maintenoient l'estat religieux; qu'elle sembloit violer la modestie de la profession monastique par tant d'immunitez et de libertez qu'elle avoit dans ses fonctions, surtout dans l'administration des sacrements de pénitence et d'eucharistie, sans nulle distinction de lieux ni de personnes, dans le ministère de la parole de Dieu et dans l'instruction de la jeunesse, au préjudice de l'ordre hiérarchique, contre les priviléges des Universités, et à la grande charge du peuple; qu'elle énervoit le saint usage des vertus, des pénitences et des cérémonies de l'Église; qu'elle refusoit aux ordinaires l'obéissance qui leur estoit duë; qu'elle privoit les seigneurs de leurs droits; qu'elle introduisoit partout des procès, des divisions, des jalousies, des querelles et des schismes; enfin, que pour toutes ces raisons on pouvait dire que cette société paroissoit périlleuse en matière de foy, ennemie de la paix de l'Église, fatale à la religion monastique, et plus née pour la ruine que pour l'édification des fidèles (3). » Trois ans après, la place de proviseur

---

(1) Dubarle, *Hist. de l'Univ.*, t. II, p. 25. — (2) *Plaidoyer pour l'Université contre les jésuites.* — (3) Félibien, t. II, p. 1096.

de Sorbonne, qui n'était jamais occupée que par d'illustres personnages, étant devenue vacante par la mort du cardinal de Bourbon, le cardinal de Lorraine en fut investi.

De tout temps, les docteurs de la faculté de théologie avaient eu le droit de prêcher dans Paris, sans être astreints à aucune formalité; mais leur esprit séditieux devint tel que le parlement, par arrêt du 16 décembre 1559, leur défendit de prêcher à l'avenir sans avoir obtenu l'agrément de l'évêque métropolitain (1). Malgré leurs vives réclamations, ils furent obligés de se soumettre : on modifia seulement, l'année suivante, l'arrêt du parlement, et l'on décida que la faculté présenterait à l'évêque une liste de ses membres dont elle garantirait les opinions, et que ceux-là pourraient prêcher librement. Nous allons voir que les craintes du parlement étaient fondées. En 1561, un bachelier en théologie, nommé Tanquerel, soutint en thèse publique au collège d'Harcourt, que « le pape, vicaire de J.-C. sur la terre et monarque, possède les deux puissances, temporelle et spirituelle, et qu'il peut priver de leurs royaumes et États les princes rebelles à ses ordres. » Le doyen de la faculté, Nicolas Maillard, et quatre docteurs, furent appelés devant l'avocat-général Dumesnil, et reçurent une sévère réprimande pour avoir souffert la discussion de semblables doctrines ; ils reçurent l'ordre d'envoyer une députation au roi pour implorer sa clémence. Le doyen voulant disculper sa compagnie devant la cour, s'excusa en disant : « Quant à ce qu'ont dit les gens du roi, *encore que la question soit problématique*, aiment trop mieux pour le roy, duquel ils sont très-humbles et très-obéissants serviteurs et subjets, tenir le contraire; et tout ainsi que l'un a été autrefois disputé, *ainsi a esté le contraire ;* toutefois, sont tous prêts d'obéir en ce qui leur sera enjoint (2). »

Ligueurs forcenés, les docteurs soutinrent en toute occasion le duc de Guise ; et dès 1584, ils faisaient soutenir, dans des thèses publiques, *qu'il est permis de tuer un roi qui abuse de son autorité.* Parmi eux était le fameux Jean Boucher, curé de Saint-Benoît, que ses emportements et la difformité de son visage auquel il manquait un œil, avaient fait nommer le *Poliphême de la Sorbonne* (3). « En ce temps, dit L'Estoile, (vers la fin de 1584), le duc de Guise fut voir messieurs de la Sorbonne, et leur demanda s'ils estoient assez forts avec la plume, sinon qu'il le falloit estre avec l'épée (4). » *Messieurs de la Sorbonne* s'empressèrent d'accéder aux désirs du duc ; et quelque temps après, le 16 décembre 1587, ils décrétèrent dans une assemblée secrète, et sur un cas de conscience proposé à dessein, qu'on pouvait ôter le gouvernement aux

---

(1) Félibien, t. II, p. 1071. — (2) Crévier, *Hist. de l'Univ.*, t. VI, p 123.— (3) Duvernet, t. I, p. 298.—C'est chez Boucher qu'on organisa le *Conseil des Seize.* — (4) *Journal du règne de Henri III.* Collect. Michaud, 2ᵉ série, 1.

princes qu'on ne trouvait pas tels qu'il fallait, comme l'administration à un tuteur devenu suspect.

Sur ces entrefaites, Henri III revint à Paris, après la bataille de Coutras.

Peu de jours après son arrivée, le roi manda au Louvre le parlement et la Sorbonne. Il connaissait l'assemblée secrète tenue dans la faculté de théologie par trente ou quarante docteurs. La Sorbonne s'étant présentée, reçut du roi une grave réprimande en présence du parlement pour l'odieuse conduite de plusieurs d'entre eux qui avaient prêché contre lui. Il se plaignit particulièrement du docteur Boucher, comme du plus méchant de tous. Puis s'adressant à la faculté entière : « Vous » ne pouvez nier, dit-il, que vous ne soyez notoirement malheureux et » damnés ; premièrement pour avoir publiquement et dans la chaire de » vérité avancé plusieurs calomnies contre moi, qui suis votre légitime » souverain ; secondement, pour ce que sortant de chaire, après avoir » bien menti et médit, vous allez droit à l'autel dire la messe, sans vous » réconcilier ni confesser, contre ce qui est dit dans l'évangile et ce » que vous enseignez vous-mêmes aux autres. Je sais, ajouta-t-il, vostre » belle résolution de Sorbonne du 16 de ce mois, à laquelle j'ai été prié » de n'avoir égard, pour ce qu'elle avoit été faite après déjeûner. Je ne » veux pas me venger de ces outrages, comme j'en ai la puissance et » comme a fait le pape Sixte Quint, qui a envoyé aux galères certains » prédicateurs cordeliers pour avoir osé médire de lui dans leurs ser- » mons. Il n'y a pas un de vous qui n'en mérite autant et davantage, mais » je veux bien oublier et vous pardonner, à la charge de n'y plus re- » tourner ; autrement, je prie ma cour de parlement d'en faire une » sévère justice (1). » Justice bien nécessaire, ajoute l'auteur de ce récit, pour réprimer ces gens factieux dont l'audace croissait par la patience du roi, qui en demeurait aux simples menaces, faute de fermeté et de résolution.

Depuis ce temps-là, les ligueurs, persuadés que le roi les ménageait moins par douceur que par crainte, ne gardèrent plus de mesures. Peu de temps après l'assassinat des Guise, l'Université, dévouée tout entière à la Ligue et dominée par l'influence séditieuse des Seize, ordonna pour le 7 janvier 1589 une assemblée de la faculté de théologie, afin de délibérer sur la question de savoir si l'on pouvait refuser obéissance à Henri III et prendre les armes contre lui. « Les docteurs, dit l'Estoile, comme porte-enseignes et trompettes de la sédition, déclarèrent et publièrent à Paris tout le peuple et subjects de ce roiaume absous du serment de fidélité et obéissance qu'ils avoient juré à Henri de Valois naguères leur roi, rayèrent son nom des prières de l'Église, firent entendre à ce sot

---

(1) Félibien, t. II, p. 1165.

et furieux peuple qu'en saine conscience ils pouvoient s'unir, s'armer, et contribuer deniers pour lui faire la guerre, comme à un tiran exécrable qui avoit violé la foy publique au notoire préjudice et contemnement de leur sainte foi catholique, romaine, et de l'assemblée des estats du roiaume (1). » Ce décret de Sorbonne que la faculté de théologie de Toulouse s'empressa de confirmer, devint, pour ainsi dire, le bouclier à l'abri duquel les ligueurs se cachèrent.

Quand Jacques Clément assassina Henri III, la Sorbonne fit plus qu'excuser cet attentat, elle le loua, en exalta l'auteur et déclara une haine formelle à Henri IV. L'accord cependant au sujet des opinions politiques ne régnait pas unanimement parmi les membres de la compagnie ; un grand nombre ne se déclaraient contre le nouveau roi que parce qu'il s'était éloigné de l'Église, et pensaient, malgré les plus furieux ligueurs, qu'on pouvait néanmoins communiquer avec lui. « Certains docteurs en théologie, dit un contemporain, interrogés, le 10 août de l'an 1589, s'il était loisible de recevoir lettres, faire réponse, communiquer en choses temporelles, et demander justice ou le droit qu'on peut prétendre à un prince qui a les armes ou les forces en main, quoiqu'il soit hérétique, répondirent d'un commun accord : *Il est loisible.* » Mais ces idées raisonnables, qui, si elles eussent pu prévaloir, auraient épargné à la France et à Paris plusieurs années de désastres et de malheurs, furent étouffées par les clameurs des suppôts de la Ligue et du parti espagnol, qui avait à sa dévotion les principaux membres de la faculté de théologie.

Sous le rectorat de Jean de Magnanes, la Sorbonne, stimulée par la présence du cardinal Caietan, légat du Saint-Siége, envoyé en France pour soutenir la Ligue de sa présence et de ses conseils, publia d'abord, le 10 février 1590, « que quiconque soutiendrait que Henri de Bourbon pouvait être honoré du titre de roi, devait être regardé comme pernicieux à l'église de Dieu, parjure et désobéissant à sa mère, et que, s'il était de son corps, elle l'en retranchait comme un membre pourri (2). » Cette déclaration émanée d'une compagnie que le peuple respectait, agissait puissamment sur l'esprit de la multitude, et les Seize surent se servir habilement de la Sorbonne pour réveiller, lorsqu'il en était besoin, le courage de leurs partisans.

Cette première déclaration fut bientôt suivie d'un décret fameux et beaucoup plus énergique, rendu le 7 mai 1590. Le cardinal de Bourbon, le roi de la Ligue, étant tombé dangereusement malade, le prévôt des marchands, les échevins et les principaux bourgeois de la ville, à l'instigation du légat et de l'ambassadeur espagnol, proposèrent

---

(1) L'Estoile. Collect. Michaud, p. 282.
(2) Mézeray. *Hist. de France*, t. III, p. 754.

à la faculté de théologie « trois questions en forme de cas de conscience » pour savoir si, au cas de mort du cardinal, on pourrait reconnaître comme roi son neveu Henri de Bourbon, à quelque condition que ce pût être. La décision ne pouvait être que conforme aux désirs de ceux qui la demandaient. La Sorbonne, assemblée à ce sujet dans la grand'salle, le 7 mai 1590, décréta unanimement « que Henri de Bourbon étant hérétique, fauteur d'hérétiques, relaps et nommément excommunié, ne pouvoit estre reconnu pour roy, soit que le légitime héritier de la couronne lui cédât ses droits, soit qu'il obtînt son absolution du Saint-Siége, vu que la perfidie et la dissimulation étoient également à craindre de sa part. » On ajoutait que, comme ceux qui favorisaient de quelque manière que ce fût le dessein qu'il avait de parvenir à la couronne, étaient ennemis de la religion, suppôts de Satan et dans un état de péché mortel, aussi ceux qui s'y opposaient étaient agréables à Dieu et dignes de la palme du martyre, s'ils venaient à verser leur sang pour une si juste cause (1). Telle fut en substance la résolution de la Sorbonne, qui fut aussitôt imprimée, publiée et envoyée dans toutes les villes du parti de la Ligue, avec une lettre sous le nom des bourgeois de Paris.

Un nouveau décret fut rendu, le 3 novembre 1592, contre les partisans d'Henri IV. « Ils devaient être considérés comme mauvais citoyens, parjures, séditieux, ennemis du bien public et hérétiques, et on devait les excommunier et les chasser de la ville, de peur qu'ils ne corrompissent les autres. » La Sorbonne ne bornait pas là son zèle pour les Guise et l'Espagne. Dès le mois de septembre 1591, elle avait écrit au roi d'Espagne par l'entremise du père Mathieu, jésuite, pour l'engager à donner sa fille en mariage au jeune duc de Guise, prince *plein d'esprit, prompt et gaillard, courageux et vaillant* (2). La conversion de Henri IV déjoua tous les projets des ligueurs, mais les théologiens ne perdirent point courage. La Sorbonne, dont le proviseur était le cardinal Pellevé, l'âme damnée de la Ligue (3), rendit un décret portant que cette abjuration était dissimulée et qu'on devait refuser de reconnaître Henri IV pour roi de France, encore bien même que le pape le reçût. Ils soutinrent leurs anciens ennemis les Jésuites et se liguèrent avec eux, se répandant en injures contre le *Béarnais* et excitant le fanatisme jusqu'à l'assassinat. Aussi tous les bons citoyens s'empressèrent-ils de protester contre ces infâmes doctrines, et l'un d'eux écrivit, dans une petite brochure intitulée *Démonologie de la*

---

(1) Félibien, t. II, p. 1190. — Le décret est rapporté textuellement dans le *Journal de l'Estoile*, Collect. Michaud, 2ᵉ série, t. I, p. 17. — (2) L'Estoile, *loco cit.* 62. —
(3) La *Satire Ménippée* poursuivit la Sorbonne de ses mordantes plaisanteries. Voy. dans cette charmante satire la *harangue du cardinal Pellevé*, et celle du *docteur Rose, conservateur apostolique de la Sorbonne*, que j'ai citée à l'occasion de l'Université.

Sorbonne : « Peuples, que le beau et spécieux nom de Sorbonne ne vous offusque plus les yeux. Elle n'est plus comme autrefois la perle du monde ; elle est une boutique de toutes méchancetés, le réceptacle des meurtriers et des larrons, le tombeau des lois divines et humaines (1). »

Henri IV, ayant pris possession de sa bonne ville de Paris, sévit contre les principaux membres de la Sorbonne. Le docteur Pelletier fut condamné à être rompu vif, le docteur Rose fut renvoyé dans son diocèse de Senlis, d'autres furent proscrits. Quant au proviseur Pellevé, il mourut le jour même de l'entrée du roi. Mais les théologiens n'en continuèrent pas moins leurs intrigues ; et Rose, qui était revenu à Paris pour se faire nommer grand-maître du collége de Navarre, y fut surpris répandant un nouveau libelle. Il fut condamné à faire amende honorable devant le parlement, et banni de Senlis pendant un an, avec défense de prêcher pendant son bannissement (5 octobre 1598). Les salles de la Sorbonne retentissaient encore de propositions incendiaires. Un bachelier, nommé Jacob, avait annoncé qu'il soutiendrait la prééminence du pape sur les rois, et le docteur Blansi devait présider à cette thèse publique. Tous deux furent arrêtés, et ils firent amende honorable au parlement, à genoux et la tête nue, en présence de la Faculté. Le même jour, 19 juillet 1595, on fit défense de soutenir dorénavant de semblables doctrines, sous peine d'être considéré comme criminel de lèze-majesté. Néanmoins de semblables délits se renouvelèrent fréquemment dans la suite, et le parlement se vit obligé, en 1618, d'ordonner aux candidats de communiquer leurs thèses au prieur de la Sorbonne avant de les soutenir. Cet arrêt fut renouvelé trente-huit ans après, en 1651, dans une contestation élevée par Bossuet, alors bachelier en théologie au collége de Navarre, qui avait cherché à se soustraire à cette formalité (2).

Henri IV, voulant ramener les esprits à de meilleurs sentiments, fonda, en 1596, à la Sorbonne, deux chaires de théologie *positive*, qui furent assimilées à celles du collége royal ; et dans son célèbre règlement sur l'Université, il s'occupa avec un soin tout particulier de la faculté de théologie. L'article 11 du statut exige de tous ceux qui aspirent à des grades serment d'obéissance et de fidélité aux lois et au roi. Malgré les mauvaises dispositions de la plupart des docteurs, la Sorbonne fut cependant invitée, en 1610, le jour même de l'exécution de Ravaillac, l'assassin du bon roi, à condamner solennellement la doctrine du régicide, comme elle l'avait fait, en 1413, à l'égard des maximes de Jean Petit. « Sur cela, dit Félibien (3), tous les docteurs s'estant assemblez en Sorbonne, le 4 juin suivant, renouvellèrent l'ancien décret donné

---

(1) Duvernet, t. II, p. 121. — (2) Dubarle, t. II, p. 165. — (3) T. II, p. 1281.

pour lors par cent quarante-un théologiens, par lequel la proposition précédente fut condamnée comme une erreur contre la foy catholique, la doctrine des bonnes mœurs, le commandement de Dieu ; en un mot comme tendante à la subversion des Estats et des royaumes, en ouvrant la porte à toutes sortes de désobéissances de la part des sujets à l'égard de leurs souverains. Ils ne se contentèrent pas de renouveller cette ancienne censure de leur faculté, qui avoit aussi esté confirmée par le concile de Constance en 1415. Ils ordonnèrent de plus que pour mettre la personne des roys en plus grande sûreté, tous les docteurs et bacheliers en théologie, en faisant serment d'observer les statuts de la Faculté, jureroient en mesme temps d'enseigner partout, soit dans leurs escrits, soit dans leurs sermons, la vérité de ce décret. »

La Sorbonne revint bientôt à ses premiers errements. Elle avait flétri le livre de *la Sagesse* par Charron, comme abominable, tandis qu'elle laissait passer des ouvrages pernicieux comme celui du jésuite espagnol Mariana, l'apologiste du régicide. Heureusement le syndicat de la faculté de théologie fut donné en 1610 au célèbre Edmond Richer (1), et ce zélé défenseur des libertés de l'église gallicane rendit quelque splendeur à la Sorbonne. Un de ses premiers soins avait été de prendre des précautions pour que les maximes ultramontaines ne fussent point introduites dans les thèses. En 1611, le chapitre général des Dominicains étant assemblé à Paris, et l'usage étant d'y soutenir les thèses, Richer sut que le nonce Ubaldini et le cardinal Duperron devaient y faire soutenir par des religieux étrangers l'infaillibilité du pape et sa supériorité sur le concile. Il se rendit à cette thèse, y fit signifier un acte d'opposition, et défendit aux bacheliers d'argumenter sur ces propositions. La conduite de Richer fut approuvée du parlement et de tous ceux qui tenaient aux anciennes maximes.

C'est à cette occasion que le premier président, Nicolas de Verdun, demanda à Richer un abrégé de la doctrine de l'Université sur l'autorité du pape, et que celui-ci composa son livre de *la Puissance ecclésiastique et politique*, qui fut l'objet de tant de disputes, et la cause pour son auteur de tribulations qui ne finirent qu'avec sa vie. Le livre n'était pas destiné à devenir public ; mais quelques amis de Richer lui en ayant demandé communication, et craignant lui-même qu'il ne s'en répandît des copies fautives, il consentit à le faire tirer à trois cents exemplaires seulement, sans nom d'auteur ni d'imprimeur. Dès que le nonce et le cardinal Duperron en eurent connaissance, leur mécontentement fut extrême. Ils résolurent de faire déposer Richer du syndicat ; ce qu'ils effectuèrent en indisposant la cour contre lui, et en

---

(1) *Biogr. univ.*, t. XXXVIII. — Richer mourut le 28 novembre 1631, et fut enterré en Sorbonne, où, chaque année, on célébrait une messe pour lui. — Adrien Baillet a écrit sa vie. *Amsterdam*, 1715, in-12.

obtenant des lettres de jussion contre lui pour l'élection de Filesac, comme nouveau syndic. Cette disposition eut lieu le 1er septembre 1612. Richer fit ses protestations et ne reparut plus.

Dès le 13 mars précédent, le cardinal Duperron avait réuni dans son hôtel les évêques de la province de Sens dont il était métropolitain, et qui se trouvaient à Paris pour l'élection d'un agent du clergé. On y censura le livre de Richer, « sans toucher néanmoins, disait-on, aux » droits du roi et de la couronne de France, droits, immunités et liber- » tés de l'église gallicane ; » réserve assez singulière, le livre n'ayant été composé que pour établir ces droits et ces libertés. Cette censure fut réitérée le 24 mai suivant, dans un synode de la province d'Aix, avec cette différence que l'exception n'y fut point insérée ; on savait que cette réserve avait déplu à Rome, où le livre fut aussi proscrit. Richer avait interjeté appel du premier jugement ; mais on défendit au parlement d'avoir égard à cet appel. Dès lors il parut une foule d'écrits contre le livre de Richer, sans qu'il lui fût permis de répondre, ayant reçu de la cour l'ordre de garder le silence sur ces matières. La persécution contre lui fut poussée au point que le duc d'Épernon, poussé par le nonce et le cardinal Duperron, le fit saisir par des archers et enfermer dans les prisons de Saint-Victor, avec l'intention de l'envoyer à Rome pour être livré à l'Inquisition ; mais l'Université le réclama, et il fut rendu à la liberté.

Le reste de la vie de Richer se passa dans une lutte continuelle contre ses adversaires, dont Duval fut l'un des plus ardents ; eux, insistant pour qu'il donnât de son livre une rétractation absolue ; lui, offrant d'expliquer dans un sens catholique les passages qu'on trouverait répréhensibles, car la censure n'en avait désigné aucun en particulier. Le parti de Richer, peu nombreux en Sorbonne, parvint, avec beaucoup de mouvement, à faire condamner un livre de Santarel, dans lequel ce jésuite soutenait encore que les papes peuvent détrôner les rois. Urbain VIII s'irrita de cette condamnation. La Sorbonne, pour l'apaiser, ordonna à tous ses candidats, bacheliers et licenciés, la prestation d'un serment sur le décret des papes. Duval, qui menait la Sorbonne, avait imaginé cette prestation de serment. Il rédigea un recueil de toutes les décrétales par lesquelles les papes s'attribuent un pouvoir absolu sur le temporel des rois. C'était sur ce recueil qu'on devait jurer. Depuis les décrets contre Henri III et Henri IV, la Sorbonne n'avait rien fait d'aussi monstrueux. Richer et les quelques sages de son parti demandèrent la suppression du serment. On refusa, et les discussions se ranimèrent plus vives entre les docteurs. Le cardinal de Richelieu, proviseur et protecteur de la Sorbonne, qu'il venait de faire rebâtir avec magnificence, ne crut pas indigne de sa sollicitude l'affaire qui divisait les docteurs de cette maison. Désirant faire cesser ces longs débats, il appela chez lui Richer, et voulut bien condescendre à discuter quelques points sur lesquels celui-ci lui faisait des représentations. Moyennant de légères concessions, Richer céda, et la déclaration, telle que la souhaitait le cardinal, fut signée chez le père Joseph. Tout ainsi étant fini, la réunion eut lieu entre les deux partis, Rome fut satisfaite, et Duval lui-même vint féliciter Richer, le priant d'oublier le passé... Voilà une version, et il est à souhaiter que ce soit la véritable. Suivant d'autres, soit que les adversaires de Richer eussent répandu que sa rétractation avait été *absolue*, soit que lui-même eût appréhendé qu'on ne le crût, il eut le tort de renouveler ses anciennes protestations. La nouvelle en alla bientôt à Rome, et ce fut alors, dit-on, que le cardinal de Richelieu compromis, ne voulant point en avoir le démenti, résolut de se procurer par la force ce qu'il n'avait pu obtenir par des voies de douceur et de conciliation. De là cette scène qu'on prétend s'être passée chez le père Joseph (1), où Richer aurait signé, sous le poignard de deux assassins, la déclaration qui lui fut présentée. Quoi qu'il en soit de cette affaire, Richer, depuis long-temps infirme, mourut doucement et sans agonie, le 28 novembre 1631.

Cette rétractation ne fut pas la seule faiblesse de Richer. Le statut arrêté en Sorbonne de jurer sur les décrets des papes occasionnait un schisme parmi les théologiens. Richelieu le modifia un peu, et Richer, qui l'avait approuvé, le signa avec des modifications. Le statut devint un scandale en France ; on afficha à la porte de la Sorbonne ce distique qui lui prédisait « que, quoique nouvellement restaurée, elle serait bientôt ruinée ; vieille elle avait vécu long-temps, neuve elle périrait. »

Instaurata ruet jamjam Sorbona. Caduca
Dum fuit, inconcussa stetit. Renovata peribit.

Dans d'autres placards, des injures plus graves étaient prodiguées à la Sorbonne, à qui l'on donnait les surnoms de *Bourguignonne, Anglaise, Guisarde, Espagnole, Italienne, Richeliste*. Filesac (2), qui avait été nommé syndic de Sorbonne en remplacement de Richer, en 1612, se démit de ses fonctions, protesta contre le serment, et déclara qu'il considérait la Sorbonne comme *une Babylone et une retraite de prostituées*. Filesac alla même jusqu'à présenter une requête au parlement pour demander l'abolition de ce serment ; mais la cour, qui redoutait Richelieu, garda le silence.

Le parlement de Toulouse condamna au feu, peu de temps après, en 1619, le malheureux Vanini, prêtre accusé de magie, dont la Sorbonne avait censuré comme dangereux un livre de dialogues latins que

(1) Voir Duvernet, t. II, p. 198.
(2) La mobilité des opinions de ce docteur l'avait fait surnommer le *terminus indefinitus*, et le docteur *le voici le voilà*. Duvernet, t. II, p. 200.

personne ne lisait (1). En 1624, la Sorbonne poursuivit trois chimistes, Billon, Bitaut et Claves, « uniquement coupables d'avoir combattu Aristote, de s'être moqués des formes substantielles, etc. Ces nouveautés furent un scandale dans l'Université : on y cria à l'hérésie, à l'impiété, à l'athéisme ; les docteurs de théologie en parlaient comme du renversement de l'Évangile. De Claves fut mandé en Sorbonne, et là, en sa présence, on y déchira ses thèses ; ensuite on présenta requête au parlement, qui les bannit de son ressort. C'était à peu près dans le temps que le Saint-Office, composé de juges aussi peu instruits que ceux du parlement, condamna Galilée, coupable d'avoir renouvelé l'ancien système planétaire. Le parlement défendit aussi d'enseigner aucune opinion qui ne fût revêtue du suffrage de deux docteurs en théologie, ou des maîtres des autres facultés. La défense fut faite sous peine de mort (2). »

La Sorbonne, puissante sous le ministère de son protecteur Richelieu, poursuivit les jésuites dont les progrès l'inquiétaient ; ceux-ci acceptèrent le combat. Les théologiens avaient censuré, en 1625, la *Somme des vérités de la religion*, détestable ouvrage du fameux jésuite Garasse, et avaient dénoncé au parlement un libelle contre le roi et son ministre, qui partait de la même source. Les jésuites exaspérés attaquèrent violemment la Sorbonne et firent enfermer dans le donjon de Vincennes, pendant cinq ans, l'abbé de Saint-Cyran, Duvergier de Hauranne, l'un de leurs adversaires les plus courageux. Ces violences n'étaient que le prélude de la célèbre querelle du jansénisme, qui agita le royaume pendant plus d'un siècle. Deux ordres religieux, les dominicains et les jésuites, étaient depuis le XVIe siècle partagés sur certaines doctrines ; la cour de Rome avait apaisé cette guerre scolastique, lorsque la publication d'un ouvrage de Cornelius Jansenius, évêque d'Ypres, dans les Pays-Bas, donna le signal de nouvelles hostilités. Le livre, fort oublié aujourd'hui, de Jansenius, attaquait les jésuites ; ceux-ci en signalèrent quelques propositions qui furent condamnées par le pape. Saint-Cyran, qui sortait de prison, défendit les opinions de Jansenius, son ami, et il fut soutenu par le célèbre Arnauld, l'implacable ennemi des jésuites. La Sorbonne se divisa. Mazarin, par une lettre de cachet, lui ordonna de recevoir la bulle du pape, qui condamnait Jansenius ; mais soixante docteurs interjetèrent appel comme d'abus, auprès du parlement, du décret qui fut rendu (3). Les jésuites parvinrent cependant à gagner leur cause ; protégés par Louis XIV, ils étaient alors tout-

---

(1) Le malheureux Vanini, accusé d'athéisme, se contenta, pour toute justification, de ramasser un brin de paille et de dire : « Cela seul prouve l'existence d'un Dieu. »

(2) Duvernet, t. II, p. 207. — Dubarle, t. II, p. 197, donne le texte de cet arrêt.

(3) Voltaire, *Siècle de Louis XIV*, chap. *du Jansénisme*.

puissants. Ce fut Arnauld qui leur donna l'occasion de frapper les derniers coups (1656). Le duc de Liancourt, qui faisait élever sa petite-fille à Port-Royal, et qui donnait asile à un abbé de Bourzeïs, janséniste, s'étant vu refuser l'absolution par un prêtre de Saint-Sulpice, nommé Picoté, parce que, d'ailleurs, il ne croyait pas que les *cinq propositions de Jansenius* fussent contenues dans le livre de cet évêque; Arnauld, son ami, écrivit deux lettres à cette occasion. Les jésuites dénoncèrent aussitôt ces deux lettres à la Sorbonne, comme dangereuses et hérétiques, parce que son auteur disait qu'il partageait l'opinion de M. de Liancourt. Un assez grand nombre de docteurs étaient partisans d'Arnauld, mais la majorité tenait pour les jésuites; par crainte du ministre Mazarin, et à force d'intrigues et d'injustices, on parvint à exclure Arnauld de la faculté. Avec lui furent enveloppés dans la même disgrâce soixante-douze docteurs et plusieurs licenciés et bacheliers (1). Enfin les jésuites firent condamner par la Sorbonne les *Provinciales* de Pascal, et brûler par la main du bourreau le chef-d'œuvre de leur plus grand ennemi. Ainsi se termina cette fameuse querelle, dont le principe était absurde, car on se disputait sur les mots (2); mais elle a donné naissance aux lettres de Pascal, et nous devons en remercier Jansenius et ses adversaires.

Après la mort de Mazarin, la plupart des amis d'Arnauld furent réintégrés dans la faculté de théologie, qui secoua la suprématie des jésuites, et s'empressa, en 1664, de flétrir deux abominables livres composés par deux membres de la congrégation de Loyola; l'un, intitulé *Défense de N. S. P. le pape*, était un éloge pompeux du despotisme pontifical; le second était contraire à tous les principes de l'honneur et de la morale. Mais les censures de la Sorbonne mécontentèrent Alexandre VII, qui envoya un bref à Louis XIV, dans lequel il lui demandait la suppression de ces jugements, comme injurieux au Saint-Siège. On sait que jamais règne ne fut plus favorable que celui de Louis XIV aux libertés de l'Église gallicane. Le parlement décréta que Louis XIV ne pouvait donner satisfaction au pape sans compromettre les droits de la France, et que *la Sorbonne, loin d'être blâmée, devait être puissamment excitée à persévérer dans ses sentiments*.

Les docteurs, grâce à leur fermeté vis-à-vis la cour de Rome, recouvrèrent quelque crédit, et le roi leur donna en récompense la direction du collège Mazarin (3). Mais la Sorbonne prouva bientôt que les railleries dont Pascal l'avait accablée étaient méritées. Elle condamna le système de Descartes, et occupa tout Paris par le procès ridicule qu'elle

---

(1) *Biogr. univ.*, t. II, art. *Arnauld*. — (2) Un ami de Pascal disait en 1656 : « Je voudrais que la Sorbonne, qui doit tant à la mémoire du cardinal de Richelieu, voulût reconnaître la juridiction de l'Académie française, et fixer le sens de chaque mot. » — (3) Duvernet, t. II, p. 235.

intenta aux jésuites, en 1700, à l'occasion des Chinois. Le jésuite Lecomte, qui avait été missionnaire en Chine, avait fait l'éloge de la religion et de la morale des Chinois, dans l'excellente relation de son voyage. Cette opinion excita une grande rumeur en Sorbonne. Le docteur Boileau, « vieillard hargneux, d'une imagination caustique et bouffonne », dénonça l'ouvrage de Louis Lecomte, qui était intitulé *Nouveaux mémoires sur l'état présent de la Chine*. On nomma huit députés pour l'examiner ; ils firent leur rapport le 2 août 1700, et le 18 octobre suivant, malgré les protestations des jésuites, la faculté de théologie déclara la plupart des propositions énoncées dans cet écrit, fausses, téméraires et erronées. Cette discussion ridicule amusa beaucoup le public, et les mauvais plaisants n'épargnèrent point dans leurs railleries les docteurs de la Sorbonne. Mais la querelle fut presque interminable. Le célèbre jésuite Michel Le Tellier, pour venger ses confrères du jugement de la Sorbonne, publia un mauvais ouvrage que le cardinal de Noailles dénonça au Saint-Office (1), et la dispute recommença avec plus de violence. Enfin, en 1762, les *Nouveaux mémoires* de Lecomte furent compris dans la liste des ouvrages que le parlement de Paris condamna au feu (2).

La Sorbonne joua également un rôle dans une affaire non moins ridicule, qui a fort égayé Voltaire, la querelle au sujet de la bulle *Unigenitus*. On écrivit de part et d'autre nombre de volumes que personne ne songera jamais à tirer de l'oubli. « En résumant le tout, dit l'abbé Duvernet, j'ai vu que la bulle *Unigenitus* était un petit écrit de vingt pages, en latin, fabriqué en France par le jésuite Le Tellier, signé par Clément XI, publié à Rome dans le champ de Flore, le 8 septembre 1713, et porté en poste par un capucin à Louis XIV, pour bouleverser ses États, pour être aux jansénistes un objet de scandale et d'horreur, aux plaisants un sujet d'épigrammes et de vaudevilles ; enfin, pour servir aux jésuites et aux évêques de prétexte à des persécutions abominables. » Nous ne nous étendrons guère sur cette affaire que personne ne comprenait du temps même de Le Tellier. Un ami d'Arnauld, Quesnel, avait composé, trente ou quarante ans auparavant, un livre intitulé *Réflexions morales sur l'Ancien Testament*, qui avait été approuvé par le pape. Le Tellier, nommé confesseur du roi, cherchait une occasion de se venger des jansénistes ; il fit extraire des *Réflexions morales*, et déférer comme hérétiques à la censure du souverain pontife, trois cents propositions. Cent une furent condamnées par la bulle *Unigenitus*, qui censura les maximes les plus reçues et même

---

(1) Cet ouvrage, intitulé : *Défense des nouveaux chrétiens et des missionnaires de la Chine, du Japon et des Indes*, ne fut point condamné par la cour de Rome, ainsi que le dit Duvernet. Voy. l'art. Le Tellier, Biogr. univ., t. XXIV.

(2) *Biogr. univ.*, t. XXIII, art. *Lecomte*.

les plus inviolables. « Qui croirait, dit Voltaire (1), que jamais des chrétiens eussent pu condamner cette proposition : *Il est bon de lire des livres de piété le dimanche, surtout la sainte Ecriture;* et celle-ci : *La crainte d'une excommunication injuste ne doit pas nous empêcher de faire notre devoir?* » Cette fameuse bulle fut mal accueillie en France, et le clergé se divisa en *acceptants* et en *refusants*. Le roi, dirigé par les jésuites, s'irrita de cette opposition; il envoya en exil les prélats récalcitrants, et somma la faculté théologique d'enregistrer le décret de Clément XI. Après de violentes discussions, la Sorbonne céda aux ordres du monarque (29 février 1714); mais il n'était resté dans l'assemblée que les créatures de Le Tellier et quelques hommes courageux qui voulaient, disaient-ils, honorer par leur présence les funérailles de la Sorbonne (2).

Sous le ministère du cardinal de Fleury, les persécutions redoublèrent contre les jansénistes; et le ministre, usant et abusant des lettres de cachet, fit chasser de la Sorbonne en une seule année (1729) plus de cent docteurs qui refusaient de se soumettre à ses volontés (3). Mais la Faculté ne partagea point l'indignation de l'Université, dont un des membres les plus illustres, Coffin, était mort sans recevoir les sacrements, parce qu'il passait pour contraire à la bulle. Elle craignit les persécutions et devint moliniste. Le parlement, qui soutenait les jansénistes, « ordonna, en 1784, que le doyen, le syndic, six anciens docteurs et professeurs en théologie viendraient avec le scribe de la Faculté et avec les registres. Ils furent réprimandés, leurs conclusions biffées; ordre à eux de se taire, suivant la déclaration du roi. La Sorbonne prétendit que c'était le parlement qui contrevenait à la *loi du silence*, puisqu'il ne se taisait pas sur ce qui se passait dans l'intérieur des écoles de Sorbonne. Le parlement ayant fait défense à ces docteurs de s'assembler, ils dirent qu'ils discontinueraient leurs leçons comme le parlement avait interrompu ses séances. Il fallut les contraindre par un arrêt de faire leurs leçons (4). »

Ce fut au milieu de ces étranges affaires que le czar Pierre-le-Grand arriva à Paris (mai 1717). L'illustre voyageur, qui, pendant son court séjour dans la capitale, s'était mis en relation avec les hommes les plus distingués, voulut visiter la Sorbonne; il s'y présenta l'avant-veille de son départ et sans être annoncé. A peine fut-il entré dans l'église qu'il se précipita vers le tombeau de Richelieu et embrassa la statue de ce grand ministre, en s'écriant : « Je donnerais la moitié de

---

(1) *Hist. du parlement*, chap. LVIII. — (2) Duvernet, t. II, p. 274.

(3) Plusieurs docteurs avaient déjà été obligés, en 1715, de sortir de Paris. Ce fut en cette occasion que l'abbé Boileau s'écria que *ces lettres de cachet étaient des lettres de noblesse;* bon mot qui lui valut un exil de deux ans. Duvernet, t. II, p. 279.

(4) Voltaire, *Hist. du parlement*, chap. LXVI.

mon empire à un homme tel que toi pour qu'il m'aidât à gouverner l'autre ! » Les docteurs le conduisirent ensuite à la bibliothèque. « Pendant qu'il examinait quelques manuscrits en langue esclavone, on lui proposa de se convertir ; le docteur Boursier le harangua en latin, et lui prouva que son église russe était réprouvée et qu'il fallait la réunir à l'église romaine. Le czar, un peu embarrassé du compliment, répondit qu'il était un soldat et non un théologien (1). » Cependant des négociations furent entamées ; mais ce projet ne pouvait convenir aux vues de l'empereur : il n'aurait pas voulu d'un clergé qui fût soumis à un autre que lui (2).

L'esprit philosophique, qui faisait chaque jour de nouveaux progrès, trouva dans les docteurs de Sorbonne de constants adversaires. Il faudrait louer la Sorbonne d'avoir lutté contre ce débordement d'idées irréligieuses ou immorales qui menaçaient déjà la société, si elle eût mis dans cette lutte plus de grandeur, et si elle eût mieux su distinguer les véritables ennemis de la religion et de l'état social. *L'Esprit des lois* fut déclaré un livre abominable, et la Faculté s'occupa pendant deux ans de cette censure, mais elle n'osa la publier (3). Montesquieu daigna lui répondre ; sa *défense* est un modèle de discussion et d'excellente plaisanterie. Il se félicitait surtout de la modération maligne qu'il avait mise dans cet écrit. « Ce qui me plaît dans ma défense, disait-il, ce n'est pas de voir les vénérables théologiens mis à terre, c'est de les y voir couler tout doucement. » Les travaux de Buffon eurent ensuite le sort de l'*Esprit des lois*. Les docteurs trouvèrent que les opinions de l'illustre naturaliste sur la création de la terre et sur quelques points de métaphysique n'étaient point en rapport avec les maximes de la théologie ; ils firent un extrait des assertions de l'*histoire naturelle*, lesquelles étaient, disaient-ils, *contraires à la croyance de l'Église*. Buffon se tira avec esprit de ce mauvais pas, et la censure n'eut pas lieu.

L'*Encyclopédie* fut attaquée aussi par la Sorbonne, et je ne me sens pas le courage d'en blâmer bien fort les docteurs. Mais les philosophes étaient puissants, et leurs ennemis firent pour renverser leur œuvre des efforts inutiles En 1751, le jeune abbé de Prades, grand partisan des idées nouvelles, et qui avait donné quelques articles à d'Alembert et à Diderot, soutint en Sorbonne une thèse sur le déisme. L'imprudent récipiendaire fut obligé de s'enfuir en Prusse, au milieu du tumulte qu'il avait soulevé, et les docteurs accusèrent, non sans vraisemblance, les *encyclopédistes*, d'avoir encouragé Martin de Prades ; mais l'affaire en resta là.

---

(1) Duvernet, *loco cit.*, p. 286. — (2) *Biogr. univ.*, t. XXXIV, art. *Pierre I*[er]. Voy. aussi Duvernet. — (3) Duvernet, t. II, p. 319.

N'oublions pas, au milieu de bien des fautes, un fait qui prouve que la Sorbonne savait, dans certaines circonstances, comprendre et favoriser les véritables progrès. L'inoculation avait été accueillie en France avec une certaine défiance, et les médecins prenaient parti pour ou contre cette admirable découverte. Il fallait mettre un terme à cette querelle. Le parlement consulta, en 1765, la faculté de théologie pour savoir si la divinité serait contraire à l'inoculation, elle répondit : « Ce qui est utile aux hommes ne peut déplaire à Dieu. » « Les philosophes, dit l'abbé Duvernet, n'eussent pas répondu plus sensément. La demande du parlement était puérile, et la réponse de la Sorbonne fut l'oracle d'une assemblée de sages. Cet école donna en ce moment-là une grande idée de ce qu'elle aurait pu être en France, si elle n'eût jamais écouté que la raison. »

Mais deux ans après la faculté se couvrit de ridicule et tomba dans un discrédit complet par la censure de *Bélisaire*. On sait que le quinzième chapitre traite de la tolérance. Malgré les ménagements avec lesquels Marmontel avait discuté cette matière délicate, la Sorbonne publia, le 26 juin 1767, une censure volumineuse de ce chapitre ; et le 31 janvier de l'année suivante parut un mandement de M. de Beaumont, archevêque de Paris, qui la confirmait dans tous ses points (1). Marmontel se défendit sans passer les bornes de la prudence et de la modération ; le public hua les docteurs, et *Bélisaire* continua de s'imprimer avec le privilége du roi. Enfin, comme pour venger l'auteur de *Bélisaire* de cette attaque ridicule, les cours d'Autriche, de Prusse, de Suède, le firent complimenter, et Catherine II traduisit elle-même en russe le chapitre censuré, ce qui lui donna, il faut en convenir, une importance bien au-dessus de son mérite. Ce fut là, en quelque sorte, le dernier signe de l'existence de la Sorbonne. L'usage voulait que tout ouvrage couronné par l'Académie française fût revêtu de la signature de deux docteurs de Sorbonne ; ils refusèrent, en 1769, d'approuver l'*Eloge de Molière*. L'Académie n'en couronna pas moins l'ouvrage de Chamfort, et deux ans après, elle se crut en droit de décerner le prix d'éloquence à La Harpe, pour son *Eloge de Fénelon*, quoique cet éloge ne fût point muni du suffrage de la faculté. Au commencement du règne de Louis XVI, l'Académie couronna l'*Eloge du chancelier de L'Hôpital*, par l'abbé Rémi. Cet ouvrage fut censuré d'une manière fort acerbe par la Sorbonne, qui attaqua également la mémoire de Buffon, de Raynal, de Mably ; mais on ne faisait nulle attention à ses censures : elle avait perdu toute influence.

(1) *Biogr. univ.*, t. XXVII, art. *Marmontel*. Voy. aussi Duvernet, t. II, p. 330 et suiv. Je ferai remarquer que l'ouvrage de Duvernet ne se recommande ni par l'impartialité des jugements, ni par l'élévation des vues. C'est une longue diatribe où l'on trouve des faits curieux, mais choisis par un esprit haineux et étroit.

Duvernet écrivait en 1790 : « La situation de la Sorbonne est telle aujourd'hui, qu'elle ne peut prolonger son obscure existence qu'autant que l'Assemblée nationale ne s'apercevra pas qu'elle existe. » Deux ans après, le 22 février 1792, le représentant Gaudin, membre du comité d'éducation publique, demanda la destruction de la Sorbonne. « Cette corporation, disait-il, qui abusa si longtemps du droit de juger, et qui mérite si bien d'être condamnée à son tour par la raison qu'elle a tant de fois proscrite. »

En reprenant l'histoire de la fondation de la Sorbonne, on voit que Robert de Sorbon, ayant acquis quelques maisons dans la rue Coupe-Gueule et dans la rue voisine qui paraît être la rue aujourd'hui appelée de Sorbonne (1), y fit construire les premiers édifices de son collége et une chapelle. Sorbon acquit ensuite de Guillaume de Cambrai ce qui restait de terrain et de maisons jusqu'à la rue des Poirées, que l'on coupa et que l'on fit tourner en équerre dans la rue des Cordiers. Non loin de la Sorbonne, destinée aux études théologiques, Sorbon établit en même temps le *collége de Calvi* pour les humanités et la philosophie (2).

Dans les premiers temps, la Sorbonne se composait de trente-six habitations distinctes ou trente-six modestes appartements, destinés à autant de sociétaires. La bibliothèque, pour laquelle on avait fait un règlement particulier dont une partie au moins remonte à Robert lui-même, était séparée des lieux habités. Elle était, dit-on, dès cette époque, longue de quarante pas, large de douze, et recevait le jour par trente-huit petites fenêtres. Elle contenait, en 1290, environ mille volumes, presque tous livres de piété, de théologie ou de droit canonique et civil; un petit nombre seulement étaient des ouvrages de philosophie et de belles-lettres. Les volumes tenaient à des chaînes scellées au mur, mais assez longues pour permettre de les ouvrir sur vingt-huit pupitres dressés dans la galerie à égales distances. Le fond de cette collection provenait de Robert et des autres premiers bienfaiteurs de la Sorbonne (3).

Les bâtiments de l'ancienne Sorbonne tombaient en ruines (4), lorsque le cardinal de Richelieu, qui y avait étudié la théologie et qui en était proviseur, entreprit de la reconstruire sur un nouveau plan. L'architecte *Lemercier*, qui avait déjà bâti pour lui le Palais-

---

(1) Voy. Jaillot. — (2) Voy. l'article du *Collége de Calvi* appelé aussi *Petite Sorbonne*. — (3) *Hist. litt. de la France*, t. XIX, p. 297-301. — (4) Nous avons peu de renseignements sur l'ancienne église de la Sorbonne. On sait seulement que Guillaume de Saint-Amour, l'illustre champion de l'Université, était représenté sur l'un des vitraux; et c'est d'après cette peinture qu'a été gravé le portrait qui orne l'édition de ses œuvres, publiée à Constance, en 1632. Voy. M. Michelet, *Hist. de France*, t. II, p. 628.

Royal, fut chargé de lui présenter un plan tant pour la construction d'une église que pour celle des bâtiments qui devaient l'accompagner. L'archevêque de Rouen posa la première pierre de la grande salle en 1627; et le cardinal lui-même posa, le 15 mai 1633, la première pierre de l'église que nous voyons et qui ne fut terminée qu'en 1653, onze ans après la mort de Richelieu.

« On ne saurait trop admirer, écrivait Hurtaut en 1779, la justesse de proportions qui règne entre les différents corps de ce grand bâtiment. Tout y est si bien coordonné, les points de vue en sont si bien pris, qu'en se prêtant de mutuelles beautés, ils forment un tout harmonieux. Le dôme qui le domine n'est pas fort élevé; il est accompagné de quatre campaniles et de statues avec des bandes de plomb doré. On reproche à la construction la petitesse de ses campaniles qui empêche l'ensemble d'avoir cette forme pyramidale d'un si agréable aspect à Saint-Pierre de Rome et à Saint-Paul de Londres. La lanterne est entourée d'une balustrade de fer au haut de laquelle est une croix dorée, ce qui fait le couronnement de l'édifice. Le portail, disposé avantageusement, se compose de deux ordres l'un sur l'autre. Le premier est corinthien, avec des colonnes engagées, et le second est composite, mais formé seulement par les pilastres qui répondent aux colonnes; dans les espaces entre deux, en haut et en bas, il y a quatre niches où l'on plaça des statues de marbre faites par Guillain. Au-dessus de la porte est cette inscription : *Deo Opt. Max. Armandus, cardinalis de Richelieu.*

» L'intérieur de l'église est d'une médiocre grandeur. L'ordre de pilastres qui règne tout autour est couronné par une grande corniche d'excellente proportion. On avait placé dans les niches, l'une sur l'autre entre les pilastres, les statues des douze apôtres, de grandeur naturelle, ouvrage de Berthelot et Guillain. Ces statues ont été détruites à la révolution. Le dôme est décoré de quelques ornements de peinture et des quatre Pères de l'Église, peints à fresque par Philippe de Champagne. Le pavé, dont la disposition est assez bien imaginée, est en grands compartiments de marbre de diverses couleurs. Le grand autel, élevé sur les dessins de Pierre Bullet, est d'une très belle ordonnance. Il est décoré de six colonnes corinthiennes de marbre de France dont les bases et les chapiteaux sont de bronze doré, aussi bien que les modillons et les rosaces du soffite de la corniche. Les deux colonnes du milieu forment un corps en ressaut, couronné d'un fronton sur lequel sont deux anges appuyés, de Marc Arcis et Corneille Vanclève. Les autres colonnes sont en retraite; dans les intervalles sont les statues de la Vierge, par Louis Le Compte, et de Saint Jean-l'Évangéliste, par Cadène. Un grand attique règne sur tout ce riche ouvrage. A la place du tableau d'autel on mit un grand crucifix de marbre de six à sept pieds de proportion sur un fond noir, ouvrage de Michel Auguier. Au haut de l'autel, François Verdier peignit un Père-Éternel, d'après un dessin de Lebrun. Le tabernacle de marbre blanc est enrichi d'ornements en bronze doré. Le jour des grandes solennités, on exposait autrefois sur ce tabernacle un très beau soleil d'or qui avait coûté plus de vingt mille livres. C'était un don du cardinal de Richelieu.

» La chapelle de la Vierge est aussi richement décorée. Elle est revêtue de marbre blanc; les colonnes sont en marbre de France, à chapiteaux et modillons de bronze doré. Les petites chapelles ont des colonnes corinthiennes de marbre veiné, les chapiteaux sont de bronze doré et les piédestaux de marbre noir (1). »

Au côté droit de la nef, on voit le tombeau de Richelieu, exécuté par Girardon et érigé en 1694. Le cardinal est représenté couché sur son tombeau, une main sur sa poitrine, l'autre étendue, les yeux levés vers le ciel; la religion le soutient; à ses pieds une femme que l'on croit être l'allégorie de la Science ou de l'Histoire se penche sur le sarcophage avec l'expression de la plus vive douleur. Derrière le groupe deux génies soutiennent l'écusson du ministre. Ce mausolée, que l'on regarde comme le chef-d'œuvre de Girardon, a pourtant été l'objet de quelques critiques. On a reproché à Girardon d'avoir mis un goût systématique au lieu de l'imitation de la nature. Les draperies paraissent jetées avec quelque affectation et trop chiffonnées. La tête de la Religion est froide; mais celle du cardinal est fort belle; elle a de la noblesse et de la grâce. La tête de la femme éplorée est peut-être meilleure encore; elle offre une imitation de la jeune fille du *Testament d'Eudamidas*, tableau célèbre du Poussin. Ce mausolée fut transporté à la révolution dans le musée des monuments français, aux Petits-Augustins, où il resta jusqu'en 1815. Il est aujourd'hui dans le côté du sud. En 1694, on l'avait placé au milieu de l'église. Au-dessous dans un caveau reposait le corps du célèbre ministre. Un siècle avant la visite du czar (2), la sœur de l'infortuné de Thou, décapité par ordre du cardinal, avait offert inutilement aux directeurs de la maison de Sorbonne une somme considérable pour lui permettre de faire graver sur le tombeau ces paroles de l'Evangile à l'occasion de Lazare : *Seigneur, si vous aviez été ici, mon frère ne serait pas mort.* Les nombreuses statues dont l'édifice est orné à l'intérieur et au dehors, sculptées en pierre de Tonnerre, aussi belle et aussi luisante que le marbre, dit Sauval, sont l'ouvrage de deux célèbres artistes du XVIIe siècle, Guillain et Berthelot.

Sauval ajoute quelques détails curieux : « Les quatre pilastres qui soutiennent le dôme sont vides et servent d'écho à la musique : dans

---

(1) Hurtaut et Magny, au mot *Sorbonne*.
(2) Voy. plus haut la visite de Pierre-le-Grand à la Sorbonne.

l'un est un petit escalier ou vis à jour, fait en limaçon, qui finit en tête de serpent et conduit sur la voûte ; dans l'autre est une tour, et en haut une cloche où il y a tant d'alliage d'argent qu'on l'entend dans tout Paris depuis neuf heures du soir jusqu'à neuf heures et demie ; les autres pilastres sont tout vides. Quelques uns ont cru que cette cloche avait servi de signal au meurtre des huguenots le jour de la Saint-Barthélemy ; mais les historiens nous font bien savoir le contraire. »

« La maison de Sorbonne consiste en trois grands corps de bâtiments flanqués dans les encoignures par quatre gros pavillons ; ils environnent une cour qui a la forme d'un carré long. La partie de cette cour qui avoisine l'église est plus élevée de quelques pieds, ce qui contribue à ajouter à l'effet du portail placé à la partie méridionale et qui occupe le milieu d'une des faces latérales de l'église. Le portique est formé de dix colonnes dont six sont de face et les quatre autres en retour sur les côtés ; ces colonnes, d'ordre corinthien, sont élevées sur un grand perron que forment quinze degrés ; et comme elles sont détachées du corps des bâtiments de plus de dix pieds, elles forment un porche dont l'entrée est couronnée par un fronton. Une porte se trouve sous ce portique. Les bâtiments qui règnent autour de la grande cour sont décorés avec simplicité (1). »

La bibliothèque de la maison de Sorbonne était, avant la révolution, l'une des plus riches de Paris en manuscrits et livres imprimés : l'un de ses plus beaux manuscrits était une traduction de Tite-Live, du XIVe siècle, écrite sur deux volumes in-folio en vélin, dont les pages étaient ornées des plus belles miniatures. On y conservait la fameuse Bible en deux volumes in-folio, imprimée en 1464, à Mayence, par Jean Faust et Pierre Scheffer, qui en portèrent un exemplaire à Paris, et une collection des autres éditions les plus anciennes de la Bible, au nombre de plus de huit cents, collection plus complète que celle de la fameuse bibliothèque du Vatican. On y conservait également une belle suite de tous les grands livres d'estampes que Louis XIV fit graver d'après ses tableaux, ses statues et ses tapisseries. Les manuscrits et les livres les plus précieux de la Sorbonne ont été portés, depuis la révolution, à la Bibliothèque Royale.

Les écoles extérieures de la Sorbonne étaient situées sur la place. C'était un vaste bâtiment dans lequel se faisait la distribution des prix de l'Université, en présence du parlement.

La révolution vint changer l'esprit de la Sorbonne : au lieu de ses docteurs, on y vit des philosophes. Dans l'église même, on voulut établir un amphithéâtre pour les séances de l'Ecole normale ; mais on renonça plus tard à ce projet. Le bâtiment fut très endommagé dans son

(1) Hurtaut et Magny.

intérieur, et demeura long-temps abandonné; mais en 1820, les dégâts furent réparés, et l'église, qu'occupaient presque entièrement des ateliers de sculpture, fut rendue au culte. Le célèbre musicien Choron, fondateur et chef de l'institution de musique religieuse, y conduisait ses élèves tous les dimanches, et y attirait un grand concours de monde. Depuis 1831, époque de la mort de Choron; ses élèves ont cessé de s'y faire entendre. Maintenant, on y dit tous les jours une messe à huit heures du matin.

Les bâtiments de la Sorbonne servent aujourd'hui aux facultés de théologie, des lettres et des sciences de l'Académie de Paris. L'église, depuis la révolution, est veuve de toutes ses richesses; il ne lui reste plus d'autre ornement que le mausolée du cardinal. Les restes de M. le duc de Richelieu, l'un des hommes d'État les plus distingués de la restauration, mort le 16 mai 1821, furent déposés à la Sorbonne. Conformément aux dernières volontés de la duchesse, sa veuve, un monument funèbre dont l'exécution est confiée à M. Ramey doit être érigé à la mémoire du duc, à côté du chef-d'œuvre de Girardon.

Le collége des Bernardins, d'abord appelé *collége du Chardonnet*, près de la place aux Veaux, entre le quai de la Tournelle, ou des Miramiones, et la rue Saint-Victor, fut fondé en 1244 par Etienne de Lexington, Anglais de naissance et abbé de Clairvaux, sur un terrain situé dans le clos du Chardonnet, qu'il avait acquis de l'abbaye de Saint-Victor. Etienne, qui avait étudié à Paris sous saint Edme ou Edmond, professeur fameux, depuis archevêque de Cantorbéry, établit ce collége pour y faire étudier les jeunes religieux de sa maison, afin, dit Matthieu Paris (1), de ne plus voir les religieux de Clairvaux, appelés Bernardins du nom de leur fondateur, exposés au mépris des frères Prêcheurs, des frères Mineurs et « des légistes séculiers; car ces nouveaux ordres faisant profession de » science, voulaient faire passer les anciens pour inutiles, parce qu'ils » ne se piquaient pas, comme eux, de disputer, ni d'enseigner, ni de » prendre des degrez dans les Universités. » Le pape approuva le projet de l'abbé Etienne, et fit même plus en ordonnant au chapitre général de Cîteaux d'ériger encore d'autres colléges dans les principales abbayes de l'ordre.

Les Bernardins agrandirent considérablement leur enclos par des terrains qu'ils achetèrent successivement au Chardonnet des religieux de Saint-Victor, de Philippe, concierge du roi, du curé de Saint-Nicolas, et d'autres (2). L'abbé de Clairvaux possédait au même lieu une mai-

---

(1) *Hist. anglic.* ad an. 1249. — Félibien, t. I, p. 309. — (2) Félibien, p. 310.

son que l'annaliste de Cîteaux (1) appelle l'*Hôtel des comtes de Champagne*.

En 1753, Etienne de Lexington, afin de donner quelque lustre à son établissement, pria Alphonse de France, frère de saint Louis et comte de Poitiers, d'accepter la qualité de fondateur et de protecteur de ce collége. Alphonse, qui devait faire une donation en acceptant, abandonna une rente de 104 livres parisis à prendre sur la prévôté de la Rochelle, que l'abbé s'obligea d'employer à l'entretien de vingt religieux profès de l'abbaye de Clairvaux. Alphonse donna ensuite une rente de 20 livres à prendre sur la même prévôté, pour une messe qui dut se dire chaque jour pour lui. Le collége des Bernardins fut gouverné par un supérieur qui porta d'abord le nom de *Prieur*, ensuite celui de proviseur, nom que l'on donnait ordinairement aux supérieurs des colléges.

A peine l'abbé de Clairvaux voyait fleurir le collége qu'il avait établi à Paris, qu'on lui fit un crime dans son ordre, soit de cet établissement, que le chapitre général s'était vu comme forcé d'approuver après l'autorisation du pape, soit d'avoir obtenu de Rome un privilége pour n'être jamais déposé comme l'assure Matthieu Paris, ce qui parut une violation punissable des statuts. Quoi qu'il en soit, il est certain qu'Etienne de Lexington fut déposé par le chapitre général de Clairvaux, de 1255, sans que depuis il pût être rétabli. Etienne fut nommé par le pape évêque en Angleterre; mais il mourut simple religieux à Orcamp, où il s'était retiré.

En 1320, l'abbé et les religieux de Clairvaux, pour se libérer des dettes que la communauté avait contractées, vendirent à l'ordre de Cîteaux le collége de Saint-Bernard de Paris et ses dépendances (2). Le roi approuva cette cession.

Le pape Benoît XII, qui avait été religieux de Cîteaux et professeur au collége des Bernardins, et après lui le cardinal Guillaume Carti, surnommé le Blanc, parce qu'il avait été aussi religieux de cet ordre dont le costume était blanc, entreprirent de faire bâtir, à leurs frais, l'église des Bernardins. La première pierre fut posée le 24 mai 1338. « Afin qu'en ce jour mémorable, dit Félibien, l'office qui se faisait au chœur plus solennellement, fût suivi d'un meilleur repas qu'à l'ordinaire, la reine, Jeanne de Bourgogne, ordonna au receveur de Paris de délivrer tous les ans à pareil jour, la somme de 100 livres, monnaie de Paris, au religieux procureur du collége de Saint-Bernard. » Mais, ni Benoît XII, ni le cardinal, qui fit continuer les constructions, ne vécurent assez pour les voir achevées. L'église ne fut même jamais entièrement terminée.

(1) T. I, p. 510.
(2) Voir les stipulations réciproques des deux parties, dans Félibien, t. I, p. 312.

Mais, ce qui a subsisté jusqu'à la révolution était d'une belle architecture gothique. Les voûtes étaient très élevées et très légères. Benoît XII, en mourant, avait laissé des sommes considérables afin qu'on achevât ce qu'il avait commencé; mais l'argent fut volé en chemin, comme on l'apportait à Paris pendant les troubles du règne de Charles VI.

La destruction de Port-Royal-des-Champs, en 1710, contribua beaucoup à l'embellissement de cette église: on y transporta, entre autres ornements, le grand autel et la chaire du chœur, ouvrage de menuiserie très délicat du règne de Henri II. Les débordements qui suivirent le rigoureux hiver de 1709 avaient obligé d'exhausser le sol de l'église au moins de cinq pieds.

Aux deux côtés de la porte de l'église étaient deux inscriptions placées au-dessous des armes de Benoît XII, peintes sur le mur. Ce pape, fils d'un boulanger de Toulouse, se nommait Jacques *Fournier* ou *Novelli*. Il avait une nièce que plusieurs grands seigneurs recherchaient en mariage; mais le pape répondit toujours qu'elle n'était point d'une naissance à recevoir l'honneur qu'ils voulaient lui faire, et il la maria au fils d'un bon négociant de Toulouse. Les deux mariés étant allés le saluer à Avignon, il les reçut avec beaucoup d'amitié, les garda une quinzaine de jours dans son palais auprès de lui, ensuite il les congédia en leur donnant une somme assez modique, et leur disant que *leur oncle Jacques Fournier leur faisait ce petit présent; qu'à l'égard du pape, il n'avait de parents et d'alliés que les pauvres et les malheureux* (1).

Au fond de la nef latérale de droite dans l'église, on remarquait un escalier tournant à double vis, c'est-à-dire construit de manière que deux personnes peuvent monter et descendre sans se voir. Le fameux escalier de Chambord est construit d'après le même système (2).— Dans une chapelle de cette église on voyait le tombeau de Guillaume du Vair, né à Paris, évêque de Lisieux, garde des sceaux de France, maître des requêtes et premier président du parlement de Provence. Etant à la suite de Louis XIII, pendant le siége de Clérac, il tomba malade à Tonneins en Agenois, où il mourut le 3 août 1633. Son corps fut transporté aux Bernardins. On grava sur son tombeau l'épitaphe suivante qu'il s'était faite lui-même :

Guillelmus du Vair,
Episcopus Lexoviensis,
Franciæ procancellarius
Hic expectat resurrectionem.
Natus 7 maii
1558.

Dom Paul Pezron, religieux de l'ordre de Cîteaux, docteur en

---

(1) *Essais hist. sur Paris*, t. V, p. 137.—(2) On peut voir à Paris un escalier construit dans le même genre, au passage Radzivill.

théologie de la faculté de Paris, abbé de La Charmoie, et un des plus savants hommes du xviie siècle, a professé long-temps la théologie dans ce collége. Il mourut au château de Chéci en Brie, en 1706. Il a publié entre autres ouvrages : l'*Antiquité des temps rétablie et justifiée*, livre qui le mit aux prises avec le père Martianay, bénédictin de Saint-Maur, et le père Le Quien, de l'ordre de Saint-Dominique. Il avait fait paraître également un livre sur l'*Origine de la nation celtique*.

Lorsque le général de Cîteaux et l'abbé de Clairvaux venaient à Paris, ils demeuraient ordinairement au collége des Bernardins. Les bâtiments de cet établissement furent presque entièrement démolis pendant la révolution. Il ne reste aujourd'hui que l'ancien dortoir qui sert de dépôt de farine. Quelques rues ont été percées sur l'emplacement des constructions et des jardins.

Collége et prieuré de Prémontré, au coin des rues Hautefeuille et de l'École-de-Médecine. — L'ordre de Prémontré, que saint Norbert, archevêque de Magdebourg, avait institué en 1120, dans la solitude de Prémontré, voisine de la ville de Coucy, en Picardie, voulut, au bout de quelque temps, avoir un collége à Paris pour l'instruction des jeunes religieux de l'ordre. En 1252 et pendant les années suivantes, Jean, abbé de Prémontré, fit à Paris de vastes acquisitions pour cet établissement. Il acheta de Gilette Houzel, bourgeoise de Paris, une maison de la rue Hautefeuille, portant le nom de Pierre Sarrazin. En 1255, l'abbaye de Saint-Antoine-des-Champs lui vendit neuf maisons situées près des Cordeliers; l'année d'ensuite, il acquit de Jean de Beaumont, bourgeois de Paris, une maison contiguë à celle de Pierre-Sarrazin; enfin, en 1286, l'ordre fit l'acquisition d'une grange et d'un jardin attenants à ce qu'il possédait déjà. Tels furent l'étendue de terrain et les bâtiments occupés par le collége de Prémontré.

Le collége de Prémontré n'a laissé aucune trace dans l'histoire. On sait seulement qu'il fit grand honneur à son ordre par le mérite et la science de ses élèves. Il s'était rendu tellement recommandable sous ce rapport, qu'au commencement du règne de Louis XIII les écoles de Paris se trouvant en partie abandonnées par suite des désastres du siècle précédent, ce prince ordonna, par un édit du mois de juillet 1617, à tous les abbés de France, d'envoyer un ou plusieurs de leurs profès pour étudier dans ce collége.

En 1263, le pape Urbain IV avait permis aux chanoines de Prémontré d'avoir un autel dans leur maison de Paris. On ignore à quelle époque ils obtinrent la liberté d'y élever une chapelle; celle qu'on leur avait accordée fut démolie en 1618, et remplacée par une église, qui fut dédiée, le 22 février 1619, sous l'invocation de Saint-Jean-Baptiste et Sainte Anne, et qui ne renfermait rien de remarquable.

Lors de la suppression de l'ordre, pendant la révolution, l'église des chanoines de Prémontré ne fut pas abattue; mais en 1817, elle fut convertie en maison particulière, et le fond du sanctuaire, l'abside, devint un café, que sa forme a fait nommer *la Rotonde*, et qui subsiste encore aujourd'hui.

Collége de Calvi. — J'ai dit qu'en 1271, Robert de Sorbonne acheta de maître Guillaume de Cambrai, chanoine de Saint-Jean de Maurienne, plusieurs maisons de la rue des Poirées, pour y établir un collége destiné à l'enseignement des humanités et de la philosophie, qui n'étaient point professées en Sorbonne. Telle fut l'origine du collége de Calvi (1), qui reçut par ce motif le surnom de Petite-Sorbonne, comme l'indiquait l'inscription gravée sur sa porte : *Sorbona parva vocor, mater mea Sorbona major*. « On m'appelle petite Sorbonne, la grande Sorbonne est ma mère. » Le collége de Calvi possédait une chapelle sous l'invocation de la Sainte-Vierge. Cette chapelle fut rebâtie en 1326, et dédiée le 21 octobre 1347, sous la même invocation, à laquelle on ajouta celle de Sainte-Ursule, dont la fête se célèbre ce jour-là.

Le collége de Calvi, auquel on avait réuni le collége des Dix-Huit, fut démoli par les ordres du cardinal de Richelieu, pour l'agrandissement de la Sorbonne et la construction de son église. Richelieu avait réglé dans son testament que cette maison serait rétablie dans un autre endroit, mais il n'en fut rien.

Le *Collége de Cluny*, situé sur la place Sorbonne, occupait le terrain compris entre la rue de La Harpe, la rue de Cluny, la place Sorbonne et la rue des Grés. On y entrait par l'extrémité méridionale de la rue de La Harpe. — Ce collége fut fondé en 1269, par Yves de Vergi, abbé de Cluny, pour les religieux de son ordre qui viendraient étudier à Paris. Yves ayant acheté l'emplacement, l'entoura de murailles et commença la construction des bâtiments; mais il mourut avant de les avoir terminés. Il avait fait élever une partie du cloître, le réfectoire et le dortoir; son neveu, Yves de Chalant, qui lui succéda à Cluny, fit achever le cloître, bâtit la chapelle et le chapitre, et forma la bibliothèque. Suivant les règlements dressés par les fondateurs et confirmés, en 1308, par l'abbé Henri de Fautières, ce collége était uniquement destiné à l'enseignement de la philosophie et de la théologie.

Tous les prieurés et les doyennés dépendants de l'abbaye de Cluny étaient obligés d'y entretenir chacun à leurs frais un ou deux élèves; s'ils négligeaient d'y envoyer des écoliers, ils n'en payaient pas moins la pension (2).

(1) Malingre, *Hist. de Paris*, p. 289.
(2) Voir Dubreuil qui donne la liste de ces prieurés, p. 294.

La chapelle du collége de Cluny était fort grande et d'une belle architecture gothique. Sur l'autel était une *Nativité*, peinte par Venard, en 1735. Mais ce que l'église renfermait de plus remarquable était un tableau du peintre français Valentin, représentant le *Reniement de saint Pierre*. Ce travail, qui sentait l'école italienne étudiée par Valentin, était d'un très bel effet. On admirait surtout la figure de la servante interrogeant saint Pierre, qui était éclairée par la lumière d'un flambeau.

On voyait dans cette église la tombe d'Yves de Vergi, d'Yves de Chalant, celle de plusieurs autres abbés et prieurs, et de plusieurs docteurs en théologie (1). Jean Baulin, prédicateur du XVIe siècle, doyen de Saint-Denis de Nogent-le-Rotrou, était aussi inhumé dans cette chapelle. Il est auteur de l'hymne de la visitation de la Vierge, commençant par ces mots : *Hunc diem festum veneremur omnes*, etc. A l'entrée du chœur, on remarquait sur une plaque de marbre noir une épitaphe d'un style fort singulier d'Anne d'Arconne, abbesse de Saint-Amand de Rouen (2).

Le collége et la chapelle de Cluny, devenus propriété nationale à la révolution, furent habités par des particuliers. La chapelle à servi long-temps d'atelier au peintre David. Ce fut là qu'on exposa publiquement quelques uns de ses tableaux, entre autres celui de la défense des Thermopyles par Léonidas.

Cette chapelle a été démolie en 1833.

Collége du Trésorier, situé près de la place Sorbonne, rue Neuve-de-Richelieu, n° 6. — Le collége du Trésorier fut ainsi appelé à cause de son fondateur, Guillaume de Saône, *trésorier* de l'église de Rouen, qui en 1268 créa cet établissement pour l'entretien de douze pauvres écoliers en théologie, qui devaient y recevoir trois sous par semaine pendant six ans d'études, et pour douze autres étudiants ès-arts, auxquels il assura vingt livres tournois par an. Guillaume de Saône ordonna que son collége ne recevrait que des jeunes gens du pays de Caux, et, à leur défaut, du diocèse de Rouen.

Cet établissement fut réuni à l'Université en 1763.

Collége et hôtel Saint-Denis. — Ce collége était situé entre les rues Contrescarpe et Saint-André-des-Arcs, et occupait une partie de l'emplacement des rues Dauphine et des Grands-Augustins.

Le célèbre Suger avait eu, comme je l'ai dit, une maison à Paris pendant sa régence, *auprès de l'archet de Saint-Merry*. Un autre abbé

---

(1) Dubreuil donne ces épitaphes, p. 292.
(2) Voir l'histoire de cette abbesse dans Piganiol de La Force, t. VI, p. 367.

de Saint-Denis, Mathieu de Vendôme, qui en 1270 fut également régent du royaume, acheta en 1263, aux religieux de Saint-Germain-des-Prez, *certaine place de terre size au terroir de Laas, tenant d'un costé au jardin des Frères de la Pénitence de J.-C., autrement dicts Sachets, et d'autre à la maison de messire Gilles, dit le Brun, connestable de France* (1). Il y fit construire un hôtel pour y loger les religieux de l'abbaye de Saint-Denis dans leurs voyages à Paris ; puis il y joignit une chapelle que l'abbé de Saint-Germain autorisa, à condition qu'il n'y aurait ni cloche, ni cimetière, et que l'hôtel serait sous la dépendance du curé de Saint-André-des-Arcs pour le spirituel, et pour le temporel sous celle de l'abbaye de Saint-Germain (2). L'hôtel Saint-Denis s'accrut peu à peu sous les successeurs de Mathieu de Vendôme. On y avait joint un collége sur lequel nous n'avons point de documents ; nous savons seulement qu'on y établit, en 1487, six boursiers.

Lorsqu'en 1607 on perça la rue Dauphine, on acheta 66,000 livres l'hôtel et le collége, qui furent détruits en partie. Il en restait encore des bâtiments qui, avant la révolution, appartenaient aux dames de Saint-Cyr (3). « En 1610, dit Félibien, le parlement condamna Louis de Lorraine, abbé de Saint-Denis, à donner tous les ans 78 livres de rente au bureau des pauvres, à cause de l'aliénation de son collége, et à faire bastir ou acheter un autre hostel pour luy et ses successeurs abbés. En 1611, il acquit la maison de Caumartin, située rue de l'Eschelle-du-Temple, pour 83,000 livres, à la charge qu'à l'avenir il seroit appelé l'hostel de Saint-Denis (4). » L'hôtel Saint-Denis avait fait donner à la rue des Grands-Augustins les noms de *rue à l'Abbé Saint-Denis, rue du Collége-Saint-Denis, des Ecoles et des Ecoliers de Saint-Denis, des Charités de Saint-Denis* (5).

Prévôté des marchands. — J'ai eu occasion de traiter amplement de la plus ancienne corporation des bourgeois de Paris, celle des *marchands de l'eau*, c'est-à-dire des marchands associés pour monopoliser le commerce de la Seine (6). Cette antique société, dont l'origine remonte à l'époque de la domination romaine, devint tellement importante au moyen-âge, qu'à elle seule elle absorba l'influence de tout le reste du

---

(1) Dubreuil, p. 366. — Rabelais (*Pantagruel*, liv. II, ch. 18,) fait mention de l'hôtel Saint-Denis. Il y fait loger Pantagruel qui se promenait avec Panurge dans le jardin du collége. — (2) « En l'an 1431, du règne de Charles VII, la France estant encore tout en troubles, l'abbé dudit Saint-Denys ne put, à cause des voleurs et mauvais garnements qui couroient par toute la France, tenir ses assises en la ville de Saint-Denis, et demanda permission aux religieux dudit Saint-Germain de les tenir en son hostel qu'il avoit sur leur terre et seigneurie, sans toutefois pour ce pouvoir prétendre aucun droit de justice sur dits biens, et de ce en ba'lla lettres auxdits de Saint-Germain. » Dubreuil, p. 367. — (3) Jaillot, t. V. — (4) Félibien, t. I, p. 407. — (5) Jaillot, *loco cit.* — (6) Voy. l'article *Hanse parisienne*, t. I, p. 451.

commerce de Paris ; la population commerciale de la ville avait pour représentant, pour chef, *le prévôt et les échevins jurés de la confrérie des marchands de l'eau.*

Telle fut, comme on l'a vu, l'origine de la charge du *prévôt des marchands de Paris*, qui, depuis le milieu du XIIIe siècle jusqu'à la révolution de 1789, occupa la place de premier magistrat de la ville, de chef du corps municipal (1). Ce fut en 1268 pour la première fois que le directeur de la hanse parisienne fut appelé officiellement dans un acte public prévôt des marchands. Ce premier prévôt se nommait Jean Augier (2).

(1) Voy. la longue et savante dissertation de Leroy sur l'origine de l'Hôtel-de-Ville, au commencement de l'histoire de Félibien.

(2) Voici la liste chronologique des prévôts des marchands de Paris :

Jean Augier. 1268.
Guillaume Pizdoë, 1276.
Guillaume Bourdon, 1280.
Jean Arrode, 1289.
Jean Popin, 1293.
Guillaume Bourdon, 1296.
Estienne Barbette, 1298.
Guillaume Pizdoë, 1304.
Estienne Barbette, 1314.
Jean Gentien, 1321.
Estienne Marcel, 1355.
Gentien Tristan, 1358.
Jean Desmarets, 1359.
Jean Fleury, 1371.
Jean Culdoë, 1381.
Audouin Chauveron, 1381.
Jean de Folleville, 1388.
Jean Jouvenel ou Juvenal des Ursins, 1388.
Charles Culdoë, 1404.
Jean Culdoë, 1409.
Charles Culdoë, 1411.
Pierre Gentien, 1411.
André d'Espernon. 1413.
Pierre Gentien, 1413.
Philippe de Brébant, 1415.
Tanneguy du Chastel, 1415.
Guillaume Ciriasse, 1417.
Noël Prévost, 1418.
Hugues le Cocq, 1419.
Guillaume Sanguin, 1420.
Hugues Rapioult. 1421
Guillaume Sanguin, 1431.
Michel Laillier, 1436.
Pierre des Landes, 1438.
Jean Baillet, 1444.
Jean Bureau, 1450.
Dreux Budé, 1452.
Jean de Nanterre, 1456.
Henri de Livres, 1460.
Michel de la Grange, 1466.
Nicolas de Louviers, 1468.

Denis Hesselin, 1470.
Guillaume le Comte, 1474.
Henri de Livres, 1476.
Guillaume de la Haie, 1484.
Jean du Drac. 1486.
Pierre Poignant, 1490.
Jacques Piedefer, 1493.
Nicole Viole, 1494.
Jean de Montmirail, 1496.
Jacques Piedefer, 1498.
Nicolas Potier, 1500.
Dreux Baguier, 1500.
Germain de Marle, 1502.
Eustache Cuillier 1506.
Pierre Legendre, 1508.
Roger Barme, 1512.
Robert Turquant, 1513.
Jean Boulart, 1514.
Pierre Clutin, 1516.
Pierre Lescot, 1518.
Antoine Leviste, 1520.
Guillaume Budé, 1522,
Jean Morin, 1524.
Germain de Marle, 1526.
Gaillard Spifame, 1528.
Jean Luillier, 1530.
Pierre Violle, 1532.
Jean Tronçon, 1534.
Augustin de Thou, 1538.
Etienne de Montmirail, 1540.
André Guillard, 1542.
Jean Morin 1544.
Louis Gayant, 1546.
Claude Guyot, 1548.
Christophe de Thou, 1552.
Nicole de Livres, 1554.
Nicolas Perrot, 1556.
Martin de Bragelogne, 1558.
Guillaume de Marle, 1560.
Guillaume Guyot, 1564.
Nicolas Legendre, 1566.
Claude Marcel, 1570.

Les nombreux priviléges dont jouissait le chef des marchands de l'eau passèrent naturellement au prévôt des marchands ; et le caractère public dont il était revêtu les augmenta de plusieurs juridictions tout-à-fait étrangères à ses premières fonctions. Ainsi il acquit successivement la connaissance de tous les procès en matière commerciale au sujet des marchandises arrivant par eau sur les ports de la ville, la répression des délits commerciaux commis par les marchands, l'administration des rentes constituées sur l'Hôtel-de-Ville, l'ordonnance des cérémonies publiques, l'entretien et la construction des ponts, des quais, des remparts et des monuments publics de la ville. Enfin il commandait la garde bourgeoise conjointement avec le prévôt de Paris, et présidait le conseil municipal appelé le *bureau de la ville*, composé des quatre échevins et des procureur du roi, greffier et receveur de Paris, auxquels étaient adjoints vingt-six conseillers, et dix sergents qui exécutaient leurs arrêtés. Aussi le prévôt des marchands était un des personnages les plus importants de la ville ; c'était lui le plus souvent qui, un genou en terre, haranguait le roi à son entrée dans Paris, et prenait place parmi les rangs les plus honorables dans les solennités publiques.

Au milieu du xiv° siècle, lorsque le roi Jean ayant été fait prisonnier, l'administration était confiée aux mains débiles de Charles V encore enfant, la prévôté des marchands devint un pouvoir formidable, et, entre les mains du fameux Marcel, un moyen de gouverner l'État ; (1356) (1). Aussi la royauté sentit combien ce pouvoir populaire était dangereux ; elle lui porta quelques atteintes sous le règne de Charles V,

Jean le Charron, 1572.
Nicolas Luillier, 1576.
Claude Daubray, 1578.
Augustin de Thou, 1580.
Etienne de Neuilly, 1582.
Nicolas Hector, 1586.
Charles Boucher d'Orsay, 1590.
Jean Luillier, 1592.
Martin Langlois, 1594.
Jacques Danès, 1598.
Antoine Guyot, 1600.
Martin de Bragelogne, 1602.
François Miron, 1604.
Jacques Sanguin, 1606.
Gaston de Grieu, 1612.
Robert Miron, 1614.
Antoine Bouchet, 1616.
Henri de Mesmes, 1618.
Nicolas de Bailleul, 1622.
Christophe Sanguin, 1628.
Michel Maureau, 1632.
Oudart le Feron, 1638.
Christophe Perrot, 1641.
Macé le Boulanger, 1641.
Jean Scarron, 1644.

Jérôme le Feron, 1646.
Antoine le Febvre, 1650.
Alexandre de Sève, 1654.
Daniel Voisins 1662.
Claude le Pelletier, 1668.
Auguste Robert de Pomereu, 1676.
Henri de Fourci, 1684.
Claude Bosc, 1692.
Charles Boucher d'Orsay, 1700.
Jérôme Bignon, 1708.
Charles Trudaine, 1716.
Pierre-Antoine de Castagnière de Châteauneuf, 1720.
Nicolas Lambert, 1725.
Michel-Etienne Turgot, 1729.
Félix Aubery de Vastan, 1740.
Louis-Basile de Bernage, 1743.
Jean-Baptiste-Elie-Camus de Pontcarré, 1758.
Armand-Jérôme Bignon, 1764.
Jean-Baptiste-François de la Michodière, 1772.
Le Pelletier de Morfontaine, 1789.
De Flesselles, *massacré par le peuple à l'Hôtel-de-Ville le 14 juillet 1789.*

(1) Voy. l'*Hist. de Paris sous Charles VI* ; *faits généraux.*

et faillit le faire disparaître tout-à-fait en 1382. Charles VI le supprima lors de la sédition des Maillotins ; mais il le rétablit quelque temps après, et lui rendit en 1411 les priviléges qui lui avaient été donnés par Charles V, et qui furent confirmés depuis par Louis XI, par Henri III, et enfin en 1706 par Louis XIV. Henri III surtout entoura d'un lustre nouveau cette dignité municipale. Charles V, par une ordonnance de l'année 1371, avait accordé aux bourgeois de Paris le droit de tenir fiefs nobles et de porter armoiries. Mais Henri III, en 1577, restreignit cet honneur à la qualité de prévôt et à celles d'échevins des marchands de Paris. Plus tard, Louis XIV leur permit de conserver leur titre de chevaliers tout en continuant leur négoce *en gros*.

En 1634, l'usage s'établit de gratifier de quatre lignes d'eau chaque prévôt et chaque échevin sortant de charge ; ce qui était une grande générosité, si l'on considère la pauvreté des fontaines de la ville à cette époque. Lors des événements de la Fronde, à l'époque de l'exaspération du peuple de Paris contre le cardinal Mazarin, le prévôt des marchands et les échevins amassèrent contre eux des haines violentes en prenant le parti du ministre. Souvent même leur vie fut menacée dans les fréquentes émeutes des années 1652 et 1656. En 1684, le prévôt des marchands alla plus loin encore. Le 24 juillet il passa un traité avec l'Université de Paris, « pour fonder à l'honneur du roy Louis-le-Grand un panégyrique qui seroit récité tous les ans le 15 may par le recteur de l'Université, en présence du prévost et des autres officiers du corps de la ville, laquelle, à cette fin, promit de faire payer au receveur de l'Université, tous les ans, 40 louis d'or valant 440 livres. La fondation fut acceptée par l'Université, et homologuée au parlement le 17 aoust 1684 (1). »

Cette admiration du conseil municipal de Paris pour Louis le-Grand prouve que les successeurs des *marchands de l'eau de Paris* supportaient sans trop d'irritation la perte des exorbitants priviléges de cette antique compagnie. Quoi qu'en dise M. Dulaure, ils ne regardaient point comme une cérémonie humiliante l'usage où l'on était, à chaque nouvelle élection d'échevins, de les faire présenter à la cour par le prévôt des marchands, qui, dans cette circonstance, adressait à Sa Majesté une harangue pendant laquelle échevins et prévôt se tenaient à genoux.

A l'époque où la révolution éclata, le respectable *de Flesselles*, conseiller d'État et ancien intendant de Lyon, était depuis peu de temps prévôt des marchands de Paris. Le jour où la Bastille fut emportée d'assaut par le peuple, le 14 juillet 1789, un comité municipal composé des échevins et des électeurs des députés aux États-Généraux, et présidé

---

(1) Félibien, *Hist. de Paris*, t. II, p. 1513.

par le prévôt des marchands, s'occupait en tumulte à l'Hôtel-de-Ville des événements du jour, pendant que l'émeute s'agitait dans la rue. Dans la situation périlleuse où le plaçait la crise imminente qui se préparait, Flesselles avait cru devoir continuer ses fonctions comme d'ordinaire et ses rapports avec la cour. Vivement interpellé par un des électeurs sur ces dangereuses relations, en présence d'une populace furieuse, Flesselles effrayé voulut prouver son innocence et balbutia sans pouvoir maîtriser son trouble. On lui signifia qu'il fallait aller au Palais-Royal, et que là on entendrait ses explications. « Eh bien! dit-il, allons au Palais-Royal. » En même temps il se leva de son siége, et sortit de l'Hôtel-de-Ville entouré d'une foule immense. Lorsqu'il eut atteint le bas de l'escalier, un jeune homme lui cassa la tête d'un coup de pistolet tiré à bout portant. Son cadavre fut traîné dans la fange, et sa tête fut la première que la révolution planta en trophée sur le bout d'une pique et promena triomphalement dans Paris.

Telle fut la fin du dernier prévôt des marchands.

CHAPITRE QUATRIÈME.

PHILIPPE III, LE HARDI.

1270.-1285.

I. Faits généraux.

Le fils du roi défunt, Philippe III, se hâta de quitter la terre ennemie où son père avait trouvé la mort, et qui menaçait de l'engloutir lui-même avec le reste de son armée. Philippe, après avoir failli succomber à la maladie, conclut un honorable traité avec le bey de Tunis, et s'éloigna rapidement des rivages de l'Afrique. Soumis encore à l'impression des religieuses pensées de Louis IX, les croisés et leur nouveau roi dirigèrent leurs vaisseaux vers la Palestine ; mais la tempête les dispersa, et, dégoûté des expéditions lointaines, chacun ne songea plus qu'à regagner ses foyers.

Le 21 mai 1270, Philippe arriva dans Paris. Son premier soin fut de rendre les derniers devoirs à son père, à son frère Jean Tristan, à plusieurs grands seigneurs également victimes de la croisade, et à sa propre femme Isabelle d'Aragon, morte par accident, pendant le voyage, avec l'*enfançon royal* dont elle était enceinte. Le cérémonial des obsèques fut digne de ces augustes défunts. Voici dans quels termes il est rapporté par les Chroniques de Saint-Denis :

PHILIPPE III. 249

« Quand le roi fut venu à Paris qu'il désiroit beaucoup revoir, il fut commandé qu'on ornât les corps qui avoient été apportés de ces lointaines terres. Quand ils furent prêts et ornés, le bon roi Philippe prit son père, et le conduisit jusqu'à Notre-Dame de Paris avec les autres qui étoient trépassés en chemin. Là il leur chanta les vigiles bien et hautement, et il y avoit grand foison de luminaires autour des bières, et grand compagnie de gens nobles et autres qui toute la nuit veillèrent jusques au jour. Le lendemain (22 mai 1271) au matin, le roi Philippe prit son père et le troussa sur ses épaules, et se mit en chemin tout à pied pour aller droit à Saint-Denis. Avec lui furent grand nombre de nobles de France. Tous les religieux de Paris sortirent bien et ordonnément, à grans processions, disans le service des morts et prians pour l'âme du bon roi qui tant les amoit. Les archevêques, évêques, abbés, revêtus de leurs habits, leurs mitres sur la tête, leurs crosses au poing, venoient ensuite en bonne dévotion. Tant allèrent que pas à pas ils vinrent à Saint-Denis. Mais avant qu'ils entrassent en la ville, le couvent leur vint à l'encontre; et étoient tous les moines revêtus de leurs chapes de chœur, chacun un cierge ardent en sa main, et reçurent humblement le corps de monseigneur saint Loys. Mais comme l'on vouloit entrer en l'église, les portes furent closes, parce que l'archevêque de Sens et l'évêque de Paris étoient là revêtus de leurs insignes pour le corps du saint roi et de ses compagnons enterrer ; ce que les moines de Saint-Denis ne pouvoient souffrir, car l'archevêque et l'évêque vouloient ainsi user de leur franchise et avoir juridiction sur l'église de Saint-Denis, comme ils ont sur les autres de leur diocèse et dépendance ; tandis que les moines de Saint-Denis sont exempts, et ne feroient rien pour archevêque ni pour évêque, si cela ne leur plaisoit et n'étoit à leur gré.

» Le roi étoit donc devant la porte, son père sur ses épaules, ainsi que les barons et les prélats qui en l'église entrer ne povoient. Alors fut commandé à l'archevêque et l'évêque qu'ils s'allassent dévestir et qu'ils ne fissent point empeschement à si haute besogne. Quand ils s'en furent allés, les portes furent ouvertes, le roi entra dedans, puis les barons et les prélats commencèrent à chanter le service des morts bien et très dignement, et puis enterrèrent les saintes reliques et les ossements du saint roi Loys, à côté de son père et de son aïeul Philippe qui tant fut puissant en armes, et y mirent une tombe d'or et d'argent, et de noble facture. Les ossements de Pierre-le-Chambellan furent enterrés aux pieds de saint Loys, en telle manière et ainsi comme il gisoit à ses pieds quand il étoit en vie. Madame Ysabel fut enterrée d'autre part assez près du bon roi, et messire Jehan Tristan, comte de Nevers, à côté de lui. »

La dévotion filiale de Philippe III, portant durant un long trajet les

T. II. 16.

précieuses dépouilles du bon roi, édifia singulièrement les témoins de sa piété. Selon Félibien, « on éleva depuis, dans les endroits où il se reposa, les grandes croix qui se voient sur le chemin de Paris à Saint-Denis, pour conserver dans la postérité la mémoire de cette action (1). »

Le peuple aussi rendit hommage à la mémoire de Louis; il entoura ses restes mortels d'un religieux amour, et bientôt le bruit se répandit que le tombeau du feu roi était fécond en miracles et que le bon Dieu l'avait mis au nombre de ses élus. Le souverain pontife nomma trois prélats pour s'enquérir de la sainte vie et des faits miraculeux de Louis IX; mais comme ce prince s'était montré peu docile aux exigences de la cour de Rome, l'enquête fut longue et les juges furent sévères, en sorte que ce ne fut que long-temps après, en 1297, que fût décrétée la canonisation de saint Louis. Encore dit-on que le pape Boniface VIII ne l'accorda qu'à un motif politique, au désir de se concilier la bienveillance de Philippe IV (2).

Philippe attendit pour la cérémonie de son couronnement que les funérailles de son père fussent passées depuis trois mois.

La plupart des historiens ont dépeint Philippe III comme un prince indolent et dévot, et tous se sont étonnés du belliqueux surnom de Hardi que ses contemporains lui décernèrent. Quoique parvenu au trône dans la force de l'âge, à vingt-cinq ans, il régna paisiblement, s'employant à « étudier en bonnes mœurs et en bonnes œuvres, passant le temps dans ses domaines, ce dont le peuple se plaignait, et s'y livrant à sa passion pour la chasse, sans se soucier des courtisans, ce dont la noblesse lui savait très mauvais gré. Cependant il n'oublia rien des instructions qu'il avait reçues au lit de mort de son père, et, comme lui, confia toutes les affaires du royaume à un abbé de Saint-Denis, maître Macy, homme religieux et orné de sagesse (3). » Les seuls faits d'armes que l'on sache de Philippe III sont quelques expéditions en Languedoc et en Espagne, pendant lesquelles il agit toujours avec une célérité qui sans doute lui a seule valu le nom de Hardi.

Au mois d'août 1274, Philippe-le-Hardi épousa en secondes noces la

(1) Félibien, *Hist. de Paris*, t. I, p. 424.
(2) Ce fut sans doute lors de cet événement qu'on distribua comme reliques entre plusieurs églises célèbres les ossements du roi mis au rang des saints. Le détail de ces donations nous a été conservé dans une pièce recueillie par Tillemont, et intitulée : *Le petit rolle de la distribution des reliques de saint Loys*. — Voici le passage : « La Sainte-Chapelle du roi à Paris le *chief*; l'emperière (l'impératrice) aura *une jointe d'un des dois de saint Loïs*; le conte de Saint-Pol *une jointe d'un doi* autresi; les Prescheurs de Paris *un des os de la main*; les Frères du Val-des-Escholiers-lez-Compigne *une jointe*; l'abbeesse de Pontoise *une des costes*; Nostre-Dame de Paris *une coste*; l'abbé de Réaumont *une pièce de l'espaule*; l'abbeesse du Lys *un des os de la main*. » Voy. l'Histoire manuscrite de saint Louis; *Preuves*. — (3) *Chron. de Saint-Denis*, t. V, p. 30 et 31.

fille de Henri, duc de Brabant, « la belle et sage damoiselle Marie, qu'il accueillit en grant amour. » La cérémonie eut lieu au château de Vincennes d'abord, et l'année suivante, elle fut renouvelée avec solennité dans la chapelle du Palais à Paris. « L'assemblée, grande et belle, se composoit de hauts princes, de hauts hommes et de moult grands barons, venus de France et d'Allemagne. L'archevêque de Rheims chanta la grand'messe, et après mit la couronne sur la tête de la reine Marie et la sacra et bénit, comme c'est la coutume en France (le jour de saint Jean-Baptiste 1275). La fête fut moult noble et moult belle, tellement que à peine la pourroit nul raconter. Les chevaliers étaient vêtus de draps de couleurs variées, de vair, de gris, de vert ou d'écarlate et de plusieurs autres nobles couleurs ; les fermaux d'or sur la poitrine, et sur les épaules des grosses pierres précieuses comme émeraudes, saphirs, jacintes, perles, rubis et plusieurs autres de plusieurs manières. Ils avoient aux doigts anneaux d'or ornés de riches diamants et de riches topazes, et étoient leurs femmes atournées de riches tressoirs et de riches guimpes toutes tissues à fin or et couvertes de perles et autres pierres. Les bourgeois de Paris firent feste moult grant et moult solempnel et encourtinèrent la ville de riches draps de diverses couleurs Les dames et les pucelles s'ébaudissoient en chantant chansons et motés (1). »

Lorsque la fête fut terminée, l'archevêque de Sens vint se plaindre que ce couronnement était une violation de ses droits. Il se rendit devant Simon de Brie, le légat du pape, et lui représenta que lui seul avait le droit de procéder aux grandes cérémonies dans son diocèse, plainte à laquelle on n'eut aucun égard, parce que, répondit-on à l'archevêque de Sens, sa juridiction n'atteignait point la chapelle du Palais.

Bientôt le deuil suivit les réjouissances : Louis, fils aîné du roi, mourut (1276), et au dire de quelques uns, mourut empoisonné : le roi lui-même en eut le soupçon.

Il y avait alors à la cour un favori puissant nommé Pierre de La Brosse. C'était d'abord un pauvre homme né en Touraine, et exerçant la profession de chirurgien, avec laquelle il s'était avancé à la cour de saint Louis, qui l'avait attaché en cette qualité à la personne de Philippe. Lorsque saint Louis fut mort, Pierre de La Brosse se trouva auprès du trône ; il était chambellan de Philippe, qui ne faisait rien que par son conseil ; et pour obtenir de l'autorité royale la moindre faveur, force était à prélats et barons de combler le chambellan de riches présents. Il profitait très bien de son crédit, enrichit sa famille, et entre autres choses, fit nommer évêque de Bayeux le cousin de sa femme, Pierre de Bavay. Témoin de l'affection du roi pour sa nouvelle épouse, le

(1) *Chron. de Saint-Denis*, t. V, p. 39.

chambellan craignit que l'influence de Marie de Brabant ne fît tomber la sienne : il résolut de la perdre.

La mort du fils aîné de Philippe vint compliquer la rivalité de la reine et du favori. Pierre de La Brosse jeta l'odieux du soupçon sur la reine ; il répandit le bruit qu'elle voulait assurer le trône aux siens, et que la marâtre réservait le même sort aux trois autres enfants que Philippe avaient eus de sa première femme, Isabelle d'Aragon.

« La cour de France en fut tout émue, et en murmuroient plusieurs contre la reine, tellement que le roy de France le sut. Alors, moult pensif, il réfléchit de quelle manière il pourrait savoir la vérité. »

Pour savoir la vérité, Philippe ne trouva rien de plus sûr (trait caractéristique des mœurs et des idées de son temps), que d'envoyer consulter une sorcière, qui s'était acquis, à Nivelle en Flandre, une grande réputation de devineresse. Cette femme répondit que le roi de France ne devait pas croire « les mauvaises paroles sur sa femme ; car elle était bonne envers lui, loiale envers les siens, et de bon cœur entièrement. — Dont le roi pensa qu'il avoit des gens en sa cour et en son service qui ne lui étoient ni bons ni loyaux ; mais il se contint sagement, et fit semblant de rien. »

Ces dernières paroles des chroniques de Saint-Denis s'appliquaient au favori du roi, Pierre de La Brosse, et à ses créatures. En effet, son crédit allait être englouti sous une sanglante catastrophe :

« En 1277, advint qu'un messager qui portoit une lettre tomba malade et alité dans une abbaye ; si fortement fut-il saisi par le mal, que il vit bien qu'il lui convenoit mourir. Alors il appela ceux de l'abbaye, et leur fit promettre et jurer que ils ne bailleroient les lettres à nul homme, ni à personne vivante, fors à la propre personne du roi de France. Quand le messager fut mort, un moine de la communauté prit les lettres, par le congé de son abbé, et les porta au roi de France, à Melun-sur-Seine, où il étoit. Le roi reçut le moine joyeusement, et lui fit bonne chère ; puis, prit la boîte où les lettres étoient, et entra en une chambre pour être plus privément. Il appela quelques uns de ses gens, les plus familiers, et fit ouvrir la boîte et regarder de quel scel elle étoit scellée ; et l'on trouva que c'étoit le scel de Pierre de La Brosse. Mais ce qui étoit dedans écrit, ne voulut-on pas dire ni faire savoir : moult s'émerveillèrent ceux qui lurent les lettres de ce qui était dedans. Aussitôt se partit le roi de Melun, et alla au bois de Vincennes. Là fut mandé Pierre de La Brosse, et pris et mis en prison ; puis il fut mené à Janville (1) et enfermé dans la maîtresse tour.

» Nouvelles vinrent à l'évêque de Bayeux que Pierre de La Brosse son cousin étoit pris. Si s'en alla au plus tôt qu'il put à la cour de Rome,

(1) Petite ville de Beauce, nommée au moyen-âge, Yanville et Yenville. M. P. Paris (*Chr. de Saint-Denis*, t. V, p. 57), a placé par erreur Janville en Beauvaisis.

et se mit en la garde et protection du pape. Ne tarda guère après que Pierre de La Brosse ne fust mené à Paris, où furent mandés plusieurs des barons de France pour voir et pour ouïr son jugement, et comment il avoit mérité. Quand les barons furent assemblés, Pierre de La Brosse fut aussitôt livré au bourrel de Paris, qui pend les larrons, au grand matin, avant soleil levant, laquelle chose fut moult plaisante aux barons de France. Si le convoyèrent au gibet du duc de Bourgogne, le duc de Brabant, le comte d'Artois et plusieurs autres nobles barons. Le peuple de Paris s'émut de toutes parts, et coururent hommes et femmes après; car ils ne povoient croire en nulle manière que homme de si haut état fust dévalé si bas. Le bourrel lui mit la corde autour du cou, et lui demanda s'il ne voulait rien dire; et il répondit que nenni. Aussitôt le bourrel ôta l'échelle et le laissa suspendu parmi les larrons.

» Nul ne se doit fier en sa grande hautesse ni en son grand état; car la roue de la fortune, qui ne se tient jamais au même point, l'aura bientôt abaissé. On mit à bas tous ceux que Pierre de La Brosse avoit introduits à la cour; tous furent boutés hors, que nul n'en demeura qu'on pût savoir où trouver (1). »

Le crime de Pierre de La Brosse n'a jamais été connu : aussi faut-il ajouter au récit partial du moine de Saint-Denis, les doutes d'un autre chroniqueur, Guillaume de Nangis, sur la culpabilité du malheureux favori, et surtout les insinuations plus graves encore du Dante, qui se trouvait à Paris peu de temps après l'événement, et qui place Pierre de La Brosse dans son purgatoire, parmi les négligents, en disant : Puisse la dame de Brabant, tandis qu'elle vit encore, pourvoir à n'être pas un jour jetée parmi de pires coupables!

Philippe-le-Hardi venait de perdre son fils. Deux ans après, au printemps de l'année 1279, sa famille fut affligée par un nouveau malheur qu'il eut en partie à se reprocher. Il s'agissait de conférer la dignité de chevalier à Robert, comte de Clermont, le plus jeune frère du roi. Philippe voulant célébrer dignement cette cérémonie, ordonna à Paris, malgré les défenses canoniques, un tournoi auquel il appela tous les chevaliers de la France et des pays voisins.

Dans un des brillants pas d'armes qui eurent lieu en cette circonstance, Robert, le nouveau chevalier, accablé par le poids de son armure, et frappé sur la tête de rudes coups de masse d'arme, eut le cerveau si violemment ébranlé, qu'il tomba en démence et demeura fou tout le reste de sa vie. Le pape Nicolas III fulmina contre le tournoi de Paris, et imposa des pénitences expiatoires au roi et à tous les chevaliers. Mais, malgré les remontrances apostoliques et malgré de fréquents

---

(1) *Chron. de Saint-Denis.*

malheurs semblables à celui du comte de Clermont, les tournois n'en demeurèrent pas moins en vigueur jusqu'à la mort de Henri II, pendant près de trois cents ans.

En 1380, rapportent les chroniques de Saint-Denis, un grave accident effraya les Parisiens. Le fleuve de Seine sortit de son chenal et s'épandit par tout le pays. Il roula ses flots avec une si grande violence dans Paris, qu'il rompit la maîtresse arche du Grand-Pont, brisa six des autres, détruisit la plus grande partie du Petit-Pont, et envahit la ville tellement qu'on ne pouvait circuler qu'en bateau.

L'année suivante ce fut un malheur d'un autre genre. « Il s'éleva si grand discord entre les nations des écoliers anglais et des écoliers picards, que l'on croyoit bien que l'étude se dût entièrement départir de Paris. » On fut obligé de mettre les deux partis en prison au Châtelet, de peur qu'ils ne s'entre-tuassent.

« Et en même temps commença saint Loys à faire miracles au royaume de France (1). »

La maison des Capétiens était alors une des grandes puissances de l'Europe. Philippe III, maître de la Navarre, dont il allait faire épouser l'héritière à son fils aîné Philippe, avait le pied en Espagne; Charles d'Anjou, frère de saint Louis et roi de Sicile, véritable chef de la maison de France par ses talents, son influence sur son neveu et sa popularité chevaleresque, était souverain maître en Italie. Le pape Nicolas III, effrayé de cette colossale prépondérance des Français, s'appuya contre eux sur ses anciens ennemis l'empereur d'Allemagne, Rodolfe, et l'empereur grec, Michel Paléologue, en même temps qu'il s'unit étroitement avec don Pèdre d'Aragon et don Sanche de Castille, toujours en guerre avec Philippe le-Hardi. L'insolence de la tyrannie de Charles d'Anjou en Sicile fut la cause de sa perte. Une ligue furieuse s'organisa dans le Midi contre lui, et les Siciliens, altérés de vengeance, se chargèrent de porter les premiers coups. Le 30 mars 1282, sonna dans Palerme le terrible tocsin des *vêpres siciliennes;* tous les Français qui se trouvaient en Sicile furent inexorablement massacrés. Charles d'Anjou, transporté de rage à cette nouvelle, accourt mettre le siége devant Messine. Les Messinois se défendent avec opiniâtreté et envoient offrir la couronne de Sicile à don Pèdre, qui, placé en observation à la tête d'une flotte nombreuse, n'attendait que ce message pour venir à leur secours. L'habileté de son amiral, le Calabrais Roger de Loria, lui assura la victoire; il resta maître de la Sicile.

A Nicolas III avait succédé sur le trône pontifical Martin IV, né en Touraine, et tout dévoué au parti français. Martin IV prêcha la croisade contre le roi d'Aragon, qui osait s'adjuger une couronne dont la

---

(1) *Chron. de Saint-Denis*, t. V, p. 66.

disposition appartenait au Saint-Siége, et le 26 août 1283 il expédia en France une bulle qui transmettait la couronne d'Aragon à Charles de Valois, second fils de Philippe-le-Hardi, sous la condition que le jeune prince se reconnût vassal et tributaire de Rome, et que l'Aragon ne pût jamais être réuni à la France.

Philippe convoqua à Paris un parlement extraordinaire des prélats et barons de France pour leur demander conseil. Ceux-ci s'accordèrent à répondre qu'il était *expédient* au roi et au royaume de se charger de cette affaire et d'accepter les offres du pontife. » Monseigneur Cholet, cardinal, prêcha la croix pour aller sus au roi d'Aragon, comme à un damné et excommunié qu'il étoit. »

Philippe donc fit ses préparatifs pour envahir l'Espagne et mettre à exécution son projet, depuis long-temps médité, d'y faire asseoir sa famille sur le trône. Il commença par armer chevalier, à la fête de l'Assomption (1284), son fils aîné, Philippe, âgé d'environ seize ans, et le lendemain, il lui fit épouser Jeanne, reine de Navarre.

La position des Siciliens et des Espagnols paraissait très alarmante ; mais ils furent sauvés par leur courage désespéré et par l'habileté de Roger de Loria. Trois éclatantes défaites furent essuyées coup sur coup par les armées de France ; la première, en Italie, coûta la vie au comte d'Alençon, frère de Philippe III ; la seconde fit périr devant Malte la flotte du comte d'Anjou ; et la troisième lui enleva son propre fils, le comte de Salerne, qui ne dut la vie qu'à l'intervention politique de la reine d'Aragon, et fut envoyé captif en Espagne. Une si grande humiliation brisa Charles d'Anjou ; il tomba malade et expira le 7 janvier 1285.

Tant de revers n'arrêtèrent point Philippe-le-Hardi. Il prit l'oriflamme à Saint-Denis, après la Pâques de l'an 1285, et partit de Paris avec ses fils, Philippe, roi de Navarre, et Charles, roi titulaire d'Aragon ; il était aussi accompagné de trois reines, Marie de Brabant, Blanche d'Artois et Jeanne de Navarre. Vers la Pentecôte, il assembla au pays de Toulouse une multitude merveilleuse de gens d'armes, et l'on n'aurait pas cru que de cette expédition il ne lui reviendrait que peu d'honneur et moins encore de profit. Après s'être emparé non sans peine d'Elne et de la forte cité de Gironne, l'armée française, harcelée par les Almogavares, guérilleros de l'époque, et décimée par les maladies, n'eut d'autre soin que de repasser les Pyrénées en toute hâte. Philippe, en partant, vit Roger de Loria battre la flotte qui avait concouru à son expédition, et faire prisonniers une partie des équipages et l'amiral lui-même. Huit jours après son départ, l'armée qu'il avait laissée sous le commandement d'Eustache de Beaumarchais, gouverneur de Navarre, pour conserver ses conquêtes en Aragon, fut obligée de se rendre et d'évacuer l'Espagne.

Philippe était furieux ; il avait cru prendre tout l'Aragon et toute l'Espagne. Il tomba malade de la fièvre, tellement qu'on fut obligé de le porter en litière. La mauvaise saison, et les continuelles alertes données par les Almogavares qui couvraient les montagnes, augmentèrent les souffrances du roi. « A grand'douleur et grand'peine il arriva jusqu'à Perpignan, où il se put reposer; mais il étoit si malade qu'il ne voulut point attendre la perte de ses sens; il fit son testament comme bon chrétien, reçut en grande dévotion les sacrements de sainte Église, et rendit l'âme. » (5 octobre 1285.)

On célébra ses obsèques comme il convenait pour un tel prince. Ses entrailles furent déposées dans la cathédrale de Narbonne, ses ossements furent portés à Saint-Denis, et son cœur donné au couvent des frères Prêcheurs de Paris.

II. Monuments. — Institutions.

La communauté des *Cordelières de Saint-Marcel* (1), dites les Grandes-Cordelières, rue de l'Ourcine. n° 95, quartier Saint-Marcel, fut établie vers 1284 par Marguerite de Provence, veuve de saint Louis, dans une maison « de messire Pierre Galien de Pise (de Poix, *de Pisis*), au- » mônier de la reyne de France, consistant en trois manoirs et leurs dé- » pendances, sises vers l'extrémité du faubourg Saint-Marcel, joignant » le chasteau ou maison royale bastie du temps de saint Louis, où de- » meuroit ordinairement ladite reyne (2). »

Marguerite de Provence, qui avait fait construire cette maison du vivant du roi saint Louis, son mari, la donna en 1294 aux Cordelières, en s'en réservant la jouissance, et la laissant après elle, pour toute sa vie, à sa fille Blanche, veuve de Ferdinand de la Cerda, roi de Castille. Les titres de ces donations, et ceux d'autres avantages accordés par les rois, aux XIII° et XIV° siècles, aux religieuses Cordelières, se trouvent dans l'histoire manuscrite de Tillemont (3). Dans les chartes françaises,

(1) La plupart des détails qu'on va lire sur le couvent des Cordelières de Saint-Marcel me sont fournis par une notice, à peu près inconnue, publiée en 1651, sous le titre de *Briefve et sommaire description du célèbre et royal monastère des religieuses sœurs mineures de Sainte-Claire Urbanistes, vulgairement appelées des Cordelières de Saint-Marcel de Paris*, et annexée au volume des *Preuves de l'histoire manuscrite de saint Louis* de Tillemont, que j'ai déjà citée plusieurs fois. Aucun historien de Paris ne paraît avoir fait usage jusqu'ici de ce document.

(2) Cette indication de la maison royale habitée par la reine Marguerite convient parfaitement à l'emplacement de celle qu'on désigne encore aujourd'hui sous le nom de *Maison de Saint-Louis* ou *de la reine Blanche*, et dont j'ai parlé (page 121). Cet emplacement, en effet, n'est séparé de l'ancien terrain des Cordelières que par la rivière de Bièvre. La tradition se trouve ainsi confirmée, et la date un peu trop récente des bâtiments restés debout peut très bien s'expliquer par des reconstructions partielles. — (3) Tom. des *Preuves*, p. 75-84.

la communauté est appelée : *Couvent des Cordelières de l'esglise de Sainte-Claire à l'Ourcine-lèz-Saint-Marcel, près de Paris, couvent des sereurs Meneures (sœurs Mineures) de Sainte-Claire de l'Ourcine-lez-Paris, etc.* »

Les religieuses d'un couvent de Cordelières que le comte Thibaut de Champagne, roi de Navarre, avait fondé à Troyes en 1270, furent transférées dans l'abbaye établie à Paris par Pierre Galien de Pise et la reine Marguerite, qu'elles habitèrent les premières (1). Aussi les Grandes-Cordelières reconnaissaient-elles, comme leurs fondateurs et leurs principaux bienfaiteurs, Thibaut, Marguerite et Galien. Elles joignaient à ces noms dans leurs prières ceux de Gisle, leur première abbesse à Troyes, et de Blanche, fille de saint Louis, qui leur légua quelques biens (2).

Cette princesse, après la mort de sa mère, fit construire l'un des dortoirs et l'église du couvent « aux principales vitres de laquelle elle se » voit dépeinte en posture de priante, comme tenant en ses mains une » figure d'église qu'elle présente à Dieu, où sont aussi figurées, et » mesme aux lambris, ses armoiries avec celles de sondit mary, en un » même escusson. » Blanche, d'après la tradition conservée chez les religieuses cordelières, avait passé la fin de ses jours dans leur couvent, mais aucun historien contemporain ne confirme ce fait. Son corps fut inhumé chez les Grands-Cordeliers de Paris (3).

L'histoire du couvent des Cordelières n'offre rien de bien remarquable. Situé en dehors de la ville, le monastère fut souvent troublé par les événements politiques. Après la prise du roi Jean, les religieuses furent obligées de se réfugier dans l'intérieur de Paris. Le 17 juillet 1590, les troupes d'Henri IV s'étant renfermées dans l'abbaye, y commirent de grands ravages. L'église, consacrée sous l'invocation de saint Étienne et de sainte Agnès, fut restaurée vers 1630 ; on rehaussa alors le pavé pour la rendre moins humide, on revêtit ses murs de menuiseries « et on éleva un fort beau grand autel jusqu'au lambris avec des » enrichissements convenables à la magnificence de sa structure. » Les religieuses furent encore forcées d'abandonner leur maison, en 1652, pendant les troubles de la Ligue, mais elles y rentrèrent la même année. — La communauté, régie d'abord par des abbesses perpétuelles, n'eut, à partir de 1629, d'après le règlement d'un chapitre provincial tenu à Saint-Quentin, que des abbesses triennales ; et son titre d'ab-

---

(1) Ce fait n'est pas reconnu également par tous les auteurs. Jaillot croit que les Cordelières, déjà établies à Longchamp, où Isabelle de France, sœur de saint Louis, les avait fondées en 1259, en furent tirées pour aller habiter le couvent du bourg Saint-Marcel, et que celles de Troyes n'y vécurent qu'après. Il cite à ce sujet plusieurs actes, d'où il infère que la fondation en fut faite en 1283. Voy. t. IV, *Quartier de la place Maubert*, p. 78. — (2) *Ibid*, p. 84. — (3) Voy. *Couvent des Cordeliers*, t. I, p. 596.

baye ayant été supprimé en 1674, il n'y eut dès lors que des prieures. Elle observait la règle des Cordelières de Longchamp; les religieuses étaient appelées *Filles de Sainte-Claire de la Pauvreté-Notre-Dame* ou *Religieuses de Sainte-Claire et de Saint-François*; elles étaient *Urbanistes* (1). Les Petites-Cordelières de la rue de Grenelle, détachées en 1632 de leur couvent, leur furent réunies en 1749, après la suppression de leur maison.

La notice imprimée en 1652 donne quelques détails assez intéressants sur l'état du couvent à cette époque. « La maison des Cordeliè-
» res, dit-elle, est appelée de *Saint-Marcel*, à cause du faubourg de
» Paris ainsi nommé, à l'extrémité duquel il est agréablement situé,
» dans un vallon environné de beaux et spacieux jardinages, vergers,
» petits bois, prez, estang, et arrousez par un ruisseau, multiplié (non-
» obstant sa petitesse) en plusieurs canaux : le tout consistant en vingt-
» cinq arpents de terre ou environ, et fort bien enclos de doubles mu-
» railles, dont les unes font la clôture de ce qui est de l'intérieur du
» monastère, et les autres de ce que dessus, tant pour ses usages que
» de ses officiers. » — L'église était fort simple. Le cloître, composé d'une suite d'arcades d'un gothique léger et très élégant, méritait plus d'attention. Il avait été construit par la princesse Blanche dont on voyait les armes gravées en plusieurs endroits. A l'extrémité du grand dortoir du monastère, était une chapelle, la même, à ce que l'on croyait, où saint Louis venait entendre chaque jour la messe quand il demeurait en ces lieux. La sacristie renfermait un assez grand nombre de reliquaires très riches, revêtus d'or, d'argent, de rubis, d'émeraudes, de diamants. On y conservait également « le petit habit gris que saint
» Louis, roy de France (comme il étoit du tiers ordre de Saint-Fran-
» çois), portoit ordinairement sous ses habits royaux, et son manteau
» royal fait d'une belle panne, tout parsemé de fleurs de lys d'or en
» broderie, toutes bordées de petites fines perles. » Au commencement du XVIIe siècle, on fit de ce manteau plusieurs ornements d'église : une chasuble et deux tuniques qui servaient seulement le jour de la fête de

(1) Dubreuil fait dériver le nom d'*Urbanistes* du mot *urbs*; il dit que ces religieuses furent ainsi dénommées, « non pas pour villoter et ne garder la clôture, mais pour vivre de possessions comme ceux qui habitent les villes. » Cette étymologie est ridicule. Sainte Claire avait fondé en 1212 un ordre pour les personnes de son sexe, sur le modèle de celui que saint François d'Assise avait institué pour les hommes : cet ordre était d'une austérité qui paraissait surpasser les forces humaines; et la pauvreté absolue de ces religieuses, qui ne vivaient que d'aumônes, les avait fait surnommer les *Pauvres dames*. Dix ans après la mort de sainte Claire, le pape Urbain IV, en 1263, adoucit la règle de cet ordre, et permit aux religieuses de posséder des biens-fonds. Celles qui se maintinrent dans l'observance du premier institut sont appelées *Claristes* ou *religieuses de Sainte-Claire*. Telles sont les filles de l'Ave-Maria, les Capucines, etc. Les autres, qui avaient adopté la règle mitigée d'Urbain IV, prirent le nom d'*Urbanistes*.

saint Louis. — Dans les archives du monastère, on gardait des bulles et chartes de Nicolas IV, Honorius IV, Clément V, Pie II, saint Louis, Philippe-le-Hardi, Philippe-le-Bel, Philippe-le-Long et autres rois et papes, qui exemptaient le monastère de la juridiction de l'évêque et lui accordaient divers priviléges.

Le couvent des Grandes-Cordelières, aujourd'hui entièrement détruit, a été remplacé par des établissements industriels. La rue Pascal a été ouverte sur le terrain qu'il occupait.

Confrérie des Chirurgiens. — Jean Pitard (1), chirurgien de saint Louis au *homme de mérite et fort zelé pour le progrès de sa profession*, obtint du roi la permission d'établir, sous l'invocation de saint Côme et de saint Damien, une confrérie de chirurgiens qui seraient soumis à des règlements propres à prévenir les nombreux abus qui se commettaient dans la pratique de leur art. Les confrères devaient visiter les premiers lundis de chaque mois tous les pauvres malades qui se présentaient à l'église de Saint-Côme (2) où se réunissait leur corporation, et ils juraient de s'assujettir aux règles établies par les statuts. Ce dernier article détermina un grand nombre de chirurgiens étrangers à sortir de Paris; il n'y resta de tous les maîtres italiens que *Lanfranc*, de Milan, le plus célèbre d'entre eux. La confrérie ne fut cependant formée et légalement autorisée que sous le règne de Philippe-le-Hardi, vers l'an 1278 (3).

Le plus ancien document connu au sujet des *mires* ou chirurgiens, est un arrêté du prévôt, dont la date n'est point précisée, mais qui paraît être de la fin du XIIIe siècle (4). Il résulte de cet acte qu'auparavant ils n'avaient point de maîtres jurés : « Pour ce que il peut avenir que quant murtrier ou larron sunt blécicz ou blècent autrui, viennent céléement aus cyrurgiens de Paris et se font guérir céléement, ainsinc

(1) Jean Pitard avait suivi, dès l'âge de vingt ans, saint Louis dans ses expéditions de la Terre-Sainte. Nous citerons de ce célèbre chirurgien le trait suivant, qui prouve sa philanthropie : il fit faire à ses frais, dans sa maison, un puits qu'il destina à l'usage du public, pour le préserver des dangers de l'usage de l'eau de la Seine, que certaines saisons de l'année rendaient bourbeuse et malsaine. Cette maison, située rue de la Licorne, fut rétablie en 1611, et portait encore l'inscription suivante, qui était l'expression de la reconnaissance publique :

    Jean Pitard, en ce repaire,
    Chirurgien du roi, fit faire
    Ce puits en mille trois cent dix,
    Dont Dieu lui doint son paradis.

Pitard mourut à Paris, en 1315, à l'âge de quatre-vingt-sept ans. Son buste décore la grande porte d'entrée de l'amphithéâtre de l'École de Médecine de Paris. — (2) Voy. l'article que j'ai consacré à cette église, t. I, p. 570. — (3) Félibien, t. I, p. 419. — Sauval, t. I, p. 412, assigne à cette institution la date du 25 février 1255. — (4) *Règlements sur les arts et métiers de Paris* publiés par M. Depping, p. 419.

que les murtres et les sans et les amendes le roy sont perdus et célées, li prevoz de Paris, pour le pourfit lou roy et de la ville de Paris, par le conseil de bonnes gens, a pourveu et ordonné que nul cyrurgien, souffisans d'ouvrer de cyrurgie, ne puist afétier ne fère afétier par lui ne par autrui, nul blécié, quel que il soit, à sanc ou sans sanc, de quoi plainte doive venir à joustice, plus haut d'une fois ou de deus, se péril i a que il ne le face savoir au prévost de Paris ou à son commandement (1). Et ce ont juré et doivent jurer tuit cil qui sunt digne d'ouvrer et seront. Et come en Paris soient aucun et aucune qui s'entremètent de cyrurgie qui n'en sunt pas digne, et perilz de mort d'omes et de méhains de menbres en aviennent et porroient avenir, li prevoz de Paris, par le conseil de bonnes gens et de preudomes du mestier, a esleu vj des meilleurs et des plus loiaus cyrurgiens de Paris ; liquel ont juré sur sains, devant le prevost, que eus bien et loiaument encercheront et examineront ceus qu'il créeront et cuideront qu'il ne soient digne d'ouvrer. Et n'en déporteront ne grèveront, ne por amour ne por haine. Et ceus qui ne seront digne, il nous en bandront les nons en escrit, et nos leur deffenderons le mestier, segont ce que nos verrons que resons soit. Et si nous bandront en escrit les nons de ceus qui seront digne d'ouvrer de cyrurgie pour fère le serement devant dit. Se aucun des vj jurez devanz diz moroit, li v esliroient le plus preudome et le meilleur de cyrurgie qu'ils trouveroient, et le nous bandroient en escrit ou lieu de celui qui mors seroit, et feroit le serement desus dit. Li vj jurez desus diz, pour services des serjans et por autres coustanges qu'il auront ou metier desus dit, auront le quart denier des amendes qu'il feront lever du mestier, si come de ceux qui iroient contre leur serement, et come de ceux à qui nous deffendrons le mestier qui n'en sont digne, se il s'en entremetoient sur nostre deffense. Les nons des vj cyrurgiens jurez examineeur sont teil : mestre Henri dou Perche, mestre Vincent son fiux, mestre Robert le Convers, mestre Nicholas son frère, mestre Pierre des Hales et mestre Pierre Joce. »

Les successeurs de saint Louis et de Philippe III confirmèrent et augmentèrent les priviléges de la corporation de Saint-Côme. Au mois de novembre 1311, Philippe-le-Bel défendit « à quelque homme ou femme que ce soit d'exercer l'art de chirurgie en public ou en particulier, s'ils n'ont esté auparavant examinez et approuvez par les chirurgiens jurez de Paris, appelez par maistre Jean Pitard, chirurgien juré

---

(1) Cet ordre de déclarer les blessés fut renouvelé plusieurs fois dans la suite, notamment dans un édit royal du mois de décembre 1666, qui déclare que les chirurgiens sont tenus, sous les peines les plus sévères, *de déclarer au commissaire du quartier les blessez qu'ils auront pansez chez eux ou ailleurs, pour en estre fait par ledit commissaire son rapport à la police.* Récemment, le préfet de police a pris un arrêté semblable après l'émeute d'avril 1834.

du roy au Chastelet de Paris, ou par ses successeurs dans cet office. S'il se trouve encore après cela des gens qui exercent la chirurgie sans avoir esté examinez et approuvez, il est ordonné au prévost de faire brûler leurs enseignes ou bannières devant leurs maisons, de les arrester et de les mettre en prison au Chastelet, jusqu'à ce qu'ils ayent satisfait au roy. »

Le 13 décembre 1437, Jean Dessous-le-Four, maître ès arts et en chirurgie, prévôt de la confrérie, adressa au recteur une demande de ses collègues, qui désiraient être admis au nombre des écoliers et suppôts de l'Université. Leur requête fut accueillie, à condition qu'ils assisteraient aux leçons qui se faisaient journellement aux écoles de médecine, et qu'ils en prendraient des attestations des professeurs. En 1515, deux nouveaux décrets de l'Université confirmèrent le premier. En 1544, Guillaume Vavasseur, chirurgien ordinaire de François Ier, obtint du roi des lettres patentes qui unissaient plus étroitement la confrérie à l'Université, à condition que personne ne pourrait prendre les degrés de bachelier, de licencié et de maître en chirurgie, qu'il ne fût bien instruit des préceptes de la grammaire et de la langue latine. « Il paroît, dit Félibien, que cette participation aux privilèges de l'Université assujétit les maistres chirurgiens à la nécessité d'un plus sévère examen qu'auparavant, puisqu'on voit dans un arrest du parlement, du 10 février 1552, donné en conséquence d'un autre du 16 d'avril précédent, qu'il est défendu aux chirurgiens du roy au Chastelet de Paris, de procéder à la réception et maistrise d'aucun aspirant, sans le faire sçavoir à la faculté de médecine, laquelle députeroit quatre de ses docteurs pour être présents à l'examen. » Les lettres patentes de François Ier furent confirmées, en 1576, par Henri III, en 1594 par le pape Clément VIII, et en 1611 par Louis XIII. Ce dernier prince, *en considération de ce qu'il était né le jour de la Saint-Cosme et Saint-Damien*, se fit inscrire au nombre des membres de la confrérie, à l'exemple de Charles V, et ajouta aux armes de la corporation *une fleur de lys rayonnante* (1).

Les barbiers, au moyen âge, étaient chirurgiens pour la plupart, ce qui fit naître souvent des querelles entre ces deux corporations. Les chirurgiens, protégés par le prévôt, firent signer, en 1301, à tous les barbiers, au nombre de vingt-six, la déclaration suivante : « L'an de grâce mille trois cens et un, le lundi après la mi-aoust, furent semons tuit li barbier qui s'entremètent de chirurgie, dont les noms sont cideseuz escriz, et leur fut défendu, suz peine de cors et de avoir, que cil qui se dient cirurgier barbier que ils ne ouvreront de l'art de cirurgie devant ce que il soit examinez des mestres de cirurgie savoir ou non se

---

(1) Félibien, p. 440.

il est souffisant audit mestier fère; item, que nul barbier, se ce n'est en aucun besoin d'estancher le blécié, il ne s'en pourra entremêttre dudit mestier; et si tost que il aura atenchié ou afeté, il le fera à savoir à joustice, c'est à savoir au prévost de Paris ou à son lieutenant, sus la peine desus dite (1) » Les barbiers avaient à la tête de leur corporation le premier barbier du roi. En 1577, leur chef, Jean de Pracontal, obtint de Claude Rousselet, doyen de la faculté de médecine, que les barbiers-chirurgiens, désignés sous le nom de chirurgiens de *robes courtes*, fussent admis au nombre des écoliers. Cette décision fut la source de soixante années de procès et de querelles entre les chirurgiens de *robes courtes* et les confrères de Saint-Côme. Enfin ils se réunirent. Quatre ans après, en 1660, un arrêt du parlement, sollicité par la faculté de médecine et l'Université, défendit aux barbiers-chirurgiens de prendre la qualité de *bacheliers*, *licenciés*, *docteurs et collége*, mais seulement celle d'*aspirans*, *maîtres et communauté*. L'association n'en dura pas moins, comme nous le verrons plus tard, jusqu'en 1743.

Le 2 août 1691, on posa la première pierre d'un amphithéâtre d'anatomie, à côté de l'église Saint-Côme, sur l'emplacement occupé aujourd'hui par l'école gratuite de dessin (2). En 1707, ce bâtiment s'augmenta par suite de l'accroissement de la confrérie, qui prenait chaque jour plus de considération. « Les sieurs Félix père et fils, dit Félibien, devenus chefs des deux compagnies des chirurgiens, des chirurgiens gradués et des chirurgiens-barbiers, en unissant la charge de barbier à celle de premier chirurgien dont ils se trouvoient revestus (*ordonn. de 1668*), avoient employé un grand nombre d'années à bien establir leur jurisdiction et leur autorité dans la compagnie. Enfin le sieur Félix fils, en 1699, fit former de nouveaux règlements pour le corps entier des chirurgiens, dont l'observation fut ordonnée par arrest du conseil du roy, du 2 aoust de la mesme année, confirmé par lettres patentes du mois de septembre suivant (3). » Les lettres patentes furent enregistrées au parlement en 1701, et les chirurgiens formèrent désormais une classe spéciale, sous la direction du premier chirurgien du roi, qui fut déclaré *chef et garde des priviléges de la chirurgie du royaume* (4). Nous aurons occasion d'en parler dans le courant de cette histoire (5).

(1) M. Depping, *loco cit.* 419. — (2) MM. Béraud et Dufey disent que l'ancienne école de chirurgie, établie rue de la Boucherie, fut transférée plus tard rue Saint-Jean-de-Beauvais; mais ils n'indiquent aucune source. *Dict. histor.*, t. I, p. 167. On sait seulement que dans l'inscription qui était au-dessus de la porte d'entrée, la confrérie prenait le nom de *Collège royal des maîtres docteurs chirurgiens de Paris*. — (3) Félibien, t. I, p. 443. — (4) On trouve dans les anciens règlements de police un grand nombre d'arrêtés concernant les chirurgiens. Voy. Delamare, t. I et II.—(5) Voy. *Académie de chirurgie*, sous le règne de Louis XIII.

Collége d'Harcourt, rue de la Harpe, n° 94. — Ce collége, l'un des plus célèbres de l'Université, fut fondé en 1280 par Raoul d'Harcourt, docteur en droit et chanoine de l'église de Paris. Issu d'une des plus illustres familles de la Normandie, et successivement élevé aux dignités d'archidiacre, de chancelier, de chantre et de grand-archidiacre, dans les églises de Coutances, d'Évreux, de Bayeux et de Rouen, il résolut de construire un collége pour les pauvres écoliers de ces quatre diocèses. Il acquit à cet effet quelques vieilles maisons situées dans la rue Saint-Côme, dite aujourd'hui de La Harpe, et y plaça provisoirement quelques écoliers; mais la mort vint le surprendre au milieu de ses travaux. Son frère, Robert d'Harcourt, évêque de Coutances, et l'un des conseillers de Philippe-le-Bel, exécuta les dernières intentions de Raoul. Il augmenta les bâtiments par l'acquisition de trois maisons (1) situées vis-à-vis les premières, et qu'il fit rebâtir à neuf, ajoutant à ce don celui de 250 livres tournois de rente amortie, pour l'entretien de vingt-huit pauvres écoliers, *étudiants aux arts et en philosophie*, et à douze théologiens. Il assigna à chacun des premiers trois sous par semaine, et aux seconds cinq sous, depuis le jour de Saint-Michel jusqu'à l'octave de Saint-Pierre. Dans la suite, les bourses de ce collége se multiplièrent (2), aussi devint-il en peu de temps l'un des plus riches de la capitale.

Les anciens historiens s'étendent longuement sur les statuts du collége d'Harcourt (3); mais ces règlements relatifs aux bourses et à la discipline intérieure ne méritent point d'attirer l'attention. La nation de Normandie tenait ses assemblées générales dans ce collége, et entendait les offices dans sa chapelle, aux grandes solennités de l'Université. Le proviseur, Maria de Marigny, avait obtenu, en 1313, du pape Clément V la permission d'avoir une chapelle (4) et d'y faire célébrer l'office divin, *mesme sans la permission de l'évesque de Paris, si elle leur estoit refusée*.

Le collége d'Harcourt obtint bientôt une si grande vogue qu'on songea aux moyens de l'agrandir; on y parvint par l'acquisition des maisons contiguës qui appartenaient au collége de Bayeux, et de l'hôtel des évêques d'Auxerre, qui tenait aux murs et à la porte d'Enfer. Cet espace fut encore augmenté, en 1646, par le don que Louis XIII fit au

(1) On les nommait *l'hôtel ou les maisons d'Avranches* Jaillot, t. V.

(2) En 1679 le cuisinier du collége, nommé Guion Gervais, donna la somme de 1,000 livres pour fonder une bourse de grammairien. Félibien, t. I, p. 450.

(3) Félibien, *loco cit.* — Hurtaut, t. II, p. 376 et suiv. — Dubreuil, p. 196 et suiv.

(4) « Les artiens, dit Jaillot, occupaient alors les premiers bâtiments donnés par Raoul d'Harcourt, et les théologiens ceux qui étaient situés vis-à-vis. C'était de ce dernier côté qu'on avait construit la chapelle; et, pour faciliter aux artiens le moyen de s'y rendre, on pratiqua *sous la rue* un passage de communication d'une maison à l'autre. » *Recherches sur Paris*, t. V.

proviseur d'une place, d'une tour, du mur, du rempart, du fossé, de la contrescarpe et des matériaux provenant de la démolition des murailles qui l'avoisinaient, à la charge de faire construire et édifier une chapelle sous l'invocation de la Vierge et de saint Louis. Lorsque les bâtiments élevés sur cet emplacement furent achevés, on loua à des particuliers ceux qui jusqu'alors avaient été occupés par les *artiens*. En 1675, l'administration ordonna de nouvelles constructions et fit bâtir un grand portail pour servir d'entrée au collége. « Cette porte, dit un écrivain, a de l'apparence et est fort riche en sculptures : elle est *en retraite* et élevée sur un plan courbe, qui forme un renfoncement en voussure orné de grands *refends*. Au bas est la porte d'entrée, dont l'ouverture est carrée et beaucoup trop basse pour sa largeur. Sur un chambranle fort grossier sont couchés deux lions, qui supportent l'écusson des armoiries de l'illustre et ancienne maison d'Harcourt; aux deux extrémités, deux consoles portent une corniche très déplacée. Sur cette corniche, dans le haut de la voussure, est un cartouche ovale où on lit *Collegium Harcurianum*, et sur le haut de la menuiserie des deux ventaux de la porte, *Thomas Fortin, provisor et doctor Harcurianus, ædificavit* 1675. Deux anges, assis et adossés à ce cartouche, soutiennent une guirlande qui borde les extrémités intérieures du haut de l'arcade de cette grande porte ; on voit à leurs pieds les attributs des sciences enseignées dans ce collége. Cette voussure fort exhaussée porte un grand entablement corinthien, orné de modillons et de denticules. Au-dessus de cet entablement s'élève un attique percé de cinq croisées, que l'œil ne saurait voir à cause de l'énorme saillie de la corniche et du défaut d'espace dans la rue... Enfin cette irrégulière composition est terminée par un grand fronton angulaire qui en fait l'amortissement... Elle a plus de cinquante pieds de hauteur dont on ne saurait voir que la moitié... La chapelle est au fond de la cour ; elle fut rebâtie dans le même temps que l'on reconstruisit la porte du collége. Ce fut Nicolas Colbert, pour lors coadjuteur de l'archevêque de Rouen, qui en posa la première pierre. Cette chapelle est sous l'invocation de la sainte Vierge et de saint Louis (1). »

Le collége d'Harcourt, qui était l'un des dix grands colléges de l'ancienne Université, se soutint jusqu'à la révolution avec une belle et juste réputation. On détruisit quelque temps après ses bâtiments, et sur leur emplacement, on commença, en 1814, un vaste édifice destiné à un lycée; après la chute de l'empereur, en 1815, il fut transformé en maison de correction pour les jeunes gens ; enfin, le 24 octobre 1820, il fut érigé en collége royal sous le nom de collége Saint-Louis. Mais les travaux ne s'achevèrent qu'en 1822, sous la direction de M. Guignet, architecte.

(1) Hurtaut, t. II, p. 380.

Collége de Tournai, contigu au collége de Boncourt, rue Bordet, appelée aujourd'hui rue Descartes. — Le collége de Tournai a été un écueil pour tous les historiens de Paris. Dubreuil, Malingre, Sauval, Jaillot, Hurtaut et Magny gardent le silence sur l'époque de sa fondation, ou avouent qu'ils ont fait de vaines recherches à ce sujet. Félibien, et d'après lui M. Dulaure, supposent qu'il fut créé en même temps que le collége de Boncourt, en 1353, et en cela commettent une erreur (1). Le seul fait que tous rapportent d'une manière positive, c'est que cette maison avait été un hôtel des évêques de Tournai qui l'avaient ensuite aliénée en faveur des jeunes gens de leur diocèse qui venaient étudier à Paris.

Sans pouvoir fixer exactement cette date litigieuse, je citerai quelques documents moins incertains.

Le fondateur de ce collége fut l'évêque de Tournai, Michel de Warenghien, dont la famille s'est perpétuée avec honneur et existe encore aujourd'hui en Flandre. Michel de Warenghien était né à Lille, en 1215, et mourut en 1291. Cousin, dans son *Histoire de Tournai*, rapporte « qu'il légua par testament à ses successeurs, évêques de Tournay, la » maison qu'il avait achetée à Paris, et qu'on appelle le collége de » Tournay, située entre la porte Saint-Marceau et le collége de Bon- » court, à charge de payer à deux maîtres natifs de la cité de Tour- » nay, Wallons, étudiants en la Sorbonne, vingt livres parisis tous » les ans (2). »

Michel de Warenghein ayant été évêque depuis le commencement de l'an 1283 jusque vers la fête de saint André 1291, c'est entre ces deux époques qu'il fait placer la fondation du collége de Tournai. Du reste, cet établissement n'offre rien de remarquable pour l'histoire; il fut, ainsi que celui de Boncourt, réuni au collége de Navarre, vers la fin du XVIIe siècle.

Boucherie de Saint-Germain-des-Prés. — La boucherie de Saint-Germain-des-Prés doit son origine à l'abbé Gérard de Moret, qui permit, en 1274 « à la prière des habitants d'alentour (3), » aux bouchers de la rue de Saint-Germain, d'établir seize étaux dans la campagne, entre les murs de l'abbaye et ceux de l'Université, sur le chemin qui conduisait du monastère au couvent des frères mineurs ou Cordeliers. Le terrain fut bientôt couvert de maisons, et l'établissement des bou-

---

(1) Voy. Malingre, p. 333. — Dubreuil, p. 711. — Sauval, t. II, p. 378. — Saint-Victor, t. III, p. 18. — Félibien, t. I, p. 610. — Dulaure, t. II, p. 450.

(2) Cousin, *Hist. de Tournay*, liv. IV, p. 84 et 89. — Avant Cousin, André Catulle, dans son *Tornacum civitas Nerviorum* (p. 83), avait parlé de la maison des évêques de Tournai à Paris, ainsi que Gilles le Muysis, chroniqueur contemporain de Michel de Warenghien, qui s'exprime ainsi : « Emit domum episcopalem Parisiis, de quâ usus fuit et utuntur sui successores. » — (3) Sauval, t. I, p. 640.

chers donna son nom à la rue *des Boucheries-Saint-Germain*. Les bouchers de Saint-Germain, pour le prix de l'autorisation qu'ils recevaient, s'engagèrent à payer une rente de 20 livres tournois à l'abbé, et autant au prévôt du monastère, à ne pas augmenter le nombre des étaux, et à n'en louer aucun qu'à des gens originaires du bourg de Saint-Germain. A défaut de paiement, dit l'acte dressé à ce sujet, l'abbé pouvait faire saisir les viandes et en disposer sans être obligé à restitution (2). Dans le livre de la taille de Paris, de l'an 1292, publié par M. Géraud, figure (1) parmi l'énumération des rues qui étaient hors des murs, la rue *de la Boucherie, de la ville de Saint-Germain-des-Prés*, où se trouvaient, entre autres habitants imposables, cinq bouchers. En 1374, les descendants de ceux qui avaient obtenu la concession de Gérard augmentèrent la rente en s'obligeant à payer 20 livres parisis au lieu de 20 livres tournois; ils disent dans l'acte (3) que les seize étaux, qui ne pourront être augmentés : « sont et seront dans la rue par où l'on va de l'église de Saint-Germain à la porte de Paris près des frères Mineurs. » Outre ces seize étaux, il en était trois autres appartenant en propre aux religieux de l'abbaye de Saint-Germain, qui ne pouvaient les donner qu'à des personnes nées ou mariées dans le bourg. Après la bataille de Poitiers et la prise du roi Jean, lorsque le roi d'Angleterre menaçait d'assiéger Paris du côté de Montlhéry, les boucheries furent transférées dans l'intérieur de la ville, sur le terrain de l'Université ; ensuite, lors des sanglants démêlés des maisons d'Orléans et de Bourgogne, les bouchers furent désarmés ainsi que ceux de Sainte-Geneviève, et les étaux transférés au bout du pont Saint-Michel (4), sur le quai, devant l'hôtel de la Couronne ; mais plus tard, elles furent rétablies dans le faubourg Saint-Germain, où elles se multiplièrent bientôt, et au point que les trois maisons réservées aux religieux, en 1374, devinrent la petite boucherie jointe au marché Saint-Germain.

CHAPITRE CINQUIÈME.

TOPOGRAPHIE DE PARIS DE PHILIPPE-AUGUSTE A PHILIPPE-LE-BEL.

Paris changea complétement de physionomie pendant cette période : la ville, comme je l'ai déjà dit, devait s'accroître en étendue et en population à mesure que son importance politique augmentait. Nous

---

(1) Félibien, t. I, p. 429. — (2) P. 173. — (4) Félibien, *Preuves*, t. I, p. 488. — (4) D. Bouillart, *Hist. de Saint-Germain-des-Prés*, p. 137.

avons vu, sous Philippe-Auguste et ses successeurs, la fondation d'un grand nombre d'églises, de couvents et de colléges : Saint-Etienne-du-Mont, Saint-André-des-Arcs, Saint-Thomas-du-Louvre, Saint-Nicolas du-Louvre, Sainte-Catherine du Val-des-Ecoliers, Saint-Nicolas-du-Chardonnet, la Sainte-Chapelle, Saint-Eustache, Saint-Sauveur, les couvents des Jacobins, des Filles-Dieu, des Carmes, des Chartreux, des Grands-Augustins, des Cordeliers ; l'abbaye Saint-Antoine, l'hospice des Quinze-Vingts, la Sorbonne ; les colléges des Bons-Enfants, de Constantinople, de Notre-Dame-des-Dix-Huit, d'Harcourt, etc. Tous ces établissements prouvent l'accroissement de la population. Enfin, la construction du Louvre, du cimetière des Innocents, d'un grand nombre de fontaines et d'aqueducs, le pavage des rues, et les murs fortifiés qui entourent la ville (1), donnèrent à Paris une physionomie nouvelle de richesse et de puissance.

La Cité, remplie de vieux édifices, de chapelles et de maisons peu élevées et resserrées dans des rues sombres et étroites, communiquait par deux ponts seulement (2). Au nord était le *Grand-Pont*, défendu par le vieux fort du Châtelet, où résidait le prévôt de Paris, qui rendait la justice au nom du roi. Le Grand-Pont, qui existait, comme je l'ai dit, lors du siége de Paris par les Normands, fut ensuite nommé le Pont-au-Change, parce que Louis VII y établit les changeurs, en 1141. Mais l'ordonnance de Louis VII n'était probablement que la confirmation d'un privilége déjà existant, puisque Jean de Garlande, écrivain du XIe siècle, nous apprend que de son temps il y avait sur le Grand-

---

(1) T. I de cette histoire.

(2) Ici se présente une difficulté. La plupart des historiens modernes ne désignent que deux ponts de Paris pendant cette période. Mais si l'on admet que le pont de Charles-le-Chauve (j'en ai déjà parlé t. I, p. 355 et suiv.) fut différent du Grand-Pont, il faut nécessairement reconnaître qu'il y avait trois ponts sur la Seine à l'époque dont nous nous occupons. Jaillot, dans le premier volume de ses *Recherches*, a voulu prouver, avec son érudition habituelle, que ce pont a subsisté sous différents noms, quant à sa partie septentrionale, jusqu'au XVIIe siècle, et qu'au XIIIe siècle il existait encore des restes de la partie méridionale. Enfin il a considéré le pont de bois qui a long-temps existé à quelques toises à l'ouest du Pont-au-Change, et que l'on a successivement nommé *Pont-aux-Colombes* ou *à Coulons*, *Pont-aux-Meuniers*, et plus tard *Pont-Marchand*, comme un reste des constructions de Charles le-Chauve. Jaillot appuie de preuves cette opinion, qui a été reproduite par Hurtaut, et qui avait été déjà émise par Dubreuil. Félibien (t. I, p. 1246) et Sauval (t. I, p. 222) prétendent, il est vrai, qu'on ne découvre rien qui concerne ce pont avant 1323 ; mais par une contradiction assez ordinaire au second de ces écrivains, il rapporte presque au même endroit que ce pont fut dévasté par les eaux en 1196, 1280, etc. « Les piles de ce pont, dit Hurtaut, étaient en maçonnerie et portaient un plancher de bois ; il aboutissait d'un côté sur le quai de la Mégisserie à la Vallée de Misère, c'est-à-dire à peu près vis-à-vis la rue de la Saunerie, et de l'autre au quai de l'Horloge, entre la grosse tour du Palais, et celle qui fait le coin de ce quai et de la rue Saint-Barthélemi. » L'opinion de Jaillot est assez plausible ; mais nous ferons remarquer que M. Géraud, après

Pont des changeurs, *trapezetæ*; des bourreliers et des orfévres (1). Enfin, Sauval nous apprend que ces boutiques se nommaient *fenêtres*, et qu'elles rapportaient au roi, tous les ans, vingt sous de loyer (2). Le Grand Pont, qui, dans l'origine, était construit moitié en pierre, moitié en bois, fut emporté en janvier 1280 par une inondation de la Seine (3), qui dévasta tous les ponts de Paris, comme le prouve ce passage de la *chronique de sainte Magdelaine* (4) :

> L'an mil deux cents et quatre vins
> Rompirent le pont de Paris,
> Pour Sainne qui crût à outrage,
> Et fist en main lieu grand domage.

Après cet accident, le Grand-Pont fut reconstruit en pierre et couvert de maisons.

Au sud se trouvait le *Petit-Pont* que nous connaissons déjà, et par lequel arrivaient toutes les denrées, toutes les marchandises des contrées fertiles du Midi. On y avait établi depuis long-temps, pour cette raison, un bureau de péage, où presque tout ce qui entrait de denrées et de marchandises à Paris était soumis à un octroi. Ce pont, qui était de bois au XIe siècle, avait été reconstruit de pierre en 1185 par l'évêque Maurice de Sully ; mais onze ans après, en 1196, il fut renversé par une inondation ; en 1206 il éprouva le même sort, et le débordement de la Seine fut tel que l'eau s'élevait jusqu'au second étage des maisons, au dire du chroniqueur Guillaume-le-Breton (5). Enfin l'inondation du mois de janvier 1280, enleva la grande arche et une partie de ce pont. « L'année d'après, dit Sauval, vers la même saison, elle renversa le Grand et le Petit-Pont qu'elle avait épargnés en partie, et de

---

l'avoir discutée, termine en disant que non seulement le pont aux Meuniers ou aux Colombes n'est pas mentionné dans le manuscrit de la Taille de 1292, mais encore que ni le rôle de 1292 ni celui de 1313 ne contiennent une seule rubrique qui puisse même faire soupçonner l'existence de ce pont à l'une de ces deux époques. Que faut-il croire ?

(1) M. Géraud, p. 377. Voy. à la fin du volume l'Appendice II, n°s 15, 35 et 37. « Louis VII, dit Jaillot, défendit qu'on établit ailleurs le change ; ce qui fit donner à ce pont le nom de *Pont-aux-Changeurs*, *au Change* et *de la Marchandise*. Il a conservé le second de ces noms, quoique le change ne s'y tienne plus, et que même, dès le XIVe siècle, il ait été occupé par d'autres que par des changeurs, ces changes ayant été unis au domaine le 23 février 1359. T. I, *Quartier de la Cité*, p. 161.

(2) Sauval, t. I, p. 220. — Philippe-le-Hardi assigna, en 1278, aux chanoines de la Sainte-Chapelle une rente de 700 livres parisis sur les revenus de l'*arche du Grand-Pont* et des halles de Paris. Dubreuil, p. 138. — Sur les prétentions que le roi, Notre-Dame, la Sainte-Chapelle, le Temple, etc., élevaient au sujet du Grand-Pont, Sauval, *passim*. — (3) *Acad. des Inscrip. et Belles-Lettres*, t. XXVIII, p. 283. — (4) *Fabliaux de Barbasan*, t. II, p. 229 Edit. Méon. — (5) J'ai déjà donné des détails sur ces deux inondations, t. I de cette histoire, p. 506. Deux anciens écrivains font mention de deux autres débordements de la Seine, en 1232 et 1233 ; mais nous ne trouvons rien à ce sujet dans les sources contemporaines.

plus noya Paris et la plaine de Saint-Denis, de sorte qu'on ne pouvait entrer dans la ville de ce côté-là qu'en bateau; et même dans l'Université, elle venait jusqu'à la croix de la place Maubert, vis-à-vis les Carmes (1). » Le même historien nous fournit quelques renseignements assez curieux sur ce pont : « En ce temps-là (1206), dit-il, il y avait des moulins dessous et des maisons dessus ; car cette année-là même, une veuve nommée Oudarde, qui y demeurait moyennant trente sous parisis de cens qu'elle promit de payer tous les ans à Pierre de Camb et ses successeurs évêques, eut permission de rendre son logis plus profond de six toises qu'il n'était. En 1212 encore, Raoul de Pacy, Guillaume Penxley, Barthélemy de Roye et Eudes Hérodes achetèrent de lui dix toises pour y bâtir des maisons, à la charge de dix sous de cens payables tous les ans à la Saint-Remi par Hérodes et de Roye, et de quatre livres par les deux autres. Sous saint Louis, de riches marchands demeuraient là ; car c'est ce que veut donner à entendre Joinville, lorsque, pour figurer la perte que firent les marchands de Damiette, quand leurs boutiques furent brûlées, il dit : *C'étoit une même chose, comme qui bouteroit demain le feu au Petit-Pont à Paris.* Sur ce pont, il y a eu aussi des étaux, mais qui appartenaient au roi ; aussi étaient-ils entretenus à ses dépens dont on rendait compte à la chambre. En 1255, le revenu qu'on en tirait diminua de trente sous, somme alors de si grande conséquence qu'elle est couchée dans le compte des prévôts et des baillis de France, rendu en ce temps-là au terme de l'Ascension (2). »

A l'extrémité du Petit-Pont s'élevait une porte fortifiée pour la défense de la Cité; au centre de l'île était anciennement établi un marché aux grains appelé la halle de Beauce, parce que c'était cette province qui approvisionnait la place.

Mais depuis long-temps les deux rives de la Seine, vis-à-vis l'antique Cité, s'étaient peuplées de familles industrieuses, groupées en bourgs et en hameaux autour du grand nombre d'églises, de chapelles et de couvents que la dévotion y avait érigés. Ces deux appendices de la Cité tendaient, par leur accroissement rapide, à devenir la véritable ville ; déjà le marché établi aux Champeaux à l'extrémité septentrionale, et connu depuis ce temps sous le nom des halles, était devenu le principal entrepôt pour les denrées qui affluaient à Paris; un autre marché, fort ancien à ce qu'il paraît, avait existé à la Grève : les bourgeois avaient acheté cette place au roi moyennant soixante-dix livres; les greniers et les celliers qui la bordaient servirent d'entrepôt pour les grains, le sel, les vins qu'on débarquait sur cette plage.

Depuis que Philippe-Auguste avait compris dans l'enceinte de Paris

(1) Sauval, t. I, p. 201. — (2) *Id. ibid*, p. 216.

plusieurs bourgs et villages qui touchaient presque aux rues du nouveau Paris, tels que le Bourg-Thiboust, le Beau-Bourg, le Bourg-l'Abbé, cette enceinte enveloppait d'une part tout ce qui environnait le Châtelet, et de l'autre les terrains qui s'étendaient autour du palais des Thermes, ancienne résidence des Césars, et les murs flanqués de tours qui défendaient cette ville nouvelle, en aboutissant de part et d'autre à la Seine sous la forme d'un demi-cercle, touchaient aux riches abbayes de Saint-Martin-des-Champs, de Saint-Germain-des-Prés, de Sainte-Geneviève et de Saint-Marcel ; et même une partie des terres dépendant de ces monastères se trouvait enclavée dans les murs construits sous le règne de Philippe-Auguste, sans cesser pourtant d'être soumise à la juridiction des abbés, de même que les terres, qui appartenaient à l'évêque ou au chapitre de la cathédrale dans l'intérieur de Paris, ne reconnaissaient que la juridiction de leur seigneur spirituel, et c'est à eux que les habitants payaient les cens et redevances de coutume. Dans cette enceinte, il y avait donc bien des différences par rapport à la justice qui s'y exerçait. On distinguait les terres du roi, celles de l'évêque, du chapitre, des abbés.

Autour des abbayes laissées en dehors de l'enceinte de Paris, s'étaient formés d'autres bourgs ; en ne cessant de s'agrandir, ils étaient devenus des faubourgs de Paris.

Les deux parties de la ville commençaient sur le bord de la Seine, dont les eaux baignaient même une foule de petits établissements industriels. Cette rivière entrait dans Paris un peu au-delà de Saint-Gervais d'une part, et du port Saint-Bernard de l'autre, et elle en sortait un peu avant le Louvre où Paris avait alors ses limites occidentales (1).

Une rangée de pieux ou *palées* marquait, comme on l'a déjà vu (2), le port de la Grève, où arrivaient les bateaux chargés de vins, de bois, de grains et de fruits, et où régnait le principal mouvement de navigation que l'on connût alors à Paris.

L'enceinte de Philippe-Auguste, dont nous avons parlé avec détails dans le premier volume de cette histoire, et qui, suivant la statistique de M. le comte de Chabrol (3), était de deux cent cinquante-deux mille quatre-vingt-cinq hectares, contenait plusieurs champs cultivés et des places vides. Mais les églises et les établissements civils ou religieux fondés par saint Louis et son fils les remplirent presque entièrement, et nous verrons que, dans la période suivante, l'accroissement de la population et l'importance que prenait chaque jour la capitale nécessitèrent une nouvelle enceinte.

(1) Voy. l'excellente introduction de M. Depping, déjà citée. — (2) T. I de cette histoire, p. 458. — (3) *Annuaire du bureau des longitudes pour 1838*. J'ai déjà fait observer que l'auteur n'avait point fait connaître sur quelles bases il a établi ses calculs. T. I, p. 92.

CHAPITRE SIXIÈME.

ÉTAT DES LETTRES, DES SCIENCES, DES ARTS, DU COMMERCE, DE L'INDUSTRIE A PARIS, DE PHILIPPE-AUGUSTE A PHILIPPE-LE-BEL.

§. I. Lettres. — Sciences.

On a dit quelquefois que, dans tout le cours du moyen-âge, les lettres et les arts ne furent jamais aussi négligés qu'au XIIIe siècle. C'est un jugement beaucoup trop absolu, auquel il suffit d'opposer l'assertion du père Hardouin qui au contraire a fait honneur au XIIIe et au XIVe siècle de plusieurs monuments de la littérature antique tels que les œuvres de Virgile et d'Horace, dont les auteurs seraient des moines restés inconnus. Cette conjecture est extravagante, mais elle prouve au moins que le XIIIe siècle n'a pas toujours passé pour enseveli dans l'ignorance.

Pendant tout le courant de ce siècle, et même dès le précédent, les écoles de Paris attiraient, comme on l'a vu (1), un concours immense d'étudiants et de professeurs étrangers ; Paris presque seul était le foyer conservateur des lumières de la science. L'Université parisienne, la plus nombreuse et la plus célèbre de l'Europe, prospéra plus que jamais pendant cette période, et forma les savants les plus illustres du moyen âge.

L'étude auparavant réfugiée dans le fond des cloîtres commençait à se faire jour ailleurs, à se répandre sur les masses. Les progrès n'étaient rapides en aucun genre ; mais les croyances absurdes s'effaçaient peu à peu, et cependant les méticuleuses discussions théologiques avaient égaré les esprits dans une fausse voie ; on négligeait la théologie positive pour la scolastique, l'expérience pour la dispute, l'histoire pour la dialectique, les auteurs classiques pour le seul Aristote, celui de tous qui pouvait le moins être compris. « On devait plus des dé» couvertes aux simples tentatives des ouvriers qu'aux méditations et » aux livres des savants de profession (2). » Enfin les littérateurs laïques, les troubadours, les poëtes commençaient à introduire les lettres parmi les seigneurs et les bourgeois, dans les châteaux et les villes, et à les porter jusque dans les emplois civils dont on les chargeait souvent. Philippe-Auguste surtout, quoique trop peu instruit lui-même pour

---

(1) Voy. les articles Écoles de Paris et Université.
(2) M. Daunou, Hist. litt. de France, t. XVI, p. 31.

avoir le goût de l'étude, s'entourait de savants et leur accordait les places les plus éminentes. Ces essais de Philippe-Auguste furent poursuivis avec sollicitude par la reine Blanche à laquelle s'adressaient si souvent les vers du comte de Champagne Thibaut-le-Chansonnier, et par saint Louis, que son père avait fait instruire par des maîtres habiles, et qui avait assez appris pour entendre le latin d'église et même pour expliquer les écrits de quelques saints Pères. Louis fonda en partie le collége de Sorbonne, créa la première bibliothèque publique à Paris, s'efforça d'accélérer les progrès de la langue vulgaire en ordonnant diverses traductions de la *Bible*, et enfin dirigea au profit des lettres presque tous les actes de son gouvernement intérieur. Le règne de son fils Philippe III, qui demeura fort illettré malgré les soins donnés à son éducation, doit être considéré comme un temps de décadence; mais nous verrons le goût des lettres se ranimer après lui, grâce aux soins de Philippe-le-Bel.

A une époque où la culture des lettres était une chose si rare, *Adam*, chanoine régulier de Saint-Victor de Paris, s'est acquis à peu de titres une brillante réputation littéraire. Les monuments les plus certains qui nous restent de sa plume sont une quarantaine de pièces latines en prose rimée (qui ont été imprimées), destinées à être chantées à la messe dans les grandes solennités. Suivant l'un de ses panégyristes, Adam est admirable pour la rapidité du trait, l'harmonie des finales, l'élégance du style, le choix des expressions, la beauté des sentences, l'application des figures et des prophéties qui, souvent obscures dans le texte sacré, deviennent, grâce à la manière heureuse dont il sait les employer, plutôt une histoire qu'un simple ornement de son sujet.

On a attribué au même écrivain un grand nombre d'autres ouvrages, la plupart liturgiques ; mais ses proses rimées sont le seul qui lui appartienne sans contestation. On croit qu'il mourut vers 1192.

Guarin, abbé de Sainte-Geneviève en 1164, puis de Saint-Victor en 1172, avait écrit quelques sermons latins et un certain nombre de lettres relatives aux affaires ecclésiastiques de son temps. Nous n'avons conservé que six de ses dernières qui se trouvent dans les grands recueils de dom Martin et de dom d'Achéry. — Guarin était honoré de la confiance de Philippe-Auguste ; il fut l'un des exécuteurs testamentaires que ce prince, en partant pour la croisade, avait chargé de disposer de ses trésors dans le cas où il périrait en Palestine. — Il mourut le 19 octobre 1194.

Godefroy, chanoine régulier de Saint-Victor, qui florissait à la fin du XIIe siècle, a laissé des écrits fort curieux qui sont conservés à la Bibliothèque royale de Paris et n'ont jamais été imprimés. Ce sont le *Microcosmus*, le *Fons philosophiæ*, un *Eloge de saint Augustin* et quelques sermons. Le *Microcosmus* ou *Petit Monde* est une sorte de physiologie humaine ou prose latine, où par des allégories bizarres l'auteur rapproche les facultés de l'homme et l'œuvre de la création. Le *Fons philosophiæ*, d'une composition également singulière, est un ouvrage de philosophie théologique en vers latins, qui fournit de précieux détails sur l'état des écoles de Paris au XIIe siècle.

Dans le même temps que Godefroy de Saint-Victor, vivait, selon la plupart des auteurs, un Geofroy, sous-prieur de Sainte-Barbe en Normandie, dont nous avons conservé cinquante-deux lettres assez littéraires. Les auteurs de l'*Histoire littéraire de la France* (XV, 72) pensent que ces deux écrivains sont le même personnage.

Alexandre de Paris. — Sous Philippe-Auguste, vivait aussi à Paris l'auteur, ou plutôt le continuateur, du poëme *l'Alexandride*, commencé par un autre poëte du même temps, Lambert-li-Cors. Il était né à Bernay en Normandie, et se nommait lui-même Alexandre. C'est à lui qu'on a long-temps attribué l'invention du vers français de douze pieds auquel on a donné à cause de cela le nom de vers *alexandrin* (1). On ignore entièrement la vie d'Alexandre de Paris. Le roman *l'Alexandride* est un cadre ingénieux dans lequel on a fait entrer, en les attribuant aux Macédoniens, aux Perses et à Alexandre-le-Grand, une partie des faits relatifs à la fin du règne de Louis VII et au commencement de celui de Philippe-Auguste. Cet ouvrage, publié un peu avant 1184, demeura en tel honneur pendant tout le cours du moyen-âge, qu'on le faisait apprendre et réciter dans les Universités, comme aujourd'hui Horace et Virgile. Selon l'avis d'un littérateur du XVIe siècle, si les auteurs de *l'Alexandride* eussent fleuri dans un temps plus ami des lettres que le XIIe siècle, ils eussent surpassé tous les auteurs grecs et latins. Alexandre a composé en outre un autre roman en vers, assez connu, sous le titre de *Athis et Prophilias*, et un troisième ouvrage, aujourd'hui perdu, intitulé *Hélène, mère de saint Martin*, roman composé à la requête de madame Loyse, dame de Créqui Canaples.

Pierre-le-Chantre. — En 1171, l'église de Paris possédait parmi ses dignitaires un des professeurs de théologie les plus célèbres de l'époque, Pierre-le-Chantre, qui composa un grand nombre d'écrits, dont un seul a été imprimé sous le titre de *Verbum abbreviatum*. On a conjecturé que Pierre-le-Chantre était né en Beauvoisis. En 1171, lorsque la nouvelle du meurtre de l'archevêque de Cantorbéry, Thomas Becket, se répandit à Paris, des disputes animées s'élevèrent entre les théologiens de la ville. Les uns qualifiaient Thomas de martyr, les autres soutenaient qu'il avait mérité la mort, non pas, il est vrai, par un

---

(1) La critique éclairée des auteurs de l'*Hist. litt. de la France* attribue cette invention à *Lambert-li-Cors*, le premier auteur de *l'Alexandride*.

assassinat, mais suivant les formes judiciaires, comme rebelle à son roi. Maître Roger, docteur en réputation, se distingua parmi les derniers, et même soutint par serment la vérité de ses assertions. Pierre-le-Chantre, au contraire, prouva que l'archevêque de Cantorbéry était mort victime d'une bonne cause, et pour ne céder en rien à son adversaire, jura pareillement qu'il n'avançait que la pure vérité. Cette anecdote, racontée par un écrivain du XIIIe siècle, montre que Pierre-le-Chantre occupait dès cette époque un rang élevé parmi les professeurs de Paris. Cependant il ne parvint que vers 1184 à la dignité de chantre de l'église cathédrale, fonction importante qui lui conférait la surveillance des petites écoles de la ville. En 1191, Pierre-le-Chantre faillit devenir évêque de Tournay, et en 1196, évêque de Paris; deux fois il fut écarté de l'évêché par les cabales de l'ambition. L'archevêque de Reims, Guillaume de Champagne, régent du royaume pendant l'absence de Philippe-Auguste, refusa la première fois de ratifier son élection, et la seconde fois parvint à faire nommer à sa place son cousin Eudes de Sully. C'est sans doute pour réparer ces injustices que Guillaume offrit en même temps à Pierre-le-Chantre la place de doyen de l'église de Reims. Pierre résista d'abord, mais cédant aux prières des habitants de Reims qui s'étaient jetés à ses genoux, il consentit à son élection; seulement, il voulut aller demander le consentement de l'église de Paris. Il se mit donc en chemin pour l'obtenir; mais il s'arrêta à l'abbaye de Longpont, près Soissons, où, étant tombé dangereusement malade, il fit son testament et prit l'habit religieux. Vers le même temps arrivèrent des lettres du pape qui lui enjoignaient de prêcher la croisade en France; mais, affaibli par la maladie, Pierre chargea de cette mission son disciple Foulques de Neuilly, qu'il avait formé lui-même au ministère de la prédication. Il mourut bientôt après, le 22 septembre 1197. Le *Verbum abbreviatum* et les autres ouvrages de Pierre le Chantre sont des livres de morale et de théologie, souvent curieux pour l'histoire des mœurs de son temps.

Nous devons citer encore *Evrard* ou *Ewrad*, parmi les auteurs parisiens qui nous sont restés du XIIe siècle. Evrard était un religieux du Val-des-Ecoliers, qui a laissé un recueil de sermons.

Absalon, abbé de Saint-Victor de Paris, où il mourut le 17 septembre de l'an 1203, a laissé un recueil de sermons au nombre de cinquante-trois, qui ont été imprimés à Cologne en 1534, et dont le mérite est fort contestable, quoiqu'on les ait comparés à ceux de saint Bernard.

Pierre de Poitiers, chancelier de la cathédrale de Paris, théologien scolastique, auteur de quelques écrits peu remarquables sur les dogmes de la religion, et dont le plus beau titre de gloire est d'être associé, dans une phrase d'un écrivain contemporain, Gautier, prieur de

Saint-Victor, à Gilbert de la Porée, Abailard et Pierre Lombard. Son nom figure au milieu des leurs, et Gautier de Saint-Victor les appelle les quatre *labyrinthes* de la France. Le chancelier Pierre de Poitiers mourut en 1205.

Gilles de Paris, né en 1162, mort entre 1210 et 1220. Ecrivain fécond et remarquable, Gilles était chanoine de l'église Saint-Marcel de Paris; et dans ses nombreux ouvrages, il se fait gloire d'appartenir à cette ville. D'après ce qu'il rapporte lui-même, il commença sa carrière littéraire par composer des vers facétieux pour amuser le beau sexe, et en même temps, il faut le dire, des satires contre les mauvaises mœurs. Plus tard, livré à des occupations plus sérieuses, il oublia les choses mondaines, et resta paisiblement attaché à l'église de Saint-Marcel, qui deux fois le choisit comme le plus digne pour aller à Rome défendre ses intérêts. Du reste, il ne paraît pas avoir joui d'une grande célébrité parmi ses contemporains; du moins, on ne trouve son nom mêlé nulle part à celui des personnages qui occupaient les dignités civiles ou ecclésiastiques. Les principaux ouvrages de Gilles de Paris sont des poëmes latins : le *Carolinus*, épopée sur la vie chevaleresque de Charlemagne, destinée à l'instruction du fils de Philippe-Auguste, Louis VIII, auquel elle fut présentée par l'auteur. C'est une relation, assez conforme aux historiens, de la vie du grand empereur, et surtout de ses hauts faits guerriers, dans laquelle l'auteur s'interrompt souvent pour exciter le jeune Louis à imiter le héros. Mais souvent les exhortations du poëte sont d'un faible poids; et malgré ses efforts, son style est au-dessous de la tâche qu'il s'est proposée. L'*Aurora*, poëme biblique de la fin du XIIe siècle, n'est pas de Gilles de Paris; mais notre poëte a composé pour cet ouvrage de nombreuses additions, et des corrections importantes qui ont beaucoup ajouté à sa réputation. Gilles est aussi l'auteur d'une assez mauvaise pièce de vers sur la question de savoir si les peines de l'enfer sont éternelles; enfin, il avait écrit plusieurs autres livres, entre autres des instructions morales en prose. Ces ouvrages sont perdus aujourd'hui.

Pierre de Nemours, évêque de Paris. Pierre de Nemours était d'une noble famille; il eut deux frères qui furent également évêques, l'un de Noyon, l'autre de Meaux. Il était fils d'Aveline de Nemours et de Gautier, chambellan de France, seigneur de La Chapelle en Brie, de Villebéon et autres lieux; il était trésorier de l'église de Tours lorsqu'il fut élu évêque de Paris, après la mort d'Eudes de Sully, en 1208. Pierre fut un ardent adversaire de l'hérésie, et signala son zèle dès l'année qui suivit son élection, en sévissant contre les disciples d'Amaury de Chartres avec une rigueur effrayante, comme je l'ai raconté (1). On connaît

---

(1) Voy. t. I, p. 506.

quelques actes de son administration. En 1209, il ratifia une donation faite au collége des Bons-Enfants-Saint-Honoré; quelques années plus tard, il rédigea ou approuva plusieurs règlements sur les écoles de Paris, et assigna des revenus pour l'entretien d'un chapelain particulier de l'évêché, qui devait prier pour les parents de l'évêque, pour ses prédécesseurs et pour l'âme du roi Louis VII, ainsi que pour celle de la reine Adèle. Pierre de Nemours prit la croix contre les Albigeois; cependant il était à Paris en 1212, car il assista au concile que tint dans cette ville le légat du pape, Robert de Courson, et y rédigea des règlements relatifs à la dignité capitulaire du chancelier. Par une charte du mois de mars 1215, il érigea en abbaye la maison de Port-Rois (depuis Port-Royal), et l'incorpora à l'ordre de Cîteaux. Ce fut lui qui, en 1217, accueillit les Dominicains ou frères Prêcheurs, qui s'introduisaient alors pour la première fois dans la capitale. Peu de temps après, il quitta son siége épiscopal pour prendre part à la croisade. Il fit son testament au mois de juin 1218, et partit pour l'Orient. « Ce testament est assez curieux par les détails qu'ils renferme (1), par l'énumération des ornements légués à Notre-Dame de Paris, à l'abbaye de Saint-Victor, à La Chapelle en Brie, à Saint-Martin de Tours; on y remarque des tapis d'Espagne, des coffres de Limoges (*cofros Lomovicences*), une grande Bible, un psautier glosé, les épîtres de saint Paul avec la grande glose, les quatre livres des sentences. Le testament veut que les autres livres et meubles du prélat soient vendus pour payer ses dettes, récompenser ses domestiques, et s'il y a du reste, pour soulager les pauvres. Il ne nomme pas moins de cinq exécuteurs testamentaires, entre lesquels sont, l'évêque de Meaux, son frère, et l'abbé de Saint-Victor (2). » Pierre de Nemours est mort à Damiette : tous les chroniqueurs sont d'accord sur ce fait, mais ils le sont beaucoup moins sur sa date. Les uns la placent en 1220, les autres en 1219; quelques uns même en 1218; il est seulement certain que son successeur, Guillaume de Seignelay, occupait le siége épiscopal dès les premiers mois de l'année 1220. Le corps de Pierre fut, dit-on, rapporté à Paris, et inhumé derrière le grand autel de la cathédrale. L'inscription gravée sur son tombeau ne peut plus se lire aujourd'hui. Les seuls écrits réellement authentiques de Pierre de Nemours, sont les diverses pièces administratives que je viens de faire connaître; mais on lui attribue avec quelque autorité plusieurs pièces littéraires, une paraphrase de divers livres de la Bible, et une version du psautier en prose française.

Guillaume-le-Breton, historien et poëte célèbre sous le règne de Philippe-Auguste, était né en Bretagne vers 1165, mais il avait achevé ses études à Paris, où son mérite lui assura une brillante carrière. Il

---

(1) *Gallia christ.*, t. VII, p. 90. — (2) *Hist. litt. de la France*, t. XVII, p. 212.

était chapelain du roi, qu'il accompagna dans plusieurs de ses expéditions militaires, et pour les intérêts duquel il fit plusieurs voyages à Rome, lors des démêlés de ce prince avec le souverain pontife, au sujet de la répudiation de la reine Ingelburge. Guillaume-le-Breton possédait à tel point la confiance et la faveur de Philippe, qu'il fut chargé de l'éducation de son fils naturel, que les chroniques nommaient *Carlot* ou *Charlot*, et qui mourut évêque de Noyon en 1249. Guillaume paraît être mort vers 1226. Il a continué l'histoire du règne de Philippe-Auguste, qu'un autre historien, Rigord, avait écrite jusqu'à l'année 1208, et l'a poursuivie jusqu'à l'époque où mourut ce roi, en 1223. Cette chronique est précieuse. Mais c'est surtout par son poëme *la Philippide* que Guillaume mérite une place très distinguée parmi les littérateurs de son temps. *La Philippide* est un poëme latin divisé en douze livres, et comprenant neuf mille deux cent un vers hexamètres. Le premier chant est précédé de deux dédicaces, l'une au prince Louis, qui fut depuis Louis VIII, et l'autre à son frère naturel, Pierre Carlot. « Votre père, lui dit-il, a triomphé de ses ennemis pendant trente-deux ans, et non pas seulement seize comme Jules-César, ou douze comme le grand Alexandre. » Cet ouvrage est moins un poëme qu'une histoire grave et suivie. En général, il a tout le mérite de l'exactitude, et en même temps il est remarquable par l'élégance de la pensée et la facilité des vers ; on distingue en lui un esprit nourri des modèles antiques. « *La Philippide* est la production poétique qui honore le plus l'époque de son auteur (1). » Guillaume avait encore composé un poëme à la louange de son royal élève, et intitulé *la Karlotide* ; on apprend par quelques vers de *la Philippide* que cet ouvrage fut volé à son auteur, et il ne se trouve plus aujourd'hui.

Saint Edmond, archevêque de Cantorbéry, appartient à l'Angleterre par sa naissance et par la haute dignité qu'il y occupa ; mais il appartient aussi à Paris où il passa de longues années à faire ses études, puis à enseigner les autres. Il se nommait Edmond Rich, et naquit à Abrington, de parents doués d'une piété extraordinaire. Pendant qu'il faisait ses premières études à l'Université d'Oxford avec son jeune frère, Robert Rich leur père se fit moine, et leur mère, restée leur tutrice, les envoya terminer leurs études à l'Université de Paris, de peur, disait-elle, que l'enseignement moins solide d'Oxford ne les exposât à tomber dans les erreurs de l'hérésie. Venu à Paris, Edmond se livra avec une ardeur infatigable à l'étude, et acquit successivement les titres de maître ès-arts et de docteur en théologie. Il se voua à l'instruction publique, et enseigna pendant six ans, dans l'Université de Paris, les sciences humaines, entre autres l'arithmétique et la géométrie.

---

(1) *Hist. litt. de la France*, t. XVII, p. 351.

« Une nuit, en 1219, il crut voir en songe sa mère qui lui demandait ce que signifiaient les diverses figures qu'il dessinait ; Edmond lui en ayant donné l'explication, sa mère traça aussitôt trois cercles dans chacun desquels elle écrivit ces mots : *le Père, le Fils, le Saint-Esprit,* lui disant que c'était de ces figures qu'il devait désormais s'occuper. Edmond qui avait toujours eu pour cette mère l'amour le plus tendre, pensant qu'elle n'était venue que pour l'avertir directement de se livrer aux choses de Dieu, s'adonna dès cette époque à l'étude de la théologie ; et dès lors, il porta le mépris de l'argent que ses leçons lui avaient valu, jusqu'au point de le laisser à terre dispersé dans sa chambre, en disant, que la terre doit retourner à la terre, et la poudre à la poudre (1). »
Edmond conserva aussi long-temps qu'il vécut toutes les habitudes que sa pieuse mère lui avait fait contracter. Il demeurait à Paris, dans le voisinage de l'église Saint-Merry. Là il assistait chaque nuit aux offices que célébraient les chanoines de cette église ; après quoi il méditait et priait devant l'autel de la Vierge jusqu'au moment où il se mettait à l'étude, c'est-à-dire jusqu'à l'aube du jour. Il avait pour fidèle coutume celle de lire, les jour de dimanche et de fête, tout le psautier avant son repas. Il s'était fait faire, très jeune encore, un anneau sur lequel il avait fait graver la Salutation angélique, et il le porta à son doigt jusqu'à sa mort. Il fut l'un des premiers professeurs de l'Université qui firent contracter à leurs écoliers l'usage d'entendre la messe chaque jour avant de se mettre au travail. Edmond revint en Angleterre, où, au bout de quelques années, son mérite l'éleva à l'une des premières dignités ecclésiastiques du royaume : il fut élu archevêque de Cantorbéry. Mais pendant huit ans qu'il occupa le siége archiépiscopal, son âme pieuse et modeste, étrangère aux intrigues politiques et ennemie de l'ambition mondaine, fut abreuvée des dégoûts les plus amers. Il aima mieux se démettre de ses fonctions que de les conserver au milieu des nombreux abus qu'il ne pouvait pas vaincre et qu'il ne voulait pas paraître tolérer ; il se retira en France, au monastère de Pontigny, puis dans celui de Soisy, où il mourut le 16 novembre 1240. Edmond Rich fut mis au nombre des saints peu de temps après sa mort. Outre les constitutions synodales rédigées pendant sa prélature à l'archevêché de Cantorbéry, Edmond composa deux traités latins intitulés, *le Miroir de l'Eglise,* et *De la Contemplation de Dieu.*

Guillaume d'Auvergne, né à Aurillac, et venu fort jeune à Paris pour y faire ses études, occupa le siége épiscopal de cette ville pendant vingt et un ans, et y mourut le 30 mars 1249. Il prit une part assez active aux affaires politiques de son temps ; mais sa science, ses vertus et ses talents lui valurent surtout les hommages de ses contemporains.

(1) *Hist. litt. de la France*, t. XVIII, p. 254.

Guillaume d'Auvergne a laissé un nombre très considérable d'ouvrages, tous de philosophie religieuse, dont l'énumération même serait ici d'un fort médiocre intérêt, et qui du reste se trouvent fidèlement décrits et analysés par les auteurs de l'Histoire littéraire de la France (1).

Guillaume de Saint-Amour, ainsi nommé d'un village de Franche-Comté où il reçut la naissance, savant docteur qui jouit pendant le XIIIe siècle d'une réputation européenne. D'abord chanoine de l'église de Beauvais, puis long-temps professeur de philosophie à l'école du Parvis de Notre-Dame de Paris, ensuite syndic ou procureur de la nation de France auprès de cette école, il devint enfin recteur de l'Université elle-même, et après son rectorat en fut élu syndic. A tous ces titres de Guillaume de Saint-Amour, il faut joindre encore celui d'associé de Robert de Sorbon dans la fondation du collége de Sorbonne dont il fut un des premiers maîtres. Les graves événements, qui agitèrent de son temps le monde littéraire et théologique, firent connaître Guillaume et lui acquirent sa brillante réputation. Nous avons déjà décrit les événements remarquables de sa vie, ses violentes querelles avec les ordres mendiants (2). Ses ouvrages, qu'on a conservés au nombre de dix ou douze, sont tous des libelles de controverse relatifs aux questions sociales qui se débattaient alors, des apologies de sa cause et des satires contre les moines. — Guillaume de Saint-Amour mourut le 13 septembre 1272.

Saint Bonaventure. Au premier rang parmi les adversaires de Guillaume de Saint-Amour se trouvaient deux des plus illustres personnages de l'église au moyen-âge : le dominicain saint Thomas d'Aquin, et le franciscain saint Bonaventure. Jean Fidenza, plus connu sous le nom de *Buonaventura*, naquit en Italie en 1221, et parvenu à l'âge de vingt et un ans, prit l'habit des religieux de Saint-François. Ses supérieurs l'envoyèrent à Paris pour qu'il fréquentât les écoles, où durant sept ans il s'attira l'admiration de tous par son zèle pour l'étude et sa conduite édifiante. En 1250, il fut chargé d'expliquer la *Bible* et le *Maître des Sentences* dans l'école théologique des frères Mineurs de Paris; c'était la chaire illustrée déjà par Alexandre de Hales et Jean de La Rochelle. Il s'acquitta si dignement de sa mission, que l'enthousiasme de ses auditeurs le surnomma le *docteur Séraphique*. — Gerson a dit de lui : « Je ne sais si l'Université de Paris a jamais eu un maître aussi habile. » On rapporte que Thomas d'Aquin, étonné de l'énergie de sa parole et de sa facilité, alla le visiter un jour dans sa chambre avec l'intention de voir la bibliothèque où il puisait son érudition si riche et si variée ; Bonaventure lui montra un crucifix et lui dit : C'est de là que je tiens tout ce que je sais. Après six ans de professorat, Bonaventure

---

(1) Voy. *Hist. litt. de France*, t. XVIII, p. 362 à 385. — (2) Voy. ci-dessus, p. 140.

fut reçu docteur de l'Université de Paris, et l'année suivante il fut revêtu de la première dignité de son ordre (1256). Sur la fin de sa vie, il devint cardinal et évêque d'Albe, et mourut, le 13 juillet 1274, à l'âge de cinquante-trois ans, usé par les fatigues de l'étude. Sa canonisation fut obtenue en 1482. Il a composé un nombre très considérable d'ouvrages relatifs à la vie religieuse, à l'instruction de ses frères, à la morale, aux controverses qui eurent lieu de son temps. On n'en compte pas moins de quatorze grands et soixante-quatorze petits qui lui sont attribués.

Guillaume Perrault. Vers la même époque, au milieu du XIIIe siècle, vivait un autre frère Prêcheur, Guillaume Perrault, dont la vie est entièrement inconnue, mais qui s'est rendu fort célèbre par la publication d'un grand nombre d'ouvrages dont les plus remarquables sont un *Traité des vices et des vertus*, et un *Traité pour l'instruction des princes.*

Je dois terminer cette énumération des hommes remarquables, soit dans les lettres, soit dans les sciences, qui illustrèrent Paris pendant les règnes de Philippe-Auguste, de saint Louis et de Philippe-le-Hardi, en citant encore quelques personnages dont le nom mérite d'être rappelé. Ainsi Robert Sorbon, dont j'ai eu occasion de parler ; l'évêque de Paris Etienne Tempier, dont les actes eurent une si grande influence sur les progrès littéraires de leur époque ; Etienne Boileau, dont le *Livre des métiers de Paris* est un des plus précieux monuments de l'histoire de son époque (1) ; Albert-le-Grand ; saint Thomas-d'Aquin ; Gautier Cornut ; Henri Clément ; Jean Wardes ; Vautier de Flavennes ; Jean, doyen de Laon ; Humbert, archevêque de Milan ; Roger Bacon ; Jean de Saint-Gilles, médecin ordinaire de Philippe-Auguste ; Roger de Proumival, médecin de Louis VIII et de Louis IX ; Robert de Provins, chanoine de Paris ; Dudon et Eudes II, abbé de-Sainte-Geneviève, aussi médecins de saint Louis ; Jehan, abbé ; Pitard, premier chirurgien de saint Louis, de Philippe-le-Hardi et de Philippe-le-Bel ; Pierre d'Espagne, etc.

§ II. Beaux-Arts.

Les arts, cultivés dans les Gaules comme dans l'Italie, n'avaient pas été tout-à-fait abandonnés après l'invasion des Barbares. On s'y était appliqué avec quelque succès sous Charlemagne ; et vers le commencement de la troisième race, lorsque la France jouit de quelques intervalles plus fréquents de repos, les beaux-arts essayèrent de s'étendre, d'agrandir leur domaine ; ils suivirent presque toujours les lettres dans leurs progrès. Au XIIIe siècle enfin, ils éprouvèrent une grande et féconde révolution.

(1) Voy. ci-dessus, p. 24-26.

De tous les arts compris sous la dénomination de *beaux-arts*, les arts du dessin sont ceux qui laissent les monuments de civilisation, sinon plus durables, du moins les plus faciles à interpréter pour la postérité. Au XIII⁰ siècle, les arts du dessin, tout imparfaits qu'on les suppose, ont laissé de nombreuses et admirables productions.

L'architecture dite gothique fut à cette époque dans sa plus grande splendeur. Jamais on ne bâtit plus d'églises, jamais on ne les décora avec plus de magnificence. L'église de Notre-Dame, le réfectoire de l'abbaye de Saint-Germain-des-Prés, la Sainte-Chapelle, les églises de Saint-Thomas et de Saint-Nicolas-du-Louvre, celles de Sainte-Madeleine, de Sainte-Geneviève, de Saint-Étienne-du-Mont, de Saint-André-des-Arcs, de Saint-Honoré, de Saint-Gervais, de Saint-Antoine-des-Champs, de Sainte-Catherine-du-Val, des Blancs-Manteaux, des Chartreux, furent fondées, élevées ou reconstruites dans le beau style ogival. — En même temps s'élevaient des monuments d'un autre genre d'utilité, des hôpitaux, des écoles, des ponts. Philippe-Auguste faisait paver les rues de Paris, entourer la ville d'un mur d'enceinte ; peu de temps après le Petit-Pont était reconstruit sous saint Louis ; les Quinze-Vingts, l'Hôtel-Dieu, fondés ou agrandis par ce sage roi.

La *sculpture* ne fut jamais, dans aucun pays, plus employée dans les monuments que pendant cette période. Ses productions ornaient tout l'extérieur comme l'intérieur des temples et des maisons particulières ; on plaçait partout ou des statues, ou des bas-reliefs, ou des ornements, tels que des branchages, des figures d'animaux, des êtres de toute espèce, dont le plus souvent le type n'existait pas dans la nature. — Les tombeaux, que l'on élevait en très grand nombre dans les églises, occupaient aussi beaucoup les sculpteurs. Composés de simples pierres plates dans le commencement de la monarchie, ils furent, vers le XIII⁰ siècle, ornés de sculptures et recouverts de statues. Saint Louis fit ériger des cénotaphes de ce genre aux rois ses prédécesseurs (1). — L'art de la *gravure* ne s'était jamais perdu entièrement en France. Le besoin qu'eurent toujours les rois ou les seigneurs de donner, par le moyen d'un sceau, de l'authenticité à leurs actes, ou de faire exécuter les coins pour frapper les monnaies, nécessitèrent toujours des graveurs en lettres et en ornements. Les historiens ne fournissent pourtant aucun détail sur ces artistes qui nous ont laissé des productions si remarquables pour la perfection du travail.

Le style ogival laissait peu d'espaces planes dans les monuments, aussi la *peinture* ne put guère s'exercer dans les églises que sur les vitraux. On y représenta soit des faits tirés de la *Bible*, soit des scènes fami-

---

(1) Lenoir, *Musée des monuments français*, t. I, p. 181. — *Hist. litt. de la France*, t. XVI, p. 316. Discours de M. Amaury Duval sur l'état des beaux-arts.

lières, soit même des événements politiques ou des actions guerrières, des portraits de personnages célèbres, etc. L'église n'employa plus guère la peinture à fresque que dans les réfectoires, sous les cloîtres des couvents, et les rois, les seigneurs, dans leurs vastes salles ou galeries, ornées des représentations de personnages de leurs familles et de tableaux historiques. Dans les basiliques, dans les couvents, on tendait également des tapisseries; dès le XII° siècle, il y avait en France des manufactures de tentures qui rivalisaient avec celles de la Flandre (1). La peinture sur émail était aussi parfaitement connue sous cette période. Quant à l'usage d'orner les manuscrits de peintures, il remonte, comme on sait, aux temps les plus anciens.

La musique, cultivée jusqu'au XII° siècle dans les cloîtres et dans quelques unes des écoles jointes aux monastères et aux cathédrales, se répandit alors dans les cours et dans les plus simples châteaux par les troubadours et les trouvères. Elle tenait un rang distingué parmi les arts du fameux *quadrivium*. Les chants de l'église furent augmentés au XIII° siècle d'un grand nombre d'hymnes, de proses, etc. On sait qu'Adam, chanoine de Saint-Victor (2), en composa plusieurs. En même temps se développait la musique profane, soutenue, exercée par les chansons des trouvères qui se multipliaient.

L'art de prendre des empreintes, sur du papier, de dessins gravés sur le bois ou les métaux, était né un peu avant l'invention de l'imprimerie; mais aucun monument authentique ne permet (3) d'en reculer l'origine jusqu'aux temps qui nous occupent.

Il serait utile de terminer ce rapide aperçu de l'état des beaux-arts sous cette période, par quelques détails sur les artistes qui les ont cultivés, mais malheureusement les auteurs du temps ne nous ont transmis presque aucun renseignement sur ce sujet. Nous sommes réduits à rappeler deux noms célèbres, qui seuls ont survécu à tant d'autres : *Pierre de Montreuil* ou *de Montereau*, à qui l'on doit la chapelle de Vincennes, le réfectoire de Saint-Martin-des-Champs, le dortoir, la salle capitulaire et la chapelle de Notre-Dame de Saint-Germain-des-Prés, et surtout la Sainte-Chapelle du Palais, son chef-d'œuvre (4). — Et *Eudes de Montreuil* qui fit élever à Paris l'hôpital des Quinze-Vingts et les églises de Sainte-Catherine-du-Val-des-Écoliers, de l'Hôtel-Dieu, de Sainte-Croix-de-la-Bretonnerie, des Blancs-Manteaux, des Mathurins, des Cordeliers et des Chartreux (5).

Raoul, orfèvre, ou, comme on disait alors, argentier du roi, jouit

---

(1) *Amplissima collect.*, t. V, col. 1130. — *Hist. litt.*, t. XVI, p. 322. — (2) Voy. t. I, p. 402, et ci-dessus, p. 272. — (3) *Hist. litt.*, t. XVI, p. 327. — (4) Pierre de Montreuil fut inhumé dans l'église de Saint-Germain-des-Prés. Voy. t. I, p. 205. — (5) Voy. ci-dessus, p. 45 et 73.

aussi au XIIIe siècle d'une assez grande célébrité. C'est lui qui fit la fameuse châsse de Sainte-Geneviève. Il fut anobli en 1285 (1).

§ III. Commerce et Industrie.

Je ne répéterai pas les détails donnés précédemment (2) sur la corporation des marchands de l'eau de Paris et le commerce par eau qui se faisait dans cette ville. On a vu que ce négoce était beaucoup plus important que celui de terre, parce qu'il n'y avait que la Seine et ses affluents qui permissent aux Parisiens de tirer aisément du dehors les denrées dont ils avaient besoin, ou d'y envoyer celles qu'ils avaient de trop. Le commerce de terre était fort restreint, à cause de l'état d'imperfection des chemins et des moyens de transport, et à cause des périls auxquels étaient exposés les marchands. Une seule route, celle d'Orléans, paraît avoir servi à un passage considérable de denrées pour Paris; aussi avait-on établi à Montlhéry un péage dont nous avons encore le tarif; on y voit soumis à l'octroi les draps, toiles et peaux, les grains, les bestiaux et moutons, et même le hérisson. Selon l'usage barbare du temps, le juif y est assujetti à l'impôt : il paie plus cher s'il porte avec lui sa lampe, sans doute celle aux sept branches, pour la célébration du sabbat; ses livres hébreux mêmes étaient tarifés à Montlhéry.

C'étaient principalement les grandes foires qui alimentaient et entretenaient le commerce par terre. Paris en avait trois : *la foire Saint-Germain*, la *Saint-Ladre* et *le Lendit*. Chacune de ces foires durait au moins une quinzaine de jours. La première se tenait dans le bourg de Saint-Germain, aujourd'hui le faubourg de ce nom : la justice et les revenus en appartenaient à l'abbaye sur le territoire de laquelle la foire avait lieu. Celle de Saint-Ladre avait été d'abord la propriété de la maladrerie ou léproserie de Saint-Lazare, également hors de l'enceinte de Paris ; mais depuis que le roi l'avait achetée aux religieux de Saint-Lazare pour la transférer dans le grand marché des Champeaux ou des halles, elle se tenait dans ce lieu, et présentait en grand ce que les halles étaient chaque jour de marché. Non seulement les marchands y venaient par intérêt, mais plusieurs métiers s'y rendaient par obligation. En effet, pour augmenter les revenus du roi, qui percevait un droit sur les étaux et sur toutes les *huches*, on forçait les changeurs,

(1) On croit que les premières lettres d'anoblissement furent celles que Philippe-le-Hardi donna en 1285 à l'orfévre Raoul. Cependant il paraît qu'avant cette époque les seigneurs jouissant des droits souverains s'attribuaient déjà le droit d'anoblir; car, en 1280, un arrêt du parlement déclara que le comte de Flandre ne pouvait faire un noble d'un vilain sans l'autorité du roi. L'anobli était tenu de payer une somme d'argent comme indemnité des subsides dont sa lignée serait affranchie, et de distribuer une autre somme en aumônes, en compensation de la surcharge que le peuple devait souffrir à cause de cette exemption. — (2) T. I. p. 451-458, article de la *Hanse parisienne*.

les pelletiers, les marchands de soie, de cire, les selliers, et même les bouchers, de fermer leurs boutiques et ouvroirs pendant toute la durée de la foire, et de n'étaler qu'aux halles et aux environs dans les limites de la foire Saint-Ladre. Ce n'était plus une occasion de débit, c'était une servitude ; aussi plusieurs métiers, les bouchers surtout, aimaient mieux s'arranger avec le roi, et lui payer une somme d'argent pour n'être pas obligés de transporter leur commerce à la foire.

Le roi affermait souvent le produit de la foire Saint-Ladre ; alors le fermier non seulement percevait les droits d'usage, mais exerçait aussi la justice sur le terrain de la foire : pendant quinze à dix-huit jours, il était en quelque sorte le roi des halles.

Pour la durée de cette foire, on portait dans l'enceinte des halles ce qu'on appelait le poids-du-roi, c'est-à-dire les balances et les poids déposés dans un local de la rue des Lombards, où l'on s'en servait à constater, moyennant un impôt d'usage, le poids légal des marchandises. Au XIVe siècle le poids-du-roi se trouva dans la possession de quelques bourgeois (1), par suite d'une de ces concessions que les rois faisaient dans les moments de pénurie et de faiblesse.

La principale foire, celle du moins qui avait le plus d'attrait pour les Parisiens, était le Lendit, qui se tenait pendant la plus belle saison de l'année, en juin, dans la plaine de Saint-Denis, et qui attirait une foule immense. Dans nos temps, où le commerce étale chaque jour les productions brillantes et merveilleuses de l'industrie humaine, où le Palais-Royal et les grandes rues de la capitale sont une foire perpétuelle, on a peine à se figurer une grande foire du moyen âge telle que le Lendit. C'était une époque de jouissances, de surprises, de vives émotions ; on en attendait l'arrivée avec impatience, on s'y préparait long-temps auparavant : marchands étrangers et bourgeois, écoliers de l'Université, baladins, cabaretiers, courtisanes, filous, tous accouraient en foule vers Saint-Denis pour prendre leur part de la fête commune (2). C'est là qu'on mettait au grand jour les produits de l'industrie que de sombres boutiques cachaient le reste de l'année, ou qu'on y cherchait même inutilement. Les mères de famille faisaient acquisition d'ustensiles de ménage, et les écoliers, de parchemins ; c'est là que les étrangers prouvaient les progrès que les arts mécaniques avaient faits chez eux ; c'est là qu'on réunissait les divertissements capables d'émerveiller les bons bourgeois de la capitale ; c'est là qu'on tolérait des amusements, des débauches, qu'excluait de la ville la vie simple et monotone de l'année. En un mot

(1) Ils sont nommés dans un accord fait en 1321 entre eux et les marchands de Paris. On trouve une copie de cet accord dans celle du *Livre-Vert ancien* du Châtelet, qui est aux archives de la préfecture de police. — (2) Un poëte du moyen âge a chanté cette foire. J'en parlerai avec plus de détails à l'article *Saint-Denis*.

le Lendit devenait la fête de toutes les classes de la société : les uns s'y enrichissaient, les autres y faisaient leurs emplettes, et la foule s'y amusait plus ou moins grossièrement selon ses goûts et ses moyens pécuniaires. La corruption des villes, transportée dans la campagne, y tenait ses orgies; l'argent circulait, et la ruse ne tendait que trop ses piéges à la simplicité et à l'ignorance. Après cette longue fête de l'industrie et du commerce, marchands, étrangers, taverniers, baladins et courtisanes se dispersaient, et les bourgeois rentraient dans les habitudes uniformes de la vie parisienne.

« Paris était loin alors d'avoir ces rues larges, ces places aérées, ces promenades, ces magasins superbes, ces ateliers immenses et ces manufactures des faubourgs qui font aujourd'hui la beauté et la richesse de la capitale. Pour se retracer le Paris du XIIIe siècle, il faut voir les rues étroites et tortueuses de la Cité, celles qui se croisent aux environs de la vieille tour Saint-Jacques-la-Boucherie, et celles qui descendent de la Montagne-Sainte-Geneviève vers la Seine. Dans ces vieux quartiers, la ville n'a pas entièrement perdu son ancien aspect : là vous trouverez encore de vieilles maisons étroites, pressées les unes contre les autres; des boutiques à peine éclairées y cachent plutôt qu'elles ne laissent voir les denrées et marchandises dont trafique le bourgeois, et cette boutique est souvent aussi l'atelier où s'apprêtent ces mêmes marchandises, réduit obscur qui rappelle les *ouvroirs* dont il est si souvent parlé dans les règlements d'arts et métiers. Le rapprochement des boutiques, le peu de largeur des maisons et de la rue nous expliqueront encore pourquoi ces règlements défendent souvent aux marchands d'appeler l'acheteur chez eux avant qu'il ait quitté l'étal du voisin. Les marchands et artisans d'une même espèce étaient alors très proches voisins; c'est ainsi que les tisserands demeuraient l'un à côté de l'autre dans la rue de la Tisseranderie, les maçons dans celle de la Mortellerie, les charrons dans la rue de la Charronnerie, les tanneurs dans trois ou quatre rues qui portaient et portent encore en partie le nom de la Tannerie. Ceux qui, par leurs travaux, avaient besoin de l'eau de la rivière, tels que les mégissiers et teinturiers, s'étaient réunis sur les bords de la Seine; d'autres étaient groupés autour des halles, et y occupaient des rues entières. A la fois amis et rivaux, ces artisans, voisins et membres de la même confrérie, étaient toujours aux aguets de ce qui se passait à côté d'eux : les fripiers, sous les piliers des halles, ont conservé un peu des coutumes des marchands parisiens du XIIIe siècle (1). »

Presque toutes ces boutiques se fermaient le soir quand la cloche de Notre-Dame, ou celle de Saint-Merry, ou celle de Sainte-Opportune,

---

(1) M. Depping, le *Livre des métiers*.

avait sonné l'*Angelus*. C'était une règle de leurs statuts de suspendre l'ouvrage au dernier coup de vêpres ou de l'*Angelus*, ou au couvre-feu. Il était défendu d'ailleurs à la plupart des métiers de travailler à la lumière, parce qu'on était persuadé que leur ouvrage ne serait pas bon ; aussi un morne silence succédait le soir à l'activité bruyante qui avait régné dans ces rues étroites pendant le jour, et la ville était plongée dans une obscurité profonde. On ne connaissait pas les spectacles, les bals, les cafés ; on se couchait de bonne heure afin d'être levé à la pointe du jour, lorsque la cloche de la paroisse voisine retentissait de nouveau pour annoncer l'ouverture des églises. Le samedi, on cessait plus tôt de travailler, comme pour rendre hommage à la solennité du lendemain et pour se préparer au dimanche ; et les jours de fête, qui n'étaient que trop nombreux, les ouvroirs restaient également fermés. L'église réunissait alors la population industrieuse de la vieille Cité ; l'après-midi, les bourgeois se promenaient en famille entre les courtils hors des murs ; pour y arriver, on n'avait pas beaucoup de chemin à faire. Il est probable aussi que les tavernes ne manquaient pas dans les bourgs autour des abbayes qui touchaient presque les murs de Paris. On a dit souvent que ces bourgs s'étaient peuplés aux dépens de la ville, attendu que sur les terres privilégiées des abbés, les artisans avaient plus de liberté que sur ce qu'on appelait les terres du roi. Cependant on ne voit pas que les abbés aient fait grâce aux bourgeois, ni de la taille, ni des servitudes ordinaires. D'autres motifs pouvaient engager les artisans à s'établir dans les bourg abbatiaux, sans que, toutefois, la population de Paris en souffrît beaucoup ; car, dès le XIIIe siècle, nous voyons la plupart des métiers exercés à Paris par une foule d'artisans, et la rivalité entre les habitants des terres royales et ceux des terres seigneuriales ne pouvait qu'entretenir une émulation utile aux progrès de l'industrie et aux habitudes laborieuses des artisans (1).

Tous les samedis, la ville de Paris offrait le spectacle d'un mouvement extraordinaire. Le petit commerce cessait dans la plupart des quartiers pour se concentrer aux halles ; c'est là seulement que ce jour-là beaucoup de fabricants pouvaient vendre les objets de leur industrie. Obligés de fermer leur boutique et de se transporter aux halles, ils louaient du hallier, qui percevait le tonlieu au nom du roi, des étaux ou des huches pour l'étalage de leurs denrées ou marchandises ; les boulangers, ou talemeliers du dehors, y apportaient du pain, et les drapiers, les tisserands, les marchands de cordouan des villes et des bourgs de la baillie de Paris, et même de plus loin, y étalaient leurs draps, leurs étoffes, leurs cuirs, tandis que petits fripiers, savetiers et autres vendeurs *de vieux* étalaient par terre les hardes et chaussures

---

(1) Voy. M. Depping, le Livre des métiers.

pour le petit peuple. Les bourgeois de Paris venaient alors choisir les marchandises qu'ils ne découvaient pas aussi facilement dans les boutiques, et faire leurs approvisionnements en denrées, dont plusieurs n'arrivaient que ce jour-là.

C'était alors quelque chose de grand, de plein d'intérêt que les halles de Paris; non seulement chaque profession, chaque branche de commerce y avait sa place marquée, et même sa halle particulière, mais beaucoup de lieux manufacturiers de France y étaient représentés par leurs fabricants, qui avaient également leurs siéges fixes dans ce bazar. Ainsi Beauvais, Cambrai, Amiens, Douai, Pontoise, Lagny, Gonesse, avaient leur section de halles; les Parisiens jouissaient presque, dès lors, du spectacle d'une exposition des produits de l'industrie nationale.

Le samedi il y avait un grand passage au Petit-Pont, par lequel Paris communiquait avec la campagne du côté du midi, et le péager qui y percevait le droit du roi était fort occupé à distinguer ce qui était sujet au péage d'avec ce qui ne devait acquitter ses redevances qu'aux halles ou au bureau du pesage. Un tarif indique presque tous les objets de commerce et d'industrie qui venaient du dehors, ou qui, de Paris, passaient aux provinces. En voyant cette liste, on est étonné de la frugalité des Parisiens d'alors. Il est vrai qu'au XIIIe siècle l'industrie des Parisiens ne fournissait pas toutes ces marchandises ingénieusement fabriquées, et recherchées dans toutes les parties du monde. Les artisans de Paris ne travaillaient guère alors que pour les besoins de la cité et de la banlieue; leurs marchandises ne s'expédiaient pas encore au dehors. Elle n'était pas riche, cette bourgeoisie industrielle, et si elle dépensait peu, c'est que ses gains étaient très modiques.

Les artisans du XIIIe siècle se distinguent selon la nature de leurs travaux; il y en avait qui s'occupaient des aliments, d'autres travaillaient les métaux et le bois, d'autres les habillements.

Dans les temps où la ville avait été confinée dans l'île de la Cité, un marché approvisionné par la Beauce avait suffi aux habitants. Depuis que Philippe-Auguste avait compris dans l'enceinte les faubourgs voisins de Paris, et depuis que la population et l'importance de la ville s'étaient considérablement accrues, cette simplicité rustique était abandonnée; les Champeaux ou les Halles étant devenues le marché principal, attirait les grains de la Brie, de la Picardie et d'autres provinces, tandis que celui de la Cité conservait le nom de marché de la Beauce; le grain commençait aussi à venir de la haute Seine et de la Marne, mais pas en assez grande quantité pour attirer beaucoup l'attention de la hanse parisienne. Une classe de bourgeois, celle des blatiers, trouvait une occupation suffisante dans le commerce des grains. Le prévôt des marchands gardait, au nom du roi, les étalons des mesures, et les mesureurs, jurés nommés par le corps des marchands, étaient institués pour la garantie des ventes (1). Les moulins pour moudre les grains étaient amarrés sous le grand pont de Paris; enfin les talemeliers ou boulangers, qui achetaient du grand panetier du roi le droit d'exercer leur métier, cuisaient le pain dans des fours qui n'étaient plus comme autrefois des fours banaux ou seigneuriaux. Cependant les abbayes de Saint-Germain, Saint-Marcel, Saint-Martin, continuaient chacune d'avoir un four banal, forçaient les habitants d'y faire cuire leur pain; cela ne fut plus praticable quand la population de leurs terres se confondit avec celle de la ville. Quelques abbés eurent néanmoins beaucoup de peine à renoncer à leur ancien droit féodal (2).

Les talemeliers ou boulangers, après quatre ans d'apprentissage, pouvaient obtenir la maîtrise en achetant, comme il vient d'être dit, du grand panetier ou de son délégué, qui avait le titre de maître des talemeliers, et en se soumettant à l'impôt hebdomadaire qui pesait sur les boulangers. Il n'y avait que cette profession qui eût un cérémonial particulier pour la maîtrise, du moins autant que nous le sachions par les registres de la ville. Le récipiendaire portait dans la maison du maître des talemeliers un pot rempli de noix et de nieules (espèce de dragées en pâtisserie), et jetait le pot contre le mur, après quoi les maîtres et valets ou compagnons du métier entraient et recevaient à boire de la part du chef du métier (3). Il se pourrait que cet usage fût d'une grande antiquité. Dans la suite il tomba en désuétude; cependant les boulangers de Paris n'en perdirent pas le souvenir, et lorsqu'au XVIIe siècle ils proposèrent un nouveau règlement à l'autorité publique, ils n'omirent pas le pot d'installation des temps féodaux, en l'accommodant toutefois aux progrès de la civilisation; ils demandèrent, en conséquence, que le candidat à la maîtrise présentât à l'avenir un vase avec une branche de romarin à laquelle seraient attachés des pois sucrés, des oranges et d'autres fruits (4). Mais le temps où l'on recevait l'investiture par le moyen d'un pot était irrévocablement passé. L'usage féodal ne put être rétabli, et la maîtrise continua d'être accordée sans la cérémonie du pot, des nieules et du romarin.

Ce qui dura plus long-temps, ce fut la juridiction du grand panetier sur les boulangers. Malgré le conflit entre la prévôté de Paris et la grande paneterie, cette juridiction subsista pendant des siècles (5), et si la charge de grand-panetier n'eût été supprimée, peut-être la boulangerie y serait-elle restée sujette jusqu'à la révolution. Il était interdit aux talemeliers

---

(1) Voy. *le Livre des métiers*, part. I, tit. IV. — (2) Delamare, *Traité de la police*, t. II. tit. II. — (3) *Livre des métiers*, part. I, tit. I. — (4) Delamare, *Traité de la police*, t. II, tit. XII. — (5) Delamare, t. I, liv. I, tit. X, ch. 2.

de Paris de cuire les dimanches et les jours de fête, en sorte que pendant près de soixante jours par an les fours chômaient et la population de Paris était privée de pain frais. C'était probablement pour cette raison que le marché au gros pain se tenait aux halles, accessibles aussi bien aux marchands forains qu'aux talemeliers de Paris. Gonesse occupait même une halle particulière ou une section des halles. Les talemeliers de la banlieue pouvaient encore, par faveur, exposer en vente avec ceux de Paris, le dimanche au parvis Notre-Dame, le pain qu'ils n'avaient pas vendu le samedi aux halles ; mais les forains avaient aussi leur tonlieu à payer comme les talemeliers de Paris, seulement ils payaient à un autre seigneur que le roi ; c'était l'abbaye de Longchamp qui percevait quatre deniers par char rempli de pain, deux deniers par charrette, un denier par charge de cheval, et une obole pour une charge d'homme. Les religieuses étaient obligées de céder ce droit de seigneurie à l'abbaye de Saint-Denis, depuis la fête de Saint-Denis jusqu'au jour de Saint-André, qu'elles reprenaient la perception du tonlieu. Le statut des talemeliers, sous saint Louis, ne leur prescrivit rien sur la qualité et le poids du pain ; ce ne fut que long-temps après qu'on s'en occupa pour obvier aux plaintes du peuple. Jusque là on avait des pains de deux deniers, d'un denier, et même d'une obole.

La pâtisserie avait peu d'importance ; la première corporation de pâtissiers que l'on voit se former au XIIIe siècle à Paris est celle des *oubliers*, qui faisaient les gaufres, les nieules et les feuilles légères appelées *oublies*, que l'on criait dans les rues de Paris, comme on crie aujourd'hui les *plaisirs* (1). Le roi avait son *oublier* d'office, personnage considérable dans la hiérarchie culinaire de la cour.

La corporation des *bouchers* se vantait d'une origine très ancienne. La boucherie de Paris était exercée par un certain nombre de familles qui transmettaient leurs étaux en héritage à leurs descendants, comme chez les Romains. J'ai déjà parlé des boucheries de Paris au règne de Philippe-Auguste (2) ; je remarquerai avec M. Depping que l'absence des statuts de cette corporation dans le livre des métiers d'Etienne Boileau est fort singulière. Ils ne vinrent pas faire enregistrer leur règlement au Châtelet, se regardant peut-être comme suffisamment constitués en corporation depuis long-temps, et ne croyant pas nécessaire de se mettre dans la dépendance de la prévôté.

Le vin, alors comme aujourd'hui, la boisson commune de toutes les classes de la société, formait un des principaux objets du commerce de la hanse de Paris, quoiqu'il existât une corporation de *cervoisiers* qui faisaient de la bière de grains (*cervoise*), et qui, à ce qu'il paraît, ne connaissaient pas l'emploi du houblon, déjà fort en usage. Beaucoup de

---

(1) Guillaume de Villeneuve, *Crieries de Paris*. — (2) Voy. t. I, p. 564.

bourgeois avaient aux environs de la ville des vignes dont ils pouvaient faire venir les vendanges chez eux sans être soumis au péage; mais il venait encore plus de vins par l'Yonne et la Haute-Seine; on en tirait pareillement de l'Orléanais. C'est au port de la Grève que les taverniers et les bourgeois faisaient leurs achats. On voit à la fin du XIIIe siècle, reconnue par des actes publics, l'existence de la classe des courtiers, dont les droits étaient réglés.

Les tavernes étaient fréquentées, alors comme toujours, par les classes inférieures qui y buvaient le vin en détail, ou, comme on disait alors, *le vin à broche*. Le peuple n'en connaissait guère qu'une qualité, le vin *vermeil*, dont le prix était presque aussi stable que celui du pain. Il y eut grande rumeur à Paris au XIVe siècle, lorsque les taverniers se permirent de vendre la pinte de 12 à 16 deniers : il leur fut enjoint de par le prévôt de revenir à l'ancien taux de 10 deniers. Pour chaque pièce de vin que le tavernier entamait, il était assujetti à un impôt que percevait le corps des marchands ou le Parloir-aux-Bourgeois. Afin d'arriver à constater le nombre de pièces entamées, on avait depuis long-temps inventé un moyen supérieur à tous ceux que la perception des impôts de consommation a suggérés aux financiers des temps modernes : les *criages*.

Les marchands parisiens du XIIIe siècle, pour débiter leurs denrées, n'avaient point les ressources du siècle actuel. Il n'existait alors qu'un seul moyen de publicité : c'était de faire crier par la ville les avis de toute nature qu'on voulait communiquer au public. Ainsi, on criait les marchandises, les décès, les invitations aux obsèques, les effets perdus, et une foule d'autres choses pour lesquelles les petites et grandes affiches suffisent aujourd'hui (1). Ce besoin de faire crier les avis d'intérêt particulier avait donné lieu à la corporation des crieurs, et à ce que l'on appelait les *criages* ou *crieries* de Paris, que l'on traduisit dans les chartes par *crieriæ*, mot que certes un Romain n'aurait pas compris. Quand la coutume de faire crier les vins fut établie, l'autorité trouva que c'était un excellent moyen de constater l'ouverture des tonneaux afin de prélever les droits d'usage. En conséquence, on obligea tous les taverniers à prendre un crieur; depuis lors les crieurs furent en quelque sorte des employés de la prévôté, obligés d'aller chez les taverniers, et de constater la quantité de vin débité par jour. Les criages de vin, donnant lieu à une perception importante, devinrent une branche du revenu royal. En 1220, Philippe-Auguste céda les criages de Paris aux marchands de l'eau, avec le droit de police à l'égard des contraventions, et peut-être les terres et rentes que l'on croit avoir été affectées à la ferme des criages. Les crieurs de vin auraient pu être appelés crieurs-

---

(1) Ordonnance de Charles VII de l'an 1415.

détailleurs ; car non seulement ils allaient dans les rues criant le vin de la taverne à laquelle ils étaient attachés, mais ils en offraient aussi aux passants dans un hanap ou vase de bois, en portant un broc de vin dans l'autre main. Les crieurs faisaient donc les affaires des taverniers, même malgré ceux-ci, qui souvent se seraient bien passés du ministère de ces employés forcés. Ils allaient criant le vin toute la matinée, et la veille des grandes fêtes ils criaient jusqu'au soir les vins composés, tels que clairet ou vin épicé et miellé, vin de sauge, vin de romarin et autres dont les Parisiens se régalaient ces jours-là. En automne, après les vendanges, le roi faisait vendre le vin de ses vignobles. Alors les tavernes cessaient d'en débiter, et les crieurs, précédés du chef de leur corps, allaient presque solennellement dans les rues pour crier le vin du roi.

Sous le règne de saint Louis la bourgeoisie vivait encore trop sobrement pour faire usage de vins étrangers ; mais environ cinquante ans après, il arrivait quelquefois au port de Paris des vins singulièrement estimés des gourmets parisiens : on les nommait vins de Garache, de Malvoisie, de Lieppe, d'Osaie, vin Bastart, vin de Rosette, vin de Muscadet. C'était un événement pour les bons Parisiens que l'arrivée d'une *naulée* de ces boissons rares et fines. Aussi on procédait au débit avec de certaines formalités. Le prévôt et les échevins avaient soin de venir sceller les bondes pour empêcher qu'on ne fît aucun mélange ou aucune substitution, en ayant soin de prélever d'avance les droits d'usage, mais cette fois en nature. Venaient alors les crieurs, et précédés, comme pour le ban du roi, de leur chef portant un hanap doré, ils allaient par la ville annoncer la grande nouvelle de l'arrivée d'une naulée de vins étrangers pour engager les riches à profiter de l'occasion. Une classe particulière de tonneliers, les *barilliers*, dont le nom est resté à une rue de Paris, faisaient pour les riches des tonneaux soigneusement travaillés, suivant l'ordonnance, pour enfermer les vins. — Les crieurs s'étaient rendus si nécessaires, qu'encore dans le temps où l'on avait plus de moyens de publicité on se servait d'eux. Charles VI en réduisit le nombre à vingt-quatre ; il voulut qu'ils célébrassent avec solennité la fête de saint Martin-le-Bouillant, patron de leur confrérie. Les maîtres de la corporation devaient y paraître couronnés de *chapes* de roses. A la mort d'un crieur, ses camarades, en robe de la confrérie, devaient porter son corps au cimetière, et s'arrêter à tous les carrefours pour donner à boire à tout passant. Le législateur cherchait à entourer d'une sorte de prestige cette corporation qui dégénérait, car les crieurs faisaient toutes sortes de métiers ; et l'on fut obligé de leur défendre d'être fossoyeurs et valets d'étuves (1).

(1) Ordonnance de 1415.

Les *regrattiers* débitaient les légumes et le sel, auxquels ils joignaient le pain, le poisson, la cire, la bière; ils tenaient lieu des épiciers, qui ne se formèrent en corporation qu'au xive siècle. Il y avait deux corporations de *poissonniers* : les uns vendaient le poisson d'eau douce, tandis que les autres tenaient la marée. Pendant quelque temps il y eut même une corporation particulière pour la vente du hareng; mais les harengers furent bientôt réunis aux poissonniers de mer. Le hareng, pêché en abondance, sans doute sur les côtes de la Normandie, de l'Artois et de la Bretagne, était une nourriture commune et à bon marché. Environ une dizaine d'espèces de poissons de mer sont mentionnés dans les tarifs de l'octroi : les huîtres ne sont pas nommées; en revanche on mangeait du marsouin, et la peau velue de cet amphibie servait de bordure aux vêtements sous le nom d'*orle de porpois de mer*. La Seine était alors plus poissonneuse que depuis qu'une population nombreuse s'est établie sur ses bords. Entre Villeneuve-Saint-Georges et Paris était l'*eau du roi*; la Marne, depuis Saint-Maur-des-Fossés jusqu'au confluent avec la Seine, était également au roi. Lui seul ou son délégué avait droit d'y pêcher; mais ce délégué vendait le droit de pêche à quiconque voulait le payer.

Les denrées une fois embarquées pour Paris ne devaient pas s'arrêter en route; défense était faite aux marchands d'aller au-devant des convois, et les denrées devaient être portées aux marchés qui étaient accessibles à tout le monde, « pour que le pauvre homme puisse prendre part avec le riche, » est-il dit dans les Registres d'Etienne Boileau.

Quant aux métiers qui façonnaient les métaux et le bois, il y avait d'abord à Paris des *orfèvres*, des *batteurs d'or* et des *émailleurs sur or*. On exigeait de tous ces ouvriers qu'ils ne se servissent que d'or fin; mais on voulait du solide, et on défendait le clinquant pour diminuer les fraudes des artisans. Il y avait des *joailliers*; mais on connaissait mal les pierres fines, et on croyait avoir fait assez en défendant de vendre du verre coloré pour des pierres précieuses. C'est par le commerce avec le Levant que l'on connut les pierreries, et tel fut le respect qu'on eut d'abord pour ces merveilleux joyaux, qu'on leur attribuait des qualités surnaturelles : divers ouvrages du moyen âge s'étendent beaucoup sur les effets miraculeux des rubis, des saphirs et des sardoines (1). — Plusieurs métiers façonnaient le cuivre, le laiton, le fer, l'acier et le plomb pour les ustensiles de ménage, pour la serrurerie, la bouclerie, la harnacherie, l'épinglerie, etc. Du reste, on ne donnait aux ustensiles que des formes solides, mais sans élégance. Les ouvrages en buis ne se distinguaient également que par leur solidité.

(1) Voy. M. Depping. *Hist. du commerce entre le Levant et l'Europe depuis les croisades*. Paris, 1830, t. I, p. 146 et suiv.

La dévotion unie au luxe avait trouvé moyen de varier beaucoup les chapelets, sans lesquels on n'allait guère à l'église. Quatre à cinq corporations subsistèrent au XIIIe siècle à Paris de la confection des chapelets en os, en ivoire, en corail, en ambre et en jayet. On voit à la même époque la corporation des faiseurs de crucifix en os et en ivoire. La peinture sur verre n'avait pas reçu à cette époque le développement que nous lui voyons dans les siècles suivants.

Les ouvriers de la sellerie et de la harnacherie, tels que les *selliers*, les *chapuiseurs*, les *cuireurs*, les *bourreliers*, les *lormiers* ou faiseurs de mors, étaient très occupés par la chevalerie et la noblesse. C'était dans l'équipement que les nobles mettaient leur luxe; on dorait et on peignait les selles, on les décorait des armes du cavalier; aussi les statuts des selliers, rédigés sous saint Louis, concernent-ils en même temps les peintres. On est étonné de l'attirail compliqué qu'exigeait le harnais d'un cheval. On faisait une grande consommation de cuir. D'abord on tirait d'Espagne ceux qui étaient préparés et teints à la façon du maroquin; ils furent connus sous le nom de *cordouans*, de la ville de Cordoue, qui en envoyait le plus au-dehors. Dans la suite on apprit à faire des cordouans en France. On distinguait ceux qui faisaient les chaussures en *basaniers* ou en *savetoniers* et en *cordouaniers*, selon les cuirs dont ils se servaient. Les *baudroyeurs*, les *corroyeurs*, les *gantiers*, employaient aussi une grande quantité de cuir.

Un grand nombre de métiers de tisserands en laine, en fil et en chanvre, existaient alors à Paris. La draperie était une des principales industries des villes du nord de la France. Paris rivalisait avec Saint-Denis, Lagny, Beauvais et Cambrai; la Flandre excitait encore davantage l'émulation des villes françaises. La fabrication du drap ne donnait pas lieu, comme de nos jours, à de grands établissements, mais elle faisait vivre modestement un grand nombre de familles : la rue de la Vieille-Draperie dans la Cité, où cette industrie avait pris naissance à Paris, indique encore son berceau. C'est probablement dans cette rue qu'étaient situées les vingt-quatre anciennes maisons de juifs que les drapiers obtinrent de Philippe-Auguste, moyennant un cens annuel de cent livres (1). Le métier de drapier s'exerçait en famille et se transmettait aux descendants. Les premiers tisserands étaient fabricants et marchands à la fois; mais on sait que dès la fin du XIIIe siècle, les riches, les *tisserands grands mestres* faisaient tisser par les *menus mestres* pour eux, et vendaient ensuite les draps. Quoique les autres villes manufacturières eussent la faculté de vendre leurs draps aux halles de Paris, les drapiers parisiens soutenaient fort bien la concurrence, du

---

(1) Sauval, t. II.

moins pour les draps communs ; mais la bonne draperie fine, le camelin, l'écarlate, venaient de la Flandre.

La teinturerie florissait en même temps que la draperie ; les deux corps, jaloux de leurs succès et de leurs bénéfices réciproques, eurent souvent des démêlés ensemble, chacun voulant faire à lui seul les deux métiers. Dans la suite, les drapiers furent le premier des six corps de marchands, et leur communauté finit par absorber la petite corporation des fabricants de chausses en drap et autres étoffes de laine, qui avaient pris d'abord un autre patron que les drapiers.

Les *foulons* formaient aussi une corporation nombreuse et puissante ; plus de trois cents foulons allèrent au-devant du convoi qui rapportait à Paris le corps de saint Louis, mort en Afrique. Ils devancèrent les autres bourgeois pour se plaindre à Philippe-le-Hardi de ce qu'on les empêchait de se servir d'une place près de la porte Baudoyer, dont ils avaient depuis long-temps la jouissance (1). Mais dans ce nombre de trois cents étaient probablement compris les ouvriers compagnons ; car il est difficile de croire qu'il y eût à Paris trois cents foulons, quand on ne comptait environ que soixante maîtres drapiers et vingt teinturiers. Dans la place qu'on voulait leur contester, et qui porte encore le nom de Baudoyer, se rendaient le matin les ouvriers foulons sans travail. Pour pouvoir comparer les trois états de drapier, de teinturier et de foulon, sous le rapport du gain et de l'aisance, il suffit de remarquer que dans la taille de Paris de 1313 (2) les foulons sont portés à de faibles sommes ; les teinturiers ne paient pas non plus une somme très forte ; mais on exige des sommes considérables de la plupart des drapiers ; quelques uns étaient même les bourgeois le plus haut taxés de tout Paris : Wasselin de Gand, drapier en gros, dut payer 150 livres ; J. Marciau, 135 ; Pierre Marcel, drapier, devant Saint-Eloi, 127 livres. Certains marchands payaient plus que quelques paroisses de Paris ; et les changeurs mêmes (les banquiers du temps), les lombards qui tetaient le comptoir et la banque, ne pouvaient se comparer pour le gain aux forts marchands de drap de la Cité, du Grand-Pont et de la paroisse Saint-Merry.

Le nom assez singulier de fabricants de *tapis nostrés* désignait les tisserands de couvertures de laine, qui se distinguaient ainsi des fabricants de tapis sarrazinois qui faisaient réellement des tapis, et dont la corporation s'adjoignit plus tard les fabricants de tapis de haute lice, industrie importée sans doute de la Flandre.

Les marchands de toile avaient le nom de *chavenaciers*, parce que la toile de chanvre était le plus généralement employée : on faisait encore

---

(1) *Miracles de saint Louis*, à la suite de la *Vie de saint Louis* par Joinville.
(2) Publiée par M. Buchon, t. IX de sa *Collection de chroniques*.

peu usage du coton; la soie n'était qu'à la portée des riches. On la filait et tissait à Paris. C'étaient les merciers qui la faisaient venir de l'étranger et apprêter par les *fileresses* de la ville. Les merciers, n'ayant point de grands ateliers et étant obligés de confier la soie à des ouvriers au dehors, avaient souvent de la peine à la ravoir. Il fallut que le prévôt de Paris menaçât du banissement et même du pilori les fileresses qui vendraient la soie, l'échangeraient contre de la bourre, ou l'engageraient chez les lombards. — Chaque samedi les liniers étalaient aux halles; des Normands arrivaient pour ce jour à cheval, portant leur marchandise en croupe : c'est aussi simplement que se faisait l'approvisionnement.

Les brodeuses étaient nombreuses à la fin du XIIIe siècle, comme les ouvriers qui faisaient des bourses ornées de broderie et de bordures élégantes, que les femmes portaient à la ceinture. Leur nom d'*aumônières sarrazinoises* rappelait leur destination principale. Les hommes, lorsqu'ils étaient revêtus de la robe, portaient aussi une bourse à la ceinture, mais en cuir et sans ornement.

Les fripiers ou *ferpiers*, corporation très nombreuse et peu riche, vendaient à la foire des tissus de laine, du linge, du cuir, et mêlaient le neuf au vieux; ils habitaient surtout les environs des halles et la paroisse Sainte-Opportune. Une classe particulière de fripiers était celle des marchands de chiffons et de vieux souliers, et celle des fripiers ambulants, qui criaient dans la rue *la cote et la chape* ou bien *cote et surcote*.

Le Petit-Pont et ses abords étaient peuplés de pelletiers. Les riches seuls pouvaient border leurs robes d'hermine, mais tous les bourgeois un peu aisés portaient des vêtements bordés de *vair* et de *gris*, c'est-à-dire des fourrures d'écureuils et d'animaux sauvages de nos contrées, ou d'amphibies de nos mers.

Si les vêtements du corps étaient à peu près tous semblables, les coiffures, celles des femmes surtout, offraient de grandes variétés. Les chapeaux et les chaperons en drap ou en feutre recevaient diverses formes, et les dames d'alors ne mettaient guère moins de soins que celles d'aujourd'hui à se parer avec élégance et coquetterie. Leurs *couvrechefs* de soie étaient faits par une classe particulière d'ouvrières, et au défaut de marchands de nouveautés, c'étaient les merciers qui tenaient les articles de parure, ainsi que les parfums, les aromes et une foule d'instruments, d'outils, d'objets de luxe et de nécessité. L'énumération des marchandises de la mercerie, qu'un poëte du moyen-âge à rimée, forme un catalogue fort étendu dont voici un extrait :

> J'ai les mignotes ceinturetes,
> J'ai beax ganz à damoiseletes,

J'ai ganz forrez, doubles et sangles,
J'ai de bonnes boucles à cengles;
J'ai chainetes de fer bèles,
J'ai bonnes cordes à vièles;
J'ai les guinples ensafranées,
J'ai aiguilles encharnelées,
J'ai escrins à metre joiax,
J'ai borses de cuir à noiax, etc. (1).

Le mercier offrait au riche le siglaton et le sendal, les soieries du Levant et de l'Italie, l'hermine et le vair; les femmes élégantes trouvaient chez lui le molequin, fin tissu de lin; les fraises à col, attachées avec des boutons d'or, les tressons qu'elles entrelaçaient dans les cheveux; l'orfrois ou la broderie en or et en perles qui, appliquée à la coiffure, rehaussait l'éclat de la parure entière, ou servait à border la robe de soie ou de velours. La rue Quincampoix ou *Qui qu'en poist*, d'autant plus brillante que les boutiques d'orfévrerie s'y mêlaient à celles des merciers, devait être le rendez-vous du beau monde et surtout des dames châtelaines; c'était, à ce qu'il paraît, chez les Épernon, qu'on trouvait le plus riche assortiment (2). Les merciers étalaient également au Palais, dans la galerie qui s'appelait encore naguère la galerie aux Merciers, et dans la *grange* de la mercerie, faubourg Saint-Antoine, sur la route du château royal de Vincennes, pour être toujours près de la cour. Cette corporation resta longtemps riche et puissante. Aux XVIe et XVIIe siècles, quoiqu'elle n'eût que le troisième rang dans le corps des marchands, elle en occupait réellement le premier par son importance, « si bien, dit Sauval, qu'on ne doit pas s'étonner que ce corps soit si nombreux et plus riche tout seul que les autres cinq corps des marchands. En 1557, Henri II passant en revue les bourgeois de Paris, vit sous les armes 3,000 merciers. Il est vrai que la profession de mercier comprenait alors plusieurs branches d'industrie qui occupent aujourd'hui chacune une classe spéciale d'artisans. C'était chez les merciers que les femmes de nobles trouvaient les riches parures qui servaient à les coiffer. A Paris, on faisait surmonter quelquefois les coiffures de ces dames de plumes de paon, apparemment plus rares qu'aujourd'hui, ce qui avait donné lieu au métier des *paoniers* ou *chapeliers de paon*. Leur corporation ne doit pourtant pas avoir été nombreuse, ni de longue durée. *Geneviève la paonière*, seule plumassière qui paraisse s'être distinguée dans son art, consacra à une chapelle de sa patronne l'argent qu'elle avait gagné à satisfaire la coquetterie des personnes de son sexe.

(1) *Dictionn. d'un mercier*, à la suite des *Proverbes et dictons populaires*, publiés par M. Crapelet. Paris, 1831. — (2) M. Depping, p. lxxv.

Paris avait également une corporation d'*herbiers* ou chapeliers de fleurs. C'était hors des murs, dans les courtils, qu'ils cultivaient les fleurs et les herbes qui servaient à cette parure des deux sexes dans la belle saison, et celles dont on jonchait l'intérieur des maisons. Les poésies du moyen-âge renferment une foule d'allusions à l'usage galant de porter des chapelets ou couronnes de fleurs naturelles, et surtout de roses :

>..... En l'arbroie
>M'assis, chapel fis sans cercel
>De la flor qui blanchoie (1).

Car non seulement les herbiers faisaient des chapelets, mais les galants et les pastourelles en tressaient aussi :

>Si sai porter consels d'amors
>Et faire chapelez de flors (2).

La jeunesse, à qui cette coiffure convenait si bien, raffina même la composition des fleurs et mit dans les chapelets des emblèmes mystérieux qui exprimaient ses espérances, ses craintes ou ses chagrins d'amour (3). L'usage des chapelets fleuris se perdit peu à peu. Dès le xive siècle il n'est plus parlé de la corporation des chapeliers de fleurs.

Les autres professions qui demandaient plus de science ou d'adresse n'étaient pas encore exercées à Paris, ou ceux qui s'en occupaient n'étaient pas assez nombreux pour se réunir en corporation. Les peintres habitaient pour la plupart auprès des selliers et des lormiers dans la rue Saint-Jacques. Il y avait quelques enlumineurs, mais il est probable que les meilleures enluminures se faisaient dans les couvents. La vente des livres écrits était si peu importante que ceux qui s'en occupaient sous le nom de *libraires* avaient tous d'autres états, en sorte que la librairie n'était pour eux qu'un accessoire (4). Le livre de la taille de Paris, de 1313, nomme Thomas de Sens, *libraire et tavernier*.

Quelques *mires* pratiquaient l'art de guérir : à en juger par l'impôt qu'ils payaient, il ne paraît pas que leur science, si science y avait, ait été bien récompensée. La chirurgie était pratiquée ordinairement, comme je l'ai dit ailleurs, par les barbiers, comme elle l'est encore dans les campagnes et petites villes de quelques contrées d'Europe. A la fin du xiiie siècle, on sentit pourtant qu'il était important de s'assurer si tout barbier était capable d'opérer, et en formant ces barbiers en corporation, on chargea les plus habiles d'entre les chirurgiens d'examiner les autres (5).

---

(1) Roquefort. *Etat de la poésie française dans les xiie et xiiie siècles.* Paris, 1815, p. 367. — (2) *Les deux Bordeors Ribaus. Ibid*, p. 305. — (3) *Ibid.*, p. 186. Voy. la pièce *Dou capiel à vij flours*, dans le recueil publié par M. Jubinal sous le titre de *Jongleurs et trouvères*. — (4) Voy. pour les libraires l'article *Université*. — (5) Voy. sur les mires et sur les barbiers l'article *Confrérie des chirurgiens*, p. 259-252 de ce volume.

Au commencement du XIVe siècle, il ne paraît y avoir eu encore à Paris qu'un seul dentiste, comme il y avait un devin, et un homme qui, pour de l'argent, allait à Jérusalem chercher le pardon ou la rémission des péchés d'autrui.

Les jongleurs étaient déjà en assez grand nombre pour se former en corporations; ils étaient les ménétriers, les musiciens et les chanteurs du temps; c'est par eux que les poésies romanesques et burlesques se répandaient dans toutes les classes de la société; sans eux un poëte serait devenu difficilement populaire.

Sous le régime féodal, le seigneur de la terre était considéré en quelque sorte comme le maître des métiers. Pour avoir le droit d'en exercer un sur sa terre, on le lui *achetait*, soit par une somme d'argent, soit par une redevance annuelle. Le roi faisait ainsi à Paris, du moins dans les quartiers où il n'y avait point de justice seigneuriale. Il aliénait quelquefois ce revenu, soit en le donnant à des gens qu'il voulait favoriser, soit en leur faisant don des revenus du métier et en leur soumettant les artisans qui le pratiquaient. Pour la surveillance des métiers, on trouva naturel de la confier aux hommes qui les exerçaient à la cour, et qui étaient censés les plus habiles dans leur profession : ainsi les boulangers étaient soumis au panetier du roi, les forgerons et charrons au maréchal de la cour, les drapiers et tailleurs au chambrier du prince. Dès lors il s'introduisit une discipline pour chacune des professions; dans les cas de contestation, on consulta les plus anciens; les us et coutumes commencèrent à faire loi pour ceux qui entraient dans la profession. Quand les charges à la cour furent devenues héréditaires et féodales, les titulaires cessèrent de les pratiquer matériellement; le grand-panetier ne cuisit plus de pain, le grand-maréchal ne ferra plus de chevaux, mais ils conservèrent la surveillance du métier et le droit d'en vendre l'exercice. Comme bourgeois, les artisans étaient soumis à la juridiction du prévôt de Paris, qui, siégeant au Châtelet, rendait la justice au nom du roi, et était chargé de la police de Paris et de la banlieue. C'est devant lui que les métiers portaient leurs contestations, c'est à lui qu'ils s'adressaient pour faire sanctionner leurs droits. Ces confirmations royales étaient rares au XIIe siècle, tant les mœurs étaient encore simples, les affaires peu compliquées n'ayant besoin que de la tradition; elles devinrent plus fréquentes au XIIIe, et au XIVe tous les métiers en demandèrent (1).

(1) Je dois une grande partie de ces détails à l'introduction du *Livre des métiers*, savant travail de M. Depping, que j'ai déjà eu occasion de louer. On trouve aussi quelques renseignements curieux sur les métiers de Paris à une époque fort ancienne (la fin du XIe siècle), dans le *Dictionnaire de Jean de Garlande*, publié par M. Géraud, comme appendice, dans son ouvrage intitulé : *Paris sous Philippe-le-Bel*, p. 580-612.

SIXIÈME ÉPOQUE.

Paris depuis Philippe-le-Bel jusqu'à Charles V.

1285-1364.

CHAPITRE PREMIER.

PHILIPPE IV, LE BEL.

1285-1314.

I. Faits généraux.

A la mort de Philippe-le-Hardi, son fils, Philippe IV, s'assit paisiblement sur le trône, à son titre de roi de France ajoutant celui de roi de Navarre, parce qu'il avait épousé Jeanne, la fille et l'héritière du dernier prince navarrois. Le temps était passé où chaque avénement était pour les vassaux de la couronne une occasion de prendre les armes et de revendiquer par la force leur ancienne indépendance. La royauté les avait façonnés à son joug, et les grands barons de France ne pouvaient plus rien pour la féodalité mourante.

Philippe IV, que sa beauté naturelle fit surnommer *le Bel*, passa les premières années de son règne dans ses maisons royales de l'Ile-de-France, dissipant dans les tournois et les fêtes les trésors de saint Louis, et laissant à ses lieutenants et à ses alliés le soin de poursuivre dans le Midi la guerre malheureuse commencée par son père et son oncle Charles d'Anjou (1. Aussi, pendant ces premières années, l'histoire de Paris offre-t-elle peu de faits remarquables.

Les premiers actes du gouvernement de Philippe-le-Bel dessinèrent l'esprit de tout son règne ; ce furent des ordonnances qui tendaient à restreindre les prérogatives exorbitantes de la noblesse et surtout du clergé. Il ordonna aux ducs, comtes, barons, archevêques, évêques, abbés, chapitres, colléges, chevaliers, à tous ceux exerçant une juridiction temporelle dans le royaume, de confier l'exercice de cette juridiction à des baillis, prévôts et assesseurs laïques, et non point à des ecclésias-

---

(1) Voy. plus haut, p. 2.

tiques, de sorte que dans le cas où ces officiers viendraient à faillir, leur punition fût confiée à leurs supérieurs laïques. Il défendit en outre à tous les plaideurs comparaissant devant les tribunaux séculiers, de prendre des clercs pour procureurs ou avocats. Un peu plus tard, les fonctions de maire, de prévôt, d'échevin et de juré (conseiller municipal) furent également interdites aux membres du clergé.

On voit qu'une lutte sérieuse était engagée entre les ecclésiastiques et les légistes.

« Philippe, en effet, ne laissait pas rouiller sa royale armure pour se plonger dans la mollesse des rois fainéants qui avaient précédé les rois chevaliers. Fastueux et superbe, mais dur et sombre, ce n'était pas la société des jongleurs et des *folles femmes* qu'il préférait à celle des barons; ce prince, qui n'eut pas de jeunesse, ne s'entourait au contraire que de légistes pâlis sur les Pandectes, et il écoutait avidement leurs paroles : auprès d'eux il s'imprégnait de toutes les maximes du droit monarchique tel que l'entendaient les jurisconsultes de l'empire d'Orient, autorités aussi souveraines dans les écoles de droit, qu'Aristote l'était dans les écoles de philosophie et de rhétorique. Philippe ne tarda pas à mettre en pratique les leçons des professeurs, parmi lesquels il choisissait ses favoris et ses ministres. Les légistes, la plupart de naissance roturière, s'isolèrent avec égoïsme de la masse populaire au lieu d'employer à l'amélioration de son sort l'immense pouvoir dont ils étaient revêtus; ils se firent souvent les instruments d'une tyrannie plus pesante que n'avait été celle même des seigneurs féodaux. Cependant le sentiment d'ordre et de régularité qu'ils avaient puisé dans l'étude des lois ne fut pas sans produire quelques bons résultats; parfois même leur jalousie contre la noblesse et le clergé enfanta des mesures conformes à l'intérêt général (1). »

Le roi rendit en même temps plusieurs autres ordonnances, dont deux sont relatives à la police intérieure de Paris. La première enjoignait au prévôt de Paris de réduire la *multitude effrénée* (2) de ses sergents à soixante-dix fantassins et trente-cinq cavaliers. La seconde défendait qu'aucun Parisien ne portât ni couteau à pointe, ni bouclier, ni épée, ni aucune arme, sous peine de la voir prendre et briser; elle interdisait en outre aux bourgeois toute fête de nuit dans la ville, même pour noces ou pour toute autre cause, sans la permission du roi ou celle du prévôt, sous peine d'amende pécuniaire et de correction corporelle. Disposition, ajoutent les registres du parlement qui mentionnent ces actes, dont la cour fut remerciée par Philippe du Paon et plusieurs autres citoyens de la ville qui se trouvaient témoins de son en-

---

(1) H. Martin, *Hist. de France*, t. V, p. 382. — (2) *Effrænatam multitudinem.* Voy. les *Preuves de l'Hist. de Paris* par Félibien, t. IV, p. 515.

registrement. Il paraît que c'étaient les bourgeois tranquilles de Paris qui avaient sollicité cette garantie contre les désordres des malfaiteurs et des coureurs de nuit.

En même temps fut publié un édit royal fort intéressant ; il règle la manière dont on acquérait le droit de bourgeoisie dans les *bonnes villes*, et indique les obligations des bourgeois. — « Si quelqu'un veut entrer en une bourgeoisie ou commune, il doit aller en la ville dont il requiert être bourgeois, trouver le prévôt du roi, ou bien le maire s'il n'y a pas de prévôt, et donner sûreté auxdits prévôt ou maire, assisté de deux ou trois bourgeois, que dans un an et un jour il bâtira ou achètera en la ville une maison de la valeur de 60 sous parisis au moins. Et cela fait, le prévôt ou le maire doit lui bailler un sergent qui aille avec lui faire savoir au seigneur dont il quitte la terre qu'il est entré en bourgeoisie. » — Une fois admis, le nouveau bourgeois partageait pleinement les priviléges de la communauté et contribuait à ses charges. Il était assujetti, entre autres obligations, à celle de demeurer constamment dans la commune, depuis la Toussaint jusqu'à la Saint-Jean d'été (24 juin), ou du moins d'y laisser sa femme s'il était marié, et s'il ne l'était pas, un valet ; pendant l'été il avait la liberté de s'absenter avec sa femme pour aller faire ses moissons, fenaisons, vendanges et autres travaux de la campagne. Ils étaient encore tenus, mari et femme, de se trouver dans la ville aux grandes fêtes, à moins qu'ils ne fussent loin du pays. Ces obligations avaient pour but d'empêcher les bourgeois d'éluder les charges de la commune et de se soustraire aux impôts du roi.

Ces diverses ordonnances furent enregistrées au parlement pendant les années 1287 et 1288. Ce fut en 1291 que le parlement fut régularisé par les soins de Philippe-le-Bel, qui, peu après, en 1302, fixa son organisation définitive. Une célèbre ordonnance de cette année décida qu'il serait tenu à Paris deux parlements par an, c'est à dire deux sessions, l'une après l'octave de Pâques, l'autre après celle de la Toussaint, et que chacune de ces sessions durerait deux mois. Enfin une autre ordonnance de 1304 porte que le parlement sera composé de deux prélats, l'archevêque de Narbonne et l'évêque de Rennes ; de deux laïques, le comte de Dreux et le comte de Bourgogne, de treize clercs et de treize laïques, etc. Le parlement rendu sédentaire, établi au palais, devint en peu de temps un pouvoir redoutable et assura le triomphe de la suprématie royale sur la féodalité (1).

Dès les premiers mois du règne de Philippe, le 5 juin 1286, le roi d'Angleterre, Édouard, était venu à Paris rendre, suivant l'usage, à son nouveau suzerain l'hommage qu'il lui devait pour son duché d'Aqui-

---

(1) Voy. plus loin l'article *Parlement de Paris*.

taine. Philippe-le-Bel accueillit fort bien son puissant vassal ; mais son ambition convoitait ardemment les riches provinces qui entouraient ses Etats, surtout celles de l'Aquitaine qui se trouvaient entre les mains des Anglais. Ce fut de ce côté que se tournèrent d'abord les grands desseins de sa politique astucieuse.

Les rivalités commerciales qui souvent allumaient des querelles sanglantes entre les marins de la Normandie, de la Bretagne et du Poitou, et ceux de l'Angleterre, avaient pris, vers 1292, un caractère très grave. Une rixe de matelots avait éclaté à Bayonne ; il s'en était suivi sur toute la côte une guerre générale, dans laquelle plusieurs bâtiments français tout-à-fait inoffensifs avaient été pris et les équipages massacrés : la ville même de La Rochelle avait été forcée par les corsaires anglais et mise au pillage. Le sénéchal qui commandait pour le roi de France envoya des sergents par toute la Gascogne pour exiger de justes réparations ; mais loin de rien obtenir, il vit revenir ses officiers que les gouverneurs anglais avaient outrageusement chassés.

Philippe-le-Bel irrité se contint cependant. Au lieu de faire irruption dans la Gascogne à la tête d'une armée, il envoya pacifiquement à Edouard une lettre dans laquelle il énumérait ses griefs, et lui enjoignait hautainement de comparaître à Paris pour en répondre devant lui.

Le roi d'Angleterre était alors plus que jamais livré à son projet favori de réunir sous sa domination toutes les îles britanniques. Il venait de dompter les Gallois, il s'employait de toutes ses forces à obtenir la soumission de l'Ecosse, et il avait pour cela besoin de toutes ses ressources. Au prix du succès de ce dessein, que l'esprit indépendant des Ecossais rendait si difficile, la prospérité, la conservation même de ses provinces d'Aquitaine, était d'une importance secondaire. Aussi, malgré l'indignation que lui causèrent les termes menaçants de ce message inattendu, il fit humblement une demi-soumission, et envoya à Paris Edmond, comte de Lancastre, son frère, avec plein pouvoir de donner les satisfactions que le roi de France pourrait exiger (1294). Edmond fut reçu à Paris avec la plus grande affabilité ; des négociations amicales furent entamées. Edouard demanda la main de Marguerite, sœur de Philippe ; et pour témoigner à celui-ci sa confiance et sa bonne volonté, il ordonna à son sénéchal de remettre provisoirement la terre de Gascogne en son pouvoir. Il regardait cette disposition comme une déférence de pure formalité en attendant la conférence d'Amiens, où les deux monarques devaient terminer à l'amiable leur différend. Philippe accepta de grand cœur, mais il fit occuper militairement par des troupes considérables toutes les places de la Gascogne : puis, en plein parlement, il déclara son vassal Edouard contumace pour ne s'être pas présenté au jour assigné, et réitéra la citation dans le plus bref délai.

Edouard, furieux de se voir joué, déclara à Philippe qu'il reniait sa suzeraineté, et se prépara à la guerre. Mais il était trop absorbé par les affaires d'Écosse, et ses barons se souciaient trop peu de passer la mer afin d'aller combattre pour des gens étrangers à leur patrie ; son attitude belliqueuse fut presque sans effet pour ses sujets du continent. Il entretint mollement pendant plusieurs années une guerre insignifiante, et ses opérations les plus dangereuses pour Philippe furent les intrigues par lesquelles il tenta de soulever contre lui les princes voisins.

L'empereur d'Allemagne, Adolphe de Nassau, voyait d'un œil jaloux les empiétements du roi de France sur toutes les limites de l'Empire, dans la Provence, dans le comté de Bourgogne et dans la Frandre. Le 30 octobre 1294, il lui écrivit une lettre renfermant une déclaration de guerre en forme, et la lui fit porter, par deux de ses chevaliers, à Corbeil, où Philippe se trouvait alors.

« Quant le roi de France eut reçu ces lettres, racontent les *Chroniques de Saint-Denis*, il manda son conseil en grande délibération, et bailla la réponse aux chevaliers allemands. Aussitôt ceux-ci retournèrent vers leur seigneur et lui baillèrent la lettre de réponse. L'empereur brisa le scel de la lettre qui moult étoit grande ; et quand elle fut ouverte, il n'y trouva rien d'écrit, si ce n'est ces deux mots : *Trop allemand*. Et cette réponse avoit été donnée par le comte d'Artois avec le grand conseil du roy. » Cette plaisanterie française, malheureusement pour ce qu'elle peut avoir de piquant, et aussi pour l'autorité des *Chroniques de Saint-Denis*, paraît aujourd'hui controuvée. M. Michelet a trouvé aux Archives du royaume l'original de la réponse du roi, laquelle est plus longue et beaucoup plus grave. L'auteur des *Chroniques* aura accepté comme un fait historique un bruit populaire mal fondé (1). Toutefois Adolphe de Nassau méritait cette épigramme ; ses bruyantes menaces furent des paroles jetées au vent.

De petits souverains beaucoup moins puissants que le roi des Romains se montrèrent beaucoup plus hardis. L'appréhension que causait la puissance de Philippe-le-Bel fit ourdir contre lui une ligue dans laquelle entrèrent la plupart des seigneurs flamands, belges et lorrains, et que les intrigues et les promesses, surtout l'argent du roi d'Angleterre, ne contribuèrent pas peu à consolider. L'habileté peu loyale du roi de France déjoua ces projets. Le plus puissant des confédérés, Guy de Dampierre, comte de Flandre, avait fiancé une de ses filles au prince Edouard, fils aîné du roi d'Angleterre. Comme la jeune fiancée se disposait à partir, Philippe-le-Bel, son parrain, fut instruit de tout, quoiqu'on eût pris grand soin d'agir en secret. Cependant il feignit de voir

---

(1) Voy. M. P. Paris, édit. des *Chron. de Saint-Denis*, t. V, p. 111, où se trouve le texte de la véritable réponse de Philippe-le-Bel.

ce mariage avec plaisir, et fit dire au comte en même temps qu'il se tiendrait pour offensé si sa filleule ne le venait pas voir avant son départ. Le comte de Flandre accourut à Paris en toute confiance avec sa fille ; mais à peine furent-ils arrivés que tous deux furent emprisonnés dans la tour du Louvre comme coupables de solliciter l'alliance des ennemis du royaume. Le comte cependant fut mis en liberté peu de temps après ; mais la fille « demoura avec les enfants du roy pour estre enseignée et nourrie avec eux (1) : » c'est-à-dire que Philippe la garda en ôtage.

La guerre continuait toujours entre le roi d'Angleterre et le roi de France. Le pape Boniface VIII avait essayé vainement d'interposer sa médiation entre les deux princes qui manifestaient leur haine moins par des hostilités ouvertes que par leurs intrigues. Au mois de janvier 1297, Jean, duc de Bretagne, qui s'était fait peu auparavant vassal du roi d'Angleterre, se rendit à Paris, où Philippe, loin de le traiter en rebelle, l'accueillit fort bien, et, en récompense de sa défection, lui accorda le titre de pair de France. Guy de Flandre au contraire, indigné de la captivité de sa fille, déclara la guerre à Philippe, comptant sur le secours des Anglais et de ses alliés de Belgique, de Lorraine et de Bourgogne. Mais ses alliés l'abandonnèrent grâce aux largesses du roi ; et ses sujets, les bourgeois des puissantes cités flamandes qu'il avait irrités en portant atteinte à leurs franchises, le soutinrent faiblement (1398). En peu de temps l'armée de France, commandée par le comte Charles de Valois, se rendit maîtresse du pays, et resta en observation autour de la ville de Gand où le comte s'était enfermé avec sa famille. Des négociations furent entamées entre les deux partis, et Charles de Valois engagea le comte à se livrer au roi avec les siens, jurant, dit-on, sur son honneur, qu'apaisé par cette démarche respectueuse, Philippe le recevrait gracieusement à merci et lui rendrait tous ses domaines. Pressé par le péril de sa situation et entraîné par les serments du comte de Valois, Guy se remit à sa discrétion. Celui-ci, après avoir promptement organisé la domination française par toute la Flandre, revint triomphalement à Paris où il entra aux acclamations du peuple. Derrière lui marchaient le comte Guy avec ses deux fils Robert et Guillaume, et leurs principaux barons. Ils étaient prisonniers. « La reine se mit exprès à une des fenestres du Louvre pour avoir sa part d'un tel spectacle, d'autant plus agréable pour elle qu'elle n'aimoit pas le comte de Flandre. Guy et son fils Robert ne firent pas semblant de la voir et passèrent sans la saluer. Il n'y eut que Guillaume, qui, moins déconcerté, la salua très profondément (2). »

L'année suivante 1301, heureux d'avance à l'idée de remplir ses tré-

(1) *Chron. de Saint-Denis*, t. V, p. 107. — (2) Félibien, *Hist. de Paris*, t. I, p. 469.

sors en pressurant à l'aise les riches bourgeois flamands, Philippe-le-Bel se hâta d'aller se montrer à eux et de recevoir leurs serments de fidélité; puis il retourna à Paris où l'appelaient d'autres intérêts, laissant le gouvernement du comté de Flandre à Jacques de Châtillon-Saint-Pol, l'homme le plus capable de ruiner tout le pays pour s'enrichir lui et son maître. Aussi, au bout de quelques mois, presque toute la Flandre se souleva, et, pour commencer, les Brugeois massacrèrent tous les soldats français, au nombre de trois mille deux cents, qui se trouvaient dans leur ville.

Guillaume de Juliers et plusieurs autres nobles du pays vinrent se mettre à la tête de ces artisans, décidés à mourir pour la défense de leur patrie. Bientôt une armée française, l'une des plus puissantes que la France eût encore mises sur pied, car elle comptait environ cinquante mille hommes, entra dans le pays des insurgés, qui avaient réuni vingt mille soldats près de Courtray. Le 11 juillet 1302 s'engagea près de cette ville la célèbre bataille où les ouvriers flamands taillèrent en pièces la gendarmerie française. Le connétable Raoul de Nesle et son frère le comte d'Eu, Jean, fils du comte de Hainaut, le comte de Tancarville, Simon de Melun, maréchal de France, Jacques de Saint-Pol, l'auteur de la guerre, le comte Robert d'Artois et Godefroy de Brabant, son cousin, une foule de nobles chevaliers trouvèrent la mort dans cette funeste journée; le reste saisi de frayeur « se livra à une fuite très laide et très honteuse, » dit le chroniqueur de Saint-Denis, qui s'écrie en terminant : « Dieu! quel dommage et quelle douleur d'être ainsi détranchés, tués et acravantiés par la main des villains! »

C'était un coup terrible pour Philippe-le-Bel, dans la position difficile où il se trouvait déjà. Il était en trêve avec Édouard, mais constamment obligé de se tenir sur ses gardes avec « ce renard qui toujours méditait quelque tricherie anglaise; » et il était en guerre ouverte avec la plus redoutable puissance à laquelle un roi pût s'attaquer, comme les empereurs d'Allemagne en avaient déjà fait l'expérience : Philippe luttait avec le pape.

De tous les rois de France que le malheur des temps ou les besoins de leur prodigalité ont forcés à recourir aux expédients pour emplir les coffres de l'Etat, Philippe-le-Bel est celui qui s'est rendu le plus odieux par ses exactions. La voix publique l'a surnommé le *Faux-monnoyeur*. Cette avidité du pouvoir était une nécessité de l'époque. Le gouvernement monarchique venait de se constituer. Les rouages si compliqués dont la monarchie se compose ne peuvent marcher qu'à force d'argent, tandis que les mille mouvements du gouvernement féodal étaient tout simples et tout naturels : le seigneur féodal payait ses serviteurs avec les produits de sa terre (1). Sans l'ar-

(1) Voy. M. Michelet, *Hist. de France*, t. III, passim.

gent, sans cet élément vital, la royauté devait périr, et d'autre part, comment suffire à ce besoin qui, dans l'état encore peu développé du commerce, consommait plus que la société ne produisait. Philippe-le-Bel donc mit en œuvre tous les moyens imaginables de faire de l'argent. D'abord il absorba tout ce que les impôts lui pouvaient fournir; il chassa les juifs en gardant leurs richesses; il dépouilla une autre espèce de juifs, les banquiers italiens et lombards qui exploitaient la France; il usa trois fois de la triste ressource de l'altération des monnaies; enfin, il eut recours à l'impôt universel de la *maltôte* (*mauvais impôt*). « Ce vilain nom, trouvé par le peuple, fut accepté hardiment du roi même. C'était un dernier moyen, une invention par laquelle, s'il restait encore quelque substance, quelque peu à sucer dans la moelle du peuple, on y pouvait atteindre. Mais on eut beau presser et tordre, le patient était si sec, que la nouvelle machine n'en put exprimer presque rien (1). » Le roi Édouard en Angleterre se trouvait tout aussi embarrassé; après avoir fait argent de tout, il était arrivé à ne pouvoir rien tirer non plus des siens. Sa détresse le désespérait; dans un de ses parlements on le vit pleurer.

A côté du peuple et du roi, pauvres tous deux, se trouvait une classe forte, nombreuse, opulente, honorée; c'était le clergé. Depuis le commencement de son règne, la confiscation des biens ecclésiastiques était le rêve de Philippe-le-Bel. Depuis 1292, le Saint-Siége était occupé par Boniface VIII; homme habile autant qu'énergique, et dans lequel Philippe avait un formidable et digne adversaire. Les opérations fiscales de ce dernier avaient souvent lésé le souverain pontife en pesant sur les fidèles. Boniface VIII, qui devait son élévation à la France, avait tout fait pour elle; mais à la fin sa patience se lassa, et il écrivit au roi plusieurs bulles très remarquables où il lui reprochait paternellement, mais avec fermeté, ses exactions non seulement contre les prêtres, mais même contre le reste de ses sujets. — Quelque tendresse, lui disait-il, que nous ayons pour vous, pour vos aïeux, pour votre maison, nous ne pouvons passer sous silence l'affliction que vous nous causez en accablant vos sujets, les laïques comme les prêtres; en aliénant par des actions de tout genre les pairs, les comtes, les barons, les communes, la masse du peuple enfin! — L'altier Philippe, courroucé des sévères avis du pape, lui répondit en traitant avec une rigueur inique les prélats français qui prirent son parti, et en renouvelant ses atteintes contre les priviléges et les biens des ecclésiastiques. Le pape avait usé d'armes redoutables, il en avait appelé à l'opinion publique; Philippe fit de même. Il convoqua les trois ordres du royaume comme on faisait déjà en Angleterre et en Espagne. C'était la première fois que le tiers-état, que les députés

---

(1) M. Michelet, t. III, p. 49.

des *bonnes* villes étaient appelés à siéger en corps à côté des barons et des prélats. Ces états-généraux se réunirent dans Notre-Dame de Paris, le 10 avril 1302. Grâce à l'astucieuse adresse des légistes du conseil du roi, personne n'éleva la voix en faveur du chef de l'église, et chacun, jusqu'au clergé, protesta par serment de soutenir contre Rome l'indépendance temporelle du roi.

Telle était la position de Philippe-le-Bel, lorsque arriva, comme un coup de foudre, la nouvellle de la bataille de Courtray. Incapable de faiblir, Philippe résolut de faire face à tout. Il commença par conclure la paix avec Edouard; puis il se tourna contre l'ennemi qui lui causait le plus d'alarmes. Le 12 mars 1303, il réunit à Paris une nouvelle assemblée où le chancelier Guillaume de Nogaret le pria officiellement, « au nom, dit-il, de l'Église et de l'État, de prêter main forte à l'arrestation et à la détention de Boniface, jusqu'à ce que ce scélérat, le pire de tous les hommes, pût être jugé et déposé par un concile œcuménique. » Le pape n'avait plus de mesure à garder; il prépara une bulle qui mettait la France en interdit, excommuniait Philippe et déliait ses sujets du serment de fidélité; mais la veille du jour où la bulle devait être fulminée, Guillaume de Nogaret, à la tête d'une troupe d'aventuriers italiens, s'empara d'Anagni où se trouvait Boniface. Le pape fut fait prisonnier et soumis aux traitements les plus outrageants; il mourut de chagrin et de douleur le 11 octobre suivant, 1303. Ainsi Philippe-le-Bel sortit vainqueur d'une lutte où la royauté, un siècle auparavant, eût infailliblement été écrasée.

Pendant ce temps-là, les Flamands avaient pris l'offensive et ravageaient le nord de la France. L'épuisement du trésor royal avait sans doute empêché le roi de poursuivre activement la guerre contre eux. Il fallait encore de l'argent à Philippe, et ses démêlés avec le pape venaient de lui coûter des sommes énormes. Il imposa encore des taxes nouvelles. L'avidité du fisc, cette fois utile au pays, produisit, en 1304, une ordonnance qui interdisait les guerres privées pour toujours, et les duels jusqu'à la conclusion de la paix générale. Bientôt Philippe parut en Flandre à la tête de soixante-douze mille hommes; mais après deux défaites à Ziérikzée et à Mons-en-Puelle (18 août 1304), les Flamands n'étaient pas moins forts qu'auparavant, et de plus ils étaient résolus à tout plutôt que de se soumettre. Ils obtinrent la paix, le 5 juin 1305.

A Mons-en-Puelle, Philippe avait couru un danger si imminent qu'il avait invoqué tout haut la sainte Vierge pour se tirer de péril. De retour à Paris, il s'empressa d'aller faire sa prière à Saint Denis, puis de venir à Notre-Dame rendre ses solennelles actions de grâces. « Quelques auteurs, dit Félibien à cette occasion, veulent qu'il soit entré dans la cathédrale, à cheval et armé de toutes pièces; mais il n'y a pas d'apparence que cela soit. La figure équestre, élevée contre un des piliers de la nef du côté méridional et mise en cet endroit pour conserver la mémoire de cette action (1), ne représente le roi armé que de son casque et de ses gantelets, sans brassards, tel qu'il se trouva au moment où les Flamands voulurent le surprendre. Le continuateur de la chronique de Nangis, l'auteur le plus ancien qui ait parlé de cette entrée de Philippe-le-Bel à Notre-Dame, à son retour de la bataille de Mons-en-Puelle, s'est exprimé d'une manière qui ne tombe pas sous le sens, quand il a dit « que le roy, pour acquitter le vœu qu'il avoit fait, se fit armer dans l'église, devant l'image de la Vierge, des mesmes armes qu'il avait eues à la bataille, et que, portant ensuite ses armes et son cheval, il présenta le tout à l'église. » Quelques jours auparavant, au mois de septembre 1304, il avait donné cent livres de rente à l'église de Notre-Dame, et autant à celle de Saint-Denis. Corrozet, qui pouvait avoir quelque légère idée de ces lettres, les attribue à Philippe de Valois mal à propos, et cela l'a induit dans une erreur que quelques autres ont suivie, qui est d'attribuer à Philippe de Valois la figure équestre qui se voit à Notre-Dame et de dire qu'elle y fut mise après la bataille de Cassel, en 1329. On fait tous les ans, tant à Notre-Dame qu'à Saint-Denis, commémoration de la victoire de Philippe-le-Bel, le 18 d'aoust, sous le nom de Notre-Dame de la Victoire (2). »

Ce fut peu de temps après, au mois d'août 1306, que fut publiée l'ordonnance de Philippe-le-Bel contre les juifs. Il leur enjoignit de sortir du royaume sous peine de la vie. Il paraît qu'un grand nombre d'entre ces malheureux ne purent échapper à la mort et que la persécution fut cette fois des plus cruelles. Tous les rabbins dont on a conservé les ouvrages rapportent qu'en cette occasion la barbarie de Philippe-le-Bel surpassa de beaucoup celle de Philippe-Auguste, dont on n'avait pas encore perdu le souvenir, et qu'en 1206 il périt deux fois autant de juifs qu'il s'en sauva d'Egypte sous la conduite de Moïse. Les juifs n'avaient plus alors à Paris que la synagogue de la rue de la Tacherie et le cimetière de la rue de La Harpe. Après leur exil, en 1307, Philippe donna la synagogue à Jean Pruvin que Félibien appelle *cocher du roi*, et en 1311 il vendit le cimetière, moyennant mille livres tournois, aux religieuses de Poissy qu'il avait fondées. En 1321, Jean, comte de Forest, fit l'acquisition de ce cimetière qui joignait le jardin de son hôtel et sur lequel il fit alors élever des bâtiments qu'il vendit à Charles VI en 1384. Charles VI en fit don la même année à Jean, duc de Bretagne, qui s'en défit en 1395 en faveur d'Alain de Malestroit. Depuis, cet hôtel a passé à diverses personnes qui l'ont fait abattre pour y construire plusieurs mai-

---

(1) Voy. sur cette statue et les discussions auxquelles elle a donné lieu, l'article *Notre-Dame*, t. I, p. 113. — (2) Félibien, *Hist. de Paris*, t. I, p. 469.

sons de la rue de La Harpe, qui font face à la rue du Foin (1). On trouve souvent dans ces maisons, dit Félibien, des épitaphes hébraïques ; Génébrard en rapporte deux qu'il avait vues, et les propriétaires en conservent plusieurs autres qu'ils montrent aux curieux.

Le peuple de Paris, ruiné par les exactions du fisc, était en proie à la plus profonde misère, et les calamités publiques étaient encore augmentées par les fléaux du ciel. Les chroniques de Saint-Denis signalent encore vers la même époque, en 1306, une de ces inondations terribles survenues avec le dégel, submergeant la ville, désolant la campagne, détruisant tout sur son passage, emportant ponts, bateaux, moulins et maisons. La même année amena un autre fléau, la disette ; les maux du peuple furent encore aggravés par l'avidité de quelques individus : trois accapareurs voulurent exploiter à leur profit la rareté des blés ; ils avaient acheté tout ce qu'ils en avaient pu trouver pour les transporter à Rouen, où ils espéraient les vendre à plus haut prix. Heureusement ils furent découverts à temps, et punis d'une amende considérable. Enfin, les spéculations financières du roi soulevèrent les Parisiens.

La fabrication des monnaies avait été si grande, qu'en peu d'années la livre tournois était déchue du tiers de sa valeur. On avait fini par ne plus recevoir la monnaie dans le commerce que pour son titre réel, tandis que le Trésor était obligé de l'accepter au taux fictif des ordonnances. Le roi se voyant ainsi, en définitive, victime de ses opérations, frappa de nouvelles monnaies à très bon titre, et ordonna qu'à compter de la Notre-Dame d'août prochain, 1306, toutes les recettes de revenus et remboursements de dettes s'opéreraient désormais par tout le royaume en *bonne monnaie*, tandis que l'autre monnaie ne serait reçue que pour le tiers de la valeur fixée par les précédentes ordonnances. Cette mesure fit éclater une violente explosion de fureur parmi les Parisiens.

Les propriétaires ne voulaient percevoir le paiement de leurs loyers qu'en bonne monnaie. « Alors s'émurent plusieurs du menu peuple, foulons, tisserands, taverniers et autres ouvriers qui firent alliance ensemble, et coururent sus un riche et puissant bourgeois de Paris, argentier du roi et voyer de la ville, appelé Estienne Barbète, par le conseil duquel, disait on, toutes ces choses se faisoient. Et le premier jeudi devant la Tiphaine (l'Epiphanie), assaillirent un manoir de ce bourgeois, qui était nommé la Courtille-Barbète (2), et par le feu le dégastèrent et détruisirent ; et les arbres du jardin du tout en tout corrompirent, froissièrent et débrisièrent. Puis, à grant multitude, avec fusts et bastons, allèrent en la rue Saint-Martin, forcèrent, à force de charettes et autre-

---

(1) Félibien, t. I, p. 513 et 514. — (2) Sur la *Courtille-Barbette*. Voy. t. I. p. 486.

ment, l'hôtel du devant dit bourgeois (1), rompirent les tonneaux de vin qui estoient en celier, et le vin espandirent par places ou le burent, tellement que furent quelques uns enyvrés. Et après ce, les biens meubles de ladite maison, c'est assavoir, coutes, coissins, coffres, huches et autres, froissièrent, brisèrent, et par la rue, en la boue, jetèrent avec sa monnoie et sa vaisselle d'or et d'argent, et firent moult d'autres dommages. Ensuite, de là se portèrent et vinrent vers le Temple, au manoir des Templiers, où le roy de France étoit alors avec aucuns de ses barons, et le roy assiégèrent tellement, que nul n'osoit seurement entrer ne sortir du Temple, et jetèrent en la boue les viandes que l'on aportoit pour le roy. Cependant le prévost de Paris et plusieurs barons, par blandissemens et suaves paroles les ayant apaisiés, ils retournèrent à leurs maisons. Mais le jour suivant, par le commandement du roy, plusieurs furent pris et mis en diverses prisons ; et la veille de la Tiphaine, par ses ordres, spécialement pour sa viande que ils lui avoient répandue et jetée en la boue, et pour le fait d'Estienne Barbète, vingt-huit hommes furent pendus aux quatre ormeaux des quatre entrées de Paris, c'est assavoir : à l'orme par devers Saint-Denis, faisant entrée, furent sept pendus ; sept devers la porte Saint-Antoine ; six à l'entrée devers le Roule, vers les Quinze-Vingts aveugles, et huit vers Notre-Dame-des-Champs, dont peu après les corps furent enlevés des ormes pour être pendus à des potences neuves ; et le menu peuple de Paris chut en grant douleur (2). »

L'année suivante vit se dérouler un drame bien plus terrible encore, et dont la France entière fut ensanglantée : Le 13 octobre 1307, à la pointe du jour, toutes les commanderies de l'ordre des chevaliers du Temple furent envahies par les sénéchaux et les baillis du roi, sur tous les points du royaume ; tous les chevaliers furent jetés en prison et toutes les propriétés du Temple furent saisies par les officiers royaux. A Paris, ce fut Guillaume de Nogaret en personne, qui surprit et occupa le célèbre château du Temple ; il y saisit cent quarante chevaliers, parmi lesquels se trouvait le grand-maître, Jacques Molay. Le même jour, Philippe-le-Bel lui-même vint s'établir au Temple avec son trésor et le trésor des chartes, suivi d'une armée de gens de loi pour instrumenter et inventorier (3). Cette belle saisie l'avait fait riche tout d'un coup.

C'était Philippe-le-Bel, en effet, qui, tenté par les richesses des Templiers, avait osé cette immense exécution. C'était une si périlleuse entreprise, que long-temps il avait hésité. Il avait d'abord essayé des

---

(1) Cet hôtel était situé près de Saint-Martin-des-Champs.
(2) *Chron. de Saint-Denis*, t. V, p. 171. Une autre chronique rapporte qu'après l'émeute qu'on vient de raconter, plus de *quatre-vingts* personnes furent pendues.
(3) Michelet, *Hist. de France*, t. III, p. 148.

moyens indirects ; il avait par exemple demandé à être admis dans l'ordre ; s'il eût réussi, il fût devenu grand-maître, et c'eût été un moyen paisible d'appliquer à son profit les biens du Temple. L'orgueil confiant des Templiers les perdit ; ils n'étaient aimés de personne, et personne ne prit leur défense. Le roi, toujours politique habile, s'assura de l'assentiment du peuple, et surtout de l'approbation de l'Université, à laquelle il ne manqua pas faire partager l'examen et la responsabilité de cette affaire. Le jour de l'arrestation, les bourgeois de Paris furent, sur ses ordres, appelés, par paroisses et par confréries, dans son jardin de la Cité, où ils entendirent des sermons violents prononcés par des moines, sur l'événement du jour. Le lendemain, l'Université fut rassemblée, et Nogaret lui fit la lecture de l'acte d'accusation formé contre le Temple, sur la dénonciation de deux Templiers, qui, en prison pour leurs *déportements*, avaient, disait-on, dévoilé tous les secrets de l'ordre. Quelque temps après fut tenue au Temple une autre assemblée de l'Université, à laquelle assistèrent tous les maîtres et tous les écoliers de chaque faculté.

L'acte d'accusation, qui fut publié dans toutes les églises de Paris et dans tout le royaume, était un tissu d'imputations étranges qui depuis long-temps couraient traditionnellement parmi le peuple. — « Les Templiers ne croient point en Dieu, disait cet acte ; lorsqu'ils reçoivent un néophyte, c'est dans le silence de la nuit ; ils lui font revêtir les habits de l'ordre, le manteau blanc à la croix rouge, et le conduisent dans une chambre obscure où ils lui font renier Dieu, marcher sur la Croix, cracher sur la douce figure du Christ, et baiser le grand-maître à la bouche, au nombril et au bas de l'échine. Puis ils le mènent adorer une idole, laquelle est faite d'une vieille peau tout embaumée, ayant en la place des yeux escarboucles reluisantes comme la clarté du ciel ; et toute leur espérance gît en cette idole qui est leur Dieu souverain. De plus, quoiqu'ils fassent vœu de s'abstenir du commerce des femmes, ils se prostituent avec elles et les uns avec les autres. Et lorsqu'un d'eux meurt, bien ferme en sa malice et son idolâtrie, ils le font brûler et donnent ses cendres à manger aux nouveaux Templiers. Et encore bien pis font-ils, car, de temps à autre, un petit enfançon, dont le père est un Templier, est par eux mis à mort, cuit et rôti au feu, et toute la graisse ôtée, et d'icelle graisse ils sacrent et oignent leur idole. »

Traqués dans toute la France, et même, grâce aux soins de Philippe, dans les pays voisins, tous les Templiers qui ne s'avouèrent pas coupables des crimes qu'on leur imputait furent livrés au supplice de la question. Les uns périrent dans les tortures, les autres avouèrent tout ce qu'on voulut. Ces derniers furent condamnés à des amendes, à de faibles pénitences ; quelquefois même ils furent entièrement absous

Ceux qui rétractèrent les aveux arrachés par la douleur, étaient traités comme les relaps, c'est-à-dire livrés aux flammes.

En 1310, cinquante-neuf templiers périrent sur le bûcher dans un champ voisin de l'abbaye de Saint-Antoine, près Paris. Ils étaient liés chacun à un pilier dans deux grands parcs fermés de palissades. On leur mit le feu aux pieds, puis aux jambes, de manière à les brûler à petit feu et l'un après l'autre, et on les avertit que celui qui confesserait son péché serait aussitôt délivré; mais pas un ne céda. Ils protestèrent constamment de leur innocence et périrent tous dans ce supplice; ce que beaucoup de gens du peuple ne purent voir, ajoutent les chroniques, sans être frappés d'admiration et de stupeur. Peu de temps après, neuf autres Templiers subirent la même peine à Paris. L'ardeur des officiers royaux alla jusqu'à exhumer le corps de Jean de Thurcy, qui avait été trésorier de l'ordre, pour faire brûler ce qui restait de ses ossements. Ce Jean de Thurcy, que les chroniques de Saint-Denis nomment *de Tur*, avait fait bâtir, selon les mêmes chroniques, la tour du Temple à Paris.

Pendant les années suivantes les exécutions continuèrent, et le 16 octobre 1311, s'ouvrit le concile de Vienne, qui, sous la présidence du pape Clément V, prononça la suppression de l'ordre du Temple, dont il transféra tous les domaines aux frères hospitaliers de Saint-Jean de Jérusalem. Mais Philippe avait déjà fait un immense butin en s'appropriant tous les biens mobiliers de l'ordre; il réunit encore à la couronne un grand nombre de terres des Templiers, et se fit largement indemniser par les frères de l'Hôpital des frais de séquestre. Ainsi fut anéanti l'ordre des Templiers, qui pendant cent quatre-vingt-quatre ans avait été la gloire de l'Europe entière.

Quant aux grands dignitaires de l'ordre, le pape s'était spécialement réservé de décider de leur sort. Ils étaient quatre qui languissaient depuis le commencement dans les prisons de Philippe-le-Bel : le grand-maître, Jacques Molay, Guy, commandeur de Normandie, frère du dauphin d'Auvergne, le commandeur d'Aquitaine, Hugues de Peraldo, et le visiteur de France. « Ils comparurent pardevant l'archevêque de Sens et une assemblée d'autres prélats et docteurs en droit divin et en droit canon, convoqués spécialement dans ce but à Paris, sur l'ordre du pape, par l'évêque d'Albano et deux autres cardinaux légats. Comme tous quatre avouaient les crimes dont ils étaient chargés, et qu'ils persévéraient dans cet aveu et paraissaient vouloir y persévérer jusqu'à la fin, ils furent, après mûre délibération du conseil, condamnés à être emprisonnés pour toujours. Les deux cardinaux firent dresser un échafaud sur le parvis devant le portail de Notre-Dame, y montèrent avec les coupables, et là, en présence de tout le peuple, firent la lecture des aveux des quatre Templiers et de la sentence de la condamnation. Ils croyaient avoir ainsi mis fin à l'affaire, lorsque tout-à-coup deux des condamnés, le grand-maître et le maître de Normandie, se défendant opiniâtrément contre le cardinal qui venait de parler et contre l'archevêque de Sens, en revinrent à renier leur précédente confession au grand étonnement de tous. Les cardinaux les remirent au prévôt de Paris qui se trouvait présent, pour les garder jusqu'à ce qu'ils en eussent délibéré. Mais dès que le bruit en vint aux oreilles du roi, qui était alors dans son palais royal, Philippe en communiqua avec les siens, sans demander avis aux clercs, et par un avis prudent, vers le soir du même jour, il les fit brûler tous deux sur le même bûcher, dans une petite île de la Seine, entre le jardin royal et l'église des Frères-Hermites de Saint-Augustin (1). Ils parurent soutenir les flammes avec tant de fermeté et de résolution, que la constance de leur mort et leurs dénégations finales frappèrent la multitude. Leurs deux compagnons qui n'avaient pas renié leurs aveux furent enfermés comme le portait la sentence (2). (11 mai 1314.)

Ces dernières protestations par lesquelles les deux victimes voulurent, au prix de leur sang, sauver l'honneur de l'ordre, laissèrent au peuple une profonde impression. Il finit par croire à leur innocence, et quelque temps après le bruit circula qu'à son dernier moment, le grand-maître, déjà enveloppé par la flamme, s'était écrié : Clément, juge inique, dans quarante jours je t'ajourne à comparaître au tribunal de Dieu, et toi, Philippe, dans l'année. — Clément V mourut le 20 avril, et Philippe-le-Bel le 29 novembre de la même année.

Avant la mort du roi de France, quelques événements notables se passèrent encore à Paris.

Depuis plusieurs années, depuis 1305, Jeanne, reine de Navarre et comtesse de Champagne, femme de Philippe, était morte. C'est de cette malheureuse princesse qu'une tradition populaire a fait, contre toute vraisemblance, l'héroïne des sanglantes scènes de la tour de Nesle (3). Jeanne fut enterrée dans l'église des Cordeliers. Guichard, évêque de Troyes, dont elle était l'ennemie acharnée, fut poursuivi pour l'avoir fait mourir par ses sortiléges. Il alla, dit l'accusation, chez un ermite pour maléficier la reine. On fit une reine de cire avec l'assistance d'une sage-femme, on la baptisa Jeanne, avec parrain et marraine, et on la piqua d'aiguilles. Cependant la vraie Jeanne ne mourait pas. L'évêque revint plus d'une fois à l'ermitage, espérant s'y mieux prendre. L'ermite eut peur, se sauva et dit tout. La reine mourut peu après (4).

(1) Cette petite île, comme ces désignations l'indiquent, occupait le terrain où se trouvent aujourd'hui la statue de Henri IV et la place Dauphine; elle était séparée de la Cité par un bras de rivière qu'on a comblé au XVIe siècle pour former la rue du Harlay. Voy. plus loin la topographie de Paris à cette époque. — (2) *Chronique* de Guillaume de Nangis. — (3) Voy. plus haut, p. 150 de ce vol. — (4) M. Michelet, t. III, p. 213.

Le diable, qui avait ainsi attenté à la vie de l'épouse de Philippe-le-Bel, fut sans doute l'auteur de l'infamie qui couvrit toute la famille royale vers le milieu de l'année 1314. Tout-à-coup les trois princesses, femmes de ses trois fils, furent saisies à l'abbaye de Maubuisson, où elles étaient, et emprisonnées. On arrêta en même temps deux frères, deux chevaliers normands, Philippe et Gautier d'Aunay, attachés à leur service. Ces malheureux avouèrent dans les tortures que depuis trois ans ils péchaient avec leurs jeunes maîtresses, et même dans les plus saints jours. Leur punition fut atroce. Les deux chevaliers, amenés sur la place du Martroy, près l'orme Saint-Gervais, furent écorchés vifs, mutilés d'une manière infâme, décapités, puis traînés à Pontoise et accrochés par les aisselles à un gibet dressé là pour eux. La majesté du trône outragée ne fut pas encore satisfaite de cette expiation. On chercha des complices; on prit un huissier du palais, puis nombre d'autres hommes ou femmes, nobles ou roturiers; les uns furent cousus dans des sacs et jetés à la Seine, les autres mis à mort secrètement; il y en eut peu d'acquittés. Des trois princesses, une seule échappa au châtiment; ce fut Jeanne, femme de Philippe, comte de Poitiers, second fils du roi; elle fut déclarée innocente, et fort heureusement, car si elle eût été trouvée coupable et répudiée, il aurait fallu que son mari restituât la Franche-Comté de Bourgogne, qu'elle avait apportée en dot. Suivant une opinion répandue au XVI° siècle par le mauvais historien Papire Masson, Marguerite, reine de Navarre, fille du duc de Bourgogne, et femme du prince royal Louis, enfermée au château Gaillard en Normandie, aurait été étranglée quelques mois après par les ordres de son époux, lorsqu'il parvint au trône; mais aucun témoignage contemporain n'appuie cette terrible accusation contre Louis Hutin, qu'un célèbre historien moderne, M. Michelet, a admise sans la vérifier. La reine Marguerite mourut de maladie dans sa prison, suivant tous les écrivains du temps. Enfin Blanche, sœur cadette de Jeanne de Bourgogne, et mariée au troisième fils du roi, Charles, comte de la Marche, prisonnière quelque temps aussi au château Gaillard, en sortit pour se faire religieuse à l'abbaye de Maubuisson (1).

L'année précédente, en 1313, Philippe-le-Bel, devenu depuis quelque temps le beau père du roi d'Angleterre, Edouard, et son allié, le secourut contre les barons anglais qu'il amena à un accommodement, à la grande satisfaction de son gendre. Après la conclusion du traité, Edouard et sa femme Isabelle vinrent en France pour assister aux pompeuses cérémonies que préparaient les Parisiens.

Le 3 juin 1313, jour de la Pentecôte, le roi Philippe conféra l'ordre

(1) Voy. M. Michelet, t. III, p. 215.—Voyez aussi *Chron. de Saint-Denis*, t. V, p. 221, et *Addenda*, où M. Paris rectifie une interprétation erronée de M. Michelet, relative à Jeanne de Bourgogne.

de chevalerie à ses trois fils, ainsi qu'à Hugues, duc de Bourgogne, Guy, comte de Blois, et à beaucoup d'autres jeunes nobles du royaume, en présence des grands barons de France et d'Angleterre, dans la *Mère-Église* Notre-Dame de Paris. « Le mercredi suivant, les deux rois et leur famille furent en l'île Notre-Dame, au prêche du cardinal, à ce député, et prirent la croix de notre Seigneur. Et pour l'honneur de ladite chevalerie, fut Paris encourtiné solehnellement et noblement, et fut faite la plus belle fête qui de long-temps eût été vue. Car le lendemain jeudi, tous les bourgeois et métiers de la ville de Paris, au nombre de vingt mille à cheval environ, et trente mille à pied, les uns en riches et nobles parements, les autres en robes neuves, vinrent à l'île Notre-Dame avec trompes, tabours, buisines, timbres et nacaires, se démenant en grande joie et jouant de beaux jeux. Pendant les jours du lundi et du mardi avait été dressé un pont de bateaux long de cent soixante pieds et large de quarante. Les métiers quittèrent l'île en passant l'un après l'autre sur ce pont, et vinrent vers le roi pardevant son palais qu'il avait fait orner nouvellement par Enguerran de Marigny, son coadjuteur et ministre principal, et où tous les princes étaient assemblés pour voir la fête des métiers et bourgeois qui gentiment venaient pour le roi et ses enfants honorer. Et lesdits bourgeois, par leurs costumes et feintises, représentaient le paradis, l'enfer et la procession du renard, où maintes gens feignoient d'exercer leurs métiers sous le déguisement de divers animaux. Et aussitôt après dîner, dans le même ordre revinrent à Saint-Germain-des-Prés, au Pré-aux-Clercs, où étoit la reine Isabelle, montée en une tourelle avec le roy Edouart et plusieurs dames et damoiselles, et moult ils leur plurent; et cette fête tourna à très grand honneur au roy de France et aussi aux gens de Paris (1). » Cette fête dura huit jours; mais on ne manqua pas de lever la taille que le roi avait à cette occasion le droit d'exiger de ses sujets.

Le dernier acte du gouvernement de Philippe-le-Bel fut encore l'imposition d'une taille extraordinaire qui mécontenta fort les Parisiens. Le 1er août 1314, il réunit à Paris une assemblée de barons et d'évêques, à laquelle il avait appelé plusieurs bourgeois de chaque cité du royaume. L'assemblée se tint au Palais. A l'une des extrémités de la salle était dressé un échafaud richement décoré sur lequel était assis le roi et sa cour. Alors se passa une comédie dont les contribuables furent victimes. Enguerrand de Marigny, le conseiller de Philippe, debout sur l'estrade, prit

---

(1) *Chron. de Saint-Denis*, t. V, p. 197. — *Chronique métrique* de Godefroy de Paris. — La chronique inédite de saint Victor porte à 22,000 cavaliers et 30,000 hommes de pied le nombre des bourgeois qui figurèrent à cette fête. Les Anglais, ajoute l'auteur anonyme étaient frappés d'étonnement, et voulaient à peine croire que cette brillante multitude fût sortie d'une seule ville... *Obstupuerunt... Vix enim credere volebant quod de una civitate solâ tanta et tam nobiliter parata potuerit exire multitudo.*

la parole; et s'adressant aux députés des communes qui l'écoutaient, leur fit un interminable discours dont il avait pris pour texte : « De nature et nourriture, en descendant sur les royaux et sur la ville de Paris, où les devants dits royaux, au temps ancien, de leur nature avait accoustumé de avoir leur nourriture. » Cette harangue qui, comme on voit, ne s'annonçait pas d'une manière fort intelligible, commençait par flatter les Parisiens ; elle appelait Paris la « *chambre royale* en laquelle le roi devait plus se fier pour avoir aide et bon conseil qu'en nulle autre ville; » puis elle faisait résonner la gloire des ancêtres du roi, les exploits de son aïeul Philippe-Auguste ; racontait sa conquête de la Normandie et sa victoire éclatante sur Guy, comte de Flandre. A ce mot de Flandre, l'orateur passait naturellement à parler de ce pays, de la soumission difficile que Philippe-le-Bel en avait obtenue, et surtout des sommes énormes qu'il y avait dépensées. Enfin Enguerrand s'appesantit longuement sur ce dernier sujet, montra les Flamands prêts à s'insurger, le trésor de la couronne épuisé, déplora le malheur des temps, et finit par demander clairement si les bourgeois voulaient aider le roi pour organiser une armée contre la Flandre. Alors Étienne Barbette, bourgeois de Paris, que nous connaissons déjà pour être un autre conseiller du roi, se leva au nom de la ville, et répondit pour elle que certes les bourgeois feraient tout pour aider leur seigneur, et que le roi pouvait lever à leurs dépens telle armée qu'il voudrait. Les députés des communes dirent comme Barbette. Le roi à son tour s'avança pour remercier l'assemblée, et la séance fut close. Le lendemain de ce parlement, Enguerrand de Marigny fit publier la levée d'un énorme impôt à Paris et par tout le royaume de France ; « de quoy le menu peuple fut trop grevé, et ledit Enguerrand chut très malement en haine (1). »

Le 29 novembre 1314, Philippe IV, grièvement blessé d'une chute de cheval, mourut à Fontainebleau, lieu de sa naissance, à l'âge de quarante-six ans.

Le règne de ce prince, qui dura vingt-neuf ans, fut l'un des plus oppressifs que la France ait eus à supporter. Il ouvrit une ère nouvelle, toute différente du XIIIe siècle qu'il laissait derrière lui, de ce siècle de féodalité chevaleresque, d'exaltation religieuse ; époque trop remarquable pour que nous n'y jetions pas un dernier regard.

Pendant le XIIIe siècle, qui fit faire de grands progrès à la civilisation, la classe chargée de répandre les lumières, d'élever et d'instruire la jeunesse, ne fut pas, quoi qu'en disent les déclamateurs modernes, si fort au-dessous de cette mission importante. C'était le clergé séculier, de mœurs simples, quelquefois grossières, mais plein d'une foi vive

(1) *Chron. de Saint-Denis*, chap. 71. T. V, p. 206.

et d'un dévouement sans borne pour la grande tâche qui lui était confiée. A côté du clergé séculier et plus près du trône pontifical était placé le clergé régulier, la classe des religieux, tous voués par leurs intérêts et par une piété sincère à la défense des doctrines du Saint-Siége, et strictement régis par les lois austères de l'Église. L'habit laïque leur était interdit, tandis que les ecclésiastiques séculiers portaient librement des habits de toutes formes et de toutes couleurs.

Rien de plus répandu pendant cette période que les superstitions grossières, la croyance aux merveilles de la sorcellerie. Sous le règne de Philippe III, nous voyons ce prince envoyer les plus grands personnages de sa cour consulter trois *devins* célèbres, pour connaître les causes de la mort de sa femme. L'histoire de ce siècle nous fournit nombre de faits analogues, de miracles de sorciers, de sorcières surtout, dont le dénouement était souvent tragique. Sous Philippe IV continue la vogue de ces fatales erreurs, si tenaces qu'elles ne sont pas encore entièrement déracinées de nos jours. L'archevêque de Troyes est accusé d'avoir, par des opérations diaboliques, attenté à la vie de la reine Jeanne; les Templiers sont poursuivis pour adorer une idole mystérieuse.

La rigueur contre les hérésies, moins active cependant qu'autrefois, fait encore des victimes. En 1310, une dévote appelée Marguerite la Porète, « qui avoit erré en plusieurs articles de la foy, fut brûlée à Paris, sur la place de Grève, par sentence des maîtres expers de sainte théologie. »

L'ignorance du peuple était profonde et se perpétuait grossièrement dans des pratiques superstitieuses et des cérémonies bizarres, telles que les fêtes des Fous, des Anes, des Innocents, des Noircis, etc.

La puissance civile, divisée entre un si grand nombre de seigneurs par le système féodal, n'avait nulle part assez d'énergie pour maintenir l'ordre public. Heureusement elle commença à se concentrer entre les mains de Philippe-Auguste, dont l'œuvre fut si habilement poursuivie par la reine Blanche et son fils saint Louis. Les institutions nouvelles prirent alors une forme plus régulière, plus constante, et les progrès de la civilisation devinrent sensibles, surtout depuis la désuétude de l'esclavage, qui ne fut complète, il est vrai, que sous le règne de Philippe-le-Bel, mais qui avait commencé dès Louis le-Gros.

Le siècle était guerrier, la nation guerrière; le droit de guerre appartenait à tout homme non en état de servitude : les églises elles-mêmes guerroyaient par l'office de leurs avoués. Saint Louis, le premier, interdit les guerres privées; mais la nécessité où Philippe-le-Bel se trouva plus d'une fois de les renouveler montre assez la ténacité de cet usage barbare. Une cruelle habitude de dévastation caractérisait ces querelles sanglantes; le principal moyen de la tactique de tous les partis était d'incendier les maisons de l'ennemi et d'en détruire impitoyablement les récoltes.

Aussi le commerce était fort peu dans les mœurs, même le commerce intérieur. Il était presque entièrement entre les mains des juifs et des Italiens. Cependant le luxe était grand. Les rois et les conciles avaient cru devoir publier des lois somptuaires pour arrêter les prodigalités, et réprimer le luxe de la table et des habits.

Pendant tout le cours du xiii siècle, l'esprit dominant de la population, né de la pieuse influence qui enfanta les croisades et de la passion belliqueuse qui les soutint, est le brillant esprit chevaleresque dont le type fut représenté d'une manière si touchante par le roi saint Louis.

« Les institutions chevaleresques dont l'origine remonte au commencement du xie siècle, paraissent dans tout leur lustre durant le cours du xiiie. Les fonctions de page et d'écuyer servaient de degrés pour arriver au *temple d'honneur*, c'est-à-dire à la dignité de chevalier ; et nous voyons que les princes mêmes n'étaient pas dispensés de cet apprentissage. Des fils de France sont qualifiés de *varlets* ou pages dans un compte de la maison de Philippe-le-Bel ; et Ville-Hardouin en parlant d'Alexis, héritier de l'empire d'Orient, ne l'appelle que le varlet de Constantinople. Des jeûnes, des prières, des bains, des exercices de piété, des sacrements, préludaient à la cérémonie par laquelle un seigneur, une dame, et souvent le monarque lui-même, recevaient un nouveau chevalier de par Dieu, Notre-Dame et monseigneur saint Denis. Le nom de bachelier ou bas-chevalier désignait ceux qui n'avaient point assez de vassaux ni de richesses pour fournir et entretenir cinquante hommes d'armes. Les bannerets capables de payer ce tribut portaient une bannière carrée au haut de leur lance ; ils jouissaient, quand ils étaient aînés de famille, du droit de *cri d'armes*, et pouvaient aspirer aux titres de barons, de comtes, de ducs et de marquis. Tous les chevaliers étaient qualifiés dam ou dom, sire, messire ou monseigneur, et il n'y avait que leurs femmes qui fussent appelées madame : les autres femmes ne prenaient que le nom de demoiselle. On dégradait solennellement tout chevalier convaincu de lâcheté, de déloyauté ou de *foi mentie*.

» Le moyen âge n'offre point en France de spectacles plus fréquents ni plus brillants que les tournois. Quoique l'on n'admît dans ces exercices chevaleresques que des armes *courtoises*, de *courts bâtons*, des épées *gracieuses*, *rabattues* et à pointes brisées, les accidents qui troublaient ces fêtes devinrent assez nombreux pour provoquer des plaintes et des anathèmes ecclésiastiques. C'est aux mêmes temps que remontent les associations chevaleresques appelées adoptions d'honneur de frère ou de fils. Elles prirent naissance dans les expéditions d'Orient. — Nos gens, dit Joinville, furent obligés de se faire saigner avec les gens du seigneur de Toucy, mêlèrent leur sang avec du vin, et après avoir bu cette mixtion s'écrièrent qu'ils étaient frères de sang. — Quelquefois la cérémonie ne consistait que dans la collision ou dans l'échange des boucliers, des lances, des épées, et en des serments mutuels qui faisaient prendre aux associés le nom de frères *conjurés*. On y substitua depuis des rites religieux. Toujours s'ensuivait-il que ces frères d'armes devaient avoir désormais tous amis ou tous ennemis communs, s'aider réciproquement, ne contracter d'engagements que de concert, et faire bourse commune dans les expéditions guerrières. Les cérémonies de l'adoption d'honneur en fils ont aussi varié : on coupait les cheveux de l'adopté, ou bien on le faisait passer sous le manteau de l'adoptant; ailleurs on employait des cérémonies religieuses qui établissaient entre l'adoptant et l'adopté des relations à peu près pareilles à celles qu'expriment les mots de parrain et de filleul. D'autres fois ce n'était qu'une simple tradition d'armes ou bien une communication d'une partie d'armoiries (1). »

Il me resterait beaucoup à dire pour compléter cet aperçu des traits caractéristiques du XIII° siècle. Pour ce qui concerne l'histoire de Paris, j'aurais surtout à parler de ces représentations scéniques qui furent la première origine de notre théâtre ; mais les indications que j'ai rassemblées sur ce sujet intéressant seront mieux placées dans un article spécial.

II. Monuments. — Institutions.

Couvent des Carmes-Billettes, rue des Billettes, n°s 16 et 18. — Ce couvent fut fondé à l'occasion d'un sacrilège commis par un juif dont la maison occupait l'emplacement où fut élevé le monastère. Voici comment les chroniques de Saint-Denis racontent cet événement : En 1290 ou 1291, une femme avait déposé quelques vêtements en gage chez un juif nommé Jonathas, demeurant dans la rue *des Jardins*, plus tard appelée rue *des Billettes*. La semaine sainte arrive, la femme prie le juif de lui rendre ses vêtements pour les mettre le jour de Pâques, l'assurant qu'elle les lui rapporterait le lendemain. Jonathas lui promit qu'il les lui donnerait sans réclamer aucun argent si elle lui apportait une hostie consacrée. Cette femme y consentit. « Quant le juif l'ot par devers soy, si mist ladite oeste (hostie) en plaine chaudière de yaue chaude, le jour du vendredi aouré (le vendredi saint); et quant ladite oeste fu en l'yaue bouillant, il la commença à poindre de son coustel, et lors devint l'yaue ainsi comme toute vermeille (2). « L'hostie n'en reçut aucun dommage. Jonathas la

---

(1) *Hist. litt. de la France*, t. XVI, p. 20.
(2) *Chron. de Saint-Denis*, édit. de M. P. Paris, t. IV, p. 100.

retire, la frappe de verges, comme les juifs avaient fait autrefois Jésus-Christ, la perce d'un clou, la jette dans les flammes; mais l'hostie voltige intacte au-dessus du foyer. Jonathas continuant ses sacriléges expériences, prit un couteau et fit d'inutiles efforts pour la mettre en pièces, en présence de Bécatine sa femme, de son fils et de sa fille. Enfin, pour n'oublier aucun des tourments qu'on avait fait endurer au Christ, il attacha l'hostie et la perça d'un coup de lance, qui fit encore ruisseler le sang, puis il la rejeta dans la chaudière d'eau bouillante. Son fils étant alors sorti, comme les cloches appelaient les fidèles à la grand'messe, et ayant rencontré plusieurs enfants de sa connaissance, il leur dit qu'ils allaient inutilement à l'église, car son père avait tellement maltraité leur Dieu qu'il l'avait fait mourir. Une femme entendant ce propos, prit une jatte de bois, et entrant dans la maison du juif, elle s'approcha de l'âtre comme pour y prendre du feu. L'hostie qui voltigeait au-dessus de la chaudière, vint se reposer dans le petit vase que tenait la femme, et celle-ci la porta au curé de Saint-Jean-en-Grève, sa paroisse (1). Au premier bruit de la nouvelle, tout Paris accourut à la maison du juif et à l'église. On se saisit de Jonathas et de sa famille. « Toute la chose fut prouvée contre lui par l'évesque Symon » Matifas, si avint que du conseil et de l'assentement des grands » hommes qui à Paris estoient régens en théologie et en décret, ledit » juif fut condamné à mourir et fu ars devant tout le peuple (2). » Sa femme, qui avait été touchée des prodiges dont elle avait été témoin, et qui avait reproché à son mari sa conduite, fut baptisée avec ses deux enfants; sa fille fut accueillie dans le couvent des Filles-Dieu de Paris (3).

La maison et les autres biens de Jonathas furent confisqués par Philippe-le-Bel, qui donna une partie de la maison à un bourgeois de Paris, nommé Reinier Flaming. Celui-ci y fit bâtir, en 1294, une chapelle qui fut nommée la *chapelle des Miracles*; mais en 1299, Guy de Joinville, à qui Philippe-le-Bel (4) et Flaming avaient donné toute la propriété du juif, y établit un monastère dont les religieux prirent le titre d'*Hospitaliers de la Charité de Notre-Dame*. Comme cette com-

(1) « Où elle est actuellement, » ajoutent les auteurs du dernier siècle. Hurtaut, Félibien, etc.—« On voit encore dans cette église le canif dont se servit le juif pour percer la sainte hostie, comme aussi l'écuelle ou jatte de bois sur laquelle elle vint se reposer. L'un et l'autre sont enchâssés dans des reliquaires représentant des statues de saints, qui tiennent dans leurs mains les figures de ces instruments; on expose assez souvent ces reliquaires sur le maître-autel. » Hurtaut, t. II, p. 65. — (2) *Chron. de Saint-Denis*, id. — (3) Voy. *Chron. de Saint-Denis*; — *Nova bibliotheca Labbœi*, t. I, p. 1663; — et *Remarques historiques données à l'occasion de la sainte hostie miraculeuse*, par le P. Théodoric de Saint René, carme des Billettes, 1725. 2 vol. in-12. — (4) Les lettres-patentes de donation du roi étaient conservées en original au couvent des Billettes. Dubreuil les a publiées.

munauté n'appartenait à aucun ordre connu, et s'était érigée du chef de Guy de Joinville sans recourir à l'approbation du Saint-Siége, le pape, en l'absolvant des censures canoniques encourues par cette irrégularité, en 1346, la soumit à la règle de Saint-Augustin, et lui prescrivit de prendre le costume. Le couvent des Billettes devint dès lors un prieuré conventuel de l'ordre de Saint-Augustin.

L'exhaussement du sol de la rue des Jardins, et les constructions nouvelles faites à l'entour du couvent l'avaient laissé dans un bas-fonds. En 1408, les religieux furent obligés de construire de nouveaux cloîtres et une nouvelle église. L'ancienne, presque souterraine, servit de cimetière aux frères et à ceux de leurs bienfaiteurs qui obtenaient d'y être inhumés. Malgré tous ces changements, la chapelle des Miracles fut conservée.

Les armes de France qu'on remarquait aux voûtes du cloître témoignaient de l'affection que les rois avaient dû porter à cet établissement religieux. L'Université de Paris lui accorda droit de collége, et rendit ainsi ses religieux membres et suppôts de la compagnie. — Les frères de la Charité de Notre-Dame s'étaient d'abord attiré par leurs vertus l'estime générale; mais bientôt leurs querelles, leur indocilité et leurs dérèglements leur firent perdre toute considération. Plusieurs fois, au commencement du XVIe siècle, on essaya de les réformer; mais leur insubordination ne le permit jamais. On prit alors le seul parti qui restait à prendre, « de laisser éteindre cet ordre, » et de permettre à ses membres infortunés de traiter avec différents or- » dres religieux pour s'assurer du pain et le nécessaire à la vie (1). » Les Carmes réformés de l'observance de Rennes, en la province ecclésiastique de Tours, qui cherchaient depuis long-temps à s'établir à Paris, saisirent cette occasion et acquirent, le 24 juillet 1631, le couvent des Billettes; en s'engageant à « loger, nourrir, traiter, chauffer, blanchir et soigner » les anciens religieux du même couvent, et en outre de payer à chacun d'eux pour son vestiaire 100 livres, et au prieur 200 livres par an.

Ainsi, les Carmes furent établis dans ce couvent des Billettes. Ce dernier nom leur fut donné pour les distinguer des autres religieux Carmes établis à Paris, du nom de la rue où était situé leur monastère. Mais on ignore l'origine de la dénomination de *rue des Billettes*. Sauval croit qu'elle vient du *péage* qu'on appelait *billette*, à cause d'un billot de bois qui était à la porte de la maison où il se payait. — Sur la grande porte de l'église, au-dehors, était peinte, en lettres gothiques noires sur un fond blanc, cette inscription :

Ici est l'église et monastère aux frères de l'ordre de la Charité de Notre-Dame fondé en l'honneur et révérence du Saint-Sacrement de l'autel, où le précieux sang miraculeux de la sainte hostie a été répandu.

(1) Hurtaut, t. II, p. 63.

Au-dessus de l'entrée de la chapelle du miracle, que l'on conservait toujours, et dans laquelle on descendait par un escalier, on lisait encore, en 1685, l'inscription suivante :

Ci-dessous le juif fit bouillir la sainte hostie.

Des travaux exécutés à cette chapelle l'ayant fait disparaître, on la remplaça par celle-ci :

Cette chapelle est le lieu où un juif outragea la sainte hostie,

qui subsista après la reconstruction presque totale de l'église, faite en 1754. Le nouvel édifice, élevé sur les dessins de frère Claude, dominicain, est d'une très mauvaise disposition, et fait vivement regretter l'ancien. La longueur, la largeur, la hauteur, manquent totalement de proportion ; il en est de même de toutes les autres parties de cette bizarre construction : les tribunes paraissent sans soutien ; l'orgue est aussi mal supporté ; le dessin du portail est mesquin et désagréable.

Papire Masson, né à Saint-Germain-Laval, bourg du Forèz, fut inhumé dans l'église des Carmes-Billettes. Après avoir professé les humanités et la philosophie à Paris, Masson se fit recevoir avocat au parlement en 1576 ; il plaida une seule cause, qu'il gagna, puis renonça au barreau. Il fut nommé référendaire de la chancellerie, et ensuite substitut du procureur-général, place qu'il remplit avec honneur jusqu'à sa mort, arrivée en 1611 ; il laissa un grand nombre d'ouvrages historiques, entre autres des *Annales* fort peu estimées (1). — Le cœur d'Eudes de *Mézeray* avait été déposé dans la même église. J'ai parlé de cet historien dans l'article du *cimetière des Innocents*, où son corps avait été inhumé (2).

La communauté des Carmes-Billettes fut supprimée avec les autres corporations religieuses, à la révolution. Les protestants de la confession d'Augsbourg ayant obtenu, vers 1812, les bâtiments du couvent, l'église fut convertie en temple luthérien ; dans ses dépendances sont aujourd'hui des écoles pour les enfants de cette confession. L'ancien cloître, d'une jolie architecture gothique, subsiste encore en partie.

Chapelle de l'hôpital des Haudriettes, rue des Haudriettes, n° 1 (3).

---

(1) Papire Masson s'était lui-même fait l'épitaphe suivante, qu'on grava sur son tombeau dans l'église des Billettes, qu'il avait choisie pour lieu de sa sépulture :
Papirius Massonus,
Forensis,
In senatu parisiensi advocatus,
In hoc loco jacet,
Quem sibi, longe ante obitum, elegerat.
Requiescat in pace.

(2) Voy. t. I, p. 592.

(3) Cette rue a été détruite lors des travaux entrepris dernièrement pour l'agrandis-

— L'histoire de cet établissement, qui était situé à l'angle oriental formé par la rue des Haudriettes et celle de la Mortellerie, a donné lieu à de vives discussions. Quelques chroniques disent que la chapelle des Haudriettes fut fondée par sainte Geneviève (1) ; d'autres rapportent son origine au règne de saint Louis. Le premier acte dans lequel il en soit fait mention est une charte de Philippe-le-Bel, donnée à Milly, au mois d'avril 1306, par laquelle ce monarque permet à Étienne Haudry (2) de bâtir une chapelle *sur la place* qu'il a nouvellement acquise à *la Grève, tenant d'un long à l'hôpital des pauvres qu'il a fondé*. On a fait observer avec raison que l'hôpital devait être fondé depuis peu de temps, puisqu'il n'avait pas encore de chapelle. Cependant, comme nous voyons par la charte de 1306 qu'Étienne Haudry venait d'acheter tout nouvellement un terrain pour la chapelle qu'il voulait construire, il peut se faire que la fondation de la chapelle eût été différée assez long-temps par la seule difficulté de trouver un emplacement propre à sa construction, et l'on pourrait croire avec assez de vraisemblance que l'hôpital des Haudriettes existait plusieurs années avant la chapelle (3).

Étienne Haudry, et Jean Haudry, *bourgeois de Paris et valet du roi*, fils du fondateur, établirent, en 1309 et en 1327, trois autres chapellenies dans cet hôpital, à la charge de les conférer alternativement avec l'évêque métropolitain. Sauval, qui a fait de grandes recherches sur cette maison, nous apprend que la chapelle, fondée en 1306, existait

---

sement de l'Hôtel-de-Ville. — La rue de l'Échelle-du-Temple se nommait, en 1290, la rue Jean-l'Huillier, « à cause d'un bourgeois de Paris appelé Jean l'Huillier, dit de la Place-Maubert. Ensuite on lui a donné celui de la rue des Vieilles-Haudriettes, parce que ces hospitalières, fondées, comme on va le voir, à la rue de la Mortellerie par Étienne Haudry, y avaient quelques maisons. » Sauval, t. I, p. 164.

(1) Sauval, t. I, p. 598.—Jaillot, t. III, *quart. de la Grève*, p. 25.

(2) Les anciens écrivains nous fournissent peu de renseignements sur Étienne Haudry. Voici les détails que j'ai pu recueillir. La famille Haudry ou Oudry, *jadis grande et célèbre à Paris*, suivant Dubreuil, était originaire d'Auxerre. Étienne mourut à Paris en 1319 ; mais on ne connaît point le rang qu'il occupait dans la société. « J'ai vu des chartes anciennes, dit Sauval, où tantôt il prend la qualité de bourgeois, tantôt celle d'échevin de Paris, tantôt les deux ensemble ; tantôt celle de panetier du roi, et tantôt de secrétaire de saint Louis. Et quoique je n'aie manié aucun titre de ceux où il se soit qualifié secrétaire ou officier de saint Louis, ce sont pourtant les seules qualifications qui lui sont données tant par le peuple que par les Haudriettes. » T. I, p. 599. — Enfin une tradition, au moins suspecte, mais que je crois devoir citer parce qu'elle était populaire, rapporte qu'Étienne Haudry, de retour de la première croisade de saint Louis, étant parti pour le pèlerinage de Saint-Jacques-de-Compostelle, et ayant été long-temps sans donner de ses nouvelles, *Jeanne la Dalonne*, sa femme, qui le crut mort, fit un hôpital de sa maison. Elle s'y renferma avec quelques femmes, et Haudry augmenta plus tard cette fondation. D'autres prétendent qu'il fit bâtir cet hôpital à son retour de Palestine, *en reconnaissance du soin particulier que quelques veuves avaient eu de sa femme en son absence*. Sauval, Jaillot, *loco cit.* — Félibien, t. I, p. 563.

(3) *Paris sous Philippe-le-Bel*, p. 381.

encore de son temps, et qu'elle servait de sacristie. « Elle est petite, obscure, mal faite et barbouillée de fort mauvaises peintures, où sont représentés des anges et des saints. On tient, ajoute-t-il, que Guillaume d'Oreillac, évêque de Paris, qui mourut en 1320, y mit la première pierre, la bénit, la dédia et y dit la première messe : à quoi on ajoute foi à cause de quelques méchants vers écrits en lettres gothiques contre la muraille, qui le font savoir. » A l'époque où Dubreuil écrivait, on voyait contre le mur extérieur une inscription constatant la fondation ; enfin, Félibien dit qu'Étienne Haudry et sa femme furent ensevelis dans cette chapelle.

Il est vraisemblable que le nombre des *bonnes-femmes de la chapelle d'Etienne Haudry* n'était point fixé, il varie à chaque instant. Cet hôpital avait des statuts particuliers, rédigés par Michel de Brache, Michel de Cernai ou de Crenai, Pierre d'Ailly, aumôniers des rois Jean et Charles VI, et qui furent approuvés, en 1414, par le cardinal de Pise, légat du pape. Sauval en a donné un extrait fort détaillé ; il croit cependant, et son opinion est très vraisemblable, qu'il y en avait de plus anciens. L'hôpital des Haudriettes n'était point dans l'origine un couvent ; mais plus tard la maîtresse prit le titre de supérieure et les hospitalières celui de sœurs. Elles étaient donc religieuses, lorsqu'en 1622 le cardinal François de Larochefoucauld, grand-aumônier de France, les transféra dans le couvent des Filles de l'Assomption, rue Saint-Honoré (1). M. de Larochefoucauld voulait depuis long-temps, dit Sauval, *se défaire d'un logis qu'il avait au faubourg Saint-Honoré, et s'ériger en fondateur de monastère aux dépens d'autrui*. Il gagna six Haudriettes qui, malgré l'opposition de la communauté, adressèrent au cardinal une requête dans laquelle on lui remontrait « que dans leur hôpital, non seulement elles ne pouvoient observer les statuts qu'il leur avoit donnés, comme étant de trop petite étendue pour des religieuses, et de plus où l'air étoit étouffé, malsain et grossier à cause des vapeurs de la Seine, mais encore parce que tous les hivers, cette rivière venant à grossir, la plupart du temps elle les tenoit assiégées de tous côtés par ses grandes eaux ; joint le vacarme continuel du quartier par les querelles et les blasphèmes des bateliers et des crocheteurs ; qu'ainsi elles le supplioient de les transférer ailleurs et dans un lieu où elles pussent avoir toutes les commodités nécessaires pour l'établissement et l'observation tant de la clôture que des autres règlements qu'il leur avoit dressés. » Le cardinal feignit d'être contraint par les Haudriettes, et les fit transférer rue Saint-Honoré ; mais il paraît que ces religieuses protestèrent long-temps contre les prétentions de M. de Larochefoucauld. On trouve dans Sauval (2) un rapport circonstancié de cette affaire ; le lecteur me saura gré de l'avoir abrégé.

(1) Voy. l'article des *Filles de l'Assomption*.—(2) Sauval, t. I, p. 603 et suiv.

Communauté des Femmes veuves de la rue Sainte-Avoye, rue Sainte-Avoye, n° 47. — Vers 1288, Jean Séquence, chefcier de Saint-Merry, ayant acheté une maison située dans la rue Sainte-Avoye, alors dite rue du Temple, la fit reconstruire, et y établit, de concert avec une veuve nommée *Constance de Saint-Jacques* (1), une communauté de pauvres femmes veuves qui devraient être âgées au moins de cinquante ans; une chapelle particulière dépendante de la maison servait à tous les exercices religieux de la confrérie. Il fut arrêté par les fondateurs que les chefciers de Saint-Merry seraient toujours supérieurs et administrateurs de l'établissement.

Postérieurement à 1288, mais on ne sait à quelle époque précise, le nom de *Sainte-Avoye* fut donné à la chapelle et à la maison des Femmes veuves. Dans les titres de 1303, et même du milieu du XIV° siècle, ces religieuses sont appelées les *pauvres Veuves de la rue du Temple*, les *pauvres Femmes veuves en deçà de la porte du Temple*; en 1423, les *Maîtresses et bonnes Femmes de l'hôtel et hôpital de Sainte-Avoye* (2). Ce dernier nom semble indiquer qu'il y avait en même temps dans la communauté un lieu particulier pour soigner les pauvres malades. — D'après un acte de 1623, où les religieuses sont désignées sous les noms de *Mère* et *Sœurs de la chapelle de Sainte-Avoye*, il paraît qu'elles n'étaient affiliées à aucun ordre religieux, qu'elles n'avaient aucune règle certaine, et que pour se conformer aux ordonnances pontificales, prescrivant que toutes les communautés religieuses suivissent la règle de l'un des ordres monastiques, elles auraient demandé à suivre celle de Saint-Augustin.

Sous Louis XIII, Madelaine Luillier, veuve de M. de Sainte-Beuve, fondatrice du couvent des Ursulines de la rue Saint-Jacques, voulut procurer un nouvel établissement aux religieuses de cet ordre à Paris, et proposa à la communauté des pauvres Veuves de Sainte-Avoye, de concert avec le curé de Saint-Merry, dans la paroisse duquel elle se trouvait, d'adopter les règles et les constitutions des Ursulines, et promit de leur donner à cette condition 1,000 livres de rente. Le concordat par lequel les *bonnes Femmes de Sainte-Avoye* acquiescèrent à ce changement, fut signé le 10 décembre 1621, et approuvé par lettres patentes au mois de février 1623. Les religieuses ursulines furent mises en possession de la maison Sainte-Avoye dès le mois de janvier 1622, et les femmes qui l'occupaient, réduites alors à neuf, prirent le costume et la règle de l'ordre. Le curé de Saint-Merry conserva toujours ses droits sur le cou-

---

(1) Constance de Saint-Jacques et sa fille sont portées parmi les contribuables de la paroisse Saint-Germain-l'Auxerrois dans le rôle de la taille de Paris de 1292, publié par M. Géraud, p. 386. — (2) Voy. Jaillot, t. III, *quart. Sainte-Avoye*, p. 6. Cet auteur observe que rien ne prouve, comme l'avance Félibien, que l'on ait à aucune époque introduit dans cette maison des religieuses béguines.

vent. La chapelle des religieuses était petite, incommode et mal entretenue (1). M. Dulaure dit (2), je ne vois pas sur quelle autorité, qu'elle était située au premier étage.

Supprimé en 1790 avec les autres corporations religieuses, ce couvent fut démoli en partie en 1802, lors de la construction de la Synagogue des Juifs.

Le collége de Navarre ou de *Champagne*, rue de la Montagne-Sainte-Geneviève, doit son origine à Jeanne, reine de Navarre, comtesse palatine de Champagne, femme de Philippe-le-Bel. Cette princesse, dans son testament en 1304, avait destiné à cette fondation son hôtel de Navarre, situé rue Saint-André-des-Arcs, *et une rente de deux mille livres* pour l'entretien des écoliers (3). L'évêque de Meaux et l'abbé de de Saint-Denis, exécuteurs testamentaires de la reine, ayant jugé qu'il était plus avantageux de vendre l'hôtel de Navarre pour avoir un emplacement plus commode, achetèrent des maisons et jardins situés sur la montagne Sainte-Geneviève où ils établirent le collége de Navarre. La première pierre de la chapelle fut posée le 2 avril 1309, et six ans après les autres bâtiments furent en état de recevoir les maîtres et les écoliers.

La reine Jeanne avait fondé d'abord ce collége pour soixante-dix écoliers pauvres; depuis les bourses furent réduites à trente. En 1635, M. Fayet, curé de Saint-Paul, en fonda six autres pour les enfants de chœur de sa paroisse. On ne recevait d'abord dans le collége que des élèves pensionnaires, « de peur, dit Dubreuil (4), que la fréquentation des allants et venants, dits *martinets* et *galoches*, n'altérât en quelque sorte leur discipline; » mais dès 1404 on admit des externes à partager les leçons avec les boursiers et les pensionnaires.

« Le roi est le premier boursier de ce collége, dit Coquille dans son » *Histoire du Nivernais*, et le revenu de sa bourse est affecté à l'achat » des verges pour la discipline scholastique (5). » On lit à ce sujet dans les registres du parlement, aux 25 et 27 janvier 1576, un fait qui montre combien on abusait alors des fustigations « Un écolier, nommé Denis-le-Bègue, avait été si extrêmement et si cruellement foucté et battu par Julien Pelletier, sous-maître des artiens, qu'à le voir il faisait horreur. » Pelletier fut condamné par le parlement à s'abstenir pendant un an entier de la sous-maîtrise, et à garder la prison jusqu'à ce qu'il eût payé soixante livres de dommages à l'écolier.

(1) Brice, t. II, p. 57. — (2) T. IV, p. 366. — (3) *Manuscrit de Saint-Germain-des-Prés*, coté 453, fol. 160. — (4) Dubreuil, p. 307. — (5) « Je ne sais pas, ajoute Coquille, si cette bourse ne seroit pas celle dont le roi Louis XI donna, en 1474, la nomination au doyen et au chapitre de l'église de Paris en faveur de ses enfants de chœur, et dont ceux qui en sont pourvus sont appelés les *Écoliers de Notre-Dame*. Le roi François 1er en affecta deux autres aux enfants de chœur de la Sainte-Chapelle. »

En 1418, les Bourguignons étant entrés à Paris après la trahison de Perrinet-le-Clerc, commirent de grands ravages. « Ils s'en allèrent en grand tumulte, dit Juvénal des Ursins (1), au collége de Navarre, et là pillèrent et dérobèrent ce qu'ils trouvèrent, excepté la librairie (la bibliothèque). » Rétabli par Louis XI en 1464, le collége obtint un accroissement de priviléges, de revenus et de territoire. — Jusqu'en 1604, le confesseur du roi fut supérieur-né du collége de Navarre, comme l'avait ordonné Philippe-le-Long ; mais depuis cette année, ce fut le grand-aumônier de France.

Le collége de Navarre avait l'enseignement le plus complet de tous les établissements de l'Université. On y faisait dès le principe des cours de théologie, de philosophie et d'humanités. Il avait une société de docteurs comme la Sorbonne, et Louis XIII réunit au collége de Navarre ceux de *Boncourt* et de *Tournai*, pour que leurs bâtiments servissent de logement à ces docteurs. Le cardinal de Richelieu qui y avait fait ses études, y fonda une chaire de controverse. En 1660, Louis XIV y créa des chaires de théologie morale et de cas de conscience. En 1753, Louis XV y établit une chaire de physique expérimentale. C'était autant pour ces considérations qu'à cause de « l'assiette bien aérée de ce collége, pour la netteté en laquelle on l'entretient, et pour l'esgard de sa royale fondation (2), » que les rois, les princes du sang et les plus grands seigneurs du royaume y mettaient autrefois leurs enfants en pension, ce qui le fait appeler par Mézeray (3), l'*École de la noblesse françoise*, l'*honneur de l'Université*. Louis de Bourbon, fils de François de Bourbon, comte de Vendôme, qui y fut mis en pension pour faire son cours de belles-lettres et de philosophie, s'y fit remarquer par son intelligence et ses rapides progrès. Henri III étant duc d'Anjou, et Henri IV, avant d'être roi de France, y furent ensemble pensionnaires. Charles IX y vint voir les deux princes en 1568 ; le duc de Guise y était aussi. En 1491, Charles VIII y était venu assister aux actes de vespérie de *Louis Pinelle* et de *Jean Charon*, qui se firent dans l'église, le roi et la cour étant au jubé ; la faculté, les prélats et le parlement dans la nef.

Du collége de Navarre sortirent un grand nombre d'élèves qui se sont distingués dans les sciences et dans l'Eglise : on remarque surtout *Nicolas Oresme*, grand-maître de ce collége, depuis précepteur de Charles V (4) ; le célèbre cardinal d'Ailly et le cardinal Gilles Deschamps (5), qui professèrent la théologie ; Jean Gerson, chancelier de l'Université et grand-maître de ce collége ; *Louis Lasseré*, proviseur

---

(1) *Collect. Michaud*, t. II, p. 541. — (2) Dubreuil. — (3) *Mém.*, t. V, p. 534. —
(4) Voir la liste de ces ouvrages dans l'*Hist. du collége de Navarre*, par de Launoy. —
(5) Voy. ci-dessus, p. 160, 161.

du collége, auteur de plusieurs ouvrages, qui assista avec les grands de l'État aux conseils tenus pendant la captivité de François I⁷ʳ ; le célèbre Ramus (1) ; Jean de Launoy, le *dénicheur de saints* (2), qui a laissé une histoire de ce collége; *César Egasse du Boulay*, professeur de rhétorique au collége de Navarre, auteur de la grande *Histoire de l'Université de Paris* (3) ; enfin Richelieu et Bossuet (4).

De tous les colléges de Paris, celui de Navarre avait l'emplacement le plus vaste, depuis que Louis XIII y avait réuni, comme on l'a vu, les colléges voisins de Boncourt et de Tournai. — La bibliothèque fondée par la reine Jeanne, successivement augmentée par diverses donations, et notamment par l'acquisition faite en 1637 de la bibliothèque du savant Peiresc, était riche en manuscrits et en anciennes éditions. Dubreuil parle ainsi (6) du trésor et des archives de l'établissement « : Il faut remarquer qu'il y a un grand coffre ou thrésor appelé la *capse*, où il y a trois diverses serrures et trois diverses clefs, dont l'une appartient au grand-maistre, l'autre au proviseur, et la troisième au principal des artiens. C'est le lieu où se met le résidu de l'argent. Il y a aussi deux autres grands coffres, où se gardent soigneusement les chartres des fondations et priviléges de l'Université de Paris. » — Sur le portail du collége se voyaient les statues de Jeanne de Navarre qui l'avait fondé, et du roi Philippe-le-Bel, son mari.

La ville ayant permis au collége de Navarre de détourner une partie des eaux de Rongis, le prévôt des marchands, les échevins, le greffier de la ville et leur suite se rendirent le 27 janvier 1625, à la requête du proviseur, pour poser la première pierre de la fontaine qu'on éleva à cet effet dans une cour, à côté de la chapelle. Le maître des œuvres de la ville présenta au prévôt une truelle et un marteau d'argent dont il se servit pour poser une pierre. Les échevins et le greffier firent ensuite comme lui (7).

La chapelle, commencée en 1309, fut dédiée en 1373 sous le nom de

---

(1) Voy. ci-dessus, p. 189, et plus loin art. du *Collége de Presles*. — (2) Voy. ci-dessus, p. 79. — (3) Du Boulay fonda en 1674 une messe et un panégyrique en l'honneur de saint Charlemagne. « La cérémonie est célébrée, dit Hurtaut, le 28 ou le 29 janvier par la faculté des arts, qui, après la messe, va chanter un *libera* sur la tombe du fondateur. » Hurtaut, t. II, p. 388.

(4) Boussard, né au Mans, chancelier de l'Université de Paris, élevé au collége de Navarre, a laissé un commentaire des Psaumes de David, à la tête duquel il a placé cet éloge du collége et ce petit tableau de Paris : « *Veni adolescens natus annos decem et septem parisiorum civitatem illam inclytam, toto vitiis et litteris cantatissimam orbe. Babylon ipsa est.* Ubi primum de dono tuo ad insignem illam tuam Navarræ domum deduxisti, tuam in quam domum : quippe quæ sancta et sancte pudica tibi alere non cessat novellas plantationes, etc. Litteratorum emporium, prudentiæ domicilium, orationis sacrarium, sanctimoniæ columen, etc. » — (5) Hurtaut, t. II, p. 387. — (6) Dubreuil, p. 307. — (7) Félibien, t. II, p. 1329. *Preuves*, part. III, p. 537.

Saint-Louis. Son portail était décoré des statues « peintes et enrichies d'or et d'azur (1), » de ce prince, de Philippe-le-Bel et de Jeanne de Navarre. Sous chaque statue était une inscription en l'honneur du personnage qu'elle représentait. On voyait dans le chœur un grand candélabre, à sept branches sur chaque face, d'environ dix pieds de haut, qui servait de lutrin.

Au milieu du chœur, sous la lampe, était inhumé le célèbre *Nicolas Clémengis*, natif de Clamanges, diocèse de Châlons, proviseur de ce collége (2), dont l'épitaphe rappelait, par un jeu de mots, que celui qui avait été le flambeau (la lampe) de l'église, reposait aujourd'hui sous la lampe :

<blockquote>Qui lampas fuit ecclesiæ, sub lampade jacet (3).</blockquote>

Dans la nef était la tombe de *Jean Texier* ou *Taxier* de Ravisi, habile humaniste (4). Né vers 1480 à Saint-Saulge dans le Nivernais, il acheva ses études sous Jean Baluacus, son compatriote, recteur du collége de Navarre, et obtint la chaire de rhétorique dans le même établissement ; il perfectionna dans cette école, alors la plus célèbre de Paris, l'enseignement des humanités, et composa plusieurs ouvrages qui furent adoptés dans la plupart des colléges de France, d'Allemagne et d'Italie (5). Un tableau de cette chapelle représentait le cardinal d'Ailly (6), l'une des gloires de l'Université de Paris. Une longue inscription, placée aussi dans la nef, contenait un éloge de Jeanne de Navarre.

Les bâtiments du collége de Navarre ont été presque entièrement démolis. Leur emplacement est occupé par l'*Ecole Polytechnique*.

Collége des Cholets, rue des Cholets, n° 2. — Jean Cholet (7),

---

(1) Dubreuil, p. 307. — (2) Sur Nicolas Clémengis, voy. ci-dessus, p. 161. — (3) Autour de la pierre était gravé ce distique :

<blockquote>Belga fui, Catalaunus eram, Clamingius ortu.
Hæc domus ossa tenet, spiritus astra petit.</blockquote>

(4) Voy. ci-dessus, p. 170. — (5) On grava sur son tombeau cette épitaphe, qui offre aussi plusieurs de ces jeux de mots si fort à la mode à cette époque :

<blockquote>Vitæ immortalis Textor sibi texere telam
Orsus erat, cretus Palladis arte sacræ.
Atropos id sensit : Sed non, ait, absque sororum
Illa trium texi, stamine tela potest.
Textorem ante diem extinxit mors invida : At illi
Tela vel extincto est accelerata magis.
Obiit anno Domini 1522, die 3 decemb.</blockquote>

Dubreuil, p. 308. — (6) Voy. ci-dessus, p. 160.

(7) Ce prélat, qui pendant sa vie avait été employé aux plus grandes négociations par le pape Martin IV et le roi Philippe-le-Bel, fut inhumé dans l'église de l'abbaye de

cardinal et légat du pape en France, mort le 2 août 1291, avait légué dans son testament une somme de 6,000 livres pour fournir aux frais de la croisade publiée contre Pierre d'Aragon. La guerre étant terminée à sa mort, ses exécuteurs testamentaires, Jean de Bulles, archidiacre du Grand-Caux dans l'église de Rouen, et deux chanoines de l'église de Beauvais, résolurent d'employer cette somme à la fondation d'un collége en faveur des étudiants des diocèses de Beauvais et d'Amiens. Jean de Bulles offrit la maison qu'il habitait à Paris vis-à-vis la chapelle de Saint-Symphorien ; on y joignit, en les achetant, une maison voisine et l'hôtel de Senlis, qui avait appartenu à l'évêque Gautier de Chambly, et l'on travailla sans délai au nouvel établissement. Les annales manuscrites de Sainte-Geneviève le mentionnent comme existant à la date de 1292. Toutefois, il paraît qu'il ne fut entièrement terminé qu'en 1295 (1). En 1313, lors de la levée de la taille de Paris (2), cette maison portait déjà le nom *des Cholets*, et la même dénomination fut donnée à la rue qui auparavant portait celle de la chapelle de Saint-Symphorien. Cette petite église servit au collége en face duquel elle était située, jusqu'en 1504, époque où, du consentement de l'abbé de Sainte-Geneviève dont dépendait Saint-Symphorien, et de l'évêque de Paris, on construisit une chapelle dans le collége même. Cette chapelle fut dédiée sous l'invocation de sainte Cécile, en mémoire du fondateur, qui était cardinal du titre de Sainte-Cécile.

Ce collége avait été fondé seulement pour seize boursiers théologiens ; mais les exécuteurs testamentaires étant morts, le cardinal Lemoine qui leur fut substitué, en confirmant les statuts dressés en 1295, ajouta quatre boursiers qui étaient chargés de dire tour à tour au moins deux messes par jour à Saint-Symphorien, et fit acheter une maison adjacente pour y placer vingt boursiers grammairiens. Tous ces boursiers devaient être pris dans les diocèses d'Amiens et de Beauvais, et nommés par les chapitres des cathédrales de ces villes.

En 1332, Geoffroy du Plessis, fondateur du collége qui portait son nom, légua à celui des Cholets la somme de 100 livres, en reconnaissance des secours qu'il avait autrefois reçus du cardinal Cholet. Au XVIIe siècle, le collége des Cholets était composé de vingt boursiers théologiens et de vingt petits boursiers artiens présentés par les

Saint-Lucien de Beauvais, dont il avait été chanoine ; cependant on voyait son épitaphe dans la chapelle des Cholets. Cette épitaphe se composait des quatre vers suivants :

  Belgarum me primus ager nutrivit, honorat
   Roma, seni curæ fœdera pacis erant.
  Religio, pietas, studiorum insignia crescunt
   Me duce : quis fuerim comprobat ista domus.

(1) Jaillot, t. IV, *quartier Saint-Benoît*, p. 47.
(2) M. Buchon en a publié le rôle, t. IX de sa *Collection de chroniques*.

théologiens au *custos* de la maison qui en donnait les provisions. Le collége était gouverné par un prieur que les boursiers théologiens élisaient tous les ans, le 23 octobre. Le prieur réglait tout et présidait le chapitre de la communauté. Les boursiers théologiens élisaient en outre tous les ans un d'entre eux pour être procureur ; celui-ci administrait le temporel de la maison, et rendait ses comptes à la communauté. Il y avait au-dessus de ces deux officiers deux grands-maîtres, dont l'un était chanoine de Beauvais et l'autre d'Amiens, nommés par les chapitres de ces deux églises ; et en outre le *custos*, qui était toujours une personne de distinction élue par les boursiers théologiens.

La maison des Cholets avait un député dans les délibérations de la faculté de théologie de Paris, de même que les maisons de Sorbonne, de Navarre et de Lemoine. Les grandes bourses de ce collége étaient les meilleures de Paris, non seulement par leur valeur, mais encore par l'avantage qu'avaient ceux qui en étaient pourvus de nommer à celles des artiens.

Le collége des Cholets, qui était sans exercice, fut réuni en 1768 au siége de l'Université (1).

Les bâtiments de cet établissement, devenus propriété du gouvernement, habités ensuite par des particuliers, n'existent plus aujourd'hui. Leur ensemble formait un carré long qui se prolongeait au midi sur l'étendue de la rue Saint-Étienne-des-Grés, à l'est sur une partie de la rue des Cholets, et au nord bornait la très petite ruelle qui séparait ce collége de celui de Louis-le-Grand. Au centre des constructions du midi s'élevait une tour carrée, où se trouvait l'escalier à trois étages qui communiquait au bâtiment placé à gauche ; à droite était la chapelle. On entrait dans cette tour par une porte en plein cintre, décorée d'une archivolte et surmontée d'un écusson. Les angles de la tour étaient décorés de chaîne de pierre avec refend. La porte de la chapelle était en ogive et embellie de moulures formant chambranle, surmontée d'une imposte gothique décorée de nervures et de trèfles. On avait pratiqué, postérieurement à la construction de cette porte, dans la hauteur de l'ébrasement de l'ogive, deux petites fenêtres circulaires, séparées et dépassées en hauteur par une niche élevée sur un culot en saillie. Au-dessous de ces fenêtres et de cette niche, une plus petite porte avait été ouverte ; elle était en cintre surbaissé et profilée de moulures, dont l'une, découpée en festons, venait se confondre avec les ornements du culot ; un homme pouvait à peine la franchir sans se baisser. L'ébrasement de l'ogive, la tour et le bâtiment de cette cour étaient du XVe siècle. — La porte d'entrée du collége s'ouvrait sur le milieu du bâtiment à

(1) Voy. ci-dessus, p. 208.

332 HISTOIRE DE PARIS.

l'est ; elle faisait face à la rue des *Chiens*, maintenant rue Jean-Hubert, et portait le n° 2 de la rue des Cholets lorsqu'elle fut abattue.

Une rue devait être percée au centre de cette maison et la diviser en deux parties égales ; partant de la porte d'entrée, elle eût établi une communication directe, par les rues Jean-Hubert et des Cordiers, entre la rue des Sept-Voies et celle de Cluni. Dans la vue de l'exécution de ce projet, un décret impérial concéda au domaine toute la portion du midi, et au collége de Louis-le-Grand celle du nord. L'administration de ce collége fit aussitôt abattre ce qui lui avait été donné. La restauration étant venue, cette administration obtint une ordonnance royale qui la rendit propriétaire de la portion primitivement abandonnée au domaine, et fit démolir, en 1822 ou 1823, tout ce qui restait des constructions du midi et de l'est. Elle aurait fait conserver les sculptures de la porte de la chapelle ; mais leur mauvais état ne le permit pas. Le collége des Cholets et la rue projetée ne sont plus aujourd'hui qu'une cour-jardin destinée à la gymnastique des écoliers de Louis-le-Grand (1).

Le *collége de Bayeux*, dont la porte d'entrée existe encore dans la rue de La Harpe, n° 93, fut fondé en 1308 ou 1309 (2) par Guillaume Bonnet, évêque de Bayeux, né dans le diocèse du Mans et élevé dans celui d'Angers, pour douze étudiants des diocèses du Mans et d'Angers. Le prélat donna à cet effet « sa grande maison où il demeurait à Paris, qui s'étendait d'une rue à l'autre (de la rue de La Harpe à la rue des Maçons), avec une autre maison plus petite où il avait commencé à faire sa demeure. Il y joignit son manoir de Gentilly, avec toutes les terres, bois taillis et vignes tant en-deçà qu'au-delà de l'eau, avec 75 livres parisis de rente qu'il avait sur le trésor, quelques autres revenus à Paris, ses livres de théologie et de droit canon, huit lits garnis et un ornement pour célébrer la messe (3). » Le nombre des bourses fut augmenté dans la suite. Chaque boursier n'avait que trois sous parisis par semaine. « Et cela ne suffit pour vivre un jour, dit Dubreuil (4), au temps auquel nous sommes : tant s'en faut qu'il puisse suffire pour une semaine. » Si l'on reconnaissait qu'un boursier eût 40 livres de revenu annuel, il était privé de sa bourse, et obligé de vivre à ses frais si la communauté permettait qu'il demeurât dans la maison. Chaque année les boursiers célébraient à Saint-Séverin une messe d'anniversaire en l'honneur de leur fondateur, le jour de son décès.

Les règlements établis pour ce collége, en 1315, par un chanoine de Bayeux, exécuteur testamentaire de Guillaume Bonnet, réformés en 1543

---

(1) Voy. *Paris pittor.*, t. I, p. 401. — (2) Félibien, t. I, p. 520. — (3) *Ibid.* (4) Dubreuil, p. 310.

par deux conseillers au parlement, à la requête des évêques du Mans et d'Angers, furent modifiés en partie en 1551 par le parlement. Comme le principal but du fondateur, en établissant un collége, était de favoriser l'étude de la théologie, moins lucrative que celle de la médecine et du droit-canon (1), il voulut qu'il n'y eût pas plus de quatre élèves de chaque diocèse qui s'adonnassent à ces facultés. « Permis à l'écolier en droit-canon, qui a besoin d'étudier le droit civil, d'aller l'apprendre là où on l'enseigne pendant cinq ans; à son retour, celui qui aura joui de sa bourse, la lui rendra. »

Le collége de Bayeux fut réuni à l'Université en 1763. Ses bâtiments, en grande partie reconstruits, sont occupés par des particuliers.

Le *collége du cardinal Lemoine*, dont les bâtiments portent aujourd'hui le n° 76 de la rue Saint-Victor, doit son nom et son origine à Jean Lemoine, cardinal, né à Crécy en Ponthieu, légat du Saint-Siége, envoyé en France par Boniface VIII pour terminer la fameuse querelle entre le pontife et Philippe-le-Bel. Il profita du temps que lui donna sa négociation infructueuse pour effectuer le projet qu'il avait formé avant son départ, de fonder un collége à Paris, ce qu'il exécuta vers l'an 1302 (2). Les bâtiments furent construits sur l'emplacement des maisons, chapelle et cimetière qui avaient appartenu aux religieux Augustins, dans le clos du Chardonnet, et sur l'ancien cours de la rivière de Bièvre qu'on détourna (3). » Dans les statuts qu'il rédigea, le cardinal ordonna qu'il y aurait dans ce collége soixante artiens et quarante théologiens. Ce nombre diminua dans la suite, et, en 1545, le parlement le fixa à six artiens et dix-huit théologiens, état où il s'est maintenu jusqu'aux derniers temps. Le fondateur ordonna que l'établissement serait nommé *Maison du Cardinal*, et le premier, par une sage précaution qui prévint l'appauvrissement du collége par les changements dans la valeur des monnaies, comme plusieurs autres institutions semblables, il voulut que le montant des bourses fût réglé sur le poids de l'argent. La bourse de chaque théologien fut fixée à six marcs d'argent pur, poids de Paris; celle d'un artien à quatre marcs. André Lemoine, frère du cardinal, et différents membres de leur famille, contribuèrent à diverses époques à la fortune de l'établissement.

Plusieurs auteurs disent que trois hommes célèbres professèrent en même temps, au XVI° siècle, dans le collége du cardinal Lemoine :

---

(1) Félibien, *ibid*. — (2) Comme le prouve Jaillot. Voir la discussion de cet auteur pour établir cette date, que n'admettent pas tous les historiens. — (3) Sauval, t. I, p. 362. — On voyait encore du temps de Sauval, dans le collége du cardinal Lemoine et dans celui des Bons-Enfants, *les canaux* de l'ancien cours de la Bièvre.

Turnèbe, Buchanan et Muret; mais ce fait n'est point certain. Buchanan paraît n'avoir professé qu'au collége Sainte-Barbe (1).

Le collége du cardinal Lemoine occupait par ses bâtiments, ses cours, ses jardins et ses autres dépendances, un terrain très spacieux, qui s'étendait de la rue Saint-Victor jusque sur les bords de la Seine, à la porte Saint-Bernard (2). La chapelle de l'établissement fut érigée en paroisse pour les habitants de l'enclos, et le chapelain prit rang parmi les curés de Paris.

De tous les colléges de l'Université de Paris, celui du cardinal Lemoine souffrit le plus des désastres de la guerre civile, à cause de sa situation à l'entrée de la ville. Edmond Richer en ayant été nommé principal, en même temps qu'il veilla aux études, s'occupa de faire restaurer les bâtiments du collége; il fit rétablir la clôture, l'église et les autres édifices qui étaient presque tombés en ruines; il fit défricher la cour qui était hérissée de ronces et de chardons. Il porta même ses soins hors du collége, car il détruisit, près de Saint-Nicolas-du-Chardonnet, un cloaque appelé le *Trou punais*, qui infectait tout le voisinage, en le détournant dans la Seine. Il remédia aussi aux ravages que les inondations de la Seine faisaient tous les hivers en regorgeant sous terre dans le grand jardin de son collége et dans ceux des Bernardins, en faisant élever des chaussées jusqu'au quai de la porte Saint-Bernard.

On établit dans ce collége, en mémoire de Jean Lemoine, son fondateur, une fête qu'on appelait la *solennité du cardinal*, célébrée le 13 janvier de chaque année. La veille de ce jour, tous les anciens de la maison s'assemblaient dans une salle et choisissaient l'un d'eux pour représenter le cardinal Lemoine. On habillait l'élu en cardinal, et dans ce costume il allait assister aux vêpres, accompagné d'un aumônier qui portait son chapeau rouge. Le soir il donnait un grand régal à ses confrères, et après le souper il leur distribuait des dragées et des confitures sèches. Le lendemain, jour de Saint-Firmin, patron de la chapelle du collége, la nation de Picardie venait célébrer la première messe, où le cardinal prétendu assistait et faisait encore profusion de dragées. A onze heures on chantait une grand'messe, où il assistait avec toute sa pompe et qu'il célébrait quelquefois lui-même. Après le dîner, les écoliers venaient gravement le complimenter et réciter des harangues en vers et en prose en l'honneur du cardinal Jean Lemoine et de celui qui le représentait. « Autrefois, ajoute Félibien (3), les comédiens de l'hostel de Bourgogne se rendoient à cette messe, et la chantoient en musique avec toute leur symphonie, aussi en mémoire du cardinal, qu'on dit qui avoit aidé aux confrères de la Passion à faire l'acquest de l'hostel de Bourgogne; pour preuve de quoi l'on assure qu'il y avoit à cet

---

(1) Félibien, t. II, p. 1049.—(2) Hurtaut, t. II, p. 314.—(3) Félibien, t. I, p. 527.

hostel une loge appelée *la loge du cardinal Lemoine.* » — La *solennité du cardinal* fut sagement abolie au commencement du dernier siècle.

Le corps du cardinal Lemoine, mort à Avignon en 1313, fut transporté à Paris et mis en terre, selon les recommandations du défunt, dans la chapelle du collége. Son frère André, évêque de Noyon, fut en 1315 inhumé à côté de lui dans le même tombeau. Le tableau du maître autel de l'église, peint par Lagrenée, et représentant saint Jean dans l'île de Pathmos, était assez estimé.

En 1754 on fit à cette maison des réparations considérables; le portail de la chapelle fut reconstruit à neuf, le maître-autel fut réparé; la chapelle, dédiée d'abord sous le nom de Saint-Firmin, prit alors celui de Saint-Jean l'évangéliste. Cette chapelle a été détruite; les bâtiments qui existent encore ont été changés en habitations particulières, et sur le terrain qui en dépendait on a établi un chantier de bois à brûler, qu'on appelle le *Chantier du cardinal Lemoine.*

Le *collége de Laon*, primitivement rue du Clos-Bruneau, ou Saint-Jean-de-Beauvais, et transféré plus tard rue de la Montagne-Sainte-Geneviève, n° 22, fut fondé pour les pauvres écoliers des diocèses de Laon et de Soissons, en 1313, par Guy, chanoine de Laon, trésorier de la Sainte-Chapelle, et Raoul de Presles, secrétaire de Philippe-le-Bel, père du célèbre auteur de *la Cité de Dieu* (1). Des discussions s'étant élevées entre les écoliers des deux diocèses, on fut obligé, en 1323, de les séparer pour en former deux colléges particuliers. L'un prit le nom de *collége de Presles ou de Soissons* (2), l'autre retint le nom de *collége de Laon.* Celui-ci occupa les bâtiments qui donnaient sur la rue du Clos-Bruneau, où fut depuis le collége de Beauvais et plus tard celui de Lisieux. En 1339, Gérard de Montaigu, depuis avocat-général au parlement, ayant légué aux écoliers de ce collége son *hôtel du Lion d'Or*, situé rue de la Montagne-Sainte-Geneviève, ils y furent transférés en 1340. Entre cet hôtel, devenu le collége de Laon, et le couvent des Carmes, était le collége de Dace. Peu fréquenté et pauvre, cet établissement avait emprunté quelque sommes à celui de Laon, qui, en 1430, pour ne point les perdre, se mit en possession de ses bâtiments en donnant ailleurs une maison aux écoliers de Dace (3). — Le nombre des bourses du collége de Laon, d'abord fixé à seize par les fondateurs, pour seize étudiants, fut dans la suite augmenté d'un grand nombre d'autres bourses, tant pour les arts que pour la théologie et la médecine (4). — En 1764, comme beaucoup d'autres

(1) Voir l'acte de fondation dans Dubreuil, p. 311. — (2) Voy. son article plus loin. — (3) Voy. ci-dessus, p. 473. — (4) Voir la notice chronologique de la fondation de ces bourses dans Hurtaut, t. II, p. 499.

colléges, celui de Laon fut réuni au collége de l'Université ou de Louis-le-Grand. Ses bâtiments sont aujourd'hui une propriété particulière.

Collége de Presles ou *de Soissons*, rue des Carmes.—Ce collége, détaché, comme on l'a vu (1), en 1323, du collége de Laon, pour les écoliers du collége de Soissons, s'établit dans l'emplacement qui donnait sur la rue Saint-Hilaire (plus tard rue des Carmes), à la charge d'une rente de 24 livres qu'il devait payer au collége de Laon. Philippe-le-Long, en confirmant cette séparation, donna au collége de Presles vingt-quatre arpents de bois dans les forêts du Loup et de la Muette, avec le droit de gruerie. Le collége de Beauvais, fondé dans la rue voisine, sur un terrain contigu à celui de Presles, ayant eu besoin de locaux pour ses leçons publiques, un accord réunit les deux colléges en 1597, et partagea les cours entre eux : chacun eut quatre professeurs et quatre classes. Cet arrangement dura jusqu'en 1699, que l'exercice entier des colléges fut abandonné au collége de Beauvais. — Les bourses du collége de Presles étaient affectées par préférence, dans le diocèse de Soissons, aux lieux de Presles, de Cys, de Ru, de Saint-Marc et de Boves.

Lors du massacre de la Saint-Barthélemy, le célèbre Pierre Ramus (2), qui partageait les nouvelles opinions religieuses, se cacha dans les caves du collége de Presles. Découvert dans cet asile, il voulut racheter sa vie ; ses assassins touchèrent le prix de sa rançon et l'égorgèrent ensuite. Ils eurent l'atroce barbarie de jeter son cadavre palpitant encore par les fenêtres dans la rue, où il fut traîné et souillé par les écoliers. Tous les historiens accusent Charpentier d'avoir conduit lui-même les assassins chez Ramus, auquel il ne pardonnait pas d'avoir voulu l'éloigner du collége de France, comme incapable. Cependant Guillaume de Bonheim, auteur contemporain, dit que Charpentier fut non seulement étranger au meurtre de Ramus, mais qu'il témoigna la plus vive douleur en apprenant la mort d'un si grand homme, l'ornement de l'Université (3).

Parlement de Paris. — Avant d'entreprendre l'histoire de l'illustre corps connu sous le nom de parlement de Paris, je crois devoir expliquer en peu de mots ce qu'étaient nos parlements avant Philippe-le-Bel.

(1) Voy. art. du *Collége de Laon.* — M. Dulaure semble distinguer deux colléges de Presles : l'un fondé en 1313 ou 1314 (t. II, p. 370), l'autre vers 1370 (t. III, p. 95) ; mais c'est du même collége qu'il s'agit. M. Dulaure se trompe encore en disant qu'il fut fondé par Raoul de Presles, poëte du roi Charles V ; c'est par Raoul de Presles, père de celui-ci. M. Dulaure, après Pasquier, a confondu le père et le fils. — (2) Voy. ci-dessus, p. 189 et suiv. — (3) Voy. la *Biogr. univ.*

Comme tous les peuples barbares, les Francs eurent leurs assemblées nationales, nommées *placita*, et plus tard *parliament* (1), d'où est venu le mot latin *parliamentum*, parlement (2). Les anciens historiens nous fournissent peu de détails sur ces assemblées sous la première race; nous apprenons seulement que le clergé y prit place peu à peu, ce qui les faisait appeler quelquefois *synodes* ou *conciles* (3). Pepin fixa au premier mai la réunion générale des *leudes*, qui avait lieu avant lui au mois de mars. Charlemagne, son successeur, eut souvent recours, dans ses essais de civilisation, aux parlements, qui se perpétuèrent, quoique par intervalles, sous ses faibles successeurs; mais on ne peut constater leur influence réelle et leur puissance que sous Philippe Auguste. En 1203, un parlement composé des *pairs* du royaume, condamna à mort Jean-sans-Terre, roi d'Angleterre, et l'année suivante, le 2 mai 1204, le roi de France réunit à Villeneuve-le-Roi, Eudes, duc de Bourgogne, Hervé, comte de Nevers, Renaud, comte de Boulogne, Gaucher, comte de Saint-Paul, et Guy de Dampierre, assistés d'un grand nombre de barons, pour affermir l'établissement des droits féodaux. Saint Louis, ce bon *justicier*, eut souvent recours aux parlements, mais ce n'étaient pas toujours de simples assemblées de hauts barons; les légistes, qui devaient jouer un si grand rôle pendant le règne suivant, paraissent déjà. Le roi réunit de temps en temps de petits parlements; dans ces *conseils estroits*, dans ces *parloirs du roi* ou *au roi*, comme on disait alors, on trouve des clercs, des *chevaliers-ès-lois*, et à leur tête le fidèle conseiller de saint Louis, Pierre de Fontaines, qui prend le titre de *maistre du parlement*. En cette qualité, il prononce un jugement en faveur du roi contre l'abbé de Saint-Benoît-sur-Loire; puis un autre, et toujours favorable au roi, contre les religieux du bois de Vincennes (4). Enfin, en 1241, Hugues de Lusignan, comte de la Marche, ayant refusé de faire hommage à saint Louis, le monarque assemble à Paris un parlement, où les députés mêmes des villes sont convoqués (5). Tout changea bien autrement sous Philippe-le-Bel, qui organisa le parlement comme siége de la justice (6), et alors les an-

---

(1) Ce mot s'est conservé sans aucune modification dans la langue anglaise.

(2) Je ferai remarquer avec un célèbre écrivain que ce mot de parlement n'a pas toujours eu la signification que nous lui attribuons. Il existe une ancienne charte d'un Raymond de Toulouse, qui se termine par ces mots : « Fait à Toulouse, dans la maison commune, en *parlement* public. » Dans une autre charte du Dauphiné, il est dit que l'Université s'assembla en *parlement* au son de la cloche. Voltaire, *Hist. du parlement*, chap. I. — (3) Félibien, t. I, p. 470. — Voy. l'*Hist. de France* de M. Michelet, t. I, et le *Cours* de M. Guizot. Nulle part cette obscure question de l'organisation civile chez les Francs n'est posée d'une manière aussi nette et aussi ingénieuse. — (4) M. Michelet, t. III, p. 37. — « Les clercs, maître Jean de Troyes et maître Julien de Péronne, donnèrent leurs avis avec le connétable, le comte de Ponthieu et le grand-maître des arbalétriers. » — (5) *Hist. du parlement*, chap. II.

(6) Nul doute, dit M. Michelet, t. III, p. 228, que le parlement ne remonte plus

ciens parlements de la nation, dans la véritable acception du mot, furent les états-généraux.

Ces assemblées, à la fois politiques, administratives et judiciaires, ces *parlements*, ces *parloirs du roi*, comme on voudra les appeler, ne s'assemblaient point à des époques fixes; on les convoquait au besoin. Philippe-le-Bel rendit le parlement sédentaire; il l'établit à Paris dans son palais. En même temps, il constitua l'échiquier de Normandie, les Grands jours de Troyes, et le parlement de Toulouse. Dès 1291, il avait arrêté que plusieurs membres de son conseil écouteraient les requêtes, que d'autres les expédieraient et donneraient leur décision; que quelques autres liraient les enquêtes et en feraient leur rapport, et que les enquêteurs ne viendraient à la *chambre des plaids* que lorsqu'ils y seraient mandés. En 1302, il ordonna qu'il serait tenu à Paris, *pour la commodité des sujets et l'expédition des causes*, deux *parlements* par an, c'est-à-dire deux sessions, l'une après l'octave de Pâques, et l'autre après celle de la Toussaint, et que chacune de ces sessions durerait deux mois (1). Une autre ordonnance de 1304 porte que le parlement sera composé de deux présidents clercs, l'archevêque de Narbonne et l'évêque de Rennes; de deux présidents laïques, le comte de Dreux et le comte de Bourgogne; de treize conseillers clercs et de treize laïques; que la chambre des enquêtes aura cinq membres, et celle des requêtes dix, dont cinq pour la *langue d'oïl* (le Nord) et cinq pour la *langue d'oc*, c'est-à-dire le Midi. Dans l'origine, les pairs du royaume étaient les seuls *conseillers-nés* du parlement; les autres conseillers, qui étaient presque tous des clercs, des légistes, pouvaient être destitués suivant le bon vouloir du roi. Ils exerçaient une commission passagère; et très souvent ceux qui avaient siégé à Pâques n'étaient plus juges à la Toussaint (2). Mais ils devinrent plus tard inamovibles et composèrent presque seuls le parlement. Dans le siècle dernier, les pairs n'allaient à la grand'chambre que dans les occasions éclatantes et pour les lits de justice.

Philippe-le-Bel, qui craignait les envahissements du clergé, avait voulu rendre le parlement tout laïque et en interdire l'entrée aux évêques. En 1289, il défendit (3) à Philippe et Jean, portiers du parle-

haut. On en trouve la première trace dans l'ordonnance, dite testament, de Philippe-Auguste (1190). Voy. l'important mémoire de M. Klimrath *sur les olim et sur le parlement*. Voy. aussi une dissertation manuscrite sur l'origine du parlement (*Archives du royaume*). L'auteur anonyme, qui peut-être écrivait sur le chancelier Maupeou, partage l'opinion de M. Klimrath. Si pourtant l'on considère l'importance toute nouvelle que le parlement prit sous Philippe-le-Bel, on ne s'étonnera pas que la plupart des historiens l'en aient nommé le fondateur. » J'indiquerai en outre le travail de M. Taillandier sur le parlement.

(1) Le dauphin Charles ordonna, le 8 février 1356, au parlement de ne point discontinuer ses séances; ce qui fut ratifié par Louis XI en 1491. Félibien, t. I, p. 471. — (2) Voltaire, chap. III. — (3) D. Vaissette, *Hist. du Languedoc*, liv. XXVIII, p. 72.

ment, de laisser entrer nul des prélats en la chambre sans le consentement des maistres (présidents). Plus tard il se relâcha de sa sévérité; mais Philippe-le-Long, qui marcha sur ses traces, déclara en 1319 qu'il n'y aurait *nulz prélaz députez en parlement, car le roy fait conscience de eus empeschier au gouvernement de leurs esperituautés*. Les seuls évêques de Paris et les abbés de Saint Denis et de Cluni eurent le droit d'y assister, comme conseillers-nés.

Avant la vénalité des charges, introduite sous François Ier par le cardinal Duprat (1), les membres du parlement étaient payés par le roi. « Au commencement du règne de Charles VIII, le premier président recevoit par jour quatre livres deux sous trois deniers parisis; chacun des autres présidents, quarante-un sous un denier et obole parisis; et chacun des conseillers laïques, quinze sous parisis; les autres officiers avoient leurs gages à proportion, et les quatre notaires du parlement avoient chacun cent quarante-neuf livres huit sous quatre deniers parisis par an. Le mesme roy, par son ordonnance du 7 juillet 1493, accorda à tous les officiers du parlement une augmentation de gages, en sorte que le premier président auroit désormais quatre livres douze sous par jour; chacun des autres présidents, cinquante-un sous; chaque conseiller clerc, quinze sous parisis; chaque conseiller laïque, vingt; chacun des greffiers civil et criminel, aussi vingt sous parisis; les greffiers des présentations, douze; le premier huissier, cinq sous quatre deniers parisis; et chacun des autres huissiers, avec l'huissier-garde de la chambre du parlement, quatre sous parisis par jour. De cette augmentation de gages est excepté le temps des vacations pendant lequel les gages seront payez sur l'ancien pied. Le roy en faisant cette augmentation déclare que c'est sans préjudice des *manteaux* et autres dons et bienfaits qui ont esté ou seront ordonnéz par lui aux présidents, conseillers et officiers du parlement. L'ordonnance ne faisoit point mention des quatre notaires. Ils représentèrent au roy qu'ils estoient censéz du corps de la cour du parlement; et le roy, par ses lettres, données à Tours le dernier jour d'octobre de la mesme année, leur accorda, outre leurs gages anciens, une augmentation de quatre sous parisis (2). »

Le nombre des chambres du parlement s'accrut dans la suite, ainsi que celui des membres qui les composaient. Voici les noms et les attributions de ces chambres à l'époque de la révolution. La *grand'chambre* était composée d'un premier président, de neuf présidents *à mortier*, de

(1) Les États d'Orléans en 1590, Henri III en 1582, et l'assemblée des notables à Saint-Germain-en-Laye en 1583, défendirent inutilement la vénalité. La charge de président à mortier au parlement s'achetait 500,000 livres, et celle de conseiller 60,000; elles rapportaient, la première 10,000 et l'autre 1,200 livres.

(2) Félibien, t. I, p. 473; t. III, *Preuves*, p. 307.

vingt-cinq conseillers laïques et de douze conseillers clercs. Il s'y trouvait en outre un grand nombre de présidents et de conseillers honoraires ; trois avocats-généraux et un procureur-général y étaient attachés. Le gouverneur de Paris avait entrée et voix délibérative au parlement, en qualité de conseiller d'honneur né. Les princes du sang, les pairs de France, tant laïques qu'ecclésiastiques, avaient aussi entrée et voix délibérative ; les premiers y étaient reçus à l'âge de quinze ans, et les pairs à vingt-cinq. Les ducs et pairs étaient les premiers conseillers du parlement, et prenaient séance après le premier président. Les princes du sang entraient de plein droit au parlement, sans avoir de pairie et sans prêter le serment ; ils traversaient e parquet de la grand'chambre pour gagner leurs places, et en prenant leur avis le premier président se découvrait et ne les nommait point, au lieu qu'en demandant l'avis de pairs, il les nommait par leurs titres et n'ôtait point son bonnet. Le costume des princes du sang, des pairs laïques et du gouverneur de Paris, lorsqu'ils allaient au parlement, était un habit de drap d'or, ou de velours, ou de drap noir, un manteau court, une toque ou bonnet de velours garni de plumes, et l'épée au côté. Les pairs ecclésiastiques portaient un rochet et une robe de satin violet, fourrée d'hermine.

La grand'chambre connaissait des appellations verbales interjetées des sentences des juges de son ressort ; des causes auxquelles le procureur-général était partie pour les droits du roi et de la couronne ; des causes des pairs, pour ce qui regardait leurs pairies, dont elle seule connaissait en première instance ; des *droits de régale*, à l'exclusion de toutes les autres cours du royaume ; des causes de l'Université de Paris en corps, et de plusieurs communautés qui y avaient leurs causes commises en première instance, comme l'hôpital-général de la ville de Paris. La grand'chambre recevait le serment des ducs et pairs, des baillis et sénéchaux, et de tous les juges et magistrats dont les appellations se relevaient immédiatement au parlement.

La *tournelle*, trois chambres des *enquêtes* (1) et une des *requêtes* faisaient également partie de la cour du parlement. « La tournelle criminelle, dit Hurtaut, a pris son nom, suivant un ancien historien, de ce que les conseillers de la grand'chambre et les chambres des enquêtes y entrent tour à tour ; cependant quelques auteurs prétendent que la chambre de la tournelle fut ainsi nommée, parce que les assemblées se tenaient dans une tour qui sert présentement de buvette à messieurs de la grand'chambre. La tournelle connaît par appel en dernier ressort de toutes les affaires criminelles où il s'agit de bannissement, des ga-

---

(1) Il y en avait eu jadis cinq ; la dernière avait été érigée par Charles IX en 1568. Elle fut supprimée, ainsi que la quatrième, le 30 août 1757.

lères, de mort ou de quelque peine corporelle, ce qu'on appelle le *grand criminel*, à la différence du *petit criminel*, où il ne s'agit que de peines pécuniaires, dont la connaissance appartient aux chambres des enquêtes (1). » En 1789, il y avait aussi au parlement une *chambre de la marée*, chargée de surveiller la vente du poisson de mer ou d'eau douce (2). Enfin les officiers de la *chancellerie du Palais* faisaient corps avec ceux du parlement.

Le parlement de Paris, que Charles VI et Charles VIII qualifient dans leurs ordonnances de *cour souveraine et capitale du royaume*, avait de grands priviléges. Ses présidents à mortier précédaient les premiers présidents des autres parlements; tous ses membres étaient exempts de la gabelle du sel, du ban et de l'arrière-ban, du logement des gens de guerre, des droits seigneuriaux tant en achetant qu'en vendant des biens dans la *mouvance* du roi; ils avaient le droit de porter la robe rouge et le chaperon herminé dans toutes les cérémonies; ils jouissaient de la noblesse transmissible au premier degré, et non seulement ils ne pouvaient être jugés que par les chambres assemblées, mais nulle instruction n'était permise contre eux devant tout autre juge; leur privilége était le *droit d'indult*, c'est-à-dire le droit de se présenter aux bénéfices vacants. Si le président ou conseiller qui demandait un bénéfice était clerc, il le pouvait requérir pour lui-même; s'il était laïque, il pouvait mettre à sa place telle personne qu'il voulait (3). Quant aux conseillers clercs, ils avaient le privilége de recevoir le produit de leurs bénéfices sans résider. Les pairs prêtaient serment au parlement, ainsi que plusieurs grands-officiers, tels que le grand-panetier, le grand-veneur, le connétable, l'amiral, les maréchaux de France; ils ne devaient être jugés que par toutes les chambres assemblées. Les ecclésiastiques, les gentilshommes et les secrétaires du roi pouvaient demander à être jugés devant la grand'chambre et la tournelle. Mais le parlement, comme nous le prouvera son histoire, ne se renferma point long-temps dans les attributions purement judiciaires; il devint le premier corps du royaume et s'empara plus d'une fois de la puissance souveraine.

La charge de premier président n'était point vénale. On l'obtint d'abord par voie d'élection, puis les rois y pourvurent à leur volonté. Il fallait cependant, pour y être nommé, avoir quarante ans, à moins que le monarque n'accordât une dispense d'âge. Dans les derniers temps, le premier président du parlement de Paris recevait tous les ans de la cour cent cinquante mille livres qu'il distribuait aux membres de la grand'chambre, lorsqu'il jugeait ce moyen nécessaire pour leur faire embrasser le parti

---

(1) Hurtaut, t. III, p. 772.
(2) Guéroult, *Dict. abrégé de la France monarchique*, p. 355.
(3) Hurtaut, t. III, p. 777. On ne pouvait faire valoir ce droit qu'une fois seulement.

du ministère. Les vacations de ce magistrat se payaient par heure, et comme les bureaux se tenaient chez lui, il était censé présent à tous, quoiqu'il lui fût impossible d'y assister, tous étant en activité en même temps. On fit en 1783 le relevé des heures que le premier président d'Aligre avait comptées pour ses vacations depuis qu'il était en place, et l'on trouva qu'à cette époque il avait déjà vécu quatre cents ans (1).

Le premier président marchait dans les cérémonies avant le gouverneur de Paris, et il avait une garde d'honneur à sa porte. Félibien nous apprend qu'en 1617 la maison du bailliage, dans l'enceinte du Palais, fut accordée par lettres patentes du roi aux premiers présidents du parlement (2). On y fit de grands embellissements ; il y avait au fond de la cour une salle spacieuse pour les assemblées générales de la compagnie, et on voyait dans la bibliothèque les portraits de tous les premiers présidents, monuments précieux pour l'histoire et pour l'art, qui ont été perdus à la révolution. Depuis 1792, cet hôtel est devenu celui de la Préfecture de Police (3).

Voici la liste des premiers présidents du parlement de Paris jusqu'au 5 novembre 1789 :

Simon de Buci, jusqu'en 1371.
Guillaume de Séris ou de Sens I, 1373.
Pierre d'Orgemont, 1373.
Arnauld de Corbie, 1388.
Guillaume de Sens II, 1399.
Jean de Popincourt, 1403.
Henri de Marle, 1413.
Robert Mauger, 1418.
Philippe de Morvilliers, 1436.
Adam de Cambrai, 1456.
Yves de Scepeaux, 1461.
Elie de Tourette ou Torrette, 1461.
Mathieu de Nanterre, 1465.
Jean Dauvet, 1471.
Jean de Montigny, surnommé le Boulanger, 1481.
Jean de la Vacquerie, 1497.
Pierre Cotardi ou de Courtardi, 1505.
Jean de Gannai, 1507.
Antoine Duprat, 1514.
Pierre Mondot de la Marthonie, 1519.
Jean de Selves (4), 1529.
Pierre Lizet, 1550.
Jean Bertrand, 1551.
Gilles Lemaître, 1562.
Christophe de Thou, 1582.

Achille de Harlai I, 1611.
Nicolas de Verdun, 1627.
Jérôme de Hacqueville, 1628.
Jean Bochard de Champigny, 1630.
Nicolas le Jay, 1640.
Matthieu Molé, 1653.
Pomponne de Bellièvre, 1657.
Guillaume de Lamoignon, 1677.
Nicolas Potier de Novion, 1689.
Achille de Harlay II, 1707.
Louis Lepelletier I, 1712.
Jean-Antoine de Mesmes, 1723.
André Potier de Novion, 1724.
Antoine Portail, 1736.
Louis Lepelletier II, 1743.
René-Charles de Maupeou, 1757.
Matthieu-François Molé, 1763.
René-Nicolas-Charles-Augustin de Maupeou, 1768.
Etienne-François d'Aligre, 1771.
Louis-Jean Berthier de Sauvigny, 1775.
Etienne-François d'Aligre, 1788.
Louis-François-de-Paule Lefèvre d'Ormesson, 1789.
Jean-Baptiste-Gaspard Bochard de Saron, 5 novembre 1789 (5).

(1) Guéroult, *loco cit.*, p. 359. — (2) Félibien, t. II, p. 474. — (3) Voy. *Préfecture de police.* — (4) Hurtaut, t. IV, p. 141, place avant de Selves *Jean Olivier de Leuville*, 1519. — (5) C'est l'époque de la suppression des parlements. Bochard de Saron fut guillotiné le 20 avril 1794.

Les gens du roi, c'est-à-dire le procureur-général et les avocats-généraux, faisaient partie du parlement. Le procureur-général, qui existait déjà du temps de Philippe-le-Bel, devait siéger à la cour, suivant un arrêt de 1484, entre les deux avocats-généraux. « Le roy est quelquefois représenté par son procureur-général; témoin ce qui se passa sous Charles VII à l'égard de Jacques Cœur, condamné par arrest à faire amende honorable au roy en la personne de son procureur-général, la teste nue, sans chaperon et sans ceinture, et portant en main une torche de dix livres pesant. C'est au procureur-général à tenir ces sortes d'assemblées qu'on appelle *mercuriales*, parce qu'elles se faisoient le mercredi. Elles furent instituées par Charles VIII et confirmées par Louis XII, qui voulut qu'elles se tinssent au moins une fois le mois. Dans ces commencements, non seulement le procureur-général et les avocats-généraux y assistoient, mais encore les présidents de la grand'chambre, les présidents des enquestes et deux conseillers de chaque chambre; et tous ensemble exerçoient sur les officiers du parlement une autorité à peu près semblable à celle des anciens censeurs de la république romaine sur le sénat de Rome, c'est-à-dire qu'ils avoient pouvoir de suspendre ou même de destituer tout-à-fait de leurs fonctions ceux qui estoient convaincus de négligence ou d'injustice dans l'exercice de leurs charges. François Ier réduisit les mercuriales à quatre par an; mais elles ne se font plus aujourd'hui que deux fois l'année, après l'ouverture du parlement, à Pasques et à la Saint-Martin (1). »

Le procureur-général avait sous ses ordres douze substituts, créés en titre d'office par Henri III, et il était élu par scrutin, du moins dans les premiers temps (2). Il avait aussi la haute police dans le ressort du parlement. En 1789, le procureur-général du parlement de Paris était Joly de Fleury. Les avocats-généraux ne furent vraisemblablement créés en titre d'office que long-temps après l'établissement du parlement. Cette magistrature, dont les fonctions ont été remplies par des hommes du plus grand talent, conduisait souvent à la présidence. Comme dans l'origine le parlement était composé moitié de clercs, moitié de laïques, les deux avocats-généraux étaient choisis l'un dans le clergé, l'autre dans la magistrature. Plus tard, il y en eut trois; c'étaient, en 1789, MM. Séguier, petit-fils du chancelier de ce

---

(1) Félibien, t. I, p. 475. On nomme aujourd'hui *mercuriales* les harangues sur les devoirs des magistrats, prononcées par le procureur-général ou l'un des avocats-généraux à la première audience de l'année judiciaire. Cet usage, qui avait été aboli pendant la révolution, a été rétabli par Napoléon lors de l'institution des cours impériales. La même cérémonie a lieu pour les tribunaux civils de première instance.

(2) Jean Huguenin fut élu de cette manière sous Charles VI.

nom, Hérault de Séchelles et d'Ambray (1). Je ne m'étendrai pas davantage sur les attributions des officiers du parlement, mais je crois devoir dire quelques mots sur les avocats de cette cour souveraine.

L'époque de leur institution n'est pas très connue ; mais on sait qu'en 1234 Philippe-le-Hardi ordonna aux avocats des cours et justices de jurer sur le saint Évangile sous peine d'interdiction, qu'ils ne soutiendront que des causes justes, qu'ils les défendront avec autant de zèle que de fidélité, qu'ils les abandonneront dès qu'ils verront qu'elles sont fondées sur des chicanes et sur la méchanceté ; que leurs honoraires seront proportionnés à leur mérite et à la difficulté du procès, sans néanmoins pouvoir excéder la somme de trente livres ; qu'ils engageront leur foi de ne rien prendre, ni directement ni indirectement ; s'ils violent leur promesse, ils seront notés de parjure et d'infamie, exclus de leurs fonctions et punis par les juges suivant la qualité du méfait ; enfin ils doivent renouveler ce serment tous les ans. Cette ordonnance, qui est datée de Paris, du mardi avant la fête de saint Simon et saint Jude, était publiée aux assises trois fois l'année. Le nombre des avocats au parlement de Paris s'élevait dans les derniers temps à plus de six cents. J'aurai plusieurs fois occasion de parler des hommes remarquables qui ont illustré cette compagnie à diverses époques. Parmi les avocats du parlement qui se sont livrés à des travaux d'érudition, je me contenterai de citer ici Henri Sauval, l'auteur des *Antiquités de Paris*.

Le costume de cérémonie du premier président et des présidents à mortier était le manteau d'écarlate fourré d'hermine, et le *mortier* ou toque de velours noir. Le premier président portait deux galons d'or à son mortier ; les autres présidents n'en avaient qu'un. Les conseillers, avocats et procureurs-généraux avaient la robe d'écarlate et le chaperon rouge fourré d'hermine. Les greffiers en chef portaient la robe rouge avec l'*épitoge* (ancien chaperon des présidents à mortier). Le greffier criminel et les quatre secrétaires de la cour avaient la robe rouge, ainsi que le premier huissier, dont le bonnet de drap d'or était fourré d'hermine et enrichi de perles. Le premier président et les autres présidents étaient conduits dans le Palais par les huissiers, la baguette à la main, et lorsqu'ils sortaient les huissiers marchaient devant eux jusqu'à la Sainte-Chapelle.

Il exista jusqu'au XVIIe siècle, dans les parlements, et spécialement dans le parlement de Paris, un usage très singulier connu sous le nom de *droit des roses*, et sur lequel Sauval nous fournit des renseignements fort curieux : « Les ducs et pairs, dit-il, soit

---

(1) Voy. pour tout ce qui concerne les procureurs et avocats-généraux, le *Traité de police* de Delamare. Hurtaut, t. IV, p. 162, donne la liste des procureurs-généraux du parlement.

PHILIPPE IV. 345

qu'ils fussent princes ou fils de France, étoient tenus de porter tous les ans des roses au parlement... Les pairs de France des derniers temps devoient et présentoient eux-mêmes des roses au parlement en avril, mai et juin, lorsqu'on appeloit leurs rôles. Les princes étrangers, les cardinaux, les princes du sang, les enfants de France, même les rois et les reines de Navarre, dont les pairies se trouvoient dans son ressort, en faisoient autant... Il ne serviroit de rien de rapporter les noms des pairs qui rendoient ce devoir au parlement, il suffit, en un mot, de savoir qu'il se rendoit par tous ceux qui avoient des pairies dans son ressort. Parmi les princes du sang, je trouve avec les ducs de Vendôme, de Beaumont et de Montpensier, ceux de Château-Thierri, de Saint-Fargeau, d'Angoulême et de plusieurs autres. Je trouve même qu'Antoine de Bourbon, roi de Navarre, et Jeanne d'Albret, sa femme, s'y assujettirent en qualité de ducs de Vendôme, comme les pairs gentilshommes et princes étrangers. Et de plus, qu'en 1586, Henri leur fils, simple roi de Navarre alors, justifia au procureur-général que ni lui ni ses prédécesseurs n'avoient jamais manqué de *s'asservir* à cette redevance. Enfin des fils de France, en 1577, et depuis encore François duc d'Alençon, fils de Henri II, s'y soumirent ainsi que les autres. Personne en un mot, ni depuis ni auparavant, ne s'en est garanti que nos rois et nos reines (1). Avec tout cela, nous ne savons point ni la cause d'une telle sujétion, ni le temps qu'elle commença. Bien davantage nous ne savons pas quand elle a cessé, quoique ç'ait été de nos jours, ou le siècle passé vers la fin (2); d'ailleurs, nous savons aussi peu comment elle s'observoit à Paris. Si c'étoit de même qu'à Toulouse, voici en peu de mots comment la chose se passoit. On choisissoit un jour qu'il y avoit audience en la grand'chambre : ce jour-là le pair qui présentoit les roses faisoit joncher de roses, de fleurs et d'herbes odoriférantes toutes les chambres du parlement avant l'audiance. Il donnoit à déjeuner splendidement aux présidents et aux conseillers, même aux greffiers et huissiers de la cour; ensuite il venoit dans chaque chambre faisant porter devant lui un grand bassin d'argent, non seulement plein d'autant de bouquets d'œillets, de roses et autres fleurs de soie et naturelles qu'il y avoit d'officiers, mais aussi d'autant de couronnes de même rehaussées de ses armes; après on lui donnoit audience à la grand'chambre, puis on disoit la messe : cependant les hautbois jouoient incessamment, hormis pendant l'audience, et même alloient jouer chez les présidents durant leur dînée. A cela je puis ajouter trois choses pratiquées à Paris : que celui qui écrivoit sous

(1) Sauval dit en un autre endroit : « Le roi paie encore tous les ans un droit de roses au parlement et à toutes les cours souveraines de Paris. » Rien de plus fréquent chez cet écrivain que de semblables contradictions. — (2) Il y a apparence que c'est sous le ministère du cardinal de Richelieu. Hurtaut, t. III, p. 770.

T. II. 22.

le greffier avoit son droit de roses ; que le parlement avoit son faiseur de roses, appelé le *Rosier de la cour ;* et que les pairs achetoient de lui celles dont ils faisoient leur présent. Je ne m'amuserai pas à dire qu'ils présentoient des roses, des boutons et des chapeaux de roses, au lieu des couronnes du parlement de Toulouse, puisque nous ne mettons point de différence, ou bien peu, entre chapeau et couronne de roses (1). »

Le parlement vaquait depuis le 7 septembre jusqu'au lendemain de la Saint-Martin. Ce jour, 12 novembre, la cour assistait en grande cérémonie à une messe solennelle, célébrée par un évêque dans la grand'-salle du Palais de justice. Cette messe du Saint-Esprit était aussi nommée la *messe rouge*, par allusion aux costumes écarlates de MM. du parlement. Dans la séance qui suivait la messe, le premier président déclarait la session ouverte, et recevait les serments des avocats et des procureurs. Les présidents et les conseillers, dans cette cérémonie, se saluaient réciproquement en fléchissant et écartant les genoux (2).

Nous avons peu de renseignements sur les premiers actes du parlement de Paris ; il semble cependant que les droits et les prérogatives de cette cour n'étaient pas encore fixés, car elle ne joue pas un grand rôle dans les premiers temps de son installation. Ainsi, dans le procès des Templiers et dans d'autres affaires moins importantes, la royauté a recours aux pairs et aux principaux barons, ou à des commissaires. Il ne faut point cependant y voir, comme Voltaire, l'impuissance du parlement. Si ses pouvoirs ne sont pas encore établis sur des bases solides, il n'en rend pas moins bonne et sévère justice, et défend vigoureusement les priviléges du roi contre la noblesse. En 1323, il met en jugement un parent du pape Jean XXII, Jourdain de l'Isle, *seigneur gascon fameux par sa haute naissance, mais ignoble par ses brigandages*, et qui venait de tuer un sergent royal ; il le fait jeter dans les prisons du Châtelet et le condamne à mort. Les pairs n'étaient jugés que par leurs pairs ; mais les *maistres du parlement* furent bientôt admis dans ces assemblées en qualité d'assesseurs. Ils condamnèrent ainsi Robert d'Artois, sous Philippe de Valois.

Les célèbres Etats-Généraux, assemblés à Paris en 1357, avaient demandé la réduction des membres du parlement, tant présidents que conseillers, au nombre de seize (3). Le régent accéda à leur requête, du moins en partie, dans une ordonnance de 1359 ; et comme, depuis plusieurs années, la guerre avait empêché que le parlement ne s'as-

---

(1) Sauval, t. II, p. 446. — (2) M. Dulaure, t. II, p. 387, qui rapporte ce singulier usage, ne cite aucune source. — (3) Les États-Généraux de 1355 avaient attribué au parlement les procédures relatives à l'impôt.

semblât (1), la même ordonnance prescrivit aux présidents, *ledit parlement non séant*, de juger les affaires qui seraient portées devant eux en attendant que la cour fût assemblée (2). Les légistes profitèrent de ces temps de troubles pour assurer leur puissance, et dès lors l'histoire du parlement est pleine d'intérêt. Ce qui contribua surtout à lui faire jouer un rôle politique, fut le droit d'enregistrer les édits et ordonnances du roi. En voici l'origine : Jean de Montluc, conseiller ou greffier au parlement de Paris, qui vivait sous Philippe-le-Bel, avait fait pour son usage un registre des anciens édits, des principaux jugements et des choses mémorables dont il avait eu connaissance. On en fit quelques copies ; et les rois, comprenant la nécessité d'avoir un dépôt d'archives qu'on pût consulter aisément, adoptèrent l'usage de déposer au greffe du parlement leurs édits et ordonnances. Cet usage devint peu à peu indispensable ; mais on ne peut savoir quel fut le premier enregistrement, une grande partie des anciens registres ayant été brulée dans l'incendie du Palais en 1618. Au mois de mai 1375, Charles V fit enregistrer au parlement en présence des pairs, du recteur de l'Université, du prévôt des marchands et des échevins, la célèbre ordonnance qui déclarait les rois majeurs à quatorze ans. Ce droit d'enregistrement, qui ne fut d'abord qu'une simple formalité, devint dans la suite une des formes de la constitution politique du royaume. Le refus d'enregistrer ôtait force de loi aux édits ; et le parlement se servit souvent, comme nous le verrons, de cette importante prérogative pour défendre les intérêts de la nation, et quelquefois ses exorbitants priviléges, contre les décisions de la puissance royale.

Sous Charles VI, le parlement est un corps constitué qui ne manque pas d'une certaine influence. En 1403, le connétable et le chancelier lui font enregistrer les deux fameux édits qui établissaient un conseil d'état et conféraient à la reine le gouvernement du royaume. Lorsque le duc de Bourgogne ramène le dauphin à Paris, en 1405, le duc d'Orléans s'adresse aussitôt à la cour, et la requiert « qu'elle ne souffre ledict dauphin estre transporté, ne entrer plus gens d'armes par les portes de Paris pour peur de commotion (3). » En 1411, « la cour faict lire certaines lettres céans envoyées closes de par monseigneur le duc de Berry, sur ce que aucuns publioient à Paris, comme avoit ledict de Berry entendu, qu'il hayoit les habitants de Paris et leur vouloit mal. Si a mandé la cour, ajoute le procès-verbal, les prévosts de Paris et des marchands, et a enjoinct que se informent et inquièrent de tels mal-parleurs et en façent bonne justice ; et se ils ont mestier de la cour,

---

(1) Marcel avait fait suspendre les pouvoirs de cette cour pendant la durée des États de 1357. — (2) Hénault (édit. de 1761), p. 306. — Le roi Jean ordonna, en 1360, la rentrée du parlement. — (3) *Extraits des différents registres du parlement.* Félibien, t. IV, p. 548.

elle s'est offert et offre à eux ayder à faire bonne justice (1). » En 1413, elle enregistre les ordonnances cabochiennes ; puis on la consulte sur la *paix des princes*, et on lui représente « que combien il soit besoing que la cour entende à entretenir la paix commencée ; et affin d'obvier à plusieurs entreprises et empeschements que plusieurs perturbateurs de la paix se pourroient efforcier de faire, se remède n'y estoit mis par bon advis et conseil de la cour et d'autre, que la cour sursist de plaider jusques à ce que les choses fussent en plus grande seureté, ce qui a esté octroyé. » Enfin nous lisons dans les registres du parlement, au vendredi 9 février 1414 : « Ce jour sont venus en la cour le seigneur de Torcy et messire Colart de Colleville, chevalier ; et on dict de par le roy et nosseigneurs de France et le conseil, que dimanche après disner les présidents et seigneurs de céans, notaires du roy et secrétaires, advocats et procureurs aussi de céans, fussent avecq le chancellier montez et armez honnestement et suffisamment, pour accompagner ledict chancellier, et aller par la ville de Paris et la tenir en seureté, et monstrer exemple de diligence pour garder la ville. Et pour ce qu'il fut question si ledict chancellier leveroit ou porteroit estandart par la ville, a esté dict, advisé et conseillé que non (2). »

Ces faits qu'il me serait facile de multiplier, prouvent l'importance réelle du parlement à cette époque. Il s'entremet à chaque instant dans les négociations au sujet de la paix ; et au milieu de ces troubles, la royauté, les nobles, le peuple s'habituent à le regarder comme juge, comme arbitre, et quelquefois même comme un puissant protecteur. Cependant, en 1418, il s'affaiblit par la séparation d'un grand nombre de ses membres qui suivirent à Poitiers le dauphin Charles. « Or, dit Juvénal des Ursins, pour le faict de la justice souveraine du royaume, on ordonna un parlement à Poitiers, composé de présidents et conseillers ; c'est à sçavoir de ceux qui estoient sortis de Paris, des plus anciens et notables de la cour du parlement et du Chastelet. Il fut ordonné pour commencement, et pour l'ouverture de ce parlement, que les causes des grands jours de Berry, d'Auvergne et de Poictou, fussent

---

(1) *Extraits des différents registres du parlement.* Félibien, t. IV, p. 554.

(2) *Ibid*, p. 559. — Je crois devoir rapporter ici une anecdote fort curieuse extraite de Sauval, t. II, p. 51, et qui concerne l'histoire du parlement à cette époque : « En 1415, l'empereur Sigismond alla dans la grand'chambre y tenir l'audience, et s'assit au-dessus du premier président à la place du roi, dont tout le monde murmura. Et comme on vint à plaider devant lui une cause entre un chevalier et un gentilhomme, qui vouloit être sénéchal de Beaucaire, et parce que l'autre prétendoit qu'il falloit être chevalier pour l'être, l'empereur aussi-tost fit approcher le gentilhomme, lui met une épée au côté, lui fait chausser ses éperons dorés, et lui donne l'accolade ; et en même temps dit à sa partie : *La raison que vous alléguiez cesse, car il est chevalier*. Que si l'on avoit été scandalisé de ce qu'il avoit fait auparavant, on le fut encore plus de ceci ; et si l'on n'osa pas s'en plaindre, c'est qu'il étoit partisan du duc de Bourgogne qui gouvernoit alors le royaume. »

les premières expédiées : et gardoit-on la forme et manière et stille qu'on gardoit en la cour de parlement à Paris, pour lors qu'elle y estoit. Il y avoit foison de causes desdits grands jours; et si évocqua-on les causes qui estoient à Paris, celles qui estoient des pays obéyssans à mondit seigneur le dauphin, et celles d'appel, lesquelles de nouveau on relevoit à la chancellerie en parlement, dont il y avoit très grande quantité. Bref on y faisoit bonne et briefve expédition : là se retirèrent plusieurs qui estoient partis de Paris : et tous par la grâce de Dieu vivoient bien et honorablement (1). »

Les membres du parlement qui restèrent à Paris embrassèrent pour la plupart la faction anglo-bourguignonne. Après le meurtre de Jean-sans-Peur, le président de Morvilliers fut député pour prier le nouveau duc, Philippe de Bourgogne, de venir à Paris; la cour approuva sans remontrances le célèbre traité de Troyes, qui livrait la France aux Anglais (1420), et quelque temps après, elle osa même condamner le dauphin au bannissement. Ce fait extraordinaire a été nié par le président Hénault et quelques autres historiens, mais Monstrelet l'atteste positivement, et voici, d'ailleurs, ce qu'on trouve dans les annotations sur les mémoires de Juvénal des Ursins : « Du parlement commançant le 12 novembre 1420, le 3 janvier fut ajourné à trois briefs jours en cas de bannissement, à son de trompe, sur la table de marbre, messire Charles de Valois, dauphin de Viennois et seul fils du roi, à la requête du procureur-général du roi, pour raison de l'homicide fait en la personne de Jean duc de Bourgogne, et après toutes solennités faites en tel cas, fut par arrêt convaincu des cas à lui imposés, et comme tel banni et exilé à jamais du royaume, conséquemment déclaré indigne de succéder à hautes seigneuries venues et à venir; duquel arrêt ledit Valois appela, tant pour soi que pour ses adhérents, à la pointe de son épée, et fit veu de relever et de poursuivre sadite appellation, tant en France qu'en Angleterre, et par tous pays du duc de Bourgogne. » Ainsi, dit Voltaire, le malheur des temps fit que le premier arrêt que rendit la chambre du parlement contre un pair fut contre le premier des pairs, contre l'héritier nécessaire de la couronne, contre le fils unique du roi.

En 1436, lorsque les Anglais eurent été chassés de la France, le parlement de Poitiers fut réuni à celui de Paris. « Il fit des demandes au roy qui furent respondues à Bourges, le 8 juin. Le parlement demande, veu que le roy se dispose au voyage de Paris et à restablir sa cour dans cette ville, ce qu'il veut qu'ils fassent, et quand il doit se disposer à partir. Le roy respond qu'il veut qu'ils aillent à Paris quand

---

(1) Juvénal des Ursins, *Collect. Michaud*, 1re série, t. II, p. 547. Cet historien a été avocat-général au parlement.

il ira, et promet de les en avertir de bonne heure. Ils prient qu'il plaise au roy de les conserver dans leurs offices et dans leurs rangs sans les entre-mesler de ceux qui par le traité de paix doivent estre admis à la nomination du duc de Bourgogne, encore moins sans les postposer à ces conseillers de nouvelle création. Le roy promet de les conserver dans leurs offices et dans leur rang, et mesme les greffiers et huissiers. Ils prient le roy de faire en sorte que dans la cour de parlement qui sera establie à Paris, il y ait toujours les deux tiers du nombre de ceux qui l'ont suivi dans sa juste querelle. Le roy le leur accorde. Ils demandent que ceux qui ont esté placez par le roy d'Angleterre pendant les divisions, soient cassez. Le roy respond qu'il est dans le dessein d'en user ainsi. Ils demandent au roy, pour les aider à faire leur voyage en équipage honneste, qu'il veuille les faire payer de la somme de 5,000 livres qui leur avoit esté octroyée en mars; et en cas que ce secours leur manque, ou qu'il arrive qu'on les postpose à ceux qui ont tenu le parti des Anglois, ils le supplient de les tenir pour excusez s'ils ne se rendent pas à Paris. Le roy dit qu'il a pourveu à leurs gages et qu'il fera toujours de bien en mieux. Enfin ils demandent pour ceux d'entre eux que le roy a commis pour exercer la justice à Paris pendant la closture des chambres, les mesmes gages qui estoient ordinairement taxez à ceux qui tenoient l'eschiquier de Normandie ou les grands jours de Troyes. Le roy leur accorde une partie de ce qu'ils souhaitent. Enfin par lettres patentes, données à Issoudun, le 6 novembre, publiées *à la fenestre du palais* le 29, et au Chastelet et par les carrefours de Paris, le mesme jour, le parlement fut restabli au palais de Paris, de mesmes que toutes les cours et juridictions qui avaient coustume d'y avoir leur exercice. Les lettres furent données au connestable et à l'archevesque de Reims, chancelier, qui se transportèrent à Paris, et firent l'ouverture du parlement le 1er décembre (1). » Charles VII ne se contenta pas de réformer le personnel de la cour, il augmenta le nombre des conseillers et institua la chambre de la Tour elle pour les causes criminelles; mais ce tribunal ne pouvait alors juger à mort; il fallait, quand le crime était capital, porter la cause à la grand'chambre (2).

La conduite du parlement de Paris, sous le règne de Louis XI, fut remarquable par son indépendance. Ce prince rusé protégeait les gens de robe et leur faisait mille amitiés; il exploitait leur talent pour les négociations (3), et avait besoin d'eux pour les impôts; cependant il trouva souvent chez eux une vive opposition, lorsqu'il voulut faire

---

(1) Félibien, t. II, p. 827, et t. V, *Preuves*, p. 270. — (2) Voltaire, ch. X. — (3) Je me contenterai de citer le premier président Jean de la Vacquerie, qui fut l'un des négociateurs du traité d'Arras.

enregistrer quelques actes illégaux ou contraires aux intérêts du royaume. Les premières *remontrances* eurent lieu au sujet de cette fameuse pragmatique-sanction, promulguée par Charles VII et par le clergé de France assemblé à Bourges. Louis XI, que des raisons politiques engageaient à abolir cet acte important (1), demanda l'avis de la cour; elle lui présenta un mémoire en quatre-vingt-neuf articles, intitulé : *Remontrances touchant les priviléges de l'église gallicane*, dans lequel le projet du roi était violemment combattu. L'évêque d'Evreux, La Balue, qui devait gagner dans cette affaire le chapeau de cardinal, ne s'en rendit pas moins au parlement pour y faire enregistrer l'édit d'abolition, qui avait été publié au Châtelet sans la moindre opposition. Pour obtenir plus facilement le consentement de la cour, il choisit le temps des vacances, pendant lequel la plupart des présidents et des conseillers étaient absents de Paris; mais « il y trouva, dit un auteur contemporain, maistre Jehan de Sainct-Romain, procureur-général du roy nostre sire, qui formellement s'opposa à l'effect et exécution desdites lettres, dont ledit Balue fut fort desplaisant. Et pour ceste cause fit audit de Sainct-Romain plusieurs menaces, en luy disant que le roy n'en seroit point content, et qu'il le désappointeroit de son office, de quoy ledict de Sainct-Romain ne tint pas grand compte : mais luy dist et respondit que le roy lui avoit donné et baillé ledit office, lequel il tiendroit et exerceroit jusques au bon plaisir du roy, et que quand son bon plaisir seroit de le luy oster, que faire le pourroit, mais qu'il estoit du tout délibéré et bien résolu de tout perdre avant que de faire chose qui feust contre son ame, ne dommaige au royaume de France et à la chose publique, et dist audit Balue qu'il devoit avoir grant honte de poursuivre ladicte expédition (2). » On connaît les résultats de cet acte d'indépendance; le roi ne sévit point contre le courageux magistrat, et la pragmatique ne fut point abolie. Aussi Voltaire a-t-il appelé avec raison le parlement de Paris le *bouclier de la France contre les entreprises de la cour de Rome*.

Louis XI sévit une seule fois contre le parlement, ce fut à l'occasion du procès de Nemours; il cassa quatre conseillers qu'il avait trouvés trop modérés, et il écrivit à la compagnie : « Je pensois, vu que vous êtes sujets de la couronne de France et y devez votre loyauté, que ne voulussiez approuver que l'on fit si bon marché de ma peau, et parce que je vois par vos lettres que si faites, je connais clairement qu'il y en a encore qui volontiers seroient machineurs contre ma personne; et afin d'eux garantir de la punition, ils veulent abolir l'horrible peine qui y est : par quoi sera bon que je mette remède à deux choses; la

---

(1) Voy. les *Faits généraux du règne de Louis XI*.
(2) Chroniques de Jean de Troyes, *Collect. Michaud*, 1re série, t. IV, p. 281.

première expurger la cour de telles gens; la seconde, faire tenir le statut que jà une fois en ai fait, que nul en ça ne puisse alléger les peines de crimes de lèse-majesté. » En 1478, la cour fit des remontrances au roi sur ses libéralités excessives; Louis XI n'en tint nul compte, il ne prodiguait que pour recueillir plus abondamment. Quatre ans après elle en fit de nouvelles au sujet de la cherté du blé. J'ai déjà parlé (1) de l'arrêt du parlement au sujet des premiers imprimeurs établis à Paris, arrêt cassé aussitôt par Louis XI, *qui,* suivant l'heureuse expression de Voltaire, *savait faire le bien quand il n'était point de son intérêt de faire le mal.*

Pendant les troubles qui éclatèrent après la mort de Louis XI, le parlement ne fit aucune démarche pour augmenter son pouvoir; il ne s'occupa que du soin de rendre la justice, et ne demanda pas seulement à être admis aux États-Généraux. Le duc d'Orléans ayant levé des troupes, crut qu'il mettrait les Parisiens dans son parti si le parlement se déclarait en sa faveur. Il alla donc au palais, et se plaignit, par l'organe de Denis Lemercier, chancelier de son apanage, « que la dame de Beaujeu s'estoit vantée qu'elle tiendroit le roy en bail et en auroit le gouvernement, jusqu'à ce qu'il eût l'âge de vingt ans, fondée sur quelques coustumes locales, qui portent que fille de douze ans et au-dessus peut tenir son frère en bail jusqu'à ce qu'il ait vingt ans; que pour entretenir les dons et bienfaits qu'elle avoit octroyez, il conviendroit lever sur le public, outre les trois cent mille livres accordées par les Estats, un million ou onze cent mille livres; enfin qu'elle prenoit le serment des gardes du roy, qui ne devoit estre fait qu'au roy mesme, et que par ce moyen les princes n'avoient pas la liberté d'approcher de sa personne. Le harangueur finit en exhortant le parlement à faire en sorte que le roy vinst à Paris, qu'il y résidast, et que les affaires du royaume fussent dirigées avec le conseil de cette cour. Et afin que l'on connust que le duc d'Orléans n'affectoit point de gouverner, il offroit, si la dame de Beaujeu s'éloignoit du roy de dix lieues, de s'en éloigner de quarante..... Le premier président, prenant la parole, protesta que ce n'estoit pas par forme de response à la remonstrance, mais par forme d'exhortation. Il dit au duc que le bien du royaume consistoit en la paix du roy et de son peuple, qui ne peut estre sans l'union des membres, dont les princes sont les principaux; c'est pourquoi il le prioit de bien penser à ce qu'il avoit à faire, et à prendre garde que la maison de France fust par lui maintenue et entretenue sans division. Il adjousta que le parlement estoit composé de gens lettrez, dont la principale occupation estoit de rendre la justice aux sujets du roy, et qu'ils ne se mesloient des affaires et du règlement de l'Estat qu'autant qu'il

---

(1) P. 218 de ce volume.

plaisoit au roy leur en demander conseil; enfin que le duc pouvoit donner ou ne pas donner sa remonstance par escrit, et que s'il la donnoit, la cour verroit ce qu'elle auroit à délibérer là-dessus.... Le parlement, ayant délibéré à loisir sur la remonstrance de Denis Lemercier, résolut, le 24 janvier, ayant que d'y faire response, d'en escrire au roy, et de la lui envoyer par Jean de la Vacquerie, premier président; Guillaume de Cambrai, Jean Simon, Raoul Pichon et Jean Pellieu, conseillers, et Robert Thiboust, advocat du roy (1). » Cette honorable conduite reçut de la régente, qui était alors à Melun, les plus grands éloges.

Charles VIII voulut emprunter de l'argent au parlement, après sa désastreuse expédition d'Italie; la ville de Paris lui avait déjà prêté 100,000 écus. Le cardinal du Maine, le sire d'Albret, le sire de Clérieux, gouverneur de Paris, le sire de Graville, amiral de France, vinrent apporter à la cour, le 6 août 1496, les propositions du monarque. Le parlement ne prêta rien : il remontra aux commissaires la *nécessité et indigence* du royaume, et pria les commissaires, *comme grands personnages*, qu'ils en fissent remontrances au roi, lequel est *bon prince*. « Dure chose est, ajouta le premier président, de rendre les bonnes villes franches, les grands personnages et cours souveraines contribuables à si grands, merveilleux et insupportables emprunts; laquelle chose, en brief temps, peut estre cause de grande désolation. » Le roi marqua son mécontentement à la cour, qu'il menaça d'établir un parlement à Poitiers; mais ce projet n'eut point de suites (2).

En 1497, une effroyable maladie, connue alors sous le nom de *mal de Naples*, et qui faisait depuis deux ans de grands ravages dans la

---

(1) Félibien, t. II, p. 882.

(2) On lit dans Félibien, t. II, p. 892, le fait suivant extrait des registres du parlement : « Le 1ᵉʳ décembre 1496, on mit en prison à la Conciergerie Claude de Chanvreux, conseiller-clerc au parlement, à cause d'une fausse procuration, au moyen de laquelle l'évesché de Xaintes avoit esté résigné en cour de Rome au profit de Pierre de Rochechouart. Le 23 du mesme mois, les chambres s'assemblèrent au sujet de la demande que faisoit l'évesque de Paris du prisonnier, qu'il réclamoit comme clerc; et par arrest Chanvreux fut débouté de sa cléricature. La veille de Noël au matin, le prisonnier fut amené au parquet de la cour, pour assister à la prononciation de son arrest, vestu d'une robe d'escarlate et d'un chaperon fourré. Il se mit à genoux, la teste nue, et, toutes les chambres assemblées, Jean de la Vacquerie, premier président, lui prononça l'arrest, en vertu duquel, pour plusieurs faussetez par lui commises, et subornation de notaires et de tesmoins, touchant l'évesque de Xaintes, dont il avoit esté convaincu, il fut privé de son office de conseiller et de tous autres offices de judicature. Après cela quelques huissiers le menèrent sur la table de marbre où sa robe d'escarlate lui fut ostée, de mesme que son chaperon et sa ceinture; on le revestit d'une autre robe, et il fut ramené nus pieds et nue teste au parquet, avec une torche de 4 livres à la main. Il se mit à genoux et fit amende honorable, en criant merci à Dieu, au roy, à la justice et aux parties intéressées. La fausse procédure fut

capitale, attira l'attention du parlement, qui rendit à ce sujet l'ordonnance suivante : « Premièrement, il est commandé à tous ceux qui sont atteints de cette maladie, et qui ne demeuroient pas à Paris lorsqu'ils en ont esté attaquez, de sortir de Paris sous vingt-quatre heures à peine de la hart, pour s'en retourner aux lieux où ils demeuroient quand le mal les a pris. Et afin qu'ils puissent partir plus facilement, ils se rendront aux portes de Saint-Denis et de Saint-Jacques, où ils donneront leurs noms par escrit, et recevront chacun 4 sous parisis de gens préposez à cet effet. Ceux de la ville, hommes et femmes, qui auront des maisons où se retirer, s'y renfermeront sans en sortir, et se recommanderont aux curez et marguilliers de leurs paroisses, qui auront soin de les assister de vivres. Les pauvres qui n'auront point de lieu de retraite s'en iront au faubourg de Saint-Germain-des-Prez, où l'on aura soin de les loger et de leur fournir des vivres et des remèdes, avec deffense à eux de sortir avant qu'ils soient parfaitement guéris. Le prévost de Paris ordonnera aux examinateurs et sergents, que dans les quartiers dont ils ont la charge ils ne souffrent point ces sortes de malades aller par la ville, mais qu'ils les en chassent ou les mettent en prison. Le prévost des marchands et les eschevins mettront des gens aux portes pour empescher qu'aucuns de ces malades n'entrent dans la ville. Le 23 de mai, ajoute Félibien, l'évesque de Paris estant venu au parlement, vit des malades qui avoient esté retirez à la maison qui avoit esté louée au faubourg Saint-Germain ; et dans quelques autres lieux il y en avoit déjà un grand nombre de guéris, mais que les fonds estoient épuisés et les aumosnes diminuées. Le greffier dit que, parmi les déposts de son greffe, il y avoit quelques sommes que l'on y gardoit depuis dix ans, sans qu'on sceust à qui elles appartenoient. La cour trouva bon qu'elles fussent employées au soulagement des malades ; et l'on en chargea M. Jean Fournier, chanoine de Notre-Dame de Paris (1). »

Louis XII fit d'utiles réformes dans le parlement de Paris, et s'occupa de cette compagnie dans le célèbre édit de 1499, où il ordonne *qu'on suive toujours la loi, malgré les ordres contraires à la loi que l'importunité pourroit arracher du monarque.* Il maintint l'usage où était le parlement de choisir trois sujets pour remplir une place vacante : le roi nommait un des trois. Il établit aussi un tribunal de censure, composé des présidents des chambres, qui s'adjoignaient deux

---

lacérée. Cela fait, le prisonnier fut mené en la cour du palais et livré au bourreau, qui le fit monter dans une charrette et le conduisit au Chastelet, où son arrest fut crié, et de là au pilori, où on le fit tourner trois tours. Après quoi il fut marqué au front d'une fleur de lis avec un fer ardent, et puis conduit par les huissiers à la porte Saint-Martin pour aller en exil hors du royaume. »

(1) Félibien, t. II, p. 893, et dans les *Preuves*, t. IV, p. 613.

ou trois conseillers reconnus irréprochables, pour « informer sur la conduite des membres irrévérencieux, nonchalants, contrevenant aux ordonnances, ou faisant chose dérogeant à l'honneur et à la gravité de la cour, les réprimander et punir par amendes, suspensions ou interdits. » Ce tribunal, ajoute l'ordonnance, s'assemblera tous les quinze jours le mercredi (ce qui a fait donner à ses opérations le nom *de mercuriales*), et tiendra un registre exact qu'il mettra tous les six mois sous les yeux du roi.

Je trouve dans les registres du parlement les deux arrêts suivants que je crois devoir rapporter; ils datent tous les deux du règne de Louis XII : « Du samedy 21 juin 1505. Ce jour, M. Gilles Le Maistre, advocat du roy, a remonstré à la court qu'il est venu à sa connoissance que en la paroisse de Saint-Germain-l'Auxerrois à Paris, estoit décédée une femme, laquelle les vicaires dudict Saint-Germain avaient différé inhumer jusques à ce que on leur eust monstré et exhibé le testament de ladicte deffuncte. Et parce que les autres vicaires et curez des églises parochiales de ceste ville estoient coustumiers d'ainsi faire et retarder les sépultures des trespassez, jusques à ce que on leur eust exhibé et monstré les testaments des deffuncts; et mesme quand quelque pauvre personne va à trespas, qui n'a pas de quoy payer ce que lesdicts curez demandent pour leur salaire, ils ne la veulent inhumer, mais fault quester pour le deffunct pour fournir ce qu'ils demandent : qui est un abus scandaleux; et pour ce a requis mander les vicaires et officiers principaux de l'évesque de Paris, pour ce que les curez et vicaires s'excusent, et dient que s'ils faisoient autrement, ils seroient blasmez. Requeroit que deffenses leur seroient faictes et publiées par toutes les paroisses d'empescher ou retarder dorénavant la sépulture de leurs paroissiens, pourveu qu'ils soient catholiques, soubs couleur de l'exhibition desdicts testaments, lesquels ne pourront payer ce qu'ils prétendent pour les droits de la sépulture. La cour a ordonné que les vicaires et autres principaux officiers de l'évesque de Paris, et aussi les vicaires dudict Sainct-Germain, seront mandez venir en icelle. »
—L'autre arrêt est relatif aux *masques*. « Du 27 avril 1514. Pour ce que au moyen des faux visages appellez en commun langage *masques*, qui puis aucuns temps ont esté faicts, vendus et portez en ceste ville de Paris et ailleurs contre les deffenses sur ce faictes, sont survenus plusieurs grands scandales et inconvénients, et pourroient encore plus grands advenir cy-après; aussi que la vendicion qui publiquement se faict, mesmement dans ce palais, de plusieurs choses impudiques et vilaines estoit merveilleusement scandaleuse; pour ausdictes choses obvier, et que elles cessent désormais, oy sur ce le procureur général du roy, qui a requis en ce estre donnée prompte provision, la cour, eû sur ce délibération, ordonné et ordonne que tous lesdicts *faux visages*,

appelez *masques* et choses impudiques qui seront trouvées exposées en vente, tant dedans ce palais que en ceste ville de Paris, seront prinses reaument et de faict et brûlées publiquement; et que deffenses seront faictes de par le roy et de par ladicte cour à toutes les personnes, de quelque qualité, estat et conditions qu'elles soient, que désormais elles ne fassent, exposent en vente ou portent lesdicts faux visages appellez masques, ne aussi lesdictes choses impudiques, sur peine de confiscation desdicts masques et choses impudiques, et d'amende arbitraire. Et a enjoint et enjoint la cour aux prevost de Paris et bailly du palais ou leurs lieutenants, et chacun d'eulx en sa jurisdiction, de exécuter et faire sortir à effect ce que dessus de poinct en poinct, et le garder inviolablement sans aucune dissimulation, non obstant oppositions ou appellations quelconques, et sans préjudice d'icelles. Et aussy enjoint la cour à tous les huissiers d'icellé et sergens royaux de prendre reaument et de faict toutes telles masques et choses impudiques, quand ils les trouveront, et les portent à la justice, pour estre brûlées ainsi que dict est. Et à ce que par cy-après aucun ne se puisse excuser d'ignorance, la cour a ordonné et ordonne que de ce publication sera faicte à son de trompe parmy ceste ville de Paris et dedans ce palais. » — Enfin nous voyons dans un arrêt rendu la même année, que le parlement exerçait déjà un droit de censure et d'examen sur les productions de la presse. Un nommé Jehan Gourmont, *maistre libraire et imprimeur juré*, voulant mettre en vente un ouvrage *à la louange de Paris* (1), est obligé de présenter requête à la cour, qui lui accorde le privilége (2).

Le parlement joua un rôle plus important sous le règne de François Ier. Indigné de la conduite impolitique du roi, qui voulait imposer le *concordat* à l'église gallicane (3), il fit une longue résistance pour enregistrer cet acte, et ne se rendit aux désirs du monarque que sous la clause du très exprès commandement du roi, plusieurs fois réitéré. Obligés de céder à la force, les magistrats ne cessèrent point cependant de protester contre le concordat, et continuèrent à juger les causes ecclésiastiques d'après les principes de la pragmatique. François Ier recourut, pour se faire obéir, à une mesure violente : il ôta au parlement la connaissance de ces causes et l'attribua au grand-conseil; en même temps il suspendit de leurs charges les conseillers Hennequin, Disque, Lecocq et Roger, qui avaient montré le plus de fermeté dans cette affaire (4). Quelque temps après, la cour fit des remontrances au roi, qui, non content d'avoir mis à l'encan vingt charges de conseiller, se procurait de l'argent par tous les moyens pour subvenir aux frais de

---

(1) *Cleopolis de celeberrimæ Parisiorum urbis laudibus*, par Jean Lefèvre.
(2) Félibien, *Preuves*, t. IV.
(3) Voy. les *Faits généraux* du règne de François Ier. — (4) Félibien, t. II, p. 939.

sa malheureuse expédition d'Italie ; elle ordonna en même temps « que le chancelier, arrivé en cette ville, seroit mandé venir céans pour lui faire remontrances que la cour avisera pour le bien de la justice et choses publiques de ce royaume. » Malgré cette opposition qui duroit depuis son avénement au trône, François Ier eut recours au parlement dans le célèbre procès du connétable de Bourbon, et se félicita, au sortir de sa prison de Madrid, de la belle conduite qu'avait tenue la cour au milieu de ces déplorables affaires. En effet, de concert avec la reine-mère, elle prit toutes les mesures nécessaires pour assurer la tranquillité de la capitale et préserver le royaume d'une invasion. Lorsque la régente fit exposer au parlement, « que l'estat présent du royaume demandoit qu'il fust fait quelque ordonnance pour retrancher les superfluitez tant dans les habits que dans la despense, » les magistrats donnèrent les premiers l'exemple, et arrêtèrent « que les présidents, maistres des requêtes et conseillers ne porteroient plus de draps de soie ; que chacun donneroit ordre en sa maison sur le fait des dépenses, tant de bouche que de chevaux ; que les maris prendroient le mesme soin au sujet des ajustements de leurs femmes ; que la cour avertiroit les advocats, procureurs et solliciteurs de faire le semblable, et de pourvoir à la réforme des habits de leurs femmes et de leurs clercs ; enfin que les gens des comptes, les généraux de la justice et des monnoies, le prévost de Paris et les officiers du Chastelet, le prévost des marchands et les eschevins feroient la mesme chose, chacun en ce qui le regardoit (1). »

Le parlement rendit à cette époque, touchant la police et l'administration, un grand nombre d'arrêts importants, qui tous se distinguent par leur excellent esprit. Mais malheureusement il partagea les idées intolérantes de son siècle, et cédant aux suggestions de son premier président, Pierre Lizet, l'*âme damnée* du cardinal Duprat, il mit obstacle à l'essor que commençait à prendre la presse, et sévit avec cruauté contre les protestants. J'ai parlé plus haut (2) du fameux arrêt de la cour qui défendait toute traduction en français des livres de l'Ecriture sainte. La même année 1525, elle condamna au supplice deux malheureux novateurs, L'Hermite et Jacques de Pavannes, dit Jacobé ; les horribles exécutions qui suivirent, entre autres celles de Berquin, ne font pas honneur au parlement. Cependant, un grand nombre d'hommes distingués par leurs talents et leurs vertus, même dans la magistrature, embrassaient chaque jour les doctrines nouvelles, en haine de la persécution. Le parlement redoubla de rigueur. Dans les premiers jours de janvier 1534, il manda à sa barre les *liseurs du roi*, François Vatable, Paul Paradis, Agathias Guidacier (3). Ces illustres professeurs du collége de France étaient

---

(1) Félibien, t. II, p. 962. — Voy. aussi dans cette histoire les *Faits généraux du règne de François Ier*. — (2) P. 218. — (3) Félibien, t. IV, p. 682.

suspects d'hérésie pour avoir interprété en français les livres saints. Il leur fut défendu « de lire et interpréter aucun livre de la Sainte-Écriture en langue hébraïque ou grecque. » La persécution ne sert qu'à raviver et fortifier les querelles religieuses; à chaque mesure rigoureuse, le protestantisme faisait de nouveaux progrès. Mais François I*er*, égaré par les conseils violents de Duprat et du cardinal de Tournon, ne se lassa pas de poursuivre les sectaires, et par lettres du 26 février 1535, il ordonna au parlement de choisir *vingt-quatre personnes bien qualifiées et cautionnées*, sur lesquelles il en choisira douze pour censurer les ouvrages à imprimer. La même année, une *chambre ardente* s'établit dans le parlement, qui, de concert avec *les inquisiteurs de la foi*, sévit avec fureur contre les réformés, ou contre les écrivains dont les doctrines lui paraissaient peu orthodoxes. En 1536, toutes les pièces du théâtre de la Bazoche furent soumises à la censure (1); en 1542, la cour, qui prohibait chaque jour de nouveaux livres, ordonna les recherches les plus sévères chez les imprimeurs, les libraires, et même chez les particuliers, pour y découvrir des livres proscrits, et défendit d'imprimer dans des lieux secrets, comme au Temple et dans des chambres particulières.

François I*er* eut horreur, à son lit de mort, de ces persécutions; il recommanda même, dit-on, à son fils de poursuivre le parlement d'Aix, qui avait agi envers quelques pauvres Albigeois de la Provence avec une férocité sans exemple. Henri II renvoya en effet cette cause au parlement de Paris, qui condamna à mort l'avocat-général Guérin (2); mais néanmoins, suivant l'expression de Félibien, *on ne fit aucune trefve avec les hérétiques*, et la *chambre ardente* envoya au supplice un plus grand nombre de ces malheureux, quoique le célèbre Pierre Lizet ne la dirigeât plus (3). Cependant ces magistrats semblèrent enfin avoir

---

(1) Voy. l'article *Bazoche*.
(2) Voltaire, ch. XIX.
(3) « Il tomba en disgrâce pour avoir refusé de dire son sentiment, debout et découvert, dans le conseil privé du roy, où il avoit esté appelé, parce qu'il n'y voioit personne, disoit-il, dont la présence exigeast de lui une telle marque de respect. Il avoit repris une autre fois l'advocat des Guise, qui leur donnoit la qualité de princes, et avoit dit que la cour ne connoissait point d'autres princes que ceux du sang royal de France. Le cardinal de Lorraine, qui présidoit dans ce conseil privé avec d'autres grands seigneurs, fut si blessé de cette conduite du premier président, qu'il en prit occasion de le faire destituer de sa dignité par le crédit de Diane de Poitiers.... Son infortune le changea tellement qu'il n'eut pas de honte d'aller se jeter aux pieds du cardinal devant qui il avoit paru si fier. Il lui représenta qu'il n'avoit ni fonds de terre, ni mesme de maison à Paris, et qu'il avoit toujours demeuré en logis estranger, dont il payoit le loyer tous les ans. Le cardinal fut touché de sa misère et lui fit donner l'abbaye de Saint-Victor, dont Lizet prit possession le 1*er* septembre 1550. » Félibien, t. II, p. 1034. — Lizet fut ordonné prêtre en 1553 et mourut l'année suivante. Il fut enterré dans son abbaye, comme nous l'avons vu, t. I, p. 404. C'était un excellent ma-

regret de tant de sang répandu ; et le cardinal de Lorraine, indigné de leur modération, sollicita et obtint du roi, en date du 14 mars 1555, une déclaration qui porte « que les inquisiteurs de la foi et juges ecclésiastiques peuvent librement procéder à la punition des hérétiques, tant clercs que laïques, jusqu'à sentence définitive inclusivement ; que les accusés qui, avant cette sentence, appelleront comme d'abus, resteront toujours prisonniers, et leur appel sera porté au parlement. Mais nonobstant cet appel, si l'accusé est déclaré hérétique par les inquisiteurs, et pour ne pas retarder son châtiment, il sera livré au bras séculier. » Le parlement refusa d'enregistrer cet acte, qui portait atteinte à sa juridiction ; et une députation vint faire à ce sujet des remontrances au roi. Elle lui déclara « avoir eu connoissance de plusieurs fautes notables commises par les inquisiteurs, tant contre la forme que contre le droit ; qu'elle ne vouloit pas les charger de dol (*tromperie*), mais, pour le moins, y avoit crasse ignorance. » Nouvelles tentatives du cardinal de Lorraine pour faire enregistrer cet édit ; nouveau refus du parlement, qui envoie au roi une seconde députation. On lui répond que, *depuis trois ans, le parlement avoit besogné très froidement contre les hérétiques* ; cependant l'édit ne passe pas. Alors le cardinal, pour atteindre plus promptement son but, arracha au roi un édit, qui ordonnait l'établissement de l'inquisition en France. La cour refusa de vérifier cet édit, et n'y consentit enfin, dans un lit de justice, qu'à la condition expresse que les membres du clergé régulier et séculier seraient *seuls* soumis à ce tribunal.

Ce ne fut point là le seul acte d'opposition du parlement sous le règne de Henri II. Il protesta plus d'une fois contre la conduite du monarque, qui, voulant se procurer de l'argent à tout prix, avilissait la justice en multipliant le nombre des charges vénales. Le gouvernement ne faisait point droit à ces remontrances et le menaçait de sa colère. Aussi le parlement avait-il pris le parti d'établir cette forme pour l'enregistrement : on ouvrait les deux battants de la salle d'audience ; un huissier lisait à haute voix l'édit. Après la lecture, le premier président, sans sortir de son siége, sans prendre les voix, appelait le greffier et disait : Maître Simon Cornu, écrivez sur le repli de ces lettres : *Lues et publiées du très exprès commandement du roi.* Il s'opposa, en 1552, avec courage contre le rétablissement de la juridiction ecclésiastique, et quelque temps après il fit des remontrances au roi sur ses dépenses inconsidérées. Henri II venait de donner la seigneurie de Gannat, en Bourbonnais, à un nommé Lambert, *joueur de violon* ; le premier président, à la tête d'une députation, vint lui représenter qu'il n'était qu'usufruitier des domaines de la couronne ; et que s'il ne pouvait se

gistrat, qui s'est rendu malheureusement célèbre par le zèle exagéré qu'il montra toujours contre les protestants.

dispenser d'accorder des grâces à ceux qui les avaient méritées par des services réels rendus à l'Etat, il devait les borner à la durée de son règne (1).

Henri II, dont le caractère, comme il arrive à tous les esprits faibles, était d'une violence extrême, s'irrita enfin des censures du parlement et en tira une vengeance éclatante. Le président Séguier, dans un rapport adressé au roi sur les troubles excités au Pré-aux-Clercs par les protestants, s'était élevé, avec cette éloquence qui a été long-temps héréditaire dans sa famille, contre les désordres du clergé et des courtisans. Le roi accueillit ces remontrances d'un air sévère. Il apprit bientôt que la plupart des membres du parlement avaient l'outrecuidance d'être modérés et tolérants, et que plusieurs d'entre eux avaient embrassé la religion nouvelle (2). Ceci se passait au mois d'avril 1559. Trois mois après, le 15 juin (3), le parlement assistait à une *mercuriale* (4), lorsque le roi, entouré d'une forte escorte, arrive tout-à-coup au couvent des Augustins, où siégeoit alors la cour, parce que les salles du palais étaient occupées par les préparatifs des noces d'Elisabeth de France avec le roi d'Espagne Philippe II. Il était accompagné des princes de Bourbon, du duc de Guise, du connétable de Montmorency, des cardinaux de Lorraine et de Guise, et du garde-des-sceaux, cardinal Bertrand ou Bertrandi, ancien premier président. On délibérait alors sur la conduite à tenir à l'égard des novateurs. Le garde-des-sceaux dit à la cour qu'elle pouvait continuer sa délibération ; que le roi était instruit qu'il y avait dans la compagnie différentes opinions sur la manière de traiter l'affaire de la religion ; qu'il était venu pour s'instruire sur ce sujet, et que chacun devait parler et exprimer son opinion avec indépendance. On vit aussitôt le degré de confiance qu'il fallait accorder à cette hypocrite harangue ; le piége était trop maladroitement caché. Mais les gens de cœur ne se laissèrent point intimider. Les uns opinent à accorder six mois aux protestants pour se faire instruire et revenir à de meilleurs sentiments, sinon, ajoutent-ils, qu'ils soient bannis du royaume ; d'autres attribuent les malheurs du temps à la corruption du clergé catholique ; le plus grand nombre partage l'opinion d'Arnaud du Terrier, président de la chambre des enquêtes, magistrat recommandable par sa probité, par l'intégrité de ses mœurs et par son savoir, qui proposa d'en référer à un concile

---

(1) Anquetil, *Hist. de France.*

(2) « Un de leurs confrères les dénonça au roi. Il violait en cela son serment de conseiller, qui est de tenir les délibérations de la cour secrètes. » Voltaire, ch. XXI.

(3) Félibien et Anquetil ont commis un erreur en plaçant ce fait, l'un à la date du 15 janvier, l'autre au 1er juin.

(4) Ces assemblées, comme je l'ai déjà dit, se tenaient sous Charles VIII tous les mercredis de chaque semaine : Louis XII les fixa à quinze jours. Sous François Ier et depuis lui, elles avaient lieu tous les trois mois.

général, seul bon juge en cette matière. Les conseillers Claude Viole, Louis du Faur (1) et surtout Anne du Four, neveu du chancelier de ce nom, soutinrent cet avis, et s'élevèrent avec audace contre les mœurs des courtisans. Christophe du Harlay et Pierre Séguier déclarèrent ensuite que la conduite modérée du parlement était à l'abri de toute attaque; et Christophe de Thou demanda la punition de ceux qui censuraient les arrêts de la magistrature, *où ils n'avaient rien à voir*. Ces paroles indépendantes irritèrent vivement le roi, que ne purent calmer le fanatisme et la servilité des présidents René Baillet, Saint-André, Minard et Lemaistre. Ce dernier, homme dévoué à la cour, cita avec éloge l'exemple de Philippe-Auguste, qui en un seul jour avait fait brûler six cents hérétiques.

« Après que les présidents et les conseillers eurent opiné, dit un ancien historien, le garde-des-sceaux, faisant l'office de chancelier, monta au trosne du roy, qui prit en mesme temps conseil de ceux qu'il avoit amenez avec lui. Ensuite tous se mirent sur leurs siéges, et le garde-des-sceaux se fit donner par le greffier Saint-Germain le résultat des opinions. Le roy l'ayant veu, dit qu'il estoit convaincu par lui-mesme de la vérité des rapports qu'on lui avoit faits de son parlement; qu'il y en avoit plusieurs dans la compagnie qui favorisoient les hérétiques, au grand mépris du pape et de l'autorité royale; qu'il n'en faisoit pas tomber le blasme sur tout le corps du parlement, mais qu'il sçauroit bien punir les coupables; et exhortoit les autres à continuer cependant leurs fonctions sans se laisser entraîner aux mauvais exemples. Il se leva aussitost, et commanda au connestable de Montmorency de faire arrester sur-le-champ les deux conseillers du Faur et du Bourg, dont les invectives contre les adultères et les autres débauches de la cour l'avoient fort choqué. A l'heure mesme l'ordre fut exécuté par Gabriel, comte de Montgommery, capitaine des gardes, qui conduisit les deux conseillers à la Bastille. Incontinent après, on mit en arrest dans leurs maisons trois autres conseillers, Paul de Foix, Antoine Fumée et Eustache de La Porte. Du Ferrier, Duval et Viole auroient receu un pareil chastiment, s'ils n'avoient eu la précaution de se cacher chez leurs amis (2). »

On connaît l'issue de cette déplorable affaire, qui se poursuivit sous le règne suivant. Anne du Bourg, condamné à être étranglé et brûlé sur la place de Grève, subit ce supplice avec le plus grand courage. « Éteignez vos feux, dit-il à ses juges, renoncez à vos vices, conver-

---

(1) Du Faur s'adressant au roi : « Craignez, s'écria-t-il, qu'on ne vous dise comme autrefois Élie à Achab : C'est vous qui troublez Israël. »

(2) Félibien, t. II, p. 1067. « Une telle conduite, ajoute l'historien, à l'égard d'une compagnie si auguste, donna lieu à bien des discours sur la vie et les mœurs des courtisans. »

tissez-vous à Dieu. » Quelques jours avant sa mort, l'un de ses juges les plus acharnés, Minard, l'homme de confiance du cardinal de Lorraine, fut assassiné en sortant du palais, à six heures du soir, près de sa maison, dans la Vieille-rue-du-Temple. On dit même que les présidents Lemaistre et de Saint-André étaient menacés du même sort, s'ils avaient assisté à la séance (décembre 1559). Personne ne douta que l'assassin n'eût été aposté par les protestants. Du Bourg, récusant Minard pour juge, avait, dit-on, présagé son sort en disant : « *S'il s'obstine de vouloir en estre, Dieu sçaura bien l'en empescher par quelque autre voie* (1). Quoi qu'il soit, le parlement justement effrayé, ordonna qu'à l'avenir la fin de l'audience de relevée serait fixée à quatre heures du soir, depuis la Saint-Martin jusqu'à Pâques. Cette ordonnance se nomma *la Minarde*. Le supplice de du Bourg rendit les juges indulgents envers les autres conseillers. Antoine Fumée fut acquitté ; de Foix fut suspendu de ses fonctions pendant un an, et du Faur condamné à une forte amende et à une interdiction de cinq années, « pour avoir témérairement avancé qu'il n'y a point de meilleur remède, pour finir les troubles de l'Église, que l'assemblée d'un concile œcuménique, et qu'en attendant on doit suspendre les supplices. » Mais ces deux conseillers demandèrent la révision du procès, et leur jugement fut rayé et biffé à la pluralité des voix.

Le parlement, et c'est l'un de ses plus beaux titres à la reconnaissance publique, travaillait sans relâche au rétablissement de l'ordre dans la capitale. Je prends au hasard, parmi les nombreuses ordonnances et les règlements de police qu'il rendit à cette époque, l'arrêté suivant : « Du 6 septembre 1559, sur la remonstrance et requeste ce jourd'huy faicte par le procureur-général du roy, la cour a ordonné et enjoint à tous propriétaires et *locatifs* des maisons de cette ville et fauxbourgs de Paris s'enquérir diligemment de la conversation, bonne vie et chrestienne de ceux qui habitent et logent ez-dictes maisons, faire diligence sçavoir si ez-dictes maisons se font aucunes assemblées et conventicules, pour les révéler à justice ; et où ils seroient négligents ou dissimulants, sera procédé allencontre d'eux par punition corporelle et exemplaire et confiscation desdictes maisons. Pareillement enjoinct à ceux qui sont chefs et habitants desdictes maisons faire diligence d'entendre et sçavoir si ceux qu'ils logent vont aux églises ouïr le service divin, mesme les jours de festes, et s'ils vivent catholiquement. Aussi enjoint à tous hostelliers, cabarettiers, et toutes personnes qui louent chambre, prendre les noms, surnoms et qualitez de ceux qui logent ez-dictes maisons, et en faire rooles pour les bailler aux commissaires et quarteniers du quar-

(1) Antoine Minard fut enseveli dans l'ancienne église des Blancs-Manteaux, où l'on voyait son épitaphe. *Biogr. univ.*, t. XXIX, p. 75.

tier, et ce sur peine d'amende arbitraire. Oultre enjoinct aux commissaires du Chastelet de Paris et aux quarteniers de cette dicte ville garder les ordonnances et arrests cy-devant faicts et donnez, sur peine de privation de leurs estats et charges, et de plus grande si elle y eschet. Et sera la présente ordonnance publiée par les carrefours de cette dicte ville et fauxbourgs d'icelle, à ce que nul n'en prétende cause d'ignorance. » Il paraît cependant que cette ordonnance, dont le but ne peut faire excuser l'immoralité quant aux moyens, n'amena pas de grands résultats ; et l'année suivante la cour prit une mesure plus digne et plus convenable. « Les mouvements présents donnoient beaucoup d'occupation aux commissaires du Chastelet, aux quarteniers, dixeniers et cinquanteniers, et autres préposez pour veiller à la sûreté de la ville, pour empescher les séditions, les vols et la distribution des placards qui se multiplioient de jour à autre, et pour visiter les maisons, et dresser l'estat de tous ceux qui arrivoient de nouveau dans la ville ; pour veiller sur ceux qui avoient charge de travailler à les soulager dans leurs fonctions, et pour leur donner plus d'autorité, aussi bien que pour procurer la sûreté nécessaire pour vivre en paix dans la ville, le parlement, par son arrest du 9 juillet, distribua dans tous les quartiers des présidents et des conseillers de la cour, sans en excepter le premier président Gilles le Maistre. On en mit au moins deux en chaque quartier, et, dans l'énumération, les quartiers se montent à vingt-deux, apparemment parce que les plus grands furent divisez pour la commodité des commissaires du parlement (1). Il fut ordonné en mesme temps aux examinateurs du Chastelet de porter chacun dans son quartier, à ces commissaires, de huit jours en huit jours, les procès-verbaux de leurs visites, sur peine de suspension de leurs estats et d'amende arbitraire (2). »

Cependant la majorité des membres du parlement se composait des partisans de la maison de Guise. Après la conjuration d'Amboise, la compagnie *abaissa sa dignité*, dit l'historien de Thou, *jusqu'à écrire au duc de Guise et à l'appeler, par une lâche flatterie, le conservateur de la patrie.* Elle se montra inexorable envers les protestants, et fit des remontrances à l'occasion des édits de conciliation, connus dans l'histoire sous le nom d'édits de *juillet* (3) et de *janvier*. Il fallut même re-

(1) Voy. la topographie de Paris à cette époque. — (2) Félibien, t. II, p. 1071.

(3) Quelque temps avant cet édit, Charles IX, accompagné de la reine-mère, des princes du sang et du chancelier de l'Hospital, s'était rendu au parlement pour y délibérer sur *les moyens d'arrester les maux présents*. « Les opinions furent partagées en trois. Les uns vouloient que l'on s'abstinst de toutes peines contre les hérétiques jusqu'après la tenue du concile général ; les autres que l'on continuast à les punir de mort. Enfin le troisième avis, qui l'emporta, fut de renvoyer aux juges ecclésiastiques la connoissance du crime d'hérésie; d'interdire, sous peine de la vie, toutes sortes d'assemblées avec armes ou sans armes, et d'empescher qu'on n'administrast les sacrements d'une ma-

courir à la menace et à la fraude pour obtenir l'enregistrement de ce dernier. On jeta l'alarme dans le parlement en annonçant que des troupes marchaient sur Paris. On plaça même dans la cour du Palais cinq cents hommes armés, apostés sans doute pour effrayer les magistrats, et les menaçant, en effet, d'un mauvais parti si l'édit n'était pas enregistré. Malgré des mesures aussi violentes, l'enregistrement ne fut point absolu; et il ne fut accordé, après trois lettres de jussion, « qu'attendu la nécessité urgente, par manière de provision, et sans approbation de la nouvelle religion (6 mars 1562). » Au mois de juin de la même année, tous les membres de la compagnie firent leur profession de foi dans les termes suivants : « Nous souscrits présidents, maistres des requestes, conseillers, advocats, procureurs-généraux du roy, greffiers et notaires de la cour de parlement, croions et confessons en vérité et sincérité de cœur tous les articles insérez et approuvez par lettres-patentes du feu roy François Ier que Dieu absolve, cy-dessus escriptes (1); en la foy desquels articles nous voulons vivre et mourir, et promettons à Dieu et à sa glorieuse mère, à ses anges, et à tous les saints et saintes, en la présence de cette notable compagnie, garder et observer, et iceux faire garder et observer de tout nostre pouvoir aux sujets du roy nostre souverain seigneur, sans faire ne souffrir estre fait aucune chose au contraire, directement ou indirectement, en quelque manière que ce soit, sur les peines portées par l'arrest donné, les chambres d'icelle assemblées, le 6 de ce présent mois; et ainsi le jurons et promettons. En tesmoin de quoi nous avons soubz signé de nostre propre main cette présente profession et déclaration, le 9 de ce mois de juin 1562 (2). » L'esprit du parti des Guise prédomine dans tous ces actes; et ce fut aussi sous cette influence que le parlement rendit, le mois suivant, ces fameux arrêts qui ordonnaient au peuple de *courir sus aux calvinistes*. Le sage et vénérable chancelier de l'Hospital s'indignait d'un tel fanatisme, mais ne pouvait le réprimer. Il fallut presque employer la violence pour faire enregistrer l'édit d'Amboise.

Catherine de Médicis, profitant de ce moment de repos, fit déclarer au parlement de Rouen la majorité de Charles IX. Le parlement de Paris prétendit qu'on empiétait sur ses droits; et lorsqu'on lui présenta l'acte de majorité, il refusa de l'enregistrer. « Il députa Christophe de Thou, dit un historien, Nicolas Prévôt, président des enquêtes, et le conseiller Guillaume Viole, pour représenter qu'aucun édit ne devoit passer en aucun parlement du royaume sans avoir été auparavant vérifié à celui de Paris; que l'édit sur la majorité du roi portait que les

---

nière différente de celle qui est en usage dans l'église romaine. » Félibien, t. II, p. 1074.

(1) Ces *articles de foi*, rédigés par la Sorbonne, avaient été enregistrés en 1543 par lettres-patentes de François Ier. — (2) Félibien, t. II, p. 1083.

huguenots auroient liberté de conscience, mais qu'en France il ne devoit y avoir qu'une religion; que le même édit ordonnoit à tout le monde de déposer les armes; mais que la ville de Paris devoit être toujours armée, parce qu'elle étoit la capitale et la forteresse du royaume.—Le roi, fort jeune encore, mais instruit par sa mère, répondit : « Je vous ordonne de ne pas agir avec un roi majeur comme vous avez fait pendant sa minorité; ne vous mêlez pas des affaires dont il ne vous appartient pas de connoître ; souvenez-vous que votre compagnie n'a été établie par les rois que pour rendre la justice, suivant les ordonnances du souverain. Laissez au roi et à son conseil les affaires d'État; défaites-vous de l'erreur de vous regarder comme les tuteurs des rois, comme les défenseurs du royaume et comme les gardiens de Paris. » Les députés ayant rapporté à la compagnie les intentions du roi, le parlement délibéra : les sentiments furent partagés. Pierre Séguier, président qu'on nomme à mortier, c'est-à-dire président de la grand'chambre du parlement, et François d'Ormi, président des enquêtes, allèrent rendre compte de ce partage au roi, qui était alors à Meulan (24 septembre 1563). Le roi cassa cet arrêt de partage, ordonna que la minute serait biffée et lacérée ; et enfin le parlement enregistra l'édit de majorité, le 28 septembre de la même année (1). »

La retraite du chancelier de l'Hospital mit le comble au désordre, et le parlement, cédant à de fatales influences, entraîné par de déplorables convictions, joua un triste rôle au milieu de tous ces événements. Ce fut lui qui mit pour clause à un édit, déjà fort sévère, contre les protestants, *qu'à l'avenir tout homme reçu en charge feroit serment de vivre et de mourir dans la religion catholique romaine.* Quelque temps après, il condamna à mort l'amiral Coligni, et promit 50,000 écus à quiconque le livrerait vivant (28 septembre 1569). Le procureur-général Bourdin requit qu'on donnât la même somme à quiconque l'assassinerait, et que, quand même l'assassin serait coupable de lèse-majesté, on lui promît sa grâce. L'arrêt fut ainsi formulé, suivant le réquisitoire (2). Ces rigueurs insensées aboutirent à la Saint-Barthélemy, effroyable journée, dont je parlerai en son lieu (3). Le troisième jour des massacres, Charles IX se rendit au parlement et déclara qu'une nouvelle conspiration des Huguenots l'avait obligé de recourir à ce terrible moyen. Le premier président, Christophe de Thou, se vit forcé d'approuver en apparence cette hypocrite palinodie, mais il se retira en gémissant des malheurs des temps, et en récitant, les larmes aux yeux, ce vers célèbre de Stace :

<pre>   Excidat illa dies ævo, ne postera credant
        Sæcula. . . . .</pre>

(1) Voltaire, ch. XXV. — (2) Voltaire, ch. XXVIII. — (3) Voy. les *Faits généraux* du règne de Charles IX.

C'était l'époque des vacances du parlement. On assembla (27 septembre 1572), une chambre extraordinaire, qui condamna l'amiral Coligny, ou plutôt son cadavre, à être traîné sur la claie et pendu à un gibet en place de Grève, d'où il serait porté à Montfaucon. Par cet arrêt, le château de Coligny fut rasé, les arbres du parc coupés, et l'on sema du sel sur le territoire de la seigneurie de Châtillon-sur-Loing, qui appartenait à cette illustre victime. Ses enfants furent déclarés roturiers, privés non seulement de tous leurs biens, mais de tous les droits de citoyen, et incapables de tester. Enfin le parlement ordonna qu'on ferait tous les ans à Paris une procession solennelle pour rendre grâce à Dieu des massacres et pour en célébrer la mémoire. « Cette procession ne se fit point, dit Voltaire, parce que les temps changèrent, et cette honte fut du moins épargnée à la nation. »

Charles IX mourut (1), et les querelles religieuses et politiques recommencèrent avec plus de violence. Le parlement partagea les passions populaires et s'unit aux ligueurs contre son roi légitime; aussi son histoire à cette époque est-elle pleine d'incidents curieux. Son premier acte d'opposition à Henri III fut à l'occasion de vingt-deux édits bursaux qu'il refusa d'enregistrer, à l'exception de deux seulement. Le roi parvint au but en employant la menace : « Je voi bien, dit-il, que madame ma cour veut me donner la peine d'y aller moi-mesme; mais je leur dirai ce qu'ils ne seront, possible, guère contens d'entendre. » Après l'assassinat du duc de Guise, Catherine de Clèves, veuve de cet illustre ambitieux, présenta requête au parlement, qui lui promit de poursuivre les assassins. Henri III ayant ensuite nommé une commission à Blois pour faire le procès à la mémoire du duc, la cour, sur une nouvelle requête, rendit l'arrêt suivant : « Vu par la cour, toutes les chambres assemblées, la requête à elle présentée par dame Catherine de Clèves, duchesse douairière de Guise, etc., qui, avertie que ceux qui ont proditoirement meurtri les corps (des Guise) s'efforcent de diffamer injurieusement leur mémoire, par une forme de procès, ayant à cette fin député certains prétendus commissaires, au préjudice de la juridiction qui en appartient notoirement à ladite cour par les lois de la France, privativement à tous autres juges, quels qu'ils puissent être : au moyen de quoi, icelle suppliante a appelé et appelle de l'octroi et exécution de ladite commission, requérant en être reçue appelante, et de tout ce qui s'en est ensuivi et pourra ensuivre, comme des procédures manifestement nulles et faites par des juges notoirement incompétents, et ordonner commission lui être livrée pour intimer sur ledit

---

(1) «Après le dîner, qui, selon l'usage, suivit les obsèques du roi à Saint-Denis, le parlement, ayant à sa tête Christophe de Thou, envoya commander à M. Amyot, grand-aumônier, de lui venir dire les grâces *comme roi*; ce qu'il refusa de faire, et même se cacha. La même difficulté s'éleva à l'enterrement de Louis XIV. » Hénault, p. 489.

appel, tant ceux qui ont expédié et livré ladite commission que les commissaires; et néanmoins ordonner que dès à présent défenses leur soient faites, sur peine d'être déclarés infracteurs des lois certaines et notoires de France, et comme tels punis extraordinairement, de passer outre, ni entreprendre aucune cour de juridiction ou connaissance, etc. Tout considéré, ladite cour a reçu et reçoit ladite de Clèves appelante de ladite commission, exécution d'icelle et de tout ce qui s'en est ensuivi et pourra ensuivre... et ce pendant, fait inhibition et défenses particulièrement aux commissaires et tous autres de passer outre, etc. Fait en parlement, le 1er février 1589 (1). »

Tous les membres de la compagnie ne partageaient point cependant les opinions des factieux. Un historien rapporte qu'après la journée des barricades, le duc de Guise, étant allé visiter le président, Achille de Harlay, il le trouva « qui se pourmenoit dans son jardin, lequel s'étonna si peu de leur venue, qu'il ne daigna pas seulement tourner la tête, ni discontinuer sa promenade commencée, laquelle achevée qu'elle fut, et étant au bout de son allée, il retourna, et en retournant il vit le duc de Guise qui venoit à lui : alors ce grave magistrat levant la voix, lui dit : *C'est grand'pitié quand le valet chasse le maître; au reste, mon âme est à Dieu, mon cœur est à mon roi, et mon corps est entre les mains des méchants, qu'on en fasse ce qu'on voudra.* » Cette indépendance et cette loyauté blessèrent les ligueurs, qui ne tardèrent pas à s'en venger. « Le lundi 16 janvier 1589, dit l'un des historiens les plus curieux de cette époque (2), maistre Jean Leclerc, naguères procureur en la cour de parlement, lors capitaine de son quartier et gouverneur de la Bastille de Paris, accompagné de vingt-cinq ou trente coquins, tous comme lui armés de leurs cuirasses, aiant *la pistole* (le pistolet) en main, alla au palais, entra en la grand-chambre, et aiant une liste en sa main, dist haut et clair, estans les chambres assemblées : « Vous, tels et tels, qu'il nomma, suivés-moi, venés en l'hostel de la ville, on a quelque chose à vous dire. » Et au premier président et autres qui lui voulurent demander de par qui et en quelle puissance il vouloit faire cest exploit, il respondit qu'ils se hastassent seulement et se contentassent d'aller avec lui, et que s'ils le contraignoient d'user de sa puissance, quelqu'un d'eux s'en pourroit mal trouver. Lors le premier président, le président Potier, et le président de Thou s'acheminèrent pour le suivre, et après eux marchèrent volontairement jusques à cinquante ou soixante conseillers de toutes les chambres de parlement, mesme des requestes du palais; et plusieurs qui ne se trouvoient point sur le billet du clerc ne laissèrent de marcher et accompagner les autres, disans qu'ils ne pou-

---

(1) Voy. Voltaire, ch. XXX. (2) *Journal de l'Estoile.*

voient moins faire que de suivre leurs capitaines. Marchant le premier, il les mena sur les dix heures du matin par le pont au Change, comme en monstre et triomphe, jusques en la place de Grève, où se voulans arrester pour entrer en l'Hostel-de-Ville, suivant la proposition de maistre Jean Leclerc, en furent empeschés et contraints par lui de passer outre, et menés en la Bastille Saint-Antoine, tout au travers des rues plaines de peuple, qui espandu par icelles, les armes au poing et les boutiques fermées pour les voir passer, les lardoient de mille brocards et vilanies..... Il en alla encores prendre quelques uns, ce jour, en leurs maisons, qui ne s'estoient point trouvés en la cour, et mesme de la Cour des aydes, Chambre des comptes, et autres compagnies, dont il y en eust quelques uns serrés en la Conciergerie et aux autres prisons de la ville, mais les aucuns furent eslargis dès l'après-dînée, les autres les deux ou trois jours ensuivans, pour ce qu'ils ne se trouvoient sur la liste du clerc, et qu'ils estoient estimés de ceux qu'on appeloit catholiques zélés. » Le lendemain de cette mémorable scène, on plaida au parlement comme de coutume. Le président Barnabé Brisson tint l'audience; mais il n'avait accepté ce dangereux poste qu'après avoir protesté secrètement, par devant les notaires Lusson et Le Noir, que c'était malgré lui qu'il présidait ce parlement, et qu'il cédait à la violence (1). Molé fut contraint de remplir les fonctions de procureur-général (2), et Jean Lemaître et Louis d'Orléans, simples avocats, furent choisis pour avocats-généraux. Le premier acte de ce *nouveau parlement* fut de faire jurer par tous ses membres, sur le crucifix, « de ne point se départir de l'union de la Ligue, et de poursuivre la vengeance de la mort du duc et du cardinal de Guise, contre ceux qui en auroient esté les auteurs et les complices. » Quelques uns signèrent cet acte de leur sang, entre autres un nommé Baston, grand ligueur, de qui l'on raconte que, s'étant piqué la main pour en tirer du sang, il en demeura estropié (3).

Le même jour (jeudi 26 janvier), un héraut d'armes du roi, Auvergne, se présenta aux portes de la ville pour interdire le parlement et les autres cours souveraines. On le mit en prison, il fut menacé de la *hart* et renvoyé sans réponse. Henri III prit alors le parti d'imiter Charles VII et de transférer les cours de justice; une partie du parlement de Paris alla siéger à Tours, l'autre à Châlons-sur-Marne (4).

(1) L'Estoile, *loco cit.*, rapporte cette protestation *extraicte fidèlement mot à mot de l'original.*—(2) *Id. ibid.* « Il accepta enfin à son grand regret et corps défendant, estant vaincu de la voix et multitude de ce peuple eschauffé qui crioit : *Molé! Molé!* et aussi d'une vive appréhension de la mort, ou, pour le meilleur marché, d'une prison, venant de sortir d'une Bastille, où il s'asseuroit bien de rentrer au cas qu'il le refusast. »
(3) Félibien, t. II, p. 1178.
(4) « Voici ce qu'on trouve à ce sujet, dit Hénaut, p. 543, dans un manuscrit de

Les membres du parlement qui restèrent à Paris étaient pour la plupart des ligueurs déterminés. L'assassinat de Henri III ne fit qu'alimenter leur fureur, et ils servirent alors de dociles instruments au conseil des *Seize*. Plusieurs arrêts défendirent, sous peine de mort, d'avoir la moindre correspondance avec Henri IV, ordonnèrent de reconnaître le cardinal de Bourbon pour roi, sous le nom de Charles X, et le duc de Mayenne, *lieutenant-général de l'État royal*, pour maître. Les honnêtes gens qui faisaient encore partie de la cour, ne tardèrent pas à être persécutés. Une sédition, occasionnée par la disette, ayant éclaté le 8 août 1590 au Palais-de-Justice, on accusa aussitôt plusieurs magistrats d'en être les moteurs. Le conseiller Alegrin fut obligé de payer douze cents écus, l'avocat Talon sept cents, et le président de Thou deux cents. « Encore celui-ci eut-il besoin de la protection du duc de Nemours pour se tirer des mains du chevalier d'Aumale qui menaçoit de le tuer. Le président toutefois ne se déconcerta point, et quoiqu'il le vist l'épée à la main, tout prest à le percer, il lui dit avec un courage digne de son âge et de son rang : *Vostre espée ne me fait pas plus de peur que mon bourrelet vous en fait* (1). » Puis la *Sainte-Union* exila un grand nombre de membres du parlement qui lui paraissaient suspects, et recourut ensuite aux mesures les plus violentes. Un procureur, nommé Brigard, accusé d'avoir envoyé une lettre à Saint-Denis, alors occupé par les troupes royales, fut déféré au parlement. Le premier président Brisson le sauva, et cet arrêt d'acquittement fut le signal de sa perte. « La conspiration ne put estre tramée si secrètement qu'il n'en fust averti de plus d'un endroit. Lui-mesme s'aperçut bien du danger qu'il couroit, connoissant la fureur de ses ennemis ; mais le rang qu'il tenoit dans son parti le rassuroit contre ses craintes : « Je sais qu'ils m'en veulent, dit-il à un de ses » amis, mais ils y penseront à deux fois. On ne mène pas tous les ans » une cour de parlement prisonnière. » Ainsi flottant entre la crainte et l'espérance, il ne put jamais se résoudre à sortir de Paris, qui estoit le seul parti qu'il eust à prendre. Il avoua pourtant, le soir qui précéda son emprisonnement, qu'il auroit bien voulu en estre dehors ; « mais, » dit-il, il ne m'est pas possible. » Puis s'abandonnant à la Providence : « Dieu, adjousta-t-il, disposera de moi, comme il lui plaira. » Jean Prévost, curé de Saint-Séverin, avec qui il s'entretenait, lui dit qu'il n'avoit pu dormir à l'aise sans lui avoir donné ce dernier avis. Voyant qu'il ne pouvoit le faire résoudre à s'enfuir, il tascha de lui persuader d'opposer la force à la force, sur quoy le président lui dit que, dès le lendemain on s'assembleroit au parlement pour y donner ordre et

---

Blanchard : *Aug. de Thou présida avec Nic. Potier à la chambre du parlement, qui fut établie à Châlons lorsque le parlement fut transféré à Tours, par l'édit du mois de février 1589. »* — (1) Félibien, t. II, p. 1196.

empescher l'exécution des mauvais desseins projetez par les Seize. Mais les factieux le prévinrent. Après avoir passé toute la nuit d'entre jeudi et le vendredi 15 de novembre chez le curé de Saint-Jacques de la Boucherie, où ils prirent leurs dernières résolutions, Bussy, Louchart, Le Normand et Aurouz, comme les plus déterminez, suivis de plusieurs autres en armes, arrestèrent sur le pont Saint-Michel le président Brisson qui alloit au Palais, et le conduisirent au Petit-Chastelet, de leur propre autorité... Quand on l'eust emprisonné, on le fist aussitost monter à la chambre du conseil, où François Morin, dit Cromé, conseiller au grand conseil, lui fit subir l'interrogatoire, assisté d'Adrien Cochery, qui servoit de greffier. Dans le même temps, Arnoul Choulier, clerc du greffe de la cour des aydes, qui se disoit lieutenant du grand-prévost de l'Union, arresta Claude Larcher, conseiller de la grand'chambre, et le curé de Saint-Cosme à la teste de ses prestres et de quelques archers, fut prendre Jean Tardif, conseiller au Chastelet. Ces deux magistrats furent amenez dans le mesme lieu que le président Brisson; et tous trois pendus avant midi, sans sortir de prison. L'exécution commença par le président, à qui il prit une si grande sueur, avant que de mourir, qu'on vit sa chemise dégoutter comme si on l'eust plongée dans la rivière. Le lendemain avant le jour, Cromé, accompagné d'une centaine de personnes, armez les uns de halebardes et les autres d'arquebuses, conduisit les trois corps en Grève, et les fit attacher à une potence, nuds en chemise, avec des escritaux sur chacun portant que c'estoient des traistres, des hérétiques, des ennemis de Dieu et des princes catholiques (1). La populace qui s'y amassa incontinent en grande foule ne put voir un tel spectacle sans compassion, et quoi que fist alors le furieux Bussi pour l'émouvoir au sang et au pillage contre les *politiques* dont il montrait la liste, personne ne se présenta pour le suivre; au contraire, chacun s'écouloit l'un après l'autre sans rien dire, la pluspart indignez d'une si cruelle exécution. Ces trois corps demeurèrent deux jours entiers exposez publiquement jusqu'à ce qu'ils furent enlevez de nuit par des amis qui les firent enterrer secrètement. Le parlement, ainsi maltraité dans son chef, s'abstint du Palais jusqu'au 20 du mois, que la pluspart furent priez d'y retourner; mais il y en eut plusieurs, comme le président Lemaistre et quelques autres, qui respondirent résolument aux commissaires des Seize qu'ils ne rentreroient au Palais que pour faire pendre ceux qui avoient fait mourir le président Brisson (2). »

Le parlement de Paris était tantôt la victime, tantôt l'organe des ligueurs et de la faction des Seize. Pressé par eux, il fit brûler par le

(1) Voy. les curieux détails que donne l'Estoile dans son *Journal du règne de Henri IV*. — (2) Félibien, t. II, p. 1203. — Sur le président Brisson, voir ci-dessus, p. 107, et les *Faits généraux* du règne de Henri III.

bourreau, le 21 septembre 1591, au pied du grand escalier, l'arrêt du parlement royal de Tours en faveur de ceux que Grégoire XIV, mal instruit, avait condamnés comme partisans de Henri IV. Mais la tenue des Etats-Généraux en 1593 lui fournit l'occasion de montrer par ses chefs les sentiments qui l'animaient à l'égard du roi. Le duc de Féria, ambassadeur d'Espagne, proposa aux Etats d'élire l'infante d'Espagne, reine de France, et de lui donner pour mari le jeune duc de Guise. Le parlement n'avait dans l'assemblée que trois de ses membres : le président de Neuilly, le président Lemaître, et le conseiller Guillaume du Vair ; mais dès qu'il eut appris la proposition faite par Féria, il se réunit en assemblée générale sous la présidence de Lemaître (29 juin 1593), déclara la loi salique inviolable, protesta de nullité contre l'élection d'un prince étranger, et vint signifier cet arrêt au duc de Mayenne en lui faisant de fermes représentations. Cette décision sauva la France et assura le trône à Henri IV. Mayenne, qui peut-être avait de secrètes prétentions au trône, et qui, dans le cas de l'élection d'une reine espagnole, se voyait réduit au rôle de sujet d'un prince son égal, ne s'opposa pas à l'arrêt du parlement dont il avait reçu communication avec une indignation simulée. Les membres des Etats-Généraux se divisèrent en plusieurs partis : la conversion de Henri IV vint joindre au nombre de ses partisans dans les Etats la meilleure et la plus saine partie du peuple. Bientôt l'échevin Langlois, le prévôt des marchands Luillier, et le maréchal de Brissac, résolurent de traiter avec le roi ; plusieurs membres du parlement se joignirent secrètement à eux. Le premier président Lemaître était à la tête ; le procureur-général Molé, les conseillers Pierre d'Amours et Guillaume du Vair s'assemblaient clandestinement à l'Arsenal. Le reste du parlement n'était point dans le secret ; il rendit même un arrêt, le 21 mars 1594, par lequel il défendait toute sorte d'assemblées. L'arrêt portait que les maisons où ces assemblées secrètes auraient été tenues seraient rasées. Toute entreprise, tout discours contre la sainte ligue était réputé crime d'Etat. Cette décision avait calmé les Seize, la Sorbonne, la faction d'Espagne, les ligueurs, quand le lendemain à quatre heures du matin un bruit de mousqueterie et des cris de *Vive le roi* les réveillèrent : Henri IV était entré à Paris (22 mars 1594).

Henri IV mit ordre à tout. Un de ses premiers soins fut de charger le chancelier Chiverni d'arracher et de déchirer au greffe du parlement toutes les délibérations, tous les arrêts attentatoires à l'autorité royale produits par ces temps malheureux. Le savant Pierre Pithou, homme d'une érudition universelle, le conseil des ministres, dit de Thou, le juge perpétuel des grandes affaires, sans magistrature, s'acquitta de ce ministère par ordre du chancelier. Le 28 mars, le chancelier vint apporter un édit qui rétablissait le parlement en faisant l'éloge de l'arrêt qu'il avait rendu pour le maintien de la loi salique, malgré le légat et les ambassadeurs d'Espagne. Pithou, qui n'était point magistrat, remplit cependant les fonctions de procureur-général dans cette séance. Le même jour le parlement annula tout ce qui avait été fait contre Henri III et Henri IV. Les officiers du parlement de Châlons et de Tours revinrent bientôt après; ils reconnurent ceux de Paris pour leurs confrères, et leur seule distinction fut d'avoir le pas sur eux. Il cassa les états de la Ligue, ordonna au duc de Mayenne d'obéir au roi, sous peine de crime de lèse-majesté, et institua cette procession à laquelle il a assisté chaque année jusqu'à la révolution, le 22 mars, en robes rouges, pour remercier Dieu d'avoir rendu Paris à Henri IV et Henri IV à Paris.

A la fin de la même année, le parlement eut à condamner Jean Châtel, assassin de Henri IV. La procédure révéla que plusieurs Jésuites avaient connu et favorisé le projet du jeune insensé; le parlement décréta un arrêt solennel, confirmant une décision de la Sorbonne, concluant à chasser les Jésuites du royaume. L'arrêt fut exécuté dans le ressort de Paris, et dans ceux de Rouen et de Dijon; mais en 1603, les Jésuites furent rappelés.

Les affaires de finances jetèrent quelquefois de l'ombrage entre le roi et le parlement. Il était indispensable de reprendre Amiens, d'où les Espagnols pouvaient faire des courses jusques à Paris. Sully ne put réunir tout l'argent nécessaire à l'entreprise; il fut obligé d'y ajouter quelques impôts et quelques créations de charges qui exigeaient des édits. Le roi écrivit alors au premier président de Harlay, *qu'on devoit nourrir ceux qui défendent l'État. Qu'on me donne une armée, et je donnerai gaiement ma vie pour vous sauver et pour relever la France.* Les édits furent rejetés. Le premier président avec plusieurs députés vint lui représenter les besoins de l'État. *Le plus grand besoin*, lui répondit le roi, *est de chasser les ennemis de l'État; vous êtes comme ces fous d'Amiens qui, m'ayant refusé deux mille écus, en ont perdu un million. Je vais à l'armée me faire donner quelque coup de pistolet à la tête, et vous verrez ce que c'est que d'avoir perdu un roi.* Il fut obligé d'envoyer plusieurs lettres de jussion et d'aller lui-même au parlement faire enregistrer ses édits. On put remarquer son affabilité dans le lit de justice. Il parla familièrement aux magistrats, qui, préoccupés de la forme, s'étaient trop opposés à une détermination utile. Il loua ceux qui avaient des intentions droites et réprima doucement les jeunes conseillers des comptes, en leur disant : *Jeunes gens apprenez de ces bons vieillards à modérer votre fougue.*

Le parlement de Paris, renfermé dans les bornes de son devoir, n'en fut que plus respecté, et il eut beaucoup plus d'honneur sous Henri IV que sous la Ligue. Ayant remarqué vingt-quatre décrets du concile de

Trente, relatifs à la discipline et étrangers à la foi, qui étaient opposés aux principes de l'église de France, il s'opposa à leur acceptation. Mais l'affaire ecclésiastique dans laquelle il signala le plus sa prudence fut celle de la démoniaque de Romorantin. Le parlement agit sagement en interdisant aux Capucins et à Duval, docteur de Sorbonne, de promener à l'avenir, comme ils l'avaient fait, cette fille de diocèse en diocèse pour lui faire déclarer que le catholicisme était la vraie religion, et que renoncer au protestantisme c'était renoncer au diable. La religion n'a pas besoin de ces moyens ridicules et peut-être impies.

Quand Henri IV sentit la nécessité de donner par l'*Édit de Nantes* une assurance de liberté aux protestants, ses magistrats se joignirent aux évêques pour remontrer au roi le danger d'un article de l'édit qui permettait aux religionnaires de s'assembler en tel temps et en tel lieu qu'ils voudraient sans demander permission. Henri IV vit qu'il avait été surpris, et supprima cette concession qui ouvrait la porte aux conspirations et aux troubles. Cependant le parlement, craignant les suites de la condescendance de Henri IV, refusa long-temps d'enregistrer l'édit. Le roi se rendit dans son sein et prononça un discours qui fit une grande impression ; le conseiller Coqueley, autrefois ligueur violent et depuis détrompé, fit un tableau touchant des malheurs de la guerre civile et du bonheur attaché à l'esprit de tolérance ; enfin le président Auguste de Thou acheva d'entraîner les suffrages, en citant à des conseillers qui voulaient que la France adoptât en cette circonstance les constitutions des deux Théodoses sur les hérétiques ariens, l'exemple du pape Jean 1er, allant de Rome à Constantinople parler en faveur des hérétiques ; l'édit de Nantes passa tout d'une voix et fut ensuite enregistré dans tous les parlements du royaume.

Le parlement paraît être demeuré étranger aux événements qui signalèrent les années 1598 et 1599, la signature de la paix avec l'Espagne et le divorce de Henri IV. Il eut ensuite à s'occuper de l'affaire des Jésuites que le roi voulait rappeler, aimant mieux, disait-il, les avoir pour amis que pour ennemis (1). Le parlement, ennemi déclaré de la compagnie, s'opposa de tous ses moyens à ce projet, en faisant craindre surtout que son rétablissement ne fût funeste à la vie du roi. Le premier président de Harlay prononça au Louvre, le 24 décembre 1603, des remontrances si pathétiques et si fortes, que le roi en parut ébranlé ; il remercia le parlement, mais ne changea point d'avis. « Il » ne faut plus reprocher la Ligue aux Jésuites, dit-il, c'était l'injure » du temps. L'on dit que le roi d'Espagne s'en sert ; je dis que je » veux m'en servir, et que la France ne doit pas être de pire condi- » tion que l'Espagne. Puisque tout le monde les juge utiles, je les tiens

---

(1) Félibien, t. II, p. 1258.

» nécessaires à mon État; et s'ils y ont été par tolérance, je veux
» qu'ils y soient par arrêt. Je ne veux pas entrer en ombrage de mes
» naturels sujets. Laissez-moi conduire cette affaire, j'en ai manié
» d'autres bien plus difficiles; et ne pensez plus qu'à faire ce que je
» dis et ordonne. » Le parlement vérifia enfin avec regret les lettres-
patentes; il y mit des restrictions nécessaires, mais le crédit des Jésuites les fit ensuite supprimer.

Les passions de Henri IV lui firent, comme on sait, blesser trop souvent les lois de la bienséance et de la morale. A l'âge de cinquante-sept
ans, loin de dissimuler les sentiments qu'il éprouvait pour la princesse de
Condé, âgée de seize ans, qu'il venait de marier lui-même, il se plut à les
témoigner ouvertement à la princesse. Condé, qui était âgé de vingt ans,
fatigué de tant d'attentions, et très susceptible sur ce point, se retira
dans ses terres de Picardie, et un jour (29 novembre 1609), partant
de grand matin à cheval, obligea sa femme de s'enfuir avec lui et de le
suivre en croupe derrière un domestique à Bruxelles. Il faut lire dans
les Mémoires de Sully le récit plaisant de la manière dont cette nouvelle fut reçue par Henri IV dans une soirée. Le lendemain le roi vint
lui-même au parlement, sans pompe, sans cérémonie; il s'assit aux
bas-siéges, le parquet étant gardé par les huissiers ordinaires; là il fit
rendre un arrêt par lequel le *prince était condamné à subir tel châtiment qu'il plairoit à sa majesté d'ordonner*. Le parlement était sûr sans
doute que le roi n'en ordonnerait aucun, il voulut seulement forcer
Condé à rentrer en France avec sa femme, mais Condé refusa, et ne
revint qu'après la mort du roi.

Une affaire bien autrement importante occupa, l'année suivante, le
parlement. Le vendredi 14 mai 1610, sur les quatre heures du soir,
Henri IV fut assassiné. Le parlement s'assembla incontinent dans la salle
des Grands-Augustins, parce qu'alors on faisait des préparatifs au palais
pour les fêtes qui devaient suivre le couronnement de la reine. Le chancelier Silleri fut d'abord prendre l'ordre de Marie de Médicis. On a fort
vanté la réponse que lui fit ce magistrat quand elle lui dit en pleurant,
le roi est donc mort : Madame, les rois ne meurent point en France. Un
tel discours n'était ni juste, ni consolant, ni vrai, ni bien placé. Le duc
d'Epernon vint au parlement sans porter le manteau, qui était un habillement de cérémonie et de paix; et ayant conféré quelques moments
avec le président Séguier, mettant la main sur la garde de son épée :
Elle est encore dans le fourreau, dit-il insolemment; *si la reine n'est
pas déclarée régente avant que la cour se sépare, il faudra bien l'en
tirer. Quelques uns de vous demandent du temps pour délibérer, leur
prudence n'est pas de saison; ce qui peut se faire aujourd'hui sans péril ne se fera peut-être pas demain sans carnage.* Le couvent des Augustins était entouré du régiment des gardes; on ne pouvait résister,

et le parlement n'avait nulle envie de renoncer à l'honneur de nommer à la régence du royaume. Jamais on ne fit plus volontairement ce que la force exigeait. Il n'y avait point d'exemple que le parlement eût rendu un pareil arrêt. Cette nouveauté allait conférer à la compagnie le plus beau de tous les droits. On délibéra pour la forme, *sans prendre les advis; tout ce que l'on voulut fut autorisé* (1). On déclara la reine régente. Il n'y eut que trois heures entre le meurtre du roi et cet arrêt. Dès le lendemain le jeune roi Louis XIII, âgé de huit ans et neuf mois, vint tenir un lit de justice aux mêmes Augustins avec sa mère. Deux princes du sang, quatre pairs laïques et trois maréchaux de France étaient à droite du roi sur les hauts siéges; à gauche quatre cardinaux et quatre évêques. Le parlement était sur les bas siéges, selon l'usage des lits de justice. Ce ne fut qu'une cérémonie. Le parlement, après avoir donné la régence, ne fut consulté sur rien. C'était un meuble dont on s'était servi pour un appareil éclatant, et qu'on renfermait ensuite (2). Il n'eut guère à s'occuper qu'à condamner les livres ultramontains.

Lorsque l'on dut transporter les restes de Henri IV à Saint-Denis, le parlement, comme tous les corps de l'Etat, vint prendre place au convoi funèbre, les conseillers et présidents portant la robe rouge pour indiquer que la mort du roi n'interrompt pas la justice. Ils voulurent suivre immédiatement la figure de cire qui représentait le roi défunt, mais l'évêque de Paris prétendit que c'était son droit. Cette contestation troubla long-temps la cérémonie. Les huissiers du parlement voulurent faire retirer l'évêque et le grand-aumônier qui l'accompagnait. Il fallut que le comte de Soissons, par ordre de la reine, vînt à la tête d'une compagnie des gardes maintenir les deux prélats dans le poste qui leur semblait dû, puisqu'il s'agissait de la sépulture qui est une fonction ecclésiastique. Les gardes mêmes saisirent un conseiller qui faisait résistance; c'était Paul Scarron, le père du fameux poëte burlesque. Après la descente du corps dans les caveaux de Saint-Denis, on servit le somptueux repas d'usage, et le parlement occupa la seconde table qui fut dressée dans la salle du chapitre; la première était pour les princes du sang, l'autre pour les officiers de la maison du roi.

La régence de Marie de Médicis fut un temps de confusion, de faiblesse et de rigueur mal placée. Lors des états-généraux convoqués en 1614, le parlement, qui n'obtint point séance dans cette grande assemblée, eut l'occasion d'intervenir dans les discussions qui s'y agitèrent d'une manière honorable pour lui. Le tiers-état avait proposé de rece-

---

(1) *Mémoires de Sully*, Collect. Michaud, t. III, 2ᵉ série, p. 387.
(2) Voltaire, *Hist. du parlement*, chap. XLIV.

voir comme loi fondamentale que nulle puissance spirituelle n'est en droit de déposer les rois et de délier leurs sujets du serment de fidélité. Le cardinal du Perron et les autres chefs du clergé regardèrent la proposition comme hérétique, et entraînèrent la noblesse à la rejeter. Le tiers-état rebuté s'adressa au parlement par l'organe du sage et intrépide avocat-général Servin. Le parlement, assemblé (2 juin 1615) sans qu'il y eût aucun pair, donna un arrêt qui renouvelait toutes les anciennes lois sur ce sujet important, et qui assurait les droits de la couronne. Paris le reçut avec joie ; mais le cardinal du Perron s'en plaignit immédiatement à la reine, protestant que si on ne le cassait, il recourrait à l'excommunication ; et Marie de Médicis, ne comprenant pas qu'elle condamnait les défenseurs de ses droits, fit casser l'arrêt par son conseil, emprisonner même l'imprimeur du parlement, sous le prétexte que cette cour ne devait pas statuer sur un point que les états examinaient. Les états étaient encore assemblés quand il survint entre le parlement et le duc d'Epernon une querelle également désagréable à l'un et à l'autre. Un soldat du régiment des gardes avait tué un de ses camarades près de l'abbaye de Saint-Germain-des-Prés. La connaissance et le jugement du crime appartenait à l'abbaye, aussi le bailli se saisit du mort et du meurtrier. Le duc d'Epernon, comme colonel-général de l'infanterie, redemanda son soldat pour le faire juger militairement par un conseil de guerre, et sur le refus du bailli fit briser les portes de la prison et enlever le meurtrier avec le mort. Le bailli porta sa plainte au parlement, et le tribunal assigna d'Epernon pour être ouï. Ne voulant répondre qu'au conseil du roi et regardant l'assignation comme un affront, il ne comparut que pour insulter au parlement, menant cinq cents gentilshommes à sa suite, bottés, éperonnés et armés. Le parlement le voyant arriver en cet équipage, leva la séance. Les juges en sortant furent obligés de défiler entre deux haies de jeunes officiers qui les regardaient d'un air outrageant et déchiraient leurs robes à coups d'éperons. Cet affaire fut très difficile à terminer. D'un côté le bon ordre exigeait qu'on fît au parlement une réparation authentique ; d'un autre côté la cour avait besoin de ménager le duc d'Epernon pour l'opposer au prince de Condé qui menaçait de la guerre civile. On prit un tempérament; on ordonna que le parlement suspendrait ses procédures contre le duc d'Epernon et qu'il recevrait ses excuses. Il vint donc se présenter au parlement une seconde fois, toujours accompagné d'un grand nombre de noblesse : *Messieurs*, dit-il, *je vous prie d'excuser un pauvre capitaine d'infanterie qui s'est plus appliqué à bien faire qu'à bien dire.*

Cependant les Etats n'avaient rien produit, et les factions redoublaient. Le maréchal de Bouillon, qui voulait se faire un parti, conseilla au parlement de convoquer les princes et les pairs pour délibérer sur les affaires publiques; mais le président et les plus anciens conseillers furent aussitôt mandés au Louvre par la reine alarmée, et le chancelier de Silleri leur dit *qu'ils n'avaient pas plus à se mêler de ce qui regardait le gouvernement que de connaître des comptes et gabelles*. Le parlement prépara des remontrances. La reine manda encore quarante magistrats au Louvre : *Le roi est votre maître*, dit-elle, et il usera de son *autorité si vous contrevenez à ses défenses*. Elle ajouta qu'il y avait dans le parlement une troupe de factieux; elle défendit les remontrances. Mais le parlement en dressa de très fortes, et le 22 mai 1615 le premier président de Verdun vint les prononcer à la tête du parlement. Elles regardaient précisément le gouvernement de l'État; elles furent écoutées et négligées. Tout finit par enregistrer des lettres patentes du roi qui ordonnaient aux juifs étrangers de sortir de la France. Une affaire qui regardait plus particulièrement le parlement fut la suppression *de la paulette*, demandée par les états et que promit en vain le ministère. C'était un droit imaginé par le nommé Paulet, qui, étant payé annuellement, assurait les places de judicature aux héritiers de ceux qui acquittaient ce droit, évalué à la soixantième partie du revenu de la charge.

La fortune et l'insolence de Concini et de sa femme Galigaï était un scandale à Paris et dans la France; mais le meurtre de Concini n'en fut pas moins un odieux assassinat, et la condamnation à mort de la maréchale une flétrissure pour le parlement. On ne pouvait lui reprocher que son immense fortune, son orgueil et son humeur bizarre, défauts pour lesquels on n'a jamais fait couper la tête à personne, dit Voltaire; on imagina de la condamner comme sorcière.

Presque toute l'Europe était alors infectée de la croyance à la magie, aux sortiléges. Une autre superstition moins dangereuse était un respect aveugle pour l'antiquité. On a vu (1) qu'en 1624 le parlement rendit un arrêt solennel en l'honneur d'Aristote, et défendit, sous peine de la mort de soutenir aucune thèse sans la permission de la faculté de théologie.

Les guerres civiles contre les Huguenots étaient recommencées; les dépenses étaient considérables. Le roi fut obligé d'aller plusieurs fois lui-même au parlement pour faire vérifier des édits bursaux. On consultait souvent dans ces édits plutôt la nécessité pressante que la proportion égale des impôts et l'utilité du peuple. L'avocat-général Servin fut frappé de mort subite, en prononçant dans une circonstance la harangue au roi : *Vous acquerrez*, lui dit-il, *une gloire plus solide en gagnant le cœur de vos sujets qu'en domptant vos ennemis*. A ces dernières paroles, la voix lui manqua, une apoplexie le saisit, et on l'emporta expirant.

(1) Ci-dessus, p. 200.

En 1631, après la fuite de Gaston, frère du roi, le cardinal de Richelieu publia une déclaration du roi dans laquelle tous ses amis et domestiques qui l'avaient accompagné dans sa retraite étaient regardés comme criminels de lèse-majesté. La déclaration était exorbitante ; quand il fallut l'enregistrer au parlement, il y eut arrêt de partage. Le roi indigné, manda le parlement au Louvre et lui ordonna de venir à pied. Tous les membres du parlement se mirent à genoux devant le roi (12 mai 1631). Le garde-des-sceaux Châteauneuf leur dit qu'il ne leur appartenait pas de délibérer sur les déclarations du roi; l'avocat-général Talon ayant dit que la compagnie demeurerait dans l'obéissance dont elle avait toujours fait profession : *Ne me parlez pas de l'obéissance de vos gens*, dit le roi ; *si je voulais former quelqu'un à cette vertu, je le mettrais dans une compagnie de mes gardes, et non pas au parlement.* Il exila Gayant, Barillon, Benet, et déchira lui-même l'acte de partage dont il jeta les morceaux par terre. Le parlement intimidé n'osa pas recevoir les lettres et requêtes que lui adressa la reine-mère avant de partir pour les Pays-Bas (1). Le cardinal, irrité par cette résistance, fit ériger une chambre de justice à l'Arsenal. Le parlement lui défendit par un arrêt de s'assembler. L'arrêt fut cassé et le parlement encore obligé de venir demander pardon au roi, à Metz, où il était alors. On le fit attendre quinze jours, on le réprimanda (2), et les arrêts de la chambre de l'Arsenal furent exécutés. Aussi la compagnie rendit sans trop de résistance, en 1634, un arrêt qui cassait le mariage de Gaston avec Marguerite de Lorraine; mais elle refusa constamment, pendant dix-huit mois, l'enregistrement des lettres-patentes qui établissaient l'Académie française. « Les uns crurent qu'après un arrêt rendu en faveur de l'Université et d'Aristote, cette compagnie craignait qu'une société d'hommes éclairés, encouragée par l'autorité royale, n'enseignât des nouveautés. D'autres pensèrent que le parlement ne voulait pas qu'en cultivant l'éloquence inconnue chez les Français, la barbarie du style du barreau devînt un sujet de mépris.

---

(1) Voy. Voltaire, ch. L. Il donne le texte de l'une de ces requêtes.

(2) *Id.*, *ibid.* Le roi accueillit très mal les magistrats · « Je vous ai mandés, leur dit-il, pour vous dire le mécontentement que j'ai de mon parlement, et ce que je veux qui soit fait à l'avenir.» Le garde-des-sceaux prit ensuite la parole et les tança vertement : « Le roi ne veut pas, ajouta-t-il, que le parlement se mêle de ses affaires, et vous ordonne de vous retirer pour aller remplir vos devoirs. » Le président voulut disculper la compagnie : « Je ne suis point préparé pour vous répondre, s'écria Louis XIII; mais je veux vous dire que vous entreprenez sur mon autorité. Vous vous mêlez du soulagement de mes peuples; j'en ai plus de soin que vous. Vous m'avez dit que les particuliers ont appris dans la compagnie à m'obéir ; néanmoins ils s'en sont peu souvenus. Vous n'êtes établis que pour rendre la justice entre Pierre et Jean. Si vous continuez vos entreprises, je vous rognerai les ongles si près qu'il vous en cuira. »

D'autres enfin imaginèrent que le parlement, mortifié tous les jours par le cardinal, voulait à son tour lui donner des dégoûts (1). » La véritable raison de cette opposition, c'est que l'on craignait que l'Académie ne s'attribuât quelque juridiction sur la librairie, et l'édit ne fut enregistré, le 10 juillet 1637, qu'avec la clause suivante : *L'Académie ne pourra connoitre que de la langue françoise et des livres qu'elle aura faits ou qu'on exposera à son jugement.*

Les cours souveraines ne cessèrent point de combattre le pouvoir arbitraire du cardinal-ministre. Les finances étaient dans un effroyable désordre. Richelieu, pour y porter remède, créa vingt nouveaux offices de conseiller au parlement et fit une odieuse banqueroute, en retranchant trois quartiers d'arrérages que le roi devait aux rentiers de l'Hôtel-de-Ville. Les magistrats protestèrent contre ces deux actes illégaux, mais le ministre fit arrêter les conseillers les plus hardis ; un édit du roi interdit la troisième chambre des requêtes, et les rentiers perdirent leurs arrérages.

« Le parlement, dit Voltaire, ayant ainsi perdu sous Richelieu toutes les prérogatives qu'il réclamait, ne combattit dans les dernières années de Louis XIII que contre la chambre des comptes. Lorsque ce monarque mit son royaume sous la protection spéciale de la Sainte-Vierge, il y eut à cette occasion une très grande solennité dans l'église de Notre-Dame. Les cours supérieures y assistèrent. Le premier président du parlement marcha le premier à la procession. Les présidents à mortier ne voulurent pas souffrir que le premier président des comptes le suivît. Celui-ci, qui était grand et vigoureux, prit un président à mortier à bras-le-corps et le renversa par terre. Chaque président des comptes gourma un président du parlement, et fut gourmé. Les maîtres s'attaquèrent aux conseillers. Le duc de Montbazon mit l'épée à la main avec ses gardes pour arrêter le désordre, et l'augmenta. Les deux partis allèrent verbaliser chacun de leur côté. Le roi ordonna que dorénavant le parlement sortirait de Notre-Dame par la grande porte, et la chambre des comptes par la petite. »

Le parlement recouvra toute sa haute puissance à la mort de Louis XIII. Il déclara la reine régente (18 mai 1645) et cassa le testament du roi défunt ; mais, comme on l'a fait observer avec raison, le parlement n'avait aucune autorité dans les circonstances présentes. La mort du roi le dissolvait ; il fallait que les présidents et les conseillers fussent confirmés dans leurs charges par le nouveau souverain et qu'ils fissent un nouveau serment. Cette cérémonie n'avait pas été observée dans le tumulte qui suivit l'assassinat de Henri IV, et le parlement l'é-

---

(1) Voltaire, *ibid.*, chap. LII.

luda après la mort de Louis XIII. Il fut présenté à la reine régente, protesta de son respect et de son obéissance, mais il ne fut question ni de confirmation d'offices, ni de serment de fidélité (1). La régence d'Anne d'Autriche n'en fut pas moins, dès son début, fort calme et fort prospère, mais la haine qu'excitait Mazarin, la fermentation des esprits, le mauvais état des finances suscitèrent bientôt des troubles. Le parlement devait y jouer un grand rôle.

La guerre d'Espagne épuisait les ressources de l'État, et cependant le trésor ne pouvait rester vide. Le fameux surintendant des finances, d'Emeri, eut recours en cette occasion aux mesures les plus violentes. Il fit revivre un édit de 1548, qui faisait défense de prolonger les faubourgs de Paris, et de bâtir au-delà des limites, sous peine de démolition, de confiscation des matériaux et d'amende arbitraire. Plus il s'était écoulé de temps depuis ce règlement, plus les contraventions s'étaient multipliées, et plus le surintendant espérait d'argent. Cette opération du *toisé* excita des troubles, et le parlement fit des remontrances. Il prit également la défense du peuple, à l'occasion d'édits bursaux et d'un nouveau tarif qui augmentait considérablement les droits d'entrée dans la capitale. Le cardinal Mazarin s'effraya de l'opposition qu'il rencontrait dans le parlement; il crut qu'il ne lui restait d'autre parti que la violence. La compagnie n'était point d'ailleurs aimée du gouvernement. Elle s'était aliéné les princes du sang et les pairs; les premiers parce qu'elle avait eu l'audace de disputer le pas au père du grand Condé dans la cérémonie d'un *Te Deum*; les pairs, parce qu'elle ne voulait pas souffrir que dans les lits de justice le chancelier, allant aux opinions, s'adressât aux pairs du royaume avant de s'adresser aux membres de la cour (2). Profitant d'une querelle qui s'était élevée entre les conseillers de la grand'chambre et ceux de la chambre des enquêtes (3), Mazarin sévit brutalement contre le parlement. Il exila quelques conseillers et envoya à Pignerol sous bonne escorte Barillon, président des enquêtes.

La chambre des enquêtes ne pouvant obtenir la liberté de ses membres, cessa pendant quatre mois de rendre la justice, ce fut là le premier exemple d'une pareille transgression. La cour ne s'en mit pas en peine, croyant que le parlement, indisposant à la fois les princes, les

(1) Voltaire, ch. LIV. Voy. aussi les *Mémoires* de l'avocat-général Omer Talon.
(2) Voltaire, *ibid.*
(3) « Il y eut des disputes pour les rangs. Le conseiller doyen du parlement était dans l'usage de précéder les présidents qui ne sont pas présidents à mortier. Il arriva qu'à l'oraison funèbre du maréchal de Guébriant prononcée à Notre Dame, les présidents des enquêtes prirent par le bras le vieux doyen Savare, et l'arrachèrent de sa place. Le premier président appela les gardes du roi, qui assistaient à la cérémonie, pour soutenir le doyen. L'église cathédrale vit pour la seconde fois des magistrats scandaliser le peuple pour un intérêt de vanité. » Voltaire. *Ibid.*

pairs et le peuple, n'aurait jamais aucun crédit; elle se trompa. Elle ne prévoyait pas qu'à la première occasion tout se réunirait contre un ministre étranger, qui commençait à déplaire autant qu'avait déplu le maréchal d'Ancre.

La taxe sur les maisons bâties dans les faubourgs n'avait presque rien produit. On voulut faire des édits pour forcer les habitants à acheter de nouvelles rentes; mais le parlement refusa de les enregistrer; le ministère imagina alors de créer de nouvelles charges de conseillers du roi; la plupart parurent fort ridicules par leur nouveauté; c'était des contrôleurs des bois de chauffage, des jurés crieurs de vin, des jurés vendeurs de foin, etc. On amena au parlement, dit Voltaire (1), Louis XIV, en robe d'enfant, pour faire enregistrer ces opprobres. On le plaça sur un petit fauteuil qui servait de trône, ayant à sa droite la reine sa mère, le duc d'Orléans son oncle, le père du grand Condé, huit ducs; et à sa gauche trois cardinaux, celui de Lyon, frère du cardinal de Richelieu, celui de Ligny et Mazarin. Il prononça intelligiblement ces paroles : *Mes affaires m'amènent au parlement; M. le chancelier expliquera ma volonté.* Le chancelier Séguier l'expliqua en lisant les édits bursaux qui étaient au nombre de dix-neuf; l'avocat-général Omer Talon prononça une harangue en portant le genou sur la banquette selon l'usage; et comme il était le harangueur le plus éloquent de la compagnie (2), il dit au roi qu'*il étoit un soleil; que quand le soleil n'envoie que quelques rayons dans une chambre par la fenêtre, sa lumière est féconde et bienfaisante, c'est le symbole de la bonne fortune; mais qu'il est périlleux de songer que ce grand astre y entre tout entier, parce qu'il détruit par son activité tout ce qui entre dans ses voies, etc.* L'enregistrement des édits se fit ensuite d'autorité.

Mais ces édits ne procurèrent à la cour que des ressources temporaires. Les finances manquèrent, l'inquiétude et les troubles commencèrent à agiter Paris. On augmenta les impôts, on créa douze nouvelles charges de maîtres des requêtes, et l'on demanda de payer d'avance le droit de *paulette* (3). La haine du ministère fit cesser les divisions dans le parlement et hors du parlement pour le combattre. Vainement la cour voulut-elle conserver ses gages au parlement, quand elle les supprimait pour quatre ans aux tribunaux supérieurs; le parlement vit bien que, s'il se laissait gagner par cette petite grâce, il perdait son crédit parmi le peuple; il se proposa de refuser l'enregistrement. Le grand conseil, la chambre des comptes, la cour des aides, se joignirent pour s'opposer aux édits, par le fameux arrêt d'union du 13 mai 1648, qui fut comme l'étendard sous lequel se rangèrent par la suite tous

---

(1) Chap. LIV. — (2) Voltaire, *ibid.* — (3) Voy. ci-dessus.

ceux qui voulurent molester les gouvernants. Le ministère, toujours prévenu de sa toute-puissance, cassa cet arrêt d'union que Mazarin, parlant mal français, appelait *l'arrêt d'ognon*, devenant par là aussi ridicule aux yeux du peuple qu'il était odieux. On méprisa l'ordre de la cour; elle défendit jusqu'aux assemblées des chambres du parlement, et les chambres s'assemblèrent. La reine manda les maîtres des requêtes qui s'étaient particulièrement élevés contre la création des nouvelles charges; Anne d'Autriche, quoique d'un caractère doux, était quelquefois un peu aigre dans ses paroles; elle leur dit qu'ils *étoient de plaisantes gens de vouloir borner l'autorité du roi;* ils allèrent en corps au parlement s'opposer à l'enregistrement de l'édit. Le parlement n'avait encore dans son parti aucun prince, aucun pair, ni même aucun seigneur. La reine, outrée contre lui, dit hautement qu'elle ne souffrirait pas *que cette canaille insultât la majesté royale;* ces paroles ne servirent pas à ramener les esprits.

Le parlement est définitivement séparé de la cour et du ministère; il s'est reconnu le droit de s'assembler, de discuter, d'ordonner, de contrôler les actes du gouvernement, il demande des réformes pour l'administration; c'est dans le récit des faits du règne de Louis XIV qu'il faut voir quelles furent les suites de cette dissension, comment naquit la Fronde, l'arrestation du président Blanc-Mesnil et du conseiller Broussel, la mise à prix de la tête de Mazarin par le parlement, la fuite de la reine et du jeune roi, les actes du parlement de Pontoise.

Enfin la cause du roi prévalut, la reine-mère ramena son fils victorieux à Paris. Le même peuple qui avait accablé la famille royale d'outrages, signala son inconstance ordinaire en tournant ses emportements contre le parlement. « On chantait au Louvre, au Palais-Royal, au Luxembourg, dans la cour du palais, dans les places, dans les églises, cette chanson si long-temps fameuse quoique très mauvaise :

> Messieurs de la noire cour,
> Rendez grâce à la guerre;
> Vous commandiez à la terre,
> Vous dansiez au Luxembourg,
> Petite gens de chicane,
>   Canne
>   Tombera sur vous;
> Et l'on verra madame Anne
> Vous faire rouer de coups.

Cette chanson ridicule montre l'esprit du temps auquel les plus grandes affaires avaient été traitées au cabaret et en vaudevilles (1). »

Le 14 octobre 1652 (2), le roi ramena le cardinal Mazarin, tout fut

---

(1) Voltaire, chap. LVI. — (2) Félibien, t. II, p. 1435.

tranquille dans Paris, et les séditieux furent punis. Le vieux conseiller de parlement Broussel, premier auteur, sans le savoir, de tant de troubles et de malheurs, en fut quitte pour se démettre de sa place de prévôt des marchands que les rebelles lui avaient donnée. Le 21 octobre le roi tint un lit de justice au parlement, il ordonna aux conseillers Broussel, Fleury, Martineau, Perrault et quelques autres, de sortir de Paris, mais on les rappela bientôt. Mazarin était revenu triomphant. Presque tous les membres du parlement, qui avaient mis sa tête à prix et qui avaient vendu ses meubles à l'encan pour payer les assassins, vinrent le complimenter les uns après les autres, et furent d'autant plus humiliés qu'il les reçut avec affabilité. Le grand Condé, plus fier, ne voulut point plier devant un étranger qui lui avait ravi la liberté, et le parlement condamna ce prince par contumace comme il avait condamné Mazarin.

Louis XIV fit sentir au parlement, dès l'an 1655, toute la hauteur de son caractère. Cette cour avait arrêté de faire des remontrances sur un édit concernant les monnaies; le ministre prétendait qu'une cour des monnaies étant établie, ce n'était pas au parlement à se mêler de cet objet. Le roi, informé des dispositions de l'assemblée, part aussitôt de Vincennes où il se trouvait alors, et en habit de chasse, botté, éperonné, le fouet à la main, il entre dans la grand'chambre, et prenant séance : « Messieurs, dit-il aux conseillers aussi étonnés de sa démarche que de son costume, *on sait les malheurs qu'ont produits vos assemblées; j'ordonne qu'on cesse celles qui sont commencées sur mes édits. Monsieur le premier président, je vous défends de les souffrir; et vous* (en se tournant vers les conseillers des enquêtes), *je vous défends de les demander.* » On se tut et on obéit; mais dès le lendemain on parlait déjà de se rassembler de nouveau. Mazarin, par l'entremise de Turenne, parvint à arrêter toute délibération; et depuis ce moment l'autorité souveraine ne fut plus combattue sous ce règne (1).

Le parlement ne s'occupa plus que de ses fonctions judiciaires, et, s'il faut en croire Voltaire, il plia humblement le genou devant la toute-puissance du grand roi. « Quand le cardinal, dit le spirituel historien, eut conclu la paix des Pyrénées et marié Louis XIV, le parlement vint haranguer ce ministre par députés, ce qu'il n'avait jamais fait ni pour le cardinal de Richelieu, ni pour aucun prince. La harangue était remplie de louanges qui parurent trop fortes, même aux courtisans; elle devint l'objet de leurs railleries. Ménage adressa au cardinal, qui n'était pas sans lettres et sans goût, une pièce de vers latins alors très fameuse; il y parlait comme toute la cour, et il disait dans cet ouvrage :

Et, puto, tam viles despicis indè togas.
Tu méprises sans doute ces robes si viles.

(1) Voltaire, chap. LVII.

On en fit des plaintes dans la grand'chambre ; mais ce n'était plus le temps où cette compagnie pouvait venger ses injures particulières. La cour applaudissait à cette humiliation. Ménage s'excusa ; il prétendit qu'il n'avait point voulu désigner la compagnie par le mot de *robes,* quoique ce mot ne pût en effet désigner qu'elle ; et le parlement crut qu'il n'était pas de sa dignité de relever cette injure.

Dès que Louis XIV eut pris lui-même les rênes de l'Etat, tout changea. Il réforma la jurisprudence, mit des entraves aux empiétements et aux abus des cours de justice, et ordonna que jamais le parlement ne fît des représentations que dans la huitaine, *après avoir enregistré avec obéissance.* Les magistrats défendirent cependant avec courage les libertés de l'Eglise gallicane, et n'acceptèrent que *par obéissance* la bulle *Unigenitus*, enregistrement qui était, comme on l'a dit, plutôt une flétrissure qu'une approbation (1). La seule contestation sérieuse qui eut lieu sous ce règne entre la cour et le parlement s'éleva au sujet des pairs, qui se plaignirent de l'usurpation insolente des présidents à mortier. Ceux-ci, depuis la mort de Louis XIII, opinaient avant les pairs. Le conseil du roi décida qu'on rendrait à ces derniers l'honneur qui leur était dû, mais cet ordre fut facilement éludé, et l'on ne put jamais parvenir à décider cette querelle.

Sous la régence de Philippe d'Orléans, le parlement recouvra toute son influence. Louis XIV, près de mourir, remit son testament entre les mains du premier président pour n'être ouvert qu'en présence des pairs assemblés. Cet acte important fut même enfermé dans une chambre bâtie exprès, mais il ne devait pas avoir grande valeur. Le 2 septembre 1715, le lendemain de la mort de ce prince si redouté, le duc d'Orléans se rendit à dix heures du matin au parlement, accompagné des princes et des pairs et d'un nombreux cortége d'officiers. Le régiment des gardes entourait le palais, mais ce déploiement de forces était assez inutile ; le futur régent avait su déjà gagner par ses intrigues les suffrages de la cour, dont le parquet lui était tout dévoué. Philippe d'Orléans prononça un discours assez adroit par lequel il demandait la régence en vertu du droit de sa naissance plutôt que des dernières volontés de Louis XIV : « Mais à quelque titre que je doive aspirer à la régence, ajouta-t-il, j'ose vous assurer, Messieurs, que je la mériterai par mon zèle pour le service du roi, par mon amour pour le bien public, et surtout étant aidé de vos conseils et de vos sages remontrances. » Le procureur-général, François Joly de Fleury, appuya dans ses conclusions la demande du prince; puis on lut assez rapidement le testament du monarque défunt, qui ôtait réellement la régence au duc d'Orléans (2). A chaque article, le premier président de Mesmes s'écriait :

(1) J'ai déjà parlé de ces querelles dans l'*Histoire de la Sorbonne*, p. 230.
(2) Voy. les *Faits généraux* du règne de Louis XV.

« Ecoutez, Messieurs ; observez, c'est là notre loi. » Mais on n'en jugea pas ainsi. La plupart des membres du parlement étaient flattés de pouvoir ainsi disposer de l'autorité royale ; ils espéraient recouvrer le droit de remontrances dont ils étaient privés depuis quarante ans. Aussi le duc fut-il déclaré régent à l'unanimité. Dans le transport de sa joie, il laissa, dit-on, échapper de trop belles promesses. L'un de ses partisans, qui observait froidement dans la foule ce qui se passait, lui fit parvenir un billet où étaient ces mots : *Vous êtes perdu, si vous ne rompez la séance* (1). Il le crut, et en fit ajourner la continuation à l'après-midi, où l'on acheva d'annuler les dernières dispositions de Louis XIV (2).

Le 12 du même mois, le duc d'Orléans fit tenir au parlement un lit de justice, où le roi, enfant de cinq ans, confirma la régence à ce prince. Celui-ci, par gratitude, restitua à la compagnie le droit de remontrance. Par suite de cet échange de complaisances, le parlement enregistra quelque temps après un édit qui ôtait aux enfants légitimés du roi défunt (le duc du Maine et le comte de Toulouse) le titre et les prérogatives de princes du sang (3).

(1) Anquetil.
(2) Je crois devoir donner ici le texte du célèbre arrêt rendu par le parlement sur la question de la régence : « La cour, toutes les chambres assemblées, la matière mise en délibération, a déclaré et déclare M. le duc d'Orléans régent en France, pour avoir soin de l'administration du royaume pendant la minorité du roi ; ordonne que le duc de Bourbon sera dès à présent chef du conseil de régence sous l'autorité de M. le duc d'Orléans, et y présidera en son absence ; que les princes du sang royal auront aussi entrée audit conseil, lorsqu'ils auront atteint l'âge de vingt-trois ans accomplis ; et après la déclaration faite par M. le duc d'Orléans qu'il entend se conformer à la pluralité des suffrages dudit conseil de la régence dans toutes les affaires (à l'exception des charges, emplois, bénéfices et grâces qu'il pourra accorder à qui bon lui semblera, après avoir consulté le conseil de régence sans être néanmoins assujetti à suivre la pluralité des voix à cet égard), ordonne qu'il pourra former le conseil de régence, même tels conseils qu'il jugera à propos, et y admettre les personnes qu'il en estimera les plus dignes, le tout suivant le projet que M. le duc d'Orléans a déclaré qu'il communiquerait à la cour ; que le duc du Maine sera surintendant de l'éducation du roi ; l'autorité entière et le commandement sur les troupes de la maison dudit seigneur roi, même sur celles qui sont employées à la garde de sa personne, demeurant à M. le duc d'Orléans, et sans aucune supériorité du duc du Maine sur le duc de Bourbon, grand-maître de la maison du roi. »
(3) Le fait suivant prouve les audacieuses prétentions de la compagnie : « Le régent lui-même eut en ce temps-là une difficulté singulière avec le parlement. Il demanda quel était l'ordre de la cérémonie quand un régent allait en procession avec ce corps. Il s'agissait d'une procession à la cathédrale de Paris pour le jour qu'on appelle la Notre-Dame d'août, jour où Louis XIII avait mis la France sous la protection de la Vierge Marie, et jour fameux pour les disputes de rang. Le parlement répondit que le régent du royaume devait marcher entre deux présidents. Le régent se crut obligé d'envoyer au nom du roi un ordre par lequel le régent devait passer seul avant la compagnie. » Voltaire, chap. LIX.

Cependant le désordre des finances et le désastreux système de Law mécontentèrent bientôt les cours souveraines, qui s'opposèrent avec courage aux innovations intéressées et ambitieuses de l'adroit Écossais. Le régent exila le chancelier d'Aguesseau, le remplaça par d'Argenson, le célèbre lieutenant de police, écouta froidement les remontrances du parlement, et cassa ses arrêts. Mais la cour osa décréter Law de prise de corps. Le duc d'Orléans prit alors le parti de faire tenir au roi un lit de justice aux Tuileries. La maison du roi prit les armes et entoura le Louvre. Il fut ordonné au parlement d'arriver à pied et en robes rouges. Ce lit de justice fut mémorable; on commença par faire enregistrer les lettres patentes du garde des sceaux que le parlement n'avait pas voulu jusque là recevoir. M. d'Argenson ouvrit ensuite la séance par un discours dans lequel il s'éleva contre les prétentions d'indépendance du parlement (1). On lut ensuite un édit qui défendait au parlement de se mêler jamais d'aucune affaire d'État, ni des monnaies, ni du paiement des rentes, ni d'aucun objet de finance. M. de Lamoignon, avocat du roi au parlement, résuma cet édit en faisant une espèce de protestation modeste. Le premier président demanda la permission de délibérer; mais d'Argenson lui répondit : « Le roi veut être obéi, et obéi dans le moment. » On rétablit ensuite les pairs dans la préséance sur les présidents; on ôta dans la même séance la surintendance de l'éducation du roi au duc du Maine, soupçonné d'être uni au parlement. Le lendemain, la compagnie humiliée déclara par un arrêt qu'elle n'avait pu, ni dû, ni entendu avoir aucune part à ce qui s'était fait la veille dans son sein. Plusieurs membres étaient soupçonnés de prêter la main aux plans que préparait secrètement le duc du Maine, et dans la nuit du 28 au 29 août 1718, des détachements de mousquetaires enlevèrent de leurs maisons le président Blamont et les conseillers Feydeau de Calende et Saint-Martin. Le parlement suspendit le cours de la justice, et ne reprit ses séances que sur la promesse qu'on rendrait la liberté aux trois membres arrêtés, ce qui eut lieu en effet.

Cependant, le système de Law était près de sa ruine; les particuliers ne se laissaient plus éblouir par ses chimériques calculs, et ils étaient encore excités à se tenir en garde par la résistance du Parlement, qui refusait d'enregistrer les édits que le ministre présentait à l'appui du

(1) Voici un passage du discours de d'Argenson : « Il semble, dit-il, qu'il (le parlement) a porté ses entreprises jusqu'à prétendre que le roi ne peut rien sans l'aveu de son parlement, et que son parlement n'a pas besoin de l'ordre et du consentement de Sa Majesté pour ordonner ce qu'il lui plaît. — Ainsi le parlement pouvant tout sans le roi, et le roi ne pouvant rien sans son parlement, celui-ci deviendrait bientôt législateur nécessaire du royaume; et ce ne serait plus que sous son bon plaisir que Sa Majesté pourrait faire savoir à ses sujets quelles sont ses intentions. »

système. Fatigué de ces obstacles, qui *détraquaient* sa machine, Law obtint que le Parlement serait exilé (2 juillet 1720), et la compagnie fut envoyée à Pontoise.

Jamais tout le corps du Parlement n'avait été exilé depuis son établissement. Ce coup d'autorité aurait, en d'autre temps, soulevé tout Paris ; mais la moitié des citoyens n'était occupée que de sa ruine, et l'autre de sa fortune de papier qui allait disparaître. Le 10 juillet, chaque membre du Parlement reçut une lettre de cachet. Les gardes du roi s'emparèrent de la grand'chambre ; ils furent relevés par les mousquetaires. Ce corps n'était guère composé alors que de jeunes gens, qui mettaient partout la gaîté de leur âge. Ils tinrent leurs séances sur les fleurs de lys, et jugèrent un chat à mort, comme on juge un chien dans la comédie des *Plaideurs*. On fit des chansons, et on oublia le Parlement (1).

L'opposition constante de la compagnie à la bulle *Unigenitus* (2) n'entrait pas pour peu de chose dans les motifs de son exil : on voulait faire enregistrer la bulle. Dubois avait adroitement triomphé de la résistance du cardinal de Noailles; on parla de certains projets contre le Parlement, et le Parlement, déjà ennuyé de son exil à Pontoise, commença à s'effrayer. Il était, disait-on, question de diminuer son ressort, et de lui substituer dans l'enregistrement des lois le grand conseil, qui, dans une espèce de lit de justice, auquel les pairs avaient assisté, venait d'accepter la bulle. L'Ecossais Law, qui était encore dans le ministère, et qui trouvait l'occasion de se venger du Parlement, proposait même d'en rembourser les offices avec son papier décrié, et de reconstituer des magistrats qui n'eussent d'autres fonctions que celles d'administrer la justice. D'Aguesseau, attaché au parlement, hésitait cependant à sceller les mesures violentes que l'on proposait. Les dispositions étaient favorables à un accommodement. Villars, comme avait agi Turenne dans des circonstances semblables, le ménagea par ses négociations ; il obtint du cardinal et du parlement l'abandon d'une opinion particulière qui passa pour un sacrifice à la paix de l'Eglise et de l'Etat. Le parlement enregistra la constitution le 4 décembre 1720, « conformément aux règles de l'Église et aux maximes du royaume sauf appel au futur concile, » réserve qui lui fut permise pour sauver au moins son honneur. Ainsi la bulle *Unigenitus* devint pour la seconde fois loi de l'Etat. Le parlement revint alors à Paris.

Aucun fait important relatif au parlement ne signala le ministère du duc de Bourbon ; seulement, le 8 juin 1725, le roi fut obligé de tenir un lit de justice pour faire enregistrer d'autorité quelques édits sur les taxes que la pénurie des finances avait rendues nécessaires.

(1) Voltaire.
(2) Voy. au sujet de cette constitution du souverain pontife, ci-dessus, p. 207 et 230.

Le cardinal de Fleury en arrivant aux affaires y porta l'amour de l'ordre et le sentiment d'une obéissance passive aux décisions des souverains pontifes. Nulle opposition à l'*Unigenitus* ne put être soufferte. Trois curés du diocèse d'Orléans, qui, en 1730, avaient été excommuniés par leur évêque pour avoir parlé contre la bulle, en appelèrent au parlement en vertu d'une décision de quarante avocats ; mais Fleury fit rendre contre leur décision un arrêt du conseil flétrissant, qui les condamnait à la retraite. Le corps des avocats de Paris et de Rouen cessa de plaider jusqu'à ce qu'il eut obtenu réparation (1). Tandis que cette querelle nourrissait l'animosité des deux partis, le tombeau du diacre Pâris, inhumé au cimetière Saint-Médard, semblait être le tombeau de la bulle. On connaît (2) l'histoire du diacre Pâris et les événements singuliers qui suivirent sa mort. Le parlement n'intervint dans cette affaire que pour donner un arrêt contre la bulle du pape qui avait condamné *la vie du bienheureux saint Pâris*. Les dissensions entre le parlement et Fleury augmentaient tous les jours. Le cardinal avait fait exiler onze avocats, parce que l'ordre, se trouvant offensé dans une instruction pastorale de l'archevêque de Paris, avait suspendu ses fonctions. Plusieurs fois les présidents et conseillers s'étaient portés auprès du roi pour exposer leurs droits et leurs raisons ; mais le cardinal parvint toujours à les empêcher d'approcher du roi. Enfin, le 10 janvier 1732, ils furent mandés à Versailles par une lettre de cachet. Réprimandés au nom du roi par le chancelier d'Aguesseau, ils reçurent l'ordre de ne s'occuper d'aucune affaire ecclésiastique qui toutes étaient évoquées au conseil. Par là, le cardinal Fleury semblait supprimer et aurait supprimé en effet, s'il l'avait pu, les appels comme d'abus. Le parlement étonné s'assembla, et déclara qu'il n'administrerait plus la justice si on en détruisait ainsi les fondements. Des députés allèrent à Compiègne où était le roi ; le premier président voulut parler, le roi le fit taire. L'abbé Pucelle, très célèbre en ce temps-là et qui était un des députés, eut le courage de présenter la délibération par écrit ; le roi la prit et la fit déchirer par le comte de Maurepas, secrétaire d'Etat. L'abbé Pucelle et un conseiller furent exilés. On voulut les réclamer, le cardinal fit exiler le président Ogier et trois conseillers.

La satisfaction de la victoire fit quelquefois dépasser les bornes des convenances. L'archevêque d'Arles, par une innovation peu décente,

(1) « Ce fut vers ce temps que les avocats prirent le titre d'*ordre*; ils trouvèrent le terme de corps trop commun ; ils répétèrent si souvent l'*ordre des avocats* que le public s'y accoutuma, quoiqu'ils ne soient ni un ordre de l'État, ni un ordre militaire, ni un ordre religieux, et que ce mot fût absolument étranger à leur profession. » Voltaire, *Parlement*, chap. LXIV.

(2) Voy. t. I de cette Histoire, p. 469.

mit dans un de ses mandements une chanson contre le parlement de Paris, laquelle finissait par ces vers :

> Thémis implore ta vengeance
> Contre ce rebelle troupeau.
> N'en connais tu pas l'arrogance?
> Mais non, je ne vois plus dans tes mains la balance,
> Pourquoi devant tes yeux gardes-tu ton bandeau?

Le parlement d'Aix fit brûler l'instruction pastorale et la chanson, et le cardinal Fleury crut devoir exiler l'auteur. — L'année 1733, dit Voltaire (1), se passa en mandements d'évêques, en arrêts du parlement et en convulsions. Le gouvernement avait fait fermer le cimetière de Saint-Médard avec défense d'y faire aucun miracle; mais les convulsionnaires allaient danser secrètement dans les maisons, et même chez plusieurs membres du parlement. Le cardinal, prévoyant la guerre avec la maison d'Autriche, ne voulut point être gêné par des dissensions civiles, oublia la bulle, rappela les exilés, et le parlement rendit la justice comme à l'ordinaire.

Les querelles religieuses, qui occupent la plus grande partie de ce règne, recommencèrent peu de temps après. L'archevêque de Paris, M. de Beaumont, ayant remis en vigueur les billets de confession qui attestaient la foi des mourants à l'égard de la bulle *Unigenitus*, le parlement défendit aux prêtres de refuser les sacrements, faute de ces billets (1752). Le conseil du roi cassa les décrets de la cour; et comme les esprits s'échauffaient, Louis XV se vit obligé d'exiler les membres des enquêtes et des requêtes, et d'envoyer la grand'chambre à Pontoise, puis à Soissons (2). Une chambre royale, composée de six conseillers d'État et de vingt et un maîtres des requêtes, fut installée aux Grands-Augustins pour suppléer à l'absence du parlement; mais les avocats, procureurs, greffiers et autres officiers subalternes, refusèrent de faire le service. Cet état de choses dura quatorze mois (3). Peu de personnes du reste s'en plaignaient; les Parisiens faisaient beaucoup plus de plaisanteries qu'à l'ordinaire; tout était tranquille, et l'impossibilité de faire juger des procès obligeait les plaideurs de s'accommoder. « Cependant, ajoute Voltaire, la cour s'empressa de négocier, parce qu'elle n'avait rien à faire. Il fallait mettre fin à cette espèce d'anarchie. On ne pouvait casser le parlement parce qu'il aurait fallu rembourser les charges, et qu'on avait très peu d'argent. On ne pou-

---

(1) *Hist. du parlement*, chap. LXIV.
(2) Voy. Voltaire, p. 324 et suiv. — Le parlement avait déclaré qu'il ne cesserait point de réprimer le scandale, et que la constitution de la bulle *Unigenitus* n'était point un article de foi. On acheta dans Paris plus de dix mille exemplaires de cet arrêt, et tout le monde disait : *Voilà mon billet de confession*.
(3) Anquetil, t. IX, p. 34.

vait le tenir toujours exilé, puisque les hommes ne peuvent être assez sages pour ne point plaider. Enfin (août 1754) le roit prit l'occasion de la naissance du duc de Berry (depuis Louis XVI) pour faire grâce. Le parlement fut rappelé. Le premier président de Maupeou fut reçu dans Paris aux acclamations du peuple. La chambre royale fut supprimée. Mais il était beaucoup plus aisé de rappeler le parlement que de calmer les esprits : à peine ce corps fut-il rassemblé que les refus de sacrements recommencèrent. » Le ministère, qui soutenait tantôt le parlement contre le clergé, tantôt le clergé contre la magistrature, fut obligé de s'adresser à la cour pour de nouveaux impôts; elle refusa d'enregistrer les édits.

Le roi se vit obligé (21 août 1756) de tenir un lit de justice à Versailles; le parlement s'y rendit, mais après avoir décidé qu'il n'opinerait point. On se passa de son consentement. Dès qu'il fut revenu à Paris, il protesta, et les troubles recommencèrent. Louis XV prit alors une résolution violente; il se rendit au parlement le 13 décembre, et fit enregistrer trois déclarations dans ce nouveau lit de justice. Par la première, on renouvelait l'injonction du refus dû à la bulle *Unigenitus*; le jugement des refus de sacrements était renvoyé aux tribunaux ecclésiastiques, mais l'appel comme d'abus était réservé à la compagnie. La seconde déclaration était relative à la police du parlement : les chambres ne pouvaient plus s'assembler sans la permission de la grand'-chambre; aucune dénonciation ne devait se faire que par l'organe du procureur-général; point de voix délibérative dans les assemblées avant dix ans de service; ordre d'enregistrer les édits après la réponse du roi aux remontrances permises; défense enfin d'interrompre le cours de la justice, sous peine de désobéissance. La troisième déclaration mit le comble à la consternation du parlement par la suppression de la troisième chambre des enquêtes. Le peuple s'indigna de cette violence, et encouragea les membres du parlement à la rébellion. Cent quatre-vingts démissions furent données, il ne resta plus pour composer le parlement que dix présidents et quelques conseillers de grand'chambre, et la situation des affaires, au milieu de la fermentation générale, devenait fort critique, lorsque l'attentat de Damiens fit diversion à ces querelles (1).

Damiens accusa sept membres du parlement comme complices de son crime, mais on n'ajouta aucune croyance aux déclarations de ce pauvre fou, et la cour, ou plutôt les vingt-deux membres qui composaient alors la grand'chambre, reçurent l'ordre d'instruire le procès. Après le supplice de Damiens, on voulut calmer l'exaspération des esprits et on négocia avec les magistrats démissionnaires. Ils reprirent

---

(1) Voy. *Faits généraux du règne de Louis XV.*

leurs fonctions le 1er septembre 1757, et tournèrent alors toute leur activité contre la société des jésuites. Le 6 août 1762, le parlement ordonna à ces religieux de *renoncer pour toujours au nom, à l'habit, au régime de leur société, d'évacuer les noviciats, les colléges, les maisons professes, dans la huitaine, et leur défendit de se trouver deux ensemble et de travailler, en aucun temps et de quelque manière que ce fût, à leur rétablissement, sous peine d'être déclarés criminels de lèse-majesté.* Le 22 février 1764, un autre arrêt ordonna que dans la huitaine les jésuites qui voudraient rester en France feraient le serment d'abjurer l'institut; enfin, le 9 mars suivant, un dernier arrêt bannit du royaume tous ceux qui n'auront pas fait ce serment (1).

La ruine de cette société détestée du peuple augmenta la popularité du parlement de Paris; mais il ne devait point la conserver longtemps. L'injuste et cruelle condamnation du brave Lally-Tolendal, et celle du malheureux La Barre « véhémentement soupçonné d'avoir brisé une croix sur un pont d'Abbeville, » irritèrent le public contre les magistrats, et tout le monde partagea l'indignation de Voltaire (2). Le gouvernement, dont le parlement lassait depuis longtemps la patience, ne cherchait qu'une occasion d'anéantir sa puissance, car cet état de choses ne pouvait durer. Comme on l'a fait observer avec raison, « il fallait ou que la couronne reprît son autorité ou que les parlements prévalussent. On avait besoin, dans des conjonctures si critiques, d'un chancelier entreprenant et audacieux, on le trouva. Il fallait changer toute l'administration de la justice dans le royaume, elle fut changée (3). »

Le chancelier René de Maupeou, second du nom, homme fourbe, bas et rampant, fut le conseiller et l'odieux promoteur de ce coup d'Etat. Le roi essaya d'abord de ramener le parlement; il le fit venir à un lit de justice qu'il tint à Versailles, le 7 septembre 1770, avec les princes, les pairs et les grands-officiers de la couronne. Là il fit promulguer ce fameux édit de discipline qui n'était que l'accomplissement des menaces si souvent répétées depuis le commencement du règne. Il était défendu au parlement de s'unir aux autres cours du royaume que l'on ne devait point considérer comme des *classes* de celle de Paris; il était défendu de se servir des mots *unité, indivisibilité* des parlements;

---

(1) L'abbé Chauvelin, conseiller au parlement, contribua beaucoup à l'expulsion des jésuites. Il était bossu, et le fondateur de la société, Ignace de Loyola, était boiteux. On fit à ce sujet l'épigramme suivante, qui n'a d'autre mérite que l'à-propos :

> Que fragile est ton sort, société perverse !
> Un boiteux t'a fondée, un bossu te renverse.

(2) L'arrêt qui condamnait le comte de Lally fut infirmé par le conseil du roi, qui, le 25 avril 1778, réhabilita la mémoire de l'infortuné général.

(3) Voltaire, chap. LXIX.

les délibérations des chambres n'étaient permises que sous l'autorité du premier président; les cessations de service, les démissions combinées étaient également proscrites, le tout sous peine de privations des offices; enfin il fut défendu de rendre aucun arrêt qui retardât l'enregistrement. La lecture de l'édit fut précédée d'un discours du chancelier, remarquable par un ton fier et menaçant. Le préambule était la satire de tout ce qu'avait fait le parlement. C'était un piége que Maupeou lui tendait et dans lequel le parlement ne manqua pas de se prendre. L'amour propre irrité le jeta dans tous les excès qu'on avait reprochés à ses prédécesseurs, et qu'on venait de défendre par un acte solennel. Assemblées de chambres permanentes, remontrances multipliées, menaces de démissions combinées, cessations de services, rien ne fut négligé de ce qui pouvait retracer de sinistres exemples. Le roi envoya au parlement de fréquentes lettres de jussion pour lui faire reprendre la justice; enfin, le 20 mars 1771, à quatre heures du matin, deux mousquetaires sont envoyés au domicile de chacun des membres, portant un papier à signer. Ce papier ne contenait qu'un ordre de déclarer s'ils entendaient ou non reprendre le service. Plusieurs voulurent interpréter la volonté du roi : les mousquetaires leur dirent qu'ils avaient ordre d'éviter les commentaires, qu'il fallait un oui ou un non. Quarante membres signèrent le *oui*, les autres s'en dispensèrent. Les *oui* étant venus le lendemain au parlement avec leurs collégues, leur demandèrent pardon d'avoir accepté et signèrent *non;* tous furent exilés. Ce fut dans l'exécution que se déploya toute la malignité de Maupeou. Les lieux d'exil furent choisis pour tourmenter avec plus de rigueur tous ceux qui lui avaient le plus résisté. Le président Lamoignon fut envoyé à Tisi, près Lyon, sur la pointe d'un rocher où il ne put parvenir qu'à cheval, et sa femme en chaise à porteur; Monblain, crachant le sang, eut pour retraite l'Ile-Dieu, où sa poitrine acheva de s'altérer; un conseiller honoraire, Clément de Feillet, qui n'avait d'autre tort que d'être soupçonné de jansénisme, fut exilé à Croc, dans les neiges de l'Auvergne. De plus le chancelier avait eu le soin, lorsqu'il y avait plusieurs magistrats de la même famille, de les séparer par des distances très longues. Au milieu de tous ces orages, il conservait un sang-froid et une légèreté qui irritaient la douleur publique.

La justice fut encore administrée par les conseillers d'Etat et les maîtres des requêtes, comme elle l'avait été en 1758; mais ce ne fut que par provision. On tira bientôt de ce chaos un arrangement utile. D'abord le roi se rendit aux vœux des peuples, qui se plaignaient depuis des siècles de deux griefs, dont l'un était ruineux, l'autre honteux et dispendieux à la fois. Le premier était le ressort trop étendu du parlement de Paris, qui obligeait les citoyens de venir de cent cinquante lieues se consumer devant lui en frais qui souvent excédaient le capital. Le second était la vénalité des charges de la judicature, vénalité qui avait introduit la forte taxation des épices. Le 23 février 1771, pour réformer ces deux abus, six parlements nouveaux furent institués sous le titre de *conseils supérieurs*, avec injonction de rendre la justice gratis ; les conseils supérieurs furent établis dans Arras, Blois, Châlons, Clermont, Lyon, Poitiers. On y en ajouta d'autres depuis pour remplacer quelques parlements supprimés dans les provinces. Il fallait surtout former un nouveau parlement à Paris, lequel serait payé par le roi, sans acheter ses places et sans rien exiger des plaideurs. Le 13 avril, dans un lit de justice tenu à Versailles, les officiers de l'ancien parlement furent définitivement supprimés, la cour des aides abolie, la vénalité des charges proscrite, et enfin les magistrats du grand conseil changés en membres du parlement. Peu à peu les affaires reprirent leur cours ; le nouveau tribunal, que l'on désigna sous la dénomination de *parlement Maupeou*, parut désormais suffisant pour statuer sur les différends des particuliers. Les avocats les plus célèbres reprirent leurs plaidoiries, et la tranquillité publique se rétablit. Le chancelier était au plus haut point de sa gloire, il se vantait d'avoir *tiré la couronne de la poudre du greffe*. Des gens de lettres célèbres, Voltaire entre autres, écrivaient au chancelier avec une espèce d'admiration (1).

Mais la mort de Louis XV, en 1774, ayant donné naissance à une nouvelle administration, Louis XVI, son successeur, rétablit le parlement, avec les modifications nécessaires. « Elles honorèrent le roi qui les ordonna, dit Voltaire, le ministre qui les rédigea, le parlement qui s'y conforma, et la France vit l'aurore d'un règne sage et heureux ! » Espérance cruellement déçue ! Quelque odieuse qu'eût été la conduite de Maupeou à l'égard du parlement, il fallait maintenir les utiles réformes que sa haine avait opérées contre la compagnie, telles que la restriction du ressort trop étendu, l'abolition de priviléges injustes, la simplification de la procédure, la diminution des frais.

Dès le 3 décembre, les protestations, les remontrances reprirent leur cours et se continuèrent. En 1787, lors de la première assemblée des notables, le parlement refusa d'enregistrer l'impôt du timbre et la subvention territoriale proposés par l'archevêque de Toulouse, chef du conseil des finances, déclarant que les états-généraux seuls étaient compétents pour les établir. Un lit de justice, tenu à Versailles, força le parlement à l'enregistrement ; mais, revenus à Paris, les membres de la compagnie protestèrent, et les édits ne s'exécutèrent pas. Sur cela il fut exilé à Troyes (15 août 1788) ; mais il fut rappelé un mois après, le 20

(1) Voy. sa *Correspondance générale*, années 1771, 1772, 1773. — Dans son *Hist. du parlement*, il dit « l'opprobre de la vénalité dont François Iᵉʳ et le chancelier Duprat avaient souillé la France, fut lavé par Louis XV et par les soins du chancelier d'Aguesseau, second du nom. »

septembre, sous la condition tacite de ne pas s'opposer à l'édit des emprunts successifs. Il y eut pourtant des protestations contre ces édits. Le ministère fait imprimer à un grand nombre d'exemplaires les ordonnances ; d'Epremenil, conseiller, en prodiguant l'or, parvient à obtenir une épreuve, et le parlement assemblé sur-le-champ rédige une énergique protestation. Le 5 mai, une compagnie des gardes vient, la hache sur l'épaule, pour enfoncer les portes que l'on refusait d'ouvrir, arrêter dans la grand'chambre d'Epremenil et Monsabert qui sont exilés, et le 8 mai, un lit de justice, qualifié de *cour plénière*, enregistra les édits malgré les protestations nouvelles du parlement. Mais cette cour plénière fut suspendue le 8 août, et le parlement enregistra avec joie un édit pour la convocation des états-généraux qui devaient être assemblés à Versailles, le 1ᵉʳ mai 1789, *selon la forme des états de* 1614; telle fut la clause qu'y mit le parlement.

Cette compagnie avait fondé les plus grandes espérances sur les états-généraux qu'elle réclamait depuis long-temps. Embrassant le parti du peuple, elle envoya au roi une adresse pour demander en faveur du tiers-état la double représentation ; mais cette concession aux idées nouvelles ne pouvait la sauver; la puissance des parlements devait disparaître devant celle des *représentants de la nation*. L'Assemblée nationale décréta, le 5 novembre 1789, que les parlements resteraient en vacance jusqu'à nouvel ordre, et que les chambres des vacations les suppléeraient en ce qui concernait les attributions ordinaires de la compagnie. Un autre décret, rendu quelque temps après, supprima enfin les parlements qui furent remplacés par d'autres tribunaux (1).

Basoche. — Cette singulière juridiction a, dit-on, été instituée en 1302 par Philippe-le-Bel, et son nom dérive par altération du mot *basilique*, qui signifie palais dans son acception primitive (2), parce qu'en effet elle siégeait au Palais-de-Justice. Philippe-le-Bel, s'il faut en croire des anciens historiens, car nous n'avons pas le texte de cet arrêt, ordonna que tous les clercs du parlement se réuniraient en corporation ; que cette association porterait le titre de royaume; qu'elle formerait un tribunal jugeant en dernier ressort, tant en matière civile que criminelle, tous les différends qui s'élèveraient entre ces clercs, et toutes les *actions* intentées contre eux ; enfin, que le président porterait le titre de *roi de la basoche*, et que tous les ans il ferait avec ses sujets une *monstre* ou revue solennelle. Le roi accorda de plus aux

(1) Voyez les *faits généraux de la Révolution*. — (2) En grec Βασιλικη; en latin du moyen âge *basilica*. Quelques autres écrivains, grands amateurs d'étymologies, ont prétendu que ce nom était tiré d'un mot grec qu'on peut traduire en français par *discours goguenard et plaisant*, « parce que, dit un auteur, les priviléges dont jouissent les clercs n'ont été regardés que comme un jeu d'esprit, qui, en les exerçant agréablement, ne laisse pas que de les rendre capables d'une profession plus sérieuse. »

clercs la faculté d'établir des juridictions basochiales dans diverses villes du ressort du parlement de Paris, mais à condition que les présidents de ces juridictions rendraient foi et hommage au roi de la basoche, et que l'appel de leurs jugements serait porté devant lui ou devant son chancelier. Ils portaient les titres de *prévôts*, de *princes*; Clément Marot nous apprend même qu'à Orléans, le chef de la basoche prenait celui d'*empereur*; mais au seul président des clercs parisiens appartenait le titre de *roi*.

Ce personnage important avait le droit de battre monnaie. La *monnaie de la basoche* n'avait cours que parmi ses sujets et non ailleurs, si ce n'est de gré à gré. Le roi avait sous ses ordres un grand nombre d'officiers, dont le plus important était le chancelier (1). « L'élection, dit Félibien, s'en fait tous les ans, huit jours après la Saint-Martin, par l'ancien conseil; il est reçu dans l'assemblée des procureurs et fait le serment entre les mains du précédent chancelier, qui n'est plus après cela que vice-chancelier, et livre au nouveau chancelier les sceaux d'argent où sont les armes de la basoche, composées d'une escritoire sur un champ fleurdelisé, le tout surmonté de casque et de morion, en signe de royauté (2). Le chancelier juge souverainement toutes les causes de son ressort, avec douze maistres des requestes ordinaires, ou du moins avec sept d'entre eux. Outre ces douze, il y en a trois autres extraordinaires qui sont deux ans en charge, et puis peuvent monter au rang des ordinaires. Ces trois sont le grand référendaire qui fait le rapport des lettres, le grand audiencier et le grand aumosnier, chargé de distribuer aux pauvres les amendes qu'il a esté ordonné d'employer aux œuvres pieuses; ce qu'il ne peut faire cependant qu'en présence du chancelier et du procureur-général. Celui-ci est perpétuel et nommé par le conseil, et ne peut estre destitué, sinon en cas de mariage ou de promotion à l'estat de procureur. Ni lui, ni l'avocat du roy, ni le procureur de la communauté, ne prennent jamais aucunes espèces pour la visitation des procès qui leur sont mis entre les mains. Les trésoriers s'élisent deux ou trois jours avant le chancelier. Leur charge est de faire assembler le conseil tous les samedis à onze heures et de faire crier aux arrests, par trois fois, par un des huissiers du royaume.... Ils

---

(1) Le chancelier ne pouvait être marié ni bénéficier; son habit de cérémonie est une robe et un bonnet. « Il est obligé de donner un festin le jour de sa réception; c'est ce qu'on appelle entre eux *droit et devoir*. On lui en donne acte à la fin du repas; mais avant qu'il le puisse obtenir, il faut qu'il essuie quantité de contestations, qui font vider grand nombre de bouteilles. » Hurtaut, t. I, p. 547.

(2) Dans un almanach de la basoche de Paris, imprimé en 1786, le sceau représente un écusson, chargé de trois écritoires, surmonté d'une couronne de marquis, supporté par deux jeunes filles nues, à longue chevelure, avec cette légende en caractères du XVe siècle : *Sigillum magnum regum basochiæ*, c'est-à-dire, le grand sceau des rois de la basoche.

reçoivent tous les *béjaunes* des nouveaux venus, qui sont d'un teston pour le commun et de deux pour ceux qui sont gentilshommes. Ils reçoivent aussi les amendes qui sont adjugées à la basoche par les cours supérieures et par leur propre justice, et quand ils ont fini leurs charges, ils peuvent monter à celles de conseillers et maistres des requestes ordinaires. Les quatre notaires-secrétaires du royaume font et signent toutes les lettres de provisions des officiers et suppléent en l'absence du greffier. Le premier huissier assiste aux plaidoieries avec son mortier et appelle toutes les causes qui lui sont données. Les autres huissiers assistent aux audiences avec leur bonnet et leur baguette, appellent les avocats aux arrests, font faire silence, et escortent le chancelier et le conseil de la basoche partout où ils sont commandez. La justice de la basoche est purement gratuite, et l'on n'y prend ni frais, ni espices; avec cela, on ne laisse pas dans le royaume d'avoir souvent des frais à soustenir ; c'est pourquoi la chancellerie et les cours souveraines et autres du Palais font de temps en temps des gratifications à la basoche pour lui aider à supporter ces sortes de dépenses. Les livrées ordinaires de ce royaume sont de taffetas jaune et bleu (1). »

Le tribunal de la basoche tenait ses audiences les mercredis et samedis, dans la grand'chambre, entre midi et une heure. Les causes étaient plaidées par les clercs reçus avocats, et les jugements, souverains et sans appel, portaient le nom d'arrêts sous ce titre : *La basoche régnante et triomphante et libre d'honneur, salut* ; et à la fin : *fait audit royaume*, etc. On ne pouvait se pourvoir contre ses arrêts que par requête civile au même tribunal. Le parlement confirma plusieurs fois cette juridiction, et une ordonnance du 12 avril 1642 enjoint aux clercs du parlement de ne procéder ailleurs qu'au royaume de la basoche, lorsqu'il s'agit de différends de clerc à clerc, et défenses sont faites à tous autres juges d'en connaître. La basoche eut toujours le droit de donner aux clercs qui voulaient se faire recevoir procureurs, *le certificat de leur temps de palais*. Ce temps était fixé par les ordonnances de François Ier, du 11 février 1519, à quatre années, mais on le porta ensuite jusqu'à dix ans. Un arrêt du parlement, en date du 7 septembre 1713, régularisa ce dernier privilége : « La cour maintient les officiers de la basoche dans la possession de vérifier le temps de dix années de palais que doivent avoir ceux qui se présentent pour être admis aux charges de procureurs en la cour. Ordonne que les officiers de la basoche seront tenus d'avoir registre paraphé dans toutes ses pages par le chancelier de la basoche, sur lequel s'inscriront sans frais

---

(1) Félibien, t. I, p. 501. Il a puisé la plupart de ces détails dans un ouvrage fort curieux de Pierre de Miraulmont, prévôt de l'hôtel et grande prévôté de France, « *homme docte*, dit Lacroix du Maine, *et grand rechercheur d'antiquités*. » Voy. *Origine et établissement du parlement et autres juridictions royales*, etc. Paris, 1612, in-8.

ceux qui voudront demeurer dans les estudes des procureurs en qualités de clercs, à l'effet d'acquérir le temps nécessaire pour estre reçus procureurs, et quand les dix années seront finies, les officiers de la basoche leur délivreront un certificat du jour de leur première inscription au registre; à la réserve des fils de procureur, et de ceux qui, ayant fait la profession d'avocat, auront esté mis sur deux tableaux au moins, lesquels ne seront astreints à rapporter ni leur inscription sur le livre des officiers de la basoche, ni certificat de leur part. Sont aussi maintenus les officiers de la basoche dans le droit et la possession de percevoir sur chacun des récipiendaires quinze livres pour le droit de chapelle, lorsque le certificat du temps de palais leur sera délivré. Au surplus, deffense aux officiers de la basoche de rien exiger davantage des clercs, mesme des récipiendaires, soit pour entrée ou sortie, soit en argent, jettons, repas ou autres choses, sur peine, pour la première fois, d'estre interdits pour six mois de leurs fonctions en la basoche, et de cinq cents livres d'amende, et, en cas de récidive, de mille livres d'amende et d'estre privez pour toujours de leurs fonctions, et mesme déchus pour un tems de pouvoir estre admis aux offices de procureurs (1). »

La *monstre*, ou revue des clercs de la basoche, qui avait lieu tous les ans, faisait courir tout Paris Ces jeunes gens, tous à cheval, se divisaient en plusieurs bandes, et chaque capitaine faisait dessiner des costumes différents (2). Cette cérémonie était si curieuse que François Ier voulut y assister. Par arrêt du 25 juin 1540, le parlement suspendit les audiences pendant deux jours, pour que la *monstre* fust célébrée avec plus de solennité. Le roi fut très satisfait de la *bonne tenue* des basochiens. Au commencement du règne suivant, pendant la révolte de la Guienne, que les impôts avaient soulevée, la basoche offrit ses secours à Henri II. Six mille clercs allèrent rejoindre le connétable de Montmorency. A leur retour, Henri II, voulant reconnaître leur dévouement, demanda quelle récompense ils désiraient. Ils ré-

---

(1) Félibien, t. I, p. 503.

(2) « Ceux qui vouloient estre de sa bande signoient au rolle et faisoient leur soumission de payer 10 escus s'ils estoient défaillants. En 1528, il prit fantaisie à l'un de ces capitaines de faire une bande de femmes. Un de ceux qui s'estoient enrolez sous lui ne voulut pas satisfaire à son engagement. Pour l'en punir, il fut condamné à l'amende de 10 escus, par arrest du chancelier de la bazoche; et en exécution saisie fut faite du manteau du défaillant, qui, pour se soustraire à la juridiction de la bazoche, fit citer son capitaine devant l'official de Paris. Là-dessus appel comme d'abus au parlement par les officiers de la bazoche, pour lequel plaidèrent de Thou, Poyet et Berruyer. Morin, pour le procureur de l'official, dit qu'il se désistoit de la citation, et Favier, pour le défaillant, demanda pardon de sa faute. La cour, par son arrest du 14 juillet, renvoya le défaillant par devers le roy de la bazoche et son conseil, et ordonna au roy de la bazoche de traiter amiablement ses sujets. » Félibien, t. I, p. 502.

pondirent qu'ils n'en demandaient aucune, qu'ils étaient prêts à servir Sa Majesté partout où elle voudrait les envoyer. Le roi fort satisfait leur accorda de son plein gré plusieurs priviléges. Il leur donna le droit de faire couper dans la forêt de Bondy trois chênes dont l'un devait servir de *mai*, et les autres étaient vendus au profit de la basoche. Il leur fut aussi accordé, chaque année, une certaine partie des amendes adjugées au roi, au parlement et à la cour des aides. Enfin, le roi leur concéda l'affranchissement de tout droit pour l'expédition de leurs arrêts, et permit qu'ils prissent dans leurs armoiries le *timbre, casque et morion*, comme marque de souveraineté. Sous le règne de Henri III, le nombre des sujets du roi de la basoche, dans Paris et dans les juridictions, se montait à près de dix mille. Le prince, effrayé de la puissance de cette corporation, fit défense à son chef de prendre le titre de *roi*, et dès lors l'autorité fut entre les mains du chancelier.

Chaque année, le jeudi de la dernière semaine du carnaval, on plaidait, à l'audience de la basoche, une cause nommée *cause grasse*, parce que la matière en était burlesque ou scandaleuse. Cette plaidoirie d'un nouveau genre égayait fort le bourgeois de la *bonne ville*. Une autre cérémonie non moins remarquable de cette corporation était la plantation du *mai* au bas de l'escalier du palais. Cette solennité attirait un grand concours de peuple; mais en 1667, il fut enjoint aux basochiens de n'y assister qu'au nombre de vingt-cinq. Dans les premiers jours de juillet, vingt-cinq clercs, montés à cheval et vêtus d'habits rouges, précédés de leurs drapeaux et de musiciens, se rendaient chez leurs dignitaires et chez les principaux membres du parlement et de la cour des aides. Ils leur faisaient donner des aubades, parcouraient tout Paris, et se rendaient ensuite à la forêt de Bondy où ils marquaient les arbres qu'ils avaient droit d'y couper.

Le royaume de la basoche était presque ignoré (1), les droits de son chancelier se trouvaient réduits au simple exercice de la juridiction entre les clercs du palais, lorsque la révolution éclata. Les basochiens se soumirent sans réclamations au décret qui abolissait toutes les corporations, et formèrent un bataillon de la garde nationale, qui ne différait des autres que par l'uniforme rouge, à boutons blancs. Ce bataillon n'a pas eu plus d'une année d'existence Aujourd'hui, les clercs ne forment plus de corporation; ils sont seulement tenus à prendre tous les ans une inscription sur le registre de la chambre des avoués ou des notaires.

J'ai parlé plus haut (2) de l'association des clercs de la chambre des comptes, connue sous le nom d'*empire de Galilée*; mais je dois dire ici quelques mots sur la *basoche du Châtelet*, composée de tous les clercs

(1) Depuis le règne de Henri III, les basochiens ne faisaient plus de *montre*.
(2) Voy. *Chambre des comptes*.

de cette cour, travaillant chez les notaires, les commissaires, les procureurs et les greffiers. Cette basoche était moins importante que celle du parlement. Son tribunal se composait d'un *prévôt* et de quatre *trésoriers*, qui jugeaient les différends des clercs, toutes les semaines, en la chambre de police; l'appel de ses jugements se relevait au présidial (1). Les clercs du Châtelet étaient taxés, pour leur bienvenue et entrée, à la somme de dix sous parisis; s'ils s'y refusaient, ils étaient condamnés à huit sous, et, en cas de nouveau refus, on était en droit de vendre leurs effets. La basoche du Châtelet, qui, d'après une ordonnance de 1759, se qualifiait de *basoche régnante en titre et triomphe d'honneur*, faisait célébrer, le jour de Saint-Nicolas, une messe solennelle, et donnait à cette occasion un dîner et des fêtes auxquels assistaient les magistrats du Châtelet.

Je ne puis mieux terminer cet article qu'en plaçant ici quelques détails sur le curieux théâtre des basoches du palais et du Châtelet. Ce fut, dit-on, sous Louis XI que les clercs commencèrent à donner des représentations publiques. Ceux du parlement jouaient dans la grande salle du palais, sur la célèbre table de marbre, et *messieurs du Châtelet* faisaient dresser un théâtre devant la porte de ce tribunal (2). Nous avons peu de renseignements sur les pièces jouées par ces jeunes comédiens (3), on sait seulement qu'elles étaient à peu près improvisées, et qu'avec toute la fougue et l'audace de leur âge, ils attaquaient tous les abus, tous les ridicules de l'époque. Ces *vaudevillistes* du moyen âge s'attaquaient même aux mœurs privées des bourgeois de Paris. « Les clercs, dit un ancien écrivain, rapportoient et représentoient fort librement les fautes des suppôts et sujets du royaume de la basoche, et plusieurs autres plaisantes et secrètes galanteries des maisons particulières, sans respect ni exception des personnes, ce qui avoit mû quelquefois la cour, sur les plaintes d'aucuns qui par aventure se sentoient offensés en leur honneur et famille, et scandalisés par ces actes et jeux publics, de leur faire défenses de plus jouer sans congé (4). » Le premier document relatif à ces théâtres, dont nous ayons connaissance, sont deux arrêts, dont l'un du 14 août 1442, condamna quelques basochiens à la prison, et l'autre, en date du 12 mai 1473, leur défend de ne jouer sans la permission du parlement. Enfin je trouve dans Sauval une pièce assez curieuse qui date de la même époque : « Aux clercs et communauté du Chastelet de Paris, y est-il dit, la somme de 18 livres parisis, qui ordonnée et taxée leur a été donnée par monsei-

(1) *Descript. hist. de Paris*, par Béguillet, avocat au parlement. 1779, in-4.
(2) Ces spectacles n'étaient pas gratuits ; l'argent qui en provenait servait aux frais de la représentation et du festin qui suivait la pièce.
(3) J'aurai occasion d'en parler avec plus de détails à l'article *Théâtres*.
(4) Miraulmont, *loco cit.*

gneur le prévost de Paris, en la présence du procureur du roi notre sire, pour aider à supporter les grands et somptueux frais qu'ils ont soutenus et soufferts durant l'année de ce présent compte, par les jeux qui par eux ont été joués sur l'eschafaut devant ledit Chastelet, en icelle année, comme par ladite taxation, requeste et quittance de Pierre Hénault, receveur de ladite communauté d'iceulx clercs, appert (1). »

Lorsque Louis XI se retira dans son château de Plessis-lès-Tours, le parlement exerça une censure rigoureuse à l'encontre de ces comédies, qui avaient, dit-on, le privilége de dérider le front du vieux roi. On lit dans les *registres du parlement*, à la date du 15 mai 1476 : « La cour, pour certaines considérations à ce la mouvans, a deffendu et deffend à tous les clercs et serviteurs, tant du palais que du Chastelet de Paris, de quelque estat qu'ils soient, que doresnavant ils ne jouent publiquement audict palais et Chastelet, ne ailleurs, ne en lieux publics, *farces, soties, moralités, ne autres jeux à convocation de peuple*, sur peine de bannissement de ce royaume et de confiscation de tous leurs biens, et qu'ils ne demandent congié de ce faire à ladicte cour ne à autre, sur peine d'estre privez à tousjours, tant dudict palais que dudict Chastelet. » L'année suivante, la même cour défendit au roi de la basoche, *Jehan Léveillé, à Martin Houssy, Théodart de Coatnanpran, et autres ayant personnages, de jouer farces, moralitez ou soties, au Palais de céans ou ailleurs, jusqu'à ce que par ladicte cour autrement en soit ordonné, sur peine aux contrevenants d'estre battus de verges par les carrefours de Paris et bannis du royaume* (2). Sous le règne suivant, les basochiens se hasardèrent de nouveau à donner des représentations publiques, mais ils attaquèrent le roi et certains actes du gouvernement. Charles VIII, par lettres patentes du 8 mai 1486, fit jeter dans les prisons du Châtelet et du Palais les nommés Baude, Regnaux, Savin, Duluc, Dupuis (3), et nous ne trouvons jusqu'au règne de Louis XII aucune trace du théâtre basochien.

On connaît la tolérance de Louis XII, qui, apprenant que les comédiens tournaient en ridicule son esprit d'épargne, se contenta de répondre : *J'aime beaucoup mieux faire rire les courtisans de mon avarice que faire pleurer le peuple de mes profusions.* « Lui estant rapporté un jour, dit Brantôme, que les clercs de la basoche du Palais et les escoliers aussi avoient joué des jeux où ils parloient du roi et de sa cour et de tous les grands, il n'en fit autre semblant, sinon de dire qu'il falloit qu'ils passassent leur temps, et qu'il permettoit qu'ils parlassent de lui et de sa cour, mais non pourtant dérégléement, et surtout qu'ils ne parlassent de la reine sa femme en façon quelconque, autrement qu'il

---

(1) *Extrait des comptes et ordinaires de la prévôté de Paris.* Sauval, t. III, p. 413.
(2) Félibien, t. I, p. 502, et t. IV, p. 601.
(3) *Reg. de la Tournelle criminelle* (1486).

les feroit tous pendre. » Malgré cette menace, il paraît que les théâtres de la basoche eurent sous ce règne une entière liberté, car nous ne voyons intervenir contre eux aucun arrêt du parlement. Mais sous François I*er* et ses successeurs, au milieu des désordres excités par la crise politique et religieuse, la cour se vit obligée de prendre des mesures sévères à l'égard des jeux des clercs de la basoche. On lit dans les *Registres du parlement*, à la date du 23 janvier 1538 : « Ce jour, après avoir veu par la cour le cry ou jeu présenté à icelle par les receveurs de la basoche, pour jouer jeudy prochain, ladicte cour a permis auxdicts receveurs iceluy cri ou jeu faire jouer à la table de marbre en la manière accoustumée, ainsi qu'il est à présent, horsmis les choses rayées ; leur a faict deffenses, sur peine de prison et de punition corporelle, de faire jouer autre chose que ce qui est, horsmis lesdites choses rayées. Et pour l'advenir à ce que lesdicts receveurs ou leurs successeurs ne se mettent en frais frustratoirement, ladicte cour leur a inhibé et deffendu faire faire aulcun cri ou jeu, que premièrement ils n'ayent la permission de ce faire de ladicte cour, et à cette fin baillé, quinze jours auparavant, leur requeste à ladicte cour. » Telle fut l'origine de la censure théâtrale; les basochiens purent se réjouir, mais *honnestement et sans scandale*. Cependant le parlement veillait toujours sur leurs intérêts : « En 1515, dit Félibien, les receveurs de la basoche avoient préparé des jeux et des danses pour la veille des Roys, qui ne purent avoir d'exécution à cause de la mort du roy. Ils présentèrent requeste au parlement pour estre gratifiez de quelques amendes en dédommagement de leurs frais et avances. La cour, par son arrest du 1er février, leur accorda *l'amende* de soixante livres, *à condition qu'ils joueroient et danseroient* (1). On leur fit la mesme faveur le 14 may de l'an 1521 pour les montres et jeux qu'ils avoient faits ce mesme mois. Au mois de janvier 1552, le procureur-général d'une part, et d'autre part les quatres trésoriers et receveurs de la basoche plaidèrent au parlement, et par arrest il fut deffendu aux trésoriers de jouer la moralité qu'ils avoient coustume de représenter le premier jeudy d'après les Roys, et de faire le festin qui suivoit ordinairement ce jeu. Cette deffense avoit rendu inutiles les frais avancez pour les trésoriers. Tant pour s'en dédommager que des mays qu'ils avoient présentez à la cour en général, et en particulier à quelques présidents et conseillers, ils demandèrent une gratification au parlement, qui, par son arrest du 2 juin, leur en accorda une de quatre-vingts livres parisis (2). »

La dernière trace que nous trouvions du théâtre de la basoche est un

---

(1) Nous lisons dans les *Registres du parlement* qu'après le souper offert par la Ville, suivant l'usage, au roi François Ier, qui faisait son entrée dans Paris, *les basochiens dansèrent devant ledict seigneur*. Il paraîtrait, d'après un passage de Sauval, t. II, p. 64, que c'était là une ancienne coutume. — (2) Félibien, t. I, p. 502.

arrêt de la cour, en date du 2 juin 1582, qui permet aux clercs de jouer *certaine tragédie et comédie*, « à la charge qu'il n'y aura en icelle chose quelconque contre la religion, le roy et l'estat de ce royaume, et de n'y nommer et scandaliser aucun, sur peine d'en répondre en leurs noms privez. »

Chambre des Comptes. La chambre des comptes était la juridiction établie pour connaître et juger de tout ce qui concernait la manutention des finances et la conservation du domaine de la couronne.

Sous les deux premières races, les rois se faisaient rendre compte de leurs domaines et finances en présence des officiers du palais ou de leur maison.

Les domaines et les finances étant augmentés, Philippe-Auguste et saint Louis établirent des formes d'administration plus étendues. Il y eut alors un trésorier général des finances; les comptes qu'il rendait étaient vérifiés au conseil qui était à la suite du roi, pour traiter de tous les objets d'administration civile, politique et fiscale. En 1302, Philippe-le-Bel détacha de son conseil le parlement qu'il rendit sédentaire à Paris, et, vers le même temps (1), la chambre des comptes qu'il établit également à Paris.

Long-temps elle a été seule dans le royaume; alors elle envoyait dans les provinces des commissaires pour recevoir les comptes des baillis et des sénéchaux sur l'administration des domaines qui leur étaient confiés. La chambre fut d'abord composée de deux présidents, l'un ecclésiastique et l'autre laïque, et de cinq maîtres, dont trois ecclésiastiques et deux laïques. Geoffroy de Pompadour, évêque du Puy, grand-aumônier de France, nommé, en 1485, président de la chambre, fut le dernier président clerc ou ecclésiastique; on ne nomma plus après lui que des présidents laïques. Les *maîtres des comptes* eurent la faculté de prendre des *clercs*, les uns pour rédiger les comptes et les jugements, les autres pour réviser les comptes et faire leur rapport à la chambre sur les erreurs qu'ils pouvaient renfermer. Les clercs devinrent les *correcteurs* et les *auditeurs* : les premiers ne furent constitués sous cette dénomination qu'en 1410. Les auditeurs étaient appelés *petits clercs* et *compagnons d'aval*, parce qu'ils travaillaient à l'examen des comptes au-dessous du grand bureau. Les uns et les autres obtinrent plus tard voix délibérative et le titre de *conseillers*. En 1552, Henri II rendit un édit de règlement sur le nombre, les attributions et le service des officiers de la chambre des comptes. Philippe-le-Long, en 1320, et Charles-le-Bel, en 1323, avaient publié des ordonnances pour le même objet.

(1) Voy. Lebeuf, *Variétés hist.*, t. III, 1re part., p. 2. — Béguillet, *Descript. de Paris*, in-4, p. 334.

La chambre des comptes créée à Caen par Henri V fut réunie en 1424 à celle de Paris par Henri VI, maître alors de cette ville. A la fin du siècle suivant, pendant les troubles de la Ligue, la chambre des comptes de Paris fut transférée par Henri III, en 1589, à Tours, en même temps que le parlement et le siége de la table de marbre; mais au retour de l'ordre en France, elle fut rétablie à Paris (1).

Avant la révolution, ses officiers, dont le nombre, réduit à quatre lors de la réforme dictée par les besoins de l'État en 1357, s'était considérablement accru depuis, étaient un premier président, douze présidents, soixante-dix-huit maîtres, trente-huit correcteurs, quatre-vingt-deux auditeurs, un avocat et un procureur-général. Il y avait en outre deux greffiers en chef, un commis au plumitif, deux commis du greffe, six contrôleurs du greffe, un payeur des gages, un premier huissier, un contrôleur des restes, un garde des livres, vingt-neuf procureurs et trente huissiers. Les officiers de la chambre servaient par semestre, les uns depuis le 1er janvier jusqu'au dernier juin, les autres le reste de l'année.

Les rois leur avaient accordé des prérogatives honorables; ils avaient la noblesse au premier degré, le titre et les droits de commensaux de leur maison. Des officiers de la chambre des comptes furent chargés de l'exécution des testaments de Charles V et de Charles VI; souvent ils étaient admis aux conseils privés des rois, et dans plusieurs circonstances Philippe de Valois, Charles V, Charles VI, Louis XII, ont tenu le grand conseil à la chambre des comptes même, où ils sont venus traiter des plus importantes affaires du gouvernement et examiner les registres du domaine, *afin d'obvier*, est-il dit dans une ordonnance de décembre 1460, *aux inconvénients qui pourraient s'ensuivre de la révélation et portation d'iceux*. Philippe de Valois lui confia son scel pendant qu'il allait en Flandre. Les officiers de la chambre étaient exempts de droits seigneuriaux, lots et ventes dans la mouvance du roi, de toutes charges publiques, de tailles, corvées, péages, subventions, aides et gabelles.

Tous les édits, ordonnances et déclarations, les lettres concernant les apanages des enfants de France, les douaires des reines et les contrats d'échange étaient adressés à cette compagnie. Elle enregistrait les contrats de mariage des rois, les traités de paix, les provisions des chanceliers, gardes des sceaux, secrétaires d'Etat, maréchaux de France, et autres grands-officiers de la couronne. Le grand-maître de l'artillerie, le contrôleur-général, les grands-maîtres des eaux et forêts, les trésoriers de France et tous les comptables étaient tenus de s'y faire recevoir et d'y prêter serment. — Cette chambre enregistrait les serments de fidélité des arche-

---

(1) Félibien, t. II, p. 807, 1181.

vêques, évêques, abbés et des bénéficiaires pourvus de bénéfices de fondation royale. Elle recevait les actes de foi et hommage des vassaux du roi, pour les terres, titres, seigneuries qu'ils possédaient. Elle avait la garde des aveux et dénombrements, et même des actes de foi et hommage des fiefs reçus par les trésoriers-généraux (1). — Cette chambre connaissait de tous les comptes des recettes générales des domaines et de celles des finances, des recettes des tailles et de celles des octrois des dix-huit généralités de son ressort. Les comptes du trésor royal, de l'extraordinaire des guerres, de la marine, des monnaies, des fortifications, des ponts et chaussées, des colonies, lui étaient soumis. Elle connaissait des dépenses du roi ; son autorité s'étendait même quelquefois, au moins dans les premiers temps, jusqu'à supprimer ou restreindre les dépenses du roi, lorsqu'elles lui paraissaient faites mal à propos ; et lorsque les financiers lui rendaient leurs comptes, on mettait ces mots sur les articles qui lui paraissaient exagérés : *C'est trop donner, ceste partie soit rejetée*, etc. (2). En signe de cette faculté de retrancher les mauvais emplois dans les comptes qu'on leur présentait, ses officiers portaient anciennement de grands ciseaux à leur ceinture. Le ressort de la chambre des comptes de Paris s'étendait avant la révolution sur les généralités de Paris, Soissons, Amiens, Châlons, Orléans, Bourges, Moulins, Poitiers, Limoges, Riom, Lyon, Bordeaux, Montauban, La Rochelle et Tours (3).

Dans les cérémonies publiques, la chambre des comptes marchait sur la même ligne que le parlement ; mais elle n'avait que la gauche (4).

La première présidence de cette chambre a été exercée par des personnages célèbres et souvent par de puissants seigneurs, comme *grands-bouteillers* du royaume (5). Parmi les présidents, dits *présidents*

---

(1) Sauval, t. II, p. 395. — (2) Béguillet, p. 335. — (3) Sauval, t. II, p. 395. — (4) En 1526, lors du *Te Deum* célébré pour la délivrance de François Ier, comme la chambre des comptes voulait accompagner le parlement, *selon l'ancien usage, quoique un peu différé*, le premier président observant que la suite des officiers de la chambre des comptes ne pouvait atteindre la longueur de celle du parlement qu'en s'adjoignant la cour des aides, des généraux des monnaies, des conseillers du trésor, et un grand nombre d'autres personnes qu'il *n'était point convenable de voir marcher à côté du parlement*, il fut arrêté que le parlement marcherait seul, sauf à la chambre à faire ensuite la procession en son particulier, si cela lui convenait. En 1528, dans une procession publique, le roi voulut que le parlement marchât seul, « et après lui la chambre des comptes avec la ville côte à côte. » Félibien, t. II, p. 974, 982. Dès 1535, on voit pourtant la chambre des comptes marcher de front à la gauche du parlement. *Ibid*, p. 998, 1033. — (5) « Le grand-bouteiller, dégénéré en simple échanson, était » surintendant des finances, d'où vint qu'il fut le premier président de la chambre des » comptes, lorsqu'elle fut établie ; c'est ce qui a fait dire mal à propos que la charge » de premier président de la chambre des comptes avait été occupée par les seigneurs » des plus grandes maisons : ils ne l'étaient que comme bouteillers. » Le Laboureur, *De la pairie*, p. 70.

laïques, on remarque Jean, comte de Sarrebruch, grand-bouteiller; Enguerrand de Coucy, grand-bouteiller; Jacques de Bourbon, seigneur de Préaux; Guillaume de Melun, comte de Tancarville; Pierre des Essarts, grand-bouteiller; Robert de Bar, comte de Marle; Robert Briçonnet, archevêque de Reims. Miles de Dormans, évêque de Beauvais; Pierre d'Orgemont, évêque de Thérouenne; Louis de Luxembourg, évêque de la même ville; Jean de Mailly, évêque de Noyon; Guillaume de Champeaux, évêque de Laon; Jacques Jouvenel des Ursins, archevêque de Reims; Geoffroi de Pompadour, évêque du Puy, avaient été présidents clercs de la chambre. Sous Louis XI, Pierre Doriole, après avoir été chancelier de France, accepta ces fonctions; l'illustre Michel de L'Hospital y avait été promu en 1554, avant d'être chancelier. Aymard Jean-Marie Nicolaï était en possession de l'office en 1789; c'était le neuvième de cette famille qui le remplissait de père en fils. Le premier président de la chambre des comptes était garde du grand trésor de la Sainte-Chapelle et ordonnateur de l'administration de cette église; il recevait des droits d'écurie et de deuil dans les états de la maison du roi. Seul des premiers présidents de cours souveraines, *il drapait quand sa majesté prenait le grand deuil* (1); ses fonctions étaient de toute l'année, et non de semestre. — Dans les cérémonies, les présidents portaient une robe en velours noir, les maîtres en satin noir, les correcteurs en damas noir, les auditeurs en taffetas, l'avocat et le procureur-général en satin, les greffiers en damas, et le premier huissier en taffetas de même couleur (2).

Le bâtiment qu'occupait la chambre des comptes était situé dans l'enceinte du palais, presque en face de la Sainte-Chapelle. Il avait été élevé sous le règne de Louis XII, en 1504, d'après les dessins de Jean Joconde, religieux de Saint-Dominique. La façade était d'une architecture assez élégante; dans cinq niches, ayant chacune une inscription, étaient, au centre, la statue de Louis XII vêtu d'un manteau couleur d'azur, semé de fleurs de lys d'or, tenant le sceptre ainsi que la main de justice, et de chaque côté la personnification de deux vertus cardinales. Au haut du grand escalier était un porc-épic, portant les armes de France accolées de deux cerfs-volants. Le porc-épic formait, comme l'on sait, le *corps* de la devise de Louis XII, et les mots *cominus et eminus* en étaient l'âme. Un violent incendie qui éclata dans ces bâtiments, le 27 octobre 1737, en détruisit une grande partie. La réparation en étant terminée, la chambre des comptes, qui siégeait en attendant au couvent des Grands-Augustins, y reprit ses séances.

La révolution vint tout changer dans les attributions, les droits, les

---

(1) Hurtaut, t. II, p. 176. — (2) Sauval, t. II, p. 396.

devoirs des magistrats de la chambre des comptes; l'institution fut réorganisée en 1807 sous le nom de *Cour des comptes* (1).

Le *haut et souverain empire de Galilée* était une communauté formée par les clercs des procureurs de la chambre des comptes, pour juger en dernier resssort les contestations qui s'élevaient entre eux. Par un esprit de vanterie assez commun aux associations d'hommes de loi à cette époque, les clercs donnèrent à leur corporation le titre pompeux d'*empire*; et comme ils tenaient leurs assemblées dans la petite rue de *Galilée*, aujourd'hui rue de Nazareth (2), située dans l'enclos du Palais-de-Justice et voisine de la chambre des comptes, ils la décorèrent du nom de *haut et puissant empire de Galilée*.

Le chef de cette juridiction prenait le titre d'*empereur de Galilée*; son chancelier était le second officier; mais Henri III ayant défendu qu'aucun de ses sujets prît le titre de *roi*, comme le faisait le président de la basoche et les chefs de plusieurs autres communautés, le titre et les fonctions d'*empereur* n'existèrent plus dans la juridiction des clercs des procureurs de la chambre des comptes. Elle conserva néanmoins toujours le titre d'*empire*, sous la présidence du chancelier, qui devint ainsi le premier officier. — L'empire de Galilée avait un protecteur au sein de la chambre des comptes; c'était le doyen des conseillers-maîtres, qui avait en même temps autorité sur le chancelier et les clercs, et qui pouvait, quand il le jugeait nécessaire, faire tels règlements qu'il lui convenait pour la discipline de l'empire (3); ces règlements étaient ainsi adressés : *A nos amés et féaux chanceliers et officiers de l'empire*, etc. Les édits des *empereurs* portaient ces protocoles : « A tous » présents et à venir, salut, etc.... Nous avons par ces présentes, si-» gnées de notre main, dit, déclaré et ordonné, déclarons et ordon-» nons, voulons et nous plaît... Si mandons à nos amés et féaux chan-» celier et officiers dudit empire, que ces présents articles de règlement, » en forme d'édit, ils fassent lire, publier et enregistrer, etc. » L'autorité de ces empereurs ne les rendait ni plus puissants ni plus respectables aux yeux de la chambre; et l'un d'eux, ayant fait enlever le manteau à l'un de ses sujets qui refusait de payer une amende, fut, sur la plainte du clerc, saisi et emprisonné sans façon, le 5 février 1500. — Chaque année, la veille et le jour de la fête des Rois, les sujets de l'*empire de Galilée* allaient, en pompe et accompagnés de musiciens, porter les gâteaux des Rois à tous les membres de la chambre et leur donner des aubades. La dépense, qui ne s'élevait qu'à 20 ou 25 livres, était payée par la chambre; aussi n'est-on pas étonné de voir la célé-

(1) Voy. l'art. *Cour des comptes* sous l'Empire. — (2) M. Dulaure se trompe, t. II, p. 389, en distinguant la rue de Galilée de la rue de Nazareth. Voy. Jaillot, t. I, p. 91, quartier de la Cité. — (3) Hurtaut, t. II, p. 210.

bration de cette cérémonie et des *autres joyeusetés accoutumées*, être interdite dans quelques circonstances par elle, en refusant d'accorder les fonds nécessaires, par exemple en 1525, 1535 et 1536. En 1538, il leur fut recommandé de célébrer la fête *modestement*, ce qui fait supposer avec raison que la cérémonie était quelquefois une occasion de troubles et de désordre. On lit dans les *Comptes de la prévôté de Paris* (1), qu'en 1532 Guillaume Rousseau, *empereur de l'empire de Galilée*, et les suppôts d'icelui, clercs en la chambre des comptes, reçurent 25 livres parisis pour fournir aux frais « des dances morisques, mom- » meries et autres triomphes que le roi veut et entend être faites par » eux, pour l'honneur et récréation de la reine. »

On voit, d'après un règlement de 1705, que le corps des officiers de l'empire était composé du chancelier, du procureur-général, de six maîtres des requêtes, de deux secrétaires des finances, d'un trésorier, d'un contrôleur, d'un greffier et de deux huissiers. — Quand la place de chancelier venait à vaquer, on procédait à la nomination d'un nouveau chef, sur la réquisition du procureur-général de l'empire. Les officiers de l'empire, tous les clercs travaillant chez les procureurs de la chambre, les procureurs eux-mêmes qui autrefois avaient été officiers, prenaient part à l'élection. L'élu prenait des provisions du doyen protecteur, et les remettait signées et scellées à un maître des requêtes de l'empire qui en faisait son rapport. La manière dont on procédait à la reconnaissance et à l'installation du nouveau chancelier est ainsi décrite par un auteur du dernier siècle (2) : « M. le doyen des maîtres de la chambre des comptes prend place au grand bureau de la chambre des comptes, où il occupe la place de M. le premier président. M. le procureur-général de la chambre prend la première place à droite sur le banc des maîtres des comptes. Le maître des requêtes de l'Empire, chargé des lettres du chancelier, en fait son rapport devant les deux magistrats, l'empire assemblé et présent, sans siéges néanmoins. Le chancelier se présente, et fait une harangue à la compagnie ; ensuite il prend séance à côté du protecteur, et se couvre d'une toque ou petit chapeau, d'une forme assez bizarre. Le protecteur l'exhorte à faire observer les règlements ; ensuite il est conduit à l'empire assemblé dans la chambre du conseil, où il prête serment entre les mains du plus ancien des chanceliers de l'empire : il fait aussi un discours à l'empire. »

On ne pouvait choisir pour remplir la place de chancelier que parmi les officiers de l'empire. La réception coûtait 4 à 500 livres ; et comme la dépense n'était pas d'obligation, beaucoup de chanceliers s'en dispensaient. Un des priviléges de ceux qui avaient rempli cette charge

---

(1) Sauval, t. III, p. 615. — (2) Hurtaut, t. II, p. 211.

était de faire sceller leur diplôme, sans rétribution, à la grande-chancellerie de France, lorsqu'ils voulaient se faire recevoir procureurs en la chambre des comptes. Le chancelier, les maîtres des requêtes et les secrétaires des finances avaient seuls voix de délibération dans ces assemblées ; eux seuls faisaient les nominations aux offices vacants. Le *coffre des archives* était fermé à deux clefs, dont l'une était chez le chancelier et l'autre chez le greffier. La révolution de 1789 anéantit le *haut et puissant empire de Galilée*, comme tant d'autres associations ou juridictions analogues.

Palais-de-Justice. — J'ai donné dans le premier volume de cet ouvrage (1) l'histoire du palais de la Cité. J'ai dit que cet édifice, désigné par Ammien Marcellin sous le titre de *Forteresse des Parisiens*, devint ensuite la demeure de nos rois, qui l'agrandirent ou le réparèrent. Lorsque Philippe-le-Bel eut rendu permanent le parlement de Paris, ce palais devint le siége de la justice (2), et c'est sous ce rapport que nous allons l'étudier.

Un événement capital dans l'histoire du Palais-de-Justice fut l'incendie du 7 mars 1618, qui détruisit une grande partie des constructions de saint Louis. « Le feu, dit Félibien, prit d'abord à la charpente de la grande salle ; et comme il faisoit beaucoup de vent, tout le lambris, qui estoit d'un bois sec et vernissé, s'embrasa en peu de temps. Les solives et les poutres qui soustenoient le comble tombèrent par grosses pièces sur les boutiques des marchands, sur les bancs des procureurs, et sur la chapelle, remplie alors de cierges et de torches qui s'enflammèrent à l'instant et augmentèrent l'incendie. Les marchands, accourus au bruit du feu, ne purent presque rien sauver de leurs marchandises (3). On sauva seulement les registres de quelques greffes qui n'estoient pas dans la grande salle. L'embrasement, augmentant par un vent de midi fort violent, consuma en moins d'une demi-heure les requestes de l'hostel, le greffe du trésor, la première chambre des enquestes et le parquet des huissiers. Le feu prit incontinent à une tourelle près de la Conciergerie, et en des greffes dont les papiers furent brûlés. Alors s'éleva une clameur des prisonniers, qui crièrent que la fumée les étouffoit. Plusieurs se sauvèrent malgré le geolier ; mais le procureur-général fit conduire les principaux au Chastelet et dans les autres prisons de Paris. Le vent devint si violent qu'il porta des ardoises jusques vers Saint-Eustache. Lorsque le reste du comble de la grand'-chambre vint à tomber, un brandon enflammé, emporté par le vent, alla mettre le feu à un nid d'oiseau au haut de la tour de l'Horloge, qui

---

(1) P. 159 et suiv. — (2) Il ne fut cependant *exclusivement* consacré aux travaux judiciaires que sous le règne de Charles VIII. — (3) Ils perdirent pour près de 300,000 fr. Sauval, t. II, p. 3.

PALAIS DE JUSTICE.
ET S.te CHAPELLE.

Publié par Pourrat f.

eust couru grand risque si on n'eust descouvert promptement la tour pour couper le cours du feu. Le premier président, le procureur-général, le lieutenant civil et le prévost des marchands donnèrent de si bons ordres que l'on fut redevable à leur prudence, aussi bien qu'à la hardiesse et à l'adresse des ouvriers, de la conservation de la grand'-chambre, de la cour des aydes, de la galerie aux merciers et des autres appartements du palais, qui furent garantis de l'incendie. Pour avoir de l'eau en abondance, le prévost des marchands ordonna aux habitants des ponts les plus voisins, et à ceux des rues de la Cité aux environs du Palais, de tirer de l'eau de la Seine et des puits, et de la répandre dans le ruisseau, pour la faire couler de là dans la cour du Palais, où il se forma en moins de rien un lac qui fournit abondamment toute l'eau dont on eut besoin. On se servit aussi de quantité de foin mouillé et de fumier. Mais tout cela ne put empescher que les murailles ne fussent fort endommagées. La table de marbre (1) fut réduite en pièces, et toutes les statues des roys, élevées contre les murs, brisées et perdues. Le lendemain de l'incendie, le parlement rendit un arrest pour obliger tous ceux qui avoient pris ou trouvé des sacs de procès, pièces, titres, registres ou autres papiers, de les remettre entre les mains de Jean du Tillet, greffier de la cour, avec deffense aux apoticaires, merciers, papetiers, épiciers et autres, de les acheter, sous peine de punition exemplaire (2). »

Le greffier Voisin parvint à sauver les registres du parlement (3); cependant on y perdit un grand nombre de papiers importants. On n'a jamais pu savoir la cause de cet incendie. Les uns ont dit que ce fut par la faute d'une servante, ou par l'imprudence d'un marchand qui avait laissé du feu dans sa boutique, d'autres ont accusé les complices de la mort de Henri IV, quels qu'ils soient, d'avoir voulu détruire ainsi le greffe et les pièces du procès de Ravaillac. Ce fait n'a jamais été éclairci. « Chacun, dit Sauval, en jugea à sa fantaisie. Un bon compagnon (Théophile), qui n'étoit pas si grand politique, et qui songeoit plus à faire rire et à rire lui-même qu'à toute autre chose, fit les vers suivants :

> Certes, ce fut un triste jeu,
> Quand, à Paris, dame Justice
> Pour avoir trop mangé d'épice
> Se mit le palais tout en feu. »

Jacques de Brosse ou Desbrosses, l'architecte du Luxembourg, fut chargé de la reconstruction de la grand'salle, et la termina en 1622 (4).

(1) Voy. t. I de cette histoire, p. 163. — (2) Félibien, t. II, p. 1310. — (3) Brice, t. IV, p. 294. — (4) Le prix de la vente des terrains qui se trouvaient le long des fossés de Saint-Germain-des-Prés, fut affecté aux frais de cette reconstruction.

Elle se compose de deux immenses nefs collatérales, voûtées en pierre de taille, et séparées entre elles par un rang d'arcades, soutenues sur des piliers. On devait y placer, comme dans l'ancienne salle, les statues des rois de France, mais ce projet ne fut pas exécuté. Elle est éclairée à chacune de ses extrémités par de grandes fenêtres demi-circulaires, et l'on a ouvert, en 1683, six fenêtres dans la voûte. La même année, on construisit à l'un des bouts de la salle, à l'endroit où a été placé depuis l'escalier de dégagement, la chapelle des procureurs, à laquelle ce corps consacra une somme de 40,000 livres (1), et qui était sous l'invocation de saint Nicolas. Cette chapelle fut encore réparée et enrichie en 1723. On y célébrait, dans les derniers temps, la *messe rouge* du parlement. Elle avait été dédiée à saint Nicolas, en mémoire d'une antique chapelle de ce nom qui avait existé sur l'emplacement même de la grand'salle, et dont j'ai parlé ailleurs (2).

Les piliers de la grand'salle étaient autrefois entourés de boutiques de marchands. Il y en avait un qu'on appelait le *gros pilier*, quoiqu'il ne fût pas plus gros que les autres, mais parce qu'il servait de rendez-vous depuis long-temps aux avocats les plus fameux du Palais (3). Au-dessus du cadran de l'horloge on lisait ce vers de Montmort, membre de l'Académie française :

    Sacra Themis mores, ut pendula dirigit horas.

Du côté opposé à l'horloge, au milieu du mur qui est contre le parquet du procureur du roi, on a élevé pendant la Restauration un monument à l'illustre défenseur de Louis XVI. Ce monument est en marbre blanc, et se compose d'une grande niche placée sur un soubassement élevé et flanqué de colonnes ioniques, surmontées d'un fronton. La statue provisoire de Malesherbes en plâtre occupe la niche. Au bas sont assises sur des piédestaux des statues représentant la Fidélité et la Vérité. La salle des Pas-Perdus, dont le style est d'ordre dorique, est l'une des plus vastes et des plus belles qu'il y ait en France ; elle a deux cent vingt-deux pieds de long sur quatre-vingts de large. On y voit l'entrée de la cour de cassation, de plusieurs chambres du tribunal de première instance, du greffe, des huissiers, des juges d'instruction et du parquet du procureur du roi.

La cour de cassation (4) occupe la *chambre de Saint-Louis*, dans laquelle le roi donnait ses audiences de cérémonie. Cette salle devint ensuite la grand'chambre du parlement, et le roi y tenait son lit de justice. On la nommait aussi *chambre des pairs* et *chambre*

---

(1) Brice, t. IV, p. 295. — (2) T. I, p. 165. — (3) Sauval, t. II, p. 4. — Brice, *loco cit.* — (4) Voy. l'article consacré à la *Cour de cassation*.

dorée (1) à cause de la profusion d'ornements dont les lambris étaient couverts. « C'est un ouvrage de Louis XII, écrivait Sauval. Son barreau et ses lanternes sont chargées de petites figures qui représentent des habits, tant des présidents et des conseillers que ceux des avocats et des procureurs du siècle passé, et que les curieux considèrent particulièrement, parce que ces vêtements ne ressemblent aucunement à ceux du Palais d'aujourd'hui. Son plafond que chacun admire est de bois de chêne, et tout entrelacé d'ogives qui ne sont ni ovales ni de plein cintre, mais qui tiennent de l'un et de l'autre et finissent en cul-de-lampe; ce ne sont que placages; le plus gros ais des ogives ne porte pas plus d'un pouce et demi; le plus gros des pendentifs n'en a pas quatre; et toutefois les culs-de-lampe avancent plus d'un pied en saillie; le tout ensemble est jonché de bas-reliefs, travaillés fort délicatement, répandus avec tant d'art qu'ils couvrent les joints des ais et des placages, si bien qu'il semble que chaque ogive soit taillée dans un seul ais. Du Hancy, célèbre menuisier sous Louis XII, apporta d'Italie cette manière de placage, que les gens du métier appellent moderne pour la distinguer de la gothique. (2). » Un lion de pierre dorée, accroupi, la tête *baissée*, la queue entre les jambes, était placé au-dessus de la porte d'entrée, figure symbolique qui annonçait que tout doit céder devant la justice. En 1722, Germain Boffrand exécuta dans cette salle de grands travaux de décoration. Sur la cheminée était un modèle en plâtre d'un bas-relief de marbre représentant Louis XV entre la Vérité et la Justice, par Coustou jeune (3); au-dessus du siège on voyait un Christ peint par Albert Durer.

Le tribunal révolutionnaire, qui siégea dans cette salle, la dévasta (4). Elle fut réparée, en 1810, par M. Peyre, et en 1833, M. de Gisors, architecte de la chambre des pairs, fut chargé de la restaurer complètement. Elle est tendue en velours vert, et le fauteuil du roi, orné de deux coqs gaulois, occupe le fond de l'enceinte réservée aux magistrats. Au-dessus est le portrait en pied de Louis-Philippe, peint par Auguste Couder en 1831. Les sièges des magistrats sont disposés le long des murs de l'enceinte. Une belle grille en fer sépare la cour du banc des avocats. Au fond de la salle, dans l'auditoire, s'élèvent à droite et à gauche les statues de L'Hospital et de d'Aguesseau, exécutées par Deseine en 1811. La chambre des requêtes, dont les fenêtres donnent sur

---

(1) On l'appelle la *grand-voûte*, parce qu'elle est voûtée dessus et dessous, dit Hurtaut, t. II, p. 180. — (2) Sauval, t. II, p. 4. — (3) Hurtaut, t. III, p. 703. —
(4) On préserva cependant du vandalisme des *sans-culottes* un Christ de Jean de Bruges qui fut transporté au Musée, et que l'empereur fit retirer pour placer à la cour impériale. Le feu qui a pris au Palais, le jour même de l'évasion de Lavalette, a charbonné le derrière du tableau, peint sur bois, et en a respecté la face. *Rapport de M. le président Séguier à la Chambre des pairs*, juillet 1839.

le quai, est vaste, mais simplement ornée; elle renferme un portrait de Napoléon peint par Robert en 1810, celui du chancelier d'Aguesseau, enfin un tableau qui représente une députation romaine demandant des rois au sénat d'Athènes, présidé par Solon. Le vestiaire à côté de la salle des requêtes, qui occupe l'étage d'une des tours du Palais, était autrefois, suivant la tradition, le cabinet de saint Louis. On y conserve un long banc en bois, de sculpture gothique, sur lequel ce prince s'asseyait, dit-on. La cheminée en marbre est aussi du temps de saint Louis. La chambre du conseil, placée à côté de la salle d'audience, est entourée de médaillons anciens, dans lesquels sont encadrés les portraits suivants: Mathias Maréchal, Jacques Talon, Joseph Omer, Joly de Fleury, Charles Loyseau, Denis Lebrun, Louis Chauvelin, Claude Gautier, Gilbert Desvoisins, J.-B. Dumesnil, Gilles Bourdin. En sortant de la chambre des requêtes, on entre dans une des divisions de la nouvelle galerie de Saint-Louis. Cette galerie, décorée d'ornements d'or sur fond blanc, est dans le goût de la renaissance et pleine d'élégance. Elle est éclairée d'en haut par un vitrage dépoli. Ses faces latérales contiennent une série de médaillons, ornés de différents portraits peints par Vauchelet; à gauche, Gerbier, Cujas, A.-L. Séguier, Omer Talon, Henrion de Pansey, Mathieu Molé; à droite, L'Hospital, La Vacquerie, d'Aguesseau, Servin, Dumoulin, Patru (1).

Une autre galerie, qui sert de *salle des Pas-Perdus* à la cour de cassation, et qui est située dans celle nommée *galerie des Merciers*, vis-à-vis l'escalier à double rampe de la cour d'assises, a été également restaurée avec soin; elle remonte, dit-on, au XVe siècle. Cette galerie est composée de onze travées, divisées par des colonnes engagées qui portent des nervures courbes en bois, avec des culs-de-lampe sculptés, et un plafond à solives apparentes, en plâtre peint, orné de dessins blancs peints sur fond bleu; les solives sont encadrées par des filets d'or. Les angles latéraux des nervures sont remplis par des ornements en bois, sur fond rouge, et au centre desquels se détachent en ronde-bosse de petites devises de personnages des XIVe et XVe siècles. L'un des côtés de la galerie est éclairé par onze fenêtres, dont la partie inférieure est décorée de boiseries sculptées: l'autre côté est percé de onze portes donnant entrée aux greffes, aux parquets du procureur-général et des avocats-généraux, ainsi qu'à la chambre du conseil de l'ordre des avocats. La porte qui conduit à la chambre des requêtes est ornée de sculptures et de quatre médaillons à fond d'or, dans lesquels se trouvent les portraits de Louis XII, de Charlemagne, de Justinien et de Charles V. Au fond on aperçoit la statue de saint Louis peinte; il tient à la main le livre des *Etablissements*; son manteau bleu est semé de fleurs d'or; son sceptre et sa couronne sont également dorés.

(1) *Paris pitt.*, t. II, p. 475.

La cour d'assises est située de l'autre côté de la *galerie des Marchands*, au premier étage. On remarque les peintures du plafond de la salle, qui a été, dit-on, la chambre de la reine Blanche, mère de saint Louis (1). La troisième salle des *enquêtes*, qui a servi à la *cour prévôtale*, est occupée par la *septième* chambre du *tribunal de première instance*; son plafond, peint par Simon Vouet, représente le *Jugement dernier* (2). Un perron à double rampe, établi dans la salle des Pas-Perdus, conduit à cette chambre, ainsi qu'au *tribunal de police correctionnelle*.

La galerie des Marchands ou Merciers, nommée aussi galerie de Lamoignon, traverse le Palais de l'est à l'ouest. Elle s'ouvre du côté de la rue de la Barillerie par un escalier élégant, et donne accès à l'escalier de la cour royale, à la grand'salle et à la plupart des dépendances du Palais. Elle fut construite par le président Lamoignon auquel il avait été fait concession du terrain (3). C'est là que sous le règne de Louis XV, les financiers, les marquis, les *Moncade*, tout ce monde brillant et corrompu du XVIII° siècle, se donnaient rendez-vous le matin. Cette galerie ne cessa d'être fréquentée par les oisifs qu'à l'époque où on ouvrit les galeries du Palais-Royal.

La cour des aides, avant la révolution, occupait la salle qui sert aujourd'hui à la Cour royale (4). On y arrive par un escalier situé en face de la principale entrée du Palais. Dans la cage de cet escalier est une niche contenant une statue de la Loi, qui tient d'une main un sceptre, et de l'autre un livre ouvert où sont écrits ces mots : *In legibus salus*.

Malgré les travaux exécutés sous différents règnes, le Palais-de-Justice n'était au siècle dernier qu'un édifice triste et incommode. Les bâtiments occupaient tout l'espace entre les deux quais. Une série de constructions formait la façade sur la rue de la Barillerie, et à chaque extrémité s'ouvrait une porte sombre, resserrée entre deux tours. La Sainte-Chapelle s'avançait en saillie au milieu d'une vaste cour; sur les côtés et en arrière-corps on voyait à droite le bâtiment du parlement, à gauche celui de la cour des comptes, construit par Louis XII et détruit par l'incendie de 1737 (5). La façade de la Sainte-Chapelle donnait sur une cour, située à la place du bâtiment actuel de la bibliothèque des avocats. On montait à la grand'salle par deux escaliers : l'un, à droite en entrant dans la cour d'honneur, aboutissait à l'angle méridional de la grand'salle du côté de la rue de la Barillerie; l'autre était en face (6)

(1) *Paris pitt.*, *id.*, *ibid.* — (2) On y voyait aussi, du temps de Brice, le *Jugement de Suzanne*, par Lebrun, et la *Femme adultère*, de Bourdon.—(3) *Paris pitt.*, t. II, p. 476. — (4) « Il y a dans une des salles de la cour des aydes, dit Hurtaut, t. I, p. 500, un portrait du feu roi, au bas duquel étoit marqué en 1770 qu'*il avoit été donné par Louis XV à sa cour des aydes.* » — Sauval, *loco cit.*, fait le plus grand éloge de l'escalier suspendu en l'air qui conduit à la chambre des aides. — (5) Voy. *Cour des comptes*. — (6) C'était en bas de cet escalier que les basochiens plantaient le *mai*.

et située sur une partie de l'emplacement de l'escalier actuel. Deux escaliers qui existent encore conduisaient de la cour de Harlay dans les galeries qui aboutissent à la grand'salle.

Tel était le Palais-de-Justice au 1ᵉʳ janvier 1776. Dans la nuit du 10 au 11 de ce mois, le feu éclata vers une heure du matin avec une telle violence, que, malgré les plus prompts secours, l'incendie consuma toutes les constructions qui s'étendaient depuis la galerie dite *des Prisonniers* jusqu'à la Sainte-Chapelle (1). A la suite de ce désastre, on arrêta qu'on reconstruirait sur un nouveau plan les bâtiments incendiés. Quatre membres de l'Académie d'architecture, MM. Moreau, Desmaisons, Couture et Antoine, furent chargés du plan et de la direction des travaux. Ils firent abattre quelques maisons de la rue de la Barillerie, et construisirent une place semi-circulaire, appelée *place du Palais*, dont j'aurai occasion de parler plus tard.

La façade, qui n'est point sans défauts, mais qui a un caractère imposant, présente un avant-corps orné de quatre colonnes doriques. Au-dessus de l'entablement est une balustrade, et sur quatre piédestaux, quatre statues allégoriques, la Force, l'Abondance, la Justice et la Prudence, qui se dessinent sur un fond lisse de maçonnerie, supportant un dôme quadrangulaire, vaste et majestueux. Deux ailes de bâtiment, partant de cette façade et s'avançant jusqu'à la rue de la Barillerie, forment les deux côtés de la cour intérieure. L'aile septentrionale sert de cage à un long escalier d'un bel effet, qui conduit à une galerie contiguë à la grand'salle. Ce qui donne surtout de la noblesse à la façade du Palais, c'est qu'elle est bâtie sur un vaste escalier de grand style, et de 17 pieds de hauteur. Cet escalier mène à une première galerie où l'on entre par trois portiques. Des deux côtés de la cour, au bas de cet escalier, sont deux larges arcades pareilles; l'une mène à l'audience du tribunal de police municipale; par l'autre on arrive à la Conciergerie, maison de justice du département, dont je parle plus bas. La grille de fer qui ferme la cour est un des plus riches ouvrages de ce genre.

On donne à la cour d'honneur le nom de cour de *Mai*, à cause de l'ancien usage où étaient les clercs de la basoche de planter leur *mai* au pied d'un des deux escaliers (2). Au mois de mars 1599, le parlement y fit construire un montoire, pour que les vieux présidents et conseillers pussent remonter plus aisément sur leurs chevaux ou sur leurs mules, en sortant de l'audience (3).

---

(1) *Gazette de France*, du 19 janvier 1776. — (2) Voy. l'article que j'ai consacré à la *Basoche*. — (3) Saint-Foix, t. I, p. 239. Un conseiller offrait alors la croupe de son cheval à son confrère. On connaît les vers de Regnier :

« Il me demande : Êtes-vous à cheval ?
N'avez-vous point ici quelqu'un de votre troupe ?
Je suis tout seul à pied : lui de m'offrir la croupe. »

Les diverses parties du Palais-de-Justice ont conservé le caractère de l'architecture des temps où elles furent bâties. La tour de l'Horloge, dont nous avons parlé dans le tome premier de cette histoire (1), semble appartenir au style du xvi⁰ siècle. Le mur contigu à cette tour, en face le quai aux Fleurs, est décoré de deux figures symboliques, à grande proportion et en fort relief, représentant la Justice et la Force; elles sont l'ouvrage du célèbre Germain Pilon. Sur le quai de l'Horloge, deux tours rondes terminées par une toiture en forme conique, et une troisième moins grande, paraissent dater du xiii⁰ siècle. Avant la construction du quai, leur pied était baigné par les eaux de la Seine (2).

Les travaux entrepris au Palais-de-Justice sous l'empire, sous la restauration et depuis la révolution de Juillet, n'ont pu suffire cependant à compléter cet édifice. M. Huyot, architecte et membre de l'Institut, a présenté, en 1835, au conseil général de la Seine un projet *d'isolement et d'agrandissement du Palais-de-Justice*, qui a été adopté. Le gouvernement l'a accueilli de même avec faveur, et les deux chambres viennent de voter un crédit de deux millions affectés aux travaux qui seront nécessaires à l'extension des services de la cour royale, de la cour d'assises et du tribunal de première instance. Je ne crois pas devoir donner les développements du projet de M. Huyot. L'exécution des autres parties de son plan a été ajournée, et peut-être même ce projet hardi, mais dispendieux, sera-t-il modifié.

Je ne raconterai point les grands événements dont le Palais a été le théâtre ; on en trouvera le récit dans les différentes parties de cet ouvrage. « L'histoire du Palais-de-Justice, a dit avec raison M. Nodier, ce serait l'histoire de France. » Il renferme aujourd'hui les juridictions suivantes : la cour de cassation, la cour royale, la cour d'assises, le tribunal de première instance, la police correctionnelle et le tribunal de simple police. Avant la révolution il était le siège du parlement, de la cour des comptes, de la cour des monnaies, de la juridiction de la table de marbre, qui se composait de *l'amirauté, de la connétablie* et *des eaux et forêts*. Le Palais renfermait en outre plusieurs autres juridictions moins importantes, dont la plus remarquable est celle du bailli du Palais.

Bailliage du palais. — Dès le temps de Philippe-le-Bel, le Palais avait,

---

(1) P. 164. La cloche qui était dans cette tour donna le signal des massacres de la Saint-Barthélemi. Félibien, t. II, p. 1118. Elle n'était mise en branle que lors de la mort des rois et de leurs fils aînés.

(2) « Sans parler des tours qu'on compte encore aujourd'hui dans l'enceinte du Palais, il y en avait autrefois plusieurs autres qui ne subsistent plus, comme celle de Beauvais, de la question, des joyaux, du trésor, la tour carrée, la tour civile, la grosse tour, la Tournelle, etc. » Hurtaut, t. III, p. 704. Philippe de Comines fut enfermé dans la *tour carrée*, sous la régence d'Anne de Beaujeu.

comme les autres maisons royales, un gouverneur, nommé *concierge ou commentaire, qui instituait un bailli pour administrer la justice en son nom ou à sa place* (1). Des lettres du dauphin Charles, régent du royaume, au mois de janvier 1359, confirmèrent tous les droits de cette charge. « Suivant ces lettres, ce concierge a et peut exercer par lui et ses officiers toute justice et seigneurie basse et moyenne au Palais et dans toutes ses appartenances et dépendances, tant sur les maisons que sur les auvents, jusqu'à la rivière de Seine, de costé et d'autre ; et par-devant, depuis le ruisseau qui est au bout du Grand-Pont, le long du Palais, jusqu'à la rivière devant Saint-Michel ; et en retournant, en la rue de la Calende et ses maisons jusqu'à la petite rue de l'Orberie, et en descendant de cette rue vers la rivière tant qu'il y a terre sèche autour du Palais en allant vers les Augustins ; et d'autre part vers le Chastelet de Paris jusqu'au Grand-Pont. Mais le concierge n'a pas l'exécution de ces criminels lorsqu'il y a peine corporelle ordonnée. En ce cas, lui ou ceux qui exercent la justice pour lui sont tenus de rendre le malfaicteur tout jugé, s'il est laïque, au prévost de Paris, hors la porte du Palais, sur le chemin, pour en faire exécution, les meubles réservez au concierge ; et s'il est clerc, on le rendra à l'official de Paris ou à ses autres juges ordinaires. Le concierge a sa cour au Palais et y tient ou fait tenir ses plaids, soit d'office ou à requeste de partie, envers quelques personnes que ce soit, nobles ou autres, trouvez en faute dans l'enclos du Palais et dans les bornes spécifiées ci-dessus. Il a aussi droit d'avoir au Palais des ceps et des prisons pour y arrester les malfaicteurs. Enfin nul autre que lui ne peut avoir cour et juridiction temporelle au Palais et dans ses bornes, excepté le parlement, les requestes du Palais, les maistres des requestes de l'hostel, tant que le roy est au Palais, et la chambre des comptes. De plus il a la connoissance des contracts, marchez et promesses qui se font au Palais entre toutes personnes, forains et autres. Il peut arrester et punir tous ceux qui se battent ou injurient au Palais. Il peut tourner à son profit les épaves et choses égarées qui se trouvent au mesme lieu. Il a droit d'arrester tous larrons et autres malfaicteurs, jusqu'à ce qu'il ait esté jugé s'il y a crime capital. Il peut imposer sur eux des amendes à son profit. Il peut arrester et mettre à l'amende ceux qui gravent et contre-font des sceaux à l'imitation des véritables, si cette falsification s'est faite au Palais. Il peut prendre et faire brûler toutes fausses denrées apportées au Palais ou dans ses limites, et les maistres ne peuvent visiter ces denrées s'ils

---

(1) Félibien, t. 1, p. 480. Nous lisons plus bas dans le même auteur : *Les deux noms de concierge et de bailli furent confondus en la personne de Jacques Coitier, médecin du roi Louis XI, dont les provisions, datées du mois de septembre* 1482, *furent enregistrées au parlement le* 10 *janvier suivant, avec la clause du commandement exprès du roy plusieurs fois réitéré.*

ne sont appelez par le concierge et ses officiers. A raison de son office, il prend sur les maisons de la rue de la Calendre, de la place Saint-Michel et de la petite rue de l'Orberie, le *chantelage* du vin, consistant en 4 deniers parisis sur chaque tonneau de vin vendu en ces maisons, et autant sur chaque muid d'avoine. Quand le roy est au Palais, le concierge a tous les jours un septier de vin, douze pains de cour et un de bouche, deux poules, deux pièces de chair, des chandelles pour se coucher, et tout le vieux bois, le charbon et les cendres qui restent quand le roy s'en va hors du palais, avec plusieurs autres droits de cette nature. Il peut mettre et oster les auvents qui tiennent aux murs du Palais quand bon lui semble. Il a plusieurs rentes et menus cens sur différentes maisons, tant aux environs du Palais qu'à Notre-Dame-des-Champs, au lieu appelé *les Mureaux* et à la maladrerie appelée *la Banlieue*; et pour cela il a toute justice moyenne et basse sur les Mureaux et sur tout le chemin depuis la porte Saint-Jacques jusqu'à la maladrerie de la Banlieue, et peut y avoir maire et sergents pour l'exercice de sa seigneurie, avec les épaves et le droit de rouage, consistant en 2 deniers sur chaque pièce de vin qui est vendue en ces lieux, sans compter quelques rentes foncières qu'il reçoit d'ailleurs. Il peut mettre au Palais et en chasser toutes sortes de merciers et merceries, et peut à ce sujet tirer quelques présents une fois l'an (1). A chaque nouveau boucher qui s'établit à la grande boucherie, il a trente livres et demie et quelque chose de plus pesant de chair, moitié bœuf et moitié porc, avec un demi-chapon plumé, demi-septier de vin et deux gasteaux. Tous les arbres secs sur tous les chemins royaux de la prévosté et vicomté de Paris lui appartiennent, aussi bien que le gruage de la forest d'Yveline, et de tous les voituriers de charbon et d'escorces. Il doit avoir toutes les clefs du Palais, excepté de la porte de devant, et inspection sur les portiers. Il est aussi voyer de toute la Calendre, de la place Saint-Michel et des maisons des Mureaux, en sorte que personne n'y peut bastir sur rue sans sa permission. Enfin il a sur la recepte de Paris 3 sous par jour, qui font 54 livres 1 sou parisis chaque année, et un muid de bled à prendre aux greniers royaux des halles de Paris (2). » Ces priviléges donnèrent lieu à de longues et violentes discussions qui ne se terminèrent que sous Louis XIV (3).

Conciergerie. « La Conciergerie du Palais, dit Félibien, tire son nom du concierge, et n'estoit sans doute autre chose d'abord que le logement occupé par cet officier. On peut croire aussi que les cuisines et les autres offices de la bouche estoient en cet endroit. On voit encore

---

(1) Je trouve dans les *anciens comptes de la prévôté de Paris* (Sauval, t. III, p. 275), que les *merciers du Palais avoient accoustumé de bailler par forme d'estrennes, le 1ᵉʳ jour de janvier, au concierge dudit Palais, la somme de 25 écus d'or, et une bourse brodée.* — (2) Félibien, t. I, p. 480, et dans les *Preuves*, t. V, p. 219. — (3) Id. ibid, p. 182 et suiv.

dans quelques uns des cachots de ce triste lieu des restes d'anciennes cheminées, telles qu'il s'en trouve dans les vieux palais. Depuis que celui-ci fut abandonné au tribunal souverain de la justice, la Conciergerie est devenue la prison du Palais (1) » Il en est question pour la première fois dans les registres de la Tournelle, au 23 décembre 1391, à l'occasion de quelques habitants de Nevers et du Nivernais, qui y furent incarcérés pour rébellion envers l'évêque, le doyen et le chapitre de Nevers. Cette prison était insalubre et mal tenue. Ce ne fut qu'en 1543, sur le rapport de deux conseillers, qu'il fut ordonné de placer des lits pour les prisonniers malades dans la *chambre de l'infirmerie*. Au mois d'août 1548, une contagion, qu'on nomma la peste, y fit de grands ravages, et le parlement dut employer son autorité pour faire assainir les cachots. Il recommanda aussi aux geôliers, et réitéra cet ordre, « de bien doucement et humainement traiter les prisonniers, leur bailler paille et eau, leur pourvoir de gens d'église, etc. »

La Conciergerie fut envahie, le 12 juin 1418, par le peuple ameuté, qui massacra les prisonniers armagnacs. Elle vit les mêmes scènes renouvelées par les *septembriseurs* de 92. Les passions politiques sont les mêmes dans tous les temps.

Lorsque les rois habitaient le Palais, le jardin royal, qu'on appelait le *Grand-Préau*, était où l'on voyait, avant 1776, la Conciergerie. L'incendie, arrivé en cette année, détruisit une partie des bâtiments de la prison, entre autres la *galerie des Prisonniers*; on construisit aussitôt ceux qui forment aujourd'hui l'aile occidentale et la face méridionale de la cour principale, dite le *Préau*. Le sol de la Conciergerie est inférieur à celui de la rivière; cependant il est moins humide que cette circonstance ne pourrait le faire supposer, grâce aux caves et souterrains en pierre, aujourd'hui bouchés ou comblés, qui sont pratiqués encore au-dessous. Les cachots, construits au pied des tours et au niveau de la Seine, sont très humides et malsains, mais à peu près hors d'usage. Il n'y a qu'un cachot où le jour ne pénètre presque point, celui qui est sous le promenoir des hommes, au pied d'une vieille tour, et dans lequel fut renfermé Mandrin; il ne sert plus de dépôt que pour les voleurs de profession. Les deux cachots de *Saint-Vincent* et de *Grand-Nord* ont été démolis. A l'orient de cette prison, et au sud d'une cour, de construction assez moderne, sont des cellules pour les femmes, qui se trouvent ainsi séparées des hommes. L'ancienne infirmerie, sombre et mal aérée, se trouvait dans cette partie de la maison; on en a construit une autre, en 1828, dans l'ancien logement du directeur. C'est sous la porte même de l'entrée actuelle qu'avaient été pratiquées, à trente ou quarante pieds du sol, les *oubliettes* du Palais.

(1) T. I, p. 494.

On voit encore, sur le bord de la rivière, la grille par laquelle on emportait les corps, soit pour les noyer, soit pour les inhumer. M. l'architecte Peyre a fait servir ces *oubliettes* à un aqueduc. L'entrée de la Conciergerie, sur le quai de l'Horloge, donne sur une cour en pente, au fond de laquelle sont les magasins de la ville (1).

La *tour de César* est à droite, quand on pénètre dans la cour. Elle n'avait autrefois aucune ouverture sur le quai, mais depuis qu'elle a été destinée au logement du directeur, on y a placé plusieurs croisées. Le rez-de-chaussée sert maintenant de pièce de réception et de salon pour le directeur ; c'est là que le célèbre Ouvrard fut incarcéré pour dettes. Cette vieille tour était appelée autrefois la *tour de Montgommeri*, parce que Gabriel de Lorges, comte de Montgommeri, le même qui avait blessé mortellement Henri II dans le tournoi de la rue Saint-Antoine, y fut renfermé, en 1574, après sa défaite en Normandie. On y enferma plus tard Cartouche, Damiens, et, en 1794, les cent trente-deux Nantais amenés à Paris (2).

A droite est le guichet extérieur de la prison, séparé de trois pieds d'une grille donnant accès sur un petit escalier de dix marches, aboutissant à une grande salle noire qu'on nomme l'avant-greffe ou le parloir libre. Au pied de l'escalier, à gauche, est le greffe ; ensuite une galerie large et longue conduisant aux bâtiments des femmes, et puis le parloir, où visiteurs et prévenus sont séparés par deux grilles, éloignées de deux pieds et demi l'une de l'autre, et garnies d'une toile de fil d'archal. A droite de cet escalier sont, d'abord, l'escalier et les pièces de communication avec la tour de César, ensuite une pièce où se trouve le surveillant de garde. En face de l'escalier, entre cette dernière pièce et le parloir, se trouve une petite salle vitrée, servant aux communications des avocats avec leurs clients. Dans la pièce du surveillant de garde sont, à droite, l'entrée de la *tour d'Argent*, où couchent les surveillants ; à gauche, le guichet intérieur ouvrant sur le préau. La *tour d'Argent* était abandonnée depuis plusieurs années lorsque, en 1828, on voulut l'utiliser. L'architecte, M. Peyre, la fit débarrasser et éclairer sur le quai. On croit que cette tour était celle où saint Louis renfermait son trésor.

Le *préau*, promenade des prisonniers, représente une cour longue de vingt-cinq à trente toises, sur dix environ de largeur, ornée de deux petits parterres entourés de treillage, séparés par un bassin ; des bâtiments l'entourent de toutes parts : ceux du nord, de l'ouest et du sud sont de construction uniforme ; ceux de l'est sont des apparte-

---

(1) J'ai emprunté une partie des détails relatifs à l'état actuel de la Conciergerie à un excellent article, inséré dans *Paris pittoresque*, t. II, p. 381 et suiv.

(2) Brice, t. IV, p. 303.—M. Dulaure a commis une erreur, en avançant que la *tour de Montgommeri* avait été démolie en 1778. T. VII, p. 261.

nances du palais; au-dessous de ces derniers est le promenoir ouvert. Il existe, à l'angle sud-est de ce promenoir, une salle servant le jour de parloir aux prisonniers politiques, et la nuit de corps-de-garde. Le bâtiment du nord, à droite du guichet intérieur, se compose, comme les deux autres, d'un rez-de-chaussée et d'un premier étage divisés en petites cellules. Le rez-de-chaussée est réservé aux vieillards et le premier étage aux enfants. Le rez-de-chaussée du bâtiment, à l'ouest, porte le nom de *corridor Saint-Louis*, et le premier étage celui de *corridor Saint-Vincent*; ils sont consacrés aux prisonniers qui ne peuvent payer la *pistole* (1).

A l'angle nord-ouest du préau est la *tour de Bombée*, sur laquelle s'appuient les deux corps de bâtiments du nord et de l'ouest. Elle servit de cachot à Ravaillac, et alors la lumière n'y pénétrait pas. Elle était abandonnée depuis plusieurs siècles, lorsque, en 1828, on l'a remise en bon état. A la même époque, on y détruisit un horrible cachot, sans lumière et sans air, qui servait à déposer les condamnés à mort. Louvel y a été gardé pendant tout le temps qui a précédé son jugement.

Le rez-de-chaussée du bâtiment au sud est divisé en cellules, à l'est, et en deux chambres de surveillants, à l'ouest. De l'autre côté des cellules, au fond d'un sombre corridor, on trouve le cachot de Marie-Antoinette; la pièce, à l'est de ce cachot, où se tenaient les soldats chargés de la garde de la reine, et le cachot, sans air et sans jour, où furent enfermés madame Elisabeth et Robespierre : on l'a ouvert depuis 1830. En 1816, M. Decazes, alors préfet de police, fit élever un monument expiatoire dans le cachot de la reine, mais, à la révolution de Juillet, on l'a remplacé par un appareil de bain (2).

La Conciergerie a reçu dans ses cachots bien des personnages illus-

(1) On appelle ainsi la redevance quotidienne que les prisonniers sont obligés de payer aux guichetiers pour avoir un lit et une cellule.

(2) *Paris pitt.*, t. II, p. 384. Je trouve dans un auteur qui écrivait avant 1830, quelques détails sur cette chapelle expiatoire : « Trois des faces sont revêtues de marbre noir parsemé de larmes d'or. La voûte, en arête, est peinte couleur d'azur, et ornée du chiffre de Marie-Antoinette. Le pavé seul a été conservé. De chaque côté du mur sont des monuments érigés à la mémoire de Louis XVI et de madame Élisabeth, qui sont représentés dans des médaillons. On lit à droite : *A la mémoire de Louis XVI*, et à gauche : *A la mémoire de madame Elisabeth*. Dans la partie orientale du cachot s'élève un autel expiatoire de marbre blanc, surmonté d'un cippe noir, dont le milieu est occupé par un Christ en marbre blanc, et par une inscription latine qu'on dit être composée par S. M. Louis XVIII... Devant l'autel est un prie-dieu en marbre blanc, sur lequel est gravé un fragment de la lettre écrite par la reine à madame Élisabeth... Au-dessus de l'autel est un tableau de Simon, représentant la Reine appuyée sur son lit, disant ses prières; à droite, la Séparation de la Reine d'avec sa famille dans la prison du Temple, par Cajou; à gauche M. Mangin, aujourd'hui curé de La Madeleine, déguisé en gendarme, donnant la communion à la reine, par Droling. On a pensé d'abord que ce dernier fait était peu vraisemblable; aujourd'hui il est regardé comme controuvé. » Roquefort, *Dict. des monuments*, etc., p. 490.

tres, victimes ou coupables. Je ne puis en donner la liste complète. A ceux que j'ai déjà nommés, il faut ajouter Charlotte Corday, Vergniaud et ses nobles amis, madame Roland, Bailly, Malesherbes, Camille Desmoulins, Danton, Fabre d'Eglantine, André Chénier, Barnave, etc., Cadoudal, Bories et les trois autres sergents de la Rochelle ; et enfin, plus récemment, Fieschi, Alibaud, Meunier et la plupart des hommes qui, depuis 1830, jouent un rôle dans nos troubles politiques.

La population moyenne de cette prison, pour les hommes, est de cent, et pour les femmes de dix-huit. Le terme moyen des séjours est de quinze jours. La maison pourrait recevoir un effectif de deux cents individus.

Quoique les travaux entrepris à diverses époques aient assaini et amélioré la Conciergerie, espérons toutefois que dans le nouvel agrandissement du Palais-de-Justice, on n'oubliera pas cette importante prison, qui est encore susceptible de réformes.

CHAPITRE DEUXIÈME.

LOUIS X, LE HUTIN.

1314-1316..

I. Faits généraux..

A peine Philippe-le-Bel était-il mort, qu'une violente réaction éclata contre son gouvernement despotique. Le baronnage et les municipalités dont les priviléges et les coutumes avaient été si souvent violés, les marchands et le peuple si arbitrairement soumis à d'énormes impôts, se levèrent tous ensemble pour demander le rétablissement de leurs droits et franchises tels qu'ils étaient au temps du bon roi saint Louis. Le nouveau roi fut obligé de céder à ces réclamations unanimes, et pendant le cours de l'année 1315, plusieurs ordonnances royales rétablirent les droits que le roi avait enlevés à la féodalité.

Paris eut sa part de ces concessions. « Les marchands parisiens, vexinois et normands, qui exploitaient la navigation de la Seine, envoyèrent leurs députés vers le roi, conduits par le prévôt des marchands de Paris. Ces députés obtinrent la main-levée des péages abusifs établis par les agents de Philippe-le-Bel, et le transit franc, comme autrefois, sur tout le fleuve, depuis Paris jusqu'à la mer. — L'Université fit renouveler le privilége qu'elle avait de juger seule ses écoliers (1). »

(1) Henri Martin, t. VI, p. 107.

Ce qui importait le plus à la satisfaction des barons, si long-temps comprimés sous le sceptre de fer de Philippe-le-Bel, c'était la perte des conseillers auxquels on reprochait son gouvernement oppressif. Louis X, jeune homme de vingt-cinq ans, aimant la guerre et les plaisirs (1), se laissa facilement conduire par son oncle, Charles de Valois, qui détestait les légistes et les parvenus, dont Philippe-le-Bel s'entourait. Aussi, dès les premiers jours du nouveau règne, Pierre de Latilly, évêque de Châlons, chancelier de France, fut privé de ses dignités et jeté en prison, accusé d'avoir empoisonné le feu roi. Raoul de Presles, fameux jurisconsulte du temps, avocat-général au parlement, eut le même sort. Enfin les barons s'attaquèrent à Enguerrand de Marigny. Ce ministre, que Philippe appelait *son coadjuteur et recteur de tout le royaume*, était un Normand gracieux, cauteleux et sensé (2). Son vrai nom était Le Portier; il avait acheté celui de Marigny avec une terre. Il était devenu l'âme de toutes les actions de Philippe-le-Bel, et le plus puissant personnage après lui; et si ostensiblement, qu'en son orgueil il s'était laissé dresser une statue au palais, à côté de celle du roi (3).

« Louis-le-Hutin, ses deux frères et leur oncle, Charles de Valois, tinrent conseil ensemble, se disant qu'ils voudraient savoir ce que Enguerrand avait fait du trésor et des richesses du roi Philippe, qu'il avait en garde. Enguerrand fut donc appelé devant le conseil royal, qui lui demanda ce qu'étaient devenues les richesses du trésor, lequel on avait trouvé vide. Alors voyant qu'il ne pouvait rien cacher sans courir le risque d'une très grande honte, il répondit qu'il en rendrait bon compte et loyal. Mais le comte de Valois lui dit: Rendez-le donc dès maintenant. — Volontiers, sire, répondit Enguerrand. Je vous en ai donné la plus grande partie, et le restant, je l'ai employé à payer les dettes de monseigneur le roi votre frère. — Certes vous mentez, Enguerrand, s'écria Charles furieux. — Pardieu, sire, c'est vous qui mentez (4)! » A ces mots le comte de Valois faillit s'élancer sur l'audacieux qui parlait ainsi; on n'eut que le temps d'emmener Enguerrand loin de ses yeux: Charles voulait à toute force le tuer de sa main.

« Peu de jours après, pour cette cause et pour autres faits, le mercredi devant Pâques fleuries de l'an 1315, de Marigny fut pris en sa maison de la rue du Fossé-Saint-Germain-l'Auxerrois, à Paris, et mis en la tour du Louvre, où Ferrand, jadis comte de Flandre, avoit été emprisonné. Puis le comte de Valois fit assavoir et manda à tous, tant pauvres que riches, auxquels Enguerrand de Marigny auroit forfait,

---

(1) On ignore d'où vient le sobriquet de *Hutin* que Louis portait avant son avènement; on sait seulement que ce mot n'a jamais signifié que bruit, noise, désordre. — (2) *Gratiosus, cautus et sapiens...*; Guillaume de Nangis. — (3) Voy. Michelet, *Hist. de France*, t. III, p. 236. — (4) *Chron. de Saint-Denis*, t. V, p. 211.

qu'ils vinssent à la court du roi et fissent leurs complaintes, et que de luy ils trouveroient bon droit. Ensuite, comme Enguerrand avoit été fait, par le feu roi, chastelain du Louvre, le comte de Valois vint au roi son neveu et lui dit : Sire, qu'avez-vous fait? vous avez mis ce larron Enguerran emprisonné en sa maison, car il est chastelain du Louvre; et pour ce m'est avis que c'est desconvenable chose qu'il soit mis là. — Que voulez-vous que je fasse de lui et où je le mette? répondit Louis. — Je veux que au Temple soit mis en étroite prison. » Enguerrand, par le commandement du roi, fut mené au Temple au milieu de beaucoup de peuple qui couroit après lui pour le voir, et de cet événement demenant grande joie. »

Trois jours après, la veille de Pâques fleuries, il fut conduit du Temple au bois de Vincennes devant une grande et notable assemblée présidée par le roi. Là, sur le commandement du comte de Valois, maître Jean d'Anières se porta accusateur du ministre disgracié et prit la parole. Il choisit pour texte de son discours ces paroles évangéliques : *Non nobis, Domine, non nobis, sed nomini tuo da gloriam*, que le chroniqueur de Saint-Denis traduit ainsi : « Non pas à nous, sire, non pas à nous, mais à ton nom donne gloire. » Après avoir posé ce thème, l'orateur entra en matière en racontant l'histoire d'Abraham et du sacrifice de son fils Isaac, puis il en vint à parler des serpents qui ravageaient la terre de Poitou au temps de saint Hilaire, évêque de Poitiers. Alors, par une comparaison toute naturelle, il assimila et *accómparagea* à ces serpents Enguerrand et ses créatures, ses parents et ses alliés; il rappela le gouvernement du ministre de Philippe-le-Bel, et termina en lisant un manifeste, divisé en quarante-un articles, dont chacun renfermait une accusation de concussion et de haute trahison (1). Quand Jean d'Anières eut terminé, Marigny voulut se justifier, mais le comte de Valois empêcha qu'on le laissât parler; tout ce que l'évêque de Beauvais, frère de l'accusé, put obtenir, ce fut qu'on lui laissât copie des quarante-un articles. Enguerrand fut ramené au Temple, « serré fermement en bons liens et anneaux de fer, et gardé très diligemment. »

On voulait trouver un moyen terme pour satisfaire le comte de Valois sans faire mourir Enguerrand; mais comme on continuait la procédure, « renommée courut que, à l'instance de la dame de Marigny et de sa sœur la dame de Chantelou, avoient été faites images de cire pour ensorceler le roi et messire Charles et autres barons par une maudite et mauvaise boiteuse qui faisoit de l'or et un mauvais garçon nommé

---

(1) Voy. les *Chron. de Saint-Denis*, t. V, p. 213, où se trouve ce curieux manifeste. Le premier article surtout est remarquable : « Le roy Philippe en son vivant dist qu'Enguerran l'avoit deceu et tout son royaume; *et plusieurs fois l'en trouva-t-on plorant dans sa chambre.* Et pour ce ne le voulut-il pas faire son exécuteur testamentaire. »

Paviot. Et ces images de cire étoient élaborées de telle manière que si elles eussent longuement duré, les devant dis roi et comte n'eussent fait chaque jour que amenuisier, défrire et séchier. Mais par la volonté de Dieu, cela fut su et annoncé à Charles de Valois, qui, moult ébahi, le raconta à son neveu. Le roi, chaque jour traitoit avec le comte de la délivrance d'Enguerran, et tant avoit déjà fait qu'Enguerran devoit passer par mer et aller en Chypre et y rester en exil jusqu'à ce que le comte Charles voulût bien le rappeler. Mais quand le roi eut appris les diaboliques forfaits de la femme d'Enguerran, il dit à son oncle: Je retire de lui ma main et ma protection; faites de lui ce que vous voudrez. Le comte Charles, qui autre chose ne demandoit, avoit fait mettre au Louvre les dames de Marigny et de Chantelou, et au Chastelet Paviot et la boiteuse maudite avec leurs images. Aussitôt, sans se reposer, il fit assembler au bois de Vincennes plusieurs chevaliers, barons et pairs de France, qui par jugement condamnèrent Enguerrand à estre pendu. Quelques jours après, le condamné fut amené de très bon matin du Temple au Chastelet en une charette et tout ferré de ses ferrures, criant le peuple en s'éjouissant: Au gibet, au gibet soit mené! — Le lendemain, jour de mercredi veille de l'Ascension, le dernier du mois d'avril 1315, le chevalier Enguerrand de Marigny, au milieu d'une multitude de gens à pied et à cheval venans de toutes parts et courans en grande joie, sortit du Chastelet dans une charette, criant au peuple: Bonnes gens, pour Dieu priez pour moi. Il fut mené de cette manière au gibet de Paris et y fut pendu au plus haut, au-dessus des autres larrons. La semaine suivante, Paviot fut pendu sous son seigneur Enguerrand, et la maudite boiteuse, avec ses images qu'on montra au peuple, accouru pour voir le supplice, fut brûlée en un feu très ardent (1). »

Les dames de Marigny et de Chanteloup furent étroitement renfermées dans les prisons du Temple. Mais deux ans après, Enguerrand fut réhabilité; son cadavre fut respectueusement descendu de Montfaucon et enseveli dans le chœur des Chartreux de Paris. Louis-le-Hutin légua 10,000 livres à ses fils. Charles de Valois, dans sa dernière maladie, fit distribuer de grandes aumônes en recommandant de dire aux pauvres: Priez Dieu pour monseigneur Enguerrand de Marigny et pour monseigneur Charles de Valois.

Il est certain cependant que ce ministre de Philippe-le-Bel s'était rendu coupable de grandes dilapidations, et chose plus certaine encore, c'est qu'à l'avénement de Louis-le-Hutin, le trésor royal, que peu de temps avant la mort de Philippe on avait rempli avec tant de peine par un impôt extraordinaire qui avait amassé la haine du peuple sur la tête d'Enguerrand, le trésor royal était encore vide.

(1) *Chron. de Saint-Denis.*

C'était un triste état pour le nouveau roi, dont la jeunesse ardente était avide de plaisirs, de luxe et de fêtes. Son épouse adultère, Marguerite de Bourgogne, venait de mourir (1). Comme il cherchait à se remarier, il chercha en même temps à obtenir une belle dot, et demanda la main de Clémence, sœur du roi de Hongrie et nièce du roi de Naples. Il était si pauvre qu'il comptait sur la dot de Clémence pour subvenir aux dépenses du sacre. La fatalité voulut que la princesse fît naufrage sur les côtes d'Italie et aborda en France dénuée de tout. Le mariage eut lieu à Reims, le 10 août 1315, et le dimanche suivant, jour de l'Assomption, Louis X, qui depuis long-temps déjà était roi de Navarre, fut couronné roi de France. Mais l'une et l'autre cérémonies furent peu dignes de la majesté royale, malgré ce que Louis avait pu tirer des juifs deux mois auparavant.

Au mois de juin, en effet, il avait conclu avec les juifs un traité par lequel il leur avait accordé la liberté de rentrer en France et de s'y rétablir pour treize ans. Il leur permit de reprendre leurs synagogues, leurs cimetières et tous leurs biens qui se trouveraient encore en nature, pourvu qu'ils remboursassent les acquéreurs, et de former de nouveaux établissements. Il les autorisa à revendiquer le tiers des créances qu'ils possédaient lorsqu'ils avaient été exilés par Philippe-le-Bel, à prêter à douze deniers par livre d'intérêt par semaine, et à rapporter tous leurs livres, excepté le Talmud. En compensation de ce bienfait, les juifs cédèrent au roi les deux autres tiers de leurs créances, et de plus 122,500 livres comptant. En outre, il leur fut défendu de rien prêter sur les ornements d'église et de disputer sur les matières de la religion. Enfin, ils furent astreints à porter une corne à leur bonnet, et sur leur habit une pièce d'étoffe de la grandeur d'un tournois d'argent et d'une couleur particulière. Ce traité fut confirmé en 1317 par Philippe-le-Long (2).

Louis X avait grand besoin de l'argent des juifs pour exécuter l'expédition qu'il préparait pour dompter les Flamands. Dès qu'il l'eut reçu, il se mit en marche et fut bientôt sur les bords de la Lys, à la tête de dix mille cavaliers et d'une nombreuse infanterie. La ville de Paris contribua largement pour sa part aux frais de cette campagne. Au mois de juillet 1315, il conclut avec les Parisiens un traité où il les nomme « ses bonnes gens de Paris qui toujours volontiers et de bon cœur ont loyalement servi ses ancêtres, son royaume et lui, » et par lequel il obtint d'eux de riches concessions. La ville s'y engage à lui fournir quatre cents hommes à cheval et deux mille hommes de pied, et à

---

(1) Les historiens modernes ont avancé que Louis X l'avait fait étrangler; c'est une allégation qui paraît ne reposer sur aucune autorité. Voyez ce que j'ai dit à ce sujet p. 314 de ce volume, et la note de M. P. Paris, *Chron. de Saint-Denis*, t. V, p. 221.
(2) Félibien, t. I, p. 533.

les payer par quinzaine comme les autres soldats du roi sont payés par jour; mais sous la condition que le roi marchera en personne à la guerre. Les soldats parisiens devaient former deux corps, l'un de fantassins, l'autre de cavaliers, portant chacun une bannière aux armes de la ville : la nef d'argent en champ de gueules et d'azur (1).

L'expédition de Flandre ne fut pas heureuse; l'armée française, assaillie par le mauvais temps, ne put avancer dans les contrées marécageuses qu'elle avait à traverser, et l'hiver vint la surprendre avant qu'elle eût rien fait. Le roi, furieux de cette mésaventure, se décida à brûler ses tentes et revint en France, jurant d'exterminer les Flamands l'année suivante, s'il vivait encore.

Les années 1315 et 1316 furent marquées à Paris par des désastres qui tombèrent sur le peuple. « En cet an, 1315, fut si grande cherté de sel à Paris, que nul age ne se souvient, de mémoire ni par écrit, avoir été vue pareille cherté; car le boissel en valoit 10 sols parisis et audelà, en forte monnoie. — Vers le 20 mars, commença une si grande cherté de blé au royaume de France, et spécialement à Paris, que bientôt grande famine s'ensuivit. — L'an de grâce ensuivant, 1316, la très grande cherté de blé fut au royaume de France, et spécialement à Paris, au temps de Pâques, en telle manière que le sextier de froment valut 60 sols parisis ou environ, en bonne et forte monnoie courante. Et après ce, la très grande famine s'ensuivit, si croissante et si angoisseuse, que plusieurs pauvres créatures, hommes et femmes, mouroient dans les rues et les places de la ville (2). »

Le 5 juin 1316, le jeune roi Louis X mourut, victime d'une imprudence, au château de Vincennes, sa résidence habituelle. Suivant ses goûts de jeunesse, il s'était fort échauffé dans un préau de ce palais, et descendit aussitôt après dans une cave glaciale où il se mit à se rafraîchir sans mesure en buvant du vin très frais. Le froid pénétra ses entrailles; il fut transporté dans son lit et rendit l'âme au bout de quelques heures.

II. Monuments. — Institutions.

Collége de Montaigu, rue des Sept-Voies, n° 26. — L'établissement de ce collége est dû à Giles Aycelin, archevêque de Rouen, garde des sceaux de France. Ce prélat, de la maison d'Auvergne des *Aycelins*, plus connue sous le nom de *Montaigu*, propriétaire de plusieurs maisons dans les rues des Sept-Voies et Saint-Symphorien, chargea, par son testament du 13 décembre 1314, Albert Aycelin, évêque de Clermont, son héritier, « d'entretenir dans ces maisons autant de pauvres écoliers

---

(1) Ce traité est imprimé dans les *Preuves de l'Hist. de Paris* par Félibien. T. III, p. 326. — (2) *Chron. de Saint Denis*, t. V, p. 227.

» qu'autant de fois, dans la somme du produit annuel de ces maisons,
» se trouverait une de dix livres, ou bien qu'il les vendroit et applique-
» roit le revenu du prix auxdits écoliers, à raison de dix livres par an à
» chacun d'eux (1). » Ainsi l'entretien d'un écolier pendant un an n'était
évalué qu'à dix francs. — Le collége fut fondé et nommé le *collége des
Aycelins*. L'évêque de Clermont le surveilla, le soutint jusqu'à sa mort ;
mais à cette époque (1328), Giles et Pierre Aycelin, ses frères, à qui revenait le droit de le diriger, n'ayant pu lui donner leurs soins, Pierre
étant entré dans l'ordre de Saint-Benoît, et Giles se trouvant employé dans des négociations importantes, le collége demeura près de
quarante ans privé de chef et de protecteur, et comme abandonné. Les
biens étaient dissipés, les bâtiments tombaient en ruine, lorsque,
en 1387, Pierre Aycelin, neveu de Giles, qui de prieur de Saint-Martin-
des-Champs était devenu successivement évêque de Nevers, de Laon,
cardinal et ministre d'État, rétablit cette institution, et y ajouta six
bourses pour deux prêtres et pour quatre clercs étudiants en droit canon ou en théologie. Louis de Montaigu, chevalier de Listenois, prétendit que les maisons que ses parents avaient données lui appartenaient,
« mais enfin, pour avoir part à la bonne œuvre de la fondation, » il
confirma le don en 1392, se réservant seulement une maison et son
jardin dans la rue des Sept-Voies, à condition que le collége s'appellerait dorénavant *collége de Montaigu*, que les armes de sa famille seraient placées sur la porte principale, et que les boursiers, suivant
l'intention de Pierre Aycelin, seraient pris de préférence dans le diocèse
de Clermont (2).

Les statuts, qui ne furent dressés qu'en 1402, soumirent le collége à
l'autorité du chapitre de Notre-Dame et de l'un des descendants du fondateur. Mais soit par le défaut de surveillants, soit par la modicité des
revenus qui ne permettait pas de faire les réparations, les bâtiments, vers
la fin du xve siècle, menaçaient ruine, et l'on comprend dans quel déplorable état devaient être par suite les études. Le collége de Montaigu
était réduit, en 1485, à un tel état de misère, qu'il lui restait à peine
onze sous de rente (3). Le chapitre de Notre-Dame, pour relever cette
institution si près de sa ruine, en donna la direction au célèbre Jean
Standonc (4), alors maître ès-arts et régent de la Faculté de théologie.

(1) Félibien, t. I, p. 527. — *Preuves*, t. III, p. 622. — (2) Et non de Laon, comme
disent quelques auteurs. Voy. Félibien, *Preuves*, t. V, p. 676. — (3) Crevier, *Hist.
de l'Univ.* — Félibien dit : *Seize sous de clair*. T. I, p. 528.

(4) Jean Standonc, comme on l'a vu ci-dessus, p. 179, domestique à Sainte-Geneviève, prenait sur les heures destinées au repos le temps nécessaire à ses études. On a
une lettre du 24 décembre 1480 dans laquelle Jean Luillier, évêque de Meaux et proviseur de Sorbonne, ordonne au prieur de ce collége renommé d'y admettre pour boursier et *socius* Jean Standonc, maître ès-arts et bachelier de théologie, en considération
de son mérite distingué. Félibien, t. I, p. 528.

Standonc parvint à réformer et à réorganiser cet établissement dont il peut être considéré comme le second fondateur. — En 1494, l'amiral de Graville et le vicomte de Rochechouart firent restaurer les bâtiments, construisirent une chapelle, et fondèrent les pensions de deux prêtres chapelains et de douze boursiers. Jean Standonc établit alors à Montaigu une société d'ecclésiastiques pour instruire la jeunesse, et remplir toutes les fonctions de leur ministère. Ces boursiers constituaient un corps séparé de ceux qui formaient le collége; ils étaient sous la direction de deux chapelains, et le maître du collége avait seulement le droit de les punir quand il les trouvait en faute; car Jean Standonc n'avait créé cette communauté que pour les pauvres; et les règlements qu'il fit annoncent bien l'extrême pauvreté et la vie austère de ceux qui en faisaient partie. Dans les commencements, ils allaient aux Chartreux recevoir avec les indigents le pain que l'on distribuait à la porte du monastère. Dans la suite, le collége leur donna chaque matin un morceau de pain : c'était tout leur déjeuner. Ils ne goûtaient pas. Leur principal repas était ainsi composé : pour premier plat ou pour *entrée*, *la trentième partie d'une livre de beurre;* ensuite une soupe aux légumes, sans graisse; un demi-hareng ou un œuf aux jeunes écoliers, un hareng entier ou deux œufs aux théologiens, et pour dessert un peu de fromage ou quelques fruits. Les prêtres seuls pouvaient boire un peu de vin; une pinte était partagée entre trois, et on ne pouvait le boire pur : chacun devait ajouter en sus à sa portion au moins le quart en eau. Le jeûne était observé, indépendamment du Carême, pendant l'Avent et tous les vendredis. Les écoliers servaient tour à tour, pendant une semaine, à la cuisine et au réfectoire. Quant à leur costume, il consistait en un camail et une cape, ce qui les avait fait appeler les *pauvres capettes de Montaigu;* les prêtres et les théologiens portaient des habits noirs, les autres gris et d'une étoffe qui ne devait dépasser le prix de 20 sous de Paris l'aune (1). Ces pauvres écoliers avaient pour eux une chapelle haute; mais ils pouvaient descendre dans l'oratoire qui était au bas, et où on célébrait les offices pour les *riches*, c'est-à-dire pour les pensionnaires.

L'extrême rigidité du règlement auquel étaient soumis les écoliers pauvres de Montaigu influa sur le traitement des autres; car de tout temps les écoliers de Montaigu ont passé dans l'Université pour les plus malheureux, et encore, avant la révolution, ce collége avait le surnom dérisoire de *Collége des Haricots*. Au XVIe siècle, Erasme, y ayant demeuré quelque temps, tomba malade par l'effet de l'insalubrité du logement et de la nourriture. La vermine était appelée l'*épervier de Montaigu*, et Rabelais met ces paroles dans la bouche de Pornocrates : « Ne

___
(1) Félibien, t. I, p. 530.

» pensez pas que j'ai mis mon fils au *collége de Pouillerie* qu'on nomme
» Montagut ; mieux l'eusse voulu mettre entre les *guénaux des Saints-*
» *Innocents* (1), pour l'énorme cruauté et vilennie que j'y ai congnue ;
» car trop (beaucoup) mieux sont traités les forcés (forçats) entre les
» Maures et les Tartares, les meurtriers en la maison criminelle, voire
» certes les chiens en vostre maison, que ne sont ces malotrus audit
» collége ; et si j'étois roi de Paris, le diable m'emporte si je ne mettois
» le feu dedans, et ferois brûler et principal et régent qui endurent
» cette inhumanité devant leurs yeux être exercée (2). » Et ailleurs, à
propos d'Antoine Tempeste, l'un des successeurs de Standonc, renommé
pour sa brutale sévérité : « Ce Tempeste, dit-il, fut ung grand fouet-
» teur d'escholiers au collége de Montagut. Si par fouetter pauvres pe-
» tits enfants, escholiers innocents, les pédagogues sont damnés, il
» est, sur mon honneur, en la roue d'Ixion, fouettant le chien courtaut
» qui l'esbranle (3). » Le traitement des écoliers de Montaigu ne fut
amélioré qu'en 1683 et en 1744. A cette dernière époque, par arrêt du
parlement, les boursiers furent dispensés de certaines veilles pour les
offices, et obtinrent de faire gras à dîner, et de goûter.

Il semble que d'après les nombreuses donations qui, à partir du
XVe siècle, ont été faites au collége de Montaigu, les écoliers eussent dû
avoir un meilleur entretien ; mais sans doute une grande partie des revenus fut dilapidée ou perdue par l'incurie des administrateurs. Parmi
ses bienfaiteurs, on remarque le seigneur de la Roche-Canard (sur les
confins du Poitou et du Limousin) ; Jeanne de Mailly, dame de Ca-
theu ; David Craunston, Écossais, *qui avait été du nombre des pauvres
écoliers, et régent des riches* ; Jean Stuart, *régent de Montaigu et président des enfants riches* ; plusieurs chanoines de Paris qui donnèrent
des terres, des maisons ou des rentes pour la fondation de nouvelles
bourses. En 1510, le célèbre imprimeur Ulric Géring laissa une partie
de sa fortune au collége de Montaigu, qui acheta la terre d'Anet-
sur-Marne et les petits hôtels du collége de Vézelai et du mont Saint-
Michel (4).

Il faut reconnaître toutefois que les rigueurs extrêmes de la discipline de Montaigu ne paraissent pas avoir nui aux progrès des études
littéraires. Plusieurs auteurs rapportent un fait qui montre qu'à une
époque où la connaissance de la langue grecque était peu répandue,
cette langue était cultivée avec succès à Montaigu ; en 1619, on soutint
dans ce collége trois thèses publiques de philosophie rédigées en grec,
et les attaques comme les répliques des *soustenants et des assaillants* furent toutes faites en langue grecque (5).

(1) Gueux qui hantaient le cimetière des Innocents.—(2) *Gargantua*, liv. I, c. XXXVII.
— (3) *Pantagruel*, liv. IV, chap. XXI. — (4) Félibien, t. I, p. 532.
 (5) Charron, *Hist. univ.*, chap. CLIII, p. 1339. — Sauval, t. III, p. 226. — « Puis

Ce collége ne fut point comme tant d'autres petits établissements semblables, réuni à Louis-le-Grand en 1765 (1); il se maintint de plein exercice jusqu'en 1792 qu'il fut supprimé. Ses bâtiments, consacrés d'abord à un hôpital, changés aujourd'hui en une prison et une école lancastérienne, doivent être abattus en grande partie, dans le projet de dégagement des environs du Panthéon et de l'église Saint-Etienne-du-Mont.

CHAPITRE TROISIÈME.

PHILIPPE V, LE LONG.

1316-1322.

I. Faits généraux.

Louis X laissait son épouse enceinte, et de sa première femme, la malheureuse Marguerite de Bourgogne, une fille nommée Jeanne qu'il avait reconnue légitime. Sa mort imprévue soulevait de graves questions. Depuis Hugues-Capet, c'était la première fois que la couronne était exposée à sortir de la ligne des héritiers directs. Si la même chose fût arrivée un siècle ou deux auparavant, la force des idées féodales eût levé tous les doutes, et, suivant les coutumes ordinaires de la hiérarchie seigneuriale, Jeanne eût pris le sceptre de son père. Mais en 1316 les choses devaient se passer autrement.

Le second fils de Philippe IV, Philippe, comte de Poitiers, apprit la mort de son frère lorsqu'il était à Lyon, où Louis X l'avait envoyé pour presser la nomination du souverain pontife. Aussitôt il accourut à Paris et résolut d'agir en roi, du moins tant qu'il n'en serait pas autrement décidé. Il commença par faire célébrer à Saint-Denis les obsèques de Louis; puis il prit possession de la demeure royale et se saisit du timon des affaires. Le comte de Valois, sous prétexte de soutenir les droits de la reine Clémence, était, à la tête d'un parti, prêt à dis-

---

l'année 1620, le jour de la Quasimodo, François de Harlay, docteur de Sorbonne, ci-devant archevêque d'Adrianopolis, près Constantinople, et depuis archevêque de Rouen et abbé de Saint-Victor, officia en la messe qui se dit tous les ans en grec en l'église des Cordeliers, et après l'Évangile fit une prédication en langue grecque, revêtu de ses habits pontificaux, où assistèrent plusieurs doctes personnages, ce qu'on estime jamais n'avoir encore été fait auparavant depuis la fondation de l'Université de Paris, s'étant la plupart des maîtres de ladite Université contentés d'un commun dire, qu'*il suffisait de parler latin, entendre le grec et lire l'hébreu.* » *Ibid.*

(1) Voy. ci-dessus, p. 208.

puter la régence. La bourgeoisie de Paris prit les armes sous la conduite de Gaucher de Chatillon, et chassa les soldats du comte de Valois qui déjà s'étaient emparés du Louvre.

Les grands barons s'assemblèrent. Après de longs débats, il fut convenu que si la veuve de Louis X, la reine Clémence, mettait au jour un fils, le comte de Poitiers gouvernerait le royaume jusqu'à la majorité de cet enfant; que si au contraire c'était une fille, la royauté serait déférée à Philippe, parce que, suivant le principe de la loi salique, le sceptre ne pouvait *tomber en quenouille*. Par cette décision, Jeanne, la fille aînée de Louis X, était écartée du trône, et Philippe, reconnu régent jusqu'à ce que la reine fût accouchée, conservait de grandes chances d'y monter à sa place.

Le 15 novembre, la reine Clémence accoucha au Louvre, dans la nuit du samedi au dimanche, d'un enfant mâle qui fut appelé Jean, et qui ne vécut que jusqu'au vendredi d'après. Le lendemain il fut enterré à Saint-Denis, aux pieds de son père; son oncle Philippe le porta lui-même au tombeau.

En même temps, « les barons, prélats et bourgeois s'assemblèrent en la Cité de Paris en la présence de Pierre d'Arrablay, jadis chancelier de France, et nouvellement créé cardinal. Tous ensemble approuvèrent la coronation du comte de Poitiers et lui promirent obéissance comme à leur vrai seigneur, et à Loys son fils aîné après lui, comme à son vrai héritier, et de ces choses ils firent le serment. Ceux de l'Université de Paris approuvèrent de même; mais ils ne firent point de serment. Et adonc fut-il déclaré que femme ne succède pas au royaume de France (1). »

Quelques semaines après, le vendredi qui suivit les Cendres de l'an 1317, le nouveau roi eut la douleur de perdre son fils aîné Louis, qui fut enseveli dans l'église des Frères-Mineurs, auprès de son aïeule Jeanne, reine de France et de Navarre.

Ainsi fut consacré le principe de l'inaptitude des femmes à succéder au trône de France. La raison qu'on en donnait, la disposition de la loi salique, était une fort mauvaise raison; mais elle produisit d'excellents résultats. Cette invariable transmission de la couronne dans la ligne masculine donna plus de stabilité au gouvernement, plus de suite dans la politique de nos rois, et mit le pays à l'abri d'une chance d'anarchie qui désola souvent les Etats voisins.

L'oncle de la petite Jeanne, Eudes, duc de Bourgogne, fit d'abord grand bruit et leva de nombreux soldats. Tout le monde s'attendait à une guerre imminente, lorsque tout-à-coup la nouvelle se répandit que le roi Philippe et le duc de Bourgogne étaient devenus *bons cou-*

---

(1) *Chron. de Saint-Denis*, t. V, p. 231.

sins et amis. Grande fut la surprise; mais elle cessa bientôt, car on sut en même temps qu'Eudes avait reçu la main d'une fille du roi de France avec une dot de 100,000 écus d'or. En retour de ce beau présent, il avait renoncé à tous les droits de sa nièce. Jeanne, qui était encore une jeune enfant, fut mariée au fils du comte d'Evreux, et pour tout dédommagement des droits qu'elle perdait, elle reçut une somme de 5,000 livres une fois payée et une rente de 50,000 sous parisis.

Les quatre premières années du règne court et obscur de Philippe-le-Long n'offrent point d'événement notable à Paris.

Plusieurs fois les négociations avec les Flamands, toujours reprises et toujours interrompues, manquèrent encore de se terminer, malgré le vœu des deux peuples. Dès l'an 1316, en dépit de ses grands projets de vengeance et au mépris de ses serments, Louis-le-Hutin avait, quelques mois avant sa mort, conclu une trêve avec les Flamands. En 1320, au mois d'avril, ceux-ci contraignirent leur comte, Robert III, à se rendre à Paris avec son fils et les députés des communes de Flandre, afin de rétablir définitivement la paix. Le comte reconnut la suzeraineté du roi, et lui fit hommage comme bon et fidèle vassal. Mais quand on vint à discuter les articles du traité, Robert ne voulut rien entendre qu'on ne lui rendît Béthune, Lille et Douai. Le roi Philippe, courroucé, jura l'âme de son père que jamais le comte n'aurait ces trois villes. Robert alors sortit de Paris, et se hâta de s'en éloigner tandis qu'il en avait encore le temps. Mais les députés des communes flamandes qui étaient venus avec lui envoyèrent dire qu'ils ne quitteraient point Paris que la paix ne fût conclue; que c'était pour cela qu'on les avait envoyés, et que s'ils revenaient sans exécuter leur mandat, ils savaient bien « qu'ils n'auraient plus de têtes à mettre sous leurs chaperons. » Robert comprit que s'il s'aliénait ses bonnes villes de Flandre il serait bientôt dépouillé de tous ses domaines. Il revint donc à Paris, renoua les négociations, consentit au mariage de son fils Louis, comte de Nevers, avec une fille du roi, et confirma la paix par serment.

La même année, 1320, fut rendu un arrêt de mort contre un prévôt de Paris, nommé Henri Tapperel ou Capelet. Il détenait prisonnier au Châtelet un homme riche qui avait été condamné à mort pour homicide. Lorsqu'il fallut exécuter la sentence, le prévôt fit saisir un pauvre homme qui se trouvait aussi dans la prison du Châtelet, et le fit pendre à la place de l'homme riche, qu'il laissa aller sous le nom de l'innocent. Des commissaires furent nommés pour dresser une enquête à ce sujet; le prévôt, convaincu de son crime et de plusieurs autres encore, fut pendu, quoique plusieurs gens qui le favorisaient prétendissent qu'on l'avait condamné par envie (1). Son successeur ne devait être guère plus heureux.

(1) *Chron. de Saint-Denis*, t. V, p. 247.

Ce fut aussi en 1320 que se renouvela l'effrayante agitation populaire qui avait troublé la France au temps de saint Louis: les Pastoureaux reparurent. « Quelques trompeurs publièrent qu'il étoit révélé que les Pastouriaux devoient conquérir la Terre-Sainte; si assemblèrent en très grand nombre, et, laissant leurs bêtes, les Pastouriaux accouroient des champs sans prendre congé de père ni de mère, et s'ajoutoient aux autres sans denier ni maille. Ils étoient menés par un mauvais curé chassé de sa cure pour ses méfaits, et par un autre clerc déserteur de l'ordre Saint-Benoît. Et quand ceux qui les gouvernoient virent qu'ils étoient si forts, ils commencèrent à faire maintes injures, et si aucun d'eux pour ce étoit pris, les autres brisoient les prisons et les en tiroient de force. »

Ils vinrent à Paris, où ils entrèrent sans coup férir, et se portèrent d'abord à Saint-Martin-des-Champs, où quelques uns des leurs étoient emprisonnés. Ils les délivrèrent, puis allèrent pour en faire de même au Châtelet, où le prévôt de la ville, qui était alors Gilles Hacquin, essaya vainement de s'opposer à leurs désordres et faillit être tué par ces furieux qui le précipitèrent au bas des escaliers. Les Pastoureaux se rendirent ensuite au Pré-aux-Clercs, où, ayant appris que le chevalier du guet méditait une attaque contre eux, ils se rangèrent en bataille et se préparèrent hardiment au combat; mais personne n'osa les inquiéter. Ils quittèrent la ville et descendirent vers le midi de la France, en commettant sur leur passage de fréquents excès. Arrivés près d'Aigues-Mortes, ils furent bloqués par le sénéchal de Carcassonne, qui en tailla en pièces une partie et dispersa le reste.

1321. Le fléau de la lèpre, importé en Occident par les croisades, s'était transmis de génération en génération, surtout parmi les classes inférieures, développé par la misère et la malpropreté des gens de basse condition. Les lépreux ou *mesiaux* étaient, par mesure de sûreté générale, retranchés de la société et parqués dans des hôpitaux appelés *ladreries* ou *lazareries*, bâtis hors des villes et entretenus par les legs et les fondations pieuses des fidèles. Là les *ladres* vivaient entre eux, obligés, lorsqu'ils sortaient, d'annoncer de loin leur approche par le son criard d'une *cliquette* de bois, afin que chacun pût éviter leur présence, objet de l'effroi général; on craignait la contagion jusque dans les miasmes de leurs vêtements, et même jusque dans leurs regards (1). Les rituels pour la séquestration des lépreux étaient une affreuse copie de l'office des trépassés. Devant l'autel, sur deux tréteaux, on étendait un drap noir; le lépreux s'agenouillait sous cette funèbre tenture, et dans cette posture écoutait dévotement la messe. Puis le prêtre prenait de la terre avec une pelle (2) et la jetait sur l'un des pieds du

---

(1) H. Martin, t. VI, p. 135. — (2) *Cum palla*. M. Michelet a commis une singulière inadvertance en traduisant *palla* par manteau.

malade, en lui disant : A présent tu es mort pour ce monde, il faut vivre pour Dieu. Puis il le mettait hors de l'église, le menait à une maisonnette faite exprès pour lui au milieu des champs, et lui faisait ces défenses : Je te défends d'entrer dans l'église, d'aller en compagnie de gens sains, de sortir de ta maison sans les habits de lépreux. Tu ne te fâcheras point pour être ainsi séparé des autres, et quant à tes besoins, les gens de bien y pourvoiront, et Dieu ne te délaissera (1).

« En 1321, le roi Philippe étoit en Poitou lorsqu'on lui annonça que tous les *mesiaux* de Languedoc étoient brûlés, car ils avoient confessé avoir voulu empoisonner tous les puits et fontaines pour détruire et conchier de *mesellerie* tous les chrétiens. Le seigneur de Partenay lui envoya sous son scel la confession d'un mesel de grand renom, lequel avoit avoué qu'un grand juif et riche lui avoit donné 12 livres et des poisons, et lui avoit promis que s'il pouvoit gagner les autres mesiaux, il leur administreroit aussi deniers et poisons. Et comme on lui demanda la recette de ces poisons, il dit qu'ils se composoient de sang d'hommes, de pissast et de trois manières d'herbes qu'il ne sut ou ne voulut nommer, et auxquelles on ajoutoit le corps de Jésus-Christ : en séchoit le tout, on le mettoit en poudre et on l'enfermoit en des sachets qu'on lioit à des pierres et qu'on jetoit dans l'eaue (2). »

Aussitôt le roi se retira en toute hâte dans l'Ile-de-France, et ordonna que par tout le royaume les lépreux fussent pris et jugés. Les coupables devaient périr dans les flammes ; ceux qui seraient déclarés innocents devaient être seulement reclus dans leurs ladreries sans pouvoir en sortir. Un grand nombre de ces malheureux avouèrent le crime et furent condamnés. Personne ne douta de la justice de ces exécutions. « Nous-mêmes, dit un chroniqueur, nous avons vu en Poitou un de ces sachets. Une lépreuse qui passoit, craignant d'être prise, jeta derrière elle un chiffon lié qui fut aussitôt porté en justice : on y trouva une tête de couleuvre, des pattes de crapaud, et comme des cheveux de femme enduits d'une liqueur noire et puante, chose horrible à voir et à sentir. Le tout mis dans un grand feu ne put brûler, preuve sûre que c'étoit un violent poison. »

L'opinion la plus accréditée sur cet événement, était que le roi des Maures de Grenade se voyant avec douleur si souvent battu, imagina de détruire par maléfice les chrétiens dont il ne pouvait triompher par la force, et machina le complot avec les juifs. Ceux-ci, trop suspects eux-mêmes, s'adressèrent aux lépreux qu'ils persuadèrent aisément. Les principaux d'entre les lépreux tinrent quatre conciles, où il fut dit et approuvé que si tous les chrétiens *tombaient en léproserie*, personne ne serait plus *déprisé ni tenu en abjection* pour cette cause. Cette idée

(1) *Collect. de Dom Martenne*, t. II, p. 1005 à 1010.
(2) *Chron. de Saint-Denis*, t. V, p. 249.

sourit à tous, et un grand nombre, leurrés par de fausses promesses de royaumes, comtés, évêchés et autres biens, disaient et croyaient fermement que la chose se ferait ainsi.

Quant aux juifs accusés d'être les instigateurs de ces dangereux projets, ils furent traités avec la dernière barbarie, dans le Midi surtout. A Paris, ceux qui confessèrent leur crime furent seuls brûlés; les autres furent condamnés à un exil perpétuel; mais moyennant de grosses sommes d'argent, ils obtinrent de rester. Le roi, dans cette affaire, gagna 150,000 livres.

Pendant tous ces événements intérieurs qui devaient peu le distraire des soins de l'administration, Philippe-le-Long cherchait à introduire d'utiles réformes dans son gouvernement.

Il régularisa l'institution nouvelle encore du parlement. Les États-Généraux furent tenus trois fois, de 1317 à 1321 ; l'utile résultat des plaintes adressées au roi par les Etats de 1319 put faire sentir à la bourgeoisie le bienfait de ces assemblées. Philippe fit quelques efforts pour régulariser aussi la comptabilité. Les receveurs, dit-il, doivent, toute dépense payée, envoyer le reste au trésor du roi, mais secrètement et sans que personne sache ni le jour ni l'heure. Les baillis et les sénéchaux doivent chaque année venir compter à Paris. Les trésoriers compteront deux fois par an. L'on spécifiera en quelle monnaie se font les paiements. Les *jugeurs* des comptes jugeront de suite, et le roi saura combien il a à recevoir (1). Enfin il tenta une innovation bien plus importante encore : il songea à introduire l'uniformité des mesures et des monnaies par tout le royaume. Une maladie l'empêcha seule de mettre à exécution ce projet, qu'il avait conçu dans un intérêt personnel, il est vrai, dans un but fiscal, mais qui aurait produit de grands résultats. C'était pour son temps une conception précoce.

En 1321, le roi Philippe, « quoiqu'il fût franc et débonnaire, » par le mauvais conseil de quelques gens qui mieux aimaient leur profit que la paix du royaume, voulut lever sur tous ses sujets un impôt exorbitant. Le menu peuple disait qu'il voulait prélever le quart des biens de chacun. Les bourgeois de Paris et des autres bonnes villes s'émerveillaient et s'écriaient : « Qu'est devenue la rente du royaume? Que sont devenus les dîmes, les impôts sur les bénéfices, et la subvention des juifs et celle des Lombards? Et cependant le roi n'a pas de dettes à payer; il ne fait pas d'aumônes comme ses ancêtres aux pauvres religieux ni aux Filles-Dieu; il n'a point construit d'édifices comme son père; il n'a point eu de guerre à soutenir, et encore il prend à crédit tout ce qu'il achète. Où donc tout son argent s'est-il fondu? » Aussi pensa-t-on que c'était une spéculation de ses conseillers. Non content

---

(1) Michelet, t. III, p. 246.

de ces préparatifs du fisc dont le peuple paraissait si fort effrayé, le roi demanda au pape l'autorisation de prélever la dîme des biens ecclésiastiques, disant qu'il en avait besoin pour une croisade en Palestine qu'il préparait. Le pape lui accorda cette autorisation, pourvu cependant que les prélats y consentissent. Ceux-ci beaucoup moins généreux, et bien assurés que la croisade annoncée par Philippe n'était qu'un prétexte, répondirent au roi que son expédition n'était pas prête, et que quand elle le serait, ils lui donneraient très volontiers la dîme de leurs revenus.

Au commencement du mois d'août, Philippe tomba gravement malade et languit plusieurs mois, pendant lesquels on célébra des processions fréquentes pour obtenir sa guérison. Ce fut vainement. Il mourut le dimanche 3 janvier 1322, vers minuit. Le lendemain, jour de l'Epiphanie, il fut enterré à Saint-Denis; son cœur fut déposé aux Frères-Mineurs et ses entrailles aux Frères-Prêcheurs. Il ne laissait point de fils, et le trône passa à son frère Charles.

II. Monuments. — Institutions.

Le *collége du Plessis*, rue Saint-Jacques, n° 115, existait dès 1317, comme le prouve un titre de cette année (1). Geoffroy du Plessis, notaire du pape Jean XXII, secrétaire de Philippe-le-Long, l'avait fondé dans son hôtel de la rue Saint-Jacques, sous le nom de *collége de Saint-Martin-du-Mont*, à cause d'un oratoire dédié à ce saint qui se trouvait déjà dans cette maison; mais on ne l'appela jamais, même dans les chartes faites vers l'époque de sa fondation, que le collége du Plessis. Geoffroy y établit un certain nombre de bourses pour des écoliers des diocèses de Tours, de Saint-Malo, de Reims, de Sens, d'Evreux et de Rouen. Quelques années après, le même personnage fonda le collége de Marmoutiers à côté de celui de Saint-Martin; et la chapelle que l'on bâtissait alors fut commune aux deux établissements. S'étant ensuite fait religieux dans l'abbaye de Saint-Martin de Tours, il soumit les deux colléges à l'abbé son supérieur. La modicité des revenus du collége du Plessis occasionna une diminution successive de ses boursiers; mais il se soutenait encore par la réputation que lui avaient acquise sa bonne discipline et le mérite de ses professeurs. Au commencement du XVIIe siècle ses bâtiments tombaient en ruines, et l'établissement était loin d'avoir les ressources nécessaires pour les rebâtir, quand des circonstances inattendues vinrent lui procurer ces ressources. On a vu (2) que Richelieu avait eu besoin de l'emplacement du collége de Calvi pour la construction de l'église de la Sorbonne. Le cardinal avait ordonné dans son tes-

(1) Jaillot, t. IV, *Quartier Saint-Benoît*, p. 115. — (2) Ci-dessus, p. 242.

tament qu'il serait bâti, pour le remplacer, un autre collége, entre les rues de Sorbonne, des Noyers et des Maçons; mais les dépenses énormes qu'aurait entraînées l'exécution de ce projet en firent changer les dispositions. Les héritiers du cardinal résolurent d'unir un collége à la maison de Sorbonne, et de payer une certaine somme pour les bâtiments ou réparations qu'on serait obligé d'y faire. On jeta les yeux sur celui du Plessis, parce qu'alors l'abbaye de Marmoutier était possédée par Amador de Vignerod, neveu de Richelieu, qui se prêta facilement à ce changement en cédant son droit de supériorité et les biens du collége à la Sorbonne, qui fut tenue d'entretenir les boursiers et de diriger leur enseignement. C'est depuis cette époque que ce collége fut appelé *Plessis-Sorbonne*. Il soutint jusqu'à la fin sa vieille renommée, et il n'en était aucun dans l'Université où la discipline scolastique fût mieux observée et qui eût produit un plus grand nombre d'élèves distingués. En 1820, les facultés de théologie, des lettres et des sciences furent établies dans ce collége; il servit ensuite de succursale à l'Ecole de droit; enfin aujourd'hui il est occupé par l'*Ecole normale*.

Le *collége de Cornouaille*, rue du Plâtre-Saint-Jacques, n° 20, doit sa première origine à Galeran Nicolas ou Nicolaï, dit de Grève, qui laissa par son testament, en 1317, le tiers de ses biens aux pauvres écoliers du diocèse de Cornouaille ou Quimper-Corentin, faisant leurs études à Paris. Les exécuteurs testamentaires ne purent s'occuper de cette fondation qu'en 1321. Ils créèrent d'abord cinq bourses, et placèrent les écoliers, dont ils avaient laissé la nomination à l'évêque de Paris, dans le collége que venait de fonder Geoffroy du Plessis, secrétaire de Philippe-le-Long (1). Les choses restèrent en cet état jusqu'en 1380, que Jean de Guistri, maître ès-arts et en médecine, né dans le diocèse de Cornouaille, acheta dans la rue du Plâtre une maison où il logea les cinq boursiers ses compatriotes, et qui prit le nom de *collége de Cornouaille*, d'après le statut d'approbation de l'évêque de Paris, du 30 juillet 1380. Il avait créé de nouvelles bourses, et plus tard leur nombre fut encore augmenté par les donations de différentes personnes (2). Ce collége fut réuni à celui de l'Université, en 1764 (3).

Le *collége de Narbonne*, rue de La Harpe, n° 89, fut fondé en 1317 par Bernard de Farges, archevêque de Narbonne, dans la maison qu'il habitait rue de La Harpe. Le prélat consacra les revenus du prieuré rural de Sainte-Marie-Madeleine, près la Redorte, au diocèse de

(1) Voy. ci-dessus *collége du Plessis*. — (2) Jaillot, *Quartier Saint-Benoît*, t. IV, p. 193. — Félibien, t. III, p. 490. — Hurtaut, t. II, p. 440. — Sauval, t. II, p. 378. — Lebeuf, *Hist. du dioc.*, t. I, p. 185. — Piganiol, t. V, p. 356. — (3) Voy. ci-dessus, p. 208.

Narbonne, à entretenir dans cet établissement six écoliers natifs de son diocèse. En même temps, un jurisconsulte nommé Amblard Cerene, y fonda une bourse pour un chapelain. Pierre Rogier, né à Limoges, et qui avait obtenu néanmoins une bourse dans ce collége, étant devenu pape, sous le nom de Clément VI, après avoir été archevêque de Narbonne, y fonda dix bourses (1) nouvelles, et donna à cet effet au collége le prieuré de Notre-Dame-de-Marseille, près de Limoux. Malgré les statuts arrêtés en 1317, qui consacraient les neuf bourses à des écoliers des facultés des arts et de théologie, on avait admis des étudiants en médecine, en droit civil et en droit-canon (2); mais ceux-ci en furent exclus en 1544, par les règlements du cardinal de Lorraine, archevêque de Narbonne, qui fixa le nombre des boursiers maîtres et élèves à seize, en assignant 40 livres par an à chaque maître et 20 aux élèves. En 1599, l'exercice de basses classes de ce collége fut rendu public. Malgré cette innovation, qui aurait pu être fructueuse à l'établissement, la modicité du revenu de ses bourses et le mauvais état de ses bâtiments le firent insensiblement abandonner, au point qu'il n'y restait que le principal, lorsqu'en 1760 on commença à le rebâtir. Quelques années après il fut réuni à l'Université avec d'autres pauvres colléges. Ses bâtiments sont aujourd'hui occupés par des particuliers.

CHAPITRE QUATRIÈME.

CHARLES IV, LE BEL.

1322-1328.

I. Faits généraux.

Le règne de Charles-le-Bel est, plus encore que celui de son prédécesseur, stérile en événements. Charles était le dernier fils de Philippe-le-Bel. En moins de huit années, ses deux frères étaient morts tout jeunes sans laisser de fils, et lui-même n'avait pas encore d'héritier. Aussi son premier soin fut-il de chercher une épouse pour remplacer l'adultère Blanche de Bourgogne. Il obtint du pape l'annulation de son premier mariage, et demanda la main de Marie de Luxembourg, fille

---

(1) Du Boulay, *Hist. de l'Univ.*, t. IV, p. 180. — Félibien, t. I, p. 536.
(2) Lemaire, t. II, p. 554. — Félibien, t. V, p. 662-673.

de l'empereur Henri VII, et sœur du roi de Bohême. Au mois de septembre 1322, Charles et sa fiancée se rencontrèrent à Provins, puis vinrent ensemble à Paris, où, vers la fin du mois, la nouvelle reine fut solennellement couronnée dans la Sainte-Chapelle du palais. Cette union cependant ne produisit point les résultats que Charles en attendait. Au commencement de l'année 1324, Marie de Luxembourg accoucha avant terme, à Issoudun en Berry, d'un fils qui vécut seulement quelques jours, et elle-même mourut presque en même temps.

Le règne de Charles IV fut inauguré par le supplice de Gérard de La Guette ou Girard Guete, riche trésorier de Philippe-le-Long. Girard Guete était un Auvergnat né à Clermont, dans une position peu brillante, et qui par ses talents et son adresse s'était élevé aux premiers emplois, comme Enguerrand de Marigny avait fait au temps de Philippe-le-Bel. Girard Guete, selon les chroniques, était, lui aussi, trop présomptueux ; il oubliait sa première condition et molestait souvent le peuple et les nobles hommes. Le roi Charles, *sévère justicier,* dit Dutillet, ayant trouvé, à son avénement, le trésor de la couronne complétement vide, fit arrêter le trésorier et ordonna une enquête sur sa gestion. Le résultat de l'instruction fut de faire prononcer la condamnation de l'accusé à une restitution de 1,300,000 livres, sans compter l'amende arbitraire. Malheureusement pour lui ce ne fut pas tout ; on voulut obtenir l'aveu de ses déprédations et de ses méfaits, et pour obtenir cet aveu, on lui appliqua la question ; mais les tortures qu'il subit furent si cruelles qu'il en perdit la vie. Il mourut au Louvre, et fut enterré à l'Hôtel-Dieu de la Madeleine, pauvrement, suivant l'ordre du roi, « qui dit que ceux qui meurent en prison ne doivent être inhumés avec solennité, pour qu'il apparaisse qu'ils ont été justement emprisonnés (1). »

Dès les premiers temps de son règne, Charles-le-Bel expulsa ceux des juifs qui avaient survécu à la dernière persécution. Il leur permit seulement d'emporter hors de France les débris de leurs biens, en payant une forte rançon au trésor royal. En même temps il interdit aux lépreux de quêter eux-mêmes et de demander l'aumône pour leur subsistance ; il les séquestra entièrement dans leurs léproseries, et remit le soin de leur entretien aux communes et aux hospices près desquels ils habitaient.

Marchant sur les traces de son père et de ses frères, Charles-le-Bel souleva contre lui la voix du peuple par ses exactions, et commit de criantes altérations dans les monnaies (1323). Dix ans auparavant, à la

---

(1) *Chron. de Saint-Denis*, t. V, p. 259. Savaron (*Orig. de Clermont,* p. 107,) pense que la mémoire de La Guette fut réhabilitée. Il se fonde sur l'anoblissement de sa famille, et les emplois qu'exercèrent ses descendants dès le règne de Philippe de Valois.

nouvelle de la conquête du royaume chrétien d'Arménie par les musulmans, on avait beaucoup parlé d'organiser une croisade contre les Infidèles; on avait fait même de grands préparatifs; mais instruits par la leçon du passé, les successeurs de saint Louis n'avaient nul souci d'aller engouffrer leur argent et leurs hommes au loin et sans profit; il leur plaisait bien davantage d'utiliser les projets de croisade dont le bruit circulait. Charles IV fit comme Philippe-le-Bel et Philippe-le-Long, il se targua de ses grands desseins de voyage en Palestine, obtint du pape, à cet effet, la dîme ecclésiastique pour quatre années, la leva rigoureusement, et resta en France. Plus tard, en 1326, le Saint-Père demanda un subside aux églises du royaume pour soutenir la guerre contre les Gibelins. Le roi refusa d'abord ce subside contraire aux bonnes coutumes de France, puis il céda après la réception d'une missive papale, et se soumit au proverbe: Donne-moi pour que je te donne; et il accorda à la cour de Rome un impôt si considérable que chacun de ceux qui tenaient des bénéfices ecclésiastiques payèrent un an de leur revenu. Ainsi, dit un historien contemporain, pendant que l'un tond la malheureuse Église, l'autre l'écorche (1).

Au mois de mai 1324, Charles-le-Bel accorda aux prévôt des marchands et échevins de la ville de Paris la liberté de ne plaider dans les causes relatives aux priviléges et au bien public de la ville que devant le parlement lorsqu'il serait assemblé, et lorsqu'il ne tiendrait point ses séances, devant les présidents commis par le roi pour rendre la justice à Paris.

Marie de Luxembourg étant morte depuis plus d'un an, Charles-le-Bel, en 1326, épousa en troisièmes noces Jeanne, fille de Louis comte d'Evreux, et la fit couronner reine de France dans la Sainte-Chapelle du palais.

Pendant les deux années suivantes, qui furent les dernières de son règne, l'attention de Charles IV fut appelée sur les pays voisins, où se passaient de graves événements. En Angleterre, le roi imbécile, Edouard II, était aux prises avec ses barons et sa femme Isabelle, sœur du roi de France, qui termina la lutte en faisant périr son mari. En Flandre, les bourgeois révoltés contre leur comte Louis de Rhétel, après l'avoir tenu emprisonné pendant un an et demi, craignant de sanglantes représailles, lui achetèrent la paix et le maintien de leurs libertés moyennant 300,000 livres tournois, dont les deux tiers furent pour le roi de France, qui menaçait de le soutenir. Cet argent venait servir merveilleusement les désirs de Charles. Depuis quelque temps il convoitait la couronne impériale, et semait l'or parmi les Allemands pour l'obtenir; mais ce fut inutilement; son compétiteur, Louis de Bavière, fut couronné à Rome vers la fin du mois d'août 1327.

(1) Voy. M. H. Martin, *Hist. de France*, t. VI, p. 158.

Le jour de Noël de la même année, Charles tomba malade, et il mourut au château du bois de Vincennes, le 1er février de l'an 1328.

Dès que le roi fut mort, on arrêta son trésorier, Pierre Remy, accusé de malversation comme Enguerrand de Marigny et Girard Guete (1). La clameur publique s'élevait de même contre lui. Un jour on trouva écrit sur le pilori de Montfaucon :

En ce gibet, ici emmy,
S'era pendu Pierre Remy (2).

Le régent Philippe de Valois fit instruire le procès, et Remy n'ayant pu bien justifier d'où provenait sa fortune de 1,200,000 livres, fut condamné à être pendu. Comme il était entre les mains du bourreau, il confessa avoir trahi les intérêts du roi dans certaines affaires de Gascogne. C'est pourquoi, aussitôt après l'exécution, on traîna son corps au grand gibet; on appelait ainsi les fourches patibulaires de Montfaucon. Le malheureux Remy l'avait fait réparer peu de temps auparavant, et il fut le premier qui en fit l'expérience (25 avril 1328).

Nous verrons encore sous le règne suivant les trésoriers **Macé de Maches**, en **1331**, et **René de Siran**, en **1333**, accusés de même et périssant sur l'échafaud.

II. Monuments. — Institutions.

Saint-Jacques-de-l'Hôpital, église située au coin de la rue-Saint-Denis, n° 193, et de la rue Mauconseil, n° 1, fut fondée dans l'année 1310 ou 1320. — Dès le commencement du IXe siècle, les pèlerinages à Saint-Jacques-de-Compostelle devinrent très fréquents. Les rapports que faisaient les pieux voyageurs à leur retour excitaient encore les peuples à entreprendre le même voyage ; ces pèlerins devinrent bientôt si nombreux à Paris qu'ils se formèrent en congrégation. Louis-le-Hutin approuva cette association le 10 juillet 1315, et lui permit de tenir ses assemblées aux Quinze-Vingts (3). Charles de Valois, comte d'Anjou, et plusieurs bourgeois de Paris qui s'étaient fait inscrire parmi les confrères, firent de grandes donations à l'association, et résolurent, dès l'an 1317, de fonder une chapelle et un hôpital destiné au logement des pauvres passants, et particulièrement des pèlerins qui iraient à Saint-Jacques-de-Compostelle ou qui en reviendraient. Ils achetèrent à cet effet un emplacement dans la rue Saint-Denis, près de l'hôtel

---

(1) Suivant un passage des *Chron. de Saint-Denis*, Pierre Remy aurait été arrêté dès 1326. Voy. *Chron. de Saint-Denis*, t. V, p. 307. — (2) Félibien, *Hist. de Paris*, t. I, p. 565. — (3) Voy. Jaillot, t. II, p. 70. Rien ne prouve, comme le disent quelques historiens, qu'elle ait tenu ses assemblées, dès 1298, dans l'église Saint-Eustache.

d'Ardoise et de la Porte-aux-Peintres. Ce terrain était situé dans la paroisse Saint-Eustache et dépendait de Saint-Germain-l'Auxerrois. Des quêtes, autorisées par l'official de Paris en 1319, jointes aux donations des membres, produisirent plus qu'il n'était nécessaire pour la construction des édifices (1) qui commença aussitôt, et se continua assez rapidement malgré les réclamations du chapitre de Saint-Germain-l'Auxerrois et du curé de Saint-Eustache au sujet des droits curiaux. Jeanne de Bourgogne, veuve de Philippe-le-Long, et ses trois filles, Jeanne, femme d'Eudes, duc de Bourgogne, Marguerite de Nevers et Isabelle de Viennois, posèrent chacune une pierre avant que l'on commençât la construction de l'église de Saint-Jacques (2).

Les opposants s'étant enfin accordés, par l'intervention du pape, avec les confrères de Saint-Jacques, l'église se termina; et le dimanche 18 mars 1323, Jean de Marigny, évêque de Beauvais, d'après quelques auteurs (3), put y célébrer la première messe. Elle fut dédiée en 1327 par le même prélat. — La reine Jeanne de Bourgogne fit de grandes libéralités au nouvel établissement, et lui donna deux reliques qui furent conservées précieusement : c'était *le menton de monsieur saint Eustache*, et une *joincte appelée le doigt de monsieur saint Jacques*. La translation de cette dernière relique, gardée jusque là à Saint-Magloire, se fit avec une grande solennité : un cardinal, plusieurs évêques et abbés, des seigneurs formaient le cortége, « et y avoit un grand drap » d'or que quatre chevaliers portoient sous lequel estoit ledit reliquaire; » et estoit toute la rue Saint-Denys, depuis l'hospital jusques à Saint- » Magloire, semée d'herbe verte; et ladite dame royne (4) fit faire » vingt-quatre torches, chacune du poids de vingt-cinq livres et demie, » lesquelles elle donna à ladite église de Saint-Jacques; et estoient » vêtus ceux qui les portoient, tous d'une livrée; et les pèlerins firent » faire quarante torches toutes semées de coquilles et bourdons, et » estoit une chose singulière à voir (5). »

Un état des biens ou dénombrement, présenté à la chambre des comptes par les administrateurs de l'hôpital de Saint-Jacques en 1383, apprend qu'à cette époque les rentes de l'établissement s'élevaient à la somme de quatre cent soixante-quatorze livres environ. On comptait dans l'hôpital quarante lits. Chaque nuit, soixante à quatre-vingts pauvres y étaient admis, et recevaient, le matin en sortant, le quart d'un pain d'un denier et le tiers d'une chopine de vin. Les pèlerins avaient de plus un sou, à ce qu'il paraît (6). Les prêtres, d'abord peu nom-

(1) Le surplus forma pour la confrérie un revenu de 162 livres 13 sols, qui fut ensuite augmenté. Jaillot, t. II, *quart. Saint-Denis*, p. 71. — (2) Jaillot, *ibid.* — (3) Dubreuil, Malingre, p. 650. — (4) Dubreuil croit que c'est Jeanne d'Évreux; mais Jaillot prouve que c'est plutôt Jeanne de Bourgogne. — (5) Dubreuil, Malingre, *ibid.* — (6) Voy. Félibien, t. II, p. 548. — Dubreuil, Malingre, p. 650.

breux, qui desservaient la chapelle de Saint-Jacques, furent augmentés dans la suite; en 1383, ils étaient au nombre de dix-neuf et entretenaient chacun un clerc à leurs dépens. Cent cinq d'entre eux occupaient autant de petites maisons construites dans l'enclos de l'hôpital. Ces prêtres, qui eurent d'abord le simple titre de *chapelains*, prirent bientôt celui de *chanoines*, et le conservèrent malgré quelque opposition de la part de la confrérie des pèlerins (1). — Ils l'avaient déjà en 1388 (2), quand Pierre d'Orgemont, évêque de Paris, fit un règlement pour l'église de Saint-Jacques-l'Hôpital (3). Ces statuts se plaignent de la négligence des desservants, qui se disent chanoines, et de la légèreté de plusieurs d'entre eux. L'évêque croit nécessaire de leur rappeler que l'office divin doit être servi avec retenue et modestie, et ne pas être troublé par les causeries, les signes, les histoires facétieuses (*confabulationes*), les éclats de rire, les querelles; il leur défend d'entrer dans les tavernes en habits d'église, de jouer aux cartes et aux dés, de sortir pendant les offices sur la place, dans le cloître, dans le cimetière ou dans les encoignures de l'église pour faire la conversation, de porter des chaussures autres que de couleur noire; enfin, d'avoir la barbe et les cheveux longs. Il ordonne que personne ne soit reçu dans l'église sans la permission écrite du trésorier et des administrateurs de Saint-Jacques, et que toutes les nuits un clerc soit placé de garde dans l'église.

La romanesque chronique de Turpin rapporte que Charlemagne, de retour en France, après sa grande expédition d'Espagne, fonda à Paris une église et un hospice pour les pèlerins qui iraient à Saint-Jacques de Compostelle. Les chanoines de Saint-Jacques-de-l'Hôpital croyaient sans doute que leur église avait succédé à l'établissement de Charlemagne, car leur sceau offrait d'un côté l'image de Saint-Jacques et de l'autre celle de l'empereur (4). Fauchet, Corrozet, Belleforest, Duchesne, Lemaire, induits en erreur par ces témoignages de bien peu de valeur, ont attribué à Charlemagne la fondation de Saint-Jacques-de-l'Hôpital.

Le changement opéré dans les mœurs et les habitudes des peuples, et aussi, il faut le dire, le défaut de surveillance sur l'administration de l'hôpital de Saint-Jacques, fit perdre à cet établissement son caractère de maison d'asile pour les voyageurs.

Des membres ecclésiastiques et laïques de la confrérie de Saint-Jacques-de-l'Hôpital eurent, dès 1630, des querelles qui se renouvelèrent sans cesse au sujet de l'administration de leurs revenus. On peut en lire

---

(1) Félibien, t. II, p. 548. — (2) Et même dès 1343 d'après Jaillot, t. II, p. 74. — (3) Voir ce règlement dans Félibien, t. III, p. 339. — (4) Ce sceau, que le chapitre de Saint-Jacques a conservé jusqu'à la révolution, avait pour légende : *Sigillum thesaurarii canonicorum et capellanorum ecclesiæ collegiatæ Sancti-Jacobi Parisiensis.*

les détails fort longs et peu intéressants dans l'histoire de Félibien (1). Pour terminer tous ces débats, Louis XIV, en 1672, donna tous les biens de Saint-Jacques, ainsi que ceux des autres maisons d'hospitalité qui étaient dans les mêmes circonstances, à l'ordre de Notre-Dame du Mont-Carmel et de Saint-Lazare. En 1693, ils furent rendus au chapitre de Saint-Jacques après l'abandon qu'en fit l'ordre de Notre-Dame du Mont-Carmel ; mais les querelles ayant recommencé dans la maison, ils furent définitivement concédés à l'ordre de Saint-Lazare.

Avant la première réunion de Saint-Jacques à Notre-Dame de Mont-Carmel, tous les ans, le 25 juillet, après la fête de Saint-Jacques-le-Majeur, les confrères de l'hôpital célébraient une procession solennelle où assistaient tous ceux qui avaient fait le pèlerinage de Saint-Jacques de Galice. Tous les confrères portaient un cierge blanc allumé, le bourdon et la calebasse du pèlerin. La cérémonie était fort belle, mais se ressentait un peu des temps moins civilisés où elle avait commencé. Sauval, qui cherchait toujours à faire de l'esprit, en parle en termes peu mesurés, mais que nous reproduisons cependant à cause des détails qu'ils renferment : « C'est un passe-temps, dit-il, de voir la » procession des pèlerins de Saint-Jacques en Galice avec leurs cale-» basses qu'ils remplissent de vin au premier cabaret qui se trouve sur » leur route, et qu'en chemin ils vuident en pleine rue devant tout le » monde. Autrefois elle étoit terminée par un grand faquin vêtu en » saint Jacques, marchant avec la contenance d'un crocheteur qui veut » contrefaire l'honnête homme : et parce que, au retour, tous les pèle-» rins dînoient ensemble dans les salles de Saint-Jacques-de-l'Hôpital, » celui-ci étoit assis au haut bout entre deux hommes qui l'éventoient, » et regardoit ainsi dîner la compagnie, sans oser manger à cause de » ce que les saints ne mangent point (2). » Antoine Fusi, écrivain d'une imagination bizarre et fantastique, et qui, chassé de la Sorbonne où il était docteur, à cause de ses mœurs relâchées, se fit ensuite protestant, après s'être emporté contre les abus des confréries, ajoute : « Un épi-» tome de cela se peut observer en juillet à la procession de Saint-» Jacques-de-l'Hôpital, où ils contrefont ce saint sur quelque bon » tetteur de gobelet qu'ils appellent roy, et le travestissent d'un cha-» peau, bourdon, canebasse, et d'une robe à l'apostolique, toute reco-» quillée, récamée par dessus d'écailles et de moules de la mer. C'est là » où la canebasserie est vidée en perfection. Et Dieu sait si, durant le » disner, la bourrache de cuir bouilli est répétée à tire-larigod ; et » après disner, ils dansent la feste en hymne de chaire tabourinée, so-» lemnisant leur pèlerinage en bacchantes : ains ils bacchanalisent la » sainteté de leur solemnité. Ils dansent, gimbrettent et carollent le

---

(1) T. I, p. 550 et suiv. — (2) Sauval, t II, p. 620.

» mérite supposé de leur voyage en Galice. Cela est blasphématoire
» de honnir si impudiquement la mémoire des apostres et serviteurs de
» Dieu (1). »

L'église de Saint-Jacques-de-l'Hôpital était mal construite et mal entretenue (2). — On lisait autrefois au-dessus de la porte de l'église, du côté du cloître, l'inscription suivante gravée en lettres d'or sur une plaque de marbre noir :

> *Hospital fondé en l'an de grâce M. CCC. XVII*
> *Par les pèlerins de Saint-Jacques pour recevoir*
> *Levrs confrères. Réparé et augmenté en l'année*
> *M. DC. LII* (3).
> ✝

Une plaque scellée contre un des piliers des orgues de l'église renfermait l'épitaphe d'un nommé Matinet, surnommé Morant, qui pendant soixante ans fut sonneur des cloches de ce monastère :

> Cy devant, près ce benoistier,
> Gist le corps du bon *Matinet*,
> Qui trespassa en ce moustier
> Le deuxième jour de juillet,
> L'an mil quatre cent soixante-sept.
> Commanda à Dieu cette corde ;
> L'innocent de grand vice net,
> Qui demande miséricorde.
> Soixante ans, de ce me recorde,
> En l'hospital fust demourant,
> Toujours sonnant, ce vous accorde,
> Et estoit surnommé *Morant*.
> Onc ne fust trésor conquérant,
> Bénéfice, estat ne office ;
> Par tout mestier fut labourant
> A sonner le divin service.
> Le poure homme piteux et nice,
> Dit, s'il a tost ou tard sonné,
> Que jamais n'y commettra vice
> Pourtant il lui soit pardonné.
> *Amen* (4).

La confrérie de Saint-Jacques-de-l'Hôpital fut supprimée à la révo-

---

(1) *Le Franc archier de la vraye église*, liv. II, p. 910. — (2) Germain Brice, t. I, p. 532. — (3) Sur une autre plaque de marbre noir était gravée cette inscription :

> *Nullos fundatores ostento*
> *Qvia humiles, qvia plvres,*
> *Qvorum nomina tabella non caperet,*
> *Cœlum recepit. Vis illis inseri?*
> *Vestem præbe, panem frange*
> *Pauperibus peregrinis.*

(4) Sauval, liv. XIV, t. III, p. 24.

lution. L'église, qui en 1820 était transformée en magasin, fut démolie peu après. Déjà en 1823 des maisons couvraient son emplacement.

Le *collége de Tréguier et de Léon*, situé place Cambrai, doit son origine à Guillaume de Coatmohan, grand-chantre de l'église de Tréguier, docteur en droit de la Faculté de Paris, qui, par son testament du 20 avril 1325, le fonda pour huit boursiers pris dans sa famille ou dans le diocèse de Tréguier (1). Les statuts que l'on fit pour ce collége en 1411 lui donnèrent de la réputation, et déterminèrent Olivier Doujon, docteur en droit, à y fonder, l'année suivante, six bourses nouvelles. Enfin en 1575, ce collége fut considérablement augmenté par l'union qui lui fut faite du *collége de Korembert*. Celui-ci, qui portait aussi le nom *de Léon*, parce qu'il avait été créé pour des élèves de ce diocèse, était situé près de Saint-Hilaire, et se trouvait voisin de celui de Tréguier sans lui être contigu. La pauvreté de ses revenus avait forcé les écoliers à vendre successivement les bâtiments, les matériaux, les biens au collége de Tréguier, à qui l'héritier de Guillaume de Coatmohan donna enfin l'emplacement. Les acquéreurs firent construire les édifices, et leur collége devint le collége de Tréguier et de Léon. En 1610, Henri IV fit acheter ces deux colléges et celui *des Trois-Évêques* ou *de Cambrai*, pour faire élever sur leur emplacement le collége royal de France.

Le *collége d'Arras*, rue d'Arras, n° 4, fut fondé peu avant 1328 (2) par Nicolas le Candelier ou le Canderlier, abbé de Saint-Waast d'Arras, avec le produit de legs pieux dont il était l'exécuteur, et de ses propres donations, pour donner les moyens de s'instruire à un certain nombre de pauvres écoliers du diocèse d'Arras. Il fut d'abord établi dans la *rue Chartière*, vers le Clos-Bruneau; mais depuis il fut transféré dans la rue d'Arras, alors appelée *rue des Murs*, vis-à-vis le collége du cardinal Lemoine, près de la rue Saint-Victor. En 1763 ou 1764 il fut réuni au collége de Louis-le-Grand, à cause de la modicité de ses revenus (3). C'est aujourd'hui une maison particulière.

---

(1) L'inscription, *Collegium trecorense, fundatum anno M. CCCC*, placée autrefois sur la porte du collége, et qui désignait sans doute une reconstruction, a induit en erreur Dubreuil, Sauval, Lemaire et d'autres auteurs sur l'époque de sa fondation. Jaillot, t. IV, p. 178, *Quartier Saint-Benoît*.

(2) Jaillot, t. IV, p. 7, *Quartier de la place Maubert*.

(3) Pendant plus de quatre siècles, il n'avait été fait en faveur de ce collége aucune autre fondation que celle de douze messes; aussi le collége d'Arras était-il l'un des plus pauvres et des plus obscurs de Paris.

CHAPITRE CINQUIÈME.

PHILIPPE VI, DE VALOIS.

1328.-1350.

I. Faits généraux.

Deux mois après la mort de Charles IV, sa veuve accoucha d'une fille qui fut nommé Blanche, et le régent Philippe devint roi.

Le nouveau monarque hâta les cérémonies de son couronnement; et pour premier acte de son administration, il acheta de Jeanne de Navarre et de Philippe de Dreux, son époux, le désistement de leurs prétentions à la couronne, en leur restituant le royaume de Navarre.

Le jour de la Trinité 1328, le roi et la reine furent sacrés à Reims par les mains de l'archevêque Guillaume de Trie, en si grande pompe qu'on ne se souvenait pas d'un couronnement aussi magnifique. De retour à Paris, Philippe VI assembla son parlement pour délibérer sur la requête de Louis, comte de Flandre, qui, en lui rendant son hommage, l'avait humblement supplié de lui venir en aide contre l'insolence de ses sujets de Bruges, d'Ypres et de Cassel. La plupart des barons, instruits par expérience du courage des Flamands et du peu de succès des armes françaises dans ce pays marécageux, représentèrent à Philippe que la saison n'était pas favorable, et qu'il fallait attendre jusqu'à l'année prochaine. « Et vous, Gaucher, dit le roi à son connétable Gaucher de Crécy, qu'en dites-vous ? » Et quoiqu'il fût un peu de l'avis des autres, le connétable répondit : « Qui a bon cœur pour la bataille trouve toujours le temps convenable. » Charmé de cette parole, le roi se leva et embrassa le connétable en s'écriant : « Qui m'aime me suive!» La guerre fut résolue, et l'armée convoquée à Arras.

Avant de partir le roi prit avec lui quelques uns de ses familiers, et s'en alla à pied par la ville de Paris pour y visiter les lieux saints. Il entra dans la plupart des églises et des hôpitaux, faisant surtout des œuvres de miséricorde, baisant les mains des pauvres, leur servant à manger et les gratifiant de riches aumônes (1). Puis il alla faire ses dévotions à Saint-Denis, et courut se mettre à la tête de l'armée de Flandre.

(1) *Chron. de Saint-Denis*, t. V, p. 310.

Quelques semaines après il avait gagné la brillante victoire de Cassel, et rentrait en triomphe dans sa capitale (1).

Louis de Flandre, redevenu le maître dans ses domaines, vengea les humiliations que les Flamands lui avaient fait souffrir par de sanglantes représailles. Dix mille personnes périrent dans les supplices : le roi de France lui avait recommandé de faire justice bonne et prompte. L'un des principaux révoltés de Bruges, Guillaume de Cany (dont les historiens modernes ont fait Guillaume-le-Chauve), s'était réfugié chez le duc de Brabant, qui le livra à Philippe. Il fut amené à Paris, et là condamné juridiquement à une mort affreuse. On l'exposa d'abord au pilori (2), ensuite on lui coupa les deux poings et on l'attacha sur une roue élevée, ses deux poings cloués devant lui ; puis quand on vit qu'il allait expirer, on le tira de là pour le lier derrière une charrette qui le traîna jusqu'au grand gibet de la ville, à Montfaucon, où il fut pendu.

Vers la fin de l'année 1328 mourut la veuve de Louis-le-Hutin, la reine Clémence, qui fut enterrée en l'église des Frères-Prêcheurs de Paris ; et peu de temps après l'épouse de Philippe mit au monde un fils qui vécut seulement quinze jours, et fut inhumé dans l'église des Frères-Mineurs.

L'Artois avait été, en 1257, érigé en comté en faveur de Robert, frère de saint Louis. Robert II, son successeur, étant mort en 1302, le comté d'Artois passa à sa fille Mahaut, épouse d'Othon IV, comte de Bourgogne, au détriment de Robert III qui fut exclu, quoique issu d'une fille aînée de Mahaut, parce que la représentation des petits-enfants n'était pas admise d'après la coutume d'Artois. Parvenu à l'âge de vingt-et-un ans, Robert III revendiqua, en 1309, le patrimoine de son

(1) Philippe renouvela, à cette occasion, la cérémonie de l'offrande des armes faite à Notre-Dame par Philippe-le-Bel après la bataille de Mons-en-Puelle; c'est ce qui a trompé les historiens et donné lieu aux discussions dont j'ai parlé (voy. plus haut, p. 308, et t. Ier, p. 113). Ils n'ont vu là qu'un seul fait qu'ils ont attribué tantôt à l'un, tantôt à l'autre des deux Philippe, tandis qu'il appartient à tous les deux. Voici le récit des *Chron. de Saint-Denis* sur le fait qui nous occupe : « Le roi Philippe, après la bataille de Cassel, vint remercier monseigneur saint Denys son patron, et puis s'en alla à Notre-Dame de Paris; et quand il fut là il se fit armer des armes qu'il avait portées en la bataille des Flamans et monta sur un destrier, et ainsi entra en l'église et très dévotement remercia Notre-Dame, et lui présenta ledit cheval où il était monté, avec toutes ses armures. » Après ce passage positif et les assertions non moins positives rapportées en faveur de Philippe-le-Bel, il est difficile de savoir si la statue équestre de Notre-Dame représentait plutôt l'un des deux Philippe que l'autre. M. P. Paris fournit quelques arguments en faveur de l'opinion qui l'attribue à Philippe de Valois (*Chron. de Saint-Denis*, t. V, p. 321). Cependant la question paraissait depuis long-temps jugée en sens contraire par une savante dissertation insérée dans le t. II des *Mémoires de l'Académie des inscriptions*.

(2) Probablement au pilori des halles, car la *Chronique de Saint-Denis* dit : Il fut *tourné* au pilori.

père, mais en vain. Les deux filles de Mahaut avaient été mariées aux fils de Philippe le-Bel, et leur avaient apporté en dot l'Artois et la Franche-Comté ; le roi de France soutint Mahaut de tout son pouvoir. A la mort de Louis-le-Hutin, il profita de la réaction féodale et se jeta sur l'Artois. Mais il fallut qu'il lâchât prise ; Philippe-le-Long marchait contre lui. Il dut attendre donc que tous les fils de Philippe-le-Bel fussent descendus au tombeau. Quand il vit le trône près de passer entre les mains de la famille des Valois, il crut toucher au but de ses espérances, et fit tous ses efforts pour porter sur le trône Philippe VI dont il avait épousé la sœur. Le nouveau roi reconnaissant confia à Robert l'avant-garde de son armée à la bataille de Cassel, et donna le titre de pairie à son comté de Beaumont ; mais Robert attendait davantage. Son épouse, la sœur du roi, intriguait pour obtenir de son frère la restitution du comté, et disait qu'il ferait justice à son mari si l'on pouvait produire en faveur de ses prétentions, une pièce authentique, si petite qu'elle fût. Pour si peu Robert d'Artois ne fut pas long-temps en peine ; il porta de nouveau la cause devant le parlement de Paris, et produisit comme émanées de son aïeul plusieurs pièces qui semblaient prouver ses droits, et qu'il disait avoir été jadis frauduleusement soustraites par le défunt évêque d'Arras. Précisément à la même époque, octobre 1329, Mahaut mourut ; sa fille aînée Jeanne, veuve de Philippe-le-Long, trépassa subitement trois mois après. Aussitôt la rumeur publique accusa Robert de les avoir empoisonnées toutes deux. On arrêta plusieurs personnes qu'on mit à la question, et qui avouèrent avoir fabriqué les actes fournis par le comte. Cité à comparaître devant la cour des pairs pour se justifier de tous ces crimes, Robert n'eut garde de se présenter, et se réfugia en Flandre. Il fut condamné au bannissement, et tous ses biens furent confisqués au profit de la couronne. Le 19 mars 1332, les hérauts, au son de la trompe, proclamèrent cette sentence par tous les carrefours de Paris. Bientôt le prince déchu fut de plus accusé de sorcellerie. Alors, poursuivi dans les États du comte de Namur, son neveu, et du duc de Brabant, il se sauva en Angleterre déguisé en marchand. Édouard III lui fit le plus gracieux accueil, l'admit dans son conseil, et lui donna le comté de Richemont. Furieux contre Philippe, Robert d'Artois devait être le principal instigateur de la guerre désastreuse que la France allait avoir à soutenir pendant plus d'un siècle contre les Anglais.

Philippe de Valois avait marié son fils aîné Jean, duc de Normandie, à Bonne de Luxembourg, fille du roi de Bohême. Le jour de Saint-Michel 1332, il convoqua une grande assemblée solennelle à Paris pour une double cérémonie : pour armer son fils chevalier, et pour célébrer le mariage de sa fille Marie avec le fils du duc de Brabant. La fête fut splendide ; on y vit figurer les rois de Bohême, de Navarre et de Majorque, les ducs de Bourgogne, de Bretagne, de Lorraine, de Brabant, de Bourbon, et l'élite de la noblesse de France. Le vendredi suivant, cette brillante assemblée, grossie d'un grand nombre de prélats, fut convoquée, sur l'invitation du roi, dans la Sainte-Chapelle du palais. Là Philippe déclara publiquement qu'il avait le dessein de prendre la croix et de faire le voyage d'Orient pour délivrer la Terre-Sainte ; que pendant son absence il voulait laisser le gouvernement du royaume à son fils aîné, et pria l'assemblée de jurer obéissance et fidélité à ce jeune prince comme au seul et légitime héritier de la couronne de France. Tous les assistants prêtèrent serment de grand cœur en étendant les mains vers les reliques de la Sainte-Chapelle. Le duc de Normandie n'avait encore que douze ans.

L'année suivante, la croisade fut prêchée de nouveau à Paris ; un grand nombre de notables personnes, le roi lui-même et le patriarche de Jérusalem, prirent la croix publiquement au Pré-aux-Clercs, où le peuple courait entendre les prédications de l'archidiacre de Rouen.

On ne sait vraiment si Philippe n'avait pas l'intention de se croiser réellement, quoiqu'il semble peu probable qu'il ait pensé à quitter ses Etats pour aller guerroyer en Palestine. C'était une âme religieuse, et moins faite à l'image de son oncle Philippe-le-Bel qu'à l'imitation de saint Louis son aïeul.

Le pape Jean XXII ayant, en 1333, envoyé à Paris le général des Cordeliers pour répandre sa doctrine sur la vision divine des saints (1), le sermon du cordelier excita l'indignation des écoliers de l'Université, qui s'écrièrent qu'il fallait punir le propagateur de pareilles hérésies, et qu'on ne pouvait tolérer un homme prêchant que les saints du paradis ne jouissaient de la vue de Dieu qu'après le jugement dernier. Bientôt le roi apprit l'évènement, et fut grandement courroucé contre l'audacieux cordelier. Il voulut d'abord le faire rétracter devant une douzaine de théologiens distingués ; mais ce fut peine perdue. Alors il assembla au château de Vincennes tout ce qu'il put trouver à Paris de maîtres en théologie, de prélats, d'abbés, et fit venir le prédicateur apostolique devant ce concile. Là Philippe en personne lui adressa en français les deux demandes suivantes : « Les âmes des saints voient-elles présentement la face de Dieu ? Cette vision qu'ont maintenant les âmes des saints persistera-t-elle au jour du jugement ? » Tous les docteurs aussitôt se déclarèrent à haute voix pour l'affirmative. Sous le poids d'une pareille unanimité, le cordelier fut contraint de plier. Il céda, et le roi obtint de lui plusieurs lettres de rétractation qui furent scellées des sceaux de vingt-neuf théologiens qui se trouvaient présents, et dont un exemplaire en bonne forme fut envoyé au pape.

(1) Voy. plus haut, p. 148.

En maintes autres occasions, Philippe VI donna des preuves de sa piété. Son fils aîné, le duc de Normandie, tomba malade si dangereusement que les médecins désespéraient de son salut. Le roi et la reine mirent leur espérance en Dieu et firent faire un grand nombre de processions et de prières par les gens d'église. Pendant trois jours le couvent de Saint-Denis fut en procession, pieds nus. Le malade était à Taverny, village voisin de la capitale; après leurs trois jours de procession, les religieux de Saint-Denis transportèrent à Taverny le clou et la couronne du Seigneur et le doigt du bienheureux saint Denis, et laissèrent ces saintes reliques auprès du lit du prince royal. Pendant ce temps, dit-on, le roi répétait chrétiennement : « J'ai si grand'fiance en la miséricorde de Dieu, aux mérites des saints et aux prières du peuple, que si mon fils mouroit, il seroit ressuscité par toutes les prières qui en sont faites à Dieu; c'est pourquoi, s'il meurt, ne l'ensevelissez pas trop tôt. » En effet, bientôt après les processions des reliques, le duc de Normandie revint à la santé. Il fut, au bout de peu de temps, en état de marcher, et aussitôt il se rendit à pied avec son père, de Taverny jusqu'à l'église de Saint-Denis, où ils passèrent deux nuits à veiller, rendant grâces à Dieu et à monseigneur saint Denis leur patron.

Cependant un grand orage s'amoncelait au nord de la France. Le roi d'Angleterre, Edouard III, était devenu un jeune homme de vingt-quatre ans, brave, habile, chevaleresque, et ambitieux par-dessus tout. Robert d'Artois, le transfuge, lui répétait chaque jour que Philippe VI leur avait pris à tous deux leur patrimoine : à lui Robert, le riche comté d'Artois, et à Edouard la couronne de France, dont sa mère avait été frustrée.

Edouard, malgré sa force et son courage, hésitait à s'attaquer à la puissante maison des Capétiens qui dominait l'Europe depuis un siècle et demi; il n'était qu'un petit prince à côté de Philippe de Valois. Mais le vœu des Anglais et ceux de ses alliés les Flamands l'emportèrent. La guerre fut décidée et commença en 1340. Telle fut l'origine de cette grande collision qui réduisit la France à l'état le plus déplorable et la mit à feu et à sang jusqu'au milieu du XVe siècle, pendant cinq règnes consécutifs. Elle s'ouvrit par le combat naval de l'Ecluse, où cent quarante gros vaisseaux, portant quarante mille Français, furent dispersés ou détruits par la flotte anglaise; victoire qui assura la supériorité de la marine de l'Angleterre jusqu'au temps de Louis XIV.

Le continent envahi, Edouard, qui se faisait appeler roi d'Angleterre et de France, parcourut l'Ile-de-France et la Normandie, brûlant tout sur son passage; Saint-Germain-en-Laye, Bourg-la-Reine, Saint-Cloud et Boulogne furent incendiés, si bien que du haut des tours de Notre-Dame les gens de Paris voyaient la flamme et la fumée. Les Parisiens tremblaient, le roi était dans la désolation, il ne pouvait pas trouver une occasion favorable de livrer bataille aux ennemis. Enfin les deux armées se mesurèrent à la malheureuse bataille de Crécy (1346), où la confiance étourdie des Français les perdit comme elle les avait perdus à Courtray, comme elle devait les perdre encore à Poitiers, à Azincourt et en bien d'autres occasions. Ils laissèrent sur la place onze princes, quatre-vingts seigneurs bannerets, douze cents chevaliers et trente mille soldats. La dernière humiliation du roi de France dans cette désastreuse campagne fut la reprise de Calais, si célèbre par le dévouement d'Eustache de Saint-Pierre et de ses compagnons (1347). Les deux partis convinrent enfin de prendre un répit, et signèrent une trêve de six mois qui fut depuis prolongée jusqu'à deux ans.

Pendant cette lutte sanglante, quelques faits de moindre importance s'étaient passés à Paris.

Le 18 janvier 1343, le roi avait uni son second fils, Philippe duc d'Orléans, avec Blanche, fille posthume de Charles-le-Bel, âgée déjà de dix-huit ans. Le lendemain, il y eut grande fête; un brillant tournoi fut donné dans les jardins du palais. Les tenants étaient Raoul comte d'Eu, connétable de France, le comte de Guines et son fils, le comte de Sancerre, le seigneur de Saint-Venant et le chambellan Tancarville. Parmi les assistants figura le duc de Normandie, contre lequel, sur la désignation du roi, jouta le seigneur de Saint-Venant, qui d'un seul coup renversa par terre le duc et son cheval. Cependant le duc remonta bravement à cheval, fit deux courses plus heureuses et brisa galamment deux lances (1). Le connétable Raoul d'Eu, frappé à la poitrine dans une passe d'armes, fut si sérieusement blessé qu'il en mourut la nuit suivante. La solennité se termina, fort inopinément, par l'arrestation d'Olivier de Clisson et de plusieurs autres nobles chevaliers de Bretagne. Philippe de Valois fut aussi surpris que désespéré lorsqu'il s'aperçut, dès l'ouverture de ses hostilités avec Edouard, de la facilité avec laquelle les seigneurs bretons et normands trahissaient les serments de fidélité qu'ils avaient jurés, et de leur propension à *se tourner anglais*, comme avait fait Robert d'Artois. Plusieurs de ces transfuges ayant été saisis furent traités avec toute la rigueur des lois. La justice du roi fut d'autant plus sévère que les coupables étaient plus haut placés. Il avait eu beaucoup d'affection pour Olivier de Clisson; cependant celui-ci ayant été convaincu d'avoir traité secrètement avec le roi d'Angleterre et d'avoir voulu livrer Nantes, fut impitoyablement condamné à une mort ignominieuse. Il fut amené du Temple, où il était emprisonné, au Châtelet, et de là traîné vif jusqu'aux halles, où il eut la tête tranchée. Son corps fut pendu par les aisselles à Mont-

---

(1) Félibien, *Hist. de la ville de Paris*, t. I, p. 598.

faucon et sa tête portée à Nantes, par l'ordre du roi, *pour l'épouvantement des autres*. Un autre noble seigneur, Geoffroy de Harecourt, fut condamné par contumace au bannissement et à la confiscation de tous ses biens. A peu près en même temps, sept individus accusés, et à ce qu'il paraît, convaincus d'avoir contrefait les sceaux du roi de France, furent conduits sur un échafaud dressé hors de Paris, près de Saint-Laurent ; là ils eurent les poings tranchés, après quoi ils furent traînés au gibet et pendus.

Au mois de novembre de la même année 1343, douze nobles, six chevaliers et six écuyers, furent exécutés aux halles de Paris, de la même manière qu'Olivier de Clisson et pour le même crime. C'étaient messires Geoffroy de Malestroit et Jean son fils, Jean de Montalban, Guillaume d'Evreux, Alain de Calilac, Denis du Plessis, Jean de Sene-David. Quelques mois après, ce fut le tour de trois chevaliers normands : Guillaume Bacon, le seigneur de la Roche-Taisson, et Richard Percy. Enfin le diacre Henri de Malestroit, après avoir subi en public les humiliations les plus outrageantes, mourut misérablement dans les oubliettes du Châtelet.

Le roi d'Angleterre, qui ne pouvait rien pour ces victimes de sa cause, et qui ne se sentait pas assez sûr de son droit pour user de représailles, fut réduit à envoyer des messagers à la cour de Rome pour se plaindre des rigueurs du roi de France.

Pendant que la justice royale agissait si vigoureusement, Philippe, dont le trésor était épuisé par les frais de la guerre, en était aux expédients pour le remplir de nouveau. Il ne trouva d'autre ressource que dans l'altération des monnaies. A la fin de l'année 1343, parurent plusieurs ordonnances par lesquelles la monnaie courante fut réduite aux deux tiers de sa valeur. « De là vint que les blés, les vins, et autres vivres renchérirent énormément, et le peuple commença à murmurer et à crier (1) ; » mais la nécessité fut plus forte que les murmures.

Ces expédients peu équitables n'empêchaient pas le roi de veiller avec sollicitude à l'honneur de l'Église et au salut de ses sujets.

Une ordonnance royale adressée au prévôt de Paris, le 22 février 1348, rétablit les peines sévères portées du temps de saint Louis contre les blasphémateurs. Elle les condamnait à un mois de prison, pendant lequel elle leur imposait en outre un jeûne rigoureux. Pour la récidive, il était ordonné qu'on couperait la lèvre supérieure au coupable avec un fer chaud, de manière à laisser voir ses dents. A celui qui blasphémait une troisième fois, on lui coupait de même la lèvre inférieure ; enfin à celui qui persévérait encore, on lui coupait la langue, « pour lui ôter tout moyen d'en abuser contre l'honneur de Dieu. » —

---

(1) *Chron. de Saint-Denis*, t. V, p. 432.

En 1346, durant le carême, les évêques de la province ecclésiastique de Sens s'étaient assemblés sur la convocation de Guillaume leur archevêque, et avaient formé à Paris un petit concile pour pourvoir au maintien des pratiques religieuses dans la province (1):

Cette époque (1348-1349) fut marquée par le passage d'un fléau terrible. C'était la peste, la *peste noire*, maladie affreuse qui se déclarait par une tumeur à l'aine ou aux aisselles, et qui ne manquait jamais d'emporter le malade en quelques heures. Née en Afrique, elle avait passé en Italie, puis franchissant les monts, elle s'était répandue en Provence, en Gascogne, en Espagne; elle remonta la France, se répandit en Allemagne, et gagna l'Angleterre, enlevant, dit-on, dans l'espace d'environ quatre ans, le tiers des habitants de l'Europe.

On n'avait jamais entendu parler d'une contagion aussi funeste. La mortalité était telle qu'on pouvait à peine ensevelir les morts. L'homme sain qui visitait un malade échappait rarement à la mort; enfin, dans bien des paroisses, les curés épouvantés s'en allaient, laissant l'administration des sacrements à quelques religieux intrépides. Ces religieux étaient les frères des ordres mendiants, chez lesquels s'était réfugié tout ce qu'il y avait de ferveur et de foi dans l'Église. Les sœurs de l'Hôtel-Dieu de Paris montrèrent aussi beaucoup de courage et de vertu. Pendant bien des jours, on emporta quotidiennement cinq cents morts de l'Hôtel-Dieu au cimetière des Innocents (2). « Les saintes sœurs, ne craignant point de mourir, agissaient en toute douceur et humilité, sans songer à la gloire du monde; et un grand nombre d'entre elles, rappelées par la mort, reposent maintenant en paix avec le Christ, comme on doit le croire (3). »

La peste noire enleva une quantité des plus illustres personnes du royaume. La reine de France, sa bru et la duchesse de Normandie étaient mortes. Quand le fléau fut passé, en 1350, le roi, son fils et son petit-fils se remarièrent tous trois presque en même temps. Il paraît qu'à la maladie dépopulatrice avait succédé la fureur du mariage. « Les hommes et les femmes qui restoient se marioient à l'envi, dit un chroniqueur : les épouses conçurent outre mesure par tout le monde; nulle ne demeuroit stérile, on ne voyoit en tous lieux que femmes enceintes, et beaucoup enfantoient deux, voire même trois enfants. »

En 1349, le roi de France avait fait deux riches acquisitions, la ville de Montpellier, et le Dauphiné, qui lui avait été laissé par le dauphin Humbert, moyennant de fortes sommes, à ce qu'il paraît du moins, car dans le cours de la même année la monnaie fut altérée neuf fois.

(1) Félibien, t. I, p. 600, donne l'analyse des décisions de ce concile; elles n'ont rien d'assez remarquable pour que je les rapporte ici. — (2) Il mourait bien par jour, l'un dans l'autre, huit cents personnes. *Chron. de Saint-Denis.* — (3) Voy. M. Martin, t. VI, p. 321.

Ce bel accroissement, la disparition de la peste, la sécurité du côté des Anglais avec lesquels on avait renouvelé la trêve, l'ivresse des réjouissances matrimoniales donnèrent partout au royaume un aspect de prospérité qu'il n'avait pas eu depuis long-temps. Paris surtout, où les triples noces royales furent célébrées avec splendeur, Paris retentit long-temps du bruit des festins et des fêtes. « Ces fêtes, suivant la remarque d'un savant écrivain, tiraient un bizarre éclat des nouvelles modes introduites depuis quelques années en Angleterre et en France. Les gens de la cour, peut-être pour se distinguer davantage des chevaliers ès-lois, des hommes de robe longue, avaient adopté des vêtements étroits, souvent mi partie de deux couleurs; leurs cheveux serrés en queue, leur barbe touffue, leurs monstrueux souliers à la poulaine qui remontaient en se recourbant, leur donnaient un air singulier, quelque chose du diable ou du scorpion. Les femmes chargeaient leur tête d'une mitre énorme d'où flottaient des rubans comme des flammes d'un mât. Elles ne voulaient plus de palefrois; il leur fallait un fougueux destrier. Elles portaient deux dagues à leur ceinture. L'Église prêchait en vain contre ces modes orgueilleuses et impudentes (1). »

Après six mois de mariage, Philippe de Valois mourut au milieu des soins de la levée d'une vaste imposition que lui avait accordée la ville de Paris pour préparer la guerre contre les Anglais. Il expira le 22 août 1350, à l'âge de cinquante-sept ans.

II. Monuments. — Institutions.

Eglise et confrérie du Saint-Sépulcre, rue Saint-Denis, n° 124. — Quelques fidèles qui avaient fait vœu d'aller à Jérusalem ou qui en étaient revenus, se formèrent en confrérie (2) au commencement du XIVe siècle. Louis de Bourbon, comte de La Marche et de Clermont, leur donna deux cents livres parisis; au mois de janvier 1325, et le dernier jour d'octobre suivant, ils achetèrent, rue Saint-Denis, de Jean de Chaumont et sa femme, de Garmont de Saint-Quentin et Jeanne la Maupetite, l'emplacement nécessaire pour faire construire une église. Le 18 mai 1326, la première pierre de cet édifice fut posée par l'archevêque d'Auch, assisté des évêques d'Amiens, d'Autun, de Tréguier et de Mende, en présence de Louis de Bourbon, de Clémence, reine de France, d'Isabelle, reine d'Angleterre, et de Blanche de Bretagne, veuve de Philippe d'Artois : néanmoins cette confrérie ne fut autorisée qu'en 1329, par lettres du roi Philippe VI, et elle eut à

(1) M. Michelet, t. III, p. 350. — (2) Il ne faut point confondre cette confrérie avec *l'archiconfrérie des dévots et des dévotes du Saint-Sépulcre de Jérusalem*, fondée par saint Louis dans le couvent des Cordeliers.

lutter pendant longues années contre le chapitre de Saint-Merry, celui de Notre-Dame et quelques curés qui s'opposèrent à ce nouvel établissement (1).

Elle faisait cependant de rapides progrès et prenait chaque jour une importance réelle « On voit par les anciens registres de cette église que, dès l'an 1333, la confrérie du Saint-Sépulcre estoit déjà de plus de mille confrères, entre lesquels il se trouvoit des roys, des reines, des princes et des gens de toute condition et de tout pays. Le jour de la feste, qui est le troisième dimanche après la Pentecoste, ils faisoient un grand festin, dont la dépense se trouva monter, en 1360, à cent cinquante-une livres, qui estoit une somme considérable pour le temps. Pendant le repas, il y avoit sermon prononcé par un religieux qui estoit payé par les confrères. Louis de Bourbon, qu'ils regardoient comme le principal bienfaicteur et protecteur de leur confrairie, escrivit en 1336 une lettre circulaire aux archevesques de Reims, de Sens, Bourges, Rouen et Tours, pour avoir la permission de faire des questes dans l'estendue de leurs métropoles, afin d'accélérer le bastiment de l'église du Saint-Sépulcre des deniers qui en proviendroient (2). »

L'église, dédiée en 1526, ne fut entièrement terminée qu'en 1655 (3). Le portail, *historié* avec assez de goût, était une œuvre estimée. Près de la porte était une fort belle statue de Jésus-Christ, par Jean Champagne, l'un des meilleurs élèves de Bernin. On admirait aussi les vitraux peints en grisaille et la menuiserie du grand-autel, ouvrage d'un nommé Langlacé, qui, suivant l'expression de Brice, *excellait dans ces sortes de choses*. Au-dessus de l'autel était une Résurrection peinte par Lebrun, et qui avait été donnée, disent plusieurs écrivains, par le grand Colbert. Hurtaut a relevé cette erreur : « Dans le temps que Louis XIV porta la guerre en Franche Comté, le corps de la mercerie prêta à sa majesté une somme considérable, qui fut rendue peu après avec une autre somme en présent. Le ministre, chargé de notifier au corps de la mercerie les volontés du prince, marqua dans sa lettre que l'intention du roi était que ce présent fût employé à la décoration de leur chapelle et à des prières pour sa majesté. On résolut en conséquence de consacrer une partie de cet argent à un tableau que l'on placerait sur le maître-autel de l'église du Saint-Sépulcre, où le corps de la mercerie fait faire son office. Le fameux Lebrun remplit parfaitement les désirs de cette compagnie ; et en peignant Jésus-Christ sortant du tombeau, *il représenta Colbert, le protecteur du commerce et des arts, tenant un des coins du linceul* (4).

(1) Voy. Félibien. t. I, p. 566 et suiv. — Jaillot, t. V, etc. — (2) Félibien, t. I, p. 568.
(3) M. Dulaure, t. II, p. 432, prétend que les confrères du Saint-Sépulcre firent construire *une église plus belle et plus vaste*. Rien ne confirme cette assertion, qui est au moins hasardée. — (4) Hurtaut, t. IV, p. 638.

La confrérie avait eu le projet de faire construire un hôpital pour les fidèles qui allaient en Terre-Sainte, mais les pèlerinages devenant de plus en plus rares, elle se borna à élever une église, tout en conservant le titre de *confrairie et hospital du Saint-Sépulcre* (1). En 1672, le gouvernement la réunit à celle de Saint-Lazare. En 1693, on les sépara, mais deux arrêts du conseil, en date du 12 juin 1693 et du 26 mars 1694, accordèrent aux chanoines du Saint-Sépulcre l'administration et la régie des biens, à l'exclusion de leurs confrères (2). Le clergé desservant de cette église jouissait de tous les droits paroissiaux, mais par l'un de ces singuliers usages si communs au moyen âge, il ne pouvait faire pour lui ce qu'il faisait pour les autres; les chanoines et bénéficiers du Saint-Sépulcre ne pouvaient recevoir les derniers sacrements et la sépulture que d'un bénéficier de Notre-Dame, député par le chapitre (3). Enfin, au siècle suivant, cette confrérie fut réunie pour la seconde fois à celle de Saint-Lazare. Alors une confrérie semblable se forma en 1775 ; les membres, qui célébraient chaque assemblée par un grand repas, reçurent de quelques plaisants le surnom de *confrères de l'aloyau*. Ils s'étaient créé des grades et des décorations; un édit du 2 juin 1776 leur défendit de porter le titre et la décoration de cette prétendue chevalerie. Les anciens confrères du Saint-Sépulcre plaidaient depuis longtemps contre ces *messieurs de l'aloyau*, lorsque la révolution vint mettre un terme à ces débats (4).

Le chapitre du Saint-Sépulcre fut supprimé en 1790. L'année suivante, une compagnie de négociants hollandais acheta l'église et les bâtiments qui en dépendaient, et fit construire la *cour Batave* sur leur emplacement.

Saint-Julien-des-Ménétriers (5), rue Saint Martin, n° 96. — « L'an de grâce 1328, le mardy devant la Saincte-Croix en septembre, il y avoit en la rue Saint-Martin-des-Champs deux compagnons ménes-

(1) Il paraît cependant qu'on hébergeait les pèlerins dans les premiers temps de cette fondation. Sauval, t. I, p. 406, dit qu'on les *logeoit quelques jours et qu'on leur donnoit 60 sous et un pain, après quoi on les renvoyoit*. Et nous lisons dans Dubreuil : « *Aumosnes aux pèlerins du Saint-Sépulchre*. A chacun voyageur passant et s'acheminant au voyage de Hierusalem est aumosné 60 sous ou 4 livres tournois, et à chacun qui en revient 30 ou 40 sous. » p. 561. — (2) Jaillot, t. V, quart. de *Saint-Jacques-la-Boucherie*. p. 26. — (3) Piganiol, t. II, p. 145. L'église du Saint-Sépulcre était, comme je l'ai dit, l'une des *quatre filles* de la cathédrale de Paris. parce qu'elle dépendait du chapitre de Notre-Dame. — (4) Dans les premières années de la Restauration, on vit renaître l'ordre du *Saint-Sépulcre-de-Jérusalem* ; mais il paraît que cette association ne dura pas long-temps Nous n'avons d'autres preuves de son existence qu'un petit almanach imprimé à Paris en 1815. — 5) On appelait ainsi les musiciens au moyen âge. Suivant la meilleure étymologie, ce nom vient de *ministerialis*, artisan, *ministerium*, métier. Voy. Millin, *Antiquités nationales*, t. IV, n° XLI.

triers, qui s'entr'aymoient parfaictement et estoient tousjours ensemble. L'un estoit de Lombardie et s'appeloit *Jacques Graze*, de Pistoïe, autrement dit *Lappe*; l'autre estoit de Lorraine et avoit nom *Huet*, le *guette* du palais du roy. Or advint que ledit jour après disner, ces deux compagnons estans assis sur le siége de la maison dudit Lappe, et parlans de leur besongne, virent, de l'autre part de la voye, une pauvre femme appelée *Fleurie de Chartres*, laquelle estoit en une petite charrette et n'en bougeoit jour et nuict, comme entreprise d'une partie de ses membres, et là vivoit des aumosnes des bonnes gens. Ces deux, esmeus de pitié, s'enquirent à qui appartenoit la place, desirants l'achepter et y bastir quelque petit hospital. Et après avoir entendu que c'estoit à l'abbesse de Montmartre, ils l'allèrent trouver; et pour le faire court, elle leur quitta le lieu à perpétuité, à la charge de payer par chacun an *cent sols de rente, et huict livres d'amendement dedans six ans seulement*. Et sur ce leur fit expédier lettres, en octobre, le dimanche de devant la Saint-Denys 1330. Le lendemain, lesdits Lappe et Huet prindrent possession dudit lieu, et, pour la mémoire et souvenance, firent festin à leurs amis. »

Telle fut l'origine de l'église de *Saint-Julien-aux-Ménestriers*, suivant la légende populaire que j'ai cru devoir rapporter dans le style naïf et pittoresque du Père Dubreuil. Quelques ménétriers se réunirent à Lappe et à Huet : ce furent *Jacques le Claustier* (ou *Jacquet le Clourier*,) *guette au garde du guet*; *Perrot de Rouen*, *guette* au Petit-Châtelet; *Jean de Chaumont*, *guette* au Grand-Châtelet, et quatre autres. Ils firent construire un petit hôpital, dont la pauvre Fleurie occupa jusqu'à sa mort le premier lit; ils suspendirent à la porte un tronc pour ceux qui voudraient encourager cette utile fondation; enfin ils firent présent de cet hôpital aux *confrères et sœurs jongleurs-ménestrels, joueurs de vielle, de cors sarrasins et autres* (1). Lappe et Huet mirent à la tête de cette maison un clerc nommé *Janot Brunel*, qui faisait l'office d'écrivain, de procureur et de gardien, et qui allait aussi chercher par la ville les dons destinés à l'hôpital; on ne lui donnait pour salaire que le logement. Ils reçurent aussi pour garder les malades une vieille femme, nommée *Edeline de Dammartin*, qui avait dix-huit deniers par semaine (2). Les ménétriers achetèrent ensuite, au prix de *douze livres et douze sols de rente par an*, une maison contiguë à leur hôpital, au coin de la rue Palée, et qui appartenait à *Etienne d'Auloire*,

---

(1) « L'an 1332, l'abbesse de Montmartre envoya toiser le lieu dudit hospital par Michel de Saint-Laurent et Jacques de Longjumel, maistres jurez du roy, lesquels rapportèrent qu'il contenoit en long et en lé trente-six toises bien largement. L'abbesse donna aux confrères les lettres d'amortissement, le vendredy d'après les Brandons, audit an, moyennant soixante francs. » Dubreuil, p. 572. — (2) *Id.*, p. 571. « Notez, ajoute Dubreuil, en quel vil prix pouvoient estre lors les vivres. »

advocat en la cour. Quelque temps après ils obtinrent la permission de faire construire une chapelle, *avec droit de cloches* et de messe *en note et sans note*, à la charge de la doter de seize livres de rente. L'hôpital reçut alors le nom de *Saint-Julien et Saint-Genest ou Saint-Genois*, et la chapelle ajouta à ce titre celui de *Saint-Georges*.

Germain Brice, en parlant de Saint-Julien-des-Ménétriers, a dit avec le ton magistral et prétentieux d'un *cicerone* : « L'édifice de cette petite église est si vilain qu'il serait difficile d'en trouver un plus malpropre et plus incommode. » Presque tous les anciens écrivains montrent, à l'égard de cette église, un pareil mépris, et M. Dulaure n'a pas même daigné relever l'erreur de ses devanciers. J'ai sous les yeux un dessin fort exact de Saint-Julien, gravé avec beaucoup de soin dans l'ouvrage de Millin ; et, à mon avis, le style de cet édifice devait attirer l'attention des antiquaires et des artistes. La façade, pittoresque et d'une architecture délicate, était composée d'une grande arcade, accompagnée de quatre niches. La frise de l'arcade était remplie de petits anges dessinés avec goût, jouant de divers instruments, comme l'orgue, la harpe, le violon, le rebec à trois cordes, la vielle, la mandoline, le psaltérion, la musette, le cor, le hautbois, la flûte de Pan, la flûte à bec, les timbales, le luth et le tympanon. Dans la niche à gauche de la porte était la statue de saint Julien ; à droite celle du martyr saint Genest ou Genois, comédien à Rome sous le règne de Dioclétien. Ce saint, protecteur des musiciens et des *histrions*, était coiffé d'une espèce de toque, vêtu d'une tunique et d'un simple manteau ; il tenait à la main un violon (1). Au-dessus de la porte on lisait l'inscription suivante, gravée en lettres d'or sur un marbre noir :

« L'an 1331, sous le règne de Philippe de Valois, roi de France, cette chapelle et église a été bastie et fondée par un des vingt-quatre violons du roi et par un des maîtres de la ville de Paris, dont les vingt-quatre violons et les maîtres joueurs d'instruments et à danser de la ville de Paris ont été et sont de temps immémorial fondateurs, patrons laycs, seuls possesseurs, dotateurs, gouverneurs et administrateurs d'icelle. Cette inscription a été posée, du consentement de la communauté, en l'année MDCCXIX, par les soins de messieurs François Bourdin, Charles Goupy-Auroi, et Pierre Deshayes, jurés-députés en charge. »

Près de l'autel, à gauche, on voyait un marbre noir sur lequel cette inscription était écrite en lettres d'or :

« En l'honneur de Dieu, de Saint-Julien et de Saint-Genest, le présent marbre a été posé à l'éternelle mémoire, en reconnaissance de la

(1) Millin, *loco cit.*, en donne le dessin, ainsi que Barbasan, dans son édition des *Poésies du roi de Navarre*, t. I, p. 253. C'est à tort qu'on a vu dans cette statue un certain *Colin Muset*, qui contribua, dit-on, de ses deniers, à la construction du portail.

fondation de la chapelle de Saint Julien-des-Ménestriers, rue Saint-Martin, à Paris, faite par les maîtres-joueurs d'instruments, de violons et à danser, en l'année 1331, le 23ᵉ jour de novembre, ainsi qu'il a été reconnu par la transaction faite et passée par-devant Charles et Lévêque, notaires au Châtelet de Paris, le XV avril MDCLXIV, entre les maistres-joueurs de violon de la chambre du roi et les autres maistres de violon et à danser de cette ville de Paris, maistre Jacques Favier, chapelain de ladite chapelle de Saint-Julien, et pourvu d'icelle à la nomination et présentation des maistres-joueurs de violon d'une part, et les révérends pères de la doctrine chrétienne de la province de Paris, d'autre part. Laquelle transaction a été plainement confirmée par lettres-patentes du roi Louis XIV, données à Fontainebleau au mois de juin MDCLXVI, ratifiée par le chapitre général desdits révérends pères, tenu en Avignon au mois de septembre ensuivant, approuvée par monseigneur l'archevêque de Paris le 13 avril MDCLXVII, et ce pour terminer les différends entre les parties; dont a été convenu par ladite transaction que lesdits pères reconnoissent, que de toute ancienneté et à perpétuité lesdits maistres-joueurs de violon et à danser sont les fondateurs, patrons, présentateurs, gouverneurs et administrateurs de l'église et chapelle de Saint-Julien-des-Ménestriers, des lieux en dépendants et propriétaires des fonds d'iceux, et lesdits pères se servent de ladite église pour y célébrer le service divin, ayant l'usage de la sacristie commune avec ledit sieur Favier et ses successeurs chapelains, dont lesdits fondateurs ont pouvoir de nommer et faire élection pour dire et célébrer tout leur service, même y faire l'eau bénite tous les dimanches à dix heures; pourront lesdits pères se faire enterrer dans ladite chapelle, et non autres personnes, sans le consentement desdits maistres et patrons; donneront lesdits pères tous les ans à la Chandeleur, aux maistres en charges et à ceux qui ont passé par icelles, à chacun un cierge de cire blanche d'une demi-livre; le tout ce que dessus est plus amplement dit et déclaré dans ladite transaction, à quoi il n'est dérogé. Fait et posé le lit marbre du temps de Guillaume Dumanoir, roi de tous les maistres-joueurs d'instruments et à danser, et de Nicolas Mercier, Hyérôme Joubert, joueur de violon ordinaire de la chambre du roi; Guillaume Granville, haut-bois du roi, leurs maistres en charge, en l'année MDCLXVIII. Priez Dieu pour les âmes des fondateurs. »

A l'exception d'un très beau Christ, de Lebrun, qui se trouvait au-dessus du grand-autel, il n'y avait rien de remarquable à l'intérieur. Au-dessus de la porte d'entrée était une tribune qui traversait la chapelle dans sa largeur.

Les ménétriers et les jongleurs demeuraient presque tous dans la rue qui porte leur nom. Ils se réunirent en confrérie, dès l'année 1331, et trente-sept d'entre eux signèrent un règ'ement qui fut enregistré au parlement, le 23 novembre (1). Les seuls jongleurs et ménétriers de la corporation de Paris eurent le droit de se présenter aux fêtes et aux noces qui se célébraient dans cette ville. Les ménétriers étrangers ne pouvaient exercer leur industrie sous peine d'être bannis de Paris pendant un an et un jour et de payer une amende Toutefois, lorsqu'ils ne faisaient que passer par la ville, ils étaient hébergés dans l'hôpital fondé par Lappe et Huet. Par un arrêt du 13 septembre 1395, le prévôt de Paris défendit aux confrères de *rien dire, représenter ou chanter dans les places publiques ou ailleurs, qui pût causer quelque scandale, à peine de deux mois de prison, au pain et à l'eau*. Ils se divisèrent alors en *bateleurs* et en musiciens. Ces derniers firent, en 1397 et 1399, de nouveaux règlements, et comme il y avait des *basses* et des *dessus* de rebec, ils s'intitulèrent *ménestrels, joueurs d'instruments, tant haut que bas*, titre que Charles VI confirma par lettres patentes du 14 avril 1401. Cette corporation dont faisaient partie les *jongleurs et jongleresses* qui habitaient la rue Saint-Martin (2), était gouvernée par un *roi* et par le *prévôt de Saint-Julien*. Constantin, célèbre violon de la cour de Louis XIII, fut roi des musiciens de Paris. A sa mort, arrivée en 1657, Dumanoir lui succéda sous le nom de Guillaume Ier. Son fils Guillaume II, qui le remplaça, abdiqua volontairement en 1685. Le *royaume des ménestriers* fut livré à l'anarchie jusqu'en 1741, époque à laquelle le célèbre Guignon monta sur le trône, mais son insolent despotisme excita une violente insurrection, et l'imprudent monarque se vit obligé de signer son abdication. La charge du *roi des violons* fut supprimée en 1773.

La confrérie de Saint-Julien avait « un scel pour sceller les quittances des dons et lais qu'on leur faisoit et autres lettres, lequel estoit de letton rond, et au milieu estoit Nostre-Seigneur dans une nef en guise de ladre. Sainct Julian en l'un des bouts, tenant deux avirons, et à l'autre bout sa femme, tenant un aviron d'une main, de l'autre une lanterne. Au dessus de l'espaule dextre de nostre Seigneur y avoit une fleur de lys. Auprez sainct Julian estoit sainct Genois tout droit, tenant une vielle comme s'il vielloit et estoit entre deux hommes agenouillez. Autour du scel estoit escrit : *C'est le sceau de l'hospital de Sainct-Julian et Sainct-Genois*, lequel a esté vérifié en Chastelet et à la cour de l'official, et scelloient en cire rouge. » Voici l'explication du sujet représenté sur le sceau; il fait allusion à un fait rapporté dans la légende du patron des musiciens « : Sainct Julian, après avoir longuement voyagé, s'en revint en sa maison, et trouvant deux personnes couchez en son lict, pensa que ce fust un adultère couché avec sa femme, et les

---

(1) Dubreuil, p. 572. — (2) *Dictionnaire* de Béraud, t. I, p. 379.

tua tous deux, et c'estoient ses père et mère que sa femme avait charitablement receus pendant qu'il estoit absent. Après avoir cogneu sa faute, il prend congé de sa femme pour s'en aller en pays incogneu faire pénitence le reste de sa vie. Mais elle ne voulut l'abandonner, et s'en allèrent tous deux auprez une rivière fort dangereuse à passer, où ils bastirent un petit hospital pour recevoir les pauvres, et firent un basteau pour passer l'eau à ceux qui se présenteroient. Faisant cet office, il mérita recevoir nostre Seigneur en forme de ladre, lequel luy annonça son péché luy estre pardonné, et incontinent ce disparut. C'est pourquoy il est figuré au milieu du basteau, pendant que sainct Julian et sa femme avironnent (1). »

Je ne m'étendrai point sur les diverses contestations qui se sont élevées entre les prêtres de la doctrine chrétienne et la confrérie de Saint-Julien. On en peut trouver la longue et ennuyeuse énumération dans Millin, Félibien et Piganiol. Il me suffit de faire remarquer qu'au mois de novembre 1744, l'archevêque de Paris ordonna aux prêtres de la doctrine chrétienne de célébrer le service divin dans la chapelle de Saint-Julien; qu'ils y furent maintenus par arrêt du 20 décembre de la même année, et qu'en 1549 elle fut unie à leur congrégation. La confrérie ne conserva que certaines prérogatives et le droit de nommer un chapelain (2). Les *agents de change, banque, commerce et finances* faisaient célébrer dans cette église une messe du Saint-Esprit le premier jour ouvrable de chaque année, et à la mort de l'un d'eux on y chantait une messe de *Requiem* (3).

Le 17 décembre 1789, une députation de la confrérie de Saint-Julien-des-Ménestriers se présenta à la barre de l'assemblée nationale, et fit hommage à la nation de cette église, qui fut démolie quelque temps après. Une maison particulière l'a remplacée.

Chapelle Saint-Yves, rue Saint-Jacques, au coin de la rue des Noyers. — La fondation de cette chapelle est de l'an 1348. Quelques habitants de la Bretagne et de la Touraine obtinrent, à cette époque, de Foulques de Chanac, évêque de Paris, la permission d'établir à Paris une confrérie et une chapelle ou une collégiale en l'honneur de saint Yves, curé breton, canonisé l'année précédente, en 1347. Ce saint personnage, qu'on appelait l'avocat des pauvres, avait étudié à Paris : les écoliers bretons voulurent contribuer aux frais de construction de la nouvelle église (4). On y joignit un cimetière en 1357 (5).

---

(1) Dubreuil, p. 571. — (2) Jaillot, t. II, *quart. Saint-Martin*, p. 50. — « Ces prêtres, dit Hurtaut, y pratiquent les exercices de leur institut, instruisant la jeunesse par des catéchismes qu'ils font les dimanches et fêtes avec beaucoup d'utilité. » — (3) Félibien, t. I, p. 578. — (4) Lebeuf, *Hist. du dioc. de Paris*, t. I, p. 90 et 238. — (5) Jaillot, *Desc. de Paris*, t. IV,

La confrérie qui administrait cette chapelle se composait presque entièrement d'avocats et de procureurs En 1779, on voyait suspendus aux murs de l'église un grand nombre de sacs contenant les pièces des procès gagnés par l'intercession de ce saint (1).

La chapelle de Saint-Yves fut démolie en 1796. Quelques vestiges qu'on en voit encore près de la maison construite en 1817 sur son emplacement, font juger que l'architecture en était d'un bon style et les dimensions assez grandes pour une simple chapelle. Deux statues ornaient le portail. Elles représentaient, suivant Lebeuf, Yves Simon, l'un des fondateurs, et sa femme; suivant M. Dulaure (2), Jean VI, duc de Bretagne, et Jeanne de France.

Collége et séminaire des Ecossais. — Le collége des Écossais, établi d'abord rue des Amandiers, fut ensuite transféré dans la rue des Fossés-Saint Victor, aux numéros actuels, 25 et 27. Cet établissement reconnait deux fondateurs, David, évêque de Murray, en Ecosse, et Jacques de Beatown ou Bethown, archevêque de Glascow, ambassadeur d'Ecosse en France. Le premier consacra, en 1323, une somme pour assurer la subsistance de quatre pauvres écoliers de sa nation, dont un théologien et trois artiens, qui furent placés d'abord dans le collége du cardinal Lemoine. Adam Heret, trésorier de l'église de Murray, et chargé de sa procuration, acheta pour cette fondation une maison située à Grisy, près de Brie-comte-Robert, cent vingt arpens de terre labourables et douze à quinze arpents de prés dans le même lieu. L'acte de cette acquisition, en date du 18 février 1325, porte qu'elle est faite *pour le perpétuel vivre desdits pauvres écoliers dudit évêché de Moreve (Murray), institués et à instituer.* Cette acquisition fut amortie par lettres de Charles-le-Bel au mois d'août 1326. Le collége du cardinal Lemoine, dans lequel avaient été placés les quatre boursiers de l'évêque de Murray, jouissait conséquemment de la dotation des écoliers; mais en 1333, il se démit de cette possession et de tous ses droits entre les mains de Jean, successeur de David à l'évêché de Murray, et les écoliers écossais furent placés dans la rue des Amandiers, où l'on acheta pour eux une maison qui porta le nom de *collége des Ecossais.*

Par suite du schisme de l'Angleterre, qui gagna bientôt l'Écosse, où l'exercice public de la religion catholique ne fut plus permis, on vit arriver en France beaucoup de jeunes Ecossais que les événements contraignaient à quitter leur patrie. Dans l'étude seule ils pouvaient s'assurer des ressources pour l'avenir. C'est alors que Jacques de Beatown, qu'on doit regarder comme leur second fondateur,

(1) Béguillet, *Descr. de Paris.* Paris, 1779, in-4°, t. I, p. 209.
(2) *Hist. de Paris*, t. II, p. 437.

intéressa Marie Stuart en leur faveur. Cette infortunée princesse leur fit des pensions; sa captivité même n'interrompit pas ses bienfaits; et dans son testament, qu'elle écrivit le 7 février 1587, veille de sa mort, parmi les amis fidèles auxquels elle veut laisser un souvenir, *selon son peu de moyen*, figurent *es esco'iers*, auxquels elle lègue 2,000 francs (1).

Cependant Beatown voulant former des ecclésiastiques capables de soutenir et de défendre la foi catholique expirante en Ecosse, et conserver cette religion intacte dans le cœur des jeunes Ecossais réfugiés, légua à sa mort, arrivée en 1603, tous ses biens à cet établissement, et par son testament, institua les prieurs des Chartreux directeurs et administrateurs perpétuels de cette fondation; cette disposition fut remplie jusqu'au dernier moment. Depuis l'année 1592, époque de la mort du dernier évêque de Murray, les quatre boursiers étaient à la nomination de l'évêque de Paris, qui les donnait presque toujours à des prêtres écossais qui avaient terminé leurs études. M. de Gondi, archevêque de Paris, dans des vues d'utilité, résolut de réunir le collège et la congrégation; il réduisit donc les quatre boursiers à deux et les unit à la communauté de l'archevêque de Glascow, par décret du 29 août 1639. Enfin, en 1662, Robert Bardeux, principal de ce collège, acheta un emplacement sur les fossés Saint-Victor, où il fit construire l'édifice connu aujourd'hui sous la dénomination de *collège des Ecossais*; il fut achevé en 1665; la chapelle, terminée seulement en 1672, fut placée sous l'invocation de saint André, patron de l'Ecosse.

On plaça plus tard dans cette chapelle un monument en marbre, surmonté d'une urne de bronze doré, dans laquelle on avait déposé la cervelle de Jacques II, roi d'Angleterre, mort à Saint-Germain-en-Laye en 1701. Ce monument, exécuté par *Louis Garnier*, était dû au zèle du duc de Perth, gouverneur de Jacques III, qui le fit ériger à ses frais. Il était accompagné d'une touchante épitaphe dont voici la traduction:

« *Au Dieu très bon, très grand de Jacques II, roi de la Grande-Bre-*
» *tagne*, etc., illustre par plusieurs victoires sur terre et sur mer (2), mais
» plus illustre encore par la foi qu'il eut toujours en Dieu et à laquelle il

---

(1) Voy. l'intéressant recueil des *Lettres inédites* de Marie Stuart, publié par le prince Alexandre de Labanoff. Paris, 1839, in-8., p. 196.

(2) Jacques II n'étant encore que duc d'York se fit remarquer par sa valeur en servant sous les ordres de Turenne, de don Juan et du grand Condé. Devenu grand-amiral du royaume quand Charles II son frère fut rappelé au trône de ses pères, Jacques se montra plus digne encore de ce titre par son courage et son habileté que par sa naissance. La victoire qu'il remporta en 1665 sur l'amiral hollandais Opdam, et les combats sanglants qu'il livra au célèbre Ruyter en 1672, ont rendu illustre à jamais le nom de ce prince dans les fastes de la marine anglaise; mais moins peut-être encore que l'invention ou le perfectionnement des signaux sur mer, qui lui est généralement attribué.

» sacrifia son royaume, ses richesses et toutes les félicités d'une vie flo-
» rissante. Chassé de son trône par un grand crime, par l'impiété d'Ab-
» salon, la perfidie d'Achitophel, il triompha de ses ennemis par sa dou-
» ceur et sa tolérance inaltérable. Supérieur aux événements, plus grand
» que les revers, animé du désir de la gloire immortelle, il changea avec
» joie un royaume terrestre pour le royaume des cieux. — Cette maison,
» que ce prince pieux soutint quand elle languissait, pour l'amour de
» son pays, et à laquelle il a confié toutes les œuvres de son esprit,
» écrites de sa main (1), a reçu le précieux dépôt de cette partie du
» corps où siège toute la vigueur de l'esprit. — Il vécut soixante-huit
» ans, et mourut aux calendes d'octobre (le 16 septembre) de l'an
» du salut du monde 1701. — Jacques, duc de Perth, gouverneur de
» Jacques III, bienfaiteur de cette maison, a élevé ce monument dans
» la tristesse et dans l'affliction. »

L'établissement n'ayant pas été fondé uniquement pour des étudiants, mais aussi pour former des missionnaires destinés à prêcher en Ecosse, a porté également la dénomination de *collége* et de *séminaire*. C'est pour ce motif peut-être que, quoique dépendant de l'Université, il ne fut pas supprimé en 1763 comme tant d'autres, et réuni au collége de Louis-le-Grand, siége de l'Université. Les lettres patentes du 15 décembre 1688, enregistrées au mois de juillet suivant, considèrent l'établissement sous le double rapport de collége et de séminaire. Le roi déclarait dans ces lettres « qu'il servirait tant pour for-
» mer des ecclésiastiques missionnaires à envoyer au royaume d'Ecosse,
» que pour l'éducation de la jeunesse du même pays; que le collége des
» Ecossais demeurerait toujours uni à l'Université ; que le prieur des
» Chartreux en serait à perpétuité seul supérieur ; que le principal et
» le procureur seraient Ecossais de nation, *mais qu'ils seraient réputés*

---

(1) Le roi Jacques II avait laissé des Mémoires de sa vie depuis l'âge de seize ans. Ces mémoires, écrits en entier de sa main, ne formaient pas moins de 4 vol. in-fol. Aussitôt après sa mort, ils furent portés au collége des Écossais. C'est sur ce manuscrit que fut composé un abrégé, qui porte le nom de Macpherson, quoiqu'il soit reconnu aujourd'hui que Charles Dryden, fils du célèbre poëte, en est le véritable auteur. Ces Mémoires autographes de Jacques II existaient en parfaite conservation au commencement de la révolution. Lord Gower, qui était alors ambassadeur auprès de Louis XVI, offrit de les transporter en Angleterre. Cette proposition n'ayant point eu de suite, M. Innes, principal du collége des Ecossais, eut l'idée de confier ce dépôt à M. Stapleton, principal du collége Anglais à Saint-Omer, pour qu'il le fît passer à Londres. Afin d'éviter les soupçons, la caisse fut adressée à un habitant de Saint-Omer nommé M. Charpentier, qui, par prudence, la cacha dans sa cave. Comme il fut arrêté peu de temps après, sa femme, qui craignait l'effet que pouvaient produire sur les inquisiteurs révolutionnaires des livres magnifiquement reliés, avec des armoiries et des couronnes royales, arracha les couvertures et les détruisit. Ces manuscrits furent portés à Saint-Momelin, maison de campagne de M. Charpentier. La terreur redoublant, tous les papiers furent livrés aux flammes.

» *vrais et naturels sujets du roi*, et que les boursiers et écoliers seraient
» tous pareillement nés Écossais. » — Le collége fut supprimé en 1790
ainsi que tous les autres établissements écossais ou irlandais. Après
avoir servi de prison pendant la révolution, il fut réuni par les arrêtés
du 19 fructidor an IX (6 septembre 1801), 24 vendémiaire et 3 messidor
an XI (16 octobre 1802, 11 juin 1803), et 24 floréal an XIII (14 mai
1805), à la maison des Irlandais. Un décret impérial du 11 décembre
1808 le plaça sous la surveillance de l'Université, et la maison fut
alors occupée par une institution (1).

Le *collége de Marmoutier* fut fondé, comme on l'a vu (2), rue Saint-
Jacques, à côté de celui du Plessis, par le fondateur de ce collége,
Geoffroy du Plessis, secrétaire de Philippe-le-Long. Geoffroy possédait
quatre maisons, dont trois sur la rue Saint-Jacques; il donna celles-ci,
en 1329, au monastère de Marmoutier pour les écoliers que la communauté voudrait envoyer étudier à Paris. Ce collége, soumis ensuite à
l'abbé de Marmoutier, a subsisté jusqu'en 1637, époque à laquelle la
réforme de la congrégation de Saint-Maur, introduite dans cette abbaye,
le rendit inutile (3). Il fut vendu en 1641 aux Jésuites pour l'agrandissement de leur collége de *Louis-le-Grand* ou de *Clermont*.

Le *collége des Lombards*, nommé aussi quelquefois *collége de Tournai* et *d'Italie*, rue des Carmes, n° 23, fut fondé en 1333 par quatre
Italiens demeurant à Paris : *André Ghini*, né à Florence, évêque
d'Arras, puis de Tournai; *François de l'Hôpital*, bourgeois de Mo-
dène, clerc des arbalétriers du roi; *Renier Jean*, bourgeois de Pistoïe, apothicaire à Paris; et *Manuel Rolland*, de Plaisance, chanoine de Saint-Marcel-lès-Paris. Ils établirent onze bourses pour autant d'écoliers de leurs villes natales, dans la maison située rue Saint-
Hilaire (rue des Carmes), que l'évêque d'Arras, à qui elle appartenait,
donna à cet effet. Le collége reçut de ses fondateurs le nom de *Maison
des pauvres écoliers italiens de la charité de la bienheureuse Marie*. Il
fut placé par eux sous la protection de l'abbé de Saint-Victor et du
chancelier de Notre-Dame. Les aspirants aux bourses devaient être
clercs et n'avoir pas vingt livres de rente. — Mais la modicité des
bourses, insuffisantes pour procurer aux élèves les besoins de première
nécessité, dégoûta bientôt les Italiens de s'expatrier; d'un autre côté,
les nombreuses académies qui se formèrent chez eux les dispensèrent d'aller chercher l'instruction chez une nation étrangère. Les
bâtiments qu'ils avaient occupés tombaient en ruines, lorsque, en
1681, deux prêtres irlandais, Malachie Kelly et Patrice Maginn, for-

(1) Voy. Félibien, t. I, p. 560. — Hurtaut, t. II, p. 471. — *Paris pittor.*, t. I, p. 477.
— (2) Ci-dessus, p. 436. — (3) Jaillot, t. IV, p. 116, quart. Saint-Benoît.

mèrent le dessein de le faire reconstruire pour y fonder un nouvel établissement destiné aux prêtres et étudiants de leur nation (1).

Le célèbre Guillaume Postel fut professeur au collége des Lombards. Ses leçons attiraient une telle affluence d'auditeurs, qu'il était souvent obligé de les faire descendre dans la cour et de parler du haut d'une fenêtre.

Le *collége de Bourgogne* était situé dans la rue des Cordeliers, appelée aujourd'hui rue de l'Ecole-de-Médecine. Il dut sa fondation à Jeanne, comtesse d'Artois et de Bourgogne, femme de Philippe de Valois, qui ordonna par son testament, fait en 1322, que son hôtel de Nesle fût vendu et le prix de la vente employé à l'établissement d'un collége où l'on recevrait vingt pauvres écoliers, séculiers ou réguliers, du comté de Bourgogne, qui voudraient venir étudier à Paris. Ses exécuteurs testamentaires, après la vente de l'hôtel de Nesle, achetèrent, en 1332, une maison, vis-à-vis le couvent des Cordeliers, qui reçut le nom de *Maison des écoliers de madame Jeanne de Bourgogne, reine de France*. Ils firent construire une chapelle sous l'invocation de la Vierge, et assignèrent au collége deux cents livres parisis à prendre sur les profits du sceau et de la prévôté de Paris. — La fondation avait été faite pour vingt boursiers étudiants en philosophie (2), et parmi eux étaient choisis le principal et le chapelain. Les candidats aux bourses n'étaient admis qu'après avoir été examinés par le chancelier de Paris et le gardien des Cordeliers. Quelques particuliers ayant fondé des messes dans la chapelle du collége, on y établit en 1340 un second chapelain. — En 1536, il fut décidé que les boursiers ne pourraient demeurer plus de cinq ans dans la maison. En 1607, le 6 novembre, le nombre des bourses fut réduit à dix, y compris celle du principal et des deux chapelains. On y donna le logement à dix autres écoliers de Bourgogne qui avaient droit de succéder aux boursiers. Le collége de Bourgogne avait suivi le sort des autres petits colléges qui n'étaient pas de plein exercice, et sa réunion à l'Université avait été faite en 1764. L'*Académie royale de chirurgie*, placée dans la même rue entre l'église des Cordeliers et celle de Saint-Côme, se trouvant trop resserrée et n'ayant pu jusqu'alors accroître ses bâtiments, profita de cette circonstance pour obtenir, en 1768, un arrêt du conseil qui nomma des commissaires et les autorisa à faire au nom du roi l'acquisition de ce collége et de quatre maisons qui en dépendaient, afin d'y placer les écoles de cette compagnie. Cette acquisition fut faite le 9 mars 1769. Sur son emplacement

---

(1) Voy. l'article du *Séminaire des Irlandais*, au règne de Louis XIV.
(2) Sauval dit *en logique et science naturelle*. T. II, p. 376.

s'éleva, en 1774, l'*Ecole de chirurgie*, devenue plus tard l'*Ecole de médecine*.

Le *collége de Lisieux*, rue Saint-Jean-de-Beauvais, n° 5, fut fondé en 1336 par Guy de Harcourt, évêque de Lisieux, qui laissa par son testament mille livres pour l'entretien et l'enseignement de vingt-quatre boursiers étudiant dans la faculté des arts, et cent livres pour leur logement. Etabli d'abord près de Saint-Séverin, dans la rue des Prêtres, ce collége, au XV° siècle, fut transféré dans les bâtiments plus vastes du collége de *Torchi*, nouvellement construit pour des étudiants du diocèse de Lisieux sur la montagne Sainte-Geneviève, rue Saint Etienne-des-Grés, par les libéralités de la famille d'Estouteville, dont un membre occupait le siége de Lisieux. Ainsi les écoliers du diocèse de Lisieux furent réunis dans le même collége, qui fut appelé *collége de Torchi dit de Lisieux*. La chapelle fut construite des deniers de l'abbé de Fécamp, sous l'invocation de saint Sébastien. Ce collége, qui n'avait point de biens fonds, perdit considérablement par la dépréciation du numéraire, qui réduisit de beaucoup la valeur effective des rentes qu'il possédait; on fut obligé de supprimer plusieurs bourses. En 1764, les bâtiments du collége de Lisieux, rue Saint-Etienne-des Grés, devant être démolis pour former une place devant la nouvelle église de Sainte Geneviève, l'institution fut transférée dans le collége de Dormans, rue Saint-Jean-de-Beauvais, dont les écoliers furent incorporés à Louis-le-Grand. Ces derniers bâtiments ont, depuis la révolution, servi de caserne (1). — L'un des plus illustres élèves du collége de Lisieux est l'abbé Delille, qui, avec la modique pension viagère de cent écus, seul bien que lui laissa son père en mourant, suffit aux besoins de son entretien et de son instruction dans cet établissement.

Le *collége de Chanac*, de *Saint-Michel* ou de *Pompadour*, rue de Bièvre, fut fondé sous l'invocation de *saint Michel*, peu avant l'année 1348 (2), par *Guillaume de Chanac*, originaire du Limousin, évêque de Paris, qui donna sa maison de la rue de Bièvre, cent livres de rente, des ornements pour la chapelle et des livres pour la bibliothèque. Les biens qu'il avait légués ne suffisant pas à l'entretien des dix ou douze boursiers du collége, deux autres membres de la famille de Chanac, Guillaume, évêque de Mende, et le cardinal Bertrand, patriarche de

---

(1) Ce fut dans dans la chapelle de ce collége, le 1ᵉʳ septembre 1815, qu'on installa la première école d'enseignement élémentaire d'après la méthode de Lancastre. Cette école y subsiste toujours : elle est considérée comme l'école-mère de toutes celles de ce genre qui sont établies à Paris. M. Dulaure, t. II, p. 441.

(2) On ignore l'année précise de la fondation de ce collége. Il est néanmoins certain qu'elle doit remonter au-delà du milieu du XIVᵉ siècle, puisque Guillaume de Chanac, son fondateur, mourut en 1348.

Jérusalem, donnèrent chacun cinq cents livres. Le premier leur laissa même sa mitre, sa crosse et un certain nombre de livres, et le second ajouta à sa donation sa maison sise au faubourg Saint-Marcel, et nommée la *maison du Patriarche*. Les bourses de ce collége furent affectées aux parents du fondateur, ou, à leur défaut, à des écoliers du diocèse de Limoges. La disposition en appartint d'abord à la famille de Chanac, et ensuite à celle de Pompadour, à laquelle se réunit la première en 1355. La dépréciation des valeurs numéraires après la découverte de l'Amérique, et les dilapidations commises par les administrateurs du collége ayant considérablement diminué ses revenus, l'Université supprima ses bourses en 1729. Cette précaution rétablit insensiblement les biens du collége. Le compte rendu au parlement, le 12 novembre 1763, en fait monter le revenu à 5,568 livres 10 sous. Il augmenta un peu ensuite, mais les pensions considérables dont il était chargé ne permirent que d'y rétablir trois boursiers. Le collége fut réuni en 1763 à celui de Louis-le-Grand. — On sait que le fameux cardinal Dubois avait été l'un des boursiers de ce collége. Venu de Brives-la-Gaillarde à Paris pour y terminer ses études, Dubois fut logé « dans un petit bouge » du collége de Saint-Michel et nourri par l'abbé de Jayac qui était commensal de M. Faure, principal de l'établissement. Quelques uns disent même que le futur cardinal fut domestique de M. Faure. Ses maîtres ne se doutaient pas qu'il deviendrait premier ministre d'Etat.

Collége de Hubant ou de l'*Ave Maria*, rue de la Montagne-Sainte-Geneviève, n° 83. — Ce collége fut fondé en 1336 (1) par Jean de Hubant, conseiller du roi, dans une maison qu'il avait achetée de Charles-le Bel en 1327. Jaillot pense que cette maison était celle de la rue de la Montagne-Sainte-Geneviève, où le collége demeura établi jusqu'au moment de sa réunion à l'Université. Cependant le censier de Sainte-Geneviève de 1380 n'en parle point à l'article de cette rue; mais à celui de la rue des *Amandiers*, on lit : « Les écoliers de Hubant, pour leur maison *à l'image Notre-Dame*... tenant d'un côté à Jean de Chevreuse, d'autre au jardin du comte de Blois. » On voit par le même censier qu'ils avaient deux autres maisons joignant celle-ci et une troisième vis-à-vis. Les quatre boursiers devaient être natifs du village de *Hubant* dans le Nivernais, ou des environs; ils demeuraient dans le collége depuis l'âge de huit à neuf ans jusqu'à seize. Le fondateur, voulant placer le collége sous la protection de Notre-Dame, fit mettre au-dessus de la porte la statue de la Vierge, entourée de celles de saint Jean Baptiste, de saint Jean l'Evangéliste, et même des quatre enfants qui devaient être instruits dans l'établissement. Au-dessous de la Vierge, on lisait les deux

---

(1) Et non 1339. Jaillot, t. IV, p. 100, quart. Saint-Benoit.

mots en lettres d'or : *Ave Maria*. Cette inscription ne tarda pas à devenir le nom du collége, et fit presque oublier celui du fondateur.

Collége de Mignon ou de *Grammont*, rue Mignon, n° 2, quartier Saint-André-des-Arcs. — Jean Mignon, archidiacre de Blois et maître à la chambre des comptes, voulant procurer aux membres de sa famille les moyens d'étudier à Paris, acheta en 1343 quelques maisons pour y établir un collége. La mort l'ayant empêché de mener à fin son projet, ses exécuteurs testamentaires en demeurèrent chargés. Le peu d'empressement qu'ils mirent à accomplir le désir du défunt, motiva les plaintes que l'Université adressa au roi Jean, qui, en 1353, prescrivit à Robert Mignon, exécuteur du testament de son frère, les mesures à prendre pour l'établissement du collége. Ayant amorti en même temps, sans prélever aucun droit, les biens destinés à l'établissement, le roi s'en déclara par ce motif le fondateur, et se réserva le droit de veiller à la discipline. L'ordre de Jean I eut son effet : le collége fut ouvert pour douze écoliers à choisir de préférence dans la famille Mignon. La chapelle, construite par Michel Mignon, fils de Robert, fut dédiée en 1474 sous l'invocation de saint Gilles et de saint Leu. Ce collége fut réformé en 1539 par Jean le Veneur, évêque de Lisieux, grand-aumônier de France. De laïque qu'il était, il devint régulier en 1584. Voici à quelle occasion : Henri III, voulant établir en France les Hiéronymites qu'il avait amenés de Pologne, leur donna le monastère des religieux de Grammont du bois de Vincennes, qui reçurent en échange le collége de Mignon. L'Université s'opposa à ce changement qui paraissait devoir supprimer les bourses; mais le fameux avocat Chopin ayant montré qu'il s'agissait de changements de boursiers séculiers en boursiers réguliers, un arrêt confirma l'échange et ordonna que ce collége, qui dorénavant s'appellerait *Collége de Grammont*, renfermerait huit religieux étudiants et un prieur. Les Grammontains ont occupé cette maison jusqu'en 1769; à cette époque, Louis XIV, ayant supprimé leur ordre, ce collége fut uni à celui de l'Université. Les bâtiments en avaient été entièrement rebâtis en 1749. Ils furent occupés par l'imprimeur du parlement; en 1820, par le dépôt des archives du trésor royal; plus tard, par l'imprimeur de l'Almanach royal.

Le *collége d'Autun* ou *du cardinal Bertrand*, rue Saint-André-des-Arcs, n° 30, fut fondé en 1341 par Pierre Bertrand, natif d'Annonay, en Vivarais, évêque d'Autun, depuis cardinal. Il donna la maison qu'il avait à Paris, rue Saint-André-des-Arcs, et quelques biens pour l'entretien et l'instruction de quinze jeunes gens des diocèses de Vienne, du Puy et de Clermont, qui devaient étudier en théologie, en droit ou en philosophie. Le nombre des bourses fut augmenté dans la suite pour les mêmes diocèses. En 1398, Oudart de Moulins, président en la chambre des comptes, légua une somme pour l'enseignement de trois écoliers de la ville de Moulins. Charles de Monchal, archevêque de Toulouse, avait été boursier et ensuite principal de ce collége. Les biens et les écoliers de cet établissement ayant été réunis au collége de Louis-le-Grand, on plaça dans ses bâtiments la première école gratuite de dessin. Mais depuis l'édifice a été entièrement détruit; son emplacement est occupé par des maisons particulières.

Collége de Tours, rue Serpente, n° 7. — Ce collége, d'après un acte cité par Jaillot, existait évidemment dès l'an 1330; mais Etienne de Bourgueil, archevêque de Tours, son fondateur, « n'y mit la dernière main qu'en 1333 (1). » C'est cette dernière date qui a été pourtant adoptée comme celle de la fondation, en 1730, lors de la restauration des bâtiments. Ce collége fut établi pour un principal et six boursiers de la Touraine, dont l'archevêque de Tours aurait toujours la nomination. Etienne donna à cet effet une maison, son verger et une chapelle situés rue Serpente, et quelques autres biens. Les bourses, qui n'étaient d'abord que de 2 sous 6 deniers par semaine, furent portées par lui à 3 sous; en 1540 elles furent élevées à 7 sous : le principal eut alors 10 sous 6 deniers par semaine; en 1536, son traitement fut porté à 22 sous 6 deniers, les écoliers eurent 15 sous; enfin peu après il eut 30 sous, et les écoliers 20. La découverte de l'Amérique, qui en rendant le numéraire plus abondant lui fit perdre de sa valeur, nécessitait partout cette augmentation dans les pensions. La mauvaise administration des directeurs du collége de Tours, et les dettes qu'ils contractèrent successivement, forcèrent de vendre une partie des biens destinés à la fondation et de suspendre les bourses dont le nombre avait été augmenté, lorsque ce collége fut enfin réuni à l'Université en 1763 avec beaucoup d'autres petits colléges. Ses bâtiments sont aujourd'hui habités par des particuliers.

Collége d'Aubusson. — L'origine de ce collége n'est point connue, son histoire ne l'est pas davantage, son emplacement même n'est que très vaguement désigné. Il devait être situé à l'extrémité occidentale de la rue Saint-André-des-Arcs, vers la rue de Bussy. On sait (2) que la *terre d'Aubusson* était un sujet de fréquentes querelles entre l'Université et l'abbaye de Saint-Germain-des-Prés. En 1345, l'abbaye accorda un passage de dix-huit pieds de large à travers cette pièce de terre à l'Université, qui le donna au *collége d'Aubusson* (3). Comme il était avantageux

(1) *Recherches*, t. V, p. 123, quart. Saint-André. — (2) Voy. t. I, p. 192. — (3) Félibien, t. I, p. 602.

aux religieux de Saint-Germain-des-Prés, alors propriétaires de la terre d'Aubusson, d'avoir également en leur pouvoir le chemin qui la traversait, ils l'achetèrent du *collége d'Aubusson* en 1348. Voilà les deux seules circonstances où il soit parlé de ce collége dans l'histoire de Paris. Il devait son nom à la pièce de terre dont il était voisin. Quelques auteurs l'ont confondu à tort avec celui de maître Gervais; celui-ci fut fondé, long-temps après l'année 1348, dans la rue du Foin, bien loin par conséquent de la terre d'Aubusson.

Collége de Cambrai ou des *Trois-Évêques*. — Ce collége doit son nom aux trois évêques qui concoururent, par leurs exécuteurs testamentaires, à sa fondation. Guillaume d'Auxonne ou Guy d'Aussonne, évêque de Cambrai, sentant sa fin approcher, chargea en 1344, par son testament, Hugues de Pomare, évêque de Langres, d'effectuer le projet qu'il avait eu d'établir un collége dans sa maison vis-à-vis le cloître de Saint-Jean-de-Latran. Hugues, prévenu par la mort, laissa l'ouvrage imparfait. Dans le même temps mourut Hugues d'Arci, archevêque de Reims, dont le dessein avait été de faire construire aussi un collége. Les exécuteurs testamentaires des trois prélats se réunirent, et établirent celui de Cambrai sur l'emplacement de la maison léguée par Guillaume d'Auxonne. L'acte qui contient cette fondation et les statuts est de l'an 1348. Six boursiers élèves furent établis dans ce collége pour étudier, deux dans la faculté des arts, deux dans celle de droit, et deux dans la faculté de théologie; ils devaient être choisis dans les diocèses de chacun des fondateurs, et à défaut dans les diocèses voisins.

En 1612, Louis XIII acheta le collége de Cambrai pour faire élever de nouveaux bâtiments au *collége de France* fondé par François Ier (1). Il fut stipulé dans l'acte qu'après l'achèvement de l'édifice le principal et les boursiers y seraient logés; que la chapelle leur appartiendrait; qu'on leur donnerait 1,000 livres de rente en dommages-intérêts, et enfin qu'on n'abattrait leur maison que jusqu'à la grande porte d'entrée, de manière à ce qu'ils pussent continuer à y demeurer jusqu'à ce que le bâtiment qu'on leur destinait fût en état de les recevoir. Cette portion d'édifice fut conservée plus long-temps qu'on ne l'avait cru, parce qu'alors le collége de France ne fut pas fini, et les boursiers de celui de Cambrai y demeurèrent jusqu'à leur réunion en 1763. Deux professeurs de la faculté de droit et le professeur de droit français, dont la chaire avait été fondée en 1680 par Louis XIV, pour dédommager le collége de ses pertes, donnèrent des leçons dans le collége de Cambrai jusqu'à la construction des nouvelles écoles près de

(1) Voy. l'histoire de Paris sous ce règne.

Sainte-Geneviève (1). Ce collége fut entièrement démoli, en 1774, pour l'achèvement du collége de France.

Le *collége de maître Clément* fut établi par maître Robert Clément, en 1349, dans une maison de la rue Hautefeuille appelée le *Pot-d'Estain*. Mais comme les biens que légua le fondateur ne produisirent, après le paiement des dettes, qu'une rente de 18 sous, insuffisante pour l'entretien du collége, les élèves, par ordre de l'Université, furent réunis en 1370 à ceux du collége que venait de fonder maître Gervais Chrestien (2).

CHAPITRE SIXIÈME.

JEAN LE BON.
1350-1364.

I. Faits généraux.

Le fils de Philippe de Valois se hâta d'aller se faire sacrer à Reims avec son épouse, Jeanne de Boulogne. La cérémonie du couronnement eut lieu le 26 septembre 1350; et le 17 octobre suivant, le nouveau roi de France fit son entrée à Paris, et vint, suivant l'antique usage, prêter serment entre les mains de l'évêque de garder à l'Eglise la protection royale. Le peuple lui fit un merveilleux accueil, et les cérémonies de cet avénement furent célébrées avec une magnificence inusitée. Les Parisiens avaient tant souffert depuis le temps du bon roi saint Louis, et ils espéraient tant des qualités dès long-temps éprouvées de ce prince! Jean avait déjà trente-deux ans, et s'était glorieusement conduit dans les guerres du règne précédent.

Aussi l'un des premiers actes de l'administration du roi Jean fut une ordonnance qu'il rendit au mois de janvier 1351 pour assurer la tranquillité des bourgeois et améliorer la police intérieure de la ville. Cette ordonnance commençait par proscrire les mendiants valides, les *truands*, comme on les appelait, gens de vagabondage et d'oisiveté, toujours à charge, et souvent redoutables aux bourgeois paisibles. Il leur fut ordonné de vider la ville sous trois jours après la promulgation de l'ordonnance, sous peine d'être mis en prison, au pain et à l'eau pendant quatre jours, la première fois, exposés au pilori la seconde, et la troisième marqués d'un fer chaud. Défense aux fidèles de faire la charité à ces mendiants indignes; défense aux gouverneurs des hôpitaux de

---

(1) Hurtaut, t. II, p. 447. — (2) Félibien, t. 1, p. 671, où l'on doit lire 1370 au lieu de 1360. — Voy. ci-après l'article *Collége de maître Gervais*.

donner retraite dans leurs maisons à personne si ce n'est aux malades, ou pour une nuit seulement aux pauvres passants, et surtout défense d'y recevoir les truands sains de corps et de membres. Défense aux taverniers de garder chez eux des joueurs de dés ou autres personnes diffamées, sous peine de 60 sous d'amende, et de donner à boire après le couvre-feu sonné à Notre-Dame, sous la même peine. L'ordonnance règle fort au long la police relative à chaque corps de métiers : boulangers, marchands de vin, bouchers, chandeliers, poulaillers, marchands de draps, corroyeurs, et atteint jusqu'aux revendeurs, auxquels elle défend de vendre aucune marchandise en prélevant plus de 2 sous par livre au-dessus du prix coûtant. Elle contient jusqu'aux dispositions les plus minutieuses, telles que la défense de balayer les rues pendant la pluie pour ne pas trop salir la rivière : toutes mesures fort sages, mais d'une exécution difficile (1).

En même temps, la justice royale, continuant l'œuvre de Philippe de Valois, sévit contre les nobles félons qui cherchaient à vendre la France aux Anglais. Dès les premiers mois du règne de Jean, il y eut une victime dont le supplice fit grand bruit, car il fut enveloppé d'un appareil mystérieux qui jeta des doutes sur l'équité de la sentence. Le connétable Raoul, comte d'Eu et de Guignes, captif en Angleterre depuis qu'Édouard III avait pris Caen, était depuis peu en France, ayant obtenu la permission d'y venir chercher sa rançon. Tout d'un coup le roi l'envoya arrêter par le prévôt de Paris à l'hôtel de Nesle où il demeurait ; et, sans aucune forme régulière de procès, le fit décapiter dans sa prison, en présence du duc de Bourbon, du comte d'Armagnac, du duc d'Athènes, et de quelques autres seigneurs, qui avaient, dit-on, « reçu l'aveu de ses grandes trahisons. »

Le chevaleresque Jean institua, dès l'année 1351, l'ordre de l'*Etoile*, à l'imitation de l'ordre de la *Jarretière*, qui venait d'être fondé chez les Anglais par Édouard III. Il fit construire près de Saint-Denis, pour cette institution, un beau *chastel*, d'où les membres de l'ordre prirent le titre de *chevaliers de Notre-Dame de la Noble-Maison*. Cette confrérie, la première de ce genre qui fut établie en France, ne produisit pas les résultats qu'on pouvait en espérer ; elle se perdit au milieu des désastres qui remplirent le règne de Jean ; puis il fut créé dès le commencement un tel nombre de chevaliers de l'Étoile que ce fut bientôt un honneur discrédité. L'ordre s'éteignit en 1460, et depuis cette époque il n'y eut plus dans le royaume que trois chevaliers de l'Etoile : les chevaliers du guet de Paris, de Lyon et d'Orléans, qui conservèrent, on ne sait pourquoi, les insignes de l'ordre, et les gardèrent aussi long-temps que dura leur office.

(1) Voy. le texte de cette ordonnance dans Fontanon, t. I, p. 852.

Le plus redoutable vassal de la couronne était Charles d'Évreux, roi de Navarre, souverain d'une partie de la Normandie par laquelle il pouvait ouvrir la France aux Anglais, et petit-fils de Louis-le-Hutin dont il aurait saisi l'héritage du chef de sa mère, sans l'interprétation donnée à la loi salique par Philippe de Valois. Aussi ce dernier prince n'avait rien négligé pour s'attacher la famille des comtes d'Evreux, et il avait réussi. Jean fit comme son père. En 1353, il maria sa fille, Jeanne de France, avec Charles, quoiqu'elle fût à peine âgée de huit ans, et que son époux en eût vingt-un.

Charles, outre sa puissance, était de tous les princes de son temps le plus remarquable par l'instruction, l'éloquence, les talents, la capacité en toutes choses; il était petit, vif, ambitieux, brave et hardi, aimant l'intrigue et le danger, improvisant les desseins les plus audacieux, et ne reculant jamais devant l'exécution. A dix-huit ans, il avait réprimé une sédition dans ses Etats de Navarre avec tant de rigueur, que ses sujets lui donnèrent un surnom que la justice de l'histoire lui conserva : on l'appela *Charles-le-Mauvais*.

Le roi de France avait bonne envie, sans doute, de ménager Charles comme il convenait; mais il fallait lui payer un revenu annuel de 15,000 livres que Jeanne d'Evreux avait obtenu jadis en échange de son comté de Champagne, et Jean n'avait pas d'argent. Non seulement il ne payait pas cette rente, mais il oubliait même celle qu'il devait au roi de Navarre pour la dot de Jeanne. En fait d'administration financière, Jean ne fut pas plus heureux que ses prédécesseurs; ses spéculations sur les monnaies furent peut-être plus criantes encore que celles de Philippe-le-Bel et de Philippe de Valois. « On croit rêver quand on lit les brusques et contradictoires ordonnances qu'il fit en si peu d'années. C'est la loi en démence. A son avénement le marc d'argent valait 5 livres 5 sous; à la fin de l'année 11 livres. En février 1352, il était tombé à 4 livres 5 sous; un an après, il était reporté à 12 livres. En 1354, il fut fixé à 4 livres 4 sous; il valait 18 livres en 1355. On le remit à 5 livres 5 sous; mais on affaiblit tellement la monnaie qu'il monta, en 1359, au taux de 102 livres (1). »

Charles-le-Mauvais était donc fort mécontent de ne pouvoir rien tirer de ce qui lui était dû par le roi. Sa colère menaçait le connétable Charles d'Espagne, principal conseiller de Jean; il attribuait à son influence l'injustice du roi à son égard, et l'accusait de s'enrichir de ses dépouilles. Un jour les deux Charles se rencontrèrent à Compiègne, et une violente altercation se passa entre eux; le roi de Navarre, furieux, jura au connétable qu'il ne lui échapperait pas, fût-il sous le mantel du roi. A quelques semaines de là, Charles d'Espagne fut

(1) M. Michelet, t. III, p. 361.

massacré dans son lit par une bande de chevaliers normands et navarrais (1355). Charles-le-Mauvais se retira dans ses villes fortifiées de la Normandie, d'où il écrivit hardiment aux membres du conseil royal, aux corps municipaux des principales villes de France et à l'Université de Paris, qu'il avait fait justice du connétable pour les grands méfaits et injures qu'il avait commis envers lui. Jean fut indigné; mais force lui fut de faire taire son courroux et de feindre avec un si puissant coupable. Le 4 mars 1355, Charles comparut en parlement, demanda au roi le pardon de son crime, et, après l'avoir obtenu, fonda quelques messes pour le repos de l'âme de sa victime. Ce fut là toute sa peine.

Cependant une guerre de partisans assez active s'était organisée à la fois en Guyenne et sur les côtes de la Manche. C'étaient les premiers coups d'un grand orage; le roi d'Angleterre faisait de vastes préparatifs, des armements formidables. Bientôt la Normandie fut en feu; et le prince de Galles, parti de Bordeaux à la tête d'une petite armée d'élite, ravagea le midi de la France jusqu'aux bords de la Loire. Ce fut seulement à Romorantin qu'il rencontra des gens qui se défendirent; il fut arrêté sous les murs de cette ville par trois chevaliers et leurs hommes.

Le roi Jean, de son côté, malgré la lenteur de ses mouvements, paralysés par la pénurie, avait pris ses mesures. D'abord il s'était assuré, fort peu loyalement, il est vrai, de la personne de Charles-le-Mauvais, qu'il avait surpris dans un festin au château de Rouen, et qu'il avait étroitement fait enfermer dans la tour du Louvre. En même temps, il avait convoqué les états-généraux à Paris, et en avait obtenu un impôt considérable pour les frais de la guerre. Ce fut l'une de nos plus mémorables assemblées nationales; là on décida pour la première fois que l'impôt, réparti sur tous les habitants du royaume, sans distinction de rang ni de naissance, serait perçu et employé, non plus par les agents du roi, mais par des commissaires délégués par les états, subordonnés à deux receveurs-généraux, sous la surveillance de neuf généraux et surintendants, trois clercs, trois nobles et trois bourgeois, tous à la nomination des états. L'armement général de tous les citoyens fut ordonné; les déplorables altérations de monnaies, que la couronne s'était habituée à regarder comme un privilége licite, furent énergiquement interdites, du moins en droit; enfin le roi confirma l'abolition du monstrueux abus qu'on appelait le *droit de prise*, par lequel il était permis aux officiers de la maison royale d'enlever, partout où se trouvait le roi, et sous prétexte de son service, les denrées et les meubles des bourgeois, jusqu'à leur vaisselle, leur linge et leurs couchettes; Jean promit de payer à l'avenir tout ce qu'il prendrait pour son usage et celui de sa famille. (1356.)

Avec le nouveau subside, le roi Jean rassembla une armée de cinquante mille hommes, et se mit à la poursuite du prince de Galles, qui venait d'emporter Romorantin d'assaut, et qui courait se mettre en sûreté du côté de Bordeaux. Il n'avait qu'environ huit mille soldats. La bataille eut lieu le 19 septembre 1356, près de Poitiers, au pied du coteau de Maupertuis, sur lequel les Anglais s'étaient retranchés. La journée fut fatale à la renommée valeureuse de la chevalerie française. Au premier choc, la majeure partie des soldats de Jean lâchèrent pied et se débandèrent; la confusion et la terreur se répandirent partout; chevaliers et gens de pied se mirent à fuir de toutes leurs forces, les trois fils aînés du roi tout les premiers. Jean seul tint bon, intrépide soldat autant que général inhabile. En peu d'instants, il n'y eut plus sur le champ de bataille, pour résister aux Anglais, que cinq cents braves pressés autour de lui et de son dernier fils, Philippe, duc de Touraine, enfant de treize ans, qui gagna dans cette journée le surnom de *Philippe-le-Hardi*. Une lourde hache au poing, Jean se défendait comme un lion; à ses côtés son fils, qui ne le quittait point, secondait le courage de son père et lui criait sans cesse: « Gardez-vous à droite! gardez-vous à gauche! » à mesure qu'il voyait venir le danger. Mais la lutte était trop inégale. Le nombre des assaillants grossissait toujours autour du roi, et la petite troupe des Français s'éclaircissait à chaque instant. Elle était partagée en vingt bandes qui combattaient isolément, et cédaient peu à peu après la mort des plus braves. Le duc d'Athènes, le duc Pierre de Bourbon, l'évêque de Châlons-sur-Marne, les sires de Beaujeu, de Nesle, de Ribemont, de Landau, de la Tour, de Montaigu, Robert de Duras, le comte de Dammartin, les plus nobles chevaliers du royaume, n'étaient plus. Messire Geoffroy de Charny tomba à son tour, et la bannière de France qu'il portait s'abattit avec lui. La presse des ennemis qui grossissait toujours autour de Jean le reconnaissait aisément. « Rendez-vous! rendez-vous! lui criait-on de toutes parts, rendez-vous, ou vous êtes mort! » Le roi se rendit.

Le prince de Galles, qui, à quatorze ans, avait vu à Crécy le premier des Valois fuir devant lui, et qui maintenant, à vingt-quatre, triomphait si glorieusement de son fils, fit honneur à cette fortune inouïe et traita son captif avec les plus grands égards. Il le *réconforta*, le loua hautement de la bravoure dont il avait fait preuve, et, le soir, au souper, ne voulut point s'asseoir à côté de lui, « par humilité, » dit-il, et le servit lui-même à table. Quand il fit son entrée à Londres, il le mit sur un grand cheval blanc, insigne de la suzeraineté, et le suivit modestement sur une petite haquenée noire.

Paris, en 1356, était déjà une ville immense et populeuse. Elle était, pour la richesse et l'intelligence, de beaucoup au-dessus des autres cités françaises. L'antique prédilection des rois pour son séjour avait dès long-temps introduit chez elle une urbanité luxueuse qu'on ne trouvait guère ailleurs ; la fréquentation des opulents banquiers, tous rusés Italiens, le commerce des innombrables plaideurs qui venaient au parlement, chambre souveraine d'appel de toutes les juridictions du royaume, enfin les doctes enseignements de l'Université, avaient fait des Parisiens une population aux idées avancées. Paris se trouve dès lors à la tête des affaires. Son influence ne produisit pas d'abord de résultat immédiat ; l'orage qui grondait sur la France était trop violent pour être conjuré du jour au lendemain ; mais l'attitude énergique de la capitale empêcha peut-être la France de s'abandonner au découragement et de tomber dans l'anarchie.

Un mois après la bataille, le 17 octobre, quatre cents députés des bonnes villes du royaume se trouvèrent assemblés à Paris, sur la convocation du dauphin Charles, pour aviser à la *recouvrance* du roi Jean, prisonnier des Anglais, et au gouvernement de la chose publique. Le clergé fut représenté dans ces états par quelques hauts prélats, et surtout par une quantité d'ecclésiastiques. Quant aux seigneurs, consternés du désastre de Poitiers, et prisonniers pour la plupart, ils étaient en très petit nombre ; il n'y avait guère d'entre eux que les principaux officiers de la maison royale et les parents du dauphin : le duc d'Orléans, le duc de Bretagne, Charles de Blois, le comte d'Alençon et le comte d'Etampes. Toute l'influence resta aux députés des communes, à la tête desquels se trouvait le prévôt des marchands de Paris, Etienne Marcel.

« Le 15 octobre, qui était un samedi, vint à Paris nombre de gens d'eglise, de nobles et de gens des bonnes villes, qui s'assemblèrent en la chambre du parlement d'après l'ordre de monseigneur le duc de Normandie qui présida l'assemblée. Pierre de Laforêt, archevêque de Rouen et chancelier de France, exposa l'infortune de Jean, sa défaite et sa vaillance, démontra le soin que chacun devait prendre des malheurs du roi, et termina en demandant conseil aux états de la part du duc de Normandie sur ce qu'il y avait à faire. Les députés répondirent, Pierre de Craon, archevêque de Reims, au nom du clergé, Philippe d'Orléans, frère du roi, au nom de la noblesse, et le prévôt Marcel, au nom du tiers-ordre, que les états feraient ce qu'ils pourraient pour le bien du pays ; puis ils nommèrent un comité de cinquante personnes qui choisit le couvent des Cordeliers pour siége de ses délibérations. Le duc de Normandie envoya vers eux plusieurs membres du conseil royal ; mais les commissaires ne voulant point agir en leur présence, les gens du roi furent obligés de se retirer. Au bout de quinze jours, les délibérations du comité furent terminées, et le duc de Normandie, avec cinq de ses conseillers, vint aux Cordeliers en entendre le résultat.

« Les députés exposèrent d'abord qu'au temps passé le royaume avait été mal gouverné, et cela par le fait des conseillers royaux, lesquels étaient la cause principale de ce que la France était *gâtée* et en péril d'être perdue. En conséquence, ils demandèrent l'arrestation et la mise en jugement des plus coupables, savoir : messire Pierre de Laforêt, chancelier de France; messire Simon de Bussy, premier président au parlement; messire Robert de Lorris, chevalier; messire Nicolas Braque, maître de l'hôtel du roi, jadis trésorier, puis maître des comptes; Enguerrand du Petitcelier, bourgeois de Paris, trésorier de France; Jehan Poilvilain, bourgeois de Paris, souverain-maître des monnaies et maître des comptes; enfin, Jehan Chauveau de Chartres, trésorier des guerres. Ils demandèrent encore que l'on délivrât le roi de Navarre depuis l'emprisonnement duquel rien de bien n'était arrivé en France, et surtout que monseigneur le duc de Normandie, lequel était de jeune âge, voulût bien se gouverner en tout par certains conseillers que lui donneraient les trois états, savoir : quatre prélats, douze chevaliers, et douze bourgeois qui tout feraient et ordonneraient dans le royaume. — Moyennant ces conditions, les états offraient en *aide*, pour une année, un décime et demi (15 p. 0/0) de tous les revenus ecclésiastiques et nobles; les roturiers devaient fournir un homme d'armes par cent *feux*.

« Le duc s'en alla, promettant de donner sa réponse le lendemain après dîner. Il assembla au Louvre plusieurs personnes, ses parents et autres, et tint conseil. Et le lendemain, ainsi que les jours suivants, il envoya plusieurs fois aux Cordeliers vers les députés, pour les prier de vouloir bien se départir de quelques unes de leurs requêtes, leur remontrant qu'elles touchaient son père de si près qu'il ne les oserait accomplir sans sa permission. Finalement les élus ne voulant rien accorder, plusieurs des parents de monseigneur le duc, et autres chevaliers, lui conseillèrent de se rendre aux états pour obtenir l'aide. Mais le duc, *fortement dolent et marri*, réfléchit comment il pourrait congédier les élus et la grande multitude du peuple qui avait envahi la salle de l'assemblée et les alentours pour entendre sa réponse. La veille même de la séance qu'il redoutait, le 2 novembre, il fit venir auprès de lui les principaux élus, ceux qui gouvernaient les autres, l'archevêque de Lyon, l'évêque de Laon, le prévôt des marchands et ses échevins; il leur exposa certains avis qu'il avait reçus de son père et de son oncle l'empereur d'Allemagne Charles IV, et leur demanda s'il ne leur semblait pas nécessaire que sa réponse aux requêtes des états fût encore différée jusqu'à ce qu'il eût mieux réfléchi. Tout le monde fut d'accord de différer la séance. Les élus revinrent au parlement, où le duc d'Orléans parla au peuple qui attendait toujours la réponse du duc de Normandie, l'engagea à prendre patience, et insinua aux députés l'invitation de se retirer dans leurs foyers. Presque en même temps, les états furent déclarés dissous et l'ordre donné aux députés de quitter Paris sous la promesse d'être convoqués dans quelques mois (1). »

En renvoyant les états sans en avoir de subside, Charles espérait obtenir davantage en demandant l'aide de chaque bonne ville séparément. A cet effet, il envoya des agents dans chaque bailliage, et lui-même alla trouver l'empereur à Metz, après avoir fait publier dans Paris une ordonnance qui portait le marc d'argent de six à douze livres tournois (décembre 1356). Les Parisiens irrités refusèrent hautement la monnaie. Une foule de gens des métiers, conduits par le prévôt Marcel, se rendirent tumultueusement au Louvre à trois reprises différentes, et requirent le duc d'Anjou, second fils du roi, de faire cesser la fabrication des mauvaises monnaies. Le jeune prince, fort alarmé, suspendit l'ordonnance jusqu'au retour de son frère. Le duc de Normandie arriva le 22 janvier, et apprenant ce qui s'était passé, il signifia au prévôt et aux échevins de se soumettre à l'ordonnance. Aussitôt les Parisiens en grande agitation quittèrent leurs travaux et leurs affaires, prirent leurs armes et se répandirent dans les rues, chaque métier déployant pour bannière l'image du patron de sa confrérie. Le duc de Normandie eut peur, non sans raison; il rappela Marcel à l'instant, engagea ses principaux conseillers à s'éloigner, révoqua son ordonnance relative aux monnaies, et déclara qu'il inviterait les états à se réunir quand bon leur semblerait.

Les états-généraux se réunirent donc de nouveau, le 5 février 1357. Le 3 mars, le cahier des doléances du royaume fut présenté au dauphin par Robert Lecocq, évêque de Laon, qui prenait une part active aux mouvements tumultueux de cette époque. Après Robert Lecocq, le sire de Péquigny pour la noblesse, l'avocat de Bâville pour les communes, et le prévôt Marcel pour la ville de Paris, déclarèrent qu'ils avouaient toutes les paroles de l'évêque de Laon. Les états renouvelaient leurs requêtes de l'année précédente ; en outre, ils demandaient justice non plus de sept, mais de vingt-deux grands officiers royaux. Le prince devait éloigner de lui les mauvais conseillers, ne rien ordonner par les jeunes, simples et ignorants, mais gouverner avec l'assistance de trente-six élus des états, douze de chaque ordre. D'autres élus devaient être envoyés dans les provinces avec des pouvoirs illimités pour réformer les abus de l'administration. Nul changement dans les monnaies, nulle trêve, nulle convocation d'arrière-ban ne devait avoir lieu sans le consentement des états. Le droit de prise, les guerres particulières et les dons sur le domaine royal devaient être abolis. La justice du lieu, ou, s'il était besoin, les bonnes gens des communes, auraient pouvoir de saisir le seigneur qui ne suspendrait pas toute guerre privée, et

(1) Voy. *Chron. de Saint-Denis.*

de le contraindre à s'abstenir de guerroyer en le retenant par corps et exploitant ses biens. Le dauphin promettait de faire cesser autour de lui toute dépense superflue et *voluptuaire*. Les prévôtés et vicomtés seraient électives au lieu d'être données à ferme, et les prévôts et autres officiers ne seraient placés que dans les lieux de leur naissance. Toute composition devait être interdite entre les juges et les criminels, et par tout le royaume devait être établie égale et pleine justice. Les gens du grand conseil, du parlement et de la chambre des comptes devaient être sévèrement admonestés pour leur négligence habituelle, et taxés strictement à tant par jour pour leurs gages; ils devaient s'assembler au soleil levant, et ceux qui ne viendraient pas *bien matin* perdraient leurs gages de la journée. Enfin les Etats accordaient de quoi payer trente mille hommes d'armes, mais en faisant promettre au dauphin que l'aide ne serait levée ni employée par ses gens, mais bien par bonnes gens, loyaux, sages, solvables, et nommés par les États. Une nouvelle monnaie devait être frappée, mais conforme à l'instruction et aux modèles qui se trouvaient entre les mains du prévôt des marchands de Paris (1).

Le dauphin ne pouvait pas résister; il souscrivit à toutes les requêtes sans discussion.

On voit aisément, disent quelques historiens modernes, de quelle importance était la réforme générale que ces Etats voulaient introduire; ce n'était rien moins qu'une véritable démocratie. Mais l'œuvre était trop difficile, trop périlleuse, trop vaste surtout en présence des dangers urgents qui menaçaient le royaume. Les populations provinciales *n'étaient pas assez à la hauteur de la grande et intelligente commune de Paris*. Je ne sais si l'on doit accorder à ces idées de réforme la portée que leur prêtent ces ingénieux écrivains. Il est certain que, malgré cette effervescence passagère, la démocratie était fort loin d'être dans les mœurs du peuple. Puis, comme ils le reconnaissent d'ailleurs, il y avait un tel désarroi par toute la France qu'il était impossible d'en faire surgir aussi vite une organisation quelconque. « Dans cette crise obscure, tout le monde doutait et personne ne payait. Le dauphin restait désarmé, les Etats aussi. Il n'y avait plus de pouvoir public, ni roi, ni dauphin, ni Etats (2). »

En effet, l'infortune publique était à son comble, dans les campagnes surtout. Les seigneurs vaincus à Poitiers, et pris en foule par les Anglais, avaient tous été libérés sur parole, et se piquaient de payer incontinent leurs rançons; pour ce, il fallait bien que celui qui devait en fournir les frais, le pauvre paysan, fût lui-même rançonné et sou-

---

(1) Voy. M. H. Martin, t. VI, p. 391. — M. Michelet, t. III, p. 383 à 387.
(2) M. Michelet, t. III, p. 389.

vent ruiné. En même temps, nombre de partisans anglais mettaient à sac tout ce qu'ils pouvaient; les Navarrais, dont le chef, Charles-le-Mauvais, était toujours emprisonné au Louvre, faisaient de même; enfin une quantité de soldats licenciés et de malheureux paysans, changés en brigands par la misère et la faim, désolaient la contrée. C'est en 1357 que commencèrent les sanglantes émeutes de la Jacquerie.

L'activité d'Etienne Marcel mit la capitale à l'abri de tout danger. Dès le lendemain de la bataille de Poitiers, quand on vit arriver à Paris le dauphin, son frère le duc d'Anjou et des milliers d'autres fuyards s'écriant que les Anglais allaient arriver, la ville ne perdit pas un moment pour se mettre en défense. Le prévôt des marchands, étendant l'enceinte tracée par Philippe-Auguste (1), répara les anciennes fortifications, munit les murailles de canon, construisit des bastilles et fit creuser au-delà des remparts de larges fossés. Ce fut lui qui imagina, autant par défiance de certains ennemis intérieurs que par mesure de sûreté contre les assaillants anglais et navarrais, de barricader les rues avec des chaînes de fer que l'on tendait pendant la nuit. « La capitale sembloit devenue tout-à-coup une place de guerre. On y montoit la garde nuit et jour et on examinoit soigneusement ceux qui y entroient ou en sortoient. Les ravages des Navarrais et les pillages des voleurs obligèrent les gens des villages voisins à se retirer dans la ville avec leurs familles. Les religieuses dont les monastères étoient à la campagne, se trouvèrent si maltraitées, que plusieurs, pour éviter un plus grand danger, abandonnèrent leurs maisons et se réfugièrent dans la ville. Ce fut le parti que prirent entre autres les religieuses de Poissy, de Longchamp, de Maubuisson, de Saint-Antoine et les Cordelières du faubourg Saint-Marceau; et comme Paris se remplissoit ainsi de nouveaux hôtes, les vivres y enchérissoient de jour en jour (2). » Enfin, dans ces tristes circonstances, les Parisiens implorèrent, comme dernier recours, l'appui du Ciel, et remirent en usage les dévotions publiques qu'ils sembloient avoir oubliées depuis le temps de saint Louis. Ils firent vœu d'offrir chaque année à Notre-Dame une chandelle de cire d'une longueur égale à celle des murs de la ville. L'offrande eut lieu pour la première fois le 14 août 1357, où elle fut pompeusement présentée à l'évêque par le corps municipal (3).

En même temps les insurgés tenaient l'échafaud dressé pour effrayer leurs ennemis. Plus d'un exemple fut fait, entre autres celui-ci que racontent les chroniques de Saint-Denis. « Les gouverneurs de Paris firent décoller et écarteler en Grève le corps de Poret, maître du pont de Paris, et celui du maître charpentier du roi, appelé Henry Metret, le tout à

---

(1) Voir ci-après la topographie de Paris pendant cette période. — (2) Félibien, t. I, p. 637. — (3) Voy. t. I, p. 107.

tort et sans cause, si ce n'est, disoit-on, parce qu'ils devoient avoir traité avec quelques uns des gens de monseigneur le duc régent, de mettre gens d'armes dans Paris pour ledit régent. Ils firent pendre les quartiers des deux suppliciés aux entrées de la ville. Quelques uns virent que quand le bourreau, appelé Raoulet, voulut couper la tête au premier maître, il tomba et fut tourmenté d'une cruelle passion, tant qu'il rendoit l'écume par la bouche, dont plusieurs de Paris disoient que c'étoit un miracle, et qu'il déplaisoit à Dieu qu'on les fît mourir sans cause. Alors un avocat du Châtelet, appelé maître Jehan Godard, lequel étoit aux fenêtres de l'hôtel, dit hautement au peuple : Bonnes gens, ne vous veuillez émouvoir si Raoulet est ainsi tombé de mauvaise maladie, car il en est entaché et il en choit souvent (1). »

Cette exécution avait lieu au commencement de l'année 1358, et l'on voit qu'à cette époque il y avait guerre ouverte entre le régent et les Parisiens. En effet, peu de jours après avoir souscrit aux requêtes des Etats-Généraux, le dauphin avait reçu des lettres du roi son père qui annulaient toutes ses concessions arrachées par la violence. L'exaspération des Parisiens fut si terrible, que l'archevêque de Sens et le comte d'Eu, qui avaient apporté ce message, furent obligés de s'enfuir en toute hâte. Néanmoins la popularité de l'insurrection déclina rapidement. Les finances étaient en aussi mauvais état qu'auparavant. Le peuple, qui souffrait toujours, accusait amèrement les innovateurs. Le dauphin profita de cette réaction pour ressaisir le pouvoir; il déclara à Marcel et aux siens qu'il n'avait nul besoin de curateurs, et qu'il entendait gouverner par lui-même, puis il sortit de Paris.

Au mois d'octobre (1357), Charles accueillit favorablement une députation que lui adressèrent les Parisiens; la ville obtint qu'il rentrerait dans ses murs qu'il avait quittés, s'engagea à ne plus lui présenter de requêtes exigeantes comme par le passé, à ne plus vouloir la délivrance du roi de Navarre, et lui promit une *aide* considérable s'il voulait qu'une assemblée de trente bonnes villes du royaume se réunît à Paris. Ces nouveaux Etats furent convoqués pour le 7 novembre 1357.

Le lendemain de la première séance, un nouvel événement vint gravement compliquer les affaires : le roi de Navarre s'échappa de sa prison. Jean de Pecquigny, qui le délivra, était un ami de Marcel, et agissait, dit-on, d'après les avis du prévôt et de l'aveu des députés parisiens. Les séditieux, dans la lutte qu'ils prévoyaient avoir à soutenir contre la noblesse, comptaient sur le roi de Navarre pour leur servir de chef. Charles-le-Mauvais était en effet le prince le plus *populaire* que l'on eût encore vu; il s'appuyait ouvertement sur l'amitié des gens de roture; c'était une troupe d'habitants d'Amiens qui, guidés par Jean de Pec-

(1) *Collect. Michaud*, 1re série, t. II, p. 183.

quigny, l'avait enlevé de sa prison; il s'était fait recevoir bourgeois de cette ville. Dès qu'il fut libre, le roi de Navarre envoya demander à *son cher cousin*, le dauphin régent de France, un sauf-conduit pour venir à Paris. Le dauphin n'osa pas lui résister, et Charles-le-Mauvais entra dans Paris le 29 novembre. L'évêque de la ville, Jean de Meulan, ami de Robert Lecoq, et le prévôt des marchands allèrent au-devant de lui jusqu'à Saint-Denis, à la tête de tous les corps de métiers. Charles côtoyant la rive gauche de la Seine, se rendit à Saint-Germain-des-Prés, où un logement lui avait été préparé. Le surlendemain, 1er décembre, le prévôt assembla le peuple, au nombre de plus de dix mille hommes, au Pré-aux-Clercs, pour entendre *prêcher* le Navarrais. Au nord des murs de l'abbaye était un terrain servant de champ-clos pour les combats judiciaires, et à l'une des extrémités, une chaire ou estrade où se plaçaient les juges du combat. Ce fut de cette tribune que Charles-le-Mauvais, suivant l'expression de l'époque, prêcha au peuple. Le dauphin lui-même était venu l'entendre, dans l'espoir peut-être qu'il en dirait moins (1); mais la harangue n'en fut que plus hardie. L'orateur s'adressant au dauphin lui-même avec une douceur insidieuse, le prenait à témoin des injures qu'on lui avait faites. On avait bien tort de se défier de lui. N'était-il pas Français? n'était-il pas, et de père et de mère, né de sang royal et plus près de la couronne que le roi d'Angleterre qui la réclamait? Il raconta longuement, et en si amères paroles, tous les maux qu'on lui avait fait souffrir, que plusieurs des assistants pleurèrent à chaudes larmes.

Cette oraison pathétique produisit une émotion profonde sur l'esprit impressionnable du peuple. Le lendemain matin, Marcel et ses échevins, sur l'invitation des députés du tiers-état, se rendirent auprès du dauphin pour le prier de rendre justice à son cousin le roi de Navarre. L'évêque de Laon, qui avait repris son influence, répondit, au nom du conseil des Trente-six, que le dauphin s'empresserait de faire droit à ses justes requêtes. Force était bien au dauphin de tout approuver, dominé qu'il était par Lecoq et Marcel et en même temps par les deux reines douairières, Jeanne et Blanche, qui cherchaient à le rapprocher du roi de Navarre. La réconciliation du dauphin avec le roi de Navarre eut lieu publiquement, et celui-ci quitta Paris le 13 décembre, emportant la promesse de recouvrer bientôt tous ses fiefs confisqués, c'est-à-dire toute la Champagne, une partie de la Normandie, la frontière anglaise, le Limousin et une foule de places fortes. L'imprudente confiance du tiers-état voulait livrer tou cela aux mains de l'astucieux Navarrais, et s'imaginait que, redevenu si puissant, Charles-le-Mauvais ne songerait plus qu'à protéger sa

---

(1) M. Michelet, t. III, p. 391.

bonne ville de Paris, ses bonnes gens des communes, qu'à faire disparaître les brigands se disant Navarrais qui infestaient les campagnes, et à faire tous ses efforts pour battre les Anglais et recouvrer le roi Jean. Heureusement le dauphin avait plus de prudence. Dans le temps même où la violence de la faction lui arrachait des concessions si dangereuses, il enjoignait aux gouverneurs des places fortes qui devaient être restituées au roi de Navarre, de déclarer que les défenses du roi Jean ne pouvaient être levées par le dauphin.

Comme les environs de la capitale étaient toujours ravagés par des bandes de pillards, le dauphin crut devoir rassembler quelques troupes pour la sûreté de la ville. Les Parisiens virent dans ces préparatifs des intentions hostiles, et crièrent à la trahison. Dans la première semaine de janvier 1358, les partisans de la commune, d'après les conseils de Marcel, adoptèrent un chaperon mi-partie de rouge et de bleu, en signe de ralliement et de confédération pour la défense de la *chose publique;* et il fut crié, de par le prévôt des marchands, dans les rues et carrefours de la ville, que tous les bons citoyens étaient invités à se couvrir de tels chaperons (1). La mesure fut de médiocre utilité, et ne servit nullement à distinguer les prétendus amis du bien public; car ceux qui ne prirent pas le chaperon rouge et bleu par zèle le prirent par crainte.

Pour dissiper les appréhensions du peuple, le dauphin le fit assembler aux halles le lundi 11 janvier, accompagné seulement de cinq personnes et sans gardes. C'était une démarche aussi adroite que hardie. La confiance du prince gagna d'abord les esprits. Charles dit aux Parisiens qu'il voulait vivre et mourir avec eux; que s'il rassemblait des soldats ce n'était pas pour les opprimer, mais pour combattre les ennemis, et que s'il ne l'avait fait plus tôt, c'est que les états, qui percevaient les finances, ne lui fournissaient pas la moindre somme. L'assemblée se retira indécise et ne sachant lequel croire; mais elle paraissait satisfaite des explications du dauphin et de sa douceur.

Aussitôt Marcel et ses amis convoquèrent le peuple à Saint-Jacques-de-l'Hôpital pour le lendemain matin. A l'heure dite, il monta en chaire pour répliquer aux paroles du dauphin. Celui-ci accourut à Saint-Jacques où son chancelier s'expliqua en son nom, et reproduisit les arguments de la veille; après quoi, ne pouvant mieux dire et voyant ses paroles écoutées dans un morne silence, le dauphin se retira. A peine fut-il éloigné que deux membres du conseil des Trente-six, un avocat nommé Jean de Saint-Onde et l'échevin Charles Consac, prirent

(1) Les partisans du prévôt des marchands portaient en outre à leurs chaperons des *fermails* d'argent émaillés de vermeil et d'azur, avec la légende : *à bonne fin,* « en signe d'alliance de vivre et mourir avec ledit prévôt contre toutes personnes. » Voy. M. Michelet, t. III, p. 395, note 2.

la parole, et parlèrent avec tant de véhémence qu'à leur voix le peuple parut disposé à se porter aux extrémités les plus violentes. Tout Paris demeura persuadé que le dauphin n'avait pas d'argent pour faire la guerre, parce qu'il dépensait les subsides des états-généraux à faire des largesses à ses amis, et que sa duplicité empêchait seule le résultat des promesses qu'on avait faites au roi de Navarre.

Un événement tragique arrivé le 14 janvier acheva d'enflammer les esprits. Perrin Macé, changeur et bourgeois de Paris, rencontra dans la rue Neuve-Saint-Merry le trésorier-général Jean Baillet, et lui demanda une somme qui lui était due pour deux chevaux que le trésorier lui avait achetés. Celui-ci refusa tout net. Le changeur furieux lui asséna de son couteau un coup mortel, et s'enfuit dans l'église Saint-Jacques-la-Boucherie qui jouissait du droit d'asile. Les gens du dauphin, Robert de Clermont, maréchal de France, Jean de Châlons et le prévôt de Paris, Guillaume Staise, se rendirent à Saint-Jacques; et peu soucieux des priviléges de l'église arrachèrent l'assassin de l'asile et le traînèrent au Châtelet. Le lendemain, Perrin Macé fut pendu après avoir eu le poing coupé. L'évêque de Paris fulmina contre cette violation des immunités ecclésiastiques; il réclama le cadavre du supplicié, et le fit honorablement inhumer dans Saint-Merry. Le même jour eurent lieu les obsèques de Jean Baillet. Pendant que le prévôt des marchands et sa faction suivaient le convoi du changeur, le dauphin et sa cour assistaient aux funérailles du trésorier.

L'animosité croissait entre la noblesse et la bourgeoisie. Aucun seigneur ne siégeait plus aux états, et chaque jour Paris s'emplissait de colonies de paysans qui racontaient la désolation régnant dans les campagnes, et les espérances de la Jacquerie souvent victorieuse dans la guerre d'extermination qu'elle faisait à ses seigneurs.

Au commencement de février 1358, l'Université et les bourgeois de Paris vinrent en corps trouver le dauphin dans son palais. Un jacobin, Simon de Langres, porta la parole pour l'Université, et dit que ceux qui l'avaient député désiraient qu'il fût fait incessamment justice au roi de Navarre, et qu'ils aviseraient au reste. Après quoi un moine de Saint-Denis, le prieur d'Essonne, s'écria, parlant au jacobin: « Dites encore, maître, que si monseigneur le duc de Normandie ou bien monseigneur le roi de Navarre ne s'en tient à ce qui a été décidé, nous nous déclarerons contre lui. » Ces discours étaient le présage de ce qui allait arriver.

Le 22 février, Marcel rassembla sur la place de Saint-Éloi environ trois mille hommes en armes, la plupart artisans, et marcha rapidement sur le palais qu'il envahit. A la tête des plus exaltés, il monta dans la chambre à coucher du dauphin, qu'il trouva entouré d'un grand nombre de seigneurs et de gentilshommes. En le voyant, Marcel lui dit avec aigreur « qu'il était bien temps de mettre ordre aux affaires du royaume, et qu'il devrait bien le faire; qu'après tout c'était à lui que ce royaume reviendrait; qu'ainsi c'était à lui aussi à le garder des pillards qui infestaient le pays. — Je le ferais volontiers, répondit assez hardiment Charles, si j'avais de quoi le faire; mais c'est à celui qui a les droits et profits d'avoir aussi le soin du royaume. » Le jeune prince était entre ses conseillers ordinaires, les maréchaux de Champagne et de Normandie. Les paroles aigres et les dures reparties s'échangèrent quelques instants de part et d'autre; enfin Marcel éclata : « Sire duc! s'écria-t-il, n'ayez pas peur; mais nous avons quelque chose à faire ici. » Puis il se tourna vers les chaperons rouges et bleus qui étaient montés avec lui, et leur dit : « Allons, faites vite.... »

Aussitôt Jean de Conflans, maréchal de Champagne, percé de vingt coups d'épée, tomba sur le lit du dauphin, qui fut couvert du sang de ce fidèle conseiller. Robert, maréchal de Normandie, fut égorgé à quelques pas de là dans un cabinet, où, quoique vaillant homme de guerre, il s'était sauvé, n'ayant point d'armes contre cette foule furieuse. Le jeune dauphin justement épouvanté, et resté seul au milieu de ce carnage, car tous ses courtisans s'étaient sauvés pour échapper à la mort, pria Marcel de le sauver. « Vous ne risquez rien, monseigneur, dit le prévôt, mais pour plus grande sûreté prenez ceci. » Il lui donna son chaperon rouge et bleu; en même temps il prit le sien qui était de fourrure noire à fermail d'or, « et le prévôt eut l'insolence de le porter sur sa tête pendant le reste du jour, comme en triomphe, dans toutes les rues de Paris (1). » Regnault d'Acy, ex-avocat-général, l'un des vingt-deux destitués de leurs offices sur la requête des états, homme de grande éloquence, mais odieux au peuple, s'enfuyait du palais et revenait chez lui, entre la Madeleine et Saint-Landry, lorsqu'il fut reconnu. L'on courut après lui, et il fut tué dans la boutique d'un pâtissier où il s'était réfugié; il n'eut pas le temps de pousser un cri. Les cadavres des deux premières victimes furent traînés ignominieusement par les degrés du palais jusque dans la grande salle, où ils restèrent exposés jusqu'au soir près de la table de marbre (2).

Cette sanglante tragédie se passa vers neuf heures du matin. Aussitôt que le crime fut consommé, le prévôt des marchands se rendit à l'Hôtel-de-Ville, et du haut d'une fenêtre il harangua le peuple rassemblé sur la Grève, et lui dit que ce qui avait été fait était pour le bien du royaume, et que les morts étaient faux et mauvais traîtres. Les gens

(1) Félibien, t. I, p. 640.
(2) Chron. de Froissart. Chron. de Guillaume de Nangis.

des métiers applaudirent, et jurèrent au prévôt aide et fidélité jusqu'à la mort. Puis Marcel revint au palais, où le dauphin était resté dans le saisissement de sa douleur. « Sire, ne vous affligez, lui dit-il ; ce qui s'est fait, s'est fait pour éviter plus grand péril et par la volonté du peuple. » Et il le priait de tout approuver. Le duc était bien obligé de le faire. Il approuva tout. Quelques heures après le prévôt lui envoya deux pièces de drap, l'une rouge et l'autre bleue, pour faire tailler des chaperons parisiens qui furent distribués à tous les gens de la maison royale. Vers le soir Marcel envoya relever les deux cadavres gisants sur la place du palais, et les fit transporter à l'église de Sainte-Catherine du Val-des-Ecoliers où on les devait enterrer. Mais l'évêque de Paris défendit l'inhumation de Robert de Clermont, qu'il avait excommunié pour avoir violé les franchises de l'Eglise en arrachant Perrin Macé à la protection de Saint-Jacques.

Le lendemain les membres des états-généraux se réunirent dans leur salle des Augustins. Robert de Corbie, l'un des échevins de Paris, prit la parole au nom du prévôt des marchands qui se trouvait présent, à la tête d'une escorte de gens armés, et pria les députés des bonnes villes de sanctionner par leur approbation les événements de la veille. Ceux-ci approuvèrent tout ce qui s'était passé, mais la plupart le firent plutôt par peur que par conviction. Marcel triomphait ; le clergé s'était joint au peuple depuis le commencement de la lutte ; la noblesse avait quitté les états ; les bourgeois occupaient les places du gouvernement ; la commune de Paris était toute-puissante. Elle expédia des messages à toutes les bonnes villes du royaume pour les engager à garder l'alliance et l'affection qui les unissaient à ceux de Paris, et les inviter à prendre le capuce rouge et bleu comme avaient fait plusieurs princes du sang, le duc de Normandie, le duc d'Orléans, le comte d'Étampes. Mais Amiens et Laon furent presque les seules villes qui voulurent adopter les couleurs de la révolte. Les provinces voyaient de mauvais œil l'autocratie de la capitale.

Quatre jours après le meurtre des conseillers du dauphin, le lundi 26 février, le roi de Navarre était à Paris, à l'hôtel de l'*Ecu de Saint-Georges*, rue de la Harpe. Le prévôt des marchands se rendit plusieurs fois auprès de lui, le pria d'accorder sa protection et sa bienveillance aux Parisiens, et d'approuver aussi les événements passés. A quoi celui-ci consentit sans peine : les victimes étaient ses ennemis ; la haine qu'il leur portait et son retour précipité aussitôt après leur mort, ont fait supposer, non sans raison, que le crime du prévôt Marcel avait été dicté par Charles-le-Mauvais. Toute la semaine se passa en négociations pour rapprocher le roi de Navarre et le dauphin. Les deux reines douairières Jeanne et Blanche, le prévôt des marchands et l'évêque de Laon réunirent leurs efforts pour y parvenir. Le dauphin fit donner à son cousin l'hôtel de Nesle pour logement, et parut être en parfaite intelligence avec lui ; l'un et l'autre allaient se rendre visite presque tous les jours et dînaient souvent ensemble. Cela dura jusqu'au 12 mars où le roi de Navarre quitta Paris.

Vers le 14 du même mois, le dauphin prit pour la première fois le titre de *régent* du royaume. Les états-généraux avaient terminé leur session, et les états provinciaux avaient été convoqués pour entendre le rapport des actes de l'assemblée qui devait se réunir de nouveau à Paris le 1er mai. Le régent, qui supportait sa chaîne avec impatience, profita de la première occasion pour sortir clandestinement de la ville, pendant la nuit, comme un prisonnier qui s'échappe (25 mars), et se rendit aux états de Champagne d'abord à Provins, puis à Vertus, et enfin à Compiègne, où se manifesta violemment l'indignation de la noblesse contre les excès de la faction de Marcel. L'assemblée de Compiègne, composée presque uniquement de seigneurs, rendit cependant hommage aux grandes réformes des états-généraux ; elle les adopta pour la plupart ; elle abolit le droit de prise, et décida que l'impôt serait perçu par les députés. Mais en même temps on délibérait à Compiègne sur les moyens d'en finir promptement avec la révolte de Paris. Il ne s'agissait de rien moins que d'en faire le siége, de l'affamer, de forcer les chefs des insurgés à se rendre à la discrétion du régent.

Marcel vit bien qu'en laissant le duc sortir de Paris il s'était perdu. Il chercha à obtenir un accommodement, et pria l'Université d'envoyer des députés à Compiègne pour solliciter le régent, au nom de ce corps illustre et de toute la ville, de revenir au milieu des Parisiens, qui lui offraient une amende convenable, et le suppliaient d'*ôter l'indignation de son cœur*. Le régent reçut très bien les envoyés de l'Université ; mais il refusa avec fermeté toute espèce de conciliation, à moins qu'on ne lui livrât dix ou douze des plus coupables de l'*affaire faite à Paris*. Il réduisit même ce nombre à cinq ou six, assurant qu'il ne les ferait pas mourir. Marcel et les siens ne voulurent pas se fier à cette restriction peu rassurante pour eux. Ils reprirent les travaux commencés depuis la bataille de Poitiers pour mettre Paris en état de défense. Ils commencèrent par s'emparer du Louvre, où le capitaine Pierre Caillard commandait pour le régent, et chassèrent la garnison de cette forteresse redoutable ; puis ils continuèrent à creuser les fossés et à fortifier les remparts de la ville.

Cependant le régent ne perdit pas de temps. Il s'avança sur Paris avec trois mille hommes, et occupa bientôt Charenton, Saint-Maur et Conflans, interceptant tous les arrivages de la haute Seine et de la Marne, et ravageant la contrée pour affamer les Parisiens. On pouvait déjà s'étonner qu'au milieu de cette dévastation des campagnes qui durait depuis si long-temps, le prévôt des marchands fût parvenu à empêcher les Parisiens de souffrir de la faim. Mais la campagne une fois occupée par une armée ennemie, il ne pouvait long-temps nourrir ce peuple immense. C'est par là que ses modernes admirateurs cherchent à expliquer l'inconstance qu'on remarque dans sa conduite. Il s'alliait à la Jacquerie, quoiqu'il fût dévoué au roi de Navarre ; puis il composait avec le roi de Navarre, le destructeur de la Jacquerie. Ensuite l'alliance des Jacques était utile à Paris, qui faisait aussi la guerre à la noblesse. Quoiqu'il répugnât grandement à la bourgeoisie de faire cause commune avec ces farouches massacreurs, Marcel se crut forcé de les aider. Il avait profité du soulèvement pour détruire plusieurs forteresses dont le voisinage inquiétait Paris. Il se hasarda à envoyer aux Jacques de la Brie un renfort de quelques troupes. Le prévôt des monnaies leur amena cinq cents hommes, auxquels vinrent se joindre trois cents autres sous la conduite d'un épicier de Paris. Ce renfort prit part à la malheureuse expédition des Jacques contre le marché de Meaux, où ils furent défaits par le comte de Foix et le captal de Buch, et détruits par milliers (9 juin 1358).

Paris cependant était toujours serré de près par le régent, et voyait les vivres augmenter de prix chaque jour. Sa position devenait alarmante. Marcel, toujours dans la même voie, n'avait d'espoir que dans le roi de Navarre. Précisément à cette époque, Charles-le-Mauvais massacrait par trahison une puissante armée de Jacques, et contribuait de tous ses efforts à éteindre dans le sang cette insurrection des campagnes. Ce rôle du roi de Navarre le perdit dans l'esprit du peuple parisien, qui ne pouvait croire, après cela, que Charles-le-Mauvais pût être de bonne foi son défenseur. Le crédit de Marcel en souffrit. Les Parisiens ne se livrèrent plus aussi docilement à son influence, et le désir d'un accommodement avec l'autorité royale commença à s'emparer d'une partie d'entre eux. En peu de temps, ce retour aux idées d'ordre gagna au parti du régent jusqu'aux plus intimes amis du prévôt.

« Le jeudi 14 juin, le roi de Navarre vint à Paris à la prière de Marcel. Il descendit à Saint-Germain-des-Prés, où plusieurs des notables de la ville vinrent le recevoir. Le lendemain il alla prêcher à l'Hôtel-de-Ville. Là il dit entre autres belles choses qu'il aimoit beaucoup le royaume de France ; qu'il devoit bien l'aimer puisqu'il étoit des fleurs-de-lys de tous côtés, et que sa mère eût été roi de France si elle eût été un homme ; qu'enfin il étoit prêt à vivre et mourir avec le peuple françois. Après le roi de Navarre, l'un des fidèles échevins de Marcel, Charles Consac, prit la parole : il dit que le royaume avoit été mal gouverné et qu'il l'étoit encore, que par conséquent besoin étoit que les Parisiens élussent un capitaine qui mieux les gouvernât, et que le roi de Navarre lui sembloit le meilleur qu'ils pussent avoir. Comme s'il vouloit dire : nous voulons le roi de Navarre (1). La plus grande partie de l'assemblée fut courroucée de ce discours ; mais elle se tut et n'osa pas contredire. Lors donc, le roi de Navarre fut élu capitaine de la ville, et il lui fut dit par le prévôt des marchands que ceux de Paris écriroient à toutes les villes de France pour que chacune donnât son consentement à ce qu'il fût capitaine de tout le royaume. Et ledit roi leur fit serment de les gouverner bien et loyalement, et de vivre et mourir avec eux et contre tous. Il leur dit que le royaume étoit malade et ne pouvoit pas être vitement guéri ; qu'ainsi ils voulussent bien ne pas s'émouvoir contre lui s'il n'apportoit un prompt remède à leurs maux. »

L'attitude du régent devenait plus menaçante. Une foule de gentilshommes venaient chaque jour se joindre à lui, et le bruit courait qu'il avait jusqu'à trente mille chevaux. En même temps qu'elles bloquaient Paris, ses troupes couvraient la campagne à dix lieues à la ronde et passaient au fil de l'épée tous ceux qu'ils soupçonnaient d'être affiliés aux Parisiens et surtout aux Jacques. Elles dévastèrent tout le pays compris entre la Marne et la Seine, et firent des malheureux paysans un carnage effroyable. « Les gentilshommes tuèrent tous ceux qu'ils pouvoient trouver qui avoient été de la compagnie des Jacques, et tant en tuèrent, que dans un jour de Saint-Jean il en fut tué vingt mille (2). Personne n'osoit s'écarter de Paris et personne n'osoit y entrer. Les assiégés essayoient quelquefois de faire des sorties en bon ordre de bataille ; mais ils y perdoient plus qu'ils n'y gagnoient et laissoient toujours un certain nombre des leurs sur la place. La reine Jeanne, qui habitoit Paris, s'employoit de son mieux à ramener la paix. Elle envoyoit au régent messagers sur messagers pour obtenir une conciliation ; mais il n'y eut pas moyen de trouver un accommodement, parce que « ceux de Paris se tenoient toujours fiers et hauts contre le régent leur seigneur. » La bonne reine négociait aussi de son mieux, et sans guère plus de succès, pour rapprocher le régent et le roi de Navarre.

Charles-le-Mauvais, le capitaine de Paris, se serait bien gardé de prendre sérieusement le parti des bourgeois ; il cherchait uniquement à tirer profit de sa position. Les Parisiens le sommèrent de les défendre, de sortir, de faire enfin quelque chose. Il sortit en effet et s'avança vers le dauphin à la tête d'environ huit cents hommes qui se rangèrent en bataille sur la colline de Montreuil, au-dessus du bois de Vincennes ; puis, au lieu de combattre, il parlementa. Le 8 juillet 1358, il alla trouver le dauphin dans un pavillon qu'on avait tendu pour cette entrevue au lieu dit *le moulin à vent*, près la porte Saint-Antoine. La reine Jeanne, qui avait ménagé ce pourparler, se trouvait présente. Les deux princes con-

---

(1) *Chron. de Saint Denis.* — (2) *Chron. de Saint-Denis.*

vinrent que le roi de Navarre recevrait pour dédommagement de tout ce qu'il croirait avoir à réclamer, 10,000 livres de terre et 400,000 florins, moyennant quoi il vivrait en bonne amitié et confédération avec le régent. Ce traité, solennisé par la présence des ducs et barons, autant que le pavillon pouvait en contenir, fut encore sanctionné par une cérémonie religieuse. L'évêque de Lisieux chanta la messe et consacra l'hostie sur laquelle il fit jurer aux deux parties d'accomplir de bonne foi ce qu'elles avaient promis. Les deux princes jurèrent de grand cœur; mais quand l'évêque, après avoir rompu l'hostie, voulut la leur faire prendre, le roi de Navarre s'excusa sur ce qu'il n'était pas à jeun, ce que voyant, le régent s'abstint de même, quoiqu'il se fût préparé pour communier. Malgré cet incident, ils se quittèrent bons amis, et Charles-le-Mauvais revint à Paris, disant qu'il avait traité avec le régent et qu'une bonne paix était établie. Mais il fut très mal reçu, et le mécontentement des Parisiens éclata si fort, que les chefs de la ville et le prévôt lui-même, quoique déterminés partisans du Navarrais, furent obligés de lui retirer son titre de capitaine. Charles se retira en se plaignant beaucoup de la ville, et s'en fut camper à Saint-Denis.

La position du prévôt Marcel devenait de plus en plus dangereuse. Paris allait être affamé. Le régent fermait la haute Seine, le roi de Navarre, à la tête de tous les bandits de la contrée dont il s'était fait une armée, occupait la basse Seine. « Charles le-Mauvais se faisait marchander par les deux partis. Les princesses royales et beaucoup de *bonnes* gens, des seigneurs, des évêques, s'entremettaient, allaient et venaient. Le dauphin promettait au Navarrais de l'argent; Marcel lui en donnait. Toutes les semaines il lui envoyait deux charges d'argent pour payer ses troupes. Il n'avait d'espoir qu'en lui, il l'allait voir à Saint-Denis; il le conjurait de se rappeler que c'était les gens de Paris qui l'avaient tiré de prison, et eux encore qui avaient tué ses ennemis. Le roi de Navarre lui donnait de bonnes paroles; il l'engageait à se bien pourvoir d'or et d'argent et à l'envoyer hardiment à Saint-Denis; qu'il leur en rendrait bon compte (1). » Marcel était toujours en pourparlers, toujours sur la route de Saint-Denis. Ces démarches commencèrent à éclairer le peuple sur le véritable caractère du chef de l'insurrection. On soupçonna son désintéressement. Un jour, les Parisiens furieux des déprédations des bandits anglais et navarrais, déclarèrent au prévôt qu'ils voulaient faire une sortie pour les châtier. Ils sortirent donc au nombre de sept cents cavaliers et de sept mille fantassins, et se divisèrent en deux colonnes, dont l'une marcha vers Saint-Denis et l'autre vers Saint-Cloud. C'était un dimanche, le 22 juillet 1358. Ceux qui étaient allés à Saint-Cloud,

---

(1) Froissart. — M. Michelet, t. III, p. 412.

après avoir inutilement cherché l'ennemi pendant toute la journée, revenaient le soir en désordre et fatigués, lorsque tout-à-coup quatre cents Anglais embusqués dans un chemin creux fondirent sur eux et en massacrèrent plus de six cents dans le bois de Boulogne. Le reste revint à toutes jambes à Paris, où Marcel était déjà rentré avec la troupe qui avait exploré les environs de Saint-Denis. La colère du peuple se tourna d'abord contre les soudoyers anglais et navarrais que Charles-le-Mauvais avait laissés dans la ville pour la fortifier. Il y eut divers combats où plus de soixante de ces soldats restèrent sur la place; quarante-huit autres furent emprisonnés au Louvre. Mais Marcel, qui ne craignait rien tant que d'irriter le roi de Navarre, les délivra et les renvoya à Saint-Denis (27 juillet). Ce nouveau méfait excita le mécontentement de tout le monde.

Le prévôt marchait à sa perte. Sa dernière ressource était de livrer Paris au roi de Navarre. Charles-le-Mauvais touchait le but de son ambition. Marcel promit de lui remettre les clefs de Paris et de le rendre maître de la ville en mettant à mort tous ceux qui lui étaient opposés, et dont les maisons étaient déjà désignées d'avance (1). D'un autre côté, le parti du régent, à la tête duquel étaient Jean et Simon Maillard, avait pris la résolution de livrer au dauphin le prévôt et ses amis.

Marcel devait, dans la nuit du 31 juillet au 1er août, faire remettre entre les mains de Joceran de Mâcon, trésorier du roi de Navarre, les bastilles de la porte Saint-Denis et de la porte Saint-Antoine. Le 31 juillet, Jean Maillard et deux des principaux partisans du régent, Pepin des Essarts et Jean de Charny, attendaient l'événement à la bastille de Saint-Denis. Au coup de minuit, le prévôt des marchands arriva tenant en main les clefs de la porte. — Etienne, Etienne, lui dit Maillard en l'appelant par son nom, que faites-vous ici à cette heure? — Jean, répondit le prévôt, que vous importe de le savoir? Je suis ici pour prendre la garde de la ville dont j'ai le gouvernement. — Pardieu, répliqua Maillard, cela n'est pas; vous n'êtes ici à pareille heure pour nul bien. Et je vous le montre, continua-t-il en s'adressant à ceux qui étaient près de lui, comme il tient en mains les clefs des portes pour trahir la ville. — Vous mentez, s'écria Marcel. — Traître, c'est vous qui mentez! A la mort, à la mort, lui et tous les siens, s'écria Maillard, car ils sont traîtres! — Une rude mêlée suivit cette altercation. Etienne Marcel fut abattu le premier; il tomba roide mort d'un coup de hache à la tête. Quelques uns disent que son meurtrier fut Jean Maillard lui-même, quoiqu'il eût été son ami et compère. Plusieurs partisans du prévôt qui se trouvaient à ses côtés restèrent aussi sur la place.

Le lendemain matin, le peuple, qui avait entendu le tumulte de la

(1) On les avait marquées d'une croix, suivant la chronique de Nangis.

nuit, fut assemblé aux halles. Là Jean Maillard harangua les Parisiens et leur montra comment, sans son aide et la grâce de Dieu, la ville avait failli, pendant la nuit, être ouverte par le traître prévôt et mise à sac par les Navarrais.

Le peuple était stupéfait d'avoir été si près d'un tel péril et d'en être sorti sans autre mal. La faction victorieuse n'éprouva pas la moindre opposition pour s'emparer du pouvoir, et rappela le régent, qui fit son entrée dans la ville le troisième jour après le meurtre de Marcel. Les jours suivants furent employés à poursuivre les chefs du parti vaincu. L'échevin Charles Consac et Joceran de Mâcon, le trésorier du roi de Navarre, furent enfermés au Châtelet, et après un court procès, condamnés, décapités en Grève et jetés à la rivière. Un autre échevin célèbre, Jean de Lille, et Gilles Marcel, neveu du prévôt, eurent le même sort. Thomas, chancelier du roi de Navarre, qui s'était fait moine pour échapper au supplice, fut assailli dans la rue, déchiré par la populace et jeté dans la Seine. L'ancien gouverneur du Louvre, le capitaine Pierre Caillard, eut la tête tranchée pour avoir si mal défendu la place au commencement de l'insurrection. Enfin, la ville, rendue à la paix, élut tranquillement un nouveau prévôt des marchands, qui fut Gentien Tristan.

Charles-le-Mauvais venait de voir, en une nuit, anéantir toutes ses vastes espérances. Furieux, il saccagea Saint-Denis, pilla Montmorency, livra Poissy aux flammes, et ruina tous les environs jusqu'au commencement de l'année 1359. La crainte était telle à Paris, qu'on y avait fait défense à toutes les églises de la ville de sonner leurs cloches depuis vêpres jusqu'au lever du soleil, pour ne pas troubler l'attention des sentinelles. La cathédrale seule sonnait le couvre-feu. En outre, les arrivages de la Seine étant partout interceptés par les Navarrais, la disette se faisait cruellement sentir. Tous les comestibles s'élevaient à un prix excessif ; un tonnelet de harengs valait 30 écus d'or (1). La famine amena des maladies contagieuses et répandit la mortalité. A l'Hôtel-Dieu seul, il mourait jusqu'à quatre-vingts personnes par jour.

Tout en poussant activement sa guerre de brigandage, Charles-le-Mauvais entretenait dans Paris des intelligences secrètes. Plusieurs complots tramés pour venger Marcel furent découverts et sévèrement réprimés. Le 25 octobre, le régent fit saisir dix-neuf bourgeois notables accusés de haute trahison, et les fit mettre en prison. Les Parisiens, à la vue de ces mesures rigoureuses, furent effrayés ; ils craignirent que le régent n'eût résolu de tirer vengeance du passé. Le 29 octobre, les corps de métiers se rendirent en masse à l'Hôtel-de-Ville et forcèrent le prévôt des marchands à venir avec eux au Louvre

(1) Froissart.

qu'habitait le régent. Là, un avocat nommé Jean Blondel exposa leurs remontrances auxquelles Charles promit de répondre publiquement. En effet, le lendemain il se rendit bien accompagné sur la place de Grève, monta sur les degrés de la croix élevée en ce lieu, harangua le peuple, et lui dit que les gens qu'il avait fait saisir étaient coupables de trahison. Cependant il eut le bon esprit d'user de clémence et de faire, peu de temps après, relâcher ses prisonniers.

Au milieu des terreurs que Charles-le-Mauvais inspirait au gouvernement habile mais encore faible de son cousin le régent, tout-à-coup, « comme inspiré du Saint-Esprit, » le Navarrais publia qu'il voulait être bon Français, bon ami du dauphin et défenseur du pays contre les Anglais. Pour cela, il n'exigeait ni terres ni villes, il s'en remettait à la volonté de son cousin, qui lui remettrait ce que plus tard il jugerait digne de sa bonne et loyale conduite. Si cette conversion du roi de Navarre fut quelque peu sincère, elle fut inspirée par la crainte des Anglais, qui menaçaient alors d'engloutir non seulement l'héritage des Valois, mais la France tout entière.

Le malheureux roi Jean gémissait à la cour d'Angleterre et sollicitait de tout son pouvoir la paix et sa liberté. Enfin il était parvenu à obtenir un traité qui devait terminer la lutte des Valois et des Plantagenet. L'acte fut signé et envoyé à Paris. Mais les conditions qu'il renfermait parurent au jeune régent tellement exorbitantes, que, n'osant accepter ni refuser ce traité, il prit le parti de convoquer les Etats-Généraux du royaume. Cette assemblée, fort peu nombreuse à cause du désordre de la guerre, par un élan d'énergie et de nationalité se récria d'indignation à la lecture de ce pacte qui devait assurer aux Anglais plus de la moitié du royaume et 4,000,000 d'écus d'or pour la rançon du roi. Les députés répondirent qu'ils aimaient mieux endurer eux-mêmes toutes sortes de maux et laisser le roi dans sa prison. Le roi d'Angleterre se mit donc en devoir d'envahir de nouveau la France, et débarqua le 28 octobre à Calais (1359). Il porta la désolation partout, parcourut la Champagne, s'avança jusqu'en Bourgogne, et revint vers Paris au printemps de l'an 1360. Il s'empara de Montlhéry, d'Arpajon, et ruina villages et châteaux. Son armée s'étendait jusqu'à Montrouge, Issy, Vaugirard et Vanvres, c'est-à-dire jusqu'aux portes de la capitale. « C'était un spectacle digne de compassion de voir fondre à Paris tous les habitants des villages d'alentour, hommes, femmes et enfants tout éplorés, pour y trouver asile.

» Le jour de Pâques, 5 avril 1360, on vit, dans la seule église des Carmes, dix paroisses de la campagne faire leur communion pascale. Le lendemain il y eut ordre de mettre le feu aux faubourgs de Saint-Germain-des-Prés, de Notre-Dame-des-Champs ou de Saint-Jacques, et de Saint-Marceau, avec permission à tout le monde d'en enlever ce qu'on pourrait, pour empêcher l'ennemi d'en profiter. Il resta pourtant après cet incendie plusieurs maisons entières. L'armée anglaise demeura toute la semaine de Pâques devant Paris, où s'était renfermé le régent avec une forte garnison, et bien muni de provisions. Le roi Édouard l'envoya défier au combat ; mais sur son refus, il ne crut pas être en état de le forcer dans la capitale. D'ailleurs le pays désolé ne pouvait plus fournir de vivres, et il fut contraint d'en aller chercher ailleurs. Il se retira en Beauce du côté de Chartres, où, après bien des conférences de paix, jusqu'alors sans effet, il conclut enfin le fameux traité de Brétigny, ainsi nommé du lieu où il fut signé, à trois lieues de Chartres, par l'entremise des légats du pape Innocent VI, le 8 mai 1360. Le régent le ratifia deux jours après à Paris, en présence du prévôt des marchands ; et les deux rois de France et d'Angleterre le confirmèrent à Calais, le 24 octobre, avec les serments ordinaires.

» Il y avait quatre ans que la ville de Paris déplorait la captivité du roi et tous les maux qui en furent la suite. A son retour, elle fit voir une joie extraordinaire ; on fit jouer des fontaines de vin à la porte Saint-Denis, par où il entra le 13 décembre ; toutes les rues, aussi bien que le grand pont, étaient tendues de tapisseries. Il alla d'abord faire ses prières à Notre-Dame, et de là se rendit au palais, marchant sous un dais de drap d'or porté par les échevins au bout de quatre lances. Comme il lui restait peu de vaisselle d'argent, la ville lui fit présent d'un buffet d'argenterie, d'environ mille marcs pesant (1). »

Avec le roi Jean ne revinrent pas alors dans la France épuisée la paix et la prospérité. La haine sanglante de la noblesse et des bourgeois, que le danger commun avait rapprochés, s'alluma de nouveau. La disette et les maladies régnaient toujours. D'immenses troupes de soldats licenciés s'étaient organisées, sous le nom de *compagnies*, en armées de brigands. Des nuées d'autres brigands venaient de l'étranger pour piller le royaume ; ces *tard-venus*, qui formaient plusieurs *compagnies*, étaient des Allemands et des Belges. La principale de ces bandes dévastatrices comptait au moins quinze mille hommes. Enfin, le désastre était si effrayant par toute la France qu'on peut dire que la population avait diminué de moitié depuis l'avènement des Valois.

Le temps seul adoucit un peu ces maux ; car l'inerte administration du roi Jean n'y contribua guère pendant les quatre années qu'il vécut encore. On ne rapporte pas qu'il ait rien fait de remarquable pendant cet espace de temps. Il mourut, le 8 avril 1364, en Angleterre où il avait voulu passer pour régler l'exécution du traité auquel il devait la liberté.

Hôtel-de-Ville. — J'ai déjà parlé du siége de la municipalité de Paris,

(1) Félibien, *Hist. de la ville de Paris*, t. I, p. 616.

HÔTEL DE VILLE

HOTEL DE VILLE

connue sous les noms de *Maison de la marchandise* et de *Parloir aux bourgeois* (1). Cet emplacement ne répondant point à la dignité du premier corps de la ville, on résolut d'en choisir un plus convenable. « A la place de Grève, dit Félibien, il y avoit autresfois une maison qui en portoit le nom, et que Philippe-Auguste acheta de Suger Clayon ou Cluyn, chanoine de Paris vers 1212. L'abbé de Preuilly reconnut que le roy y avoit haute, moyenne et basse justice. Cette maison fut depuis appelée la *Maison aux piliers* (*Domus ad piloria*), parce qu'elle estoit portée par devant sur une suite de gros piliers semblables à ceux qui se voient encore à la Grève, le long de l'hospital du Saint-Esprit et du bureau des pauvres. Philippe de Valois donna cette maison, en 1322, à Clémence de Hongrie, veuve et seconde femme du roy Louis-le-Hutin. Elle ne mourut qu'en 1328, et nonobstant le don que Philippe de Valois lui avoit fait de la *Maison aux piliers*, il donna la mesme maison en 1324 à Gui, dauphin de Viennois, et en renouvella le don à Humbert en 1355. Ce fut pour cela qu'on appela cette maison la *Maison au dauphin*, à cause qu'elle appartint aux deux derniers princes souverains de Dauphiné et à Charles de France, dauphin, duc de Normandie et régent du royaume, qui la donna en 1356 à Jean d'Auxerre, receveur des gabelles de la prévosté et vicomté de Paris, en considération des services qu'il lui avoit rendus. Ce fut cette maison qui fut vendue à la ville par Jean d'Auxerre et Marie, sa femme, par contract du 7 juillet 1357, pour la somme de *deux mille huit cent quatre-vingts livres parisis* forte monnoie, payée en *deux mille quatre cents florins d'or au mouton*, du coin du roy, par Estienne Marcel, prévost des marchands, et les eschevins (2). »

Sous le règne de saint Louis et de ses successeurs, le corps municipal s'occupa avec zèle des différentes parties de son administration ; il ne devint un corps politique que sous Charles VI. En montant sur le trône, le jeune roi avait fait annoncer au son des trompes que tous les impôts et subsides étaient supprimés. Mais il ne tint point ses promesses, et le peuple se souleva (3). Le 8 octobre 1380, les bourgeois se réunirent à l'Hôtel-de-Ville et forcèrent Jean Culdoé, prévôt des marchands, à se rendre avec eux au palais, près du duc d'Anjou. Ce magistrat demanda humblement la suppression des impôts. Le régent donna des espérances, mais il ne soulagea point la misère du peuple. La fermentation des esprits devint alors si grande que le prévôt des marchands convoqua une assemblée de bourgeois dans le *parloir*, situé près

---

(1) T. I, p. 458.
(2) Félibien, t. I, p. 618.
(3) Pour les développements de ces faits et de ceux qui suivent, le lecteur peut lire les *faits généraux* de l'histoire de Paris sous chaque règne. Je dois me renfermer ici dans les faits spéciaux qui se rattachent à l'histoire de l'Hôtel-de-Ville.

du Grand-Châtelet (1). Il les engagea à la modération, et le tumulte s'apaisait, lorsqu'un homme du peuple, un savetier, dont l'histoire ne nous a pas conservé le nom, se leva : « Jamais, s'écria-t-il, ne jouirons-nous en repos de nos biens ? L'avarice toujours croissante des grands nous chargera-t-elle incessamment d'imposts et de nouvelles exactions au-dessus de nostre devoir et de nos forces ? Faudra-t-il que, noyez de debtes, nous payions tous les ans plus que nous n'avons de revenu ? Que dites-vous, messieurs les bourgeois, de cet extrême mépris où vous vivez ? N'est-il pas vray qu'on vous osteroit, si l'on pouvoit, une partie de l'air que vous respirez, puisqu'on vous envie jusques à la voix et jusques à la figure de l'homme, puisqu'on trouve mauvais que vous vous rencontriez avec les notables aux assemblées et dans les lieux publics, et enfin puisqu'on vous traite avec tant de différence que de demander arrogamment quel droit a la terre de se vouloir mesler avec le ciel et pourquoy la lie du peuple vouloir entrer en comparaison avec les riches ? Ceux pour qui nous faisons tous les jours des prières, et à qui nous donnons tout ce que nous avons vaillant, n'ont point d'autre dessein que de s'en faire braves et de braver nos yeux avec leurs beaux habits tout couverts d'or et de perles, et avec une grande suitte de va-

(1) « Quoiqu'on ne parle plus depuis long-temps, écrivait Félibien en 1725, ni de la *maison de la marchandise*, ni du *Parloir-aux-Bourgeois*, ces deux noms ne laissent pas de subsister encore, puisque des dix sergents de la ville il y en a quatre qui prennent la qualité de *sergents de la marchandise*, et six qui se nomment *sergents du Parloir-aux-Bourgeois.* » Les trois *parloirs* des bourgeois de Paris subsistèrent encore plusieurs siècles après avoir été abandonnés ; ils faisaient partie de l'ancien domaine de la ville. Voy. Félibien, t. I, p. lxxix, 617, 632. — Le parloir situé près du Grand-Châtelet ne fut démoli qu'en 1684. « Il remplissait l'espace qui s'étend depuis et joignant l'arcade du Châtelet jusque vers le lieu où était ci-devant la chapelle de Saint-Leuffroi. Il ne contenait que seize toises et quatre pieds de superficie ; mais le peu d'étendue de cette maison commune est une des marques de son antiquité, et répondait assez bien à la petitesse de la ville. Plusieurs marches qu'il fallait descendre pour parvenir dans l'antique salle qu'il y avait par bas, témoignent que le rez-de-chaussée de cette maison avait quelque rapport avec celui du bas de *Saint-Denis-de-la-Chartre*, que l'on croit être le premier rez-de-chaussée de l'ancien Paris. Sa structure basse et surtout sa situation peut nous faire penser qu'elle était aussi ancienne que le Châtelet même, car elle était adossée immédiatement à cette forteresse, dont elle avait peut-être originairement fait partie ; du moins lui était-elle si étroitement jointe qu'il y avait communication de l'une dans l'autre. » — « Deux maisons du voisinage du Grand-Chastelet portent le nom du Parloir-aux-Bourgeois dans les aveux et dénombrements de l'Hostel-de-Ville, dont l'une, où pendoit pour enseigne le Bénistier, tenoit au mesme Chastelet, et l'autre, qui avoit pour enseigne la Teste-Noire, appartient depuis long-temps au chapitre de Saint-Germain-l'Auxerrois. Il est mesme probable que l'ancienne maison presbytérale de Saint-Leuffroy attachée à la Teste-Noire, et celles de la Salamandre et du Mouton d'or, basties derrière sur la rue de la Joaillerie ou du Pont-au-Change, composoient le Parloir-aux-Bourgeois avec la maison du Bénistier ; vu que le prévost des marchands et eschevins sont seigneurs de toutes ces maisons qui sont en leur censive, et doivent à la Ville 3 sols parisis de rente. » *Id. ibid.*

lets; et c'est encore pour bastir de beaux palais qu'ils cherchent les moyens d'accabler d'imposts cette mère des villes du royaume. Il n'y a que trop long-temps que la patience du peuple souffre sous le poids de tant d'exactions, et si j'en suis cru, à moins que tout présentement on ne lève cet insupportable fardeau, mon avis est qu'on fasse prendre les armes à tous les bourgeois; car il n'y en a pas un qui ne deust plus volontiers mourir que de conserver une vie si misérable, et d'endurer plus long-temps une si grande injure (1).»

Le discours *cicéronien* de ce *brutal savetier*, pour me servir des expressions d'un ancien historien, fut le signal de la révolte. Tandis que trois cents bourgeois armés, ayant à leur tête le prévôt des marchands, se rendent de nouveau chez le régent, la populace pille les maisons des juifs et des percepteurs d'impôts, tue quelques uns de ces malheureux, et se rend en tumulte à l'Hôtel-de-Ville aux cris de *liberté* (1er mars 1381). Hugues Aubriot, prévôt de Paris, avait fait déposer dans l'arsenal de la *maison commune* trente à quarante mille maillets de fer pour armer au besoin les Parisiens. Le peuple s'en empare et se livre alors à tous les excès. La vengeance fut terrible. Charles VI, qui combattait alors les Flamands, marcha aussitôt sur Paris avec une partie de son armée, repoussa le prévôt et les échevins qui demandaient merci, et entra dans la ville en vainqueur. De nombreuses exécutions arrêtèrent la révolte et frappèrent les *maillotins* de terreur; mais afin que de pareilles tentatives ne pussent se renouveler, le roi supprima la charge de prévôt des marchands et la municipalité de Paris, et en donna tous les droits et revenus au prévôt de Paris. Il accorda à ce dernier la *maison de ville*, et ordonna que cet édifice fût désormais appelé *maison de la prévôté de Paris* (2).

Pendant près de trente ans, Paris fut ainsi gouverné par le prévôt royal; mais au milieu des effroyables calamités et des dissensions qui désolèrent la France à cette époque, le peuple recouvra peu à peu ses droits et ses privilèges. Charles VI avait déjà rétabli en partie la prévôté des marchands (3), lorsqu'en 1411 il reconstitua le corps municipal et

---

(1) *L'Anonyme de Saint-Denis*, traduit de Le Laboureur, liv. II.

(2) *Ordonnances du Louvre*, t. VI, p. 685, etc.

(3) « L'hostel Dauphin, dit Félibien, fut la demeure du prévost de Paris, quand Charles VI eut supprimé la dignité de prévost des marchands, et des deux prévostez n'en eut fait qu'une. Depuis qu'il l'eut restablie, ce fut le séjour des prévosts des marchands et mesme de leur famille; et de fait, en 1388, Jean Jouvenel, dit *des Ursins*, y demeuroit avec ses frères. En 1552, dans une assemblée de ville, il fut arresté, entre autres choses, qu'on feroit faire un lit de camp de damas noir pour mettre dans la chambre du prévo t des marchands à l'Hostel-de-Ville. Et durant les troubles de Paris à l'occasion du cardinal Mazarin, le président Le Féron, prévost des marchands, s'y logea, afin de remédier plus promptement aux affaires qui survenoient à tous moments. » T. I, p. 618.

lui rendit sa juridiction et ses revenus. Mais il fallut alors travailler à une ordonnance générale qui pût servir de règle dans l'administration de la police et de la justice municipale; car les archives de la ville avaient été presque entièrement détruites ou dispersées. Une commission, composée du procureur-général, de Jean Mauloué, conseiller au parlement, du prévôt des marchands et des échevins, fut chargée de ce soin. On rassembla, autant qu'il fut possible, les chartes, les titres, les registres égarés; pour éviter les innovations dans le nouveau code, on joignit aux preuves par écrit les preuves testimoniales, et des assemblées furent formées, dans lesquelles on réunit tous ceux qui pouvaient donner des éclaircissements sur cette matière importante. Ce fut ainsi qu'après trois ans de soins et de recherches on parvint à rétablir l'ancien droit de la ville, lequel fut rédigé dans une ordonnance générale, scellée du grand sceau, au mois de février 1415. Cette ordonnance était composée de près de sept cents articles, parmi lesquels on pouvait surtout remarquer ceux qui concernaient le commerce par eau (1).

Le corps municipal ne put cependant s'occuper sans relâche des intérêts de la ville que sous le règne de Charles VII; car les Anglais étaient maîtres de Paris, et l'élection du prévôt et des échevins fut suspendue pendant plus de quatorze ans (2). Mais lorsque l'étranger eut été chassé du royaume, la municipalité de Paris recouvra toute son influence. Louis XI, qui sut opposer habilement la bourgeoisie à la noblesse, accorda de grands priviléges aux Parisiens (3), et leur permit de se diviser en compagnies, avec droit de bannière et d'élection d'un capitaine. Aussi n'eut-il qu'à se louer, ainsi que ses successeurs, de la *bonne ville* de Paris. Quelques rois même empruntèrent de l'argent au corps municipal dans des moments de crise financière; l'Hôtel-de-Ville

(1) Félibien, t. I, p. 629.
(2) La dernière élection avant l'invasion des Anglais avait eu lieu le 12 juillet 1420; les bourgeois ne purent être convoqués de nouveau que le 23 juillet 1436.
(3) « Et le mardy ensuivant (novemb. 1465), le roy souppa en l'ostel d'icelle ville, où il y eut moult beau service de chair et poisson, et y souppèrent avecques luy plusieurs gens de grant façon, invitez et mandez avecques leurs femmes. Et avant ledit soupper, le roy proposa à aucuns *quarteniers* et *dizeniers*, pour ce aussi mandez, disant qu'il les mercioit tous en général et particulier de la grande féaulté et loyauté qu'il avoit trouvée en eulx, et que pour eulx il estoit du tout disposé de faire tout ce que possible luy seroit; et que pour ce que durant la guerre et division qui avoit esté devant ladicte ville, il avoit donnez et conférez à icelle aucuns priviléges, et que aulcuns pourroient avoir imagination qu'il auroit ce fait pour la nécessité où il s'estoit trouvé de avoir d'eulx secours, et que après ladicte paix ou accord les leur pourroit oster, il leur déclaira pour ceste cause dès lors et dès maintenant pour lors à tousjours, qu'il les leur avoit donnez et laissez, sans jamais avoir espérance de les rappeler ne venir contre, et se mieux vouloient avoir de luy qu'ils le demandassent et il le leur octroyeroit. » *Jean de Troyes.*

prêta, sur sa demande, 50,000 fr. à Charles VIII, pour sa brillante et malheureuse expédition d'Italie (1).

Cependant la municipalité de Paris n'était pas tellement indépendante que ses actes ne pussent être déférés au parlement; c'est ainsi que sous le règne de Louis XII, par arrêt du 9 janvier 1500, Jacques Piédefer, prévôt des marchands, et les échevins, furent déclarés incapables de posséder à l'avenir aucune fonction, et condamnés à de fortes amendes, pour avoir négligé de réparer convenablement le pont Notre-Dame, qui s'était écroulé le 25 octobre 1499, avec les maisons construites dessus. La cour avait pourvu au remplacement de ces magistrats qu'elle avait fait jeter en prison, et avait confié les fonctions de prévôt des marchands à Nicolas Potier, *général des monnaies,* dont la nomination fut ratifiée aux élections du 16 août 1500 (2).

Jusque vers le milieu du XVIe siècle, l'histoire de l'Hôtel-de-Ville ne nous offre aucun fait remarquable. On y célébrait seulement, dans les occasions solennelles, des fêtes magnifiques. A la nouvelle de la prise de Calais par le duc de Guise, en 1558, Henri II fit annoncer au prévôt des marchands et des échevins, « que pour marquer à la ville le contentement qu'il avoit de son zèle et de son affection, il vouloit aller souper avec eux à leur *hostel commun,* le jeudi-gras, avec la reine et plusieurs princes et dames de son sang. On prépara toutes choses pour le recevoir et le régaler. Entre autres on envoya prier toutes les plus belles dames de la ville d'assister au festin du roy; du nombre des invitées furent les dames Briçonnet, de Lésigny, de Marchaumont et d'Avanson, avec mesdemoiselles de Belesbat, filles du président de l'Hospital, d'Aigremont, des Roches, d'Epresse, de la Rozière, Fumée, de Beauverger, de Vazades, de Livry, de l'Isle, de Mandeville, de Preaux, de Saint-Léger, fille de Groslier, de Villy, Pouart, de la Cour, Villemain, Ripault, de Conan. On prit aussi quelques jeunes gens, fils de marchands, pour porter les plats, et on leur donna des livrées de soye, aux uns jaune, et aux autres violette. La salle fut ornée de lierre par le haut, avec les escussons du roy, de la reyne, du dauphin, du duc de Guise, du cardinal de Lorraine, du garde-des-sceaux, de madame Marguerite, de la dame de Valentinois, et de plusieurs devises en latin à l'honneur du roy et du duc de Guise, au sujet de la prise de Calais. Les murs estoient tapissez des tapisseries de la ville, et le plancher estoit couvert de nattes, de mesme que le théâtre élevé de trois marches, où estoit la table du roy. Le jeudi-gras, Lezigni, maistre d'hostel du roy, se rendit de bonne heure à la grande salle de l'Hostel-de-Ville, dont il fit garder les portes par trente archers de la garde, qui y laissèrent entrer tant de gens de connoissance qu'elle se

---

(1) Voltaire, *Hist. du parlement,* c. XII. — (2) Félibien, t. II, p. 898, 899.

trouva toute occupée avant que le roy y vinst, ce qui causa beaucoup de confusion. Sur les quatre heures après midi arrivèrent le roy, la reine, le dauphin, madame Marguerite, le duc de Guise, et les autres princes et princesses. A cause de la pluie qu'il faisoit alors, le roy s'estoit mis dans une espèce de carrosse, appelé en ce temps-là *une coche*. Dans le moment qu'il en descendoit, le bruit de l'artillerie espouvanta l'attelage, de sorte que le roi pensa estre blessé. Quand le roy fut entré, chacun prit la place comme il put, car les dames invitées avoient pris le haut bout, et ceux que les archers de la garde avoient laissés entrer occupoient tout le reste. L'entrée de table fut sonnée par les trompettes du roy, et les pages de la maison portoient les plats. Les autres tables furent servies par François Jacob, maistre d'hostel de la Ville, et les enfants de Paris, mais avec tant de confusion que quelque peine que se donnassent le prévost des marchands et les eschevins, il y eut plusieurs personnes qui soupèrent sans boire. Après cela, le poëte Jodelle et une troupe de comédiens entrèrent pour représenter la *Fable d'Orphée*. Ils la représentèrent mal, car ils estoient tous si enrouez qu'on ne les entendoit point chanter. Environ une heure après, la Ville pria le roy de prendre une collation dans le bureau d'en haut. Le roy y alla avec les princes, et pendant ce temps-là les dames dansèrent dans un coin de la salle. A onze heures du soir, chacun s'en retourna en son logis (1). »

La municipalité de Paris joua un grand rôle dans les troubles politiques qui signalèrent la seconde moitié du xvi° siècle. Le prévôt des marchands, Claude Marcel (2), fut soupçonné d'avoir pris part à l'empoisonnement présumé de Jeanne d'Albret. Un écrivain du temps dit que « la reine de Navarre fut menée sous couleur de caresses, çà et là ez maisons des plus factieux, même de Marcel, prévôt des marchands, où ayant fait quelques banquets et tâté des confitures d'Italie, au retour tomba malade au lit, duquel elle ne bougea jusqu'à ce que, cinq jours après, elle eut rendu son âme à Dieu. » Marcel, quoique n'étant plus en fonctions, fut l'un des orateurs qui haranguèrent le peuple rassemblé en armes à l'Hôtel-de-Ville, dans la nuit de la Saint-Barthélemy. Son successeur, Jean le Charron, seconda les sanguinaires desseins de Charles IX, et au signal donné par les cloches de Saint-Germain-

(1) Félibien, t. II, p. 1062.

(2) Claude Marcel, petit orfévre du Pont-au-Change, était parvenu par son adresse aux éminentes fonctions d'échevin et de prévôt des marchands. Il était fort bien en cour et s'y comportait avec une grande familiarité. Étant allé un jour inviter la reine-mère au feu de la Saint-Jean, il s'avança vers Marguerite de France, et la prenant sous le menton il lui dit : « *Vous en estes aussi priée, la belle fille.* » On rapporte de lui quelques bons mots. Un intendant des finances, Chenaille, voulant le railler en présence du roi, lui dit qu'*il sentoit mauvais de la bouche*. « *Je ne sçai*, répondit Marcel, *si j'ai la bouche sale, mais j'ai les mains nettes.* » Henri III se prit à rire, et dit à Chenaille : « *Cela s'adresse à vous.* » Félibien, t. II, p. 1136.

l'Auxerrois et du palais, tous les bourgeois, sous les ordres de leurs capitaines, sortirent de la *Maison commune* et se précipitèrent dans les rues. Le lendemain, l'un de ces capitaines, nommé Pezou, se vantait d'avoir tué de sa main cent vingt protestants. Deux mois après, le 27 octobre 1572, le roi et la reine-mère se rendirent à l'Hôtel-de-Ville et assistèrent au supplice de deux calvinistes, Briquemaut et Cavagne, qui furent pendus en Grève, à côté du mannequin de l'amiral Coligny.

Sous Henri III, le corps municipal prit part aux conspirations des ligueurs. Après la journée des Barricades (12 mai 1588), célèbre insurrection qui augmenta la puissance des Guise et l'affaiblissement de la royauté (1), le *conseil des Seize* vint prendre place à l'Hôtel-de-Ville, nomma le cardinal de Bourbon gouverneur de Paris, et lui fit rendre une ordonnance par laquelle il était dit : « Qu'élection seroit faite promptement d'autres nouveaux prévôt et échevins, sans observer les formes anciennes, pour éviter longueur de temps, attendu la nécessité. » Lachapelle-Marteau fut élu prévôt à la pluralité des suffrages, et Compan, l'un des échevins. Les ligueurs dominaient donc dans le conseil municipal. Ils créèrent, au mois de février 1589, le *conseil-général de la Sainte-Union ou des Quarante*, qui choisit également l'Hôtel-de-Ville pour lieu de ses séances. Ce n'est point ici le lieu de raconter les intrigues et les fureurs de la Ligue ; il me suffit de dire que le corps municipal, livré aux partisans des Guise, soutint la cause de cette puissante maison. Mais enfin les Parisiens égarés revinrent à de meilleurs sentiments, et le prévôt des marchands, Jean Huillier, fut du nombre des fidèles royalistes qui ouvrirent à Henri IV les portes de la capitale.

Henri IV se montra bienveillant envers sa *bonne ville* de Paris, et surtout envers MM. les prévôt et échevins; il fit achever l'Hôtel de-Ville qui fut embelli par ses successeurs. De son côté la municipalité fut toujours dévouée au roi, et son rôle politique se borna à offrir des fêtes à la cour. Voici la description du ballet dansé par Louis XIII, à l'Hôtel-de-Ville, en 1626.

» Au carnaval de l'année 1626, dit Félibien, le roy voulut faire part à la ville du plaisir d'un ballet nouveau qu'il devait d'abord danser au Louvre. Les préparatifs en furent faits à l'Hostel-de-Ville avec de grandes despenses, sous la direction du sieur Franchine. Il y avoit des machines qui ne se pouvoient transporter du Louvre à cet hostel, comme un éléphant, un chameau, deux mulets, quatre perroquets et autres pièces; c'est pourquoi, par ordre du duc de Nemours, on en fit faire de

---

(1) Vers quatre heures du soir, le duc de Guise se rendit à l'Hôtel-de-Ville, et donna, *en son nom*, le mot d'ordre aux chefs de la garde bourgeoise.

pareilles par un sculpteur nommé Bourdin. Les machines furent prestes et apportées à l'Hostel-de-Ville le 23 février, et le mesme jour les plus belles dames de Paris furent invitées à se trouver au ballet le lendemain. Le sieur du Hallier, capitaine des gardes du roy, et le duc de Montbazon disnèrent à l'Hostel-de-Ville le 24 décembre, jour de mardi gras, et firent placer en fort bel ordre les seigneurs et dames que l'on avoit invitez à la feste. Les violons jouèrent toute la nuit, mais personne ne dansa, parce que les dames ne voulurent pas quitter leurs places. Le roy et ses masques arrivèrent sur les quatre heures du matin. Il eut la bonté de s'excuser de ce qu'il venait si tard, et en jetta la faute sur les ouvriers et leur lenteur à exécuter les préparatifs. Lui, Monsieur, le comte de Soissons et les autres princes se retirèrent dans les appartements qui leur avoient esté destinez, et y prirent leurs habits de masque. Quand tout fut prest, le sieur de Hallier fit oster les violons de la ville, et mit à leur place ceux du roy qui devoient jouer au ballet. Le ballet commença sur les cinq heures du matin. Le roy vit les premières entrées d'une loge de charpente, à laquelle on avoit donné le nom de *ville de Clamard*. Il parut lui-mesme quand il fut temps, et dansa avec onze princes ou seigneurs, Monsieur, le comte de Soissons, le grand-prieur, les ducs de Longueville et d'Elbeuf, les comtes d'Harcourt et de la Roche-Guyon, les sieurs de Liancourt et de Baradas, le comte de Cramail et le chevalier de Louvray. Le ballet dura trois heures, après quoi l'on se démasqua, et l'on se mit à danser des branles. Le roi prit la première présidente, Monsieur prit la dame de Bailleul; le comte de Soissons en prit une autre, et à leur exemple le reste de la compagnie continua de mesme. Le roy s'approcha ensuite de la table du festin, qui estoit servie en poisson. Il mangea beaucoup, et ayant demandé un verre, il dit tout haut au prévost qu'il allait boire à lui et à toute la ville, et en effet il salua et les eschevins et le greffier. Après avoir bu à leur santé, il commanda qu'ils bussent tous à la sienne, et ils le firent avec joie. Ensuite on osta les deux nappes qui couvroient la table où l'on avoit dressé les confitures. Le roy ne put s'empescher de dire : *Que voilà qui est beau!* Il en choisit trois boestes, et dans l'instant la compagnie se jetta sur le reste qui fut dissipé avec un fracas qui ne donna pas peu de plaisir au roy. Il s'en alla sur les neuf heures du matin, au bruit du canon et des boestes et des acclamations redoublées de *vive le roy*. Il dansa encore un autre ballet à l'Hostel-de-Ville, le 16 février de l'année suivante, et il y eut un feu d'artifice à la Grève, dressé et exécuté par Denis Caresme, artificier de la ville (1). »

L'Hôtel-de-Ville fut le théâtre des principaux événements de la

---

(1) Félibien, t. II, p. 1332. Le *procès-verbal* de cette fête se trouve dans les *Preuves*, t. V, p. 568.

Fronde. Le prévôt des marchands, Le Féron (1), et la plupart des échevins penchaient du côté de la cour. Mais les bourgeois, aveuglés par leur haine contre Mazarin, suivaient toutes les suggestions des membres du parlement, du cardinal de Retz et autres chefs de la révolte. Quelques furieux voulurent même massacrer le prévôt, qui, disaient-ils, n'était pas un *bon frondeur* (2). Le parti *anti-mazariniste* avait choisi l'Hôtel-de-Ville pour le siége de ses réunions. Le cardinal de Retz y conduisit en grande pompe la duchesse de Longueville et la duchesse de Bouillon, qu'il y fit loger comme des gages de la fidélité, l'une de son frère, l'autre de son mari. « Imaginez-vous, je vous supplie, dit le Coadjuteur dans ses curieux Mémoires, ces deux personnes sur le perron de l'Hôtel-de-Ville, plus belles en ce qu'elles paroissoient être négligées, quoiqu'elles ne le fussent pas. Elles tenoient chacune un de leurs enfants entre leurs bras, qui étoient beaux comme leurs mères. La Grève estoit pleine de peuple jusques au-dessus des toits ; tous les hommes jetoient des cris de joie, toutes les femmes pleuroient de tendresse (3). » C'était à l'Hôtel-de-Ville que les jeunes officiers allaient prendre les marques de leurs dignités des mains des belles duchesses, et c'était à leurs pieds qu'ils venaient déposer les trophées de leurs victoires. « Ce mélange d'écharpes bleues, de dames, de cuirasses, de violons, qui estoient dans la salle, de trompettes, qui estoient dans la place, donnoit un spectacle qui se voit plus souvent dans les romans qu'ailleurs (4). »

Des scènes sanglantes ne tardèrent pas à remplacer ces bouffonneries. Après la célèbre *journée de Saint-Antoine*, les princes, mécontents des bourgeois de Paris, qui n'avaient ouvert les portes à leur armée qu'à la dernière extrémité, se rendirent le 4 juillet 1652 à l'Hôtel-de-Ville, où se tenait une assemblée générale. Ils voulaient faire signer au corps municipal un acte d'union avec eux. Ils y furent assez mal reçus. En remontant dans leurs carrosses, ils s'écrièrent, de manière à ce que tout le monde les entendît : « La salle est pleine de Mazarins. » Ce fut le signal d'une insurrection. La Grève était encombrée de gens du peuple, parmi lesquels se trouvaient des soldats de l'armée des princes, et aussi, dit-on, des partisans du cardinal Mazarin ; car les deux partis voulaient amener les choses au pire pour arriver à leurs fins. *L'union ! l'union !* s'écria la multitude. *A bas le Mazarin !* Des séditieux brisent

---

(1) « Le Féron, président de la deuxième chambre des enquêtes, bon juge, de jugement solide, décisif, résolu dans ses opinions, ne change point sans de grandes raisons, ayme la règle, bon homme et sans intérêt, a des adérants et des amis particuliers en sa chambre. M. le mareschal de Villeroy est son amy et luy a procuré la prévosté des marchands. » *Portraits du parlement de Paris*, mss. de la Bibl. roy. — (2) Anquetil, t. VII, p. 262. — (3) Mém. du cardinal de Retz, *Collect. Michaud*, 3ᵉ série, t. I, p. 93. — (4) *Id. ibid*, p. 94. Madame de Longueville accoucha à l'Hôtel-de-Ville d'un fils, qui eut pour parrain le prévôt des marchands. Félibien, t. II, p. 1406.

les fenêtres avec des pierres, et, s'il faut en croire quelques historiens, à coups de fusil. Les archers de garde répondent par une décharge de leurs carabines; mais ils sont assaillis de tous côtés et obligés de fuir. Les insurgés vont prendre du bois sur le port, l'amoncèlent devant les portes de l'Hôtel-de-ville et y mettent le feu. Ils se précipitent alors dans l'intérieur, et se livrent aux plus grands excès « L'effroy de ceux qui estoient dans la salle, dit un historien contemporain (1), fut si grand et la consternation telle que la plupart de la compagnie se jeta par terre, et crut certainement estre arrivée au dernier moment de la vie. Les uns se confessèrent intérieurement en cette posture, et reçurent une absolution générale de leurs curés, qui se la donnèrent ensuite les uns aux autres; les religieux se rendirent ce mutuel office, d'autant plus volontiers qu'ils se pensoient proches de la mort. Après quoy, toutefois, chacun essaya de se mettre à couvert de ce danger si imprévu et presque inévitable. Beaucoup s'enfermèrent dans diverses chambres dont l'on fortifia les advenues et les portes de tous les meubles qui s'y rencontrèrent; quelques uns se travestirent et taschèrent de s'échapper par-dessus les barricades, à travers les hallebardes, les flammes, les coups de mousquet et tout ce que peult produire l'insolence d'une soldatesque enragée et d'une populace furieuse, exaltée par l'espérance du pillage. Mais la plus grande partie de ceux-ci trouvèrent au-dehors ce qu'ils pensèrent éviter au-dedans. M. Ferrand le jeune, sieur de Janury, conseiller au parlement, fut tué sur la place à coups de poignard; M. Miron, maître des comptes, mourut le lendemain sans vouloir nommer ceux qui l'avoient assommé; M. Legras, maître des requêtes; M. Boullenger, auditeur des comptes; Yon, ancien eschevin; Desforges, marchand de la rue Saint-Denis, et beaucoup d'autres notables bourgeois succombèrent sous la mesme violence, et rendirent l'esprit quelques jours après; M. Fruguier, conseiller en la cour, sauva sa vie en se cachant dans la cave d'un boullanger; et MM. Maudat et Haligre, la leur dans des galletas de l'Hostel-de-Ville, sur des planches; M. de Génégauld, président des enquestes, fut arrêté par cette canaille, qui l'ayant dépouillé et traîné par les rues, ne le voulut jamais relascher à moins de 20 pistoles; M. le prince de Guéménée en donna 40, faute de s'estre retiré avec les princes qu'il avoit accompagnés; enfin peu de personnes eschappèrent sans estre pillées, fouillées, rançonnées, mises en chemise, battues, maltraitées ou massacrées. Ceux qui s'estoient enfermés dans les chambres de l'Hostel-de-Ville, comme M. le prévost des marchands, M. L'Allemand, conseiller des requestes, et autres, eussent couru la mesme fortune, si M. de Beaufort ne fust venu les en tirer et

(1) *Journal historique du temps*, mss. 5 vol. in-fol., Bibl. roy., n° 1238 *bis* du supplément français.

les garantir de la fumée qui commençoit à les estouffer, mais à condition que ledit sieur prévost des marchands signeroit sa démission de sa charge avant que de sortir, ainsi qu'il fit, sans résistance et bien à propos; car c'estoit là le principal objet de la conjuration. La présence de ce prince tout populaire allentit ung peu ce grand et funeste désordre, qui ne dura pas moins de sept ou huict heures, sans que S. A. R. ni M. le prince se missent en peine de l'apaiser, quelques prières que leur fissent quantité de personnes de marque et de dames de condition. M. le président Charton en fut quitte pour la peur, mais elle fut telle qu'il fut long-temps sans pouvoir s'en remettre et sans pouvoir s'empescher de pester contre la Fronde et contre tous ceux qui l'avoient embusqué dans son party; mais il ne continua pas. M. le gouverneur de Paris se garantit d'abord de ce détestable attentat par sa propre vertu, et en faisant ferme dans la cour avec quarante ou cinquante de ses gardes qui tuèrent un assez grand nombre de ces coquins sur l'escalier, à la faveur d'une barricade qu'il y fit faire promptement, mais enfin il y fust péri sans le secours d'ung valet qui le fit esquiver, moyennant 100 pistoles qu'il luy promit et qu'il luy envoya le lendemain. Le sieur Lemaire, greffier de l'Hostel-de-Ville, ne fut pas si heureux et ne put esviter d'estre poursuivi jusque dans sa chambre, battu et blessé entre les bras de sa femme malade à l'extrémité, et de donner ung sac de 1000 francs à ses assassins. Enfin l'on peut dire avec vérité que plus de cent personnes furent tuées ou grièvement blessées dans cette malheureuse journée, où l'on vit quatre ou cinq cents officiers du roy ou principaux bourgeois de la capitale du royaume, de tous les ordres, exposés à la fureur de tant de cruels meurtriers qui, sans distinction, tiroient sur les uns et sur les autres, en telle sorte que la plus grande partie de ceux qu'ils firent périr estoient de leur party et de leurs amis; ce qui fut cause que quelques uns de l'assemblée signèrent l'union que les princes désiroient, très heureux de mettre leur vie en sûreté, par ce moyen, qui couroit fortune autrement. »

Les insurgés avaient repoussé et menacé le curé de Saint-Jean en Grève, qui était accouru pour apaiser les troubles, revêtu de ses habits sacerdotaux et portant le Saint Sacrement. Ils obéirent à la voix de Mademoiselle et du duc de Beaufort, qui firent sortir en sûreté les bourgeois de l'Hôtel-de-Ville. Le prince de Condé nomma ensuite prévôt des marchands le célèbre conseiller Broussel, à la place d'Antoine Lefèvre, et composa le conseil de ville avec ses partisans. Mais lorsque l'ordre fut rétabli, toutes ces nominations furent abolies, et le cardinal Mazarin vint, l'année suivante, assister à l'Hôtel-de-Ville à une fête magnifique, célébrée en son honneur (1). Humblement soumis aux

(1) Anquetil, t. VII, p. 432.

ordres de la cour, les officiers de la ville ne s'occupèrent plus de politique, et leur administration n'en fut que meilleure.

En 1684, le prévôt des marchands, Robert de Pomereu, dans son enthousiasme pour Louis XIV, *fonda*, dit Félibien, *un panégyrique* en l'honneur du grand roi ; cet éloge devait être prononcé tous les ans devant le bureau de la ville (1). Louis XIV et son successeur confirmèrent les immunités et priviléges de la capitale, et accordèrent au prévôt des marchands, aux échevins et aux autres officiers municipaux des titres de noblesse, *à condition que ni les uns ni les autres ne pourraient faire d'autre commerce que le commerce en gros* (2).

Je trouve dans Félibien des détails précieux sur un festin magnifique offert à Louis XIV par le prévôt des marchands. « L'année 1687, dit cet historien (3), est une époque d'éternelle mémoire pour la ville, à cause de l'honneur que lui fit le roy Louis XIV de disner à son hostel commun, lorsqu'il vint à Paris rendre grâces à Dieu, dans l'église Notre-Dame, de la santé qu'il lui avoit rendue. Le samedi 25 janvier, le prévost des marchands receut ordre de se trouver le dimanche matin au lever du roy. S'y estant rendu, il fut introduit dans le cabinet du roy, qui lui dit qu'il avoit résolu d'aller entendre la messe le jeudi suivant, 30 du mois, à Notre-Dame, et d'aller ensuite disner à l'Hostel-de-Ville. Il lui ordonna de préparer une table de vingt-cinq couverts pour lui, et quelques autres de quinze à vingt couverts pour les seigneurs de sa suite, et lui dit qu'il mangeroit de tout ce qui lui seroit présenté. Le prévost demanda si le roi voudroit estre servi par les officiers de la ville. Le roy respondit qu'il se confioit assez aux habitants, pour estre persuadé qu'il n'avoit aucune précaution à prendre, et qu'il ordonnoit aux officiers de la ville de le servir. Il ordonna en mesme temps au sieur de Livri, premier maistre d'hostel, de donner au prévost des marchands tous les officiers qu'il demanderoit. Le lendemain, le sieur de Livri, estant venu à l'Hostel-de-Ville, dit que le roy demandoit une table de trente-cinq couverts au lieu de celle de vingt-cinq : à l'instant des ordres furent donnez aux officiers de la bouche et du gobelet du roy d'aller enlever partout ce qui se trouveroit de plus exquis, et l'on envoya jusqu'à Rouen chercher des veaux de rivière. On alluma du feu dans toutes les chambres de l'Hostel-de-Ville et l'on prépara en diligence tout ce qui estoit nécessaire. La table fut dressée le mardi, et les officiers de ville s'exercèrent au service. Le mesme jour fort tard, le prévost des marchands receut une lettre du marquis de Seignelay, par laquelle il lui marquoit que le roy ne vouloit pas qu'on tirast le canon à son arrivée ni à sa sortie, mais qu'il agréeroit qu'on fist sur le soir des feux de joie par toute la ville, que les boutiques fussent fermées ce jour-là, et qu'il y

---

(1) Voy. l'article que j'ai consacré à l'histoire de l'*Université*, p. 205.—(2) Félibien, t. II, p. 1526. — (3) Félibien, *ibid*, p. 1515 et suiv.

JEAN LE BON.

eust un feu d'artifice devant l'Hostel-de-Ville. Le mesme jour le prévost des marchands receut une lettre de cachet du roy qui lui ordonnoit et aux eschevins, d'estre vestus de leur robbe de cérémonie le jour qu'il disneroit à l'Hostel-de-Ville. Le lendemain 29, le parlement ordonna que, lorsque le roy arriveroit dans la ville, les boutiques fussent fermées et que le soir il fust fait des feux par toute la ville. On régla aussi qu'il y auroit trois signaux, dont l'un marqueroit que le roy seroit à Notre-Dame, le second que l'on en seroit à l'élévation de la messe, et le troisième qu'elle seroit achevée ; que pour le premier signal la grosse cloche de Notre-Dame sonneroit en faux bourdon, que pour le second on exposeroit un estendard blanc sur les tours de Notre-Dame, et que pour le troisième les deux grosses cloches sonneroient. Le roy estant parti de Versailles le 30, arriva à Paris avant midi par la porte de la Conférence, au dehors de laquelle il trouva une prodigieuse multitude d'habitants qui suivirent son carrosse jusqu'à Notre-Dame où il fut receu par l'archevesque et son chapitre. Après y avoir entendu la messe, il se rendit à l'Hostel-de-Ville, accompagné du dauphin, de la dauphine et des autres princes, princesses, seigneurs et dames de sa cour. Il fut receu à la porte de l'Hostel-de-Ville par le prévost des marchands, les eschevins, le procureur du roy, le greffier et le receveur, tous vestus de leurs robbes de velours, et conduit à la grande salle, où sa table, par son ordre, avoit esté augmentée de vingt couverts, en sorte qu'il y en avoit cinquante-cinq. Le prévost des marchands donna la serviette au roy et le servit. Geoffroy, premier eschevin, servit monseigneur le dauphin ; madame la dauphine fut servie par la présidente de Fourcy ; Monsieur fut servi par Gayot, second eschevin ; Madame, par Chupin, troisième eschevin ; le duc de Chartres, par Sanguinière, dernier eschevin ; Mademoiselle, par Titon, procureur du roy ; mademoiselle d'Orléans, par Mitantier, greffier ; et la grande-duchesse de Toscane, par Boucot, receveur. Les conseillers et quarteniers en robbes servirent monsieur le prince, madame la princesse de Condé, le duc de Bourbon, le duc du Maine, le comte de Toulouse et les princesses et dames qui estoient à la mesme table, qui estoit faite en forme de fer à cheval, et fut servie de cette sorte : Trois huissiers de la ville, avec leurs robbes mi-parties, marchoient à la teste des services sur trois files, et ensuite trois maistres d'hostel, celui de la ville au milieu. Les plats estoient portez par six vingts archers de la ville, revestus de leurs casaques ordinaires, l'espée au costé sans bandoulières, conduits par leur colonel et par leurs autres officiers sur trois lignes. Le maistre d'hostel de la ville mettoit les plats sur la table devant le roy. Le premier service fut de cent cinquante plats ou assiettes, le second de vingt-deux grands plats de rôti, vingt et un plats d'entremets et soixante-quatre assiettes, et le troisième service, qui estoit le fruit, fut servi avec la mesme abondance, avec une quantité de fleurs extraordinaires, quoique la gelée fût des plus fortes, et ensuite on servit toutes sortes de liqueurs. Pendant tout le repas, on eut le plaisir de la symphonie que donnèrent les vingt-quatre violons et les hautbois du roy placés sur un amphithéâtre. Les autres tables, de vingt-cinq couverts chacune, pour les seigneurs et pour la suite de la cour, furent servies en mesme temps avec une pareille magnificence, l'une dans le bureau, deux dans la salle des colonels, et une quatrième dans celle du greffier. Chacune estoit servie par deux maistres d'hostel et un controlleur avec d'autres officiers. Après que le roi se fust levé de table et qu'il eust receu la serviette du prévost des marchands, il entra dans la chambre des conseillers de ville, et la dauphine dans celle qui lui avoit esté préparée dans l'appartement du greffier. Le roi se montra à la fenestre à une multitude infinie de peuple assemblé dans la Grève, qui ne cessa de crier *vive le roy !* dès le moment qu'il parut. Outre les tables préparées pour le roy, les princes et leurs officiers, il se fit en mesme temps, tant au-dedans de l'Hostel-de-Ville qu'au bureau préparé au-dehors auprès du Saint-Esprit, des distributions de pastez, de langues et de viandes froides, de pain et de près de sept mille bouteilles de vin, outre celui qui coula tout le jour à quatre fontaines dans la place de Grève. Le roy, après avoir tesmoigné sa satisfaction au prévost des marchands, fit assembler sur une ligne les eschevins, le procureur du roy, le greffier, le receveur, les conseillers et quarteniers, le prévost des marchands à leur teste, leur parla presque à tous, et leur marqua qu'il estoit très content de la ville. Le prévost des marchands demanda au roy la liberté de quelques prisonniers qui estoient dans l'Hostel-de-Ville, et il la lui accorda, à condition que ceux qui estoient arrestez pour dettes ne seroient élargis qu'après que leurs parties auroient esté satisfaites. Le roi s'en retourna par la place des Victoires, pour voir le monument que le duc de la Feuillade avoit fait élever à son honneur. Mademoiselle d'Orléans demeura à l'Hostel-de-Ville pour voir tirer le feu d'artifice qui fut suivi d'un bal qui dura jusqu'au lendemain matin. Le prévost des marchands et les eschevins firent faire quelque temps après un tableau représentant le roy disnant avec toute sa cour à l'Hostel-de-Ville, et servi par les officiers du bureau. » Le souvenir de cette mémorable visite du grand roi fut consacré par un monument dont je parlerai tout-à-l'heure.

L'administration municipale de Paris se composait, sous le règne de Louis XV, du prévôt des marchands, de quatre échevins, du procureur du roi, du greffier et du receveur. Outre ces huit magistrats qui formaient le *bureau de la ville*, il y avait vingt-six conseillers, un avocat du roi, un substitut, seize *quarteniers* (1), soixante-quatre cin-

(1) « Les quarteniers sont commis pour veiller dans les quartiers de la ville, à ce qu'il ne s'y passe rien de préjudiciable au repos public. C'est à eux à qui le prévost

quanteniers, deux cent cinquante-six *dixeniers*, quatre *procureurs postulants* et d'autres officiers subalternes. Trois compagnies de cent archers formaient la garde de l'Hôtel-de-Ville.

Lorsque la municipalité de Paris eut été reconstituée en 1789 (1), elle siégea également à la *maison commune*, et cet édifice fut alors le théâtre de graves et curieux événements. Le 14 juillet, les électeurs de Paris se réunirent à l'Hôtel-de-Ville, rendirent une ordonnance qui fixait l'état de la milice bourgeoise, et envoyèrent une députation auprès de Delaunay, gouverneur de la Bastille, pour lui demander des armes. Quelques heures après, le peuple, maître de l'antique forteresse, revint en triomphe, et dans son exaspération, il massacra sur les marches de l'Hôtel-de-Ville le respectable De Losme, major de la Bastille, et l'infortuné Delaunay. Le dernier prévôt des marchands, Flesselles, devint également la victime de la fureur populaire (2). Le lendemain, l'illustre Bailly fut nommé son successeur sous le titre de maire de Paris, et le commandement de la milice bourgeoise fut donné à un homme dont le nom est devenu depuis si populaire, le général Lafayette. Deux jours après, le vendredi 17 juillet, toute la population prit les armes pour recevoir Louis XVI. Bailly, à la tête de la municipalité, attendit le roi à la barrière de Passy, et lui présenta les clefs de la capitale sur un plat d'argent : « Sire, lui dit-il, j'apporte à Votre Majesté les clefs de sa bonne ville de Paris; ce sont les mêmes qui ont été présentées à Henri IV. Il avait reconquis son peuple : ici, c'est le peuple qui a reconquis son roi. » Louis XVI descendit les quais au milieu d'une multitude armée, qui ne faisait entendre que les cris de *vive la nation*, tandis que la musique de la ville exécutait l'air populaire de Grétry : *Où peut-on être mieux qu'au sein de sa famille*. Enfin il arriva à la grande salle de l'Hôtel-de-Ville, en passant sous une voûte de piques et d'épées, croisées sur sa tête en signe d'honneur. Cependant, lorsqu'il s'assit sur le trône, quelques cris de *vive le roi* se firent entendre, et après le discours de Lally-Tolendal, Louis ayant répondu d'un ton ému : « Mon peuple peut toujours compter sur mon amour, » l'enthousiasme devint général. Le prince prit des mains de Bailly la cocarde tricolore, la mit à son chapeau et se présenta au peuple qui encombrait les quais et la grève; des acclamations de joie et des *vivat* retentirent aussitôt, et lorsque Louis XVI, après avoir confirmé l'élection de Bailly et de

---

des marchands et les eschevins adressent leurs ordonnances pour les distribuer aux cinquanteniers, qui en font part aussitôt à chaque dizenier, afin que l'ordre soit plus promptement exécuté dans toute la ville. » Félibien, t. I, p. 632. — Voy. pour plus de détails, Dubreuil, liv. III.

(1) Voy. l'*Hist. de Paris sous Louis XVI*.
(2) Voy. l'article *Prévôté des marchands*, p. 247.

Lafayette, sortit de l'Hôtel-de-Ville, il fut entouré d'une multitude ivre de joie, dont les transports l'attendrirent vivement.

Le 30 juillet, Necker, rappelé au ministère par le vœu du peuple, fut porté en triomphe à l'Hôtel-de-Ville. Mais un changement de ministère ne suffisait pas pour arrêter la révolution, et le peuple, plongé dans la plus grande misère, et accusant de tout le mal les partisans de la cour, se souleva le 5 octobre. L'insurrection commença dès le matin sur la place de Grève par un rassemblement nombreux des femmes de la Cité et du faubourg Saint-Antoine, qui demandaient du pain à grands cris. Bientôt elles repoussent à coups de pierre la garde nationale et envahissent l'Hôtel-de-Ville. Des brigands, ces hommes de sang qui jouent un rôle si horrible dans l'histoire de notre révolution, se précipitent sur leurs pas et s'emparent de deux pièces de canon et de tous les faisceaux. Ils sonnent le tocsin, et, des torches à la main, ils se disposaient à incendier l'hôtel, lorsque Stanislas Maillard, l'un des vainqueurs de la Bastille, arrive et prévient ce nouveau désastre. Le lendemain, à neuf heures du soir, le peuple ramenait la famille royale à Paris; elle fut reçue à l'Hôtel-de-Ville par Moreau de Saint-Mery, président des représentants de la commune.

Le 10 août, Danton et les autres chefs de la *commune insurrectionnelle* s'emparèrent de l'Hôtel-de-Ville. A quatre heures du matin, ils firent avertir le commandant de la garde nationale, qui était aux Tuileries, de comparaître devant eux. Mandat, qui ignorait le changement de municipalité, se rend aussitôt à la *maison commune*. On l'entoure, on l'accuse d'avoir donné l'ordre à ses troupes de tirer sur le peuple. Mandat se trouble, il est envoyé à l'Abbaye, et, comme il sortait, la populace l'assassine sur les marches de l'Hôtel-de-Ville.

Depuis le 10 août jusqu'au 9 thermidor, le conseil-général de la commune fut tout-puissant. Réuni à l'Hôtel-de-Ville, c'est là qu'il organisa les massacres de septembre et le système de la terreur. Lorsque les débris des girondins et les montagnards, indignés ou effrayés des crimes et des excès des Jacobins, eurent mis hors la loi Robespierre et ses complices (9 thermidor), le président Barras reçut l'ordre de marcher avec quelques uns de ses collègues et les bataillons des sections fidèles, sur la *maison commune*, où les *terroristes* préparaient une insurrection. Léonard Bourdon, membre de la convention, arriva le premier avec des troupes sur la place de Grève. Elle était couverte de gendarmes, de canonniers et de sectionnaires, accourus au son du tocsin pour défendre la commune. Un agent du comité de salut public, nommé Dujac, eut le courage de se glisser dans leurs rangs et de leur lire le décret de l'assemblée qui mettait hors la loi la faction de Robespierre. Les sectionnaires se retirèrent aussitôt; quelques uns même se réunirent aux troupes conventionnelles, et l'Hôtel-de-ville fut investi. On avait une

JEAN LE BON.

telle idée de la résolution des conspirateurs, et l'on était si étonné de les voir presque immobiles, qu'on hésitait à approcher. Léonard Bourdon craignait qu'ils n'eussent miné l'Hôtel-de-Ville (1). Un homme courageux osa pénétrer jusque dans la *maison commune*, et remettre à Payan le décret de la Convention. Payan le fit arrêter et lut à haute voix l'arrêt fatal; mais sa présence d'esprit ne l'abandonnant pas, il ajouta à la liste des personnes mises hors la loi *le peuple des tribunes*, ce qui n'était pas dans le décret. Il espérait ainsi trouver de nouveaux défenseurs, mais, contre son attente, le peuple des tribunes, frappé d'effroi, se dispersa aussitôt. Les conspirateurs, abandonnés à eux-mêmes, cernés par les conventionnels, tombent alors dans le plus violent désespoir. Coffinhal se jette sur l'infâme Henriot, commandant de la force armée, qui lui avait répondu des troupes en faveur de la commune, et le précipite par la fenêtre, en lui disant : « Scélérat, c'est ta lâcheté qui nous a perdus. » Lebas se tire en même temps un coup de pistolet, Robespierre le jeune se jette par une fenêtre, et son frère se décide enfin à se donner la mort, mais il ne se tue qu'à moitié. En ce moment, quelques hommes hardis, tels que Dulac et un gendarme nommé Méda, pénètrent dans l'Hôtel-de-Ville et se précipitent dans la salle du conseil; plusieurs détachements de la force-armée les suivent; on s'empare des officiers municipaux, et les membres de la redoutable commune, morts ou vivants, sont emportés triomphalement aux cris de *vive la république! vive la représentation nationale!*

A partir du 9 thermidor, la puissance de la commune fut annihilée; le conseil-général ne s'occupa désormais que de l'administration municipale. Lors de l'organisation de la France en préfectures, l'Hôtel-de-Ville devint la résidence des préfets de la Seine, et nous n'avons plus à enregistrer dans ses annales que l'historique des fêtes brillantes données par le corps municipal à Napoléon et aux princes de la branche aînée des Bourbons. Je trouve à ce sujet dans le *compte rendu de l'administration du département de la Seine* (1836), par M. de Rambuteau, un document curieux sur les sommes énormes qu'ont coûtées les fêtes célébrées à l'Hôtel-de-Ville depuis le commencement de ce siècle. En voici le relevé :

Sacre de l'empereur.	1,745,646 fr.
Mariage de Marie-Louise.	2,670,932
Naissance du roi de Rome. . . .	600,000
Baptême du duc de Bordeaux. . .	668,000
Fêtes du Trocadéro.	800,000
Sacre de Charles X.	1,164,000
Total.	7,648,675

---

(1) M. Thiers, *Hist. de la révol. franç.*, t. VI, p. 467.

Le 28 juillet 1830, au matin, l'Hôtel-de-Ville fut envahi par le peuple. La garde royale parvint à l'en chasser ; mais, après un combat assez vif, les soldats furent obligés de battre en retraite dans la soirée du même jour. C'est à l'Hôtel-de-Ville que siégèrent les membres du gouvernement provisoire, et le duc d'Orléans, lieutenant-général du royaume, s'y rendit après l'abdication de Charles X pour entendre la déclaration des députés qui lui offraient la couronne.

Après avoir ainsi raconté brièvement les principaux événements dont l'Hôtel-de-Ville de Paris a été le théâtre, essayons de décrire ce qu'était à son origine cet édifice célèbre et les changements qu'il a subis jusqu'à nos jours.

L'hôtel Dauphin n'était qu'une petite maison à *deux pignons*, de fort médiocre apparence et enclavée dans les maisons bourgeoises. « Il y avoit deux cours, un poulailler, des cuisines hautes, basses, grandes et petites; des étuves accompagnées de chaudières et de baignoires; une chambre de parade, une autre d'audience, appelée le *plaidoyer*, une chapelle lambrissée, une salle couverte d'ardoise, longue de cinq toises et large de trois, sans plusieurs autres commodités (1). » Le corps municipal y fit exécuter diverses réparations, et l'on voit dans un compte de 1368, qu'en cette année Jean de Blois fut chargé de l'orner de peintures. « En 1434, dit Sauval, il y avoit un grand grenier pour l'artillerie. Mahiet ou Matthieu Biterne peignit la chambre qui tenoit au bureau, et l'embellit, à la façon du temps, de fleurs-de-lis et de rosiers entremêlés et rehaussés des armes de France et de la ville. » Mais l'*hôtel au Dauphin* ne pouvait représenter dignement, au milieu des accroissements de la capitale, le siége de la municipalité parisienne. L'administration acheta plusieurs maisons voisines, et sur leur emplacement et celui de l'hôtel Dauphin, on jeta les fondements d'une *Maison commune*, sous le règne de François I*er*.

« En l'an 1533, le 15 juillet, fut posée la première pierre du nouveau bastiment de l'Hostel-de-Ville, par messieurs maistre Pierre Viole, sieur d'Athis, conseiller du roy nostre sire en sa cour de parlement à Paris, prévôt des marchands, et maistres Gervais l'Archer, Jacques Boursier, Claude Daniel et Jean Barthélemy, eschevins, lesquels avoient chacun une truelle argentée pour prendre du mortier fait de sable et de chaux. Sur laquelle pierre estoit une lame de cuivre, où estoient gravées les armes du roy, et aux deux costez les armes de la ville, avec cet escrit : *Facta fuerunt hæc fundamenta*, etc.... Pendant que l'on faisoit l'assiette de ceste pierre, sonnoient les fifres, tambourins, trompettes et clairons, artillerie, cin-

---

(1) Sauval, t. II, p. 483.

quante hacquebutes à crocq de la ville, avec les hacquebutiers d'icelle ville qui sont en grand nombre. Et aussi sonnoient à carrillon les cloches de Saint Jean-en-Grève, du Saint-Esprit et de Saint-Jacques-de-la Boucherie. Aussi au milieu de la Grève, il y avoit vin défoncé, tables dressées, pain et vin pour donner à boire à tous venants, en criant par le menu peuple à haute voix : *Vive le roy et messieurs de la ville !* (1) »

Le premier et le second étages de cet édifice étaient élevés en 1549 (2). On changea alors le dessin, et on arrêta les constructions. Un nouveau plan qui modifiait le premier fut présenté à Henri II et adopté; c'est celui des bâtiments que nous voyons aujourd'hui. Un artiste italien, **Dominique Boccadoro**, dit *Cortone* ou *de Cortone*, auteur de ce plan, fut chargé de son exécution, que les circonstances malheureuses du règne de Charles IX et de Henri III firent momentanément suspendre. L'Hôtel-de-Ville fut enfin achevé, en 1606, sous le règne de Henri IV, par les soins du célèbre prévôt des marchands François Miron, et sous la direction d'André du Cerceau, qui fit quelques changements au plan de l'architecte italien. Le vénérable prévôt, qui malheureusement a trouvé depuis trop peu d'imitateurs, donna neuf cents livres de ses propres deniers et plus de vingt-deux mille livres de droits attachés à sa charge, pour les derniers travaux de la façade. Il fit faire les ornements, le grand perron, les escaliers, le portique, et plaça sur le cintre qui surmonte la porte d'entrée la statue équestre de Henri IV. Cette grande figure de bas-relief *en couleur de bronze* (3) passait pour être le chef-d'œuvre de P. Biard, habile sculpteur du temps, disciple de Michel-Ange. Il avait, dit-on, voulu imiter la statue de Marc-Aurèle, placée à Rome au milieu de la place du Capitole. Dégradée pendant les troubles de la Fronde, le 4 juillet 1652, cette figure, *qui est peut-être*, dit Sauval, *le seul excellent portrait qui nous reste du grand prince*, fut assez mal restaurée par Biard le fils; détruite en partie pendant la révolution, elle fut remplacée sous l'empire par la statue de Napoléon, et en 1815 par un bas-relief en plâtre, dû au talent de M. Gaulle. Enfin on vient de rétablir ce bas-relief en bronze.

Le corps municipal, en témoignage de sa reconnaissance envers Louis XIV, avait fait placer au-dessus de la porte cette inscription,

(1) Dubreuil, p. 678.

(2) « L'architecte, dit Félibien, avoit 250 livres de gages; Asselin, maître des œuvres de la ville et commis à la surintendance de la charpente, en avoit 75; et Chambiche, tailleur de pierres, maçon et conducteur des ouvriers, 25 sous par jour. » T. I, p. 619.

(3) Quelques historiens, parmi lesquels nous citerons M. Dulaure, t. III, p. 353, ont cru que cette statue, chef-d'œuvre de Pierre Biard, était en bronze. Le passage suivant de Sauval dément cette assertion : « La statue équestre de Henri IV, dit-il, sculptée au-dessus du portail, est de *pierre de Troussi*, aussi bien que la meilleure partie de l'édifice. Biard le père *l'a taillée dans la masse*. » T. III, p. 9.

gravée en très grands caractères dorés sur un fond de marbre de Dinan : *Sub Ludovico magno felicitas urbis*. En 1793, la commune y fit graver les sentences suivantes (1) :

> Obéissez au peuple, écoutez ses décrets.
>
> Il fut des citoyens avant qu'il fût des maîtres.
>
> Le peuple par ses rois fut long-temps abusé ;
> Il s'est lassé du sceptre, et le sceptre est brisé.

La façade de l'Hôtel-de-Ville présente un vaste corps de bâtiment, flanqué de deux pavillons plus élevés (2), et dont le premier étage est percé de treize fenêtres et orné de niches. Cette architecture a été vivement critiquée ; elle n'est point cependant sans mérite, quoique le style n'en soit pas partout d'un goût très pur. Malgré d'incontestables défauts, on peut regarder l'Hôtel-de-Ville de Paris, soit par son ordonnance générale, soit par ses riches détails, comme un des monuments les plus remarquables de l'époque de la renaissance (3). Le corps du bâtiment est surmonté d'une campanille, où fut placée, en 1781, cette magnifique horloge qu'on voit encore aujourd'hui, et dont le cadran est éclairé pendant la nuit. Cette horloge est l'ouvrage du célèbre Jean-André Lepaute. La campanille renfermait aussi la cloche qui donnait le signal des fêtes publiques (4).

On arrive à l'Hôtel-de-Ville par un perron extérieur. Après avoir traversé un vaste vestibule, on monte un second escalier, et l'on arrive ainsi à la cour, qui est peu spacieuse. Elle est entourée de portiques d'un bon style, admirablement décorés par J. Goujon. La frise contenait autrefois trente inscriptions, gravées en lettres d'or, qui rappelaient les principaux événements du règne de Louis XIV, depuis l'an

---

(1) *Paris pittor.*, t. II, p. 2.

(2) Je lis dans la *Description de Paris*, par Brice : « On condamne fort le prévôt des marchands qui était en charge lorsque l'édifice de l'Hôtel-de-Ville fut entrepris ; lequel, pour se venger, ou pour faire de la peine au curé de Saint-Jean avec qui il avait un démêlé, fit placer ce bâtiment comme il est afin de cacher le portail de l'église, qui aurait cependant produit un très bel effet s'il avait occupé une face entière de la Grève, comme le premier dessein en avait été arrêté. Cette disposition se serait trouvée d'autant plus avantageuse qu'elle aurait rendu la place plus grande qu'elle n'est, au moins d'un tiers. » T. II, p. 123.

(3) « Quant aux choses qui méritent d'être regardées, dit Sauval, les plafonds des portiques de la cour, la délicatesse des ornements qui y sont sculptés, les rosons des rampes de l'escalier fouillés et si finis qu'ils semblent être suspendus en l'air, ouvrage du Toulousin, sont des choses que les curieux admirent, aussi bien que les têtes de Méduse du portail, qui font peur tant elles sont hideuses et bien exécutées ; au reste, la dernière entreprise de Perlan, le meilleur fondeur de notre temps. » T. II, p. 483.

— Brice, t. II, p. 121. — (4) Cette cloche sonnait pendant trois jours et trois nuits sans discontinuation à la naissance des Dauphins.

1660 jusqu'en 1689 (1). Ces inscriptions étaient dues au savant André Félibien, père de l'historien de ce nom. Sous l'arcade qui fait face à l'entrée de l'hôtel, entre deux colonnes ioniques de marbre, avec chapiteaux et ornements de bronze doré, se trouve la statue pédestre de Louis XIV, jetée en bronze par Antoine Coysevox, en 1687, et considérée comme l'un des meilleurs ouvrages de cet artiste. Le monarque est habillé en triomphateur romain, mais il porte l'énorme perruque en usage au XVIIe siècle; il est appuyé d'une main sur un faisceau d'armes qui s'élève du milieu d'un trophée, et de l'autre il semble donner des ordres. Le piédestal est de marbre blanc, sans aucune inscription. Avant la révolution il était aussi de marbre blanc; mais les faces étaient chargées de deux bas-reliefs et de deux inscriptions, latine et française. Le premier bas-relief représentait le roi distribuant du pain et d'autres aliments à des pauvres pressés par la faim, et rappelait ainsi un trait honorable de la vie du monarque (1662). Le second montrait la Religion triomphante de l'hérésie qu'elle foudroyait; la foudre de l'ange tutélaire de la France était composée de fleurs-de-lys et de rayons de soleil (ce morceau faisait allusion à la révocation de l'édit de Nantes en 1685). Outre les inscriptions des faces en l'honneur de Louis XIV, on en avait gravé deux autres sur deux lames de cuivre, qui avaient été déposées avec des médailles sous le piédestal de la statue. Voici l'inscription française : « *La ville de Paris a fait dresser ce monument éternel de son respect, de sa fidélité et de sa reconnaissance dans cet hôtel public de ses assemblées, pour conserver la mémoire de l'honneur que lui fit* LOUIS-LE-GRAND, *le 30e jour de janvier de l'année 1687, y dînant avec toute la maison royale, servi par les prévôt des marchands, échevins, conseillers et quarteniers, après avoir rendu à Dieu, dans l'église métropolitaine de Notre-Dame, de solennelles actions de grâces pour le recouvrement de sa santé que tous nos citoyens avaient demandé au ciel par de très instantes prières* (2). » La statue de Coysevox, mutilée et enlevée de sa place en 1793, était restée cachée dans les magasins du Roule; elle a été replacée en 1814, et habilement restaurée par les soins de MM. Dupasquier, sculpteur, et Thomire, fondeur.

Il y avait auparavant, dans cette même cour, une autre statue pédestre de Louis XIV, en marbre blanc, de Gilles Guérin; mais comme l'attitude de cette figure rappelait, dit Piganiol (3), le souvenir d'événements dignes d'un éternel oubli, le roi, se rendant à l'Hôtel-de-Ville en 1687, ordonna que cette statue en fût enlevée, et la donna au prévôt des marchands, Henri de Fourcy, qui la fit transporter dans les jardins de sa maison de Chessi.

(1) Voy. Brice, *ibid.* — (2) Piganiol, t. IV, p. 101. — (3) *Id. ibid.*

La cour de l'Hôtel-de-Ville était entourée des portraits en médaillons de plusieurs prévôts des marchands ; on en voyait encore quelques traces en 1817. Depuis, la cour ayant été ragréée et remise à neuf, ces précieuses peintures ont complétement disparu.

L'Hôtel-de-Ville, enrichi et décoré avec soin sous les successeurs de Miron, a été dépouillé, pendant la révolution, de presque tous les ouvrages d'art qui rappelaient le gouvernement déchu. L'antichambre de la *salle des Gouverneurs* était ornée d'un tableau peint par de Troy père, à l'occasion de la naissance du duc de Bourgogne, père de Louis XV. La salle, au fond de la cour, contenait les portraits en pied des gouverneurs de Paris, à partir du duc de Bournonville (1) ; sur la cheminée, le portrait de Louis XV, donné en 1736 par ce roi, et un grand tableau de Carle Vanloo, représentant Louis XV, assis sur son trône, recevant les hommages du prévôt et des échevins de Paris, à l'occasion de la paix de 1739. Dans la salle d'*Audience* ou du *Conseil*, on remarquait, parmi plusieurs tableaux, l'Entrée de Henri IV à Paris, et celle de Louis XVI dans cette ville, après le rétablissement des parlements, en 1774. On voyait dans la *grande salle* ou *salle du Trône* des ouvrages d'artistes célèbres. Je citerai entre autres un beau tableau de Nicolas Largillière, dont le sujet était le Festin donné par la Ville à Louis XIV ; le Mariage du duc de Bourgogne avec Marie-Adélaïde de Savoie, par le même ; Louis XV accordant à la Ville des lettres de noblesse, par Louis de Boullongne, etc., et des tableaux de François Porbus, dit *le Jeune*, représentant des prévôts et des échevins de la ville. Ces dernières toiles étaient estimées de tous les amateurs (2). La salle du Trône, qui a cent pieds de longueur, est terminée, à chaque extrémité, par une vaste cheminée, ornée de persiques, cariatides bronzées, et de figures allégoriques couchées sur des plans inclinés, terminés par ces enroulements si communs au temps de Henri IV, époque où ces cheminées paraissent avoir été construites. Ce fut dans cette salle que siégèrent, pendant la révolution, les représentants de la terrible commune de Paris. On y a célébré depuis toutes les fêtes données par la Ville.

(1) Brice, t. II, p. 138.
(2) « A l'égard de ces tableaux, les uns sont posés dans les cheminées qui terminent les deux bouts de la grande salle ; cet excellent peintre y a représenté Louis XIII recevant les serments du prévôt et des échevins, en présence de Marie de Médicis, sa mère, du chancelier et de quelques grands du royaume. Au reste, tout y est animé, vivant ; les têtes en sont peintes avec une facilité incroyable, ou plutôt inimitable. Il y en a où l'imprimerie de la toile sert de teinte ; les poils y sont si bien touchés et si bien distingués qu'on pourrait les compter. Outre ces beaux tableaux, la même salle est encore enduite de quantité d'autres portraits peints en concurrence par les plus célèbres peintres de notre temps, et qui pourtant, auprès des deux Porbus, ne paraissent que des peintures de village ou du pont Notre-Dame. » Sauval, t. II, p. 483.

Il avait été question, vers le milieu du dernier siècle, de faire construire un Hôtel-de-Ville au quai Conti, sur l'emplacement qu'occupe actuellement l'hôtel des Monnaies. La ville de Paris fut même autorisée, par un arrêt du conseil du 22 août 1750, à acquérir les terrains pour la somme de 160,000 livres. Mais ce projet fut bientôt abandonné (1), et l'édifice de Dominique Boccadoro resta la *maison commune*. En 1801, le premier consul y plaça la préfecture du département de la Seine et l'administration municipale de Paris, et ordonna, en conséquence, de nouveaux travaux, dont la direction fut confiée à M. Molinos, architecte. Une distribution nouvelle eut lieu dans les principales parties de l'édifice, qui fut réparé avec goût; ses dépendances furent ensuite considérablement étendues par la réunion des bâtiments de l'église du Saint-Esprit (2) et d'une partie de l'église Saint-Jean. L'hôtel particulier du préfet de la Seine fut construit sur l'emplacement de l'église du Saint-Esprit. On y remarquait trois pièces (antichambre, salle de billard, salon de réception), qui, décorées d'un style uniforme, et n'étant séparées que par des cloisons mobiles, ne faisaient à volonté qu'une seule pièce, qu'on nommait alors *salle des Fastes*. La *salle Saint-Jean*, seul reste de l'église de ce nom, offrait un vaste parallélogramme, éclairé par le haut et décoré de douze colonnes corinthiennes, en arrière desquelles régnait une galerie latérale; elle était destinée aux assemblées publiques et aux séances solennelles de diverses sociétés savantes. Une autre salle très vaste, pratiquée dans les galeries Saint-Jean, fut destinée, en 1817, à la bibliothèque de la Ville, qui occupait encore ce local l'an dernier (1838). C'est dans cette pièce que s'est tenue la célèbre assemblée des Israélites, connue sous le nom du *Grand Sanhédrin*. Plusieurs sociétés utiles et savantes s'y réunissaient, entre autres la Société royale d'agriculture. La *salle du Zodiaque*, à côté de la grande salle, dont les sculptures sont dues à Jean Goujon (3), servait de cabinet au secrétaire-général de la préfecture, et le *Salon-Vert* était devenu le cabinet du préfet. Enfin, pour la célébration des fêtes qui eurent lieu, après la guerre d'Espagne de 1823, en l'honneur du duc d'Angoulême, on construisit une vaste salle sous le nom de *salle du Trocadéro* ou *d'Angoulême*. Depuis 1830, elle a pris celui de *salon du Jardin* ou de *Grand-Salon*.

Malgré les travaux entrepris à l'Hôtel-de-Ville sous l'empire et sous la restauration, cet édifice était incommode et incomplet sous le rapport de ses dimensions, de ses dispositions intérieures et de ses abords; en un mot, il ne pouvait satisfaire depuis long-temps aux exigences du ser-

---

(1) On renouvela cependant plus tard ce projet de translation. L'architecte, M. Godde, ayant été consulté, fit observer avec raison que l'emplacement actuel de l'Hôtel-de-Ville est le seul convenable, puisque le siége de la municipalité se trouve ainsi au centre de la ville. — (2) Voy. plus bas l'*Hôpital du Saint-Esprit*. — (3) Brice, t. II, p. 138.

vice et ne répondait point à la dignité de l'administration dont il est le siége. On se décida enfin à l'agrandir et à le restaurer. Voici comment M. de Rambuteau s'exprime à ce sujet dans le *compte rendu de l'administration du département de la Seine*, en 1836 : « Le projet de MM. Godde et Lesueur, rédigé d'après le programme de l'administration, et adopté par le conseil municipal, le 25 mars 1836, a été approuvé depuis par le conseil des bâtiments civils et par le ministre de l'intérieur. Les architectes, en s'inspirant du beau style de la renaissance, se sont montrés dignes dans cette œuvre de la mission délicate qui leur avait été confiée, en sorte que les nouvelles constructions projetées seront non seulement en parfaite harmonie avec les anciennes, mais rempliront de la manière la plus complète les données du programme, sans imposer aucun sacrifice aux constructions actuelles, qui seront conservées dans toute leur intégrité. Suivant ce projet, les nouvelles constructions consisteront dans deux ailes ajoutées à droite et à gauche de la façade actuelle, l'une allant à la rencontre de la rue projetée *Louis-Philippe* (qui doit aboutir d'un côté au Louvre, et de l'autre à la barrière du Trône), avec laquelle, par une circonstance heureuse, elle se trouvera d'équerre ; l'autre aile, en tout pareille à la première, s'étendant vers le quai. Deux façades latérales à angle droit avec la façade principale seront construites, l'une sur cette rue projetée, et l'autre sur le quai. Elles seront liées ensemble par la façade postérieure à l'est, laquelle complétera le parallélogramme, et formera le périmètre du nouvel Hôtel-de-Ville. La façade du quai sera précédée d'une terrasse en hémicycle, principalement destinée à l'isoler de la voie publique. La sculpture et la peinture concourront à compléter la décoration de ce monument. Il a été décidé que les niches pratiquées à la hauteur du premier étage de la façade principale recevraient des statues en pierre, et que ces statues représenteraient les hommes qui, par leurs services et leur illustration, ont le mieux mérité cette distinction municipale. Le système de décoration sera complet, si, comme il y a lieu de l'espérer, le conseil municipal adopte le projet de faire décorer les salles destinées aux grandes réceptions, par des peintures où sera reproduite l'histoire de l'Hôtel-de-Ville et celle des principaux faits qui s'y sont passés. De cette manière, l'Hôtel-de-Ville deviendra un monument complet, unique en Europe, et dont Paris et la France devront s'enorgueillir. L'exécution du projet sera entreprise dans les premiers mois de 1837. La dépense, sans y comprendre les acquisitions qui doivent avoir pour objet l'agrandissement et l'isolement de l'Hôtel-de-Ville, ainsi que la formation de ses abords, est évaluée à 5,716,000 fr. D'après les dispositions prises par l'administration, les travaux pourront être achevés en quatre années. »

Ce vaste et utile projet, qui fait honneur au goût et au talent de

MM. Godde et Lesueur, s'exécute, non seulement avec le plus grand soin, mais encore avec un zèle dont on trouve peu d'exemples. Seize statues formant la décoration de la façade principale viennent d'être placées, et bientôt le prolongement de cette façade permettra d'en augmenter le nombre. Les personnages historiques dont la reconnaissance municipale a fait choix, sont, jusqu'à présent : saint Landri, fondateur de l'Hôtel-Dieu, le belliqueux évêque Gozlin, l'évêque Maurice de Sully, les prévôts de Paris Etienne Boileau, Hugues Aubriot, les prévôts des marchands J. Juvenal des Ursins, P. Viole et François Miron, l'immortel sculpteur Jean Goujon, les architectes Pierre Lescot et Ph. Delorme; les peintres Le Brun et Lesueur ; l'ingénieur Perronet, Turgot, Bailly. L'aile qui s'étend vers le quai et la façade latérale sur la rivière sont presque entièrement construites, et les travaux se poursuivent chaque jour avec une nouvelle activité.

Hôpital, église et confrérie du Saint-Esprit, place de Grève. — « Il se trouve, dit un ancien historien, qu'ès années 1360, 1361 et 1362, à cause des guerres qui estoient en France, le peuple se trouva réduict en grande nécessité : de sorte que grand nombre d'enfans, orphelins de père et de mère, demeuroient à Paris, gisans ès rues sans aucune retraite. De quoy esmeues plusieurs bonnes personnes retirèrent en divers lieux quantité d'iceux, l'Hôtel-Dieu n'ayant aucun moyen de les recevoir. Et considérans que les particuliers ne pourroient longuement porter ceste charge, plusieurs notables personnes, le 7 février 1362, allèrent vers révérend père en Dieu, messire Jean de Meulant, évesque quatre-vingt-huitième de Paris ; auquel firent entendre la nécessité et misère de ces pauvres enfans, qui périssoient de famine et de froidure, plusieurs d'eux gastez de mal de galle et de teigne, dont ils mouroient misérablement, et les pauvres filles violées de nuict. Ce qui causeroit de grands malheurs à la ville, s'il n'y estoit pourveu. Pour à quoy obvier, ledit sieur évesque leur donna permission d'instituer et ériger une confrairie du Saint-Esprit, aux fins de bastir un hospital, qu'ils nommèrent l'hospital des pauvres du Saint-Esprit, et donna par ses lettres à chacun des confrères quarante jours d'indulgences. Et pour s'acheminer ce pieux dessein, ils acheptèrent une maison et une grange en la place de Grève contre l'hostel du Dauphin à présent Hostel-de-Ville de Paris, où ils retirèrent ceste multitude de pauvres enfans, et y construisirent ledit hospital (1). »

---

(1) Dubreuil, p. 573.— Je lis dans l'*Histoire de Paris* de M. Dulaure que l'hôpital du Saint-Esprit fut fondé, en 1362, dans une maison de la rue Geoffroy-Lasnier, et qu'il ne fut transféré qu'en 1406 sur la place de Grève. Cet historien a copié l'abbé Lebeuf, qui, sur la foi d'un Pouillé de la confrérie du Saint-Esprit, fait remonter cette fondation au moins à l'an 1288, et qui ajoute : « Peut-être y a-t-il eu deux maisons de ce nom ; car on

Le pape Urbain V confirma cette fondation, et donna un an et quarante jours d'indulgence à ceux qui visiteraient ce nouvel hôpital. Ces indulgences furent renouvelées depuis par Grégoire IX et Clément VII. Les confrères du Saint-Esprit reçurent en même temps la permission d'élire quatre d'entre eux, *notables bourgeois, pour estre mestres gouverneurs desdites confrairie et hospital* (1). En 1406, ils firent construire la chapelle qui fut bénite le 4 août 1415, par Gérard de Montaigu, évêque de Paris, et dédiée solennellement le 17 juillet 1503. Lorsqu'on entreprit la construction de l'Hôtel-de-Ville, on eut besoin, pour régulariser le plan de cet édifice, d'un terrain en saillie qui appartenait à l'église du Saint-Esprit; la municipalité fut autorisée à disposer de ce terrain, en indemnisant l'hôpital. « On voit par l'arrêt du 26 juillet 1533, que cette saillie étoit de six toises et demie de long sur douze pieds de profondeur, et que la ville fut chargée de faire au pignon de devant de ladite chapelle un arc de vingt-huit pieds de haut sur autant de large, pour appliquer le dessous à l'augmentation de ladite chapelle, de faire construire un portail de pierres de taille, etc. (2). » En 1611, la ville fit reconstruire à neuf les deux voûtes de cette église et le petit clocher. Une inscription qui se trouvait à droite en entrant rappelait les libéralités des *messieurs de la ville*: « Du règne du très chrestien roy de France et de Navarre Louis XIII, et de la troisième prévosté de M. maistre Jacques Sanguin, seigneur de Livry, conseiller en la cour de parlement, et eschevinage de maistre Jean Lambert, cy-devant receveur-général des gabelles en la généralité de Soissons, Jean Chevenot, conseiller au Chastelet, Jean Perrot et Jean de la Noüe, eschevins, les deux voûtes de ceste église ont esté faictes et construictes, et le pavillon au-dessus parachevé, l'an de grâce M. DC. XI. Estant lors procureur du roy de la ville, M. Pierre Perrot, et M. Guillaume Clément, greffier (3). » En 1747, l'église du Saint-Esprit fut reconstruite en partie sur les dessins de Germain Boffrand, qui était, depuis 1728, architecte de l'hôpital général.

L'hôpital du Saint-Esprit s'accrut rapidement, et les rois en régularisèrent l'administration par de nombreuses ordonnances. On n'y recevait, d'après les derniers règlements, que des enfants légitimes de l'un et l'autre sexe, nés et baptisés à Paris, et dont le père et la mère étaient morts à l'Hôtel-Dieu. Ils y étaient admis avant l'âge de neuf ans,

m'a averti qu'on tient par tradition que la maison d'un plombier, qui est au haut de la rue Geoffroy-l'Asnier, est le lieu où a été d'abord établi l'hôpital du Saint-Esprit, et que la chapelle était où est la cave, dont le terrain était alors à rez-de-chaussée. » T. I, p. 150. Mais, comme l'a très bien fait observer Jaillot, cette tradition ne repose sur aucune preuve. J'ai donc cru devoir adopter la version de Dubreuil, qui est suivie par nos meilleurs historiens.

(1, Dubreuil, *ibid.* — (2, Jaillot, t. III, *Quartier de la Grève*, p. 23. — (3) Dubreuil, p. 574.

et l'on ne pouvait y recevoir ni bâtards, ni étrangers, ni enfants trouvés. Ces orphelins, dont l'uniforme était bleu (1), apprenaient à lire, à écrire et à calculer. En y entrant, leurs tuteurs ou proches parents donnaient 150 livres qu'on leur rendait à leur sortie, lorsqu'ils étaient en état d'apprendre un métier; cette somme servait à payer leur apprentissage. En 1539, le parlement permit aux administrateurs des *Enfants-Dieu* de quêter pour leurs élèves *avec la boîte ferrée et fermée;* mais les quêteurs ne purent entrer dans les églises : ils devaient se tenir à la porte (2). Enfin, en 1680, Louis XIV réunit cet hôpital à l'hôpital général de Paris.

La confrérie de Notre-Dame de Liesse, qui remontait à l'année 1413, était dans l'église du Saint-Esprit. Les premiers et principaux bienfaiteurs étaient Charles VI, Isabeau de Bavière, le duc de Guyenne leur fils aîné, Jacques du Chastelier, évêque de Paris, etc. Par un privilége spécial, il était défendu d'en ériger aucune autre du même nom. Chaque nouveau membre devait payer son admission par un grand repas; aussi cette association ne fut bientôt plus connue que sous le nom de *confrérie des goulus* (3). On voyait auprès du maître-autel, à main gauche, des vitraux sur lesquels étaient les portraits de Charles VI et d'Isabeau de Bavière.

L'église du Saint-Esprit était située au nord de l'Hôtel-de-Ville. En 1680, les bâtiments de l'hôpital furent abandonnés; on finit par les détruire, et un marché de friperie les remplaça. Quant à l'église, elle ne fut démolie en partie qu'en 1800. Les baraques en bois du marché disparurent à la même époque, et sur cet emplacement, on éleva, comme je l'ai déjà dit, l'hôtel du préfet de la Seine; mais l'architecte a conservé des anciennes constructions tout ce qui pouvait s'adapter au nouveau plan. Tout cela disparaît en ce moment dans les constructions nouvelles qu'on exécute pour l'agrandissement de l'Hôtel-de-Ville.

Collége des Allemands, rue du Mûrier, près la place Maubert. — Dubreuil, Du Boulay, Félibien et quelques autres historiens placent ce collége rue Traversine, au-dessous du collége de Navarre, et en fixent la fondation à l'année 1353. Mais, suivant Jaillot (4), il y a des preuves que cet établissement existait dès 1348, et qu'il était dans la rue Pavée, aujourd'hui rue du Mûrier. Le terrier de Sainte-Geneviève de 1380 énonce, à l'article de cette rue : « Les écoliers d'Allemaigne pour leur maison qui fut jadis Regnault de Cusances. » Le censier de 1540 fait mention, au même endroit, des *écoliers de la province des pauvres Allemands*; et dans celui de 1603, on indique une maison, rue du Mûrier, tenant d'une part à la nation d'Allemagne. Ce sont les seuls détails que

(1) Brice, t. II, p. 139. — (2) Félibien, t. I, p. 649. — (3) Piganiol, t. IV, p. 104. — Hurtaut, t. III, p. 241. — (4) T. IV, *Quartier de la place Maubert*, p. 107.

nous ayons sur ce collége, qui n'existait plus depuis long-temps à l'époque de la révolution.

Collège de Boncourt, rue Descartes, n° 21. — Pierre de Bécoud, chevalier, seigneur de Fléchinel, affecta, en 1357, une maison située sur la montagne Sainte-Geneviève (1), et quelques dîmes qu'il avait en Flandre, à l'établissement et dotation d'un collége « pour huit pauvres escoliers étudiants en logique et philosophie, qui auront chacun 4 sols par semaine ; lesquels doivent être pris et élus, toutes fois que le cas si offerra, en le évesquié de Thérouenne, excepté ce qu'il y a dudit évesquié au pays de Flandre (2). » Ces bourses devaient être à la nomination de l'abbé de Saint-Bertin, à Saint-Omer, et de celui de Saint-Eloi dans le diocèse d'Arras. Le collège reçut le nom du fondateur, qui fut depuis altéré et changé en celui de Beaucourd, Bécourt, et enfin Boncourt.

Le 18 novembre 1357, les deux abbés désignés par le seigneur de Fléchinel rédigèrent les statuts du collége de Boncourt. « Ils veulent que les boursiers estudient aux arts et en philosophie, et que pour estre admis ils n'aient pas plus de 50 livres parisis de rente en bénéfice ou de patrimoine. Ils leur assignent à chacun 4 sous parisis par semaine. Ils les logent deux à deux dans chaque chambre, et leur imposent l'obligation de dire le petit office de la Vierge. Ils leur permettent d'aller aux sermons qui se faisoient en latin en faveur des escoliers. Ils leur deffendent d'avoir ni colombier, ni escurie, et de nourrir des chiens ou des oiseaux sales, comme pigeons et tourterelles. Chacun, à son entrée, se fournira d'un lit garni et de vaisselle d'estain, qui demeureront au collége quand il en sortira. Après sept ans au plus les boursiers seront congédiez, pour faire place à d'autres. Dans la suite, si les revenus du collége augmentent, on pourra y establir un prestre chapelain, tiré du diocèse de Thérouanne (3). » En 1668, ces règlements furent changés par les abbés de Saint-Bertin et de Saint-Eloi (4).

Le collége de Boncourt, qui était de plein exercice, eut pour principal, en 1538, le célèbre Pierre Galland, depuis recteur de l'Université, et professeur d'éloquence et de grec au collége Royal. Galland, qui eut pour successeurs dans la principalité son neveu et son petit-neveu, s'appliqua à faire régner dans son collége une exacte discipline, et à faire fleurir l'enseignement par le choix des professeurs. Il reconstruisit en outre une partie des bâtiments. Cet établissement a eu plusieurs maîtres assez célèbres. Je citerai Bossulus, qui, après avoir enseigné

---

(1) Cette maison était probablement l'ancien hôtel de l'évêque d'Orléans. Jaillot, t. IV, *Quartier de la place Maubert*, p. 21. — (2) Voy. Félibien, *Preuves*, t. III, p. 440 et suiv. — (3) Félibien, t. I, p. 609. — (4) Félibien donne le texte de ce nouveau règlement, t. III, p. 445.

dans l'Université de Paris avec une certaine réputation, devint le précepteur de l'infortuné D. Carlos, fils aîné de Philippe II, et Pierre Marcassus, régent de troisième, en 1617. Ce savant, fort inconnu aujourd'hui, est l'auteur d'un assez grand nombre de romans, de poésies, de traductions, qu'on ne lisait pas, même de son temps; il quitta sa classe pour faire l'éducation du marquis du Pont de Courlay, neveu de Richelieu.

Le collége de Boncourt s'acquit, au XVIe siècle, une grande célébrité par ses représentations théâtrales (1). Etienne Jodelle, après avoir fait représenter sa tragédie de *Cléopâtre captive* à l'hôtel de Reims, la fit jouer de nouveau au collége de Boncourt (1552), en présence de Henri II. Jodelle lui-même jouait le rôle de Cléopâtre; les autres rôles étaient remplis par des poëtes de ses amis.

Le collége de Boncourt compta au nombre de ses pensionnaires Voiture (2), et le comte d'Avaux, ministre d'Etat, l'un des plénipotentiaires du traité de Munster.

Au mois de mars 1638, Louis XIII unit ce collége et celui de Tournai au collége de Navarre (3), mais celui de Boncourt conserva son nom (4). On communiquait de cet établissement au collége de Navarre par une galerie qui traversait la petite rue Clopin. La maison du seigneur de Fléchinel est occupée aujourd'hui par les bureaux de l'Ecole Polytechnique.

Collége de Justice, rue de la Harpe, n° 84. — Ce collége a pris son nom de son fondateur, Jean de Justice, chantre de Bayeux, chanoine de l'église de Paris et conseiller du roi. Justice avait acquis, à cet effet, quelques maisons du cens de l'Hôtel-Dieu, situées rue de la Harpe, entre l'hôtel de Clermont et les dépendances du collége de Bayeux; mais étant mort, le 2 septembre 1353, sans avoir pu exécuter son projet, ses exécuteurs y suppléèrent l'année suivante (5); et par un acte du 11 juil-

---

(1) La plupart des colléges avaient un théâtre à cette époque. Le 5 janvier 1516, le parlement fit venir les principaux des colléges de Navarre, de Bourgogne, des Bons-Enfants, du cardinal Lemoine, de Boncourt et de Justice, pour leur intimer l'ordre « de ne jouer, faire ou permettre jouer en leurs colléges *farces* ou autres jeux, contre l'honneur du roi, de la reine, de madame régente, des princes du sang, ni d'autres personnes étant auprès du roi. » Cette défense n'empêcha point la Sorbonne de faire jouer, en 1533, au collége de Navarre, une comédie satirique contre Marguerite de Valois, qui protégeait les calvinistes. J'en ai parlé dans l'*Histoire de la Sorbonne*, p. 219. — (2) Voiture avait suivi auparavant les cours du collége de Calvi. On trouve dans les recueils imprimés de ce collége, à la date de 1612, deux pièces du jeune littérateur, l'une en vers latins, l'autre en vers français, sur la mort de Henri IV. — (3) Voy. les articles que j'ai consacrés à ces deux colléges, p. 265 et 326 de ce volume. — (4) Piganiol, t. V, p. 198. — (5) Les auteurs ne s'accordent point sur l'année de cette fondation. J'ai suivi l'opinion très vraisemblable de Jaillot. T. V, *Quartier Saint-André*, p. 84.

let 1354 pour l'amortissement de ces maisons, « ils promirent payer à l'abbé de Saint-Germain-les-Prez, qui estoit alors Geoffroy de Coustures, la somme de 60 florins d'or appréciez à autant d'escus du coin du roy ; réservée à l'abbé toute justice, avec 12 deniers de rente foncière (1). »

Ce collège avait été fondé pour douze boursiers, dont huit du diocèse de Rouen, et par préférence pour les enfants du doyenné de Saint-Georges, et quatre de celui de Bayeux, étudiants en philosophie et en médecine, parmi lesquels devaient être choisis le principal, le chapelain et le procureur. En 1509, Etienne Haro, qui remplissait cette dernière place, donna 1,200 livres pour la fondation d'une bourse en faveur d'un enfant de chœur de l'église de Rouen. En 1554, le célèbre président du parlement, Pierre Lizet, né à Salers, petite ville de l'Auvergne, en fonda cinq autres. Il ordonna que deux de ces bourses fussent toujours données à ses parents ou à ses alliés, et à leur défaut, à des écoliers de la ville de Salers ou des lieux les plus proches ; et les trois autres à des orphelins de Paris ou des environs. Toutes ces bourses, à la réserve de deux, furent suspendues en 1761, pour fournir aux frais de la reconstruction des bâtiments (2).

Un ancien statut de cet établissement prescrivait qu'un écolier qui, au bout de six ans, ne serait pas en état de soutenir un acte dans la rue du Fouarre, serait privé de sa bourse et renvoyé (3).

Le collège de Justice fut réuni à l'Université en 1764. Devenu propriété particulière à la fin du siècle dernier, il était occupé, en 1812, par l'institution de M. Ruinet. Il fut démoli en 1814, et sur son emplacement, ainsi que sur celui du collège d'Harcourt qui était voisin, s'élève aujourd'hui le collège Saint-Louis (4).

Collége de Vendôme, à l'extrémité la rue de l'Eperon, entre les rues du Battoir et du Jardinet. — Je n'ai pu trouver aucun renseignement sur cet établissement. On sait seulement qu'il existait un collège de ce nom, rue de l'Eperon, en l'année 1367.

Petites écoles de Paris. — L'accroissement de Paris et la multitude des écoliers qui venaient de tous les pays étudier dans la capitale, obligèrent au moyen-âge l'autorité ecclésiastique à séparer les petites écoles des grandes ; elle établit alors, auprès des diverses paroisses de la ville, des maîtres chargés d'enseigner les préceptes de la religion et en même temps la lecture, l'écriture, le calcul, les éléments de la grammaire française ou latine, aux élèves trop jeunes ou trop peu instruits pour suivre les leçons qui se faisaient à l'Université et à l'école épiscopale.

---

(1) Félibien, t. I, p. 610. — (2) Jaillot, *loco cit.* — (3) Hurtaut, t. II, p. 450. — (4) Voy. *Collége d'Harcourt*, p. 263.

Ces écoles secondaires, placées sous l'autorité immédiate du chantre de Notre-Dame, furent nommées *petites écoles* pour les distinguer de celles où l'on enseignait des sciences plus élevées, et elles conservèrent ce nom jusqu'à la révolution française, époque à laquelle les établissements de même nature reçurent celui d'*écoles primaires* ou *élémentaires* (1).

Le plus ancien document qui concerne les petites écoles de Paris remonte jusqu'au milieu du xive siècle ; c'est un statut de l'an 1357. Cependant ces établissements sont plus anciens, puisqu'on en trouve déjà des traces dans le *rôle de la taille imposée en* 1292 par Philippe-le-Bel sur les habitants de la capitale. On compte en effet dans ce précieux document historique onze *mestres d'escoles*, établis dans un certain nombre de paroisses, et concourant à l'impôt en payant chacun le cinquantième de leur revenu (2). Enfin, on a conservé plusieurs lettres de maîtrise sur parchemin et scellées du cachet des chantres, qui portent la date de 1355 et 1356. Dans l'une de ces lettres. Vitalis de Primacho, nommé chantre en 1332, reconnaît en la délivrant que ses *prédécesseurs* avaient l'habitude de donner et de concéder le droit de tenir école (3). Toutefois j'ai cru devoir ne m'occuper qu'ici des petites écoles, parce qu'elles n'ont été réellement organisées qu'à cette époque.

Le règlement de 1357, rédigé en latin, contient vingt-neuf statuts dont les maîtres et maîtresses d'écoles juraient la fidèle exécution. « Leur devoir capital, en instruisant les enfants aux lettres, y est-il dit, est de les former ainsi aux bonnes mœurs et de les y porter par l'exemple d'une conduite édifiante. Ils doivent respecter le chantre comme leur supérieur, et lui rendre une parfaite obéissance. On ne donnera point les escoles à louage à d'autres. Tout homme qui sera procureur en quelque cour que ce soit ne pourra tenir escole ; mesme les chapelains ou autres bénéficiers n'en pourront tenir sans une dispense particulière du chantre. Tous les maistres et maistresses assisteront à l'office du jour de Saint-Nicolas, depuis les premières vespres jusqu'aux secondes. Le chantre ne donne les lettres pour tenir escole que pour

---

(1) J'ai profité pour cet article de l'utile travail de M. Philibert Pompée, intitulé : *Rapport historique sur les écoles primaires de la ville de Paris, depuis leur origine jusqu'à la loi du 28 juin 1833*, 1re partie. Paris, imprimerie royale. 1839, in-8°.

(2) M. Géraud, *Paris sous Philippe-le-Bel*. Voici la liste de ces onze *mestres d'escoles* : Le mestre de l'escole de Tire-chape, mestre Pierre qui tient l'escole (paroisse Saint-Germain). — Mestre Eude de l'escole. Guillaume le Clerc, mestre de l'escole. Giefroi, le Clerc, mestre de l'escole (Saint-Eustache). — Mestre Jourdain, mestre de l'escole (Saint-Nicolas-des-Champs). — Mestre Guillaume, le mestre de l'escole en la rue de la Bretonnerie. Mestre Thomas de l'escole (Saint-Merri). — Nicolas, le mestre de l'escole (Saint-Jacques). — Mestre Pierre de l'escole (Sainte-Geneviève). — Yvon de l'escole (Saint-Jean-en-Grève). — On trouve dans le même document un ancien maître et une maîtresse : Nicolas, qui fut mestre de l'escole Saint-Jehan (Saint-Jean-en-Grève). — Tyfainne, mestresse de l'escole (Saint-Leu-Saint-Gilles).

(3) M. Phil. Pompée, p. 175.

un an, qui finit à la Saint-Jean-Baptiste, et tous les ans il les renouvelle. Les femmes ne peuvent avoir que des filles dans leur escole, et les hommes ne peuvent avoir que des garçons dans la leur, à moins que le chantre n'use de dispense à ce sujet. Si l'on sçait quelqu'un qui monstre aux enfants sans la permission du chantre, on le lui fera sçavoir, afin qu'il y mette ordre. Aucun maistre ne pourra prendre un sous-maistre sans la permission du chantre et sans le lui avoir présenté. — Par un autre règlement qui paraît postérieur, on oblige les maistres et maistresses a comparaistre *le jour de Saint-Jean devant la Porte-Latine*, en présence du chantre, pour entendre son exhortation et la lecture des statuts, et estre appellez par noms et surnoms selon les paroisses où ils tiennent leurs escoles. On les charge aussi de faire le catéchisme deux fois la semaine, le mercredy et le samedy. Les enfants qui devront leur salaire dans une escole ne seront point admis dans une autre. Au sujet des filles et des garçons, la deffense aux maistres d'avoir de celles-là et aux maistresses d'avoir de ceux-ci, est absolue et générale sans exception. Le terme de remettre au chantre les provisions annuelles est fixé à la Saint-Nicolas d'esté. Deffense, sous peine de cent sous parisis d'amende, aux maistres et maistresses de mener leurs enfants par la ville à cheval ou déguisez, avec tambours et autres instruments (1). Il est ordonné aux maistres et maistresses de mettre des tableaux à leurs portes ou fenestres pour la commodité de ceux qui les cherchent; et ils ne changeront point de domicile sans en avertir le promoteur du chantre. Dans les quartiers moins peuplez, il y aura au moins vingt maisons entre chaque escole, et dix dans les quartiers plus peuplez (2). »

Le 6 mai 1380, Guillaume de Sauvarville, chantre de Notre-Dame et professeur de théologie, tint un *synode* dans sa maison du cloître, en présence de deux témoins et d'un notaire apostolique, qui devaient signer et rédiger le procès-verbal de cette assemblée (3). Vingt-deux maîtresses et quarante-un maîtres, tenant écoles de grammaire à Paris et

(1) Un article des nouveaux statuts publiés en 1725 porte : « Défendons pareillement de faire, chez soi ou en maison empruntée, aucune fête, danse, assemblée ou tragédie, comme aussi de mener les enfants par la ville, les jours de Saint-Nicolas et de Sainte-Catherine, avec violons ou autrement, à peine de 10 livres d'amende applicables aux pauvres maîtres et maîtresses. » La Saint-Nicolas était déjà à cette époque, comme elle l'est encore aujourd'hui, la fête des petites écoles (voy. à ce sujet une note curieuse dans l'ouvrage de M. Pompée, p. 204); aussi les maîtres de ces établissements devaient-ils se réunir ce jour-là pour assister aux offices. Le lendemain se célébrait un service funèbre où ils devaient également se trouver, « et prier Dieu pour les âmes de leurs confrères et sœurs, maistres et maistresses trespassés, et des bienfaiteurs de la confrérie. » — (2) Félibien, t. 1, p. 613, 614. Voy. aussi dans les *Preuves*, t. III, p. 447 et suiv., les textes de ces deux règlements, et le *Rapport* de M. Pompée, 1ʳᵉ partie, chap. III. — (3) Ce document curieux est rapporté dans les *Preuves* de Félibien, *loco cit.*, et dans celles du *Rapport* de M. Pompée.

dans la banlieue, y assistaient. Au nombre des maîtres, qui tous étaient laïcs ou clercs, se trouvaient deux bacheliers en décret et sept maîtres ès-arts. Après leur avoir fait donner lecture d'un statut latin de 1357, Guillaume de Sauvarville leur en fit jurer l'observation.

On voit que le chantre était le chef et le protecteur avoué des petites écoles de Paris. Cette autorité reconnue dès le milieu du XIVe siècle, lui avait été accordée par l'évêque de Paris, parce que ce second dignitaire du chapitre exerçait déjà, en vertu de ses fonctions cantorales, un pouvoir absolu sur les ecclésiastiques et les enfants qui prenaient des leçons de chant dans l'école établie près de l'église cathédrale. Lorsque la chantrerie venait à vaquer ou qu'elle était en litige, le chapitre de Notre-Dame entrait en possession du pouvoir exercé par le chantre, et il en remplissait pendant ces vacances toutes les fonctions scolaires. Quelquefois même, et quoique la chantrerie fût pourvue d'un titulaire, le parlement renvoyait au chapitre la connaissance des dénis de justice que le chantre pouvait faire aux maîtres ou maîtresses d'écoles, et les affaires pour lesquelles ce dignitaire était récusé par les parties. Dans ces circonstances, le chapitre rendait des décisions souveraines, auxquelles le chantre et les maîtres et maîtresses devaient également se soumettre (1). La juridiction du chef des petites écoles s'étendait dans toute la ville, Cité, Université et banlieue de Paris, à l'exception du quartier Saint-Germain, dont le seigneur temporel, l'abbé de Saint-Germain-des-Prés, ne dépendait que du Saint-Siége, exemption qui, du reste, fut abolie en 1669.

Les maîtres des petites écoles, soumis à une surveillance sévère, étaient obligés en outre d'acheter leurs lettres de maîtrise, qui cependant, selon les décrets de l'Eglise, devaient être délivrées gratuitement aux personnes capables d'enseigner. Une conclusion du chapitre, en date du 26 juin 1412, fixe les droits de provision qui devaient lui être payés pour collation d'écoles pendant la vacance de la chantrerie : d'après cette décision, le notaire écrivait et scellait les lettres de maîtrise, moyennant une somme de deux sous, dont il rendait compte au chapitre après avoir retenu huit deniers, et quatre pour le sceau ; les maîtres étaient obligés de payer ensuite sept ou huit sous, lorsqu'ils renouvelaient solennellement leurs permissions d'enseigner (2). Le nombre des écoles s'accrut rapidement (3), et les maîtres et maîtresses formé-

---

(1) M. Pompée, p. 33.

(2) *Id.*, p. 46. A la fin du XVIe siècle, ces droits furent fixés pour chaque récipiendaire à *trois escus*, qui revenaient, par parties égales, au chantre, à son promoteur, et au greffier qui délivrait les lettres de maîtrise.

(3) J'ai parlé, t. I de cette histoire, p. 589, d'une procession de douze cents petits garçons qui se rendit à Notre-Dame, en 1450. C'étaient les enfants des petites écoles de Paris. Le chantre, qui avait le droit de limiter le nombre des écoliers que chaque

rent alors une *confrérie* sous l'invocation ds Saint-Nicolas, et présidée par le chantre. Ils payaient trente-deux sous lors de leur réception, et plus tard ce droit s'éleva à quinze et trente livres, mais on n'oubliait jamais, dans la perception de cette taxe, les ressources du récipiendaire, et on la réduisait souvent de moitié. En outre, chaque maître et maîtresse devait payer une somme annuelle de *dix sous*, destinée à l'entretien d'un service divin qui se faisait tous les dimanches et les jours de Saint-Nicolas d'été et d'hiver à l'église Saint-Merri. — Nous ignorons à quel taux se montait la rétribution payée par les écoliers à leurs maîtres.

Je ne parlerai point des contestations qui s'élevèrent, à partir du XVIIe siècle, entre le chantre et les petites écoles d'une part, et de l'autre l'Université, les maîtres de pension et les maîtres écrivains jurés. Ces querelles présentent peu d'intérêt. On voit seulement que le chantre perdait peu à peu ses droits et ses prérogatives. L'établissement des écoles gratuites, dites de *charité*, fondées dans chaque paroisse de Paris, fut le dernier coup porté à sa puissance (1). Après de longs et violents débats, le chantre Claude Joly et les curés de Paris signèrent, au mois de mai 1699, une transaction « par laquelle il fut réglé que les curez de la ville et des faubourgs prendroient du chantre des pouvoirs de gouverner les écoles de charité de leurs paroisses, qui leur seroient accordées sur la simple présentation de leurs provisions et prise de possession, sans qu'il fust besoin de présenter requeste au chantre, ni d'avoir des conclusions de son promoteur ; et que ces permissions dureroient autant que le curé qui les auroit eues demeureroit en charge. Que ceux qui seroient pourveus de leur cure pendant la vacance prendroient la permission du chapitre de Notre-Dame. Que chaque curé dans sa paroisse institueroit et destitueroit les maistres et maistresses des escoles de charité, et dirigeroit ces escoles, sans que les maistres et maistresses fussent tenus de prendre lettres du chantre. Que pour distinguer ces escoles d'avec les autres, on mettroit

maître devait recevoir, le fixait ordinairement à dix. On peut donc conclure de ces deux faits qu'au milieu du XVe siècle, les écoles de garçons seulement, en comptant dix enfants par école, devaient être à Paris au nombre de plus de cent.

(1) Le chantre avait cependant encore, vers la fin du siècle dernier, outre ses droits sur les petites écoles, une juridiction étendue sur les pensionnats de seconde et de troisième classe. « Les seconds maîtres de pension, dit Hurtaut, ne sont point reçus par l'Université. M. le chantre est leur supérieur, en qualité de collateur des petites écoles ; il leur confère un quartier dans la ville où ils peuvent enseigner ; mais ils ne sont assujettis à aucun examen sur les belles-lettres, et cependant ils enseignent ou font enseigner le latin, le grec, etc., etc.... Les troisièmes maîtres de pension sont les permissionnaires dudit sieur chantre, qui ne doivent enseigner qu'à leurs pensionnaires, et ne sauraient avoir d'externes : on n'exige point d'eux non plus d'examen de littérature, ce qui doit les faire considérer plutôt comme entrepreneurs que comme maîtres de pension d'éducation. » T. II, p. 719.

sur la porte un escriteau portant : *Escole de charité pour les pauvres de la paroisse.* Qu'on ne recevroit dans les escoles de charité que les enfans véritablement pauvres de la paroisse, dont le curé tiendroit registre, qu'il signeroit tous les six mois. Que le chantre, ou dans la vacance de la chantrerie, le chapitre de Notre-Dame pourroit visiter les escoles de charité une fois l'an, en présence du curé, sans qu'aucun des maistres ou maistresses du quartier pust y assister; que si le chantre, par maladie ou absence, ne pouvoit faire ceste visite dans le cours de l'année, il pourroit, après un mois écoulé de l'année suivante, la faire faire par un vice-gérant, qui ne seroit autre qu'un des chanoines de la cathédrale, prestre et gradué; et que hors les temps de ces visites, les maistres et maistresses des escoles de charité ne pourroient estre traduits par devant le chantre, son vice-gérant ou les députez du chapitre. Enfin, que les maistres et maistresses des escoles de charité seroient exhortez d'assister au synode du chantre; mais que quatre d'entre eux, nommez par le chantre, seroient obligez de s'y trouver, pour faire rapport aux curez de ce qui s'y seroit passé (1). »

Le chapitre de Notre-Dame et l'autorité civile publièrent, à différentes époques, un grand nombre de règlements sur les petites écoles, surtout pendant les guerres de religion au sujet des écoles secrètes qu'on nommait *buissonnières*. Toutefois le gouvernement ne s'occupa guère de l'instruction primaire ; jusqu'à la révolution, notre législation est presque muette à cet égard. Les communautés religieuses, les écoles paroissiales suppléaient seules, par leur zèle et leur dévouement, à cette lacune. Mais après la suppression des jésuites, en 1762, les parlements provoquèrent les réformes dans le système d'éducation élémentaire, et les *philosophes* les appuyaient, en demandant que le clergé ne fût point seul chargé de l'enseignement de la jeunesse. La question était encore vivement discutée lorsque la révolution éclata. L'assemblée nationale s'occupa, dès son installation, de cette matière importante, et décréta, le 22 décembre 1789, « que les administrations des départements seraient chargées, sous l'inspection et l'autorité du roi, comme chef suprême de la nation et de l'administration générale du royaume, de la surveillance de l'éducation publique et de l'enseignement politique et moral. » Les diverses assemblées qui lui succédèrent se préoccupèrent vivement du même sujet, et, comme on l'a fait observer avec raison, s'il fut impossible dans ces temps d'orage d'exécuter les prescriptions de la législature, les principales mesures inscrites à cette époque dans nos codes n'en sont pas moins restées les vrais principes de la législation en fait d'instruction primaire. D'*ecclésiastiques*, les écoles étaient devenues *municipales* ; elles furent réorganisées par l'empereur, au mo-

(1) Félibien, t. I, p. 616.

ment de la création de l'Université, et reçurent successivement, comme nous le verrons plus tard, des améliorations et des réformes, qui aboutirent enfin à la loi du 28 juin 1833, qui constitue sur de nouvelles bases les écoles primaires.

CHAPITRE SEPTIÈME.

TOPOGRAPHIE DE PARIS DE PHILIPPE-LE-BEL A CHARLES V.

Pendant la période que nous venons de parcourir, Paris s'est organisé, a pris figure, si je puis m'exprimer ainsi. Dans les siècles suivants, la capitale s'augmentera de jour en jour, mais ces accroissements n'en changeront pas le plan primitif, elle conservera les caractères généraux qu'elle a désormais acquis : « Au sud la ville savante, au nord la ville commerçante, au centre la Cité, la cathédrale, le palais, l'autorité. Cette belle harmonie d'une cité flottant entre deux villes diverses, qui l'enserrent gracieusement, suffirait pour faire de Paris la ville unique, la plus belle qui fut jamais. Rome, Londres, n'ont rien de tel ; elles sont jetées sur un seul côté de leur fleuve. La forme de Paris est non seulement belle, mais vraiment organique (1). »

Un grand nombre de colléges, d'hôpitaux, de couvents, d'hôtels furent fondés pendant cette période et remplirent en peu de temps les espaces vides et les terres labourables comprises dans l'enceinte de Philippe-Auguste. L'établissement du parlement et d'autres corps judiciaires dans la capitale fut une des principales causes de cet accroissement de population, qui donna une nouvelle impulsion au commerce et à la civilisation. Bientôt les vieux murs de Philippe-Auguste ne purent contenir Paris; il déborda de tous côtés. A l'une des plus tristes époques de notre histoire nationale, lorsque le roi Jean eut été fait prisonnier, les Anglais victorieux s'avancèrent sur la grande ville, en mettant tout à feu et à sang. Le prévôt Etienne Marcel, si tristement célèbre, eut du moins le mérite de lutter un moment avec énergie contre l'invasion étrangère. Il se hâta de faire réparer les fortifications, agrandit considérablement l'enceinte du côté du nord et y renferma tous les édifices extérieurs, en ayant soin de faire démolir ceux qui pouvaient servir de retraite aux ennemis (2). Ces travaux peuvent être considérés comme formant une quatrième enceinte de Paris.

(1) M. Michelet, t. III, p. 375.
(2) C'est ce qu'il fit notamment pour le couvent des Filles-Dieu. T. I, p. 622.

Quatrième enceinte. — La partie méridionale de la ville fut seulement fortifiée ; Marcel fit relever les murailles, les flanqua de tours, et eut soin que les fossés des remparts fussent profondément creusés. Mais l'enceinte reçut un accroissement considérable dans la partie septentrionale. De l'ancienne porte Barbette, située sur la rive droite de la Seine, à l'extrémité orientale du quai des Ormes, partait une muraille fortifiée de tours, qui remontait sur le bord de cette rivière jusqu'au point où le fossé actuel de l'Arsenal y débouche. A l'angle formé par ce fossé et par le cours de la Seine, était la *tour de Billy*.

J'ai dit, en parlant de l'enceinte de Philippe-Auguste, que près de la porte Barbette-sur-l'Eau était une grosse tour, appelée aussi *tour de Billy*, qui se joignait à la Tournelle au moyen de chaînes de fer traversant l'île Notre-Dame (1). L'existence de ces deux tours de Billy constitue une difficulté qui n'a été remarquée par aucun historien de Paris. On peut l'expliquer, ce me semble, en supposant que lors de l'agrandissement de l'enceinte de ce côté, la tour de Billy, voisine de la porte Barbette, fut démolie, et qu'on donna le même nom à celle qui fut construite plus loin sur le même rivage de la Seine.

La muraille prenait ensuite la direction du fossé jusqu'à la rue Saint-Antoine, où fut construite une porte fortifiée qui devint, quelques années plus tard, la Bastille (2) ; puis, laissant le boulevard actuel en dehors, elle allait à peu près dans la direction de la rue Jean Beausire jusqu'à la rue du Temple, où fut construite une porte connue sous le nom de *Bastille du Temple*. De là elle se continuait parallèlement à la rue Meslay jusqu'à la rue Saint-Martin, où s'éleva une *porte Saint-Martin*, puis elle suivait la ligne de la rue Sainte-Appoline jusqu'à la rue Saint-Denis. Là était une porte fortifiée nommée *Bastille de Saint-Denis*. De cette bastille le mur d'enceinte prenait la direction de la rue de Bourbon-Villeneuve, puis celle de la rue Neuve Saint-Eustache. A l'endroit où cette rue aboutit à la rue Montmartre, était une porte fortifiée nommée *porte Montmartre* (3). Le mur d'enceinte suivait, à partir de cette porte, la ligne de la rue des Fossés-Montmartre, de sorte que le mur était précisément à la place des façades des maisons qui bordent cette rue, laquelle occupe aujourd'hui la place du fossé. Ce fossé, se prolongeant en ligne droite, traversait la place des Victoires (4), coupait l'emplacement de l'hôtel de

---

(1) Voy. t. I, p. 614 et 616. Voy. aussi Félibien, t. I, p. 253 ; et M. Géraud, *Paris sous Philippe-le-Bel*.

(2) Voy. *Topographie de Paris* pendant la période suivante.

(3) On découvrit les fondements de cette porte, en 1812, en travaillant à une galerie souterraine pour la conduite des eaux du canal de l'Ourcq.

(4) Lorsqu'en 1820 et 1821 on jeta les fondements de la statue équestre de Louis XIV, on découvrit les deux murs qui servaient de revêtement à ce fossé.

Toulouse, où est aujourd'hui la Banque de France, celui des rues des Bons-Enfants et de Valois, et pénétrait dans le jardin du Palais-Royal, vers le milieu de sa longueur; la ligne du mur continuait à travers ce jardin et à travers la rue de Richelieu, jusqu'à l'endroit où vient aboutir la petite rue du Rempart, et suivait sa direction jusqu'au point où cette petite rue aboutit dans celle Saint-Honoré; là, sur cette dernière rue, se trouvait la *porte Saint-Honoré*. Enfin, de la porte Saint-Honoré, le mur se prolongeant sur l'emplacement de la rue Saint-Nicaise, allait jusqu'à la *Tour de bois*, ou porte neuve, au bord de la Seine.

Cette nouvelle enceinte fortifiait Paris et renfermait l'église de Saint-Paul, le monastère du Petit-Saint-Antoine, celui de Sainte-Catherine du Val-des-Ecoliers, les bourgs de Saint-Paul, du Temple, de Saint-Martin, une grande partie du village de Villeneuve (1), l'église de Saint-Sauveur, celle de Saint-Honoré, le bâtiment des Quinze-Vingts, les églises de Saint-Thomas et de Saint-Nicolas-du-Louvre, et enfin le château du Louvre.

Je trouve dans les *Antiquités de Paris*, de Sauval, des détails fort curieux sur les travaux de cette enceinte. Voici comment s'exprime cet auteur dans son style vicieux et diffus : « Tous les historiens du temps disent que la troisième clôture fut résolue depuis la prison du roi Jean, pour mettre à couvert les faubourgs des courses de l'Anglois, qui se préparoit à venir assiéger Paris. Quant à ceux qui ont parlé de cette clôture, tous conviennent qu'en 1358 Etienne Marcel, prévôt des marchands, fit des murailles et des fossés depuis le bord de la rivière, où est maintenant l'Arsenal, jusqu'à cette fausse porte que nous nommons la *Porte-Neuve*, où furent employés quatre mille ouvriers qui, en un an, achevèrent l'ouvrage. Le continuateur de Nangis cependant, qui y vit travailler, assure, au contraire, que Marcel fut tué en 1358, que de son temps on ne fit que des fossés et des arrière-fossés avec de petits murs entre deux, qui furent garnis de quelques portes, tours et bastilles, munis d'hommes, d'arbalètes, de traits et de toutes les autres machines de guerre de ce temps-là, et que le tout fut commencé en 1356 deux ans auparavant, et de plus que les fortifications n'étoient pas encore faites en 1367.... En 1356, on commença à creuser des fossés tout autour du quartier de la Ville et de l'Université; et pour fournir aux frais, il fut mis un impôt sur le vin, la bière et sur les autres breuvages, tant de la ville que des faubourgs; et quoiqu'alors on n'y travaillât que par l'ordre du prévôt des marchands, à la vérité en apparence avec le consentement du dauphin, les bourgeois avec tout cela qui furent chargés du soin et de la conduite de l'ouvrage, voulurent être déchargés de la

---

(1) Ce village fut détruit en 1593. La rue de Bourbon-Villeneuve en conserve le nom et en indique la position.

recepte de l'argent qui se levoit et du paiement, ce qui fut fait, quant à la recepte et à la mise ; mais quant à l'ouvrage, ils en furent toujours les conducteurs et les ordonnateurs. A l'égard donc de l'impôt et de la levée des deniers, Pierre d'Esparnon, changeur, fut choisi avec plusieurs comptables, afin de recevoir des mains de ce nouveau receveur l'argent, le distribuer aux pionniers, et en rendre compte au prévôt des marchands. La même année, le 15 octobre, un mois ou environ après la prison du roi, Marcel, prévôt, avec les échevins qui étoient Charles Toussac, Pierre Bourdon, Jean Belot et Philippe Giffart, se rapportèrent à dix-huit bourgeois de la conduite de tous les fossés. Jacques et Nicolas le Flamand, Jean de l'Isle le jeune et Jacques du Châtel, eurent le soin de ceux qui furent creusés depuis les Tuileries jusqu'à la chaussée de la rue Saint-Denis, près les Filles-Dieu. Jean de Pacy, Jean du Cellier, Jacques de Boullay, Jean Arrode, Simon le Paulmier et Jean Malaise, conduisirent ceux qu'on fit depuis les Filles-Dieu jusqu'à la rivière, entre les Célestins et les Béguines, autrement l'*Ave-Maria*. La même année, le 15 novembre, Jean Pizdoë, ou son fils, Jean de Saint Benoist, Regnauld et Nicolas Dacy, Jean de Fourcy, Jean Giffard, Ymbert de Lyons et Simon Bourdon, se chargèrent de la conduite de ceux de l'Université. Pour payer les pionniers qui travailloient du côté de la Ville, on donna aux premiers (et le tout de leur consentement) Robert le Violeur, aux seconds Jean Montoir, et aux derniers Philippe Dacy. Dans plusieurs autres comptes, rendus à la chambre par Pierre d'Esparnon, il paraît qu'en 1356, le 4 décembre, le prévôt des marchands supplanta Jean de Montoir, l'un des comptables, pour donner sa commission à Jean Parisi, et qu'en 1357, le 24 juillet, Jean de Senlis et Pierre de la Court-Neuve furent nommés à la place de Jacques le Flamand et de Jean de l'Isle le jeune. Je n'aurois jamais fait si je voulois particulariser les noms de tous les bourgeois et des comptables qui y furent employés. Il suffira de dire que de tous les comptes que j'ai vu là-dessus à la chambre, soit pour continuer et achever les fossés, on s'en rapporta toujours à dix-huit bourgeois et à trois comptables, et de plus que chaque bourgeois, pour ses vacations, n'avoit par jour que 5 sols parisis.

» Quoique cette clôture soit bien depuis les deux premières et qu'il en reste encore beaucoup de choses, je crains fort néanmoins qu'elle ne me donne plus de peine que celles-là n'ont fait ; car enfin elle a été si souvent remuée et on y a cousu tant de pièces à diverses fois, s'il faut ainsi dire, que ce n'est pas une petite affaire que de donner à connoître tout ce détail. Ce n'est pas que je n'aye lu dans un registre de la chambre des comptes de l'année 1366 et 1368 une partie de la route des fossés qu'on commença en 1356 avec la quantité de toises que l'on comptoit dans toute leur circonférence ; bien plus, d'un toisé fort exact fait quelque cent ans depuis, j'en ai appris toutes les distances et les dimensions, tant en général qu'en particulier. Quant au registre, il rapporte que ces fossés avoient *onze cent soixante-deux toises*, et leurs arrière-fossés *deux mille cinq cent six et demi*. Ensuite du général, il descend au particulier, non pas si exactement que je souhaiterois; il dit bien à la vérité que ces arrière-fossés portoient trente pieds d'ouverture sur quinze de profondeur, que chaque toise coûtait 4 livres parisis, et que pour les creuser on avoit déboursé 10,026 livres parisis ; ce qui sans doute pourroit faire juger de toute la dépense qu'on fit alors pour le travail des fossés et des arrière-fossés tant de la Ville que de l'Université. Ensuite il ajoute qu'on comptoit cent cinquante-deux toises de l'écluse des Tuileries, c'est-à-dire du bord de la rivière, à la bastille de la porte Saint-Honoré; que de là jusqu'à la porte Montmartre, il s'en trouvoit trois cent soixante-un et demi, cent quatre-vingt-quatre depuis la bastille du Temple jusqu'à celle de Saint-Martin ; mais ceci, après tout, ne fait que six cent nonante-sept toises et demie, c'est-à-dire un peu plus que la moitié douze cent soixante-deux toises, en quoi consistoit le circuit entier des fossés. Mais on ne dit rien des distances qu'il y avoit entre les autres portes, savoir, celles de Saint-Denis, de Saint-Antoine, et des Barrés, où sont aujourd'hui les Célestins. Pour ce qui est du toisé, on ne sait en quel temps il a été levé; je l'ai tiré du 488ᵉ volume de la bibliothèque manuscrite de l'illustre du Puy, et tel, après tout, que par le caractère, l'expression et l'orthographe simplement, on juge qu'il a été écrit sous Charles VIII, Louis XII ou François Iᵉʳ. Comme j'ai dit, son seul défaut est que le temps n'y est point marqué, et moins encore le jour ni l'année. Du reste, il compte cent nonante toises depuis la tour du Bois jusqu'à la porte Saint-Honoré: de cette porte à celle de Montmartre, trois cent septante; de celle-ci à la porte Saint-Denis, trois cent vingt; de la porte Saint-Denis à la porte Saint-Martin, cent; de là jusqu'à la porte du Temple, sept cent septante; de cette porte à la porte Saint-Antoine, et de celle-ci jusqu'à la tour des Célestins, deux cent septante : si bien que ces parallèles joints ensemble font en tout *deux mille vingt toises*, c'est-à-dire presque autant que les arrière-fossés.

» Outre ceci, nous apprenons de quelques autres registres de la chambre des comptes qu'encore bien que l'isle Notre-Dame fût presque couverte de fossés, et si bien deffendue de ces enceintes, tant de la Ville que de l'Université, que j'ai décrites, néanmoins, ne la croyant pas tout-à-fait en sûreté, on l'environna encore de fossés revêtus de gazons. Une chose ici à remarquer en passant est que, quoiqu'on commençât à y travailler en 1358 dès le 8ᵉ avril, et que sans discontinuer les ouvriers fussent toujours après, ils ne l'achevèrent qu'en 1360, et encore sur la fin : cependant la dépense ne monta qu'à 130,016 livres 2 sols

9 deniers parisis, ce qui est bien peu de chose pour une si grande et si longue entreprise. Aussi les maçons ne gagnoient-ils alors que 4 et 5 sols par jour, les porteurs 2 sols, les manœuvres 3 sols, les pionniers 5 sols ; la toise de maçonnerie ne coûtoit que 8 sols de façon, et celle du pavé fait sur les murs et les terrasses des portes que 9 sols ; le cent de clous à latte ne valoit que 10 sols parisis, le cent de fer ouvré que 7 écus et un quart, le muid de plâtre 3, et l'écu que 28 sols. Dans l'Université, on ne recula pas les fossés si loin que du côté de la Ville ; ils furent creusés au pied des anciennes murailles bâties par Philippe-Auguste, et ce sont ceux-là mêmes que nous voyons encore aujourd'hui, dont tout le monde regarde avec étonnement la largeur et la profondeur. Pour lors il n'y avoit que quatre faubourgs en ce quartier-là : celui de Saint-Germain, ceux de Notre-Dame-des-Champs, de Saint-Marceau et de Saint-Victor ; de plus, si éloignés de la ville, si petits et de si peu d'importance, qu'on les y laissa sans y faire de fossés. De crainte pourtant que les ennemis s'en saisissent et ne s'y fortifiassent, le lendemain de Pâques, en 1360, on commença à jeter tout par terre, et après le feu y fut mis ; mais afin que ceci s'exécutât plus promptement, chacun eut permission d'y travailler, et les démolitions étoient pour lui. Le continuateur de Nangis rapporte qu'il y alla tant de monde, et la foule y fut si grande, que ce jour-là quantité de belles maisons, à la vérité, furent ruinées et brûlées, mais non pas toutes (1). » L'intérêt de ces renseignements, qu'on ne trouve point ailleurs, me fera pardonner, j'espère, la longueur de cette citation.

Marcel fit fermer en même temps les portes Saint-Germain, d'Enfer et de Saint-Victor ; il ordonna la construction de sept cent cinquante guérites, qui furent solidement attachées aux créneaux des murailles ; et l'on dit même qu'outre les balistes et autres machines de guerre en usage à cette époque, on vit pour la première fois sur les remparts de Paris quelques pièces de canon. Enfin l'île Saint-Louis, alors nommée île de Notre-Dame, fut aussi fortifiée par un fossé revêtu de gazon et par une tour qu'on appelait *Tour-Loriaux*. Le cours de la Seine, du côté d'amont comme du côté d'aval, était fermé par des chaînes.

Les rues de Paris (2), sombres, étroites, malsaines, étaient sales et la plupart non pavées. On voit cependant le gouvernement s'occuper déjà de ces travaux importants. « Dès le commencement du règne de Philippe IV, dit Félibien, le prévost de Paris voulut obliger le corps de

---

(1) Sauval, t. I, p. 38 et suiv.

(2) Il y avait *quatre-vingts* rues dans le quartier nommé d'*Outre-Petit-Pont* (l'Université), *trente-six* dans la Cité, et *cent quatre-vingt-quatorze* dans le quartier d'*Outre-Grand-Pont* (la Ville), ce qui donne un total de trois cent dix rues ; mais dans ce nombre ne sont point comprises les impasses, les *rues sans chief*, et les rues situées hors des murailles. Voy. *Le dit des rues de Paris*, par Guillot de Paris.

ville à faire le pavé au-delà de la porte Saint-Martin. Les bourgeois dirent pour leur deffense qu'ils n'avoient jamais fait paver en cet endroit, et n'estoient point obligez à paver au-delà des portes de Paris, excepté sur les quatre chemins principaux, qui sont ceux de la porte Saint-Denis, de la porte Baudez, de la porte Saint-Honoré et de la porte Notre-Dame-des-Champs. A quoi ils adjoustèrent que les autres chemins dressez hors des portes avoient esté pavez par ceux qui y avoient des terres, et par les habitants qui y avoient leurs maisons ou leurs héritages; et qu'à l'égard du chemin de la porte Saint-Martin, ceux de Saint-Martin, de la Villette, de Saint-Lazare et de Saint-Magloire y avoient fait paver, et que le roy mesme avoit fait paver le ponceau qui s'y voyoit; sans compter que la coustume destinée aux frais du pavage ne se montant qu'à 60 livres, n'estoit pas encore suffisante à payer le pavage des quatre chemins réservez à la ville. On fit une enqueste sur ce sujet, et l'on ne trouva point que la ville fût obligée à ce que le prévost de Paris vouloit exiger d'elle. Les lettres données à cette occasion sont du mois de février 1285, *vieux style* (1). »

Un dignitaire dont je n'ai pas eu encore occasion de parler, le *voyer de Paris*, était chargé, comme l'indique son nom, de la voie publique. Le 24 décembre 1270, Jean Sarrazin, qui remplissait ces importantes fonctions, dressa un état des droits de sa charge : « Il pose en premier lieu que la voirie de Paris appartient au roy, et qu'il la donne à qui bon lui semble, comme la charge de prévost de Paris. Il adjouste que le voyer de Paris est exempt de tailles et de guet, et qu'il a son prix sur la chair et le poisson. Il avoit une boëte au Chastelet, où l'on mettoit le payement de quelques menus droits qui lui appartenoient pour les poursuites des voleurs, à la vente des petits mestiers, et aux gages de bataille. Quand il se faisoit un nouveau boucher, il estoit dû au voyer un repas de vin, de pain et de chair. Le voyer seul faisoit les saisies et en partageoit le profit avec le prévost de Paris. Nul ne pouvoit avoir sur rue estaux, siéges, degrez ni auvents, sans le secours du voyer, et il n'en devoit point souffrir qui embarrassassent le passage. De cinq estaux qui estoient sur le Petit-Pont, il en appartenoit la moitié au prévost de Paris et l'autre au voyer. Au voyer appartenoit la justice aux moulins de Mibray (2) et aux cinq moulins du Petit-Pont. C'estoit à lui de faire oster les empeschements des rues, et de ceux qui ne lui obéis-

---

(1) Félibien, t. I, p. 455. — Voy. aussi la *Dissertation* en tête du premier volume, p. civ.

(2) « Est dit qu'anciennement le voyer de Paris tenait sa justice en la Planche-Mibray, en la maison qui faisait le coin du pont Notre-Dame. » La Planche-Mibray faisait le coin d'une ruelle, qui fut élargie lorsqu'on bâtit le Pont Notre-Dame, et qui conserve encore le nom de rue Planche-Mibray. » Voy. *Comptes ordinaires de la prévôté de Paris*, Sauval, t. III, p. 260.

soient pas il en pouvoit tirer amende. On ne pouvoit faire aucun changement à coin de rue sans que le voyer eust donné l'alignement. Il avoit droit d'assister au Chastelet pour voir faire justice, et les bans du roy se crioient conjointement par les gens du prévost et du voyer. On ne pouvoit sans la permission du voyer ouvrir une rue fermée ou en clore une ouverte; et cette permission, il ne la devoit donner que pour le bien commun de la ville et par le conseil de personnes prudentes (1). »

Les ponts détruits pendant la période précédente (2) avaient été reconstruits en pierre; mais ils ne purent résister aux nouvelles inondations de la Seine. Le 20 décembre 1296, les eaux se précipitèrent dans la ville avec tant de violence qu'elles entraînèrent le Grand et le Petit-Pont, ainsi que le Petit-Châtelet (3). Ce fait est rapporté dans un vieux registre de Saint-Germain-des-Prés; on y lit : « L'an 1296, la rivière de Seine fut si grande que les deux ponts de pierre tombèrent, et les moulins et les maisons qui étoient dessus, et le Petit-Châtelet (4). » Les rues étaient inondées et les habitants en proie à la famine. Le roi fit faire aussitôt trois bacs « pour la commodité publique ; l'un alloit du terrain à la rue de Bièvre, le second venoit de la rue des Bernardins à l'île Notre-Dame, le troisième de l'île de Notre-Dame au port Saint-Paul. Il nomma des gens pour recevoir le *naulage*, et ordonna que l'ar-

(1) Félibien, t. 1, p. 425 et suiv. Voy. aussi les *Preuves*, t. IV, p. 307 et suiv.—Les fonctions du voyer, dont les historiens modernes n'ont pas daigné s'occuper, sont aujourd'hui dans les attributions du préfet de police. D'autres priviléges furent accordés plus tard à ce magistrat. « Il doit assister, ou quelqu'un de sa part, aux actes de justice du Chastelet ; et si quelqu'un estoit jugé à mort en l'absence du voyer, il pouvoit le faire ramener au Chastelet et procéder de nouveau à son jugement. Il peut deffendre de faire de petits jardins aux fenestres, à cause des accidents qui peuvent survenir. Nul ne peut hausser sa maison plus que par le passé, si le voyer ne le permet. Il appartient au voyer d'indiquer aux charretiers les lieux où ils doivent descharger les descombres. Il jouit de plusieurs droits sur le charbon voituré par charrette, et sur différents mestiers. Si quelque chevalier, comte ou baron lui doit quelque chose, il peut arrester son cheval par la bride et dire : *Je vous commande de par le roy que vous ne sortiez de Paris devant que vous m'ayez satisfait*. Outre la justice au port de Mibray, haute et basse, aussi bien qu'au Petit-Pont, le voyer a encore toutes les coustumes du port de Mibray et tout ce qui y tombe dans l'eau, mesme les cignes et les cerfs. Pour les autres bestes qui y tombent, on luy doit pour un cheval 12 deniers, pour une vache autant, pour les autres bestes à quatre pieds 4 deniers, et pour une oye, 2. Une *nef* lui doit 6 deniers ; un bateau, grand ou petit, qui vient d'*amont*, 4 deniers ; un gouvernail autant. Les autres choses qui tombent ou viennent à ce port, lui doivent les unes plus, les autres moins, de mesme que tout ce qui s'y vend ou achète, et tous les services que l'on y rend aux mariniers et aux voituriers par eau. » — En 1597, Henri IV créa la charge de grand-voyer en faveur du duc de Sully. Cet office fut supprimé, ainsi que quelques autres du même ressort, en 1626 ; il fut réuni au corps des trésoriers de France. Enfin Louis XIV créa, en 1693, quatre commissaires-généraux de la voierie. — (2) Voy. p. 268. — (3) Voy. t. I de cette histoire, p. 442. — (4) Jaillot, t. IV, *Quartier Saint-Benoît*, p. 196.

gent qui en viendroit seroit employé à la réparation des ponts (1). » Les eaux ne se retirèrent que dans les premiers jours de janvier 1297. L'auteur de la *Chronique de Saint-Magloire*, imprimée dans les *Fabliaux de Barbasan*, raconte ainsi ce terrible événement :

> Furent les iaues grans, en décembre,
> Si vilainement parcrues,
> Qu'el alèrent parmi les rues;
> As mesons grant mal eles firent,
> Car pons et molins abatirent
> De Paris, de Miaux, d'autres villes.
> . . . .
> Abati l'iaue mesons et caves,
> Ne oncques mais, si com je cuit,
> Tel déluge home ne vit;
> Ne ne vit-on itel yver
> Ne si felon, ne si dyver.

Les ponts furent reconstruits, mi-partie en bois, mi-partie en pierre. Mais en 1325, après un froid excessif, une débâcle épouvantable les emporta de nouveau (2).

Ces fréquentes inondations de la Seine, dont nous verrons encore plus d'un exemple, firent penser à leur opposer quelques digues. La berge de la rive gauche, depuis le couvent des Augustins jusqu'à la tour de Nesle, était plantée de saules et servait de promenade publique. Les eaux la minaient peu à peu et menaçaient même les maisons. Philippe-le-Bel ordonna donc au prévôt des marchands de détruire cette saussaie, et de faire construire aussitôt un quai depuis l'hôtel de Nesle, qui appartenait alors au roi, jusqu'à la maison de l'évêque de Chartres. Cet ordre, qui est daté du 9 juin 1312, fut renouvelé par un second plus impératif encore, du 23 mai 1313, auquel le corps municipal obéit (3). C'est le premier quai de Paris dont il soit fait mention dans les anciens historiens.

Malgré les famines, les maladies contagieuses, les guerres qui décimèrent les rives de la Seine pendant cette période, la population de Paris s'accrut considérablement, quoi qu'en ait dit M. Dulaure. Dans un excellent travail que j'ai déjà eu l'occasion de citer, M. Géraud nous apprend qu'il y avait à Paris, en 1292, près de 15,200 contribuables, payant ensemble une somme de 12,218 livres 14 sous. D'après des calculs approximatifs faits avec beaucoup de soin, la population parisienne était, en 1292, de 215,861 habitants, et en 1328 de 274,941. M. Géraud a prouvé jusqu'à l'évidence le peu de fondement des calculs de M. Dulaure, qui ne porte la population de Paris à cette époque qu'à *quarante-neuf mille cent dix* âmes. Des témoignages contemporains, et dont on ne peut récuser l'authenticité, confirment l'opinion de M. Gé-

---

(1) Sauval, t. I, p. 201. — (2) Sauval, *ibid.* — (3) Félibien, t. I, p. 523.

raud et de M. Dureau de La Malle, qui a conclu, dans un excellent mémoire, que la France au XIVe siècle était au moins aussi peuplée que de nos jours. En 1313, lorsque Philippe-le-Bel célébra une grande fête à l'occasion de la chevalerie de son fils aîné, il leva une imposition de 13,021 livres 19 sous 8 deniers, et cette somme fut répartie sur 5,952 contribuables. La chronique de Saint-Victor ajoute, comme je l'ai dit plus haut, que cette même année le roi passa une revue de tous les Parisiens en état de porter les armes, et il fait monter leur nombre à *cinquante-deux mille* (1). Enfin Godefroy de Paris, racontant, dans sa *Chronique métrique*, tous les détails des cérémonies et des divertissements qui eurent lieu en 1313, parle de l'étonnement des Anglais, qui n'auraient jamais cru qu'une ville pût fournir tant de riches et nobles gens :

> . . . Esbahi si grandement
> Furent Anglois plus qu'onques mès ;
> Car ils ne cuidassent jamès
> *Que tant de gent riche et nobile*
> *Povist saillir de une ville.*
> Aussi en furent merveillex
> Tous celz qui les virent aux ex.
> Et deux et deux ensemble aloient.
> Et trestous les mestiers mangeoient
> Si comme estoit chascun par soi
> . . . .
> Et toute nuit feste estoit fête
> De celz de Paris, sans retraite.
> *A cheval bien furent vingt mille*
> *Et à pié furent trente mille ;*
> Tant *ou plus* ainsi les trouvèrent
> Cels qui delà les extimèrent (2).

CHAPITRE HUITIÈME.

ETAT DES LETTRES, DES SCIENCES, DES ARTS, DU COMMERCE, DE L'INDUSTRIE A PARIS, DE PHILIPPE-LE-BEL A CHARLES V.

§ I. Lettres. — Sciences.

Nous avons vu combien fut rapide à Paris, sous Philippe-Auguste et saint Louis, le mouvement intellectuel ; ce mouvement ne s'arrêta point

(1) Voy. ci-dessus, p. 315. — (2) *Chron. métr. de Godefroy de Paris,* édit. de M. Buchon.

sous leurs successeurs. Paris fut toujours le foyer de la civilisation, et ses écoles continuèrent d'attirer de toutes les parties de l'Europe d'illustres élèves ou de savants professeurs. Pendant cette période, près de trente colléges furent fondés, comme on l'a vu, dans la capitale. Cependant les noms des savants et des littérateurs qui ont illustré Paris à cette époque ne nous sont pas parvenus en grand nombre. Les désordres et les calamités qui affligèrent le gouvernement depuis le règne de Philippe-le-Bel, y ont sans doute contribué, et c'est ce qui explique le silence ou la négligence des historiens contemporains, qui n'ont point transmis à la postérité un seul grand nom littéraire. Tous les progrès de cette époque se sont résumés, comme nous le verrons plus tard, sous le règne de Charles V.

En tête des littérateurs qui vécurent à Paris pendant cette période, je dois placer *Philippe-le-Long*, qui composa en langue provençale des poésies fort estimées (1). La plupart de ses officiers étaient poètes. *Emeric de Rochefort*, *Pierre Hugon*, *Pierre Millon*, qu'il fit son maître-d'hôtel, *Bernard Marchès*, poëte provençal qu'il promut à la dignité de Provençal, et beaucoup d'autres gens de mérite, entretenaient les goûts littéraires de ce prince.

Gace de la Bigne ou de *La Vigne*, d'une ancienne famille de Normandie, fut premier chapelain de Philippe de Valois, de Jean et de Charles V. Il suivit Jean en Angleterre et partagea sa captivité. Ce fut alors qu'à la demande du roi il entreprit, pour l'instruction du duc de Bourgogne, son fils, le *Romant des oyseaulx*, qu'il n'acheva qu'après son retour en France. Cet ouvrage peu connu, mais qui n'est point sans mérite, se trouve imprimé en partie, et sans nom d'auteur, à la suite des *Déduits de la chasse*, par Phœbus Gaston de Foix.

Gilles Colonne ou Gilles de Rome (en latin *Ægidius à Columnâ* ou *Ægilius Romanus*), de l'illustre famille Colonna de Naples. Il étudia à Paris sous saint Thomas d'Aquin, et fut le premier religieux de l'ordre des Augustins qui ait enseigné dans l'université de Paris, où il mérita d'être appelé le *Docteur très fondé*. Philippe-le-Hardi le choisit pour être précepteur de son fils Philippe-le-Bel, et c'est pour ce prince qu'il composa en latin un traité *De regimine principum*. Général des Augustins, il fut nommé archevêque de Bourges en 1294. Il fut enseveli, en 1316, dans l'église des Grands-Augustins, où l'on voyait autrefois son tombeau (2). Gilles Colonne a laissé un grand nombre d'ouvrages théologiques, mais le plus curieux est le traité *De regimine principum*, que Philippe-le-Bel fit traduire, suivant Lacroix du Maine, par un

---

(1) Lacroix du Maine, *Bibl.*, t. II.

(2) Voy. p. 94. Il affectionnait beaucoup cette maison et lui avait légué sa bibliothèque, qu'on y voyait encore en 1610.

certain Henry de Gauchy ou Ganchy, et dont une autre traduction, par Simon de Hesdin, a été imprimé à Paris en 1497, in-folio.

Guillaume de Guilleville, né à Paris vers 1295, prit l'habit de Saint-Bernard dans l'abbaye royale de Chaalis, près de Senlis, en devint prieur, et y mourut en 1360. On a de lui : *Le Romant des trois pèlerinaiges*; le premier est de l'*Homme durant qu'est en vie;* le second de l'*Ame séparée du corps;* et le troisième de *N. S. Jésus-Christ.* Cet ouvrage allégorique, écrit en vers de huit syllabes, eut un grand succès dans les XIVe et XVe siècles; il a été traduit en espagnol et en anglais.

Guillot de Paris, auteur du *Dict des rues de Paris*, vivait au commencement du XIVe siècle. Nous n'avons point de renseignements sur ce poëte. Il nous apprend seulement dans son début qu'il avait composé d'autres ouvrages.

> Maint dit a fait de rois, de conte,
> Guillot de Paris en son conte;
> Les rues de Paris briévement
> A mis en rime, oyez comment.

Le *Dict des rues* a été publié pour la première fois par l'abbé Lebeuf dans son *Histoire du diocèse de Paris*, tome II (1). M. Géraud, dans sa préface de *Paris sous Philippe-le-Bel*, a combattu l'opinion de Lebeuf, qui donnait à ce petit poëme une date trop ancienne; il le croit postérieur à 1313. M. Méon a fait entrer le *Dict des rues* dans la nouvelle édition qu'il a donnée, en 1808, des *Fabliaux et Contes*, publiés par Barbazan vers le milieu du siècle dernier. Mais c'est une réimpression pure et simple du texte publié par l'abbé Lebeuf.

Jean de Paris, dominicain, docteur et professeur en théologie de la Faculté de Paris, vécut sous Philippe-le-Bel. Nous n'avons point de détails sur ce savant, qu'il ne faut point confondre avec un autre *Jean de Paris*, également dominicain et théologien, mort long-temps avant lui.

Les auteurs de la *Bibliothèque française* citent aussi à cette époque un religieux de Paris, de l'ordre des Jacobins, *Jean Ferron*, qui traduisit en 1347 le traité du *Jeu des échecs (de ludo scachorum)*, composé en 1290 par un docteur en théologie.

Nous pouvons mettre au nombre des poëtes parisiens de cette période, suivant toute probabilité, le trouvère *Rutebeuf*, qui mourut ou se retira dans un cloître en 1286. « Des *dits* satiriques ou dévots, des chansons historiques ou religieuses, des complaintes dans lesquelles il célèbre la mémoire de ses bienfaiteurs, où il déplore les calamités publiques, des *disputoisons* ou *tensons*, pièces en dialogue où deux interlocuteurs défendaient tour à tour, et par couplets de même mesure

---

(1) Il en avait découvert le manuscrit à Dijon, en 1751.

et en rimes semblables, leur opinion contradictoire sur diverses questions d'amour, de chevalerie, de morale; un autre tenson, espèce de satire dialoguée, entre deux personnages qui s'adressent mutuellement des reproches injurieux, avec un petit nombre de fabliaux; deux légendes, quelques poésies allégoriques et un drame, voilà ce qui compose le bagage littéraire de Rutebœuf. » Ce poëte satirique, prédécesseur de Villon, n'est point sans mérite. Ses œuvres, qui offrent de l'intérêt pour l'histoire de Paris, viennent d'être publiées par M. Jubinal (1).

Jean de Meung ou *Mehung*, surnommé Clopinel, parce qu'il était boiteux, est, avec Guillaume de Lorris, l'auteur du célèbre *Roman de la Rose*. Il naquit dans la petite ville de Meung sur Loire, près d'Orléans, au milieu du XIIIe siècle, vécut à Paris, où il mourut dans l'intervalle de 1310 à 1318, ou au plus tard vers 1322. Comme je l'ai dit, il fut enseveli aux Jacobins (2). Jean de Meung possédait à Paris le jardin de la Tournelle et une maison sur la paroisse Saint-Benoît.

Nicolas de Lyre (ainsi nommé d'un bourg de Normandie, son pays natal), docteur en théologie, dominicain fameux, et l'un des hommes qui jetèrent le plus d'éclat sur l'université de Paris au XIVe siècle. J'ai donné quelques détails biographiques sur ce théologien dans le tome premier de cet ouvrage, en parlant du couvent des Cordeliers où il fut inhumé en 1340 (3).

Jean Duns, plus connu sous le nom de *Jean Scot*, dit le *Docteur subtil*, célèbre théologien de l'ordre de Saint-François, né en Écosse, près de Berwick. Il professa avec un éclatant succès à Paris au couvent des Cordeliers, et y mourut, comme je l'ai déjà dit, en 1308 (4). Les ouvrages de Scot forment 12 volumes in-folio.

Guillaume d'Occam ou *Ockham*, célèbre cordelier anglais, occupe l'un des premiers rangs dans l'histoire de la philosophie scolastique, comme chef de la secte des *nominaux*. Banni de l'université d'Oxford pour y avoir excité des troubles parmi les élèves, il vint à Paris professer la théologie. D'un esprit inquiet et turbulent, il prit la défense de Philippe-le-Bel contre Boniface VIII, et soutint que, pour le tempo-

---

(1) Voy. *OEuvres complètes de Rutebeuf*, trouvère du XIIIe siècle, publiées par M. A. Jubinal. Paris, Panier, 1839, 2 vol. in-8°. — Voy. aussi dans le *Journal des Savants* (année 1839, p. 41 et 276) deux articles de M. P. Chabaille sur cette publication.

(2) P. 531. On a raconté d'après Fauchet qu'il légua à ces religieux un coffre, dont il défendit l'ouverture avant ses funérailles, ce qui leur fit croire qu'il était rempli de choses précieuses; mais ils n'y trouvèrent que des ardoises, sur lesquelles J. de Meung avait tracé des chiffres et des figures de géométrie. A cette vue, les religieux indignés déterrèrent le corps du défunt; mais le parlement les contraignit de lui donner une sépulture honorable. Cette historiette est traitée aujourd'hui avec raison de conte inventé à plaisir; et les registres du parlement, compulsés jusqu'en 1327, n'en font aucune mention. Voy. *Biogr. univ.*, t. XXVIII, p. 484. — (3) T. I, p. 603. — (4) T. I, p. 608.

rel, les princes ne relèvent que de Dieu. Son opposition violente contre la cour romaine attira sur lui les foudres de l'excommunication, et il quitta la France. Occham mourut à Munich en 1347. Ses écrits, oubliés aujourd'hui, lui méritèrent, de son temps, les titres de *docteur invincible, singulier, vénérable*, etc. On prétend aussi qu'Occham était le seul scolastique dont Luther fît quelque cas, et qu'il n'en admettait aucun autre dans sa bibliothèque.

Jean Buridan, né à Béthune, fit ses études à Paris sous Occham, devint professeur de philosophie, procureur de la nation de Picardie, et plusieurs fois recteur de l'Université de Paris, qui le compte parmi ses bienfaiteurs. Elle le députa, en 1345, à Philippe de Valois pour demander l'exemption de la gabelle, qu'elle ne put obtenir, et à Rome pour y défendre ses intérêts. Buridan a publié des *Commentaires sur Aristote*; mais il fut beaucoup plus célèbre dans les écoles par cet ingénieux sophisme de l'âne, dont j'ai déjà parlé (1). Disciple de Guillaume Occham, et par conséquent attaché à la secte des *nominaux*, il fut persécuté par celle des réalistes. On croit qu'il mourut à Paris en 1358. J'ai dit ailleurs qu'on doit reléguer parmi les fables la tradition qui lui fait jouer un rôle célèbre dans les débauches de la tour de Nesle.

Pierre Bercheure ou *Berchoire*, moine bénédictin, célèbre par son savoir et par sa haute intelligence des livres saints, était né à Saint-Pierre-du-Chemin, près de Maillezai, en Poitou. Il mourut à Paris, en 1362, prieur du monastère des Barnabites. Bercheure avait traduit en français, par ordre du roi Jean (2), l'*Histoire de Tite-Live*; il existe plusieurs beaux manuscrits de cet ouvrage à la Bibliothèque royale (3).

Raoul de Presles, fils du fondateur du collège de ce nom, et qui traduisit, par ordre de Charles V, la *Cité de Dieu* de Saint-Augustin, était né à Paris, où il mourut le 10 novembre 1383. C'était un des hommes les plus recommandables de son temps. On lui a attribué le fameux *Songe du Vergier*, qui est plus probablement de Charles-Jacques de Louviers; mais Raoul de Presles en a fait un extrait sous le titre de : Traité de la puissance ecclésiastique et séculière, abrégé du Songe du Vergier. Raoul de Presles avait la charge de maître des requêtes, et le titre de *Conseiller des marchands forains de marée, à Paris*.

Raimond Lulle, l'un des philosophes les plus célèbres du moyen âge, naquit, vers l'an 1235, à Palma, capitale de l'île de Majorque. Aucune

---

(1) Voy. p. 150, *note*.
(2) On lit dans le *Catalogue des archives de Joursanvault* : Guillaume Vivian et Jehan de Chambly, de l'ordre des Frères-Prêcheurs, Simon Domont, Étienne de Chaumont et Jean-Nicolas, docteurs en théologie, reçoivent, en 1397, du duc d'Orléans leur salaire, *pour labourer en la translacion d'un Bible en françois, laquelle fit commencer le roy Jehan*. — (3) Voy. aussi Lacroix du Maine, t. II, p. 253.

vie ne fut plus agitée que la sienne. En 1287 il vint à Paris, et par l'autorisation de Bertold, chancelier de l'Université, y expliqua sa méthode sous le nom d'*art général*. Là un docte professeur d'Arras, nommé Thomas, qu'il appelle son maître, devint son disciple. Cependant ses premières leçons eurent peu de succès, et il parcourut l'Europe en prêchant sa doctrine. A son retour à Paris, en 1298 ; il sollicita et obtint de Philippe-le-Bel la fondation d'un collége, et se fit quelques partisans ; puis, dans son humeur vagabonde, il quitta encore la France pendant quelques années. Il revient enfin dans la capitale, où en vertu de l'approbation donnée à sa doctrine par quarante docteurs et bacheliers de l'Université, il professe dans son domicile, rue de la Bûcherie. Il dédie au roi, son protecteur, plusieurs ouvrages, et obtient du concile général de Vienne, en 1311, l'établissement ou la confirmation d'écoles pour l'enseignement de sa méthode. Philippe-le-Bel en avait fondé une l'année précédente. A la mort de ce prince, Raimond Lulle s'embarque pour aller convertir les Sarrazins ; il est lapidé, entraîné à moitié mort par quelques marchands génois, et expire en vue de l'île de Majorque, en 1315, à l'âge de quatre-vingts ans. La méthode Lulienne prévalut en France jusqu'au règne de Louis XIV (1).

Pour compléter cette liste, il faut joindre à ces illustres personnages : *Thomas Palmeran*, docteur de Sorbonne, qui composa, vers 1290, deux ouvrages intitulés *Fleurs de la Bible*, et *Fleurs des Pères*. — *Jacques de Lausanne*, dominicain, docteur de Paris et provincial de son ordre, mort au commencement du XIVe siècle, auteur de différentes compositions religieuses. — *Pierre d'Auvergne*, chanoine de Paris, auteur d'une *Somme de questions quodlibétiques* (1320). — *Durand de Saint-Pourçain*, dominicain, docteur de Paris, mort évêque de Meaux en 1333. — *Durand de Champagne*, confesseur de la reine vers 1340, auteur d'une *Somme de confessions* ou *Directoire pour les confesseurs* (2). — *Pierre de Palude*, l'une des gloires de l'Université de Paris, de 1314 à 1341. — *Guillaume de Villeneuve*, qui composa, vers l'an 1300, un poëme français sur les *Criz de Paris*. — *Godefroy* de Paris, dont j'ai cité plus haut la *Chronique métrique*, et sur la vie duquel on n'a aucun détail. — Le célèbre *Jean Tauler* ou Taulère, mystique allemand, qui fit ses études à Paris (3). — *Pierre de Cugnières*, fameux avocat de Paris, qui s'éleva avec force, sous Philippe de Valois, contre les entreprises de la juridiction ecclésiastique sur celle des rois et des barons. On prétend que les jeunes ecclésiastiques, pour se venger de lui, don-

---

(1) Raymond Lulle est trop peu connu. Voy. sur ce grand homme et sa doctrine un bon article de la *Biogr. univ.*, t. XXV. — (2) Voy. Ellies Dupin, *Bibliothèque des auteurs ecclésiastiques*. — (3) Le séjour qu'il fit dans la capitale est prouvé par la souscription qu'on lisait sur un manuscrit dont il avait fait présent à la bibliothèque des Dominicains de la rue Saint-Jacques.

nèrent son nom à une petite figure de démon, placée à l'entrée du chœur de l'église de Notre-Dame, au milieu d'un bas-relief représentant l'enfer. On dit aussi que la coutume était venue d'appeler Pierre de Coignet ou de Cugnières ceux qu'on voulait traiter de stupides ou d'ignorants. Pierre de Cugnières n'était pourtant ni l'un ni l'autre (1).

II. Beaux-Arts. — Industrie. — Commerce.

Les beaux-arts furent cultivés à Paris pendant cette période avec la même ardeur que sous le règne de saint Louis. L'architecture et la sculpture firent de grands progrès; je citerai en preuves les *histoires* qui sont autour du chœur de Notre-Dame. Ces sculptures, qui demandèrent à *Jean Ravy* vingt-six ans de travail, ne furent terminées qu'en 1352 par *Jean le Bouteiller*. La peinture se perfectionna également. Les *verriers* ne s'attachèrent plus seulement à la richesse des couleurs, ils s'efforcèrent de rendre leur dessin plus pur et plus correct. Les peintres, les imagiers, que nous verrons jouer un grand rôle pendant la période suivante, paraissent déjà à Paris en plus grand nombre. On distingue parmi eux le célèbre *Jean de Saint-Romain*, dont j'aurai occasion de parler ailleurs avec plus de détails, et Girard d'Orléans, demeurant à Paris (2). Enfin les objets de luxe deviennent moins rares. En 1292, les orfévres, qui fabriquaient tous des coupes d'or et d'argent, des agrafes, des colliers, des épingles, des boucles, des anneaux ornés de pierres précieuses, etc., étaient déjà au nombre de *cent seize* (3). L'un des plus célèbres de Paris, au commencement du XIVe siècle, se nommait *Thibaut Maleboce* (4).

En 1331, comme je l'ai déjà dit (5), il y avait à Paris un assez grand nombre de ménétriers, puisqu'ils se réunirent en confrérie et qu'ils fondèrent un hôpital et une église. Ce fait prouve que la musique était cultivée avec succès. On éleva à Paris, en 1313, un théâtre où l'on jouait des féeries en musique (6).

Je n'ai rien à ajouter aux nombreux détails que j'ai donnés, à la fin de la période précédente, sur l'état de l'industrie et du commerce à Pa-

---

(1) Voy. l'art. *Cugnières* dans la Biographie universelle, et Félibien, t. I, p. 574.

(2) Dans un acte de 1355, Girard s'engage à faire au château de Rueil, pour le duc de Normandie, des peintures *de fines couleurs à huile, et les champs de fin or enlevé, et les vestements de Nostre-Dame de fin azur, et bien loyalement toutes ces choses vernissées.* (*Catalogue des archives de Joursanvault*, n° 816.)

(3) M. Géraud, p. 526.

(4) On lit dans le Catalogue de Joursanvault que le dauphin acheta, en 1355, à cet orfévre *sept ceintures dorées et cinq écussons dorés à pendre au côté*. T. I, p. 120.

(5) P. 461.

(6) Voy. l'art. consacré aux représentations théâtrales.

ris. Le seul fait remarquable de cette époque, c'est l'introduction de l'artillerie, dont on se servit dès l'année 1328. On lit en effet dans un registre de la chambre des comptes, que Barthélemi de Drach, trésorier des guerres, donna, à cette époque, de l'argent à *Henri de Famechon, pour avoir poudres et autres engins idoines aux canons et ribadoquins qui étoient devant Puy-Guillaume.* Nous avons vu que le prévôt Marcel fit placer quelques pièces de canon sur les nouveaux remparts de la ville ; mais les historiens contemporains qui rapportent ce fait n'y ajoutent aucuns détails.

SEPTIÈME ÉPOQUE.

Paris depuis Charles V jusqu'à François Ier.

1364-1515.

CHAPITRE PREMIER.

CHARLES V, LE SAGE.

1364-1380.

I. Faits généraux.

Le duc de Normandie était âgé de vingt-sept ans lorsqu'il succéda au roi Jean, son père, au mois d'avril 1364. Il avait déjà donné des preuves de fermeté et de prudence dans sa lutte contre les factions; mais la faiblesse de sa complexion et la timidité de son caractère ne laissaient pas soupçonner cette vigueur de pensées, cette élévation de vues qu'il déploya dans le cours de son long et glorieux règne.

De Londres, où Édouard III lui avait fait faire de magnifiques obsèques, le corps du roi Jean fut apporté à Paris, déposé d'abord à l'abbaye Saint-Antoine-des-Champs, puis conduit en cérémonie à la cathédrale, et de là à Saint-Denis, où il fut inhumé le 7 mai. Le cercueil royal était porté, suivant la coutume, par les gens du Parlement de Paris, « pource qu'ils représentent, disent les chroniques, la personne du roi au faict de la justice, qui est le principal membre de sa couronne, et par lequel il règne et a seigneurie (1). » Ce pieux devoir n'aurait pu être rendu au prince par les officiers du Parlement, si le nouveau roi ne les eût, dès le 28 avril précédent, confirmés dans leurs fonctions; car à cette époque les charges de justice étaient censées vacantes par la mort du roi (2). Aussitôt après la messe des funérailles, Charles « alla au préau du cloistre de l'église de Saint-Denis, et là, appuyé à un figuier estant au dit préau, reçut l'hommage des pairs et des grands barons (3), » puis il partit pour Reims, où il fut sacré, le 19 mai, avec la reine sa femme, Jeanne de Bourbon, par l'archevêque Jean de Craon.

---

(1) *Chron. de Saint-Denis*, t. VI, p. 231. — (2) Félibien, t I, p. 652. — (3) *Chron. de Saint-Denis*, t. VI, p. 232.

Au retour de leur sacre, le roi et la reine firent leur entrée solennelle à Paris le 24 mai. « Ils allèrent d'abord faire leurs prières à Notre-Dame, et se rendirent ensuite au palais, où il y eut festin et joutes l'après-dînée. Le recteur de l'Université, à la tête des quatre facultés, harangua le roi le même jour sur son avènement à la couronne. Le lendemain, il y eut encore au palais un festin où tous les évêques présents à Paris furent invités. Le repas fut suivi, comme la veille, d'une grande joute où le roi de Chypre se distingua (1). »

Le nouveau règne commençait sous d'heureux auspices. Charles-le-Mauvais, roi de Navarre, toujours lié avec l'Angleterre, avait profité de la dernière absence du roi Jean pour recommencer les hostilités et revendiquer, les armes à la main, ses droits sur la Bourgogne ; mais le maréchal de Boucicaut et l'illustre Bertrand du Guesclin avaient surpris et saccagé Mantes, Meulan et le château de Rolboise, qui appartenaient au roi de Navarre et lui servaient à intercepter le commerce entre Paris et Rouen. Les Navarrais, aidés d'une armée d'Anglais et de Gascons commandée par Jean de Grailly, captal de Buch, avaient voulu venger cet échec ; la bataille de Cocherel gagnée par du Guesclin sur le captal, le 16 mai 1364, venait de les réduire à l'impuissance. La nouvelle de cette victoire, apportée au roi Charles V la veille même de son sacre à Reims, lui causa tant de joie, qu'il nomma du Guesclin maréchal de Normandie et lui donna le comté de Longueville, héritage du frère du roi de Navarre. Le captal de Buch, un des meilleurs capitaines de ce siècle, avait été pris dans le combat ; il fut conduit à Meaux, où il resta quelque temps prisonnier sur parole. Charles V lui rendit bientôt après la liberté, dans l'espoir de se l'attacher ; mais le captal de Buch préféra suivre la fortune d'Édouard. Fait prisonnier une seconde fois, il mourut à Paris, dans une des tours du Temple, après une captivité de cinq ans.

Le différend élevé pour le duché de Bretagne entre la maison de Montfort, soutenue par l'Angleterre, et la maison de Blois, protégée par la France, fut décidé en faveur du comte de Montfort, le 29 septembre de la même année, à la sanglante journée d'Auray, où Charles de Blois fut vaincu et tué. Charles V, « qui ne portait nulle passion dans la guerre, » ne s'opposa point à l'élévation du vainqueur, dans la crainte que Montfort ne fît hommage de son duché à Édouard III, son protecteur et son beau-père ; il le reconnut pour duc, et décida la veuve de Charles de Blois à se contenter du comté de Penthièvre, de la vicomté de Limoges et d'une rente de dix mille livres.

La guerre de Navarre et celle de Bretagne ainsi terminées, le roi s'occupa de réparer les maux inouïs que la France avait soufferts pen-

---

(1) *Chron. de Saint-Denis*, t. VI, p. 234. — Félibien, t. I, p. 652.

dant tant d'années de désolation. « La simple énumération des ordonnances de Charles V, dit M. Michelet, suffit à découvrir les plaies effroyables que la guerre avait faites. La plupart sont destinées à constater les diminutions de feux, à reconnaître que les communes dépeuplées ne peuvent plus payer les impôts. D'autres sont les sauvegardes que les villes, les abbayes, les hôpitaux, les chapitres obtiennent du roi (1). » Jamais en effet la protection publique n'avait été plus faible. La France était désolée par le brigandage des *compagnies*. Licenciées par l'Angleterre, repoussées de la Normandie, de la Bretagne, de l'Aquitaine, où la paix avait rendu leurs services inutiles, ces bandes refluaient sur le centre, où elles occupaient les forteresses, rançonnaient les villages et commettaient toutes sortes de violences. Charles V, voulant débarrasser le royaume de ces brigands, s'adressa à du Guesclin, qui les appela et les conduisit en Espagne, où ils l'aidèrent à replacer Henri de Transtamarre sur le trône de Castille, usurpé par son frère don Pèdre-le-Cruel. Pendant cette expédition, dont le récit n'est pas de mon sujet, les provinces de France jouirent enfin du repos qui leur était si nécessaire.

Au milieu des soins que le roi donnait aux réformes qu'exigeait l'administration du royaume, il n'oubliait rien de ce qui pouvait contribuer au bien-être et à l'embellissement de sa bonne ville de Paris, dont il affectionnait le séjour, et où il faisait bâtir son *hostel solennel des grands esbatemens*, le célèbre hôtel de Saint-Paul (2). »

J'ai parlé de la protection spéciale que ce prince lettré accordait à l'Université de Paris. Nous avons vu, à l'occasion d'une insulte faite à quelques écoliers, le prévôt de Paris, Hugues Aubriot, obligé de faire amende honorable, et, en 1366, prêter serment de maintenir, tant qu'il serait en charge, les priviléges nouveaux et extraordinaires donnés par le roi à ce corps illustre (3).

La même année 1366, le duc de Bretagne Jean IV, possesseur du duché depuis la bataille d'Auray, vint à Paris avec une brillante suite de chevaliers pour faire hommage à Charles V de la Bretagne et des autres terres qu'il avait en France. Cette cérémonie eut lieu au nouvel hôtel Saint-Paul. « Le roy, assis dans un trône magnifique dressé exprès dans une salle haute, reçut l'hommage du duc en présence de Philippe d'Alençon, archevêque de Rouen; de Jean, archevêque de Reims; des évêques de Coutances, de Lisieux, de Bayeux, de Nevers, etc.; d'Étienne, évêque de Paris; de l'abbé de Cluni, de Louis, comte d'Étampes; de Jean, comte de Boulogne; du grand-prieur de France, Robert de Juilly; de Robert d'Alençon, de Gaucher de Châ-

---

(1) *Histoire de France*, t. III, p. 453. — (2) Voy. ci-après, *Hôtel Saint-Paul*. — (3) Voy. p. 152-157.

tillon, etc. (1). Et il se partit du roy en bonne grâce et amour, comme il sembloit; et si lui fist le roy de beaux dons de joyaux et de chevaux (2). » Félibien ajoute que dès l'année 1364 le roi Charles avait donné au duc de Bretagne l'*hôtel de Bourbon* ou de *Forests*, situé rue de la Harpe, près de la rue Pierre-Sarrazin (3).

A défaut d'événements importants pour les premières années du règne de Charles V, les chroniqueurs du temps se plaisent à nous donner des descriptions de fêtes dont Paris, et particulièrement le splendide hôtel Saint-Paul ou le Louvre, sont presque toujours le théâtre.

Tandis que les Français et les Anglais guerroyaient en Espagne pour ou contre D. Pèdre, la courtoisie chevaleresque du roi de France accueillait avec magnificence à Paris l'un des fils d'Édouard. « L'an de grâce 1368, le dimanche 16 avril, jour de Quasimodo, messire Lyonnel, duc de Clarence, second fils du roi d'Angleterre, vint à Paris, allant en Italie. Monseigneur Jehan, duc de Berry, et messire Philippe, duc de Bourgogne, frères-germains du roi de France, allèrent jusqu'à Saint-Denis à sa rencontre, et le menèrent descendre droit au Louvre, où étoit ledit roi, qui le reçut fort honorablement. Il eut sa chambre bien parée et ornée, et dîna et soupa au Louvre avec le roi. Le lendemain, ledit Lyonnel dîna avec la reine en l'hôtel du roi près de Saint-Pol, et l'on y fist une très-grande feste. Et après dîner, quand on eut dansé et joué, ledit Lyonnel et les deux frères du roi, qui l'accompagnaient partout, s'en retournèrent au Louvre vers le roi et soupèrent avec lui. Et le mardi ensuivant, dix-huitième jour du mois d'avril, lesdits ducs de Berry et de Bourgogne donnèrent à dîner et à souper audit Lyonnel et à ses chevaliers et à d'autres personnes, en l'hôtel d'Artois, puis ils allèrent coucher au Louvre. Et le mercredi ensuivant, ledit Lyonnel dîna et soupa avec le roi, qui lui fit, ainsi qu'à ses gens, de grands dons qu'on estimait à vingt mille florins et plus (4). »

Bientôt après Paris fit éclater sa joie à la naissance du premier fils du roi. Le 3 décembre 1368, l'enfant royal, qui fut depuis le malheureux Charles VI, naquit *en l'ostel près Saint-Pol*. Le roi, disent les chroniques, alla à Notre-Dame, et fit chanter une belle messe devant l'image de la sainte Vierge, *à l'entrée du chœur*, après quoi il fit donner aux ordres de Paris *grand'foison de florins jusques au nombre de trois mille et plus*.

« Le mercredi ensuivant, ledit fils du roi fut baptisé en l'église de Saint-Pol par la manière qui s'ensuit. Dès le jour de devant, avaient été faites des enceintes de bois devant l'église, et dans l'église devant les fonts baptismaux, par crainte qu'il n'y eût trop presse de gens.

(1) Félibien, t. I, p. 657. — (2) *Chron. de Saint-Denis*, t. VI, p. 243. — (3) Félibien, t. I, p. 657. — (4) *Chron. de Saint-Denis*, t. VI, p. 251.

Premièrement, il y avoit devant ledit enfant deux cents valets portant des torches, qui tous demeurèrent dans la rue, à l'exception de vingt-six qui entrèrent dans l'église. Après étoient messire Hue de Châtillon, seigneur de Dampierre, maître des arbalétriers, qui portoit un cierge en sa main, et le comte de Tancarville, qui portoit une coupe en laquelle étoit le sel, et il avoit au cou une toile dont ledit sel étoit couvert. Et après venoit la reine, Jeanne d'Évreux, qui portoit ledit enfant sur ses bras. Monseigneur Charles, seigneur de Montmorency, et monseigneur Charles, comte de Dammartin, étoient à côté d'elle. Ils sortirent ainsi dudit hôtel du roi par la porte qui est au plus près de l'église. Et tantôt après ledit enfant étoient le duc d'Orléans, oncle du roi; le duc de Berri, le duc de Bourbon, frère de la reine, et plusieurs autres grands seigneurs et dames; la reine Jeanne, la duchesse d'Orléans sa fille, la comtesse d'Harcourt et la dame d'Albret, sœur de la reine, lesquelles étoient bien parées en couronnes et en joyaux : et après, plusieurs autres dames et demoiselles bien parées et bien ornées (1). Et ainsi fut apporté l'enfant jusqu'à la porte de l'église de Saint-Pol, à laquelle porte étoient, attendant ledit enfant, le cardinal de Beauvais, qui baptisa l'enfant, et le cardinal de Paris, en sa chape de drap sans autres ornements, et les archevêques de Lyon, de Sens, et les évêques d'Évreux, de Coutances, de Troyes, d'Arras, de Meaux, de Beauvais, de Noyon et de Paris, et les abbés de Saint-Denis, de Saint-Germain-des-Prés, de Sainte-Geneviève, de Saint-Victor, de Saint-Magloire, tous en mitres et en crosses. Et le tint sur les fonts ledit seigneur de Montmorency, et fut appelé Charles, du nom des dits seigneur de Montmorency et comte de Dammartin. Et après fut reporté ledit enfant à l'hôtel de Saint-Pol, par le cimetière de l'église et par une porte par laquelle on entroit audit hôtel, pour la presse qui estoit devant ladite église; et celui jour, le roi fit distribuer en la couture Sainte-Catherine (du Val des Écoliers), huit parisis à tous ceux qui se présentèrent; et il y eut si grant presse que plusieurs femmes y furent mortes (2). »

La guerre avec Edouard III ne tarda pas à recommencer. Le Prince Noir, ruiné par son expédition d'Espagne, se trouvait endetté; il eut recours aux moyens violents et demanda aux Etats d'Aquitaine, assemblés à Niort, un *fouage* (impôt sur chaque famille) de dix sols (3), pour cinq ans, *afin d'apaiser le grand argent qu'il devait*. Les Gascons refusèrent. Le Prince Noir voulut employer la force. Aussitôt les comtes d'Armagnac, de Comminges, de Périgord, le seigneur d'Albret et plu-

---

(1) « Le tableau de cette procession, fort exact, du moins pour les premiers personnages jusqu'au comte de Dammartin, inclusivement, se reconnaît dans une miniature en manuscrit de Charles V, f° 446, v°. » Bibl. roy. ancien fonds, n° 8395, in-folio.— (*Chron. de Saint-Denis*, t. VI, note de M. Paris.)

(2) *Chron. de Saint-Denis*, t, VI, p. 267. — (3) M. Michelet, p. 464.

sieurs autres prélats, barons et nobles hommes, se rendirent à Paris et portèrent plainte par devant Charles V et ses pairs (30 juin 1369), « sur les griefs que le prince leur vouloit faire, disant qu'ils avoient ressort audit roi comme à leur seigneur souverain. »

Le roi de France, dit un historien, savait endurer et patienter. Il fit ses préparatifs, puis tout-à-coup, le 25 janvier 1370, le prince de Galles reçut à Bordeaux un docteur ès lois et un chevalier qui venaient de la part de Charles V, lui remettre un exploit par lequel il était sommé de venir à Paris répondre en cour des pairs, touchant certains griefs : le roi lui reprochait d'avoir, par faible conseil et simple jugement, molesté les prélats, barons, chevaliers et communes des marches de Gascogne aux frontières du royaume, « de laquelle chose, disaient les lettres du roi, nous sommes tout émerveillé. » L'Anglais, *après avoir un peu pensé*, répondit fièrement, comme jadis Guillaume-le-Conquérant : « Nous irons volontiers à notre ajournement, puisque mandé nous est du roi de France, mais ce sera le bassinet en tête, et soixante mille hommes en notre compagnie... Il en coûtera cent mille vies. » Puis, sous un léger prétexte, il fit emprisonner les messagers.

Charles V cependant était prêt à la guerre ; il s'empara du Ponthieu, où il avait pratiqué des intelligences, puis il assembla les Etats-Généraux à Paris, le 9 mai 1369. Il assista avec la reine aux délibérations, et deux jours après, sur la requête du chancelier, les conseillers répondirent que le roi ne pouvait refuser justice aux seigneurs gascons, « et que s'il y avoit en cela quelque chose de contraire au traité forcé de Bretagne, les Anglais ne pouvoient s'en prendre qu'à eux-mêmes, qui avoient manqué les premiers d'en accomplir tous les articles. » La cour des pairs déclara, en conséquence, la confiscation de l'Aquitaine, et les gens d'armes du roi de France entrèrent aussitôt en campagne. Suivant le pieux usage du temps, Charles V fit ordonner des jeûnes et des prières pour attirer sur ses armées la protection du ciel. Chaque jour, dit Froissart, des processions avaient lieu, et le roi y assistait, « tout déchaus et nuds pieds, et madame la reine aussi. »

Il était impossible cependant de subvenir aux frais de cette guerre sans recourir à de nouveaux subsides. Charles assembla les Etats à Paris le 7 décembre 1369 et obtint leur consentement. On imposa 12 deniers par livre de sel, 4 livres sur chaque feu dans les villes, et 30 sous dans les villages ; le treizième du vin qui se vendait en gros à la campagne, et le quart de ce qui s'y vendait en détail (1). On augmenta aussi les entrées du vin à Paris. « On devoit payer pour chaque queue de vin français que l'on mettroit en la ville, 12 sols parisis, de vin de Bourgogne 24 sols parisis, pour chaque queue de vin de Beaune et de Saint-Pour-

---

(1) Félibien, t. I, p. 668.

çain, 32 sols parisis ; et pour chaque vente en gros ou en broche, quand ils seront vendus en gros, l'acheteur paieroit, et s'il étoit vendu en broche, le vendeur paieroit (1). »

Cet impôt, qui produisit des sommes considérables, ne fut pas appliqué tout entier aux frais de l'entretien des troupes ; le roi trouva moyen d'en réserver une partie pour fortifier et embellir Paris.

La bastille Saint-Antoine, dont la première pierre fut posée le 22 avril 1370, par Hugues Aubriot, prévôt de Paris, « *fut construite*, disent expressément les Chroniques de Saint-Denis, *des deniers que le roi donna à la ville* (2). Ce fut aussi, en grande partie, des deniers du roi que le même prévôt fit fortifier et agrandir l'enceinte élevée par Etienne Marcel (3). Pour achever de mettre Paris en état de défense, il fut ordonné à Michaud, abbé de Saint-Germain-des-Prés, d'entourer son abbaye d'épaisses murailles et de fossés profonds.

Pendant ce temps, le roi reprenait peu à peu ses provinces perdues. Tout lui réussissait. Jean Chandos, le plus redoutable ennemi de la France, *le plus courtois chevalier*, dit le chroniqueur, *le plus plein de toutes nobles vertus qu'eut produit l'Angleterre depuis cent ans*, fut tué dans une escarmouche, et lors *les besognes des Anglais ne firent plus qu'empirer*. Edouard III, effrayé des succès du roi de France qui envahissait l'Aquitaine, fit débarquer à Calais le fameux aventurier Robert Knolles, à la tête de quinze cents hommes et de quatre mille archers (juillet 1370), tandis que le duc de Lancastre allait au secours du prince de Galles. Les Anglais furent surveillés par trois armées, mais il n'y eut point de bataille. « Du Guesclin, Clisson, conseillèrent d'éviter tout combat, d'escarmoucher seulement et de garder les places ; la campagne devenait ce qu'elle pouvait. Ces chefs de compagnie ne connaissaient que le succès ; les plus braves aimaient mieux employer la ruse. Il fallut que le duc de Bourbon vît sans bouger passer devant le front de son armée, sa mère, mère de la reine de France, que les Anglais avaient prise, et qu'ils firent chevaucher sous ses yeux, dans l'espoir d'entraîner le fils au combat. Il leur proposa un duel, mais leur refusa la bataille. A Noyon, l'outrage fut plus sanglant ; l'Ecossais Seyton sauta les barrières de la ville, ferrailla une heure avec les Français et sortit sain et sauf. L'armée anglaise vint aussi jusqu'en Champagne, jusqu'à Reims, jusqu'à Paris, détruisant et brûlant tout ce qu'elle trouvait, cherchant s'il y avait quelque ravage assez cruel, quelque piqûre assez sensible, pour réveiller l'honneur de l'ennemi (4).

Pendant un jour et deux nuits qu'ils furent devant Paris, le roi, de son hôtel Saint-Paul, voyait sans s'émouvoir la flamme des villages

---

(1) *Chron. de Saint-Denis*, t. VI, p. 321. — (2) T. VI, p. 323. — (3) Voy. ci-après, *Réparations de l'enceinte*. — (4) Voy. M. Michelet.

qu'ils incendiaient de tous côtés. Une nombreuse et brillante chevalerie, les Tancarville, les Coucy, les Clisson, étaient dans la ville, mais il les retenait. Clisson, dont la bravoure était connue, encourageait cette prudence cruelle : « Sire, vous n'avez que faire d'employer vos gens contre ces enragés ; laissez-les se fatiguer eux-mêmes, ils ne vous mettront pas hors de votre héritage, avec toutes ces fumières (1). »

« Au moment du départ, un Anglais approcha de la barrière Saint-Jacques, qui était tout ouverte et pleine de chevaliers. Il avait fait vœu de toucher sa lance aux barrières de Paris. Nos chevaliers l'applaudirent et le laissèrent aller. Cet outrage aux murailles de la Cité, à l'honneur du *pomœrium*, chose si sainte chez les anciens, ne touchait pas les hommes féodaux. L'Anglais s'en allait au petit pas, quand un brave boucher avance sur le chemin, et d'une lourde hache à long manche lui décharge un coup entre les deux épaules, il redouble sur la tête et le renverse. Trois autres surviennent, et à eux quatre ils frappaient sur l'Anglais, *ainsi que sur une enclume*. Les seigneurs qui étaient à la porte vinrent le ramasser pour l'enterrer en terre sainte (2). »

Il faut lire, du reste, le passage suivant des Chroniques de Saint-Denis, pour juger des ravages des Anglais autour de Paris : « Et après les Anglois passèrent par le Gâtinois et descendirent par Château-Landon, par Nemours et par le pays jusques à Corbeil et à Essonne. Et le dimanche 22ᵉ jour de septembre 1370 dessus dit, logèrent environ Mons et Ablon (*près de Villeneuve-Saint-Georges*) et le pays environ. *Item*, le mardi ensuivant, 24ᵉ jour dudit mois, furent en bataille entre Villejuif et Paris, et à Paris avoit bien douze cents hommes d'armes, autre que de la ville, aux gages du roi ; et y eut cette journée des escarmouches devant Saint-Marcel, et y perdirent lesdits Anglois environ six ou huit de leurs gens. Et cette journée, les Anglois mirent le feu à grande quantité de villes auprès Paris, comme Villejuif, Gentilly, Cachant, Arcueil, et en l'hôtel de Bicêtre, et fut conseillé au roi, pour le mieux, que ils ne fussent pas lors combattus. Et celuy jour se allèrent lesdits Anglois loger à Anthoigny (Antony) et environs, et le mercredi ensuivant se délogèrent et se partirent pour aller vers Normandie (3). »

Tandis que les Anglais s'épuisaient sans combattre, au milieu d'un pays dévasté, l'habile monarque, paisiblement assis au milieu de ses clercs, s'occupait toujours de l'administration de son royaume. Il rendit en 1370 une ordonnance sur le droit d'amortissement et un édit célèbre qui défendait les jeux de hasard et même les jeux d'adresse, tels que ceux de *palme* (paume), de *quilles*, de *pallet*, de *billes* (billard), et ne permettait que les divertissements capables de former le corps et d'exercer aux armes (4).

(1) Froissart, c. 634. — (2) M. Michelet, p. 471 et suiv. — (3) *Chron.*, p. 324. — (4) Hénault, t. I.

L'année suivante, *content de la fidélité et de l'attachement respectueux des habitants de Paris*, le roi leur accorda les titres de noblesse, « sur l'exposé qu'ils lui avoient fait qu'ils étoient en possession d'avoir la garde et le bail de leurs enfants, d'avoir fiefs nobles et arrière-fiefs, d'user des brides d'or et autres ornements appartenants à l'ordre de chevalerie, et de prendre armes de chevalier, comme les nobles d'origine. Dans cette possession, si ancienne qu'il n'étoit mémoire du contraire, ils craignoient d'être troublés par les ordonnances depuis peu faites par le roi et publiées dans Paris, par lesquelles il étoit enjoint à ceux qui avoient acquis des fiefs nobles depuis 1324, de le faire savoir au receveur de Paris; que ceux qui avoient obtenu des lettres de noblesse du roi les apportassent au même receveur, à faute de quoi elles seroient nulles; enfin que le receveur mit en la main du roi tous les fiefs nobles acquis par les roturiers, jusqu'à ce qu'ils eussent payé la finance marquée. Sur la plainte que firent les habitants du préjudice que cette ordonnance apportait à leurs anciens privilèges, le roi déclara qu'ils n'y étoient pas compris, et les maintenant dans leurs possessions immémoriales, deffendit aux officiers des comptes, trésoriers, prévôt de Paris et receveur, de les y troubler en aucune manière en vertu de cette ordonnance (1). » — Ces titres furent confirmés par Charles VI, Louis XI, François Ier et Henri II. Henri III restreignit ce privilège, en 1577, aux seuls prévôt des marchands et échevins; il fut supprimé en 1667, rétabli par lettres patentes de Louis XIV, en mars 1669 (2), supprimé de nouveau en 1715, et rétabli enfin en 1716 jusqu'à la révolution française.

Une ordonnance de police du roi Jean, en janvier 1351, enjoignait *aux visiteurs des mestiers et marchandises* de faire leur rapport au prévôt de Paris touchant les contraventions (3). « Les troubles qui survinrent peu de temps après, dit Félibien, donnèrent lieu à beaucoup d'abus. Charles V, pour y apporter remède, ordonna, par ses lettres du 25 septembre 1372, au prévôt de Paris ou à son lieutenant, ou à ceux qu'ils commettroient, de faire la visite de tous les métiers, vivres et marchandises dans la ville et banlieue de Paris, et faire observer les coutumes anciennes consignées dans les registres dressés à ce sujet, sans permettre qu'aucuns autres entreprissent de faire ces sortes de visites. Par autres lettres du 23 mai 1369, à l'occasion de quelques officiers qui ne vouloient point reconnaître l'autorité du prévôt de Paris, il avoit déclaré qu'à cause du domaine de la couronne, la juridiction ordinaire de la ville de Paris appartenoit de plein droit et de temps immémorial à son prévôt de Paris, et qu'il vouloit qu'il eût seul, à l'exclu-

---

(1) Félibien, t. I, p. 672. — (2) *Id.*, p. 673. — (3) Voy. Félibien, t. I, p. 606, et le t. I de Fontanon.

sion de tous autres juges, la connoissance et la punition de tous les délits qui se commettoient à Paris par quelque personne que ce fût (1). » Enfin il rendit une ordonnance qui défendait les guerres privées, et à l'exemple de son père, rançonna les malheureux juifs qu'il obligea à porter une marque particulière sur leurs habits.

Les *Chroniques de Saint-Denis* nous apprennent qu'on découvrit vers cette époque à Paris une nouvelle secte. « Le dimanche 4ᵉ jour de juillet 1372, furent, en Grève, à Paris, la secte, le abit et les livres des *Turlupins*, autrement nommés la *compaignie de povreté*, condamnés de hérésie par messire Mile de Dormans, lors évêque d'Angers et vicaire de l'évêque de Paris, et par l'inquisiteur des hérétiques. Et ce jour en furent deux condamnés : un homme qui étoit mort en la prison de l'évêque de Paris durant son procès, par l'espace de quinze jours ou environ avant ladite condamnation, et une femme appelée Péronne d'Aubenton, autrement de Paris. Et ce dimanche furent ars (brûlés) audit lieu de Grève l'abit et les livres; et le lendemain, jour de lundi, furent ars, en la place aux Pourceaux, à Paris ladite Péronne et ledit mort, qui toujours, depuis sa mort, avoit été gardé en un tonneau plein de chaux (2). »

La guerre continuait cependant, et avec le même avantage pour les Français. Les *compagnies*, qui trouvaient leur avantage à servir un prince dont le trésor semblait inépuisable, se donnaient l'une après l'autre à Charles V; le Prince Noir alla mourir à Londres (3). Les Anglais furent battus par la flotte du roi de Castille, allié de la France, dans un combat naval près de La Rochelle, battus en Poitou, battus en Bretagne. Leur plus brave capitaine, le captal de Buch, fut fait prisonnier, et l'Angleterre n'eut, en 1374, de toutes ses conquêtes, que Calais, Bayonne et Bordeaux. Enfin, à la mort d'Édouard III, la flotte castillane, chargée des troupes de France, dévasta les côtes de la Grande-Bretagne, et brûla Plymouth et quelques autres villes. Les Anglais durent céder; une trêve fut conclue sur les instances du pape. Charles V avait recouvré par son habileté toutes les conquêtes de Philippe-Auguste; il avait repris le Poitou, la Saintonge, le Rouergue, une partie du Limousin, le comté de Ponthieu et la Guyenne, à l'exception de Bordeaux.

En 1374, Charles V, comme je le dirai plus bas, fit achever les fortifications et l'enceinte de Paris. La même année, il rendit la célèbre ordonnance qui déclarait les rois majeurs à quatorze ans, et il voulut que le recteur de l'Université, le prévôt des marchands et les échevins

---

(1) Félibien, t. I, p. 673 — (2) *Chron.*, p. 334.— (3) Charles V lui fit faire un service à Notre-Dame. Une messe solennelle fut également célébrée à la Sainte-Chapelle, à la mort d'Édouard III.

de la ville de Paris fussent présents à l'enregistrement qu'il fit faire au parlement (1). Deux autres ordonnances, rendues à la même époque, régularisèrent la régence, en cas de la mort subite du roi. Le duc d'Anjou devait être régent jusqu'à ce que le jeune prince eût atteint sa quatorzième année; la reine devait avoir la tutelle de ses enfants avec les ducs de Bourgogne et de Bourbon. Si la reine, par mort, mariage ou autrement, ne pouvait être tutrice, le duc de Bourgogne avait droit à la tutelle, et, à son défaut, le duc de Bourbon (2).

La France était délivrée du joug de l'étranger ; elle reprenait, sous l'habile administration de Charles-le-Sage, sa force et sa puissance, lorsque l'empereur Charles IV, pour accomplir le vœu qu'il avait fait de visiter l'abbaye de Saint-Maur, se rendit à Paris avec son fils Venceslas. Cet événement, mémorable dans les annales de la capitale à cette époque, est raconté d'une manière fort détaillée et fort intéressante dans les *Chroniques de Saint-Denis*. Le lecteur me saura gré de cet emprunt fait aux sources contemporaines :

« A l'encontre de l'empereur, entre Saint-Denis et La Chapelle, vinrent le prévôt de Paris et le chevalier du guet, avec grande quantité de leurs gens à cheval, vêtus de robes, et aussi y étoient le prévôt des marchands et les échevins de la ville de Paris, et des bourgeois bien montés et vêtus de robes mi-parties de blanc et de violet. Ils étoient bien en nombre, en ladite place, de dix-huit cents à deux mille hommes ; parmi eux lesdits prévôts et chevaliers ; les échevins et grande quantité d'autres bourgeois étoient montés très noblement sur de beaux destriers et coursiers, et se rangèrent en très belle ordonnance. Alors le prévôt de Paris, le prévôt des marchands et le chevalier du guet s'avancèrent près de l'empereur, et le prévôt de Paris porta la parole en disant : « Très excellent prince, nous les officiers du roi à Paris, le prévôt des marchands et les bourgeois de la bonne ville, nous venons faire la révérence et nous offrir à faire votre bon plaisir ; car ainsi le veut le roi notre seigneur, et le nous a commandé. » Et l'empereur remercia le roi et eux fort gracieusement. Et alors lesdits prévôts et échevins avec les bourgeois vinrent ensemble jusques à Paris, et étoient bien en la compagnie, tant des officiers du roi que des gens de la ville de Paris, quatre mille chevaux et plus. Ledit empereur ainsi accompagné vint à La Chapelle Saint-Denis, et là se fit descendre de la litière de la reine (3) en un hôtel, et fut mis à cheval sur le destrier que le roi lui avoit en-

---

(1) Jusqu'alors la majorité des rois se prolongeait jusqu'à leur vingtième année. — « Le chancelier de l'Hôpital expliqua depuis cette ordonnance sous le règne de Charles IX, et il fut dit que l'esprit de la loi était que les rois fussent majeurs à quatorze ans commencés et non pas accomplis, suivant la règle que dans les causes favorables *annus incœptus pro perfecto habetur.* » Hénault, t. I. — (2) *Id. ibid.* — (3) Elle lui avait été envoyée à Saint-Denis *très richement et noblement attelée et appareillée.*

voyé à Saint-Denis, lequel étoit *morel* (noir), et semblablement monta le roi des Romains sur celui que le roi lui avoit envoyé, lequel étoit pareillement noir. Et le roi de France les leur donna de cette couleur, parce que, suivant les coutumes de l'empire, les empereurs ont l'habitude d'entrer dans les bonnes villes de leur seigneurie sur un cheval blanc; et le roi ne voulait pas que ce fût ainsi, afin qu'on n'y pût voir aucun signe de domination.

» Le même jour et à la même heure, le roi de France, monté sur un grand palefroi blanc, richement *ensellé* aux armes de France, sortit du palais. Il étoit vêtu d'une cote d'écarlate vermeille et d'un manteau fourré, *à fonds de cuve*. En sa tête étoit un chapeau *à bec*, de forme ancienne, très richement brodé et couvert de perles. En sa compagnie étoient quatre ducs, ceux de Berry, de Bourgogne, de Bourbon et de Bar, les comtes d'Eu, de Boulogne, de Coucy, de Sarebuche, de Tancarville, de Sancerre, de Dammartin, de Porcien, de Grandpré, de Siaume et de Braine, et plusieurs grands seigneurs, bannerets, chevaliers, grands gentilshommes, si nombreux qu'on ne pouvoit les compter. Beaucoup de prélats allèrent au dehors de la porte Saint-Denis au-devant de l'empereur; ils étoient tous en chapes romaines par l'ordonnance et commandement du roi, et étoient grandement montés et accompagnés de leurs chapelains et autres gens de leurs robes. Les seigneurs et princes dessus dits étoient montés sur grands chevaux, plus hauts que les coursiers et grandement accompagnés de chevaliers et d'escuiers, portant chacun les livrées de leur seigneur. Et aussi avoit le roi des officiers de tous états, en très grant quantité, vêtus d'un costume divers; c'est assavoir : *chambellans*, de deux paires de robes, les unes de *veluyau* (velours) et les autres de deux parties escarlates; les *maistres d'hôtel*, de deux velours inde et tenné; les *chevaliers d'honneur*, de velours vermeil; les écuyers du corps et d'écuyerie, de camocas bleu; les *huissiers d'armes*, de deux camocas partie de bleu et rouge; les *officiers, panetiers, échançons, valets tranchans*, vêtus de deux satanins pallés de blanc et de tenné. Pareillement étoient les officiers du dauphin de Vienne, fils aîné du roi : les *queux* et *escuier de cuisine*, vêtus de houppelandes de soie et aumuces fourrés, à boutons de perles par dessus; cinquante-deux *valets de chambre*, tous vêtus d'une robe d'un rayé gris-blanc contre noir; les *sommeliers* vêtus d'un rayé gris-blanc contre un drap noir ou d'un rayé brun contre un drap noir; *les sergens d'armes*, au nombre de cinquante à soixante, vêtus d'une robe de drap bleu et noir, et ainsi de tous les autres officiers, chaque officier ayant une robe distincte.

« Le roi, à cause de son nombreux cortége, mit à sortir de la cour du palais plus d'une demi-heure, et s'avança droit sur le chemin de Saint-Denis, en passant par la porte et bastille de Saint-Denis. L'ordonnance des gens du roi étoit si bien faite qu'il y avoit peu de confusion, eu égard à la multitude de gens. Devant marchoient tous les chevaliers et écuiers, les arbalétriers à cheval et les sergens d'armes. Devant le roi étoient le maréchal de Blainville et les écuiers de son corps, qui avoient deux épées à écharpe et les chapeaux de paremens ; puis le fils du roi de Navarre et les comtes d'Harcourt et de Tancarville, et par derrière des huissiers d'armes. Et après les quatre ducs dessus dits et plusieurs autres comtes et barons, les prélats venoient deux à deux, les archevêques et les évêques en premier. Suivoient les grands chevaux et palefrois du roi très richement *ensellés*, que les valets conduisoient en bride, montés sur d'autres chevaux, vêtus tous d'une robe, et portant, en la manière accoutumée, les paremens de France en écharpe. Le palefrenier du roi étoit devant les écuiers de corps, monté sur un grand coursier; il portoit le parement du roi en velours et brodé, et autour du cou les fleurs-de-lis *pourfilées de perles en écharpe*, suivant la coutume. Avec les sergens d'armes du roi étoient devant les deux trompettes du roi, à trompes d'argent et penonceaux brodés, qui sonnoient de temps en temps pour donner le signal de la marche.

» Et ainsi chevaucha le roi depuis son palais jusqu'à moitié chemin du Moulin à vent et de la Chapelle, où il se rencontra avec l'empereur. Il fallut du temps pour qu'ils pussent venir l'un à l'autre, tant étoit grande la foule. Ledit empereur ôta sa bartette et son chaperon, et le roi fit de même, mais le roi ne voulut trop approcher de l'empereur, de peur que son cheval ne touchât à ses jambes où il avoit la goutte. Ils se prirent les mains l'un et l'autre et s'entre-saluèrent, et le roi dit à l'empereur qu'il étoit le bien-venu et qu'il avoit un grand désir de le voir. Il alla ensuite saluer le roi des Romains de la même manière, puis retourna devers l'empereur qu'il fit mettre à sa droite, bien que celui-ci s'en excusât longuement, et le roi des Romains fut mis à gauche. Ainsi chevaucha le roi entre l'empereur et son fils, tout le chemin et tout le long de la ville de Paris jusqu'à son palais, par l'ordonnance et en la manière qui s'ensuit : Premièrement fut ordonné par le roi que les gens de la ville, pour ce qu'ils étoient en trop grande quantité, demeurassent aux champs sans rentrer dans la ville, jusques à ce que l'empereur, le roi et tous leurs gens fussent entrés et passés en la ville, et ainsi fut fait. Le roi avoit aussi fait crier le jour devant que nul ne fût si hardi d'occuper à pied ou en voiture le chemin de la grande rue qui conduit au palais, ni qu'il bougeât de la place où il s'était mis pour voir passer le cortége.

» On mit en conséquence des sergents au bout des rues qui aboutissent à la grande rue, pour empêcher le peuple de passer ; et trente sergents d'armes descendirent de cheval et prirent le travers de la rue, marchant devant les écuyers du corps du roi, leurs masses au poing, et leurs épées garnies d'argent en écharpes. L'empereur avoit fait savoir au roi, dès son arrivée à Saint Denis, qu'à son entrée à Paris il ne vouloit avoir aucun de ses gens auprès de lui, mais qu'il se mettoit en la garde du roi et des gens qu'il voudroit lui donner, et il prioit surtout le roi qu'on le garantît de la foule et que l'on conduisît avant lui ses gens au palais. C'est ce que fit le roi. Il les fit mener et conduire les premiers par le seigneur de Coucy, le comte de Sarebruche et le comte de Braine, qui n'avoient point quitté l'empereur depuis son entrée dans le royaume. Pour la garde du corps de l'empereur, le roi désigna six de ses chambellans et quatre de ses huissiers d'armes ; c'est assavoir : le seigneur de la Rivière, messire Charles de Poitiers, messire Guillaume des Bordes, messire Hutin de Vermelles, messire Jehan de Barguettes et le Barrois, et le roi en désigna autant pour lui ; et il donna au roi des Romains quatre chambellans et deux huissiers d'armes, lesquels tous chambellans, chevaliers et huissiers d'armes descendirent à pied, et se rangèrent, pour la garde qui leur étoit confiée, en belle et bonne ordonnance.

» Après les gens de l'empereur qui entrèrent les premiers en la ville, venoient les chevaliers et écuyers du royaume de France, qui étoient bien huit cents chevaliers sans les écuyers, dont on ne sait le compte ; ils étoient tous noblement vêtus et parés et très bien montés, de sorte que c'étoit noble et merveilleuse chose à voir. Après étoient le chancelier de France et les conseillers laïques du roi. Puis venoient de front et à pied les portiers et valets de portes, leurs verges à la main et vêtus d'une robe ; et après venoient à cheval, l'un après l'autre, le prévôt de Paris, plusieurs comtes et barons, le maréchal de Blainville, et les écuyers du corps et écuyerie du roi, comme dessus est écrit. Et au plus près de l'empereur, du roi et du roi des Romains, étoit un rang de chevaliers à pied, le bâton au poing, et les chambellans et gardes sus-écrits, tellement que nul ne pouvoit les approcher ni les presser. Derrière les chevaux de l'empereur, du roi et du roi des Romains, étoient les huissiers d'armes, tous à pied et le bâton au poing. Venoient ensuite les frères du roi, les ducs de Berry et de Bourgogne, et entre eux deux, au milieu, étoit le duc de Brabant, frère de l'empereur et oncle du roi, et après le duc de Sassoigne (Saxe), électeur de l'empire, le duc de Bourbon, le duc de Bar, et des autres ducs allemands, entre autres un appelé le duc Henri, le duc de Bousselau et le duc de Trappo. Derrière lesdits ducs étoient vingt chevaliers et écuyers à pied qui sont pour la garde du corps du roi, et vingt-cinq arbalêtriers tous bien armés, les épées en une main et les bâtons de l'autre, lesquels se tenoient fortement serrés ensemble, pour préserver de la foule et de la presse des gens qui venoient après à cheval, l'empereur, le roi, le roi des Romains et les ducs dessus dits. Et après venoient tous les prélats dessus escrits, et les chevaux de luxe du roi et tout le reste de la multitude de chevaux et de gens. Tout derrière venoient le prévôt des marchands, le chevalier du guet et les sergents, avec les gens de la ville de Paris. Et ainsi et par telle ordonnance chevauchoient l'empereur, le roi et le roi des Romains, de telle manière qu'ils n'étoient pressés ni arrêtés. Mais en peu de temps ils arrivèrent sans encombre au palais, ce dont furent fort émerveillés plusieurs gens. On avoit fait aussi à la porte du palais certaines barrières, ainsi qu'à l'entrée des merceries et de la grand'salle; et on les avoit fait si bien garder par des sergents, que l'empereur, le roi et le roi des Romains y entrèrent avec quarante grands seigneurs seulement. Il avoit été en outre ordonné que nul ne s'arrêtât devant la porte du palais, mais que chacun passât à cheval et se répandît dans les rues afin qu'il y eût moins de presse. Ils arrivèrent ainsi au perron de marbre, environ trois heures après midi. Et pour ce que l'empereur ne pouvoit pas se tenir debout à cause de sadite maladie et qu'il le falloit porter entre les bras, le roi lui avoit fait préparer, dans la cour sous le perron, par l'un de ses secrétaires qui étoit alors concierge du palais, nommé maître Philippe Ogier, une chaise couverte de drap d'or, et le fit asseoir dedans.

» Comme l'empereur se reposoit dans cette chaise, le roi vint à lui, et lui dit qu'il étoit le très bien venu en son palais, et que onques prince n'y avoit vu plus volontiers; et alors il l'embrassa, et l'empereur ôta son chaperon et l'en remercia très humblement. Le roi salua de même le roi des Romains et l'embrassa. Il fit alors porter l'empereur dans sa chaise par ses chevaliers jusqu'à la chambre qu'il lui avoit fait appareiller; c'est à savoir la chambre *faite de bois d'Irlande qui est à côté de la chambre verte, et qui regarde d'une part sur les jardins du palais, et d'autre part à la Sainte-Chapelle*. Le roi alloit *contre-mont les degrés* de l'escalier, côte à côte de l'empereur, et il menoit le roi des Romains à sa gauche. Il laissa toutes les autres chambres derrière pour l'empereur et pour son fils, et fit même disposer les chambres de dessous où se retiroient les reines de France. Quant au roi, il se logea dans les grandes chambres à *galathas* (galetas) (1) qu'avait fait construire le roi Jehan, son père. Lorsque l'empereur se fut un peu reposé, le roi l'alla voir dans la chambre, et dès qu'il s'approcha de l'empereur il ôta son cha-

(1) « Je pense, dit M. P. Pâris, qu'il faut entendre par-là les longues galeries dans lesquelles sont encore aujourd'hui conservées les archives du parlement. Ce passage curieux nous apprend ce que les historiens de Paris semblent avoir ignoré, que le roi Jean avait fait exécuter de grands travaux dans le Palais. » *Chron. de Saint-Denis*, t. VI, p. 376. Ce qu'ajoute ensuite M. Paris fait croire qu'il regarde le mot *galathas* comme un nom propre qui s'appliquait à une certaine partie du palais. Il me paraît évident qu'il s'agit seulement ici des chambres hautes, ou *galetas*.

peron, et dit qu'il venoit le voir et lui montrer sa coiffe qu'il n'avoit pas encore vue (1). L'empereur ôta son chapeau, et ils se recouvrirent le roi et lui, et ils s'assirent l'un à côté de l'autre. Le roi dit alors : « Beaux oncles, sachez que j'ai si grande joie de votre arrivée que plus ne puis, et vous prie de regarder ce qui m'appartient comme vôtre, et ne saurais vous offrir davantage. » A quoi l'empereur ôta son chaperon arrière, et le roi aussi, et l'empereur répondit : « Monseigneur, je vous remercie des honneurs et biens que vous me faites, et désire que vous soyez certain que moi et mon fils, tous mes autres enfants et tout ce qui m'appartient, sommes à vous, et pouvez prendre ce que j'ay comme vôtre. » A ces paroles, plusieurs gens eurent grande joie de ces grandes amitiés et bonne volonté. Le roi partit ensuite ; et à cause de la maladie de l'empereur qui étoit fort grave, d'autant plus qu'il avoit la fièvre et qu'il étoit *moult travaillé* du chemin, le roi le fit souper dans sa chambre, et il mena souper avec lui le roi des Romains, et les ducs, seigneurs et chevaliers de sa maison. Il y eut très grand souper et grande foule de *gens d'état*, et furent les convives placés comme s'en suit : l'évêque de Paris en premier, puis le roi et puis le roi des Romains, le duc de Berry, le duc de Brabant, le duc de Bourgogne, le duc de Bourbon et le duc de Bar ; et pour ce que deux autres ducs n'étoient pas chevaliers, ils mangèrent à l'autre table, en compagnie de messire Pierre, fils du roi de Navarre, le comte d'Eu et plusieurs autres seigneurs. Il est à savoir que la grande salle du palais, la chambre du parlement, la salle sur l'eau, la chambre verte, les autres chambres notables du Palais, la Sainte-Chapelle, la chapelle auprès de la chambre verte, étoient très richement parées et disposées, tant au Palais qu'au Louvre, à Saint-Pol, au bois de Vincennes et à l'hôtel de Beauté-sur-Marne, auxquels lieux le roi mena, tint et festoya l'empereur. C'est ainsi que se passa la journée dudit lundi, entrée de l'empereur à Paris ; et après vins et espices données après dîner, le roi, le roi des Romains et les autres seigneurs se retirèrent chacun en sa chambre.

» Le mardi ensuivant, qui fut le cinquième jour de janvier, le prévôt des marchands et les échevins de Paris, à l'heure que l'empereur dînoit en sa chambre, entrèrent devers lui, présentèrent au nom de la ville une *nef* (2) pesant *neuf vingt et dix marcs d'argent*, dorée et très richement travaillée, et deux grands flacons dorés et émaillés, du prix de septante marcs d'argent. Ils présentèrent à son fils une fontaine d'argent, dorée et très richement travaillée, du poids de quatre-vingt-treize marcs, avec deux grands pots d'argent doré, très richement tra-

---

(1) « Car il faut savoir que, suivant l'ancienne coutume, les rois portoient de fines coiffes sous leurs chaperons. » *Christine de Pisan*, c. XXXVIII.

(2) La *nef*, morceau principal de la vaisselle chez les grands seigneurs et surtout chez nos rois, était encore un meuble d'étiquette à la cour de Louis XVIII. (M. Pâris.)

vaillés, du poids de trente marcs pesans. Cedit jour, le roi ne vit point l'empereur, parce que celui-ci avoit été malade et qu'il avoit mal dormi la nuit, et il avoit déjà mangé et vouloit se coucher, avant que le roi eût entendu le service et *messe à note*, comme de coutume; mais ledit empereur envoya prier le roi moult affectueusement qu'il lui plût de parler avec lui en particulier, relativement à certaines affaires, et il voulut que le chancelier de France y fût présent. Le roi mangea ce jour-là *en salle*, à grande compagnie, et y assistèrent le duc de Sassoigne, qui la veille n'avoit pas soupé avec le roi, l'évêque de Brusseberg, le chancelier de l'empereur, et tous ou la plus grande partie des princes, seigneurs et gens de l'hôtel de l'empereur. Le roi des Romains n'y mangea pas, parce que le roi le laissa tenir compagnie à l'empereur. Après que le roi eut dîné et se fut retiré en sa chambre, il alla avec peu de gens et secrètement devers l'empereur, ainsi que celui-ci l'en avoit prié, et il y mena son chancelier. L'empereur et le roi, assis l'un à côté de l'autre, firent partir tout le monde, à l'exception du chancelier de France. Ils parlèrent ensemble longuement, près de trois heures, et sur la fin le chancelier de l'empereur fut appelé; mais on ne sait rien de ce dont ils parlèrent. Aux vêpres dudit mardi, veille de l'Épiphanie, le roi alla entendre l'office à la Sainte-Chapelle, et à sa main gauche étoit le roi des Romains. Deux oratoires étoient déposés, l'un auprès des *chaieres*, et l'autre à gauche près du *revestiaire*. En celui à droite étoit le roi, en celui à gauche le roi des Romains. L'archevêque de Reims fit le service, et la chapelle fut si noblement ornée et l'autel si richement et grandement garni de joyaux d'église et de reliques, et tellement enluminé que c'étoit belle et merveilleuse chose à voir. Il y avoit une si grande multitude de *gens d'Etat* aux vêpres, qu'à peine pouvoient-ils tenir dans la Sainte-Chapelle. Au souper dudit mardi, le grand palais fut noblement paré et ordonné, et il y eut tant de *plas* suspendus, et tant de torches et étendarts dans la salle, avec grande multitude de valets vêtus de drap, portant grande quantité de torches, qu'on voyoit aussi clair en cette salle pendant la nuit comme on faisoit pendant le jour. Le roi, le roi des Romains y soupèrent avec les prélats et princes, dans l'ordre suivant: Au grand dais de la table de marbre s'assirent l'évêque de Paris, l'évêque de Brusseberg, conseiller de l'empereur, l'archevêque de Reims, le roi, le roi des Romains, les ducs de Berry, de Brabant, de Bourgogne, de Sassoigne, de Bourbon. Le duc Henri, le duc de Bar, et les autres ducs et princes s'assirent à l'autre dais qui étoit entre la table de marbre et la porte du parlement. Le souper fut long et servi à si grande profusion de mets, qu'il seroit difficile de s'en souvenir. Audit souper, dans ladite salle, furent, au rapport des héraults, de huit cents à mille chevaliers, tant du royaume de France que de l'étranger, et une grande multitude de gens d'État. Cependant le service fut fait très honnêtement et sans désarroi, et tous ceux qui mangèrent audit palais furent servis avec diligence, aussi bien les basses et lointaines tables comme les hautes et plus prochaines. Après souper, le roi et le roi des Romains s'en allèrent en la chambre du parlement, accompagnés des prélats, princes, seigneurs et chevaliers dessus écrits, tant qu'il put en entrer. Là étoient les ménestrels *de bas instrumens*, qui jouèrent comme d'ordinaire. Ladite chambre étoit noblement parée à fleurs-de-lys et noblement éclairée; aux deux côtés du lit de parade étoient deux grandes chaises, au-dessus desquelles étoit un ciel à bordure de fleurs-de-lys. Quand on servit le vin et les épices, le duc de Berry donna les épices au roi et le duc de Bourgogne donna le vin. Le roi se retira ensuite dans sa chambre, et il fit accompagner le roi des Romains à travers la salle par ses frères, les ducs dessus nommés et plusieurs autres seigneurs et chevaliers. Ainsi finit la journée dudit mardi, qui fut le 5ᵉ jour de janvier.

» Le lendemain, jour de l'Épiphanie, l'empereur fit prier le roi de lui montrer les saintes reliques, et il ajouta qu'il vouloit celui jour aller à la messe et dîner au palais avec lui. Le roi et l'empereur se levèrent donc bien matin, et on fit garder les portes du palais plus étroitement qu'auparavant par les chevaliers et écuyers de l'hôtel, parce que la veille les sergens d'armes et sergens du Châtelet y avoient trop laissé passer de gens. Elles furent si bien gardées que nul n'y entra que chevaliers et écuyers ou autres gens d'état. L'empereur et le roi allèrent donc paisiblement et sans trop grande presse en la Sainte-Chapelle. Comme l'empereur vouloit monter devant la châsse et voir les saintes reliques, quoique l'escalier fût étroit et difficile, il ne put être transporté dans sa chaise, mais il se fit *tirer par les bras et jambes* le long de l'escalier, et arriva jusqu'en haut à grande peine et travail de son corps, pour la grande dévotion qu'il avoit à voir de près les saintes reliques. Quand il fut auprès, le roi ouvrit la sainte châsse et ledit empereur ôta son chapeau, joignit les mains, et comme en larmes fit là son oraison longuement en très grande dévotion; puis il se fit soutenir et apporter les saintes reliques à baiser, et le roi lui montra une à une les pièces qui sont en ladite châsse. Lorsque les princes eurent embrassé la châsse, le roi la tourna vers la chapelle et la fit garder par les évêques de Beauvais et de Paris, revêtus de leurs habits pontificaux, portant leurs mitres et leurs crosses. Quand l'empereur fut descendu, il ne voulut pas entrer dans l'oratoire que le roi lui avoit fait préparer, mais voulut être dans la chaise où le trésorier de la Sainte-Chapelle a coutume de s'asseoir, pour voir mieux et plus longuement lesdites saintes reliques, et être mieux à l'opposite du tronc de ladite châsse. Et là on lui couvrit bien honnêtement son siége d'un drap d'or. Le roi se mit en son oratoire, qui étoit près de la porte du vestiaire, et comme l'empereur n'avoit point de courtines (rideaux), il fit plier les siennes. Au commencement de la messe, et à l'évangile, il lui envoya présenter avant lui l'eau bénite par l'archevêque de Reims, quoique l'empereur s'en défendît beaucoup; mais le roi le voulut ainsi, parce qu'il vouloit honorer l'hôte qui étoit venu le visiter dans son royaume et qui demeuroit dans son palais. Quand vint l'offrande, le roi, qui avoit fait préparer trois paires d'offrandes, d'or, d'encens et de myrrhe, suivant la coutume, fit demander à l'empereur s'il *n'offriroit* point. Celui-ci s'excusa en disant qu'il ne pouvoit s'agenouiller, à cause de la goutte, et pria le roi d'offrir et de faire selon sa coutume. Belle fut l'offrande du roi : trois chevaliers, ses chambellans, portoient trois belles coupes dorées et émaillées; en l'une étoit l'or, en l'autre l'encens, et en la troisième la myrrhe; ils s'avancèrent tous trois devant le roi, et s'agenouillant devant l'archevêque, le premier chevalier fit successivement les trois offrandes, en baisant chaque fois la main dudit archevêque. Comme il étoit tard, il n'y eut point de sermon. Au moment de la *paix*, on prépara deux *paix* que le diacre et le sous-diacre portèrent à baiser à l'empereur et au roi. La messe terminée, celui-ci monta à la sainte châsse et fit baiser les reliques aux princes et gens de l'empereur qui n'y avoient pas encore été; pendant cette cérémonie, qui fut longue, l'empereur se retira dans une chambre de la Sainte-Chapelle, qui avoit été très bien et honorablement disposée et qui est occupée par les clercs-marguilliers et les gardes de l'église. Quand la châsse fut fermée, le roi s'en alla par la chapelle en sa chambre. Alors il envoya vers l'empereur le dauphin de Viennois, son fils aîné, qu'il avoit envoyé chercher en son hôtel de Saint-Pol, avec les ducs de Berry et de Bourgogne, le duc de Bourbon, frère de la reine, le duc de Bar et plusieurs autres seigneurs et chevaliers de grand État. Lorsque l'empereur sut que le dauphin venait vers lui, il se fit lever de sa chaise, ôta son chaperon et accola le prince; celui-ci s'inclina devant lui sans s'agenouiller. Le roi descendit ensuite de sa chambre et vint chercher l'empereur pour aller manger en la grande salle du palais. On transporta l'empereur sur une chaise; à côté de lui étoit le roi, qui avoit à sa main gauche le roi des Romains; le dauphin alloit devant, porté sur le cou de ses chevaliers. Ils se rendirent ainsi paisiblement par les *merceries* (galerie des marchands) et par la grande salle jusqu'au haut dais de la table de marbre. Le dîner fut fait dans *l'ordonnance* suivante, et comme il est représenté dans *l'histoire* ci-après dessinée (1) :

» L'archevêque de Reims fut placé le premier; l'empereur s'assit ensuite, puis le roi de France et le roi des Romains; il y avoit autant de

(1) Le manuscrit des *Chroniques* que j'ai cité, d'après M. Pâris, offre ici (p. 478, v°) une belle miniature représentant ce dîner.

distance du roi à ce dernier que du roi à l'empereur. Chacun des trois princes avoit au-dessus de sa place un ciel de drap d'or, bordé de velours aux armes de France, et par dessus ces trois ciels, il y en avoit un plus grand, de drap d'or aussi, qui couvroit la table et pendoit derrière les convives. Tous les piliers et toutes les fenêtres étoient couverts également d'un riche drap d'or. Après le roi des Romains, trois évêques, ceux de Brusseberg, de Paris et de Beauvais, s'assirent, mais bien loin de lui au bout de la table. Sous l'autre dais, qui étoit entre la table de marbre et le parlement, s'assirent d'abord le duc de Sassoigne et le dauphin, puis les ducs de Berry, de Brabant, de Bourgogne, le fils du roi de Navarre, le duc de Bar, le duc Henri ; au bout de la table étoit le chancelier de l'empereur, qui n'étoit pas évêque. Mais le duc de Bourbon, le comte d'Eu, le seigneur de Coucy et le comte d'Harcourt, n'étoient pas assis, ils se tenoient debout autour du dauphin pour lui tenir compagnie et le préserver de la foule. Les autres ducs et princes mangeoient aux autres tables. Sur le dais du dauphin étoit un ciel de velours et de drap d'or, et par dessus un autre qui couvroit toute la table. La salle du *grand palais* étoit ornée de tapisseries de haute lice, à images, si bien disposées qu'elles ne cachoient pas les *rois de pierre* qui sont autour de la grande salle. Il y avoit cinq dais, en comptant celui de la table de marbre, et trois dressoirs à vin très richement parés, garnis de vaisselle d'or et de grands flacons d'argent émaillés. Le second, qui étoit auprès de la chambre des requêtes, étoit tout couvert de pots, de flacons et autre vaisselle dorée. Le troisième, qui étoit bien avant au milieu de la salle, sous une des arches, portoit une grande quantité de vaisselle d'argent blanche ordinaire. Les deux premiers dais et ces dressoirs étoient entourés de bonnes barrières et palissades, dont les pieux étoient aiguisés, et l'on ne pouvoit y entrer qu'à certains endroits, gardés et défendus par des chevaliers. Au rapport des hérauts, huit cents chevaliers, sans compter autres gens, dînèrent dans cette salle. Le roi avoit ordonné quatre services de quatre-vingts plats, mais pour ne point faire rester trop long-temps à table l'empereur, il ne fit servir que trois services de soixante plats, sans compter deux *entremets* (*intermèdes;* divertissemens dans l'intervalle des services), dont voici le programme :

» Le sujet étoit la prise de la sainte Cité de Jérusalem par Godefroy de Bouillon ; et le roi avoit choisi cette histoire parce qu'il trouvoit dit que devant les plus hauts personnages de la chrétienté on ne pouvoit rappeler de plus notables faits. Au bout de la salle, qui étoit fermée de manière à ce qu'on ne pût voir de dehors, étoit un vaisseau bien garni de voiles et de mâts et très richement et plaisamment peint et orné. Dans ce vaisseau étoient douze chevaliers dont les cotes d'armes, les écus et bannières ressembloient à celles des nobles preux qui avoient été à la conquête de Jérusalem avec ledit Godefroy. Sur le devant du vaisseau se tenoit Pierre l'Hermite, dans le costume dépeint par l'histoire. Le vaisseau fut mis en mouvement par des gens cachés dedans, et il fut mené du côté gauche de la salle jusqu'au grand dais, avec tant de légèreté qu'on eût dit un vaisseau flottant sur l'eau. Alors parut dans le fond, à la place qu'il venoit de quitter, un décor représentant la cité de Jérusalem. Le temple étoit aussi bien dessiné que le permettoit l'espace; on y voyoit la grande tour, d'où les Sarrasins ont coutume de crier leur loi. Un homme vêtu *très proprement* en Sarrasin, y *crioit la loi en langue arabique*. La tour étoit si haute que cet homme touchoit presque le plafond de la salle, et la ville étoit entourée de fortifications défendues par des Sarrasins qui portoient bannières et pennons et étoient armés à leur manière. Ce décor fut également amené jusque devant le grand dais par des gens qui étoient cachés dedans. Les personnages descendirent du vaisseau en bon ordre, et vinrent donner l'assaut à la ville ; après un combat long et violent, ils s'en emparèrent et jetèrent dehors ceux qui étoient en habit de Sarrasins, après avoir arboré sur les remparts les bannières de Godefroy.

» Après ce spectacle, qui fut mieux exécuté qu'on ne peut le dire, le dîner fut terminé. On ôta les nappes et l'on donna l'eau à l'empereur et au roi des Romains pour laver leurs mains. Malgré les gardes et les barrières, l'empereur craignit d'être trop pressé à l'entrée du parlement, et sur sa demande le roi fit apporter à table les épices et le vin. Le dauphin fut mis debout sur la table, vis-à-vis le roi et l'empereur ; le duc de Bourbon le soutenait. Les ducs de Berry et de Bourgogne servirent les épices, les ducs de Brabant et de Bourbon donnèrent le vin ; un peu après le roi et l'empereur, le roi des Romains fut servi par le comte d'Eu et l'un de ses chevaliers. Ensuite on quitta la table, et l'empereur fut porté à sa chambre, sur une chaise, par le milieu de la grande salle, *par la porte des Merceries et par les grandes allées*. Le roi envoya ses frères et plusieurs autres seigneurs lui tenir compagnie, et se rendit, en tenant le roi des Romains par la main, en la chambre du parlement, où il reçut nombreuse compagnie. Ils se retirèrent ensuite dans leurs chambres par les grandes allées. Il étoit tard ; aussi le roi, l'empereur et son fils soupèrent chacun chez eux, mais le roi invita à sa table un grand nombre de seigneurs. Après le souper il se rendit secrètement avec une faible suite chez l'empereur, avec lequel il s'entretint quelque temps, puis il revint dans sa chambre et prit le vin et les épices avec le roi des Romains, jusqu'au moment où chacun alla se coucher. Ainsi se passa la journée du mercredi.

» Le lendemain, le roi dit qu'il iroit au Louvre avec l'empereur, et il le fit transporter à la pointe du palais. Là était un grand bateau, richement paré et disposé comme une maison, ce dont s'émerveillèrent l'empereur et ses gens. Arrivé au Louvre, ledit empereur y fut porté dans sa chaise. Le roi étoit à ses côtés et lui montroit et faisoit montrer ce qu'il avoit fait, au dehors et au dedans, à cet édifice. Il logea son hôte dans ses propres appartements, et prit les chambres du dauphin, qui sont à l'autre bout. Au-dessous, les chambres de la reine furent occupées par le roi des Romains. Le château avoit été orné et décoré tout exprès. Ce jour-là le roi, avec ses barons et les chevaliers et écuyers qui voulurent y venir, dîna dans la salle du Louvre; l'empereur fut servi dans sa chambre.

» Après le dîner, le roi assembla le conseil dans son logis; dans le même temps et par son ordre l'Université de Paris alla visiter l'empereur. Ils étoient douze de chaque faculté; les professeurs ès-arts étoient vingt-quatre; vêtus de leurs chapes et de leurs habits de cérémonie, ils vinrent faire la révérence à l'empereur. Maître Jean de la Chaleur, maître en théologie et chancelier de Notre-Dame, lui fit une notable harangue, dans laquelle il loua ses nobles actions, ses vertus et sa grandeur. L'empereur répondit lui-même en latin. Pendant ce temps, le roi étoit en conseil avec ses frères, des prélats et bon nombre de chevaliers de son conseil. Il leur demanda « s'il seroit bon d'exposer et de dire à l'empereur, son oncle, qui lui avoit donné une si grande marque d'affection et d'estime en l'étant venu voir, son bon droit et la malice de ses ennemis; ceux-ci en maints pays, et même en Allemagne, s'efforçant de publier le contraire, et aussi d'avoir l'avis de l'empereur. » Le conseil répondit à cela « qu'il seroit bon de le faire. » Le roi fit alors savoir à l'empereur et à son conseil que le lendemain il vouloit lui parler en présence de sa baronnie; qu'à une heure indiquée ils se trouvassent au Louvre pour entendre ce qu'il avoit à leur dire. Le lendemain au matin le roi vint voir l'empereur, et lui fit présent d'un beau coffret de jaspe, garni d'or et de pierreries, d'une épine de la sainte couronne, et d'un des os de saint Martin. Après le dîner, ils se rendirent ensemble à la chambre de parade au Louvre, où étaient réunis les principaux et les plus notables seigneurs, comtes, barons et chevaliers. L'empereur et les deux rois s'assirent sur trois chaises couvertes de drap d'or, les autres sur des bancs à dossier, selon l'usage suivi dans les conseils. Le roi parla long-temps contre ses ennemis. L'empereur lui répondit qu'il avoit fort bien entendu ce que le roi avoit très sagement expliqué, et qu'il le feroit savoir partout, en Allemagne, pour que les Anglois n'y fussent point crus, mais comme sa réponse pouvoit ne pas paraître suffisante, il pria le roi, le lendemain, de réunir de nouveau le conseil. Alors prenant la parole et élevant la voix assez haut pour que chacun le pût entendre, il commença par s'excuser de n'avoir point fait au roi, selon ce qu'il lui avoit paru, une suffisante réponse dans le précédent conseil. Il désiroit maintenant faire savoir à tout le monde qu'il offroit au roi, pour être tout à sa personne contre tous adversaires, lui-même et son fils, le roi des Romains, ses autres enfants, ses parents, ses alliés, ses amis et tout ce qui dépendoit de sa puissance. Alors il lui remit un rôle où ses propres alliés et amis, dont il se faisoit garant, étoient désignés et nommés. Le roi l'en remercia très gracieusement.

» Le lendemain après dîner, dimanche, l'empereur, son fils et le roi montèrent, vis-à-vis le Louvre, dans le bateau dont il a déjà été fait mention, et se rendirent à l'hôtel Saint-Pol, où étoit la reine et ses enfants. Quand ils furent arrivés dans l'hôtel jusqu'au milieu de la cour, le dauphin et monseigneur Louis, comte de Valois, s'agenouillèrent devant le roi leur père, puis allèrent saluer l'empereur qui ôta son chapeau et les embrassa. Ils furent ensuite portés devant nos dits seigneurs qui montèrent à la grande chambre, et là l'empereur dit qu'il vouloit voir la reine. Il y avoit si grande foule qu'à peine pouvoit-on passer aux portes; cependant ils purent pénétrer dans la vieille chambre de la reine, qui est près de la salle où est l'histoire de Thésée. Là étoit la reine, qui avoit un très riche cercle sur sa tête, et qui étoit accompagnée de nobles dames : la duchesse d'Orléans, fille du roi de France, la duchesse de Bourbon, mère de la reine, la comtesse d'Artois, la fille du duc de Berry, la fille du seigneur de Coucy, la dame de Préaux et plusieurs autres comtesses, baronesses, dames et demoiselles en très grand nombre. L'empereur ôta son chapeau et se fit lever devant la reine qui le baisa, lui et son fils; toutes les dames du sang de France le baisèrent également. L'empereur demanda plusieurs fois la duchesse de Bourbon, mère de la reine; elle lui fut amenée, et quand il la vit, il se prit si fort à pleurer, et elle aussi, que c'étoit piteuse chose à regarder. La cause en étoit que la duchesse étoit sœur de la première femme de l'empereur et amie de jeunesse de la reine, mère du roi Charles et de ses frères. Pour ces raisons, l'empereur voulut, après dîner, causer long-temps avec elle; il demeura là quelque temps, puis se retira et fut porté dans la chambre du dauphin. Le roi alla dîner avec le roi des Romains dans la salle dudit hôtel nommé la *salle de Sens*, et pendant ce temps l'empereur *s'étoit fait mettre dormir*. Après le dîner, lorsqu'on eut pris le vin et les épices, le roi se retira dans sa chambre, et le roi des Romains dans celle de monseigneur Louis de Valois. Le prince voulut voir les lions du roi, il y alla en compagnie des ducs. L'empereur s'étant éveillé causa long-temps avec la duchesse de Bourbon, puis il reçut la visite de la reine et de ses deux fils; ce qui lui causa beaucoup de joie. La reine demeura long-temps assise auprès de lui, et ils devisèrent longuement ensemble; elle lui donna un beau reliquaire d'or, grand, enrichi de pierreries, contenant du bois de la vraie croix et d'autres reliques. Le dauphin lui donna deux très beaux levriers à belles laisses et à colliers de soie ferrés de fleurs-de-lys d'or. L'empereur éprouva un vif plaisir de ces dons, et leur en fit d'affectueux remercîments. Le roi des Romains étant alors entré la reine lui donna un riche fermail en or, garnie de pierreries. Sur ces entrefaites, le roi vint ; ils prirent alors congé, et le roi mena l'empereur à Vincennes. Comme il étoit déjà tard, on vint au-devant de lui avec une grande quantité de flambeaux. L'empereur fut logé dans la belle tour, dans le propre appartement du roi, et celui-ci occupa la *chambre aux dains qui est ès-braies.*

» Le lendemain, l'empereur se fit porter tout autour de sa chambre pour voir, des fenêtres, les alentours du château ; et le roi des Romains, accompagné des ducs, alla chasser aux daims. Après dîner, le roi et l'empereur demeurèrent long-temps ensemble en agréables ébattements, en entretiens d'une affection véritable. L'empereur demanda au roi un de ses livres d'heures, désirant de prier Dieu pour lui ; le roi lui en envoya deux, un petit et un grand. Tandis qu'ils jasoient rentra le roi des Romains. L'empereur l'appela, lui prit la main, et la mettant dans la main du roi lui fit promettre par sa foi que tant qu'il vivroit, il serviroit et aimeroit ce prince par-dessus tous les princes du monde, ce dont le roi les remercia ; et il fit montrer au fils de l'empereur tout l'intérieur du château, et lui donna quelques unes de ses arbalètes.

» Le mardi suivant, 12e jour de janvier, l'empereur voulut faire son pèlerinage à Saint-Maur. Il partit dès le matin du bois de Vincennes dans sa litière ; il fut reçu en procession, d'après l'ordre du roi. L'abbé chanta la messe ; l'empereur offrit 100 francs, et abandonna au couvent les vivres dont l'abbé lui avoit fait don ; il dîna et dormit en ce lieu que le roi avoit fait pourvoir de toutes les commodités et embellir des plus riches ornements. On le mit ensuite dans sa litière et on le transporta à Beauté-sur-Marne, qu'il admira beaucoup, et où il se trouva, comme il disoit, soulagé de sa goutte ; ce fut au point qu'il visita lui-même tout l'hôtel. On avoit richement décoré cette résidence, ce qui lui fit dire que de sa vie il n'en avoit vu de plus belle ni de mieux située. Les gens de sa suite tenoient le même langage. On les avoit conduits aussi dans la tour du bois de Vincennes ; on leur avoit montré à chaque étage les approvisionnements, l'artillerie et les machines, et l'on y avoit donné au roi des Romains des arbalètes à son choix ; ils n'avoient jamais rien vu de si merveilleux, et ne pouvoient assez louer le jugement et la grandeur chevaleresque du roi de France. L'empereur passa quelques jours à Beauté ; le roi l'y alloit visiter chaque jour, lui parloit sans témoins et long-temps, puis revenoit à son logis du bois ; car il ne faut pas croire que ce sage prince, pour les soins qu'il rendoit à l'empereur, laissât ses autres affaires en souffrance : il étendoit constamment sa prévoyance à toutes choses. L'empereur désira voir la belle couronne que le roi avoit fait faire ; le roi la lui envoya par Gilles Malet, son valet de chambre, et Hennequin, son orfévre. Ce prince la prit dans ses mains et la regarda attentivement de tous côtés ; puis il la rendit en disant que, somme toute, il n'avoit vu de sa vie tant de si riches et de si belles pierreries ensemble. Le jeudi qui précéda le départ de l'empereur, le roi fit réunir tous les gens de ce prince, car il avoit fait préparer de très beaux présents pour les leur distribuer ; il mena avec lui ses frères, le sieur de la Rivière et d'autres chevaliers, et ses valets de chambre pour porter les joyaux.

» Le duc de Berry s'étant présenté dans la salle où étoit l'empereur, au milieu de tous ses gens rassemblés, le salua au nom du roi, et lui dit que ce prince lui envoyoit de ses présents *tels qu'on les savoit faire à Paris*. Alors il lui offrit une élégante coupe d'or garnie de pierreries, sur laquelle étoient représentés en figures d'émail, richement ouvragées, la sphère du ciel, le zodiaque, les signes, les planètes, les étoiles fixes et leurs emblêmes ; il lui présenta aussi deux grands flacons d'or, où l'on voyoit, en figures de relief, Saint-Jacques montrant à Charlemagne, dans une révélation, le chemin de l'Espagne. Ces flacons étoient en forme de coquille ; aussi le duc de Berry dit gracieusement à l'empereur que puisqu'il étoit pèlerin, le roi lui envoyoit des coquilles. Il lui offrit, en outre, un grand hanap d'une autre forme, un gobelet et une aiguière, le tout en or, garni de pierreries et émaillé de façons diverses ; enfin deux grands vases d'or à têtes de lions. On offrit à son fils deux grands pots, un grand gobelet et une aiguière, le tout en or et garni de pierreries ; de plus, une longue ceinture d'or enrichie de pierres précieuses, et de la valeur de 6 à 8,000 francs d'or. L'empereur étoit ravi de tous ces dons et remercioit beaucoup le roi ; son fils en faisoit autant. On donna après cela à tous les princes de sa suite de la vaisselle d'argent et d'or, si largement et en quantité si grande que tous s'en émerveilloient ; il n'y eut point de si mince officier, quelle que fût sa condition, qui ne reçût des présents du roi. Ces largesses leur sembloient magnifiques ; ils louèrent, remercièrent et magnifièrent, comme de raison, le roi de France. Le lendemain vendredi, jour de la fête de Saint-Maur, l'empereur alla, de nouveau, en pèlerinage à Saint-Maur, où l'évêque de Paris chanta pontificalement la messe ; puis il revint dîner à Beauté. Après le dîner, il remercia beaucoup de ses présents le roi qui l'étoit venu voir ; dit que c'étoit avoir trop fait pour lui, pour son fils et pour les siens, et que jamais il ne pourroit dignement reconnoître ce procédé. Ils demeurèrent long-temps ensemble en grand conseil, puis le roi revint à sa résidence de Vincennes.

» Le lendemain, 16e jour du mois de janvier, l'empereur devant partir pour s'en retourner en son pays, le roi se rendit à Beauté ; ils s'entretinrent de nouveau ensemble d'une manière affectueuse et avec de douces paroles. L'empereur ôta de son doigt un rubis et un diamant, et les donna au roi ; le roi lui offrit en retour un gros diamant, et là, en présence de tous, ils s'accolèrent, se baisèrent et se firent de mutuels remerciements. Il en fut de même avec le fils. L'empereur monta dans sa litière, et le roi à cheval. Le roi chevaucha à son côté, devisant toujours avec lui ; tous les seigneurs, prélats et barons, et une grande multitude de gens, les suivoient. Le roi l'accompagna jusqu'auprès du château de Plaisance, malgré le refus de l'empereur qui ne vouloit pas le laisser venir si avant. Là ils prirent congé l'un de l'autre ; mais ils pleuroient tant qu'à peine ils pouvoient parler. Le roi revint au bois de Vincennes ; le roi des Romains l'accompagna quelque peu, et prit ensuite congé de lui. Les princes, barons et chevaliers escortèrent l'empereur jusqu'à la sortie du royaume. »

Une cérémonie lugubre succéda bientôt dans Paris à la pompe de ces fêtes. La reine de France, Jeanne de Bourbon, mourut à l'hôtel Saint-Paul le 6 février 1378, peu de jours après avoir mis au monde une fille. « Ce malheur, dit Christine de Pisan, affligea vivement le roi ; et quoique la constance fût une vertu plus grande en lui qu'elle n'est communément chez les autres hommes, cette perte lui causa une douleur si profonde et de si longue durée, qu'en aucune circonstance on ne lui vit jamais témoigner un pareil deuil, car tous deux s'aimoient d'un grand amour. Elle fut pleurée et regrettée par son frère, le duc de Bourbon, et par beaucoup d'autres. Le roi, qui avoit aimé la personne, songea au soulagement de l'âme ; il fit dire continuellement un grand nombre de saintes oraisons, de psaumes, de vigiles et de messes, et fit d'abondantes aumônes. La dépouille de la reine fut apportée en grande pompe, vêtue avec richesse, parée et couronnée, sur un lit couvert de drap d'or et surmonté d'un ciel. On la porta en procession à l'église de Notre-Dame ; le ciel, soutenu par quatre lances, étoit porté par le prévôt des marchands et les échevins ; le poêle, par les seigneurs du parlement. Il y avoit quatre cents torches, chacune de six livres de cire. Toutes les communautés religieuses précédoient le corps ; nos seigneurs venoient après, vêtus de noir. A Notre-Dame le corps fut reçu au chant des prêtres et au son des cloches ; on fit de grandes aumônes et de riches oblations ; l'église fut garnie d'un immense luminaire ; il y avoit quinze évêques et archevêques en habits pontificaux ; on y voyoit la reine Blanche, la duchesse d'Orléans, fille du roi, et une compagnie nombreuse de toutes les dames qui se trouvoient alors à Paris. Le corps demeura tout le jour et toute la nuit dans le chœur de l'église, sous une chapelle garnie de cierges. Le corps porté à Saint-Denis, où plusieurs prélats célébrèrent le service divin, fut enterré ensuite dans une chapelle de cette église, à droite du grand autel, auprès des degrés par lesquels on monte vers les corps saints. Cette chapelle avoit été fondée par le roi Charles pour lui et pour la reine. Le mercredi suivant son cœur fut porté dans l'église des Frères-Mineurs ; il y eut service, messes, vigiles et luminaires, et nombreuse compagnie de barons et de seigneurs. Il en fut de même le vendredi, où les entrailles furent enterrées aux Célestins, devant le grand autel. »

On trouva cette même année un trésor assez considérable dans les démolitions de l'hôtel du Dauphin, situé rue de Bussy, et appartenant au collége de Boissi. Le procureur du roi fit aussitôt arrêt sur le trésor trouvé ; mais ayant reconnu ensuite que c'était dans le ressort de la justice de l'abbaye de Saint-Germain, il se désista, et le prévôt de Paris, Hugues Aubriot, déposa l'argent entre les mains de l'abbé (1).

Le plus redoutable ennemi du roi de France était toujours le roi de Navarre. Ce prince, disait-on, ne reculerait devant aucun moyen pour arriver au but qu'il poursuivait sans cesse. « On en eut bientôt des preuves évidentes. Jacques de Rue et Pierre du Tertre, l'un chambellan, l'autre secrétaire du roi de Navarre, furent arrêtés sur quelques soupçons. Les papiers qu'on trouva chez eux les compromirent gravement ; ils eurent alors recours à la clémence royale, et ils avouèrent humblement leurs mauvais desseins, tramés de concert avec le roi de Navarre, contre la personne du roi et la sûreté de l'État (2). » Le parlement instruisit leur procès, et les condamna, comme coupables de haute trahison, à être traînés sur la claie depuis le Palais jusqu'aux halles et à avoir la tête tranchée. La sentence fut exécutée rigoureusement. Les corps de ces malheureux furent ensuite écartelés, et l'on en exposa les quatre membres à huit potences dressées hors des portes de la ville, et leurs têtes au pilori des halles, comme le portait l'arrêt de la condamnation. La découverte de cette conspiration frappa de terreur les ennemis de Charles V.

Cependant les dernières années de ce règne furent orageuses et troublées. Dans cette misérable querelle d'Urbain VI et de Clément VII, qui continua le schisme, Charles reconnut ce dernier, qui s'était réfugié à Avignon. « On assure, dit un historien moderne, que les cardinaux français avaient eu d'abord l'idée de faire pape Charles V lui-même. Il aurait refusé, comme infirme d'un bras et ne pouvant célébrer la messe. Un pape roi de France eût eu le monde contre lui. » Le prince n'en trouva pas moins une forte opposition. Les autres puissances reconnurent le pape de Rome en haine de celui d'Avignon ; dans son royaume même, le clergé et des personnes notables déclaraient hau-

(1) Félibien, t. II, p. 682.
(2) Les *Chroniques de Saint-Denis* rapportent les révélations de Pierre Du Tertre et de son complice. Cette pièce peu connue est d'un grand intérêt, et jette de nouvelles lumières sur l'histoire de cette période.

tement que l'élection d'Urbain était bonne et valable. Il eut grand mal, comme nous l'avons vu (1), à décider l'Université ; il fut obligé d'agir presque avec violence, et écrivit aux Facultés qu'il avait des informations suffisantes : « Le pape Clément VII, disait-il, est vray pasteur de l'Église universelle... Si vous mettez ce en refus ou en délai, vous nous ferez déplaisir. »

En même temps, les principales villes du Midi, *taillées* sans merci par le duc d'Anjou, se soulevèrent, et attirèrent sur elles de nouvelles vengeances. Au nord, l'Angleterre était menaçante ; au centre, la Bretagne s'armait contre le roi, qui venait de commettre une grande faute, en voulant réunir ce pays à la couronne. « Dire à la vieille Bretagne que désormais elle ne seroit plus qu'une province de France, une dépendance du domaine, c'étoit une chose hardie, et aussi une ingratitude, après ce que les Bretons avoient fait pour chasser l'Anglais (2). » Les Bretons indignés rappelèrent leur duc Montfort que soutenait l'Angleterre. Charles V, suivant les us et coutumes des *chevaliers ès-lois*, fit ajourner le duc au parlement, et tint un lit de justice au palais, le 9 décembre 1378. On envoya citer Montfort à la table de marbre par un huissier, en présence de deux conseillers, du prévôt de Paris et de deux notaires. Il fut répondu qu'il ne s'était pas rendu à l'ajournement. Le procureur-général prenant alors la parole, conclut à ce qu'il fût déclaré criminel de lèse-majesté, comme tel privé de la pairie et chassé du duché, et que tous ses fiefs fussent confisqués. L'arrêt de confiscation fut rendu l'année suivante, malgré son illégalité flagrante, car « si le duché étoit enlevé à Montfort, il auroit dû revenir à la maison de Blois, conformément au traité de Guérande que le roi avoit garanti (3). »

Sur ces entrefaites, Charles V, malade, souffrant, épuisé par le travail, mourut à l'âge de quarante-quatre ans. A ses derniers moments, il recommanda de gagner à tout prix les Bretons, et abolit tout impôt non consenti par les États. « C'était, dit M. Michelet, revenir au point d'où son règne avait commencé. » « Le dimanche, 16e jour du mois de septembre, à heure de midi, Charles le cinquième mourut en son hôtel de Beauté-sur-Marne. Le lundi, au point du jour, son corps fut apporté à Saint-Antoine, où il demeura jusqu'au vingt-quatrième jour dudit mois, auquel jour on l'apporta à Notre-Dame avec la pompe ordinaire en ces solennités. Les ducs, frères du défunt, alloient à pied derrière le corps. Sur le chemin de Saint-Antoine, il y eut une grande lutte et querelle entre les écoliers de l'Université et Hugues Aubriot, prévôt de Paris, et les sergents du Châtelet. Plusieurs écoliers furent menés en prison, puis rendus à l'Université. Les deux fils de Charles

---

(1) T. II, p. 156. — (2) M. Michelet, p. 507. — (3) *Id.*, p. 506.

étoient à Melun ; il leur fut conseillé de n'en point sortir jusqu'à l'enterrement, tant pour ce qu'ils étoient jeunes et pouvoient être blessés dans la foule, que pour la contagion qui étoit encore à Paris et dans les environs. Le lundi, les vigiles furent chantés à Notre-Dame, puis le lendemain la messe. Le corps du roi fut ensuite apporté à Saint-Denis en la chapelle qu'il avoit fondée, et dans laquelle étoit déjà le corps de la reine sa femme. Le cœur fut porté à l'église cathédrale de Rouen, et ensuite les entrailles furent ensevelies en l'église de Maubuisson, près la sépulture de sa mère, ainsi qu'il l'avoit ordonné. »

Charles V n'avait rien fini à sa mort, et l'avenir était effrayant. Il n'en faut pas moins lui tenir compte de cette politique juste et habile qui sauva la France du joug de l'étranger, et qui améliora sous tant de rapports l'administration intérieure du royaume. Ce prince a eu dans Christine de Pisan un biographe trop exclusivement louangeur, sans doute, mais qui nous fournit de précieux détails sur les choses et sur les mœurs de son temps. Je ne crois pouvoir mieux terminer l'histoire de Paris sous ce règne, que par des extraits de son *Livre des faits et bonnes mœurs du sage roy Charles.*

Le passage suivant donne une idée du luxe qui régnait à la cour de Charles V, et de la part que la ville de Paris prenait à ses fêtes. « Le roi Charles savoit admirablement recevoir grands, moyens et petits. Lorsque de nobles princes venoient le voir, ou bien leurs envoyés, il les convioit à dîner avec lui, et, selon leur rang, les faisoit asseoir à sa table. Aux fêtes solennelles, ou lorsque de grands princes assistoient à ces dîners, c'étoit une merveille de voir le service et l'abondance des tables, les beaux ornements d'or et de soie, travaillés en haute lice, tendus sur les parois de ces chambres magnifiques ; les velours brodés de grosses perles de soie et d'or ; les devises singulières, les ornements prodigués, les tentes de drap d'or, les pavillons, les ciels, les hauts dais sur les chaises ; la vaisselle d'argent et d'or, large, massive, et de formes variées, dont les tables étoient couvertes ; les vastes buffets garnis de flacons d'or, de coupes, de gobelets d'or, ornés de pierreries ; les beaux intermèdes ; les vins, les viandes délicieuses, à profusion et à cour plénière et pour toutes gens. L'ordre qui régnoit dans ces fêtes étoit si merveilleux, malgré l'affluence considérable des invités, les mesures y étoient si bien prises, que la presse jamais n'y causoit de confusion. Quand il vouloit honorer les princes et les étrangers, il les faisoit conduire vers la reine et ses enfants, où il n'y avoit pas un ordre moins parfait ; puis à Saint-Denis, où on leur montroit les reliques, le trésor et les richesses qui y sont conservées, les brillantes chasubles et les ornements d'autel ; les parures et les habits précieux que les rois portent lorsqu'ils se font sacrer Il en fit faire de neufs, les plus riches de ceux que l'on avoit encore vus. Ces habits étoient ornés de grosses et fines perles, de même que les souliers. Il faisoit ouvrir les magnifiques armoires qui contiennent de précieux joyaux d'une si grande valeur, des objets rares et d'un si grand prix, celle surtout où se voit la couronne du sacre que lui-même fit faire, et qui coûta de si grandes sommes. Elle est surmontée, entre autres pierres fines, d'un gros rubis balais qui vaut trente mille francs.

» Pour maintenir sa cour en tel honneur, le roi avoit avec lui les princes de son sang et autres chevaliers façonnés et experts en toutes courtoisies; son cousin, le comte d'Étampes, beau seigneur, à l'aspect jovial, à la parole facile, d'un commerce agréable et d'un accueil gracieux pour toutes gens. Quelquefois, en certaines occasions et en certains lieux, il représentait la personne du roi; c'étoit l'un des plus brillants ornements de cette cour. Il y en avoit d'autres cependant, et surtout messire Bureau de la Rivière, beau chevalier, qui savoit accueillir d'une façon généreuse, aimable et enjouée, ceux que le roi vouloit fêter et honorer; il remplissoit d'une manière gracieuse et courtoise les messages que le roi Charles transmettoit à ses visiteurs étrangers; il les alloit souvent voir en leur logis, leur disoit des paroles agréables et flatteuses, les saluoit de la part du roi, les invitoit à faire bonne chère et à ne rien épargner, et leur tenoit d'autres gracieux discours. Quand il leur offroit des dons de par le roi, il ne manquoit jamais de leur dire des paroles dignes et courtoises, et à chacun selon son rang; car il savoit tous les honneurs qu'il faut observer dans les belles réceptions. Il donnoit aux étrangers des soupers et des dîners dans son hôtel qui étoit beau, richement décoré et très propre à ces sortes d'assemblées. Sa femme en faisoit les honneurs : elle étoit belle, gracieuse et bonne, et ne savoit pas moins que lui accueillir courtoisement. Les femmes de distinction de Paris étoient toutes invitées à ces fêtes; on dansoit, on chantoit et l'on faisoit joyeuse chère. On avoit tant de soin de l'honneur et de la renommée du roi, que tous les étrangers s'en retournoient émerveillés et du prince et de son représentant.

« Du temps du roi Charles-le-Sage, dit ailleurs Christine de Pisan, il y avoit à Paris un homme doué d'une si grande adresse, qu'il sautoit de la façon la plus merveilleuse, retomboit et faisoit plusieurs tours sur des cordes tendues très haut en l'air, ce qui sembleroit impossible si on ne l'avoit vu; ces cordes, qui étoient menues, étoient tendues depuis les tours de Notre-Dame jusqu'au Palais, et plus loin encore. Il sautoit en l'air sur ces cordes, y faisoit des tours de souplesse et paroissoit voler; aussi l'appeloit-on le Voltigeur. Je l'ai vu souvent moi-même. On disoit qu'en ce métier il n'eut jamais son pareil : il voltigea ainsi plusieurs fois devant le roi. Les gens de cette sorte se livrent d'ordinaire à ces exercices périlleux, sans réfléchir aux conséquences funestes qui peuvent en résulter pour l'âme et pour le corps. Quelque temps après, cet homme, en voltigeant, ayant manqué la corde à laquelle il devoit s'accrocher avec le pied, tomba de si haut qu'il fut broyé. Le roi ayant appris cet accident funeste, dit à ce sujet : « Il est impossible qu'en dernier résultat il n'arrive malheur à tout homme qui présume trop de son esprit, de sa force, de sa légèreté, ou de tout autre de ses avantages. »

Une autre anecdote peut faire juger que Paris, sous Charles V, avait déjà tous les inconvénients qu'on reproche aux grandes villes : « Le comte de Tancarville étant demeuré long-temps sans venir auprès du roi, quoiqu'il y eût été mandé souvent, envoya s'excuser, disant « qu'ayant fait à Paris un trop long séjour, le mauvais air l'avoit rendu » malade; et que pour se rétablir il passoit le temps à chasser dans la » forêt de Bière (Fontainebleau), et résidait à Melun; mais que bientôt » il viendroit. » Le roi n'admit point cette excuse; il lui sembla que partout où lui-même était et demeurait, ses sujets ne devaient répugner, ni pour le motif du mauvais air, ni pour aucun autre, à y venir. Il répondit au messager : « Assurément il y a une meilleure raison ; le » comte ne voit pas très clair, et l'on rencontre à Paris beaucoup de » charrettes; il est bon de s'en garder. » Le comte entendit bien sa réponse, et vint tôt auprès du roi. »

Enfin voici comment Christine, en louant le même prince de son intelligence pour les arts, énumère les monuments qu'il fit élever à Paris et aux environs : « Notre roi Charles, dit-elle, se montra véritable architecte, ordonnateur prudent et avisé, lorsqu'il fit faire en maints lieux des constructions si belles, des monuments si nobles, si importants et si beaux, tant églises que châteaux et autres édifices, à Paris et en divers lieux ; tels sont, dans le voisinage de son hôtel de Saint-Paul, l'église si remarquable des Célestins, qui est, comme on peut le voir, couverte en ardoise, et si belle que l'on ne sauroit y rien comparer. A la porte de cette église est sculptée son image et celle de la reine son épouse, ouvrages d'un goût exquis. Il fonda l'église de Saint-Antoine, dans l'intérieur de Paris (1), et assigna une rente aux frères qui l'habitent. Il fit réparer et agrandir l'église de Saint-Paul qui est près de son hôtel. Il donna à tous les monastères des ordres mendiants de Paris des sommes d'argent pour les réparations de leurs édifices ; il fit aussi des dons à Notre-Dame de Paris et à l'Hôtel-Dieu. Il fonda un ordre de chanoines au bois de Vincennes, et leur assigna des rentes perpétuelles. Il institua les Bons-Hommes près de Beauté, fit établir ou réparer maintes autres églises et chapelles, et accrut leurs édifices et leurs revenus. Il améliora beaucoup les autres monuments qu'il avait construits, agrandit son hôtel Saint-Paul, et fit bâtir à neuf le château du Louvre

---

(1) Le Petit-Saint-Antoine.

à Paris, remarquable édifice, comme on en peut juger. Il fit construire la bastille Saint-Antoine, à laquelle, il est vrai, on a beaucoup ajouté depuis, il fortifia plusieurs portes de Paris par des ouvrages imposants. Au Palais il fit des constructions pour sa plaisance. On éleva par son ordre les nouvelles et fortes murailles, les hautes et énormes tours qui forment l'enceinte de Paris ; Hugues Aubriot, alors prévôt de la ville, en avoit la commission. Il ordonna encore la construction du *Pont-Neuf* (le pont Saint-Michel), qui fut commencé sous son règne, ainsi que plusieurs autres monuments. Hors de Paris, il avoit l'intention de faire une ville fermée du château si magnifique de Vincennes. Il y auroit établi, en de beaux manoirs, la demeure de ses seigneurs, chevaliers et autres de ses aimés ; il devoit y assigner des rentes à vie à chacun selon son rang. Le roi vouloit que ce lieu fût affranchi de toute servitude ; qu'aucune charge n'y fût à l'avenir imposée ; que l'on n'y exigeât aucune redevance. Il construisit Beauté, Plaisance, la noble maison ; répara l'hôtel de Saint-Ouen, et maint autre, aux environs de Paris, et fit édifier à neuf le château de Saint-Germain-en-Laye ; Creil ; Montargis, où il fit ménager de grandes et belles salles ; le château de Melun, et plusieurs autres notables édifices. »

En rappelant tout ce que la ville de Paris doit à Charles V, il est impossible d'oublier la précieuse bibliothèque qu'il se plut à rassembler, et que l'on s'accorde à considérer comme l'origine de la Bibliothèque royale. J'ai dit que saint Louis avait réuni à la Sainte-Chapelle quelques manuscrits ; cette collection avait été dispersée à sa mort. Ses successeurs la recomposèrent peu à peu. Jean laissa à son fils vingt volumes ; mais à la mort de Charles V, la bibliothèque royale se composait de neuf cents manuscrits, nombre prodigieux pour l'époque. Ces richesses littéraires furent placées au Louvre, dans une tour appelée dès lors *Tour de la librairie*, sous la garde de Gilles Mallet, alors valet de chambre du roi, et depuis maître d'hôtel de sa maison. Les livres occupaient trois salles de la tour, dont les fenêtres étaient soigneusement défendues par des barreaux de fer, de fil de laiton, et des vitres peintes. Les lambris des murs étaient de bois d'Irlande, la voûte était lambrissée de bois de cyprès et ornée de sculptures en bas-relief. L'entrée de ce sanctuaire, éclairé par trente petits chandeliers et une lampe d'argent, n'était permise qu'aux savants. Gilles Mallet dressa lui-même le catalogue de cette bibliothèque (1), qui fut dispersée à la mort de Charles VI. Estimée 2,323 *livres 4 sols*, elle fut achetée 1,200 livres (2) par le duc de Bedford et transportée en Angle-

---

(1) Ce précieux document a été publié il y a quelques années.
(2) Cette somme fut payée à l'entrepreneur du mausolée de Charles VI et d'Isabeau de Bavière. Hurtaut, t. I, p. 596.

terre ; mais une certaine partie des livres qui la composaient nous sont revenus. J'aurai occasion de compléter ces détails dans l'article que je réserve à l'histoire de la *Bibliothèque royale*.

II. Monuments. — Institutions.

Les *Célestins*, couvent et église, quai Morland, n° 4, et rue du Petit-Musc, n₀ 2. — Vers le milieu du XIIIᵉ siècle, Saint-Pierre, dit *de Moron*, ainsi nommé d'une montagne où il s'était retiré près de Sulmone, dans l'Abbruze citérieure, fonda une communauté de religieux qui reçut d'abord, dit-on, le titre d'*Ermites de Saint-Damien;* mais en 1294, Pierre de Moron ayant été élu pape sous le nom de Célestin V, les religieux qu'il avait institués furent appelés *Célestins*. Saint Louis, revenant de la Terre-Sainte, avait amené avec lui quelques Carmes, comme je l'ai dit (1), et les avait établis sur le port Saint-Paul. En 1318, les Carmes, qui, depuis long-temps, se plaignaient de l'incommodité de leur couvent, se retirèrent dans la rue de la Montagne-Sainte-Geneviève où ils en fondèrent un autre. Après avoir démoli tous les bâtiments de l'ancien couvent, ils vendirent la place vide à un bourgeois de Paris nommé Jacques Marcel, qui la leur paya 500 livres parisis (2). Marcel y fit bâtir deux chapelles, qu'il dota chacune de 20 livres de revenu, pour l'entretien de deux chapelains. Garnier Marcel, son fils, échevin de Paris en 1352, donna cette propriété et les revenus des deux chapelles aux Célestins, qui étaient en France depuis une cinquantaine d'années (3). Ce don, autorisé par l'archevêque de Sens et Jean de Meulan, évêque de Paris, avait été sollicité par Robert de Jussi, chanoine de Saint-Germain-l'Auxerrois, et secrétaire du roi. Les Célestins furent introduits dans cette maison, la même année, par le dauphin Charles, à la prière de Robert de Jussi, qui, à l'âge de vingt ans, avait été novice de cet ordre au monastère du mont de Châtres, près de Compiègne. Quoique ces religieux ne fussent qu'au nombre de six, le revenu que Garnier Marcel leur avait donné était si modique qu'ils pouvaient à peine subsister. Ce fut encore à la sollicitation de Robert de Jussi que les *Secrétaires du roi* établirent leur confrérie aux Célestins et leur donnèrent chaque mois une bourse pareille à celle qu'ils recevaient à la chancellerie (4). Le régent, par lettres-patentes du mois d'août 1358,

---

(1) Voy. *Couvent des Carmes*, t. I, p. 115. — (2) *Id. ibid*, p. 117.

(3) « Le roi Philippe-le-Bel fut le premier qui fit venir les Célestins en France vers l'année 1300. Pierre de Sorre, chantre de l'église d'Orléans, ou de Beauvais, selon quelques uns, son ambassadeur à Naples, eut ordre d'amener douze de ces religieux, en faveur desquels on fonda d'abord deux couvents dans des lieux solitaires et retirés du monde : l'un dans l'endroit de la forêt d'Orléans nommé *Ambert*, et un autre au milieu de la forêt de Compiègne, au mont de Châtres. » Brice, t. II, p. 270.

(4) Les *secrétaires du roi*, constitués pour la première fois en corps sous Charles V, n'étaient d'abord qu'au nombre de vingt ; il y en eut soixante sous Louis XI, en y

confirma cette libéralité; et pour marque de l'affection qu'il portait à ces religieux, il leur apporta et distribua de ses propres mains la première bourse, en présence du chancelier, de l'audiencier, et du collége des secrétaires. Cette donation fut de nouveau confirmée par des lettres-patentes du roi Jean, après son retour d'Angleterre (1). Charles, devenu roi, n'en fut pas moins bienveillant envers ce monastère. Voyant que ces religieux n'avaient que deux petites chapelles pour célébrer l'office divin, il leur donna, en 1367, 10,000 livres d'or et douze arpents de bois de haute futaie, à prendre en la forêt de Moret, pour faire bâtir une église, dont il posa la première pierre le 24 mars 1367.

Deux ans après, il déclara dans des lettres-patentes qu'il prenait les Célestins de Paris sous sa protection et sauve-garde, et qu'il commettait leurs causes aux requêtes du palais. L'église étant achevée, le roi la fit consacrer et dédier, sous l'invocation de Sainte Marie, par Guillaume de Melun, archevêque de Sens. Cette cérémonie eut lieu le 15 septembre 1370, et les religieux reçurent à cette occasion de riches présents. L'archevêque leur donna une statue de saint Pierre en argent, le roi une grande croix d'argent doré, la reine une image de la Vierge, et le dauphin un vase également en argent doré, qui servit pendant long-temps à porter le Saint-Sacrement, le jour de la Fête-Dieu. Charles V dota en outre ce monastère de 200 livres parisis de rente, et employa 5,000 livres à faire construire le dortoir, le réfectoire et le cloître.

Quelques années après, le même prince profita d'une occasion qui s'offrit pour donner aux Célestins une nouvelle preuve de sa munificence. Robert Testart, commis à la recette des aides, étant reliquataire d'une somme considérable, ses biens furent vendus par justice, et son hôtel, contigu au couvent des Célestins, fut adjugé à Gobin Culdoë, l'un des notaires-secrétaires du roi. Charles V le lui racheta et en fit

comprenant les Célestins, qui avaient toujours une place dans leur *collége*. Devenus plus nombreux dans la suite, ils se divisèrent en plusieurs colléges; mais un édit de Louis XIV les réunit définitivement en une seule compagnie, composée de deux cent quarante membres, qui tint ses assemblées à la chancellerie ou aux Célestins. Après différentes créations et suppressions, le nombre des secrétaires du roi s'élevait, en 1789, à deux cent quatre-vingt-quatorze. Leurs fonctions étaient de signer les lettres qui s'expédiaient dans les grandes et petites chancelleries, ainsi que les arrêts émanés des cours souveraines. Ils assistaient autour de la personne du roi, avec le chancelier, dans les conseils, les chancelleries et les cours de parlement. Leurs offices ne s'obtenaient que par mort, résignation ou forfaiture. Le principal de leurs priviléges était la noblesse. Outre les gages, plusieurs secrétaires du roi recevaient une part de l'émolument du sceau, ce qui s'appelait *bourse*. Le plus ancien de cette compagnie, en 1789, était M. Paignon d'Ijouval; le dernier M. Boyrie de Goube, mort en 1788. La finance des charges de secrétaire du roi était de 120,000 livres.

(1) Les Célestins jouissaient encore, du temps de Jaillot, de cette bourse évaluée à 300 livres par an.

présent aux religieux, par lettres du 16 août 1378. Ce prince a donc été regardé avec raison comme le fondateur de cette maison. Ses successeurs l'imitèrent, et comblèrent à l'envi de richesses et d'honneurs *leurs bien-aimés chapelains et orateurs en Dieu*. Louis d'Orléans, frère de Charles VI, et beaucoup d'autres personnages marquants, protégèrent ce couvent; et il faut dire à la louange des Célestins qu'ils se montrèrent toujours reconnaissants envers leurs bienfaiteurs. Lorsque l'un d'eux, le malheureux surintendant Montaigu, fut envoyé à la mort, en 1409, par la faction bourguignonne, les religieux en montrèrent une vive douleur. Trois ans après ils allèrent détacher son corps du gibet de Montfaucon, et l'apportèrent dans l'église de Saint-Paul où ils lui firent un service magnifique. De là ils le conduisirent, avec cérémonie et en grand appareil, au couvent de Marcoussis, qu'il avait fondé pour eux, et où ils lui élevèrent un tombeau (1). « Cette généreuse conduite des Célestins, rare parmi les moines, dit un ancien historien, leur attira la bienveillance de quantité d'honnêtes gens, qui leur firent du bien dans la suite (2). »

Depuis l'an 1417, les Célestins avaient formé en France une congrégation de vingt-un monastères, sous le nom de *Congrégation de France*; elle était gouvernée par un provincial, qui s'élisait tous les trois ans, et toutes les assemblées avaient lieu au monastère de Paris, qui était regardé comme le chef-lieu de l'ordre en France. Ils avaient pour armes: d'azur à une longue croix, entortillée d'une double *S* d'argent, chiffre du Saint-Esprit. En France, la croix était *accostée* de deux fleurs-de-lys d'or, données par Philippe-le-Bel (3).

Les Célestins ont laissé une grande réputation dans cet art aimable qu'ont célébré Berchoux et Brillat-Savarin ; et les gastronomes ne parlent encore maintenant qu'avec respect des *omelettes à la Célestine*. Ces religieux, du reste, n'étaient pas seulement recommandables par leurs travaux culinaires ; comme nous le verrons tout-à-l'heure, ils ont donné aux lettres et aux sciences des hommes de mérite.

Le lecteur me saura gré sans doute de lui rappeler l'origine de l'ancien proverbe: *Voilà un plaisant Célestin!* Richelet, dit l'avoir apprise d'un de ces religieux, nommé le P. Lecomte. Voici ce qu'on lit à ce sujet dans son dictionnaire : « Le P. Lecomte me disait qu'autrefois à Rouen, capitale de Normandie, les religieux de son ordre n'étaient exempts de payer l'entrée de leurs boissons qu'à la charge qu'un frère Célestin marcherait à la tête de la première des charrettes, sur lesquelles on conduisait le vin, et sauterait d'un air gai en passant auprès de la maison du gouverneur de la ville. Il ajoutait qu'un jour un dé

---

(1) François Ier visitait un jour ce couvent. En voyant le tombeau de Montaigu, il dit que le surintendant avait été condamné par justice. *Non, sire*, répondit un bon moine, *il fut condamné par commissaires*. — (2) Brice, t. II, p. 63. — (3) Piganiol, t. IV, p. 270.

leurs frères parut devant les charrettes plus gaillard que tous ceux qu'on avait vus auparavant, et que le gouverneur s'écria : *Voilà encore un plaisant Célestin !* C'est-à-dire un Célestin qui, en matière de sauts et de gambades, l'emporte sur tous ses compagnons. On donne aujourd'hui, ajoute Richelet, un sens satirique à ce proverbe ; car lorsqu'on dit à un homme : *Vous êtes un plaisant Célestin*, on marque à cet homme qu'il n'a pas le sens tout-à-fait droit. »

De l'avis de tous les historiens, l'église et le couvent des Célestins rivalisaient de luxe avec les plus riches maisons religieuses.

L'église était à l'extérieur d'un style simple. On voyait au portail deux statues de pierre, dont l'une représentait Jeanne de Bourbon, femme de Charles V, et l'autre ce prince lui-même, tenant à la main le modèle de l'église qu'il venait de faire construire. On reprochait à ce portail ses proportions mesquines ; mais dans l'intérieur tout était digne de la magnificence des princes bienfaiteurs de cette église. « Il n'y a point de lieu dans le royaume, dit un écrivain du dernier siècle, plus digne de la curiosité des amateurs des beaux-arts par la quantité d'admirables monuments qu'il renferme (1).

Le maître-autel de l'église était orné de figures de la sainte Vierge et de l'ange Gabriel, par Germain Pilon. Le lutrin et la balustrade du sanctuaire étaient aussi l'ouvrage de ce sculpteur célèbre.

Les quatre évangélistes de bronze, placés au coin du même autel, passaient pour fort beaux. C'était un don du collége des secrétaires du roi. Quatre colonnes de dix pieds de haut, deux de marbre noir et deux de porphyre, servaient de bases à ces statues. Elles avaient été données aux Célestins par Henri IV.

On estimait, comme œuvre de ciselure, un immense chandelier de cuivre qui se voyait dans le chœur de l'église. Bernard Lebel, d'Abbeville, l'avait fait en 1618.

Nul édifice religieux en France, à l'exception de la royale abbaye de Saint-Denis, ne renfermait un si grand nombre de tombes illustres. Nulle part on ne voyait une telle profusion d'obélisques, de sarcophages, de statues, de vases funéraires, chefs-d'œuvre des artistes les plus distingués de chaque époque.

La *chapelle d'Orléans*, qui contenait la plus grande partie de ces monuments, était d'ailleurs remarquable par l'élégance de sa construction et des ornements qui la décoraient. Louis duc d'Orléans, fils de Charles V, assassiné en 1407, en était le fondateur. Cette œuvre pieuse était, dit-on, l'accomplissement d'un vœu qu'il avait fait en expiation d'un accident funeste dont son imprudence avait été cause, et qui faillit faire périr l'infortuné Charles VI. J'aurai occasion de racon-

---

(1) Voy. *Paris pittoresque*, p. 208.

ter ailleurs les détails de cet événement (1). Le terrain sur lequel la chapelle d'Orléans fut élevée n'appartenait pas dans l'origine aux Célestins. J'ai eu sous les yeux un acte par lequel le duc d'Orléans achète ce terrain à l'abbé de Sainte-Geneviève. La construction de cette chapelle, commencée en 1393, fut digne du prince le plus magnifique de son temps. Les peintres *Colart de Laon* et *Guillaume Loyseau* y peignirent plusieurs tableaux. L'enlumineur Perrinet y exécuta de riches ornements. Enfin nous voyons par deux actes de l'an 1397, que le duc fit faire à Amiens une verrière pour la chapelle des Célestins, et lui donna un Missel qu'il avait acheté 30 francs d'or (2). Outre ces présents, Louis duc d'Orléans donna encore aux Célestins deux Bibles qu'on y conserva précieusement jusqu'à la révolution (3). Piganiol nous apprend que de son temps on lisait encore l'une de ces Bibles au réfectoire.

Les verrières de la chapelle d'Orléans étaient des plus remarquables. L'explosion qui renversa, en 1538, la tour de Billy, ayant fait éclater les vitraux exécutés en 1308 par ordre du duc Louis d'Orléans, François Ier les fit remplacer en 1540. Le premier de ces vitraux offrait le portrait de Charles V, fondateur du couvent. Sur les autres étaient représentés, en costume de leur temps, le duc Louis d'Orléans lui-même, fondateur particulier de la chapelle; ses trois fils: Charles duc d'Orléans, Philippe comte de Vertus, et Jean duc d'Angoulême; Louis XII, fils de Charles d'Orléans; Charles duc d'Angoulême, fils du duc Jean; François Ier, son fils; François dauphin, fils aîné de François Ier, mort empoisonné à Tournon, le 12 août 1536; enfin sur les autres verrières ajoutées depuis étaient les portraits des rois Henri II et Charles IX. Une inscription placée au bas de ces verrières indiquait l'époque où elles avaient été placées (4). Le portrait de Charles IX, peu ressemblant, avait été peint, en 1633, par ordre de son fils naturel Charles de Valois duc d'Angoulême.

Des tableaux de quelques uns de nos grands maîtres ornaient le chœur et les chapelles des Célestins. On y admirait, entre autres, une Madeleine au désert, de Mignard; Jésus au milieu des docteurs, par Stradan; une Descente de croix par Salviati; saint Léon allant au-devant d'Attila, par Mathei.

Les monuments de sculpture étaient encore plus dignes d'attention. Dans l'impossibilité d'en donner une description complète, je me contenterai d'indiquer les plus importants.

Au premier rang, sans contredit, il faut placer l'une des plus insignes

---

(1) Voy. *Paris sous Charles VI*, faits généraux. — (2) *Catalogue des archives Joursanvault*, t. I, p. 139 et 188. — (3) Piganiol, t. IV, p. 263, 264. — (4) Voici cette inscription, qu'on trouve dans les *Antiquités de Paris* de Dubreuil, éd. de Malingre, p. 590 : *Quas 1398 struxit Ludovicus hic, turris Billio destruxit dum 19 julii 1538 fulgure ruit; 1540 erexit novas Franciscus hic, à quo nobilia hœc proles exsurrexit.*

productions de la sculpture française, le chef-d'œuvre de Germain Pilon, le célèbre *groupe des trois Grâces*, taillé dans un seul bloc de marbre blanc, et exécuté par ordre de Catherine de Médicis. Les Grâces, revêtues d'une étoffe dont l'exécution est d'une transparence et d'une légèreté admirables, sont adossées les unes aux autres et se tiennent par la main. Elles ont quatre pieds trois pouces de hauteur et sont supportées sur un piédestal en forme de trépied antique, de trois pieds six pouces de haut, également en marbre blanc, orné de feuillages, de palmettes, de figures et de cartouches où sont gravées des inscriptions. Elles soutiennent une urne où étaient enfermés les cœurs de Henri II et de Catherine de Médicis. L'une de ces trois Grâces est le portrait de cette princesse, les deux autres passaient pour représenter la marquise d'Étampes et madame de Villeroy. Ce beau monument, transporté, pendant la révolution, au Musée des monuments français, a été réuni, en 1822, dans une des salles du Louvre, aux plus belles sculptures de l'école française.

Une colonne torse, d'ordre composite, haute de neuf pieds sur quinze pouces de diamètre, ornée de lauriers et de feuilles de vigne, supportait une urne contenant le cœur d'Anne de Montmorency, connétable de France. Une statue de bronze, placée au sommet du chapiteau, représentait la Justice. Sur le socle, des inscriptions à la louange du connétable étaient incrustées dans le marbre noir. Ce monument était dû au talent de Barthélemy Prieur, excellent sculpteur du XVIe siècle, qui employa vingt années à son exécution (1).

Un mausolée du même genre avait été élevé aux Célestins, en 1572, à *Timoléon de Cossé*, comte de Brissac, tué au siége de Mucidan, au mois de mai 1569. C'était une colonne de marbre blanc, d'ordre composite, haute de dix pieds six pouces, et d'un diamètre de quatorze pouces, ornée de couronnes et de chiffres. Le chapiteau qui surmontait la colonne paraissait être une imitation de ceux que l'on voyait à Rome au temple d'Auguste. Il était d'un travail précieux et orné de quatre aigles (2).

Au milieu de la chapelle d'Orléans se voyait un piédestal de porphyre, triangulaire, portant une colonne de marbre blanc, haute de neuf pieds six pouces et d'un diamètre de douze pouces six lignes, au-dessus de laquelle était une urne de bronze doré contenant le cœur du roi François II, mort en 1561. Cette belle colonne, exécutée sur les dessins du Primatice, était parsemée de flammes, par allusion à la devise de ce prince *lumen rectis*, et à la colonne de feu qui guida les Israélites dans le désert. A sa base étaient placés trois génies tenant des flam-

---

(1) M. Lenoir, *Musée des monuments français*. Paris, 1810, in-8, p. 230.
(2) Voy. M. Lenoir, *ibid*, p. 231. — Millin, *Antiquités nationales*, t. III.

beaux renversés. Ces génies étaient généralement attribués, comme le reste du monument, à Paul Ponce. M. Al. Lenoir les croyait de Germain Pilon (1).

L'obélisque de la maison de *Longueville* était encore un des principaux ornements de la chapelle d'Orléans. Il était décoré de trophées sur ses deux faces, et accompagné de quatre belles statues de marbre blanc, grandes comme nature, représentant les Vertus cardinales. Le piédestal était orné de deux bas-reliefs en bronze doré représentant les batailles d'Arques et de Senlis, où se distingua Henri I, duc de Longueville. Ce beau morceau de sculpture était de François Anguier.

M. Dulaure prétend que l'observateur ne pouvait que *déplorer tant de fastueux monuments de la vanité humaine*. Sa piété austère s'indigne (le croirait-on?) au souvenir d'une église *qui ressemblait plus à un muséum, ou à un atelier de statuaire, qu'à un temple de chrétiens*. Peu de personnes, ce me semble, partageront cette colère un peu sauvage, et pas un Français ne voudra, surtout, applaudir aux insultes que cet écrivain *patriote* jette, en passant, à quelques unes de nos plus belles gloires nationales.

Une femme, un enfant, ont pourtant trouvé grâce devant l'inexorable critique. Il parle avec éloge d'un gracieux et touchant quatrain inscrit sur une petite urne renfermant le cœur d'un jeune duc de Valois, mort le 10 août 1656 (2), et cite sans injure l'épitaphe de Marie-Anne Hocquart, comtesse de Cossé, morte le 9 septembre 1779. — Je me trouve heureux de rappeler, après M. Dulaure, quelques phrases de cette épitaphe : « Amie de ses enfants, humble, patiente, charitable, elle ne fit jamais répandre *des larmes que de* reconnaissance ;..... modeste jusqu'à être surprise de se voir tant aimée. »

On remarquait encore beaucoup d'autres monuments funéraires enrichis d'admirables sculptures. Je citerai seulement le vaste tombeau de marbre blanc où étaient couchées les figures de Louis duc d'Orléans, de Valentine de Milan, son épouse, et de leurs fils Charles duc d'Orléans et Philippe comte de Vertus. — Le mausolée de *Philippe de Chabot*, amiral de France, dont la statue demi-couchée était une œuvre de Jean Cousin, sculpteur habile et peintre plus habile encore. — Celui de *Henri de Chabot*, duc de Rohan, mort en 1655. Sa statue était soutenue par un génie pleurant; un ange était à ses pieds. Cet ouvrage était d'Anguier l'aîné. — Le tombeau en marbre

---

(1) M. Lenoir, *Musée des monuments français*. Paris, 1810, in-8. p. 228.
(2) Voici ce quatrain, que Piganiol de la Force avait déjà publié :

    Blandulus, eximius, pulcher, dulcissimus infans,
      Deliciæ matris, deliciæque patris,
    Hic situs est, teneris raptus Valesius annis,
      Ut rosa quæ subitis imbribus icta cadit.

noir de *Renée d'Orléans*, morte à l'âge de sept ans, en 1525. — Les tombeaux de la famille de *Rostaing*, dans une chapelle particulière, construite en 1652 (1). — Ceux des deux chanceliers *de Rochefort*, morts en 1492 et en 1527, et de plusieurs de leurs descendants. — Les magnifiques mausolées en marbre blanc de la famille *de Gèvres*, et enfin le monument funèbre de *Charles de Maigné* ou *Magni*, capitaine des gardes de la Porte, qui était représenté assis en habit de guerre, la tête appuyée sur le bras gauche. Cette statue de Paul Ponce, dont Piganiol a donné un dessin dans sa description de Paris, mérita les éloges du chevalier Bernin, lorsqu'il visita les tombeaux de cette église (2).

La sépulture des *Zamet* attirait aussi l'attention des curieux. On sait que Sébastien Zamet, le chef de cette famille, originaire de Lucques, selon les uns, fils d'un cordonnier de Paris, selon d'autres, lui-même cordonnier de Henri III, devint l'un des plus riches partisans de son temps. Il servait Henri III dans ses plaisirs, et ce prince allait souvent souper chez son *ami Bastien*, dans son hôtel de la rue de la Cerisaie. Zamet devint tellement riche, qu'il s'intitulait plaisamment *seigneur de dix-sept cent mille écus*.

Il serait trop long d'énumérer tous les personnages illustres qui ont été ensevelis aux Célestins. Je me contenterai d'ajouter quelques noms à ceux que j'ai déjà rappelés. Le cœur du roi Jean et celui de Jeanne de Boulogne, sa seconde femme, morte avant lui, en 1361, avaient été inhumés dans l'église des Célestins. — Le portrait du roi Jean se voyait à l'un des vitraux du chœur ; à l'opposite était celui de Charles V (3). — Parmi les autres personnages, on peut citer : *Philippe de France*, premier duc d'Orléans, fils de Philippe de Valois, mort en 1391, et inhumé dans cette église avant la fondation de la chapelle d'Orléans. — *Henri duc de Bar*, fils de Robert de Bar et de Marie de France, mort à Venise en 1398, après avoir combattu glorieusement à la funeste bataille de Nicopolis. — *Léon de Lusignan*, roi d'Arménie, qui, chassé de son royaume par les Turcs, vint en 1385 se réfugier à Paris, et y mourut en 1393. — *Jeanne de Bourbon*, reine de France, femme de Charles V, morte en 1377. — *Jeanne de Bourgogne*, femme du duc de Bedford, ré-

(1) Les armes de cette famille et celles de ses alliances étaient l'unique ornement de cette chapelle. « La famille des Rostaing, dit Piganiol, a toujours été si entêtée de sa noblesse, qu'elle offrit aux P. Feuillants de faire reconstruire leur maître-autel, dont le dessin est très pauvre, aux conditions d'y placer ses armoiries en soixante endroits. La piété de ces frères refusa d'être complice d'une vanité si déplacée et si peu chrétienne. Pour s'en dédommager, elle a fait décorer dans la même église une chapelle assez petite où est leur sépulture, et où l'on voit plus de vingt écussons de leurs armoiries, presque en aussi grand nombre que celles du cardinal de Richelieu dans l'église de la Sorbonne. » *Descr. de Paris*, t. IV, p. 226. — (2) *Voyage pittoresque de Paris*, p. 212. — (3) Voy. Hurtaut, t. II, p. 102.

gent de France, morte en 1377. « D'icelle, dit Dubreuil, on lit en un livre des pères Célestins chose admirable. C'est que comme de son temps les Anglois tenoient une bonne partie de la France, en une nuit, ainsi qu'elle se récréoit à choses honnêtes, entendant sonner les cloches de l'église des Célestins, elle demande pourquoy on sonnoit, à laquelle fut répondu que c'étoit pour faire lever les religieux, afin de venir chanter matines. De cela sentant une componction en son cœur, elle va à l'instant à l'église, fait ouvrir les portes, assiste à matines, et vaque à la prière, demandant pardon à Dieu du temps qu'elle avoit inutilement passé en choses mondaines; et alors elle se résolut d'y être enterrée, comme elle fut, leur laissant par testament 1,200 écus d'or, et deux robes de drap d'or, qui furent converties en ornements d'église, outre 1,400 livres de cire qu'ils reçurent à ses obsèques (1). »

Arthus de Montauban, archevêque de Bordeaux, fils de Jean de Montauban et de Bonne Visconti, sœur de Valentine de Milan. Il porta quelque temps les armes, et suivit le parti de son oncle Louis, duc d'Orléans; mais bientôt dégoûté du monde, il se retira dans le couvent des Célestins de Paris. Vers la fin du règne de Charles VI, la persécution des Anglais l'obligea d'aller se réfugier dans un ermitage près de Mantes, où l'estime publique vint le chercher, sous Charles VII, pour le placer sur le siége archiépiscopal de Bordeaux. Il mourut en 1468, après avoir fait beaucoup de bien au couvent des Célestins, où il avait fait profession. Tout le bâtiment qui longe la rue du Petit-Musc avait été construit à ses frais, ainsi que le clocher, autour duquel on voyait encore, au siècle dernier, ses armoiries peintes en or. — *André d'Épinay*, cardinal, archevêque de Bordeaux et de Rouen, neveu du précédent, et petit-neveu de Louis, duc d'Orléans. Ce prélat, mort à Paris, aux Tournelles, le 10 novembre 1500, est célèbre dans l'histoire du règne de Charles VIII. Il se trouva à la bataille de Fornoue, et s'y tint constamment près du roi avec sa mitre et son surplis, et portant un morceau de la vraie croix. — *Jean Budé*, audiencier de la chancellerie de France, mort en 1581, père du savant Guillaume Budé. — *Simon de Figes, baron de Sauvé*, mort secrétaire-d'état le 27 novembre 1579. — *Fabio Mirto Frangipani*, nonce des papes Pie V, Grégoire XIII et Sixte-Quint, auprès des rois Charles IX et Henri III, mort à Paris le 31 mars 1587. — *D. Antonio Perez*, ministre de Philippe II, célèbre par ses crimes et par sa vie orageuse. Fils naturel de Gonçalo Perez, secrétaire-d'état sous Charles-Quint, D. Antonio avait été appelé à remplacer son père, et jouissait de toute la faveur de Philippe II, qui lui fit confidence de son amour pour Anne de Mendoça de la Cerda, princesse d'Eboli. Perez, jeune et aimable, devint bientôt le rival de son

(1) Dubreuil, p. 580.

souverain ; mais il prit si bien ses mesures que le roi n'en eut aucun soupçon. Un gentilhomme attaché à la maison d'Eboli, Jean d'Escovedo, fut plus clairvoyant ; maître du secret de Perez, il eut l'imprudence de le lui déclarer. Celui-ci, se voyant découvert, peignit au roi Escovedo comme un homme dangereux, qui, depuis la mort de D. Juan d'Autriche dont il avait été le secrétaire, nourrissait des projets coupables, et il obtint l'ordre de le faire périr. Quelques jours après, Escovedo mourut assassiné (1578). Mais en même temps Philippe ayant découvert que Perez livrait à la princesse d'Eboli les secrets de l'État, comprit qu'il était doublement trahi par son ministre. Perez, mis en jugement, fut condamné au bannissement ; puis, dénoncé par les parents d'Escovedo comme assassin, il avoua dans les tortures qu'il avait fait tuer Escovedo, mais en exécution d'un ordre supérieur sur lequel il ne pouvait s'expliquer : les juges en référèrent au roi. Avant que la réponse de Philippe fût connue, Perez, quoique brisé par les tortures, s'évada le 8 avril 1590. Arrêté de nouveau, il parvint une seconde fois à s'échapper, et quitta pour toujours l'Espagne au mois de novembre 1591. Henri IV l'accueillit avec bienveillance et lui donna une pension. Perez, fixé à Paris, y publia ses *Mémoires* qui ne sont pas sans intérêt, quoiqu'il y garde le silence sur sa liaison avec la princesse d'Eboli. Il paraît que la vengeance de Philippe II le poursuivit jusque dans sa retraite. On lit dans le Journal de l'Estoile que le 6 janvier 1596, un Espagnol fut roué sur la place de Grève convaincu d'avoir voulu tuer Perez. Le fait est que cet Espagnol (D. Rodrigue de Mur, baron de la Pinilla) déclara avoir été envoyé par D. Juan Idiaquez, ministre de Philippe. Le malheureux Perez continua de languir en France, où il mourut le 3 novembre 1611. Sa mémoire fut réhabilitée à Madrid en 1615 (1).

La confrérie des *secrétaires du roi* tenait, comme je viens de le dire, ses séances aux Célestins. Cette association avait des statuts dont une disposition mérite d'être citée. Lorsqu'un des membres tombait dans l'indigence, chacun de ses confrères était obligé de lui prêter 20 sous parisis tous les ans, qu'il n'était obligé de rendre que si ses affaires se rétablissaient. Les confrères ne pouvaient s'habiller de robes rayées ou mi-partie de deux couleurs, ou de tuniques *à moufles*, c'est-à-dire à longues manches, ni porter des souliers *à la poulaine* (2).

La bibliothèque des Célestins était fort riche et fort belle. « Le vaisseau, dit Piganiol, règne sur un des dortoirs et n'est pas des plus grands ; mais il est bien éclairé et décoré de pilastres ioniques, qui portent une corniche fort bien exécutée. Il est même agrandi par un grand cabinet

---

(1) On conserve à la Bibliothèque du roi un recueil manuscrit des Lettres de Perez au connétable de Montmorency. — (2) Hurtaut, t. II, p. 138.

et par un arrière-cabinet, qui sont de plain-pied et de suite. Cette bibliothèque était peu considérable lorsqu'on en confia le soin au P. Antoine Becquet (1), et l'on n'y comptait pour lors qu'environ 6,000 volumes; mais ce religieux a travaillé avec tant de succès à l'enrichir, qu'aujourd'hui elle est de 16 ou de 17,000. Il a été beaucoup aidé par les bienfaits de Marc-René d'Argenson, garde-des-sceaux de France et président du conseil royal des finances, et par ceux de Charles de Hénault, doyen des conseillers du grand conseil. Le premier, pendant qu'il était lieutenant-général de police de la ville de Paris, donna plusieurs fois à ce monastère des livres hérétiques, dont il ordonnait la confiscation. Quant à M. Hénaut, par son testament du mois de février 1741, il légua sa bibliothèque aux religieux de cette maison. Elle n'était pas fort nombreuse, puisqu'elle n'était que de 4,000 volumes; mais elle était considérable par le choix des livres et par la propreté de la reliure. La bibliothèque de ce monastère est surtout curieuse par les livres d'anciennes éditions, et imprimés avant l'an 1500. Le plus ancien et le plus curieux de tous les livres, est un petit in-folio qui n'a que soixante-trois feuillets imprimés seulement d'un côté, et où les principaux mystères de notre religion sont représentés par cinquante-huit estampes, sous chacune desquelles sont deux colonnes de latin rimé, imprimées en gothique. Tout cela est fort grossier, et l'on n'y voit ni le nom de l'auteur, ni celui de l'imprimeur, ni celui de la ville où il a été imprimé, ni la date de l'année (2). » Cet ouvrage, intitulé *Speculum humanæ solationis*, était, dit-on, le troisième essai public que Laurent Coster avait fait à Harlem; et un exemplaire de la même époque, vers l'an 1400, était conservé à l'Hôtel-de-Ville de Harlem. Les Célestins possédaient en outre une Bible imprimée à Paris, en 1475, la *glose* de Nicolas de Lyre, dont j'ai déjà parlé, imprimée à Rome en 1472, et le célèbre *Songe du vieil pèlerin*, par Philippe de Mézières, manuscrit in-fol. Cet ouvrage avait été composé en 1388 pour l'instruction de Charles VI, et le cardinal du Perron en faisait tant de cas qu'il allait souvent aux Célestins tout exprès pour le lire. J'ai dit que le duc d'Orléans avait donné à ce couvent deux bibles magnifiques. L'une d'elles, écrite sur vélin par ordre de Charles V, était fort célèbre; suivant une tradition authentique, ce roi la lisait tous les ans nu-tête et à genoux.

Ces richesses littéraires n'étaient point inutiles aux Célestins, comme l'a dit M. Dulaure. Les hommes de talent qui ont fait partie de cette congrégation donnent un démenti formel à cette assertion. Je citerai parmi eux *Etienne Carneau*, de Chartres, mort en 1671 et inhumé dans l'église. Savant philologue, anatomiste distingué, poëte élégant, il se distingua dans toutes les branches des sciences et des

---

(1) Il eut pour successeur un homme estimé, le P. Bourlet. — (2) Piganiol, p. 261.

lettres. La bibliothèque des Célestins renfermait plusieurs manuscrits de ce religieux (1), qui eut à son époque une réputation méritée. Auprès de l'arrière-sacristie du couvent des Célestins, dans une grande salle nommée la *Chapelle de Maizières*, était inhumé le célèbre *Denis Lefévre*, né à Vendôme, qui, avant d'entrer dans la congrégation, avait professé pendant dix ans, dans l'Université de Paris, les lettres grecques et latines. Il le fit avec tant de succès que des ambassadeurs vénitiens qui l'avaient entendu s'écrièrent avec enthousiasme : « Rome a eu Cicéron, Tite-Live, Virgile ; la Grèce s'honore d'avoir eu Homère et Démosthènes ; mais l'Université de Paris possède Denis Lefèvre. » Epuisé de jeûnes, de veilles et de fatigues, il mourut prieur du couvent en 1538 (2). Presque tous les ouvrages de ce savant religieux sont manuscrits ; l'un d'eux, fort curieux, était intitulé : *Index alphabeticus scriptorum veterum græcorum et latinorum in omne genere litteraturæ* (3). On ne sait ce qu'il est devenu. — *Pierre Bard*, confesseur de Louis XII, mort en 1535, homme distingué par sa piété, ses connaissances théologiques, et qui était l'un des meilleurs musiciens de son temps. — *Pierre Pocquet*, mort en 1404. Gerson le met au rang des grands hommes du siècle, dans une lettre adressée au duc de Berri. Sa science en droit civil et canonique était si grande que le parlement de Paris confirma souvent ses décisions. Le duc d'Orléans le nomma l'un de ses exécuteurs testamentaires. — *Jean Balland*, employé par Charles VII et les papes Martin V et Eugène IV dans diverses négociations. — *Guillaume Romain*, né à Paris, célèbre prédicateur. Louis XI se rendait souvent à Saint-Paul pour l'entendre prêcher, et voulant utiliser ses rares talents, il l'envoya en ambassade auprès de Charles de Bourgogne. Mais le bon religieux se repentit bientôt d'avoir joué un rôle politique. On le rendit suspect au roi, qui le fit empoisonner, en 1475, par Tristan-l'Hermite (4). — *Mathieu de Goussencourt*, d'une ancienne et noble famille qui avait donné plusieurs conseillers au parlement de Paris, né dans cette ville en 1583, mort en 1660, l'un de nos meilleurs généalogistes, et célèbre dans son temps par ses études sur le blason. — *Louis Beurrier*, qui, outre quelques ouvrages de piété, laissa deux bons travaux historiques : le *Sommaire des vies des fondateurs et des réformateurs des ordres religieux*, et l'*Histoire du monastère des Célestins de Paris* (5). Il mourut en 1645. — *Antoine Becquet*, né à Paris, mort le 20 janvier 1730, bibliothécaire de ce monastère. Il a laissé deux excellents ouvrages sur les Célestins. — Enfin un homme fort célèbre, et auquel je consacrerai plus tard un article spécial, *Phi-*

---

(1) Voy. pour les ouvrages, imprimés et manuscrits, de Carneau, la *Bibliothèque des Célestins* du P. Becquet, p. 216. — (2) Jean Cordœus, Célestin et disciple de Lefévre, a écrit sa vie. — (3) Piganiol, p. 252. — (4) *Id.*, p. 267. — (5) Ce dernier ouvrage est de 1634, in-4.

lippe de Maizières, était inhumé dans le chapitre du couvent des Célestins, dont il fut religieux pendant les vingt-cinq dernières années de sa vie. Il avait fait construire la chapelle qui portait son nom, et le petit cloître (1).

Le cloître, commencé en 1539 et achevé en 1550, était un monument remarquable du style de la renaissance (2). Il passait pour un des plus beaux édifices de ce genre qui fussent à Paris. Au plafond de l'escalier était peinte à fresque l'Apothéose de Pierre de Moron, fondateur de l'ordre des Célestins, œuvre de Bon Boulogne.

Dans ce cloître, près de la porte du chapitre, on avait tracé sur un marbre noir une ligne horizontale indiquant le plus haut point d'élévation des eaux de la Seine, lors du débordement de 1658, qui renversa le Pont-Marie. On remarquait aussi le jardin, qui était fort grand, et, vis-à-vis du réfectoire, un *lave-main*, en pierre de liais, fort estimé des amateurs.

La plupart des bâtiments qui servaient au logement des religieux avaient été reconstruits en 1682 et 1730; mais celui qui longeait la rue du Petit-Musc et qui subsiste encore remonte à une date bien plus ancienne. Une inscription latine placée au-dessus de la principale porte, rappelait qu'il avait été élevé, en 1455, par Arthus de Montauban, archevêque de Bordeaux (3).

L'ordre des Célestins fut supprimé en France en 1773. Leur maison fut d'abord destinée aux Cordeliers, qui revinrent bientôt à leur couvent. En 1783, on y établit un hospice *médico-électrique*, dirigé par Ledru père et fils. C'est Ledru père qui devint si célèbre plus tard dans la physique amusante sous le nom de Comus. L'inauguration de cet établissement eut lieu le 20 novembre 1783. Aux termes de l'arrêt du conseil d'Etat du 25 mars 1785, l'institution des Sourds-Muets fut placée dans les bâtiments des Célestins. Avec une somme annuelle de 3,400 francs que le ministère lui allouait, le modeste Lépée trouvait encore moyen de subvenir à tous les frais de son établissement.

En 1789, la plus grande partie des monuments de l'église des Célestins furent transportés au Musée des monuments français, et l'église devint un magasin de bois de charronnage qui brûla en 1795. Depuis, on a converti les bâtiments du couvent en caserne de cavalerie : c'est encore aujourd'hui leur destination.

Hôtel de Saint-Paul. — La principale entrée de cette ancienne demeure royale était sur le quai des Célestins, et ses dépendances s'étendaient jusqu'à la rue Saint-Antoine vers le nord, et de l'est à l'ouest

---

(1) Sauval, t. I, p. 460. — (2) Il fut construit par Pierre Hannon, tailleur de pierre et maçon, et coûta 10,778 livres à la communauté. (Voy. Piganiol, *Description de Paris*, t. IV, p. 253.) — (3) Piganiol, *ibid*, t. IV, p. 260.

depuis les fossés de l'Arsenal et de la Bastille jusqu'à la rue Saint-Paul. Le dauphin Charles, régent du royaume, voulant avoir, à Paris, une maison royale qui fût le moins loin possible de Vincennes, acheta de Louis, comte d'Etampes, et de Jeanne d'Eu, sa femme, leur hôtel, rue Saint-Antoine, qui s'étendait jusqu'au cimetière Saint-Paul et jusqu'aux jardins de l'archevêque de Sens. Cette acquisition fut payée des deniers de la Ville, en réparation de l'insulte commise envers le régent par Etienne Marcel, lors du massacre des deux chambellans, Robert de Clermont et Jean de Châlons; mais il y eut à ce sujet de grandes difficultés. « Les prévôt des marchands et échevins, dit Félibien, promirent, au mois de novembre 1360, de payer à l'acquit du dauphin la somme de 4,000 royaux d'or sur les aides imposés dans la ville. Sur ces entrefaites, le roi Jean sortit de prison et revint à Paris, où, pour payer sa rançon, non seulement il prit ces aides, mais il en établit encore d'autres; de sorte que la Ville se trouva dans l'impuissance de satisfaire le comte d'Etampes au terme marqué. *Bernard Belnati* la secourut dans cette occasion, répondit pour elle, et paya le comte. Ainsi la Ville demeura obligée envers Belnati pour les 4,000 royaux d'or. Avant qu'elle commençât à entrer en paiement, le roi Jean changea les monnaies; il fit faire des francs d'or et leur donna cours pour 16 sous parisis, et les royaux ne valurent plus que 13 sous 4 deniers parisis. Ce changement donna lieu à des différents entre la Ville et Belnati au sujet du paiement que la Ville prétendait avoir fait par les espèces qu'elle avait livrées à Belnati, pendant que Belnati prétendait qu'il s'en fallait encore quelque chose de la somme capitale. Les parties convinrent de s'en rapporter au jugement de Jean de Hangest et Le Flamant, conseillers du roi. Pour former un jugement plus assuré, les arbitres exposèrent l'affaire à la chambre des comptes, où, après l'estimation faite des espèces et de ce qu'elles valaient dans les temps où elles avaient été délivrées à Belnati, la chambre déclara que la Ville était encore redevable de 5 *marcs* 6 *onces* 12 *estelins oboles d'or*, qui valaient 354 livres 16 sols tournois, à 59 livres 12 sols tournois le marc d'or (1). »

Pendant ces débats, Charles V faisait construire l'*hôtel solennel des grands ébattements*; c'est ainsi qu'il nomma l'hôtel Saint-Paul. Il achetait en même temps des terrains qui devaient accroître cet édifice. En 1360, il acquiert d'un nommé Simon Verjat une maison et ses dépendances en la rue *Pute-y-Muce*; deux ans après il acheta l'hôtel des abbés et religieux de Saint-Maur, et quelques années ensuite celui des archevêques de Sens. Charles V paya à Guillaume de Melun, archevêque de Sens, la somme de 11,500 livres, dont on employa 1,500

(1) Félibien, t. I, p. 653.

à l'acquisition de la maison de Jean de Hestoménil, située près des Béguines, et donnée par le roi au prélat (1). Charles VI acheta en 1398, pour 4,000 livres, l'hôtel de *Pute-y-Muce*, et ses propres acquisitions, ainsi que celles de ses successeurs, augmentèrent tellement l'hôtel de Saint-Paul que sous Louis XI il comprenait tout l'espace depuis la rue Saint-Paul jusqu'aux Célestins, et depuis la rue Saint-Antoine jusqu'à la rivière, à la réserve de l'église et du cimetière Saint-Paul et des granges Saint-Eloi (2).

L'hôtel Saint-Paul, ainsi nommé de l'église de ce nom dont il était voisin, fut uni et incorporé au domaine par un édit du mois de juillet 1364, qui ordonnait qu'*il n'en fût jamais démembré pour quelque cause et raison que ce pût être*. Cette mesure de Charles V, comme nous le verrons, ne fut pas fidèlement respectée par ses successeurs.

Charles V sortit peu de l'*Hôtel des ébattements;* l'air qu'on y respirait était favorable à sa santé. Les actions les plus remarquables de la vie de Charles V, de celle de Charles VI et de Charles VII se sont passées dans ce palais. La plupart des enfants de ces princes y naquirent; Jeanne de Bourbon et Isabeau de Bavière y moururent; le parlement s'y tint plusieurs fois, et de grandes fêtes y eurent lieu (3). J'ai raconté longuement, d'après les auteurs contemporains, la visite de l'empereur Charles IV, qui vint dîner chez la reine à l'hôtel Saint-Paul; et je dois renvoyer à ce récit pour des détails qui ne peuvent trouver place dans la description que je vais donner de cette maison royale. En 1410, les cabochiens commandés par le sire de Jacqueville et dirigés par un médecin, Jean de Troyes, envahirent, dans une terrible émeute, l'hôtel Saint-Paul, et obligèrent le duc de Guienne, fils du roi, à leur livrer la plupart de ses officiers. Quelques années après, dans la nuit mémorable du 28 au 29 mai 1418, L'Isle-Adam et ses soldats bourguignons, introduits dans Paris par Perrinet-Leclerc, s'emparèrent de l'hôtel Saint-Paul, où était le roi, qu'ils mirent à leur tête. Tous les événements importants des dernières années de Charles VI eurent pour théâtre cette résidence royale; ce malheureux prince y mourut le 22 octobre 1421.

On a dit que le château de Fontainebleau était un *rendez-vous de châteaux*. On peut appliquer ce mot à l'hôtel Saint-Paul, qui se composait d'un grand nombre de petits hôtels, comme l'hôtel de la Pissotte ou de la Reine, celui des Lions, de Pute-y-Muce, plus tard *Petit-Muce*, de Beautreillis, l'Hôtel-Neuf du Pont-Perrin, etc.

(1) C'est sur l'emplacement de la maison de Hestoménil qu'on fit bâtir depuis le nouvel hôtel de Sens dont les restes curieux se voient encore aujourd'hui.
(2) Jaillot, t. III, *Quartier Saint-Paul*, p. 12.
(3) Plusieurs historiens ont prétendu que le fameux ballet qui faillit coûter la vie à Charles VI eut lieu dans une des salles de cet hôtel. Mais Juvénal des Ursins, dont le témoignage ne peut être révoqué en doute, dit que ce fut à l'hôtel de la reine Blanche, au faubourg Saint-Marceau.

Le grand corps de logis et la principale entrée se trouvaient du côté de la Seine, sur le quai des Célestins. Cette immense habitation contenait de grands appartements, la plupart accompagnés de chapelles, de jardins, de galeries, pour le roi, la reine, les enfants de France, les princes du sang, le connétable, le chancelier et les principaux personnages de la cour. Charles V avait tout orné et disposé, suivant l'expression d'un historien moderne, avec le luxe d'un roi et les recherches d'un malade. « La magnificence de cette demeure, la splendide hospitalité qu'y trouvaient les princes et les seigneurs étrangers, faisaient illusion sur l'état du royaume. Le sire de La Rivière, l'aimable et subtil conseiller de Charles V, le gentilhomme accompli de ce temps, en faisait les honneurs. Il leur montrait la noble demeure de son maître, ces galeries, ces bibliothèques, ces buffets chargés d'or, et ils l'appelaient le *riche roi* (1). »

Charles V occupait l'hôtel des archevêques de Sens. Un porche de bois d'Irlande richement sculpté, à plusieurs faces, et haut de neuf à douze pieds, donnait entrée dans les appartements royaux, composés d'une ou deux salles, d'une antichambre, d'une garde-robe, d'une chambre de parade (*chambre à parer*), d'une chambre à coucher, appelée *la chambre où gît le roi*, et de la *chambre des nappes*, c'est-à-dire probablement la lingerie. Puis se trouvait une chapelle haute, une chapelle basse, trois galeries de quinze, vingt-quatre et quarante-deux toises de longueur, la *grand'chambre du retrait*, la *chambre du petit retrait et de l'étude*, une chambre de bains, une *d'étuves* et deux ou trois autres nommées *chauffe-doux*, à cause des poêles qu'on y mettait pendant l'hiver. Il y avait en outre dans ce même hôtel un jardin, un parc, des lices, un jeu de paume, une volière, une chambre pour les tourterelles, des *maisons* pour les sangliers, pour les grands et les petits lions.

Indépendamment des appartements particuliers du roi, il y avait à l'hôtel Saint-Paul deux chambres du conseil. Dans la plus grande (2), Charles V assemblait ordinairement ses conseillers-d'état, et faisait souvent venir le parlement.

La reine avait aussi des appartements magnifiques, comprenant un grand nombre de chambres, de cabinets, avec plusieurs galeries, deux chapelles, des étuves, etc.

Les bains et les étuves de la reine, tant à l'hôtel Saint-Paul proprement dit qu'à l'hôtel du Petit Muce, qui en était, comme on l'a vu, une dépendance, étaient pavés de pierres de liais, fermés d'une porte de fer treillissée, et entourés de lambris de bois d'Irlande. Les cuves

---

(1) M. Michelet, t. III, p. 486.
(2) La grande chambre du conseil était longue de huit toises quatre pieds et large de quatre toises quatre pieds. Elle était contiguë à une chambre basse où dînait Charles V.

étaient de même bois, ornées tout autour de bossettes dorées et liées de cerceaux à clous dorés.

La *chambre aux joyaux* était fort riche, mais elle le cédait de beaucoup à celle du Louvre.

La *galerie de l'appartement de la reine* surpassait, au contraire, tout ce qu'on voyait dans ce genre à Paris, même au Louvre. Sauval en parle avec enthousiasme, et la description qu'il en donne est vraiment curieuse.

« Dans les siècles passés il n'y a pas eu, dit-il, de plus magnifique galerie que celle qu'acheva Charles V dans l'appartement de la reine à l'hôtel Saint-Paul. Elle avait vingt-quatre toises de longueur. Depuis le lambris jusqu'à la voûte, et sur une longue terrasse qui régnait tout autour, était représentée sur un fond vert une grande forêt pleine d'arbres et d'arbrisseaux, de pommiers, poiriers, cerisiers, pruniers et autres semblables, chargés de fruits, et entremêlés de lys, de flambes, de roses et de toutes sortes de fleurs ; des enfants répandus en plusieurs endroits du bois y cueillaient des fleurs et mangeaient des fruits ; d'autres arbres poussaient leurs branches jusque dans la voûte peinte de blanc et d'azur, pour figurer le ciel et le jour ; et enfin le tout était de beau vert gai, fait d'orpin et de florée fine. Outre cela, il fit peindre encore une petite allée par où passait la reine pour venir à son oratoire de l'église Saint-Paul. Là, de côté et d'autre, quantité d'anges tendaient une courtine aux livrées du roi ; de la voûte, ou pour mieux dire d'un ciel d'azur qu'on y avait figuré, descendait une légion d'anges, jouant des instruments et chantant des antiennes de Notre-Dame. Le ciel, au reste, aussi bien que l'allée de la galerie, était d'azur d'Allemagne, qui valait dix livres parisis la livre, et le tout ensemble coûta six vingts écus (1). »

Les cheminées des appartements principaux du roi, de la reine et des princes, étaient d'une grandeur extraordinaire. « Celle de la chambre du roi avait pour ornements des chevaux de pierre. Les chenets étaient de fer ouvré, ainsi que les *tenailles*, les pincettes, les pelles et le *traifeu* (2). »

« Les poutres et les solives des principaux appartements étaient enrichies de fleurs-de-lys d'étain doré. Il y avait des barreaux de fer à toutes les fenêtres avec un treillage de fil d'archal, *pour empêcher les pigeons de venir faire leurs ordures dans les chambres*. Les vitres peintes de différentes couleurs, et chargées d'armoiries, de devises et d'images de saints et de saintes, ressemblaient aux vitres de nos anciennes églises ; les siéges étaient des escabelles, des formes et des bancs ; le roi avait des chaises à bras, garnies de cuir rouge avec des franges de soie. On appelait les lits *couches* quand ils avaient dix ou douze pieds de

---

(1) Sauval, t. II, p. 281. — (2) Sauval, t. II, p. 280.

long sur autant de large; et *couchettes* quand ils n'avaient que six pieds de long et six de large. Il a été long-temps d'usage en France de retenir à coucher ceux qu'on affectionnait. Charles V dînait vers onze heures, soupait à sept; et toute la cour était ordinairement couchée à neuf en hiver, et à dix en été. *La reine, durant le repas*, dit Christine Pisan, *par ancienne et raisonnable coutume, pour obvier à vagues paroles et pensées, avoit un prud'homme au bout de la table, qui sans cesse disoit gestes et mœurs d'aucun bon trépassé* (1).

La principale chapelle de l'hôtel Saint-Paul avait été ornée par Charles V de douze figures de pierre de quatre pieds et demi, qui représentaient les apôtres, ayant près d'eux les attributs de leur martyre. Charles VI fit peindre richement ces statues par *François d'Orléans*, « le plus célèbre peintre de ce temps-là, » dit Sauval. Leurs robes et leurs manteaux étaient rehaussés d'or, d'azur et de vermillon glacé de fin sinople; leurs têtes, accompagnées d'un diadème rond d'un pied de circonférence, brillaient encore d'or, de vair, de rouge et de blanc, le plus fin qui se trouvât. « Ces diadèmes revenaient à 10 sols parisis la pièce; la peinture de chaque apôtre à 4 livres parisis (2). »

Outre cette chapelle particulière du roi, et celles que la reine et les princes avaient dans leurs appartements, il y en avait encore trois autres grandes à l'hôtel de Sens, à l'hôtel Saint-Maur et à l'hôtel du Petit-Muce. C'est dans cette dernière que Charles V, Jeanne de Bourbon et le dauphin venaient ordinairement entendre la messe avec la cour. Ils y avaient fait mettre des orgues, ainsi qu'à la chapelle de l'hôtel de Sens.

Dans l'hôtel Saint-Maur, que Charles V appela *l'hôtel de la Conciergerie*, il logea ses fils Charles, dauphin (depuis Charles VI), Louis de France, duc d'Orléans, Philippe, duc de Touraine, et depuis duc de Bourgogne, et quelques autres seigneurs. L'appartement du dauphin était presque aussi vaste et aussi riche que celui du roi. « J'y ai trouvé même, dit Sauval, une *chambre aux deniers* que je n'ai pas trouvée dans l'autre. » Son jardin était accompagné d'un préau, ou parterre. Les deux autres fils du roi n'étaient pas moins magnifiquement logés. Le duc d'Orléans avait près de sa chambre des bains et des étuves, et un cabinet appelé *le retrait où dit ses heures monsieur Louis de France*.

Les princesses Marie, Isabelle et Catherine, les ducs et duchesses de Valois et de Bourbon, Charles d'Albret, Pierre de Navarre, Philippe de Savoisy, le sire de Montaigu et la plupart des officiers de la couronne avaient aussi, dans les dépendances de ce vaste palais, des appartements proportionnés à leur rang ou à leur dignité.

Cette multiplicité des bâtiments réunis sous le nom d'hôtel Saint-Paul avait rendu nécessaire une dénomination spéciale pour chacune

---

(1) Saint-Foix, *Essais sur Paris*, t. I. — (2) Sauval, t. II, p. 281.

de ses parties, et même pour chacune de ses principales chambres. Il y avait *la grande chambre lambrissée* ou *chambre verte*, *la chambre des grandes aulmoires*, *la chambre de Just*, *les salles de Sens et de Saint-Maur*, *la salle verte*, *la salle aux bourdons*.

La *salle de Theseus* était ainsi appelée, selon Sauval, parce que ce héros grec y était peint sur les murailles ou sur les tapisseries. M. Belin, annotateur de la dernière édition de l'*Histoire de Paris* de M. Dulaure, remarque avec raison qu'il ne s'agit pas ici du Thésée grec, mais du héros d'un roman inédit de la fin du XIVe siècle, mis en vers au commencement du XVe, intitulé : *Theseus, fils de Floridas, roi de Coulogne*, et dont il existe un manuscrit en prose à la Bibliothèque royale. M. Belin cite à ce sujet un passage décisif de ce roman, d'après un manuscrit en vers appartenant à M. H. Langlois de Rouen. Voici ce passage :

« Et le roi des François, ne le mescréez jà,
L'a fait peindre à Paris, dans son hostel qu'il a,
C'on appelle Saint-Pol, où moult demeuré a (1). »

La chambre de *Mathebrune* devait son nom à l'héroïne d'un autre roman, dont les aventures étaient représentées sur la tapisserie. Cette chambre était occupée par le grand-maître de l'hôtel de la reine.

En 1436, Henri Mellin peignit, pour l'hôtel Saint-Paul, une verrière où l'on voyait la pucelle d'Orléans, Jacques Cœur et Charles VII à genoux devant l'archevêque de Bourges.

Sous la galerie de l'hôtel de la reine, près du grand préau de la Fontaine-au-Lion, on sculpta, en 1463, une statue de Charles VII, destinée sans doute à décorer cette partie de l'hôtel Saint-Paul (2).

Les jardins de l'hôtel Saint-Paul étaient immenses; les rues de la Cerisaie, Beautreillis, etc. (3), rappellent par leur dénomination l'emplacement qu'ils occupaient. Les plantations de ces jardins étaient d'une simplicité qui excite l'étonnement dédaigneux du bon Sauval. Charles V y fit semer des graines de violiers, de courges, de choux, de romarin, de marjolaine, de sauge, de girofliers, de fraisiers, de lavande, de rosiers, de pourpier, de laitue, de poirée et autres herbes et légumes. Il y fit planter cinq quarterons de cerisiers à 5 sols le cent, qui donnèrent commencement à la Cerisaie, autrement dite le préau.

En 1398, Charles VI fit planter, à l'hôtel Saint-Paul, dans le jardin du *Champ-au-Plâtre*, 300 gerbes de rosiers blancs et rouges, trois

(1) Voy. *Essai sur la peinture sur verre*, par M. H. Langlois, p. 159 et suiv., et l'*Hist. de Paris* de M. Dulaure, 6e édit., t. III, p. 77.

(2) *Comptes de la prévôté de Paris*, dans Sauval, t. III, p. 373.

(3) Il n'en est pas de même de la rue *des Jardins* qui portait ce nom dès le XIIIe siècle, bien long-temps avant la construction de l'hôtel Saint-Paul.

quarterons de *bourdelais*, 375 *gouais de marais*, 300 ognons de lys, 300 de flambes, 115 entes de poiriers, 100 pommiers communs, 12 pommiers *de Paradis*, 1,000 cerisiers, 150 pruniers, et 8 lauriers verts, achetés sur le Pont-au-Change (1).

Chacun de ces jardins avait un nom particulier. Outre la Cerisaie, et les grands jardins par devers le Champ-au-Plâtre, que je viens de nommer, il y avait encore le grand préau, les préaux de la Fontaine-au-Lion, de l'hôtel du Petit-Muce, de l'hôtel de Sens, du *Sauvoir* (vivier), le jardin aux Carneaux, le grand jardin aboutissant à la rue du Petit-Muce, le jardin du grand-maître de l'hôtel du roi, etc.

La rue des Lions marque le lieu où était la ménagerie royale de l'hôtel Saint-Paul.

Un fait fort singulier et qu'on ne peut révoquer en doute, puisqu'il nous est attesté par un titre authentique, c'est que la garde des lions du roi était confiée à une femme. En 1463, demoiselle Marie Padbon reçut 250 livres pour la nourriture et garde de ces lions (2).

A propos de la *maison des lions* de l'hôtel Saint-Paul, Saint-Foix raconte l'anecdote suivante : « Un jour que François Ier s'amusoit à regarder un combat de ses lions, une dame ayant laissé tomber son gant dit à de Lorges : « Si vous voulez que je croie que vous m'aimez autant que vous me le jurez tous les jours, allez ramasser mon gant. » De Lorges descend, ramasse le gant au milieu de ces terribles animaux, remonte, le jette au nez de la dame, et depuis, malgré toutes les avances et les agaceries qu'elle lui faisoit, ne voulut jamais la revoir (3). »

Il me paraît difficile que cette scène, si elle a eu lieu, se soit passée à l'hôtel Saint-Paul. En effet, on verra tout-à-l'heure que sous François Ier ce vaste palais avait cessé depuis long-temps d'être la résidence des rois. Ce fut précisément ce prince qui abandonna, en 1522, à un huissier de sa chambre, cette même maison ou hôtel des Lions, déjà caduque et menaçant ruine (4).

Charles V avait une affection particulière pour les oiseaux de toute sorte. Il avait fait faire dans l'hôtel « de ses grands ébattements » de belles volières à tourterelles, et une grande cage octogone, fermée de fil d'archal, pour mettre son *pope-gaut*. On voyait dans les jardins beaucoup de paons et d'autres oiseaux rares.

Le nombre des cours était immense. La plus vaste s'appelait *cour des*

(1) Sauval ajoute que la gerbe de rosier coûtait alors 20 sols parisis, les gouais de marais 12, le cent d'ognons de lys 6, le cent de flambes 9, le cent de poiriers 21 sols, de pommiers communs 12; les pommiers de Paradis 4 sols chacun; le millier de cerisiers 6, le cent de pruniers 8, les lauriers 2 sols la pièce. — (2) *Comptes de la prévôté de Paris*, dans Sauval, t. III, p. 369.—(3) Saint-Foix, *Essais sur Paris* — (4) *Comptes de la prévôté de Paris*, dans Sauval, t. III, p. 471.

joûtes. « Les basses-cours étoient flanquées de celliers, de galliniers (colombiers), et remplies de volailles que les fermiers des terres et domaines du roi étaient tenus de lui envoyer, et qu'on y engraissoit pour sa table et celle de ses commensaux (1). » C'est près de là que se trouvaient tous les bâtiments accessoires nécessaires au service du palais : la maréchaussée, la fauconnerie, la conciergerie, la fourille, la lingerie, la taillerie, la pelleterie, la bouteillerie, la saucerie, le garde-manger, le four, la panneterie, la pâtisserie, l'échançonnérie, *le lieu où l'on fait l'hypocras*, la cave aux vins des maisons du roi, etc. Ces bâtiments secondaires étaient presque tous couverts de chaume. La tuile, la tuile plombée, et quelquefois l'ardoise, étaient réservées pour les édifices principaux.

Les splendeurs de l'hôtel Saint-Paul ne durèrent guère plus d'un demi-siècle. Quoique Charles VII y ait fait faire quelques embellissements, ce prince le négligea, dès le commencement de son règne, pour une autre résidence dont je parlerai dans la suite, l'hôtel des Tournelles, où il vient définitivement demeurer en 1437. Il n'est pas facile de déterminer les causes de cet abandon. Peut-être, comme le conjecture M. Dulaure, le séjour de l'hôtel Saint-Paul était-il devenu malsain depuis la construction des égouts et des fossés de la ville dans le voisinage.

Quoi qu'il en soit, il est certain que ses bâtiments, devenus déserts, furent démembrés et mis en vente par parties dès le règne de Louis XI. En 1453, ce prince donne à son chambellan, Charles de Melun, une des enclaves de l'hôtel Saint-Paul, appelée l'hôtel de la Pissotte, situé rue Saint-Antoine; plus tard, en 1480, il livre au curé et aux prêtres de la paroisse tout l'hôtel Saint-Paul proprement dit, malgré la résistance du parlement qui avait refusé long-temps d'enregistrer cette donation comme étant faite au mépris de la déclaration de Charles V et au préjudice du domaine de la couronne. En 1490, Charles VIII, à son tour, abandonne l'hôtel Beautreillis à Antoine de Chabannes, grand-maître d'hôtel de France. Enfin François Ier, pressé d'argent, vend, en 1519, pour 2,000 écus d'or, à Jacques de Genouilhac dit Galliot, grand-maître de l'artillerie, le principal corps de logis du palais, sur le quai des Célestins, avec trente-quatre toises de terrain et de bastion, au coin de la rue du Petit-Musc. La chambre des comptes protesta en vain en rappelant que le domaine royal était inaliénable. Le roi passa outre, et en 1543, fit encore mettre en adjudication les autres parties de l'hôtel de Saint-Paul, qui tombaient en ruines, c'est-à-dire les hôtels de la Reine, du Petit-Bourbon et d'Etampes. Ces ventes ne commencèrent néanmoins qu'en 1551. L'hôtel d'Etampes, appelé aussi l'Hôtel-Neuf, devint, en 1554, la propriété de la célèbre Diane de Poitiers, du-

(1) Saint-Foix, *Essois sur Paris.* — Sauval.

chesse de Valentinois. Les rues percées sur l'emplacement des bâtiments et des jardins de l'hôtel Saint-Paul ont été ouvertes dans le XVIe et au commencement du XVIIe siècle.

Collége de Dormans-Beauvais, rue Saint-Jean-de-Beauvais, n° 7. — Ce collége doit sa fondation à Jean-de-Dormans, cardinal, évêque de Beauvais et chancelier. Il acheta, en 1365, les maisons que le collége de Laon avait d'abord occupées, et cinq ans après y établit un maître, un sous-maître, un procureur et douze boursiers, nés dans la paroisse de Dormans en Champagne, ou à leur défaut, dans le diocèse de Soissons. En 1371 et 1372, il fonda successivement douze nouvelles bourses, parmi lesquelles trois furent destinées à des écoliers pris dans les villages de Buisseul et d'Athis, au diocèse de Reims, et une quatrième à un religieux prêtre de l'abbaye de Saint-Jean-des-Vignes. La chapelle, dont Charles V posa la première pierre, fut construite aux frais de Miles de Dormans, neveu du fondateur, et dédiée en 1380, sous l'invocation de Saint-Jean-l'Évangéliste. Il y plaça quatre chapelains et deux clercs. Nos historiens parlent d'un nouveau chapelain et de cinq autres bourses fondées à diverses époques par différents particuliers.

La collation de toutes les places avait été réservée au frère et au neveu du fondateur : l'abbé de Saint-Jean-des-Vignes éleva à ce sujet quelques contestations; elles furent terminées par un concordat, homologué en 1389, qui, laissant la collation de la bourse du religieux de Saint-Jean-des-Vignes à l'abbé, transportait à la cour du parlement tous les droits du fondateur après la mort de Guillaume de Dormans, son neveu. Depuis, le premier président et deux commissaires de cette cour ont toujours eu l'administration de ce collége.

Vers le commencement du XVIe siècle, les professeurs qui enseignaient dans les écoles de la rue du Fouarre s'étant retirés dans les colléges, celui de Beauvais tint des écoles publiques, et s'unit, par la suite, en 1597, au collége de Presle, pour l'exercice des classes, ce qui subsista jusqu'en 1699. Alors l'exercice entier resta au seul collége de Beauvais. Depuis, les arrangements qui devaient incorporer le collége de Lisieux à celui de Louis-le-Grand n'ayant pu avoir leur entier effet, le collége de Beauvais fut choisi pour prendre la place que l'autre y devait occuper, et les maisons qui lui appartenaient furent données au collége de Lisieux.

On remarquait, dans la chapelle de ce collége, sur le maître-autel, *saint Jean l'évangéliste dans l'île de Pathmos*, par Lebrun.

Au milieu du chœur, s'élevaient deux statues en cuivre sur un tombeau de marbre noir, représentant *Miles de Dormans*, évêque de Meaux et archevêque de Sens, et son frère *Guillaume*, neveux du fondateur. Sur les côtés, étaient six statues en pierre, représentant ; *Jean de Dor-*

mans, chancelier de l'église de Beauvais, mort en 1380, *Bernard de Dormans*, chambellan de Charles V, mort en 1381 ; *Renauld de Dormans*, chanoine de Paris, maître des requêtes de l'hôtel, etc., mort en 1380 ; *Jeanne Baube*, femme de Guillaume de Dormans, et mère des trois personnages dont nous venons de parler, morte en 1405 ; *Jeanne de Dormans*, sa fille, mariée à Pierre de Rochefort et à Philibert de Paillart, morte en 1407 ; *Yde de Dormans*, sa seconde fille, mariée à Robert de Nesle, morte en 1379 (1).

Plusieurs savants et saints personnages ont professé dans ce collége. Saint François-Xavier y donna des leçons de philosophie en 1531. Le cardinal Arnauld d'Ossat fut aussi du nombre de ses professeurs ; et dans le siècle dernier, l'administration en fut successivement dirigée par deux hommes célèbres dans les fastes universitaires, Rollin et Coffin. Aussi la réputation du collége de Beauvais fut immense à cette époque.

Les bâtiments, reconstruits sous le règne de François Ier, servent aujourd'hui à une école primaire.

Collége de Dainville, rue de l'École-de-Médecine, n° 4. — Michel de Dainville, archidiacre d'Ostrevant, au diocèse d'Arras, fonda ce collége en 1380, tant en son propre nom que comme exécuteur testamentaire de Gérard et de Jean de Dainville ses frères. Le premier, évêque d'Arras, puis de Thérouenne, et enfin de Cambrai ; et le second, maître d'hôtel des rois Jean et Charles V. Cette fondation fut faite pour douze boursiers, parmi lesquels on devait choisir le principal et le procureur, et dont six devaient être du diocèse d'Arras, six de celui de Noyon. Le fondateur les établit dans une maison qu'il possédait à l'angle que forme la rue de la Harpe avec celle des Cordeliers, aujourd'hui de l'École-de-Médecine. Sur le mur extérieur on voyait un bas-relief qui représentait les rois Jean et Charles V, avec les fondateurs, présentant à la sainte Vierge le principal et les boursiers de ce collége.

Le collége de Dainville est un de ceux qui ont été réunis en 1763 à celui de l'Université. C'est maintenant un hôtel garni.

Collége de Maître-Gervais, ou de *Notre-Dame de Bayeux*, rue du Foin-Saint-Jacques, n° 14. Ce collége fut fondé par Maître-Gervais Chrétien (2), chanoine des églises de Bayeux et de Paris, *premier physicien*,

---

(1) Deux de ces statues ont été déposées au musée des Petits-Augustins.—Voy. aussi Dubreuil, p. 337 et suiv. — (2) Gervais Chrétien était né à Vendes, village du diocèse de Bayeux. A l'âge de quinze ou seize ans, il fut envoyé à Paris par le seigneur de Vendes pour mener un levrier à Jean de France, duc de Normandie, fils aîné de Philippe de Valois. Ce prince ayant remarqué les talents naturels de Gervais le fit étudier au collége de Navarre. Ce savant homme mourut le 10 mai 1382.

c'est-à-dire médecin de Charles V. Les libéralités de ce prince l'avaient rendu propriétaire de trois maisons situées rue Érembourg-de-Brie, et de deux autres rue du Foin, qui étaient contiguës aux premières. Ce fut par leur réunion qu'il forma son collége, auquel il assigna des revenus pour l'entretien de vingt-quatre boursiers. Le contrat de fondation est, suivant Jaillot, du 20 février 1370. Charles V l'approuva par ses lettres données en 1378, augmenta la fondation de deux bourses destinées à des étudiants en mathématiques, y ajouta la concession des dîmes de Saineville et de Caenchy, etc., et voulut mettre le comble à ses bienfaits en honorant ce collége du titre de *fondation royale*. Ce prince, grand partisan de la médecine et de l'astrologie, donna aux écoliers les livres et les instruments nécessaires à cette science, et fit lancer anathème par le pape contre ceux qui oseraient enlever de ce collége les livres et les instruments qu'il y avait placés (1).

La chapelle de ce collége possédait un reliquaire de vermeil, sur lequel était cette inscription : « Charles, par la grâce de Dieu, roi de France, cinquième de ce nom, a donné ce joaux, avec la croix qui est dedans, aux écoliers du diocèse de Notre-Dame de Bayeux (2). » La bibliothèque, suivant l'expression du père Dubreuil, était *belle, riche et magnifique*.

Plusieurs mathématiciens distingués ont professé dans le collége de Maître-Gervais. Je citerai, entre autres, le célèbre *Oronce Finé*, sous le règne de François Ier. Un personnage non moins fameux, *Guillaume Postel*, y enseignait en 1563, et l'un des derniers professeurs fut *Gilles Personne de Roberval*, membre de l'Académie des sciences, et professeur royal. Il mourut dans ce collége où il avait fixé sa demeure, le 27 octobre 1675.

Jacques Tournebu, principal de cette établissement, fut assassiné, en 1545, par Raoul Lequin d'Archerie, greffier de la prévôté de Saint-Quentin. Le 19 septembre de cette année, le parlement condamna le meurtrier à avoir le poing coupé, à être pendu à la place Maubert, à fonder une messe dans la chapelle de ce collége, et à fournir aux frais d'un tableau qui fut placé dans cette chapelle (3).

L'année même de sa fondation, on avait réuni à cet établissement les boursiers du collége de Robert Clément (4). Le collége de Maître Gervais reçut ensuite peu à peu de nombreuses réformes, et il ne posséda bientôt plus que dix-huit bourses (5). En 1699, on supprima toutes les bourses, et le collége fut placé sous la direction de deux conseillers d'État et de deux docteurs de Sorbonne. En 1763, il fut réuni à l'Univer-

---

(1) *Dissertations sur l'Hist. de Paris*, par l'abbé Lebeuf, t. III, p. 449. — (2) Félibien, t. I, p. 671. — (3) *Registre de la Tournelle criminelle*, côté 85, cité par M. Dulaure. — (4) Voy. p. 473. — (5) Hurtaut, t. II, p. 455.

sité. Ses bâtiments, qui ont depuis été convertis en une caserne, dataient du commencement du siècle dernier.

Petit Saint-Antoine, église et couvent situés rue Saint-Antoine, entre les nos 67 et 69. Cette maison religieuse a commencé par un petit hospice, que les hospitaliers de Saint-Antoine, dont la maison principale, ou chef d'ordre, était à Vienne en Dauphiné, vinrent fonder à Paris. Charles V n'étant encore que régent du royaume, les aida à former cet établissement par le don d'un manoir nommé *la Saussaye*, avec toutes ses appartenances. Ce manoir, qui était situé entre les rues Saint-Antoine et du Roi-de-Sicile, avait été confisqué par le roi sur *Drogon Garrel* et sur *Jean Devaux*, partisans du roi de Navarre.

Pierre de Lobet, abbé et général de l'ordre de Saint-Antoine, érigea, conjointement avec le chapitre général de son ordre, cette nouvelle maison de Paris en commanderie, et envoya, pour la gouverner, *Aymar Fulcevilli*, religieux de l'ordre, dont les provisions sont du 3 septembre 1365. Celui-ci amena avec lui un nombre suffisant de religieux pour y faire l'office divin, et y exercer l'hospitalité envers les pauvres attaqués de la maladie appelée *feu sacré* ou *feu Saint-Antoine*; maladie épidémique qui a duré en France pendant quatre ou cinq siècles, et qui a disparu comme plusieurs autres de la même nature, telles que le *feu Ardent*, le *Fic Saint-Fiacre*, le mal de *Saint-Marcou* et de *Saint-Main*, etc.

Ces religieux n'avaient pu d'abord, faute de revenus suffisants, se construire une chapelle; mais Charles étant parvenu à la couronne, leur fit bâtir une église qui fut achevée en 1368, et dont la dédicace fut faite en 1442. Cette église a subsisté jusqu'à la révolution.

Le curé de Saint-Paul, dans la paroisse duquel était situé le monastère du Petit-Saint-Antoine, s'opposa d'abord à son établissement. Cette contestation fut terminée par une transaction passée le 26 février 1365, par laquelle *Hugues d'Optère*, commandeur de cette maison, s'obligea, pour lui et ses successeurs, à payer tous les ans dix livres au curé de Saint-Paul, et à partager avec lui l'honoraire des inhumations qui seraient faites dans la nouvelle église. Cette transaction fut confirmée par Etienne, évêque de Paris, et par Pierre de Lobet, général de l'ordre.

Peu de temps après, il y eut un autre différend entre *Hugues de Château-Neuf*, successeur de Hugues d'Optère, et le prieur de Saint-Éloi, à l'occasion du manoir de la Saussaye, qui relevait de son prieuré. Cette contestation fut terminée moyennant une rente annuelle de 40 livres, que le commandeur s'obligea, pour lui et ses successeurs, de payer au prieuré de Saint-Éloi. En 1373, le 4 de juin, Ponce, abbé de Saint-Antoine, unit la commanderie de Paris à celle de Bailleul ou de Flandres; et cette union dura jusqu'au temps de Charles-Quint, qui, en 1523, démembra celle de Bailleul, qui était sous sa domination, et voulut qu'elle ne fût donnée qu'à des religieux nés dans ses États. En 1416, Guillaume de Neuville, notaire et secrétaire du roi, donna à cette commanderie la terre de Boussi et une rente annuelle de 50 livres. La commanderie du Petit-Saint-Antoine a eu dix-huit commandeurs réguliers et trois commendataires. Parmi les réguliers, huit ont été abbés-généraux de l'ordre, et plusieurs d'entre eux gardèrent cette commanderie avec le généralat. Celui des commandeurs réguliers qui a fait le plus d'honneur à cette maison, est le fameux cardinal de *Tournon*, profès de l'abbaye de Saint-Antoine. Les religieux portaient sur leur habit un signe bleu en forme de T.

En 1615, le titre de la commanderie de Paris fut supprimé, et l'on convertit cette maison en un séminaire ou collège, pour l'instruction des jeunes religieux de l'ordre. La bulle est de Paul V, et les lettres-patentes de Louis XIII. On nommait ce monastère le Petit-Saint-Antoine, pour le distinguer de l'abbaye de Saint-Antoine, située, comme on l'a vu, dans le faubourg de ce nom, et qui était beaucoup plus ancienne.

La confrérie de *Saint-Claude* était établie depuis fort long-temps dans cette église; mais on la trouvait, dans le siècle dernier, bien déchue de la réputation qu'elle avait eue dans le moyen âge, principalement sous le règne de Charles VI, qui s'y enrôla en grande cérémonie, avec les principaux seigneurs de sa cour.

L'église du Petit-Saint-Antoine avait été fort endommagée en 1705, par le feu qui prit à une maison voisine occupée par un artificier.

On voyait au maître-autel un tableau représentant l'*Adoration des Mages*, peint par Cazes. — L'enclos du couvent avait cent pas sur quatre-vingts. Les bâtiments d'habitation des religieux avaient été rétablis en 1689.

Les biens de la commanderie de Saint-Antoine furent réunis dans la suite à l'ordre de Malte; cet ordre fit des pensions aux religieux et leur accorda le droit de porter la croix de Malte.

Le couvent et l'église du Petit-Saint-Antoine ont été détruits en 1792, après la suppression des ordres monastiques. C'est sur leur emplacement qu'on a ouvert le passage du Petit-Saint-Antoine.

La Bastille. — Nous avons vu qu'Etienne Marcel avait fait élever, dans les travaux de la quatrième enceinte de Paris, une porte fortifiée qui défendait la rue Saint-Antoine. Suivant l'usage du temps, la porte était flanquée d'une *bastille*, c'est-à-dire d'un petit bastion. Charles V, dès son avènement au trône, fit continuer et réparer les travaux entrepris par Marcel, et pour préserver cette partie de la ville et l'hôtel

Saint-Paul d'une agression subite, il ordonna la reconstruction, sur un plan plus vaste, de *la Bastille du Chastel de Saint-Antoine*. Hugues Aubriot, le célèbre prévôt de Paris, en posa la première pierre, le 22 avril 1370 (1).

Ce bâtiment ne se composa d'abord que de deux tours, qui furent nommées plus tard tours du *Trésor* et de la *Chapelle*. Quelque temps après, on en fit élever deux autres, qui reçurent dans des temps plus modernes les dénominations de la *Liberté* et de la *Bertaudière* (2). Vers l'an 1383, Charles VI en fit construire quatre autres, les réunit entre elles par de gros murs et les entoura d'un fossé (3). Le 11 août 1553, on commença de grandes fortifications qui ne furent achevées que six ans après. Elles consistaient en une courtine flanquée de bastions, et bordée de larges fossés à fond de cuve. Les propriétaires des maisons de Paris furent taxés, pour cette dépense, depuis 4 livres jusqu'à 24 livres tournois (4).

La Bastille Saint-Antoine, que l'on finit par nommer simplement *la Bastille*, ne tarda pas à servir de prison aux criminels d'Etat. Dès les premières années de Charles V, Hugues Aubriot, avant d'être conduit à l'archevêché, fut jeté dans les cachots de la prison qu'il avait fait construire (5).

Au mois d'août 1418, la Bastille fut assiégée par les Bourguignons; ils voulaient s'emparer des Armagnacs qui s'y étaient réfugiés. Les portes furent enfoncées, malgré les instances du duc de Bourgogne. Tandis qu'on transférait les prisonniers au Grand-Châtelet, ils furent arrachés des mains de ceux qui les escortaient, et mis en pièces par le peuple. Lors de la reprise de Paris, le 18 avril 1436, les débris de la garnison anglaise se réfugièrent à la Bastille avec leur commandant Wilbi; investis par le connétable de Richemont, ils capitulèrent et obtinrent la permission de se retirer à Rouen.

On vient de voir que la Bastille a été, dès l'origine, une prison d'État. Cette destination cependant n'était pas exclusive. Henri IV y déposa le trésor royal. C'est ce que nous apprend Regnier dans sa treizième satire :

> Prenez-moi ces abbés, ces fils de financiers,
> Dont depuis cinquante ans les pères usuriers,
> Volant de toutes mains, ont mis en leurs familles,
> Plus d'argent que le roi n'en a dans la Bastille.

Deux autres écrivains, également contemporains, et beaucoup plus

---

(1) *Art de vérifier les dates*, t. 1, p. 615. — (2) L'origine et la date de la fondation de la Bastille ont été l'objet de nombreuses contradictions dans nos anciens historiens. J'ai suivi l'opinion la plus vraisemblable. — (3) Du nom d'un prisonnier qui y fut renfermé. — (4) *Notice historique de la Bastille*, dans l'histoire de la Révolution française, par deux amis de la Liberté, t. I, p. 364. — (5) Piganiol, t. V, p. 44.

graves que Regnier, confirment cette assertion, de manière à ne laisser aucun doute. L'un est Miraumont, dans ses *Mémoires* sur les cours et justices qui sont dans l'enclos du palais ; l'autre est Sully lui-même, surintendant des finances. Il dit qu'en 1607 le roi avait 7,000,000 d'or dans la Bastille ; et il ajoute, à l'an 1610, qu'il avait alors « 15,870,000 livres d'argent comptant, dans les chambres voûtées, coffres et caques, étant en la Bastille, outre 10,000,000 livres qu'on avoit tirées pour bailler au trésorier de l'épargne. »

Ce trésor, amassé par les soins d'Henri IV et de Sully, fut dilapidé après la mort du bon roi. La cour y puisa plusieurs fois avec tant d'audace, que la chambre des comptes, dont on n'avait pu vaincre l'honorable résistance, refusa enfin (c'était en 1615) de céder aux instances des seigneurs. « Cette opiniâtreté, dit Sauval, mit en colère les maîtres qui commandoient et avoient la force en main. Aussitôt, arrêt du conseil, portant que ceux qui avoient les clefs du trésor de la Bastille les mettroient entre les mains du capitaine des gardes du roi ; qu'en sa présence et en la présence de la reine sa mère, on y prendroit 1,200,000 livres, que le reste de l'argent y demeureroit sous la même garde qu'auparavant. Le roi, dès le lendemain, ne manqua pas de se rendre à la Bastille, assisté de la reine, de quelques princes, ducs et pairs, officiers de la couronne, du chancelier, de plusieurs conseillers-d'État, des intendans des finances et autres personnes de marque. Devant eux ce jeune prince fit ouvrir la première porte du trésor par le lieutenant du château, et en même temps commanda au contrôleur-général et au trésorier de l'épargne, de donner leurs clefs à son capitaine des gardes. Celui-ci eut beau représenter qu'il appréhendoit qu'en la recette et la dépense son compte à la chambre n'apportât de la difficulté ; et tous deux ensemble que la chambre les avoit rendus responsables du trésor de la Bastille. Sans avoir égard à leurs remontrances, il fallut obéir. La reine en même temps donna aussi la clef devant toute la compagnie, et pour lors le roi fit tirer de quatre caques 1,200,000 livres, qu'on porta au logis du trésorier de l'épargne, et il ordonna, tant aux conseillers-d'État qu'aux intendants, de lui en donner une décharge. Cela fait, la porte du trésor fut refermée, les clefs remises entre les mains de la reine et des deux autres. Deux mois après, sans la participation de la chambre, par un arrêt du conseil, les 1,300,000 livres qui y restoient en furent encore tirées pour le paiement de l'armée du maréchal Bois-Dauphin ; et le tout en présence du roi, avec autant de cérémonies et de façons que la première fois. Telle fut la fin de ce trésor si considérable (1)..... »

Le 2 juillet 1652, tandis que le prince de Condé et Turenne se li-

(1) T. II, p. 321.

vraient un combat assez sanglant dans le faubourg Saint-Antoine, l'héroïne de la Fronde, mademoiselle de Montpensier, entra dans la Bastille, dont le gouverneur Louvière n'osa lui refuser l'entrée, et elle fit tirer quelques coups de canon sur les troupes du maréchal de la Ferté, qui s'avançaient pour prendre en flanc celles de M. le prince. On a prétendu qu'elle mit elle-même le feu à la première pièce. Ce secours inespéré sauva Condé, mais anéantit les ambitieuses espérances de Mademoiselle, qui espérait faire un brillant mariage. Aussi Mazarin s'écria, en riant, à la nouvelle de cette escapade : *Ce canon-là vient de tuer son mari.*

La Bastille a laissé de terribles souvenirs. De grands noms se rattachent à son histoire. Sous Louis XI, Guillaume de Harancourt, évêque de Verdun, y fut enfermé en 1475. La cruauté du roi était ingénieuse : il ne se contenta point de priver le coupable de sa liberté : je lis dans les *Comptes et ordinaires de la prévôté de Paris :*
« Pour avoir fait de neuf une grande cage de bois de grosses solives, membreures et sablières, contenant neuf pieds de long sur huit pieds de lè (large), et de hauteur sept pieds entre deux planchers, lissée et boujonnée à gros boujons de fer, laquelle a été assise en une chambre, étant en l'une des tours de la Bastide Saint-Antoine à Paris par devers la porte dudit Saint-Antoine, en laquelle cage est mis et détenu prisonnier, par le commandement du roi notredit seigneur, l'évesque de Verdun. Fut employé à ladite cage quatre-vingt-seize solives de couche et cinquante-deux solives debout, dix sablières de trois toises de long, et furent occupés dix-neuf charpentiers pour équarrir, ouvrer et tailler tout ledit bois en la cour de la Bastille pendant vingt jours. Il y avoit à cette cage deux cent vingt gros boujons de fer, les uns de neuf pieds de long, les autres de huit, et les autres moyens, avec les rouelles, les pommelles et contrebandes servants auxdits boujons, pesant tout ledit fer 3,735 livres, outre huit grosses équières de fer servant à attacher ladite cage, avec les crampons et cloux pesants ensemble 218 livres de fer, sans compter le fer des treillis des fenestres de la chambre où elle fut posée, des barres de fer de la porte de la chambre et autres choses, revient à 317 livres 5 sols 7 deniers. Et fut payé outre cela à un maçon, pour le plancher de la chambre où étoit la cage, 27 livres 14 sols parisis, parce que le plancher n'eût pu porter cette cage à cause de sa pesanteur, et pour faire des trous pour poser les grilles des fenestres, et à un menuisier la somme de 20 livres 2 sols parisis pour portes, fenestres, couches, selle percée, et autres choses ; plus 46 sols 8 deniers parisis à un vitrier pour les vitres de ladite chambre. Ainsi monte la dépense, tant de la chambre que de la cage, à la somme de 367 livres 8 sols 3 deniers parisis, qui étoit une somme considérable alors, puisque le muid de plâtre n'est compté qu'à 20 sols parisis, qui aujourd'hui vaut 7 livres tournois (1). »

(1) Sauval, t. III, p. 428.

Sous le même règne, l'infortuné Jacques d'Armagnac duc de Nemours fut enfermé à la Bastille dans une cage de fer d'un pied et demi de longueur; il fut interrogé dans cette cage, et on le confessa dans une salle tendue de noir, selon l'usage reçu pour les princes condamnés(1). Le comte de Saint-Paul, autre victime de Louis XI, fut jeté dans la même prison. Mais ce dernier n'a pas été exécuté dans la cour de la Bastille, comme le dit Sauval, il reçut le coup fatal en place de Grève.

Le malheureux *Anne Dubourg*, conseiller au parlement de Paris, en 1559, ne sortit de la Bastille que pour marcher au supplice. S'il faut en croire l'auteur de l'*Histoire ecclésiastique*, il fut enfermé dans la fameuse cage de l'évêque de Verdun ou dans une autre semblable.

Charles de Gontaut, duc de Biron, coupable de trahison envers la France et son roi, fut jeté à la Bastille au mois de juin 1602, et décapité dans l'intérieur de la prison, par faveur spéciale, le 31 juillet suivant. L'Estoile donne une relation curieuse de cette exécution, qui produisit alors une impression si vive et si douloureuse : « L'exécuteur entra dedans la chambre, et dit que l'heure se passoit et qu'il falloit aller; auquel ledit sieur de Biron répondit que l'on devoit avertir. « Allons, allons, dit-il. » Descendant la montée, il y rencontra le lieutenant civil, auquel il dit : « Monsieur le lieutenant, vous avez de très méchants hôtes : si vous ne prenez garde à vous, il vous perdront; » entendant parler des seigneurs de Zafin et du vidame de Chartres, son neveu. Comme il fut près de l'échaffaut, ceux qui étoient là pour voir ce spectacle, qui étoient environ soixante-dix, ayant fait quelque bruit à son arrivée, il dit : « Que font là tant de marauds et de gueux? qui les a mis là et quel bruit font-ils? » Et toutefois la vérité est qu'il n'y avoit là que d'honnêtes gens. Puis il monta sur ledit échaffaut, suivi des docteurs Magnan et Garnier, d'un valet de la garde-robe du roy qui lui avoit été baillé pour le servir à la prison, et de l'exécuteur; lequel voulant mettre la main sur ledit sieur de Biron, il lui dit qu'il se retirât arrière de lui, et se donnât bien de garde de lui toucher d'autre chose que de l'épée; qu'il lui dît seulement ce qu'il y avoit à faire. Lors il dépouilla son pourpoint, et le donna audit valet de la garde-robe. Après le bourreau lui présenta un mouchoir blanc pour le bander; mais il prit le sien, lequel s'étant trouvé trop court, il demanda celui de l'exécuteur; et s'en étant bandé et mis à genoux, il se leva et débanda aussitôt, s'écriant : « N'y a-t-il point de miséricorde pour moi? » Et dit derechef au bourreau qu'il se

---

(1) Millin, t. I, p. 4. Après le supplice du duc de Nemours, dont les circonstances font frémir, ses enfants furent reconduits à la Bastille et enfermés dans des cachots en forme de hotte. Les détails des tortures qu'ils y éprouvèrent seraient incroyables si l'on n'en trouvait le récit dans une requête qu'ils adressèrent en 1483 aux États-Généraux. Tout innocents qu'ils étaient des fautes de leur père, ils ne sortirent de leurs cachots qu'après la mort de Louis XI.

retirât de lui, qu'il ne l'irritât point et ne le mît au désespoir, s'il ne vouloit qu'il l'étranglât, et plus de la moitié de ceux qui étoient là présents ; desquels plusieurs eussent voulu être hors, voyant cet homme non lié parler de cette façon. De là un peu, il se remit à genoux et se rebanda ; et tout incontinent se releva sur pied, disant vouloir encore voir le ciel, puisqu'il avoit sitôt à ne le plus voir jamais, et qu'il n'y avoit point de pardon pour lui. Pour la troisième fois, il se remit à genoux et se banda ; et comme il portoit la main pour lever encore une fois le bandeau, le bourreau fit son coup, au même instant qu'il lui disoit qu'il ne lui trancheroit point qu'il n'eût dit son *in manus*. Si le bourreau n'eût usé de cette ruse, ce misérable et irrésolu homme s'alloit encore lever, et de fait il eut deux doigts offensés de l'espée du bourreau, comme il portoit la main pour se débander pour la troisième fois. La tête tomba à terre, d'où elle fut ramassée et mise dans un linceul blanc avec le corps, qui le soir même fut enterré à Saint-Paul (1). »

Victime de la haine de Richelieu, qu'il détestait et qui le lui rendait bien, le célèbre *maréchal de Bassompierre* fut mis à la Bastille en 1631 et n'en sortit que douze ans après, à la mort du ministre. La délivrance du maréchal inspira le quatrain suivant à un poëte, dont le nom ne nous est point connu ; c'est Bassompierre qui parle :

> Enfin, dans l'arrière-saison,
> La fortune d'Armand (2) s'accorde avec la mienne ;
> France, je sors de ma prison,
> Quand son âme sort de la sienne.

Louis XIII accueillit Bassompierre avec bonté, et lui demanda son âge. Le maréchal, qui avait alors soixante ans, dit qu'il n'en avait que cinquante ; cette réponse surprenait le roi : « Sire, ajouta l'habile courtisan, je retranche dix années passées à la Bastille, parce que je ne les ai pas employées au service de votre majesté. » Enfermé dans la *Tour-du-Coin*, Bassompierre consacra ses loisirs à rédiger de curieux et intéressants mémoires sur les grands événements dont il avait été le spectateur ou le héros.

Le grand *Condé* resta quelque temps à la Bastille, en 1650, avant d'être conduit à Vincennes ; il y fut successivement gardé par trois officiers, MM. Lauzière, Thières et Persan.

En 1661, le célèbre surintendant des finances, Fouquet, y fut amené de la prison de Vincennes ; il y resta jusqu'au 20 septembre 1664, époque de sa condamnation au bannissement, peine qui fut commuée en un emprisonnement perpétuel. *Nicolas Fouquet*, né à Paris en 1615, procureur-général du parlement pendant les troubles de la Fronde,

---

(1) *Registre-journal de Henri IV*, édition de M. Champollion.
(2) Armand de Richelieu.

avait été nommé par Mazarin surintendant des finances. C'était un homme de mérite, mais prodigue, dissipateur. Colbert, qui aspirait secrètement à le remplacer, éclaira le jeune roi sur les fautes de l'administration de Fouquet, dont le luxe devenait chaque jour plus inouï. Sa terre de Vaux surpassait en beauté Saint-Germain et Fontainebleau, les deux seules maisons de plaisance habitées par le roi. « Le palais, dit Voltaire, et les jardins, lui avaient coûté 18 millions, qui en valent aujourd'hui plus de 35. » Au moment où sa disgrâce était près d'éclater, il donna à Louis XIV une fête magnifique. On y représenta, pour la première fois (17 août 1661), les *Fâcheux* de Molière, avec un prologue composé par Pelisson à la louange du roi. Mais le luxe insolent déployé par Fouquet n'était pas propre à calmer le monarque irrité, qui, sans les prières de la reine-mère, aurait fait arrêter le surintendant le jour même de la fête. Ce qui avait achevé, dit-on, d'allumer la colère de Louis XIV, excitée par de basses intrigues et par la jalousie, c'est qu'il apprit que Fouquet avait eu des vues sur mademoiselle de la Vallière, pour qui il commençait à ressentir une véritable passion. Le 5 septembre suivant, le malheureux surintendant fut arrêté, et son procès dura trois années entières. Il mourut à la citadelle de Pignerol, le 23 mars 1680, à l'âge de soixante-cinq ans, dont il avait passé dix-neuf en prison.

Il est impossible de rappeler la disgrâce du malheureux Fouquet, sans se souvenir d'une autre infortune moins méritée et aussi noblement soufferte. On sait que *Pellisson*, le bel esprit, l'ami de Conrart et de mademoiselle de Scudéri, était le premier commis de Fouquet, qui se reposait sur lui, en grande partie, du fardeau des finances. Enveloppé dans la disgrâce du surintendant, il resta fidèle au ministre déchu et ne trahit point sa confiance. Enfermé à la Bastille, il opposa une fermeté inébranlable à toutes les tentatives employées pour lui arracher les secrets dont on le croyait dépositaire. Dans l'espoir de profiter de quelques paroles échappées par imprudence, on mit Pellisson en présence d'un Allemand grossier, réputé prisonnier comme lui, mais destiné réellement à épier ses discours. Pellisson le devine, et trouve moyen de mettre dans ses intérêts ce méprisable agent. Par son moyen, il correspond régulièrement avec mademoiselle de Scudéri, en même temps qu'il compose, pour la défense de Fouquet, trois mémoires qui sont restés son chef-d'œuvre. L'apparition de cette éloquente apologie irrita de plus en plus Louis XIV. L'ordre fut donné de traiter le prisonnier avec la dernière rigueur : on lui interdit l'encre et le papier; on ne laissa plus à sa disposition que les ouvrages des Pères de l'Église et quelques livres de controverse. L'idée lui vint d'écrire sur les marges des livres qu'on lui prêtait, avec le plomb des vitres, ou avec une encre formée de croûtes de pain brûlé, qu'il faisait délayer dans quelques gouttes de vin qu'on lui servait. C'était le seul moyen qu'il eût de produire sa pensée. La société d'un Basque stupide et les sons monotones d'une musette lui offraient une faible distraction contre l'ennui de la solitude. Pellisson sut se procurer un nouvel hôte. Il aperçut une araignée qui tendait sa toile dans un soupirail par lequel sa prison recevait le jour, et résolut de l'apprivoiser. Pendant que le Basque jouait de son instrument, il plaçait des mouches sur le bord du soupirail : l'insecte invité s'enhardit à venir chercher cette proie. Pellisson éloigna insensiblement l'appât du gîte de l'araignée; et, au bout de quelques mois, elle se familiarisa tellement avec le son de la musette, qu'elle partait à ce signal et allait saisir une mouche à l'extrémité de la chambre, et jusque sur les genoux du prisonnier. D'autres consolations pénétrèrent dans sa triste demeure. Les applaudissements que le public donnait à sa conduite venaient le fortifier contre les chagrins de sa situation. L'intérêt qu'inspirait la haute infortune de Fouquet se réfléchissait sur son confident courageux et persécuté. Aussitôt que Pellisson cessa d'être sous le poids du *secret*, Montausier, les ducs de Saint-Aignan, de la Feuillade, et d'autres personnages d'un rang illustre, s'empressèrent de le visiter. Les gens de lettres lui transmirent des témoignages de leur estime. Tannegui Lefèvre lui dédia son Lucrèce et sa traduction du Traité de Plutarque sur la superstition. De nouveaux amis joignirent leurs efforts aux sollicitations de ceux auxquels il était cher depuis long-temps, et leurs démarches persévérantes lui obtinrent enfin sa liberté. Louis XIV, revenu de ses préventions, ne se souvint plus que de la capacité qu'il avait reconnue dans l'ami de Fouquet. Je n'ai point à m'occuper ici du reste de la carrière de Pellisson. Je dirai seulement qu'il fit le plus noble usage de sa nouvelle prospérité, et qu'il consacra le souvenir de sa délivrance en brisant tous les ans, à pareille époque, les fers de quelques malheureux.

Le 3 mai 1666, *Lemaistre de Sacy*, poursuivi comme janséniste (il était directeur de Port-Royal, et neveu d'Antoine Arnauld), fut emprisonné avec deux de ses amis, Nicolas Fontaine et Thomas de Possé. Ce fut là, dans la première chambre de la Tour-du-Coin, qu'il commença cette belle traduction de la Bible qui porte son nom; il recouvra la liberté le 31 octobre 1669. Ayant été présenté au ministre, il demanda pour toute grâce d'adoucir le sort des prisonniers. Cet homme distingué, né à Paris le 29 mars 1613, mourut le 4 janvier 1684.

Le fameux *duc de Lauzun*, si célèbre dans les annales de la cour de Louis XIV, par une faveur inouïe que ne justifiait aucun talent réel, par son audace, et par son mariage présumé avec mademoiselle de Montpensier, petite-fille de Henri IV, fut conduit, quelques années après, à la Bastille. La charge de grand-maître de l'artillerie ayant vaqué, en 1669, par la démission du duc de Mazarin, le roi l'avait promise à Lauzun en lui recommandant le secret; ce dernier eut la vanité ou l'indiscrétion d'en parler, et Louvois, ministre de la guerre, s'opposa fortement à cette nomination. Louis XIV paraissait irrésolu : Lauzun le pressa, il osa le sommer de sa promesse; il eut même la témérité de briser son épée sous les yeux du roi, en disant qu'il ne servirait jamais un prince qui manquait à sa parole. Louis XIV, indigné, craignit de ne point se contenir; il ouvrit la fenêtre et jeta sa canne, en s'écriant qu'il aurait trop de regret s'il avait frappé un gentilhomme. Le lendemain, Lauzun fut conduit à la Bastille, mais il n'y resta pas longtemps. On connaît la suite des aventures singulières de Lauzun, qui mourut le 19 novembre 1723, au couvent des Petits-Augustins, contigu à sa maison.

L'un des plus célèbres prisonniers de la Bastille, à cette époque, est Louis de Rohan, connu sous le nom de *chevalier de Rohan*. Grand seigneur dans toute l'acception du mot, il déshonora sa maison par ses vices et ses excès. Une piquante leçon qu'il donna au jeune roi Louis XIV, avec lequel il jouait chez le cardinal Mazarin, lui fit une grande réputation à la cour. Il devait au prince une somme considérable, qui ne devait se payer qu'en louis d'or. Il lui en compta 7 ou 800, puis il ajouta 200 pistoles d'Espagne. Le roi ne voulut pas les recevoir, et dit qu'il lui fallait des louis; alors Rohan prend brusquement les pistoles, et les jette par la fenêtre en disant : « Puisque Votre Majesté ne les veut pas, elles ne sont bonnes à rien. » Louis XIV, mortifié, se plaignit au cardinal, qui lui dit : « Sire, le chevalier de Rohan a joué en roi, et vous en chevalier de Rohan. » Cependant le roi ne lui en garda aucun ressentiment; il le nomma grand-veneur de France et colonel des gardes. Mais les folies de Rohan, ses aventures galantes, l'enlèvement de la célèbre Hortense Mancini, duchesse de Mazarin, lui firent perdre sa position brillante. Il se lia avec un certain Latréaumont ou La Tuanderie, ancien officier, débauché et ruiné, qui l'engagea dans une conspiration. Il s'agissait de livrer la Normandie aux Hollandais. Leurs complices étaient dignes d'une semblable *folie*, suivant l'expression du président Hénault. C'étaient un jeune officier nommé Préault, la marquise de Villiers-Bordeville, femme de mœurs plus qu'équivoques, et un maître de pension du faubourg Saint-Antoine, nommé Van-den-Enden. Le complot fut découvert, et les conspirateurs arrêtés. Latréaumont, en se défendant contre les gardes chargés de le saisir, fut atteint d'une blessure dont il mourut quelques heures après, sans qu'on pût tirer de lui d'autre aveu, sinon qu'il était seul coupable. Quant à Rohan, lorsqu'on le conduisit à la Bastille, il s'abandonna à de tels emportements qu'on fut obligé de l'enchaîner, de peur qu'il n'attentât à ses jours. Quelques uns de ses amis allèrent plusieurs fois, le soir, crier autour de la Bastille dans des porte-voix : *La Tuanderie est mort et n'a rien dit.* Le chevalier de Rohan ne les entendit pas, cependant il n'avoua rien. Enfin de Bezons, conseiller-d'état, lui arracha son secret, en lui promettant sa grâce, *action*, dit le marquis de La Fare, *indigne d'un juge*. Rohan n'en fut pas moins condamné et exécuté avec ses complices, devant la Bastille, le 27 novembre 1674.

Le 18 septembre 1698, le fameux Bénigne d'Auvergne de Saint-Mars arriva à la Bastille, dont il venait prendre le gouvernement ; il amenait de l'île Sainte-Marguerite ce prisonnier inconnu, si célèbre sous le nom de l'*Homme au masque de fer*. Ce malheureux fut enfermé pendant quelques jours dans une des chambres de la tour de la Bazinière, tandis qu'on lui préparait un logement dans celle de la Bertaudière. On lui témoignait les plus grands égards, et on ne lui refusait rien de ce qu'il demandait. Mais il ne lui était pas même permis de traverser les cours, et il ne pouvait ôter son masque, même devant le médecin de la Bastille. Celui-ci rapporta que cet inconnu était admirablement bien fait, et qu'il avait la peau très fi e, quoique un peu brune. Il intéressait par le seul son de sa voix, ne se plaignait jamais de son état, et ne laissait point entrevoir ce qu'il pouvait être. Il était fort recherché sur toute sa personne ; son éducation paraissait avoir été soignée ; il charmait ses ennuis par la lecture et en jouant de la guitare. Cet infortuné mourut le 19 novembre 1703, sur les dix heures du soir. Il fut enterré le lendemain, à quatre heures de l'après-midi, dans le cimetière de l'église Saint-Paul. Il était âgé, dit-on, d'environ soixante ans ; cependant son acte de décès, dans lequel il est inscrit sous le nom de *Marthioli*, ne lui en donne qu'à peu près quarante-cinq. Il y eut ordre de brûler tout ce qui avait été à son usage ; on fit regratter et blanchir les murailles de la chambre qu'il avait occupée ; on poussa les précautions au point d'en défaire les carreaux, dans la crainte qu'il ne les eût soulevés pour y cacher quelque billet. On a fait de nombreuses recherches pour éclaircir le mystère qui entoure l'*Homme au masque de fer*. Les uns ont nommé Fouquet ou le duc de Beaufort, d'autres le duc de Monmouth ou le comte de Vermandois ; la plupart ont vu dans ce malheureux un frère jumeau de Louis XIV, sacrifié à des raisons d'État. Toutes ces discussions, toutes ces recherches ont été inutiles, et il paraît difficile aujourd'hui que notre curiosité soit jamais complétement satisfaite à cet égard.

La première chambre de la Tour-du-Coin, celle où le duc de Montmorency, les maréchaux de Biron et de Bassompierre et Le Maistre de Sacy avaient été détenus, reçut, en 1702, un nouvel hôte, *Constantin de Renneville*, littérateur moins connu par ses ouvrages que par les malheurs qui troublèrent sa vie. Protégé de M. de Chamillart, il avait obtenu de ce ministre un brevet de pension et des faveurs qui ne manquèrent pas d'exciter l'envie. On fit tomber dans les mains de M. de

Torcy des bouts-rimés que Renneville, pendant un séjour qu'il avait fait en Hollande, avait remplis d'une manière injurieuse à la France. L'aveu de sa faute lui mérita son pardon ; mais une lettre que M. de Torcy reçut de la Hollande quelques jours après le confirma dans l'idée que le protégé de M. de Chamillart pouvait n'être qu'un espion, et qu'il entretenait des correspondances criminelles avec les puissances étrangères. Torcy expédia l'ordre de s'assurer de la personne de Renneville, ainsi que de tous ses papiers, et il fut conduit à la Bastille le 16 mai 1702. On l'enferma d'abord, comme je l'ai dit, dans la première chambre de la Tour-du-Coin ; mais pendant onze ans et deux mois que Renneville resta prisonnier, il habita successivement presque tous les cachots de la Bastille. Durant les premières années, il n'eut point à se plaindre de la conduite des officiers de la forteresse à son égard ; mais après l'évasion du comte de Bucquoy, qu'on le soupçonna d'avoir favorisée, il fut jeté dans un cachot, dont on le retira demi-mort ; et depuis il ne cessa pas d'être traité de la manière la plus rigoureuse. Sa résignation soutint cependant son courage. La prière et la lecture de quelques livres dérobés à la surveillance de ses gardiens abrégeaient l'ennui de ses journées. Enfin, il avait trouvé le moyen de faire de l'encre avec du noir de fumée qu'il détrempait dans du vin ; et de petits os taillés lui servaient à écrire des vers et même des ouvrages de longue haleine, qui lui furent enlevés et qu'il n'a jamais pu recouvrer. Renneville sortit de la Bastille le 16 juin 1713, et reçut en même temps l'ordre de quitter la France, où il lui était défendu de rentrer. Il se rendit en Angleterre, où il eut le bonheur d'être accueilli par le roi Georges I*er*, qui lui donna une pension. Assuré de la protection de ce prince, il rédigea ses Mémoires sur la Bastille, qu'il publia, en 1715, sous le titre d'*Histoire de l'inquisition française*. Cet ouvrage, quoique mal écrit, excita vivement la curiosité publique, par la description du régime intérieur d'une prison d'État fameuse dans toute l'Europe, et par le récit des rigueurs qu'on y exerçait envers les détenus. Ce qui augmenta encore l'intérêt que son sort inspirait aux ennemis de la France, c'est qu'on crut, d'après son récit, que les hommes dont il mettait au jour les abus d'autorité, cherchaient à se venger, et que c'était à leur instigation qu'il avait été attaqué dans les rues de Londres par trois assassins, qu'il fut assez heureux pour mettre en fuite. On ignore ce que devint Renneville depuis cette époque ; mais on croit qu'il mourut vers 1724, à l'âge d'environ soixante-dix ans.

Le comte de Bucquoy, dont Renneville avait, dit-on, favorisé l'évasion, était une espèce de fou qui fit alors beaucoup de bruit par la singularité de ses aventures. Né en Champagne vers l'an 1650, d'une famille distinguée, il était devenu orphelin à l'âge de quatre ans, et son éducation avait été fort négligée. Après ses premières études et cinq années passées au service militaire, échappé par miracle, à ce qu'il crut, à un danger imminent, il fit vœu de quitter le monde et se retira à la Trappe ; mais les austérités qu'il ajoutait encore à celles de la règle altérèrent tellement sa santé que l'abbé de Rancé fut obligé de le renvoyer. Il forma bientôt le projet d'imiter saint Ignace de Loyola, et d'être le fondateur d'un nouvel ordre destiné à prouver aux incrédules les vérités de la religion. Il prit alors l'habit et le titre d'abbé. L'étude mal dirigée qu'il voulut faire des preuves de la révélation, et l'exaltation de son cerveau, le conduisirent au scepticisme ; et le dépit de voir que, malgré ses austérités et son éloignement du monde, il ne pouvait faire de miracles, acheva de lui tourner la tête. Les déclamations qu'il se permettait à tout propos contre le despotisme et l'abus du pouvoir le firent arrêter. On l'aurait bientôt relâché, si de nouveaux propos indiscrets, une tentative d'évasion, et des plaintes de l'archevêque de Sens ne l'eussent fait resserrer plus étroitement. Conduit au Fort-l'Évêque, comme un aventurier que ses propos faisaient prendre pour un chef de contrebandiers, il s'échappa de cette prison, demeura caché pendant neuf mois dans Paris, et fut repris au moment où il allait sortir du royaume, en 1707. Conduit à la Bastille, et recommandé aux concierges comme un homme dangereux et entreprenant, il n'en suivit pas moins avec une persévérance infatigable son plan d'évasion, et vint à bout de l'exécuter, le 4 mai 1709. On peut en voir les détails vraiment curieux dans le tome III des *Lettres historiques et galantes* (par madame Dunoyer), ou dans le récit publié par Bucquoy lui-même (1). Pour cette fois, il se hâta de sortir du royaume, et passa en Suisse, d'où il tâcha de se raccommoder avec la cour, et d'obtenir la restitution de ses biens confisqués. N'ayant pu y réussir, il alla en Hollande, et proposa aux alliés un projet pour faire de la France une république, et y détruire, disait-il, le pouvoir arbitraire. Le général de Schulembourg, qui le connut à cette époque, le recommanda à différentes cours d'Allemagne, et le mena, en 1714, à Hanovre, où le roi Georges Ier lui fit une pension. Sa conversation pleine de saillies amusait ce prince, qui l'invitait souvent à sa table. En 1717, il écrivait encore à la duchesse d'Orléans pour obtenir de rentrer en France. Sur la fin de ses jours l'abbé de Bucquoy revint à sa vie de misanthrope. Il négligeait son extérieur, laissait croître sa barbe, et perdit par ses extravagances toute considération. Il mourut subitement le 14 novembre 1740, presque nonagénaire.

Un nom illustre figura bientôt après sur la liste des prisonniers de la Bastille. Le jeune duc de *Fronsac*, fils du duc de Richelieu, et qui fut plus tard célèbre sous le nom de maréchal de Richelieu, fut présenté à

---

(1) Cet écrit bizarre est intitulé : *Événement des plus rares, ou l'histoire du sieur abbé comte de Bucquoy, etc.*, avec plusieurs de ses ouvrages vers et prose, et particulièrement la *gamme des femmes*. 1719.

la cour en 1710, à l'âge de quatorze ans, et y fit la plus grande sensation par les grâces de sa figure et par la vivacité de son esprit. Madame de Maintenon, qui était portée à aimer dans le jeune duc de Fronsac le fils d'un de ses plus anciens amis, l'appelait son élève. Voici en quels termes elle écrivait au duc de Richelieu le début de son fils à la cour : « Je suis ravie, mon cher duc, d'avoir à vous dire que M. le duc de » Fronsac réussit très bien à Marly. Jamais jeune homme n'est entré » plus agréablement dans le monde. Il plaît au roi et à toute la cour. » Il fait bien tout ce qu'il fait ; il danse très bien ; il joue honnêtement ; » il est à cheval à merveille ; il est poli ; il n'est point hardi, mais il est » respectueux ; il raille ; il est de très bonne conversation ; enfin, rien » ne lui manque. Madame la duchesse de Bourgogne a une grande at- » tention pour M. votre fils, etc. » Mais on ne tarda pas à s'apercevoir que celui qu'on croyait un enfant étourdi, était déjà un homme aussi redoutable par la séduction de sa personne que par son génie entreprenant et ses indiscrétions. La malice des courtisans interpréta d'une façon défavorable la préférence que la duchesse de Bourgogne croyait pouvoir donner, sans conséquence, à celui qu'elle appelait sa jolie poupée ; et le duc de Richelieu, alarmé sur la manière dont le roi prendrait cette interprétation d'un innocent badinage, sollicita une lettre de cachet pour son fils, et le conduisit lui-même à la Bastille, le 22 avril 1711. Pour que ce temps d'une retraite forcée devînt utile au jeune prisonnier, le roi désira que l'abbé de Saint-Remi s'enfermât avec le duc : ce respectable instituteur l'initia à la langue de Virgile et lui donna quelques connaissances générales, mais il ne put jamais lui apprendre l'orthographe. Rendu à la société au bout de quatorze mois de captivité, il sut se ménager, auprès de madame de Maintenon elle-même, un appui contre la sévérité de son père. Bientôt il partit pour l'armée, où il servit en qualité de mousquetaire, et débuta par cette fameuse campagne de 1712, où Villars sauva la France à Denain.

On sait qu'en 1717 *Voltaire* fut mis à la Bastille pour une satire qui avait paru peu de temps après la mort de Louis XIV. C'était une imitation des *j'ai vu* de l'abbé Regnier. Le régent n'y était pas ménagé. Comme elle finissait par ce vers,

J'ai vu ces maux, et je n'ai pas vingt ans,

on ne douta pas qu'elle ne vînt de lui, et le jeune poëte fut arrêté et conduit à la Bastille. Ce fut là, et dans la fameuse chambre de la Tour-du-Coin, qu'il commença la *Henriade*. Voltaire dut sa liberté au succès d'*Œdipe*, qu'on représenta pendant qu'il était en prison. Il alla sur-le-champ en remercier le prince, qui lui dit : « *Soyez sage, et j'aurai soin de vous.* — Je vous suis infiniment obligé, répondit le poëte ; mais je supplie votre altesse de ne plus se charger de mon logement ni de ma nourriture. »

Le nom de *Latude* se lie inséparablement à l'histoire de la Bastille, et rappelle une des plus longues infortunes dont ses tristes annales fassent mention. Henri Masers de Latude, né près de Montagnac en Languedoc, le 23 mars 1725, avait été destiné dès l'enfance à la carrière militaire, et était entré fort jeune dans le corps du génie; mais la paix de 1748 lui ôtant l'espoir d'un avancement rapide, il revint continuer ses études à Paris. Le jeune Masers avait beaucoup d'ambition, et il imagina que le moyen le plus prompt de parvenir à un emploi considérable serait d'intéresser en sa faveur une personne en crédit. Il jeta donc à la poste, sous le couvert de madame de Pompadour, un paquet renfermant une poudre; et pour se faire valoir près de la marquise, il courut à Versailles la prévenir d'un terrible complot formé contre elle. Cet artifice fut découvert : Latude fut arrêté et conduit à la Bastille, où le lieutenant de police, Berryer, se transporta pour l'interroger. Il avoua sa faute; mais, ni son repentir tardif, ni les instances de Berryer, ne purent fléchir madame de Pompadour. Transféré, au bout de quelques mois, dans le donjon de Vincennes, il parvint à s'évader, se réfugia dans un hôtel garni, et se hâta de rédiger un mémoire au roi, dans lequel il reconnaissait ses torts, et en demandait pardon, si on ne les jugeait pas suffisamment expiés par une détention de quinze mois. Le docteur Quesnay se chargea de remettre ce mémoire; mais au bout de quelques jours Masers fut reconduit à la Bastille, et jeté dans un cachot, où Berryer lui procura tous les adoucissements compatibles avec la sévérité des ordres donnés à son égard. Ce ne fut qu'au bout de dix-huit mois qu'il sortit de ce cachot pour habiter une chambre où il eut pour compagnon d'infortune un jeune homme nommé d'Alègre, de Carpentras, détenu aussi par l'ordre de madame de Pompadour. Cette conformité dans leur destinée les unit bientôt d'une amitié très vive; et ils osèrent concevoir le projet de s'échapper ensemble de la Bastille, où ils se croyaient oubliés. Il faut lire dans les Mémoires de Latude, la manière dont ils parvinrent à fabriquer des leviers pour enlever les grilles de fer qui fermaient d'espace en espace le tuyau de leur cheminée; des cordes pour descendre du sommet de la tour dans le fossé, et enfin une échelle de bois pour remonter du fossé sur le parapet, et de là dans le jardin du gouverneur. Toutes leurs dispositions furent faites au commencement de l'année 1756; et ils fixèrent le jour de leur évasion au 25 février, veille du jeudi gras. Ce jour-là, dès qu'on leur eut servi à souper et qu'ils furent débarrassés de leurs surveillants, ils s'élancèrent l'un après l'autre dans la cheminée, et, parvenus au sommet, descendirent au moyen d'une corde de cent soixante pieds de longueur dans le fossé que la fonte des neiges et des glaces avait rempli d'eau. A l'aide des instruments dont ils s'étaient munis, ils commencèrent aussitôt à pratiquer des trous dans la muraille, et, après neuf heures d'un travail opiniâtre, ils eurent fait une ouverture suffisante pour y passer. Ils étaient décidés tous deux à chercher un asile dans les pays étrangers. D'Alègre partit le premier déguisé en paysan; mais à peine arrivé à Bruxelles il fut arrêté. Latude, qui l'avait suivi, ayant appris le sort de son ami, se hâta de gagner Amsterdam, où il espérait être à l'abri des recherches de la police française : malgré toutes les précautions qu'il prit pour rester inconnu, en attendant le départ d'un vaisseau qui devait le transporter à Surinam, il fut découvert, arrêté et ramené à la Bastille. Jeté dans un cachot, les fers aux pieds et aux mains, abandonné à ses réflexions, il finit par s'habituer à sa destinée; et il avoue lui-même qu'il y a goûté quelques moments d'une satisfaction sans mélange. Il avait apprivoisé quelques uns des rats qui habitaient avec lui cette triste demeure; les premiers en amenèrent d'autres; et il finit par avoir tous les jours autour de lui douze à quinze de ces animaux qui obéissaient à ses moindres signes. Une fois, il trouva dans la paille une branche de sureau; et elle lui servit à faire un flageolet, très grossier sans doute, mais dont les sons lui parurent d'autant plus doux, que, suivant toutes les apparences, il ne devait jamais entendre d'autre musique. Cependant, il roulait dans sa tête des projets d'utilité publique; et il se flattait que si la connaissance pouvait en parvenir au roi, il adoucirait ou abrégerait même sa captivité. Comme il n'avait aucun moyen d'écrire, il traça ses réflexions avec son sang sur des tablettes de mie de pain. Il communiqua ce manuscrit d'un nouveau genre au père Griffet, confesseur de la Bastille, qui, touché de compassion envers l'intéressant prisonnier, lui procura de l'encre et du papier, pour transcrire son Mémoire, qu'il se chargea de remettre au ministre. Mais son sort ne changea point. Désespéré, il tenta de mettre fin à ses jours, en refusant toute espèce de nourriture. Ses gardiens eux-mêmes eurent pitié de sa situation; et d'après leurs instances, on le transporta, du sombre cachot où il avait passé trois ans, dans une chambre commode et bien éclairée, mais sans cheminée. Sartine avait succédé à Berryer dans la place le lieutenant-général de police. Latude obtint une audience de ce magistrat, et lui communiqua deux nouveaux plans, qu'il venait d'imaginer, l'un sur les finances, et l'autre sur les moyens de prévenir le retour des disettes par l'établissement de greniers publics destinés à l'excédant des récoltes abondantes. Le ministre loua son zèle et donna des ordres pour qu'on lui procurât tous les adoucissements possibles. Latude, en se promenant au haut des tours de la Bastille, avait établi quelques intelligences avec des personnes qui demeuraient dans le voisinage : elles lui apprirent la mort de madame de Pompadour, et cette nouvelle lui fit concevoir l'espérance de voir finir sa détention. Ayant attendu inutilement, pendant quelques jours, l'ordre de sa liberté, il prit le parti d'écrire au lieutenant de police, qui voulut savoir comment il avait appris un événement inconnu à tous les autres prisonniers. Son refus, et une lettre insolente qu'il adressa le lendemain au même ministre, indisposèrent tellement ce magistrat, qu'il le fit reconduire au cachot. Quelques mois après (août 1764) il fut transféré, au milieu de la nuit, à Vincennes; mais il réussit, l'année suivante, à s'évader. Ramené de nouveau à Vincennes, puis à Charenton, et enfin à Bicêtre, il fut enfin mis en liberté au commencement de l'année 1784, grâce à l'intercession d'une personne bienfaisante, madame Legros, marchande de Paris, qui s'était intéressée à ses malheurs sans le connaître. Latude mourut à Paris le 1er janvier 1805, à l'âge de quatre-vingts ans.

En même temps que Latude, qu'on a surnommé, avec raison, *le Trenck* français, entrèrent à la Bastille, en 1749, le *chevalier de Bellerive*, qu'on disait fils du duc de Vendôme, arrêté pour de mauvais propos contre la marquise de Pompadour, et le clerc de procureur *Desforges*, transféré l'année suivante au mont Saint-Michel. « Desforges, dit Bachaumont, était à l'Opéra, lorsque le Prétendant (Charles-Edouard Stuart) fut arrêté. Indigné de cet acte de violence, il crut que l'honneur de la nation était compromis, et exhala ses plaintes dans une pièce de vers fort connue alors, et qui commence ainsi :

Peuple jadis si fier, aujourd'hui si servile,
Des princes malheureux vous n'êtes plus l'asile.

« Il ne put prendre sur son amour-propre de garder l'incognito, et se confia à un ami qui le trahit. » Il fut arrêté, mis à la Bastille où il resta un an, et conduit, en 1750, au mont Saint-Michel, où il passa huit ans, dont trois ans dans la *Cage*, caveau creusé dans le roc, où le prisonnier ne reçoit le jour que par les crevasses des marches de l'église. M. de Broglie, abbé de Saint-Michel, eut pitié de ce malheureux, et obtint enfin qu'il eût l'abbaye pour prison. Ce ne fut qu'avec des précautions extrêmes qu'on put le faire passer à la lumière, de cette longue et profonde obscurité. Au bout de cinq mois, l'abbé obtint la liberté de son prisonnier, et le donna pour secrétaire à son frère le maréchal de Broglie. Après la mort de madame de Pompadour, Desforges fut fait commissaire des guerres, et mourut au mois d'août 1768. Il avait composé, entre autres ouvrages médiocres, une critique de la *Sémiramis* de Voltaire, et une comédie, *Le Rival Secrétaire*, représentée sur le Théâtre-Français en 1738.

Les sombres murs de la Bastille n'ont jamais enfermé une victime plus intéressante que le malheureux comte de Lally Tolendal, si célèbre par ses services, par ses malheurs et par l'éclatante réhabilitation qu'a obtenue sa mémoire. Il ne m'appartient pas de raconter ici cette noble vie si tragiquement terminée; je me contenterai d'en rappeler brièvement les principales circonstances. *Thomas-Arthur comte de Lally, baron de Tolendal* en Irlande, naquit à Romans en Dauphiné, en 1702. Son père était colonel commandant du régiment de Dillon. Le jeune Lally se distingua de bonne heure par une valeur brillante. A la journée de Dettingue il contribua à sauver l'armée. A la bataille de Fontenoy il entra le premier dans la colonne ennemie à la tête de son régiment. Il essaya ensuite de servir, au péril de sa vie, en Angleterre, la cause infortunée du Prétendant. Nommé commandant-général des établissements français aux Indes-Orientales, en 1756, il arriva à Pondichéry en 1758. Son caractère sévère et inflexible, sa franchise, lui firent, dès son arrivée, de nombreux ennemis dans un pays où régnait la corruption. La guerre était déclarée entre la France et l'Angleterre. Il dut d'abord à sa valeur héroïque et à ses talents les plus brillants avantages sur les Anglais; mais ses ennemis particuliers trouvèrent bientôt le moyen de faire manquer toutes ses opérations, en interceptant ou en lui refusant les secours nécessaires. Il fut obligé de lever le siége de Madras pour aller au secours de Pondichéry menacé par les Anglais, et après quatre mois de blocus et de famine, il dut rendre cette place aux Anglais. En 1761, il revint en France. Précédé par la haine et la calomnie de ses ennemis, il fut accusé d'avoir commis des concussions, et enfermé à la Bastille, où il resta dix-neuf mois sans être interrogé. Après une instruction scandaleuse où l'on vit, dans les confrontations, un général d'armée discutant ses opérations avec un de ses palefreniers, devant un conseiller de grand'chambre, sur la dénonciation d'un moine et de dix marchands, on précipita le rapport, on refusa huit jours pour mettre sa défense en état à un homme qu'on avait laissé dix-neuf mois en prison sans l'interroger. Enfin, le 6 mai 1766, le lieutenant-général comte de Lally, emprisonné depuis quatre ans, fut absous des crimes de haute trahison et de concussion, mais « condamné à être décapité comme convaincu d'avoir trahi les intérêts du roi et de la compagnie des Indes, » et trois jours après cet arrêt inique reçut son exécution. Le malheureux comte avait laissé un fils auquel il avait recommandé sa mémoire. A la requête de ce fils devenu majeur, le procès de M. de Lally fut revisé, et le 21 mai 1778, le conseil du roi, à l'unanimité, et sur des motifs qui n'établissaient pas moins l'injustice que l'illégalité de la condamnation, cassa l'arrêt du parlement de Paris et tout ce qui avait suivi. L'opinion publique, qui avait depuis long-temps flétri cet arrêt, applaudit à la piété filiale de M. de Lally fils, et le roi Louis XVI lui témoigna par une protection spéciale la haute estime qu'il faisait de sa conduite et des services de son père.

En 1779, le public parisien fut très préoccupé de l'arrestation d'un homme, en apparence inoffensif, et sur lequel il est difficile encore aujourd'hui d'asseoir un jugement certain. Voici ce qu'on trouve à ce sujet dans un livre écrit sous la république, et un peu suspect, conséquemment, d'exagérer les torts de la monarchie : « M. *Brun de Condamine* avait communiqué au ministre un projet qui pouvait nous assurer une grande supériorité sur la marine anglaise. Il avait inventé des boulets inflammables qui, lancés dans les voiles, pouvaient y mettre le feu. M. de Sartine ne donna point son assentiment à ce projet. Condamine proposa d'en faire l'épreuve sur un bâtiment marchand qu'il conduisait à Saint-Domingue ; le ministre parut approuver la proposition, mais il trouva divers prétextes pour retarder le départ ; un jour il lui demanda son adresse ; le lendemain, 19 juillet 1779, un exempt l'arrêta et le conduisit à la Bastille ; il y resta trois mois sans être interrogé ; ce délai passé, le commissaire qui avait examiné ses papiers ne put lui dissimuler qu'il ne concevait pas pourquoi il avait été arrêté. Fatigué d'une détention qu'il n'avait pas méritée, il résolut de briser ses fers. Il parvint même à descendre dans les fossés, mais son échelle cassa sous lui lorsqu'il arrivait sur le chemin des rondes. Arrêté de nouveau, cette tentative malheureuse ne pouvait qu'aggraver sa situation, il ne sortit de la Bastille qu'après la paix de 1782. Il avait souffert la captivité la plus rigoureuse pendant plus de quatre ans. Le gouvernement lui accorda 600 livres en forme de dédommagement. Pendant une détention aussi cruelle qu'injuste, Condamine avait perdu un père vénérable, qui avant de mourir lui avait retiré son affection. Ce vieillard avait été séduit, selon toute apparence, par quelques personnes intéressées à nuire à son fils, qui lui avaient persuadé qu'il était en prison pour dettes. Ce malheureux se trouva forcé d'accepter une modique somme de 600 livres, pour prix d'une renonciation absolue à tous ses droits (1). »

Le célèbre avocat *Linguet*, que son caractère hautain et son humeur caustique faisaient détester de ses confrères, après avoir été rayé du tableau et interdit de ses fonctions par arrêt, fut enfermé à la Bastille en 1780, sur la plainte de quelques uns des ennemis qu'il avait provoqués par la violence de ses attaques. Il en sortit en 1782 sous la promesse d'être plus circonspect, et fut exilé à Rhétel, qu'il quitta bientôt pour voyager en Angleterre et en Autriche où il reçut le meilleur accueil. Expulsé ensuite par Joseph II pour avoir pris la défense des insurgés du Brabant, il rentra en France en 1791, et se présenta à la barre de l'assemblée constituante pour y défendre les droits de l'assemblée coloniale de Saint-Domingue et attaquer la tyrannie des blancs.

(1) *Essais hist. sur Paris, suite*, par Aug. Poulain de Saint-Foix, t. I, p. 91.

Lorsqu'il vit le règne de la terreur se manifester, il voulut y échapper en se retirant au fond d'une campagne ; mais il fut bientôt découvert et conduit en prison : il y resta jusqu'au 27 juin 1794, où il fut mis en jugement, à sa propre sollicitation, et, sans avoir été admis à se défendre, condamné à mort par le tribunal révolutionnaire *pour avoir encensé les despotes de Vienne et de Londres*. Il subit la mort avec courage. Linguet a laissé un des écrits les plus connus qui aient été faits sur la Bastille ; mais dans cet ouvrage, intitulé *Mémoires sur la Bastille* (1), il s'étend trop exclusivement sur ce qui lui est personnel, et sur la crainte puérile qu'il avait d'être empoisonné dans sa prison.

La même année 1780, on mit à la Bastille un aventurier fameux qui se faisait appeler *le comte de Paradès*, espèce d'intrigant que le prince de Ligne désigne dans ses Mémoires comme servant à la fois d'espion à la France et à l'Angleterre. Il se prétendait issu de la maison espagnole de Paradès ; il était, suivant d'autres, bâtard d'un comte de ce nom, grand d'Espagne, mort au service de France ; mais, d'après l'opinion la plus accréditée, il avait pour père un pâtissier de Phalsbourg nommé Richard, et il naquit en 1752. Il paraît qu'il se présenta en 1778 à la cour de France, sous le nom et les titres de la famille espagnole de Paradès ; qu'il y obtint des grades, des pensions et d'autres faveurs, et qu'il eut même l'honneur, fort brigué alors, de monter dans les carrosses du roi. Si l'on s'en rapporte aux Mémoires qu'il a laissés, le désir d'entrer au service de France, et de commencer par se rendre utile afin d'être placé ensuite plus avantageusement, le détermina à passer en Angleterre, pour acquérir une connaissance exacte des forces de terre et de mer de cette puissance, examiner ses places fortes et ses établissements maritimes. A son retour, il communiqua au ministre de la marine (Sartine) la relation de son voyage et les mémoires qu'il avait recueillis. Ce ministre loua son zèle, et le renvoya en Angleterre pour y faire une reconnaissance plus particulière de chaque port, en lever les plans, dresser des mémoires sur chacun d'eux, et faire connaître le nom et l'état des vaisseaux. Il le chargea enfin de prendre, sur les diverses branches de la marine anglaise, tous les renseignements qu'il pourrait se procurer. Il paraît que cet émissaire exécuta, non seulement avec adresse, mais à la grande satisfaction de M. de Sartine, la mission qui lui avait été confiée. Il établit des liaisons à Plymouth, Portsmouth, Chatham, et dans les principaux ports de l'Angleterre, pour être instruit de tout ce qui s'y passait. Paradès assure, dans ses Mémoires, que si le comte d'Orvilliers eût voulu profiter des avis qu'il lui avait donnés, il eût pu battre l'amiral Keppel, et empêcher Byron de se rendre en Amérique. Il attribue à l'amour-propre de quelques officiers français le peu de

---

(1) Londres, 1783, in-8°.

confiance qu'on accorda aux renseignements qu'il avait transmis. Sans se décourager par le défaut de succès de ses premières ouvertures, Paradès proposa de livrer à la France les ports de Plymouth et de Portsmouth, où il était parvenu à se procurer des intelligences; et il obtint, le 30 août 1778, en récompense de ses services, le brevet de capitaine de cavalerie, et une pension. Il visita ensuite tous les ports d'Irlande; et au moyen de sommes considérables que M. de Sartine lui avait remises, il s'y créa facilement des agents. Si l'on ajoute foi à l'état joint à ses Mémoires, on voit qu'il aurait reçu de M. de Sartine, depuis le mois d'avril 1778 jusqu'au 1er janvier 1779, environ 690,000 livres. Au commencement de 1779, Paradès fut envoyé en Angleterre avec un officier de génie français chargé de recueillir de son côté des informations, et de lever des plans. Plusieurs fois ils coururent tous deux le danger d'être pris; et il paraît que le premier ne réussit à conserver sa vie et celle de son compagnon de voyage, que par une grande audace et une présence d'esprit extraordinaire. Au retour de cette mission périlleuse, Paradès fut fait mestre-de-camp de cavalerie (3 juin 1779). Il fit encore plusieurs voyages en Angleterre, d'où il rapportait toujours des renseignements qu'il s'empressait de communiquer au ministre de la marine. Au commencement de l'année 1779, il proposa de faire opérer une descente en Angleterre par l'armée navale aux ordres du comte d'Orvilliers; et il désignait Plymouth comme le point où cette opération pouvait avoir lieu le plus facilement, étant alors sans défense. Il prétend que ce fut pour n'avoir point suivi ses avis que la France perdit cette occasion de s'emparer d'un des plus beaux ports de l'Angleterre. Sur ses instances, il obtint de M. de Sartine l'ordre d'observer les mouvements d'une escadre qu'on armait dans les ports d'Angleterre pour s'opposer à la sortie de celle qui devait transporter en Amérique l'armée aux ordres de Rochambeau. Mais avant qu'il eût pu remplir cette nouvelle mission, il fut arrêté (avril 1780) et enfermé à la Bastille comme soupçonné d'avoir trahi les intérêts de l'État. Il y resta quatorze mois, et ne fut remis en liberté que le 15 mai 1781. Il paraît que les diverses réclamations qu'il présenta ne furent pas accueillies, et qu'il se retira à Saint-Domingue, où il est mort vers 1786.

Un homme honteusement célèbre, et dont j'ose à peine citer le nom, *le marquis de Sade*, fut transféré du château de Vincennes à la Bastille en 1784. Il y était encore en 1789, et les premiers évènements de la révolution excitèrent l'audace du prisonnier, qui avait sans cesse des démêlés avec M. de Launey. Je lis dans la *Bastille dévoilée* : « Les troubles de Paris avaient alors obligé le gouverneur à redoubler de précautions, et par suite à interdire la promenade des tours à tous les prisonniers. Sade fut très mécontent de ces mesures; il s'emporta, et jura de faire un tapage affreux si on ne lui rapportait pas une réponse favorable à une requête qu'il fit porter au gouverneur. M. de Launey persista dans son refus. Sade alors prend un long tuyau de fer-blanc, à l'une des extrémités duquel était un entonnoir qu'on lui avait fait faire pour vider les eaux dans le fossé; à l'aide de cette espèce de porte-voix qu'il adapte à la croisée donnant sur la rue Saint-Antoine, il crie, il assemble beaucoup de monde, se répand en invectives contre le gouverneur, et invite les citoyens à venir à son secours, affirmant qu'on veut l'égorger. Le gouverneur, furieux, dépêche un courrier à Versailles, en obtient un ordre, et le lendemain, dans la nuit, Sade est transféré à l'hôpital des fous de Charenton, qui était alors dirigé par des religieux. » Le marquis de Sade, dont je ne me crois point obligé de donner la hideuse biographie, était né à Paris, le 2 juin 1740, dans l'hôtel de Condé, où sa mère était dame d'honneur de la princesse; il mourut à Charenton, le 2 décembre 1814, à l'âge de soixante-quinze ans, dont il avait passé vingt-neuf, à diverses époques, dans onze prisons différentes.

Les principaux personnages compromis dans l'affaire du collier, entre autres *le cardinal de Rohan*, furent emprisonnés à la Bastille. Ce n'est point ici le lieu de raconter les détails de ce procès célèbre qui trouvera naturellement sa place dans le récit des évènements de l'histoire de Paris sous Louis XVI.

Hurtaut écrivait en 1779 : « L'administration de la Bastille est confiée à un gouverneur, un lieutenant du roi, un major et un aide-major. Il y a, pour le spirituel, un chapelain résident et deux prêtres de Saint-Paul; un médecin et un chirurgien sont attachés au service de la prison. Le 29 septembre 1749, on tira de l'Hôtel royal des Invalides la garde de ce château, composée de deux capitaines, d'un officier chargé du détail, de deux lieutenants et quatre-vingt-deux hommes, en y comprenant les sergents, caporaux, anspessades, fusiliers et tambours (1). »

Voici la liste des principaux *gouverneurs* de la Bastille, à peu près depuis sa fondation : en 1385, Jean de la Personne, vicomte d'Acy (2); en 1404, le sire de Saint Georges; en 1413, Louis de Bavière, oncle du Dauphin; en 1416, Thomas de Beaumont. Sous Louis XI, ce poste important fut confié à Philippe Lhuillier. En 1588, le duc de Guise était gouverneur; il nomma pour capitaine le fameux Bussy le Clerc, qui, en 1591, rendit la forteresse au duc de Mayenne, à condition d'avoir la vie

---

(1) T. I, p. 549.
(2) Ce gouverneur n'est cité par aucun des historiens de la Bastille. J'ai trouvé, dans les Archives Joursanvault, plusieurs *rôles de montres* et quittances signés de lui. Deux titres des années 1385 et 1386 le désignent expressément comme *ayant la garde et défense de la bastide Saint-Antoine*, avec un autre chevalier, cinq écuyers et dix arbalétriers. V. *Catal.*, t. I, p. 185.

sauve. Dubourg était gouverneur en 1594, lors de l'entrée d'Henri IV à Paris; il se rendit trois jours après et sortit avec ses troupes, *bagues et vie sauves*. Le roi nomma Devic pour le remplacer; c'était, dit l'histoire, un homme d'un rare mérite. Sully lui succéda en 1601. Marie de Médicis, pendant sa régence, s'empara de la Bastille et y plaça comme capitaine M. de Châteauvieux, son chevalier d'honneur. En 1617, Bassompierre, Vitry et le duc de Luynes furent successivement gouverneurs; ils furent remplacés d'abord par le duc de Luxembourg, puis par le maréchal de l'Hôpital. Le Clerc de la Tremblaye eut la garde de cette forteresse sous la Fronde. Il eut pour successeur Louvière, fils du célèbre conseiller Broussel. Lorsqu'on la rendit aux troupes du roi, le 11 mars 1649, l'une des conditions de la capitulation fut que Louvière en conserverait le gouvernement. Baisemeaux de Montlesun, son successeur, y resta jusqu'à sa mort, en 1697. Il fut remplacé par le fameux Saint-Mars. Bernaville remplissait ces fonctions, en 1717, lors de l'emprisonnement de Voltaire. Les derniers gouverneurs de la Bastille furent Pierre Baisle, François d'Abadie, de Jumilhac, et enfin l'infortuné Jourdan de Launey.

Le gouverneur de la Bastille recevait une somme proportionnée à la qualité des prisonniers. C'était un écu pour un homme sans état; 5 livres pour un bourgeois, pour un procureur, un avocat; la taxe d'un prêtre, d'un financier et d'un juge ordinaire, était une pistole; d'un conseiller au parlement, 15 livres; d'un lieutenant-général des armées, 24; d'un maréchal de France, 36. On allouait en outre au gouverneur dix places qui lui étaient payées, occupées ou non, sur le pied de 10 livres par jour; ce qui faisait un revenu quotidien de 150 livres.

Le gouvernement de la Bastille valait 60,000 livres. Le lieutenant de roi, et tous les officiers de l'état major avaient, ainsi que le gouverneur, la croix de Saint-Louis. Le lieutenant-général de police était le véritable administrateur, le commandant en chef de cette prison. C'était par lui que passaient tous les ordres, et il n'avait de supérieur dans ce district, que le ministre du département de Paris. Le chancelier ne pouvait être admis dans l'intérieur. Quand le parlement acceptait des commissions pour juger les prisonniers, il n'était point permis aux juges d'entrer dans le château. C'était en dehors qu'ils tenaient leurs assises, et qu'on leur amenait l'accusé.

Le château de la Bastille était composé de huit grosses tours rondes dont les murs avaient environ six pieds d'épaisseur; elles étaient jointes par des massifs de maçonnerie épais de neuf pieds. L'entrée se trouvait à droite de l'extrémité de la rue Saint-Antoine, en face de la rue des Tournelles; au-dessus de la première porte était un magasin considérable d'armes de différentes espèces (1), qui, à l'époque de la prise de

(1) On appelait ce petit arsenal le *Magasin de Titon*. Brice, t. II, p. 237.

la Bastille, avaient été depuis peu transportées aux Invalides, à la réserve de six cents fusils que le gouverneur fit rentrer quelque temps auparavant dans l'intérieur même de la Bastille, et de quelques armures anciennes qui furent pillées par le peuple. A côté de la porte d'entrée était un corps-de-garde où l'on plaçait chaque nuit deux sentinelles pour répondre et ouvrir aux personnes qui se présentaient. Cette porte conduisait à une première cour extérieure dans laquelle étaient la caserne des invalides, les écuries et remises du gouverneur. On pouvait également arriver à cette cour par l'arsenal : une porte à côté de laquelle était un autre corps-de-garde, un pont-levis qu'on appelait le pont de *l'avancée*, la séparait d'une seconde cour dans laquelle se voyait l'hôtel du gouverneur. En face de cet hôtel était une avenue longue de dix-sept toises, dont le côté droit était bordé par un corps de logis où se trouvaient une cuisine et une salle de bains. Ce bâtiment était construit sur un pont dormant qui traversait le grand fossé, et sur lequel s'abaissait un pont-levis. Au-delà était encore un autre corps-de-garde. C'est par là que l'on arrivait à la grande cour intérieure, après avoir franchi une grille de fer qui servait de retranchement à la sentinelle, dont la consigne était de ne pas laisser approcher d'elle les prisonniers à la distance de trois pas. Cette grande cour avait cent deux pieds de long sur soixante-douze de large; elle était environnée des tours dites la *Liberté*, de la *Bertaudière*, de la *Bazinière*, de la *Comté*, du *Trésor* et de la *Chapelle* (1); des massifs joignaient ces six tours qui s'élevaient à la hauteur de soixante-douze pieds (2). Cette cour était terminée par un bâtiment qu'une inscription en lettres d'or sur du marbre noir annonçait avoir été construit en 1761, sous le règne de Louis XV, et le ministère de M. de Saint-Florentin, par M. de Sartine, alors lieutenant de police,

---

(1) On a dit que la *tour de la Comté* était peut-être un souvenir du comte de Saint-Pol : cette étymologie me semble parfaitement ridicule. En 1789, on trouva dans les murs cinq boulets qui y étaient depuis le combat du faubourg Saint-Antoine. — La *tour du Trésor* était ainsi nommée du trésor de Henri IV, qui y était déposé. — La *tour de la Chapelle*. L'ancienne chapelle était dans cette tour; en la démolissant, on y trouva les débris d'un autel. — La *tour de la Liberté*; on ne connaît point l'étymologie de cette dénomination. C'est peut-être une allusion à l'évasion d'un prisonnier. — La *tour de la Bertaudière* a reçu ce nom d'un prisonnier, ainsi que celle de la *Bazinière*, dans laquelle M. de la Bazinière avait été enfermé en 1663. — La *tour du Puits* était ainsi désignée, à cause du voisinage d'un grand puits qui servait à l'usage des cuisines.

(2) Entre les tours de la Chapelle et du Trésor, on apercevait une arcade, qui, du temps de leur construction par Aubriot, était l'ancienne porte de Paris ; on y voyait encore la place de la herse et du pont-levis, entre les tours de la Liberté et de la Bertaudière, et la nouvelle chapelle que M. de Launey avait fait reconstruire en pierre. Auprès du pont-levis à gauche, entre les tours de la Bertaudière et de la Bazinière, était la galerie des archives. Millin, t. I, p. 25.

pour le logement des officiers de l'état major (1), et qui séparait la *grande cour* de la *cour du puits;* celle-ci était environnée des tours du *puits* et du *coin*, et des massifs correspondants, et avait soixante-douze pieds de long sur quarante-deux de large. C'était la basse-cour du château. Un bastion qui servait autrefois de promenade aux prisonniers, et, depuis quelques années, de potager au gouverneur, était joint au fort par une espèce de galerie qui communiquait au chemin de ronde.

La forteresse était environnée entièrement d'un large fossé toujours à sec, excepté dans les temps pluvieux, ou lorsque la rivière était haute. Une forte maçonnerie de trente-six pieds de hauteur couvrait sa surface latérale extérieure, à laquelle était scellée une galerie de trois pieds et demi de largeur qui régnait dans tout le contour de cette espèce de contre-escarpe. On y arrivait par des *pas de souris* ou par des escaliers placés à droite et à gauche du pont. Cette galerie formait ce qu'on appelait le chemin de ronde, parce que des officiers et des sergents y faisaient de fréquentes rondes, surtout la nuit, pour s'assurer de la vigilance des quatre sentinelles qui y étaient placées, et qu'on relevait de deux heures en deux heures. Au sommet des tours était une terrasse prolongée le long des massifs par lesquels ces tours se communiquaient, et au bord de laquelle régnait un parapet. Tel était ce fameux château de la Bastille, qui, *sans être bien fort, était*, dit Saint-Foix, *le plus redoutable de l'Europe.*

L'horloge de la Bastille qui se voyait dans la grande cour était fort célèbre; elle représentait deux esclaves à demi couchés et enchaînés (2). Cette allégorie, d'assez mauvais goût, pouvait passer pour une plaisanterie déplacée. Linguet, dans ses virulents *Mémoires*, attira sur elle l'attention publique, et le scandale fut si grand que M. de Breteuil, ministre de la maison de Louis XIV, se rendit à la Bastille : « Dans deux heures, dit-il, je veux que les chaînes soient ôtées. » On lui obéit, mais on conserva les statues.

En face du bastion, du côté du faubourg Saint-Antoine, on voyait une porte gothique, surmontée d'une figure de saint Antoine de Padoue. De chaque côté de la porte étaient quatre statues anciennes. La première avait été regardée long-temps comme la figure de Charles V ou de Louis XI. Millin pense avec raison que ce doit être Charles VI. Les autres statues représentaient Isabelle de Bavière, Louis, dauphin, mort en 1415, et son frère, Jean, mort en 1417. On voyait au-dessus un dauphin sculpté, pour indiquer la qualité de l'aîné de ces

---

(1) Il y avait dans ce corps de logis plusieurs chambres destinées aux prisonniers distingués; c'est là que demeurèrent successivement M. le cardinal de Rohan et M. de Saint-James. *Id., ibid.*

(2) Voy. Millin, *loco cit.* Planche III, fig. 1.

princes. Un autre morceau représentait une *bamboche*, dont il est impossible d'expliquer le sujet. Toutes ces figures, dont Millin donne le dessin dans son premier ouvrage, avaient été mutilées par le canon dans la célèbre journée du faubourg Saint-Antoine.

Quoiqu'on ait infiniment exagéré les horreurs de la Bastille et le nombre des victimes que l'arbitraire y jetait sous le régime absolu, il est certain qu'en 1789, avec les idées de juste réforme qui prévalaient alors, l'existence de la Bastille comme prison d'État était devenue impossible. Mais c'était là un de ces nombreux abus qui devaient être réformés par la voie légale et sur lesquels les états-généraux étaient appelés à prononcer. En effet, dans le dernier article du cahier du Tiers-État de Paris, les électeurs demandèrent « que sur le sol de la Bastille détruite et rasée, on établît une place publique, au milieu de laquelle s'élèverait une colonne d'une architecture noble et simple, avec cette inscription : *A Louis XVI, restaurateur de la liberté publique* (1). »

Il en arriva autrement. Dans la matinée du 14 juillet 1789, le peuple soulevé pilla l'Hôtel des Invalides et le garde-meuble de la couronne pour avoir des armes, et l'on n'entendit bientôt plus qu'un seul cri : *A la Bastille!*

Dans la nuit du 12 au 13 juillet, le ministre de la guerre avait fait transporter à la Bastille, par les Suisses de Salis-Samade, les poudres qui se trouvaient à l'Arsenal. Le 14 juillet au matin, plusieurs soldats et sous-officiers obtinrent encore la permission de sortir, et M. d'Agay, gendre de M. de Launey, quittant son beau-père à neuf heures, le laissa fort tranquille. Ce ne fut que vers dix heures que des mouvements séditieux se manifestèrent aux environs de la forteresse. Alors arrivèrent successivement de l'Hôtel-de-Ville plusieurs députations qui, sous prétexte de pourparlers avec le gouverneur, n'avaient pour but réel que d'examiner l'état de la place et de combiner les moyens de s'en emparer, peut-être même par surprise. Ces députations finirent par demander que la garde en fût confiée au peuple de Paris. Un député du district de Saint-Louis, fameux depuis sous le nom de Thuriot, et qu'on appelait alors Thuriot de la Rozière, espèce d'avocat sans clientèle, se rendit chez le gouverneur pour l'engager à démonter les canons qui étaient sur les tours; il eut la permission d'entrer dans la cour intérieure. Le gouverneur montra les dispositions les plus pacifiques; il fit jurer à la garnison de ne faire usage de ses armes que dans le cas où elle serait attaquée : elle n'était composée que de quatre-vingt-deux invalides et trente-deux soldats de Salis. Les tours étaient garnies de quinze pièces de canon, n'ayant d'autre destination que de servir

---

(1) *Procès-verbal de l'assemblée générale des électeurs de Paris*, t. III, p. 120.

aux réjouissances. Le gouverneur avait fait tirer du magasin d'armes, et entrer dans le château, douze fusils de rempart, portant chacun une livre et demie de balles. La Bastille avait encore pour sa défense quatre cents biscaïens, quatorze coffrets de boulets sabotés, quinze mille cartouches, trente-un milliers de poudre renfermée dans cent vingt-cinq barils. On avait aussi fait porter sur les tours six voitures de pavés, de vieux ferrements, boulets, chenets, etc., pour défendre les approches du pont, dans le cas où les munitions viendraient à manquer, et où les assiégeants s'en approcheraient assez pour que le canon ne pût les atteindre. Dès le 13, on mit des factionnaires dans les endroits laissés sans défense jusqu'alors; et douze hommes furent commandés pour monter sur les tours, afin d'observer ce qui se passait au dehors. Ces dispositions étaient, militairement parlant, très bien entendues. Les députations, qui se succédaient à peu d'intervalle, ne pénétrèrent pas toutes dans la forteresse : la dernière, qui avait à sa tête l'abbé Fauchet, resta dans la cour de l'Orme, malgré les assurances que les invalides qui étaient sur les tours lui donnaient qu'elle pouvait entrer, et qu'elle n'avait rien à craindre. Son refus rendit cette députation suspecte; et le gouverneur le fit remarquer aux soldats : « Vous devez voir, leur dit-il, que ces députés et ce drapeau ne viennent pas de l'Hôtel-de-Ville; c'est sûrement un drapeau dont le peuple s'est emparé, et dont il se sert pour nous surprendre. » En effet, le peuple tentait alors de se rendre maître de la Bastille; déjà le premier pont était abattu, et le second près de l'être. Les bas-officiers criaient à la multitude de se retirer, qu'on allait faire feu; mais personne ne s'éloigna, et le gouverneur donna l'ordre de tirer. Cette décharge la dispersa, et quelques individus tombèrent morts ou blessés sur la place. La multitude revint de sa frayeur; elle s'avança de nouveau, et à coups de hache essaya de briser les portes du quartier; mais incommodée par le feu de la forteresse, elle ne put les enfoncer toutes; une partie de cette multitude se porta sur les derrières du quartier. Une heure après, les insurgés amenèrent trois voitures de paille, et mirent le feu au corps-de-garde avancé, à l'hôtel du gouverneur et aux cuisines. Ce fut alors que l'on tira un coup de canon à mitraille, le seul qui soit parti de la place pendant le combat qui dura quatre heures. On ne se défendit qu'à coups de fusil. L'arrivée des gardes-françaises dans la cour de l'Orme avec un mortier, deux pièces de quatre et un canon garni en argent venant du garde-meuble, ébranlèrent le courage de la garnison; plusieurs officiers, gagnés d'avance, ou peu disposés à se battre, parlèrent de se rendre. Le gouverneur de la Bastille et le commandant des Suisses (M. de Flue) s'élevèrent contre cette proposition; celui-ci, dès le commencement de l'attaque, avait montré les sentiments qui l'animaient. « Je n'oserais jamais, dit-il, me représenter à mon corps,

» si une forteresse que le roi m'a chargé de défendre, se rendoit sans
» qu'on eût tiré un coup de fusil. » Le gouverneur, voyant son autorité
méconnue, prit la mèche d'une pièce de canon pour mettre le feu aux
poudres, ce qui eût infailliblement fait sauter une partie du faubourg
Saint-Antoine; mais deux sous-officiers l'en empêchèrent. Le tumulte
augmentait d'un moment à l'autre. Le gouverneur convoqua le conseil
et demanda à la garnison le parti qu'elle voulait prendre; il ajouta que,
quant à lui, il n'en voyait pas d'autre que de remonter sur les tours,
continuer à se battre, et se faire sauter plutôt que de se rendre à une
populace qui ne manquerait pas de tout égorger. Dans la confusion
qui régnait, l'officier suisse, conservant sa présence d'esprit, voulut
obtenir une sorte de capitulation; il adressa la parole aux assiégeants
au travers d'un créneau près du pont-levis; il demanda que la garnison
sortît avec les honneurs de la guerre : on refusa; alors il écrivit au
crayon ses propositions, et passa le papier par le créneau : il offrait de
déposer les armes si on promettait de ne pas massacrer la troupe; l'on
se mit à crier : *Abaissez le pont, il ne vous arrivera rien.* L'écrit contenait ce peu de mots : *Nous avons vingt milliers de poudre; nous ferons
sauter la garnison et tout le quartier si vous n'acceptez nos propositions.*
Le nommé Réole prit le papier par le moyen d'une longue planche que
l'on plaça sur le fossé, et le remit à un officier du régiment de la reine,
nommé Élie, officier de fortune, qui était l'un des chefs des assiégeants; il lut cet écrit à haute voix, et cria : *Foi d'officier, nous l'ac-
ceptons, baissez les ponts.* Les ponts furent baissés, et la multitude se
précipita dans les cours. Le premier objet de ses recherches fut le gouverneur; elle crut le reconnaître dans le lieutenant du roi, nommé
Dupuget, qui était en uniforme; le gouverneur n'était vêtu que d'une
simple redingote grise; et il n'eût pas été reconnu si Dupuget ne se
fût pas hâté de l'indiquer pour se débarrasser de ceux qui l'entouraient.
Un nommé Cholat, natif de Grenoble, alors marchand de vins rue des
Noyers-Saint-Jacques, se jeta le premier sur lui; et il a revendiqué
cette action, assurément peu courageuse, comme un honneur, ajoutant qu'il l'avait escorté jusqu'au Petit-Saint-Antoine. Deux gardes-
françaises tenaient également le gouverneur, et, depuis la Bastille jusqu'à l'Hôtel-de-Ville, la route ne fut pour cet infortuné qu'un long et
douloureux supplice : il recevait de toutes parts des coups d'épée et
de baïonnette; et comme il avait la tête nue, on le distinguait aisément; l'un de ses conducteurs, qui s'en aperçut, espérant le garantir,
lui mit son chapeau sur la tête; mais les coups s'étant dirigés sur ce
particulier, De Launey, touché de cette générosité, voulut qu'il reprît
son chapeau. Ce fut entre l'arcade Saint-Jean et le perron de l'Hôtel-
de-Ville qu'il vit la fin de son cruel martyre, il n'avait cessé de demander comme une grâce qu'on l'achevât. Le peuple s'étant aussi emparé

de vingt-deux des invalides de la garnison, voulut les massacrer également ; mais les gardes-françaises les prirent sous leur protection et les conduisirent dans une de leurs casernes. Les têtes du gouverneur de la Bastille, de M. de Losme de Salbray, major, tué à la Grève, de M. de Miray, aide-major, massacré rue des Tournelles, de M. Person, lieutenant des Invalides, massacré sur le port au blé, furent promenées dans Paris avec celles de deux invalides et celle de M. de Flesselles, prévôt des marchands, massacré dans la même soirée au sortir de l'Hôtel-de-Ville. Les corps de toutes ces victimes furent transportés à la Morgue, excepté celui du gouverneur qui ne fut pas retrouvé. Six mois après l'événement, un soldat inconnu apporta à sa famille ses bijoux, sa montre, où pendait un cachet à ses armes ; et il ne s'expliqua point sur la manière dont ces objets lui étaient parvenus. La Bastille ne renfermait que sept prisonniers : quatre étaient prévenus de fabrication de faux effets de commerce, deux étaient dans un état complet d'aliénation d'esprit, et furent conduits à Charenton. Le septième était un comte de Solages, renfermé sur la demande même de sa famille, et pour des motifs très graves. Voilà quelles victimes intéressantes, quels innocents étaient entassés par milliers dans les prisons du despotisme ! Rendre à la liberté et à la société de tels hommes, n'était qu'un ridicule prétexte pour masquer les projets de bouleversement qu'on poursuivait alors. On voulut donner une grande célébrité à cet événement, et un maçon entrepreneur, nommé Palloi, envoya aux quatre-vingt-trois départements qui composaient alors la France un relief en plâtre représentant la Bastille, et un plan gravé incrusté dans une pierre provenant de la démolition de cette forteresse (1). Ces pierres, a dit un écrivain, devinrent comme les germes de nouvelles bastilles qui s'élevèrent dans chaque département, et dont la moindre renferma, en quelques mois seulement, plus de victimes que l'ancienne n'en avait renfermé depuis 1383, époque de sa construction, jusqu'en 1789 qu'elle fut démolie : ceux qui ont été dans l'une et dans l'autre ont pu juger aussi que le gouverneur de la Bastille n'était pas le plus dur des geôliers (2). »

La Bastille fut démolie peu à peu par les soins de la municipalité de Paris (3), et son emplacement a été converti en une grande place qui a reçu le nom de cette célèbre prison. C'est sur une partie de cet emplacement qu'on vient d'élever la *colonne de Juillet*.

(1) Millin a donné le plan de la Bastille, d'après celui de Palloi.
(2) Voy. *Biogr. univ.* art. *Launey (de)*.
(3) On s'est servi pour la construction du pont Louis XVI d'une partie des pierres provenant de la démolition de la Bastille.

FIN DU DEUXIÈME VOLUME.

TABLE DES MATIÈRES

CONTENUES DANS CE VOLUME.

CINQUIÈME ÉPOQUE.

PARIS DEPUIS PHILIPPE-AUGUSTE JUSQU'A PHILIPPE-LE-BEL.

(Suite.)

	Pages.
CHAP. III. *Louis IX* (S. Louis)(1226-1270).	
I. Faits généraux.	1
II. Monuments. Institutions.	42
La Sainte-Chapelle.	ib.
Saint-Leu et Saint-Gilles.	61
Chapelle de Sainte-Marie-l'Égyptienne ou la Jussienne.	63
Prieuré de Sainte-Catherine du Val-des-Écoliers.	65
Saint-Josse.	71
Hôpital des Quinze-Vingts.	73
Saint-Eustache.	77
Couvent des Grands-Augustins.	90
Frères Sachets.	95
Sœurs Sachettes.	97
Couvent des Béguines ou de l'Ave-Maria.	ib.
Blancs-Manteaux.	99
Sainte-Croix-de-la-Bretonnerie.	105
Saint-Sauveur.	108
Couvent des Chartreux.	110
Carmes du grand couvent.	115
Maison de saint Louis.	121
Université de Paris.	123
Collége et église de Sorbonne.	212
— des Bernardins.	238
— et prieuré de Prémontré.	241
— de Calvi.	242
— de Cluny.	ib.
— du Trésorier.	243
— et hôtel Saint-Denis.	ib.
Prévôté des marchands.	244
CHAP. IV. *Philippe III, le Hardi* (1270-1285).	
I. Faits généraux.	248
II. Monuments. Institutions.	256
Couvent des Cordelières-Saint-Marcel.	ib.
Confrérie des Chirurgiens.	259
Collége d'Harcourt.	263
— de Tournai.	265
Boucherie de Saint-Germain-des-Prés.	ib.
CHAP. V. Topographie de Paris, de Philippe-Auguste à Philippe-le-Bel.	266
CHAP. VI. État des lettres, des sciences, des arts, du commerce et de l'industrie à Paris, de Philippe-Auguste à Philippe-le-Bel.	271
§ I. Lettres. — Sciences.	ib.
§ II. Beaux-arts.	280
§ III. Commerce. — Industrie.	283

SIXIÈME ÉPOQUE.

PARIS DEPUIS PHILIPPE-LE-BEL JUSQU'A CHARLES V.

(1285-1364).

	Pages.
CHAP. Ier. *Philippe IV, le Bel* (1285-1314).	
I. Faits généraux.	299
II. Monuments. Institutions.	319
Couvent des Carmes-Billettes.	ib.
Chapelle et hôpital des Haudriettes.	322
Femmes veuves de la rue Ste.-Avoye.	325
Collége de Navarre.	326
— des Cholets.	329
— de Bayeux.	332
— du cardinal Lemoine.	333
— de Laon.	335
— de Presles.	ib.
Parlement de Paris.	336
Basoche.	394

TABLE DES MATIÈRES.

Chambre des comptes.	402
Empire de Galilée.	406
Palais-de-Justice.	408
Bailliage du Palais.	415
Conciergerie.	417

Chap. II. *Louis X, le Hutin* (1314-1316).
I. Faits généraux.	421
II. Monuments. Institutions.	426
Collége de Montaigu.	ib.

Chap. III. *Philippe V, le Long* (1316-1322).
I. Faits généraux.	430
II. Monuments. Institutions.	436
Collége du Plessis.	ib.
— de Cornouailles.	437
— de Narbonne.	ib.

Chap. IV. *Charles IV, le Bel* (1322-1328).
I. Faits généraux.	438
II. Monuments. Institutions.	441
Saint-Jacques-de-l'Hôpital.	ib.
Collége de Tréguier et de Léon.	446
— d'Arras.	ib.

Chap. V. *Philippe VI* (de Valois) (1328-1350).
I. Faits généraux.	447
II. Monuments. Institutions.	455
Eglise et confrérie du Saint-Sépulcre.	ib.
Saint-Julien-des-Ménétriers.	457
Chapelle Saint-Yves.	462
Collége et séminaire des Écossais.	463
Collége de Marmoutier.	466
— des Lombards.	ib.
— de Bourgogne.	467
— 'de Lisieux.	468
— de Chanac.	ib.
— de Hubant.	469
— de Mignon ou de Grammont.	470
— d'Autun.	ib.
— de Tours.	471
— d'Aubusson.	ib.
— de Cambrai	472
— de maître Clément.	473

Chap. VI. *Jean-le-Bon* (1350-1364).
I. Faits généraux.	ib.
II. Monuments. Institutions.	496
Hôtel-de-Ville.	ib.
Hôpital, église et confrérie du Saint-Esprit.	521
Collége des Allemands.	523
— de Boncourt.	524
— de Justice.	525
— de Vendôme.	526
Petites écoles de Paris.	ib.

Chap. VII. Topographie de Paris, de Philippe-le-Bel à Charles V. 532

Chap. VIII. État des lettres, des sciences, des arts, du commerce et de l'industrie à Paris, de Philippe-le-Bel à Charles V. 541
§ I. Lettres. — Sciences.	ib.
§ II. Beaux-arts.—Industrie.—Commerce.	547

SEPTIÈME ÉPOQUE.

PARIS DEPUIS CHARLES V JUSQU'A FRANÇOIS I.

(1364-1515.)

Chap. Ier. *Charles V, le Sage* (1364-1380)
I. Faits généraux.	549
II. Monuments. Institutions.	581
Couvent des Célestins.	ib.
Hôtel Saint-Paul.	593
Collége de Dormans-Beauvais.	602
— de Dainville.	603
— de maître Gervais.	ib.
Petit-Saint-Antoine.	605
La Bastille.	606

FIN DE LA TABLE DU DEUXIÈME VOLUME.